南康年鉴

NAN KANG NIAN JIAN

2011

南康市地方志办公室编

陕西出版集团
三 秦 出 版 社

图书在版编目（CIP）数据

南康年鉴. 2011 / 南康市地方志办公室编. --西安：
三秦出版社，2011.12
ISBN 978-7-5518-0059-4

Ⅰ. ①南… Ⅱ. ①南… Ⅲ. ①南康市—2011—年鉴
Ⅳ. ①Z525.63

中国版本图书馆CIP数据核字（2011）第269035号

南康年鉴（2011）

南康市地方志办公室 编

出版发行：陕西出版集团 三秦出版社
陕西新华发行集团有限责任公司
社 址：西安市北大街147号
电 话：（029）87205121
邮编编码：710003
印 刷：赣州华印印刷有限公司
开 本：889×1194 1/16
印 张：30.25
插 页：48
字 数：874千字
版 次：2011年12月第1版
2011年12月第1次印刷
印 数：1-700册
标准书号：ISBN 978-7-5518-0059-4
定 价：210.00元

南康市地方志编纂委员会

主　　任　柯岩松

副主任　杨晓斌　黄菊兰

成　　员　何　瑜　倪贵清　罗华兰　黄　光　刘锡敏
　　　　　邱昌军　刘乘波　罗　芸　杨　林　刘吉贵
　　　　　江宗金

《南康年鉴》编辑部

主　　编　倪贵清

编　　辑　倪贵清　张玉玲　黎庆愉　肖　琼　朱由国
　　　　　殷文鼎　蒙象骅　卢文芳　钟恢飞　杨文定
　　　　　黄敬芳　明心伟　赵　健

南康市地方志办公室
地址：中国·江西·南康市市政大楼1410室《南康年鉴》编辑部
电话：0797-6605132（传真）邮编：341400
E-mail：nkszb2006@126.com　网址：http://nkfz.cn

《南康年鉴》单位主审人员和供稿人员名单

单　位	主审人员	供稿人员
市委办	李春平	曾慧平
组织部	李干东	严由健
宣传部	邱昌军	蒋斌斌
农工部	张华源	李建新
统战部	李旭	朱隆秀
老干局	钟圣源	幸虎军
党校	陈健	刘郭康
对台办	叶美焱	罗志华
党史办	江宗金	王义桂
市直工委	王礼伟	刘红萍
人大办	邱启忠	刘升文
政府办	何瑜	李雅旺
人力资源和社会保障局	郭名华	钟孝禄
编办	刘诗海	王业忠
信访办	江香莲	刘泉芸
民族宗教事务局	罗福民	卢峰林
扶贫办	刘志江	李爱荣
市志办	倪贵清	张玉玲
档案局	刘和敏	黄振权
行政审批服务中心	严白	赖雅鹰
机关事务管理局	黄春铃	叶廷松
接待处	方宣文	邱雯、申丽、赖清、申玉
旅游局	邓玉蓉	彭长光
安全生产监督局	刘自宏	梁忠
政协办	明经才	卓华林
纪委	朱国清	王茂桂
民盟	刘小玉	罗开锋
工商联	钟义元	刘颜尧
总工会	刘海鹏	温咏梅
团市委	钟燕	朱玲玉
妇联	蓝海燕	陈丽丽
科协	兰希华	兰希华

单　位	主审人员	供稿人员
社联	林健武	林健武
文联	廖诚	扶诗生
残联	钟名德	李添
侨联	李福民	卢立智
个私协会	张真	袁旭
计划生育协会	陈玉清	罗义平
政法委	何定安	谢启兰
公安局	林春晖	张桂波
检察院	段文冬	何涛
司法局	刘举	赖蓉兰
交管大队	钟世华	钟尤
法院	赵晓林	赵晓林
人武部	黄玉鹏	卓明西
人防办	胡声平	张平盛
武警中队	袁华利	谢超平
消防大队	赖伦勇	黄可山
发改委	黄光	钟泽玉
统计局	刘吉贵	朱秋平
物价局	伍振发	付声清
审计局	吴才全	张国文
质监局	丁春林	黄海孝
工商局	陈玉麟	袁旭
国土局	刘政	刘星明
土地收购储备中心	吴梦喜	杜喜平
市场物业管理局	刘明华	黄成举
农业和粮食局	龙清生	李海龙
粮食流通服务	卢圣塔	阳振祥
农业综合开发办	黄逸清	胡花明、晏婕
矿产资源管理局	朱汉祚	段小东
畜牧水产局	刘学仲	刘学仲
果业局	黄宗俊	刘涵龙
林业局	邓春意	邓春意
水保局	明福古	明福古

单 位	主审人员	供稿人员
水利局	邹庆荣	陈华英
农机局	邬正林	杨修伟
供电公司	谢兴华	王开黎
中小企业局	谢宝茹	邓延湖
东山工业管理区	吴皓	朱穆超
龙岭工业管理区	张时清	兰春生
家具产业促进局	蔡湖南	朱康生
赣南卷烟厂	黄平	卢同辉
交通运输局	段华林	刘淑红
南康火车站	朱林斌	朱林斌
赣州黄金机场	李小明	钟剑霞
高速办	戴丁山	伍康生
公路养护公司	陈凤林	钟丽
地方海事处	曾祥福	李斌
邮政局	谢良干	曾广自
电信公司	刘名海	王玉芳
移动公司	李夏生	张晓斐
联通公司	陈东平	董秀琳
规划建设局	曹世明	卢超
房管局	陈三燕	温伏明
住房公积金	钟璐擎	黄大志
南水开发办	方立清	谢骥岳
市容环卫局	伍祖培	黎婷、钟春秀、钟晨、董玲、赖育真、王春燕
城市管理行政执法局	曹建平	刘文平
环保局	刘引健	蔡建南
财政局	幸泽伟	钟春香
国有资产管理委员会	吴云	肖林
国税局	古祖明	卢金梅
地税局	钟文智	张宇飞
水文站	郭军	郭军
人民银行	康中华	温圣军
银行业监管会	邹礼棋	彭蓉华
工商银行	曾小勤	郭谋忠

单　位	主审人员	供稿人员
农业银行	李华	李传林
农业发展银行	龚新发	黄瑞华
建设银行	刘晋锋	张远伟
中国银行	邹顺科	饶会峰
农村信用合作联社	宋永忠	刘小燕
赣州银行	廖华	钟春霞
邮政储蓄银行	刘名忠	王庆培
赣商村镇银行	张沥文	李莉
人民财产保险股份有限公司	赖叶华	洪华华
人寿保险股份有限公司	卢年英	梁静
人寿财产保险公司	黄庆伟	黄庆伟
太平洋人寿保险公司	林彬	林彬
平安财产保险公司	谢亮	李国辉
商务局	王铖	王铖
供销社	陈超峰	刘烈锋
烟草专卖局	黄春海	李平
石油公司	邹永明	严文广
教育局	刘乘波	刘济清、刘建平、陈天瑜、伍复晁
广电新闻中心	刘述洗	黄丽萍
文化和广播电影电视局	朱吉祥	王河昇
新华发行集团	蔡文逵	刘康丰
广电网络公司	潘忠民	李建
科技局	谢伟高	王功平
气象局	张智勇	钟奉银
体育局	张洪	罗玉芳
卫生局	刘平华	肖长江、陈勇、卢金兰、王裕宣、肖福斌
医药总公司	朱星星	朱星星
食品药品监督局	刘淑生	刘淑生
文明办	廖永峰	邓汉东
民政局	罗芸	黄娟
人口和计划生育	赖新林	郭功伟
坪市乡	许志雄	钟荣
隆木乡	刘其海	钟家雄

单　位	主审人员	供稿人员
大坪乡	黄万林	唐进
横市镇	朱芳	刘华燕
十八塘	刘泽文	邓志坚
麻双乡	王小华	谭祖礼
唐江镇	吴垂永	吴垂永
龙华乡	陈渊贵	陈渊贵
三江乡	古康生	古康生
凤岗镇	杨文亮	杨文亮
朱坊乡	康兴	蓝希群
太窝乡	何耀灵	叶晓峰
横寨乡	赖忠猛	刘昭元
镜坝镇	尹英清	尹英清
浮石乡	刘昭钧	李晓斌
赤土畲族乡	李绍武	钟林
蓉江街道	刘晋	刘红莲
龙岭镇	肖利	肖利
东山街道	卢洸华	李芳津
龙回镇	肖祖盛	张小毅

编辑说明

一、《南康年鉴》是南康市人民政府主办的具有公报性质的综合性地方年鉴。它记载南康市经济和社会发展的主要情况，收录年度性主要文献，具有汇集资料、信息、史实等功能。为各级党政机关研究部门和社会各界人士及中外投资者了解、认识、研究南康提供较全面、系统的信息资料，并为南康市积累史料。《南康年鉴》每年出版一部，由南康地方志编纂委员会承办，具体由市地方志办公室组成编辑部编纂。

二、《南康年鉴》(2011)高举中国特色社会主义伟大旗帜，以邓小平理论和“三个代表”重要思想为指导，深入贯彻落实科学发展观，全面、客观地记载了2010年南康人民积极投身改革开放和社会主义现代化建设中所取得的新成就、新经验，以及在前进过程中所遇到的新情况、新矛盾，使年鉴既能为现实服务，又能为后人提供借鉴。

三、《南康年鉴》(2011)框架按类目、分目、条目三个层次设计，以条目为主要载体。2011年卷共设26个类目，依次是：特载、大事记、南康概貌、中共南康市委员会、南康市人大常委会、南康市人民政府、政协南康市委员会、纪检·监察、民主党派·人民团体、政法、军事、经济管理、农业、工业、交通·邮政·通信、城建环保、财税·金融·保险、贸易、教育、文化、科技体育、卫生医药、社会生活、人物荣誉、乡镇简介、附录。卷首设南康便览。与上卷相比，撤并“市场·个体私营经济、特色产业”两个类目，其收录内容编入相关条目中。人物收录时间延至2011年12月。

四、书中所刊数据，除国家统计部门正式公布的外，均由南康市各有关单位提供。并经供稿单位领导审核。由于来源、统计方法或使用角度不同，不同部门提供的同项数据常不一致，虽经编辑人员反复核实，仍有一些难以统一。如遇同一项目或名称的数字不一致的情况，应以统计部门正式公布的数据为准。一些分目标题过长。如银行的名称采用俗成的简化称谓，全称在条目中补述。涉及面积的数据以本地常用的“亩”为计量单位。

五、《南康年鉴》(2011)收录范围，以南康市现有行政区划为界，未包含潭口镇和潭东镇的相关资料；以2010年1月1日至12月31日为限，彩页相片资料延至2011年12月。

六、《南康年鉴》的编纂工作在中共南康市委、南康市政府的领导下，得到各部门、各乡镇领导的支持，各有关单位撰稿人的通力合作，使本书得以顺利出版。在此深表谢忱!由于任务重，时间紧，人手不足，书中难免有疏漏和失误之处，恳请广大读者批评指正。

南康市地方志办公室

2011年12月

南康便鉴览（2006~2010年）

项　目	单　位	2006年	2007年	2008年	2009年	2010年
土地面积	平方公里	1796	1796	1796	1781	1722
人平耕地面积	亩	0.50	0.50	0.50	0.48	0.6
年末总人口	人	810934	824540	799931	803017	803463
非农业人口	人	128782	136986	131860	135823	138319
人口密度	人/平方公里	452	459	445	451	445
生产总值	万元	453566	527530	634596	741125	849132
第一产业	万元	106192	112414	125886	127283	138229
第二产业	万元	176687	224606	284540	353745	412358
第三产业	万元	170687	190510	224170	260097	298545
全社会固定资产投资	亿元	20.00	26.00	35.10	51.00	71.4
农民人均纯收入	元	3136	3413	3728	4059	4564
在岗职工平均工资	元	13054	18308	21188	22930	25845
财政总收入	万元	39023	50028	66669	70018	82009
人平居民储蓄存款余额	元	5155	5766	7306	9093	13369
社会消费品零售总额	万元	130970	155038	194370	225595	267569
电话年末到达户数	部	139644	136091	133995	112313	98300
年末移动电话数	部	145611	208200	260363	347770	396210

注：以上数据不含潭东镇和潭口镇。

序

地方综合年鉴是地方编年史，是地方志一年的横断面和资料长编，被称为“县志之基”。历届市委、市政府都十分重视年鉴编撰出版工作，每年都安排专项经费、落实专门力量，至今已连续编撰出版《南康年鉴》九部，其中《南康年鉴》（2009卷）荣获全国地方志系统第二届年鉴评奖二等奖。

《南康年鉴》（2011卷），是我市连续出版的第十部地方综合年鉴。它记述了2010年南康市自然地理、政治、经济、社会、文化、生态和党的建设等各个方面的情况，反映了市委、市政府团结带领全市人民深入贯彻落实科学发展观，大力实施“一个继续坚持、两个着力把握、六个扎实推进”发展战略所取得的新成就和新经验。

当前，打造经济强市和活力新城的宏伟目标已经确立。随着“产业兴康、教育强市、品质铸城、和谐福民”发展战略的深入实施，一部加快发展、转型发展的雄浑乐章正在南康大地奏响。希望全市地方志编撰人员，忠于职守、乐于奉献，全面搜集、精心整理，继续做好年鉴的编撰工作，真实地记录下南康日新月异的变化，更好地鼓舞当下、激励未来。也希望全市各条战线的同志，要高度重视和大力支持《南康年鉴》的编撰出版，善于学习和科学运用《南康年鉴》，努力在南康经济社会发展的大潮中勇往直前、戮力同心、共铸伟业！

市长：

2011年12月30日

2011年7月9日，中国中部首届暨南康第六届家具博览会召开

2011年8月13日，副省长朱虹（左二）到南康泓泰家具产业展示馆和家具博览中心考察

2011年6月19日，中国共产党南康市第五次代表大会在文化艺术中心召开

2011年6月26日，南康市第五届人民代表大会第一次会议在文化艺术中心召开

2011年6月27日，中国人民政治协商会议南康市第五届委员会第一次会议在文化艺术中心召开

南康市领导

市委书记
谢德强

市政府市长
柯岩松

市委副书记
廖　琦

市人大常委会主任
韩水生

市政协主席
彭秀生

市委常委、纪委书记
庄　平

市委常委、宣传部部长
黄　琨

市委常委、常务副市长
杨晓斌

市委常委、副市长
宋　英

市委常委、政法委书记
严国雄

市委常委、组织部部长
傅小新

市委常委
钟旭辉

市委常委、市人武部部长
袁　斐

市人武部政委
沈光泽

市人大常委会副主任
谢业雄

市人大常委会副主任
施明生

市人大常委会副主任
张晓良

市人大常委会副主任
李大庆

市人大常委会副主任
刘小玉

市人大常委会副主任
吴　健

市政府副市长、公安局局长
罗富杨

市政府副市长
肖志东

市政府副市长
黄菊兰

市政府副市长
邓晓楠

市政府副市长
刘晓方

市政协副主席、统战部部长
李干东

市政协副主席
李　旭

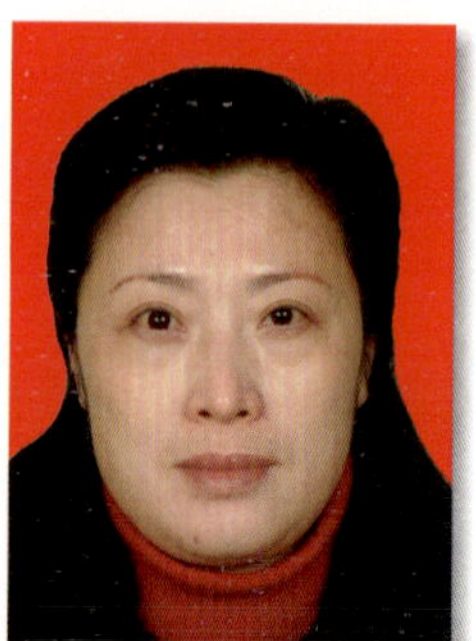
市政协副主席
黄绍莲

市政协副主席
温　熹

市政协副主席
倪　静

市政协副主席
谢　康

市法院院长
黄亚珍

市检察院检察长
马维新

市人武部副部长
滕宗超

乡镇单位领导

隆木乡书记
陈国正

隆木乡乡长
陈　华

坪市乡书记
许志雄

坪市乡乡长
程宗毅

横市镇书记
刘吉军

横市镇镇长
刘朋生

大坪乡书记
朱隆泽

大坪乡乡长
曹健生

麻双乡书记
谢　兴

麻双乡乡长
邹建华

十八塘乡书记
吴　斌

十八塘乡乡长
刘泽文

龙华乡书记
李立生

龙华乡乡长
赖正祥

唐江镇书记
黄万林

唐江镇镇长
肖礼兵

凤岗镇书记
邹焕铁

凤岗镇镇长
仲玉峰

三江乡书记
刘其海

三江乡乡长
叶福平

太窝乡书记
何耀灵

太窝乡乡长
张雪刚

朱坊乡书记
赖忠猛

朱坊乡乡长
李　江

镜坝镇书记
钟　伟

镜坝镇镇长
朱　芳

横寨乡书记
康　兴

横寨乡乡长
李坊富

赤土乡书记
蓝永清

赤土乡乡长
卢洸华

浮石乡书记
钟春莲

浮石乡乡长
黄清华

龙岭镇书记
李绍武

龙岭镇镇长
王　俊

龙回镇书记
肖　立

龙回镇镇长
黄孝斌

蓉江街道党工委书记
谢小龙

蓉江街道办事处主任
刘经辉

东山街道党工委书记
欧阳效桂

东山街道办事处主任
江晋斌

市委办主任
朱国清

政府办主任
何　瑜

人大办主任
邱启忠

政协秘书长、办公室主任
明经才

市纪委副书记
监察局局长　兰希高

市委组织部副部长
老干局局长　钟圣源

市直工委书记
王礼伟

市委农工部部长
廖祥益

市委农工部副部长
新村办主任　张华源

市委农工部副部长
农办主任　罗慕忠

机关事务管理局局长
黄春铃

信访局局长
黄来顺

市委党校常务副校长
陈　健

科技局局长
谢伟高

发改委主任
黄　光

民政局局长
罗　芸

人力资源和社会保障局
局长　刘连生

人力资源和社会保障局
书记　郭名华

人力资源和社会保障局副局长
医保局局长　卢伟周

人力资源和社会保障局副局长
农保局局长　朱润芝

审计局局长
曹世明

审计局书记
谢楚平

安全生产监督管理局
局长　刘自宏

安全生产监督管理局
书记　钟华旺

食品药品监督管理局
局长　刘淑生

民宗局局长
罗福民

行政服务中心管理
办公室主任　宗小凡

城乡规划建设局党委书记
局长　李春平

城市管理行政执法局党
委书记、局长　陈伟生

城市管理局党委书记
局长　伍祖培

城市管理局副局长
环卫所所长　钟俊丰

园林所所长
黄家寿

房管局局长
张祥明

市场物业管理局局长
王志军

人防办主任
胡声平

土地收购储备中心主任
吴梦喜

南水开发办书记
杨　辉

工业和信息化局局长
党委书记　胡伏生

民营企业管理局
局长　谢宝菇

交通运输局党委书记
局长　张立伟

高速办主任
戴丁山

家具产业促进局
局长　蔡湖南

东山工业区管理办
主任　吴　皓

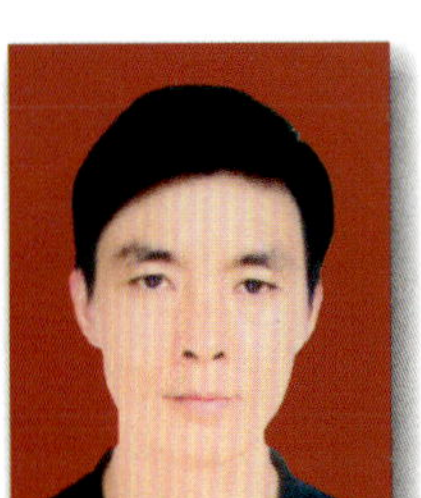
龙岭工业区管理办
主任　张时清

人口和计生委主任
赖新林

农业和粮食局局长
龙清生

农机局局长
邬正林

果业局局长
曾庆明

畜牧水产局局长
卢致融

畜科所所长
严由南

林业局局长
刘九生

水利局局长
肖建国

水利局总支书记
副局长 吴垂非

水保局局长
刘传玉

国土局党组书记
局长 罗 峰

矿产资源管理局党组书记
局长 朱汉祚

扶贫和移民办主任
曹伍生

财政局局长
罗华兰

商务局局长
王小华

商务局党总支书记
龙 伟

商务局副局长、招商服务
中心主任 邱家佑

旅游局局长
邓玉蓉

教育局党委书记
局长 刘乘波

体育局局长
张 洪

体育局党支部书记
副局长 李德华

卫生局局长
党委书记 刘平华

卫生监督所所长
王齐明

文化和广播电影电视局
局长 朱吉祥

广电新闻中心主任
刘述洗

档案局局长
杨 林

公安局党委副书记
政委 郭万龙

公安局副局长、交管大队
大队长 钟世华

交管大队教导员
邹天翼

司法局局长
刘举

司法局书记、副局长
严章伟

总工会常务副主席
刘海鹏

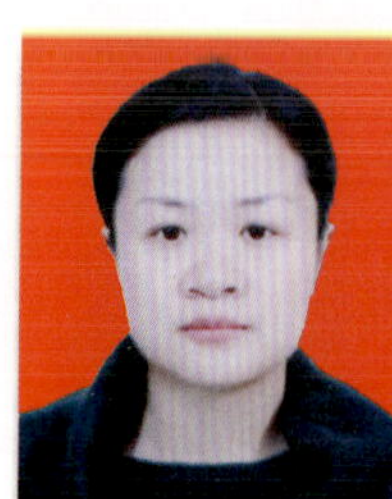
团市委书记
钟燕

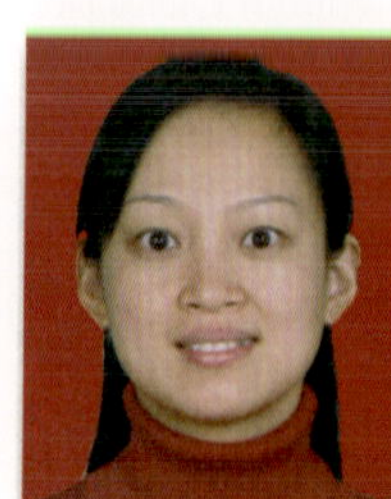
妇联主席
蓝海燕

残联理事长
钟名德

南康中学党总支书记
校长　卢川平

南康二中校长、党支部书记
黄忠东

唐江中学校长
董太升

唐江中学书记
蒋民德

职业中专校长
陈祥生

职业中专书记
副校长　仲承全

进修学校校长
刘家玉

南康三中书记、校长
刘毓球

中医院院长
朱挺朝

工商银行行长
曾小勤

农信社理事长
李　斌

人民财产保险公司
经理　赖叶华

阳光人寿保险股份有限公司南康支公司
经理　李小扬

工商局党组书记
局长　徐广城

质量技术监督局党组书记
局长　朱红英

供电公司经理
谢兴华

供电公司副董事长
谢凯林

供电公司书记
李俊杰

邮政局局长
谢良干

电信分公司总经理
刘名海

移动公司总经理
李夏生

烟草专卖局局长
黄春海

供销社主任
陈超峰

江西新华发行集团有限公司
南康市分公司经理　蔡文逵

农业银行行长
李　华

采茶剧团团长
林咏梅

科协主席
蓝希华

物价局局长
曾静萍

宣传部副部长
文联主席　廖　诚

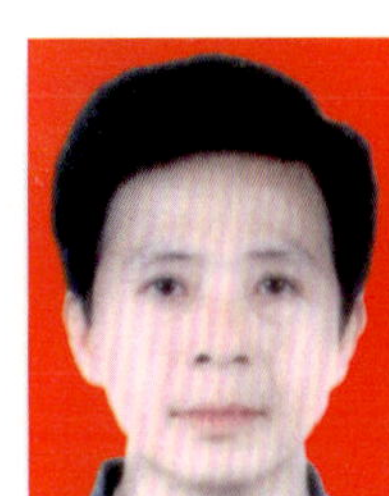
编委办主任
刘诗海

南康市人民武装部

2010年，中国人民解放军南康市人民武装部机关有现役干部8人，职工13人，设军事、政工、后勤三个科，下辖基层武装部32个（乡、镇、街道20个，行业11个，企业1个），专武干部76人（乡镇42人、行业34人）。

2010年，市人武部认真贯彻省军区、军分区党委全会精神，坚持以科学发展观为指导，部党委确立了“抓机关带基层、强素质树形象、创特色促发展”的工作思路，锐意进取，开拓创新，扎实推进军事斗争准备和全面建设科学发展。南康市被江西省表彰为“国防动员工作先进单位”，市人武部被江西省军区表彰为“全面建设先进单位”，人武部党委被省军区党委表彰为“先进党委”，人武部被省军区密码工作领导小组评为“密码保密工作先进单位”，市龙岭镇武装部被江西省委、省政府和省军区表彰为“基层建设标兵单位”，全年有12人次受到赣州军分区以上表彰。

2

3

1

① 2010年11月19日，江西省军区政委陶正明率工作组在龙岭镇武装部检查民兵器材库。军分区司令员刘瑄、政委曾远舟、参谋长崔晨、政治部主任谢亨舜、市人武部部长袁斐、政委沈光泽、副部长黄玉鹏陪同。

② 2011年2月27日至3月5日，军分区组织全区民兵“四会”教练员集训比武，南康民兵获团体总分第一名。图为2011年2月，人武部组织民兵“四会”教练员骨干选拔集训。

③ 2011年3月，人武部机关开展“加强党性修养 锤炼思想作风”讨论辨析活动。

④ 部领导协调市城乡规划建设局在为营区道路规范标示。

⑤ 2010年12月8日，人武部组织机关干部职工、专武干部和入伍新兵开展义务献血活动。

⑥ 2011年6月15日，人武部组织防汛抗旱指挥所开设和民兵应急分队拉动演练。

⑦ 2011年3月18日至23日，赣州军分区依托南康人武部组织全区民兵舟艇分队操作手骨干集训和演练。图为舟艇分队在赣江上游开展操舟集训。

⑧ 2011年4月24日至29日，人武部组织民兵维稳分队队员开展格斗训练。

⑨ 人武部始终“以艰苦奋斗精神建部育人”，近年来，干部职工自己动手浇花、栽草、植树、种菜、刷墙、描字等，节约资金近百万元。图为干部职工在粉饰营区文化墙。

4

5

6

7

8

9

南康市公安局

副市长、公安局长　罗富杨

2010年，南康市公安局在市委、市政府和上级公安机关的正确领导下，忠诚履责，积极作为，锐意进取，开拓创新，进一步唱响了人民公安为人民的主旋律，先后荣获“全国维护妇女儿童权益先进集体”、“全省维护妇女合法权益十佳先进单位”等荣誉称号，被赣州市公安局表彰为“全市县级公安机关年度绩效考评先进单位”和“防火工作先进公安局”。

政委　郭万龙

政治局面更加安定　以维护社会稳定为首要任务，严把信息预警、打邪制非、专案侦察、诉求疏导、快速反应、网络监控“六个关口”，有力地维护了全市社会政治稳定。

打击整治更加有力　2010年共破刑事案件1590起，比上年上升了30%，年内10起命案全破，成功打掉了以张敏为首的黑社会性质犯罪组织团伙，及时侦破了“8.9”30万元特大飞车抢夺案等一系列重特大案件，有力地维护了全市社会治安稳定。

基层基础更加扎实　最优保障基层，全年为21个派出所及一线单位配发了26辆新车，投资100余万元推行了“新建四个无房所，置换一个不适宜所，改建一个危房所”工程，投资200余万元建成了5个治安卡口，争取市政府划拨了50亩土地用于兴建公安业务办公楼，有力夯实了公安工作根基。

管理服务更加有效　大力改进和加强了各项公安行政管理工作，在全省率先开通了按需申领护照工作，积极探索暂住（流动）人口管理新路子，推行了暂住（流动）人口临时居住证和居住证管理制度。此外，全年共破各类经济犯罪案件18起，为国家和个人挽回直接经济损失1478.04万元。

公安队伍更加有为　坚持内强素质，外树形象，文化育警“三个常态”，大力开展了队伍纪律作风整顿年等一系列活动，培育出了赣州市十大杰出青年龙伟强等一大批先进典型，圆满举办了颇具南康特色的第四届警察文化节，民警综合素质和队伍整体形象得到明显提高。

公安指挥大楼

群众挽回经济损失

“天网”工程覆盖全市

综合应急大队战斗力凸显

摧毁犯罪团伙

南康市家具产业促进局

市委书记谢德强在家具市场调研

市委副书记、市长柯岩松走访家具企业

市家具产业促进局研究提升机关效能有关工作

市家具产业促进局党员青年干部
“服务家具产业从我做起”演讲比赛

家具产业是南康的一张城市“名片”,2010年南康家具产业虽然受到世界金融危机的影响，但在市委、市政府的正确领导下，在广大家具业主的辛勤努力下，南康家具产业仍然保持了良好的发展态势。截止2010年12月31日，全市家具企业达5670家，比去年新增629家，同比增长13.9%；新增固定资产投资15.5亿元，同比增长244.00%；实现工业总产值43亿元，同比增长32.30%；实现工业增加值11.6亿元，同比增长19.00%；实现销售收入40.85亿元，同比增长30.90%；实现税收3250万元，同比增长35.40%；进口橡胶木50.99万方，同比增长42.30%；从业人员13.2万人，同比增长10.00%。家具市场占地面积800亩，市场建筑面积70万平方米；家具物流企业239家，主要线路613条；家具木材运输放行量96.2万方，同比增长29.11%。

2011年7月9日，中国中部首届暨南康第六届家具博览会召开

南康市城市管理行政执法局

党委书记、局长兼市公安局副局长　陈伟生

2010年，南康市城市管理行政执法局紧紧围绕市委、市政府的工作部署，不断创新工作理念，着力推进城市管理领域相对集中行使行政处罚权工作。全局干部职工在局党委的领导下，坚持“内强素质、外树形象”，强化大局意识、服务意识、责任意识，依法履职，为优化宜居创业环境、提升南康城市品位、促进南康经济社会更好更快发展作出了应有的贡献。2010年，被政协南康市委员会评为2010年度“提案承办先进单位”，被赣州市评为“文明单位”，女子执法中队被授予赣州市“三八红旗集体”和南康市“巾帼文明岗”称号。

①召开“进一步整顿纪律作风，增强廉洁意识”活动动员大会。
②开展“千户访谈”活动。
③整治校园周边环境。
④开展两违整治，强制拆除违章建筑。
⑤2010年8月19日，举办“弘扬城管执法精神，塑文明、亲民形象”文艺晚会。

①

②

③

④

⑤

南康市城乡规划建设局

党委书记、局长 李春平

党委副书记 刘民山

2010年，南康市城乡规划建设局紧紧围绕“规划求优、建设求精、规建互动、科学建城”的理念，开拓进取，扎实工作，城乡规划建设事业取得了新的进展。年末，城市化率比上年提高2个百分点，达45.6%；城市建成区新增2.5平方公里，达25.56平方公里；城市人口新增2.34万人，达27.4万人。

规划体系走向完善 聘请专家编制了南康市50平方公里城市总体规划（2009~2030）、东山新区与家具城控制性详细规划及重点地段8.7平方公里城市设计、“一江两岸”景观提升设计和蓉江新区、南水新区西片区、龙岭新区14.5平方公里控规，城乡规划体系更加健全。

文化艺术中心

城市发展向前推进 以100个亿、100个重点项目为突破口，主抓了赣南大道南康延伸段工程、工业大道东延工程、金赣北大道建设工程、东山北路贯通工程、文化艺术中心、瓶装液化气站、五星级宾馆建设工程等一批重点工程建设，进一步完善了城市功能。

行业管理逐步规范 狠抓建筑业管理，房屋建筑工程图审率达100%；组织了109个项目招标，项目招标率均达到100%。狠抓工程质量安全，工程质量安全监督覆盖率100%，创赣州市优良结构工程1个，申报赣州市优良结构工程5，创赣州文明工地3个，创省文明工地1个。狠抓工程检测，检测工程项目180余个，签订合同150份，同比增加51.7%；检测151个地基项目，编制检测报告164份。狠抓燃气安全监管，大力开展“平安气站”建设，加强安全隐患排查，下发责令整改通知37份，落实人防、物防、技防，消除安全隐患23处，全年未发生安全事故。

市政新貌

2010年，南康市城乡规划建设局先后荣获“赣州市建设系统目标管理工作优胜单位”、“南康市先进基层党（总）支部”、“南康市人大代表建议承办先进单位”、“南康市政协委员提案承办先进单位”等荣誉称号。

体育公园鸟瞰图

南康市东山棚户区改造工程城市设计

南康市市容环境卫生管理所

市城市管理局副局长、环卫所所长 钟俊丰

“全国三八红旗集体”授牌仪式

南康市市容环境卫生管理所抢抓机遇、乘势而上，加快环卫事业的大发展，努力实现经济可持续发展和保护环境“双赢”的局面：

在完成市区统管区域环境卫生工作的基础上，加强了对物业管理小区环境卫生工作的监管，开展了国道和城区出入口环境卫生整治,成立了承接统管区域以外垃圾清运的专业队伍，环境卫生工作质量提升明显。江西省建成和在建的生活垃圾处理填埋场中垃圾处理工艺流程最为先进、完善，且建设规模较大的南康市城市生活垃圾卫生填埋场步入规范科学化运行。与此同时，原浮石罗坳垃圾场封场后污水实现了安全排放。2011年，环卫设施投入增多，队伍面貌焕然一新：由市政府投资74.8万元购置的道路洗扫车投入使用，全市道路机械洗扫实现“0”的突破。在市区主街道布设了850只款式新颖的果壳箱，为南康街道添“绿”景。新建成了金河二路、龙岭工业东区等6个公厕、垃圾中转站。在城区以具有特色风格和美观环保的水冲公厕代替污染环境的旱厕，以全封闭中转处理垃圾代替裸露堆放方式处理垃圾，使环境污染源从源头上得到收纳治理。

召开社会各界人士座谈会广泛征求意见

集扫路和高压清洗功能于一体的道路洗扫车正在作业

南康市城市生活垃圾卫生填埋场接受周边县市参观人员

南康市工商局

省工商局领导到南康市工商局调研社会管理创新工作

南康市工商局是主管全市市场监督管理和行政执法的职能部门，下设办公室、人事教育科、政研法规科、监察室、个体科、市场科、商标广告科等7个职能科室，设企业注册局、公平交易局、消保局3个直属机构，机关后勤服务中心、信息中心、个协办公室、消协办公室4个直属事业单位，辖蓉江、金鸡、唐江、龙回、赤土、镜坝、龙华、风岗、横市、坪市、麻双、朱坊12个分局。

2010年，南康市工商局在市委、市政府和赣州市工商局的正确领导下，坚持以“三个代表”重要思想为指导，牢固树立科学发展观，按照国家工商总局“四个统一”和“四化建设”要求，围绕市委、市政府“产业兴康、教育强市、品质铸城、和谐福民”战略，以基层模式改革为抓手，积极加强和创新社会管理；以开展发展提升年活动为重点，围绕做大做强南康主导产业，大力实施商标品牌战略，提升了科学发展的能力；以创先争优活动为契机，全面加强作风建设，打造了一支政治、作风、业务“三过硬”的队伍，为促进南康经济社会又好又快发展作出了新贡献。全年新登记个体工商户6890户，新登记私营企业198户，新登记农民专业合作社25户。截止2010年底，全市个体工商户累计23096户，私营企业累计1108户。

省工商局商标局和市领导为“大澳”驰名商标授牌

市工商局、个私协组织开展“诚信兴商”主题教育活动

食品安全宣传进农村

中国·仟亿家具实业有限公司

中国家具协会副会长张冰冰（右）与总经理张宏仙合影

中国·仟亿家具实业有限公司是一家集设计、研发、生产、奖销售为一体的大型专业化生产酒店（宾馆）家具的集团公司，公司大型展示厅位于广东省佛山市乐从团亿国际家具城，占地面积3000平方米，专业承接制造星级酒店、豪华公寓、知名连锁酒店及装饰配套工程；2011年公司在中国中部家具产业基地又新增30000平方米的现代化生产流水线，在湖南、福建、顺德设立了三大分公司，公司拥有几百名长期在“珠三角”从事家具制造业的专业化的管理人员、一线优秀技术员工，科学管理，质量层层把关，紧紧把握现代化的酒店业界动向，始终站在行业高端，为国内众多的五星级酒店、知名的连锁酒店及豪华公寓提供高档次的精品家具，产品已打入国际市场，出口到欧美、中东、东南亚等地。公司奉行“人才为优势、管理出效益”的宗旨，集思广益，挖掘公司潜力，做精品家具、做客户满意的家具！

市长柯岩松（中）给总经理张宏仙颁发“质量守信企业”奖

“仟亿通宝”商标被评为赣州市知名商标

公司发展至今，“仟亿”品牌已经深入人心，深得消费者的信赖，在客户和家具业界获得了一项又一项的好评和荣誉：“中国家具协会理事单位”、“ISO14001：2004环境管理体系认证”、“ISO9001：2008质量管理体系认证”、“省十强企业”、“省AA级守合同重信用企业”、“省著名商标”等等。

部分工程案例：

上海 沪光大酒店	★★★★★	深圳 帝豪大酒店	★★★★★
湖南 豪廷大酒店	★★★★★	湖南 张家界度假村	★★★★★
福建 国际大厦	★★★★	江西 宝辉大酒店	★★★★
深圳 威尔顿大酒店	★★★★	赣州 华旗大酒店	★★★★
福建 长青大酒店	★★★★	河南 卧龙大酒店	★★★★
广东 金韶大酒店	★★★★	广东 雄州大酒店	★★★★
江西 华龙大酒店	★★★	江西 凤凰大酒店	★★★
湖北 明仁大酒店	★★★		

系列产品

STANDARD SUITE

公司鸟瞰图

南康市民政局

省民政厅领导视察南康市灾后重建工作

2010年，市民政工作紧紧围绕“一个继续坚持、两个着力把握，六个扎实推进”工作部署，各项工作稳步推进。

一是城乡低保保障水平和补助水平得到进一步提高。截至11月，全市共有城市低保对象3215户6765人，发放低保金1379.19万元；农村低保对象14229户28722人，发放低保金2377.95万元。二是开展城乡低保资金发放专项治理工作。全市共清理停发城市低保户296户795人，新增城市低保户152户287人；停发农村低保户1044户2753人，新增农村低保户1173户2964人。三是加强“三院”建设管理，提升管理服务水平。改扩建、异地新建敬老院3所，建筑面积达2600平方米，新增床位160个。全市有四星级敬老院二所，分别为三江敬老院和唐江敬老院，龙回光荣敬老院还被评为五星级敬老院。四是实施灾后重建工作。2010年全市受灾人口1.3万人，农作物受灾361公顷，因灾倒塌房屋1272间。为搞好灾后重建，通过向上争取，本级财政加大投入，大幅度提高倒房重建救助标准，共下拨自然灾害救助款725.76万元。五是医疗保障水平不断加强。医疗救助同步结算工作稳步推进，共有935名城乡困难群众通过医疗救助同步结算工作获得医疗救助，发放医疗救助资金79.25万元；全市共救助城市低保对象和低收入对象849人次，发放医疗救助资金290.18万元，资金使用率达90%；救助农村低保、低收入对象和五保对象4941人次，发放救助资金1245.58万元开展爱心医疗救助免费手术6次，发放救助金3.6万元，资金使用率达 90%；共救助困难家庭儿童43人，发放医疗救助金24.18万元；全年优待金发放人数为602人，共发放优待金232.1万元。

市委书记谢德强、市人大主任韩水生八一慰问市消防大队官兵

慈善组织逐步完善、慈善活动有序开展

看望慰问龙回光荣敬老院

看望了解军休老干部生活情况

受灾群众领取救灾大米

浮石乡腊树社区综合避难路线图，浮石乡腊树下社区被国家减灾委、民政部授予“全国综合减灾示范社区”称号。

南康市高速办

市委书记谢德强视察铁路建设工地

市长柯岩松视察铁路建设工地

2010年市高速办（支铁办）紧紧围绕市委、市政府的工作部署，发扬严谨、务实、团结、奉献的优良传统，以良好的精神状态、过硬的政治素质和业务素质，积极投入赣州环城高速公路、赣韶铁路、京九铁路电气化改造和赣崇高速公路等重点工程的征地拆迁、协调服务工作中：赣州环城高速公路2010年9月16日正式通车；赣韶铁路征用各类土地1427亩,拆迁房屋2.9万平方米；赣崇高速公路征迁动员大会于10月11日召开，需征用土地1430亩，拆迁房屋3.3万平方米；京九电气化改造于2010年4月开工建设，征用各类土地32.2亩。

“十二五”期间，除赣韶铁路、赣崇高速公路等续建项目外，昌吉赣和赣广深客运铁路专线项目将正式启动。市高速办（支铁办）将继续发扬优良传统，全力以赴抓好项目的征地拆迁和协调服务工作。

环城高速

高速办全体职员

路地共建晚会

南康市南水开发办

南水新区示意图

南水新城区开发建设委员会办公室在市委、市政府的领导下，紧紧围绕“一个继续坚持、两个着力把握、六个扎实推进”工作大局，扎实工作，稳步推进，南水新区开发建设工作取得快速发展，新区面貌焕然一新。

2010年，基本完成了60米南水大道、40米南山大道两条横向主干道的道路排水工程建设、道路亮化及绿化工作，完成了30米塔坳路、30米和谐大道两条纵向主干道的道路排水工程建设，架起了南水新区的主要道路框架，有力提升了南水新区的交通能力。年底有效出让了南水新区B-13a、B-14a地块及E-06地块，土地收益达3.4亿元。加快安置点基础设施建设步伐，为拆迁安置户提供贴心服务。2010年管委会不断加强各个安置点的建设，着力做好安置点的土地平整、道路硬化和供水、供电工作，对安置用地基础超深的给予相应补助，通过一系列人性化措施为拆迁安置户服务，打消了拆迁户的顾虑，促进拆迁工作持续深入开展。

书记　杨辉

正在建设的体育场鸟瞰图

百家姓和谐城

南康市农保局

2011年7月29日，首批新农保试点养老金发放在唐江镇九驳桥社区举行

2011年9月22日，召开南康市实施城乡居民社会养老保险工作动员大会

局长 朱润芝

2010年，市农保局在市委、市政府正确领导下，全面贯彻落实科学发展观，紧紧围绕年初制定的目标任务，团结协作，迎难而上，各项工作稳步推进，为9226人发放了老农保养老金29万多元，三个村（社区）新农保先行试点参保缴费对象3224人，收取保费46.6万元，参保率达到95%以上，为751位60周岁以上老年人发放了基础养老金，发放率100%。

2011年9月，经国务院城乡居民社会养老保险试点工作领导小组批准，南康市被列入2011年全国新型农村和城镇居民社会养老保险试点市，自7月1日起正式实施。城乡居民社会养老保险工作是党和国家的一项重大惠民政策，为把党和国家这一重大惠民政策贯彻好，落实好，执行好，市政府成立了以市长柯岩松为组长、市委常委、市政府常务副市长杨晓斌为常务副组长的南康市城乡居民社会养老保险试点工作领导小组，并于9月22日召开了“南康市实施城乡居民社会养老保险试点工作”动员大会，市政府主要领导参加了会议，对实施城乡居民社会养老保险工作进行了全面安排和动员部署。

团结奋进的领导班子

办证大厅

南康市卫生局

2010年，在市委、市政府的正确领导下，全市卫生系统干部职工凝心聚力，扎实工作，20所乡镇卫生院全部实施国家基本药物制度，提前一年实现了基药全覆盖；门诊、住院次均费用分别下降22.6%、14.7%，直接让利群众672万元。全市新增业务用房13890平方米，改造业务用房400平方米，添置医疗设备62台（件），医疗卫生服务体系更加健全；国有医疗机构门诊人次107.11万人次，同比增长6.12%，住院人次62912人次，同比增长1.42%，净资产2.12亿元，同比增长26.67%。

一份耕耘，一份收获，南康市荣获江西省无偿献血促进奖、赣州市深化医药卫生体制改革工作先进县（市、区）；市卫生局荣获赣州市卫生服务能力建设工程先进单位、扩大国家免疫规划工作先进单位、结核病防治工作先进单位、无偿献血工作先进单位。各项医改目标任务全面完成，各项卫生工作扎实推进，全市卫生事业呈现出速度平稳、结构优化、效益提高、后劲增强的良好局面，为保障全市人民群众健康权益做出了积极贡献。

建设中的南康市第一人民医院

2010年6月22日，省卫生厅党组成员、纪检组长赖厚明在市中医院调研

2010年8月17日，赣州市区域卫生信息平台建设现场会在南康召开

2010年3月12日，市长苏传辉出席全市卫生工作会议

2010年10月25日，省红十字博爱送万家赣州市直通车启动仪式在浮石乡启动

2010年12月26日，卫生系统“三送”活动人员在麻双乡义诊

龙岭中心小学

团结奋进的学校班子

校长 洪学艺

龙岭中心小学位于南康东大门龙岭镇，南康市农民学院旁。全镇小学共有18所村小，2个初小点，122个教学班，学生4263人。共有教职工203人，其中本科学历42人，专科学历90人，中专学历67人；有小学特高级教师1人，小学高级教师105人，江西省首批小学数学学科带头人1人，省级数学骨干教师1人，南康市中青年骨干教师2人。

多年来，学校以“以人为本、和谐发展、品质兴校、特色强校”的办学理念，坚持“培名师、育名生、出特色、创名校”的办学目标，形成了“厚德、求真、笃学、善行”的校风，“敬业、乐业、精业、专业”的教风和“勤学、好学、会学、博学的学风”。

学校紧紧抓住南康教育事业蓬勃发展的良好机遇，解放思想，科学发展，全镇小学教育教学水平和教育质量稳步提升，连续五年超额完成了小考目标任务。在上级部门的关心支持下，在全体教职工的共同努力下，学校的特色工作——科技教育方面取得了可喜成绩，先后被为全国科学教育实验基地、全国青少年科学教育师训计划优秀实验基地、江西省科技教育示范学校、赣州市文明校园、赣州市德育示范学校、赣州市科技教育示范学校，创造了在全市甚至在全省都令人瞩目的“龙岭现象”，实现了又好又快的发展。

学校概貌

新建成的综合楼多媒体教室

整齐化一的课间广播体操

学生机房

南康市人口与计划生育委员会

① 开展纪念《公开信》发表30周年宣传服务活动。
② 市人口计生委节日期间开展慰问计生家庭活动。
③ 市工业园区流动人口计生服务中心的设立，极大地方便了广大育龄妇女。
④ 市人口计生委开展“绿色养老”工程，帮助农村独生子女户、二女户家庭走上致富路。
⑤ 2010年，镜坝镇二女户家庭李干财家被评为江西省“百户生育文明幸福家庭”，蓉江街道办事处朱圣婷和唐江镇严章兰被评为江西省“百名优秀女孩”。图为女孩朱圣婷喜领荣誉证书。

南康市麻双乡

整治亮丽的圩镇

麻双乡位于南康市北部山区，全乡面积127.4平方公里，人口3.01万人，行政村15个，以油茶、蔬菜、生猪、果业、水稻为主导产业，全乡耕地面积1.5万亩，林地面积13.9万亩。2010年，我乡在市委、市政府的正确领导下，突出科学发展与构建和谐这两个重点，紧紧围绕乡党委、政府年初制定的工作目标，统筹抓好各项工作，实现了新农村建设、计划生育、社会稳定等工作上的新突破，促进了社会各项事业的发展。2010年，全乡财政收入137.55万元，农民人均纯收入3110元。积极推进农业产业化进程，改造低产油茶5000多亩，新增高丰产油茶基地3000多亩，新建圩下蔬菜基地50多亩。以村庄整治建设为示范，全力推进新农村建设，今年各个点的建设做到了均衡推进，改水率96%以上，改厕率95%以上，硬化通户路9.784公里，安装太阳能63户。狠抓圩镇规划建设和管理，完成了兴麻路、井前路、教育路共计4735平方米的彩化；完成了农贸市场2779.7平方米的硬化，新安装太阳能路灯28盏，完成了200米长的老街改造工程。

圩下百亩冬瓜基地

圩下千亩油茶基地

千亩桉树基地

南康市农村信用合作联社

南康市农村信用社合作联社联系广大农户，服务农村、服务社区，网点最多，覆盖面最广，已经成南康市的金融主力军。自江西省农村信用社联合社成立以来，农村信用社各项业务得到跨跃式发展，特别是存贷款和电子银行主要业务实现了新的跨越。截止2011年6月30日各项存款已突破30亿元，余额达33.79亿元，各项贷款余额达17.03亿元，其中“涉农”贷款余额14.73亿元元，占贷款总量的86.49%。存贷款规模居南康市金融机构市场份额第一位。

建党90周年理事长李斌（中）为先进党支部颁奖

加快了电子化服务步伐，已推出银联标准“百福卡”、“农民工银行卡特色服务”、独具特色的转账终端和电话银行，并成功开通了网上银行。累计布放自助转帐终端503台，自助存折补登机8台，ATM机13台,CRS存取款一体机3台，其中ATM（CRS）乡镇网点布放率达到35%，自助设备布放不断向乡镇延伸。

加快贷款审批，成立特色贷款中心，指定专门网点、业务骨干办理返乡创业、下岗再就业贷款，提高办事效率，保证信贷资金及时、足额投放到位。截止2011年6月30日，在过去的一年半时间里全社充分发挥支农主力军作用，大力支持县域经济特别是三农及中小企业发展。一是大力支持地方主导产业发展。累计发放矿产品类贷款35173万元，家具类贷款57337万元，服装类贷款4474万元；二是加大涉农有效信贷投入。通过开展农户小额信用贷款提升工作，完善小额农贷评级授信机制，累计发放农户小额信用贷款15339万元。同时扩大文明信用农户创评面，加强文明乡、村建设，营造良好的农村信用环境，累计发放文明信用农户贷款2697万元。三是着力支持农民工返乡创业及下岗职工再就业。主动与地方劳动部门互动，做好农民工返乡创业及下岗职工再就业扶持工作，取得了较好的社会效益。累计发放农民工返乡创业贷款4675万元，贷款余额达2668万元；累计发放下岗再就业贷款6525万元，贷款余额达7238万元。四是全面推广百福惠民卡。坚持稳步有序推进、坚持优质客户优先、坚持授信额度逐步扩大原则。目前授信金额达2860万元，发卡286张，用信金额2234万元。目前客户群体主要为优质农户及国家公务人员。

网上银行

联社大楼

营业网点晨会

阳光保险集团股份有限公司 南康支公司

Sunshine Insurance Group Corporation Limited　NaKang enterprise

阳光财产保险股份有限公司
南康支公司 经理　张少勇

阳光人寿保险股份有限公司
南康支公司经理　李小扬

阳光保险集团股份有限公司是国内七大保险集团之一，由中国石油化工集团公司、中国南方航空集团公司、中国铝业公司、中国外运长航集团有限公司、广东电力发展股份有限公司等大型企业集团于2005年发起组建，目前拥有阳光财产保险股份有限公司和阳光人寿保险股份有限公司等多家专业子公司。

团中央农村青年阳光就业活动

团中央农村青年阳光就业活动

阳光财产保险股份有限公司南康支公司坚持以科学发展为目标，以“固根强基”为重点，紧紧围绕实现公司又快又好发展为目标，积极、稳健、高效地开展了一系列工作，取得了较好的成绩。至2011年11月，公司共实现保费收入600多万元，处理各类理赔案件1100件，结案率95%。公司部门设有经理室、客户服务部、综合管理科室，机关工作人员7人，3个营销团队，共计人员29人。险种主要有：财产损失险、责任保险、信用保险、保证保险、短期健康保险和意外伤害保险等再保险业务。南康阳光财产保险严格以依法合规经营，加强各部门内部管理，提高员工综合素质，认真学习阳光文化“集众家之长，取自我之道；聚业内人才，纳业外贤士；高起点组建，远战略发展；风雨中做事，阳光下做人”。

阳光财产保险股份有限公司南康支公司营业厅

阳光人寿保险股份有限公司南康支公司营业厅

2011年南康阳光人寿保险坚持以科学发展为目标，始终坚持把品质、市场能力、盈利能力、可持续发展能力、客户满意作为一切工作的指南。公司成立仅半年来便取得了较好成绩，保费收入已达600余万元，处理各类案件20件，结案率100%，为南康经济发展作出了应有贡献。公司部门设有经理室、客户服务部、综合管理科室，机关工作人员7人，10个营销团队，共计人员106人。险种主要有：人寿保险、健康保险、意外伤害保险、各类人身保险业务等。南康阳光人寿保险严格以依法合规经营，加强各部门内部管理，提高员工综合素质，认真学习阳光文化“集众家之长，取自我之道；聚业内人才，纳业外贤士；高起点组建，远战略发展，风雨中做事，阳光下做人”。

南康市教育局

2010年，全市教育工作继续围绕“打造江西教育强市”目标，坚定不移地走内涵发展之路，教育教学质量水平实现了新的提升。一是教育优先发展地位更加突出。市委、市政府高度重视教育，不断加大教育投入。全市预算内教育投入达3.66亿元，比上年增长16.44%。推进教育民生工程建设，办理公办中小学校国有土地使用证371宗；落实了义务教育阶段公办学校贫困寄宿生补助生活费、普通高中贫困生政府资助、中等职业学校学生国家助学金资助、新考入大学的贫困生政府资助、生源地信用助学贷款等各项资助政策。二是教育资源质量迅速提升。南水中学二期工程和特殊教育学校二期工程均已全面竣工。第一小学3#教学楼、逸夫小学综合楼续建工程、峨嵋初中教学综合楼等三个项目均已竣工。启动了市第四小学筹建工作。龙华中心小学、浮石中学、横市中心小学等第一批农村学校教师居住工程项目均已竣工并交付使用。共投入4429.58万元，实施了38个校建项目，新增校舍面积41424平方米。三是教育教学质量稳步提高。高考成绩连续12年位居赣州市前列。2011年，全市参加高考考生6159人，600分以上人数53人，比上年增加42人，占赣州市600分以上人数（304人）的17.43%；一本上线人数650人，占赣州市一本上线人数（4097人）的15.87%；二本以上上线人数1905人，占赣州市二本以上上线人数（12752人）的14.94%。南康中学陈绍祥、刘川和钟燕敏分别获赣州市文史类第二、第八、第十名。陈绍祥、刘馥亮均被清华大学录取。参加各类竞赛喜获丰收。荣获江西省中学运动会团体总分第一名；第七届“英东杯”中小学生运动会团体总分第一名。参加江西省第25届青少年科技创新大赛，共有21个项目获奖，7个项目被选送全国参赛。参加全国初中数学、物理、化学和中学生英语能力竞赛，荣获团体奖4个、单项奖292个（其中，国家级奖37个）。参加江西省第七届中等职业学校学生技能竞赛节，荣获团体一、二等奖各1个，三等奖4个。教育科研硕果累累。大力实施“科研强教”战略，以校本教研为主抓手，发挥“四级教研网络”作用，形成了“人人会研究，校校出成果”的格局。探索建立的“四线三课”型校本教研新模式，获教育部一等奖，并三次在全国校本教研经验交流会上作典型发言。“十一五”期间，全市有国家级课题20项、省级课题79项，教师参加赣州市级以上竞赛获奖81人次。

2008~2010年，市教育局连续三年被省委教育工委、省教育厅评为全省教育系统“规范管理年”、“创新发展年”、“提升质量年”活动“先进单位”。2010年，被南康市委、市政府评为“创业服务年活动先进单位”，被南康市人大常委会评为“代表建议承办先进单位”，被南康市政协评为“提案承办先进单位”。南康市被赣州市政府评为“2010年度全市教育工作综合先进县（市）”。

领导班子

根雕艺术教育

2010年赣州市综合先进县（市）

全省提升质量年先进单位

第四小学效果图

特殊教育学校

不断创新发展的南康三中

在第26个教师节上省委书记苏荣接见黄达生老师

校长 刘毓球

团结务实的校领导班子

南康三中成立于2006年7月，学校位于南康市泰康西路53号，占地面积105亩，现有教职工201人，其中特级教师1人，高级教师55人，中级教师98人，江西省骨干教师4人，赣州市学科带头人2人，南康市骨干教师15人，教学班70个，在籍学生4400多人。

2010年，南康三中在市委市政府和市教育局的正确领导下，全面落实科学发展观，以“创先争优”活动为载体，以“提升质量年”活动为契机，以素质教育为主题、改革创新为动力，以提高办学质量为中心，以服务师生为宗旨，以合作拼搏为基础，坚持走内涵发展之路，全面规范办学行为，不断强化、细化学校管理，大力优化资源配置，深化课堂教学改革，推动“科研兴校、质量强校”战略朝纵深发展，促进了学校和谐、健康发展。

一年来，校园安全稳定、文明和谐，学校管理、学校建设和教学质量等方面都得到了全面发展和提升，学校先后荣获：江西省“工人先锋号”、江西省“提升质量年”先进单位、江西省“素质教育月”先进单位、江西省“依法治校“示范校、“赣州市文明单位、赣州市第八届“英东杯中小学田径运动会”第一名、南康市“平安校园”、南康市教育“综合评估先进单位”、南康市“第十六届中小学田径运动会”第一名、南康市“第十六届文艺汇演”第一名、南康市教育宣传先进单位等十多项集体荣誉，中考取得显著成绩，各类竞赛、统考均位居全市前茅。

如今的三中人，在校长刘毓球的带领下，按照“以创新引领发展，用实力铸就品牌”的办学方略，同心同德，开拓进取，阔步迈向新的辉煌。

《弟子规》千人吟诵会

李阳疯狂英语讲学团南康三中演讲报告会

南康市第六中学

荣誉墙

喜迎省政府督导评估

赣州市校长来校参观

南康六中现有63个班，学生人数4123人，教职工179人。2010年，市六中秉承“与时俱进，敢为人先”的办学精神，全面落实科学发展观，同心同德，奋发图强，各项工作取得了长足的发展。荣获了：市教育工作综合评估先进单位、市教育质量目标考评先进单位、市教育宣传工作先进单位、市工会工作先进单位、市城乡学校结对帮扶工作先进单位、市家庭教育工作先进集体、市先进党（总）支部、第十六届中小学生文艺调演（初中组）先进单位；全国初中化学竞赛（赣州市）团体总分二等奖（全市唯一获该奖项的学校）；　2011年中考取得了优异成绩（三个“第一”）：虞琪同学以766分的总分获全市第一名，这是继2008年该校摘取中考全市状元后再次获此殊荣；同时该校有4位同学的总分位居全市前10名，总完成率名列同类学校榜首！校长王建明同志被评为“赣州市十佳校长”、曾和平同志被评为“南康市十佳班主任”。

如今，六中人豪情满怀，同瞻美好前景，共绘璀璨新篇。

学校文艺队

新起点 新篇章

南康市蓉江街道

城乡遍开文明花

蓉江街道位于南康市主城区，是市委、市政府所在地，全境总面积约39平方公里，共辖8个社区居委会和11个行政村,总人口13.6万。街道区位优越、交通便利，市场繁荣，经济活跃，人流、物流、资金流、信息流集聚。以家俱、服装、矿产品为支柱的加工业，以蔬菜、生猪、花卉为主导的城郊农业及现代商贸服务业蓬勃发展，到2010年，街道个私企业和工商户已突破5000家。城乡面貌日新月异，已有52个自然村开展了新农村建设，群众的生产生活条件日臻完善。民生工程深入实施，科教文卫等社会事业全面发展，各种群众性精神文明创建活动蓬勃开展，社会和谐翻开了新篇章。

三次产业比翼飞

靓丽新村似锦绣

南康市凤岗镇

市委书记谢德强（中）到凤岗镇指导工作

书记 邹焕铁

凤岗镇位于南康市中东部，东接赣州经济技术开发区蟠龙镇，南滨上犹江，与三江乡依水为邻，西临唐江镇，北连十八塘乡和赣州经济技术开发区湖边镇。辖区面积63平方公里，耕地面积22954亩，林地49225亩；总人口4.42万，辖16个行政村，1个居委会，246个村民小组。

凤岗镇是南康的中心乡镇，又是赣州现代化中心城市辐射的前沿阵地和赣州三江统筹城乡发展实验区的重要部分，也是促进赣县、南康、上犹与中心城区同城化发展的主要连接点之一。属赣州中心城区规划控制范围，区位交通优势明显，厦蓉高速、赣粤高速及新赣丰线一级公路贯穿通过。赣州黄金机场、钜盛鞋业、赣州虔东稀土集团股份有限公司、赣州汽车世界、赣州农副产品交易市场等重点企业和市重点工程，一大批优质花卉苗木、精品蔬菜等生产基地先后落户凤岗。站在新起点上，凤岗镇将结合赣州机场走廊经济带建设，实施“四四五六”工作机制,即“四轮驱动”、“四个对接”、“五个带头”、“六个表率”，全力推进凤岗经济强镇，为加速融入赣州中心城区奠定坚实的基础。

凤岗镇第七次党代会上新当选党委委员

镇长 仲玉峰

镇领导中秋慰问敬老院老人

群众的文化生活丰富多彩

产业新村

指导农业产业发展

展翅翱翔、拥抱希望（赣州黄金机场）

工业基地迅速发展

汽车世界等一大批重点工程项目落户凤岗

南康市东山街道办事处

书记 欧阳效桂

主任 江晋斌

东山街道位于南康市区东部，2003年10月由原金鸡镇与原西华乡5个村（居）合并而成。东临龙岭镇，南连龙回镇，西接蓉江街道，北界镜坝镇。全镜国土面积82.3平方公里，其中山地面积73905亩，耕地面积162524亩。辖11个行政村、5个社区，280个村（居）民小组，有常住人口9.4万人。全年新增个体工商户600户，新增私营企业90家，工商企业总户数达到了3000户，就业总人数达到3.6万人，完成固定资产投资12218万元；截止2010年12月底共完成财政总收入7689.48万元。

2010年，东山街道以“保稳定、促发展”为主线，树立正确的宗旨观、全局观、重点观、谋略观和效律观；坚定不移地把人民群众的利益始终放在第一位，把对党和人民的事业忠诚当作工作的最高境界，在创新中发展，在实干中奉献，为南康市快速推进工业化、城市化奠定了良好基础。2010年度在东山实施的市重点工程征地拆迁项目共40个，占全市项目数的近70%。截止12月底，共发放征地拆迁资金14441万元；共完成征地5827.8亩，拆迁民房591户计14.28万平方米，拆迁厂房290户计63万平方米，迁坟1289穴。2010年有省扶新农村建设点4个，分布在上垅村4个小组，涉及农户126户，受益人口461人。以“文峰岭”、“仙人靠石”等生态资源为主线，全年共拆除空心房1265平方米，破旧猪牛栏143间计2960平方米，硬化通组公路1720米，硬化通户路2312平方米，硬化余坪3890平方米，浇砌水沟1617米，硬化阶沿2903平方米，改厕114户，改水122户，民房装饰13150 平方米，安装太阳能28户，规划新建生态民房28户，建筑面积5600平方米。农业、农技、农机、畜牧等工作进展有序；农医合工作全面推进，全年共有35726人参加了新型农村合作医疗保险，覆盖率达到了95%。

泓泰家具产业交易市场

南康森林公园（生佛寺）

南康百家姓和谐城

正在建设的赣南大道

南康市唐江镇

副省长、赣州市委书记史文清来镇调研“三送”活动

唐江镇总人口119385人，辖区面积96平方公里，有30个行政村和3个社区，共有50个党支部，党员1808人。2010年，全镇上下紧紧围绕“128”工作思路狠抓落实。即：紧扣“提升科学发展水平，提高社会满意度，把唐江建设成为南康的次中心城市和赣州主城区的卫星城镇”这一目标。突出“项目建设和干部作风建设”这二个抓手，实行工作项目化、项目具体化、具体责任化的工作机制，着力建设“眼中有群众、心中有组织、办事有规矩、工作有激情”的“四有”干部队伍，促进干部职工提高责任意识、提高办事效率、提高工作质量、提高团队凝聚力。围绕产业发展有新办法，新农村建设层次有新突破，人口与计生水平有新提高，城镇面貌有新变化，基础设施建设有新项目，民生工作有新力度，社会稳定有新保障，干部作风有新转变这八项重点，各项工作统筹推进，成效明显。全镇实现财政收入1325.67万元，比上年增长15.7%。总体情况为：思路清晰、目标明确，重点突出、亮点较多，社会稳定、群众满意度逐步提高。

党委书记　黄万林

党委副书记、镇长　肖礼兵

产业发展有新办法

干部作风有新转变

民生工作有新力度

城镇面貌有新变化

新农村建设有新突破

南康市龙岭镇

书记 李绍武

荣誉墙

龙岭镇位于南康市东南部，东界赣州经济技术开发区潭口镇，南连赣县，西接东山街道、镜坝镇，北邻太窝乡。面积68平方公里，辖18个村委会，1个居委会，250个村民小组，人口4.5万。耕地总面积2.56万亩。

2010年，全镇经济发展进入快车道，“工业兴镇”初见成效，全年新增规模工业企业34家；家俱等惠民产业规模形成，农业结构进一步调整；生猪、花卉、蔬菜、果业等特色产业并得到较好发展。2010年，全镇实现财政总收入7079万元，完成总任务102%，较上一年增长1968万元，农民人均年收入达到3680元。

镇长 王俊

全镇完成了89个省扶点建设，建成了金塘、下棚、邱边等一大批生态良好、村容整洁、民风淳朴的示范点。圩镇建设大胆探索，提质提效，建成了全市乡镇唯一的农民住宅小区，为引农进镇探索了新载体。新农村建设被赣州市评为先进乡镇，连续五年被南康市评为综合先进乡镇，圩镇被评为江西省文明村镇。下棚村、金塘村、镇农民服务中心先后接受全省新农村建设会、全省基层组织建设会、新农村建设高峰论坛现场参观。

龙岭镇社会事业欣欣向荣，教育、卫生、文化、体育等各项事业蒸蒸日上，组建了龙岭镇农民乐队，龙岭中学在2010年中考中名列全市同类学校第一名。镇新农合参合率达到95%，群众对镇农医所的满意率达98%。

南康工业园龙岭东区

工业

新农村

南康市横市镇

领导班子

横市镇位于南康市北部，东临赣县沙地镇，南连麻双乡，西接上犹县社溪镇，北邻坪市、大坪乡，是南康北部的中心。

2010年，全镇实现GDP 5173.3万元,比2006年增长20%，年增长率达9%以上；财政总收入110.64万元,比2006年增长2倍；粮食总产量1.0636万吨，比上年增产8%；农民人均纯收入3371.5元，比2006年增长26%。全镇先后获得了“新农村建设先进单位”、“信访维稳二等奖”、“征兵工作先进单位”、“社会治安综合治理工作三等奖”、“全市宣传思想工作先进集体”、“安全监管工作先进单位”等称号。

新农村建设谱新篇。完成了35个省扶点的建设。其中，增坑村岗坑园“八小农民乐园”、禾田村“八好新村”获得了市委、市政府的一致肯定。

圩镇建设出亮点。近两年，投资近150万元对圩镇实施美化、净化、亮化工程，完善了基础设施。充分挖掘“万寿宫”等古迹的历史文化底蕴。成立了城管中队，加强交通秩序整治。2009年11月，全市圩镇建设工作现场会在横市召开，全市提出“看横市，学横市，加快全市圩镇建设步伐。”2011年，启动了“明珠大道”建设。

富民产业快增长。全镇大力实施油茶林种植，共种植油茶1.7万亩，其中千亩基地1个，全镇油茶年总产量达138吨；生猪生产规模化、专业化有较大进步，年出栏近3万头；以脐橙、柚子、柑橘为主的果业取得了较好发展，全镇甜柚1610亩，脐橙960亩，其它132亩，总产值850万元；无公害优质稻种植发展迅速，建成千亩示范区两个；引进增坑红星百亩蔬菜基地一个和金盛制衣厂；打造了3家大米加工销售龙头企业，横市“三清源”牌大米连续四年被评为赣州市知名商标。

圩镇新貌

农村面貌焕然一新。充分挖掘“麻石井”、“鸭子坞”等传统文化，组建女子腰鼓队和老年乐团。积极开展“农家书屋”进农家活动，2011年有“农家书屋”6处。

民生社会事业稳前进。新农合参合率达98%，切实缓解群众看病贵、看病难的现象；农村养老保险、低保五保和困难群众的生活补助逐年增多，2009年新建横市镇敬老院，2010年动工修建镇干部职工宿舍和镇农民服务中心。同时，积极发展教育，2010年，横市中学摘取了市中考状元桂冠。2011年代表南康参加省教育督查获得了好评。通过“三送”活动，引进了增坑“明德小学”项目，解决留守儿童上学难。

今后五年，全镇以“发展为先、生态为重、创新为魂、民生为本”的理念，落实“产业兴镇、教育强市、品质铸城、和谐福民”的发展战略，促进经济快速健康发展和社会事业全面进步。

高速路口

乐团活动

靓丽新村

门口务工

横市中学

南康市太窝乡

太窝乡位于南康中部，面积36.52平方公里，有耕地14546亩，其中水田9584亩，全乡辖9个行政村，共有153个村民小组，4752户农户。境内建有170多年历史的天主教堂一座。2011年，全乡实现国民生产总值18500万元，财政总收入达292万元。

重点项目建设有新成效。一是加大圩镇扩容提质力度。圩镇面积新增60亩。二是加大交通设施建设力度。全年新硬化3个村7.4公里的通组公路。三是加强水利设施建设力度。完成了23公里的水利渠道建设和14口大型山塘的深挖工作。四是加大文化投入。全面完成了乡镇综合文化站建设。五是全力推进返乡农民工创业园等项目征地拆迁工作。土地“增、减、挂”项目全面完成拆迁、平整工作。

市领导来太窝乡指导工作

社会主义新农村建设有新发展。一是加快发展现代农业。全乡果业开发面积达6500亩，生猪年饲养量达4万头。全乡注册登记农民专业合作经济组织25个，年销售收入100万元以上的农业企业有29家，赣州市级农业产业化龙头企业1家，联结农户950户。二是着力培育新农民。共培训农民800多人次。三是全面推进村庄整治和农村清洁工程。共发放各类垃圾桶400个，设立垃圾回收点8个，建筑垃圾填埋点3个，新建垃圾池12个。

太窝农民服务中心

社会和谐建设有新提高。一是积极做好新农合工作。2011年，全乡参合率达96.6%，参合人员19421人，参合农民受益面达34%。全乡新农合工作2011年被评为全市三等奖。二是全面启动新农保工作。全乡共有9126人缴交保费140.32万元，农民参保率达77%以上。三是加强就业和再就业工作。安置了10名“两参”人员就业。四是加强低收入人群生活保障和大病医疗救助工作。2011年，共发放城市低保金、农村低保金98.97万元；共救助城乡低保、五保供养对象796人，发放大病医疗救助金39.64万元，资助新农合参保对象42.93万元。五是是加大教育投入。全面完成太窝中学综合楼、太窝中学标准化功能教室、太窝中学围墙维修、高山小学教学楼等校建项目建设。六是加强土地、森林资源保护工作。加大“两违”和乱砍乱伐行为巡查处理力度，造林绿化“一大四小”树木成活率达96%并位居全市前列。

果业产业

生猪产业

2011年，太窝乡以加快发展，转型发展为主线，紧紧围绕“创先争优”活动，重点推进基础设施、新农村建设、产业建设、民生工程、社会事业、和谐平安社会工作，建设成为平安、和谐的新太窝。

家具产业

新农村新貌

新硬化的通组公路

新建的太窝中学综合楼

南康市十八塘乡

书记　吴斌

乡长　刘泽文

2010年，十八塘乡党委、政府全面贯彻落实科学发展观，坚持“发展为先，生态为重，创新为魂，民生为本”的发展理念，围绕“山清水秀十八塘，和谐福民千万家”的发展思路，以项目建设和社会主义新农村建设为抓手，奋力推进十八塘乡“追赶跨越，转型发展”进程，全力打造“富裕、和谐、绿色、平安”的新十八塘。

油茶产业

产业发展势态良好。完善了主导产业规划，着力壮大优质稻、生猪、油茶等产业；加大了山林流转力度，积极招商引资；农民合作经济组织蓬勃发展，提高了农民从事农业生产的组织化水平；通过政策引导、技术支持、资金帮扶等手段积极引导和鼓励农民广开致富之门，逐步形成了大规模、多元化、宽领域、多渠道的致富新路子。

基础设施建设步伐加快。重点加强农田水利建设、中小河流治理、小型水库和病险山塘除险加固以及山洪地质灾害防治，全面提高了防汛抗旱、防灾减灾的能力。完成了石公脑至坳下、木马山至龙华、石公脑至牛牯潭、十八塘村小至上拓四条通组公路硬化，全乡的交通设施更趋完善。建设了垃圾处理中心，实现了农村垃圾的无害化处理。

欢歌盛世

新农村建设纵深推进。围绕“五新一好”的总体要求，实施抓点扩面工程，重点打造了合江村江孜口、上坑孜等一批精品示范点，注重“农耕文化特色”。建立完善了江孜口“农事村办”服务站，逐步实现农事“一条线”办结。建起了1000多平方米的江孜口农民休闲广场，活跃了农村文化，农村人居环境得到有效改善，村庄面貌焕然一新。

综治维稳成效显著。进一步完善了乡村两级的综治维稳基础设施，实现了综治工作从人防到技防的转变。认真落实了信访工作制度和维稳制度，落实领导包案制，建立村级社会维稳考评机制，坚持领导定期接访，坚持每周一排查，及时掌握社会各界动态，采取有力措施把不稳定因素消灭在萌芽状态。

幸福家园

公路硬化

南康市浮石乡

浮石乡党政领导班子

圩镇新风貌

浮石乡位于南康市的西南部，东邻龙回镇，南连信丰县境，西与大余县毗邻，北接蓉江街道办事处和赤土畲族乡。全乡总面积110平方公里，辖12个行政村、192个村民小组，总户数5753户，总人口23170人。农业主导产业为甜柚、生猪、养鸭、甜玉米。全乡森林覆盖率达74.8%。

腊树下新村

2011年，全乡以改善民生为重点，围绕壮大经济总量、增加农民收入、改变城乡面貌、维护社会稳定四大任务，全乡经济社会保持平稳较快发展。加快推进重点项目建设，“一江两岸”新区建设已拉开框架，实施了贤女圩“村中村”、青云“村中村”改造工程。继续抓好了万亩果业基地项目建设，进一步把甜柚产业做大做强。完成了浮石大桥、禾坑塘大桥、乡综合文化站等项目建设，实施了农村安全饮水、农村电网增容、乡村道路、水利设施等民生工程，全乡基础设施建设进一步完善。以打造农村现代化的生态乡镇为目标，培植发展农业新产业，引导农户培育花卉苗木，建立蔬菜瓜果基地，不断增加农民收入。积极探索村党员联户带动工作机制，努力促进“三送”活动的常态化、全覆盖，全年为群众办好事实事268件，帮助群众解决实际困难293件、排查矛盾纠纷266件。扎实开展计划生育工作，加强森林防火工作，完成罗坳、浮石村等6个新村点任务，加大民生工作力度，创新社会管理，维护社会和谐稳定。

江孜口大桥

禾坑塘大桥

万亩甜柚基地

贤女河堤

南康市十八塘中学

党支部书记、校长　张伟平

南康市十八塘中学位于南康市北部丘陵山区，创办于1958年9月，有50多年的办学历史。学校占地面积8357平方米，校舍总面积8225平方。现有计算机教室、远程教育教室、多媒体教室，理化生实验室等现代化教育教学设施。2011年度，学校有学生703人，13个教学班，教职员工51人，其中专任教师中本科达标率达85%。学校本着“以人为本，以德立校，依法治校，质量强校”的办学宗旨，以“创建山区一流学校，办山区人民满意教育”为奋斗目标，狠抓教学质量，创新教育机制，多年来取得了优异的教育教学成绩。2010年，十八塘中学在全市民主评议政风行风评比活动中被市评议工作领导小组授予“群众满意的基层站所”称号；被南康中学授予“优秀生源基地”。2010年中考成绩全市排名第二，获南康市教育局中考目标考评“一等奖”；2011年被评为南康市教育教学综合评估“先进单位”；2011年获南康市教育局中考目标考评“二等奖”。

团结奋进的领导班子成员

山区教育的奇葩——前进中的十八塘中学

综合楼侧影

山区的艰苦挡不住学校全体教职员工奋勇前行的步伐，辉煌的成绩激励着全体教职员工为目标而努力的斗志。十八塘中学——一朵山区教育的奇葩，明天定会开得更加灿烂。

十八塘乡中心小学

校长　袁洪军

十八塘乡中心小学的前身是十八塘小学，建于民国二十六年（1937年）。经过全体师生的共同努力，饱尝历史的沧桑的十八塘乡中心小学如今青春永驻、硕果累累：“南康市文明单位”、“卫生达标先进单位”、“先进基层工会”、“先进党支部”、“最佳祝福语评选先进集体”、“南康市教育综合评估先进单位”。学校占地面积5066平方米，教学班17个，在校学生上千人，教职工38名，藏书5000余册。辖区有村完小4个，教学点6个。学校布局合理，环境优美，温馨儒雅。多媒体教室、微机室、图书阅览室、实验仪器室、教师办公室、会议室、少先队等配套设施一应俱全。

学校全面贯彻党的教学方针，实施素质教育，朝着构建“学习型、书香型、研究型、和谐型”的办学目标，坚持创新办学。2007年9月，学校将“诵读中华经典，打造书香校园”作为创新办学的突破口。活动开展以来，很快就掀起了一股“诵读中华经典”的热潮。如今，一个浓郁的诵读氛围逐渐形成，在这里，我们可以走进孔孟，赏析名著，诵唐诗，品宋诗，忆元曲，中华民国经典滋润学生快乐成长！

当前，为创建南康市示范型山区特色学校，学校会同相关部门正筹备征地扩建校区工作，进一步扩大办学规模，兴建标准化的学生宿舍和设施完备的综合性教学楼，把学校建设成示范寄宿制学校。

团结奋进的领导班子

校园全景

南康市镜坝中心小学

2010年3月22日，江西省教育厅副厅长郭实来校视察

南康市镜坝中心小学前身是民国二十九年的佑朝中心小学。民国三十一年（1942年）改为南康县佑朝乡中心学校，校址设在镜坝圩。民国三十三年（1944年）改为佑朝乡中心国民学校。1949年9月学校改为佑朝乡小学。1957年1月改为镜坝乡第一小学。1961年10月改为蓉江区镜坝小学。1965年学校称镜坝分社中心小学。1968年称镜坝小学。1979年恢复称镜坝公社中心小学。1984年学校名为镜坝乡中心小学。1996年，镜坝镇中心小学从镜坝圩搬迁至连城，学校占地面积7337平方米，校舍建筑面积3519平方米。学校现设有一至六年级19个教学班，全校学生总人数为1010人，专任教师47人，教师中大专以上学历33人，中师学历7人。

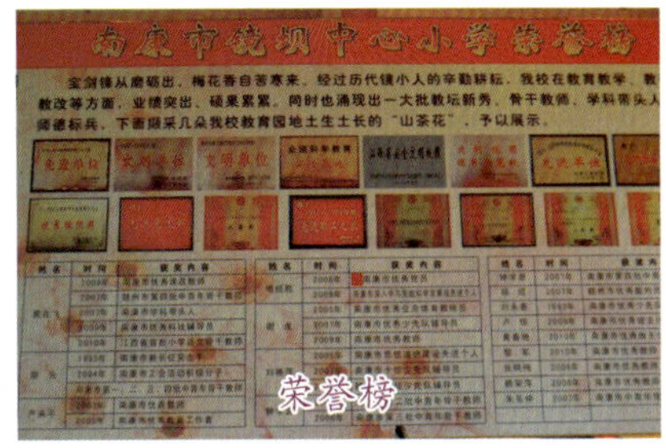

荣誉榜

学校工作以“三个代表”重要思想和党的十七大精神为指导，以科学发展观统领全局，紧紧围绕学期初提出的“办人民满意学校，育现代文明学生”的学校发展目标，“领导有正气，教师有士气，学生有朝气，学校有名气”的管理目标，在广大教职工中积极倡导“激情对待工作，热情对待生活，真情对待学生，深情对待事业”的价值追求，认真践行“察民情，听民声，纳民意，聚民力”的管理理念，深入推进“接受型、交流型、研究型、展示型”教研教改活动，努力构建“以生命为本，以生活为根，以生动为魂，以生成为主”的生本课堂，积极探索“以活动为主线，学校为主导，学生为主体，家庭社区生活为主阵地”的德育工作模式，切实落实“组织领导到位，教育管理到位，排查整改到位，责任落实到位”的安全工作机制。实现了“四气”目标，倡导了“四情”理念，实施了“四民”管理，创新了“四型”教研，构建了“四生”课堂，开展了“四主”德育，落实了“四位”安全。学校各项工作进展顺利，成效明显，促进了镜坝小学教育的跨越式发展。

2003年学校分别被授予“南康市文明单位”、“赣州市文明单位”荣誉称号；连续三年评为南康市先进基层工会；连续八年被授予“先进党支部”荣誉称号；2004年评为南康市教育宣传工作先进单位；2005年评为南康市“三八”红旗集体、“未成年人思想道德建设先进集体”、“教育工作综合评估先进单位”；1996年至2006年，连续11年参加南康市中小学生田径运动会获团体总分前八名。2007年1月学校被授予赣州市“少先队工作先进集体”荣誉称号。2007年9月被评为南康市2006-2007学年度“创建和谐平安校园特色学校”。2007年12月学校参加南康市文艺调演获市二等奖。2010年分别获省安全文明校园、南康市工会文明校园、南康市文明单位；2011年评为宣传工作先进单位。

庆祝建党90周年暨“六一”文艺活动

防震疏散演练

情系灾区

阳光体育

学校一角

奋进中的龙回中学

市政府、教育局领导到校指导工作

龙回中学创办于1958年9月，学校面积61亩。我校秉着“诚信、尊爱、博采、进取”的校风，坚持“办成南康市农村名校”的发展思路，牢固树立了“教育就是服务”的管理理念，从深化校本教研、规范课堂教学、提高教师课堂效率、创新评价制度、促进教师全面发展等方面加强教师业务及师德师风建设。整合有效本地红色资源，全面规范办学行为，建立、健全各项常规管理制度。学校先后获得“全国科学教育实验基地”、“市感恩教育优秀组织奖”、“市教育工作综合评估先进单位”、“市工会工作先进单位”、“市教育宣传先进单位”、“市综合目标考评奖”等十余项荣誉称号。

积极锻炼的阳光体育

“防森林火灾 争做文明学生”班集体宣誓

“防溺水 珍爱生命”签名活动

南康市三益中学

校长　钟生鹤

硕果累累

江西省南康市三益中学坐落在江西省赣州市内，历史悠久，底蕴丰厚，人才辈出，是学生腾飞的摇篮，教师成长的沃野。学校开办以来曾培养和造就了一大批优秀教师，有全国优秀班主任、全国优秀体育教师、全国优秀教育工作者。现在学校以钟校长为核心的领导班子，拥有一支团结、实干、高素质的且具有开拓精神的教师队伍，教师们凭着开放的教育思想，领先的教研，以良好的素质，进取的态度，奉献的精神和踏实的作风又培养了一批又一批优秀的学生。学校以“开发潜能、发展个性、学会做人”为育人理念，从整体改革实验到差异教育的研究，从二级循环活动的尝试到创新教育的思考，以及网络环境下教学模式的探索，捕捉着现代教育最敏感的话题，走在教育改革的前沿。学校一贯坚持“品牌、质量、服务”的意识，在全面推进素质教育的进程中，以一流的教育质量树立了自身的品牌形象，赢得了社会的赞誉，是老百姓心目中最好的学校之一。

前进中的三益中学

崭新的教学楼

标准化的实验室

南康市朱坊中学

领导班子

校长　黄新东

教学大楼

2010年，南康市朱坊中学紧紧围绕“全面发展、全员发展、个性发展、和谐发展”的办学指导思想，以“打造特色明星校园，创建农村品牌学校”为目标，全面实施“青蓝结对工程”，强化教师素质；努力创设良好育人环境，抓好学生养成教育，培养明星学生，促进学生全面发展。

2010年以来，学校各项事业更上一层楼，教育教学质量取得了更加丰硕的成果。2011年中考名列全市前列，近50人录取在南康中学重点班，近300人考入普通高中以上；学校获得南康市第十六届中小学生田径运动会第四名、南康市教育局“教育综合评估先进单位”、南康市“文明单位”、赣州市“文明单位”的荣誉称号；黄新东校长获赣州市“优秀教育工作者”荣誉称号；在2011年5月迎接江西省政府教育督导评估中，被省检查组领导赞誉为“所见过的最好的学校”。

荣誉墙

奋进中的朱坊乡中心小学

朱坊乡中心小学以全面提高教育教学质量、办人民满意教育为目标，全体教职工爱岗敬业，无私奉献，一心一意抓质量，齐心协力促发展。经过多年努力，学校成就了一批懂业务、善管理的领导班子，培养了一批业务精、能力强的高素质教师队伍。加大投入，完善了学校的各项实施，极大地改善了办学条件。加强了学校内部管理，提升了办学品味，教育事业得到了又好又快的发展。学校许多工作走在全市前列——学校被评为全国科学教育实验基地、江西省安全文明校园、南康市文明单位。多年被教育局评为“教学质量”先进单位和“综合评估”先进单位。师生参加各级竞赛，成绩斐然，先后有200多人次获得国家、省、地、市的奖励，学生参加全市中小学生田径运动会，连续五年团体总分进入先进行列，受到表彰……一所领导重视，群众满意的学校正在前进！

团结奋进的领导班子

校长　严康平

荣誉墙

北部山区小学教育一明珠

横市镇中心小学

校长 朱恩洋

横市镇中心小学地处南康市北部山区、大广高速公路（G45）横市出口。其前身是1933年由五云小学与私立达德合并的南康县第六区小学。历经半个多世纪，虽几易校名、校址，小学在不断发展中做强做大，学校的软硬件得到快速提升：现有教学班20多个、在校生1300多个、教职工50多人，校园占地近万平方米、校舍建筑面积8000多平方米，装备有计算机教室、多媒体教室、图书阅览室、多功能教室、校园网络及远程教育设备。特别是“教师安居工程”的实施，极大地改善了山区学校教职工居住条件，使教师进的来、留得住、安下心，为学校发展提供不竭动力。

恬静校园

近几年，学校秉承“让家长放心、让社会满意、让学生成才”的办学宗旨，坚持“以德治校、科研兴校、创新施教、质量立校”的教育理念，为学生的未来奠基，努力办人民满意教育，努力使学校成为市北部山区小学教育的明珠。学校先后获得“赣州市中小学师德师风活动奖”、“南康市年度教育工作综合评估先进单位”、“南康市中小学教学质量目标考评奖”等荣誉。

教工宿舍

坪市中心小学

校长 肖建中

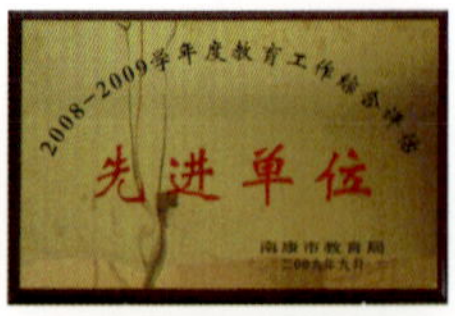

坪市中心小学座落在风景秀丽的莲花山下。学校创办于1939年，校名为南康县第六区坪市乡第一保学校，1984年更名为坪市乡中心小学，历经七十余年的变革，已发展壮大为一所具有17个教学班，765名学生，40名教职工的乡中心小学。专任教师中，本科学历8人，专科学历28人，中师学历4人，学历达标率100%。

学校以“精神文明的校园，培养人才的学园，发展个性的乐园，优美整洁的花园”为办学宗旨，秉承“一切为了孩子，托起明天太阳”的办学目标，以“教育即服务”为行动，以“严教勤学，求实创新”为校风，以“教书育人，为人师表”为教风，以“勤学苦练，诚实虚心”为学风，大力推进素质教育。学校成立了美术、书法、舞蹈、乒乓球、腰鼓、计算机等6个课外兴趣小组，为学生搭建了一个展示才华的平台。

开展创建和谐平安校园活动以来，累计投入资金近140万元。新建了一幢904平方米的教学楼和一幢773平方米的宿舍楼；新建了一个3000平方米的运动场。2011年校园占地面积12900平方米，校舍建筑面积3855平方米，拥有计算机教室、多媒体教室、图书室、阅览室、实验室、仪器室等功能教室。学校申报的赣州市级课题“自主合作学习方法研究”已完成结题。2002—2010年连续八年获得市教育局颁发的教学质量目标考评二、三等奖，2005-2010连续五个学年度被评为南康市教育工作综合评估先进单位，2005-2010连续六年评为坪市乡先进党支部，近几年中两次评为市级文明单位。

面对新世纪的挑战，全校师生正鼓足干劲，满怀信心，为把学校办成南康北部山区一流学校而“砺志进取，追求卓越”。

校园一隅

安全教育宣誓活动

阳光体育活动

南康市国土资源管理局

省国土资源厅厅长胡宪（左）在南康调研，赣州市国土资源局局长赖启华（中）、南康市国土资源局局长罗峰（右）陪同

省委常委、副省长陈达恒（左二）在市家具大市场调研

2010年，南康市国土资源局紧紧围绕市委、市政府工作部署，认真扎实开展“保增长、保红线”行动和“创业服务年”、“廉政勤政创优年”活动，积极探索工作思路，不断创新管理理念，坚持保护与利用、服务与管理并举，加强队伍建设和党风廉政建设，着力提高队伍战斗力和增强廉洁从政意识，以提高机关效能为重点，切实转变工作作风，服务效率、质量和水平得到进一步提升。

一是严格保护耕地，强化全市各级政府主要领导耕地保护第一责任人意识。实行市、乡、村层层签订责任状，把48.95万亩耕地，41.88万亩基本农田保护责任落实到乡、村、组和农户，确保基本农田面积不减少，质量不降低，用途不改变。二是积极破解发展用地难题，保障重点建设用地需求。积极努力向省争取用地指标，全年上报省政府农转用建设项目用地23批次，面积6538.927亩，是赣州市争取用地指标最多的县（市），保障了南康经济建设的需求。三是严格落实耕地占补平衡制度，积极做好耕地后备资源开发，实施了朱坊乡新兴村等2个乡2个村和坪市乡小安村等2个村土地开发项目，建设总规模1970亩，总投资729.34万元，实现新增耕地（旱地）1930.2亩，并通过了省厅检查组验收抽查。四是开展“增减挂”工作，实施了龙回等10个乡镇、街道增减挂项目，规模449.4亩，有效地拓展了用地空间。五是严格规范完善土地出让和土地收储工作机制。全年共收购储备土地2144.04亩，“招拍挂”出让土地35宗，面积2882.4亩，成交金额18.65亿元。六是严格土地执法监察，进一步落实分级分片包干责任制，扎实开展动态巡查，建立长效机制和土地信息监察网络及通报制度。七是大力组织开展第二次土地调查和土地利用总体规划修编工作，二次调查农村部分已基本完成，城镇地籍调查进入关键阶段，南康市市本级土地利用总体规划（2006～2020年）已经省政府批准实施，并着手实施乡级土地利用总体规划修编。全年登记发证1929本，土地登记面4813.7亩，其中国有土地使用权1766宗，面积4777.23亩，农村集体土地使用权登记163宗，面积36.47亩。

2010年，南康市国地资源局获赣州市国土资源局“五好班子”、“政务工作和信息化建设先进单位”、“干部队伍建设先进单位”、“廉政勤政活动年活动先进单位”，并被南康市委、市政府命名为“2009～2010年度文明单位”、“社会治安综合治理先进单位”、“创业服务年活动先进单位”等荣誉。

省国土资源厅副厅长陈祥云（右前一）在龙华乡检查土地开发整理项目

2011年11月1日，举行《南康市集体土地征地拆迁补偿安置办法》（试行）听证会

土地整理，利国利民

新党员在建党90周年大会上宣誓

南康市朱坊中心卫生院

院长　李德平

荣誉牌

朱坊中心卫生院位于南康市朱坊乡朱坊圩健康路1号，是城镇职工（居民）基本医疗保险、新型农村合作医疗保险定点医疗单位，为一级甲等医院。服务人口约4万人。

医院共有在职职工31人。其中，卫生技术人员26人；中级以上职称3人；大专以上学历15人。占地面积2900平方米，医疗及辅助用房建筑面积2061平方米，开放床位20张。

医院拥有200毫安—X光机、B超、乳腺诊断仪、半自动生化分析仪、全自动血液分析仪及尿液分析仪、心电图机、电频手术刀、麻醉机、心电监护仪等一批较先进的医疗设备。医院为辖区居民提供医疗、预防、保健、康复、健康教育、计划生育技术指导等服务。

医院始终坚持一切以病人为中心、全心全意为患者服务的宗旨。把患者满意当作永恒的的追求，把科技兴院作为不懈的目标，把发展作为医院的第一要务，努力地把医院办成老百姓自己的医院，着力解决老百姓“看病难”、“看病贵”的问题。

新建大楼

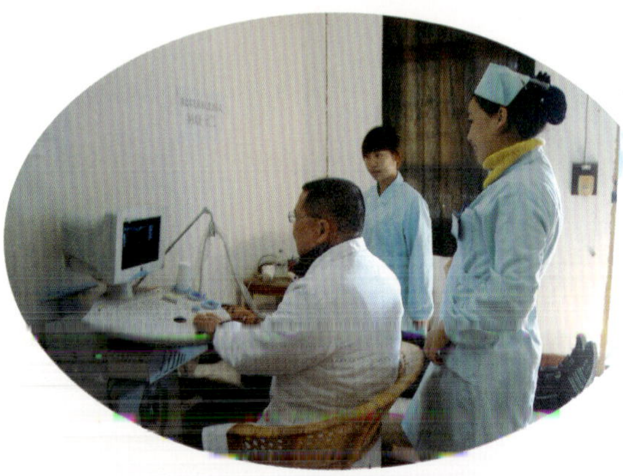

B超室

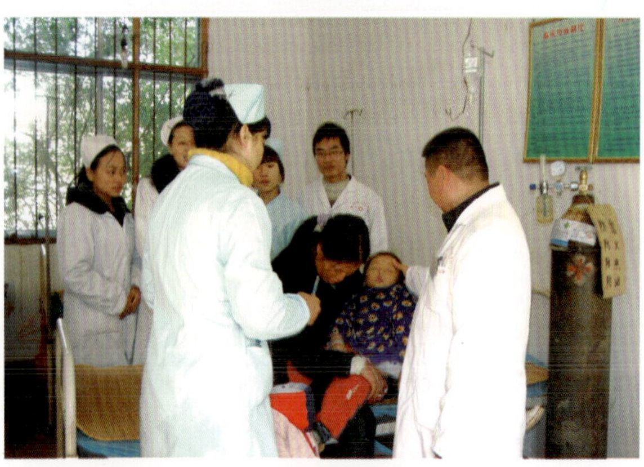

医生查房

街头宣传

南康市地方志办公室

上犹、崇义、大余、信丰县志办主任来南康交流工作经验

参加全国地方志系统第二届年鉴评奖工作总结大会

新余市史志办主任到南康交流工作经验

参加全省设区市地方志办公室主任会议

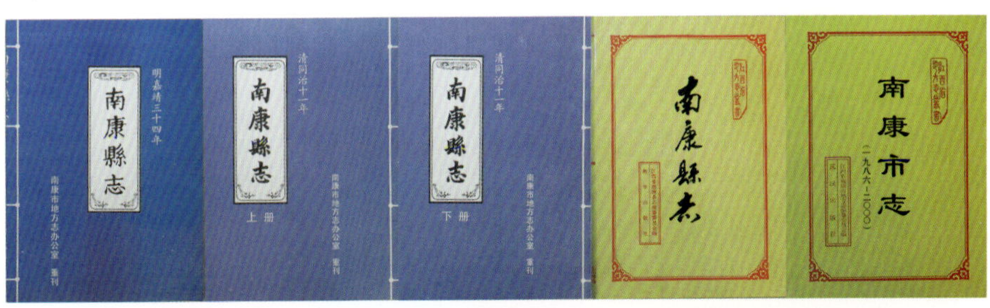

南康风光

NANKANGFENGGUANG

江西省百佳优美村庄——龙岭镇邱边村

江西省百佳优美村庄——唐江镇木塘村

南康甜柚

南康国际家具配套市场

目 录

南康市人大常委会

南康市人民政府

政协南康市委员会

纪检·监察

民主党派·人民团体

政　法

军　事

经济管理

农　业

工　业

交通·邮政·通信

城建·环保

财税·金融·保险

文 化

科技·体育

卫生医药

社会生活

人物·荣誉

乡镇简介

附 录

特　　载

中共南康市委常委会 2010 年工作报告

——市委四届十四次全体(扩大)会议通过

市委书记　张裕生

(2011 年 1 月 20 日)

2010 年,是实施“十一五”规划的最后一年,也是推进南康经济社会更好更快发展的关键之年。在赣州市委的正确领导下,我们坚持以邓小平理论和“三个代表”重要思想为指导,深入贯彻落实科学发展观,团结和带领全市广大干部群众,继续坚持“对接长珠闽,融入主城区”发展战略,着力把握经济发展方式转变和经济结构调整,着力把握重大项目带动和扩大投入,扎实推进新型工业化、新型城镇化和农业农村现代化,更加重视保障和改善民生,全力维护社会和谐稳定,全市经济社会各项事业向前发展。主要呈现五个特点:

1.**经济发展速度快质量好。**全市绝大部分经济指标都以两位数的幅度增长,多数经济指标增幅达到“2 字头”。全市实现生产总值 84.9 亿元,增长 13.8%;财政收入 8.2 亿元,增长 17.1%;地方财政收入 6.03 亿元,增长 23.2%,经济发展基本摆脱金融危机的影响,全面发力加速增长的态势进一步形成。地方规模以上工业增加值 23.2 亿元,增长 26.9%;税性收入占财政总收入比重达 86.5%,提高 3.7 个百分点;财政收入占 GDP 比重达 9.66%,提高 0.21 个百分点,经济运行质量进一步提高。50 万元以上固定资产投资 50.5 亿元,增长 35.9%;实际利用外资 7146 万美元,出口总额 3219 万美元,增长 104.9%;社会消费品零售总额 26.2 亿元,增长 19.5%,发展后劲进一步增强。农民人均纯收入 4564 元,增长 12.4%;城市居民可支配收入 12410 元,增长 12.6%,人民生活水平进一步提升。

2.**项目建设力度大氛围浓。**实施了总投资达 100 亿元的 100 个重点项目,即“双百工程”,其中工业类项目 30 个,投资 35 亿元;基础设施及城市建设类项目 36 个,投资 25 亿元;房地产开发类项目 12 个,投资 35 亿元;民生工程及其他类项目 22 个,投资 5 亿元。“双百工程”项目中,西气东输二线、赣韶铁路、飞翔路拓宽改造、赣南大道等赣州市级以上重点项目扎实推进,家具产业园、泓泰家具市场、家具城中心市场等重大产业项目进展顺利,文化艺术中心、康唐公路拓宽改造等重点项目全面完工,南康有色、德普特光电等工业项目稳步实施,浙江帝龙新材料、广州光科电子等投资过亿元的招商项目成功落户。在"双百工程"的带动下,全市形成了多上项目、上大项目、上好项目的浓厚氛围,项目建设作为投入之源、增长之源、后劲之源的积极作用初步显现。

3.民生事业投入大亮点多。坚持新增财力向农村倾斜、向基层倾斜、向困难群众倾斜、向社会事业倾斜,全市教育、医疗卫生、社会保障和就业、保障性住房等民生类支出比例稳步增长。通过着力保障和改善民生,千方百计为人民群众办好事实事,解决教育、医疗、养老、社保、就业、住房等人民群众最关心、最直接、最现实的利益问题,人民群众的生活水平和幸福指数不断提升,全市上下人心更齐、民心更顺。

4.维稳工作责任明效果显。痛定思痛,深刻反思,高度重视,集中力量落实"6.15"事件整改工作,顺利通过了省、赣州市综治委的整改验收。通过完善科学决策、风险评估、利益协调、诉求表达、矛盾调处、权益保障、治安防控等长效机制,通过建立覆盖全市各级党委(组)、政府、部门(行业)的预警体系,通过着力规范信访行为和秩序,通过深入推进打黑除恶等专项斗争,开创了综治维稳工作的新局面,社会治安形势有了全面的好转和提升。在全省组织的测评中,南康市公众安全满意率列全省第11位,比上年上升46位;列赣州市第3位,比上年上升11位。

5.干部队伍作风正工作实。面对改革发展稳定艰巨繁重的任务,全市上下不争论、不折腾、不泄气,始终保持昂扬向上和奋发有为的精神状态,敢于直面矛盾、走进矛盾、化解矛盾、破解矛盾,有力地促进了征地拆迁、信访维稳等难点节点问题的有效化解。实行了干部在一线工作、问题在一线解决、成绩在一线创造、人才在一线发现的"一线工作法",推进了领导干部思想作风、学风、工作作风、领导作风、生活作风建设,纠正了"吃喝风"、"走读风"、"玩乐风"等苗头倾向,埋头苦干、狠抓落实、攻坚破难、风清气正成为全市干部作风的主流。

一年来,我们主要集中精力抓了六个方面的工作:

1.以培植主导产业为重点,大力推进新型工业化。一年来,我们坚持"工业强市、产业兴市"战略,矿产品、家具、服装、电子等工业主导产业呈现集群发展的良好态势,成为了市域经济发展的支撑点和增长点。制订了《三年强攻工业实施意见》,明确提出将家具和矿产品两个产业打造成百亿元产值产业集群的目标,同时大力培植服装、电子等工业主导产业。全市工业经济保持高速增长,各项指标增幅达到或超过金融危机前的水平,部分指标增幅为近年最高。其中六大主导产业实现生产总值112.4亿元,增长38.1%;实现增加值30.1亿元,增长23.9%。矿产品行业实现扭亏为盈,总产值、增加值和税收都实现2位数增长,成为国内矿产品重要集散中心。家具产业的规模化、集约化、品牌化全面提升,家具企业累计达5670家,家具市场面积突破70万平方米,离建设全国一流家具市场目标更近一步。工业园区完成基础设施资金投入3.26亿元,园区实际开发面积4.2平方公里,有129家企业入驻,规模和档次均上了一个新台阶。

2.以融入赣州主城区为方向,大力推进新型城镇化。一年来,我们积极响应大赣州发展六大片区建设的战略部署,在城市发展上坚持高起点规划、高水平建设、高效能管理,城镇化率达45.6%,比上年提高2.5个百分点,比省、赣州市分别高0.8和3.1个百分点。按50平方公里、50万人的城市规模进行了城市总规第四轮修编,完成了全市土地利用总体规划(2006-2020)的编制,编制了东山新区与家具城控制性详细规划及重点地段城市设计,城市控规覆盖率达49.5%。按照"有保有压、突出重点、规范运作、提升品位"的原则,扎实推进城市及基础设施建设,城市综合承载能力全面提升。康唐路改造以及南水大道、南山大道、金赣北大道等道路建设基本完成,城市框架得到拓宽;投资1.2亿元、全省市(县)级最先进的综合性剧场文化艺术中心即将交付使用,启动了投资概算1.3亿元的体育公园建设,城市品位得到提升;投资1.24亿元、在全省县级市中率先建设、被评为全省先进的城市污水处理厂开始运行,投资3800万元、全省县级市中规模最大、在赣州市率先启动的城市生活垃圾卫生填埋厂基本建成,健全了供水、供电、供气网络,城市功能得到完善。

3.以社会主义新农村建设为抓手,大力推进

农业农村现代化。一年来，我们把“三农”工作作为全市工作的重中之重，纵深推进社会主义新农村建设，全市农村有了新变化、农业有了新发展、农民有了新风貌。立足农业经济创特色，重点推动甜柚、生猪两大农业主导产业发展，新增果业开发6000亩，新扩充3个万亩甜柚基地；生猪出栏70万头，存栏45万头，分别增长5.5%和6%；市现代农业示范园区获批为首批省级现代农业示范园区。全面完成了全市18个圩镇控制性详细规划编制，全面加快小城镇建设步伐，圩镇面貌明显改观。有序推进村庄整治工作，全市20个乡(镇、街道)146个建设点“三改三整治”综合完成率达90%以上，唐江木塘、龙岭邱边、蓉江稍江、龙回三益、凤岗塘屋等一大批生态型、旅游型特色新村初步形成。全面启动全市农村垃圾处理工作，新建农村垃圾焚烧处理中心4座，新建垃圾中转站26座，新建垃圾池(屋)1610座。投入5700多万元，打造了一批造林绿化“一大四小”工程建设精品示范点。以南康市农民学院为依托，完成农民培训6.5万人次，培训后获证率达90%，就业率达96%。支农资金整合工作被省财政厅考评为全省第一名，龙岭镇被列入全省首批“农村信息化”示范点建设行列。

4.以保障和改善民生为根本出发点，大力推进民生为主的社会建设。一年来，在发展经济的同时，我们把实现好、维护好、发展好最广大人民群众的根本利益作为做好一切工作的出发点和落脚点，紧紧围绕改善民生、确保民安、促进民和这条主线，加快推进和谐社会建设。全面落实推动就业创业的各项优惠政策，积极开展各种就业援助活动，大力提升就业创业培训质量，全市城镇新增就业人数1.6万人，城镇就业率达96.4%。强化医疗、失业、工伤、生育保险征缴扩面，着力解决三类人员参加养老保险问题，失地农民参加养老保险完成率达100%，开展了新农保业务的前期基础性工作，城乡低保保障水平和补助水平持续提高。优化城乡教育资源，南水中学顺利开学，南水中学二期工程和特殊教育学校二期工程全面竣工，教育事业发展活力不断增强，高考成绩连续11年、中考成绩连续15年居赣州市前列。深化医药卫生体制改革，推进基本公共卫生服务均等化，公共卫生服务能力有了新提升。第三期726套共计4.3万平米廉租住房主体工程完工，3000套共计15万平米的新市民公寓开工建设，农村学校教师和乡镇干部办公住房和生活条件改善“双居”工程取得初步成效，城区灾后重建暨城中村改造稳步推进。

5.以创新社会管理为手段，大力推进和谐平安建设。一年来，我们深入推进社会矛盾化解、社会管理创新、公正廉洁执法三项重点工作，为推动经济社会发展营造了平安稳定的环境。建立健全重大决策社会稳定风险评估机制、重大决策文件备案机制以及不稳定因素排查研判机制，在源头上预防和减少了矛盾纠纷的产生。突出抓好“两新”组织管理、流动人口服务管理以及特殊人群帮教管理，加强社会治安重点地区综合治理，加大“天网工程”为重点的治安防控体系建设力度，构建了社会管理的新格局。认真落实领导包案，坚持分类联合接访常态化，更加注重对信访问题的分析研判，信访行为更加规范，信访形势整体平稳。深入开展“安全生产年”活动，实行安全生产目标管理，组织各种形式的安全生产大检查和专项整治，坚决遏制了重特大安全事故的发生。

6.以强基固本为目标，大力推进党的建设。一年来，我们把加强党的建设作为统领各项工作的总抓手，从思想、组织、作风、廉政等方面全面加强，为推动经济社会发展提供了坚强的政治保障和组织保证。按照建设学习型政党的要求加强党的思想建设，创先争优活动和“学习焦裕禄精神，争做新时期焦裕禄式党员干部”主题教育实践活动不断深入，启动了千名干部下基层开展“送政策释民惑、送温暖聚民心、送服务解民难”活动。大力推行农村党组织“进区入会”，深入推进“两新”组织党建工作，所有规模以上“两新”组织实现党组织全覆盖，在“两新”组织中开展了党建带群建活动。积极探索干部人事制度改革新举措，以“五推两考三差额”的形式，公开选拔了200名科级后备干部，提高了选人用人公信度和群众满意度，树立了正确的用人导向。全面落实党风廉政建设责任制，严格执行“三重一大”事项集体决策制度，以“双公示制”为抓手加强重点工程项目监督，高标准建设市民服务中心并同步推进了网上审批与电子监察系统建设，开展了“创业服务年”和民主评议基层站(所)活动，推进了几个重点领域的防腐工作。

与此同时，市委常委会高度重视自身建设，自觉同党中央和省委、赣州市委保持高度一致，努力在为民、务实、清廉上为全市广大党员干部作表率。一是加强理论学习,提高工作本领。带头学习实践科学发展观,用马克思主义中国化最新成果武装头脑、指导实践、推动工作,进一步增强中心组学习的计划性、针对性和实效性。围绕重大理论问题、重要决策部署开展专题学习,创新发展理念、培养战略思维、统一思想认识,努力破除不适应不符合科学发展观的思维观念,领导科学发展的能力和水平有了新提高。二是把握发展规律,提高决策水平。进一步把握市情特点和发展规律,研究解决改革发展中的重大问题、党的建设面临的突出问题和涉及群众切身利益的实际问题,进一步深化了认识,统一了思想,决策的科学性和协调性进一步增强。三是执行党的制度,增强工作合力。充分发挥市委在全市工作中的领导核心作用,全力支持人大、政府、政协开展工作。认真贯彻民主集中制,充分发挥各位常委的作用和积极性,形成了团结、融洽、干事的良好氛围。四是注重真抓实干,树立良好形象。大兴求真务实之风,带头深入基层、深入群众调查研究,重实际、讲实话,出实招、求实效,认真落实党风廉政建设责任制,严格遵守廉洁自律各项规定,自觉树立良好作风和形象。

回顾和审视过去一年的历程,我们深深感到成绩来之不易,需要倍加珍惜、全力维护、不断发展。同时,也清醒地认识到我们的工作与时代发展的要求相比,与上级组织的重托相比,与人民群众的期待相比,还有着明显的差距。对照更好更快发展的要求,全市产业结构还不够优、发展速度还不够快、经济总量和人均占有量还不够大、财税增势还不够强,实现提速、提质、提效还有不少难题需要解决。着眼构建和谐社会的需要,推进经济社会全面发展、城乡协调发展、人与自然和谐发展的任务还较为繁重,妥善处理各类矛盾、构建和谐社会还需付出更大努力。同时,在思想作风和精神状态上,个别干部身上还存在着思想浮飘,开创精神不强,攻坚克难能力偏低,工作主动性、自觉性较差,以及大局意识、奉献意识和责任意识较弱等问题,远远不能适应更好更快发展的要求。所有这些,都必须引起我们的高度重视和警醒,并在今后的工作中努力加以改进和解决。

2011年,是实施“十二五”规划的开局之年,也是加快转变经济发展方式、推进全面建设小康社会的重要一年。做好新一年的工作,我们深感面临的任务繁重而艰巨,肩负的责任重大而光荣。我们决心在赣州市委的领导下,坚持以邓小平理论和“三个代表”重要思想为指导,深入贯彻落实科学发展观,围绕加快科学发展、转变经济发展方式这条主线,牢固树立发展为先、生态为重、创新为魂、民生为本的理念,牢牢把握项目建设这个关键,着力抓好以产业集群建设为重点的新型工业化,着力抓好以融入赣州主城区为方向的新型城镇化,着力抓好以社会主义新农村建设为抓手的农业农村现代化,着力抓好以社会建设为根本的民生工程,着力抓好以创新社会管理为突破口的和谐平安建设,着力抓好生态文明建设,着力抓好体制机制改革创新,着力抓好党的建设,努力实现南康发展规模、发展层次和发展水平的新跨越,为“十二五”规划实施开好局起好步。

南康市人民代表大会常务委员会工作报告

——在市四届人大五次会议上

市人大常委会主任　陈冬生

（2011年3月2日）

各位代表：

我受南康市第四届人民代表大会常务委员会委托，向大会报告工作，请予审议。

过去一年的主要工作

2010年，是南康经济社会全面发展，“十一五”规划全面完成的重要一年。在中共南康市委的正确领导下，在上级人大常委会的悉心指导下，在“一府两院”的支持配合下，市人大常委会以邓小平理论和“三个代表”重要思想为指导，深入贯彻落实科学发展观，按照市委和四届四次人民代表大会的要求，坚持党的领导、人民当家作主和依法治国有机统一，坚持围绕中心，服务发展大局，认真履行宪法和法律赋予的职责，大力推进社会主义民主法制建设，营造和谐稳定的经济发展环境，促进了全市经济社会的更好更快发展。

一、加强监督工作，积极推进全市经济发展和社会进步

一年来，市人大常委会在市委的正确领导下，积极解放思想，深入贯彻落实《监督法》，依法加大监督工作力度，有效推动了各项工作。

一是把发展作为第一要务，紧紧围绕市委“126”工作中心，大力实施工作监督。常委会以推动全市经济社会和谐发展的目标，先后依法听取和审议了市政府2010年上半年财政预算执行、2009年财政决算审计、卫生、教育等部门预算的审查、2010年上半年国民经济和社会发展计划的审查、民政资金管理工作等工作报告，有针对性地提出审议意见32条，督促政府办理落实，对全面实现2010年我市国民经济和社会发展计划起到了积极促进作用。各工作委员会还围绕常委会工作要点，开展了“天网”工程建设、农村公路管护工作等方面视察活动10多次，有效地促进了各项工作的开展。此外，对我市国民经济和社会发展“十二五”规划纲要草案，常委会和有关工委认真组织了调研和初步审查，提出了修改意见，为本次会议审查批准“十二五”规划纲要草案、2011年计划草案打下良好的基础。

二是坚持把民主法制建设作为工作重心，大力实施法律监督。常委会认真贯彻依法治国方略，对法律法规的实施情况加强了监督。以保障和促进“一府两院”依法行政、公正司法为重点，积极推进民主与法制建设。相继对《治安管理处罚法》、《江西省计划生育条例》、《农产品质量安全法》、《老年人权益保障法》等4部法律法规开展了执法检查和视察。在肯定成效的同时，针对执法检查中发现的问题和薄弱环节，提出执法建议，督促政府认真整改，抓好落实，进一步规范了执法行为，有力地促进了法律法规在我市的贯彻实施。此外，还配合上级人大常委会开展了中等职业教育、少数民族乡发展情况工作调研，《江西省抗旱条例（草案）》、《江西省特种设备安全监察条例（草案）》的立法调研。

二、依法履行职责，切实发挥地方国家权力机关的作用

一是依法行使讨论决定重大事项权。对事关全市经济社会发展，构建和谐社会，维护人民群众根本利益等方面具有全局性、长远性和根本性的问题，常委会都能及时加强调查研究、在积极听取各方面意见的基础上，按照科学决策、民主决策、依法决策的原则，就有关重大问题适时作出决议决定，把党的主张通过法定程序变为国家意志，推动全市经济社会更好更快发展。比如，针对我市融入赣州主城区的城市发展趋势，就我市城市发展框架问题，六月份，在第十八次常委会议上，审议并通过了《南康市城市总体规划(2009-2030)》。

二是依法行使人事任免权。进一步正确处理好党管干部的原则和人大常委会依法任免干部的关系，本着对党和人民高度负责的精神，严格按照宪法和法律规定的程序，切实加强与组织部门及提请任免机关的沟通和联系，运用任前法律知识考试、任前见面及表态发言、会议审议、投票表决、颁发任命书等形式，依法行使人事任免权。一年来，市人大常委会共任免国家机关工作人员26名。表决通过了1名常委会委员的辞呈。

*三是加强信访工作，进一步密切了与群众的联系。*常委会通过完善人大信访工作机制，落实信访办理工作责任制，规范信访转办程序，加强对群众合理诉求的督办，努力使群众的合理要求得到妥善解决。一年来，共受理人民群众来信来访和申诉控告案件31件次，其中重点转办督办5件。在受理信访案件过程中，既对上访者进行了耐心细致的解释，还加强协调理顺办理渠道，把问题解决在基层，尽可能减少越级上访，使一批信访件得到了妥善处理，有效化解了矛盾，维护了社会和谐稳定。

三、发挥职能作用，进一步提高人大代表的履职能力

*一是加强代表培训。*市人大常委会高度重视代表的履职能力建设，努力提升代表执行职务的能力。通过集中培训、专家讲座、外出学习考察等多种形式，组织人大代表学习党的十七大以及十七届四中、五中全会精神，深入学习《宪法》、《组织法》、《代表法》、《监督法》等法律法规，使代表较好地掌握了依法履职所需的相关知识，了解了常委会的议事决策情况，不断提高人大代表的政治素质、理论水平和履职能力。

*二是健全代表活动网络。*一年来，常委会注重加强与代表的联系，关心代表的工作和生活，积极为代表知情知政和执行职务提供服务和创造条件。进一步完善代表与选民联系制度，代表向选民述职规定，为代表联系群众拓宽渠道，增强代表对选民和选举单位负责的意识，努力为人民群众办实事、办好事。因工作需要，一些代表调离南康或辞去代表职务，为此，今年市人大常委会安排依法补选了15名市人大代表。此外，继续坚持年度代表履职考评登记制度，对代表在闭会期间的履职情况进行登记考评，极大地调动了代表履职的积极性。

*三是积极组织代表在闭会期间开展各种活动。*常委会先后组织部分人大代表就我市国民经济和社会发展计划、财政预算执行、民政资金管理、公安交管工作情况、城市生活垃圾处理工作情况等进行了集中视察或专题调研，不断丰富代表活动的内容和形式，提高代表活动的实效。12月，组织我市部分赣州市三届人大代表参加赣州市代表集中视察活动，就我市2010年国民经济和社会发展计划、财政预算的执行情况，城镇低收入人群生活保障提标扩面，中心城区组团、连线、成片情况，法院案件审判执行情况，检察院反贪污贿赂等方面工作进行了专题视察活动，拓展了代表知情知政渠道，提高了代表们建言献策的积极性和针对性，有力地推动了全市中心工作的开展和代表大会通过的决议、决定的贯彻落实。

*四是加大代表议案和建议的办理力度。*常委会本着对全市人民高度负责的精神，把处理好人大代表提出的议案、建议、批评和意见作为尊重代表权利的大事来抓，努力提高落实率和办理质量。市四届人大四次会议和闭会期间，代表所提出的建议、批评和意见共85件。这些建议反映了全市人民对我市经济社会发展各方面的愿望和要求，体现了代表参与地方国家事务管理的主动性和积极性，常委会有关机构会同政府办公室及时召开了交办会，按照有关规定，落实工作责任，明确办理要求，确定了27个具体承办单位，采取领导牵头重点督办、现场督办、会议督办、各工委办对口跟踪督办等形式，督促各承办单位依法认真办理。到目前，代表建议已基本办理并答复代表，绝大多数代表对办理结果表示满意或基本满意。此外，继续坚持和完善代表激励机制，评选和表彰了6个代表建议承办先进单位，6个承办先进个人和6件优秀代表建议，有效推动了代表建议办理的落实。

四、加强工作指导，进一步提高全市人大工作的整体水平

常委会认真履行《地方组织法》所赋予的职权，认真实施南康市委《关于进一步加强和改进人大工作的意见》，切实加强对乡镇人大、街道人大联络处工作的指导，丰富代表团闭会期间活动内容，不断提高全市人大工作的整体水平。

*一是切实加强对基层人大工作的领导。*在各乡镇人代会期间，认真解答各乡镇人大咨询的有关法律程序问题，并同各乡镇人大一起审查会议相关材料，确保了各乡镇人代会的圆满成功。对基

层人大日常工作中遇到的问题，随时进行指导，使基层人大工作正常有序、合法地进行。并为一些代表团讲解《组织法》、《代表法》等法律知识，使代表明确了自己的权利和义务，加深对人大工作重要性的认识，增强了责任感和使命感。

二是进一步健全和完善基层人大各项规章制度。加强对人大干部的法律知识和人大业务知识的培训，通过理论研讨、经验交流、学习考察等形式，促进基层人大干部队伍整体素质的提高，不断研究探索新形势下做好基层人大工作的新思路、新方法。

五、加强自身建设，努力提高人大工作的整体形象

常委会按照对内增强凝聚力、对外增强影响力的思路，把加强自身建设摆在重要位置来抓，着力提高依法履职的本领。

一是健全和完善各项议事制度。对常委会会议、主任会议、代表大会等“三会”制度以及监督工作制度、内部管理制度等各项规章制度进行了进一步完善，并对会议的召开、议案的提出和审议、工作报告的听取和审议、质询、发言和表决等作了明确的可操作性规定。这些制度的健全和完善，进一步规范了人大的会议制度，保证了集体行使职权更好的实现。

二是认真组织学习党的十七届五中全会精神。常委会把学习贯彻党的十七届五中全会精神作为当前及今后一个时期的重要政治任务来抓。采取集中学习和自学相结合的方式，坚持好“周文月法”的集中学习活动，以加强党的理论知识，结合人大工作实际，提高业务水平为主要目的，激发机关干部的学习兴趣。在加强政治理论学习的同时，结合“五五”普法活动，进一步加强法律知识的学习。通过学习教育，使全体机关干部统一了思想，提高了认识，政治素养和业务水平都得到了提高。

三是深入开展“创业服务年”活动和开展“学习焦裕禄精神，争做新时期焦裕禄式党员干部”主题教育实践活动以及开展创先争优等活动，不断加强机关干部队伍建设和作风建设。按照市委的统一部署，开展了系列活动。围绕服务科学发展、提高集体参谋助手和服务保障水平，狠抓了能力、作风等方面建设，不断完善工作体制机制，全面提高人大机关干部队伍的素质和能力。进一步改进工作作风，常委会领导和各工委办主任率先垂范，深入基层，调查研究，写出调研报告，为常委会审议好各项议题和正确决策提供客观准确的依据。全面加强人大机关党组织和党员队伍建设，加大干部交流力度，在市委的关心重视下，年内提拔1名、重用2名科级领导干部。同时，加强和关心老干部工作，年内专门用于老干部活动的经费达1万多元，为老干部的身心健康、开展老年文体活动提供了保障。

四是进一步加强人大宣传工作。去年，常委会把宣传工作作为重点工作来抓，人大宣传工作迈上了一个新台阶。继续深入有效地宣传人民代表大会制度、我市人大工作情况和各级人大代表在各自岗位发挥作用的典型。并专门召开人大宣传工作会议，加强了组织领导，制定目标任务，明确奖惩措施，为更好地宣传人大工作搭建了平台。与此同时，常委会还通过加强与电视台、赣州人大网等媒体的协调沟通、开辟宣传栏等形式，积极做好人大常委会有关会议、活动的宣传报道，增加人大工作的知晓面和透明度。此外，还全面完成了《中国人大》、《时代主人》等人大刊物的征订发行任务。

五是积极参与市委的中心工作，完成好各项工作任务。常委会围绕全市“126”工作目标，认真完成市委、市政府安排的各项中心工作。一是积极参与新农村建设。年初便将3万元扶持资金下拨到挂点的横市镇，完成计划的150%，有力地支持新村点的建设；二是高标准、严要求地做好整改工作。在广泛征求意见的基础上，对查找出的问题，制定方案，落实措施，责任到人，整改到位。有效地配合了全市整改工作通过省里达标验收；三是继续做好精细化工产业的培育发展工作。尽管今年该产业没有列入全市重点培育的主导产业，但我们仍然一如既往地抓好该产业的发展规划工作，深入企业，排忧解难，协调相关职能部门，搞好服务，较好地完成产业发展的各项工作任务；四是着力抓好招商引资工作。采取“走出去，引进来”的方式，成功引进东莞旭高电子有限公司LED项目，该项目投资2个亿，目前已完成项目报批各项手续，待市里供地后便可开工建设；五是认真完成市委布置的其他各项工作，如信访包案、征地拆迁、家具产业发展等各项工作都取得了一定的成绩。

一年来，市人大常委会取得的工作成绩，是在市委的正确领导下,市人大代表、常委会组成人员以及市人大机关工作人员辛勤努力的结果,是“一府两院”积极配合的结果,是各乡镇人大、街道人大联络处和广大人民群众大力支持的结果。但是,在看到成绩的同时我们也清醒地认识到,我们的工作与人民群众的期望、与新形势发展的要求还存在不少的差距,与市委的工作要求相比还存在不足,主要是:监督工作的力度和监督实效有待进一步加强,监督工作的途径、方式还需进一步探索和完善;在更好地服务代表、发挥代表作用上还有许多工作要做等等,这些问题,都有待于我们在今后的实践中逐步加以解决。

2011 年的主要工作任务

2011 年是本届人大及其常委会任期的最后一年,也是“十二五”规划的开局之年。去年,市委专门召开会议,研究出台了《关于进一步加强和改进人大工作的意见》(康发(2010)6 号),这是做好新时期人大工作的重要指导性文件。贯彻落实会议精神和市委《意见》,是市人大及其常委会当前和今后一个时期的重要任务。常委会今年工作的总体要求是:在中共南康市委的领导下,全面贯彻落实党的十七大和十七届五中全会、省委十二届十四次全会、赣州市委三届九次全会和南康市委四届十四次全会精神,以科学发展观为指导,以加快转变经济发展方式为主线,牢固树立发展为先、生态为重、创新为魂、民生为本的理念,认真依法行使职权,不断提高人大工作水平,进一步加强我市社会主义民主法制建设,为推动南康经济社会发展提速、提质、提效,实现发展规模、发展层次和发展水平的新跨越发挥积极作用。

一、进一步加强和改进监督工作,不断提高监督实效

常委会要着眼于推动市委重大决策的贯彻落实,着眼于推动南康加快发展、科学发展,着眼于推动民生得到保障和改善,切实加强监督工作。一是做好计划预算的审查工作。听取和审议市政府关于 2011 年上半年计划、预算执行情况报告以及审计工作报告,并对审计报告反映问题的整改情况进行跟踪监督。审查批准 2010 年市级决算草案,对重点工程建设情况尤其是市人大常委会审议通过的融资贷款及重点工程项目进行监督。二是听取和审议南康城区公立医疗机构规划建设、全市体育工作情况专项工作报告,对我市第四小学建设进展情况开展专题调研,对全市重点工程项目建设情况进行视察调研。继续开展“赣鄱农产品质量安全行”、“环保赣江行”活动。对全市《治安管理处罚法》执行情况、《江西省计划生育条例》执行情况等工作中存在问题的整改情况进行跟踪督查,促进工作落实。三是检查《中华人民共和国律师法》、《江西省少数民族权益保障条例》的实施情况,推动法律法规的贯彻执行。四是加强和改进人大信访工作,维护群众的合法权益,促进社会和谐稳定。要牢牢把握监督工作原则,综合运用法定监督形式,拓展监督内容,提高审议质量,督促落实审议意见,增强监督的针对性和实效性。

同时,常委会要坚持抓大事、议大事,紧紧抓住事关全市经济社会长远发展的重大问题,依法行使好重大事项决定权,进一步促进决策的民主化科学化。要依法正确行使人事任免权,坚持党管干部和依法任免的有机统一。要加强任后监督,促进国家机关工作人员增强公仆意识、责任意识和接受监督的意识,扎扎实实为党和人民履职尽责。

二、进一步加强和改进代表工作,切实发挥代表作用

2010 年全国人大及其常委会先后对《选举法》和《代表法》进行了修改。常委会要认真学习贯彻落实好这两部法律,切实做好代表工作,更好地发挥代表作用。一是要扎实推进《代表法》的贯彻实施,支持和保障代表履行职责。要尊重代表主体地位,认真做好代表依法履职的服务保障工作。坚持和完善政情通报制度,保障代表的知情权;坚持闭会期间邀请代表列席重要会议和参加有关活动等工作制度,组织更多的代表参加常委会组织的执法检查、专题调研和视察等活动,增强代表活动的实效;不断完善联系代表制度,积极开展代表小组活动,支持代表依法履行职务。要认真做好代表建议、批评和意见的办理工作,加强督促检查,切实提高办理质量和效率。要引导代表就涉及经济社会发展全局、群众普遍关心的热点难点问题提出政策性建议,提高代表建议质量。二是要认真贯彻《选举法》,切实做好市乡人大换届选举指导工作。2011 年,我市将进行市乡人大代表换届选举,这是《选举法》和我省《代表选举实施细则》修改后,按照每一代表所代表的城乡人口数相等的原则举行的第一次换届选举,是我市政治生活中的一件大事。常委会的有关工作机构要按照统一部署，积极配合市委做好市乡人大换届选举工作。要吃透新精神、研究新情况，及时了解掌握工作进展，有针对性地加强指导。

三、进一步加强和改进自身建设，不断提高履职能力

常委会要切实加强思想政治建设和作风能力建设，始终保持正确的政治方向，不断提升履职水平。坚持和完善常委会学习制度和法律培训制度，加强政治理论、宪法法律和人大业务等方面知识的学习，切实提高常委会组成人员的履职能力。坚持民主集中制原则，充分发扬民主，严格依法办事，不断改进作风，自觉接受代表和群众的监督。充分发挥常委会工作机构的对口联系作用，加强协调与配合，不断提高整体工作的质量和水平。加强学习，围绕市委的工作部署，扎实开展好创先争优活动，深入开展好"三送"活动，进一步推进人大机关建设，继续改善人大干部队伍结构，提高人大干部整体素质，增强人大机关活力，更好地发挥集体参谋助手和服务保障作用。此外，常委会还要对市委《意见》的贯彻落实情况加强督促检查，推动政策措施落到实处，切实加强和改进全市人大工作。继续加强对乡镇人大、街道人大联络处的工作指导，进一步增强全市人大系统的整体意识和工作合力。继续加强与外地人大的联系与交流，认真学习外地人大的好经验好做法。继续加强人大宣传工作，广泛宣传人民代表大会制度和全市人大工作，不断扩大人大的社会影响力。

各位代表，新的一年，市人大及其常委会的工作责任重大，使命光荣，全市人民寄予厚望。让我们紧密团结在以胡锦涛同志为总书记的党中央周围，在中共南康市委的正确领导下，同心同德、开拓进取、依法履职、扎实工作，为推动南康经济社会发展提速、提质、提效，实现发展规模、发展层次和发展水平的新跨越而努力奋斗！

政府工作报告

——在南康市第四届人民代表大会第五次会议上

南康市人民政府市长　苏传辉

(2011 年 3 月 1 日)

各位代表:现在,我代表市人民政府向大会作工作报告,请予审议,并请市政协委员和各列席人员提出意见。

一、2010 年和"十一五"时期工作回顾

2010 年是"十一五"规划的最后一年。在市委的正确领导下,市政府以科学发展观为指导,紧紧依靠全市人民,齐心协力,扎实工作,圆满完成了市四届人大四次会议确定的目标任务。生产总值达到 84.9 亿元,增长 13.3%。财政总收入达到 8.2 亿元,增长 17.1%,地方财政收入突破 6 亿元,增长 23.2%。城镇居民人均可支配收入 12410 元,农民人均纯收入 4564 元,分别增长 12.6%和 12.4%。

(一)项目建设快速推进,基础设施更加完善。组织实施了 100 个项目、100 亿投资的重点项目"双百工程",全年完成 50 万元以上固定资产投资 50.5 亿元,增长 35.9%,被评为全省固定资产投资先进市。康唐公路拓宽改造、工业大道东延、金赣北大道、百家姓和谐城等项目建成投入使用;文化艺术中心、深航南康国际大酒店、和谐大桥、东山北路贯通工程、坪岭 22 万伏输变电站等重大项目顺利推进;赣南大道、赣韶铁路、赣崇高速、西气东输二线、飞翔路拓宽改造等赣州市以上重点工程征地拆迁按时完成。光科电子、常乐金属等一批重大产业招商项目成功落户。金鸡有色万吨电解锌、金龙矿业万吨电解锡、德普特 LED 触摸屏一期等项目建成投产。新增扩大内需项目 42 个,开发各类项目 119 个。

(二)产业集聚成效明显,工业经济扩量提质。三年强攻工业战略有力实施,家具、矿产品两个百亿元产业集群建设扎实推进,工业经济发展质量持续提升。在上年工业总产值突破百亿大关之后,六大主导产业总产值、地方规模以上工业主营业务收入和工业园区主营业务收入同时实现超百亿,分别达到 112.4 亿元、111.9 亿元和 103.5 亿元,分别增长 38.1%、58.9%和 53.6%。新开工工业项目 24 个,家具产业基地、乡镇家具创业园建设有序推进,新增工业园区 0.9 平方公里,达到 4.2 平方公里。新增规模企业 10 户,总户数达到 73 户。新增家具市场 26 万平方米,总面积达到 76 万平方米。家具、矿产品两大产业总产值双双突破 40 亿元,占全市工业总产值的 60.1%。

(三)城市建设步伐加快,新型城镇化进程提速。城镇化率达到 45.7%,比上年提高 2.6 个百分点;新增建城区 2 平方公里,达到 25.6 平方公里;新增城市人口 2.2 万人,达到 27.3 万人。规划编制工作得到加强,完成了土地利用总体规划和第四轮城市总体规划修编,编制了东山新区、蓉江新区、南水新区西片区、龙岭新区与家具城控规及重点地段城市设计,城市控规覆盖率达 50%。城市生活垃圾卫生填埋场正式投入使用,城市污水处理厂被评为全省先进污水处理厂。自来水普及率达 98%,燃气普及率达 86%。投入 3000 多万元加快城区绿化工作,建成区绿化水平明显提高。建设了一批交通渠化岛、红绿灯和交通、治安岗亭。开展了城区市容秩序综合整治,城市面貌得到改善。

(四)新农村建设纵深推进,农业农村发展加快。市本级安排新农村建设资金 2595 万元,增长 13.6%。粮食总产量达 23.3 万吨,实现连续 5 年增产。甜柚、生猪等农业优势产业发展加快,新开发果业面积 6000 亩,新建栏舍 7 万平方米。完成了 146 个省扶点的整治任务;拆除空心房 5.5 万平方米;新增改水 4500 户、改厕 4500 座。硬化通村组公路 140 多公里、完成 4 座渡改桥建设,如期实现"100%行政村通水泥路、100%渡口改渡建桥"目标。农村清洁工程有序推进,被评为全省农村清洁工程先进市。新登记注册农民专业合作社 32 个,新增 2 家省级和 8 家赣州市级农业龙头企业。完成 97 座山塘水库除险加固,新建 91 座"七小"水

利工程。开工建设92个村级组织活动场所，竣工86个。培训农民6.5万人次，就业率达96%。获得赣州市新农村建设工作五年综合先进市和7个单项工作先进市等荣誉。支农资金整合工作被评为全省第一，市农业园区被评为全省首批省级现代农业示范区。

（五）改革开放稳步发展，发展活力和后劲进一步增强。政府机构改革顺利完成，职能进一步理顺，运转更加高效。医药卫生体制改革顺利推进，7个中心卫生院启动实施国家基本药物制度，全年让利患者672万元。创业服务年活动深入开展，成功通过省效能办年度考评，被评为赣州市综合先进单位。行政审批改革力度加大，投资近4000万元的市民服务中心建成交付使用，网上审批和电子监察系统投入运行。开展了全省民主评议基层站所试点，机关效能明显提升。七个系统国有企业改革稳步推进，自来水公司顺利并入赣州水务集团。体制机制进一步创新，银企合作累计签约信贷资金6.9亿元；新设立小额贷款公司1家。全市金融机构各项存款余额121.4亿元，新增29.7亿元；贷款余额64.1亿元，新增18.1亿元。财政管理体制改革逐步深化。公务员津补贴改革和教育、卫生系统绩效工资改革平稳推进。新批内资项目16个，实际进资18.5亿元，增长12.1%；实现外贸出口3602万美元，增长102.5%；被评为全省利用省外资金先进市。非公有制经济加快发展，实现税收占财政总收入的比重达66.5%。

（六）各项事业协调发展，社会保持和谐稳定。教育事业蓬勃发展。投入4000多万元实施了38个校建项目，新增校舍面积40万平方米。南水中学、特殊学校二期等项目竣工投入使用，龙华中心小学、浮石中学等首批农村学校教师居住工程顺利完成。医疗卫生事业全面进步。市一医院新院建设即将完工，二医院住院楼、蓉江社区卫生服务中心、龙回中心卫生院综合楼等项目投入使用；全面铺开面向所有城乡居民的基本公共卫生服务，结核病、甲型H1N1流感、手足口病等疫情得到有效遏制；城镇职工医保、城镇居民医保和农民参加新农合等医保“三张网”覆盖率达88.7%。其中，新农合参合率达94.5%，受益补偿达23.1万人次。积极开展群众性文体活动，完成覆盖全市村级的“文化信息资源共享工程”。深入贯彻《全民健身条例》，被国家体育总局授予“群众体育先进单位”。深入开展社会治安综合治理和“严打整治”专项行动，成功摘除社会治安综合治理“一票否决”帽子。在全省公众安全感测评中列第11位，比上年前移46位；列赣州市第3位，前移11位，被评为赣州市综治工作先进市和平安市。安全监管工作得到加强，各类安全事故死亡人数同比下降8%。此外，计划生育、民政福利、环境保护、人民武装、扶贫和移民、民族宗教、统计、气象等各项事业都取得新进步。

（七）改善民生力度加大，人民群众得到更多实惠。年初确定的民生工程各件实事基本完成。全市用于民生的支出达到4.9亿元，增长53%。就业创业进一步加强，举办多期就业招聘大会。全年新增城镇就业1.8万人，城镇就业率达96.4%，零就业家庭动态就业率达100%，安置“4050”人员就业1520人。社会保险扩面征缴力度加大，新增基本养老保险3080人。失地农民和“三类”人员参加养老及医疗保险工作稳步推进。城乡最低生活保障标准提高，发放低保金4080万元。城乡大病医疗救助标准和比例大幅增长。全市集中供养率达85%，累计为3000多名高龄老人发放长寿补贴480万元。新建成廉租住房4.3万平方米，通过公开摇号分配508套。新市民公寓顺利开工，小街小巷改造有力推进。

（八）政府自身建设得到加强，行政效能进一步提升。建立了政府常务会和市长办公会学习制度，积极构建学习型政府。建立和认真执行了重大政策文件前置备案审查、重大事项风险评估和“三重一大”制度。自觉接受市人大法律监督和市政协民主监督，密切与民主党派、工商联和人民团体的联系。全年办理人大代表建议85件、政协委员提案179件，办复率达100%。积极推行政务公开，提高公共权力运行的透明度，全年公开政务信息1.9万条，居赣州市前列。依法加强经济责任审计和人事编制、部门预算、财政资金、政府投资、公共资源交易等的管理。应急管理进一步加强，政府应对突发公共事件能力得到提高。坚持廉洁自律、勤俭节约，政府廉政建设得到加强。

各位代表，随着2010年各项任务的圆满完成，我市“十一五”规划已全面超额实现。回顾“十一五”的五年，虽然我们经历了雨雪冰冻灾害、国际金融危机等一系列前所未有的困难和挑战，但在全市人民的共同努力下，我市经济社会发展取得了显著成绩。过去的五年,是南康国民经济又好又快发展的五年。生产总值、财政总收入和地方财政收入分别是2005年的2.2倍、2.6倍和3倍。人均生产总值和人均财政收入分别突破万元和千元大关。先后于2006年和2009年两度获得全省县级财政收入三年翻番奖。三次产业结构不断优化,其中二产比重比2005年上升12.7个百分点。财政总收入中税性收入保持在85%以上。过去的五年,是南康优势产业建设成效突出的五年。家具、矿产品打造百亿元产业集群工作迈出坚实步伐。工业总产值、主导产业总产值、地方规模以上工业主营业务收入和工业园区主营业务收入先后迈上百亿台阶。其中,工业总产值和增加值分别是2005年的4倍和3.2倍。工业占GDP的比重达到44.8%,比2005年提升15.2个百分点。过去的五年,是南康基础设施明显改善的五年。五年固定资产投资总额翻了近4倍,分别于2007年和2010年被评为全省固定资产投资先进市。五年累计实施基础设施项目264个,项目概算总投资达102亿元。实施了赣南大道、金赣北大道、迎宾东大道、泰康路、6座渡改桥、通村公路等一大批道路交通项目,建成了城市生活垃圾卫生填埋场、城市污水处理厂,完成了全市电网改造,启动了22万伏、11万伏等多座输变电站建设。配合实施了赣州机场、赣南大道、赣崇高速、飞翔路等重点项目,城乡道路交通、供水供电、生态环境等基础设施功能全面提升。过去的五年,是南康统筹城乡发展成效显著的五年。城区面积年均增加2平方公里,城区人口年均增加2万人,城镇化率年均提高2个百分点。先后被评为省级园林城市、省级文明城市、全省推进新型城镇化和城市建设工作先进市。全面开展新农村建设,五年累计完成改水3.6万户,完成改厕3.5万户,实现村村通水泥路,广播电视覆盖率达98%,电话入户率达95%。全面实施农村清洁工程,农村垃圾无害化处理有力推进。过去的五年,是南康发展环境不断优化的五年。安全生产形势总体平稳,"严打整治"行动深入开展,群众安全感和满意度明显提高。干部作风进一步转变,干事创业的氛围更加浓厚。金融支持地方发展的机制得到创新,金融生态不断优化,多年被赣州市评为金融信用先进市。对外开放成效明显,累计引进外资企业61家,实际利用外资3.3亿美元,连续多年被评为全省利用外资工作先进市。过去的五年,是南康民生持续改善的五年。全面实现城乡义务教育免收学杂费,教育事业继续保持省、赣州市领先位置,医保"三张网"覆盖率不断提高。城乡低保实现动态管理下的应保尽保,70岁以上老人免费乘坐公交车,85岁以上老人享受了长寿补贴。全市民生支出的平均增幅高于财政支出平均增幅9.5个百分点。城乡居民收入分别是2005年的1.8倍和1.6倍。经济社会发展的成果更加普惠于民,人民群众的幸福感明显增强。

各位代表,我们所取得的成绩,是上级党委、政府和南康市委正确领导,市人大、市政协监督与支持的结果,是全市人民团结拼搏、努力奋斗的结果,也是社会各界关心、支持和帮助的结果。在此,我代表市人民政府向辛勤工作在各行各业的全市人民,向给予政府工作大力支持的各级人大代表、政协委员、民主党派、工商联、无党派人士、人民团体,向驻市单位、驻市部队、公安民警和离退休老同志,向所有关心、支持和参与南康发展的社会各界人士,致以崇高的敬意和衷心的感谢!

在看到成绩的同时,我们也清醒地认识到,南康欠发达的基本市情仍然没有根本改变,在经济社会发展中还存在一些困难和问题。主要是:产业结构不尽合理,经济总量小和人均水平低的格局没有根本改变,转变经济发展方式难度大、阻力多;人民内部矛盾复杂多样,少数群众生活比较困难,构建和谐社会还需要付出更大努力;发展环境需要进一步优化,工作作风、服务能力和操作水平还有待进一步转变和提升。对于这些不足和问题,市政府将高度重视,在今后的工作中,认真研究,努力加以解决。

二、"十二五"发展展望

未来五年,是全面实施"十二五"规划,确保我市与全国全省一道进入全面小康社会的关键五年。国际国内宏观环境将继续发生深刻变化,我国仍处于重要战略机遇期。随着促进中部崛起战略、支持海西经济区发展战略、鄱阳湖生态经济区发展战略的深入实施和赣州打造赣粤闽湘四省通衢的特大型、区域性、现代化中心城市和区域性综合交通枢纽、区域性金融中心步伐的加快,南康将迎来新一轮黄金发展机遇期。按照市委的总体部署,未来五年,我们要以邓小平理论和"三个代表"重要思想为指导,深入贯彻落实科学发展观,以科学发展为主题,以加快转变经济发展方式为主线,树立发展为先、生态为重、创新为魂、民生为本的理念，加快推进新型工业化、新型城镇化、农业农村现代化和发展生态化的进程，着力将南康打造成全国一流的家具专业市场、江西省重要的矿产品加工集散地、赣州特大城市中心城区的重要一翼和创业、宜居、平安、生态、幸福赣州的示范区。

提交大会审议的《南康市国民经济和社会发展第十二个五年规划纲要(草案)》，为南康未来五年的发展描绘了蓝图。未来五年，将是南康大发展、大变化、大跨越的五年。一是工业经济实力增强。矿产品、家具、服装、电子信息等主导产业集群不断壮大，一批战略性新兴产业初具雏形，工业经济结构进一步优化。到2015年，主导产业规模以上工业主营业务收入达260亿元，占全市规模以上工业主营业务收入的比重达85%以上，增加值比重达80%以上。二是城市发展水平提升。依托赣州建设特大城市，加强与主城区在城市功能、产业布局和体制机制等方面的对接和融入，抓好一批小城镇建设，全面提高城市管理水平，着力建设创业、宜居、平安、生态、幸福赣州的新城区和国家园林城市。三是基础设施更加完善。着力实施路网加密工程，新建、改造和扩展城区道路系统，稳步推进通组公路建设，提高内、外交通通畅能力；着力加快电力、水利、天然气、给排水、消防、人防和通信设施等建设，全面提升对经济社会发展的支撑能力。四是农业基础持续巩固。坚持工业理念和项目抓手，加快构建高产、优质、高效、生态、安全的现代农业体系。力争到2015年，粮食总产量24万吨，甜柚总产量18万吨，生猪出栏80万头。五是第三产业加快发展。商贸、餐饮、社区服务等传统服务业快速发展，第三方物流、金融服务、中介服务、旅游休闲等现代服务业优先发展。到2015年，第三产业产值达到66亿元，年均增长12.7%。六是生态环境全面好转。坚持开发利用与生态保护并重，着力建设资源节约、环境友好、发展生态型城市。到2015年，城镇生活污水处理率达70%以上，城镇生活垃圾无害化处理率达90%以上，建成区绿化率达43%以上，城镇Ⅲ类地表水质达80%以上，空气质量达到国家二级标准，农村圩镇和90%以上村庄实现垃圾无害化处理。七是对外开放成效扩大。投资环境进一步优化，招商引资力度、规模和水平进一步提升，一批大项目、大企业、大公司成功落户。到2015年，力争引进1家世界500强企业、2家国内200强企业和5个单个投资5亿元以上项目。八是人民生活更加美好。城镇居民人均可支配收入年均增长11%以上，超过2万元；农民人均纯收入年均增长11%以上，接近8000元；城镇登记失业率控制在3.6%以内；城镇居民基本医疗保险覆盖率提高到90%以上；新型农村合作医疗覆盖率保持在95%以上；生产安全事故死亡人数持续下降；人民群众的幸福指数进一步提高。

从发展指标上看，到“十二五”期末，力求实现“七个翻番、三个突破、三个高于”。“七个翻番”，即生产总值、财政总收入、全社会固定资产投资、出口总额、社会消费品零售总额、工业增加值、规模以上工业增加值等7项指标实现翻番。“三个突破”，即地方财政收入突破10亿元、达到14亿元；城镇居民人均可支配收入突破2万元、达到20430元；实际利用外资突破1亿美元、达到1.15亿美元。“三个高于”，即城镇化率、工业增加值占国内生产总值比重和农民人均纯收入分别高于赣州市5个百分点、2.7个百分点和578元。

实现上述宏伟蓝图，要注重把握以下几个方面：

一是坚持发展为先，构筑加快发展、转型发展新格局。未来五年，我们要以更加强烈的意识来实现加快发展、转型发展。坚定不移地以大项目带动大投入，以大投入支撑大发展。坚定不移地推进新型工业化，发挥产业基础优势、区位优势和要素低成本优势，着力打造家具、矿产品两个百亿元产业集群，形成富有南康特色的现代产业体系。坚定不移地加快推进新型城镇化，形成结构合理、功能互补、资源共享、全市联动、城乡一体的城市格局。坚定不移地发展开放型经济和民营经济，加速农业产业化、农村社区化、农民现代化，不断提升发展规模、发展层次和发展水平。

二是坚持生态为重，形成生态发展、绿色崛起新优势。未来五年，我们要更加坚定“既要金山银山，更要绿水青山”的发展理念，实现生态发展、绿色崛起。要积极推进鄱阳湖生态经济区建设，重点保护一批生态功能区，创建生态镇、生态村、生态园区。抓好节能减排和资源集约节约利用，加快发展生态农业、生态工业、生态服务业和环保产业，在保护生态中加快发展，在加快发展中建设生态文明。大力推动产业发展生态化、生态建设产业化,实现经济效益与生态效益的有机统一。

三是坚持创新为魂,增强科学发展、跨越发展新动力。未来五年,我们要以更大力度的思想解放和思路创新来推动科学发展、跨越发展。要大胆创新思路、创新方法、创新机制,不断深化改革,扩大开放,构建充满活力、富有效率、更加开放、科学发展的体制机制。要继续实施好教育兴市和人才强市战略,大力推进科技创新平台和载体建设,发展创新型经济,建设创新型社会,使创新成为南康经济社会发展最持久、最强劲的动力。

四是坚持民生为本,谱写人民幸福、社会和谐新篇章。未来五年,我们要更加扎实地发展民生、改善民生,实现人民幸福、社会和谐。要不断加大民生领域和社会公共服务事业的投入,推进公共服务均等化。完善就业创业扶持政策,使更多劳动者成为创业者。加强和创新社会管理,切实保障人民群众的合法权益,提高人民群众生活水平和品质,提高人民群众幸福感和安全感。

三、2011 年工作安排

2011 年是“十二五”规划的开局之年,开好头起好步至关重要。全市经济和社会发展的主要预期目标是,实现生产总值 100 亿元,增长 14%;财政总收入 10 亿元,增长 22%,其中地方财政收入 7.1 亿元,增长 17.7%;全社会固定资产投资 92.8 亿元,增长 30%;社会消费品零售总额 32.1 亿元,增长 18%;实际利用外资 7400 万美元,增长 3.6%;外贸出口 3977 万美元,增长 15%;城镇居民人均可支配收入 13457 元,增长 11%;农民人均纯收入 5046 元,增长 11%;单位生产总值能耗、工业增加值能耗和化学需氧量排放有新降低;人口自然增长率控制在 7.8‰以内;城镇登记失业率控制在 3.6%以内。围绕上述目标,重点做好以下工作:

(一)推进重大项目建设,增强经济发展后劲。继续大力实施项目带动战略,以大上项目、快上项目、上好项目引领经济转型发展、跨越发展。今年要着力实施好七大类、总投资 180 亿元的 100 个重点项目。重点要加快家具产业基地和乡镇家具创业园、南康有色 5 万吨锌锭、章江灌区续建配套与节水改造、体育公园、第四小学等项目建设;完成赣南大道南康段、深航南康国际大酒店、坪岭 22 万伏输变电站、中油洁能液化气、一医院整体搬迁等项目;争取开工建设机场快速干道、散粮中转库、农四所改扩建等项目;积极支持配合赣韶铁路、赣崇高速等赣州市以上重点工程建设。着力破解项目建设资金、用地和拆迁等瓶颈问题,提高项目建设的速度和质量。积极谋划和申报一批科技含量高、财税贡献大、辐射带动强的重大项目。

(二)加快优势产业集聚,做大工业经济总量。加快编制和完善“十二五”工业和主导产业发展规划,扎实推进矿产品、家具、服装、电子等优势产业转型升级。着力实施矿产品、家具两大百亿产业集群建设,大力引导矿产品产业发展钨丝、纳米钨合金、硬质合金等精深加工,走高端化、集群化、生态化发展道路。抓好废旧金属综合回收利用项目建设,把南康建设成为全省重要的矿产品加工集散地。围绕建设全国一流家具专业市场和中国(中部)家具基地的目标,加快推进 5000 亩家具产业基地、1000 亩家具市场和一批乡镇家具创业园等项目建设,积极实施家具企业“引企入园”工作,加强家具市场和物流行业管理,引导产业规范有序发展。规划建设服装辅料市场和生产基地项目,积极引进知名品牌服装加工项目,着力打造“南康服装”区域品牌。大力发展电子元器件、电子电器等电子终端应用产品,提高电子产业层次和规模。继续加大投入,着力加快一批工业项目建设。继续实行“三个一”模式,扶持骨干企业做大做强,力争年内有 1 家企业主营业务收入超 10 亿元、3 家企业超 5 亿元。积极做好企业上市工作,力争年内有 1 家企业上市。加快龙岭、东山工业区扩园以及新工业区的规划建设,着力打造省级生态工业园和省、赣州市特色产业基地。

(三)提升农业产业建设水平,加快推进农业农村现代化。大力发展现代农业,做强甜柚、生猪两大主导产业,巩固发展优质稻、蔬菜、油茶、花生等区域特色产业。加快省级现代农业示范园区建设,继续抓好浮石、龙回、赤土三个万亩果业基地和朱坊 2000 亩柑桔标准化示范园建设。规划建设 2 万亩商品蔬菜基地。力争新增生猪出栏 2 万头,新增甜柚 0.6 万亩,新增蔬菜播种面积 4.6 万亩。农民专业合作社覆盖面扩大到 60%以上的村。以我市列为全国小农水重点县为契机,加强以水利为重点的农村基础设施建设。全面启动圩镇、农村学校、基层卫生院和自然村垃圾集中处理工作。进一步发挥农民学院作用,培训农民 6 万人次,提高农民就业创业技能。积极探索、稳妥推进统筹城乡发展试点工作,抓好统筹城乡发展示范区建设。

（四）加快基础设施建设，增强城市承载辐射能力。积极策应赣州构建特大城市发展战略，加快融入赣州主城区步伐。发挥规划的引领调控作用，完成重要地段控制性详细规划编制和重点区域的城市设计。加快城市基础设施建设，着力推进赣南大道与工业路连接线、东山北路贯通等工程，进一步优化城市路网结构；完成金赣北大道、文化艺术中心等项目建设，进一步提升城市功能和品位；积极稳妥推进下坝、接官亭、岭背和龙珠坊“棚户区”改造。大力创建国家园林城市，抓好城市道路、居住区、河道两岸和各类建设项目的绿化，提高城市绿化水平。进一步强化城市管理行政综合执法，依法整治各类违章建筑，强化城区市容秩序管理。适度实施非均衡发展战略，集中力量打造唐江、横市、龙岭、凤岗、镜坝等一批功能较齐全、辐射带动能力较强的重点圩镇。

（五）创新体制机制，优化发展环境。建立和完善服务全民创业、促进经济发展的政策平台、融资平台、孵化平台、技术平台和服务平台。发挥市民服务中心“一站式”服务功能，努力提高行政审批服务水平。进一步创新考核办法，加大金融机构对地方经济发展的支持力度；积极发挥和创新融资平台作用，争取引进南昌银行、民生银行等在我市设立分支机构，着力破解融资难题。推进财税管理体制改革，提高聚财、理财能力和资金使用效益。全面完成七个系统国有企业改革。深入开展“质量兴市”活动，积极推进科技创新，提高企业自主研发能力和产品科技含量。提高招商引资的力度、规模和水平，主攻央企和世界500强、国内200强企业，着力引进战略投资者、行业龙头企业和亿元以上重大项目。按照非禁即入的原则，鼓励民间资金进入基础设施、金融服务和社会事业等更多更广的领域，进一步提高民营经济发展水平。

（六）加快各项事业发展，促进社会和谐稳定。进一步优化教育资源配置，努力促进学前教育、义务教育、普通高中教育、职业教育、特殊教育等各类教育均衡协调发展。积极筹措资金，加快实施校舍安全、校舍维修改造、农村初中校舍改造和农村教师居住等四大工程各个项目建设。深化医药卫生体制改革，认真执行国家基本药物制度，进一步提高医保“三张网”覆盖率。加快一医院新院和一批医疗卫生事业项目建设，启动中医院和妇保院改（扩）建工作，优化城乡医疗机构布局，提高卫生服务能力和水平。积极发展文化、广播电视和体育事业，大力开展精神文明创建活动，丰富群众文体生活，增强市民身体素质和文明素养，提升城市软实力。严格落实信访维稳工作责任，深入排查化解各类矛盾纠纷，妥善处理信访突出问题，切实维护社会稳定。全面加强社会治安综合治理，严厉打击各类违法犯罪行为，提高人民群众的安全感和满意度。加强安全监管和地质灾害治理，坚决杜绝重特大生产安全和食品药品安全事故发生。积极抓好人口计生、民族宗教、扶贫和移民、工青妇、气象、档案、地方志等事业发展。

（七）大力实施民生工程，努力增进人民福祉。更加重视改善民生，全面完成上级下达的各项民生工程目标任务。着力办好民生方面10件实事：1、新增城镇就业4500人，新增转移农村劳动力8400人，安置“4050”等困难人员就业500人。2、年内建成2万平方米共400套廉租住房，建成6.6万平方米共1252套新市民公寓。3、实施小型农田水利建设和章江灌区续建配套工程，解决6万亩农田灌溉问题。4、提高企业退休人员养老金标准，人均每月增加120元。5、提高城镇居民基本医疗保险补助标准；免费为65岁以上老人和3岁以下婴幼儿做健康检查，对农村孕产妇住院分娩实行补贴；继续实施“光明·微笑”工程，为白内障和唇腭裂患者提供免费治疗。6、在南水新区建设可容纳3000名学生的第四小学，建设一所省级示范幼儿园。7、加快公共交通网络建设，增加公交线网，确保市区公交覆盖率达90%以上。8、实施城区无障碍设施建设一期工程，建成盲道2.5公里、斜坡口500个。9、实施康赤公路改造、金赣大道等一批城区道路改造、小街小巷改造和垃圾中转站建设。10、全面推进文明殡葬改革，实行遗体免费火化，加快农村公益性墓地建设。

（八）加强生态环境建设，提高绿色发展水平。围绕赣州建设“江西绿色崛起的重要一翼和生态经济、生态文明示范区”目标，全力加快生态环境建设。积极实施省级生态工业园区建设和申报工作，严格项目入园审核，坚决杜绝污染项目落户。加强企业内部环保措施落实，建设工业园污水处理厂，提高工业“三废”达标排放程度。深入开展环保专项整治活动，完成上级下达的主要污染物减排目标。开展森林街道、森林通道等“十个”创建活动，完成“一大四小”造林绿化3.1万亩，规划建设

3万亩桂花苗木基地。积极实施生态农业开发,有效减少水土流失及农业面源污染。大力推进农村清洁工程,加大农村垃圾无害化处理力度。着力谋划低碳招商项目,建设现代金融业、服务外包、信息中介、文化创意等低碳产业体系。

(九)更加重视政府自身建设,推进政府工作提速提质提效。执政为民,字字千钧。新的形势、新的任务对政府工作提出了新的更高要求。我们将切实提高行政效能和服务水平,提高领导科学发展的能力,推进政府各项工作提速、提质、提效,努力建设人民满意政府。

在主动作为上提高服务水平。一要提高创新力。坚持解放思想、开拓创新,推进观念创新、机制创新、管理创新、服务创新,敢于破解发展难题,打破常规,创造条件,务求突破。二要提高执行力。加强部门之间协调配合,做到"拒绝借口、立说立行",对基层、企业、群众亟待解决的问题"立即办",对普遍性问题"集中办",对条件暂不具备、一时难以解决的问题"跟踪办",对涉及面广、政策性强的问题"公开办",严肃查处有令不行、有禁不止、各自为政、各行其是等行为,确保政令畅通。三要提高落实力。对确定的重点工作、重点项目和民生项目,进行任务分解、责任挂钩,坚持重点工作协调会、联席会议制度,完善督查制度,每项工作都要有目标要求、有责任主体、有工作进度、有监督考核、有责任追究,确保政府工作件件有着落,事事见成效。

在依法行政中增强服务能力。一要规范行政职能。强化依法行政理念,严格依照法定权限和法定程序行使权力、履行职责。着力解决职能交叉、推诿扯皮、效率低下等问题。二要提高行政效率。深入开展"发展提升年"和民主评议政风行风活动,积极转变工作作风,提高行政效能。推进行政审批制度改革,落实完善行政审批"两个集中"。树立效率意识,强化机关效能督查、网上审批和电子监察,健全行政服务"绿色通道"。三要严格行政追究。全面落实执法责任制和执法过错追究制,做到有责必负、有诺必践、有错必纠,提高政府公信力。完善绩效考核机制,用绩效考核这把标尺,考评工作实绩,检验发展成果,引领发展方向,激励全体政府工作人员建功立业。四要主动接受监督。积极纳言采谏,自觉接受人大法律监督、政协民主监督,主动接受社会公众和新闻舆论监督,认真办理人大代表建议和政协委员提案。深入开展"三送"活动,问政于民、问需于民、问计于民,充分集中民智,做好政府工作。

在勤政廉政中树立服务形象。一要倡导务实作风。全面推行"一线工作法",全体政府组成人员要现场办公、靠前指挥,确保决策落实在一线,问题解决在一线,能力体现在一线。二要恪守为民之责。把心思用在发展上,把精力放在落实上,把成果体现在为群众办实事上。对老百姓承诺的实事,要说一项做一项,对老百姓关注的难事,要做一件成一件。三要坚守廉政准则。严格落实党风廉政建设责任制,推进审计和监察关口前移,健全建筑工程、土地交易、产权交易、国有资产处置、政府采购、医药购销、资金监管等重点领域的反腐倡廉长效机制。牢固树立过紧日子的思想,反对铺张浪费,厉行勤俭节约,挤出更多财力关心群众利益,造福广大百姓!

各位代表,新的征程催人奋进,新的使命光荣神圣。让我们更加紧密地团结在以胡锦涛同志为总书记的党中央周围,高举中国特色社会主义伟大旗帜,全面落实科学发展观,在中共南康市委的正确领导下,同心同德,创新克难,励精图治,为建设经济繁荣、人民富裕、环境优美、社会文明的新南康而努力奋斗!

中国人民政治协商会议
南康市第四届委员会常务委员会工作报告

——在政协南康市第四届委员会第五次会议上

市政协副主席　李　旭

（2011 年 2 月 28 日）

各位委员、同志们：

我受政协南康市第四届委员会常务委员会的委托，向大会作工作报告，请委员们审议，请列席会议的同志提出意见。

2010 年工作回顾

2010 年，是"十一五"规划收官之年，也是南康经济社会更好更快发展的关键一年。这一年里，市政协坚持以科学发展观为统领，牢牢把握团结和民主两大主题，紧紧围绕市委"一个继续坚持，两个着力把握，六个扎实推进"工作大局，切实履行政协职能，积极发挥政协维护核心、围绕中心、反映民心、凝聚人心的积极作用，为推动全市经济社会科学发展作出了应有贡献。

一、坚持第一要务推动科学发展，在履行职能上有新成效

我们把促进科学发展作为履行职能的出发点和落脚点，着力履行政治协商、民主监督、参政议政三大职能，不断取得新的工作成效。一是坚持服务大局，积极协商议政。充分运用全体会议总体协商、常委会议重点协商、主席会议选题协商、专委会议对口协商等形式，对我市经济社会发展的重大事项进行协商讨论，形成了多层次、多渠道的协商格局。全年召开全会 1 次、常委会议 4 次、主席会议 12 次。四届四次会议期间，委员们采取大会发言、分组讨论等形式，围绕全市经济、政治、文化、社会等各方面重要问题进行全面协商，围绕《政府工作报告》提出的工作部署，广泛开展协商讨论，积极建言献策，提出修改建议 26 条，围绕家具产业发展、做精做强矿产品产业、遏制违法建设、教育均衡发展等四个专题进行了大会发言，提出建议 42 条；围绕市委、市政府重要决策文件进行协商。一年来，委员们协商讨论了《关于推进 2010 年市重点项目"双百"工程建设的实施意见》、《南康市加快科学发展实施进位赶超三年（2010–2012）决战实施意见》等 10 余个重要文件；围绕市委、市政府重视，人民群众关心的"十二五"规划编制、城市管理等热点难点问题展开协商议政，积极推荐委员参加各类座谈会 90 多人次。如市政协对加强城市管理工作开展专项协商调研，短时间内形成了质量较高的调研报告，提出了"城市管理综合治理奋战 60 天"、"实行路段责任制"等许多建议，得到市委、市政府主要领导的肯定和采纳。全市上下大力开展城区市容环境秩序综合治理活动，集中力量解决城市环境"脏、乱、差"问题，有力地改善了市容市貌和交通秩序，得到广大市民的一致好评。二是精心开展调研，科学建言献策。一年来，先后围绕"龙岭工业园情况"、"创新社会管理工作"等 7 项课题开展专题调研，并形成专题调研报告呈送市委、市政府，引起了党政领导及有关部门的高度重视，为市委、市政府科学决策提供了参考。市委、市政府主要领导对每个调研报告都有重要批示，多次称赞政协调研报告：摆情况客观实在、提问题切中要害、献对策注重实效。市委办公室逐一向全市转发了这些调研报告。如《关于龙岭工业西区建设与发展的调研报告》呈送后，市委书记张裕生同志作了重要批示："调研报告数据详实、见地深刻，对工业发展及园区建设、招商引资工作中有许多的帮助和启示，请有关部门要好好研究，确实转变发展方式，牢固树立科学发展观，推进我市经济社会更好更快发展。"市委、市政府主要领导在市委全会（扩大）会议上，高度肯定政协调研报告，赞赏报告对入园企业投产和在建情况的分析有根有据，要求市委、市政府的领导认真阅读，相关部门要充分吸纳报告中提出的意见和建议，切实打造好招商引资平台。市政府专门出台了《解决工业园区企业反映问题若干意见》，有效破解了工业园区一定程度存在的融资难、招工难、用地难、基础设施不完善、服务环境不优等制约企业发展的问题。三是认真办理提案，注重讲求实效。广大政协委员以高度的政治责任感和履职使命感，提出了一批建议具体、针对性强、有可操作性的提案，助推经济社会更好更快发展。市政协不断丰富和创新提案办理形式，进一步完善了提案征集、提案交办、提案督办、提案“面对面”、提案表彰等工作制度，创新了提案交办、督办和办理结果当面评价等机制，提案工作制度化、规范化和程序化水平逐步提高。一年来，共收到委员提案182件，立案179件，截至2010年10月，立案的提案已全部办复，委员对提案办理的满意度进一步提高。

二、坚持团结民主推动科学发展，在凝聚人心上有新作为

牢牢把握团结民主主题，引领广大政协委员和社会各界群众，围绕市委、市政府工作大局和维护全市安定团结政治局面献计出力。一是广泛搭建社会各界团结合作的平台。我们通过座谈会、专题视察等形式，主动加强与政协参加单位的沟通联系，并就教育网点布局、城市管理等群众共同关注的问题开展调研视察，同时通过政协组织的各项活动，积极宣传党委政府重大决策部署，通报政协工作情况，帮助委员和各界人士知情明政，共同维护安定团结的政治局面。二是为创优发展环境履职服务。为切实强化政协民主监督力度，帮助机关单位转变作风，推动政风行风建设，2010年，市政协组织全体政协委员对68个市直有关单位的政风行风情况，召开了1次民主测评大会，由委员当场“打分”评判；会后，委员们按界别分8个小组开展小组活动，围绕政风行风建设等方面提出意见建议56条，并按照保持原汁原味的原则予以整理，市政协形成了民主测评报告和委员讨论情况汇总，及时呈报市委、市政府，得到市委、市政府的充分肯定，市委向全市全文转发了民主测评报告，要求各单位认真学习，采取扎实有效的措施，进一步推进政风行风建设，为我市经济社会发展创造良好环境。三是积极参与中心工作，投身经济社会建设第一线。根据市委统一安排，市政协领导积极投身于经济社会发展的中心工作。市政协主席和各位副主席分别领衔了或参与牵头百家姓和谐城、西气东输二线(南康段)征地拆迁、南山佛教文化区、赣南大道(南康段)征地拆迁、文化艺术中心、康唐公路拓宽改造、金赣北大道路面工程、东山北路贯通工程、和谐大桥等重点项目建设，为各个项目的推进做了大量积极有效的工作，取得了较好的效果，多次受到市委、市政府主要领导的表扬。

三、坚持委员主体推动科学发展，在履职形式上有新举措

我们坚持履职依靠委员，激发委员主体作用，提高委员履行职能的能力和水平，树立委员良好的社会形象。一是界别小组活动有序开展。继续以界别小组活动为依托，做到“三定三有”：定时间、定主题、定地点，有发言、有讨论、有记录，丰富有序地开展活动，全年每个界别小组开展活动2次以上，共开展活动28次。二是举办“委员论坛”建言献策。2010年，组织部分政协委员围绕“如何办好市民服务中心”主题举办了一期论坛，委员们纷纷就市民服务中心的定位、硬软件、服务水平、配套设施等方面建设踊跃发言、积极献策，对办好市民服务中心提出建议对策32条，并形成了情况汇总呈报市委、市政府，同时以电视录播形式在电视台播放，得到较大的反响，筹建负责单位积极上门征求委员建议意见，许多建议对策得到重视和采纳，如有关加强人员培训和管理、设立银行分理处、中心停车等方面建议已被采纳，目前，市民服务中心正式投入运行。三是充分彰显委员的“三个作用”。广大政协委员切实发挥本职工作中的带头作用、政协工作中的主体作用、界别群众中的代表作用，充分展现了政协委员的良好形象。一年来，王家新、黄学森、黄学有、刘事芳等委员不断把企业做大做强，引领推动我市民营经济向前发展，江宗金、李秀忠等29位委员成为履行政协职能的模范，广大政协委员心系玉树灾区、扶贫助学等公益事业，捐款捐物逾百万元。

四、坚持反映民心推动科学发展，在共建和谐中有新气象

我们激励委员加强同本界别群众的联系，如实地反映各界别、各阶层群众的意愿和诉求，共同维护社会和谐稳定。一是开展“民情季报”听民意促和谐。2010年，收到社情民意120多份，梳理重要社情民意80多条，按照分类整理、原汁原味的原则呈报了《社情民意专报》4期，得到党政主要领导的高度重视。市领导在呈送的《社情民意专报》上都有批示，特别是市委张裕生书记在市政协报送的《社情民意专报》上作出重要批示："市政协印发《社情民意专报》，搜集了大量信息，对各级党委政府深入了解社情民意，进一步加强和改进工作具有重要意义，充分体现了市政协良好的参政议政意识。贯彻落实科学发展观，要牢固树立民本意识，认真倾听民声、体察民意，切实解决问题。各有关部门要高度重视《社情民意专报》，结合自身工作职责，加强调查研究，积极创造条件，着力抓好工作落实。'两办'要加大督查力度，对《社情民意专报》的贯彻落实情况要及时进行通报。"并将重要批示向全市印发。各有关单位认真办理委员反映的社情民意，及时答复，主动联系委员，协商解决委员反映的热点、难点问题。二是为维护社会和谐稳定献计献策。市政协围绕我市"城中村"、"城乡结合部"社会管理创新工作开展调研，形成了专题调研报告，市委、市政府主要领导称赞调研报告：提出了许多有益的建议，提出的问题有针对性、建议有操作性，对加强社会管理很有帮助。市政法委召开专门座谈会，逐条研究市政协调研报告所提出的建议，并将许多建议充分吸纳在出台的《关于加强流动人口服务管理的工作意见》中，流动人口服务管理工作取得很好成效，赣州市在我市召开流动现场会，总结和推广我市做法。三是积极参与"三送"活动，真心为群众办实事。市政协领导和机关干部深入所挂点的乡镇和家具企业，真切了解群众和企业呼声，想方设法解决帮扶资金落实、资助困难群众、兴修农田水利等方面的问题，为群众办实事办好事。如在朱坊乡朱坊村、荷田村、茶园村"三送"活动中，市政协领导和机关工作人员积极协调解决道路修建、水利建设资金缺口等问题，受到当地群众的好评。

五、坚持自身建设推动科学发展，在服务水平上有新提高

加强自身建设，提高服务水平。一是为提高委员参政议政水平搭建平台。积极组织委员赴外地学习考察油茶产业发展、主导产业发展、校园文化建设等，进一步拓展了委员的履职视野，促进了履职水平的提高。二是专委会工作成效明显。提案创新、港澳台侨联谊等工作多次得到赣州市政协的表扬，为协助省政协编撰《畲族百年实录》一书做了大量工作，协助接待上级和兄弟县市政协56人次。三是进一步加强机关队伍建设。坚持将创先争优、创业服务年、学习焦裕禄精神等活动与政协履职相结合，加强机关思想、组织、作风和效能建设，保证机关工作协调统一、规范有序、精干高效地运行，为政协工作服务的质量和水平有了新的提高。

各位委员、同志们，一年来市政协工作取得的进步和成绩，这是中共南康市委正确领导和市人民政府大力支持，社会各界积极配合的结果，是全体政协委员立足本职岗位、热爱政协事业、履职尽责的结果。在此，我代表市政协常委会，向所有关心、支持政协工作各位领导和同志们，致以崇高的敬意和衷心的感谢!

回顾2010年的工作，我们清醒地认识到，市政协的工作还存在需要进一步加强和改进的方面，主要有：一是在建立更加完善的政治协商机制方面还有差距；二是在进一步发挥委员主体作用方面还有差距；三是在调研视察报告等政协履职成果的转化方面还有差距，等等。这些问题，我们将在市委的领导下，在市政府的支持下，在今后的工作中认真研究，切实加以改进。

2011年工作任务

2011年，是实施"十二五"规划的开局之年、起步之年，开好头、起好步至关重要，做好今年工作，具有十分重要的意义。市政协常委会总体工作要求是：在中共南康市委的正确领导下，牢牢把握团结和民主两大主题，紧紧围绕市委重大决策部署，坚持"维护核心、围绕中心、反映民心、凝聚人心"的履职思路，牢固树立发展为先、生态为重、创新为魂、民生为本理念，积极履行政治协商、民主监督、参政议政职能，为实现南康发展规模、发展层次和发展水平的新跨越作出新的贡献。

一、要紧紧围绕中心建言献策，进一步为促进科学发展提供智力支持

围绕中心，服务大局是政协履职的基本立足点。我们要按照聚精会神搞建设、一心一意谋发展的要求履行职能，切实把广大政协委员的思想和行动统一到市委的决策部署上来，把力量凝聚到实现我市"十二五"时期目标任务上来，把社会各界的积极性、主动性、创造性引导到推动南康科学发展上来。当前。我们要围绕市委提出"十二五"规划目标部署,选好角度,确定课题,深入调研,努力为市委科学民主决策提供可操作性的意见建议。要围绕推进增长方式转变、加快推进矿产品产业转型升级、保障改善民生、项目建设、加快推进基础设施建设和新型城镇化等课题开展政治协商和重点调研,积极建言献策,为实现我市"十二五"规划目标多建睿智之言,广献务实之策。

二、要时时紧贴民心为民履职,进一步为促进社会和谐稳定谱写新的篇章

人民政协的根基在人民,力量在人民。要充分发挥自身优势,主动开展群众工作,要把关注民情、倾听民声、反映民意放在政协履职更加突出的位置,把服务民生的触角延伸到社会生活的方方面面,全心全意释民惑、温民心、解民忧,为构建和谐社会倾真情出实招。一要围绕改善民生为民履职。围绕老城区改造、教育医疗网点布局、幼儿教育、社会养老保障等事关民生课题开展调研视察。二要履行好听民意、传民声职能。运用人民政协独有的履职方式,继续开展好"民情季报"活动,广泛收集社情民意,客观全面地反映社情民意,使党委政府的政策措施更加符合人民群众利益。三要积极为群众办实事、办好事。结合当前开展的"三送"活动,积极组织委员和机关干部深入基层,热忱帮助群众解决生产生活中的实际困难和问题。充分运用政协优势,引导委员积极参与扶贫助学、救灾济困等公益事业,切实做到心系群众冷暖,身行群众所想。

三、要始终依靠委员推动创新,进一步为履行政协职能搭建广阔平台

委员是政协履职的主角。要进一步依靠委员,充分发挥政协委员在本职工作中的带头作用、政协工作中的主体作用、界别群众中的代表作用。要进一步依靠委员,推进政协工作的创新,积极探索委员履职的新方法新机制。继续探索完善小组活动、"委员论坛"等协商议政平台;开展委员为实现"十二五"规划目标献良策活动,推行在有关媒体公示重点提案、公布办理责任、公开办理实效的提案办理机制,尝试运用网络收集提案和社情民意,开展社情民意信箱进社区活动;进一步推进"三化"建设进程,完善参政议政成果转化工作制度,努力提高政协参政议政的实效。

四、要突出自身建设固本强基,进一步为提高服务质量水平打下扎实基础

要适应新形势新要求,把提高自身素质和能力放在更加突出的位置。一要把提高履职能力摆在重要位置,注重学习、善于思考、深入调查、加强研究,不断提高学习能力、调研能力、协商建言能力。二要加强对委员的教育、管理和服务工作,进一步提高委员的履职能力,同时切实关心委员的工作生活情况,使委员充分感受政协组织大家庭的温暖。三要切实发挥界别小组的特色作用,做好界别小组提案、大会发言、社情民意工作,抓好界别小组活动召集人队伍建设,努力使界别小组活动更合规范、更富成效。四要大力加强政协机关建设,进一步提高政协机关的履职服务能力和统筹协调能力,为有效履行政协职能、顺利开展工作提供优质服务和坚实保障。

各位委员,未来美好蓝图业已描绘,政协履职舞台更加广阔,让我们在中共南康市委的坚强领导下,在市人民政府的大力支持下,同心同德,团结奋进,求真务实,开拓创新,认真履行政协职能,充分发挥协调关系、汇聚力量、建言献策、服务大局的作用,为实现南康发展规模、发展层次和发展水平的新跨越而努力奋斗。

大事记

2010年大事记

1月

1日，赣州市委常委、副市长潘昌坤到浮石乡视察灾后重建工作。市委书记张裕生，市委常委、副市长、农工部长杨晓斌等陪同。

3日，省关工委主任周懋平到南康调研。市委常委、组织部长韩水生，市关工委主任黎德辛等陪同。

5日，赣南大道征地拆迁工作调度会在市迎宾馆八楼会议室召开。赣州市政协主席赖联明以及市委书记张裕生、市长苏传辉出席会议并分别讲话，市委常委曾勇主持。市领导钟炳东、施明生出席。

△全市第三批深入学习实践科学发展观活动分析检查阶段总结暨转段动员大会召开。市委书记张裕生作重要讲话。市领导韩水生、廖永平等出席。

6日，市委常委（扩大）会议在市政大楼十五楼会议室召开。市委书记张裕生、市长苏传辉分别讲话，市四套班子领导出席会议。会议主要研究2010年工作思路。

7日，全市人口与计划生育工作调度会议在宝马酒店召开。市委常委、组织部长韩水生出席。

△全市造林绿化“一大四小”工程整地打穴流动现场会在十八塘乡召开。市领导柯岩松、王宜华等出席。

10日，中国家具协会副理事长陈宝光到南康考察家具产业发展工作。市领导杨永飞、李大庆、王宜华等陪同。

△南康市组团到浙江临安市回访招商。市领导柯岩松、黄菊兰、黄绍莲、叶伦汉等参加。

12日，南康市组团参加中国“红三角”（赣州）经贸合作暨赣商投资推介会。市领导黄菊兰、黄绍莲等出席。

13日，市委四届十次全体（扩大）会议在市迎宾馆八楼会议室召开。会议主要总结2009年工作和研究部署2010年工作。市委常委会、市四套班子领导出席。

△赣州市深入学习实践科学发展观活动检查组到南康检查指导工作。市领导韩水生陪同。

14日，赣州市检查组到南康检查指导2009年度全市推进惩治和预防腐败体系建设工作。专题汇报会在市迎宾馆八楼会议室举行，赣州市副市长邓又林出席会议，市委书记张裕生汇报，市领导杨永飞、韩水生、柯岩松、朱筠生、曾勇等出席。

16日，民政部救灾司巡视员柳永法等到南康检查指导灾后重建和冬春期间受灾群众生活安排工作情况，市领导张裕生、苏传辉、杨晓斌等陪同。

17日，市委常委、纪委书记柯岩松，副市长王宜华到太窝乡检查指导造林绿化工作。

18日，赣州市政协主席赖联明到南康走访慰问部分困难党员、困难群众和部分重点招商引资企业。市领导张裕生、刘昌鹏、何建清、方立清等陪同。

△南昌市综治委组团到南康学习考察综治维稳基层基础建设开展情况。市领导陈俭生陪同。

19日,市委常委(扩大)会议在市政大楼十五楼会议室召开。会议研究2010年主要工作安排,市委书记张裕生主持,市委常委和市四套班子领导出席。

20日,市政协四届十三次常委会议在市政大楼十五楼会议室召开。市政协主席刘昌鹏主持,市政协四届常委会成员出席。市领导施明生、黄菊兰到会指导。会议主要讨论《政府工作报告》(征求意见稿)。

△唐康线公路拓宽改造开工建设,将原宽8.5米的路面拓宽为13.5米,于8月27日竣工通车,全长14.640公里。

△2009年南康市供售电量双双突破4亿千瓦时,创历史新高。

△全市个体私营经济协会会员代表大会暨创业服务年动员大会在市迎宾馆八楼会议室召开。市委书记张裕生作重要讲话,市领导杨永飞出席。

△市委副书记、市长苏传辉就部分在建民生工程项目的进展情况在朱坊、唐江等地进行调研。市领导杨永飞、曾勇、廖永平等陪同。

22日,市十七次人大常委会四届在市政大楼十五楼会议室召开。市人大常委会主任陈冬生主持。市人大常委会成员出席,市领导杨永飞到会指导。会议初审了四届四次人大会议的报告。

△赣州市检查组到南康检查指导开放型经济工作。市领导谢业雄、黄菊兰、黄绍莲等陪同。

24日,南康市组团赴大余、信丰、赣县、兴国等地学习考察新农村建设工作。市领导杨晓斌、廖永平、李旭等参加。

25日,全市政法工作会议在市迎宾馆八楼会议室召开。市委书记张裕生、市长苏传辉出席并讲话,市领导韩水生、柯岩松、陈俭生、朱筠生、曾勇等出席。

△全市公安工作2009年度总结表彰大会在市公安局八楼会议室召开。市领导张裕生、陈俭生、钟炳东、方立清、罗富杨等出席。

27日,省老干局副局长陈卫华到南康走访慰问特困离退休干部。市领导杨永飞陪同。

△全市社会主义新农村建设工作会议在市迎宾馆八楼会议室召开。市委书记张裕生出席并讲话,市四套班子领导出席。

△省检察院党组成员、纪检组长魏运亭到南康慰问困难干警。市领导陈俭生、雷贻辉等陪同。

△省民宗局副局长张国陪到赤土畲族乡调研少数民族生产生活和产业发展情况。赣州市民宗局局长袁景运和市领导杨晓斌、黄菊兰、李旭等陪同。

28日,《当代江西》调研组到南康调研党建工作。市领导韩水生陪同。

△省工商联检查组到南康检查指导新经济组织深入学习实践科学发展观活动情况。市领导李旭陪同。

29日,大学生村官学习沈浩精神座谈会在市政大楼十一楼会议室举行。市领导韩水生出席。

30日,市"文明"交通行动计划暨道路春运启动仪式在市汽车站举行。市领导谢业雄出席。

31日,南康市三个重点项目和谐大桥、工业大道东延工程、康唐公路拓宽改造工作举行开工仪式。市委书记张裕生宣布开工。市领导苏传辉、陈冬生、刘昌鹏、杨永飞、曾勇、施明生、廖永平、邱建华等出席。

△南康市被评为2009年度全省油料生产先进县(市)。

△南康市被评为2009年度全省农村经济结构调整先进县(市)。

△南康市老年大学校长罗天儒被授予全国老年教育先进工作者。

2月

1日,副省长史文清到南康走访慰问部分敬老院老人和困难群众。省政府副秘书长蔡玉峰、赣州市副市长唐玉英和市委书记张裕生、市长苏传辉等陪同。

△市委书记张裕生到龙岭、三江、凤岗、唐江等地调研新农村建设工作。市领导杨晓斌、廖永平等陪同。

2日,全市机关效能年活动总结暨创业服务年活动动员大会在市政大楼三楼会议室举行。市领导苏传辉、陈冬生、刘昌鹏、杨永飞、柯岩松、廖永平等出席。

△副市长何建清到市麻风病康复新村走访慰问麻风病康复患者。

3日，老干部迎新春座谈会在市迎宾馆八楼会议室举行。市领导张裕生、苏传辉、陈冬生、刘昌鹏、杨永飞、韩水生等出席。

△全市农村敬老院工作会议在市政大楼十五楼会议室召开。市长苏传辉出席作重要讲话，市领导杨晓斌主持。

4日，省委组织部派员到南康调研社区党建工作。赣州市委组织部副部长明心平，市委常委、组织部长韩水生等陪同。

△赤土畲族乡项目申报会在市政大楼六楼会议室举行。市领导韩水生、黄菊兰、李旭等出席。

5日，团市委开展希望工程活动，2009年共筹集爱心助学资金11万7千多元，资助困难学生105名。

△社会各界人士迎春茶话会在市迎宾馆八楼会议室举行。市领导张裕生、苏传辉、陈冬生、刘昌鹏、杨永飞、刘小玉、李旭、黄绍莲等出席。

△海峡两岸四地现代农业示范区考察团到南康考察访问。赣州市副市长刘建平及南康市委常委、副市长、农工部长杨晓斌等陪同。

6日，赣州市市长王平、赣州市政协主席赖联明到龙岭走访慰问赣南大道征地拆迁户。市领导张裕生、苏传辉、杨永飞、曾勇、施明生、方立清等陪同。

△2010年银企合作项目洽谈暨签约仪式在市迎宾馆八楼会议室举行。市领导张裕生、苏传辉、杨永飞、黄菊兰、叶伦汉、吴健等出席。

7日，全市招商引资工作动员大会在市迎宾馆八楼会议室召开。市委书记张裕生、市长苏传辉出席分别讲话。市四套班子领导出席。

8日，市委常委(扩大)会议在市政大楼十五楼会议室召开。主要学习《中国共产党党员领导干部廉洁从政若干准则》等。市领导张裕生、苏传辉、陈冬生、刘昌鹏、杨永飞、谢业雄、韩水生、柯岩松、杨晓斌、陈俭生、朱筠生、曾勇等出席。

9日，全市宣传思想工作会议在市政大楼三楼会议室举行。市领导谢业雄出席。

△“红十字博爱送万家”赣州市直通车活动在南康启动。市领导何建清出席。

△市委副书记、市长苏传辉来到市广电局看望坚守工作岗位的新闻工作者。

11日，市采茶剧团春节期间到各乡镇巡回演出。

12日，市委副书记、市长苏传辉通过南康电视台发表新年贺词。

16日，傅通先先生书画展在市旭山公园孔子文化馆举行。

20日，市领导在市文化公园参加植树造林“一大四小”团拜活动。

21日，2010年春季就业招聘洽谈大会在市文化公园举行。市领导张裕生、陈冬生、刘昌鹏、杨永飞、谢业雄、黄菊兰、谢康等出席。

22~23日，市政协四届四次会议在市工人文化宫举行。

23~25日，市四届人大四次会议在市工人文化宫举行。

26日，市委常委(扩大)会议在市政大楼十五楼会议室召开。会议学习省委书记苏荣在省委第84次常委会上的讲话精神，审议《南康市森林火灾责任追究办法》。市四套班子领导出席。

28日，赣州市市长王平到南康检查指导造林绿化“一大四小”工程建设工作。赣州市副市长刘建平和南康市领导张裕生、苏传辉、柯岩松、曾勇等陪同。

二月起，开展“一大四小”通道绿化建设工程，全年共种植乔木91543株、种植灌木34569株。

3月

1日，全市招商引资业务知识培训班在市政大楼三楼会议室举行。市领导谢业雄、黄菊兰、黄绍莲等出席。

3日，市纪委第五次全体会议在市迎宾馆八楼会议室举行。市领导张裕生、陈冬生、刘昌鹏、谢业雄、柯岩松、朱筠生、张晓良等出席。

△下午，全市党管武装暨民兵预备役工作会议在市政大楼十五楼会议室召开。市领导张裕生、韩水生、朱筠生、袁斐、黄玉鹏等出席。

△赣州市委常委、农工部长曾新方到南康调研新农村建设工作。市领导苏传辉、杨晓斌、廖永平等陪同。

△赣州市第三批深入学习实践科学发展观活动检查组到南康检查指导活动开展情况。市领导韩水生、廖永平等陪同。

△湖南省郴州市考察团到南康参观考察家具产业建设工作。市领导王宜华、叶伦汉、吴健等陪同。

4日,赣州市委常委、常务副市长骆炳峰到南康调研工业区和家具市场基地等工作情况。市领导张裕生、苏传辉、杨永飞、柯岩松、吴健等陪同。

△市供电公司首座110千伏变电站蓉江变电站正式送电投入运行。

△全市争资争项和项目开发工作动员大会在市政大楼三楼会议室召开。市领导苏传辉、杨永飞等出席。

5日,市检察院荣获“全国模范检察院”称号。

△全市统战工作会议在市政大楼十五楼会议室召开。市领导韩水生、李旭等出席。

8日,省林业厅副厅长魏运华到南康调研“一大四小”工程建设工作。市领导张裕生、柯岩松等陪同。

△“三八国际劳动妇女节100周年纪念大会暨妇女小额担保贷款启动仪式”在鑫泉大厦举行。市领导韩水生、钟炳东、黄菊兰、方立清等出席。

△市老年体协举行“庆三八,巾帼杯”书画作品展。

9日,镜坝连城桥实行封闭作业。时间为2010年3月9日零时至9月30日24时。

△2009年赣南卷烟厂实现工业总产值10.7亿元。

△全市民生工程工作会议在市政大楼十五楼会议室召开。市领导苏传辉、杨永飞、杨晓斌、何建清、罗富杨、廖永平、叶伦汉、谢康等出席。

10日,中央调研组到南康就村级公益事业一事一议财政奖补工作进行调研。赣州市委常委、农工部长曾新方和市领导张裕生、苏传辉、杨晓斌、廖永平等陪同。

11日,南康成立全省首个县级城市管理行政执法工作女子中队。

11~12日,省民宗局局长谢秀琦到南康调研民族宗教工作。赣州市副市长唐玉英、赣州市政协副主席李蔚和市领导张裕生、杨晓斌、黄菊兰、李旭等陪同。

△省扶贫办派员到南康调研扶贫工作。市领导杨晓斌、王宜华等陪同。

12日,全市卫生工作会议举行。市领导苏传辉、李大庆、何建清、方立清、温熹等出席。

△市委常委(扩大)会议在市政大楼十五楼会议室召开。会议专题研究有关重点工作。市委书记张裕生主持。市四套班子领导出席。

12~13日,省新农村建设工作考评组对南康2009年度新农村建设工作进行考评。市领导苏传辉、杨晓斌、施明生、李旭等陪同。

13日,全市民生领域三个突出问题专题治理暨群众评议基层站所(服务窗口、基层干部)政风行风工作动员大会在市政大楼三楼会议室召开。市领导杨永飞、柯岩松、谢康等出席。

14日,市招商小分队参加第三届厦门(南康)同乡联谊会。市领导黄菊兰、黄绍莲等出席。

15日,全市土地卫片执法检查工作部署会议在市政大楼十五楼会议室召开。市领导苏传辉、杨永飞、柯岩松、曾勇、施明生、李旭、叶伦汉等出席。

16日,全市“十大杰出青年”表彰仪式暨共青团、少先队工作会议在市政大楼三楼会议室举行。市领导韩水生、钟炳东、李旭等出席。

△9时50分左右,105国道龙岭镇下坝村路段发生一起村民堵路事件,致使该路段车辆一段时间内无法正常行驶。

17日,省关工委常务副主任王飚到南康调研关心下一代工作。

18日,全市安全监管工作会议在市政大楼三楼会议室召开。市领导张裕生、钟炳东、罗富杨、石太林等出席。

19日,全市“三下乡”活动启动仪式在唐江镇举行。市领导谢业雄、廖永平等出席。

△省妇联副主席刘屹烈到南康调研妇女儿童工作。市领导韩水生陪同。

20日,西气东输二线南康段工程建设调度会在市政大楼十五楼会议室召开。市领导张裕生、刘昌鹏、曾勇等出席。

△赣南大道征地拆迁安置点建设工作调度会在市政大楼六楼会议室召开。市领导苏传辉、曾勇、施明生、叶伦汉等出席。

22日,省林业厅厅长刘礼祖到南康调研造林绿化“一大四小”工程建设工作。赣州市副市长刘建平和市领导苏传辉、柯岩松、王宜华等陪同。

23日,全市开展“老年体育科普年”活动。

23~24日,省财政厅考评组到南康开展中央财政小农水重点县建设绩效考评。市领导杨晓斌陪同。

24 日，市公安局被全国妇联、省妇联评为“全国维护妇女合法权益先进集体”，“全省维护妇女合法权益十佳先进单位”。

△中国南康首届床具博览会在市床具中心举行。市领导柯岩松、李大庆、王宜华、方立清、吴健等出席。

25 日，赣州市委常委、常务副市长骆炳峰到南康调研西气东输二线工程建设工作。市领导刘昌鹏陪同。

△市委书记张裕生、市长苏传辉到赤土畲族乡调研少数民族工作。市领导韩水生、黄菊兰、李旭等陪同。

△市总工会二届六次委员（扩大）会暨全市工会工作会议在市建设大厦三楼会议室召开。市领导韩水生、李大庆、黄菊兰等出席。

26 日，省委组织部派员到南康调研基层党建工作。市领导韩水生陪同。

△市“五老”报告团工作会议在市五中召开。

28 日，全市优化发展环境监测工作培训暨服务创业测评会议在市政大楼十五楼会议室举行。

△南康市被省委、省政府评为全省推进新型城镇化和城市建设工作先进县。

△南康市体育局被国家体育总局评为 2009 年度全国群众体育先进单位。

4 月

1 日，省委常委、赣州市委书记潘逸阳到赤土畲族乡调研少数民族工作。赣州市副市长唐玉英和市领导张裕生、苏传辉等陪同。

2 日，全市深入学习实践科学发展观活动总结暨学习焦裕禄精神活动动员大会在市政大楼三楼会议室召开。市委书记张裕生出席并讲话，市长苏传辉主持，市四套班子领导出席。

△全市矿产品产业发展工作座谈会在市政大楼十五楼会议室召开。市领导苏传辉、杨永飞、叶伦汉、吴健等出席。

△赣南师院第三期（南康）企事总裁高级研修班开学典礼在赣南师院举行。市领导谢业雄、叶伦汉等参加。

△2010 年春季果业栽培技术培训班在畜牧水产局举行。市领导杨晓斌出席。

5 日，南康人民广播电台恢复正常播出。调频 88.4 兆赫。

△南康中学在市东山公园举行清明扫墓活动暨成人宣誓仪式。

7 日，江西人民广播电台《政风行风热线》节目在南康举行现场直播活动。

△团市委开展“全市青少年为西南地区抗旱救灾献爱心”活动。

△市农民学院举行培训班开学典礼。

7~8 日，省人大调研组到南康调研民族乡发展工作。市领导陈冬生、李大庆、黄菊兰等陪同。

8 日，全市防汛工作会议在市政大楼十五楼会议室召开。市领导杨晓斌、施明生等出席。

9 日，赣州市委常委、农工部长曾新方到南康调研甜柚生产情况。市领导杨晓斌陪同。

10 日，省委宣讲团“建设鄱阳湖生态经济区报告会”在市工人文化宫举行。近千名干部群众参会。

△市第二届“安踏杯”乒乓球大奖赛在市乒乓球俱乐部举行。

12 日，赣州市副市长侯邦安到南康调研工业经济发展情况。市领导杨永飞、吴健等陪同。

13 日，赣州市委常委、组织部长孙正森到南康检查指导党建工作。市领导杨永飞、韩水生等陪同。

13~14 日，省人大执法调研组到南康就中等职业教育工作执法情况进行调研。市领导李大庆、黄菊兰等陪同。

15 日，省军区副政委戴勇到南康检查指导民兵预备役工作。赣州军分区政委曾远舟和市人武部部长袁斐、副部长黄玉鹏等陪同。

△江西南康友家食品有限公司与南康中学举行“江西南康友家助学金”组建仪式。市领导黄菊兰出席。

16 日，全市新闻和网络宣传工作培训班在市国税大楼举行。市领导谢业雄出席。

△赣州市农工部派员到南康调研小城镇建设情况。市领导杨晓斌陪同。

17 日，赤土畲族乡至崇义县白枧公路改建工程正式启动。市领导李旭出席。

19 日，广东黄浦海关向南康红十字会捐赠海关查获的侵权物品。市领导何建清出席。

△市公安局召开纪律作风整顿年活动动员大会。

20日,市长苏传辉到龙岭调研赣南大道拆迁安置点建设工作。市领导曾勇陪同。

21日,赣州市副市长刘建平到南康调研计划生育工作。市领导苏传辉、韩水生、何建清、李旭等陪同。

△赣州市纪委调研组到南康调研“创业服务年活动”开展情况。市领导柯岩松、叶伦汉等陪同。

22日,瑞金市委组织部学习考察组到南康学习考察“两新”组织党建工作。

22~24日,省财政厅绩效考评组到南康检查指导整合支农资金发展甜柚产业工作。市领导杨晓斌、吴健等陪同。

25日,2009年中央财政支持现代农业发展项目检查组到南康检查指导工作。市领导杨晓斌陪同。

△全市举办庆“五一”城区干部职工拔河比赛。市领导李大庆、黄菊兰到场并颁奖。

26日,全市制止擅自改变果园土地用途工作会议在市政大楼十五楼会议室召开。市领导杨永飞、柯岩松等出席。

27日,全市人口和计划生育工作会议在市迎宾馆八楼会议室召开。市委书记张裕生出席并讲话,市委常委、常务副市长杨永飞主持,陈冬生、刘昌鹏、韩水生、杨晓斌、朱筠生、曾勇等领导出席。

△省林业厅检查组到南康检查指导造林绿化“一大四小”工程建设工作。市领导柯岩松陪同。

△省电力公司农网扩需项目“回头看”督察组到南康检查指导农网扩需项目建设与管理工作。

28日,赣州市“三化”工作检查组到南康检查指导新型工业化、新型城镇化和新农村建设工作情况。赣州市人大副主任欧阳锋、赣州市政协副主席李蔚带队,市领导张裕生、杨永飞、杨晓斌、曾勇、黄菊兰、石太林、吴健等陪同。

△南昌银行赣州分行与市中小企业洽谈会在市商贸大厦举行,标志着该行正式进军南康。

△省公路局局长曹先扬来南康指导迎国检大中修工程施工工作。

29日,赣州市市长王平到南康了解赣南大道安置点建设情况。赣州市副市长刘琮、赣州市政协副主席李蔚和市领导张裕生、苏传辉、杨永飞、曾勇、钟炳东、方立清等陪同。

△下午,全市1000多名干部在市影剧院集中观看电影《焦裕禄》。

5月

4日,市长苏传辉到市工业园区调研。市领导叶伦汉陪同。

5日,市家具救灾物资启运玉树仪式在市政广场举行。市领导张裕生、苏传辉、柯岩松、杨晓斌、李大庆、方立清、吴健等出席。

6日,市委书记张裕生到部分乡镇检查指导学校安全、计划生育和公路建设工作。市领导韩水生、严国雄等陪同。

△省农村清洁工程督查调研组到南康调研农村清洁工程开展情况。市领导杨晓斌陪同。

7日,2010年中国南康家具产业发展高端论坛在市迎宾馆八楼会议室举行。市领导张裕生、苏传辉、柯岩松、李大庆、方立清、吴健等出席。

△全市关心下一代工作会议在市政大楼十五楼会议室召开。市领导韩水生出席。

8日,市农民学院、赣南师院2010年MBA课程班在市农民学院举行开学典礼。市领导苏传辉、杨晓斌等出席。

10日,105国道三益段发生山体滑坡。市领导张裕生、苏传辉、曾勇到事发地点现场指挥抢修工作。

△省委书记苏荣深入南康,就工业化、非公经济发展等工作进行考察调研。省委常委、赣州市委书记潘逸阳,省委常委、省委秘书长赵智勇,省委副秘书长、省委办公厅主任肖光明,省委副秘书长、省委政研室主任魏民,赣州市市长王平,赣州市领导廖明耕、胡聚文、刘琮和南康市领导张裕生、苏传辉等陪同。

11日,全市机关党的建设工作会议在市政大楼十五楼会议室召开。市领导韩水生出席。

△省交通运输厅调研组到赤土畲族乡调研少数民族地区公路建设补助政策和公路建设计划保障等问题。市领导曾勇陪同。

12日,省地税局局长邓保生到南康调研地税基层建设工作情况。市领导张裕生、杨永飞等陪同。

13日,省农业厅厅长毛惠忠到南康调研三农工作。赣州市委常委、农工部长曾新方和市领导张裕生、苏传辉、杨晓斌等陪同。

△赣州市政协副主席钟健生率政协调研组到

南康就大学毕业生就业情况开展专题调研。市领导刘昌鹏、方立清、谢康等陪同。

△南康市农村信用社各项存款余额总量突破20亿大关。

14日，赣州市副市长邓又林到南康调研制造业产业链招商工作。市领导谢业雄、柯岩松、黄菊兰、黄绍莲、叶伦汉等陪同。

△省委常委、副省长陈达恒到南康调研农业产业化工作。市领导张裕生、苏传辉、杨晓斌等陪同。

17日，全市2010年普通高校招生考试暨环境综合整治工作会议在市政大楼十五楼会议室召开。市领导李大庆、黄菊兰、方立清等出席。

18日，全市“五五”普法考核验收暨法制城市创建动员大会在市工人文化宫召开。市领导严国雄、钟炳东、罗富杨、方立清等出席。

△赣州市委常委、市纪委书记陈小平到南康调研党风廉政建设工作。市领导张裕生、柯岩松等陪同。

19日，市长苏传辉到市防汛指挥部检查指导防汛工作。市领导杨晓斌参加。

△赣州市政协副主席潘其乐率政协调研组就“加大招商引资力度、促进工业重点项目建设”开展专题调研。市领导刘昌鹏、谢业雄、黄菊兰、黄绍莲、叶伦汉等陪同。

20日，市长苏传辉到龙回、浮石等地指导水库安全度汛工作。市领导杨晓斌陪同。

△市城市总体规划(2009年至2030年)评审会在市迎宾馆八楼会议室召开。市领导苏传辉、陈冬生、刘昌鹏、曾勇、施明生、邱建华等出席。

△赣州市检查组到南康检查指导重点项目建设工作。市领导谢业雄、柯岩松、黄菊兰、叶伦汉等陪同。

22日，市公开招录乡镇计生工作人员考试在市实验小学举行。

22~25日，市委书记张裕生率招商引资代表团赴香港开展系列招商引资活动，取得显著成效。

25日，赣州市委“全面展开、加快推进、追赶跨越”宣讲团到南康宣讲。近千名干部在市工人文化宫聆听了赣州市宣讲团成员、赣州技师学院党委书记钟昭锋的宣讲报告。

△市文化广场改建工程正式动工。改建面积8000平方米。

29日，赣州人民广播电台、南康市广电局联合举办“走近南康”听友见面会在市政广场举行。

30日，金赣北大道建设工程正式开工。

31日，赣州市政协主席赖联明到南康检查指导赣南大道征地拆迁和安置点建设工作。市领导张裕生、钟炳东、方立清等陪同。

6月

2日，全市政府机构改革暨开展创先争优活动动员大会在市迎宾馆八楼会议室召开。市委书记张裕生、市长苏传辉分别讲话，市四套班子领导出席。

3日，市政协四届十四次常委会议在市政大楼十五楼会议室召开。市政协主席刘昌鹏主持，政协常委出席。

7日，南康市共有6555名考生参加高考。

△家具生产企业质量安全控制培训班在龙岭举办。市领导叶伦汉出席。

9日，省人大农委调研组到南康调研农田水利基本建设情况。市领导杨晓斌、曾祯蕾等陪同。

11日，2010年第一期村党(总)支部书记培训班在市农民学院举办。市领导韩水生出席。

△省农村清洁工程检查组对南康2009年度农村清洁试点工程工作进行考评。市领导杨晓斌陪同。

12日，全市“双百”工程城市建设及基础设施建设项目调度会在市政大楼十五楼会议室召开。市委书记张裕生、市长苏传辉出席并讲话，市四套班子领导出席。

13日，龙回陈坑城市垃圾填埋场投入使用。

16日，南康中考报考人数7068人，计划招生3850人。

16日下午5点，一辆货车在大广高速大坪路段发生故障，导致该路段堵车10多小时。

17日，副省长熊盛文到南康检查指导民族工作发展情况。市领导苏传辉、杨永飞、杨晓斌、黄菊兰、李旭等陪同。

18日，全市党委执法监督工作会议在市政大楼十三楼会议室召开。市领导严国雄出席。

21日，十八次人大常委会市四届会议在市政大楼十五楼会议室召开。市人大常委会主任陈冬生主持，市人大常委出席。

△赣州市首届“育苗杯”少儿围棋赛在南康举行。

22日,朱贤芳在第三届全国饭店业职业技能竞赛(全国总决赛)中荣获中式烹饪项目金奖。

23~24日,赣州市检查组到南康检查整改工作。市领导张裕生、严国雄等陪同。

25日,南康市高考成绩二本以上上线人数连续11年位居赣州市第一。

26日,赣州市政协主席赖联明到南康走访慰问困难党员和老党员。赣州市政协秘书长谢宝河和市政领导张裕生、苏传辉、刘昌鹏、韩水生等陪同。

26日晚,323国道浮石乡青云村路段发生一起车祸,导致附近千余人断电。

27~30日,南康组团参加2010年赣州(顺德)投资环境推介会。市领导黄菊兰、黄绍莲等参加。

28日,赣州市市长王平到南康主持召开南康家具产业发展座谈会。赣州市委常委、常务副市长骆炳峰、赣州市副市长刘建平和市领导张裕生、苏传辉、杨永飞、谢业雄、柯岩松、吴健等出席。

29日,全市第二届“全民读书月”活动启动。

30日,全市基层党委(党工委)书记履行党建工作责任述职会议在市迎宾馆八楼会议室召开。市委书记张裕生出席并讲话,市领导苏传辉、刘昌鹏、杨永飞、谢业雄、韩水生、柯岩松、杨晓斌、严国雄等出席。

△南康市龙岭镇被评为江西省第三届文明村镇。

△南康市蓉江街道泰康西路社区被评为江西省文明社区。

△江西华亿木业有限公司被评为江西省省级林业龙头企业。

7月

1日,全市“学习焦裕禄精神”演讲大赛在市政大楼十五楼会议室举行。市领导韩水生到场指导。

△赣州市纪委派员到南康检查指导廉政文化建设工作。市领导柯岩松陪同。

2日,全市招商引资和工业经济工作会议在市迎宾馆八楼会议室召开。市委书记张裕生出席并讲话,市领导苏传辉、陈冬生、刘昌鹏、杨永飞、谢业雄、韩水生、柯岩松、杨晓斌、曾勇等出席。

8日,赣州市委副书记陈春明到南康调研新经济组织、新社会组织和社区党建工作。市领导杨永飞、韩水生、叶伦汉等陪同。

8日,赣州市计生协顾问组到南康调研计生协会工作。市领导何建清陪同。

8~9日,省水利厅派员到南康检查验收国家农发水保项目。市领导杨晓斌陪同。

9日,全市第六次人口普查工作会议在市政大楼十五楼会议室召开。市领导杨永飞出席。

△全市精神文明创建工作暨表彰大会在市政大楼三楼会议室召开。市领导谢业雄、黄菊兰、方立清等出席。

△截止6月30日,全市财政收入4.2498亿元。

10日,市泓泰家具产业园开工建设。

12日,全市“五推两考三差额”选拔科级后备干部工作动员大会在市政大楼三楼会议室召开。市领导韩水生出席。

13日,市委四届十一次全体会议在市迎宾馆八楼会议室召开。市委书记张裕生、市长苏传辉分别讲话,市四套班子领导出席。会议总结前一阶段工作,布署下一阶段工作。

△全市开展严打整治行动,为期6个月。

18日,全市2010年新农民培育工作会议在市农民学院召开,市领导杨晓斌出席。

22日,全市通村水泥路暨渡改桥工作调度会在市政大楼三楼会议室召开。市领导苏传辉、杨永飞、曾勇、邱建华等出席。

23日,市委书记张裕生率团到深圳、珠海等地考察招商项目。市领导黄绍莲、吴健等参加。

24日,市委书记张裕生、市长苏传辉在东山街道现场踏看城区“一江两岸”规划建设工作。

25日,赣县党政考察团到南康参观考察工业经济和城市建设工作。市领导张裕生、苏传辉、陈冬生、刘昌鹏、杨永飞、柯岩松等陪同。

26~28日,市长苏传辉率团到浙江省乐清市、建德市、富阳市考察矿产品产业发展情况。

27日,市委四届十二次全体(扩大)会议在市迎宾馆八楼会议室召开。会议推荐乡镇(街道)和市直单位正科级后备干部。市四套班子领导出席。

27日,省委常委、纪委书记尚勇到南康调研社会经济发展情况和党风廉政建设工作。赣州市委常委、纪委书记陈小平和市领导张裕生、柯岩松等陪同。

30日，市家具产业集群发展五年规划顺利通过专家组评审。规划方案编制单位为南京林业大学。市领导张裕生、杨永飞等出席。

△南康中学在2010年全国中学生应用物理知识竞赛中夺得团体省一等奖。

8月

2日，市移动公司综合大楼落成并投入使用。

4日，新市民公寓开工奠基仪式在龙岭工业西区举行。市领导张裕生、苏传辉、陈冬生、施明生、石太林、叶伦汉、吴健等出席。

△市长苏传辉到市家具产业基地和板材市场等建设工地调研。市领导柯岩松陪同。

△市“五推两考三差额”选拔科级后备干部差额考试在市实验小学举行。

5日，深航酒店管理有限公司进驻南康暨江西鑫南城建投资有限公司向南康希望工程捐资助学仪式在市五星级宾馆建设工地举行。市领导张裕生、苏传辉、陈冬生、杨永飞、谢业雄、曾勇、罗富杨、吴健等出席。

△全市人口和计划生育工作调度会在市政大楼十五楼会议室召开。市领导苏传辉、韩水生、何建清等出席。

6日，全市重点山塘除险暨乡镇防办标准化建设工作现场调度会在唐江镇召开。市领导苏传辉、杨晓斌、廖永平、李旭、黄玉鹏等出席。

7日，市组团到上犹、崇义参观学习农村清洁工程。市领导杨晓斌带队，乡镇(街道)主要负责人参加。

8日，市卫生系统公开录用卫生专业技术人员考试在市实验小学举行。

9日，吉安市青原区区委书记徐明率团到南康学习考察果业开发工作。市领导杨晓斌陪同。

11日，赣州市委常委、宣传部长彭光华到南康调研家具产业发展情况。市领导张裕生、苏传辉、谢业雄、严国雄等陪同。

△省水利厅副厅长杨龙到赤土畲族乡调研对口支援民族乡工作。市领导杨晓斌陪同。

12日，省纪委副书记徐必鸿到南康调研农村党风廉政建设“三化”工作。赣州市委常委、纪委书记陈小平和市领导苏传辉、柯岩松等陪同。

14日，全市深化文化体制改革座谈会在市政大楼三楼会议室举行。市领导张裕生、谢业雄、李大庆、黄菊兰、方立清等出席。

16日，信丰县委书记郑世飘、县长黄金龙率团到南康学习考察城市建设和工业经济发展情况。市领导张裕生、苏传辉、陈冬生、刘昌鹏、杨永飞等陪同。

17日，赣州市“两新”组织党建带群建工作会议代表到南康参观考察。赣州市人大副主任潘贻明带队，市领导张裕生、苏传辉、韩水生、钟佩芳、李大庆等陪同。

17日，赣州市区域医疗卫生信息平台建设现场会在南康举行。赣州市副市长唐玉英和市副市长何建清等出席。

18日，省调研组到南康调研民主评议基层站所工作。

20日，市委书记张裕生、市长苏传辉主持召开调度会，对部分重点工程项目选址和拆迁户安置等进行现场调度。市领导杨永飞、曾勇、方立清等出席。

△南康市组团到赣县、兴国、瑞金等地学习考察新农村建设工作。市领导杨晓斌带队，乡镇(街道)党政和有关单位负责人参加。

24日，赣州法院第五届“法官文化周”活动在南康市法院大楼举行启动仪式。

25日，市人大四届十九次常委会议在市政大楼十五楼会议室召开。市人大主任陈冬生主持，市人大常委出席。

△市委中心学习组学习会议在市政大楼十五楼会议室举行。市委书记张裕生主持并讲话，市四套班子领导出席。会议学习中央关于干部选拔任用工作四项监督制度和省委关于干部任免初始提名权和票决的有关规定。

26日，市希望工程结对帮扶推介会暨助学金发放仪式在市政大楼三楼会议室举行。市领导钟佩芳、钟炳东、黄菊兰、邱建华、叶伦汉等出席。

△中国科协网站头条刊登反映南康市科协副主席蓝希华事迹的文章。题为《蓝希华在小事和平凡中默默奉献的基层科协工作者》。

27日，省中小企业局局长吴治云到南康调研工业园区建设、家具产业发展及民营经济发展情况。市领导张裕生、苏传辉、谢业雄、叶伦汉等陪同。

△中华全国总工会中国能源化学工会主席张成富率团到南康慰问西气东输工程建设者，并授予“工人先锋号”旗帜。市领导刘昌鹏、杨永飞、曾勇、李大庆等陪同。

△全市农村党风廉政建设“三化”及廉政风险防范管理工作现场会暨重点特色工作汇报会在市政大楼十五楼会议室召开。市领导柯岩松出席。

△省检查组到南康检查指导民生领域三个突出问题专项治理工作。市领导杨晓斌、谢康等陪同。

28 日，赣州市关工委主任黄南雄到南康调研关心下一代工作。

30 日，赣州市委督导组到南康督导创先争优活动开展情况。市领导韩水生陪同。

31 日，市委书记张裕生到市家具市场和家具产业基地调研。市领导柯岩松、吴健等参加。

△全市老干部形势报告会在市迎宾馆八楼会议室召开。市领导杨永飞、韩水生、曾祯蕾、石太林等出席。

△南康市评选 2010 年第一届道德模范，共 20 名。

△南康市青辅协会荣获第 25 届全国（广州）青少年科技创新大赛全国优秀组织奖。

9 月

1 日，赣州市人大调研组到南康调研《老年人权益保障法》实施情况。市领导陈冬生、杨晓斌等陪同。

2 日，广东省广州市柯永通先生、广东省军区通讯站邱玲女士帮扶民族学校捐赠仪式，在赤土河坝民族小学举行。市领导钟佩芳出席。

3 日，全市家具产业做大做强上规模推进会在市迎宾馆八楼会议室召开。赣州市副市长刘琮、侯邦安和市领导苏传辉、柯岩松、李大庆、方立清、吴健等出席。

△市家电以旧换新工作启动仪式在新世纪购物中心举行。市领导何建清出席。

4 日，全市返乡农民工家具产业园工作推进会在市政大楼八楼会议室召开。市领导柯岩松、李大庆、方立清等出席。

5~6 日，省级园林城市复查考核验收考家组到南康开展复查工作。

6 日，赣南大道南康段工程建设工作调度会在市政大楼十五楼会议室召开。市领导张裕生、曾勇、钟炳东、施明生等出席。

7 日，第四期科级领导干部离岗考察培训班在市委党校开班。共有 50 名学员。

△国家发改委稽查办检查组到南康检查初中校舍改造工作。市领导黄菊兰陪同。

8 日，全市教育工作暨第 26 个教师节庆祝大会在市迎宾馆八楼会议室召开。市领导张裕生、苏传辉、陈冬生、刘昌鹏、杨永飞、李大庆、黄菊兰、方立清等出席。

△全市综治负责人述职暨夏季治安综合整治行动动员大会在市迎宾馆八楼会议室召开。市领导严国雄、钟炳东、罗富杨、廖永平、方立清、张晓良等出席。

10 日，市儿童白血病、先天性心脏病免费救助试点工作正式启动。

△全市 2010 年第六次全国人口普查业务员培训班在市华龙大酒店举行。市领导何建清出席。

11~20 日，全市范围内开展一次麻疹强化免疫活动。

14 日，市体育公园工程初步设计评审会在市迎宾馆八楼会议室召开。市领导张裕生、苏传辉、曾勇、施明生、方立清等出席。

△省督查调研组到南康检查指导造林绿化“一大四小”工程建设工作。市领导柯岩松陪同。

15 日，国家民委中央少数民族发展资金检查调研组到赤土畲族乡检查少数民族资金管理及使用情况。市领导钟佩芳、李旭等陪同。

15~16 日，赣州市政协副主席欧阳世麟率调研组到南康就幼儿教育问题开展专题调研。市领导刘昌鹏、黄菊兰、李旭、方立清等陪同。

16 日，市委书记张裕生、市长苏传辉对南水新区土地收储工作进行专题调研。市领导曾勇、方立清、邱建华等陪同。

△世界银行南南合作项目课题专家就“关于提高非洲国家简单轻工业竞争力”研究项目到南康调研。市领导叶伦汉陪同。

20 日，全市未成年人思想道德建设启动仪式在市第一小学举行。市领导谢业雄、黄菊兰等出席。

△第四届乡镇农民门球赛在市旭山公园举

行。

21日，市领导何建清到麻双乡康复新村看望慰问麻疯病人。

25日，全市纪念中共中央国务院《关于控制我国人口增长问题致全体共产党员、共青团员的公开信》发表30周年座谈会在市计生服务大楼五楼会议室举行。市领导张裕生、韩水生、何建清等出席。

26日，赣州市直、驻市单位干部服务新农村建设"三比三看"活动现场观摩会在南康召开。市领导杨晓斌出席。

27日，赣州市政协派员到南康开展农村垃圾无害化处理工作视察。市领导石太林陪同。

27~28日，全市新农村建设工作流动现场会召开。市领导张裕生、苏传辉、陈冬生、刘昌鹏、谢业雄、韩水生、柯岩松、杨晓斌、钟佩芳、曾勇等出席。

29日，全市信仿维稳工作会议召开。

30日，市"第六次全国人口普查宣传月活动"启动仪式在市政广场举行。市领导杨永飞、钟炳东、石太林等出席。

△南康市实行流动人口居住证制度。持有连续三年《南康市居住证》有效签住者可根据本人意愿转为南康市常住户口。

△南康市法院被授予全省法院调解工作先进单位。

10月

9日，赣州市委常委、农工部长曾新方到南康调研社会主义新农村建设工作。市领导张裕生、苏传辉、杨晓斌等陪同。

10日，东山家具城临时农贸市场开始启用。市场占地面积2480平方米。

10~11日，国家水利部检查组到南康对国家农业综合开发水土保持项目芙蓉项目竣工进行验收。市领导杨晓斌陪同。

11日，赣州至崇义高速公路（南康段）征地拆迁动员大会在唐江镇召开。市领导曾勇、曾祯蕾、邱建华等出席。赣崇高速公路南康段全长13.96公里。

12日，市委常委（扩大）会议在市迎宾馆八楼会议室召开。市委书记张裕生、市长苏传辉出席分别讲话，市四套班子领导出席。会议回顾总结前一阶段工作，部署了下一阶段工作。

△市政府与省医药集团公司签订协议。南康市医药总公司划归南康市管理。

△省科技厅厅长王海考察家具市场建设，市领导何建清陪同。

13日，广东省顺德商会考察团到南康参观考察投资环境。市领导黄菊兰、黄绍莲等陪同。

14日，市政协召开民主测评会议，对市直有关单位行风工作进行测评。

△全市市乡纪检监察机构管理体制改革工作动员大会在市迎宾馆八楼会议室召开。市领导柯岩松出席。

15日，全市人口与计划生育工作秋季技术服务动员大会在市政大楼十五楼会议室召开。市领导韩水生、何建清等出席。

16日，重阳节祝寿大会暨科普知识讲座在市工人文化宫举行。市领导韩水生、曾祯蕾、黄菊兰、石太林等出席。

18日，1至3季度全市财政总收入累计完成6.3948亿元。

19日，全市征兵工作会议在市政大楼三楼会议室召开。市领导杨永飞、沈光泽等出席。

20日，赣州市人大调研组到南康调研天网工程建设情况。市领导严国雄、钟炳东等陪同。

△南水新区新建一所小学听证会在市政大楼十五楼会议室举行。市领导黄菊兰、方立清等出席。

21日，市直工委学习贯彻党的十七届五中全会精神专题会议在市政大楼十一楼会议室举行。市领导韩水生出席。

△全市2010年第二期村党（总）支部书记培训班在市迎宾馆八楼会议室举行。市领导韩水生出席。

22日，全市加强和维护家具产业界稳定工作会议在市政大楼十五楼会议室召开。市领导柯岩松、李大庆、吴健等出席。

△全市乡镇医疗机构临床技能大比武表彰大会召开。市领导钟佩芳、李大庆、何建清、黄菊兰、温熹等参加。

△市政协委员视察新农村建设情况。

24日，市人武部在市工人文化宫开展征兵工作宣传咨询活动。

25 日,全市各乡镇卫生院试行国家基本药物制度以来,共让利群众 421 万元。

26 日,全市庆祝江西省第十五个环卫工人节暨表彰大会在市建设大厦举行。市领导曾勇、李大庆、邱建华等出席。

27 日,市政协在市政大楼十五楼会议室举办市民服务中心论坛。市领导刘昌鹏、杨永飞、李旭、温熹、石太林、邱建华等出席。

△全市未成年人思想道德建设工作会议在市精神文明活动中心召开。市领导谢业雄、黄菊兰、方立清等出席。

△市委常委、组织部长韩水生到龙回镇、十八塘乡等地检查指导村级组织活动场所建设工作。

27~28 日,省食品安全整顿督查组到南康市检查指导工作。

29 日,赣州市流动人口服务管理工作现场会在南康市召开。赣州市委常委、政法委书记、公安局长殷金水出席并讲话。

△龙回光荣敬老院被省民政厅授予五星级光荣院。

△市法院被评为全省"清洁"工作先进集体。

△南康市义工联合会成立。

11 月

1 日,赣州市副市长刘琮到南康调研工业经济和赣南大道建设工作。市领导苏传辉、谢业雄、曾勇、叶伦汉陪同。

△全国第六次人口普查入户登记工作正式开始,全市普查指导员和普查员走街串巷,开始逐户走访登记。

△2010 年冬季征兵体检工作全面展开。

2 日,省人大财经委调研组就《江西省特种设备安全监察条例(草案)》到南康市开展立法调研。市领导陈冬生、叶伦汉陪同。

△全省民主评议基层站所试点工作座谈会在南康市召开。市领导苏传辉、柯岩松出席。

6 日,市希望工程第三批助学金发放仪式在南康中学举行。此次受资助的共 31 名学生。

7 日,团市委组织部分义工在旭山公园开展"城市卫生、人人有责"环保宣传活动。

8 日,副省长、赣州市委书记史文清到南康市考察调研。赣州市委常委、宣传部长彭光华及市领导张裕生、苏传辉、谢业雄、柯岩松等陪同。

△赣州市农业产业化省级以上龙头企业负责人座谈会在华龙大酒店召开,讨论农业产业化发展现状及今后发展的方向。市领导杨晓斌陪同。

9 日,国家农业部派员到南康市检查指导农业有害生物预警与控制区域站项目建设工作。市领导杨晓斌陪同。

△赣州市人大常委会副主任欧阳锋率赣州市人大调研组到南康市调研城市生活垃圾处理工作。

10 日,2010 首届江西省名优家具交易博览会在市家具城名优家具汇展中心开幕。

12 日,市委常委扩大会议在市迎宾馆八楼会议室召开。会议学习了赣州市委常委扩大会议精神,部署了下一阶段工作。

△全市森林防火工作会议在市迎宾馆八楼会议室召开。会议总结回顾了上一年度森林防火工作,研究部署了下一阶段工作,表彰了一批森林防火先进单位。

13~14 日,市"新华杯"第十六届中小学生田径运动会在南康中学体育场举行。

13 日,市果业局在林海大厦举办了第一届南康甜柚品质鉴评会,30 多位果农参加。朱坊乡谢见坊、龙回镇叶期洪获得金奖,三江乡刘成萍、伍国珍,太窝乡熊名像,唐江镇杨清汉获得银奖。

15 日,赣州市政协"构建江西南部城市群"专题调研组到南康市调研。

△全市医改工作领导小组会议召开。市领导苏传辉、杨永飞、钟佩芳、何建清、吴健等参加。

16 日,全市第四期科级领导干部离岗考察培训班顺利结业。

△赣州市督查组到南康市检查指导妇女儿童"两规划"工作。市委常委钟佩芳陪同。

△赣州市委创先争优督查组到南康检查指导"创先争优"活动开展情况。市委常委、组织部长韩水生陪同。

17 日,市委书记张裕生、市长苏传辉等深入市文化艺术中心工程施工现场,对会议场所、舞台、商业中心、周边绿化、影视中心的建设情况进行调研。

18 日,全市人口和计生工作调度会在市政大楼 15 楼会议室召开。市领导韩水生、何建清出席。

19 日,省军区政委陶正明到南康市检查指导人武工作。市人武部长袁斐、政委沈光泽、副部长黄玉鹏陪同。

20日，首届江西南康（伦教）木工机械技术推广会在家具配套市场举行。推广会为期4天，展面近2000平方米，有马氏、威德力、同安、通用等16个知名家商参展。市领导方立清出席开幕式并讲话。

23日，全市加快农田水利基本建设工作推进大会在市政大楼15楼会议室召开。市长苏传辉出席会议并讲话，市领导杨晓斌、李旭等出席。

△赣州市委组织部副部长、老干局局长廖吉芬，带领参加赣州市片区老干部工作流动现场会与会人员到南康市参观。

25日，以住房和城乡建设部总经济师李秉仁为组长的国务院农民工工作督察组到南康市督察农民工工作。赣州市市委常委、副市长潘长坤以及市领导张裕生、苏传辉、杨永飞、杨晓斌、谢康陪同。

△全市人口计生工作调度会议在市政大楼十五楼会议室召开。市领导韩水生、何建清出席。

26日，省武警总队政委唐晓到市武警中队检查指导工作。

△全市2011年度新型农村合作医疗工作动员大会在市政大楼3楼会议室召开。市委常委钟佩芳出席并讲话。市领导李大庆、何建清、方立清、温熹等出席。

△工商银行南康支行夜市街自助银行正式营业，这是南康市开设的首家离行式自助银行。

27日，市委书记张裕生、市长苏传辉在市领导杨永飞、柯岩松、邱建华、吴健等陪同下，到市民服务中心、市纪工委新办公楼、东山北大道、市教育局廉政教育基地、五星级宾馆装修工地调研。

△省人口计生工作年度考核评估组来南康检查，市领导韩水生、何建清陪同。

△赣州市妇联派员到蓉江街道稍江村，向20名家境贫寒的女学生进行资助。

△市田径运动员在江西省十三届运动会上获得1金、2银、2铜的佳绩。

△南康市（芙蓉）现代农业示范园区被省农业厅认定为第一批省级现代农业示范区。

△《南康年鉴》2009荣获全国地方志系统第二届年鉴评奖二等奖。这是南康市地方志工作继2006年荣获全国地方志工作先进集体之后获得的又一个全国性荣誉。此次获奖为江西省参加全国地方志系统第二届年鉴评奖活动的最高奖项，是唯一的县（市、区）地方综合年鉴。

12月

1日，市长苏传辉在市政大楼六楼会议室主持召开了城区环境整治调度会，对当前市容环境整治工作进行了部署。

2日，全市造林绿化“一大四小”工程建设年度总结表彰暨动员大会在市迎宾馆八楼会议室召开。市领导张裕生、苏传辉、柯岩松、施明生、李旭等出席。

△全市信仿维稳工作会议召开。

△赤土花园、蓉江朱坑两座小（二）型水库举行应急除险工程开工仪式。

3日，市纪工委监察分局举行成立揭牌，市领导张裕生出席并致辞，市长苏传辉主持仪式。赣州市纪委副书记黎庆洲和市领导陈冬生、刘昌鹏、柯岩松、杨晓斌、钟佩芳、曾勇、袁斐等参加。

4日，由省纪委效能室副主任肖初林为组长的省交通办考核组对南康市创业服务年活动情况进行考核检查。

△在市家具城举行第十个全国法制宣传日大型法制宣传咨询活动。

6日，市人武部召开2010年度定兵工作会议，确定了新兵，并对入伍新兵的管理、输送等工作作了部署。

△赣州市文明检查组到南康市检查指导新农村建设塑造新风貌工作。

7日，全市城乡建设用地增减挂钩工作会议在市政大楼15楼会议室召开。市领导苏传辉、曾勇、方立清、吴健等出席会议。

△市医药总公司改制工作领导小组召开第一次会议。市领导何建清、黄绍莲出席。

△全市召开重点工业企业调度会，市领导黄菊兰出席。

8日，市委在市工人文化宫召开组织千名干部下基层开展“送政策释民惑、送温暖聚民心、送服务解民难”活动动员大会。

△赣州市人大副主任欧阳锋在市领导苏传辉、陈冬生、曾勇、钟炳东、市法院院长张晓良的陪同下，率部分赣州市三届人大代表到南康视察。

△省委常委、常务副省长凌成兴到南康市考察赣崇高速公路建设工作。在唐江镇实地察看征地拆迁进展情况，看望慰问一线施工人员。赣州市市长王平、副市长刘琮及市领导张裕生、苏传辉、曾勇、廖永平陪同。

△全市农村老年体育工作经验交流会在市政大楼三楼会议室召开。

9日，省食品安全检查组在南康市检查。市领导何建清陪同。

10日，市人武部举行2010年新兵入伍欢送仪式，为即将步入军营的参军青年送行。

11日凌晨，一辆大货车在323国道浮石路段侧翻起火，导致车上所装的树脂全部被烧毁。市消防官兵紧急救援，没有造成人员伤亡。

△全市2000多名副科级以上领导干部在实验小学和市政大楼15楼会议室参加全省领导干部法律知识统一考试。

13日，市委书记张裕生、市长苏传辉分别到龙岭镇、蓉江镇检查指导"三送"活动开展的。

△由赣南日报社、赣州人民广播电台、赣州电视台等媒体记者组成的赣州市"三送"活动采访小分队到南康市采访。

△市二十次人大常委会四届会议在市政大楼15楼会议室召开。市人大常委会主任陈冬生主持。市人大副主任钟炳东、施明生、李大庆、曾祯蕾、刘小玉。市委常委曾勇、市政协副主席石太林出席。

14日，城区市容环境秩序综合整治工作动员大会在迎宾馆八楼会议室召开。整治工作从12月2日开始至2011年2月1日结束。

△市公安机关成功破获涉嫌诈骗家具业主100余万元物流货款案。嫌疑人原南康"丰和物流"老板肖爱生被市公安机关抓获。

15日，全市安全生产大检查暨冬季防火工作调度会在市政大楼3楼会议室召开。市长苏传辉出席并讲话。

△瑞金市组团来南康市考察城市管理工作。

16日，市工会第三次代表大会在市迎宾馆八楼会议室召开。赣州市人大副主任、总工会主席潘贻明到会指导，市委书记张裕生出席并讲话，市领导陈冬生、刘昌鹏、钟佩芳、黄菊兰等出席。李大庆当选为市总工会第三届委员会主席。

△全市家具物流市场监管工作的若干意见听证会在华龙大酒店八楼召开。

16~17日，赣州市督查组来南康市督查"三送"活动开展情况。市领导张裕生，柯岩松、钟佩芳、廖永平先后陪同。

17日，原"豪骏物流"负责人湛岳被市公安机关抓捕归案。

18日，市"从优秀村干部中选聘乡镇(街道)事业单位工作人员"考试在市实验小学举行。共有79人参加。

20日，赣州市水利局派员到南康市就2010年度农村水利建设工作进行考评。市领导杨晓斌陪同。

21日，赣州市委常委、政法委书记、公安局局长殷金水到南康市调研"三送"活动工作。市领导柯岩松、严国雄、罗富杨陪同。

22日，市家具协会促进家具产业健康平稳有序发展倡议会在华龙大酒店召开。

△赣州市考评组到南康市检查指导非公经济发展工作，市领导谢业雄、叶伦汉陪同。

23日，市委书记张裕生、市长苏传辉等市领导在市政大楼举行仪式，欢送全市新当选的省劳动模范、先进工作者赴南昌参加全省劳动模范和先进工作者表彰大会。

△市城市管理行政执法局召开行风监督座谈会，邀请行风监督员和部分市人大代表、政协委员对城市管理行政执法工作进行评议。

24日，省委组织部副部长、省人力资源和社会保障厅党组书记、厅长揭赣元在赣州市委常委、副市长潘昌坤及市领导苏传辉、杨永飞、谢康的陪同下，到市职业中专考察职业教育工作。

△市妇联第三次代表大会在迎宾馆八楼会议室召开。市领导张裕生、刘昌鹏、钟佩芳、刘小玉、黄菊兰、黄绍莲出席。赣州市妇联主席黄丽红到会指导。

△市老科技工作者协会第二届一次会员大会召开。市领导钟佩芳、何建清出席。

25日，市工商业联合会和市总商会举行倡议会，倡议全市各行业业主共同努力，促进全市家具产业和谐稳定有序发展。

26日，"大旺"杯南康~大余围棋对抗赛在南珠大酒店举行。来自两地的10名棋手参赛。南康代表队以微弱优势战胜大余代表队。

27日，全市开展"三送"进家具市场活动，促进家具产业健康、稳定、快速发展。

30 日，全市水利工作调度会在朱坊乡举行。领导杨晓斌出席讲话。

31 日，南康市应急救援大队成立暨揭牌仪式在市消防大队举行。市领导杨永飞、罗富杨出席仪式并讲话。

△下午，赣州市妇联干部与南康市 1600 多名“三送”干部走村入户宣讲赣州市委三届九次全会精神。

（编辑：朱由国）

南康概貌

地　情

〔历史沿革〕　南康，春秋时先后为楚吴属地，秦时属南埜地，汉为南埜县(东汉改为南野县)地。三国吴分南野县地立南安县，晋太康元年（公元280年)改名南康县，隶属于庐陵南部都尉。此后，南康县的建制历史长达1700多年。庐陵南部都尉于晋太康三年(公元282年)改为南康郡，南朝宋永初元年(公元420年)改为南康国，齐永明元年(公元483年)复名南康郡，隋开皇九年(公元589年)改名虔州，隋炀帝大业元年(公元605年)再度复名南康郡，唐高祖武德五年(公元622年)又改为虔州，唐高宗神龙元年(公元705年)第三次复名南康郡，唐肃宗乾元元年(公元758年)第三次改名虔州，五代后梁开平四年(公元910年)合虔、韶二州置百胜军，南唐昇元元年(公元937年)改为昭信军，宋开宝九年(公元976年)第四次改为虔州，宋淳化元年(公元990)分虔州置南安军，元至元十四年(公元1277年)改为南安路总管府，明洪武元年(公元1368年)改为南安府，清沿明制仍为南安府。南康县先后隶属于上述之南康郡、南康国、虔州、百胜军、昭信军、南安军、南安路、南安府。民国元年(1912年)废府，南康县直属于江西省，后又先后隶属于赣南道和第十一、第四行政区。1949年8月14日，南康解放，先后属赣州分区、赣西南行政区。1951年6月起属赣州专区，1954年6月起属赣南行政区，1964年5月起属赣州专区，1971年1月起属赣州地区。1995年3月6日国务院批准撤销南康县建制，设立南康市(县级)。

〔行政区划〕　2010年，南康市辖龙岭、龙回、镜坝、唐江、凤岗、横市6镇，隆木、坪市、大坪、十八塘、麻双、龙华、三江、朱坊、太窝、浮石、横寨、赤土(畲族)12乡和蓉江、东山2个街道办事处。全市共278个行政村4475个村民小组和45个居民委员会。2008年10月，潭口镇成建制划归赣州经济技术开发区管理。

〔区域位置〕　南康市位于江西省南部章江中下游流域，地处北纬25°28′~26°14′24″、东经114°29′9″~114°55′24″之间，东邻赣县、章贡区，南连信丰、大余，西接上犹、崇义，北界遂川、万安，总面积1844.96平方公里(含谭东镇、潭口镇)。市人民政府驻地市区蓉江街道，距赣州市中心城区33公里，距省会南昌市455公里。

〔地势地貌〕　境内大部分为丘陵至低山地貌，北部边缘地区有中、低山地貌，沿章江、上犹江两岸一带有较广阔的河谷平原，是赣南较平坦的一个区域。整个地势西高东低，南北高中部低，由南北两端向中、由西向东，逐渐倾斜，中东部形似敞口盆地。一般海拔中部为110~150米，北部为350~500米，南部为300~450米。丘陵、山地、平原各约占总面积的59%、27%、14%。

〔**山脉河流**〕 南康市境内山脉属南岭山系罗霄山脉和大庾岭山脉的支脉，从6个地方延伸入境，形成6个区域性山系，共有12条主山脉：(1)钯泥岭——斗笠脑主山脉，(2)庙背白水洞——燕坑岽主山脉，(3)钯泥岭——红岭上主山脉，(4)莲花坞-佛坳岽主山脉，(5)障背——苏访贤岭主山脉，(6)障背——陈访岭主山脉，(7)瑞坑北——蓝坝主山脉，(8)云山——三江肖边岭主山脉，(9)马孜岽——罗边岭主山脉，(10)马孜坳南岽——半境主山脉，(11)田螺丘岽——城防岽主山脉，(12)社背——齐溪口东岸之齐岭下主山脉。千米以上的山峰有2座，即隆木与遂川交界处的白鹤岭(海拔1042米)和斗笠脑(海拔1029.8米)。境内以章江、上犹江为泾，大小河流60条，其中干流2条，一级支流10条，二级支流19条，三级支流18条，四级支流7条，五级支流4条。境北隆木水与黄沙水属遂川水系，西南的梅源水属信丰水系，其余河流都属章江水系。除章江、上犹江、龙华江、朱坊河、燕溪属过境河外其余均发源境内的南北山区。章江在境内名蓉江，长58公里，流域面积为859平方公里，落差43米，有蕉溪水、赣桥水、龙回河、南水河等11条支流。上犹江在境内长34公里，流域面积911平方公里，落差16米，有燕溪水、沙溪水、龙华江、木林水、桥头水5条主要支流。隆木水属遂川水系，源出小东，流经樟村、曲潭、瑞坑，出境流入遂川巿石河，境内长13.5公里，流域面积43.8平方公里。梅源水在境内西南面的浮石乡境内。

〔**自然资源**〕 *土地资源* 全市国土面积1796平方千米(不含谭东镇、潭口镇，下同)。其中耕地总面积32266.67公顷(48.4万亩)，占国土面积的26.4%；山地面积占68.3%；水域面积占5.3%。人均耕地量为0.6亩，其中基本农田保护面积26066.67公顷(39.1万亩)，保护率达80.8%。

矿产资源 南康矿产资源较丰富，种类较多，金属矿产、非金属矿产、燃料矿和地下水、矿泉水4大类均有。金属矿产中有黑色金属、有色金属、贵重金属、放射性金属、稀有金属和稀土金属矿产，非金属矿产有冶金、化工、陶瓷、玻璃、水泥原料，还有燃料和地下水资源等。

探明储量的矿产有27种，未探明储量的矿产有32种，合计59种矿产，135个矿区、点。已经开采，储量较大的有钨、锡、铜、金、稀土、石材、砂石、粘土。已计算储量的27种矿产有铁、锰、钛、铜、钨、锡、钼、钴、金、银、钽、铌、钕、钐、镧、铈、铕、石英、钾长石、泥炭、高岭石、长石、石灰岩、煤、石煤、地下热水、矿泉水等。未计算储量的有铅、锌、铀、锂、铍、锆、钇、钬、铒、镥、萤石、硫铁矿、岩盐、碘、白云母、建筑花岗岩、饰面用花岗岩、板岩、砂、砾石、砖用粘土、压电石英、胶岭石、蛭石、绿柱石、熔炼水晶、滑石、刚玉、地下水、医疗用矿水。

各种矿产的主要矿区有：浮石岗子地前铁矿、三益梅子坑铁矿、龙华石人坑钴锰矿、横市黄土斜钛铁矿、有红桃岭钨锡矿、平安脑钨矿、邹家地白钨矿、水松山钨、锡砂矿、径背铜矿点、白石钼矿、罗龙钨铋矿、赤土钴矿、有黄金坑金矿、官坑孜金矿、谷田金银矿、赤土砂金矿、大坪阳团铌钽矿、大坪陈源坑铌钽矿、大坪水保站铌钽矿、龙井稀土矿、寨足下稀土矿、蛇含里稀土矿、圩下花潭铜铀矿、有横市鹅窝里萤石矿、隆木塘上钾长石矿、大坪钾长石矿、有赤土青塘磷矿点、有隆木邹家地石灰岩矿、大坪石码头泥炭矿，龙华湖元坑草炭矿、大坪江背泥炭矿、大坪上期岭背坑泥炭矿、坪市林子坑泥炭矿、潭口含碘盐卤水、有三益刘屋瓷土矿、三益老雅山瓷土矿、朱坊新民、七井高岭土矿、有西华销江砖用粘土矿、龙岭砖用粘土矿、内潮李村刚玉矿、坪市横沙坑一带水晶矿点、大坪阳团白云母矿、龙华高山煤矿、赤土花园地前石煤矿、潭口地下热水矿、浮石山矿泉水。

野生动植物资源 有国家级保护野生植物6种，省级保护野生植物5种。其中国家一级保护植物为银杏、苏铁，国家二级保护植物为杜仲、花榈木、樟树、喜树；省二级保护植物为天竺桂，省三级保护植物为金毛狗蕨、竹柏、草珊瑚、七叶一枝花。有国家级保护野生动物4种，省级保护野生动物11种。其中国家级保护动物为穿山甲、斑林狸、猫头鹰、虎纹蛙(田鸡)；省级保护动物为果子狸、翠鸟、王锦蛇(大王蛇)、灰鼠蛇(黄金条)、金环蛇、银环蛇、眼镜蛇、眼镜王蛇、尖吻蛇(五步蛇)、黑斑里蛙(青蛙)、大蟾蜍(癞蛤蟆)。

森林资源 有林地面积163.75万亩，占国土面积的62.7%，其中国有林地面积13.1万亩，集体林地146.28万亩，林木蓄积量211.13万立方米，

森林覆盖率 60.82%,林木绿化率 63.97%。按林业分类经营要求,已初步规划公益林面积 39 万亩,商品林面积 81.4 万亩,其中油茶面积 14 万亩,果业面积 13 万亩。

〔**气象水文**〕 气象 2010 年,平均气温 19.8℃,较多年平均值 19.1℃偏高 0.7℃。春季平均气温比历年平均值偏高 0.1℃,夏季平均气温则比历年偏高 0.3℃,秋、冬季平均气温分别比历年偏高 0.4℃和 1.8℃。年降水量为 1538.2 毫米,较多年平均值 1464.6 毫米偏多 73.6 毫米,全年日照时数为 1527.4 小时,较多年平均值偏少 163.2 小时。全年共出现暴雨 4 次,分别出现在 4 月 13 日、5 月 14 日和 22 日、9 月 3 日。年内出现的 4 次暴雨天气未造成明显的灾害。

水文 南康市地处赣江流域,境内河流分布有赣江流域的章水水系,遂川水系和桃江水系。全市土地总面积中,94%的而积集中分布在章水水系,5%的面积分布在境北部的遂川江水系,1%的面积分布在境南部的桃江水系。境内河系发育较好,集水面积在 10 平方公里以上大小河流共计 51 条(其中社溪河是龙华江干流的分段命名河流),河流总长 754.4 公里,平均河网密度 0.41 公里/平方公里。

入境河流众多,集水面积大。集水面积大于 10 方公里的入境河流共汁 13 条。其中,境外集水面积 10 平方公里的入境河流共计 6 条,境外入境河流集水面积之和为 5696 平方公里。入境河流中,尤其以上犹江及其支流在南康境外的集水面 13732 平方公里为最大。

南康市多年平均降水量 1446.1 毫米,平均年降水总量 26.68 亿立方米。年内丰、枯水季节变化明显,丰、枯水年降水量相差悬殊,在很大程度上影响了农业生产的发展。

南康市水文站在章水设有窑下坝水文站,在上犹江设有田头水文站,两站水文测验项目有降水量、水位、流量等。2008 年撤销龙回、麻双、坪市、小林等四个雨量站,启用龙岭、潭口、横寨、浮石、赤土、龙回、三江、唐江、内潮、凤岗、十八塘、麻双、横市、大坪、隆木、镜坝、朱坊、龙华、坪市等暴雨山洪预警统站点,自动测报,数据直接传送市防汛办。2010 年 5 月 14 日,窑下坝站出现建国以来最大洪水最高水位为 118.54 米,相应洪峰流量为 800 立方米/秒。2010 年 6 月 12 日,田头水文站出现最高水位为 115.54 米,相应洪峰流量为 554 立方米/秒。

〔**自然灾害**〕 4 月 13 日,受中低层切变南压影响,出现了日雨量 58.3 毫米的暴雨天气。

5 月 14 日和 22 日,受高空低槽、中低层切变和西南气流共同影响,分别出现了日雨量为 71.5 毫米和 52.7 毫米的暴雨天气。

9 月 3 日,受热带风暴外围云系影响,出现了日雨量为 78.2 毫米的暴雨天气。

受稳定的高压脊控制,出现了长时间的晴天少雨天气,最长连续无降水日数达 18 天之多,导致了不同程度的干旱。

〔**人口民族**〕 全市 2010 年末总人口 803463 人。其中,农业人口 665144 人,非农业人口 138319 人。年内出生人口 9765 人,死亡人口 9121 人。

市内人口分属于汉、畲、回、蒙古、藏、苗、彝、壮、布依、满、侗、瑶、土家、黎、维吾尔、朝鲜、白、佤、土、佗佬等 20 个民族,共有 198 个姓氏。

〔**历史名人**〕 唐代,江西第一个及第进士、著名诗人綦毋潜。宋代,省元(状元)刘必达;“大隐居士”田辟。清代,著名方志学家谢启昆。著名的早期工人运动先驱陈赞贤;马列主义政治经济学家、《资本论》译者之一的郭大力;抗日名将赖传湘;原中顾委委员、原山西省省长罗贵波。

〔**景观名胜**〕 陈赞贤烈士墓、南康革命烈士纪念碑、解放十周年纪念碑、太窝天主教堂、生佛寺、文峰塔、鲤山塔和南山森林公园、东山公园、旭山公园、大山脑旅游区、莲花山、罗边水利枢纽工程、文峰。

〔**名优特产**〕 甜柚、板鸭、花生巴、南瓜巴、辣椒酱、腐竹、荷包肉、南瓜籽养生油、雪片糕、家具、服装。

国民经济和社会发展

〔**综述**〕 2010 年,全市生产总值(GDP)达到 84.91 亿元,增长 13.3%,增幅比上年回落 0.5 个百分点。

其中,第一产业增加值13.82亿元,增长3.5%;第二产业增加值41.24亿元,增长17.6%;第三产业增加值29.85亿元,增长13.0%。人均GDP突破万元大关,达到11086元(按年平均人口计算),比上年增加1318元;一、二、三产业对经济增长的贡献率分别为4.9%,60.1%,35.0%,分别拉动GDP增长0.7、8.0和4.6个百分点。三次产业结构由上年的17.2:47.7:35.1调整为16.3:48.6:35.1。非公有制经济快速发展,实现增加值57.47亿元,增长16.9%,占GDP的比重达67.7%,比上年提高1.7个百分点。

2006-2010年生产总值及其增长速度

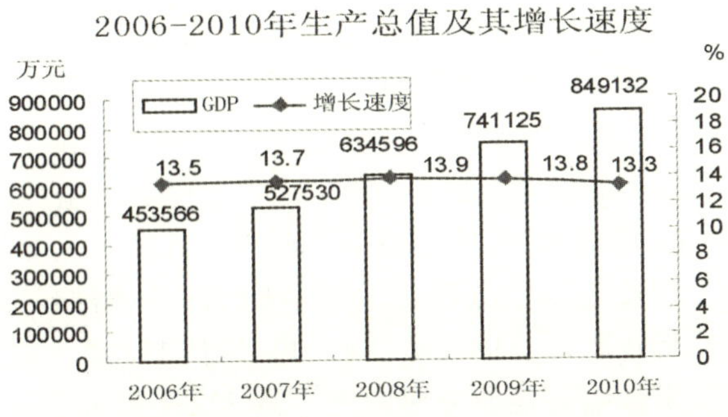

全市财政总收入达8.2亿元,比上年增收11991万元,增长17.1%。其中,地方财政收入6.03亿元,增长23.2%。财政总收入占GDP的比重达到9.7%,比上年提高0.3个百分点;税收收入70692万元,增长21.9%,占财政总收入的比重达到86.2%,比上年提高3.4个百分点。财政支出结构进一步改善,对经济和社会各项事业发展的支持力度增强,预算内农林水支出增长4.3%,教育事业支出增长6.8%,科学支出增长7.2%,一般公共服务支出增长32.5%。基本保证了再就业、养老保险、下岗职工和困难群众的基本生活费支出需要,全年财政对社会保障基金的补助支出4448万元,城市居民最低生活保障支出1670万元,农村最低生活保障支出2789万元,行政事业单位离退休费7592万元。

2006-2010年财政总收入及其增长速度

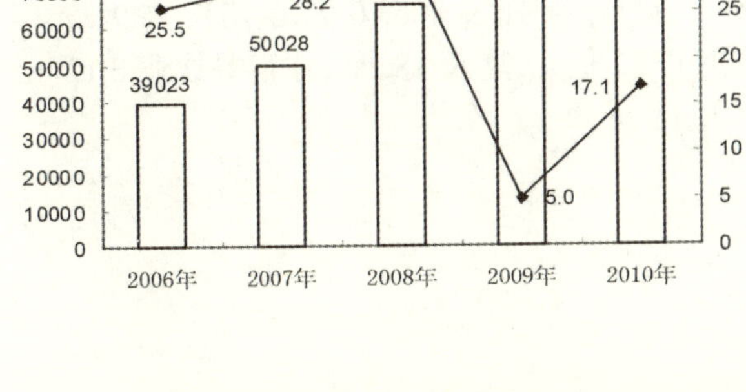

全年居民消费价格总水平比上年上涨3.3%,比上年上升2.4个百分点,其中,食品价格上涨8.0%,是推动居民消费价格上涨的主动力。商品零售价格上涨3.6%,农业生产资料价格下降4.9%。

〔**农业**〕 全年实现农业总产值26.42亿元,增长9.3%。全年粮食作物播种面积61万亩,下降0.1%。其中,早稻播种面积26.9万亩,晚稻播种面积29.7万亩。油料播种面积8.2万亩,增长8.2%,蔬菜播种面积15.9万亩,增长2.2%。

全年粮食总产量23.34万吨,与上年持平。其中,早稻10.3万吨,下降1.9%;晚稻11.9万吨,增长1.6%。

全年肉类总产量6.71万吨,增长5.9%。年末生猪存栏44.6万头,增长4.9%;生猪出栏70万头,增长6.1%;生猪饲养量114.6万头,增长5.5%。家禽饲养量926万羽,增长1.6%,出笼551万羽,增长2.0%;禽蛋产量0.7万吨,增长6.1%。全年水产品产量1.95万吨,增长4.8%。果业开发面积6000亩,年末果园总面积达到10.5万亩,水果总产量4.8万吨,增长36.3%;花卉播种面积1620亩。

年末全市农业机械总动力达51.36万千瓦,比上年增长16.1%。农用排灌动力机械15614台,增长10.0%;农用运输车2038辆,增长10.0%。全市已建成水库64座,引水工程2782处,排灌站478处。全年有效灌溉面积31.88万亩,旱涝保收面积25.68万亩,分别占耕地面积的82.2%和66.1%。

〔**工业和建筑业**〕 全年全部工业增加值37.22亿元,比上年增长19.6%。工业对经济增长的贡献率为59.2%,拉动经济增长7.9个百分点,工业占GDP的比重由上年的40.7%上升为43.8%。全市规模以上工业实现增加值30.15亿元,增长17.3%,其中,地方规模以上工业增加值22.61亿元,增长24.1%。地方规模以上工业企业实现主营业务收入109.7亿元,增长56.6%;利润5.32亿元,增长53.9%;利税8.5亿元,增长38.9%。

全年工业园区实现工业总产值103.44亿元,增长49.5%,占全社会工业的91.9%,实现销售收入104.26亿元,增长51.2%,税金3.09亿元,增长17.6%。园区从业人员2.4万人,增长15.6%。

全年六大主导工业产业实现工业总产值112.44亿元,增长38.1%;实现工业增加值30.11亿元，增长23.9%；实现税收9420万元，下降13.1%;主要是矿产品税收下降,全年矿产品税收5788万元,下降26.7%,家具行业税收继续增长,税收2035万元,增长21.3%。60户重点工业企业实现增加值22.33亿元,增长26.7%,税收1.88亿元,占工业税收的71.8%。

全年全社会建筑业增加值40122万元，比上年增长1.6%。全年资质等级以上建筑企业实现总产值19370万元,比上年增长15.9%;按建筑业总产值计算,全员劳动生产率人均10.7万元。

2006-2010年地方规模以上工业增加值及户增长速度

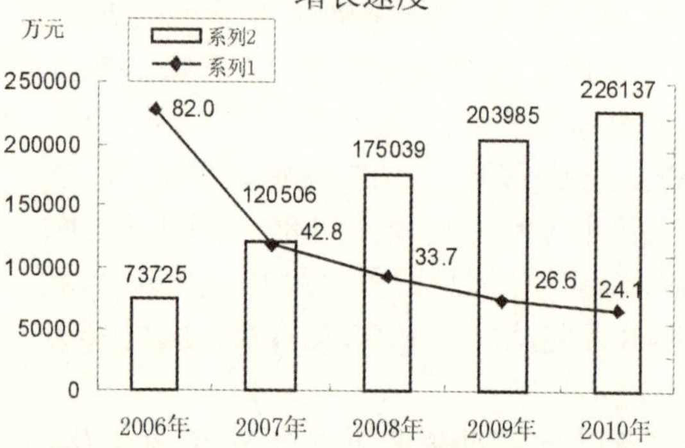

〔**固定资产投资**〕 全年全社会固定资产投资71.4亿元,增长38.6%。50万元以上固定资产投资48.8亿元,增长31.2%,其中,城镇投资330423万元,增长38.4%,房地产开发投资117442万元,增长7.0%,农村非农户投资40008万元,增长71.0%。分产业看，第一产业投资19071万元，下降11.1%,第二产业投资220391万元,增长49.3%,第三产业投资248411万元,增长22.5%。分投资主体看,国有经济投资116020万元,增长29.6%;非国有投资371853万元,增长31.7%,其中民间投资355152万元,增长33.2%。

全年房地产开发商品房竣工面积37118平方米,下降87.2%;商品房销售面积413093平方米,增长19.8%；商品房销售额16.4亿元，增长54.6%。

2006-2010年50万元以上固定资产投资及增长速度

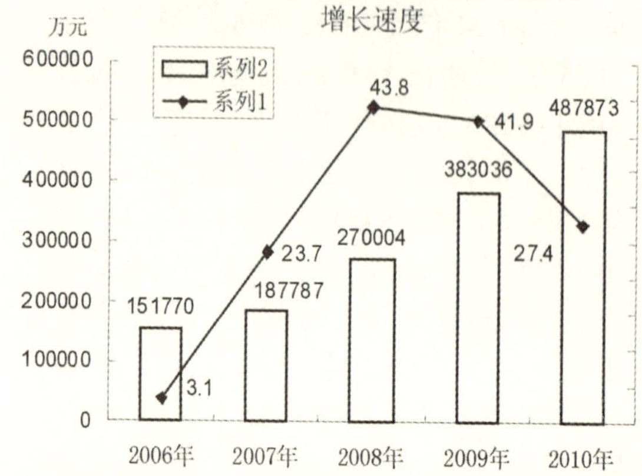

〔**交通和邮电**〕 2010年末公路通车里程达到1848.4公里,其中,国道62.9公里,省道44.9公里,县乡村道1740.6公里。高速公路通车里程122公里,铁路营运里程38.5公里。全年公路客运量744万人,增长8.3%,公路客运周转量50678万人公里，增长2.7%。公路货运量1463万吨，增长15.0%,货物周转量94468万吨公里,增长11.0%。

全年邮电通信业完成业务总量32281万元,比上年增长14.2%。全市年末固定电话用户98300户；移动电话用户达到396210户，比上年增加48440户,增长13.9%。全年邮政业务总量3414万元,互联网上网用户达到32550户,增长37.6%。

2006-2010年社会消费品零售总额及增长速度

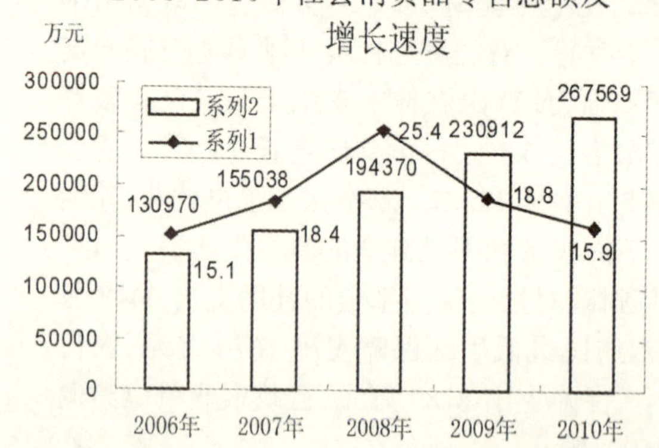

〔**国内贸易**〕 全年社会消费品零售总额26.76亿元,增长18.6%。分城乡看,市的零售额21.0亿元,增长17.6%，市以下的零售额5.76亿元，增长22.4%。分行业看,批发业6.10亿元,增长15.9%,零售业17.52亿元,增长18.2%,住宿餐饮业3.13亿元,增长26.7%。

〔**外向型经济和民营经济**〕 全年共新批外资项目10个，签约外资5789万美元，增长7.5%，实际利用外资7146万美元，增长4.2%，出口总额3602万美元，增长102.5%。引进内资项目16个，合同引资18.23亿元，下降13.1%，实际进资13.54亿元，增长10.4%。

年末有个体工商户23096户，比年初增加5632户，私营企业1108户，比年初增加172户，个体私营企业注册资金61.49亿元，比年初增加15.55亿元，个体私营企业从业人员146042人，比年初增加32884人。全年民营经济纳税5.83亿元，增长31.1%，占财政总收入的71.1%。

〔**金融和保险业**〕 年末全市金融机构存款余额121.39亿元，比年初增加29.69亿元，增长32.4%，其中，企业存款17.14亿元，增加3.42亿元，城乡居民储蓄存款86.83亿元，增加17.84亿元。全市金融机构贷款余额64.08亿元，比年初增加18.09亿元，增长39.3%，其中，短期贷款25.84亿元，增加8.59亿元，经营贷款9.97亿元，增加1.25亿元，贸易融资1.19亿元，增加0.98亿元，个人中长期消费贷款18.57亿元，增加8.17亿元，固定资产贷款8.72亿元，增加2.19亿元。

全年保险公司保费收入16587万元。其中，财产险保费收入4644万元，寿险保费收入11943万元。支付各类赔款及给付8564万元。其中，财产险赔款2247万元；寿险给付6317万元。

〔**教育和卫生**〕 市内41所普通中学在校学生51302人，比上年增长8.0%；297所小学在校学生81826人，增长2.0%。

全市有卫生机构数879个，拥有病床1360张，增长27.6%，卫生技术人员2555人，比上年增加336人，其中医生1399人，增加139人。

〔**人民生活**〕

2006-2010年农民人均纯收入及增长速度

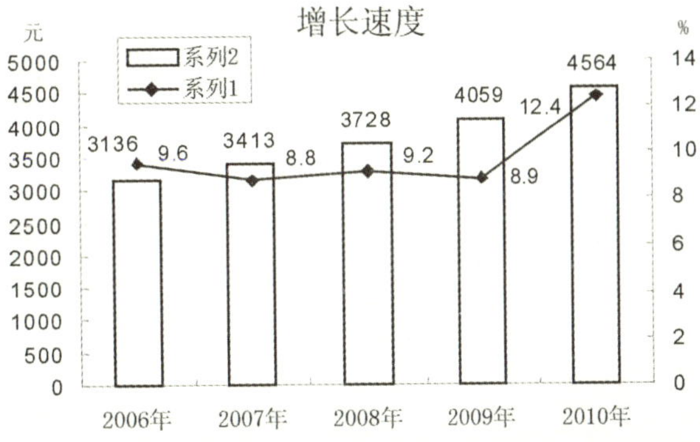

全市在岗职工年平均工资25845元，比上年增加2915元，增长12.7%；农民人均纯收入4564元，增加505元，增长12.4%；城市居民可支配收入12410元，比上年增加1389元，增长12.6%。

2006-2010年城市居民人均可支配收入及增长速度

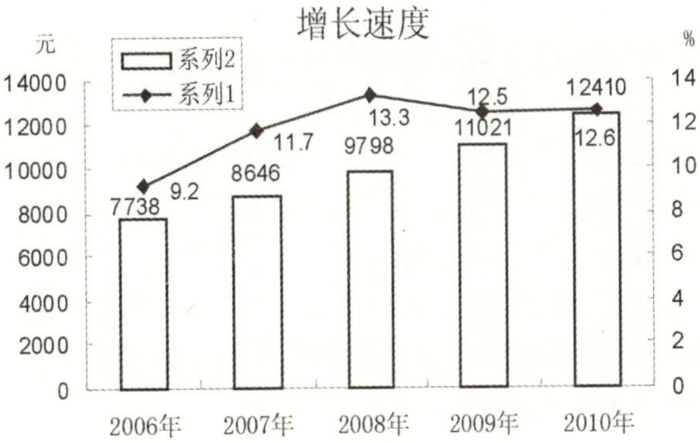

全市新型农村合作医疗参加人数626102人，参合率94.1%，2010年门诊住院共补偿参合农民8450万元；参加城镇居民基本医疗保险58617人，门诊住院共补偿573万元，全年共发放城乡低保金4080万元。

（编辑：肖琼）

中共南康市委员会

综　述

2010年,是实施“十一五”规划的最后一年,也是推进南康经济社会更好更快发展的关键之年。市委深入贯彻落实科学发展观,围绕“一个继续坚持、两个着力把握、六个扎实推进”工作部署,努力工作,全市经济社会各项事业平稳较快发展。全市实现生产总值84.9亿元,增长13.8%;财政收入8.2亿元,增长17.1%;地方财政收入6.03亿元,增长23.2%,经济发展基本摆脱金融危机的影响,全面发力加速增长的态势进一步形成。地方规模以上工业增加值23.2亿元,增长26.9%;税性收入占财政总收入比重达86.5%,提高3.7个百分点;财政收入占GDP比重达9.66%,提高0.21个百分点,经济运行质量进一步提高。50万元以上固定资产投资50.5亿元,增长35.9%;实际利用外资7146万美元,出口总额3219万美元,增长104.9%;社会消费品零售总额26.2亿元,增长19.5%,发展后劲进一步增强。农民人均纯收入4564元,增长12.4%;城市居民可支配收入12410元,增长12.6%,人民生活水平进一步提升。

机构设置

2010年,市委机关内设机构32个,分别是办公室(政研室、保密局、机要局、督查室)、组织部(村建办、组织员办、两新组织党建委)、宣传部(市委报道组、文明办)、统战部(外事侨务办)、政法委(综治办、维稳办、610办)、农工部(农工办、新村办)、编委办、机关事务管理局、接待办、老干局(关工委办公室)、直属工委、党校、党史办、台办、信访局、侨联。

市委常委会2010年工作总体要求

市委常委会工作的总体要求是:全面贯彻党的十七大和十七届三中、四中全会和中央、省市经济工作会议精神,以科学发展观为指导,继续坚持“对接融入”战略,着力把握转变经济发展方式和结构调整,着力把握重大项目带动和扩大投入,扎实推进优势产业集群建设,扎实推进社会主义新农村建设,扎实推进新型城镇化建设,扎实推进机制体制创新,扎实推进民生工程与构建和谐平安社会,扎实推进党的建设,努力实现南康经济社会更好更快发展。

全市经济社会发展的主要预期目标是:实现生产总值84.8亿元,增长13.5%;财政总收入7.7亿元,增长10%,其中地方财政收入5.1亿元,增长5%;全社会固定资产投资71.4亿元,增长40%;社会消费品零售总额27.4亿元,增长18%;实际利用外资7500万美元,增长4.2%;外贸出口1200万美元,增长9.1%;城镇居民可支配收入

12123 元,增长 10%;农民人均纯收入 4423 元,增长 9%; 居民消费价格总水平涨幅控制在 3.5%以内; 单位生产总值能耗和工业增加值能耗分别降低 4.2%,化学需氧量排放有新降低;人口自然增长率控制在 8‰以内; 城镇登记失业率控制在 3.6%以内。

重要会议

〔**市委常委(扩大)会议**〕 1月6日市委常委(扩大)会议 1月6日上午,市委书记张裕生在市政大楼 15 楼会议室主持召开了市委常委(扩大)会议。在家的市委常委、不是市委常委的县级领导参加了会议,市委办、人大常委会办、政府办、政协办、组织部、发改委、统计局、规划建设局、经贸委、交通局、市容园林环卫局、房管局、南水开发管委会、机关事务管理局、家具产业促进局、卫生局、教育局、民宗局、农业局、农业综合开发办、民政局、畜牧水产局、果业局、水利局、国土资源局、文化局、蓉江街道、东山街道、龙岭镇、地税局、人民银行等有关单位主要负责人列席了会议。会议通报了中共赣州市委对南康市党政班子及县级领导考核的反馈情况。会议讨论研究了 2010 年工作思路及主要经济社会发展指标。会议讨论了 2010 年全市重点建设项目。会议研究了岁末年初有关会议活动安排,并对春节前后有关工作进行了部署。

1月19日市委常委(扩大)会议 1月19日上午,市委书记张裕生在市政大楼 15 楼会议室主持召开了市委常委(扩大)会议。在家的市委常委、不是市委常委的县级领导参加了会议,有关部门、单位主要负责人列席了会议。会议讨论通过了《关于推进 2010 年市重点项目“双百”工程建设的实施意见》。会议讨论并审议通过了《关于 2010 年深入推进社会主义新农村建设的工作意见》和《资金奖补标准和物资管理办法》。会议讨论通过了《关于 2010 年招商引资工作的意见》、《关于 2010 年家具产业发展工作意见》、《关于 2010 年服装产业发展工作意见》、《关于 2010 年电子信息产业工作的意见》、《关于 2010 年工业园区建设管理的工作意见》、《南康市 2010 年开展创业服务年活动实施方案》、《关于开展“学习焦裕禄精神,争做新时期焦裕禄式党员干部”主题教育实践活动的决定》。

2月8日市委常委(扩大)会议 2月8日上午,市委书记张裕生在市政大楼 15 楼会议室主持召开了市委常委(扩大)会议。在家的市委常委、不是市委常委的县级领导参加了会议,有关部门、单位主要负责人列席了会议。会议集中学习了《中国共产党党员领导干部廉洁从政若干准则》、《中共江西省委关于进一步加强几个重点领域预防腐败工作的决定》、《省纪委关于对违反廉洁自律规定的四个问题开展专项治理工作的通知》、《潘逸阳同志在 2010 年 1 月 6 日市委中心组理论学习会结束时的讲话》。会议研究部署了当前其他几项工作。

2月26日市委常委(扩大)会议 2月26日上午,市委书记张裕生在市政大楼 15 楼会议室主持召开了市委常委(扩大)会议。在家的市委常委、不是市委常委的县级领导参加了会议,各乡镇(街道)党(工)委书记,有关部门、单位主要负责人列席了会议。会议传达了省委书记苏荣在省委常委第 84 次会议上的讲话。会议讨论并原则通过了《南康市森林火灾责任追究办法》。会议研究部署了当前其他几项工作。

10月12日市委常委(扩大)会议 10月12日, 市委书记张裕生在市迎宾馆 8 楼会议室主持召开了市委常委(扩大)会议。在家的市委常委、不是市委常委的县级领导参加了会议,各乡(镇、街道)党政主要领导,市委有关部门,市直、驻市各单位主要负责人列席了会议。会议对前三季度工作情况进行了回顾总结, 对第四季度工作进行了研究部署。

11月12日市委常委(扩大)会议 11月12日, 市委书记张裕生在市迎宾馆 8 楼会议室主持召开了市委常委(扩大)会议。在家的市委常委、不是市委常委的县级领导参加了会议,各乡(镇、街道)党政主要领导,市委有关部门,市直、驻市各单位主要负责人列席了会议。会议传达了 10 月 28 日赣州市领导干部会议精神。会议传达了赣州市委常委(扩大)会议上史文清书记讲话精神、史文清书记与各县(市、区)委书记座谈会讲话精神。会议研究部署了当前其他几项工作。

〔**市委常委会议**〕 市委四届第六十八次常委会议 2月2日下午, 市委书记张裕生在市政大楼 9 楼会议室主持召开了市委四届第六十八次常委会议。会议传达了省十一届人大三次会议、省政协十届三次会议精神。会议传达了省、赣州市组织部长会议，全省街道社区党的建设工作暨党领导的村级民主自治机制工作经验交流会和赣州市干部监督工作会议、机关党建工作会议精神，研究了南康市贯彻落实意见。会议传达了全国、省、赣州市宣传部长会议精神，研究了南康市贯彻落实意见。会议讨论通过了2010年财政收支预算安排意见。会议讨论了《南康市人民代表大会常务委员会工作报告(草)》、《政府工作报告(草)》和《政协南康市第四届委员会常务委员会工作报告(草)》，并提出了修改补充意见。

市委四届第七十次常委会议　4月7日下午，市委书记张裕生在市政大楼9楼会议室主持召开了市委四届第七十次常委会议。会议讨论通过了《关于加快推进以赤土畲族乡为重点的少数民族乡村发展的意见》。会议讨论并原则通过了《关于进一步从严管理干部的暂行规定》。会议讨论通过了《关于进一步加强和改进人大工作的意见》。会议讨论通过了《关于进一步加强新形势下离退休干部工作的意见》。会议传达了省、赣州市人口计生工作会议精神，研究了贯彻落实意见。会议讨论并原则通过了市政府机构改革实施方案、市政府机构改革予以保留的部门管理副科级以上事业机构、市政府系统副科级以上工作机构领导职数及涉改正科级工作机构人员编制的调整核定意见。会议讨论了2009年度工作考评表彰有关事项。

市委四届第七十一次常委会议　5月31日下午，市委书记张裕生在市政大楼9楼会议室主持召开了市委四届第七十一次常委会议。会议传达了全省加快转变经济发展方式促进县域经济发展会议精神。会议讨论通过了《关于深化医药卫生体制改革的实施意见》。会议讨论通过了《关于进一步推进县级纪检监察机关建设的实施意见》。会议讨论并原则通过了《南康市禁止党员和国家公职人员参与违法违章搭建的若干规定》。会议讨论通过了《2010年度乡(镇、街道)工作目标考评方案》和《2010年度市直单位工作目标考评方案》。会议传达了省、赣州市创先争优活动动员大会精神，研究了南康市贯彻落实意见。会议讨论并通过了政府机构改革有关干部人事任免事项。

市委四届第七十三次常委会议　7月10日下午，市委书记张裕生在市政大楼9楼会议室主持召开了市委四届第七十三次常委会议。会议讨论并通过了《南康市加快科学发展实现进位赶超三年(2010-2012)决战实施意见》。会议讨论并通过了《南康市三年强攻工业实施意见》。会议讨论并通过了《关于进一步做好全市国有(集体)企业改革工作的实施方案》。会议讨论并通过了《关于对政府机构改革有关单位党组织名称进行变更或隶属关系进行调整的通知》。会议讨论并通过了《关于"五推两考三差额"选拔200名科级后备干部的实施方案》。会议讨论通过了召开市委四届十一次全体(扩大)会议事项。

市委四届第七十四次常委会议　8月24日下午，市委书记张裕生在市政大楼9楼会议室主持召开了市委四届第七十四次常委会议。会议传达了赣州市"两新"组织党建带群建工作会议精神，研究了南康市贯彻落实意见。会议传达了赣州市深化文化体制改革和文化产业工作会议精神，研究了南康市贯彻落实意见。会议讨论了纪检监察机构改革相关事宜。会议讨论通过了市机关事务管理局机构编制事项。会议对"五推两考三差额"200名后备干部进行票决并通报了结果。

市委四届第七十七次常委会议　11月12日下午，市委书记张裕生在市迎宾馆8楼会议室主持召开了市委四届第七十七次常委会议。会议讨论通过了召开市工会第三次代表大会事项。会议讨论通过了召开市妇女第三次代表大会事项。会议讨论了对有关干部违纪问题的处理意见。会议讨论通过了有关干部人事问题。

市委四届第七十八次常委会议　11月29日下午，市委书记张裕生在市政大楼9楼会议室主持召开了市委四届第七十八次常委会议。会议讨论审议了五星级宾馆有关事项。会议传达了赣州市农村党建工作创新创特经验交流会议精神，研究了南康市贯彻落实意见。会议讨论了从优秀村(居)党支部书记、村(居)委会主任中选聘乡镇事业单位工作人员事项。会议讨论并通过了有关干部人事任免事项。

市委四届第七十九次常委会议　12月7日上午，市委书记张裕生在市政大楼9楼会议室主持召开了市委四届第七十九次常委会议。会议讨论通过了《全市组织千名干部开展"送政策释民惑、送温暖聚民心、送服务解民难"活动实施方案》。会议讨论通过了市委"三送"活动领导小组成员名单和“三送”活动包扶人员安排。会议研究了“三送”活动的督查工作。会议讨论通过了召开全市“三送”活动动员大会事项。（曾慧平）

市委领导班子及领导分工

〔领导班子名录〕

书　记：张裕生

副书记：苏传辉（市政府市长）

常　委：杨永飞（市政府常务副市长）

谢业雄（市委宣传部部长）

韩水生（市委组织部部长）

柯岩松（市纪委书记）

杨晓斌（市政府副市长、市委农工部部长）

陈俭生（市委政法委书记，　~2010.4）

严国雄（市委政法委书记，2010.4~　）

钟佩芳（女，2010.7~　）

曾　勇

朱筠生（市人武部政委，　~2010.7）

袁　斐（市人武部部长，2010.7~　）

〔领导分工〕

市委书记张裕生：主持市委全面工作。

市委副书记、市长苏传辉：主持市政府全面工作，兼管编制、监察、审计工作。

市委常委、市政府常务副市长杨永飞：协助市长分管经济和社会发展、改革开放方面的工作；协助市长主持市政府日常工作；联系部队工作；协助市长分管其它方面的工作。

市委常委、宣传部长谢业雄：分管意识形态工作；分管工业、工业园区建设、开放性经济工作；负责市委宣传部工作。

市委常委、组织部长韩水生：分管党的基层组织建设和干部人事工作；分管老干部工作；分管人大、政协工作；分管计划生育工作；负责市委组织部工作。

市委常委、纪委书记柯岩松：分管纪检、监察工作；分管优化发展环境工作；分管家具产业发展工作；分管林业工作；主持市纪委全面工作。

市委常委、副市长、农工部长杨晓斌：分管农业和农村工作；分管新农村建设工作；负责市委农村工作部工作。

市委常委、市委政法委书记严国雄：分管政法、社会稳定（包括公安、检察、法院、司法、国家安全、社会治安综合治理和信访工作）工作；主持市委政法委全面工作。

市委常委钟佩芳：分管市委办、统战、政研、对台、党史、机要、保密、民族宗教、工会、团委、妇联、科协、工商联工作；分管卫生、食品和药品监督等方面工作。

市委常委曾勇：分管城乡规划、建设和管理工作；分管国土资源、环境保护和交通工作。

市委常委、市人武部部长袁斐：负责党管武装工作。

〔市委委员、候补委员〕

市委委员（28人）

张裕生、苏传辉、杨永飞、谢业雄、韩水生、柯岩松、杨晓斌、严国雄、钟佩芳（女）、曾　勇、袁斐、陈冬生、刘昌鹏、黄菊兰（女）、李　旭、叶伦汉、吴　健、谢　康、李春平、朱国清、罗　芸（女）、朱吉祥、龙清生、赖新林、张祥明、曹明华、刘连生、李绍武

市委候补委员（6人）

曹佐胜、王小华、林慧琼（女）、曹世明、邹天翼、张立伟

重要文件目录

2010年中共南康市委重要文件目录

发文时间	文号	标题
1.20	康字〔2010〕3号	关于开展“学习焦裕禄精神，争做新时期焦裕禄式党员干部”主体教育实践活动的决定
1.25	康发〔2010〕2号	关于2010年深入推进社会主义新农村建设的工作意见
1.25	康字〔2010〕6号	关于2010年招商引资工作的意见

(续上表)

发文时间	文号	标题
2.9	康字〔2010〕7号	印发《关于推进2010年市重点项目"双百"工程建设的实施意见》
2.9	康发〔2010〕3号	关于2010年人口和计划生育工作的意见
3.12	康字〔2010〕12号	关于2010年信访工作的意见
3.24	康发〔2010〕4号	关于2010年全市基层党风廉政建设的工作意见
5.4	康发〔2010〕7号	关于加快推进以赤土畲族乡为重点的少数民族乡村发展的意见
5.18	康发〔2010〕8号	关于推进学习型政党组织建设的实施意见
5.21	康字〔2010〕20号	关于印发《南康市人民政府机构改革实施方案》的通知
6.3	康字〔2010〕22号	关于深入开展社会矛盾化解工作的实施意见
6.10	康发〔2010〕10号	关于深化医药卫生体制改革的实施意见
7.12	康发〔2010〕11号	关于印发《南康市加快科学发展实现进位赶超三年(2010—2012)决战实施意见》的通知
7.16	康字〔2010〕27号	关于进一步加快民营经济发展的工作意见
8.10	康发〔2010〕12号	关于进一步做好全市国有(集体)企业改革工作的实施意见
8.26	康发〔2010〕13号	关于加快推进残疾人事业发展的实施意见
11.22	康字〔2010〕45号	印发《关于进一步加强我市农田水利基本建设实施方案》的通知
12.7	康字〔2010〕48号	关于印发《全市组织千名干部下基层开展"送政策释民惑、送温暖聚民心、送服务解民难"活动实施方案》的通知
12.30	康发〔2010〕14号	关于权力公开透明运行工作的意见

市委办公室工作

〔综述〕 2010年，市委办在市委的正确领导下，在赣州市委办公厅的关心指导下，以邓小平理论和"三个代表"重要思想为指导，深入贯彻党的十七大、十七届四中、五中全会精神，紧紧围绕赣州市委、市政府提出的"一条主线、六个重点"和南康市委、市政府提出的"对接融入"发展战略，认真贯彻落实市委办公厅"十大工程建设"的要求，进一步解放思想、开拓创新，强化管理、细化服务，在协助提高地方党委总揽全局、协调各方的领导核心作用，推进南康市经济社会又好又快发展发挥了积极作用。

〔调研工作〕 围绕市委工作部署，紧贴市委决策重点，市委办牵头组织开展了一系列调研活动，为市委正确决策提供高质量的参谋服务。一是组织办公室政务人员围绕促进全市经济社会发展和群众关注的热点和难点问题开展深入调研。如围绕家具产业发展、工业园区发展规划、双百工程建设等开展了多项专题调研；结合深入创先争优活动，组织全体工作人员开展了广泛的调研活动，共收集调研文章26篇。二是积极参与人大、政协开展的如何支持县域经济发展、工业园区建设、城中村改造等综合性专题性调研活动。形成了《关于龙岭工业西区建设与发展的调研报告》、《工业园区用地现状调查报告》等一批有深度、有分量的调研文章，得到领导的好评。三是积极开展了"调研活动月"活动。5月，组织全市县级领导干部和各部门各单位负责人认真开展了调研活动。共收到各类调研文章196篇。全年共有10多篇调研文章在省、市各级报刊、杂志上刊登发表，共有80多项调研成果进入决策。通过调研，向市委提供了一批高质量的意见和建议。

〔信息工作〕 认真做好信息工作，在发挥主渠道上有新进展。一是稳步有序推进党务公开工作。筹建并开通了"南康市党务公开网"，建立了南康市党务公开联席会议制度，按照"积极稳妥、创出特色、扎实推进”的要求推进党务公开工作。二是重点抓好重要紧急信息的收集反馈和跟踪处理工作。全年共收集重要紧急信息170余条，向上级反馈报送130余条，使一些紧急或苗头情况得以迅速有效地处理，为领导决策提供了较好的参考参谋作用。三是全面做好网络舆情信息的监控引导工作。全年共编发《信息呈阅件》90期，收集网络舆情160余条，在互联网上向网民正面反馈信息180余次。四是扎实抓好常规性信息的编报工作。全年共向上级报送反映南康市经济社会发展情况的信息210余条，分别被省委办、赣州市委办采用40余条。编发《南康信息汇要》96期，《南康信息》20期，《民声通道信息专报》15期。

〔**督查工作**〕 认真做好督查工作，在推动落实上有新举措。一是重点围绕全市“双百工程”建设项目进行督查。成立了全市重点工作(项目)督导组，下设6个督查组，对重点工业项目、城市基础设施建设、民生工程、“一大四小” 绿化等工作进行督查，共编印《重点工程督查专报》39期。二是围绕热点、难点问题开展督查。围绕家具企业用地审批、森林防火、计划生育、通村水泥路、人口普查、敬老院建设、廉租房建设等进行督查，编印《南康督查》24期。三是认真做好领导批示件、转办件的办理工作。坚持按照“接必办、办必结、结必果”的原则，全年共下发《督办函》31份，办理上级转办件43件、领导批示件18件，办结率100%，做到件件有着落，事事有回音；促进了一些重大疑难信访件、久拖未决信访件的落实。同时，及时反馈南康市贯彻落实省、市重要会议和重大工作部署情况，向市委督查室编报了《督查专报》15期，向省委督查室编报了《决策与研究》8期。四是强化落实，巩固成果。就督查中发现的问题及时反馈通报，主动协调，跟踪督查落实，确保市委重要决策取得实效；对倾向性问题及时汇报，并提出意见建议，供领导参考决策。

〔**文秘工作**〕 认真做好文秘工作，在规范运作上有新水平。为搞好服务工作，办公室着力加强制度建设、规范化建设，努力提高办事效率。一是强化了队伍建设。在总结文秘人员“1+1”结对子经验的基础上，完善文秘人员学习交流制度，加强交流讨论，互帮互助，取长补短，在提高整体公文写作水平的同时提高文稿的质量。建立了文稿“五审”制度，对由市委或市委办公室下发的各类文件，按照“对口政务秘书审核→结对子人员审核→办公室分管领导和主要领导审核→市领导签发→秘书科审核校对印发”的流程审核制发，并建立了过错追究问责制度和处罚制度。充实了文秘队伍。二是规范了程序。市委办按需定岗，明确了工作责任制，规范了操作程序，做到既合理分工又有相互协作，尽量减少工作交叉和不必要的环节，缩短办事流程，加快工作节奏，保证办公室工作整体功能的充分发挥。对一些时限性比较强的文件，及时复查收阅情况，没有及时领取的再通过电话催促，确保文件及时传达到位。三是加强了综合协调。协调好机要、保密、秘书科等部门的工作，加快了文件的传递、处理速度，加强文件的保密管理。办公室先后起草领导讲话、工作汇报、典型材料等各类文稿60多篇约40万字。同时，市委办建立了短信平台，分类整理好四套班子领导、乡(镇、街道)和市直(驻市)单位主要负责人的手机号码，对一些紧急事件、重大会议、重要通知等通过群发短信和打电话进行提醒，确保无遗漏。

〔**综合协调工作**〕 牵头抓总做好统筹协调工作，搞好“三服务”。一是建立市委与人大、政府、政协之间的工作协调机制，搞好横向服务。进一步规范了市委常委会议集体决策制度，对常委会议研究决定的事项，由办公室及时印发会议纪要、及时批复、办理，督促有关部门抓好工作落实。进一步健全完善了常委会扩大会议调度全盘工作制度。市委办根据市委指示，积极服务市委常委扩大会议调度、市委书记亲自调度、分管常委调度等“三级调度”工作制度。二是建立市委书记与各常委之间的工作协调机制，搞好中心服务。建立了对口联系服务常委制度。在党委、政府工作的常委，分别由“两办”确定对口联系工作人员，挂职部门的常委由部门确定一名工作人员做好工作联络。对于上级主送市委的文件，除了给市委书记和分管领导批阅外，尽量让所有常委传阅。完善了信息交流制度。对市委书记交办或批示其他常委办理的事项，办公室全部进行登记，并按时提醒相关常委反馈办理情况。借助内部刊物《市领导工作动态》和每周编发2期的《南康信息汇要》，实现书记与各常委之间的工作交办与落实的及时反馈互动。三是建立市委与基层党组织的工作落实和反馈机制，搞好纵向服务。建立了重点工作分层次调度制度。对发现的问题，由办公室向各常委、政府领导或部门下发催办单，并做好跟踪督查反馈。完善了部门单位阶段性工作情况呈报制度。要求各部门单位每月对其主要工作完成情况、存在的问题、提出的建议及下一步打算进行梳理汇总，报送市委主要领导和相关领导，推进工作的落实。完善了政务人员资料分口收集制度。相对固定4名政务人员，分口负责全市各部门(系统)文字材料的收集、撰写和把关工作，要求对口政务人员注意积累所负责联系部门的各项资料，为市委及时掌握各部门工作具体情况和办公室汇总综合性材料节约时间，提高工作效率。

〔**机要工作**〕 加强了业务知识学习，坚持局长负责制、首问负责制、文电限时办结制和见面交接班等制度，强化了译传办工作。共译传办各类文电2262份，其中收到上级明传电报758份、传输办理1269份，上级密传电报289份、传输办理372份；收发上级文件476份。10月份，对市乡密码通信网络统一进行了密码升级认证，加强保密安全建设。通过开展密码工作创建80周年纪念、观看专题教育片《忠魂》等活动，增强了干部的责任感、使命感。

〔**保密工作**〕 强化了对涉密载体的保密管理。对保密工作领导小组成员单位的涉密计算机、移动存储介质、涉密文件资料、涉密场所进行了一次巡查。组织了保密业务检查，对城区个体打印店、废纸收购站进行了一次突击检查，对有关人员加强了保密知识教育。举行了一次保密知识考试，共有200余名各部门单位的人员参加考试。派出技术人员对各保(涉)密单位进行了业务指导，要求制度上墙、建立台帐，提高保密意识。

〔**会务和重要接待工作**〕 一是严格控制发文和开会数量。为提高工作效率，压缩文山会海，市委办坚持能不发文(开会)的则不发文(开会)、能由部门组织的则由部门组织，一年来精简文件和会议20%以上。保证领导集中力量谋大局，抓大事。二是认真做好日常事务。坚持日常事务无小事，在办文中狠抓收发、阅办、归档三个环节，确保公文快速有序地流转。对由有关部门代拟的稿件，坚持政务人员分兵把关，认真审核，力求发文正确无误。共下发各类文件529件，文件质量有较大提高。三是扎实做好会务和接待工作。建立了大型会议活动审批制度，从严控制，讲求时效，尽可能地减少会议，提高会务服务质量。由办公室牵头协调，1月上旬举办了和谐大桥等3个重点工程的开工仪式，6月中旬举办了工业经济和重点项目建设流动现场会，9月中旬举办了全市新农村建设流动现场会。市委办共承办全省性现场会议3次，全赣州市性会议5次，全市性大型会议26次，市委常委会议15次，市委常委(扩大)会议8次，其他各类会议32次，承办各类领导公务活动86次，承办上级领导和其他省、市、县领导接待公务活动115次，做到了圆满周到、不出差错。

〔**后勤工作**〕 扎实做好后勤服务工作，确保保障有力。一是强化行政管理。完善了财务管理制度，严格财经纪律，按章办事，合理使用资金，提高财政资金的使用效益。二是切实加强车辆管理和驾驶员的安全教育。坚持实行“统一调度、保证工作”的原则，做到先急后缓，优先保证市委领导用好车、用安全车。加强对驾驶员的安全教育和管理，做好车辆的维修保养工作。未发生一起安全事故。

(曾慧平)

〔**领导班子名录**〕

市委办公室：
主　任：李春平
副主任：黄春铃(女)
　　　　程宗毅(　　~2010.6)
　　　　黄孝斌(　　~2010.6)
　　　　方宣文
　　　　叶美焱
　　　　江香莲(女，2010.6~　　)
　　　　张世圣
　　　　左　兵
政研室：
主　任：程宗毅(　　~2010.6)
副主任：邝冬明(　　~2010.10)
　　　　曾慧平(2010.10~　　)
国家保密局：
局　长：张齐武(2010.11~　　)

副局长：张齐武（　　~2010.11）
市委机要局：
局　长：黄孝斌（　　~2010.6）
副局长：刘伟明
市委督查室：
主　　任：叶美焱
工会主席：温笑娟（女）

组织工作

〔**综述**〕 2010年，全市组织工作以"三服务两满意"为目标，坚持围绕服务大局、推动科学发展、促进社会和谐选干部、配班子，建队伍、聚人才，抓基层、打基础，进一步解放思想，锐意创新，狠抓落实，为推动南康经济社会更好更快发展提供坚强的组织保证和人才支持。

〔**机构队伍**〕 市委组织部现有在编干部21名，借用人员1名，合计22名，其中部长1人，副部长2人，村建办主任1人，组织员办主任1人，"两新"组织党工委书记1人；办公室2人（其中1人兼），干部科3人，组织员办2人，组织科3人（其中1人兼），村建办4人（其中借调人员1人），档案室2人，党员电教中心1人；正科级干部5人，主任科员1人，副科级组织员8人，一般干部3人，司机、工勤人员3人。

〔**党建工作**〕 *农村基层组织建设* 一是推行党组织"进区入会"，努力实现党组织在农村的全覆盖。在新农村建设理事会、老年协会、经济合作组织、产业协会等组织中组建党组织，全市组建农村村落社区党组织858个。二是加大对村级干部队伍的培训力度，建立健全村干部激励机制。全年共举办村党支部书记、主任培训班4期培训448人。鼓励、引导村干部参加全省统一的公务员考试，2010年共有5名优秀村干部招录为公务员，并开展了从优秀村书记、主任中选聘9人到乡（镇、街道）事业站所人员工作。三是大力开展农村党员创业培训、扶持、孵化工作，充分发挥农村党员致富先锋模范作用。建立农村党员创业孵化示范基地39个，充分发挥孵化基地的"技术支持、信息支持、实践支持"作用，已发放贴息扶持资金478万元支持农村党员创业。其中，龙岭镇金塘村花卉产业基地、赤土畲族乡青塘村果业基地孵化带动作用明显，得到赣州充分肯定。全年举办124期实用技术培训班，培训农村干部、农村党员1.1万余人次。通过在农村党员中开展"定区联户"和"一比两带三落实"活动，充分发挥农村党员在新农村建设、产业发展和服务群众等方面的作用。四是以"四议两公开"工作法为载体，规范农村基层民主决策程序。在全市村级组织中推广"四议两公开"决策法，并通过制作"四议两公开"工作法流程图、印制《南康市"四议两公开"工作手册》，对"四议两公开"工作流程进行了细化，使得"四议两公开"工作法的实际操作更加简洁明了，更加贴近农村的实际。五是大力推动村级组织活动场所建设。全年实施村级组织活动场所建设项目92个，其中中央、省级项目47个、南康市本级项目45个，市财政拨款460万元作为专项建设资金。南康市相关做法在赣州市农村党建创新创特会议上以《算好"三本帐"把好"三道关"，切实抓好村级组织场所建设》为题在作了典型发言。

党员电教工作 通过抓宣传、强服务，创新工作方法，党员电教工作取得新进步。2010年完成剩余9个站点的建设任务，全市共建设站点299个，完成率100%。摄制的科教片《南康甜柚三项主推技术》荣获赣州市一等奖。市党员电教工作在赣州市远程教育工作推进会上以《创新方式，务求实效，全力推进农村党员干部现代远程教育学用工作》为题作了典型发言。

党员队伍和组工业务管理工作 一是加强了党员教育培训。对农村、社区、"两新"组织、国有企业、机关、大学生村官、新党员"七个类别"的党员进行分类培训。全市各级党组织举办培训120期，培训基层党员6400多人次。二是开展了党的知识进校园活动。把《读本》学用工作纳入党建目标考核内容，选派了政治素质高、熟悉党务工作的同志担任学校党建工作指导员，编印了6期《南康市"党的基本知识进校园"活动简报》，大力宣传《读本》学用典型。在南康教育网开设《读本》学用工作网站，拓展《读本》学用工作领域，举行了教育局党委组织工作培训班，培训人员43名。并专门举办了教师培训班，培训教师82名。开展了党的基本知识竞赛活动，全市共有中学生入党申请人163名，入党积极分子32名。开展党的知识进校园、《读本》学用的做法以《春风细雨育"党苗"——南

康市在农村中学生中开展党的基本知识进课堂活动》为题被《赣州信息》等媒介刊登采用,赣州市委常委、组织部长孙正森作了重要批示:“南康市通过各种形式把党的基本知识带进中学生的课堂,很好!”。三是通过关爱困难党员“一卡通”等工作,加大了党员关爱力度。把“一卡通”工作列入联席会议成员单位党建工作目标考核和乡(镇、街道)好班子创建的重要内容。落实了专项资金预算,已设立“一卡通”保障资金 56 万元,已放困难党员“一卡通”545 本。同时,开展了市领导带队走访特殊贡献党员活动,全市共走访困难党员 114 人,发放慰问金 35400 元。“七一”期间南康市通过移动平台向基层党务工作者和广大党员发送了节日短信,增强了全市党员的荣誉感、归属感。四是建立了工业园区流动党员“党员驿站”,筹建外出流动党员党组织 1 个,加强了流动党员教育管理。在市工业园区建立了党员驿站和流动党员党支部,把园区每个流动党员“编织入网”。全市共有流出党员 249 人,流入党员 26 人。做好了“12371”党员咨询服务电话工作,全年共接听到 10 人次咨询服务电话,回复率达 100%。加强了外出务工人员党员发展工作,今年共发展外出务工人员入党积极分子 124 名,党员 79 名。五是实行了组织委员离任业务审计制度,加强了组织员的教育培训。全年共进行离任审计 5 人次,开展组织员培训 6 次,共培训组工干部 500 余人次。六是进一步规范了党费收缴管理工作。对党员缴纳党费进一步进行了规范,督促基层党组织统一建立了 2010 年党费缴交台帐。青海玉树地震灾害发生后,号召基层党组织和党员向玉树地震灾区捐款 10 余万元,青海省委组织部为此特意发来感谢信。

“两新”组织党建　一是强化组织建设。通过“4+1”模式抓组建,即由 1 个引进单位(或结对市直机关单位)、1 个审批单位(工商或民政部门)、1 名党建指导员、按行业主管或属地管理原则确定 1 个基层党(工)委共同帮助 1 个新引进的非公企业或新成立的“两新”组织做好党组织组建工作。众和医院、罗边玻纤有限公司、兴建建筑有限公司等 7 个“两新”组织成立了党支部,“两新”组织组建覆盖面进一步扩大。二是强化功能建设。进一步拓展了“党群驿站”功能,新增了“党群服务中心”等党员学习、活动、维权场所,新组建了“两新”组织孵化中心、党员技能培训中心,新增图书 1500 册,全年共开展各类培训 18 期,受训党员、员工达 1120 人次,介绍 910 人到园区企业就业务工,为困难党员、员工解决实际问题 185 个。市工业园区“党群驿站”的做法得到了赣州市“两新”组织党建检查的通报表扬。三是强化队伍建设。进一步建强了“四支队伍”。从退居二线的科级领导干部、国有企业下岗人员、大学生毕业生中挑选了 113 名政治素质好、党务工作经验丰富的人员,充实调整了“两新”组织党务人才队伍;通过个人自荐、单位党组织审核、市委组织部审批方式挑选了 59 名同志,配齐了“两新”组织党建指导员队伍;举办了 1 期“两新”组织党支部书记培训班,配强了“两新”组织党支部书记队伍。通过落实“一会三课”、“三个培养”等制度以及“党员找组织、组织找党员”活动,加大党员发展和查找“隐形党员”力度,全年“两新”组织共发展党员 36 名,找出“口袋党员”54 名。四是强化制度建设。进一步完善“四项制度”。在党组织内部建立起了矛盾纠纷及安全生产排查信息上报机制,坚持了“两新”组织党建工作信息报送制度,全年共排查调处矛盾纠纷 19 起、查处隐患 23 起;建立了全市 31 名党员领导挂点联系 31 家“两新”组织、56 个市直机关单位与 56 家“两新”组织结对帮扶制度;坚持了党建指导员考核制度,与党建指导员签订了《工作目标责任书》,对党建指导员履行工作职责情况了进行了检查,对工作履职较差的同志及时进行了调整;建立“党群议事会”制度和“双向例会制度”,通过加强“两新”党组织与“两新”组织业主之间的沟通协调,使“两新”组织党建工作与促进“两新”组织发展紧密联系起来。五是强化载体建设。在全市“两新”组织中深入开展了党建带群建活动。由组织部门牵头,工会、妇联、团委共同参与深入到园区各企业重点抓组建、抓活动、抓示范,推行了“一会三组”、“一区三岗”等工作机制,新建立工会组织 57 家、共青团组织 52 家、妇联组织 55 家。顺利迎接了赣州市党建带群建工作现场会,以《健全机制,创新载体,全面提升“两新”组织党建带群团建设水平》为题作了经验发言。赣州市委副书记陈春明、赣州市委常委、组织部长孙正森先后到南康市赣州华利有限公司党支部、市家具协会党支部等“两新”组织调研党建带群建工作,并给予了充分肯定。市“两新”组织党建带群建的做法分别在《中国共产党新闻网》、《省组工信息》、《全省创先争优工作简报》

等媒体作了介绍。

社区党建　进一步打造了泰康西路和芙蓉社区等精品社区，其中芙蓉社区被赣州评为“党建达标”社区、泰康西路社区评为“党建红旗”社区。在泰康西路社区举行了赣州市“党旗映社区，科普进楼宇”活动。举办了2期全市社区党支部书记培训班，培训社区党支部书记34人次。

组工信息、调研和党建宣传工作　市组工信息用稿积分居全市第一，连续第七年获得全省、全市先进单位。编著了《组工信息分析点评50例》，开创了赣州市组织系统编撰组工信息方面乡土教材的先例。宣传、调研工作齐头并进，在各级刊物、媒体用稿73篇，在人民日报、中央创先争优简报、中国人事报、党建研究和中国共产党网等媒体都有用稿，特别是在党建研究和中国人事报刊载的《江西省南康市在岗位交流中检验干部提名》、《南康农民学院构建“一站式”涉农培训》等文章，起到了较好的宣传效果。

〔**干部人才工作**〕　干部人才队伍建设　积极稳妥地抓好了政府机构改革、第四期科级干部离岗培训班、选拔生培养管理等各项工作。建立健全基层优秀年轻干部和优秀女干部管理制度，认真做好年轻干部、女干部培养选拔工作，进一步优化干部队伍结构。2010年南康市共选拔出了20名基层优秀年轻干部和5名优秀女干部作为重点培养对象。切实抓好选拔生等年轻干部的培养管理，通过召开座谈会，加大调研力度，安排到市直机关跟班学习等方式，及时了解年轻干部在基层工作的思想动态和生活状况，助推年轻干部的成长成才。

干部培训工作　紧紧围绕全市工作中心，按照《2006—2010年全市干部教育培训规划》和年初制定的计划，围绕实现“大规模培训干部、大幅度提高干部素质”目标，全面落实了新一轮大规模培训干部要求。一是积极完成上级调训任务。全年圆满完成上级调训任务96人次，其中调训县级领导干部49人次、科级领导干部47人次。做好干部在线学习城的管理和指导工作，对领导干部在学习中遇到的问题及时进行解答。同时做好了39名领导干部“自主选学”的报名学习工作。二是抓好第四期离岗考察对象的教育培训工作。对50名(副科19名，一般干部31名)离岗考察对象进行了集中教学、革命传统教育和调研实践三个阶段的教育培训，并进行了严格考察，取得了较好的培训效果。三是加大后备干部的教育培训和实践锻炼。抽调了28名优秀年轻后备干部参加新农村建设、征地拆迁、招商安商、信访维稳、综合督查、城市建设和重点项目建设等市中心工作，切实提高后备干部服务群众、攻坚克难的实际工作能力和水平。四是加强股级干部管理，全面推行股级干部竞争上岗，下发了《关于全面推行股级干部竞争上岗工作的意见》，指导市卫生局、市畜牧水产局开展了股级干部竞争上岗试点工作。

干部人事制度改革　积极探索新形势下干部人事制度改革新举措，一是实施“五推两考三差额”(“五推”即单位党组织推荐、市领导署名推荐、市委全委扩大会推荐、市委组织部部务会推荐、市委全委会推荐；“两考”则是知识考试与组织考察；“三差额”指的是差额考试，差额考察，差额票决)，公开选拔了200名科级后备干部(其中50名正科级后备干部，150名副科级后备干部)，落实了群众对干部选拔工作的“四权”，极大地提高了选人用人公信度和群众满意度，树立了正确的选人用人导向，为干部队伍建设注入了源头活水，并得到了赣州市委组织部孙正森部长的重要批示，中国共产党新闻网、省组工通讯宣传了这一做法。二是加大了竞争选拔干部力度。在“五推两考三差额”的基础上，加入了差额面试、量化考察、差额票决三道程序，通过“五推三考五差额”方式竞争选拔了15名科级领导干部(6个正科级职位、9个副科级职位)。

〔**自身建设**〕　一是扎实开展了组织系统创先争优活动、“组工干部下基层”和“学习焦裕禄精神”主题教育实践活动。组织机关干部撰写学习笔记和心得体会52篇。开展了“大调研、大走访”和“察民情、解民忧、帮民富、保民安”活动，累计开展走访调研60余次，结交农民朋友256名，帮助群众解决实际困难38件。发放征求意见函80余份，共征求意见和建议12条。进一步推动组工干部率先垂范、模范带头，成为顾全大局、勤奋学习、求实创新、清正廉洁的模范。二是继续深化“讲党性、重品行、作表率”主题实践活动。深入开展党性教育，开展“进组织部为了什么，到组织部干了什么，在组织部和人家比什么”大讨论活动，进一步转变了组工干部的作风、提高了能力素质。三是积极创建学

习型机关,建设眼界宽、思路宽、胸襟宽的高素质组工干部队伍。 (严由健)

〔领导班子名录〕
部　长:韩水生
副部长:李干东
钟圣源
刘锡敏
组织员办主任:黄　征
非公党委书记:吴　昊(2010.12~　　)

宣传工作

〔综述〕 2010年,全市宣传思想工作以科学发展观为统领,认真贯彻落实党的十七大、十七届三中、四中、五中全会精神,按照高举旗帜、围绕大局、服务人民、改革创新的总要求,及时分解任务,实施主题教育,发掘宣传亮点,打造宣传特色,为加快全市经济社会更好更快发展提供坚强的思想保证、舆论支持、精神动力和文化条件。

〔机构队伍〕 市委宣传部有部长1名、副部长4名,干部职工15人;全市20个乡镇党委、街道党工委配备了党委宣传委员。

〔理论学习〕 市委下发了《建设学习型党组织实施意见》,以集中研讨与个人自学、专家讲座与外出学习考察、常规学习与理论培训、调查研究与独立思考相结合,利用书籍推荐、电视传播、手机短信、电脑网络等开展理论学习,重点建立完善中心组学习制度,坚持“三会一课”、民主生活会等制度,建立健全学习交流制度和年考核制度,深入开展全市领导干部集中调研活动,同时结合主题教育活动组织宣讲团深入基层宣讲,并邀请专家教授举办报告会,为全市各级领导干部开展工作提供厚实的理论基础。

〔新闻和对外宣传〕 围绕市委、市政府的中心工作,紧扣转变经济发展方式,大力发展民营经济、民生工程、大力推进“三化”进程等方面的宣传报道,精心组织人员,创新报道形式,在南康电视台先后制作播出了“绿色南康在行动”专栏以及“追赶与跨越”、《魅力南康》等专题节目,将广大干部群众的工作热情统一到落实市委市政府的工作部署上来。通过广播电视、报纸、网络、图片展等媒介广泛开展宣传活动,继续宣传全市经济社会建国六十周年和改革开放三十年来南康经济社会发展所取得的各项成就和发展的良好态势,凝聚人心,鼓舞士气,为加快南康各项建设营造良好舆论氛围。以“双百”工程为切入点,全方位、多角度进行了大幅度的宣传,不断营造抓项目、赶进度、谋发展的浓厚氛围。紧扣省委书记苏荣来到南康市调研工业园区和县域经济发展这个契机,组织报道组和电视台推出了一批专题报道,并在《中国经济时报》、《大公报》等登载相关专版,《赣南日报》做了2期“南康专版”,宣传南康市非公有制经济发展成就以及建设全国一流家具专业市场和家具产业基地的各项举措,并在赣州电视台分上篇、中篇、下篇连续三期展播了南康市家具产业发展成就,这在赣州市尚属首次。在外宣品制作方面,投资20万元制作了多媒体宣传片,加大网络宣传力度,以2009年被评为全国文化先进县市为契机,推出了1000册《“全国文化先进县市——南康”纪念邮册》,由政府投入500万元在中央电视台2套展播家具区域品牌广告,进一步提升了南康凝心聚力加快发展的新形象。

〔网络宣传〕 重点加大了对网络舆论的管理和引导力度,善于从网民的言论中发现问题苗头并加以疏导,以市委办信息科、政府办政务信息中心、公安局网管大队、本部网宣办四个部门为牵头单位,在各乡镇(街道)、各单位、各部门都建设了一支具有一定政策水平、扎实专业素养、丰富网络经验的舆情信息员队伍,举办了一期培训班,邀请专家分别给市领导和网络舆情信息员授课,加强业务培训,大力实施《关于进一步加强网络舆情信息工作的实施意见》,以南康政府网、南康信息港、南康在线等网站为主,开设专题和专栏,重点宣传南康经济社会发展所取得的重大成就,并结合整改工作邀请一批知名网站记者开展集中采访活动,同时加强对网络舆情的监督管理,及时关注本地人群集中的网络媒体,实行每日信息汇总制度,听取民意,吸收建议,为构建和谐南康发挥了重要作用。

〔主题教育活动和社会宣传〕 围绕省“建设鄱阳

湖生态经济区、探索科学发展新路子”和赣州市“全面展开、加快推进、追赶跨越”两大主题，结合赣州市“学习焦裕禄精神，争做人民好公仆”和基层党组织、党员创先争优以及“创业服务年”等活动，认真启动开展三项活动，凝聚推动南康市经济社会更快更好发展的强大合力。一是认真开展宣讲活动。4月10日和5月25日，分别举办全省建设鄱阳湖生态经济区宣讲报告会和赣州市“全面展开、加快推进、追赶跨越”宣讲报告会，另外结合对接融入的具体实践，组织党校老师组成宣讲团深入基层宣讲。二是认真开展主题文化活动。以“绿色南康在行动”为主题抓好第十七届“南埜之声”文化艺术节与全民唱红歌大赛、南康经济绿色发展的美术、书法、摄影作品成果展、优秀歌曲征集、知识竞赛和征文活动。三是认真开展典型评选活动。启动开展南康市“十大创业先锋”、“十佳和谐村庄”、“十佳和谐社区”、“十大杰出青年”、“十大杰出女性”、“十佳优秀教师”、“十佳医务工作者”、“十大道德模范”等评选活动，其中“十大道德模范”、“十大杰出青年”的优秀事迹在电视台进行了专题展播。

〔**精神文明创建和思想道德建设**〕 一是加强了社会主义核心价值体系建设。以学习《社会主义核心价值观100例》和《赣州市情教育读本》等书籍为重点，分别分发10000本和30000册在全市开展社会主义核心价值观学习教育和市情教育活动；开展社会主义核心价值体系通俗表述语、红色经典故事征集评选活动，积极组织参加“红孩子”少儿艺术节；在机关、学校、企业、社区和农村开展核心价值体系教育创新试点工作；深化了文明行业单位、文明示范窗口创评活动，11个单位被省委、省政府表彰命名为2008~2009年度文明单位，22个单位被赣州市委、市政府表彰命名为2008~2009年度文明单位。二是加强了“特色文化新村”、“文明和谐村落社区”建设。每个乡镇(街道)都推出至少一个特色点，积极推出在赣州市乃至全省有影响的典型；制订出台了特色文化新村建设管理办法，深化“文明信用农户”创评活动，提升“文明信用农户”、“文明信用村(组)”创评率。三是认真抓好精神文明建设民心工程、德政工程。积极抓好“农家书屋”的建设管理，举办了“农家书屋”管理员培训班，并将全市45个书屋计157500套书籍发放到了各农家书屋，得到了各地广大群众的称赞。广泛深入开展南康市第一届道德模范评选活动，评出10名参加赣州市第二届道德模范评选并进行了大力宣传。通过典型的塑造和带动，进一步营造全民讲文明、树新风的浓厚氛围。9月份举行“加强和改进未成年人思想道德建设”主题活动启动仪式，通过开会调度、方案细化、活动开展、责任落实等工作抓好抓实未成年人思想道德建设工作，形成齐抓共管的“三位一体”网络。

〔**文化建设**〕 一是突出文化体制改革和文化产业发展亮点。文化体制改革方面，巩固南康市电影改制成果，制定落实好文化和广播电影电视局“三定方案”，按照上级文件精神，组建市文化市场综合执法大队，建立统一的文化市场综合行政执法机构，实行统一执法，解决好编制、装备、经费问题，同时加大文化稽查以及“扫黄打非”工作力度；深入推进采茶剧团内部改革，探索实行“一团两制”，努力形成与市场接轨的运行模式，繁荣发展演艺市场；文化产业发展方面，积极鼓励社会资本进入文化产业，有文化艺术中心、中国南康百家姓和谐城等几大文化工程。二是突出公共文化服务体系建设亮点。加强了公共文化设施建设，以文化艺术中心建设为载体，充分吸收先进的文化理念，积极拓展发展思路，吸引外资进行文化产业建设，招标吸收了商家进行影院、动漫城、艺术培训馆、健身俱乐部等的开发；大力推广地面无线数字电视，并在赤土畲族乡边远山区为农户免费安装了140套卫星直播地面接收设备，解决了边远地区群众看电视难的问题。三是突出文化活动开展亮点。加强了“三下乡”活动建设，累计为农村累计送戏下乡64场，放映电影2000多场，同时丰富活动载体，举办农民文化节，调动农民参与精神文化活动的积极性，进一步宣传惠民政策，提供农资服务，提高农民素质，丰富农民生活。大力开展全市第二届“全民读书月”活动，让读书走进家庭、走进机关单位、走进社区、走进农村、走进企业、走进学校，全面提高市民的科学文化素质。 (蒋斌斌)

〔**领导班子名录**〕

部　长：谢业雄

副部长：廖　诚

　　　　廖永峰

邱昌军
刘春水
市委报道组组长:朱占玉

农业和农村工作

〔综述〕 2010年,市委、市政府始终坚持科学发展观,认真贯彻落实省、赣州市关于建设社会主义新农村的决策部署,把新农村建设作为统揽农村经济社会发展和解决“三农”问题的突破口和总抓手,广泛发动,精心实施,扎实推进以“五新一好”为主要内容的新农村建设工作,取得了显著的工作成效。被赣州市委、市政府评为2010年度新农村建设果业发展工作先进单位、2010年度新农村建设生猪产业发展工作先进单位、2010年度新农村建设小城镇建设工作先进单位、2010年度新农村建设培育新农民工作先进单位、2010年度新农村建设发展农民专业合作经济组织工作先进单位、2010年度农村水利建设工作先进单位和2010年度农村信息化建设工作先进单位。

〔机构队伍〕 市委农工部在编干部19人,借用人员1人,临时工1人,合计21人,其中部长1人,副部长4人,新村办主任1人(兼任),农工办主任1人(兼任),新村办副主任1人(兼任),主任科员3人、副主任科员5人,一般干部6人;内设人秘科、督查科、农村建设科、产业发展科、科教科,下设农村科教信息政策研究中心。

〔现代农业建设〕 甜柚为主的果业工作取得明显成效。全市完成山地流转8000亩,新开发果业面积6000亩,完成定植6000亩。举办全市性果业技术培训班4期,在各规模基地举办培训12期,培训人员达2400人;引进了福建李起来老板投资创建朱坊胜利二千亩标准柑橘示范园,大力实施了现代农业柑桔项目和财政支持农业资金整合项目,全面完成了各项工作任务。一是支持企业及果农建设贮藏库。全年新建设了2.5吨果品贮藏库,使全市的果品贮藏库总容量达到3.3万吨。二是开展了“提质量树品牌”主题教育活动。三是加大了市场营销工作力度。对营销主攻城市西安及陕西的其他三个2010年开拓的地级城市进行了市场调查及回访,并制定了以上四个城市的市场开拓方案。在陕西省西安、榆林、宝鸡、咸阳等城市落实了赣南脐橙总经销。在西安晚报、陕西卫视进行赣南脐橙广告宣传的同时,在举办开卖仪式的榆林、宝鸡、咸阳的三个城市也进行了广告宣传,并建立了市场营销档案。四是举办了营销推介会。11月21日,南康市在主攻城市西安举办了赣南脐橙西安推介暨开卖活动。五是统一了赣南脐橙品牌。统一的包装箱箱贴及果品标贴,所有外销的脐橙都使用赣南脐橙证明商标。六是签订质量承诺书。西安染色橙事件发生后,南康市立即要求销售企业及合作社作出质量保证并签订承诺书。七是举办了南康甜柚品质评比会。11月10日南康市组织了果业大户、合作社选送甜柚样品36份,聘请了赣州市果业局副局长、研究员钟八莲、高级农艺师陈慈相等7位专家组成专家组,进行甜柚品质评比,评选出了金奖两名,银奖四名。2010年,南康市整合中央财政支农资金支持甜柚产业发展工作位列第一,获得奖励资金500万元。

生猪产业健康稳步发展。2010年全市生猪饲养量114.56万头,生猪出栏69.95万头,生猪存栏44.16万头,母猪存栏3.82万头,同比增长5.53%、5.95%、4.88%和9.55%,是全国生猪调出大县。宏鑫牧业、加大集团、宝林农庄实施了大型沼气工程以奖代补项目,龙丰、新华、三鑫等养猪场(公司)实施生猪标准化规模养殖项目,养猪排泄物无害化综合利用设施建设到位。完成了千头猪场标准化改造。安排生猪调出大县奖励资金646.5万元,采用整乡推进方式建设标准化示范县建设,全市有14个乡(镇、街道)119户规模养猪场推行了标准化改造。抓了自然养猪示范。唐江茶亭养猪场在三江乡谷山村兴建自然养猪栏舍8700平方米。

以花生为主的特色产业蓬勃发展。2010年全市花生播种面积8.2275万亩,完成全年计划任务的101.6%,比2009年6.913万亩增加1.3145万亩,增长19%,全市总产量为1.7万吨,比上年增长21.4%。一是推广良种良法。引进了粤油7号、仲恺花一号、汕油21、汕油188等花生新品种示范;改革种植方式和种植制度,中耕、除草、清稞蹲苗技术,合理灌溉,合理施肥,推广测土配方施肥,病虫草鼠综合防控技术等。二是抓好花生高产示范基地建设,开展好花生试验示范。2010年南康市在三江乡的伍村、伍岭村抓了一个300亩集中连片花生高产示范。经调查,示范点七户农户16.9

亩花生，平均单产达302.5公斤。油茶、蔬菜和纸业原料林都完成了全年任务。

现代农业产业园区建设取得新突破。南康市现代农业示范园区获批为省级现代农业示范园区。以低碳、绿色为主题的芙蓉现代农业示范区规划设计工作正在高标准科学推进。赤土~横寨循环农业示范园、龙回~浮石现代农业科技示范园和朱坊万亩农民创业园正在进一步扩大规模，提高质量和品位。

农业龙头企业发展有新进展。2010年，新增华亿木业和凯丰生态农林有限公司2家省级农业龙头企业及九鼎农业等8家赣州市级农业龙头企业，友家食品有限公司被列入省“双百”工程。

农民专业合作经济组织建设水平有新提升。2010年全市新组建了33个、新登记注册了32个农民专业合作社，在工商部门登记注册的农民专业合作社已达101个，农民专业合作社覆盖面扩大到了40%以上的行政村；现有省级示范性农民专业合作社2个、赣州市级示范性农民专业合作社3个，富民脐橙、众和脐橙、三清源大米等6个农民专业合作社被列入全省“双千”工程实施项目。进一步完善了市农民专业合作社联合会，在横寨、赤土、龙回、龙岭等乡镇建立了农民专业合作社联合分会；重点抓了以甜柚为主的果业专业合作社的发展，全市已有70%的果农进入了合作社。一是抓了以恬凯稻业、凯达果业、三清源大米、富民脐橙和众和脐橙5个市级示范性农民专业合作社为重点的规范化建设。通过开展“七规范”和争创“五化”合作社活动，使得这些农民专业合作社的运作管理更加规范、生产更趋标准、经营更注重品牌、产品更加安全、社员素质进一步提高。二是开展了农民专业合作社等级评定工作。对南康市2009年6月30日前注册的农民专业合作社进行了等级评定。初步评定恬凯稻业、凯达果业、三清源大米、众和脐橙、富民脐橙等7家为四级专业合作社。三是着力优化发展环境，开展了民意调查测评和监测工作。就财政、信贷、税收、用地等扶持政策的落实到位情况以及窗口服务态度、入社服务情况等，对财政、农业银行、农信社、税务局、国土局等相关单位和部门进行了满意度的调查测评。并以示范点为依托，建立了5个合作社监测点，每季度对扶持政策落实情况进行监测。四是加强了对社员的培训教育。建立了赤土青塘、龙回茶叶坳、恬凯稻业和三江肖边四个合作组织培训基地，举办了2次培训班，组织了2次外出学习考察，并积极组织全市农民专业合作社负责人参加赣州市委农工部举办的培训班。

〔新农民培育〕 抓了培训网络平台建设。一是加大了南康农民学院建设力度。2010年完成投资330万元，新建了一栋学员公寓，添置了2台数控车床，新建了电子PCD板设计与制作设备。二是继续抓好了“南康三农信息服务短信群发平台”建设。已发布各类“三农”信息156条，直接服务对象达1万多人。三是推广实施农村信息化工程，在全市各乡(镇、街道)、村接入现化远程教育系统和终端接收站点，已完成了全市所有乡(镇、街道)、行政村终端接收站点的建设；四是在全市开展无线数字电视“村村通”工程，对偏远乡镇的有线电视网络进行了全面整合，农业科教频道覆盖率已达80%以上。五是在全市开展了无线广播“村村通”工程，60%的乡(镇、街道)都已完成了基础硬件设施建设。六是进一步完善了乡村两级培训分院(站)办学能力建设。全市20个乡级分院都配备了电脑、投影仪、电视、VCD、功放等电教设备；全市278个村级培训点也都配备了电脑、电视、VCD、功放等电教设备，其中有20个行政村还配备了投影仪，占总行政村数7.2%。

狠抓了新型农民培训。一是结合农业产业化建设，有序开展了特色农业、测土施肥、合理用药、机械应用技术、畜禽改良等多项实用技术培训。共开展实用技术培训781期，培训人数33072人次。二是结合各农业产业结构调整，围绕南康果业种植、生猪养殖等农业主导产业，扎实开展南康甜柚栽培技术、生猪养殖技术培训，农民学院农业实用技术分院重点培养了1500名农村种养技术能手和种养专业大户。三是结合全市十大主导产业、工业园区发展、市场需求和农民意愿，大力开展服装平车工、服装设计员、电工、家具设计与制造、市场营销员等专业培训，农民职业技能培训质量和水平有所提升。全市共举办职业技能培训580期，培训人数24039人次，培训后获资格证书率90%，就业率达96.1%，其中本地用工6790人，外出务工16311人。

狠抓了“四大素质”培训。一是积极组织参与了赣州市举办的“新农村·新女性”才艺大赛，参赛节目获二等奖。二是积极开展了全市“十佳农民”、“优秀农民”评选活动。全市共评选出“十佳农民”10名,“优秀农民”20名。同时,还选送10名“十佳农民”参加了赣州市“百名优秀农民”评选活动,6名农民入围了“百名优秀农民”。三是积极开展了全市“十大工匠”大比武活动,10名农民被评为了南康市“十大工匠”。四是积极在全市组织开展了镇村农民男子篮球赛,同时组队参加了2010年赣州市“章贡王杯”百镇千村农民男子篮球比赛,获第四名。五是在全市范围内开展了为农民免费体检活动,并为20%以上的农民建立了健康档案。六是开展了第一届全市道德模范评选表彰活动,评选出道德模范20人。七是在全市开展了“十星级文明户”、“五好文明家庭”、“十大孝子”、“十佳儿媳”等系列评比活动,2010年评出了南康市“十星级文明户”320余户、“五好文明家庭”9300多户、“十大孝子”10名、“十佳儿媳”10名。八是积极引导农民自愿组织生产、生活、文化、娱乐、民间事务等小型组织,全市成立了218个各类农民专业小型组织,活跃了群众文化生活,繁荣了农村文化、体育事业。九是针对农民普遍“市场意识、质量意识、品牌意识、合作意识、信用意识不强,农产品经纪人、农村流通大户偏少,经营管理能力不高”的现象,南康市通过聘请专家讲座的形式,积极开展了农民经营素质培训,共举办了25期相关培训,培训人数879人。

狠抓了农村人才队伍建设。一是扎实开展了农村人才摸底调查。建立了4591人的农村人才库。二是组织全市广大家具产业主成立了家具协会,协会成员有234名。三是大力开展农村人才教育培训,全面提升农村人才素质。全市开展农村人才教育培训93期,培训人数达6259人次。

狠抓了特色劳务品牌建设。继续大力实施“南康木匠师傅”和“南康裁缝师傅”特色劳务品牌的发展战略,分别在家具产业、成衣加工发展较快的镜坝、唐江、龙岭等十几个乡(镇、街道)建立了“南康木匠师傅”和“南康裁缝师傅”专业培训基地,打造了龙岭、镜坝2个农民返乡创业园。共培训服装类工种学员3580人,培训家具类学员3673人,就近就地转移就业率达98.4%以上。全市共有“木匠”和“裁缝”技术工人9万多人,从业人员人均年薪达2-5万元,“南康裁缝师傅”、“南康木匠师傅”已成为了全省乃至全国叫得响劳务品牌,其中“南康木工”被评为全国优秀劳务品牌。

狠抓了农民创业培训。大力推行全民创业工程,着力提升农民培训档次和内涵,南康市农民学院投入60多万元,开设了两个农民创业高级培训班:一是开设了MBA课程班(高级工商管理课程班)。与赣南师范学院联合办学,聘请浙江大学管理学院的知名专家、MBA主讲教授和浙江个私企业成功人士等,招收了100名已创办一定规模企业、有志发展壮大的农民企业家,以及企业高级管理人员,开设企业战略与执行力、市场营销与品牌塑造、员工管理与企业文化建设、商务礼仪与企业家形象、企业经营决策等课程,增强了本土企业核心竞争力,促进了主导产业发展。二是开设了农民创业班。以国际劳工局SYB培训课程为主,聘请省、市创业培训讲师及市内外优秀企业家授课,开设创业管理基础、资源与商业计划、融资与快速成长、企业文化等课程;使学员掌握了创业技巧、提高了创业能力,为学员创办个私企业、领办经济合作组织提供了助力,为全市主导产业发展和现代农业发展培养了大批本土农民创业人才。全市共有220多名返乡农民工参加了培训并顺利通过培训取得合格证书,其中80%以上的返乡农民工已在当地创办了或正在创办自己的企业。

狠抓了服务平台搭建。一是搭建信息服务平台。在市人力资源市场、乡(镇、街道)农民服务中心和工业园区企业建立了“返乡农民工就业和创业”服务窗口,及时为返乡农民工提供了政策咨询和免费就业服务,积极鼓励和引导返乡农民工转移到本市工业园区企业就业。二是搭建求职平台。2月21日(农历正月初八)在市文化公园隆重召开了2010年春季就业招聘大会。来自各行各业的用人单位342家,用人单位提供了2.8万个就业岗位。

狠抓了农村信息化建设。一是完善了农村信息化服务体系。组建了由市委农工部副部长任信息中心主任,市农业粮食局、农机局、畜牧水产局、果业局、移动分公司、电信分公司、联通分公司等单位主要领导为成员的“市农业信息中心”。各乡(镇、街道)都组建了信息服务中心,共有225个行政村(社区)都设立了信息服务站。二是着力推进了信息进村入户工作。下发了《南康市2010年农村信息化建设实施与考评方案》、《关于2010年鼓励农村信息户安装电信宽带的通知》等文件。三是着力加强了信息交换机制建设。组建了一支由农口各相关单位、各乡(镇、街道)、各行政村(社区)信息意识较强、写作水平高、工作踏实的,共355名同志组成的高素质信息员队伍。建立了信息定期沟通、交流和交换制度。

〔**新村镇建设**〕 一是村镇规划和执行力得到加强。进一步完善了全市所有村庄规划编制。切实加强了新农村建设点农民建房用地管理,大力推广了“新房新型”,规范了农民用地行为,严格村镇规划执行的监督管理,促进全市新农村建设健康有序发展。二是村庄整治深入推进。2010年,全市共拆除“空心房”5.5万平方米,拆除废弃栏厕4.09万平方米,新建家畜养殖区68个,新建面积8332.7平方米,普及太阳能1970户,普及沼气池1831座,普及宽带网985户,硬化通村组公路134.33公里,通户便道235.47公里,新增改水户4497户,改厕4502座,种植绿化树苗6.13万株,农村电话入户率达95%,广播电视覆盖率98%。全市打造了唐江木塘、龙岭邱边、蓉江稍江、龙回三益、凤岗塘屋等一大批生态型、产业型、旅游型等富有特色的亮丽新村,广大农村人居环境得到明显改善。三是圩镇整治成效明显。全市8个重点圩镇均能围绕“五整治、三建设”内容扎实开展圩镇整治工作,其中赤土、麻双、十八塘、浮石等圩镇全面启动了街道硬化、美化、亮化建设,并相继完成了垃圾中转站、公共厕所建设,建立了圩镇长效管理机制,圩镇整治建设成效明显,圩镇面貌大有改观。四是新型村落社区建设有序推进。以农民培训学校、便民购物店、农资供销店、文化活动室、综治工作室、计生服务室、农技推广站、劳务输出服务站、医疗保健站及卫生监督站“十进”社区,政策法规、村规民约、图书报刊、有线电视、电话宽带、致富信息、交通安全、环境卫生、婚育新风及文明诚信“十进”农家活动为载体,通过整合部门和社会各方资源,在已经开展新农村建设的中心村,因地制宜、循序渐进地开展新型村落社区建设,全市打造了唐江木塘村木塘围、龙岭邱边、三江肖边岭上、浮石青云腊树下等20个功能齐全、机制完善、网络健全的新型村落社区,功能辐射180个村民小组,受益人口6.5万人。五是新户型推广力度加大。将新户型推广列入村庄整治年终重要考评内容,在全市推行了“村居示范工程”,建立了新户型推广使用机制、约束机制和建立建房保证金制度,在全市着力抓好城中村、园中村、拆迁安置点村新户型推广,全市新户型推广使用率达80%以上,破解了多年来全市农村“有新房无新村”的难题,高标准建设了浮石乡青云村腊树下社区、浮石乡莲洲村棚下社区等新户型建设精品示范村。六是农村垃圾治理工作强势推进。2010年,全市紧紧围绕“农村环境有明显改善”和“六个基本没有”的总体目标,严格按照“减量化、资源化、无害化”的工作要求,依托农户、保洁员、村民理事会的主体作用,以卫生镇(村、社区)和清洁校园达标创评活动为抓手,在学校、卫生院、各建设点和圩镇大力实施了“3351”农村卫生清洁工程,全市农村垃圾处理工作共投入资金1000多万元,新规划建设了农村垃圾焚烧处理中心4座,全市共建成并投入使用的垃圾处理中心有9座;新建设垃圾中转站26座,垃圾池(屋)1610座;公开招聘农村保洁员1270名。七是文明路创建成效突出。对323国道南康路段建设进行了整体规划,围绕“六个统一”大力开展了文明路创建工作,取得了显著成效。即:统一修补建设了323国道南康路段路面及相关支路路面平整和硬化;统一设计了沿线的屋顶造型;统一拆除了临街和屋顶的违章搭建物;统一规划了电信公司、移动公司、联通公司、长途线务分局、广电网络公司、供电公司、自来水公司等单位的管线;统一规范单位、个私业主的广告标牌;统一搞好了沿线两厢的绿化。

〔**塑造新风貌**〕 开展了“特色文化新村”和“文明和谐村落社区”创建。全市选定了20个“特色文化新村”和20个“文明和谐村落社区”,均已基本建设成型并且各具特色,其中横市在禾田村以开展“双十进”活动并围绕鸭子坞系列食品等着力打造了“文化生态创业新村”;坪市乡谭邦自然村着力挖掘历史古城墙打造了历史文化新村;隆木乡樟村利用张氏老祠堂打造“文明和谐村落社区”。

以形式多样的活动为载体,不断满足农民群众精神文化的需求。在乡村广泛开展了“十星级文明户”、“五好文明家庭”、“十大孝子”、“十佳儿媳”等系列评比活动,评出了南康市“十星级文明户”320余户、“五好文明家庭”9300多户、“十大孝子”、“十佳儿媳”20位。积极组织了“三下乡”活动。共送戏下乡演出110多场,观众达2万多人次,送电影下乡4000余多场,观众达350000多人次。扎实开展创评“文明信用农户”、“文明信用村(组)”、“文明信用农户标兵”活动。2010年全市新增“文明信用农户”12000多户,评出“文明信用村(组)”16个,“文明信用农户标兵”64位。大力开展文明村镇创建活动。全市有省文明村镇4个、赣州市文明村镇9个、南康市文明村镇(社区)42个。

以社会主义核心价值观为主导，努力提高农民群众思想道德水平。一是广泛开展了“道德进村户、文明育新人”等系列道德实践教育活动。在广大乡村开展政策宣讲、编写公民道德歌、道德漫画“四进”(进乡村、进校园、进社区、进家庭)活动,制作张挂了各种特色鲜明的道德漫画210多块,修建了思想文化宣传“八荣八耻”宣传栏等60块。二是充分发挥“农家书屋”的作用,全面提高农民综合素质。2010年,向全市新增45个农家书屋发放书籍157500套,发放省委宣传部印发的《社会主义核心价值观100例》1000余本,不断提升“农家书屋”的管理水平和使用质量。三是精心组织了南康市第一届道德模范评选以及“我评议、我推荐身边的好人”活动。在全市评选建树了“见义勇为”、“诚实守信”、“敬业奉献”、“孝爱爱亲”20位道德模范,全市上下学模范、争模范蔚然成风。四是利用校园阵地,开展“小手拉大手”等主题教育活动。在“六一”、清明、端午、中秋等传统节日和“五四”、国庆等重大纪念日大力开展了以理想信念、爱国主义、集体主义、基本国情、时代精神等为基本内容的主题教育活动，在各中小学校形成了学校主导、社会参与、家庭辅佐的教育工作网络。

〔**创建好班子**〕 构建便民服务网络，实现了群众办事“一站式”目标。按照“八有”标准和“六有”标准规范建设了20个乡镇农民服务中心、278个村级便民服务站,在农民服务中心设置党员服务岗,进一步完善服务功能,为党员、群众提供了方便、快捷、优质的公共服务。

以“定区联户”、“一比两带三落实”为载体,推行党组织“进区入会”,努力实现党组织和工作在农村的全覆盖。在新农村建设理事会、老年协会、经济合作组织、产业协会等组织中组建党组织,全市组建农村村落社区党组织858个、在“两新”组织中建立党组织125个。大力在农村党员中开展“定区联户”和“一比两带三落实”活动,充分发挥农村党员在新农村建设、产业发展和服务群众等方面的作用。

加大党员干部队伍建设力度，大力提升党员干部服务群众的能力。一是大力实施了乡村干部素质提高工程。在乡镇干部中建立了轮流讲课制度、实行了农业实用技术的学习培训和过关考试制度。全年共举办村党支部书记、主任培训班4期培训448人。二是强化了岗位责任,健全了监督机制,规范了调整备案制度,完善了激励保障机制,进一步加强了村党组织书记队伍建设。保障村党支部书记、村委会主任778元、其他村干部544元基本报酬；鼓励村干部参加全省统一的公务员考试,全市2010年共有5名优秀村干部招录为公务员;2010年从优秀村书记、主任中选聘9人到乡(镇、街道)事业站所工作。三是推行了村“两委”任期目标责任制，并将任期目标的制定实施情况和村干部绩效工资的发放挂钩。四是按照1:1的比例配备了1183名村级后备干部,加强了后备干部队伍建设。五是创新了村民小组长的选配、管理途径,进一步夯实了农村工作基础。六是建立“4+1”结对帮扶机制,加大了大学生村干部的培养力度,把大学生村干部放到急难险重的岗位上经受锻炼,提高大学生村干部整体素质。

大力开展农村党员创业培训、扶持、孵化工作,充分发挥农村党员致富先锋模范作用。建立农村党员创业孵化示范基地39个,充分发挥孵化基地的“技术支持、信息支持、实践支持”作用,发放贴息扶持资金478万元支持农村党员创业，进一步提高了农村党员“双带”能力。其中,龙岭镇金塘村花卉产业基地、赤土畲族乡青塘村果业基地孵化带动作用明显,得到上级充分肯定。整合各种涉农培训项目和资金，依托农村党员创业培训基地大力开展农村党员创业培训，共举办124期实用技术培训，培训农村干部、农村党员1.1万余人次。

以保障经费、规范制度为重点,保障村级组织和农村党员正常开展活动。一是下拨专项活动资金80万元,保障每名农村党员不少于100元的活动经费。二是督促各乡(镇、街道)严格要求各村党支部落实“三会一课”制度,规范《村党(总)支部规范化建设手册》的填写,同时每季度对全市278个村的手册进行收集审阅，对有活动记录不规范的要求整改，无活动无记录的对村党支部书记进行诚勉谈话，对所属乡镇(街道)党(工)委进行通报批评。以“四议两公开”工作法为载体，规范农村基层民主决策程序。一是下发《关于在全市村级组织中推行“四议两公开”工作法的通知》，推广“四议两公开”决策法(“四议”指村党支部提议、“两委”会商议、党员大会审议、村民代表会议或村民会议决议，“两公开” 指决议公开和实施结果公开)，并对“四议两公开”工作法的适应范围、主要内容、基本原则、工作要求作了明确，努力提高村级组织在新农村建设中的民主、科学决策的能力和水平。二是制作“四议两公开”工作法流程图，将工作法的内容和操作方法用简单的流程图形式制作上墙，使其操作更加简便。三是印制《南康市“四议两公开”工作手册》，手册对“四议两公开”工作流程进行了细化，分为七联三阶段，即：准备阶段(党员、群众意见收集与调研)；操作阶段(党支部提议、村“两委”会商议、党员大会审议、村民大会或村民代表大会决议、决议结果与实施结果公开)；总结完善阶段(实施情况与意见反馈)。

加大村级组织活动场所建设力度，规范村级组织活动场所管理。全市2010年实施村级组织活动场所建设项目92个，其中中央、省级项目47个、南康市本级项目45个，为按时保质保量完成建设任务，通过算好“三本帐”、把好“三道关”(即：算好建设资金帐，把好项目责任关，算好建设时间帐，把好项目进度关。算好建设管理帐，把好项目质量关)，强化各项措施，着力抓好村级组织活动场所建设。全市92个项目中有36个建成并投入使用，有45个完成了主体工程建设正在装修，其余11个正在加紧主体工程建设。

〔**重点镇建设**〕 龙岭镇按照“城乡一体化，融入主城区”的要求，以打造成为工贸集聚、生态优美、旅游休闲、和谐平安的特色示范镇为目标，按照以镇带村、镇村一体化的发展思路，坚持新型工业化、新型城镇化和农业产业化“三化”互动，协调推进，逐步形成了“五新一好”整体推进的新农村建设新格局，在抓好常规工作的基础上，创新农民培训工作途径，进一步健全了培训体系，创新了培训模式，深化了培训成果；倾力打造了邱边村新农村建设整村推进示范群落；大力开展圩镇“五整治”、“三建设”活动；推进了乡镇综合配套改革，转变了政府职能，率先创建龙岭镇农民服务中心，全面推进服务型政府建设；开展了“五好文明家庭”创评、“十佳孝子”、“十佳儿媳”评比和“我是党员”等活动，全镇面貌焕然一新。（李建新）

〔**领导班子名录**〕
部　长：杨晓斌
副部长：张华源
　　　　廖信江
　　　　罗慕忠
　　　　朱隆文
新村办主任：张华源
新村办副主任：廖信江
农工办主任：罗慕忠
农工办副主任：赖忠华(　　~2010.6)

统战工作

〔**综述**〕 2010年，南康市统一战线工作在市委、市政府的正确领导与上级统战部门的精心指导下，在全市统战工作者以及广大统一战线成员的共同努力下，紧紧围绕全市“126”工作目标，和衷共济，同心协力，开拓创新，锐意进取，全面完成了年初拟定的和上级交办的各项工作任务，统一战线工作成效较为凸显。

〔**机构队伍**〕 2010年6月，政府机构改革中市外侨办并入统战部。统战部机关有9名编制，在编人员7名，缺编2个。乡镇(街道)兼职统战委员20名。

〔**创先争优活动**〕 一是抓好了本部机关的创先争优活动。二是抓实了南康市非公企业的创先争优活动。统战部支部因在创先争优活动中充分发挥了党组织的政治核心、战斗堡垒作用和党员的先锋模范作用而被市直工委表彰为“先进基层党组织”，张春林、钟宏波分别被授予“优秀党务工作者”、“优秀共产党员”称号。

〔**党外干部工作**〕 一是搞好培养培训工作。市本级举办了党外干部培训班和宗教工作培训班，共有100余名党外干部和50多名宗教干部及宗教界代表人士参训。选送了优秀党外干部参加省、赣州市举办的统战干部培训班和党外干部培训班。

二是加强了党外干部储备管理。根据市委“五推两考三差额”的干部改革方案,及时更新了党外副科级以上干部档案和党外后备干部队伍档案,实行滚动式跟踪管理。

三是加大力度提拔使用党外干部。截止12月,市党外科级干部77名,其中民主党派7名;实职安排36名,其中正科8名,副科28名;非领导职务安排41名。年内新提拔使用的有11名,其中正科2名,副科9名。政府部门党外局长(主任)1名,其他单位为正科级实职7名;年内新配备党外正科级2名。政府工作部门配备党外领导干部9名。政府其他单位,人大、政协专委会、人民团体、企事业单位配备党外科级领导干部37名,年内新增2名。法检两院各配备1名党外副院长、副检察长。党外干部的配备日趋科学化。

四是组织统战对象和特约人员为南康经济社会发展及和谐南康建设建言献策,提建议25条,大多数被市委市政府和有关部门采纳。协助市委组织召开了社会各界人士春节座谈会。春节期间,慰问统战对象5名。

〔**海外统战**〕 一是热情接待清明回乡扫墓祭祖的港澳台海外人士,组织参观南康市政建设景观,了解南康的发展变化情况,大力宣传招商引资政策,鼓励或介绍海外有实力的客商来南康考察、投资兴业。二是加强了海外代表人士队伍建设,建立了人物库,掌握了在康的港澳台海外代表人士基本情况,指导成立港澳台、海外同乡会并及时开展活动。三是招商引资,引进锐特电子科技(赣州)有限公司(台资)落户南康龙岭工业西区,注册资本300万美元,实收资本48.6883万美元。

〔**非公经济统战工作**〕 一是继续开展了帮助非公经济人士“共克时艰促发展”活动和“千企带千村”暨百千万惠农工程,实现“六大平台”常态化。二是推荐周少龙继续担任省光彩会常务理事,协助省光彩会做好换届工作、收缴会费。三是鼓励、引导非公经济人士积极参与“赣州光彩事业·企业社会责任”网上论坛,为赣州经济社会实现又好又快发展建言献策,并组织非公经济人士积极参与扶贫济困、捐资助学、捐助新农村建设等社会公益事业,有36家企业参与,惠及14个行政村,惠农项目9个,转移就业人数达2235名(其中安排返乡农民工1774名)。非公经济代表人士参与社会公益事业、光彩事业和新农村建设的现金达52万余元,实物折合人民币达21万余元。

〔**宗教工作**〕 一是加强了重点寺观教堂的基础实施建设。南山生佛寺佛教文化区建设已完成工程项目投资规模2600余万元,已建成大雄宝殿、天王殿、金刚殿、卧佛殿、观音铜像、广化法师纪念堂、放生池,僧房、钟鼓楼、放生池人行桥正在建设中,进行绿化、美化。投资1600余万元的唐江宝台古寺基本建成。

二是依法取缔了非法宗教活动,引导信徒到了合法宗教场所参加活动。

三是抵御宗教渗透工作的制度化。制定了《南康市抵御境外和地下宗教渗透工作预案》,确保了宗教领域内的稳定。

四是引导宗教界人士为经济社会发展服务。生佛寺筹集了3万余元资金,制作了200套课桌椅,捐赠给赤土畲族乡河坝、秆背两所村级小学。

〔**民族工作**〕 2010年4月,省委常委、赣州市委书记潘逸阳到赤土畲族乡视察少数民族工作,对少数民族工作给予了高度评价。赤土到崇义白枧南康境内全长14多公里、宽5米的水泥公路年前顺利竣工通车。加大对赤土畲族乡经济社会发展的扶持。2010年设立了总额为400万元的少数民族发展专项基金,其中上级安排了300万元,市本级财政配套100万元,专门用于扶持民族乡产业发展。创立了赤土畲族乡青塘万亩生态甜柚创业基地,市财政投入380余万元,帮助创业园区硬化道路,资助开发果园,实施“猪—沼—果”工程。

〔**外事工作**〕 一是扩大了对外开放与交流,市外侨办共审核报批因公出国团组6批11人次。其中,自组团组1批6人次赴澳大利亚、新西兰考察洽谈精细化产品项目,参团5批5人次,赴德、澳、新、法等培训工作。二是接待服务工作不断提高。市外侨办接待和参与的华侨、华人、港澳同胞共13批57人次。其中,华侨华人5批19人次,港澳同胞8批38人次。

〔**侨务工作**〕 一是开展了以“进百家门、问百家事、解百家难、暖百家心”的“四百”侨心工程活动,联系帮扶贫困归侨、侨眷5户，侨属企业3户帮助侨眷、港澳眷属做好事办实事10件，取得了良好的社会效果。

二是开展了送温暖活动。春节期间，市外侨办与侨联一起走访慰问困难归侨、侨眷，走访慰问了“四百”侨心工程联系户和侨属企业，为侨眷、侨属企业办好事实事9件。

三是认真做好来信来访接待工作。年内，市外侨办共受理来信来访9件(次)，做到了件件有着落，事事有回音。（朱隆秀）

〔领导班子名录〕

部　长：李　旭(兼)

副部长：赖朝荣(2010.12~　　)

钟义元(兼)

张春林

老干部管理

〔综述〕 2010年，南康市离退休干部总人数为3393人，离休干部81人，其中行政机关19人，事业单位38人，企业单位24人；退休干部3312人，其中行政机关893人，事业单位2038人，企业单位381人。离退休干部中副县级以上75人，其中担任过正副县级领导职务的36人。2010年，南康市老干部工作以邓小平理论和“三个代表”重要思想为指导，全面贯彻党的十七大精神，深入落实科学发展观，围绕中心，服务大局，认真贯彻落实党的老干部工作方针、政策，扎实推进老干部各项工作的开展，全市老干部工作得到全面发展并取得显著成绩。市委老干部局被中共赣州市委组织部、老干部局评为2010年度离退休干部党支部建设先进单位。

〔机构队伍〕 市委老干部局内设机构1个：秘书科。下属股级事业单位1个：市老干部活动室。挂靠副科级单位1个：市关心下一代工作委员会办公室。2010年共有编制8名，在编人员8人，局长1人，副局长2人(其中副局长兼关工委办主任1人)，主任科员1人，科员1人，工勤人员3人，退休人员2人。

〔落实老干部政策〕 落实好老干部政治待遇。一是坚持了向老干部通报形势制度，及时向老干部传达党的方针、政策，通报党委、政府重大决策和重要情况。2月3日市委召开了老干部迎春座谈会；8月31日召开了老干部经济形势通报会；9月25日召开了市委常委民主生活会征求老干部意见座谈会。二是坚持了重要会议、重大活动请老同志参加。如：市党代会、人大政协会、市委全体(扩大)会和重大活动等都邀请老同志参加。三是坚持了走访慰问制度。老干部住院、去世、重大节日，各级领导都较好地坚持了走访慰问制度。端午、中秋、春节，市四套班子领导带队走访慰问了副县级以上的老干部。四是阅文制度进一步落实。每月26~27日为副县级以上老干部集中阅文学习日，定期组织老干部开展学习。五是组织离退休干部开展参观考察制度得到较好落实。对副县级以上实职的老干部由市财政每人拨款2000元，给老干部进行参观考察；10月15日组织市离退休干部党总支党员赴赤土畲族乡考察新农村建设情况和学习交流了“五好”支部创建工作经验，许多乡镇(街道)和市直单位也适时组织了老干部外出参观考察或就近参观考察。

落实好老干部生活待遇。一是行政、事业、企业单位离退休干部的离退休费全部落实到位，做到按时足额发放；离休干部的医药费按规定实报实销；退休干部的医药费按医保规定报销，企业离休干部医药费单独统筹调整为每人每年12000元。二是协调有关部门对“三个机制”运行工作中出现的新情况和带有苗头性的问题，及时予以研究解决、健全和完善措施，确保“三个机制”的正常运行。三是发挥困难离休干部帮扶机制的作用，开展了对困难离休干部家庭情况的调查摸底、帮扶解困和走访慰问工作。四是做好和落实离休干部享受护理费的审核审批工作，2010年共审批了4名离休干部享受瘫痪护理费。五是对全市离休干部住房安置有关政策落实情况进行了一次调查摸底，并向市政府提出了处理意见，4位离休干部遗留建房费补助问题得到了妥善解决。六是建立了离退休干部共享经济社会发展成果的机制。在出台“阳光补贴”政策时，离休干部享受与在职干部同等待遇，全部由市财政负担，退休干部按在职干部的80%享受。

〔发挥老干部作用〕 一是在全市离退休干部中继

续开展了当好“宣传员、联络员、协调员、辅导员”活动。二是组织离退休干部开展了学习实践科学发展观“我为南康发展献一策”活动。三是加强与各涉老协会、学会、团体的联系，进一步发挥了老干部在教育、科技、文化、体育等领域的积极作用。四是积极组织和引导老干部在自愿量力的基础，面向社会、面向基层，发挥在落实科学发展观，促进经济社会平稳较快发展的推动作用，在构建和谐社会，维护社会稳定的参谋助手作用，在关心教育下一代，加强社会主义精神文明建设方面的示范教育作用，在推进党的建设新的伟大工程中的促进作用。

〔**老干部思想政治工作**〕 一是深入开展了中国特色社会主义理论体系教育，引导离退休干部深入学习邓小平理论、“三个代表”重要思想和科学发展观，把社会主义核心价值体系融入离退休干部思想政治工作，教育和勉励广大离退休干部坚定革命信念、珍惜光荣历史、永葆革命本色。二是密切联系离退休干部的思想实际，深入细致地做好思想政治工作。三是扎实推进离退休干部党支部建设。认真抓好了“五好”支部创建活动。优化了组织设置，加强了班子建设，保障了经费场所，健全了支部制度，增强了党支部的凝聚力，全面加强了离退休干部党支部建设，充分发挥了支部在推动发展、服务群众、凝聚人心、促进和谐中的作用。四是坚持思想政治工作与解决实际问题相结合，增强针对性和实效性。热情接待、及时处理好老干部来信来访，建立了信访首问责任制和来信来访接待登记制度，对老干部反映的符合政策规定的合理要求，及时协调督促有关部门和单位解决，对老干部反映的不符合政策或不具备条件解决的问题，做好耐心细致的说服解释工作，做到老干部来信来访办结率100%。

〔**老干部活动**〕 一是创优老干部活动中心和创建老年大学省级示范校工作得到市委、市政府的高度重视，2010年市财政拨款200万元新建草皮门球场4个、塑胶排球场2个、地掷球场2个。全市共建活动室796间，室内外活动项目达20多个，形成了以老年宫为中心，遍布各乡镇(街道)、延伸至村(社区)的老年活动场所，较好地满足了老同志活动的需求。二是老干部文化娱乐活动丰富多彩，各项有益于老干部身心健康的活动经常开展，老干部活动基本做到了天天有活动、月月有赛事，逐步形成了经常化、制度化、规范化。元旦、五一、国庆、重阳等重要节日组织老干部开展了扑克、麻将等比赛活动。三是市老年大学工作进一步得到巩固和发展，通过加强学校管理、完善规章制度、充实教学内容、改进教学方法等措施，进一步规范了市老年大学各项工作。2010年开设了绘画、书法、保健、民乐、摄影、声乐、舞蹈、电脑、诗词、剪纸10门课程，招收学员都在357人。

〔**关心下一代工作**〕 一是健全组织网络。全市20个乡镇(街道)全部建立关工委组织，297个行政村和社区建立关工组织291个，348所中小学校100%建了关工组织，21个市直单位、4个企业组建了关工委。全市建立关工组织总数为674个，关工委专、兼职干部人数达1528人。二是开展“五讲”教育。抓住社会主义核心价值体系统领青少年思想道德教育的主旋律，在全市中小学学生中着重进行了讲“三史”、跟党走，讲理想、立信念，讲传统、扬正气，讲文明、树新风，讲团结、促和谐的“五讲”教育。三是发挥“五老”优势，尽所能献余热。全市动员1392名“五老”参加了关工委组织和工作，市、乡镇(街道)、村、社区成立“五老”报告团201个，举办报告会225场，听讲人数46210人次；成立家长学校1459所，培训家长9520人次；举行法制教育讲座26场，听讲学生6849人次；举办青年农民科技培训165次，参训21300人次；全市留守孩1236人，建立托管中心26个，校外辅导站151个。四是净化文化市场，营造未成年人健康成长良好社会文化环境。成立了由文化、教育、公安、文明办、共青团、妇联、广电、工商和电信等部门组成的市“未成年人远离网吧、戒除网瘾”宣传协调小组，聘请网吧义务监督员41人，对全市39家网吧逐一排查，下达责令整治通知书13份，查处违规经营场所9家，取缔了朱坊等5家无证经营的“黑网吧”，培训网吧管理人员573人次。五是关注弱势群体，帮扶困难学生。市、乡关工委不忘弱势群体，主动多呼吁，伸援手、办好事，扶贫助学820人，金额680000元。六是创新工作思路，打造特色品牌。以开拓的精神创特色，抓“品牌”，显亮点，如：余热生辉的“育人报告团”、“三结合”教育的“专题问计会”、隔代等。

(幸虎军)

〔领导班子名录〕

局　长：钟圣源

副局长：李仲秋

　　　　古林生（兼，关工委办主任）

党校工作

〔综述〕　2010年，市党校在市委、市政府的正确领导下，在上级党校的关心指导下，坚持以邓小平理论、"三个代表" 重要思想和党的十七届五中全会精神为指针，认真按照"联系实际创新路、加强培训求实效"的工作要求，紧紧围绕全市经济社会发展目标，服务大局，求真务实，争先创优，在创新培训形式、拓宽培训渠道、提高培训质量上下功夫，不断推进党校工作步入科学化、规范化轨道。

〔机构队伍〕　市委党校实行校务委员会领导体制，市委常委、组织部部长兼任党校校长，常务副校长主持日常工作。设办公室、教务处、总务处、电大站、奥鹏中心、中专直属站、招生就业办公室。全校编制25人，实有人员22人，其中干部17人、工人5人。隶属市委党校的"南康市职工培训学校"编制5名，现有教师4人。

〔党员干部培训〕　年初，根据党员干部培训计划，协同有关部门办好干部培训班，增强干部队伍素质。一是精心组织，创新教学，圆满完成科级领导干部离岗考察培训任务。市委党校协同市委组织部联合举办南康市离岗干部培训班1期，培训干部50人。在培训中，市委党校积极推进教学创新，不断增强党校培训的理论性、前瞻性、针对性和实效性，增强学员学习的自觉性、主动性、互动性和创新性。二是周密安排，系统培训，顺利完成入党积极分子培训任务。为办好市2010年"一村一名入党积极分子" 暨新农村建设志愿者培训班和市直工委组织的入党积极分子培训班，市委党校精选骨干教师，分别从党的一大到十七大、《党章》、科学发展观和党的基本知识等方面进行了系统授课。通过培训，使入党积极分子对党的基本知识和科学发展观深刻内涵有了进一步的理解，为更好地实践科学发展观打下良好的基础。三是高度重视，积极参与，选派教研骨干参加市委宣讲团。在深化内部学习、营造浓厚学习氛围的基础上，市委党校根据市委的统一部署，选派了6名政治素质好、理论水平高、表达能力强的骨干教师参加市委学习焦裕禄精神宣讲团，深入乡镇、机关单位，针对宣讲对象的不同情况，开展巡回宣讲。这次"学习焦裕禄精神，争做新时期焦裕禄式党员干部"宣讲活动，共进行了12天，举行宣讲46场次。

〔电大教育〕　做大做强电大开放教育，不断扩大招生规模，同时扎实做好在校电大学员的教学和管理工作。2010年市委党校共招收电大开放教育学员188名，在校的电大学员380名。

〔网络教育〕　抓好南康奥鹏学习中心及北京航空航天大学网络教育。2010年市委党校共招收中国医科大学、中国地质大学、东北师范大学网络教育学院学员122名，在校学员176名；在校北京航空航天大学学员25名。

〔其它成人教育〕　发挥"南康市职工培训学校"的培训作用，做好在职干部职工的培训工作，培训老年大学学员30余人。

〔教学工作〕　为提高教师素质，更新知识结构，开展了第二次精品课比赛活动，使教师的教学水平在实践中得到了提高。积极抓好教师的继续教育培训，凡是上级党校、人事劳动部门举办的师资培训班、集体备课会、专业技术人员培训班等，市委党校都积极选派教师参加。外聘专家教授来校讲课，市委党校都要求全体教师参加听课。为了优化师资队伍结构，根据党校教育教学的需要，坚持高学历、高素质，引进了两位硕士研究生教师，给师资队伍注入了新的活力。同时，继续从各级党校、高等院校等培训机构，各级机关、社会团体和企事业单位中选择政治素质较高、理论水平较强、专业知识扎实、教学经验丰富，热心干部教育的20多名专家、教授，纳入党校师资信息库，充分发挥师资力量，提高干部教育成效。继续加大投入，进一步完善电大网、奥鹏网，提高教学、办公的自动化和信息化程度。

〔理论研讨〕　进一步完善了科研管理制度，坚持重奖科研成果，教研人员的科研情况列入晋级的重要依据和年度考核的重要内容。郭俊福同志的论文《试论家庭纠纷引发离婚的原因及法律对策》,在《中国高等教育与科研》2010年第2期上发表。

(刘郭康)

〔领导班子名录〕

校　长:韩水生(市委常委、组织部部长,兼)

常务副校长:陈　健

副校长:钟一平

　　黄名生

校务委员:韩水生

　　陈　健

　　钟一平

　　黄名生

　　肖　霖(女)

　　廖为玉

　　李坊林

对台工作

〔综述〕 2010年,中共南康市委台湾工作办公室共有2人(其中主任、副主任各一名)。一年来,台办在市委、市政府和上级主管部门的领导下,以"和平统一、一国两制"及胡锦涛总书记发展两岸关系的"四点意见"为指针,全面贯彻落实党的十七大精神,围绕南康市"126"的工作目标,坚持用科学发展观总揽各项工作,取得了一定的成绩。

9月,台办与商务局精心组织、筹备参加了由江西省政府主办、国台办、省台办和赣州市政府承办的"2010年赣台经贸合作研讨会",把南康市具有资源优势的制衣矿产品、家具、食品等招商项目向与会台商推荐,并邀请了名扬机械股份有限公司总经理张明珍等5家台资企业到南康考察,按照上级台办的要求,认真做好邀请6名台商参会工作,及时联系、跟踪,确保人员到位。

2010年南康市新进台资企业1家:锐特电子科技(赣州)有限公司。该公司落户在龙岭工业园西区,注册资金300万美元,实际进资59万美元,主要生产、销售半导体及电子、电脑周边设备及汽车配线、配件和保险盒、电源连接线。截止2010年,全市台资企业15家,注册资金15850万美元,实际进资4760.49万美元。2010年出口额1962.64万美元。

3月14日,副市长黄菊兰,市政协副主席、商务局长黄绍莲两位领导率团参加了第三届厦门(南康)同乡联谊。期间,重点拜访了台商投资年超亿元的品牌企业"厦门欣贺服饰有限公司",并邀请董事长来南康考察。

6月,台办人员参加了由赣州市商务局组织的赣州市外向型经济工作知识培训班。培训班邀请了省内外专家授课,内容涵盖招商知识,涉台(外)合同法律、海关知识、税务知识、工业园管理以及全省、市外向型经济形势。

〔联络接待〕 4月11日~18日,市长苏传辉,政协副主席、商务局局长黄绍莲两位领导参加了赣州市经贸考察团赴台湾为期7天的经贸考察活动。考察期间,参加了在台北市举办的赣州(台北)经贸交流与合作推介会,赣州(台北)旅游推介会,在岛内积极开展经贸考察与拜会活动,重点拜访了台湾太明电子工业股份有限公司、旭隆制衣有限公司、锦华餐饮集团等5家企业。

4月4日,台办与统战部组织了回南康祭祖探亲的"台北市江西南康市同乡会"成员一行18人参观市政建设。"同乡会"理事长阳纯诸先生一行在市政协副主席、统战部部长李旭的陪同下,先后参观了龙岭工业园东西区,随后还参观了泓泰家具产业基地以及国际家具城、南山森林公园中的百家姓和谐城。

中秋节期间,台办还走访慰问了台胞12人,其中定居台胞6人,召开了台胞台属座谈会1次。

2010年南康市有8个团组共298人赴台旅游。

2010年,台办共接待台胞台商142人次。其中团组5个,帮助21人次的台属办理赴台探亲探病手续。

〔对台宣传〕 一是认真组织学习胡锦涛总书记纪念《告台湾同胞书发表》30周年座谈会上的重要讲话精神。二是继续编印好反映全市经济建设成就和发展动态的《南康乡情》,并利用清明节期间分发给了45名台胞手中。三是组织向《江西对台工作》等媒体刊物发稿10篇,用稿1篇。《赣南对台工作》投稿3篇,向华夏经纬网投稿20篇,用稿5篇,向《南康同乡会会刊》供稿35篇(章),用稿30篇,征订《台湾工作通讯》杂志10份,《两岸关系》1份,完成了上级台办交办的任务。三是"赣台会”期间，根据赣州市台办的要求，按时保质地做好展板的选稿、选图等资料工作，与宣传部门协同配合认真做好策应融入海峡西岸经济区宣传所需的入岛宣传的报纸。

〔台胞捐赠〕 2010年，由台塑集团捐资兴建的大坪桥庄村的“明德小学”教学楼已经竣工，已经投入使用。此外，格棱电子有限公司继续捐助了南康市10名贫困大学生，每人每年1200元人民币。

〔领导班子名录〕
主　任：叶美焱
副主任：罗志华（2010.11~　　）

党史工作

〔综述〕 2010年，南康市委党史工作办公室有工作人员3人（其中主任1名，副主任1名，聘用人员1名）。一年来，党史工作在市委、市政府的正确领导下，在上级业务部门的指导下，紧紧围绕市委“126目标”的工作部署，以“存史、资政、育人”为根本任务。在党史资料编辑研究、党史宣传教育、党史研究成果转化方面辛勤耕耘，扎实工作，取得了一定的成绩。分别被省党史委和赣州市党史办评为2010年党史工作先进单位。

〔党史资料征集编研〕 1、继续抓好党史大事记的记载、编写、上报工作。根据上级业务部门要求，市党史办完成2009年南康党史大事记，约3万字。

2、征集、完成了《南康市申请核定中央苏区县申报材料》的资料征集工作。

3、积极做好《龙回苏区史》资料征集工作。

4、为加快市老区建设，争取中央老区优惠政策，市党史办在详细搜集资料，充分论证的基础上，编辑了《南康市申请核定中央苏区县申报材料》。

5、紧锣密鼓地抓好建国后各时期党史专题的编撰工作，党史专题工作是编撰地方史的前提工作，这项工作开展以来，已完成各类专题48个，约48万字。

6、积极筹备、编辑《龙回苏区史》，争取2011年建党90周年前出版。

〔党史宣传教育〕 1、征订《党史文苑》300余份，超额完成任务。

2、完成《赣州市党史工作50年》之《南康市党史工作50年》专题工作，全面记录了南康市党史工作50年来所取得的成就。

3、配合南康市纪委廉政教育，为旭山廉政教育基地提供廉政教育资料。

4、配合赣州市电视台红色档案制作，录制介绍陈赞贤烈士故事。

5、在南康市党务公开网开辟党史专栏，宣传南康党史。

〔参加中心工作〕 在只有2名工作人员、党史编辑任务十分繁忙的情况下，抽调2名工作人员参加赣南大道征地拆迁工作、南康市“三送”活动进家具市场工作，积极完成所分配的各项中心工作任务。（王义桂）

〔领导班子名录〕
主　任：江宗金
副主任：王义桂

市直机关党的工作

〔综述〕 2010年，在市委的正确领导下，市直工委以邓小平理论、“三个代表”重要思想、党的十七大、十七届四中、五中全会精神为指导，努力巩固深入学习实践科学发展观活动成果，紧紧围绕服务中心、建设队伍两大任务，牢牢把握加强党的执政能力和先进性建设为主线，以创业服务年活动深化机关作风建设、创先争优等工作为重点，团结一心，克难奋进，求实进取，开拓创新，全面加强市直机关党的思想、组织、作风、制度和反腐倡廉建设，扎实推进市直机关顺利完成各项工作任务，实现全市经济社会又好又快发展提供了坚强有力的思想保证和组织保证。

〔“争五型、创红旗”活动〕 市直工委根据《中共南康市委关于推进学习型党组织建设的实施意见》和市直机关实际制定下发了《中共南康市直机关工委关于推进学习型党组织建设的实施方案》，成立了市直机关推进学习型党组织建设领导小组，在市直机关党组织中广泛开展“四个一”活动，深入学习贯彻落实党的十七届四中、五中全会精神和《中国共产党党和国家机关基层组织工作条例》和省、市委《实施意见》及《廉政准则》,不断提高市直机关广大党员干部讲党性、重品行、做表率的自觉性。

〔**开展"四个一"主题实践活动**〕 一是建立一个联系点,带头组织开展活动。二是挂钩一个新农村建设点,带头帮建文明乡村。三是抓好一项重点工作,带头狠抓工作落实。四是开展一项"1+4"帮困行动,带头帮扶困难群众。市直机关单位党组织以"创建文明机关、争做示范窗口、推进五型机关建设"为主题,在党员中广泛开展"五比五看"活动(比学习,看谁学习更经常、更快掌握一项新技术或新业务;比作风,看谁更自觉遵守各项规章制度、更爱岗敬业;比服务,看谁为基层解决问题更多、帮扶服务群众更好;比效能,看谁攻坚破难的能力更强、完成任务更好更快;比业绩,看谁获得先进更多、在全省或全市的排名更前),使基层党组织和广大党员创有目标、争有方向,把创先争优活动不断引向深入。2010年度"七一"工委对20个先进党组织、10名优秀党务工作者、93名优秀共产党员进行了表彰。

〔**牵头开展"创业服务年"活动**〕 年初,市直工委根据市直机关实际制定了《关于"建设五型机关,争做五型干部,深化机关作风建设"的实施方案》,方案明确了工作目标,主要任务和工作措施。针对机关作风存在的问题,从加强学习,改进服务态度,解放思想、开拓创新,求真务实、提高效率,廉洁从政等五个方面来深化机关作风建设:一是强势推进"学习型机关"和"学习型干部"创建活动,提高机关党员干部的整体素质。二是弘扬竭诚服务之风,加强服务型机关建设,塑造机关良好形象。三是求真务实,狠抓机关效能建设,提高机关工作效率。四是解放思想,开拓进取,加强创新型机关建设。五是弘扬艰苦奋斗精神,做到清正廉洁,打造廉洁机关。全市机关面貌焕然一新:一是四风转变上见成效。广大干部职工学习作风、工作作风、纪律作风、生活作风有了很大转变。干部职工进一步树立起勤政为民的意识,不断提高了服务质量和水平。二是团结协作上见成效。做表率、讲原则、顾大局、讲政治、谋发展、思创新的氛围在全市各级领导干部中形成。各单位领导和干部职工更加团结一致,同心同德,扎实工作。三是解放思想上见成效。大胆创新,与时俱进的精神在工作中得到充分体现。四是廉洁自律上见成效。广大干部职工都能做到"自重、自省、自警、自励",严格约束自己,一身正气,两袖清风。

12月4日,由工委牵头负责的深化机关作风建设工作顺利通过了省活动组的检查验收。

〔**党务工作**〕 1.保证质量,切实做好一年一度入党积极分子培训和新党员培训工作。5月和12月分别举办了入党积极分子培训班和全市新党员培训班,对市直机关20名入党积极分子和全市机关单位191名新党员进行了培训。

2、严格程序,进一步加强对发展对象和转正党员的审核工作,严把程序关。针对个别基层党组织在发展党员过程中存在着党员发展程序不规范、发展党员手续不齐全、支部党员大会缺席人数较多、预备党员讨论转正不及时等问题,进一步做好新形势下发展党员工作,切实加强党员队伍先进性建设,更好地推进党的建设基础工程,根据《中国共产党章程》和《中国共产党发展党员工作细则(试行)》的要求,结合市直属机关实际,工委制定下发了《发展党员工作制度》和《关于进一步规范发展党员工作的通知》,切实加强了对关键环节的监管,明确专人负责审查、指导,有效保证了新发展党员质量和发展党员工作的规范有序,全年共发展党员22名,转正党员21名,高质量完成了年初目标工作任务。

3.切实加大党费收缴力度。在工委的广泛宣传、加强教育和全力督促下,市直各单位基层党组织充分发挥主观能动作用,认真对待少数党员干部,尤其是少数离退休同志党性意识退化、不自觉履行党员义务的问题,千方百计加强教育引导,切实加大党费收缴力度,全年市直机关共交纳党费14.1万元。

(王礼伟)

〔**领导班子名录**〕
书记:王礼伟
副书记、纪工委书记:刘红萍

(编辑:倪贵清)

南康市人大常委会

综　述

2010年，是南康经济社会全面发展，“十一五”规划全面完成的重要一年。在中共南康市委的正确领导下，在上级人大常委会的悉心指导下，在“一府两院”的支持配合下，市人大常委会以邓小平理论和“三个代表”重要思想为指导，深入贯彻落实科学发展观，按照市委和四届四次人民代表大会的要求，坚持党的领导、人民当家作主和依法治国有机统一，坚持围绕中心，服务发展大局，认真履行宪法和法律赋予的职责，大力推进社会主义民主法制建设，营造和谐稳定的经济发展环境，促进了全市经济社会的更好更快发展。

机构队伍

2010年，市四届人大常委会内设机构有6个，分别是人大常委会办公室、选举任免联络工作委员会、内务司法工作委员会、教科文卫工作委员会、财政经济工作委员会、农业农村工作委员会。均为正科级工作机构。

市人大常委会机关定编24人(不含常委会主任、副主任，其中行政编24人)。年末，机关实有工作人员33人(其中：国家干部1人，工勤人员3人，借用1人，临时工4人)，其中常委会主任1人，副主任5人(其中有1名不占编的兼职常委会副主任)，调研员1人，副县级干部2人。

重要会议

〔**市四届人大四次会议**〕 2010年2月22日~25日，南康市第四届人民代表大会第四次会议在市工人文化宫胜利召开。

大会听取和审议了市长苏传辉所作的政府工作报告；审议了关于市2009年国民经济和社会发展计划执行情况与2010年计划草案的报告（书面）、关于市2009年财政预算执行情况的报告及2010年财政预算草案的报告(书面)；听取了市四届人大常委会主任陈冬生所作的《南康市人大常委会工作报告》、市人民法院院长张晓良所作的《南康市人民法院工作报告》、市人民检察院检察长雷贻辉所作的《南康市人民检察院工作报告》。

大会经举手表决，通过了关于政府工作报告的决议；通过了关于市2009年国民经济和社会发展计划执行情况与2010年国民经济和社会发展计划的决议；通过了关于市2009年财政预算执行情况和2010年市本级财政预算的决议；通过了关于市人大常委会工作报告的决议；通过了关于南康市人民法院工作报告的决议；通过了关于南康市人民检察院工作报告的决议。

大会以无记名投票方式补选施明生同志为南康市第四届人大常委会常务委员会副主任、叶平同志为南康市第四届人大常委会常务委员会委员。

〔**市四届人大常委会会议**〕 南康市四届人民代表大会常务委员会第十七次会议 于2010年1月22日在市政大楼十五楼会议室召开，会期半天。常委会主任陈冬生,副主任钟炳东、李大庆、曾祯蕾及委员共22人出席了会议。市委常委、市政府常务副市长杨永飞，市人大常委会党组成员施明生,市人大常委会调研员肖承源、副县级干部高真泉、卢何生,市法院副院长谢士桃,市检察院副检察长叶和林,市政府办主任何瑜及市财政局、市发改委负责同志等有关人员列席了会议。会议由陈冬生主持。

1、会议听取了市财政局副局长陈德怀受市政府委托所作的关于2009年度财政预算超收安排情况的报告。

2、会议讨论了市人大常委会2010年工作打算。

3、初步审议了《政府工作报告》、《人大常委会工作报告》等报告,常委会组成人员一致同意提交四届人大四次会议审议。

4、会议审议通过了四届人大四次会议其它有关材料。

重要决议和决定

2月25日,市第四届人民代表大会第四次会议经举手表决,通过关于政府工作报告的决议;通过关于南康市2009年国民经济和社会发展计划执行情况与2010年计划(草案)的决议;通过关于南康市2009年市财政预算执行情况及2010年市本级财政预算(草案)的决议;通过关于市人大常委会工作报告的决议；通过关于市人民法院工作报告的决议；通过关于市人民检察院工作报告的决议。

6月21日,市四届人大常委会第十八次会议审议通过了市政府关于南康市城市总体规划(2009年~2030)的议案,并作出决定,由市人民政府依法具体组织实施。

8月25日，市四届人大常委会第十九次会议，审议通过了关于南康市2009年市级财政决算,并作出了决议。

〔**市四届人大常委会第十八次会议**〕 南康市四届人民代表大会常务委员会第十八次会议 于2010年6月21日在市政大楼十五楼会议室召开,会期半天。常委会主任陈冬生,副主任钟炳东、施明生、李大庆、曾祯蕾及委员共23人出席了会议。市委常委、市政府常务副市长杨永飞,市政协副主席石太林,市人大常委会调研员肖承源、副县级干部高真泉、卢何生,市政府办主任何瑜及市民政局、市交通运输局负责同志等有关人员列席了会议。会议由陈冬生主持。

1、会议首先由市政府常务副市长杨永飞宣读了市人民政府提请关于《南康市城市总体规划(2009-2030)》的议案,听取了市城乡规划建设局负责同志及项目负责同志就此议案的情况介绍和说明，与会组成人员以举手表决方式一致通过批准了该议案,并就此作出决定。

2、会议听取了市政府民政部门关于民政资金管理使用情况的专项报告，听取了市政府交通运输部门关于全市农村公路实施情况和管理工作的专项工作报告。会议要求,市人大常委会对口联系的相关工委就听取以上二项报告，在广泛征求意见的基础上,形成反馈意见向市人民政府提交,并督促抓好落实。

3、会议以举手表决方式一致通过确认主任会议对市四届人大代表陈运盛采取强制措施的许可,同时决定,暂时停止陈运盛执行市人大代表职务。

4、会议以举手表决方式通过接受刘光训同志辞去南康市四届人大代表职务。

5、会议以举手表决方式通过接受刘泽文同志辞去市四届人大常委会委员职务，并报市四届五次人民代表大会备案。

6、会议还表决了有关人事任免事项。会议经过投票表决,依法任命黄绍莲为市商务局局长,谢康为市人力资源和社会保障局局长，胡伏生为市工业和信息化局局长，张立伟为市交通运输局局长,曹世明为市城乡规划建设局局长,朱吉祥为市文化和广播电影电视局局长，龙清生为市农业和粮食局局长,罗峰为市国土资源局局长,陈伟生为市城市管理行政执法局局长，刘淑生为市食品药品监督管理局局长；依法免去刘泽文的市人大常委会选任联工委主任职务，黄绍莲的市外贸局局长职务，谢康的市人事劳动和社会保障局局长职务,胡伏生的市经贸委主任职务,张立伟的市交通局局长职务,曹世明的市建设局局长职务,朱吉祥的市文化局局长职务,龙清生的市农业局局长职务。

〔**市四届人大常委会第十九次会议**〕 南康市四届人民代表大会常务委员会第十九次会议 于2010年8月25日在市政大楼十五楼会议室召开,会期半天。常委会主任陈冬生,副主任钟炳东、施明生、曾祯蕾、刘小玉及委员共22人出席了会议。市政协副主席石太林,市检察院检察长雷贻辉,市人大常委会调研员肖承源,副县级干部高真泉、卢何生,市长助理叶伦汉以及市政府办、市法院、市财政局、市发改委、市审计局、市计生委、市农粮局等有关负责同志列席了会议。会议由陈冬生主持。

1、会议听取了市农粮局局长龙清生就市贯彻实施《农产品质量安全法》的情况报告和市人大常委会执法检查组、市人大农工委主任华典梅所作的关于开展《农产品质量安全法》执法检查报告。

2、会议听取了市计生委就贯彻实施《江西省计划生育条例》的情况报告和市人大常委会调研组、市人大教科文卫工委主任明艳秀所作的关于开展《江西省计划生育条例》执行情况调研报告。

3、人事任免事项。会议首先以举手表决方式通过接受李诚同志辞去南康市第四届人民代表大会代表职务的请求。其次听取了市人民法院副院长谢士桃受张晓良院长委托宣读提请任命王昌奉等同志职务的议案,常委会组成人员经过审议,以无记名投票方式,一致通过了任命王昌奉等17位同志为南康市人民法院人民陪审员,并当场颁发了任命书。

4、会议听取了市发改委受市人民政府委托所作的关于南康市2010年国民经济和社会发展计划执行情况的报告。

5、会议听取了市财政局受市人民政府委托所作的关于南康市2009年财政决算草案的报告和2010年上半年财政预算执行情况的报告。

6、会议听取了市审计局局长罗华兰受市人民政府委托所作的关于2009年全市财政预算执行和其他财政收支的审计工作报告。

会议经过审议,常委会组成人员一致同意以上报告。常委会组成人员以举手表决方式一致通过批准南康市2009年市级财政决算,并作出决议。

〔**市四届人大常委会第二十次会议**〕 南康市四届人民代表大会常务委员会第二十次会议 于2010年12月13日在市政大楼十五楼会议室召开,会期半天。常委会主任陈冬生,副主任钟炳东、施明生、李大庆、曾祯蕾及委员共23人出席了会议。市委常委曾勇,市政协副主席石太林,市人大常委会调研员肖承源、副县级干部高真泉、卢何生,市检察院副检察长叶和林,市法院副院长温春华及市政府办、市发改委负责同志等有关人员列席了会议。会议由陈冬生主持。

会议通过了有关人事任免:一是会议首先听取了市人大常委会主任陈冬生提请任免邱启忠、朱明莲同志职务的议案;二是人大常委会主任陈冬生宣读了市人民政府《关于提请撤销李诚职务的议案》、《关于提请任免黄光、邬正林同志职务的议案》;三是市法院副院长温春华受院长张晓良委托宣读提请赖训洪、黄学鸿、贾春仙的任免议案。常委会组成人员对任免议案进行了逐一审议,以无记名投票方式,一致通过了任命邱启忠等5位同志职务的议案,并当场颁发了任命书,会议还一致通过了撤销李诚同志职务和邬正林等4位同志免职的议案。

主要工作

〔**法律监督**〕 2010年,市人大常委会对《中华人民共和国治安管理处罚法》、《江西省计划生育条例》、《中华人民共和国农产品质量安全法》、《中华人民共和国老年人权益保障法》等4部法律法规开展了执法检查和视察。根据上级的统一部署,开展了中等职业教育、少数民族乡发展情况工作调研,以及对《江西省抗旱条例(草案)》、《江西省特种设备安全监察条例(草案)》的立法调研。

〔**参观学习培训**〕 人大常委会注重自身建设,开展形式多样的学习培训活动,提高依法履职的能力。

组织学习党的十七届五中全会精神,开展“创业服务年”活动,开展“学习焦裕禄精神,争取新时期焦裕禄式党员干部”主题教育实践活动,开展

"创先争优"活动,加强机关干部队伍的作风建设和能力建设。

组织常委会的领导、部分常委、机关各工委办主任、乡(镇、街道)人大干部计37人分3批赴全国人大机关北戴河疗养院参加全国法学交流基金会举办的各级人大干部和代表法律培训班。重点学习了人大基本工作制度和议事程序、人大工作相关法律、人大代表依法履职知识,参观考察了北京、北戴河部分有代表性的历史文化遗址、现代建设发展成就和自然风光。

组织机关部分干部职工16人于10月赴上海世博会参观学习。

组织人员参加省人大常委会办公厅举办的《时代主人》通讯员培训班。 (刘升文)

市人大常委会领导及领导分工

〔领导班子名录〕

主　任:陈冬生

副主任:钟炳东

　　施明生(2010.2~　　)

　　李大庆(女)

　　曾祯蕾

　　刘小玉(兼,女)

党组成员:施明生(　　~2010.2)

调研员:肖承源

副县级干部:高真泉

　　卢何生

〔领导分工〕

主任陈冬生:主持人大常委会全面工作,兼管人大常委会办公室。

副主任钟炳东:协助主任分管人大常委会选任联工委、内务司法工委、人事劳动、审计、统计、信访、监察、公安、交警、检察院、法院、司法、民政、外侨、人防、安监、邮政、电信、移动、联通、技监、火车站、地方海事、综治等工作,负责与市人民政府的联系。

副主任施明生:协助主任分管农业农村工委、议案、农办、农业、农机、林业、果业、水保、水利、水产、国土、扶贫、供销、气象、城建、规划、房管、物业、环保、土地收储、南水开发等工作,负责与市政协的联系。

副主任李大庆:协助主任分管人大常委会教科文卫工委、教育、文化、卫生、广电、电视网络、科技、体育、档案、市志、旅游、医药、食品药监、新华书店、民族宗教、计划生育、精神文明建设等工作。

副主任曾祯蕾:协助主任分管人大常委会财政经济工委、发改委、经贸委、交通、二轻、中小企业、高速办、地矿、工业园区、财政、税务、金融、物价、外经贸、商业、粮食、物资、供电、工商、个私、公路养护、烟草、石油、稽征等工作。

副主任刘小玉:暂不分工。

调研员肖承源:协助施明生同志所分管的工作。

副县级干部高真泉:暂不分工。

副县级干部卢何生:暂不分工。

〔工作部门负责人名录〕

人大常委会办公室

主　任:邱启忠(2010.11~　　)

副主任:朱明莲(女,2010.10~　　)

选任联工作委员会

主　任:刘泽文(　　~2010.6)

内务司法工作委员会

主　任:严　政

教科文卫工作委员会

主　任:明艳秀(女)

财政经济工作委员会

主　任:叶　平

农业农村工作委员会

主　任:华典梅

(编辑:倪贵清)

重要文件目录

2010年市人大常委会重要文件目录

发文时间	文 号	文件标题
6月21日	康常字〔2010〕13号	关于《南康市城市总体规划(2009~2030)》的决定
8月26日	康常字〔2010〕19号	关于批准南康市2009年市级财政决算的决议

南康市人民政府

综　述

2010年是“十一五”规划的最后一年。在市委的正确领导下，市政府以科学发展观为指导，紧紧依靠全市人民，齐心协力，扎实工作，圆满完成了市四届人大四次会议确定的目标任务。生产总值达到84.9亿元，增长13.3%。财政总收入达到8.2亿元，增长17.1%，地方财政收入突破6亿元，增长23.2%。城镇居民人均可支配收入12410元，农民人均纯收入4564元，分别增长12.6%和12.4%。

主要工作

〔项目建设快速推进〕 组织实施了100个项目、100亿投资的重点项目“双百工程”，全年完成50万元以上固定资产投资50.5亿元，增长35.9%，被评为全省固定资产投资先进市。康唐公路拓宽改造、工业大道东延、金赣北大道、百家姓和谐城等项目建成投入使用；文化艺术中心、深航南康国际大酒店、和谐大桥、东山北路贯通工程、坪岭22万伏输变电站等重大项目顺利推进；赣南大道、赣韶铁路、赣崇高速、西气东输二线、飞翔路拓宽改造等赣州市以上重点工程征地拆迁按时完成。光科电子、常乐金属等一批重大产业招商项目成功落户。金鸡有色万吨电解锌、金龙矿业万吨电解锡、德普特LED触摸屏一期等项目建成投产。新增扩大内需项目42个，开发各类项目119个。

〔产业集聚成效明显〕 三年强攻工业战略有力实施，家具、矿产品两个百亿元产业集群建设扎实推进，工业经济发展质量持续提升。在上年工业总产值突破百亿大关之后，六大主导产业总产值、地方规模以上工业主营业务收入和工业园区主营业务收入同时实现超百亿，分别达到112.4亿元、111.9亿元和103.5亿元，分别增长38.1%、58.9%和53.6%。新开工工业项目24个，家具产业基地、乡镇家具创业园建设有序推进，新增工业园区0.9平方公里，达到4.2平方公里。新增规模企业10户，总户数达到73户。新增家具市场26万平方米，总面积达到76万平方米。家具、矿产品两大产业主营业务收入双双突破40亿元，占全市工业总量的59.5%。

〔城市建设步伐加快〕 城镇化率达到45.7%，比上年提高2.6个百分点；新增建城区2平方公里，达到25.6平方公里；新增城市人口2.2万人，达到27.3万人。规划编制工作得到加强，完成了土地利用总体规划和第四轮城市总体规划修编，编制了东山新区、蓉江新区、南水新区西片区、龙岭新区与家具城控规及重点地段城市设计，城市控规覆盖率达50%。城市生活垃圾卫生填埋场正式投入使用，城市污水处理厂被评为全省先进污水处理厂。自来水普及率达98%，燃气普及率达86%。投入3000多万元加快城区绿化工作，建成区绿化水平明显提高。建设了一批交通渠化岛、红绿灯和交通、治安岗亭。开展了城区市容秩序综合整治，城市面貌得到改善。

〔**新农村建设纵深推进**〕 市本级安排新农村建设资金2595万元，增长13.6%。粮食总产量达23.3万吨，实现连续5年增产。甜柚、生猪等农业优势产业发展加快，新开发果业面积6000亩，新建栏舍7万平方米。完成了146个省扶点的整治任务；拆除空心房5.5万平方米；新增改水4500户、改厕4500座。硬化通村组公路140多公里、完成4座渡改桥建设，如期实现“100%行政村通水泥路、100%渡口改渡建桥”目标。农村清洁工程有序推进，被评为全省农村清洁工程先进市。新登记注册农民专业合作社32个，新增2家省级和8家赣州市级农业龙头企业。完成97座山塘水库除险加固，新建91座“七小”水利工程。开工建设92个村级组织活动场所，竣工86个。培训农民6.5万人次，就业率达96%。获得赣州市新农村建设工作五年综合先进市和7个单项工作先进市等荣誉。支农资金整合工作被评为全省第一，市农业园区被评为全省首批省级现代农业示范区。改革开放稳步发展，发展活力和后劲进一步增强。政府机构改革顺利完成，职能进一步理顺，运转更加高效。医药卫生体制改革顺利推进，7个中心卫生院启动实施国家基本药物制度，全年让利患者672万元。创业服务年活动深入开展，成功通过省效能办年度考评，被列为赣州市年度免检单位。行政审批改革力度加大，投资近4000万元的市民服务中心建成交付使用，网上审批和电子监察系统投入运行。开展了全省民主评议基层站所试点，机关效能明显提升。七个系统国有企业改革稳步推进，自来水公司成功并入赣州水务集团。体制机制进一步创新，银企合作累计签约信贷资金6.9亿元；新设立小额贷款公司1家。全市金融机构各项存款余额121.4亿元，新增29.7亿元；贷款余额64.1亿元，新增18.1亿元。财政管理体制改革逐步深化。公务员津补贴改革和教育、卫生系统绩效工资改革平稳推进。新批内资项目16个，实际进资18.5亿元，增长12.1%；实现外贸出口3602万美元，增长102.5%；被评为全省利用省外资金先进市。非公有制经济加快发展，实现税收占财政总收入的比重达66.5%。

〔**各项事业协调发展**〕 教育事业蓬勃发展。投入4000多万元实施了38个校建项目，新增校舍面积40万平方米。南水中学、特殊学校二期等项目竣工投入使用，龙华中心小学、浮石中学等首批农村学校教师居住工程顺利完成。医疗卫生事业全面进步。市一医院新院建设即将完工，二医院住院楼、蓉江社区卫生服务中心、龙回中心卫生院综合楼等项目投入使用；全面铺开面向所有城乡居民的基本公共卫生服务，结核病、甲型H1N1流感、手足口病等疫情得到有效遏制；城镇职工医保、城镇居民医保和农民参加新农合等医保“三张网”覆盖率达88.7%。其中，新农合参合率达94.5%，受益补偿达23.1万人次。积极开展群众性文体活动，完成覆盖全市村级的“文化信息资源共享工程”。深入贯彻《全民健身条例》，被国家体育总局授予“群众体育先进单位”。深入开展社会治安综合治理和“严打整治”专项行动，成功摘除社会治安综合治理“一票否决”帽子。在全省公众安全感测评中列第11位，比上年前移46位；列赣州市第3位，前移11位，被评为赣州市综治工作先进市和平安市。安全监管工作得到加强，各类安全事故死亡人数同比下降8%。此外，计划生育、民政福利、环境保护、人民武装、扶贫和移民、民族宗教、统计、气象等各项事业都取得新进步。

〔**改善民生力度加大**〕 年初确定的民生工程各件实事基本完成。全市用于民生的支出达到4.9亿元，增长53%。就业创业进一步加强，举办多期就业招聘大会。全年新增城镇就业1.8万人，城镇就业率达96.4%，零就业家庭动态就业率达100%，“4050”人员就业1520人。社会保险扩面征缴力度加大，新增基本养老保险3080人。失地农民和“三类”人员参加养老及医疗保险工作稳步推进。城乡最低生活保障标准提高，发放低保金4080万元。城乡大病医疗救助标准和比例大幅增长。全市集中供养率达85%，累计为3000多名高龄老人发放长寿补贴480万元。完成廉租住房建设4.3万平方米，通过公开摇号分配508套。新市民公寓顺利开工，小街小巷改造有力推进。

〔**政府自身建设得到加强**〕 建立了政府常务会和

市长办公会学习制度,积极构建学习型政府。建立了重大政策文件前置备案审查和重大事项风险评估制度,认真执行"三重一大"制度。自觉接受市人大法律监督和市政协民主监督,密切与民主党派、工商联和人民团体的联系。全年办理人大代表建议85件、政协委员提案179件,办复率达100%。积极推行政务公开,提高公共权力运行的透明度,全年公开政务信息1.9万条,居赣州市前列。依法加强经济责任审计和人事编制、部门预算、财政资金、政府投资、公共资源交易等的管理。应急管理进一步加强,政府应对突发公共事件能力得到提高。坚持廉洁自律、勤俭节约,政府廉政建设得到加强。

机构设置

〔综述〕 根据康字〔2010〕20号《南康市人民政府机构改革实施方案》,2010年,市人民政府机构设置作了较大调整。调整后市政府工作部门有25个、直属事业单位有15个、驻市代管单位有31个。

〔工作部门〕 办公室、发展和改革委员会、工业和信息化局、教育局、公安局、监察局(不列入机构数)、民政局、司法局、财政局、人力资源和社会保障局、国土资源局、城乡规划建设局、交通运输局、水利局、农业和粮食局、林业局、文化和广播电影电视局、卫生局、人口和计划生育委员会、审计局、安生生产监督管理局、商务局、城市管理行政执法局、环境保护局、食品药品监督管理局、民族宗教事务局。

〔直属事业单位〕 档案局、房地产管理局、体育局、家俱产业促进局、地方志办公室、旅游局、供销合作社联合社、土地收储中心、人民防空办公室、农业综合开发办公室、市容园林环卫局、扶贫和移民办公室、南水新城区开发建设委员会办公室、东山工业区管理办公室、龙岭工业区管理办公室。

〔驻市代管单位〕 国税局、地税局、工商局、人民银行、银监办、工商银行、农业银行、建设银行、中国银行、农业发展银行、赣州银行南康支行、人寿保险公司、农信联社、电信局、人民财产保险公司、联通公司、移动公司、邮政局、质监局、医药总公司、气象局、烟草专卖局、交通稽征所、公路分局、石油公司、新华书店、供电局(供电公司)、火车站、广电网络南康分公司、住房公积金中心、地方海事处。

重要会议

〔市长办公会议〕 3月15日会议 2010年3月15日上午,市政府市长苏传辉在市政大楼六楼会议室主持召开了市长办公会议,副市长杨永飞、杨晓斌,市政府党组成员曾勇,副市长何建清、罗富杨、廖永平、王宜华,市长助理叶伦汉、吴健、谢康,市政府党组成员、政府办主任何瑜,市政府党组成员、行政服务中心主任宗小凡参加会议。会议主要内容:

1、会议讨论了关于"一大四小"造林绿化唐江至十八塘公路绿化带工程预算审核问题;

2、会议讨论了实施高速公路龙岭出口处绿化及亮化工程问题;

3、会议讨论了2010年度教育附加安排校建项目投资计划问题;

4、会议讨论了将龙华乡双江小学老校舍划拨给龙华派出所办公使用问题;

5、会议讨论了《南康市安全监管装备配备工作实施方案》;

6、会议讨论了2010年全市城乡低保提标问题;

7、会议讨论了划归宏龙矿业宗地土地收储成本问题;

8、会议讨论了龙岭工业西区A、B、C地块以新市民公寓及娱乐城项目捆绑挂牌出让的有关问题;

9、会议讨论了实施工业路和赣南大道连接道路项目实施有关问题;

10、会议讨论了市烟草专卖局综合办公楼选址土地置换问题;

11、会议讨论了东山工业区内永安美景土地转让给金泽制衣问题。

3月22日会议 2010年3月22日上午,市政府市长苏传辉在市政大楼六楼会议室主持召开了市长办公会议,副市长杨永飞、杨晓斌,市政府党组成员曾勇,副市长何建清、罗富杨、黄菊兰、王宜华,市长助理叶伦汉、吴健、谢康,市政府党组成员、政府办主任何瑜,市政府党组成员、行政服务中心主任宗小凡参加会议。会议主要内容:

1、会议讨论了接官亭、严屋小区道路及排水工程预算的审核意见;

2、会议讨论了土地收储中心办理两本国有土地使用证问题;

3、会议讨论了泓泰置业投资有限公司在文化广场设立 LED 显示屏问题;

4、会议讨论了在南康市设立汽车类驾驶人考试点问题;

5、会议讨论了上坪加油站建设项目经营权确认方案问题;

6、会议讨论了市公安局组建综合应急队人员招聘及经费问题;

7、会议讨论了危勇华、林志仁、温珍珑缓刑期满收回安置工作问题;

8、会议讨论了修建龙岭镇台头村三棵树下水泥路问题;

9、会议讨论了建设龙岭镇台头村龙岭工业东区灌溉渠道问题;

10、会议学习了赣州市《建筑层高控制与建筑面积、容积率计算规定(试行)》。

4 月 9 日会议 2010 年 4 月 9 日下午,市政府市长苏传辉在市政大楼六楼会议室主持召开了市长办公会议,副市长杨永飞、杨晓斌,市政府党组成员曾勇,副市长何建清、罗富杨、黄菊兰、廖永平、市长助理叶伦汉、吴健、谢康,市政府党组成员、政府办主任何瑜,市政府党组成员、监察局局长朱国清,市政府党组成员、行政服务中心主任宗小凡参加会议。会议主要内容:

1、会议讨论了市人口计划生育服务站工程预算审核意见;

2、会议讨论了麻双中学综合楼工程预算审核意见;

3、会议讨论了市文化公园改建工程预算审核意见;

4、会议讨论了关于拨付东山北路至赣南大道连接线项目征地拆迁资金问题;

5、会议讨论了预借东门社区居委会下坝小区、岭背社区居委会灾后重建及城中村改造启动资金问题;

6、会议讨论了调整市文化艺术中心影城经营权挂牌条件问题;

7、会议讨论了关于预拨 2010 年度换发第二代居民身份证照相费问题;

8、会议讨论了全市公务员津贴补贴按“一职一档”审批后发放兑现的有关问题;

9、会议讨论了全市离休干部住房安置有关政策落实情况及遗留问题的处理意见;

10、会议讨论了关于将市土地储备供应中心会计帐目纳入市会计核算中心核算的意见;

11、会议讨论了关于赣南大道(南康段)龙岭工业东区厂房拆迁补偿标准和土地安置问题;

12、会议讨论了关于上报赣南大道南康段可利用收储用地面积方案的反馈意见;

13、会议讨论了报批赤土等 15 个乡(镇、街道)2466 户村(居)民占用、征用非耕地、耕地建房问题;

14、会议讨论了市农民学院关于新开设农民企业家 MBA 班和农民创业培训班问题;

15、会议讨论了在市直单位推行行政审批“两个集中”改革问题;

16、会议讨论了关于挂牌出让新市民公寓和商业综合体地块问题;

17、会议讨论了关于对香港中啓有限公司等四家企业供地问题;

18、会议讨论了《关于进一步做好全市国有(集体)企业改革工作的实施方案》。

5 月 24 日会议 2010 年 5 月 24 日上午,市政府市长苏传辉在市政大楼六楼会议室主持召开了市长办公会议,副市长杨永飞,市政府党组成员曾勇,副市长何建清、罗富杨、黄菊兰、廖永平,市长助理叶伦汉,市政府党组成员、政府办主任何瑜,市政府党组成员、监察局局长朱国清,市政府党组成员、行政服务中心主任宗小凡参加会议。会议主要内容:

1、会议学习了《赣州市重点领域领导干部问责暂行规定》;

2、会议讨论了南水新区南山新村道路工程预算的审核意见;

3、会议讨论了南水新区大卫新村道路工程预算的审核意见;

4、会议讨论了金河一路、金鸡路、金桥路道路改造工程预算的审核意见;

5、会议讨论了赣南大道与工业路道路连接线

路基土石方工程预算的审核意见;

6、会议讨论了拨付体育公园工程建设前期工作经费问题;

7、会议讨论了全市省级安排的民族乡生产扶助资金拨付问题;

8、会议讨论了划拨农村放弃生育二胎一次性奖励经费问题;

9、会议讨论了市文化艺术中心新增商铺销售和D区一、二楼功能布局有关问题;

10、会议讨论了《南康市三年强攻工业实施意见》;

11、会议讨论了农村义务教育"普九"债务化解剩余资金使用安排问题。

7月21日会议　2010年7月21日上午,市政府市长苏传辉在市政大楼六楼会议室主持召开了市长办公会议,副市长杨永飞、杨晓斌,市政府党组成员曾勇,副市长何建清、罗富杨、黄菊兰、廖永平,市长助理吴健、谢康,市政府党组成员、政府办主任何瑜,市政府党组成员、行政服务中心管理办主任宗小凡参加会议。会议主要内容:

1、会议讨论了赣南大道南康建设段路基工程一、二标段预算审核意见;

2、会议讨论了唐江高速公路出口至赣丰线交叉路口路段排水沟工程经费问题;

3、会议讨论了赣南大道延伸段涉及部队光缆线路改迁工程经费问题;

4、会议讨论了南水中学附属工程预算的审核意见;

5、会议讨论了调换赣南大道坪塘安置点坪塘新农村建设点用地位置问题;

6、会议讨论了将城区部分主要路段立柱广告资源实行公开拍卖问题;

7、会议讨论了《南康市工业项目用地管理实施办法》;

8、会议讨论了《关于实施暂住人口居住证制度的暂行办法》;

9、会议讨论了《确保完成"十一五"时期全市通村水泥路及渡改桥建设任务的通知》。

8月23日会议　2010年8月23日上午,市政府市长苏传辉在市政大楼六楼会议室主持召开了市长办公会议,副市长杨永飞、杨晓斌,市政府党组成员曾勇,副市长何建清、罗富杨、黄菊兰、廖永平,市长助理叶伦汉、吴健、谢康,市政府党组成员、政府办主任何瑜,市政府党组成员、监察局局长朱国清,市政府党组成员、行政服务中心管理办主任宗小凡参加会议。会议主要内容:

1、会议讨论了市劳动服务大楼室内装饰工程预算的审核意见;

2、会议讨论了东山工业区文峰路桥梁重建工程预算的审核意见;

3、会议讨论了市政处购置一辆高空作业车问题;

4、会议讨论了拨付康赤公路改造工程前期工作经费问题;

5、会议讨论了"新都国际大酒店"更名为"南康大酒店"问题;

6、会议讨论了污水处理厂特许经营权出让及移交运营有关政策落实问题;

7、会议讨论了划拨南康市公路分局东山中心道班建设用地问题;

8、会议讨论了公开拍卖市地产公司"芙蓉山庄"剩余房地产问题;

9、会议讨论了太窝乡政府闲置土地公开出让问题;

10、会议讨论了《南康市党政机关公务用车编制配备意见》;

11、会议讨论了《关于加快推进残疾人事业发展的实施意见》。

〔市政府常务会议〕 第四十九次常务会议　2009年12月30日上午,市政府苏传辉市长在市政大楼六楼会议室主持召开了四届市政府第四十九次常务会议,副市长杨永飞、杨晓斌,市政府党组成员曾勇,副市长何建清、罗富杨、黄菊兰、廖永平、王宜华,市长助理叶伦汉、吴健、谢康,市政府党组成员、政府办主任何瑜,市政府党组成员、监察局局长朱国清,市政府党组成员、行政服务中心管理办主任宗小凡参加会议。市人武部部长袁斐、市人大常委会副主任钟炳东列席会议。会议主要内容:

1、会议通报2009年财政收支执行情况。

2、会议讨论赤土至云峰山林场(新屋孜)公路改建工程预算的审核意见以及工程建设资金筹集问题。

3、会议讨论康唐公路拓宽改造工程的预算审核意见。

4、会议讨论唐江镇"增、减、挂"项目拆旧土地复垦整理补偿标准及资金拨付问题。

5、会议讨论市污水处理厂移交工作问题。

6、会议讨论《关于公开招聘市文化艺术中心运行管理人员的实施方案》。

7、会议讨论做好市文化艺术中心新增商铺销售按揭贷款前期工作问题。

8、会议讨论拨付工业大道延伸工程征地拆迁资金问题。

9、会议讨论拨付赣南大道(台头至东山段)征地拆迁资金问题。

10、会议讨论划拨土地用于建设东山街道朱边社区居委会服务中心问题。

11、会议讨论调整麻双乡圩镇总体规划问题。

12、会议讨论核定补偿龙回茶叶坳李锦荣办厂租地及平整费用问题。

13、会议讨论支农资金整合奖励资金使用安排问题。

14、会议讨论蓉江街办奚秀英等236户323改线（蓉江段）拆迁安置户办理建房用地手续问题。

15、会议讨论《蓉江街道灾后重建及城中村改造自拆自建困难户优惠建房(安置)办法》。

16、会议讨论《南康市义务教育“普九”债务第二债权人偿债资金使用安排工作方案》。

17、会议讨论提高离岗退养民办教师生活补助标准问题。

18、会议讨论安排资金购买《美丽的鄱阳湖》一书问题。

19、会议讨论《南康市上犹江、章江凤岗与三江河段河砂开采权出让实施方案》。

20、会议讨论《南康市建立国家基本药物制度实施细则(暂行)》。

第五十次常务会议　2010年1月22日下午，市政府市长苏传辉在市政大楼六楼会议室主持召开了四届市政府第五十次常务会议，副市长杨永飞、杨晓斌,市政府党组成员曾勇,副市长罗富杨、黄菊兰、廖永平,市长助理叶伦汉、吴健,市政府党组成员、政府办主任何瑜，市政府党组成员、监察局局长朱国清,市政府党组成员、行政服务中心管理办主任宗小凡参加会议。会议主要内容：

1、会议讨论2010年财政预算安排意见。

2、会议讨论公务员津贴补贴审批进档规范发放的有关问题。

3、会议讨论赣南大道龙岭、金龙、台头、下坝安置点道路排水工程预算的审核意见。

4、会议讨论市文化艺术中心室外景观工程预算的审核意见。

5、会议讨论工业大道及工业一路道路维护工程预算的审核意见。

6、会议讨论城市生活垃圾卫生填埋场管理办公配套附属工程预算的审核意见。

7、会议讨论高速公路龙岭出口处绿化工程预算的审核意见。

8、会议讨论南水中学实验综合楼工程预算的审核意见。

9、会议讨论第一小学3#教学楼工程的预算审核意见。

10、会议讨论逸夫小学综合楼扩建工程预算的审核意见。

11、会议讨论拨付缴交2009年度第3、4、5批次城市建设用地有关规费问题。

12、会议讨论拨付康唐公路拓宽改造工程项目融资自有资金问题。

13、会议讨论金汇大厦房地产转让有关问题。

14、会议讨论拨付和谐大桥工程招投标代理费和工程施工监理费问题。

15、会议讨论拨付工业大道延伸工程征地拆迁资金问题。

16、会议讨论下垅钨矿玻璃厂搬迁的有关问题。

17、会议讨论拨付市政大楼附属楼单位办公场所出入通道店面回购款问题。

18、会议讨论拨付唐江木器厂拍卖款余款问题。

19、会议讨论免去原平田乡遗留的农民建房土地审批规费问题。

20、会议讨论安排农村党员干部现代远程教育配套资金问题。

21、会议讨论解决“一大四小”工程建设精品示范点和补植造林苗木、肥料经费问题。

22、会议讨论拨付“一大四小”工程圩镇绿化精品点资金问题。

23、会议讨论解决搭建连城便桥经费问题。

24、会议讨论了浮石乡政府出让国有建设用地有关问题。

25、会议讨论了对锦盛公司土地置换补偿问题。

26、会议讨论了郭奕华、黄强、杨二福所犯错误的处理意见。

27、会议讨论了“双居工程”乡镇干部职工住房建设项目减免审批费用、简化审批程序问题。

第五十一次常务会议 2010年3月3日下午，市政府市长苏传辉在市政大楼六楼会议室主持召开了四届市政府第五十一次常务会议，副市长杨永飞、何建清、罗富杨、黄菊兰、廖永平、王宜华，市长助理叶伦汉、吴健、谢康，市政府党组成员、政府办主任何瑜，市政府党组成员、监察局局长朱国清，市政府党组成员、行政服务中心管理办主任宗小凡参加了会议。会议主要内容：

1、会议讨论了有关工程预算的审核意见。

2、会议讨论了市文化艺术中心高压配电工程预算审核意见。

3、会议讨论了文化艺术中心网架屋面材料价格询价问题。

4、会议讨论了竹山下山岭开挖单价问题。

5、会议讨论了确定清除和治理城区乱涂写、乱张贴野广告承包最高控制价问题。

6、会议讨论了批准将东山南路改造工程Ⅴ标段交由市园林处实施的问题。

7、会议讨论了挂牌出让迎宾东大道南侧一宗土地问题。

8、会议讨论了拨付赣南大道耕地开垦费问题。

9、会议讨论了下拨朱坊乡新兴村“造地增粮富民工程”项目区外道路维修费用问题。

10、会议讨论了安排村级组织活动场所建设补助资金问题。

11、会议讨论了拨付赣南大道(南康段)朱边社区、窑边村及东山社区沿线征地拆迁资金问题。

12、会议讨论了和谐大桥施工要求康阳电站开闸放水有关补偿问题。

13、会议讨论了《南康家具城中心市场及周边地块征地拆迁实施方案》。

14、会议讨论了划拨隆木畜牧兽医站项目用地问题。

15、会议讨论了划拨土地建设金鸡派出所办公楼问题。

16、会议讨论了中油洁能南康液化气站规划选址问题。

17、会议讨论了龙峰建材公司30万方商品混凝土项目选址问题。

18、会议讨论了金融机构进入市民服务中心设立经营网点有关事项。

19、会议讨论了对袁小成等4名教师作自动离职处理问题。

20、会议讨论部署了工业园区建设和招商引资等工作相关事宜。

(1)工业园区建设问题。

(2)招商引资的安商服务问题。

(3)家具产业园第二批次用地挂牌问题。

(4)南康家具上中央电视台宣传有关事宜。

(5)赣南大道(南康建设段)3.4公里范围征地拆迁工作。

(6)重点项目“双百工程”的调度问题。

第五十二次常务会议 2010年3月29日上午，市政府市长苏传辉在市政大楼六楼会议室主持召开了四届市政府第五十二次常务会议，副市长杨永飞、何建清、黄菊兰、王宜华，市长助理叶伦汉、吴健、谢康，市政府党组成员、政府办主任何瑜，市政府党组成员、监察局局长朱国清，市政府党组成员、行政服务中心管理办主任宗小凡参加会议。市人武部长袁斐，市人大常委会副主任钟炳东、市政协副主席方立清列席会议。会议主要内容：

1、会议讨论了唐江镇平田片中心小学综合楼工程预算的审核意见。

2、会议讨论了唐江镇政府宿舍楼工程预算的审核意见。

3、会议讨论了横市镇政府干部宿舍楼工程预算的审核意见。

4、会议讨论了龙岭工业西区管养中心地块道路及排水基础设施工程Ⅰ、Ⅱ标预算审核意见。

5、会议讨论了关于蓉江老城区小街小巷硬化、维修工程预算审核意见。

6、会议讨论了南水新区灾后重建安置点建设等相关工程预算费用的审核意见。

7、会议讨论了市民服务中心前期拆除工程预算的审核意见。

8、会议讨论了拨付赣南大道(南康段)建设用地相关规费问题。

9、会议讨论了拨付市民服务中心设计费及工作经费问题。

10、会议讨论了拨付第二批基层农业技术服务经费问题。

11、会议讨论了拨付市环卫处和园林处临时工养老保险和失业保险费用问题。

12、会议讨论了返还赣州银行南康支行营业税问题。

13、会议讨论了市畜牧水产局购买质监局老办公楼问题。

14、会议讨论了赣州虔东稀土公司项目用地及供地价格问题。

15、会议讨论了拨付赣南大道龙岭至东山坪塘段征地拆迁资金问题。

16、会议讨论了关于建设东山街道大卫村服务中心的问题。

17、会议讨论了南康市金盛源果业发展有限公司脐橙分级打腊厂在龙回镇茶叶坳村购地建厂房问题。

18、会议讨论了江西千秋食品有限公司在东山工业区购地建厂问题。

19、会议讨论了《南康市城乡低保户、五保户、重点优抚对象及社会福利机构污水处理费征收减免方案》。

20、会议讨论了关于国土局、矿管局要求分割市国土资源系统培训中心大楼建设用地并独立建设办公楼问题。

21、会议讨论了环城高速公路南康东互通与105国道连接线拓宽工程有关问题。

22、会议讨论了将蓉江街道接官亭灾后重建暨城中村改造工程红线范围内的土地转为建设用地并给予办理建房手续问题。

23、会议讨论了东山街道龙珠坊区域建设实施方案。

第五十三次常务会议　2010年4月22日上午，市政府市长苏传辉在市政大楼六楼会议室主持召开了四届市政府第五十三次常务会议，副市长杨永飞、杨晓斌，市政府党组成员曾勇，副市长何建清、罗富杨、黄菊兰、廖永平，市长助理叶伦汉、吴健、谢康，市政府党组成员、政府办主任何瑜，市政府党组成员、监察局局长朱国清，市政府党组成员、行政服务中心管理办主任宗小凡参加会议。市人大常委会副主任钟炳东、市政协副主席方立清列席会议。会议主要内容：

1、会议讨论了拨付“7·3”洪灾倒房户黎屋排安置点征地拆迁资金问题。

2、会议讨论了浮石乡圩镇道路改造工程预算审核意见。

3、会议讨论了赣南大道安置点建设工程涉及相关部门线路迁移工作的处理意见。

4、会议讨论了续拨家具产业园及配套园区征地拆迁补偿费等费用问题。

5、会议讨论了拨付和谐城园区道路及排水工程延期监理服务费问题。

6、会议通报了西气东输二线工程建设(南康段)征地拆迁资金的审计情况。

7、会议讨论了赣州博思企业管理咨询有限公司在南康市设立小额贷款公司问题。

8、会议讨论了解决治安巡防队员和治安卡点协警员基本养老、医疗保险经费问题。

9、会议讨论了蓉江新区等三片区控规编制实行邀请招标问题。

10、会议讨论了将钜盛鞋业进厂道路东侧收储土地用于凤岗镇规划新农村建设点问题。

11、会议讨论了在市一医院新院周边建设职工住宅小区问题。

12、会议讨论了隆木乡邹家地建设移动通讯基站问题。

13、会议讨论了加强全市河道采砂管理的有关问题。

14、会议讨论了《关于2010年南康市银行业金融机构目标管理考核方案》。

15、会议讨论了招录计生工作人员实施方案。

16、会议讨论了对陈海燕等8名教师作自动离职处理问题。

17、会议讨论了2010年补充中小学教师问题。

18、会议讨论了南水新区新建学校开学筹办的有关问题。

19、会议讨论了《关于深化医药卫生体制改革的实施意见》。

20、会议讨论了《南康市“十二五”规划编制工作方案》。

第五十四次常务会议　2010年5月5日上午，市政府市长苏传辉在市政大楼六楼会议室主持召开了四届市政府第五十四次常务会议，副市长杨永飞，市政府党组成员曾勇，副市长何建清、罗富杨、廖永平,市长助理叶伦汉、吴健、谢康,市政府党组成员、政府办主任何瑜,市政府党组成员、监察局局长朱国清,市政府党组成员、行政服务中心管理办主任宗小凡参加会议。市人武部长衰裴,市人大常委会副主任钟炳东、市政协副主席方立清列席会议。会议主要内容:

1、会议讨论了金赣北大道道路、排水及挡土墙工程预算的审核意见。

2、会议讨论了南康市民服务中心室内装饰装修改造工程的预算审核意见。

3、会议讨论了拨付赣南大道东山段征地拆迁资金问题。

4、会议讨论了拨付赣南大道龙岭段征地拆迁资金问题。

5、会议讨论了拨付廉租住房建设资金问题。

6、会议讨论了给予市人民检察院全体干警奖励问题。

7、会议讨论了拨付农发行信贷中间业务费问题。

8、会议讨论了2010年土地开发项目立项问题。

9、会议讨论了东山街办现办公大楼存在较大安全隐患问题。

10、会议讨论了购置公务用车问题。

第五十五次常务会议 2010年5月14日上午,市政府市长苏传辉在市政大楼六楼会议室主持召开了四届市政府第五十五次常务会议,副市长杨永飞、杨晓斌,市政府党组成员曾勇,副市长何建清、罗富杨、黄菊兰、廖永平,市长助理叶伦汉、吴健、谢康,市政府党组成员、政府办主任何瑜,市政府党组成员、监察局局长朱国清,市政府党组成员、行政服务中心管理办主任宗小凡参加会议。市人武部长袁斐,市政协副主席方立清列席会议。会议主要内容:

1、会议讨论了《南康市义务教育学校教职工绩效工资发放实施方案(试行)》。

2、会议讨论了南山小学综合楼工程预算的审核意见。

3、会议讨论了南水新区文澜北路道路及排水工程预算的审核意见。

4、会议讨论了市文化艺术中心B、C、D区中央空调及配电安装工程预算的审核意见。

5、会议讨论了市文化艺术中心屋面增加工程量问题。

6、会议讨论了增加民族乡9个省扶点市本级配套资金问题。

7、会议讨论了拨付"赣南大道西端两厢地块等控规"规划编制费问题。

8、会议讨论了拨付家具大市场(第二、三批)安置点用地征地拆迁资金问题。

9、会议讨论了拨付赣南大道工业东区范围内征地拆迁补偿资金问题。

10、会议讨论了市第二人民医院房地产价值评估结果审核确认问题。

11、会议讨论了《南康市新型石油液化气站用地征地拆迁工作实施方案》。

12、会议讨论了《南康市执收执罚部门收支完全脱钩工作实施方案》。

13、会议讨论了《南康市门楼牌编划管理暂行规定》。

14、会议讨论了《南康市第二期廉租房申请和分配工作方案》。

第五十六次常务会议 2010年6月4日上午,市政府市长苏传辉在市政大楼六楼会议室主持召开了四届市政府第五十六次常务会议,副市长杨永飞、杨晓斌,市政府党组成员曾勇,副市长罗富杨、黄菊兰,市长助理叶伦汉、吴健、谢康,市政府党组成员、政府办主任何瑜,市政府党组成员、监察局局长朱国清,市政府党组成员、行政服务中心管理办主任宗小凡参加会议。会议主要内容:

1、会议讨论了拨付迎接土地卫片执法检查专项资金问题。

2、会议讨论了返还家具生产基地超出地价款问题。

3、会议讨论了返还泓泰置业公司有关税收问题。

4、会议讨论了拨付赣南大道八岭排安置点B地块征地拆迁资金问题。

5、会议讨论了预借乡镇防汛办能力建设资金问题。

6、会议讨论了市体育公园土石方工程预算审核意见。

7、会议讨论了百家姓和谐城低压电气安装工程预算审核意见。

8、会议讨论了明确财政投资工程节能项目实施标准问题。

9、会议讨论了对105国道坪岭转盘至天马山大道路口公路两侧各1.5米路肩进行改建问题。

10、会议讨论了划归家具大市场前期土地征地拆迁补偿费用问题。

11、会议讨论了拨付编制省级森林公园规划设计费问题。

12、会议讨论了调整市一至四级残疾军人护理费标准问题。

13、会议讨论了江西新星房地产开发有限公司收购南康市中小企业担保公司问题。

14、会议讨论了要求核定污水处理费代收手续费标准问题。

15、会议讨论了城市排水公司运行相关财务管理问题。

16、会议讨论了肖芳山等信访反映原西门坝商住楼住户办理产权证问题。

17、会议讨论了《南康市2010年重点污染企业监督管理工作实施意见》。

第五十七次常务会议 2010年6月30日下午，市政府市长苏传辉在市政大楼六楼会议室主持召开了四届市政府第五十七次常务会议，副市长杨永飞、杨晓斌、何建清、罗富杨、廖永平，市长助理叶伦汉、吴健、谢康，市政府党组成员、政府办主任何瑜参加会议。市人武部长袁斐列席会议。会议主要内容：

1、会议讨论了拨付南康家具央视广告经费问题。

2、会议讨论了拨付资金用于龙岭工业区发展有限公司偿还农信社贷款问题。

3、会议讨论了拨付资金用于南康中学偿还工商银行贷款问题。

4、会议讨论了拨付南水大道景观渠道建设工程款问题。

5、会议讨论了拨付赣南大道(东山朱边到窑边段)征地拆迁资金问题。

6、会议讨论了拨付赣南大道与323国道衔接段征地拆迁资金问题。

7、会议讨论了拨付家具生产基地桐梓村区域征地拆迁资金问题。

8、会议讨论了解决学校安全保卫人员及装备经费问题。

9、会议讨论了拨付生猪标准化规模养殖建设奖扶资金问题。

10、会议讨论了拨付第二次土地调查经费问题。

11、会议讨论了廉租房第四期第7#、9#、11#、13#、15#楼工程预算的审核意见。

12、会议讨论了市中医院10千伏供电线路及配变安装工程预算的审核意见。

13、会议讨论了蓉江下坝小区道路及排水工程预算的审核意见。

14、会议讨论了对唐江镇圩镇总体规划进行部分调整问题。

15、会议讨论了唐江镇木塘村新农村建设的有关问题。

16、会议讨论了市民宗局等17个单位购置公务用车问题。

17、会议讨论了公开招录乡镇计划生育微机管理人员和技术服务人员有关问题。

18、会议讨论了将市供销社机关彭延明、幸世岚、黄茂瑜、刘文周4人退休时将其退休待遇纳入财政统发问题。

19、会议讨论了《南康市2010年公开录用卫生专业技术人员工作方案》。

20、会议讨论了《赤土畲族乡生产扶助资金使用实施细则》。

21、会议讨论了《南康市推进经济社会发展进位赶超实现三年(2010-2012)决战实施意见》。

第五十八次常务会议 2010年7月14日上午，市政府市长苏传辉在市政大楼六楼会议室主持召开了四届市政府第五十八次常务会议，副市长杨晓斌，市政府党组成员曾勇，副市长何建清、廖永平，市长助理叶伦汉、吴健、谢康，市政府党组成员、政府办主任何瑜，市政府党组成员、行政服务中心管理办主任宗小凡参加会议。市人大常委会副主任钟炳东，市政协副主席方立清列席会议。会议主要内容：

1、会议讨论了太窝中学教学综合楼工程预算的审核意见。

2、会议讨论了路福服装城北新建道路及排水工程预算的审核意见。

3、会议讨论了南水新区塔坳安置点35KV坪恒窑供电线路改造工程预算的审核意见。

4、会议讨论了赣南大道坪塘安置点道路及排水工程预算的审核意见。

5、会议讨论了新巴德士安置点第一期范围内道路排水及土石方工程预算的审核意见。

6、会议讨论了工业南大道改造工程预算的审核意见。

7、会议讨论了家具产业园马鞍岭安置点土石方工程预算的审核意见。

8、会议讨论了赤土畲族乡一宗国有建设用地使用权价值评估结果审核确认问题。

9、会议讨论了对矿产品行业实施奖励政策问题。

10、会议讨论了拨付资金购买网上审批和电子监察系统设备问题。

11、会议讨论了将唐江圩镇新区建设用地纳入市土地收储中心收储问题。

12、会议讨论了确定唐江合同制消防站人员及经费问题。

13、会议讨论了兑现2009年民营工业企业新增贷款贴息问题。

14、会议讨论了市文化艺术中心下阶段需施工但又未招标项目的有关问题。

15、会议讨论了刘忠平缓刑期满收回安置工作问题。

16、会议讨论了乡镇干部职工住房建设工程资金补助有关问题。

17、会议讨论了《南康市重点建设项目双公示制管理暂行办法》。

18、会议讨论了《南康市2010年执法监察工作要点》。

19、会议讨论了《南康市科学技术进步奖励实施办法》。

20、会议讨论了《关于公布南康市行政事业性收费政府性基金项目及标准目录的通知》。

21、会议讨论了《关于进一步加快民营经济发展的工作意见》。

第五十九次常务会议　2010年8月6日下午，市政府市长苏传辉在市政大楼六楼会议室主持召开了四届市政府第五十九次常务会议，专题研究部署全市安全生产工作。副市长杨永飞、杨晓斌，市政府党组成员曾勇，副市长何建清、罗富杨、黄菊兰、廖永平，市长助理叶伦汉、吴健、谢康，市政府党组成员、政府办主任何瑜，市政府党组成员、监察局局长朱国清，市政府党组成员、行政服务中心主任宗小凡及市安监局、市城建局、市工信局、市交通局、市家具产业促进局、市城市管理行政执法局、市公安交管大队、市公路养护公司、市公安消防大队、东山工业区管理办、龙岭工业区管理办等单位负责人参加会议。市政协副主席方立清，市人武部副部长黄玉鹏列席会议。会议主要内容：

1、会议传达学习了赣州市8月5日召开的全市安全生产工作紧急电视电话会精神。

2、会议对当前全市安全生产工作进行了具体部署。

(1)会议讨论了《南康市道路交通秩序专项整治工作方案》。

(2)会议讨论了关于在市区有关道路加装中心隔栏问题。

(3)会议讨论了《全市开展重点行业和领域安全生产整治行动方案》。

(4)会议决定于8月10日上午召开全市安全生产工作电视电话会议。

3、会议最后强调，安全生产关系人民群众生命财产安全。

市政府第六十次常务会议　2010年8月13日上午，市政府市长苏传辉在市政大楼六楼会议室主持召开了四届市政府第六十次常务会议，副市长杨永飞、杨晓斌、何建清、罗富杨、黄菊兰、廖永平，市长助理叶伦汉、吴健、谢康，市政府党组成员、政府办主任何瑜，市政府党组成员、监察局局长朱国清，市政府党组成员、行政服务中心管理办主任宗小凡参加了会议。市人大常委会副主任钟炳东，市政协副主席方立清列席会议。会议主要内容：

1、会议讨论了拨付资金给市土地收储中心用于上缴省国土厅土地审批规费问题。

2、会议讨论了拨付通村水泥路项目市本级财政配套补助资金问题。

3、会议讨论了预拨家具产业园第二、三期征地拆迁资金问题。

4、会议讨论了市第一人民医院传染病房工程预算的审核意见。

5、会议讨论了家具产业园李家山安置点道路及排水工程预算的审核意见。

6、会议讨论了市第五小学岭下小学教学楼工程预算的审核意见。

7、会议讨论了浮石乡莲洲小学教学楼工程预算的审核意见。

8、会议讨论了南水新区龙珠坊城中村改造安置点道路工程预算的审核意见。

9、会议讨论了续拨赣南大道龙岭、金龙安置点建设工程款问题。

10、会议讨论了拨付家具城农贸市场征地拆迁资金问题。

11、会议讨论了拨付章江灌区续建配套与节水改造项目配套资金及项目规划报告编制经费问题。

12、会议讨论了购置建设信访热线服务系统有关设备问题。

13、会议讨论了设立南康市金汇小额贷款公司问题。

14、会议讨论了组建综合应急队所涉经费问题的处理意见。

15、会议讨论了市机关事务管理局增加人员编制和领导职数问题。

16、会议讨论了公开录用谢雨虹等386名同志到中小学任教问题。

17、会议讨论了政府机构改革后有关单位领导电话费补贴、误餐补贴发放标准问题。

18、会议讨论了解决市纪工委、监察分局办公用房问题。

19、会议讨论了调整市土地交易环节地方税计征基准价格问题。

20、会议讨论了提高城镇职工团体补充医疗保险缴费标准问题。

21、会议讨论了十八塘乡总体规划作部分调整问题。

22、会议讨论了赣南大道南康连接线延伸段路面工程采用公路养护资质进行招投标问题。

23、会议讨论了《南康市农民建房占用林地审核审批实施办法》。

第六十一次常务会议　2010年9月10日下午，市政府市长苏传辉在市政大楼六楼会议室主持召开了四届市政府第六十一次常务会议，副市长杨永飞、杨晓斌、何建清、罗富杨、黄菊兰、廖永平，市长助理吴健、谢康，市政府党组成员、政府办主任何瑜，市政府党组成员、监察局局长朱国清，市政府党组成员、行政服务中心管理办主任宗小凡参加会议。市人武部政委沈光泽、市政协副主席方立清列席会议。会议主要内容：

1、会议讨论了市文化艺术中心地下室装饰、临玻护栏、屋顶爬梯等五项增加工程的审核意见。

2、会议讨论了金赣北大道路基土石方工程增加项目预算审核意见。

3、会议讨论了市第一小学二期园林绿化及室外附属工程预算审核意见。

4、会议讨论了龙岭中心小学综合楼工程预算审核意见。

5、会议讨论了录用刘建林等52名同志到中小学任教问题。

6、会议讨论了政府采购7个纪工委、监察分局集中办公设备问题。

7、会议讨论了拨付南水新区工程款问题。

8、会议讨论了康唐公路路灯安装有关问题。

9、会议讨论了东山工业区路灯移交市政处管理有关问题。

10、会议讨论了提高义务兵家庭优待金标准问题。

11、会议讨论了划拨廉租住房新增建设用地问题。

12、会议讨论了批准市棚户区改造项目用地问题。

13、会议讨论了兴建赣韶铁路坨圳安置点问题。

14、会议讨论了市本级储备粮收购计划问题。

15、会议讨论了赤土畲族乡爱莲至小水等通村水泥路项目延迟验收问题。

16、会议讨论了《南康市泰康东路“8·5”较大交通事故调查报告》。

17、会议讨论了《南康市全民健身路径管理暂行办法》。

18、会议讨论了编制南康芙蓉现代农业示范区总体规划问题。

19、会议讨论了《南康市统筹城乡综合配套改革推进城乡一体化发展试点工作总体方案》、《2010年南康市统筹城乡综合配套改革推进城乡一体化发展试点工作实施方案》。

20、会议讨论了《东山北大道征地拆迁工作方案》。

21、会议讨论了李诚所犯错误的处理意见。

第六十二次常务会议　2010年9月29日下午，市政府市长苏传辉在市政大楼六楼会议室主持召开了四届市政府第六十二次常务会议，副市长杨永飞、杨晓斌,市政府党组成员曾勇,副市长何建清、罗富杨、黄菊兰、廖永平,市长助理叶伦汉、吴健、谢康,市政府党组成员、政府办主任何瑜,市政府党组成员、监察局局长朱国清,市政府党组成员、行政服务中心管理办主任宗小凡参加会议。市人武部政委沈光泽、市政协副主席方立清列席会议。会议主要内容:

1、会议讨论了龙回中学食堂、宿舍楼设计变更及室外附属工程预算的审核意见。

2、会议讨论了市廉政文化建设项目预算的审核意见。

3、会议讨论了旭山公园市老年体协健身场地工程预算的审核意见。

4、会议讨论了拨付“南康市党务公开网”建设经费问题。

5、会议讨论了拨付金河一路、金鸡路、金桥路改造工程前期费用问题。

6、会议讨论了拨付市政建设工程欠款问题。

7、会议讨论了拨付南水新区工程款问题。

8、会议讨论了拨付赣南大道红线工业东区范围内征地拆迁补偿费问题。

9、会议讨论了归还农行南康支行贷款部分本金问题。

10、会议讨论了拨付文化艺术中心工程款问题。

11、会议讨论了拨付迎宾东大道延伸改造工程旧欠和在建工程款问题。

12、会议讨论了东山新区与家具城控制性详细规划及重点地段城市设计方案审批问题。

13、会议讨论了南水新区A-05等地块控制指标调整问题。

14、会议讨论了拨付廉租住房建设资金问题。

15、会议讨论了划归凤岗镇龙江村宗地(一期)土地收储成本问题。

16、会议讨论了赣州城投公司凤岗加油站项目土地公开出让问题。

17、会议讨论了拨付东山街办2010年第二季度协征(拆)费问题。

18、会议讨论了拨付家具产业园(二期)东山区域内征地拆迁资金问题。

19、会议讨论了分配安置2010年订单式全科医学大专毕业生问题。

20、会议讨论了公开录用227名卫生专业技术人员问题。

21、会议讨论了32名硕士研究生分配问题。

22、会议讨论了龙岭工业区六宗企业用地清理处置方案。

23、会议讨论了划拨土地用于兴建公安指挥中心问题。

24、会议讨论了赣韶铁路南康段和赣州环城高速公路南康段拆迁户建房审批优惠政策问题。

25、会议讨论了《赣州至崇义高速公路(南康段)征地拆迁工作实施方案》和《赣州至崇义高速公路(南康段)征地拆迁工作实施细则》。

第六十三次常务会议　2010年10月18日上午,市政府市长苏传辉在市政大楼六楼会议室主持召开了四届市政府第六十三次常务会议,副市长杨永飞,市政府党组成员曾勇,副市长何建清、罗富杨、黄菊兰、廖永平,市长助理叶伦汉、吴健、谢康,市政府党组成员、政府办主任何瑜,市政府党组成员、监察局局长朱国清参加会议,市人武部政委沈光泽、市政协副主席方立清列席会议。会议主要内容:

1、会议讨论了赣南大道南康建设段路面工程预算的审核意见。

2、会议讨论了赣南大道南康建设段沥青路面工程招标有关事项。

3、会议讨论了东山北路改造工程预算的审核意见。

4、会议讨论了南水新区公园南路道路排水工程预算的审核意见。

5、会议讨论了赣韶铁路上坪安置点土石方工程预算的审核意见。

6、会议讨论了龙华乡双江至崇文何屋道路工程预算的审核意见。

7、会议讨论了市第二小学综合楼工程预算的审核意见。

8、会议讨论了南水新区四宗土地公开出让问题。

9、会议讨论了拨付赣南大道南康建设段用地土地有偿使用费、土地规费问题。

10、会议讨论了在赣南大道朱边安置点划拨土地用于建设朱边社区服务中心问题。

11、会议讨论了家具城停车配货中心收费标准问题。

12、会议讨论了关于返还泓泰公司所缴纳的有关税收问题。

13、会议讨论了关于拨付市二医院资产处置资金问题。

14、会议讨论了关于采购市民服务中心公共办公设施设备问题。

15、会议讨论了福利彩票公益金分配使用问题。

16、会议讨论了《赣州市水量分配细化方案》(协商确认稿)。

17、会议讨论了推荐上报2010年江西省、赣州市劳动模范和先进工作者问题。

18、会议讨论了接收肖薇等4名赣南采茶戏定向培养生到市采茶剧团工作问题。

19、会议讨论了平田片小学朱合新违反计划生育政策的处理意见。

20、会议讨论了修复市重点公路桥梁工程建设项目毁坏乡村道路的问题。

第六十四次常务会议　2010年10月26日上午，市政府市长苏传辉在市政大楼六楼会议室主持召开了四届市政府第六十四次常务会议，副市长杨永飞、何建清、罗富杨、黄菊兰、廖永平，市长助理叶伦汉、吴健、谢康，市政府党组成员、政府办主任何瑜参加会议；市人大常委会副主任钟炳东，市人武部政委沈光泽列席会议。会议主要内容：

1、会议讨论了市一医院易地建设项目第五标段工程预算的审核意见。

2、会议讨论了市文化艺术中心D区二层中央空调、E区商铺通风系统、BCD区中央空调设备基础及机房、A区观众席楼池座隔热工程预算的审核意见。

3、会议讨论了拨付2010年小型农田水利重点县建设配套资金问题。

4、会议讨论了拨付赣州铭基置业有限公司一宗建设用地缴交耕地占用税资金问题。

5、会议讨论了2010年科技计划项目安排问题。

6、会议讨论了关于给予五星级宾馆50亩范围内建设项目相关优惠政策问题。

7、会议讨论了报批东山街道53户居民占用耕地、非耕地建房问题。

8、会议讨论了2010年军队转业干部及随调家属安置问题。

9、会议讨论了关于2008年度“三支一扶”大学生服务期满给予接收安置问题。

10、会议讨论了在南水新区新建一所小学有关问题。

第六十五次常务会议　2010年11月16日上午，市政府市长苏传辉在市政大楼六楼会议室主持召开了四届市政府第六十五次常务会议，副市长杨永飞、杨晓斌，市政府党组成员曾勇，副市长何建清、廖永平，市长助理叶伦汉、吴健、谢康，市政府党组成员、政府办主任何瑜，市政府党组成员、监察局局长朱国清，市政府党组成员、行政服务中心管理办主任宗小凡参加会议；市政协副主席方立清列席会议。会议主要内容：

1、会议讨论了赣韶铁路上坪安置点道路及排水工程预算审核意见。

2、会议讨论了施工图设计变更后新巴德士安置点第一期范围内道路排水及土石方工程预算审核意见。

3、会议讨论了第三期廉租房供水供电安装工程预算审核意见。

4、会议讨论了朱坊乡新兴村等三个乡、四个村土地开发项目预算审核意见。

5、会议讨论了章江灌区续建配套与节水改造2010年度实施项目工程预算审核意见。

6、会议讨论了市文化艺术中心室外市政配套增加工程预算审核意见。

7、会议讨论了购买道路洗扫车问题。

8、会议讨论了蓉江街办、三江乡政府要求处置房地产价值评估结果审核确认问题。

9、会议讨论了江西鑫南城建投资有限公司要求回购“南康国际大酒店”七、八层楼房产问题。

10、会议讨论了南康市现代农业示范园区规划编制实行邀标问题。

11、会议讨论了众鑫矿业有限公司办理用地手续问题。

12、会议讨论了拨付赣南大道坪塘安置点扩大用地范围的征地拆迁资金问题。

13、会议讨论了解决“天网”工程配套项目建设经费问题。

14、会议讨论了拨付赣南大道(坪塘段)及其安置点征地拆迁资金问题。

15、会议讨论了拨付家具大市场项目征地拆迁资金问题。

16、会议讨论了将五保供养结余经费用于“三院”建设问题。

17、会议讨论了乡镇上划“普九”债务剩余资金处理问题。

18、会议讨论了《南康市2011年市本级部门预算编制办法》。

19、会议讨论了确定市第四小学设计单位和取费标准问题。

20、会议讨论了南康二中兴建图书大楼问题。

21、会议讨论了设立市青少年学生校外活动中心问题。

22、会议讨论了唐江中学兑现“绩效工资”资金来源问题。

23、会议讨论了选调4名大学生村官到市国土资源局基层所工作问题。

24、会议讨论了《南康市推进本地广播电视节目进村入户工作实施方案》及资金拨付问题。

25、会议讨论了《南康市新市民公寓销售方案》。

第六十六次常务会议　2010年12月9日下午，市政府市长苏传辉在市政大楼六楼会议室主持召开了四届市政府第六十六次常务会议，副市长杨晓斌，市政府党组成员曾勇，副市长何建清、罗富杨、黄菊兰，市长助理叶伦汉、吴健、谢康，市政府党组成员、政府办主任何瑜，市政府党组成员、行政服务中心管理办主任宗小凡参加会议；市人武部政委沈光泽列席会议。会议主要内容：

1、会议讨论了李家山安置点30米路工程预算的审核意见。

2、会议讨论了文化广场桥变更签证发生费用的审核意见。

3、会议讨论了大坪乡明德小学教学楼及附属工程预算的审核意见。

4、会议讨论了龙华乡田头初中教工宿舍楼工程预算的审核意见。

5、会议讨论了重新审定社区福利服务中心配套工程预算的审核意见。

6、会议讨论了市社区福利服务中心一部工程预算的审核意见。

7、会议讨论了城区部分交通节点立柱广告牌设施建设预算审核意见。

8、会议讨论了新康大道(新323国道市区路段)路灯安装工程问题。

9、会议讨论了工业大道与迎宾大道交叉路口等6个交叉路口红绿灯及电子监控设备预算的审核意见。

10、会议讨论了解决市综合性应急救援队伍人员及装备所需经费问题。

11、会议讨论了隆木中学等371宗土地办理用地手续及国有土地使用证问题。

12、会议讨论了拨付朱坊新兴、坪市小安等村土地开发项目资金问题。

13、会议讨论了市供电公司移交路灯管理问题。

14、会议讨论了市林业局所属章坑寨林场资产价值评估结果审核意见。

15、会议讨论了南康迎宾馆租赁经营有关事项。

16、会议讨论了江西卫视天气预报南康版面2011年宣传费用安排问题。

17、会议讨论了录用刘雅静、赖城林二人为市家具生产基地建设管理办公室工作人员问题。

18、会议讨论了《南康市2010年公开招聘事业单位工作人员实施方案》。

19、会议讨论了2010年度城镇退役士兵安置工作意见。

20、会议讨论了对城乡困难群众发放价格临时补贴问题。

21、会议讨论了叶惠文所犯错误的处理意见。

22、会议讨论了《朱坊河堤项目征地拆迁实施方案》。

23、会议讨论了设立蓉江街道蓉江社区卫生服务中心等机构问题。

24、会议讨论了核定乡镇卫生院编制问题。

25、会议讨论了部分乡镇卫生院购置救护车问题。

26、会议讨论了《南康市公共卫生与基层医疗卫生事业单位绩效工资实施方案》。

27、会议讨论了《关于加强农村公益性墓地建设的工作意见》。

28、会议讨论了全市落实《江西省人民政府关于进一步加强企业安全生产工作的实施意见》的有关问题。

第六十七次常务会议　2010年12月17日上午，市政府市长苏传辉在市政大楼六楼会议室主持召开了四届市政府第六十七次常务会议，副市长杨晓斌，市政府党组成员曾勇，副市长何建清、罗富杨、黄菊兰，市长助理叶伦汉、吴健、谢康，市政府党组成员、政府办主任何瑜，市政府党组成员、行政服务中心管理办主任宗小凡参加会议；市人武部政委沈光泽列席会议。会议主要内容：

1、会议讨论了赞贤坪岭小学综合楼工程预算的审核意见。

2、会议讨论了文化艺术中心A区室外大台阶回填等十二项变更、增加工程的审核意见。

3、会议讨论了市文峰路大海时装门口段盖板通道重建工程预算的审核意见。

4、会议讨论了天马山大道与南水大道交叉口、泰康东路与东山南路交叉口渠化岛工程预算的审核意见。

5、会议讨论了将市劳动就业局临街二、三楼和院内单体楼用作市纪工委监察分局集中办公场所问题。

6、会议讨论了将体育公园用地产权划拨给市体育局问题。

7、会议讨论了在东山北路安置点内划拨土地用于建设东山社区服务中心问题。

8、会议讨论了《江西赣州粮食物流中心散粮中转库工程建设实施方案》。

9、会议讨论了十八塘粮管所资产处置问题。

10、会议讨论了南康市"十二五"、2011年主要经济指标和《南康市国民经济和社会发展第十二个五年规划纲要》。

提议案办理

〔综述〕 2010年，市政府系统共收到人大代表建议86件，其中本级85件，赣州市1件，政协提案180件，其中市本级179件，赣州市1件，共265件。建议、提案内容涉及交通运输、城市建设与管理、教育卫生、水利林业、产业发展、电力通信、民生保障等多方面内容。市政府对办理工作进行了认真研究，确定了48个承办单位，并召开了代表建议和政协提案交办会，对建议、提案的办理工作进行了全面部署，对承办人员进行了办理知识培训，对办理工作提出了具体要求。会后，各承办单位根据办理规定，高度重视，指定专门领导负责，落实了具体人员办理，按时保质地办理好全部建议提案，办结率达100%，满意率98%。

1、所提问题已经得到解决或基本解决（即A类）的有144件，占办理总数的54.32%（比上年增加2%）；其中代表建议44件，政协提案100件。2、所提问题正在解决或已列入计划正创造条件逐步解决的（即B类）有108件，占办理总数的40.75%（比上年减少0.95%）；其中人大代表建议34件，政协提案74件。3、所提问题因条件限制或政策不允许，不能解决或留作参考的（即C类）有13件，占总数的4.91%（比上年减少1.1%）；其中代表建议8件，政协提案5件。

乡镇人民政府与街道办事处

2010年，南康市有隆木乡、坪市乡、横市镇、大坪乡、麻双乡、十八塘乡、龙华乡、唐江镇、凤岗镇、三江乡、太窝乡、镜坝镇、朱坊乡、赤土畲族乡、横寨乡、浮石乡、龙岭镇、龙回镇等18个乡镇人民政府和蓉江、东山2个街道办事处。

市政府领导班子及领导分工

〔领导班子名录〕

市长：苏传辉

市委常委、常务副市长：杨永飞

市委常委、副市长：杨晓斌

市委常委、市政府党组成员：曾　勇

副市长：何建清
　　　　罗富杨
　　　　黄菊兰（女）
　　　　廖永平
　　　　王宜华

副调研员：张立相

市长助理：叶伦汉
　　　　　吴　健
　　　　　谢　康

〔领导分工〕 市长苏传辉：主持市政府全面工作，兼管编制、监察、审计工作。

市委常委、常务副市长杨永飞：协助市长主持市政府日常工作，并协助市长分管政府办公室、发展和改革、重点工程建设、财政、税务、人事劳动和社会保障、国有资产管理、工商、信访、十大体系建设、信息化工程、金融、保险、政府法制、物价、统计、住房公积金、行政服务中心、经济"110"、应急管理、征兵、机关事务和接待工作;以及与市人大常委会、市人武部的联系、协调工作。

市委常委、副市长杨晓斌:协助市长分管农业农村工作,包括新农村建设、小城镇建设、农办、农业、水利、水保、农机、畜牧水产、果业、农业综合开发、气象、水文、民政、扶贫、残联工作。

市委常委、市政府党组成员曾勇:协助市长分管城市建设、规划和管理、南水开发、城市管理综合执法、房管(含市场物业管理)、环保、交通(含地方海事处)、国土资源管理(含土地收储)、公路、高速办(含支铁办、机场办)、火车站、人民防空工作。

副市长何建清:协助市长分管人口和计划生育、卫生、食品和药品监督、医药、商业、粮食、供销、物资、石油、科技工作;以及与市工商联、科协的联系、协调工作。

副市长罗富杨:协助市长分管公安、交管、消防、武警、司法、安全生产工作;协助常务副市长分管信访工作;负责与市法院、市检察院的联系、协调工作。

副市长黄菊兰:协助市长分管工业、招商引资、经贸、外经贸、对外经济协作、教育、文化、广播电视、体育、旅游、精神文明、档案、市志、外事、侨务、对台、民族宗教、驻外办事处、老龄工作;以及与市政协、总工会、妇联、团委的联系、协调工作。

副市长廖永平:负责唐江镇工作。

副市长王宜华:协助市长分管林业、家具产业、工业园建设管理、家具工业园建设工作。

市长助理叶伦汉:协助市长分管民营经济、中小企业、供电、地矿、质量技术监督、邮政、通讯、无线电管理、烟草工作、分管家具产业发展工作(含家具市场建设管理和家具物流行业管理);协助分管副市长分管工业园建设管理工作。

市长助理吴健:协助市长、常务副市长分管财税、金融工作。

市长助理谢康:协助市长、常务副市长分管人事劳动和社会保障工作。

重要文件目录

2010 年南康市政府重要文件目录

发文时间	文号	标题
7 月 20 日	康府发 10 号	南康市科学技术进步奖励实施办法
3 月 25 日	康府发 8 号	关于征收城市污水处理费的通告
6 月 4 日	康府发 14 号	关于公布城区基准地价更新成果的公告
10 月 8 日	康府发 20 号	关于推进企业上市工作的实施意见
8 月 23 日	康府字 78 号	关于同意《机构改革涉改单位一般工作人员安排意见》的批复
8 月 24 日	康府字 24 号	关于同意调整土地交易环节地方税计征基准价格的批复
4 月 6 日	康府办发 4 号	关于印发《南康市政策性农业保险实施方案》的通知
9 月 7 日	康府办发 13 号	关于印发《关于实行流动人口居住证制度的暂行办法》的通知
11 月 22 日	康府办发 15 号	关于印发《南康市城乡困难群众临时救助实施办法》的通知
12 月 13 日	康府办发 16 号	关于加强农村公益性墓地建设的工作意见
3 月 11 日	康府办字 25 号	关于印发《南康市污水处理费征收工作实施方案》的通知
3 月 25 日	康府办字 40 号	关于开展婚姻登记属地办理工作的通知
4 月 1 日	康府办字 47 号	关于印发《南康市新气站建设工程实施方案》的通知
4 月 8 日	康府办字 52 号	关于印发《南康市流浪乞讨人员救助管理工作实施方案》的通知
4 月 16 日	康府办字 55 号	关于对全市 85 周岁以上亡故人员遗体实行免费火化的通知
5 月 4 日	康府办字 65 号	关于做好"三类人员"基本养老保险接续工作的通知

（续上表）

发文时间	文　号	标　　题
5月5日	康府办字66号	关于印发《南康市手工业联社大集体企业尚未参加职工基本养老保险人员实行养老生活补助工作实施方案》的通知
12月29日	康府办字195号	关于批转《南康市公共卫生与基层医疗卫生事业单位绩效工资实施方案》的通知
12月30日	康府办字198号	关于印发《南康市道路交通事故社会救助基金管理办法(试行)》的通知

市政府办公室工作

〔综述〕 2010年，市政府办公室在市委、市政府的正确领导下，全体干部职工贯彻落实科学发展观，紧紧围绕市政府工作部署，开拓创新，狠抓落实，以饱满的热情、高昂的斗志和扎实的作风，圆满完成了各项工作。

〔公文处理〕 认真按照《南康市人民政府办公室工作守则》、《南康市人民政府办公室公文处理细则》，严格实行收发文登记、拟办、传阅、交办及发文审核、签发、印刷等程序，办理文件7000千余件，其中发文1242件，没有发生造成影响的重大错误；建立健全学习调研、文稿起草、审核把关等一系列文字服务的运行机制，促使政务人员勤学习、勤研究、勤积累，不断提高文字工作和参谋辅政水平。落实《关于精简会议文件改进会风文风集中精力抓落实的通知》，控制文件印发数量；严格公文办理时限，保证文件流转高效、及时、准确；做好江西省党政电子公文传输系统、赣州市电子政务统一应用平台的文件收发工作，完善收发管理制度，落实责任领导和责任人，坚持每天查收不少于4次；完善文件办理的跟踪登记制度，落实专人负责文件整理归档，对密级文件指定专人负责全程跟踪，妥善保管，加强保密教育，没有发生被盗和泄密事件。

〔信息调研〕 实行政务人员在省、赣州市政府系统刊物刊用信息奖励制度；每年选派信息人员到上级政府机关跟班学习，提高信息采写水平。上报信息500余条，在赣州市政府办公厅内部刊物《赣州政讯》上采用42条，《信息汇要》上采用24条。制定调研工作考评制度，鼓励政务人员不断拓宽调研广度，努力挖掘调研深度，有针对性地确定重点调研课题，为市领导决策提供预见性较强的调研材料。上报调研文章23篇，刊用11篇，其中在《江西政报》上刊用2篇，在赣州市政府办公厅内部参阅刊物《情况与研究》上刊用3篇，在《赣州经济》上刊用3篇，在《赣南社会科学》上刊用3篇。配合国家、省及赣州市开展了十大体系建设、新农村建设、重点项目建设、工业经济、节约资源及环境保护、安全生产等60多次调研活动。此外，历年由政府办组织起草的《政府工作报告》以及一系列的领导讲话稿和综合性文字材料等也得到了领导的充分认可。

〔督查工作〕 重点对市委、市政府确定的“双百”工程、“一大四小”造林绿化工程，新农村建设、机关效能等重点工作，市政府全体会议、政府常务会议、市长办公会及有关专题会议确定的事项，以及群众关心的热点、难点问题，市领导批示件等开展督查。共上报政务督查25期，印发《督查专报》27期，与市委督查室联办《南康督查》36期，办理领导批示及上级转办件78件。

〔应急管理〕 应急管理办为市政府领导下的全市应急管理中枢指挥机关。年内，市政府加大投入，打牢基础，突发应急能力得到进一步增强；指导各有关单位按要求做好预案编制和修订工作，健全和完善了基层应急管理预案体系。已基本完成总体应急预案修订稿，完成专项应急预案6个、部门应急预案25个。完善应急值班制度。全天24小时接受群众应急救援，受理的各种急件快速有效办理。全市应急工作平稳运行，信息渠道畅通。

〔新农村建设〕 成立了新农村建设工作队，由一名副主任带队，年内，累计投入资金12万元，积极投身新农村建设，所挂点的蓉江街办麻田村成为新农村建设省级扶持示范点，所挂点的蓉江街道稍江村的新农村建设挂点也完成了2万元的资金帮扶任务。

〔招商引资〕 选派精干人员从项目的引进、落户、投产进行全程跟踪服务。引进深航酒店管理有限公司投资2.5亿元兴建五星级宾馆项目，项目主体工程已完工，正在进行内部装修。引进美源化工、明亮海绵公司、香港海康织布电脑绣花公司等项目,招商引资工作连续四年获得市本级奖励。

〔法制工作〕 年内,印发了《南康市2010年推进依法行政工作要点》(康府发〔2010〕7号)等文件,各乡(镇、街道)、各部门建立了由主要领导负总责，分管领导具体抓的依法行政领导机制和工作机制。将推进依法行政工作列入了全市综合目标管理考评内容,并以康办字〔2010〕114号文件形式印发执行。各乡(镇、街道)、各部门每半年向市政府报告依法行政工作情况，市政府年终向赣州市政府和南康市委、南康市人大报告以及向南康市政协通报依法行政工作开展情况。年内,市委中心学习组专题法制讲座学法5次；市政府制定了政府常务会议学法制度,共学法6次;科级领导干部离岗考察培训班安排依法行政讲座1次。举办各类培训班14期，培训行政执法人员900余人(次)。市直各行政执法部门举办专业培训班13期,参训人员1600余人(次)。多形式开展了依法行政知识宣传和竞赛活动。组织执法部门开展依法行政知识下乡活动6次，集中到乡镇展出依法行政知识展板160多块（次)，发放宣传资料12000余份，参加宣传的机关工作人员达300多人(次),接受群众法律咨询4000余人(次)。各乡(镇、街道)、各部门分别采取了发放宣传资料、板报、出动宣传车等形式对《纲要》和依法行政知识进行宣传。修订完善了《南康市政府常务会议学习法律知识制度》、《南康市领导干部专题法制讲座制度》、《南康市领导干部集中培训制度》，制定了《南康市领导干部任职前法律知识考查和测试制度》、《南康市公务员录用考试法律知识测查制度》、《南康市公务员法律知识考试考核制度》等学法制度。修订完善了《南康市人民政府工作规则》、《南康市人民政府常务会议议事规则》和《南康市人民政府重大行政决策规则》,建立健全了重大行政决策事项的调查研究、科学论证、征求意见、公众听证、法律审查、集体讨论等制度。《重大行政决策听取意见制度》、《重大行政决策听证制度》、《重大行政决策合法性审查审查制度》等配套制度。实行了规范性文件定期清理制度，完善了市乡两级报备网络,对各乡(镇、街道)、各部门报备的文件依法严格审查。先后以康府办字〔2010〕61号和康府办字〔2010〕84号文件形式印发了《关于开展行政审批事项回头看活动的通知》和《关于对全市行政审批事项清理成果贯彻执行情况进行监督检查的通知》，并进行了检查通报，印发了康府办字〔2010〕105号书面通报。将原来分散于行政审批部门各内设科室的全部审批事项集中到新设的行政许可服务科,统一承担本部门行政审批职能,行政许可服务科成建制进驻行政服务中心窗口办公。共梳理法律、法规、规章280多部,涉及处罚种类1300多项。积极化解信访矛盾。发放行政复议便民联系卡3200张、宣传单8400份,在有关场所公布了咨询电话;印发了《行政复议案件材料查阅规定》、《行政复议调解处理办法》等配套制度,严格按照法定程序办案。全年共收到申请19件,其中受理行政复议案件19件。经审理,维持5件,终止4件,撤销6件,中止审理2件,正在审理2件。年内，通过市领导亲自召开信访听证形式解决上访事件25件。通过一系列举措,积极化解了一批信访积案。

〔信息化工作〕 2010年,在继续做好政务网站延伸的同时,完成了政府信息公开、网上审批系统及电子监察系统建设、上网行为安全系统建设、IP视频会议系统更新、机房改造和网上行为管理系统及防火墙升级等工作。制定了《南康市2010年信息网络体系建设工作思路》,下发了《南康市2010年推进电子政务工作实施方案》、《关于将政府信息公开纳入机关效能考评的通知》和《关于做好ARP病毒防范的通知》等文件,编制了《南康市电子政务建设“十二五”规划》。

投资100多万元进行了政府门户网站改版升级、政府网络中心机房建设和上网行为安全系统，并更新了千兆防火墙，为确保全市政务网络和政务视频安全运行奠定了基础;同时,积极配合网上审批和电子监察项目和和谐乡镇“天网”等工程建设,不断拓宽全市电子政务的运用领域。积极搭建政府网络平台,在全市范围内开展以“政务信息公开”为主要内容的政府网站群建设。抓好政府信息公开平台建设。新上传政府信息18842条,未发生任何安全泄密现象。为10多家家具企业建立了智能远程监控系统;通过开展“进农村”活动,在太窝、麻双和横寨安装了社会治安监控系统。全市各乡镇政府已全部接入政务信息网,市副科级以上单位98%以上接入政务信息网,入网电脑已突破3000多台,全年共派员689余人次到各单位解决电脑运行故障。

〔**领导班子名录**〕

市政府办

主　任:何　瑜

副主任:江香莲(女,　~2010.06,兼)

　　　　刘显华

　　　　刘忠群

　　　　赖建明

工会主席:刘永春(女)

法制办主任:刘显华

副主任:廖肇胜(　~2010、6)

应急办常务副主任:黄学进

信息化办主任:张田生(2010.06~　)

人力资源和社会保障

〔**综述**〕 2010年,全市人力资源和社会保障工作在市委、市政府的正确领导下,全面贯彻党的十七大和十七届三中、四中、五中全会精神,以科学发展观为指导,继续坚持“对接融入”战略,紧紧围绕“落实民生政策、完善操作制度、创建服务模式、维护社会稳定”总体要求,认真落实市委、市政府工作部署和工作目标,加快人力资源体系和社会保障体系建设,全面推动全市人力资源和社会保障事业实现新跨越新发展,取得了较好成绩。

〔**机构队伍**〕 局机关内设秘书科、公务员管理科、专业技术人员管理科、劳动关系与仲裁科、劳动监察科、工资福利科,有干部职工34人。下设4个二级事业单位:劳动就业服务管理局、社会保险事业管理局、医疗保险局、农村社会养老保险管理局。

〔**公务员管理**〕 2010年全市新录用公务员73人。其中乡镇选拔生6人,公安局47人,司法局15人,从村干部中考录公务员5人。完成了全市机关事业单位工作人员年度考核工作。参加考核总人数为12418人。完成了全市国有企业事业单位人才统计工作。据统计,全市事业单位总人数9780人。

〔**人事管理**〕 坚持凡进必考,完善事业单位人员招聘制度。共吸收录用了726名大学毕业生到有关单位工作。继续做好大学生见习工作。共接收安排了302名大学毕业生到相关单位和市内知名企业见习。

认真做好了服务期满“三支一扶”大学生的考核安置工作。对2008年分配到全市从事“三支一扶”服务期满的35名大学生进行了考核,为33名愿意留在南康市工作的大学生办理了接收录用手续。引进高层次人才,吸收录用了29名硕士研究生到事业单位工作。

〔**军转干部安置**〕 2010年,接收安置了1名军队转业和2名随调家属。

〔**人才流动开发**〕 进一步发挥市场对人力资源的配置作用。2月1日在市文化公园举办了春季就业招聘大会。260家录用单位提供了1.5万个就业岗位信息,现场达成求职志向人员1.8万人,现场录用7512人,10月19日分别在唐江、横市、朱坊、赤土等乡镇举办了“送信息、送岗位、送政策”活动招聘会,为工业园区输送农村综合劳动力1128人就地就近就业。

着力强化引才管理服务工作。引进外地教师19人,柔性引进人才1400人次。

〔**专业技术人员管理**〕 继续教育工作深入开展,组织了公需科目《应对突发事件能力培训教程》的学习,参学者8870人。严格执行职称工作政策,规范专业技术资格申报、认定和晋升工作。年内,认定、晋升公有制企、事业单位初级专业技术职称765人;晋升中级专业技术资格人员365人,其中中学一级教师184人、小学高级教师103人、工程师17人(其中非国有企业工程师13人)、卫生中级59人、会计师2人;晋升高级专业技术资格人员 210 人,其中中学高级教师 189 人、小学特高级教师 14 人、副主任医师 6 人、副主任护师 1 人。

〔晋升中级专业技术资格人员〕(365 人)

中学一级教师(184 人)

郑海宁 刘建菁 丁 峰 罗晓蓓 肖 云
郑 毅 罗乐平 邓新兰 幸垂燕 李春华
钟志春 黎业建 刘钢生 黎慧姿 廖建英
杨 宝 廖祥飚 李光发 吴 燕 秦彩云
卢小强 张君甜 谢宝燕 王红文 黄新华
曹庆芝 杨文定 许尚华 古 敏 陈 欢
王羚峰 肖礼颂 邱 华 李向阳 李建英
王正人 袁振华 陈瑞英 陈美英 吴礼政
温燕南 刘秋英 商叙英 陈清富 龙 慧
张 睿 明荣钰 罗小梅 曾建华 陈金平
邹 金 胡佐明 周道斌 张海平 朱 林
杨秋霞 宋金长 杨赛明 邹 勤 何显群
邓芳芳 何雅琴 刘小健 罗建成 舒银霞
李奕萍 彭孝辉 陈 晶 陈桥平 严 慧
陈 媛 朱 娟 刘小芳 黄 婷 陈全凤
郑燕霞 王 芳 肖华平 谢晓梅 卢 凌
龙文军 郑志勇 黄志友 曾裕尧 龚斯文
王志明 钟祥福 朱 艳 谢 莉 曾维福
王利峰 黄丽红 邱燕林 邱华梅 卓毓媛
杨终梅 黄桂兰 黄海英 陈达旺 李兆福
黎沁萍 钟文军 赖贻峰 廖明桥 陈旭春
邓河生 任善龙 黄进房 肖 林 刘程燕
赖日健 杨盛建 张翅飞 刘桂波 许毓林
吴志平 彭家斌 曾菊花 王文丽 魏荣莉
黄 芳 王香港 郭全根 朱小燕 黄玉芳
刘家兰 肖 强 胡丽娟 袁华林 刘仁生
谢立敏 王 慧 温水生 严 学 袁桂花
钟美华 廖信义 黎声振 朱敬瑞 郭满生
周兆文 彭绍洲 曾以春 黄 倩 颜姝娟
胡华平 邓瑞金 何年娣 李焕彬 刘贵生
曾林燕 黄才敏 傅声祝 杨国梁 黄东北
邱卫平 曹卫东 陈厚忠 施崇铭 邬泰亮
陈明华 黄鹏飞 刘海燕 明冬莲 魏小连
何朵华 吴丽春 赖春生 刘显英 王家程
黄松林 曾小海 张 名 王新华 唐晓慧
郭显炜 洪雪莲 沈学良 林保国 方立淦
谢秀林 吴冠秀 胡香清 刘珊珊

小学高级教师(103 人)

刘自军 张才香 伍玉红 王金燕 杨横英
明经胜 谢 龙 肖仁华 王海峰 卢爱莲
肖 燕 张 琳 陈绍山 谢世裕 何志荣
章清霞 袁 健 邝光东 肖 云 江学勇
罗光理 黄国华 廖海燕 卢桂香 刘家兰
陈春娣 李晓慧 张庆华 郭 桥 刘本香
段宗标 朱伦辉 袁小妹 范德林 丁华平
肖 莉 黄莲花 王 玉 刘 毅 胡明明
何祎红 朱卓然 谢秀娟 魏宝华 张华平
江丽娟 林传圣 叶先忠 李小丽 朱作茂
吴隆曦 朱蓉蓉 尹 红 罗凤英 林金花
吴林生 张岐沛 陈玉春 李春蕾 廖秋琼
陈小丽 朱平香 黄 鹏 刘经兰 蒋武燕
袁经美 谢丽华 严匡苹 谭日城 蒙红英
余长连 黄艳兰 朱钦斌 洪小春 李金华
刘 莉 黄 丽 邱凯兰 李干平 廖晓敏
黄烈福 赖健娟 明冬梅 练益兰 郭晓芳
林福莲 肖遵妍 邓旺阳 邓联墉 邱 萍
秦自镕 黎胜美 陈腾富 蔡泉英 巫明铨
钟阳仁 邱道平 朱小文 刘秋生 伍玉清
刘九生 刘安林 刘建高

工程师(17 人)

国有事业 4 人:

曾凡玉 曹人盛 邱明明 薛健民

非国有企业 13 人:

陈 涛 刘圣毅 吴礼华 肖庆华 林奇飞
陈孝宝 王小平 张选明 张 杰 张齐海
黎 遴 宋世雄 廖江润

卫生中级(59 人)

张林生 叶廷明 卢锦圣 蓝希灵 刘书斌
兰希香 赖春菲 邱 敏 章 敏 黄 鹏
彭永生 范小明 李 健 曹春萌 曹 海
刘秀英 陈 勇 傅寒平 林万鸿 徐积祝
秦 燕 肖庆文 易孟君 谢玉芳 谢世丽
江 兰 肖孟彬 张祖红 袁华葆 袁桂香
李若梅 郑爱芸 蓝希燕 陈朝红 王仁森
王万珍 黄梅莲 林金华 刘立林 梁海山
谢启海 李华平 邱 文 陈 萍 张春年
刘 斌 欧阳贵平 钟艳莲 刘圣春 伍永红
郭桥英 阳先慧 刘晓英 刘志华 阮皇菁
张保善 李旺俊 卢红云 范声春

会计师(2 人)

邓小文 张桂为

〔晋升高级专业技术资格人员〕（210人）

中学高级教师(189人)

许莲凤　郭晓敏　曹　平　刘田生　陈　胜
杨小明　龚模忠　朱海燕　吴和升　吴慧敏
朱祥林　刘传飞　钟鼎毅　钟运洵　巫明燕
周　亮　朱才千　朱　云　蓝冬梅　赵小明
林　虹　杨东平　温为平　吴玉香　刘年平
黎晓军　邱际伟　钟燕红　邱国松　林丽娟
钟　哲　何发祥　廖　伟　商海燕　陈建锋
董显福　李传萍　刘春玲　欧阳荣英　熊红琳
黄福生　刘宏亮　李熏财　明志超　钟朝福
袁洪杰　刘家标　刘　鸿　谢素华　黄　雯
赖敏玲　卢和强　陈　法　肖庆红　刘才华
侯永梅　肖　骞　赖　艳　刘福亮　刘田福
李林意　蔡鹃鹚　刘显龙　黄建军　袁源贵
叶枝伟　钟阳槐　幸志春　帅小红　赖嘉舜
王业明　陈河龙　邱全东　吕作亮　刘传标
曾香英　郭宗帅　黎新华　廖信芳　廖　辉
赖荣东　伍先乔　刘家斌　陈　勤　邱泰彬
伍忠红　张　榕　曹玉莲　凌桂莲　李魁模
王为民　王　毅　龙家湖　罗美箐　张忠英
刘圣林　曾健玲　卢毓芳　陈秀梅　吉　敏
林玉梅　刘建华　刘永红　谢启雄　叶大杏
卓宏辉　仲俊慧　温　瑛　张小兵　肖志明
陈富源　黄明灯　巫资超　吴启红　周佐尧
张其红　郭小忠　刘传桂　刘光伟　刘经斌
明红生　明心沛　王建平　吴艳平　朱隆淙
康小燕　刘诗梁　蒋　鸣　李小生　郭光军
余勇兵　叶　锋　刘　靖　何玉宝　杨泰燕
王礼凯　谢九香　林永明　肖明华　王诚亮
黄青梅　吴玉梅　黄雅琴　张文东　陈友理
吴艳萍　林孚彪　古君儒　张魁禄　陈庆泉
肖士龙　兰善剑　郭远华　钟朝高　邓椿芯
曹明生　曾凡君　曹志华　蔡美玲　周少荣
张北平　潘名盱　刘桂江　蔡少华　黄有莲
卢晓燕　谢艳华　严锦嫒　曾祥福　朱　君
朱生玮　李启胜　陈　俊　幸垂忠　幸春林
陈永平　李树华　邱　林　廖盛材　罗玉年
林山夫　邓同松　许君华　张声良　张青云
邓义天　张　飞　董金华　赖积华

小学特高级教师(14人)

张志星　肖　飞　刘爱群　王　佑　江　渝
汤冬梅　王晨莉　郑启开　刘云莲　钟建华
游长禄　董九英　曹佐祺　温庆红

副主任医师(6人)

刘先奎　黎明泳　邓国军　刘远锦　罗雪芹
张志伟

副主任护师(1人)

刘辅兰

〔工资福利和干部职工退休工作〕 完成了机关单位工作人员2010年正常晋升级别或级别工资档次、事业单位工作人员2010年正常增加薪级工资及2011年度规范公务员津贴补贴进档的审批工作。

认真做好劳动工资工作，为企业434名、机关事业单位221名职工办理了退休手续。完成了《南康市公共卫生与基层医疗卫生事业单位绩效工资实施方案(草案)》。

妥善解决返城未安置就业知青养老保障，根据《江西省人民政府办公厅关于解决返城未安置就业知青养老保障等有关问题的通知》(赣府厅发〔2010〕29号)文件精神，共审批了1771名返城未安置就业知青的养老保障申请。根据《关于解决我市部分未参加基本养老医疗保险群体有关问题的实施方案》康办字〔2009〕256号文件精神，完成了200名"三类人员"的资格审查工作。

〔人力资源体系建设〕 一是围绕全市支柱产业发展需要，扎实推进农民知识化和公民职业化工程，努力服务本地经济；二是大力开展劳动输出的同时，积极引导产业工人返乡创业和就近就业。

〔人事档案管理〕 市人力资源和社会保障局保管的人事档案系全市机关、事业和企业单位的工人档案。主要负责工人档案的接收、进档、转递、查调、借调等管理工作。按姓氏用档案箱装贮，档案总计17898人，其中全民13387人，集体4511人，年内利用档案289人次。

〔劳动关系与仲裁〕 进一步推进劳动合同签订工作，在全市国有企业全部签订劳动合同基础上，3月在全市范围内实施农民工劳动合同签订"春暖行动"，涉及企业1040户，23147名农民工签订了劳动合同。

依法公开处理劳动争议案件，全年受理争议仲裁申请154份，立案114件，处理结案98件，涉及申诉经济标的683万元,结案标的390万元。

〔**劳动保障监察**〕 及时处理举报投诉案件，调处劳资纠纷。2010年,劳动监察大队共受理举报投诉案件486起,立案283起。追回拖欠、克扣劳动者工资753.3万元,其中制衣、家具等行业134.76元,建设行业171.6万元。追回押金7120元,清退童工1人。共受理并处理好群体性案件43起,协调工亡案件5起，有力地维护了全市社会和谐稳定。

认真开展了2009年度劳动保障年度审查工作。共对736个用人单位进行了年审,发出改正指令书59份,涉及劳动者人数4892人。责令补签劳动合同2567份,追回了拖欠的73名劳动者工资,缴交养老保险1249份,失业保险67份,工伤保险3786份,生育保险63份。

开展了整顿人力资源市场秩序专项行动,共检查用人单位和各类职业中介等36户次,其中用人单位21户次,职业中介15户次;共取缔未经许可和登记擅自从事职业中介活动案9件，查处扣押被录用人员居民身份证和其他证件或者以担保或其他名义向劳动者收取财务案6件，责令退赔求职费用0.48万元。

积极办理工伤案件,认真进行工伤事故调查,及时送达工伤认定相关法律文书。全年共受理工伤案件783起,调查761起,经工伤认定小组讨论并作出认定结论的有670起，认定非法用工的案件53起,当事人中途协商处理完毕撤案的38起。受赣州市劳动和社会保障局委托受理劳动能力丧失程度鉴定案件298起。送达工伤认定决定书等法律文书1936份。

〔**社会保障体系建设**〕 加大社会保障体系宣传力度,充分利用媒体、图片、宣传资料等方法,宣传《就业促进法》、《劳动合同法》、《劳动争议仲裁法》、《劳动合同法实施条例》，共发放宣传资料2万余份，张贴宣传栏6期。开展法律政策咨询4次,咨询人数2000余人。

加大养老保险、失业保险、医疗保险和生育保险及基金征缴社会保障体系建设。完成养老保险扩面3080人,失地农民养老保险1805人,返城知青养老保险1771人,失业保险24500人,医疗保险25823人,工伤保险13389人,生育保险6236人。

〔**领导班子名录**〕

局长:谢　康

党支部书记:郭名华

副局长:卢伟周
　　　　邓世平
　　　　赖小明
　　　　刘忠萍
　　　　肖为军
　　　　朱润芝(女)

机构编制

〔**综述**〕 2010年,市机构编制工作以邓小平理论和“三个代表”重要思想为指导,全面落实党的十七大、十七届二中、三中、四中、五中全会精神,深入贯彻落实科学发展观,紧紧围绕市委、市政府的工作大局，深化推进行政管理体制改革和机构改革,创新机构编制管理,不断提高机构编制工作的总体水平，为南康经济社会科学和谐发展提供了体制机制保障。

〔**机构改革**〕 1、2010年6月2日召开了市政府机构改革动员大会，标志着市政府机构改革正式启动。改革对职能相关、相同或相近的部门单位进行整合优化,调整机构设置,理顺部门分工,着力解决机构重叠、职能交叉、权责脱节、政出多门等问题,重点抓了工业、交通运输、人力资源、食品药品安全监管、内外贸管理、扶贫和移民、农业、文化广播电影电视、规划建设等9个领域的整合,撤销(含调整为挂牌)的正科级单位6个、合并重组的正科级单位8个,新组建的正科级单位4个、更名的正科级单位7个、由正科级调整为副科级的单位4个、由副科级调整为股级的单位3个。市政府机构改革准备工作做到了平稳有序、上下满意。为认真做好市政府副科级以上工作机构“三定”(定职责、定内设机构、定人员编制)工作,使部门单位“三定”工作更加规范、有序，下发了康编办字〔2010〕4号文件,明确了“三定”的范围、内容、程序和要求,并按照理顺关系、强化责任、精简高效的原则对各单位上报的“三定”方案认真进行审查核。2、为解决城区新增人员、创业经商人员、进城农民工子女就读问题,设立了南康市南水中学,为市属股级学校。3、为加强全市公共机构节能工作的管理,决定市机关事务管理局机关增设“节能科”,增加3名全额拨款事业编制。4、下达公安局政法专项编制28名、检察院政法专项编制5名、法院政法专项编制4名、基层司法所政法专项编制2名。5、为适应党风廉政建设和反腐败工作新形势、新任务的需要,进一步强化基层纪检监察机关的监督职能,经赣州市编委批准,市纪委监察机关设置内设机构7个,设立7个纪工委、监察分局,核定行政编制28名,工勤事业编制7名。6、为进一步实施青少年素质教育,加强青少年学生校外活动场所管理,促进青少年学生全面发展、健康成长,设立市青少年学生校外活动中心,为教育局下属股级全额拨款事业单位,核定编制6名。7、根据上级关于街道办事处范围内的一级医院和街道卫生院,直接改造为社区卫生服务中的精神,设立了蓉江街道蓉江社区卫生服务中心、东山街道东山社区卫生服务中心,分别核定人员编制69名、37名。8、根据赣州市编委《关于核定南康市乡镇卫生院编制总数的通知》精神,将上级下达的725名事业编制分配给乡镇卫生院。

〔**机构编制管理**〕

1、严格执行“核编进人”制度,严把人员入口关,全年共办理机关事业单位增加工作人员核编129人次。2、完善机构编制实名制管理办法,严格执行“双证”管理制度,完成了2009年机关事业单位“双证”年审工作。3、配合卫生局、人保局完成录用8名2010届订单式全科医学大专毕业生的分配工作。4、与人事、监察、卫生等部门的共同组织下,完成了录用227名卫生技术人员的检录工作。5、配合人保局、教育局、卫生局、财政局完成了33名2008年度“三支一扶”大学生服务期满的接收安置工作。6、配合文广局、人保局完成了4名赣南采茶戏定向培养生到采茶剧团工作。7、配合市教育局、人保局、监察局完成了录用386名大学毕业生到中小学任教的工作。8、配合组织部、人保局、财政局,完成了2011年度规范公务员津贴补贴审批进档工作。9、根据赣州市编办《关于转发〈关于清理地方专门公安机构的通知〉的通知》(赣市编办〔2010〕30号)精神,对地方自行设立的公安机构进行了全面自查和清理,通过检查市公安局没有自行设立城管、国土、环保、文物等专门公安机构,没有接受相关部门的领导或指导、直接从事参与有关领域的行政执法活动的机构。10、完成了开展政法专项编制分配情况自查自评。11、向市政府提出了南康电视台改变经费形式和市卫生局《关于要求录用研究生》的初审意见。12、配合有关部门完成了市计生委公开招录乡镇计生服务所人员24人。13、配合市委组织部、人保局完成了从优秀村(居)党支部书记、村(居)委会主任中选聘9名乡镇事业单位工作人员工作。14、为缓解市部分事业单位人员紧缺状况,受市委、市政府的交办,对全市机关事业单位人员编制现状和近期使用编制(招录人员)问题开展了专题调研,并形成书面材料呈报市委、市政府研究同意,尚有空编的22个事业单位公开招聘工作人员50名,配合市委组织部、人保局等部门组织实施招聘工作。15、认真贯彻执行赣州市编办《关于进一步加强机构编制监督检查工作的通知》,会同有关部门对吃“空饷”问题进行定期不定期检查,2010年全市清理吃“空饷”行政人员3人,事业人员12人,按辞职进行了处理。16、办理答复了市政协四届四次会议第164号提案。

〔**事业单位登记**〕 按照《事业单位登记管理暂行条例》及《事业单位登记管理暂行条例实施细则》的规定和赣州市的统一部署,变更登记25个、公告23个,全市应年检事业单位372个,年检事业单位372个,年检率为100%。

(供稿 王业忠)

〔**领导班子名录**〕

主　任:刘诗海

副主任:罗天连

　　　　明心华

信访工作

〔**综述**〕 2010年,全市信访工作在市委、市政府的高度重视和正确领导下,以邓小平理论和三个代表重要思想为指导,深入贯彻落实科学发展观,全面贯彻落实全国省、赣州市关于省信访工作的一系列指示批示精神,紧紧围绕市委、市政府“126”工作目标,落实“1234”的信访工作目标,深入开展大排查大调处工作,深化联合接访、干部下访,进一步畅通渠道,规范信访秩序,严格落实信访工作责任,充分发挥信访工作在构建社会主义和谐社会中的基础性作用。

〔信访机构〕

市信访工作领导小组暨处理信访突出问题及群体性事件联席会议办公室 参照省、赣州联席会议的设置,按照“谁主管、谁负责”的原则,和人事变动的原因,对全市2010年的信访工作领导小组暨处理信访突出问题及群体性事件联席会议和工作机构组成人员进行了调整。

联席会议:总召集人设1人,召集人设4人,按照中央、省、赣州市的要求,增设了组织部长为召集人之一,成员单位有46个,成员46人。联席会议设立15个信访问题协调小组即:农业农村类信访问题协调小组、土地征用、城镇拆迁类信访问题协调小组、纪检监察及山林权属类信访问题协调小组、社会保障类信访问题协调小组、城乡规划建设管理类信访问题协调小组、宣传、网络舆情类信访问题协调小组、涉法涉诉类信访问题协调小组、文化教育、宗教、工业类信访问题协调小组、赴京、赴省、赴赣州市非正常上访问题协调小组、医疗卫生、食药品监督信访问题协调小组、环保类信访问题协调小组、安全生产、交通事故、消防类信访问题协调小组、涉军人员信访问题协调小组、家具产业类信访问题协调小组、组织人事、人口计生类信访问题协调小组。

联席会议办公室:市信访工作领导小组暨处理信访突出问题及群体性事件联席会议下设办公室,办公室设在市信访局,由市委办副主任、市信访局局长江香莲担任办公室主任。

市委、市政府信访局 属一级行政单位,受市委、市政府直接领导,业务上接受上级信访部门直接指导。根据机构改革的要求,从2010年6月起,市委、市政府信访局归口党委系统。主要工作职责是:1、受理、办理信访事项;2、承办上级机关转送、交办的信访事项;3、向下级机关交办其它机关转送信访事项;4、协调处理重要信访事项;5、检查、指导下级机关的信访工作;6、向信访人宣传法律、法规、规章和政策,提供信访咨询服务;7、分析、研究信访情况,及时提出完善政策和改进工作的建议;8、其它依法应当履行的职责。

〔机构队伍〕 2010年市信访局共有干部职工9人。其中公务员7人(含2010年11月1名辞退的公务员),事业编制2人(2010年11月新调入1人)。设有局长1人、书记兼副局长1人,副局长1人。设接访科、办信科、督查科、手机信箱办(属事业编制股级单位,受信访局领导管理)。

〔主要信访工作〕《关于做好2010年市领导分类联合接访工作的通知》(康办字〔2010〕40号)、《关于调整南康市处理信访突出问题暨群体性事件联席会议和专项工作组组成人员的通知》(康字〔2010〕46号)、《关于进一步做好领导包案工作的通知》(康办字〔2010〕185号)、《关于群众到市政大楼非正常上访的处置预案》(康办字〔2010〕171号)、《南康市关于开展五类信访问题百日大治理活动的实施方案》(康办字〔2010〕200号)。《南康市重信重访专项治理工作实施方案》(康市信联办〔2010〕08号)。

〔信访制度〕 2010年新建立的制度:领导干部分类联合接访制度、正科级督查专员制度.

〔案件办理工作〕 *接访工作* 以科学发展观为统领,以群众工作统揽信访工作的理念,创新工作思路,在日常局工作人员接访的同时,开展市领导分类联合接访,整合资源,从信访事项的提出、受理、办理、督办回复等环节环环相扣,提高效率,方便群众。

1、日常接访情况。认真接待群众来访。全年共受理群众来访509批1781人次,其中集体访98批1150人次(10人以下集体访60批372人次、10~50人集体访为37批670人次、50人以上集体访为2批108人次),重复访93批468人次。办结631件,办结率86.3%,停访息诉381件,停访息诉率60.3%。2、市领导分类联合接访情况。从2010年3月份开始实行市领导分类联合接访,时间为每周二上午8:30至12:00(法定节假日除外),参与分类联合接访的人员为市四套班子领导(计25名)及其分管部门主要负责人,视实际需要邀请人大代表、政协委员、律师、媒体记者等相关人员陪同接访。分类联合接访地点在市信访局接访大厅。接访领导接访前提前3天在市电视台进行公示。全年市领导共接访信访群众268批789人次,批示办理信访事项 88 件。办结 36 件，办结率 40.9%。

3、越级访情况。赴京上访 13 批 15 人次，其中非正常上访 11 批 11 人次。赴省上访共 24 批 59 人次，集体访 1 批 18 人次，重复访 4 批 7 人次。赴赣州市上访共 117 批 257 人次，其中集体访 8 批 85 人次，重复访 12 批 37 人次。

办信工作　2010 年受理群众来信 245 件，其中重复来信 85 件，联名信 35 件。

案件办理情况 1、领导批示及上级交办案件 全年共办理领导批示及上级交办案件 65 件，办结率 100%，停访息诉 45 件，停访息诉率 72%。2、全年共集中交办市领导包案信访案件 101 个，办结 101 件，办结率 90%，，停访息诉 62 件，停访息诉率 61.38%。

〔阳光热线系统建设和网上信访〕 为对接上级网上信访工作，2010 年 8 月，根据赣州市部署和要求，建立市乡两级阳光热线系统，设立终端对接点 126 个（其中乡镇街道 20 个，市直驻市单位和部门 106 个），通过办培训班、QQ 经验交流、下去单位指导等形式培养了一批 120 多人的网上信访专职办理员队伍。2010 年全市累计受理省（市）长信箱、省（市）长手机、网上信访、投诉受理等六个信访渠道的信访件计 325 件，办结 325 件，办结率 100%，停访息诉 301 件，停访息诉率 92.6%。

〔疑难复杂信访问题化解工作〕 1、实行特殊疑难复杂信访个案进行救助促化解。2010 年市财政设立信访救助金专用账户，用于解决了 6 批跨越时间久远，解决难度大，涉及政策范围广，无责任主体或责任主体无经济能力的“无头案”、“骨头案”“钉子案”，信访停访息诉，并表示感谢。按照中央、省、市、县配套比例（2:2:3:3），共发放信访救助金 25 万元。2、实行领导“五包”促化解。对疑难复杂信访问题实行市、乡、单位领导包案化解，做到包问题调处、包督查督办、包思想教育、包人员稳控、包停访息诉。

〔信访督查督办工作〕 1、对全年本级排查梳理并集中交办的信访案件及领导批示件、上级交办案件进行适时跟踪督办，促案结事了。1~9 月，共排查交办 85 件信访突出问题，通过书面督办及电话督办，使办结率达 95%，停访息诉 42 件。11 月份全市五类信访问题百日大治理活动中自身排查的交办的 33 个信访事项进行全面督办，使案件办结率达 100%，停访息诉率达 73%。2、参与全市综合督查组对全市信访工作进行督查。根据市委市政府督查室安排，采取敏感时期与平时相结合的方式，信访局派出督查专员参与定期对全市信访工作进行工作督查、业务指导、调研分析。

〔信访信息研判工作〕 1、重要信息专报。对接访中出现的较重大的信访信息形成书面材料向市四套班子领导及相关单位通报，全年共通报 31 期，为市委市政府提供决策依据。2、信访情况综合。每月定期对全市信访工作情况进行综合，并形成书面材料发至各乡（镇、街道）、各单位，加强了信息资源共享，为各乡（镇、街道）、各单位提供了参考与借鉴，促进了信访工作的良性发展。3、接访纪要。对联合接访、约访信访人情况包括专项调解工作组组成、调处方案制定、信访人诉求、现场解释教育等工作情况形成书面接访纪要，发至市委市政府主要领导及相关单位。

〔接访和督查专员管理工作〕 1、接访专员管理。2010 年市委组织部继续执行接访专员跟班学习管理办法，人员从乡（镇、街道）或市直单位、部门抽调年轻有培养前途的干部委派到市信访局，实行 1 年 2 批各 6 个月学习期，学习结束后由市信访局作出工作表现鉴定并列入个人档案管理。2、正科级信访督查专员管理。12 月，市委安排已提拔的 4 名正科干部任信访级督查专员，负责市委、市政府安排的各项督查工作，协助接访、督办重点案件等工作。

（供稿　刘泉芸）

〔领导班子名录〕

局　长：江香莲（女）

副局长：袁四方

党支部书记：邹裕璜（　　~2010.6）

外事侨务

（内容参见统战部和侨联相关条目）。

民族宗教

〔综述〕 2010年,市民族宗教局在赣州市民族宗教局和南康市委、市政府的领导下,坚持以科学发展观为统领,紧紧围绕市委、市政府提出的"一个继续坚持,两个着力把握,六个扎实推进"的工作目标,深入学习贯彻中央、省、赣州市民族宗教政策法规、重要文件及省、赣州市、南康市领导视察民族乡时的重要讲话精神,全面贯彻执行国务院《宗教事务条例》、《江西省宗教事务条例》和《江西省少数民族权益保障条例》,团结奋进、开拓进取、依法行政,促进了民族地区经济社会的发展与进步,维护了宗教领域的和谐稳定,为全市的经济社会发展做出了应有的贡献。

2010年,全市有少数民族20个,共14000多人。有少数民族乡1个,少数民族行政村3个(富田畲族村、河坝畲族村、花园畲族村),少数民族人口占50%以上的少数民族村民小组51个。有登记的宗教活动场所(点)21处,其中佛教9处,道教2处,天主教1处,基督教9处。

〔机构队伍〕 2010年机构改革,根据《中共南康市委、南康市人民政府关于印发〈南康市人民政府机构改革实施方案〉的通知》(康字〔2010〕20号),保留南康市民族宗教事务局,为市人民政府工作部门。核定行政编制3名,市天主教爱国会为市民族宗教事务局下属正股级全额拨款事业单位,人员编制1名。年末实有机关工作人员4名,其中在编人员3名,临时工1名。

〔民族工作〕 贯彻落实省委、省政府和赣州市委、市政府民族团结进步表彰大会及民宗工作会议精神。及时向市委、市政府书面汇报了会议主要精神,提出了全市贯彻会议精神的意见和建议,使上级会议精神得到全面贯彻。认真学习贯彻省、赣州市领导视察民族乡时重要讲话精神。加大民族宗教理论政策培训力度。把民族宗教理论政策纳入到党校的培训内容,九月,在全市的科级干部离岗学习班中,开设了民族宗教理论政策课,讲授了党的民族政策、马克思主义宗教观、《宗教事务条例》和《如何做好新时期的民族宗教工作》等内容。举办了由乡(镇、街道)党政分管领导、民宗助理员参加的南康市宗教干部学习班,重点学习了《宗教事务条例》、《宗教基本知识》、《怎样做好基层宗教工作》等内容,宣传了宗教政策,提高了宗教干部工作水平。开展民族团结进步知识竞赛。下半年,组织民族乡、村、组的干部群众和民宗系统干部参加了"全省民族团结进步知识竞赛"。印发宣传手册和民宗专刊,发挥新闻媒体的宣传报道作用。印发了《民族宗教政策法规》宣传手册,出刊了三期《南康民族宗教》和1期《南康市依法治理基督教私设聚会点专项工作简报》,出宣传4期专栏,全面介绍省、赣州市民族团结表彰大会精神和省、赣州市民宗工作会议精神。2010年,《江西民宗网》、《江西民族宗教信息》、《江西省少数民族地区工作简报》、《江西统一战线》、《赣州民族宗教》等网络、刊物录用南康市的民宗信息、文章26篇(条)。推动民族乡村经济社会发展。促进出台了《中共南康市委、南康市人民政府关于加快推进以赤土畲族乡为重点的少数民族乡村发展的意见》(康发〔2010〕7号)、《中共南康市委办公室南康市人民政府办公室关于赤土畲族乡农民增收和社会事业建设主要目标任务分解落实的通知》(康办字〔2010〕77号)两个文件。扎实有效地开展民族团结创建活动。与宣传部、统战部联合下发了《关于印发〈南康市开展民族团结创建活动实施方案〉的通知》(康民宗字〔2010〕19号)。《方案》明确规定了在学校、机关、企业、寺院、乡(镇、街道)和社区中开展民族团结进步的具体要求,成立了活动组织机构,部署了活动步骤,制定了创建模范单位的标准扎实有效地开展了创建活动。抓好了赤土畲族乡9个新农村示范点建设。

积极向上争资争项,做好资金安排调度及监督使用。与市财政局一起,向上级申报7个少数民族发展扶持项目,2010年为赤土畲族乡争取了4个项目共94万元扶贫资金。进一步保护和发展少数民族文化。草拟了《关于进一步繁荣发展少数民族文化事业的实施意见》,供市政府决策。落实少数民族考生加分优惠政策。与市公安局、市教育局高招办中招办等单位一起对全市120名高考少数民族考生(其中享受加分51名)、14名中考加分的少数民族考生进行了严格的民族成份把关审核工作,使少数民族考生享受应有的优惠政策。

〔宗教工作〕 加强了重点寺观教堂的基础设施建

设。南山生佛寺佛教文化区基础设施建设，列入了全市2010年“双百”重点工程，完成了新大雄宝殿主体工程和露天观音铜像建设，僧房、斋堂、钟楼、鼓楼、观音桥等一批基础工程正在建设之中。与东山街道一起，完成了寺内2户农户搬迁工作。协助唐江宝台古寺完成了天王殿、地藏殿、天主殿、藏经楼、念佛堂、僧房、客堂、斋堂等一批重大基础实施建设任务，协助唐江宝台古寺顺利举行了佛像开光暨法如法师晋院开座仪式，帮助唐江基督教会举行教堂落成竣工庆典等重大活动。向全市宗教场所转发了市发改委等六部门《关于加强重大工程安全质量保障措施的通知》，并在全市宗教活动场所开展了安全隐患大排查、大治理工作，发现问题，限期改正。化解矛盾，维护宗教领域内的稳定。4月，天主教原“女堂”与周边居民发生纠纷，积极做好天主教原“女堂”空地出租矛盾化解调处和稳控工作。会同国土局、太窝乡政府、太窝公安派出所等单位了解情况，宣传政策，直接与双方当事人做思想工作，纠纷得到化解。6月上旬，唐江宝台古寺沙弥果良利用回老家上犹县之机，在上犹县东山寺非法散发“近来会发生瘟疫灾难”为主要内容的传单，市民族宗教局当即与唐江公安派出所、上犹县民宗局、政法委、公安局等单位联合调查，彻查此事，依法依规处置了“非法散发传单”事件，消除了不良影响，稳定了宗教界情绪。依法做好全省依法治理基督教私设聚会点试点工作。南康市被列为全省依法治理基督教私设聚会点试点县（市）之一，为了做好基督教私设聚会点治理工作，市宗教领导小组下发了《关于印发〈南康市依法治理基督教私设聚会点工作方案〉的通知》（康宗领字〔2010〕2号），经过9月、10月的大量摸排教育转化和依法处置，对全市58处基督教私设聚会点做好了分类处理工作，其中登记10处，合并34处，过渡12处、取缔2处。帮助宗教场所解决难点问题。由市民宗局牵头，联合公安、交管、交通、卫生、城管、消防和相关乡（镇、街道），先后3次调集百余名公务人员，帮助春节期间南山生佛寺、唐江宝台古寺维护交通、公共安全秩序。抵御宗教渗透工作制度化、程序化。制定了《南康市抵御宗教渗透工作预案》，成立了领导机构，明确了工作职责，规定了相关信息呈报的时间和方式，严格执行了《预案》所规定的各项要求，及时掌握了外来教职人员的活动态势。加强宗教团体自身建设。组织市基督教“两会”班子成员及各堂点负责人2次集中学习宗教政策和法律法规。9月，帮助市天主教爱国会举行换届选举，顺利完成了新老交接，把一批较年轻、有学识、政治素质较好、在信徒中有威望的代表人士充实进了天主教爱国会班子中。引导宗教与社会主义社会相适应。先后组织佛教重点寺院，基督教“两会”在春节期间走访慰问、帮助困难信徒和群众、孤寡老人、残疾人等社会弱势群体，送去了慰问金和慰问品，帮助弱势群体解决生产、生活中的问题。慰问群众680余人，慰问金达4.2万余元。南山生佛寺主持释传昌引导2位广东籍佛教信众为赤土畲族乡河坝小学、杆背小学捐赠220套学生课桌椅、440套学生校服，受到了当地群众欢迎。

〔调研工作〕 11月16日，省民宗局谢秀琦局长一行到南康市赤土畲族乡调研民族工作。调研组先后来到南康市区至赤土圩公路改造项目、民族小区、赤土4万亩循环农业示范区、赤土畲族乡青塘新农村示范区等一批民族乡重点项目视察。

2010年9月15日，全国散居片区少数民族发展资金管理工作调研组在国家民委经济发展司副司长彭泽昌。马吉等两位领导的率领下到南康市赤土畲族乡调研。省民宗局巡视员张国培，赣州市民宗局局长袁景运陪同调研，参加调研的有山西、江苏、浙江、安徽、福建、江西、山东、河南、陕西等省民（宗）委（厅、局）经济（民族）各处长。调研组一行先后深入到赤土畲族乡青塘万亩生态园、生态农业开发示花园（新华农庄）、民族新区等重点项目实施地逐一检查指导。

（撰稿：卢峰林）

〔领导班子名录〕

局　长：罗福民

副局长：卢东桥

　　　　罗升锋（2010.11～　　）

扶贫和移民工作

〔综述〕 2010年，市扶贫开发工作坚持以邓小平理论和“三个代表”重要思想为指导，全面贯彻落实党的“十七大”和市“两会”精神，按照《中国农村扶贫开发纲要（2001~2010年）》的要求，牢固树立和全面贯彻落实科学发展观，加快转变扶贫和移民工作方式，瞄准农村贫困群体和库区移民，按照有利于贫困地区和移民安置区生产生活条件的改善、有利于贫困农户和移民家庭收入的增加、有利于贫困人口和移民综合素质的提高和就业创业能力增强的要求，把扶持贫困地区和移民安置区创业发展、增强贫困人口和移民自我发展能力作为工作重点，进一步实施好整村推进、产业扶贫、搬迁扶贫、库区移民、科技扶贫和社会扶贫等工程，努力构建农村和谐文明社会，为全面建设小康社会打下坚实基础。

〔**机构队伍**〕 市扶贫办公室是市政府直属一级事业单位，编委核定编制8人，内设一个综合科。在职干部职工10人，其中：主任1人，副主任2人，综合科长1人，主任科员4人，科员1人，司机1人。大专以上学历8人。

〔**扶贫资金及项目管理**〕 2010年，南康市积极向上争取财政扶贫资金671万元，争取扶贫专项贴息贷款234万元，共安排各类扶贫项目60个，其中种植业项目2个、交通建设项目27个、农田基本建设项目7个、文化科技项目18个、其他类项目6个。据统计，通过扶贫项目的实施，新建了扶贫重点村通村、通组水泥公路14条23公里，受益人口43万人；桥梁3座475米；砼浇农田水利灌渠7条13210米；新建、维修水陂3座；维修水渠一条长4000米；深挖山塘4口，新增农田灌溉面积5200亩，受益人口9.5万人；为扶贫重点贫困农户建蓄水池45口，建水塔45处，铺设引水管道3000米；新修河堤一条长150米；完成贫困水灾农户灾后搬迁50户，改造贫困户危房103户；扶持扶贫产业基地建设资金52万元，新种果业2100亩、养猪14300头，带动农户5425户，户均增收2300元。扶贫重点村基础设施和生产生活条件得到明显改善，农民生产生活环境有了较大提高。

为使有限的国家扶贫资金发挥出更大的效益，市扶贫办加强队伍和制度建设，在扶贫项目管理中，狠抓十项制度的建立、健全和贯彻落实。对全市60个扶贫项目都坚持“库中选项制度、三级申报制度、项目公示制度、工程招投标制度、群众代表监督制度、资金请款报账制度、项目管理责任制度、项目竣工验收制度”。同时，对项目的实施和资金的使用进行绩效考评，极大地推动了扶贫项目的顺利实施，确保了扶贫项目的工程质量，使贫困地区的基础设施有了较大的改善，人民生活水平有了明显提高，农村面貌发生了根本性的变化。年内，全市贫困人口由2009年底的21760人，减少到19471人，减少10.5%，贫困户农民人均纯收入由2009年底1782元增加到2038元，增长14.36%。

〔**库区移民**〕 南康市大中型水库移民后期扶持人数8322人，其中核定到人直补人数5950人(含三峡移民2人)，无法核定人数2372人。

根据国务院《关于完善大中型水库移民后期扶持政策的意见》(国发〔2006〕17号)文件精神，以及广大移民的意愿，一是现金直补政策落实到位。按照每人每年600元标准，采取“一卡通”发放形式，通过银行按季度划拨到移民粮食直补账户上，方便移民领取，减少发放环节。全年发放直补资金357万元。二是项目实施管理规范。在落实资金直补政策的同时，切实做好项目扶持工作，实施管理规范。全年省办批复后扶项目42个，已全部完成建设任务，并通过了验收，项目完工率100%，下拨项目资金348.42万元。水库移民的生产、生活水平显著提高，移民安置区的基础设施建设不断完善。

〔**搬迁扶贫**〕 2010年是南康市实施移民搬迁扶贫第一年，有1220人的移民搬迁任务，移民搬迁扶贫工程投入427万元财政扶贫资金。其中：在农村或圩镇集中建房安置180户，859人，到县(市)城分散购房85户，361人。2010年，由于全市4个移民搬迁集中安置点都采取与新农村建设和文明圩镇建设紧密结合，工作基础较好。到2010年底，建房进度已有85%完成了主体工程，春节前有100%的移民户搬进了新居。

〔**社会扶贫**〕 2010年，市社会扶贫工作有新起色。年内，各级定点包扶、定点扶贫单位在积极配合、参与监管扶贫开发项目的基础上，努力做好单位扶助项目的实施和管理，领导干部“321”结对帮扶，企业帮村带户扶贫，接受社会捐赠扶贫等各项工作开展顺利，取得了显著成效。据统计，全市共筹捐社会扶贫资金884万元，其中单位扶持资金210万元，帮助引进资金301万元，协助贷款215万元，提供物资扶贫款36万元；个人捐赠资金25.5万元，捐物折款52万元，其他资金44.5万元。共安排扶贫项目234个，其中，修建乡村公路23公里，修建水利设施24座(处)，扶持新农村建设点17个，实现脱贫人口2289人。

〔雨露计划〕 2010年，全市认真组织实施了以贫困户劳动力培训转移就业为主要内容的“雨露计划”。依托南康市职业中等专业学校和南康市飞翔职业技术学校两所培训基地，以幼师、护士护理、计算机应用、电子电工、汽车驾驶、电工、车工、电脑绣花等专业为主，在提高技术培训质量和转移就业上下功夫。同时，广泛动员和资助贫困户劳动力，积极主动参加接受培训，提高素质、转移就业、增加收入、脱贫致富。到2010年底，已完成上级分配的278名“雨露计划”贫困户劳动力培训转移就业任务，转移就业率达100%。

(供稿：李爱荣)

〔领导班子名录〕

主　任：曹伍生(2010.11~　　)

副主任：刘志江

钟小华(女)

地方志工作

〔综述〕 2010年，市地方志工作在市委、市政府的正确领导和省、赣州市地方志办公室的指导下，深入学习贯彻党的十七届四中全会精神、全面贯彻落实《地方志工作条例》和《江西省实施地方志工作条例办法》，以科学发展观为指导，紧紧围绕市委市政府“一个继续坚持，两个着力把握，六个扎实推进”的工作目标，按照年初确定的工作计划，扎实推进各项工作，取得显著成效。年鉴工作经验在省志办召开的武宁会议上作典型发言；《南康年鉴》(2009)在全国地方志系统第二届年鉴评奖活动中荣获二等奖，市志办被江西省地方志编纂委员会评为全省方志系统先进集体。肖琼撰写的《第一轮修志应重视“人民生活”内容的记述》被赣州市地方志文集录用。

〔机构队伍〕 2010年，在职人员5人，其中女2人，主任1人，副主任2人，副主任科员1人，聘干1人，大专以上学历5人。为编写年鉴，临时聘请编纂人员8人。

〔年鉴编纂与发行〕 《南康年鉴》(2009)2月由黄山书社出版发行，市志办积极将书送到领导、部门、社会各界人士手中，充分发挥年鉴作用。编纂和出版发行《南康年鉴》是市志办每年的常项工作，业务规范性强，质量要求高。市志办坚持高标准，树立细节决定成败的理念，处理和把握好编纂和出版发行环节的每一个细节，认真做好约稿、组稿、编纂、审稿、征集彩页、印刷招标等工作。为了把好年鉴的质量关，坚持实行三审三校制，规定编辑人员互审互校，以高度负责的精神对每一页文字、每一幅照片和每一个版面进行精审、精校、精改，从而高质量地完成了《南康年鉴》编纂的一系列工作。《南康年鉴》(2010)编纂工作3月正式启动，5月底前完成资料征集；8月底完成资料编辑及分纂；9月完成总纂，10月招标确定印刷厂家，并定稿付印。

〔读志用志工作〕 全年共接待来信来访500多人次，为领导决策施政、基础设施建设、对外宣传、市外乡亲了解南康等提供了大量信息和资料。与全国60多个市、区、县地方志办的年鉴进行交流，虚心学习同仁们的好经验好做法，共收到60种(部)年鉴(志书)。南康地方志网站4月重新开通，内容不断完善充实。

〔部门(乡镇)志(鉴)编修工作〕 部分有条件的乡镇和部门按照要求，启动了乡镇志(鉴)、部门志(鉴)编修。市志办按照分类指导，重点突破的工作思路，加强对乡镇志、部门志编纂工作的指导，经常性了解其编纂进度，并给予指导。《交通年鉴》(2010)、《商业年鉴》(2010)顺利完成编纂。《法院志》、《十八塘志》、《赤土人物志》、《公安大事记》编纂工作进展顺利。继续加强联系、沟通、协调与指导，稳步推进了《地理志》编纂工作，大坪、十八塘乡部分进展顺利，基本完成初稿。

(供稿：张玉玲)

〔领导班子名录〕

主　任:倪贵清

副主任:张玉玲(女)

叶廷松(2010.11~　　)

档案工作

〔综述〕 2010年,市档案局坚持以邓小平理论和“三个代表”重要思想为指导,以科学发展观为统领,认真贯彻党的十七届三中、四中、五中全会和省、市档案工作会议精神,突出档案“服务经济社会发展,服务民生需求”工作主题,以深化馆库基础、档案资源体系、档案信息化为工作重点,继续发挥了档案为经济发展服务、为领导决策服务、为人民利益服务的作用,全市档案事业步入了一个新台阶。

〔机构队伍〕 市档案局和档案馆,实行“两块牌子,一套人马”体制,档案局是南康市人民政府直属正科级事业单位,档案馆是副科级事业单位。2010年8月,招聘两名见习大学生(不占编制)。至2010年底,全局(馆)共有干部职工12人,其中见习生2人,平均年龄40岁。其中男4人,女8人,副局长2人、副主任科员1人,馆长1人,馆员2人,助理馆员2人,大专以上学历5人,其中本科学历4人。

〔档案收藏与保管〕 市档案馆现有库房4间,计311.12平方米,有156个档案全宗,年末实有馆藏档案34837卷(册)4246件。在馆藏档案中,有民国档案995卷,革命历史档案1卷(37件),新中国建立后的档案33881卷(册)。建国后的档案除各单位按规定移交进馆的归档文件外,还有1953年土改时颁发的土地房产证存根和1983年林权改革时颁发的山林权证书存根;历届人口普查等专门档案;时任中共中央总书记、国家主席江泽民,原江西省委书记(后任全国政协副主席)毛致用等党和国家领导人亲临南康县(市)视察的档案;罗贵波追悼会档案;南康名特优产品——甜柚等照片档案。此外,市档案馆还收藏有社会捐赠的个人和家庭档案,主要有个人著作、回忆录以及陈、叶、朱、王、幸、石、罗、商、钟等10多家(族)谱。

市档案馆藏有具重要参考利用价值的各类资料计4896册,主要有历修《南康县志》、《南康年鉴》、部门志书,有建国前的《南康日报》、《新南康报》、建国后的《南康报》、《南康建设》等报刊。有清嘉庆年间南康籍著名人士谢启昆主修的《广西通志》、有《江西省通志》和载有南康及其他县(市)内容的《天一阁明代方志》等史料志书。有《中华苏维埃共和国中央政策文件选编》和《苏维埃组织法》、《赣西临时苏维埃政府土地法》等法律法规,以及《辞源》、《现代汉语大词典》、《俗语典》等工具书。

〔库房建设和丰富馆藏〕 1、综合档案馆建设。2010年,增加了4台空调、5台电脑、1台打印机、1台复印机等硬件设施。2、大力拓展档案资源。2010年,进一步加强了到期档案接收进馆工作力度,尤其是对机构改革中各撤并单位档案的接收工作力度较大,累计接收档案5086卷1844件,馆藏更加丰富,馆藏结构更加优化。3、注重征集特色档案和“三重”“三名”档案。3月,接收了国庆60周年系列活动照片档案近100张,收集了省、赣州市各级领导前来南康视察指导的照片档案近100张,同时接收、征集了2009年科学发展观学习教育活动档案57卷。

〔档案利用〕 2010年,档案馆现行文件服务中心、档案查阅利用中心共接待查阅利用者近5000人次,调阅案卷数达7856卷次,帮3464人解决了有关林权、土地纠纷、精简下放人员、返城知青等方面的问题,为各单位领导决策,为广大人民群众解决纠纷、维护权益做出了巨大贡献,为构建和谐社会发挥了积极作用。

〔档案法律宣传与法制建设〕 1、抓紧落实新档案整理规范,自《机关文件材料归档范围和文书档案保管期限》(国家档案局第8号令)颁布以来,市档案局对各基层单位2005年以后的档案整理、修订和新分类大纲等情况加大检查指导力度,确保按照新要求开展档案整理工作的单位合格率达100%。2、加强了对各乡镇、街道,市直、驻市单位的指导,在国家综合档案馆规范化管理综合评估工作中有较大进展,其中,市法院、市农行、市计生委等单位均通过了规范化管理综合评估,分别晋升为省一级、省二级和省三级,蓉江街道办事处、市政府办等单位的规范化管理评估工作也在积极地进行中。3、根据《关于开展全省城建房产档案执法调研的通知》(赣市档〔2009〕14号)文件要求，对全市城建房产部门进行档案执法调研，重点检查了档案法制宣传、管理体制、组织领导、基础设施、制度建设、档案业务、档案信息化等方面的工作。通过执法调研，充分掌握了全市城建房产档案的家底，对发现的问题提出了整改意见，并形成了调研文章。

〔**档案信息化建设**〕 1、南康市档案信息网建设。5月，南康市档案信息网正式进入试运行（网址：www.jxnkda.cn）。2、全面开展文件级、案卷级目录的数据库建设工作。招录了2名大学见习生，采购了5台新电脑进行著录工作，现已著录文件级目录近120000条。3、加强全市各单位档案信息化基础工作。为了适应将来档案信息化的要求，各单位档案整理工作已逐步淘汰了手抄式的著录方式，利用EXCEL开展归档文件目录的输入工作，为将来档案信息化建设打下一定的基础。

〔**档案业务培训和指导**〕 1、档案干部业务培训工作有较大进展。2010年，市档案局派30多人次参加省编研工作论坛、赣州市档案业务培训班、档案修复技术培训班等，参训人数较往年有较大增长，使全市各级档案工作人员的业务素质得到了极大的提高。2、加强对基层档案室业务指导工作。2010年，市档案局业务人员主动开展业务指导力度较大，先后对市政法委、市社保局、市学教办、市农村信用社等20多个单位进行业务指导，同时结合机构改革工作，深入市规划局、市商业局、市十大体系办、侨办、物资局等撤并单位指导档案整理归档工作，确保撤并单位档案规范及时进馆。3、实行国家综合档案馆规范化管理，积极开展档案综合评估工作。10月，印发了《关于档案工作规范化管理等级到期复查的通知》(康档发〔2010〕9号)，对市政府办、市交通局、水保局等33个单位规范化管理等级到期的单位下发了复查文件，其中，市林业局、市公安局、市政府办等单位已经分别晋升为省二级、省三级。

（供稿：黄振权）

〔**领导班子名录**〕

局　长：杨　林(2010.12~　　)

副局长：刘和敏(女)

　　　　范文红(女)

馆　长：林丽香(女)

行政审批和公共资源交易管理

〔**综述**〕 市行政服务中心成立于2001年7月，是统一办理、联合办理、集中办理行政许可、非行政许可审批、公共服务等事项的综合服务平台。其前身为“南康市行政审批服务中心”，2006年4月更名为“南康市行政服务中心”。2010年，中心管理办紧紧围绕市委、市政府总体工作部署，以“便民、高效、公正、廉洁”为宗旨，紧扣“改革、创新、服务”这一主题，勤奋努力、恪尽职守，为服务群众、服务企业、服务发展做了大量切实有效的工作，被赣州市政府授予“全市网上审批和电子监察工作先进单位”，被评为南康市“创业服务年”工作绩效考核先进单位。

〔**机构队伍**〕 市行政服务中心管理办公室为市人民政府派出机构，内设秘书科、行政服务监督科、公共资源交易监管科，共11名工作人员。

2010年，在中心设立窗口的有规划建设、市政园林环卫、发改委、人事劳动、交通运输、公安、国土资源、人防、环保、卫生、疾控中心、工商、房管、矿管、安全监督、质量监督、物价、工信、地税、会计事务、银行收费等21个单位，共有窗口工作人员65人。

〔**工作制度**〕 市行政服务中心实行“收支两条线，票款两分离”，网络化办公，规范化管理。建立健全了首问责任制、一次性告知制、限时办结制、否定报备制等一系列提高行政效能的规章制度；对窗口单位按照“三个缩减30%”的要求进行行政审事项清理，对保留事项实施流程再造，进一步缩短办结时限，减少办理环节，提高审批效率；设立“创业服务专窗”，开通行政服务“绿色通道”，强化并联审批，缩短期限，降低收费；认真落实“即办事项直接办理、一般事项承诺办理、重大事项联合办理、上报事项责任办理、特急事项特别办理、控制事项明确答复”的工作要求，推行承诺服务、预约服务、延时服务、跟踪服务等服务措施。

〔日常管理〕 市行政服务中心管理办在大厅设立了值班台和效能监察岗,实行值班长制度,将工作岗位前移。坚持管理办领导每日带班窗口巡查制度,通过“平时巡查、值周检查、随机检查、暗访明查”,确保在第一时间发现问题、解决问题。同时,在中心建立了党、团组织,各窗口工作人员实行双重管理,即业务上受派出单位的领导和管理,日常工作受中心的领导和管理。中心建立了学习、考勤、卫生、廉政建设、安全保卫等一系列规章制度,并开展争创“五好”红旗窗口、文明服务示范岗等活动,完善监督激励机制,规范窗口工作人员的日常行为。

〔行政审批服务〕 2010年,按照省、市要求,中心管理办积极协同市有关部门大力推进行政审批“两个集中”改革,形成“许可依法规范、监管到位有力”的“批管分离”机制。认真开展了创业服务年活动和群众评议服务窗口政风行风工作,坚持边评边改,以评促改,纠建并举,加大政风行风建设督查落实力度。积极推进网上审批和电子监察系统建设工作,按照省审改办的统一要求,由市政府投资148万多元建设了南康市网上审批和电子监察系统,全市42个单位275项行政审批事项纳入该系统进行办理。通过行政审批监督,推进政务公开,规范了权力运行,提高了行政效能和办事效率。2010年中心共受理各类行政许可服务事项37354件,办结36775件,办结率达98.45%,办件数较去年同期增加6220件,增长19.98%,为促进南康经济社会又好又快发展作出了重要贡献。

〔公共资源交易〕 南康市招投标中心于2006年11月成立,2010年12月更名为“南康市公共资源交易中心”,为市行政服务中心(市公共资源交易管理委员会)下属二级事业单位,内设综合部、政府采购部、产权交易部、工程交易部和土地交易部。工作人员共15名。2010年,市公共资源交易中心政府采购、产权、土地、工程交易等四大业务累计成交231604.09万元,增收节资总额达105557.92万元,分别比去年同期增加138052.55万元和92253.79万元。其中,政府采购成交金额6413.10万元,比预算节约资金1295.19万元,资金节约率为16.80%;工程交易成交金额37097.85万元,比预算金额节约资金5776.67万元,资金节资率为13.47%;土地交易成交金额183726.99万元,比交易起始价增值96445.01万元,增值率为110.50%;产权交易成交金额4366.15万元,比评估金额增值2041.05万元,增值率87.78%,较好地实现了“国有资产增值、财政增收、单位增效、阳光操作”的目标。

〔领导班子名录〕

市政府党组成员、行政服务中心主任:宗小凡
行政服务中心总支书记:严　白
行政服务中心副主任:巫远飞
　　　　　　　　　　肖继生
招标投标中心主任:张凤荣
招标投标中心支部书记:睦明国

机关事务管理

〔综述〕 2010年,市机关事务管理局在市委、市政府的正确领导和上级业务部门的指导下,坚持以邓小平理论和“三个代表”重要思想为指导,深入贯彻落实科学发展观,紧紧围绕市委、市政府中心工作,务实创新、以人为本、科学发展、突出重点,有思路、有措施、有效果,切实履行了机关后勤管理、保障、服务的职能,顺利地完成了全年的各项工作任务,取得了新的成绩,实现了新的跨越。

〔机构队伍〕 市机关事务管理局隶属中共南康市委,为正科级事业单位,参照执行国家公务员管理制度,核定编制8名,内设办公室、综合科、节能科和警务室四个科室,年底有干部职工63人,其中在职干部职工8人,聘用工作人员55人。

〔素质建设〕 2010年,市机关事务管理局以创先争优和创业服务年活动为载体,完善制度,加强监督,开展形式多样的业务培训,有力地促进了干部队伍建设。一是抓制度建设。结合实际,制定《岗位考评细则》,明确干部职工在工作表现、工作业绩等方面的行为规范,着力从制度上推进干部职工的工作作风和效能建设。二是抓学习教育。各工种利用每周六工作例会和每月工作小结会,对照检查工作中各自的思想、作风,端正工作态度、明确工作职责,树立高度的集体荣誉感,促进本职工作。三是抓纪律整顿。由局领导带队不定期对各栋

办公楼工作人员的考勤、工作表现情况等进行监督检查,好的给予表扬,不足的督促及时整改,有效地推动了各项工作的开展。四是抓业务培训。积极组织人员参加赣州市消防业务和特种设备操作培训,经常组织水电人员进行技术交流与探讨,相互促进、共同提高,大大提高了机关后勤的技术保障。

〔**安全保卫**〕 围绕创建和谐平安办公环境,全局加大巡逻力度、人防、物防、消防相结合,狠抓了安全责任制的落实。一是进一步完善了安保制度。以岗位责任制明确工作职责,全天候加强监控,上班时间组织巡逻,下班后对所有办公室、会议室等进行巡查,义务关好门窗并且电话提醒,保证各办公大楼的安全。二是加强了市政大楼、市民服务中心、林海大厦、商贸大厦和广电大厦办公楼人员出入管理。严格核对进出人员身份,对外来办事人员、参会人员、施工人员等人员实行严格登记,防止疯、傻、癫等人员进入大楼。三是加强了车辆管理。严控市政大楼停车办证数量和车辆办理程序,使外来人员和干部职工车辆停放有序。四是加强了市政大楼等办公楼房的防火、防盗管理。年内,协同信访、公安等部门,耐心劝导、妥善处理好百余批、近千人次的上访,接待正常来访五千余人次,有力地维护了市政大楼等办公场所的安全稳定,实现了安全无责任事故的目标。

〔**会务服务**〕 根据市委、市政府的工作安排,成功承办了省委主要领导和赣州市委主要领导来南康视察工作座谈会、常委会、常委(扩大)会、全市领导干部大会、赣州市加快推进南康家具产业做大做强升级换代小组工作会、江西省民主评议基层站所试点工作座谈会等322个会议的会务工作,由于会前筹备工作周密细致,会务工作获得了领导和嘉宾的一致好评。

〔**水电保障**〕 一是积极争取市领导的支持,更新了市政大楼的电梯。二是更新了市政大楼配电中心直流屏等设备,并聘请市供电公司专家对市政大楼电气线路进行了全方位的检修,确保了市政大楼电气线路运行安全高效。三是建立了水电运行巡查制度。每天对各办公大楼和市政广场的用水用电设备设施进行巡查,发现故障及时解决,消除安全隐患,杜绝了安全事故的发生。四是实行24小时值班制度,做到随叫随到,赢得了服务对象的好评。

〔**美化绿化**〕 以创建国家园林城市、省级文明城市为契机,增加人、财、物的投入,卫生保洁、绿化美化工作出亮点。一是多方筹措资金,对市政大楼内墙进行了"换装",市政大楼环境焕然一新。二是科学园林养护,定期对草坪、盆景、树木修剪、施肥、浇水,对市政中心花草树木做到精心养护。

〔**公共机构节能**〕 以学习贯彻《公共机构节能条例》和《江西省公共机构节能办法》为契机,认真执行国务院、省、市有关公共机构节能工作指示精神,公共机构节能工作有了新成绩:一是健全了组织机构。通过积极争取,配齐配强了工作队伍,明确了编制、经费和工作场所。二是制定了公共机构节能工作规划和落实意见。6月,在全市各级党政机关开展了公共机构节能宣传周活动和以"绿色办公、低碳生活"为主题的节能体验日活动。三是明确了市公共机构节能考核办法,使节能任务分解落实到各个公共机构节能单位。四是完善了能耗统计报送制度,加强了对95个公共机构节能降耗工作的指导、监督、统计和考核。通过各级公共机构的共同努力,全市公共机构节能工作顺利通过了省、赣州市检查组的考评,并得到上级部门的充分肯定。12月24日,在全省公共机构节能工作会议上南康作为唯一的一个县级市在大会上作典型经验介绍。

〔**领导班子名录**〕
局　长:黄春铃(女)
副局长:江来福

接待工作

〔**综述**〕 2010年,市接待办自觉增强大局意识、责任意识、服务意识,对工作理念、服务理念、学习理念等进行创新,开拓进取,更好地把握工作规律,推动接待工作上台阶,较好地完成了市委、市政府交给的各项接待任务,取得了较好的成绩。

〔**机构队伍**〕 市接待办成立于2001年6月,为一级事业单位，参照执行国家公务员制度。核定事业编制4名，年末在职6人，(其中工勤人员1名)。领导职数设正副主任各1名。内设办公室接待科。

〔工作职责〕 负责接待对象住宿活动安排，车辆调度，及办理与接待相关的事项；负责草拟接待方案、规章制度、归纳整理接待资料编写接待档案和接待情况登记表，按规定做好住宿补贴清算工作和接待报表的汇总统计，并向领导报告有关工作；负责订购客人所需的机票、火车票、汽车票；负责接待制度的监督检查工作掌握接待经费使用情况。总结接待工作；负责与承担接待人的宾馆、酒店的协调工作；负责信息反馈工作。

〔接待服务〕 全年接待专家、教授、领导、老干部共988批次，其中：省级领导8批次，省、市各种检查组、考察团16批次，圆满完成了各项接待任务.同时，还保质保量地完成了为中央代购食品(特供柚等)的任务。

〔领导班子名录〕

主 任：方宣文

副主任：申 丽(女)

旅 游

〔综述〕 2010年，市旅游局在市委、市政府的正确领导下，以邓小平理论和“三个代表”重要思想为指导，深入贯彻科学发展观，将南山森林公园建设工作列入2010年《政府工作报告》，并安排了31.5万元旅游专项资金编制南康市旅游发展总体规划和南山旅游区创国家4A级旅游景区提升规划。全面整合南康旅游资源的综合评价、旅游发展战略、总体布局和项目策划、旅游产品开发与建设。9月，市委、市政府成立了南康市“南山景区”创建国家4A级旅游景区工作领导小组。

〔工作要点〕 2010年，市旅游局高度重视招商引资工作，引进广州迪森热能技术股份有限公司的生物质成型燃料项目，投资金额为6000万元人民币，提前超额完成了2010年度的招商引资任务，受到市委、市政府的表彰，被列为2010年度招商引资工作，完成招商任务奖的单位之一。二是积极向上级争取发展红色旅游项目资金。三是深入调研，开发乡村游和生态游市场。四是加强旅游安全管理，确保市旅游行业从未发生任何安全事故。

〔旅游资源〕

和谐城 为全面开发建设南山省级森林公园，加快全市园林化城市的进程，2008年1月市委、市政府决定在南山森林公园规划建设中国南康百家姓和谐城，把休闲文化、佛教文化和姓氏文化三位一体纳入了南山景区建设项目。主体工程于2010年9月基本竣工。

百家姓和谐城建有乾坤、始祖、熙和三大殿，百家姓宗祠108间，分为三排，每排36间，仿明清古建风格，整个和谐堂飞檐斗拱，青砖琉璃瓦，金碧辉煌，每大殿长26.48米，宽16.59米，高16.45米，大殿分别安放盘古、伏羲、炎帝、黄帝、尧、舜六尊祖像，铸铜雕塑，全高5.5米；宗祠每间长17.32米，宽6.14米，高7.99米；殿祠总建筑面积12999.0平方米；三级挡土墙，每级长281米，高4米，和谐堂石栏杆共长888米，三级大台阶，一共108步；六幅大型艺术石雕各长20米，宽2.6米，挹翠湖水面50亩，大坝长110米，宽19.6米，高14米；环湖驳岸长551米，高4米，环湖石栏杆长540米，木栈桥长221米，水中亭高9.58米；五门六柱的城门高13.6米，宽26.8米，乾坤大道宽20米，长546米；环湖路宽9米，长319米；宽4米，长209米；和谐堂周边砼路宽4米，长531.8米，中轴大道宽56米，长163米；百家姓广场宽81米，长281米；园林广场约5.8万平米。种植大树2600株；公共场所各种照明灯具225个。三排宗祠门前吸水砖垫广场共9988米。年底，28万元足额交款选定宗祠的有33个姓氏，它们是：刘、胡、吴、廖、黄、曾、陈、肖、王、李、卢、申、张、朱、钟、蓝、蔡、邱、杨、何、赖、罗、赵、谢、袁、黎、江、彭、叶、郭、邹、吉、曹氏等。

景观名胜 陈赞贤烈士墓、南康革命烈士纪念碑、解放十周年纪念碑、生佛寺、百家姓和谐城、文峰塔、鲤山塔和南山森林公园、东山公园、旭山公园、文化公园、以原始森林和国家级保护动物为优势的大山脑林区，以奇特造型山石闻名的坪市莲花山，罗边水利枢纽工程等。建于明正清六年的谭邦古城，建于嘉庆年间的圩下客家民居，建于明代的大坪南良邓氏宗祠，隆木黄石花厅及唐江卢屋村、幸屋村、凤岗大塘村董屋祠堂九井十八厅建筑群、市区老城区等处的古建筑。

〔宾馆酒店〕 为策应南康大力发展城市现代服务业的战略举措，发动宾馆、酒店“创星”，提升酒店的品位，提高南康知名度。加强对旅游行业服务人员的教育培训，提高旅游行业人员素质。全市的宾馆、酒店、旅店如雨后春笋般的兴起，规模较大的有华龙大酒店、君嘉国际大酒店、锦江酒店、宝马酒店、康通宾馆、迎宾馆、金凯悦宾馆、方圆大厨、金芙蓉酒家、御膳堂、满堂红酒家、南珠大酒店和瑞丰大酒店。至目前为止华龙大酒店是南康唯一的被授予“中国三星级酒店”。南康首家五星级宾馆——南水新都国际大酒店仍在建设中。

〔购物中心〕 大型购物超市有：新国兴超市、坚强量贩、宝林大厦、万客隆。大型成衣批发及零售超市有：南康成衣市场、路福国际服装城、风采服装超市。大型家具批发及零售有：南康国际家私城、光明家具城、南康家具博览中心、亚琦家具、家具配套市场、家具板材市场及家具批发市场。

〔娱乐场所〕 娱乐方面有：嘉年华歌城、星期8歌城、海岸娱乐城、休闲大浴场、良子足道、古汉宫。各宾馆、酒店都设有桑拿浴和歌舞厅。

〔旅游特产〕 甜柚、板鸭、花生巴、南瓜巴、辣椒酱、腐竹、荷包胙、南瓜子养生油、雪片糕等。

（供稿：彭长光）

〔领导班子名录〕

局　长：邓玉蓉（女）

副局长：李　平

陈孝雄（　　~2010.12）

袁昌云（2010.12~　　）

安全生产监督

〔综述〕 2010年，市安全生产监督管理局在市委、市政府正确领导和上级主管部门关心指导下，在全市各乡（镇、街道）和职能部门大力配合支持参与下，深入贯彻落实科学发展观，坚持“安全第一，预防为主，综合治理”方针，继续深化“安全生产年”活动，强化安全生产执法、治理和宣传教育等工作措施，狠抓工作落实，保持了总体平稳的安全生产形势。

赣州市政府授予南康市“2010年度安全生产先进县（市、区）”。南康市安全生产监督管理局被赣州市安全生产监督管理局评为“2010年度安全生产工作先进单位”。

〔机构队伍〕 市安全生产监督管理局内设综合科、安全监管一科、安全监管二科、安全监管三科，下设安全生产监察执法大队。至2010年底，共有干部职工16人（女1人）。

〔安全生产综合监督管理〕 履行《安全生产法》等法律法规赋予的职责，承担市安委会日常工作，拟定安全生产控制指标和考核措施、提出对安全生产工作的建议、开展事故调查、通报安全生产综合和专项情况等，开展全市安全生产工作的协调、指导和监督。

〔企业安全生产监督管理〕 一是实施安全生产行政许可。年末，共有263家非煤矿山、危险化学品、烟花爆竹企业（个体工商户）取得安全生产行政许可。二是开展安全生产检查、整治。金属非金属矿山重点整治井工矿山脱帮冒顶、通风等安全隐患（问题）；重点整治采石场边坡管理、台阶开采不规范等安全隐患（问题），同时按相关规定推进机械铲装和中深孔爆破作业；开展尾矿库安全专项检查，督促“三同时”整改、依法取得许可运行和加强日常安全管理。危险化学品重点开展取缔非法桶式加油、无证无照门点经营专项治理；开展生产企业“三同时”专项检查并指导企业加强日常安全生产隐患排查治理；开展烟花爆竹开展“打非”、治理违规经营等专项行动。通过配合相关部门和属地乡（镇、街道）开展检查、治理，强化了其它工矿商贸企业安全监管。三是开展从业资格专项监察执法。年内，588名企业负责人、安全管理人员经培训合格取得从业资格证。四是查处安全事故。执行《生产安全事故报告和调查处理条例》等法规规定，坚持“四不放过”和“依法依规、实事求是、注重实效”原则，查明事故原因，依法依规追究责任单位（责任人）责任，督促事故单位认真整改，开展事故警示教育。

〔安全生产“三项行动”〕 全市安全生产执法、治理和宣传教育“三项行动”扎实推进。执法行动查处工矿商贸各类非法违法398起,其中:查处无证或证照不全104起、取缔后擅自恢复47起、违法开采4起、违反“三同时”6起、不按规定进行安全培训或无证上岗82起、拒不执行监察指令31起,查处其他“三非”124起;大检查、大整治行动中,道路交通、消防、非煤矿山、危险化学品、烟花爆竹、建筑施工、燃气、民爆器材、电力、水利、冶金有色、特种设备、学校等重点行业和领域同步推进,检查企业(个体户)、项目、场所3829家(个、处),查出隐患4286项(处),现场整改2971项(处)。道路交通整治出动人员8180余人次、车辆1600余辆次,查处各类违法违章5980余起;在512家企业开展了安全标准化创建活动。企业制订、修订应急预案102个,签订救援协议87个;宣传教育行动开展各类活动230场(次),举办“生命之歌”文艺汇演1次,组织2次新闻专题采访,播报各类新闻报道129篇。“安全生产月”活动中调动近3万人直接参与。创建示范企业70家、诚信企业29家、安全社区23个。“三项行动”的扎实推进,为实现全年安全生产目标任务提供了有力保障。

〔职业安全健康监管工作〕 3月,开展了企业职业危害检查,对市南山锡业有限公司等企业存在的问题下发了监督意见书。4月24日至5月1日深入厂矿企业和集贸市场、车站、家具城、服装城等人员密集区,围绕“防治职业病,造福劳动者——劳动者享有基本职业卫生服务”主题,开展了《职业病防治法》“宣传周”活动。结合省安监局、省疾控中心10月11至13日到南康市检查指导工作,对6家木质家具制造企业职业危害情况进行了抽点调查。按照上级工作部署和要求,组织77家生产经营单位开展了职业病危害申报工作业务培训,已有57家单位递交了职业危害申报表。

〔安全生产事故〕 2010年,全市发生各类安全事故116起、死亡23人,与2009年比,事故起数上升6.42%起、死亡人数下降8%,其中:道路交通52起、死亡20人,同比下降1.89%、9.09%;火灾事故31起、死亡0人,同比事故上升6.89%、死亡人数与上年持平;企业生产死亡事故3起、死亡3人,与上年持平。全市未发生一次死亡3人以上安全事故,未发生校园内因安全管理不到位造成的死亡安全事故。生产、交通事故死亡23人,占赣州市下达控制指标数27人的85.19%。实现年初制定的“两杜绝,一减少”奋斗目标,即:杜绝了一次死亡3人以上安全事故,杜绝了校园内安全管理不到位发生的死亡事故,一般安全事故同比下降。年度工矿企业、道路交通事故死亡总人数控制在赣州市政府下达的年度总控制指标内。

(供稿:梁忠)

〔领导班子名录〕

局　长:刘自宏

党支部书记:钟华旺

副局长:卢和松

　　　　谢德明

“十大体系”建设工作

〔综述〕 根据康字[2010]20号《南康市人民政府机构改革实施方案》,“十大体系”建设工作归入市政府办工作。

(编辑:张玉玲)

政协南康市委员会

综 述

2010年，是“十一五”规划最后一年，是南康经济社会更好更快发展的关键一年。这一年里，市政协坚持以科学发展观为统领，牢牢把握团结和民主两大主题，紧紧围绕市委“一个继续坚持，两个着力把握，六个扎实推进”工作大局，切实履行政协职能，积极发挥政协维护核心、围绕中心、反映民心、凝聚人心的积极作用，为推动全市经济社会科学发展作出了应有贡献。

一年来，市政协召开全体委员会议1次，主席会议12次，常委会议4次。

机构队伍

2010年，市政协第四届委员会共有委员236名，常务委员41名，设置16个界别。

市政协机关内设办公室和经济科技委员会、学习文史教文卫体委员会、提案委员会、法制社团“三胞”联谊委员会5个机构。

2010年机关在职干部职工13人（不含正副主席及调研员），核编16人，其中行政编制人员13人，后勤服务编制人员3人。

重要会议

〔**市政协四届四次会议**〕 政协南康市四届四次会议 于2010年2月22日至23日在市工人文化宫举行。会议主要议程：1、听取市委书记张裕生的重要讲话；2、听取和审议市政协主席刘昌鹏受市政协四届常委会委托所作的《政协南康市第四届委员会常务委员会工作报告》；3、听取和审议市政协副主席石太林受市政协四届常委会委托所作的《政协南康市第四届委员会常务委员会关于四届三次会议以来提案工作情况的报告》；4、委员大会发言。4名委员分别就家具产业发展、矿产品产业发展、遏制违法建设、教育均衡发展等专题作了大会发言；5、听取市政协副主席邱建华受市政协四届常委会委托所作的《政协南康市四届委员会提案委员会关于四届四次会议提案审查情况的报告》；6、列席南康市第四届人民代表大会第四次会议；7、通过政协南康市第四届委员会第四次会议决议。

四届四次会议期间，共收到提案182件，经审查，立案179件，立案率为98%，提出提案的委员316人次。2月22日下午会议分8个小组举行了分组讨论，就政府工作报告、政协常委会工作报告和其他报告进行了协商讨论。对各组讨论情况，市政协办及时进行了整理，形成了《政协南康市四届四次会议委员发言综述》，并以《委员之声》形式报送市委、市政府领导，以供决策参考。

〔**市政协四届常委会议**〕 常委会第十三次会议

1月20日在市政大楼十五楼会议室召开,会期一天。市政协主席刘昌鹏主持会议。市政协四届常务会组成人员出席,市委常委、组织部长韩水生、市人大常委会党组成员施明生、市政府副市长黄菊兰莅临指导,市政协调研员谢福明及市政协各委办非常委会组成人员的正、副主任列席。会议主要内容是:1、协商讨论《政府工作报告》;2、协商讨论《政协常委会工作报告》;3、协商讨论《提案工作报告》;4、协商审议市政协四届四次会议有关事宜;5、协商讨论《市政协常委会2010年工作要点》;6、协商讨论《关于我市锡产业现状和发展的调研报告》;7、协商讨论《关于我市服装产业二次创业的调研报告》。

常委会第十四次会议 6月3日上午在市政大楼十五楼会议室召开。市政协主席刘昌鹏主持。市政协四届常委会组成人员出席,市委常委、组织部长韩水生、市人大常委会副主任施明生、市政府副市长黄菊兰莅临指导,市政协调研员谢福明及市政协各委办非常委会组成人员的正、副主任列席。会议主要内容是:1、传达赣州市政协安远会议精神;2、协商讨论《关于龙岭工业西区建设和发展的调研报告》;3、协商讨论《关于我市"城中村"、"城乡结合部"社会管理创新工作的调研报告》。

常委会第十五次会议 10月14日上午在市政大楼十五楼会议室召开。市政协主席刘昌鹏主持,市政协四届常委会组成人员出席,市政协调研员谢福明及市政协各委办非常委会组成人员的正、副主任列席。会议主要内容是:1、听取民主测评市直有关单位政风行风情况;2、围绕测评单位政风行风情况开展小组讨论。

主要活动

〔政治协商〕 市政协充分运用全体会议总体协商、常委会议重点协商、主席会议选题协商、专委会议对口协商等形式,对全市经济社会发展的重大事项进行协商讨论,形成了多层次、多渠道的协商格局。四届四次会议期间,委员们采取大会发言、分组讨论等形式,围绕全市经济、政治、文化、社会等各方面重要问题进行全面协商,围绕《政府工作报告》提出的工作部署,广泛开展协商讨论,积极建言献策,提出修改建议26条,围绕家具产业发展、做精做强矿产品产业、遏制违法建设、教育均衡发展等四个专题进行了大会发言,提出建议42条;围绕市委、市政府重要决策文件进行协商。全年,委员们协商讨论了《关于推进2010年市重点项目"双百"工程建设的实施意见》、《南康市加快科学发展实施进位赶超三年(2010-2012)决战实施意见》等10余个重要文件;围绕市委、市政府重视,人民群众关心的"十二五"规划编制、城市管理等热点难点问题展开协商议政,积极推荐委员参加各类座谈会90多人次。如市政协对加强城市管理工作开展专项协商调研,短时间内形成了质量较高的调研报告,提出了"城市管理综合治理奋战60天"、"实行路段责任制"等许多建议,得到市委、市政府主要领导的肯定和采纳。全市上下大力开展城区市容环境秩序综合治理活动,集中力量解决城市环境"脏、乱、差"问题,有力地改善了市容市貌和交通秩序,得到广大市民的一致好评。

〔提案办理〕 四届四次会议以来共收到提案182件,经审查,立案179件,其中委员提案173件,界别提案6件。对立案的提案,市政协会同市人大常委会、市政府联合召开了交办工作会议,全部送交有关单位(部门)办理。市政协不断丰富和创新提案办理形式,进一步完善了提案征集、提案督办、提案"面对面"、提案表彰等工作机制,创新了提案交办、督办和办理结果当面评价等机制,提案工作制度化、规范化和程序化水平逐步提高。2010年底,全部提案办理完毕,提案办理结果委员满意、基本满意率为100%。

2010年,在各委员活动小组推荐的基础上,经市政协主席会议评审和市政协四届常委会第十六次会议协商通过,共评选出《关于多措并举破解中小企业融资难的建议》、《关于在天马山大道瑞峰花园和艺术中心十字路口增设红绿灯的建议》、《关于改造河边街提升城市品质的建议》、《关于在横市设立市级医疗机构的建议》、《关于加强城市综合执法管理,建设和谐平安南康的建议》、《关于融入主城区,配合和服务于赣州市城市规划的建议》、《关于加快和完善安置点建设的建议》、《关于呼应康唐公路扩宽改造工程,加快唐江建设步伐确保南康整体融入主城区的建议》等8件优秀提案和市政府办、市教育局、市卫生局、市交通局、市城市管理行政执法局、市城乡规划建设局、市容园林环卫局、市公安交管大队、市家具产业促进局等

9个提案承办先进单位。

〔民主监督〕 为切实强化政协民主监督力度,帮助机关单位转变作风,推动政风行风建设。10月,市政协召开民主测评大会,组织全体政协委员对68个市直单位的政风行风情况,当场“打分”评判;会后,委员们按界别分8个小组开展小组活动,对政风行风建设等方面提出意见建议56条。市政协并按照保持原汁原味的原则对意见建议予以整理,形成了民主测评报告和委员讨论情况汇总,及时呈报市委、市政府,得到市委、市政府的充分肯定。市委向全市全文转发了民主测评报告,要求各单位认真学习,采取扎实有效的措施,进一步推进政风行风建设,为市经济社会发展创造良好环境。在委员中开展“民情季报”活动,激励委员加强同本界别群众的联系,如实反映各界别各阶层群众的意愿和诉求,共同维护社会和谐稳定。2010年,收到社情民意120多份,梳理重要社情民意80多条,按照分类整理、原汁原味的原则呈报了《社情民意专报》4期,得到党政主要领导的高度重视。

〔视察调研〕 一年来,市政协先后围绕“龙岭工业园情况”、“创新社会管理工作”等7项课题开展专题视察调研,并形成专题调研报告呈送市委、市政府,引起了党政领导及有关部门的高度重视,为市委、市政府科学决策提供了参考。市委、市政府主要领导对每个调研报告都有重要批示,多次称赞政协调研报告:摆情况客观实在、提问题切中要害、献对策注重实效。市委办公室逐一向全市转发了这些调研报告。如《关于龙岭工业西区建设与发展的调研报告》呈送后,市委书记张裕生作了重要批示:“调研报告数据详实、见地深刻,对工业发展及园区建设、招商引资工作中有许多的帮助和启示,请有关部门要好好研究,确实转变发展方式,牢固树立科学发展观,推进全市经济社会更好更快发展。”市委、市政府主要领导在市委全会(扩大)会议上,高度肯定政协调研报告,赞赏报告对入园企业投产和在建情况的分析有根有据,要求市委、市政府的领导认真阅读,相关部门要充分吸纳报告中提出的意见和建议,切实打造好招商引资平台。市政府专门出台了《解决工业园区企业反映问题若干意见》,有效破解了工业园区一定程度存在的融资难、招工难、用地难、基础设施不完善、服务环境不优等制约企业发展的问题。

〔联谊活动〕 积极组织委员赴外地学习考察油茶产业发展、主导产业发展、校园文化建设等,进一步拓展了委员的履职视野,促进了履职水平的提高。积极协助上级政协开展专题调研、视察活动,为协助省政协编撰《畲族百年实录》一书做了大量工作,协助接待上级和兄弟县市政协56人次。

〔委员论坛〕 组织部分政协委员围绕“如何办好市民服务中心”主题举办了一期“委员论坛”。委员们纷纷就市民服务中心的定位、硬软件、服务水平、配套设施等方面建设踊跃发言、积极献策,对办好市民服务中心提出建议对策32条,并形成了情况汇总呈报市委、市政府。同时以电视录播形式在电视台播放,得到较大的反响,筹建负责单位积极上门征求委员建议意见,许多建议对策得到重视和采纳。

〔机关自身建设〕 政协机关坚持将创先争优、创业服务年、学习焦裕禄精神等活动与政协履职相结合,加强机关思想、组织、作风和效能建设,保证机关工作协调统一、规范有序、精干高效地运行,为政协工作服务的质量和水平有了新的提高。

重要文件目录

2010年南康市政协重要文件目录

发文时间	文号	文件标题
3月8日	康协字〔2010〕4号	关于呈送《关于我市服装产业二次创业的调研报告》的报告
3月8日	康协字〔2010〕5号	关于呈送《关于锡产业现状和发展的调研报告》的报告
3月30日	康协字〔2010〕6号	政协南康市第四届委员会常务委员会2010年工作要点

(续上表)

发文时间	文号	文件标题
6月9日	康协字〔2010〕7号	关于印发《关于在市政协机关开展创先争优活动实施方案》的通知
6月25日	康协字〔2010〕8号	关于呈送《关于我市"城中村"、"城乡结合部"社会管理创新工作的调研报告》的报告
6月25日	康协字〔2010〕9号	关于呈送《关于龙岭工业西区建设和发展的调研报告》的报告
11月15日	康协字〔2010〕10号	关于呈送《关于加快推进我市圩镇建设的调研报告》的报告
11月15日	康协字〔2010〕11号	关于呈送《关于拉开城市框架,搞好基础设施建设为实现我市"三年决战"目标创造良好环境的调研报告》的报告
11月26日	康协字〔2010〕12号	关于呈送《关于进一步加强我市城市管理工作的调研报告》的报告
11月26日	康协字〔2010〕13号	关于呈送《市政协关于民主测评市直有关单位行风情况的报告》的报告
11月26日	康协字〔2010〕14号	关于呈送《市政协"如何办好市民中心"主题委员论坛发言情况汇总》的报告

(卓华林)

市政协领导班子及领导分工

〔领导班子名录〕

主席、党组书记:刘昌鹏

党组副书记:李　旭

驻会副主席:方立清、石太林、邱建华

兼职副主席:李　旭、黄绍莲(女)、温　熹

秘书长:明经才

〔领导分工〕

主席刘昌鹏:主持市政协全面工作,并主管市政协办公室工作。

副主席李旭:协助主席分管市政协经济科技委员会。负责统战、"三胞"联谊、港澳台侨、民族宗教、外事、民主党派、工商联、民政、农业、林业、水利、电力、果业、畜牧水产、中小企业、土管、计划生育、扶贫和移民、地矿、水保、农机、气象等方面的协商、监督、议政工作。

副主席方立清:协助主席分管市政协学习文史教文卫体委员会。负责群团、教育、文化、体育、广电、精神文明、旅游、档案、市志、政法、综治、文联、社联等方面的协商、监督、议政工作。并负责与市政府的联系和协调工作。

副主席黄绍莲:协助主席负责计划、审计、物价、统计等方面的协商、监督、议政工作。

副主席温熹:协助主席负责卫生、医药、科技、科协等方面的协商、监督、议政工作。

副主席石太林:协助主席分管市政协提案委员会。负责工业、财政、税务、物资、经贸、工商、质量技术监督、商业、粮食、供销、非公经济、金融、保险等方面的协商、监督、议政工作。并负责与市人大常委会的联系和协调工作。

副主席邱建华:协助主席分管市政协法制社团"三胞"联谊委员会。负责电信、邮政、移动、联通、城建、环保、交通、房管、人事劳动、信访、烟草等方面的协商、监督、议政工作。

调研员谢福明:负责联系特邀界。

秘书长明经才:协助主席分管市政协办公室,负责市政协机关各委员会的综合协调以及与市直有关单位的工作联系。

〔工作部门负责人名录〕

办公室主任:明经才(兼)

学习文史教文卫体委主任:蔡英

提案委主任:钟定岩

经科委主任:邱际兰(女)

法制社团"三胞"联谊委主任:

黎敏军(2010.12~　　)

办公室副主任:卓华林

〔省政协委员〕

黄　平(赣南卷烟厂厂长)

(编辑:朱由国)

纪检·监察

综　述

2010年,市纪委、监察局在上级纪检监察部门和市委、市政府的领导下,认真贯彻落实十七届中央纪委第五次全会、省纪委十二届七次全会和赣州市纪委三届六次全会精神,按照“一县一亮点、一县一特色”的工作要求,坚持“标本兼治、综合治理、惩防并举、注重预防”的工作方针,以“工作项目化、项目责任化,突出重点、逐年推进”为原则,在创新惩治和预防腐败体系机制、强化权力运行监督、提升机关工作效能、强化创业服务、纠正部门和行业不正之风、加强行政执法监察、查办案件等方面取得了新的成效,为实现南康经济社会更好更快发展提供了坚强的政治保障。

机构队伍

〔**机构编制**〕 市纪委监察局机关在编人员27人。市纪委设书记1名,副书记2名,市纪委常委9名;监察局设局长1名(纪委副书记兼);市纪委监察局机关设办公室、宣传教育研究室、执法监察室、纪检监察和案件监督管理室、案件审理室、信访室(举报中心)、干部管理室、市党风廉政建设领导小组办公室、市政府纠正部门和行业不正之风领导小组办公室、市优化发展环境机关效能监察投诉中心。下设7个纪工委、监察分局,在编人员22人。

〔**领导班子名录**〕

书　记:柯岩松

副书记:朱国清

　　　兰希高

常　委:柯岩松

　　　朱国清

　　　兰希高

　　　李军方

　　　钟宝先

　　　张志平

　　　蒙在俐

　　　张俊华

　　　范西燕

监察局局长:朱国清

〔**市纪委各室负责人名录**〕

市廉政办主任:钟宝先

市纠风办主任:张志平

市经济110办主任(市效能办):李军方

副主任:吴中春

办公室主任:范西燕

信访室主任:张俊华

纪检监察和案件监督管理室主任:蒙在俐

案审室主任:欧阳人丹(女)

执法监察室主任:廖肇胜

宣教室主任：王志红（女）
干部室主任：曾祖腾

〔各纪工委、监察分局负责人名录〕
第一纪工委书记：张丰海
第一监察分局局长：黄庆德
第二纪工委书记：李雅焱
第二监察分局局长：廖君明
第三纪工委书记：蒙象源
第三监察分局局长：付芳茜
第四监察分局局长：谢启东
第五纪工委书记：林元平
第五监察分局局长：曹　辉
第六纪工委书记：谢仁亭
第六监察分局局长：肖文琳
第七纪工委书记：卓万南
第七监察分局局长：胡振文

主要会议

〔市纪委四届五次全会〕 3月3日，中共南康市纪委四届五次全会召开。会议传达学习了十七届中央纪委五次全会、省纪委十二届七次全会和市纪委三届六次全会精神，通报了2009年全市推进惩防体系建设工作检查情况，部署了2010年工作任务。市委书记张裕生出席并作重要讲话。张裕生肯定了2009年全市反腐倡廉建设取得的成绩，并对2010年工作提出了四点要求：一要加强反腐倡廉制度建设。二要提高反腐倡廉制度的执行力。三要贯彻落实《中国共产党党员领导干部廉洁从政若干准则》。四要加大反腐倡廉制度落实的督查力度。市委常委、市纪委书记柯岩松代表市纪委常委会作了题为《纵深推进惩治和预防腐败体系建设，为实现南康经济社会更好更快发展提供坚强保证》的工作报告。市委常委，市人大、政协主要领导，法检两长，市纪委委员，各乡镇纪委书记，市直（驻市）各单位党委（组）书记、纪委书记（纪检组长）、系统纪检组和纪委机关全体干部共160人参加会议。

〔管理体制改革动员大会〕 10月14日，全市县乡纪检监察机构管理体制改革动员大会召开。市委常委、市纪委书记柯岩松出席会议并作动员讲话。柯岩松强调，一是要处理好七个关系：即处理好与市纪委监察局的关系；处理好市纪委监察局内设机构的关系；处理好与市直单位的关系；处理好与未纳入管理有关单位的关系、与乡（镇、街道）党（工）委、纪（工）委以及七个纪工委监察分局相互之间的关系。二是要注意工作职责。即对市直单位党风廉政建设工作进行指导监督，对乡（镇、街道）纪检监察业务工作进行指导。三是要把握主要任务。即党风廉政建设与反腐败工作。四是要注意工作方法。要尽快适应改革，以行之有效的方法开展工作。五是要注意工作制度。惩防体系建设，要以预防为主，要在工作过程中完善预防制度的建设。来自全市纪检监察系统共80人参加了会议。

主要工作

〔惩防体系建设〕 1、抓教育。一是以点育廉。积极开展廉政文化“六进”活动，精心打造了一批廉政文化精品建设点，其中赞贤小学3月被命名为江西省首批廉政文化建设示范点。投资40多万元在旭山公园孔庙和市教师进修学校建立了两个廉政教育基地。二是以媒传廉。组织全市干部集体观看了《信天游》、《焦裕禄》等一批反腐倡廉教育题材影片；联合市妇联开展了“勤廉双优”先进个人、模范“廉内助”评选活动；建立廉政短信平台，定期向党员领导干部发送廉政短信。三是以案促廉。充分利用身边典型案例开展警示教育，达到警示效果。

2、抓制度。一是定重点单位。紧紧围绕权力运行的重点部门和重点岗位，选定了国土、人事劳动和社会保障、规划建设等15个市直单位作为惩防体系制度机制建设的重点单位。通过突出重点，为项目建设搭建平台，提供载体，不断推进惩防体系建设。二是定重点项目。确定了61个惩防体系建设工作项目，并筛选16个作为年内的重点工作项目。由机关科室挂点指导，有关乡镇和市直单位作为责任主体负责实施。三是定重点内容。各单位根据本单位比较容易出现问题、滋生腐败的地方，查找廉政风险点，明确了工作内容。四是定工作机制。建立了“一月一调度、一季一督查、适时通报、全年跟踪、年底问效”的工作机制，扎实推进惩防体系重点项目建设。

3、抓监督。一是围绕“三化”目标，加强农村党风廉政建设。在全市建立了20个乡（镇、街道）级农民服务中心和公共资源交易中心，设立了乡（镇、街道）公开栏20个、村级公开栏318个、新农村建设理事会重大事项公开栏230个。同时抓好了龙岭、东山等一批农村党风廉政建设精品点。二是围绕权力运行，加强对“一把手”的监督。年初制定下发了《关于加强对乡（镇、街道）、市直单位党政主要负责人监督管理的实施办法（试行）》，着力加强对“一把手”的监督。认真执行“三谈两述”和函询制度。年内，市委领导、纪检和组织部门负责人与乡科级主要负责人谈话23人次，领导干部任前廉政谈话196人次，对5名领导干部进行了诫勉谈话。制定了《廉能风险防控机制建设工作实施细则》、《廉能风险防控管理工作手册》等规章制度，进一步规范了基层权力的运行。三是围绕贯彻执行《廉政准则》，加强领导干部廉洁自律。下发了《关于学习贯彻落实〈中国共产党党员领导干部廉洁从政若干准则〉的通知》，认真组织党员干部学习贯彻落实《廉政准则》，举办了廉政准则知识考试。组织全市副科级以上领导干部签订了《廉洁承诺书》和《禁赌承诺书》。认真贯彻落实厉行节约各项规定，进行了专项检查。认真落实领导干部重大事项报告制度。审批市直单位主要负责人红白喜事宴席20人（次），对案件检查中发现的权力运行中的制度漏洞下发纪律检查或监察建议书32个。下发了《关于规范党政机关公务用车配备使用管理办法》，进一步规范党政机关公务用车配备管理。四是以“双公示”制为抓手，加强重点工程项目监督。对政府投资100万元以上项目，实行“双公示”，实行了指纹考勤制和扣分处罚制，全年共清查出13家房地产企业14个项目未经批准、擅自变更规划、调整容积率，责成补交土地出让金3383.5309万元，追究了相关责任人的责任。

4、抓改革。一是深入推进网上审批和电子监察系统建设。投资4000余万元，高标准建设市民服务中心，并同步推进网上审批与电子监察系统建设。同时，在东山、龙岭、太窝、唐江、凤岗、横市等6个乡（镇、街道）试点，实现市民服务中心、乡镇农民服务中心与村级农民服务站的三级联网，不断推进网上行政审批和电子监察系统建设。二是深化财政管理体制改革。启动财政票据电子化管理系统，在全市行政事业单位推行财政票据电子化管理改革，在关键环节上有效预防腐败。

5、抓纠风。一是扎实开展民生领域三个突出问题专项治理工作，围绕城乡低保资金发放、失地农民保障、农民建房收费等三个问题进行专项治理。共清理停发城乡低保户1329户3546人，对16户符合低保条件的基层干部进行了备案；为1696名失地农民办理养老保险，参加新农合8323人，纳入最低生活保障110人，对镜坝镇镜坝村、龙岭镇下坝村等干部违纪问题进行了查处。二是深入开展民主评议基层站所工作，端正基层站所政风行风。建立了一套简便、管用、有效的民主评议机制，对全市509个基层站所（服务窗口）进行了政风行风评议。11月，成功举办了全省民主评议基层站所试点工作座谈会，民主评议工作得到了省、赣州市纪委的肯定。三是认真开展清理检查，切实减轻农民、企业和基层负担。认真开展强农惠农资金监督检查。进一步规范中介组织、行业协会的服务和收费行为。开展了清理规范庆典、研讨会（论坛）活动。四是继续深化“五项治理”，切实纠正部门和行业不正之风。深入治理了公路“三乱”、教育乱收费、影响食品药品安全的突出问题、医药购销领域和医疗服务中的不正之风，切实维护了群众利益。

6、抓惩处。一是进一步畅通信访举报渠道。开通了免费举报电话“12388”。对信访举报进行了初核。二是坚持有案必查，依纪依法查办各类违纪违法案件。共立案查处违纪违法案件55件，涉及73人，其中大要案件24件。三是积极发挥查案治本功能。认真做好查办案件的“后半部文章”，发挥查办案件在治本抓源头方面的作用，将查办案件与警示教育、建章立制、纠正不正之风和优化经济发展环境结合起来，充分发挥查办案件在治本抓源头方面的作用。

〔创业服务年活动〕 1、着力建立完善重大产业项目招商引资和建设管理协调推进机制。一是完善了土地、资金、环境等要素资源配置机制。通过建立重大产业建设用地协商制度，建立重大产业项目环境总量指标协商制度，搭建重大项目、优势产业融资平台，切实做到“四个优先”：即优先配置土地资源、优先保障环境总量指标、优先保障建设资金、优先保障其他资源配置。二是完善了重点项目服务和监管机制。完善了重大产业项目绿色通道，建立了重大产业项目调度会议制度，落实了重大产业项目责任制，加强了对重大产业项目的监督检查力度。

2、着力建立健全投资创业服务体系。一是健全创业服务机构。通过成立创业指导中心,开辟自主创业“绿色通道”,举办创业项目推介会,解决企业创业难问题。二是搭建创业孵化平台。通过盘活老工业园区,建设家具产业园和家具市场,建设返乡农民工创业园,扩大甜柚、脐橙园区,破解企业用地难问题。三是搭建政银企互动平台。不断完善中小企业信用担保体系,开辟小额贷款“绿色通道”,破解个私经济融资难问题。四是搭建人才培训平台。以南康市农民学院为依托建立创业人才培训基地,加强与高等院校合作培训人才力度,全面落实就业政策,破解企业用工难问题。五是支持非公有制经济发展。建立了1个市级农民专业合作社联合会、4个乡镇级农民专业合作社联合会,全市注册登记农民专业合作社88家。

3、着力优化创业环境。高标准建设了市民服务中心,提升了公共资源交易中心建设水平。对发展环境监测进行“增点扩面”。广泛开展了“百千万”内设机构测评活动。积极推进了政务信息公开工作。

4、着力深化机关作风建设。开展了“学习型机关”和“学习型干部”创建活动,着力提高机关党员干部的整体素质;组织开展了“万名干部下基层,万名群众评机关”活动,加强服务型机关建设;严格落实首问责任制、限时办结制、责任追究制、AB岗工作制,提高机关工作效率;积极开展“四级联动、携手共建”活动、“你创业、我服务”和“找差距、提建议、促发展”思想大讨论活动、“我为南康创业服务献一策”金点子征集活动等,加强创新型机关建设;通过开展《廉政准则》和创业服务年活动知识考试等,进一步增强了全市广大党员干部特别是领导干部的廉洁从政意识,规范了从政行为。

5、着力营造浓厚的服务创业氛围。结合实际,认真开展新闻和社会宣传,积极培育创业文化,大力宣传创业典型,营造出服务创业的浓厚氛围。

〔**落实党风廉政建设责任制**〕 一是实施责任分解。制定了《关于2010年领导干部廉洁自律和落实党风廉政建设责任制工作的实施意见》,明确全年工作的指导思想、基本思路、工作重点、目标任务和方法措施。下发了《关于落实2010年党风廉政建设和反腐败工作任务分工的通知》,将全年党风廉政建设和反腐败重点工作任务分解落实到各有关领导、牵头单位和责任单位,明确党风廉政建设和反腐败工作任务分工。

二是强化责任考核。年中和年底,市党政领导班子成员分别听取了各自分管部门(单位)落实党风廉政建设责任制情况,各部门(单位)的党风廉政建设“第一责任人”进行了专题汇报。

三是严格责任追究。严格执行《关于对违反党风廉政建设责任制规定的行为实施责任追究的办法(试行)》,对工作不负责任、不履行或者不正确履行职责,造成损失或恶劣影响的党员领导干部,按照党风廉政建设责任制规定严格进行责任追究。共查处各类失职、渎职案件32件,对4名正科级干部、10名副科级干部、33名一般干部进行了责任追究。

〔**纪检监察机构管理体制改革**〕 增设了干部管理室。高标准落实了人员、场所、设备和后勤保障,组建了第一至第七纪工委、监察分局,其中四个面向市直单位,三个面向乡(镇、街道)。10月中旬,全市7个纪工委监察分局正式按照新的纪检监察机构管理体制运行。

〔**干部队伍建设**〕 积极参加“创先争优”主题教育活动,深入开展“作表率、创一流”主题教育活动。要求纪检监察干部严格遵守“五严守、五禁止”、《廉政准则》和“十个严禁”,在纪委机关开展了“打造学习型机关,争做学习型干部”活动。通过开设纪检监察干部讲坛、组织干部参加积极有益的文娱活动、读一本好书、观看一部优秀电影、撰写一篇调研文章等活动,牢固树立干部学习意识,不断提高自己善于学习的能力,提升干部队伍的综合素质。

(编辑:朱由国)

民主党派· 人民团体

民　盟

〔综述〕 民盟南康基层委员会是南康市唯一的一个民主党派组织,现有盟员 38 人,其中在职盟员 31 人,退休盟员 7 人,中青年在职盟员占 81.58%,主要分布在教育、文化、政法、国土、卫生、民宗、乡镇等系统。基层委员会下设第一支部、第二支部、第三支部。盟员中有省人大代表 1 人,赣州市人大代表 2 人,赣州市政协委员 2 人,南康市人大代表 3 人,南康市政协委员 12 人;江西省首批中小学学科带头人 1 人。2010 年度,民盟南康基层委员会被民盟江西省委会表彰为“先进基层组织”,刘光垠、邓夏生、罗开锋、卢文芳等四位盟员被评为“全省先进盟员”;第一支部被民盟赣州市委会评为先进基层组织,盟员邓夏生被民盟赣州市委会评为参政议政先进个人。

〔主要活动〕 2010 年度,民盟组织认真组织引导广大盟员利用自身专业优势,在参政议政、建言献策、结对帮扶等方面积极发挥作用。一是畅通建言献策渠道,积极参政议政,凸显盟员风采。盟内担任各级人大代表、政协委员的盟员充分把握自身代表(委员)权利,正确行使参政议政权利。其中,在南康市政协四届五次会议上,提交集体提案 1 件,个人提案 14 件,蓝志中、郭世珠两位盟员被表彰为南康市 2010 年度“优秀政协委员”,民盟民族宗教界被评为“先进活动小组”。二是坚持“三个为主”的组织发展方针,拓宽渠道大力发展盟员,年内有计划地发展了石保香、郭世珠、叶加德、王兰发、邓文娟、贺艳红为新盟员,使民盟组织延伸到乡镇、国土资源界。其中叶加德、石保香两位盟员参加了 2010 年赣州市各民主党派新成员培训班学习。三是深入调查研究,撰写高质量调研文章。在中共赣州市委统战部开展的 2010 年度统战理论研究论文征文活动中,邓夏生撰写的《新形势下民盟核心价值体系的践行和与思考》获三等奖;在民盟江西省委会与民盟南昌市委会共同举办的“民盟庆祝教师节暨基础教育研讨会”上,邓夏生、刘小玉两位盟员撰写的论文均获“优秀论文奖”,并在大会作发言。

(罗开锋)

〔领导班子名录〕
基层委员会主委:刘小玉(女)
副主委:董太升
委　员:李雅昭、兰永红、罗开锋
第一支部主委:兰永红(兼)
第二支部主委:李雅昭(兼)
第三支部主委:罗开锋(兼)

工商联

〔综述〕 2010 年,市工商业联合会(总商会)围绕市委、市政府提出的“126”工作目标,解放思想,创新理念,强化服务,带领非公经济人士为南康经济社会发展发挥了积极作用。并认真履行“团结、帮助、教育、引导、服务”的职能,充分发挥工商联“三性作用”,大力激发非公经济人士创业热情,使全市非公经济发展迈上新台阶。2010 年全市新增个体工商户 4794 户,比上年增加 30%,累计达到 20779 户;新增从业人员 13680 人,累计达 23.9 万人;私营企业达到 1092 户;非公经济实现税收 5.48 亿元,同比增长 43%,其中纳税超 100 万元以上民营企业达到 23 户,纳税超 1000 万元 4 户。

〔**机构队伍**〕 市工商业联合会(简称工商联)与市总商会合署办公,两块牌子一套人马,内设办公室、联络科、经济科。机关有专职工作人员 5 人,设党组书记、主席、副主席、秘书长各 1 人,总商会会长 1 人;设兼职副会长 6 人,执委 33 人。全市有乡镇商会 21 个,有行业协会 10 个(家具、矿产品、食品、服装、化工、电子信息等),全年新增会员 35 个,其中企业会员 15 个;累计企业会员 102 个,团队会员 15 个,个人会员 1186 人。

〔**学习教育**〕 一是结合创业服务年活动及创先争优活动的开展,大力组织非公经济人士开展政治理论和法律法规学习。全年组织学习座谈活动 5 次,参加学习座谈人数 200 余人。二是开展“致富思源”,“富而思进”教育活动,与家具产业局、家具协会及有关部门共同组织非公经济人士开展支援玉树灾区,支持百家姓和谐城和新农村建设活动。其中,支援玉树灾区共捐款捐物 110 余万元;支持百家姓和谐城累计捐款 800 余万元,企业家个人捐款 10 万元以上达 47 人;80 余位老板捐款捐物 150 余万元支持新农村建设。

〔**会员服务**〕 一是加强了与行业协会工作协调,建立健全了工作指导和联系制度。二是大力开展会员和企业培训。全年,分别举办家具业主培训班 5 期,举办营销培训班 6 期,举办创业培训班 3 期,参训人员超 3000 人(次);协助家具产业局和家具协会,邀请深圳家具协会专家来南康举办 2 期讲座,参会人员达 500 余人(次);邀请专业人士到汇丰、蓝天、众鑫等 20 余家企业直接开展员工培训,全年培训 40 余次,参训人员超过 3000 人。三是继续开展帮扶服务企业“153”活动(即每位驻会主要领导、副职领导、一般干部各挂点帮扶服务 10 户、5 户、3 户重点企业),取得明显成效。挂点帮扶服务的蓝天木业,2010 年产值突破 1 亿元,成为继华亿、华洲等销售收入超亿元的又一家具龙头企业。挂点服务的南山锡业有限公司,产值超过 5 亿元,税收超过 2000 万元。四是编撰了《南康家具主流》、《赣派家具——南康家具主流》和《南康床具》等三本杂志,共发行 6 期,为 300 余家具企业做了宣传推介。五是开办了集公益性、社会性为一体的星期三知识讲座,为企业释疑解惑。六是加强了对外交流,开展帮贫济困工作。2010 年,协助床具中心组织策划了“南康首届床具博览会”和“床具新品发布会”;组织 2 批共 60 余家企业赴深圳学习考察。全年慰问老会员和老工商业者 150 余人(次)。

〔**参政议政**〕 一是组织机关人员从不同角度围绕南康经济社会发展方面的重点、难点和热点问题开展专题调研。全年组织二次专题调研,形成了《关于解决制约南康家具产业发展的九大瓶颈问题》和《关于工业园龙岭西区发展和管理情况的调研报告》,为市委、市政府决策提供了依据。二是积极组织非公经济人士开展建言献策活动。全年共组织各类座谈会及视察活动 5 次,核理意见建议 40 余条,组织非公经济人士代表和委员撰写建议及提案,全年共撰写建议 14 件,提案 59 件。三是认真配合市机关效能活动,积极参加政风行风评议。四是大力开展创先争优活动,对全市 57 家建立了党团工会组织的非公企业进行创先争优工作指导。

(刘颜尧)

〔**领导班子名录**〕

党组书记:钟义元

主　　席:刘颜尧

副主席:钟定承

总工会

〔**综述**〕 2010 年,市总工会认真学习贯彻落实党的十七大、十七届五中全会、中国工会十五大精神,以“三个代表”重要思想为指导,以科学发展观为统领，以构建和谐劳动关系为主线，以建立健全利益协调、诉求表达、矛盾调处和权益保障机制为途径，以解决职工群众最关心、最直接、最现实的利益问题为重点，紧紧围绕“服务中心、服务基层、服务职工”，认真履行提高职工队伍素质，维护职工合法权益，开展职工困难帮扶，加强工会组织建设和自身建设，组织开展职工文体活动等职能，以“团结、进取、务实、创新”的精神，全面推进市工会工作上新台阶。被赣州市总工会评为全市先进县(市、区)总工会、全市“三类”企业工会组建特别奖、全市县级困难职工帮扶中心规范化建设先进单位、全市工会经费收缴工作先进单位、全市职工互助保障工作先进单位、全市劳模管理工作先进单位、全市工人报刊征订工作先进单位。

〔机构队伍〕 市总工会机关有主席1人（市人大副主任兼），常务副主席1人，副主席2人，主任科员1人，各部室人员5人，聘用小车司机1人，困难职工帮扶中心工作人员1人，实际在岗12人。内设机构有办公室、宣教部、保障女工部、基层工作部、法律工作部、经济技术部、困难职工帮扶中心。

〔基层组织建设〕 市总工会按照“哪里有职工，哪里就要建立工会组织”的要求，进一步加大工会组建力度。坚持并完善“党建带工建，工建服务党建，党工共建”的工作格局，大力推进了非公企业特别是“两新”组织工会组建工作。下发了《南康市总工会关于加强“两新”组织工会组建的实施方案》和《南康市总工会关于开展“广普查、深组建、全覆盖”集中行动的工作方案》，建立了领导挂点联系“两新”组织工作制度，明确责任和工作要求，实行领导分片负责。采取“一线工作”方式了解企业实际情况、存在问题和工会组建动态等，形成了工会组建和会员发展稳步增长的良好态势。进一步扩大了工会组织覆盖面，工会作为党联系职工群众的桥梁纽带作用更加凸现。截止2010年12月，全市共组建基层工会695家，工会会员总数达到62398人，其中农民工入会人数达45911人。

〔企业民主管理〕 面对职工队伍结构和就业形式的快速变化，按照主动、依法、科学维权的新要求，市总工会及全市各级工会组织坚持以职工为本，把广大职工最关心、最直接、最切身的利益问题作为维权工作的重点。进一步健全维权机制，创新工作载体，全面推进新时期劳动关系和谐企业建设，营造和谐稳定的劳动关系。一是加强民主管理和民主监督工作，进一步完善职工代表大会制度和厂务公开制度，保护职工群众的知情权、参与权，畅通利益诉求渠道，使职工的合法权益得到有效保障。二是进一步规范平等协商集体合同制度，帮助指导职工签订劳动合同。

〔劳动竞赛〕 深入开展群众性科技创新立功竞赛活动。市总工会以“同舟共济保增长，建功立业促发展”为主题，以安全、质量、效益为中心，大力开展形式多样的劳动竞赛，为广大职工建功立业搭建施展平台。2010年，联合教育系统工会举办了教职工“岗位练兵，岗位成才”粉笔字板书比赛活动；与卫生系统工会联合，在全市各乡镇卫生院开展了临床技能培训和大比武活动，与供电公司工会联合举办了全市供电系统青年职工岗位技能大赛。选送了2名职工参加赣州市第四届技术能手大赛食品雕刻组比赛，荣获三等奖。通过开展各种形式的技能大比武活动，进一步激发了广大职工立足岗位，建功立业的工作热情。

大力推进“职工素质工程”和“建功立业工程”。继续在全市企业中深入开展“创建学习型组织，争做知识型、技能型职工”活动，开展形式多样的岗位练兵、技术比武、提合理化建议、降本增效等活动。一是在全市企业中开展“我为节能减排献一策”活动，全市职工共提出合理化建议132条，创造经济效益80万元。部分企业工会还组织开展了节能减排知识竞赛，开设节能减排知识宣传橱窗等活动，取得了明显的成效；二是充分发挥“职工书屋”在提升职工素质方面的作用。市总工会在赣州华利纸品有限公司建设了一个标准化“职工书屋”，共藏书五千多册，为广大职工业余自学提供良好的平台，在提高职工素质方面发挥了重要的作用；三是以“当好主力军，建功‘十一五’，和谐奔小康”为主题，以创建“工人先锋号”为载体，以保增长扩内需调结构为重点，在全市职工中广泛开展了“同舟共济保增长，建功立业促发展”和“同舟、同心、同力、同赢”竞赛活动，激发了广大职工的工作热情。

〔劳动保护〕 以预防在先、全员参与为特色,强化劳动安全卫生保障机制建设。市总工会与安监局、人保局等职能部门联合,定期开展对重点行业、重点企业安全情况进行专项检查。组织高危企业开展了“安全演练”、“演讲比赛”等活动;广泛开展“安康杯”竞赛和群众性安全卫生宣传活动,强化职工的安全意识,切实维护职工的生命安全和健康权利。

以劳动争议预警、调解、监督为重点,强化劳动争议预防调处机制建设。2010年,市总工会进一步加强了劳动争议调解组织网络建设,全市共建立劳动争议调解组织156个,其中,乡(镇、街道)劳动争议调解委员会20个,社区、村劳动争议调解委员会136个,建立了市、乡、村三级劳动争议调解组织网络。

〔劳模管理〕 为大力弘扬劳模精神,在全社会进一步营造“尊重劳模,爱护劳模,学习劳模,争当劳模”的良好氛围,形成“尊重劳动,尊重知识,尊重人才,尊重创造”的社会风尚。市总工会认真做好各级劳模的管理和服务工作,积极帮助劳模解决实际困难。2010年发放省劳模春节慰问金17600元,省劳模困难帮扶专项资金57160元,省劳模医疗救助资金5000元。还组织了全国、省、市劳动模范和“五一”劳动奖章获得者进行健康体检,体检费用全部由市总工会支付。

〔女工工作〕 按照《工会法》和《工会女职工委员会工作条例》的有关规定,本着“哪里有工会,哪里就要建立女职工组织”的原则,把工会女职工组织建设纳入工会组织建设的总体规划,在巩固行政事业单位、国有企业女职工组织的同时,重点在女农民工较集中的非公有制企业抓了女职工组织组建工作,实现了女职工组织建设工作的新突破,女职工工作领域得到了新的拓展。

〔职工教育与文体活动〕 提升职工素质,发挥工会“大学校”作用。全面推进“创建学习型组织,争做知识型职工”活动,充分发挥市农民学院培训基地的示范作用,广泛开展岗位练兵、技术培训、技术交流等技能提升活动,切实提高广大职工的工作能力和技术水平,加快了职工队伍知识化进程。

提升文化品位,积极开展职工文化活动。通过广泛开展职工群众喜闻乐见、生动活泼、寓教于乐的各种文体活动,让职工在活动中丰富知识、陶冶情操,使企业文化建设的内涵进一步深化、参与面进一步拓展。“五一”期间,市总工会举办了庆“五一”城区职工拔河比赛,共有25个单位和企业职工代表队参赛;8月6日联合市体育局、中国银行南康分行举行了城区干部职工六人同步行比赛;9月17日,在龙岭工业园赣州华利纸品有限公司举行南康市工业园区企业职工篮球赛;通过一系列活动的开展,进一步增强了广大职工的团队精神和奋力拼搏精神,激发了广大职工的工作热情和工作干劲。

〔送温暖工作与职工生活保障〕 为使送温暖工程走向经常化、制度化、规范化的轨道,市总工会进一步建立和完善了生活救助、医疗救助、金秋助学等帮扶救助机制,为困难职工提供“一站式、零距离、多元化”的服务。2010年,共为665名困难职工提供了帮扶救助,发放帮扶资金43.96万元。同时,还开展了特困职工“一卡通”优惠服务活动,为市商、粮、供、中小企业、经贸委等系统下岗职工中低于城镇居民最低生活保障线,难于维持基本生活的31名特困职工,每月提供一定金额的购物、就医、供水、供电优惠和帮扶救助,发放帮扶资金2.2万元。在元旦春节期间开展了“进万家门、知万家事、解万家难、暖万家心”的“和谐帮扶”送温暖活动,市四套班子领导、市总工会领导以及各基层工会领导走访慰问了712户特困职工家庭,为每户特困职工家庭送上了500元慰问金以及党和政府的温暖与关怀。

〔领导班子名录〕

主　席:李大庆(女,兼)

常务副主席:刘海鹏

副主席:许朝阳

　　　　张小梅(女)

共青团

〔综述〕 2010年,全市各级共青团组织以邓小平理论和“三个代表”重要思想为指导,深入贯彻落实科学发展观,紧紧围绕市委、市政府“一个继续坚持,两个着力把握,六个扎实推进”工作部署,竭尽全力团结带领全市广大团员青年为实现南康经济社会的快速发展建功立业。在做优团内常规工作的同时，围绕党政所需，青年所求，社会所盼，开展了一系列顺民意、得民心的活动并得到前所未有的突破。2010年，共青团南康市委被团省委评为"省青年志愿者优秀组织奖"、"省青年志愿者优秀项目奖；"被赣州团市委评为"全市共青团信息工作先进单位"、"全市共青团工作先进单位"、"全市共青团工作创新奖"、"第四批团建先进县（市、区）"；被南康市委宣传部评为"网络宣传工作先进单位"；被南康市直工委评为"先进基层党组织"，被市文明办评为"南康市文明单位"。钟燕被评为全省优秀团干，杨春、吴晶被评为赣州市优秀团干。

〔**机构队伍**〕 共青团南康市委属群团组织，一级单位，内设组织部、宣传部、学少部、办公室，编制7人，实有干部3人。

〔**组织建设**〕 共青团南康市委借助全市开展党建带群建工作的有利时机，拓展团建工作内容，扎实开展5个重点领域团建工作，着力打造"三阵地"（学生团员、农村团员、社会青年及流动团员）。2010年，新建团组织92个，发展团员5400多名，有效夯实了团建工作基础。切实强化"四个服务"（服务党政、服务大局、服务青年、服务社会），不断增强团组织的凝聚力和战斗力。积极开展创先争优工作，充分发挥团组织在围绕中心、服务大局中的"主力军"作用。高度重视团员政治思想和团干队伍建设，严加强团员和团干培训，举办各类培训4期，培训1600多人次。

〔**宣传教育**〕 在青年思想教育工作方面有新举措。结合五四、六一等节日先后开展了烈士纪念碑祭扫活动、"我爱新赣州" 主题教育活动、"学习焦裕禄精神"演讲比赛、"绿色南康青年在行动"征文比赛、"祖国发展我成长"教育活动等一系列活动。十七届五中全会、赣州团代会闭幕后，采取集中宣讲、座谈研讨、答题竞赛和网页专题等方式在全市团员中开展了全会精神和团代会精神的学习宣讲活动。加强南康共青团网站的管理，做到信息周周有更新、月月有专题，及时向上报送基层工作及特色活动稿件。2010年，团中央用稿4篇，团省委用稿29篇，赣州团市委用稿205篇，南康县级刊物用稿24篇，南康广播电视累计播放263次。

〔**学少工作**〕 坚持"以团带队"，扎实开展少先队各项工作。3月，召开了全市少先队工作会议，对少先队工作中的先进集体和个人进行了表彰。在小学生中开展了少儿书法绘画大赛、少儿科普知识竞赛、查字典比赛、"祖国发展我成长" 教育活动、"爱我中华，报效祖国"朗诵比赛、"和谐祖国，我爱您" 征文比赛和中小学生环保知识竞赛、"小手拉大手，环保大家行"等活动。认真做好预防青少年违法犯罪工作，深化"青少年维权岗"创建，协同相关部门对校园周边环境进行了综合治理。关爱弱势群体，为54名孤病残小学生发放助学金16200元。开展农民工子女关爱工程，组织574名志愿者、1800多名青年干部与农民工子女进行结对帮扶，帮助解决学习和生活困难。深入31个村组和学校开展"留守温暖，播撒希望"走访慰问活动，周周有走访，月月有回访，形成了良好的帮扶机制。

〔**青工青农工作**〕 以创业服务年活动为契机，加大服务青年就业创业力度。依托南康农民学院和17个就业见习基地，开设课程28门，进行了8期培训，共培训青年1300余人次。截止11月，为220名青年发放小额贷款1085万元，帮助500余名青年就业，90余名青年实现创业。志愿者协会5月5日经正规登记注册的志愿者1420余名，分为11支服务分队。全年开展志愿服务320余次，参加活动的志愿者5000多人次，扶贫助学、医疗义诊、绿色环保、关爱鳏寡孤独老人、关爱孤病残儿童及农民工子女，每周有活动，有回访。《光明日报》、《江西日报》、江西电视台、《赣南日报》、赣州电视台、南康电视台等媒体先后志愿者活动进行了报道。为纪念25个国际志愿者日，12月4日举办了志愿者大型公益晚会，3万余人到现场观看。志愿者工作得到社会各界的一致好评。评选出全市十大杰出(优秀)青年。组织全市1000多名团员青年开展了 "保护母亲河" 造林绿化活动，植树6000多株。

〔**希望工程工作**〕 扎实开展希望工程结对帮扶捐资助学活动，走访爱心企业家115家，筹集爱心助学金 100 多万元,为 210 名贫困学子发放助学金。为了解贫困学生的真实情况,组织 57 名志愿者走访了全市 1273 户学生家庭深入贫困学生家中开展调查摸底。鼓励推动爱心企业家、志愿者与 210 名贫困学生结成帮扶对子,不仅帮助解决学生的经济困难,同时对学生在思想上给予指导、生活上给予照顾、学习上给予鼓励。年内,举行 4 场希望工程座谈会,组织结成对子的爱心企业家与贫困学子进行"面对面"交流。团市委为 210 对结对帮扶的企业家和受助学生配发了《希望工程结对帮扶联系卡》,强化对受助学生的跟踪回访,学校每月有座谈,企业家与学生有联系,团市委对三方有沟通,共同帮助其成才。(1)南康市希望工程募捐总量首次超过一百万,是前几十年的总和,超过整个赣州市各县市总和。(2)首次构建了城区突发事件青年应急响应机制,得到团中央的高度肯定。(3)团市委钟燕做为中国青年代表赴韩执行两国青年友好访问任务。(4)首次被团省委评为全省十佳团县(市、区)委。(5)南康第一次建立合法志愿者,于 2010 年 5 月正式通过民政注册,有志愿者 1500 余名,分为 11 支志愿服务分队,周周有活动,月月有回访,协会已累计开展志愿服务 400 余次。2010 年,共青团南康市委各项工作位居赣州市第一名,全省前列,多项工作得到团中央的肯定,团省委和团市委的推广,是团中央、团省委、团市委直接挂点基层团县委。

(朱玲玉)

〔领导班子名录〕

书　记:钟　燕(女)

副书记:杨　春

妇　联

〔综述〕 2010 年,市妇联在市委、市政府的正确领导下,在上级妇联的业务指导下,全面贯彻落实科学发展观,围绕全市"一个继续坚持、两个着力把握、六个扎实推进"工作部署,充分发挥妇联作为党和政府联系妇女群众的桥梁纽带作用,团结带领全市妇女为共促科学发展,共建和谐社会,共创美好生活,实现南康经济社会又好又快发展做出了积极。市妇联目标管理考评、新农村建设、"两新"组织妇建、信访维权维稳、春蕾计划等工作获赣州市先进。

〔机构队伍〕 市妇联下设办公室、妇儿工委办、组宣部、儿童部、发展部、权益部,有行政人员 4 名。下辖 20 个乡(镇、街道)妇联,60 个党政机关、事业单位妇委会、配备村(居)妇代会主任 157 名,乡(镇、街道)妇联干部 20 名。

庆"三八"国际劳动妇女节 100 周年庆祝活动

3 月 8 日,全市各界妇女代表参加了纪念"三八"国际劳动妇女节 100 周年大会暨妇女小额担保贷款启动仪式。大会表彰了 2009 年度妇女工作先进集体和先进个人,与会人员还参加了"情系百年妇运。共建和谐南康"——走过百年(1990——2010)大型签名活动,来自全市各界妇女代表近 200 人参加了签名。全市各乡镇街道、各单位分别举行了登山、跳绳、演讲比赛等形式多样的庆"三八"活动。

妇女小额担保贷款、信用贷款创业服务　三八节前夕,市妇联在 2010 年春季就业招聘大会上积极宣传引导妇女就业、创业,并印发 2000 本《妇女小额担保贷款财政贴息政策问答》和 600 份《保护妇女儿童相关法律法规汇编》等有关法律法规宣传资料,解答咨询 395 人次,使广大妇女对小额信贷以及保护妇女儿童相关法律法规有了更深的了解。3 月 8 日,举行了妇女小额担保贷款启动仪式,现场对小额担保贷款的妇女代表发放了每人 5 万元的贷款。同时,以会代训对基层 130 多名妇女干部进行小额担保贷款、法律法规等知识的培训。8 月,与农信社启动了妇女小额信用贷款,为全市从事家具、甜柚、生猪产业的妇女提供近百万的信用贷款,为妇女创业提供了强有力的帮助。

〔春季植树造林〕 在全市开展"巾帼林"植树活动,组织妇女一千余名,种植一万六千多株苗木,通过"巾帼林"植树活动,带动更多的妇女和家庭投入造林绿化活动,投身到新农村的绿化建设中来,同时增强全市妇女的绿化意识、生态意识、发展意识。

〔关爱弱势妇女儿童〕 一是开展了为优秀母亲献花活动;同时筹资一万多元在母亲节期间深入唐江、蓉江等地慰问贫困母亲活动。二是开展"六一"儿童节慰问活动。5 月 31 日上午,市妇联全体人员来到市特殊教育学校看望、慰问学生，和孩子们一起欢度节日，并为他们送去运动器材、书包、文具等价值五千多元的文体用品。三是大力实施“春蕾计划”，开展“春蕾计划10元捐”活动，动员社会各界人士捐款，共筹资五万多元。9月中旬和10月底，市妇联分别在南康中学、南康七中举行为贫困女学生捐款助学结对帮扶活动。四是实施“母亲健康工程”。组织动员农村、城镇妇女到赣州市人民医院进行免费“两癌”筛查，切实为广大妇女的健康服务。

〔慰问村妇代会主任〕 在七一慰问活动中，市妇联主动请示跟进市委、政府，在困难党员调查摸底上报名单时，要求每个乡镇上报慰问对象时必须有一名任职10年以上的村妇代会主任（包括现任、离任）、家庭条件困难的妇女党员。市委、政府把慰问贫困女党员当作慰问的重点对象，共慰问村妇代会主任和贫困女党员20名，市委、政府这一重要举措让她们实实在在地感受到了党组织的温暖。

〔市妇女第三次代表大会〕 12月24日，成功召开了南康市妇女第三次代表大会，在会上对杰出女性代表进行了表彰，听取并审议通过了南康市妇联第二届执行委员会的工作报告，选举产生了新一届南康市妇联领导班子。

（陈丽丽）

〔领导班子名录〕

主　席：蓝海燕（女）

副主席：何玲英（女，　~2010.11）

　　　　严修英（女，2010.11~　）

　　　　薛　梅（女，2010.11~　）

科　协

〔综述〕 2010年，南康市科学技术协会（简称科协）有在编干部4人，见习生1人。其中主席1人。全市有20个乡镇、街道科协会，专兼职人员62人；有市属学会、协会18个，会员人数1380人；有省聘科普大使3人，稳定了一支3000多人的科普服务队伍。

全年，市科协紧紧围绕市委、市政府确定的“一个继续坚持、二个着力把握、六个扎实推进”工作部署，结合科协工作实际，坚持一手抓项目、一手抓活动的工作思路，各项工作取得较大成绩：一是市科协2010年度目标管理及宣传报道工作在赣州市年终目标考评工作中双双荣获第二名，二是市科协推荐的市果业协会、市畜科所高级畜牧兽医师严由南分别被中国科协、财政部联合表彰为全国“科普惠农兴村计划”先进集体和农村科普带头人，三是蓉江街道泰康西路社区被省委组织部、省科协批准为江西省“党旗映社区　科普进楼宇”示范社区创建单位。

〔科普宣传〕 为认真贯彻落实市委关于组织千名干部下基层“送政策释民惑、送温暖聚民心、送服务解民难”活动精神，充分发挥科技人员在“三送”工作中的积极作用，着力推动“三送”工作的深入开展。12月26日，由市科协、市委组织部、市委农工部联合主办的南康市“科普惠农百村行”科技服务活动启动仪式在麻双乡举行。市委组织部、市委农工部和市林业局、市卫生局、市商务局等单位驻麻双乡“三送”工作组全体成员、麻双乡政府机关干部等共约200多人参加了启动仪式。活动中，组织相关人员开展了为现场群众免费体检、发放健康卫生宣传资料，发送《森林防火宣传挂图》及《油茶栽培技术》等科技资料，组织8名中级以上职称科技人员深入坝孜、黄埠、鹅坊等村开展科技培训服务活动，得到现场群众的普遍赞同。

〔科普惠农〕 为了赶在“十一五”计划末年分享全国“科普惠农兴村计划”项目的一杯羹，提升科普惠农工作新成效，市科协推选的市果业协会和高级畜牧兽医师严由南两个项目获得中国科协和财政部的联合表彰，分别争取奖补资金20万元和5万元。

为充分凸显南康科普惠农兴村工作，积极参与赣州市科普惠农兴村计划项目库建设，市科协推选的市果业协会、市生猪产业协会、横寨乡生猪协会及先科巨鲫繁育基地、建平无公害蔬菜基地、大坪乡超级稻生产基地等分别被赣州市科协评为科普惠农兴村计划先进集体，市畜科所高级畜牧兽医师严由南、龙华乡双江村党支部书记钟生针、文婷山庄负责人倪小卿被评为赣州市农村科普带头人。

〔农村科普〕 为充分发挥科协在三下乡活动中的优势和作用,着力掀起全市三下乡活动高潮,3月19日,市科协组织了由领导带队、3名农、果、畜科技专家组成的科技服务小分队参加了全市三下乡活动在唐江镇举办的启动仪式,并下到农田、果园及猪场开展了现场技术指导。

〔青少年科普〕 为开阔学生的科技眼界,激发学生对科技奥秘的兴趣,6月23日至24日,赣州市科普大篷车先后开进南康市三中、中英文学校及十八塘中学等学校进行科普大篷车巡回展览活动,引起青少年学生的广泛参与,5000多名学生首次参与科普大篷车科技体验活动。

为提升青少年的生命安全意识,增强青少年防灾减灾的能力,科技活动周期间,市科协会同老科协、市青科辅协会在南康三中举办了以《关注地震　关爱生命》为主题的青少年科普知识讲座,发放科普资料500多份,培训学生100多人。

〔社区科普〕 为创建健康型、科学型社区,倡导社区居民健康文明的生活方式,推动健康科普工作的深入进行,11月14日上午,市科协联合老科协在市中医院门诊大楼四楼会议室举办了第四个"联合国糖尿病日"科普宣传主题活动。活动期间,聘请市中医院主任医师蔡山林作了《糖尿病的中医防治》科普专题讲座,发放科普资料100多份,培训居民100多人,为50多名病友进行了免费体检。

5月19日,赣州市"党旗映社区科普进楼宇"示范社区创建活动启动仪式在蓉江街道泰康西路社区举行。市科协、市新华书店等单位的领导为泰康西路社区捐赠了科技及党建图书资料。赣州市科协曾繁荣主席,南康市人大李大庆副主任、市政协方立清副主席等领导亲临活动现场指导;赣州市委组织部、赣州市科协,以及南康市文化、卫生、教育、科技等十九个单位和部门的领导、科普大使、青年科普志愿者、社区居民代表及南康三中部分学生共计300多人参加了启动仪式。启动仪式结束后,组织开展科技、卫生、文化、法律、社保、计生等"十进社区"服务活动,有100多名科技人员参加现场服务,展出科普展板70多块,惠及居民1万多人次。作为承办单位之一,市科协组织20多名科普志愿者将2000份自编的《低碳经济科普知识宣传册》、2000份《科学认知雷电》等发送到全市各机关单位、社区居民及中小学生手中,获得领导和社区居民的普遍好评。

〔农函大培训〕 甜柚生产一年制长效特色班　为充分借助省农函大的培训资金支持,策应省农函大一年制长效班培训需求,5月9日上午,南康市农函大甜柚生产技术一年制长效特色班第一期培训率先在金香果业合作社开班。培训班采取课堂教学与现场指导相结合的方式进行,赣州市柑科所农艺师刘庭斌在课堂教学中主讲柑桔低成本栽培技术,赣州市利丰农业科技有限公司总经理廖文坚为学员进行现场科技指导。共有100多名种果大户参加培训。培训的顺利开班掀开了全省农函大一年制长效特色班的先河,为南康市成功争取省农函大一年制长效特色班扶持项目奠定了基础。市科协在金香果业合作社先后举办第二、第三、第四期培训。二期培训采取组织学员外出到精品果园学习考察、农户提问、专家点评、全程互动、释疑解惑的方式进行,互动结束举办了《果树平衡施肥技术》专题培训;三期培训班突出以工业化生产理念为核心,提升果农工业化生产甜柚的意识;四期培训班突出标准化生产为主题,以龙回早熟柚果实品质评比推动甜柚生产精品意识。四期培训班,主题各异,中心突出,组织充分,宣传到位,得到果农的广泛参与,深受省科协、省农函大领导的好评。

农函大"一乡一训"班　为全面掀起农函大培训新高潮,助力南康市农函大工作上新台阶,加快农村实用技术知识的普及推广,按照省农函大的要求,从5月份开始,市科协联合市委组织部、市科技局、市老科协、市果业协会等单位和部门分别在全市20个乡镇开展了25期农函大实用技术培训,内容包括水稻病虫害防控、生态养猪及猪废弃物利用、无公害甜柚高产栽培等,聘请专家教师40多人次,发送农函大教材及资料5000多份,支付讲课费用等30000多元,培训学员1802人次。

省农函大水稻生产自救技术培训示范班　受省农函大委托,市科协与市委组织部在唐江镇政府四楼会议室联合承办了江西省农函大党员群众水稻生产病虫害防控技术培训示范班,发送农函大教材150多份,培训学员150人。

赣州市农函大油茶高产栽培技术培训　为加

快南康市油茶低改和高产技术推广，全面提升科学种植油茶的技术水平，6月23日、24日，市科协联合赣州市科协聘请赣州市林科所林业工程师宋祥兰分别在横市镇、十八塘等乡镇举办农函大高产油茶栽培技术培训班，共培训油茶种植户165人，发送《高产油茶林栽培技术》等教材200多册，资料500多份。

〔服务科技工作者〕 为充分反映全市科技工作者在经济社会各条战线上的先进事迹，彰显科技工作者的风采，提升科技工作者的社会显示度和影响力，市科协加大对优秀科技工作者的服务与宣传。如反映市科协原副主席蓝希华同志工作事迹的文章《一个在小事和平凡中默默奉献的基层科协工作者》8月27日登载在中国科协网要闻头条，反映朱坊中心小学科技辅导员邱光海事迹的文章《点燃学生科技创新的火花》登载在中国科协网，均收到不同凡响。市科协向中国农函大推荐的优秀农函大教师，市畜科所高级畜牧兽医师严由南、文婷山庄负责人倪小卿被评为全国农函大优秀老师。

〔信息建设〕 为真实反映市科协在“三服务一加强”中的各项工作，着力提升科协的新形象，2010年，市科协坚持在信息建设工作中，突出主题，拓宽思路，深度挖掘，竭力创新，促进了宣传报道工作的进位赶超。至12月底，先后有52篇信息、文章及图片82次在赣州市科协以上网站、杂志等媒体上登载，其中省科协28篇、中国科协10篇，其它省市科协媒体4篇。其中《南康市农函大开设甜柚生产技术长效特色班开班》、《赣州市“党旗映社区科普进楼宇”示范社区创建活动在南康正式启动》、《南康市科协创新科普惠农方式让农民满意》、《以工业化的理念推进甜柚生产》等一批信息分别被媒体转载达5次以上，得到了上级科协的充分肯定。

〔服务站建设〕 为着力提升科普惠农服务站的服务能力，不断延长科普惠农链条，最大限度地服务农村主导产业的发展，8月，市科协整合果业协会相关资源在金香果业合作社创新建立了南康市甜柚科普惠农服务站，并投资6000多元购买20张桌子、40张凳子支持该服务站加强培训实施建设，解决合作社一直以来举办科技培训活动无基本设施的问题。

〔队伍建设〕 为强化全市农函大培训及科普大使队伍建设，按照省科协、省农函大的要求，全市组建了一支由37名中级以上职称、农果畜等专业科技人员参加的科技培训队伍，并发挥队伍的智慧与力量，积极动员科技人员参加农函大授课及科技指导帮扶等活动，有力促进了服务三农的行动。

（张明）

〔领导班子名录〕

主　席：蓝希华（2010.11~　　）

副主席：蓝希华（　　~2010.9）

社　联

〔综述〕 2010年，南康社联认真贯彻党的十七大精神，以邓小平理论和科学发展观为指导，围绕市委、市政府的工作目标，积极开展了各项社科活动，推动了南康社科事业的发展。

〔机构队伍〕 社联列入公务员法参照管理，财政全额拨款，定编2人。

〔社科活动〕 一是年初社联开展了社科知识下乡活动，举办社科讲堂5场，受教育群众累计300人次。二是筹办了提高机关效能研讨会。三是开展和参与了“三送”社科调研活动，对40户帮扶对象的社情民意进行了专题调研。四是开展了申报赣州市社科研究百题工作。

〔领导班子名录〕

副主席：林健武

文　联

〔综述〕 2010年市文联发挥文艺工作者桥梁、纽带作用，团结和组织文艺工作者积极开展各项创作活动，发现培养文艺新人，加强文艺团体和文艺工作者之间的协调和联系，加强各文艺协会的友好往来和学术交流，为全市的现代化建设和精神文明建设服务。市摄影家协会评为赣州市先进文艺家协会。

〔机构队伍〕 市文联有干部2人。下属有市书法家协会会员106会;戏剧家协会会员35人;舞蹈家协会会员78人;摄影协会会员216人;南野诗社社员108人;奇石根艺协会会员76人;茶文化研究会员41人;老年书画协会116人;音乐家协会96人。

〔主要活动〕 (1)元旦、春节期间举办了书法、美术、摄影展,展出各类作品68版。(2)卢旭发表民间故事达18万字;(3)搜集整理出版《中国对联集成·南康卷》。(4) 南野诗社组织社员开展采风活动,创作发表诗词、对联968首,出版《南野诗苑》4期。(5)出版《和谐城对联选》、《和谐城诗词选》。(6)根艺协会参加全省展览获得银奖。(7)南康文学院正式挂牌办公。

〔领导班子名录〕

主　席:廖诚(兼)

副主席:扶诗生

残　联

〔综述〕 2010年,在市委、市政府的正确领导和上级业务部门的精心指导下,全市残联系统以党的十七届四中全会精神为指导,以科学发展观统领残疾人事业发展全局,认真贯彻中央、省和赣州市三个7号文件精神,立足实际,充分履职,扎实工作,残疾人的基本生活得到进一步保障,残疾人的康复需求得到进一步满足,残疾人的劳动就业得到进一步推动,残疾人事业呈现加快发展的良好态势。2010年,市残联继续被中残联和省残联评为"'两刊'宣传工作先进单位";唐江镇被省政府残疾人工作委员会授予"'十一五'全省基层残联组织规范化建设先进镇";赤土畲族乡赤土村、蓉江街道东街社区等10个村(社区)获评"'十一五'全省基层残联组织规范化建设先进村(社区)"。

〔机构队伍〕 市残疾人联合会内设秘书科,下设市残疾人就业服务站(股级事业单位)。残联机关与就业服务站合署办公,有干部职工9人,其中女3人。

〔发展环境〕 市委、市政府十分重视残疾人事业,对促进残疾人事业发展做出重大部署,出台了《关于加快推进残疾人事业发展的实施意见》(康发〔2010〕13号)。《实施意见》全文共分八部分二十二条,对今后一个时期加快推进残疾人事业发展做出了全面部署,涵盖了残疾人的基本生活、就业、就医、就学等方方面面,为残疾人在普惠的基础上真正享受特惠提供了制度保障和政策依据。

在"助残日"、"爱耳日"、"爱眼日"、"聋人节"、"盲人节"等节日期间,充分利用报纸、广播、电视、信息网络等宣传媒体,积极拓展宣传空间,开展助残系列报道,在社会上进一步宣传了残疾人事业、弘扬了人道主义精神,营造了更加浓厚的扶残助残社会氛围。全市残疾人事业发展环境得到不断优化。

〔民生工程〕 为认真组织和实施民生工程残疾人项目,市残联成立了领导小组,建立了工作责任制,制定了科学的实施方案,开展了大张旗鼓的宣传发动工作,有力地推动了工作进展。全年共完成公益性岗位安置残疾人就业60人,安排"农家书屋"残疾人管理员26人,残疾人技能技术免费培训213人,精神病免费服药380人,假肢装配38例,康复站点建立30个,社区康复协调员培训245人。

〔就业工作〕 在做好民生工程残疾人就业培训项目的同时,积极做好残疾人就业咨询、职业介绍、就业安置、就业回访等服务工作,帮助和扶持88名残疾人实现个体就业或集体就业。同时,按照"安置为主,收金为辅"的原则,不断强化就业工作手段,抓好按比例就业这个重头戏。推动各机关、企事业单位按比例安置10人就业,并采取税务代征、财政代收形式,依法征收残疾人就业保障金95万元。残疾人就业保障金实行专款专用,全年举办了4期残疾人职业技术培训班,培训残疾人学员213名,选送了1名盲人赴赣州市参加盲人按摩培训。

〔扶贫工作〕 2010年,从残保金中列支6万元,扶持了20户残疾人种养家庭发展种养规模。实施

"阳光家园"计划,给100名享受低保且无业的智力低、精神病和重度残疾人居家托养补助对象,每人每年补助500元。同时,在春节、"全国助残日"等节日期间,开展"真情送温暖、情系残疾人"活动,帮助残疾人解决生产、生活困难。对遇到天灾人祸、重大疾病等突发性事件的残疾人家庭,及时上门临时救助,尽力帮助他们渡过难关。2010年,全市共走访慰问困难残疾人400户,发放慰问金和物品8万余元。

〔康复工作〕 2010年,建立社区康复服务站30个,为1800名残疾人提供了康复服务信息和转介服务,并利用现有的卫生资源,为他们提供"量体裁衣"的康复服务。全年除完成"民生工程"残疾人康复项目外,还完成低视力配助视器14名,聋儿听力训练10人,智力残疾儿童康复训练9名,肢体残疾人康复训练11名,肢残儿童训练机构5名,辅助器具供应150多件。

〔教育工作〕 市特殊教育学校已步入正常运行轨道,在校残疾学生十几人,全市已建立起较为完善的随班就读保障体系,残疾儿童、少年入学率稳步攀升。市财政、教育部门增加了对特殊教育事业的资金投入,落实了"两免一补"政策,使特殊教育与普通教育协调发展。

〔信访维权〕 坚持"分级负责,归口管理",谁主管谁负责,就地、就近、依法解决问题与疏导教育相结合,认真办理残疾人信访事项。2010年,共接待残疾人及亲属来信来访128件(人次),95%以上的来信来访在初信初访后得到妥善解决。"南康市法律援助中心残疾人工作站"无偿为残疾人提供法律服务6次(件),有力地保障了残疾人的合法权益。宣传和督促落实了有关残疾人的各项优惠政策,为社会稳定和谐创造了条件,全市未出现重大残疾人集体上访和越级上访的事件,较好地维护和促进了社会稳定。

(李添)

〔领导班子名录〕

理事长:钟名德

副理事长:王　珍(女)

侨　联

〔综述〕 2010年,市归国华侨联合会(简称侨联)在市委、市政府的领导下,在上级业务部门的指导下,以科学发展观为统领,切实履行"群众工作,维护侨益,参政议政,海外联谊"的职能。进一步凝聚侨心,汇集侨智,不断创新工作方式,充分发挥"侨"的作用。热情为侨服务,努力拓展海外联谊。加强自身建设,不断提高政治素质和业务水平,完成了各项工作任务。

〔机构队伍〕 侨联是一级正科级行政单位,全额财政拨款,行政编制2个,实际人员2人,主席1人,副主席兼秘书长1人。主管全市的侨联组织活动。开展海外联谊、交往(流)和侨务对台工作,团结海外社团、海外华人、华侨、港澳同胞以及内地眷属、内地外资企业;组织全市归侨、侨眷开展爱国创业、求实奉献、肺腑感言等活动。

〔海外接待〕 不断提高接待服务水平,协同有关部门接待了华侨、华人、港澳同胞16批109人次。认真做好每批接待工作,遵守接待纪律,在接待中大力宣传南康的经济社会发展的成就,使他们更了解南康。

〔侨资引进〕 紧紧围绕市委、市政府的中心工作,发挥侨的优势,为招商引资工作拓展平台。介绍和宣传南康市取得的成绩和投资发展环境。协助有关部门做好外资企业引进的牵线搭桥工作。全年新增侨资企业2家,累计共26家,有力地促进了市经济建设的发展。

〔公益捐赠〕 协助市有关单位做好香港慈恩基金会捐赠事宜,捐款8万元用于改建校舍及奖励品学兼优的学生。

(卢立智)

〔领导班子名录〕

主　席:李民福

副主席:卢立智

秘书长:卢立智(兼)

个体私营经济协会

〔**综述**〕 2010年,南康市个体私营经济协会围绕"创业服务年"活动,以"发展经济、服务会员"为目标,以南康市参评申报首批"国家商标战略实施示范城市"为契机,确定了"扶创业、帮就业、创品牌、促诚信"为核心的工作重点,取得了良好成效。

〔**营造创业氛围**〕 深入开展"创业服务年"活动。协会根据省市关于开展"创业服务年"活动的精神,于1月20日率先召开了南康市个私协会会员代表大会暨创业服务年动员大会,来自全市各行各业的会员代表、工商系统代表及社会各界共计130人参加了会议,市委书记张裕生作了重要讲话。市工商局、个私协会联合向全市个私协会员发出了"开展创业服务年十项活动"的倡议。6至12月,在市效能办的指导下,会同市电视台,制作了"创业先锋"专题节目8期,9月推荐了2名"赣州市创业典型"候选人,10月推荐了"赣州市第四届十大创业先锋"候选人4名,经投票,南康市众鑫矿业有限公司董事长陈祥明光荣入选"赣州市第四届十大创业先锋"。通过舆论造势,树立了创业典型,弘扬了创业精神,推介了创业经验,营造了良好的创业氛围,激发了广大会员二次创业的热情。

〔**优化服务**〕 针对全市个私经济发展现状,市个私协会以"扶创业、帮就业"为突破点,服务广大会员,引导企业做大做优,扩量提质。在扶创业、帮就业活动中,市个私协会共为136名回乡创业人员提供了政策法规咨询服务,为21人提供了办厂场地信息。在南康市春季招聘会上,为63户企业推介了324名返乡就业技术工人。4月协助市工商局商广科深入企业,做好30多户会员单位省著名商标、赣州市知名商标的申报工作,指导和协助家具行业协会组织会员积极参与支持"南康家具"在央视台的广告宣传活动。5月,集中一个月时间开展"四访四问"和"察民情、解民忧、帮民富、保民安"活动。6月各个协分会协同各工商分局开展了"送法下乡"活动。

〔**宣传引导**〕 市个私协会围绕服务创业,根据全市个私经济主导产业发展现状,把做强做优重点放在矿产、化工、家具、物流和农产品等行业上。大力宣传《商标法》、《广告法》,增强企业的品牌意识。通过宣传引导,个私会员商标意识明显增强。市个私协会还协助家具行业协会引导和组织会员加大广告宣传力度,积极参与支持"南康家具"在央视二套的广告宣传活动。

〔**调研工作**〕 市个私协会把对个私经济的发展调研工作和反映会员的诉求当作主要服务内容,积极当好党和政府与个私业主间的"联络员"。一年中,市个私协会先后4次参加了市委、市政府家具、物流行业的调研,随市政府调研组到四川成都、广东顺德乐从等地考察物流市场的监管,撰写了《当前制约南康家具行业品牌化发展的几个突出问题》、《南康家具行业销售现状、成因及对策》等调研报告,协助市政府办公室草拟了《南康市关于鼓励扶持家具行业实施品牌战略打造企业品牌的实施方案》、参与讨论了《关于规范南康家具物流行业的工作意见》。协会积极着眼于区域经济发展的大趋势,深入调研,贴近会员,善于掌握和反映个私经济发展状况的做法,得到市委政府和社会各界的充分肯定。在创业服务年中,协会围绕市工商局"24810"工程,指导和协助各行业分会开展各项活动。7月,协会积极指导和协助家具协会党支部、物流协会党支部及私营企业党支部开展"三定三联五在前"活动;8月,支持物流行业协会开展对全市家具家物流行业企业信用等级的评审工作。采用100分制形式,即为家具行业评价物流企业20%、物流企业自评20%、各乡镇分会参评15%、群众评议15%、社会各界及相关单位评审30%等五个部分,通过无记名投票方式,对企业进行综合打分,评选出AAA、AA、A、B、C等五个信用等级。旨在通过企业信用建设,加强行业自律,规范行业发展,促进南康家具产业的发展。

〔**协会自身建设**〕 为更好地发挥协会的"三自"作用,市个私协会着重加强了协会的组织建设和制度建设。在1月份会员代表会上,改选了市个私协理事会,选出副会长10名,常务理事27名,理事20名,为10个副会长单位进行了授牌,表彰了2009年度10个私协优秀理事和37名先进个私业主。改选后的理事会,增强了分会的力量,达到了每个乡镇(街办)至少有一名理事成员,为协会工作延伸到基层打下了基础。会上还通过了《南康市个体私营经济协会会费收取、管理、使用办法》,进一步规范了协会财务制度。春节前,组织个协常务理事为困难个体工商户和困难群众捐款活动,捐款2万多元。

〔领导班子名录〕
会长:张　真
常务副会长兼秘书长:陈晓红(女)
副会长:刘事芳(南康市金鸡有色金属有限公司董事长)
陈祥明(南康市众鑫矿业有限公司董事长)
王家新(江西佳兴实业有限公司董事长)
刘光清(南康市光华实业有限公司董事长)
卢和通(江西通达汽运有限公司董事长)
王三英(女,南康市宝林大厦有限公司总经理)
卢圣兰(女,南康市迎宾馆总经理)
周少龙(江西龙事达实业有限公司董事长)
赖训阳(南康市阳光家俱有限公司董事长)
廖小平(江西三友家具有限公司董事长)

计划生育协会

〔综述〕 2010年,市计划生育协会工作坚持以十七大四中全会精神为指导,贯彻落实"以人为本"的科学发展观,围绕人口与计划生育总体目标,狠抓协会组织建设,认真开展"四好"基层协会创建活动,积极参与计划生育村(居)民自治工作、利益导向机制的完善与落实,努力抓好计生系列保险等工作,取得了较好成绩,获赣州市计生协会2010年度开展生育关怀先进单位。

〔机构队伍〕 市协会共有干部职工9名,其中会长1名,副会长1名。

〔基层基础工作〕 为夯实基础,建立健全协会网络,以创建"四好"基层计生协会活动为载体,全面开展基层网络整顿。调整了一批布局不合理、作用发挥不明显的会员小组。对全市会员之家上墙资料进行了规范,都张贴了"我为协会添光彩,我为国策做贡献"宣传画。村级理事会按照"五四三"模式调整,充实了一批致富能手担任理事,进一步提升了基层协会的工作水平,全市创"四好"基层协会村达70%。通过创建活动,基层网络更健全,各项活动开展更正常,效果更明显,涌现了一大批典型。

〔宣传工作〕 一是利用"5.29"会员活动纪念日,加大协会宣传力度。各地结合实际进行人口和计划生育法律法规、生殖健康、优生优育、避孕节育、预防艾滋病等相关知识和平协会基本知识等宣传教育。二是设立协会宣传专栏,每个村有宣传板块,广泛深入地宣传以人为本的科学发展观,倡导男女平等、少生优生、文明进步的婚育观,宣传性别比严重失调的危害性,宣传赣州市不孕症治疗专科医院,使不孕症患者就医少走弯路。三是抓好《人生》杂志的征订。为扩大协会影响,完成杂志征订,协会从早着手、早安排,责任到人,按时完成征订任务400多份。

〔服务工作〕 一是做好农村计生家庭子女中考加分工作,全市共有483名学生享受了加分政策。二是抓好计生系列保险工作。1、对全市已扎二女户及时进行养老保险,每例投保金额为3000元并发奖励金3000元,由市财政在上级转移支付中统筹。2、认真开展0~14周岁独生子女爱心保险工作。为做好0~14周岁农村独生子女爱心保险工作,召开了多次全市秘书长会议,专门布置保险工作,并多次与保险公司协商,共同做好理赔工作。三是服务不孕症夫妇。建立了不孕症夫妇档案,组织不孕症夫妇参加全市性的集中诊治,并建立回访制度,及时了解治疗效果。为不孕症对象送医送药,解决不孕对象后顾之忧,共送7对夫妇到医院检查治疗,并为他们解决交通费用,减免医药费。

〔计生系列保险〕 加大了保险力度,对全市已扎二女户都及时进行养老保险,全市已投保人数为82人,金额为24.6万元。同时开展了0~14周岁农村独生子女家庭爱心保险工作,为8023名独生子女投保,保费24.069万元。

〔生育关怀行动〕 中宣部、中央文明办、中国计生协、教育部、卫生部、人口计生委、全国总工会、共青团中央、全国妇联、中国红十字总会共同发起的

"生育关怀行动"是以科学发展观为指导,聚焦生育行为、造福于计划生育困难家庭的社会公益活动。主要内容:一是关怀困难的计划生育家庭,二是关怀育龄群众生殖健康,三是关怀独生子女,四是关怀女孩健康成长,五是关怀基层计划生育工作者。市计生协共为计划生育对象做好事实事1519件。开展"生育关怀,阳光助学"活动,共为298个女孩读高中发放助学金29.8万元。救助计生困难家庭31户,救助资金3万元,资助二女户家庭女孩考上大学的31人,资金3.1万元;国家奖扶1046人,发放奖励费75.312万元;城乡死伤残特扶人员33人,资金3.888万元;主动放弃二胎生育指标31人,发放奖励金6.2万元;计生二女户"绿色养老"125户,无偿提供物资折款5.94万元,免费提供树苗13390株,估计绿色养老户、家庭收入户收入达203.54万元;为农村二女户家庭、独生子女参加新农合,支付参保费35.109万元。

(罗义平)

〔领导班子名录〕

会　长:陈玉清(女)

副会长:奚星海

(编辑:朱由国)

政　　法

市委政法委员会

〔**综述**〕 2010年，在市委、市政府的正确领导下，全市政法工作坚持以科学发展观为统领，紧紧围绕南康市委、市政府“一个继续坚持，两个着力把握，六个扎实推进”总体工作部署，以增强广大人民群众的安全感和满意度为根本出发点，以全面系统整改为总抓手，以维护南康社会和谐稳定为核心目标，深入推进社会矛盾化解、社会管理创新、公正廉洁执法三项重点工作，紧紧围绕全市改革发展大局，努力开创政法工作新局面，为推动南康经济社会更好更快发展营造了和谐稳定的环境。2010年，全市公众安全感满意率为96.5626%，列全省第11位，列赣州市第3位，分别比2009年前进了46位和11位，被赣州市委、市政府评为“2010年度社会治安综合治理目标管理先进县（市、区）”和“2010年度公众安全感测评先进县（市、区）”；被赣州市委维护稳定领导小组评为“2010年度维护稳定信息工作先进县（市、区）”；被赣州市委防范和处理邪教问题领导小组评为“全市防范和处理邪教系统先进单位”；被赣州市委政法委评为“2010年度政法调研信息宣传工作先进县（市、区）”和“2010年度涉法涉诉信访工作先进县（市、区）”。

〔**机构队伍**〕 市综治办、市委610办、市委维稳办与市委政法委合署办公。市委政法委内设办公室，负责机关日常管理工作。2010年市委政法委有委员10人，市委政法委机关共有编制18人，至2010年10月实有干部职工15人，2010年10月至2010年12月实有干部职工14人。

〔**政法队伍建设**〕 扎实推进公正廉洁执法，有效提高了政法机关执法公信力。在全市政法系统重点开展了学习实践科学发展观和社会主义法治理念教育活动，组织政法干警开展了“争做执法模范、争当执法标兵”、“政法干警大走访”爱民日等活动，大大提高了政法干警的群众意识、法治意识和服务意识。大力推进“阳光执法”，依法落实和全面深化警务、检务、审务、所务公开，完善政法干警执法档案建设。深入推进执法监督规范化建设，广泛开展了执法巡视、案件评查、涉法涉诉信访问题专项整治活动，全市政法各部门共评查案件120起，清理信访积案15起。政法队伍建设得到全面加强，公众对政法部门满意度进一步提高，市公安局被评为“全国维护妇女儿童权益先进单位”、“全省维护妇女合法权益十佳先进单位”、“赣州市县级公安机关绩效考评先进单位”；市检察院被评为“全国模范检察院”、“省级文明单位”、“江西省园林化单位”；市法院连续四年在赣州法院系统目标考核中列第一名，被评为“全省优秀法院”、“省级文明单位”、“全省调解工作先进集体”和“全省清理执行积案工作先进集体”；市司法局被评为“赣州市文明单位”和“赣州市教育改造和安置帮教无缝对接工作先进集体”。

〔**社会治安综合治理**〕 2010年全市社会综合治理工作以加强重点人群管理为突破口，创新服务管理新机制，提升了政法工作水平，维护了全市社会稳定，促进了经济社会全面科学发展，保障了人民群众安居乐业。具体措施有：(一)强化落实综治工作责任。强化落实了各级党政领导班子、党政一把手、分管综治工作领导及领导班子成员保一方平安、促一方和谐的政治责任。完善社会治安综合治理领导责任制考评体系，制订切实可行的工作程序和操作办法。完善南康市社会治安综合治理限期整改、黄牌警告、一票否决暂行规定，规范“一票否决制”操作程序。健全综治、纪检、组织、人事、监察五部门联席会议制度、情况通报制度和检查督办制度；(二)大力开展严打整治斗争。深入推进打黑除恶专项斗争，对以郭伦权、廖光滔、王正鹏为首的3个恶势力团伙进行了侦办，抓获涉案成员17人。先后开展了打击赌博专项行动、治爆缉枪专项行动、“扫黄打非”行动、夏季治安综合整治行动等系列专项整治行动。成功破获了有史以来最大的合同诈骗案，为受骗企业追回667万元经济损失，成功侦破30万元特大飞车抢夺案。严厉打击各类严重暴力犯罪，重点打击影响公众安全感的抢劫、抢夺和入室盗窃、盗窃机动车等“两抢一盗”和流窜犯罪。年内，共查处治安案件456起，查处各类违法犯罪人员298人；共立刑事案件2362起，破案1027起，破隐积案518起，协外破案46起，摧毁犯罪团伙25个，抓获各类刑事犯罪分子238人，大大提高了社会治安好转率和公众安全感满意率；(三)突出抓好流动人口服务管理。在蓉江、东山、家具市场等8个乡(镇、街道)和区域建立了流动人口服务管理站，组建了一支200人的流动人口兼职协管员队伍，出资聘请了21名专职协管员，协管员工资1.3万元/人/年，由市财政保障到位，投资6万多元开发了一套流动人口服务管理信息系统和网页信息平台。对办理居住证的流动人口，在子女入学、劳动就业、法律援助等8个方面与本地居民享有同等待遇。新登记流动人口78638人，出租房屋41826套，发放居住证52654本。流动人口流窜犯罪发案724起，与去年相比下降了12.1%；(四)加强特殊人群帮教管理。加强对肇事肇祸精神病人的管理，强制收治“武疯子”精神病人70人，防止“武疯子”危害社会和人身安全。加强刑释解教人员的安置帮教无缝对接工作和社区矫正工作，建立市、乡两级安置帮教工作机构21个，村(社区)安置帮教小组239个，新建了大旺肥业有限公司等3个安置帮教基地，有102名刑释解教人员列入安置帮教系统，有131名社区服刑人员进入社区矫正服务圈。加强对“法轮功”练习人员的管控和教育转化工作，对6名“法轮功”重点人员建立了专项工作资料台账，落实了帮扶措施，对6名未转化人员开展了教育转化攻坚工作，已成功转化2名“法轮功”未转化人员；(五)推进社会治安重点地区综合治理。一是推进学校和幼儿园及周边安全整治。组织175名政法干警开展“政法干警进校园保安全”活动，在学校、幼儿园校园门口等重要部位新安装了监控摄像头134个，配备专职保安员360名，建立警务保安室94个，为学校、幼儿园护校队发放了2500个“市综治委治安员”红袖标；二是推进文化娱乐场所专项整治。组织培训12次，培训业主1000多人次，发放宣传资料3000多份，查处4家违规经营歌舞厅，关停2家无证照经营歌舞厅，取缔3家无证经营出版物摊点，对9家违规经营网吧下发了限期整改通知书，为青少年的健康成长营造了良好的环境；三是推进家具行业专项整治。在家具市场、物流市场开展了以消防安全、治安安全、交通安全、生产安全等为重点内容的专项整治行动。先后排查整治火灾隐患13起，交通安全隐患16起，生产安全隐患7起，打击处理了刑事犯罪、治安案件65件；四是开展医患纠纷专项整治行动。组建了市医患纠纷调解委员会，成立了调解室，通过法律、行政、教育等多种途径，成功调处各类医患纠纷14起；(六)完善治安防控体系建设。建立健全了治安巡防队伍，城区专职巡防队员达190名，组建了50人的应突队伍，工业园、家具市场新增了20名专职巡防队员，乡巡防队员达10人以上，镇达20人以上。市财政先后投入780万元用于“天网”工程建设，已建成1个高标准市级指挥中心、18个乡镇分控中心、5个治安监控卡口，城区公共部位已建成150个视频监控探头，乡镇已建成181个视频监控探头，覆盖率达100%。家具市场、工业园区、贵重物品场所以及学校、医院、金融场所纳入“天网”工程统筹规划，乡镇、重点单位和区域视频监控系统与市110指挥中心实现对接联网。

〔**和谐平安建设**〕 2010年和谐平安建设工作，紧紧围绕市“126”工作部署，突出践行科学发展观，狠抓基层基础，进一步推进和谐平安南康建设。(一)加强基层组织建设。建立综治维稳“三支队伍”，即：一支60人的维稳信息督查员队伍；一支200人的综治维稳社会信息员队伍；一支1600多人的调解员队伍，将综治维稳的触角延伸到最基层；(二)加强联创中心建设。在乡(镇、街道)和谐平安联创中心，统一规范设置“一个中心，四个科室”。“一个中心”即：为民服务中心，“四个科室”即：综治办、维稳办、群众接待室、矛调室。安排四间位于一楼的办公室集中办公，实行一站式服务，实现矛盾纠纷“联调”、治安“联防”、警务“联勤”、突出问题“联治”、基层平安“联创”；(三)加强基层创建活动。结合新农村与和谐平安建设同行活动，开展了以“人员零犯罪、单位零发案、内部零事故、矛盾零上交”为主要内容的“四零”村(居)创建活动。开展了“平安医院、平安校园、平安企业、平安市场、平安村落(社区)、平安家庭、平安铁路、平安边界”等系列创建活动。重点抓好10条街道、20个医院、30个专业市场、40栋楼院、50家企业、60所学校、70个“四零村(居)”平安创建示范点工作。

〔**维稳工作**〕 2010年，全市的维稳工作围绕深入推进三项重点工作，进一步夯实基础、突出重点、把住关键、高效落实，确保了全市经济社会政治稳定。一、建立五大机制，构建社会稳定风险防范体系。(一)是建立重大决策文件备案机制。凡是涉及较大范围或较多群众切身利益的重要文件，都要报市委、政府审查备案同意后方可公布和实施。同时，综治、维稳、信访部门主动介入，积极提供涉稳信息，防止错决策、乱决策和不当决策；(二)是建立重大决策社会稳定风险评估机制。在重大决策、重大改革、重大项目决策或审批前期进行社会稳定风险评估，对可能引发较大规模群众上访或者群体性事件或者危及公共安全的隐患进行先期预测、先期研判。2010年共开展了城市污水处理费征收等8项重点评估，有效防止了因重大决策事项引发涉稳事件；(三)是建立不稳定因素排查研判机制。建立村组每星期排查一次、乡镇每十天排查一次、市每半月排查一次，节假日和重大政治敏感时期集中排查、稳定形势每月分析的矛盾纠纷排查研判机制。注重在“深、细、全”上下功夫，建立重点人员管控台帐，做到底数清、情况明，不留死角；(四)是建立维稳工作三级预警机制。建立党委、政府归口把总、维稳办牵头协调、职能部门组织实施，覆盖全市各级党政的维稳三级预警机制。增强各地、各部门对涉稳事件的超前预见力、早期化解力和有效控制力。2010年向各乡镇、单位预警46次，向赣州市预警4次；五是建立维稳信息研判配套机制。实行专案联合研判，每日排查研判，每周梳理研判，每月分类研判，每季排除法研判，重要节点时段每日碰头研判，将维稳信息研判工作作为调处的前提工作和维稳工作的基础工作来抓，确保不稳定因素发现及时，调处得当，不留后患。二、狠抓矛盾化解，构建“大调解”工作体系。(一)是延伸调解网络。成立了市社会矛盾排查化解指导委员会，乡、村成立了社会矛盾调解委员会，村民小组落实了调解员，在国土、卫生、家具产业促进局等9个部门率先成立了行业性调解委员会，建立了矛调室。实行矛盾纠纷，乡每周一大排查、村每3天一大排查、村民小组每天一排查。2010年共排查矛盾纠纷1980起，成功调处1887起，成功率达到95.3%；(二)是强化协调联动。构建了政法、综治、维稳、信访部门综合协调，有关部门、单位各司其职，社会各界广泛参与，人民调解、行政调解、司法调解既充分发挥作用又相互协调配合的“大排查、大调解”工作体系；(三)是从严考评考核。对社会矛盾化解工作实行月考核，考核情况每月一通报，考核成绩按40%的比例纳入年终社会治安综合治理目标管理考评。对领导不重视、措施不落实造成紧急重大社会矛盾未及时有效调处、酿成重大社会负面影响的按规定实施黄牌警告和一票否决。三、全力维护社会安全稳定。牢固把握忧患意识，切实增强敌情观念，增强国家安全意识。重点加强家具市场、太窝天主教堂、麻双福利院、东山工业园、龙岭工业园等地的国安工作。严厉打击敌对势力破坏活动，严密防范、严厉打击“法轮功”等邪教组织的破坏活动。建立维稳工作长效机制，推动维稳工作重心下移，派出一批政法干警挂村(居)、企业包稳定，切实抓好农村基层的社会维稳工作，确保全国“两会”、国庆、上海世博会、江西中博会、广州亚运会、赣州脐橙节等特殊时段全市的社会稳定。

〔**整改工作**〕 2010年,围绕“一年抓整改、两年上水平、三年出典型”的总体思路,扎实推进全市整改工作,取得了“六个明显”工作成效。即全市全力保稳定促和谐的氛围明显浓厚;信访总量、涉稳事件明显下降;综治维稳基层基础明显夯实;各级班子、干部抓稳定工作的能力明显提升;各级干部工作作风明显改进;全市人民的安全感、满意度明显增强。具体做法是:(一)加强领导,严密组织。把整改工作作为“一把手”工程,成立了以市委书记为组长,市长为第一副组长,市委、市人大常委会、市政府、市政协分管领导为副组长的整改工作领导小组。从市委办、政府办、纪委、综治办等单位抽调11名干部,成立了专门的整改办。市财政拨付了专项资金,做到了领导、机构、人员和经费“四到位”。(二)广泛宣传,统一思想。组织千名干部“进村入企”倾听民意,市四套班子领导深入基层开展调研,制定了《南康市整改工作实施方案》。市、乡、村三级层层召开动员大会,全市20个乡(镇、街道)和56个单位主要负责人在市电视台开辟的“抓整改,促和谐”电视访谈专栏中向全市人民作出了整改承诺,创办了《平安南康》和《整改工作简报》等整改专刊,建立了整改展览厅和宣传长廊,录制了整改纪录片,营造了上下联动、全面参与的浓厚氛围。(三)突出重点,扎实推进。针对“6.15”事件暴露出来的问题,尤其是结合省综治委指出的问题,在全面覆盖、全方位整改的基础上,下大力气完善科学决策机制、解决家具产业突出问题、改善民生维护群众利益、化解各类矛盾纠纷和公正廉洁执法等5个方面整改落实。(四)落实责任,确保实效。一是落实工作责任。市委、市政府与全市所有乡(镇、街道)以及部门、单位签订了《社会治安综合治理目标管理责任状》和《整改工作责任状》,明确党政一把手为第一责任人,负首要领导责任;分管的党政领导为具体责任人,负具体责任。二是规范考评考核。年终由组织、人事、纪检、监察部门和综治委共同对地方、部门、单位党政领导班子及其综治责任人组织考核,重点考核党政领导班子及其综治责任人履行综治责任和落实整改工作的情况。三是确保整改实效。通过一年时间的整改,综治维稳基础得到进一步夯实,一大批矛盾纠纷得到妥善化解,全市干部作风得到了明显改进,家具产业呈现强劲发展势头,经济社会实现了科学协调发展,顺利通过了省、赣州市综治委的整改验收。

〔**领导班子名录**〕

市委政法委

书　记:陈俭生(　　~2010.4)

　　　严国雄(2010.4~　　)

副书记:何定安

　　　胡化林(2010.12~　　)

　　　曾静萍(女,　　~2010.12)

　　　肖孟优(　　~2010.12)

综治办

主　任:曾静萍(女,　　~2010.12)

副主任:黄晓英(女)

维稳办

主　任:董来顺

610办

主　任:罗建华(　　~2010.12)

　　　廖肇洲(2010.12~　　)

副主任:赖余辉(　　~2010.10)

公　安

〔**综述**〕 2010年,面对错综复杂的社会治安形势和接连不断重大任务的挑战,全市公安机关在市委、市政府和上级公安机关的正确领导下,深入贯彻落实科学发展观,紧紧围绕“169”工作思路,深入推进“三项重点工作”和公安“三项建设”,进一步唱响了人民公安为人民的主旋律,为全市经济社会发展提供了安全稳定的社会治安环境。2010年,市公安局荣获了全国维护妇女儿童权益先进集体、全省维护妇女合法权益十佳先进单位等荣誉称号,被赣州市公安局表彰为全市县级公安机关年度绩效考评先进单位。

〔**机构队伍**〕 2010年,市公安局共有警力508人,设有指挥中心(办公室)、政工监督室(督察大队)、法制室、交管大队、刑侦大队、治安大队、特巡警大队、经侦大队、网监大队、警务保障室、国保大队等11个内设职能机构(后又增城市管理警察大队,正股级设置)。蓉江、金鸡、唐江、龙岭、赤土、横寨、横市、隆木、坪市、大坪、麻双、十八塘、凤岗、三江、龙华、太窝、朱坊、镜坝、浮石、龙回、工业园区派出所等21个派出机构，以及市看守所、市拘留所2个附属机构。

〔**安全保卫工作**〕 2010年，以上海“世博会”和广州“亚运会”安全保卫为主线，全警动员，全力维稳，积极做好了各项重大活动、节日期间的社会稳定工作。全年投入警力3000余人次，圆满完成了省委书记苏荣来南康视察等安全保卫(警卫)任务58批次，确保了保卫警卫对象的绝对安全。

〔**打击刑事犯罪**〕 全年共立刑事案件2687起，破1050起，破获隐积案540起，协外破案44起，摧毁犯罪团伙27个，抓获各类刑事犯罪分子268人，抓获网上逃犯159名，逮捕207人，移送起诉153件206人，缴获赃款赃物100余万元。年内发命案10起，破10起，命案全部告破。成功打掉了以张敏为首的黑社会性质犯罪组织团伙，以陈文龙为首的恶势力团伙，打黑除恶工作连续两年列赣州市第一名。

〔**打击经济犯罪**〕 2010年，共立各类经济犯罪案件38起，破18起，抓获各类经济犯罪嫌疑人22人，为国家和个人挽回直接经济损失共计1478.04万元。投入专门办案经费，多次派出专案组赴上海、湖南等外省办理涉企案件，成功破获南康有史以来最大的王某某合同诈骗案，为企业追回了667万元经济损失，深得社会各界赞誉。

〔**治安行政管理**〕 2010年精心组织开展了“扫黄打非”、禁赌，集中清查整治等一系列专项行动，严厉查禁黄、赌、毒等社会丑恶现象。全年共发现受理治安案件940起，查处510起，查处各类违法犯罪人员327人，其中移交有关部门2人，警告4人，行政拘留12人，罚款18人，其他处理291人，稳、准、狠地打击了违法犯罪分子的嚣张气焰。

〔**户政管理**〕 进一步推进户籍管理制度改革，规范了准迁证审批签发工作，促进人口向城镇有序、合理转移。全年共办理户口准迁3913人，其中依照规定切实解决“三投靠”、投资兴业、购买商品房、引进各类人才等进城落户1108人。全面实施第二代居民身份证免费照相政策，全年共受理第二代居民身份证34180份，制作第二代临时居民身份证6699份，利用人口信息系统供查询6715人次。同时，在6个乡镇及市家具产业促进局、工业园区设立了流动人口管理站，进一步创新了流动人口管理服务工作，形成“南康经验”，受到了上级机关的高度评价。

〔**监所管理**〕 2010年精心组织开展了安全排查活动和集中警示教育活动，严厉打击了“牢头狱霸”行为，扎实开展了看守所首次对社会开放日活动，全面实行了在押人员入所健康检查制度。全年共收押各类在押人员627人，切实保障了在押人员的合法权益，有效杜绝了在押人员非正常死亡事件的发生。同时，市看守所档案管理跃上了新台阶，在赣州市监所系统中率先达到一级档案管理标准。

〔**法制工作**〕 制定了一系列网上办案制度，狠抓了民警网上执法考试，推进了执法网上管理，实现了对执法办案的全程化、实时化、动态化监督管理和考核。严格落实执法质量考评制度，全年共开展执法质量考核评议18次，审核刑事案件312起，刑事拘留446人，取保候审165人，逮捕207人，起诉206人，审核行政案件137起205人，其中拘留46人，罚款134人，拘留并罚款25人，劳动教养3人。2010年，执法质量考评取得了赣州市年中第二、年终第三名的好成绩。

〔**110报警服务**〕 全面加强和改进110报警服务工作，充分发挥“天网”工程的作用，努力构建“信息畅通、运转高效、指挥有力”的现代化公安指挥体系。2010年，共接警114668起，其中正常接警17566起，火灾事故142起，交通事故895起，其他96065起。

〔**网络安全**〕 进一步加强网络安全管理工作，开展网吧安全员考试，建立互联网专网用户台帐61户，调查访问本地网站，备案18个。在多个本地网站上设立了网上治安岗亭，对全市互联网用户和网站做到了底数清、情况明。全年在网上巡查发现异地、境外有害信息共420条，编印《互联网重要信息专报》78期，上报赣州市局网上违法信息61

条,采用37条,侦破行政案件1起,抓获网上逃犯6名。

〔典型案例〕 "8.9"30万元特大飞车抢夺案 2010年8月9日中午12时20分,市公安局指挥中心接受害人刘某报称:8月9日12时15分许,其在市蓉江街办市政广场华立商行门口时,被两名男子飞车抢夺,抢走现金30万元。案件发生后,市公安局闻警而动、快速反应,组织精干力量有条不紊地展开侦查工作。在上级公安机关业务部门和广东警方的大力支持、协助下,通过调查摸排、循线追踪,于2010年8月16日一举抓获主要犯罪嫌疑人刘某某(男,广东省韶关市人)、胡某某(男,38岁,广东省韶关市人)二人,及时破获"8.9"30万元特大飞车抢夺案。

〔领导班子名录〕

副市长、局党委书记、局长:罗富杨
党委副书记、政委:郭万龙
党委副书记、副局长:吴　克
党委副书记、纪委书记:李芳元
党委副书记:廖肇洲
党委委员、副局长兼交管大队大队长:钟世华
党委委员、副政委:朱继明
党委委员、副局长:李方钧
党委委员、副局长:赖爱民
党委委员、副政委:卢玉盛
党委委员、副局长:陈伟生
党委委员、副政委:罗建华
党委委员、副局长:肖孟优
党委委员、治安大队大队长:袁金仙
党委委员、蓉江派出所所长:李民林
党委委员、指挥中心主任:李升梁
党委委员、赤土派出所所长:阳耀明
副局长兼龙岭派出所所长:谢玉玺
工会主席、警务保障室主任:吴礼海

检　察

〔综述〕 2010年,南康市人民检察院在南康市委、赣州市人民检察院的正确领导下,在南康市人大及其常委会的监督下,在市政府、政协和社会各界的关心支持下,坚持以邓小平理论和"三个代表"重要思想为指导,认真学习贯彻党的十七大和十七届五中全会精神,以科学发展观为统领,紧紧围绕保民生、保稳定、保增长三项重点工作,坚持并实践"强化法律监督,维护公平正义"工作主题,创新工作管理机制,加强执法规范化、队伍专业化、管理科学化建设,全面履行检察职责,各项检察工作稳步健康发展,为南康经济社会全面发展作出了积极贡献。

〔机构队伍建设〕 市检察院内设11个职能部门:办公室、政工科(下设法警队)、法律政策研究室、侦查监督科、公诉科、反贪污贿赂局(下设侦查一科、侦查二科、综合科)、控告申诉科(并设举报中心)、渎职侵权检察科、监所检察科、民事行政检察科、技术科。干警58人,法学(法律)硕士研究生3名,第一学历为法学本科的干警9名,通过在职学习取得在职研究生学历的6人、本科学历24人,干警的学历层次和专业知识结构较为合理。

〔侦查监督〕 始终把黑恶势力犯罪、严重暴力犯罪、毒品犯罪、两抢一盗犯罪以及其他社会影响大的案件作为打击的重点,一律从快从重打击,以确保社会的稳定,共受理上述几类案件共125件180人,批捕101件142人;积极贯彻落实"宽严相济"的刑事司法政策作为深入推进三项重点工作,关爱民生、服务和谐社会建设的一个重要手段。办理的案件中达成刑事和解的有17件17人,有29件29人作了不捕处理;始终把案件质量作为审查逮捕工作的生命线,把好案件的事实关、证据关以及法律适用关,批捕的案件,没有发生捕后作绝对不诉、存疑不诉、撤案和被判无罪的案件。积极开展追捕工作,防止漏捕,共追捕犯罪嫌疑人4件6人。对侦查机关或侦查部门在侦查活动中不严格依法办案的行为,一经发现坚决纠正,共向侦查机关或部门提出口头纠正意见达30余次,发出纠正违法通知书12份。从解决影响和制约两个监督工作的主要问题入手,不断创新工作理念和工作机制,积极开展立案监督专项行动,启动立案监督程序4件9人。

〔审查起诉〕 全年共受理移送审查起诉案件199件282人。经审查提起公诉150件223人,不起诉21件26人,建议公安机关撤案7件7人,报送赣

州市院审查起诉8件9人。

始终坚持中央提出的“严打”方针不动摇，严厉打击重大刑事犯罪，共受理故意杀人、故意伤害、强奸、绑架等严重侵犯公民人身权力犯罪案件39件65人，提起公诉33件56人。受理两抢一盗、诈骗等侵财犯罪案件63件90人。加强职务犯罪案件公诉工作，共受理审查起诉职务犯罪案件9件10人，直接审查提起公诉2件2人。始终不忘强化刑事诉讼监督职能，做到敢于监督、善于监督，讲求实效，发出检察建议8份，纠正违法通知书4份，均得以采纳或纠正。通过充分履行法律监督职能，促进公正执法，维护司法公正。以法院开展“量刑规范化”活动为契机，通过座谈会等形式，共同研讨有关法律法规问题，统一思想认识，争取配合支持，量刑建议采纳率达到了95%。在蓉江街道办事处建立了检察工作室，充分发挥检察工作室的作用，每周有一次信访工作汇报，每月进行一次信访工作总结，每季进行一次信访信息动态分析，收集情况，及时化解矛盾。

〔**预防职务犯罪**〕 从源头上遏制和预防职务犯罪的发生，将职务犯罪预防工作纳入反腐败总体格局。一是发挥“侦防一体化”平台优势，把预防工作融入侦查工作的全过程，以案促防，增强了预防实效；二是积极开展个案预防，以完善制度和加强监督管理等治本措施为重点，着力提高检察建议质量和成效。认真进行分析职务犯罪案件发生的原因、特点、保持与案发单位沟通，以检察建议为载体，督促案发单位落实整改，取得了实效；三是立足检察职能，创新预防宣传和警示教育途径。通过把预防警示教育课搬到法庭、以案释法，开展法制课堂、制作更新廉政公益广告、强化措施、提高素质，推进预防工作专业化信息化四个途径，筑牢思想道德防线，先后为市质监、卫生、金融等领域系统开展预防职务犯罪法律知识讲座10次；四是重视职务犯罪警示教育和预防工作。到有关行业和单位上法制课9次，帮助发案单位建章立制，向有关单位发出检察建议，设置预防职务犯罪公益广告牌等形式，从源头上遏制和有效预防职务犯罪。采取寓教于乐的形式，切实开展青少年犯罪等预防工作。

〔**查办职务犯罪**〕 坚持有案必办、有案必查，整合侦查资源，积极融入侦查一体化机制，深入推进了反腐败斗争。共立案查处贪污贿赂案件13件13人（其中涉农职务犯罪案件2件2人、工程建设领域贿赂案件7件7人、医药系统贿赂案件4件4人），大案11件11人。立案查处渎职侵权案件2件2人。职务犯罪案件已提起公诉3件3人，有2件2人被法院作了有罪判决，为国家挽回经济损失400余万元。一是以工程建设等领域为重点，积极查办商业贿赂等职务犯罪案件。查处了中核赣州金瑞铀业有限公司总经理助理等人涉嫌受贿案件，此案牵涉面较大，涉案人员从公司中层领导到企业老总多达20人，涉案金额超过200万；二是以化解社会矛盾为目标、大力查办民生领域案件。查办了民生领域案件与基层组织工作人员利用职务便利虚报冒领征地补偿款、侵吞上级涉农资金以及危害土地资源等损害群众利益的涉农职务犯罪案件2件2人；三是积极查处玩忽职守等渎职侵权案件。与南康市纪律检查委员会、南康市森林公安局组成联合办案组，立案侦查3件3人，其中玩忽职守2件2人，非法批准占用土地罪1件1人。重点对东山街办石塘、坨圳、上垅、文峰等村的非法占用林地进行了查处，共查处非法占用林地案件22宗48人，计占用林地面积868亩，其中经审批的有229亩，未审批的有639亩，导致森林植被恢复费的规费流失255.6万，已追缴101.9万元。

〔**监所检察**〕 充分发挥法律监督职能，有效开展社区矫正法律监督工作活动，进一步加强了对刑罚执行和监管活动的监督，依法履行驻所检察各项工作，保障了刑罚的正确执行和监管场所的安全稳定，全面务实地推进了监所检察工作。监内监督方面：针对监管活动中的违法问题共发出书面纠正违法通知、检察建议10件，被采纳10件（纠正违反规定应投劳而未投劳2件7人，防止自杀隐患提出检察建议1件，呈报减刑不当2件，呈报留所服刑不当2件，其他违法3件）。口头纠正混押等违法行为9件，均被采纳。监外监督方面：对本市的监外执行罪犯进行了二次考察，发现有8名漏管人员、10名脱管人员。向公安机关发出了6份检察建议，公安派出所对这18名脱、漏管人员建立了档案，并列为重点人口管理对象。

〔控申举报〕 牢固树立社会主义法治理念,以“立检为公、执法为民”为宗旨,以“强化法律监督、维护公平正义”为目标,妥善处理涉检信访问题,帮助上访群众解决合理诉求。广泛深入开展“举报宣传周”活动,进一步加大举报初核力度,规范初核行为,提高初核质量。充分履行监督职能,依法办理刑事申诉赔偿案件,深入推进社会矛盾化解、社会管理创新、公正廉洁执法三项重点工作。

2010年,控申举报部门共受理各类信访件75件。其中来信15件,来访32件,电话受理22件,网络6件。受理的信访件中控告、申诉类40件,占信访总数的53.3%;受理举报类35件,占信访总数的42.8%。其中,贪污贿赂案31件,渎职侵权案4件。举报中心初核24件,移送立案3件,追缴赃款98万余元。立案复查刑事申诉案件1件,评查案件18件,办理刑事被害人救助案件1件。

〔民事行政检察工作〕 狠抓“强化法律监督,维护公平正义”的检察工作主题。一是依法抗诉。受理申诉案件后,严格审查是否符合抗诉条件,凡是符合抗诉条件的案件,坚决抗诉,达到平息事态化解矛盾的目的;二是把息诉工作视为民行抗诉工作的延伸。认真审查其提交的申诉材料后,认为法院判决认定事实清楚,适用法律正确,程序合法,申诉理由不成立的,耐心做好当事人的服判息诉工作;三是通过加强学习,提高民行监督工作水平,不断加大民行检察监督的工作力度,提升民行检察监督的水平和能力。全年共受理各类民事行政申诉案件25件,其中提请或建议提请抗诉5件,不提请抗诉1件,中止审查1件,移送相关部门处理1件,息诉17件。赣州市院采纳提请或建议提请抗诉案3件,法院已改判1件。

〔检察技术工作〕 依据“统一规划、统一标准、统一设计、统一实施”的原则,按照“推进建设、突出应用、加强管理”的工作思路,全面落实市院部署的各项检察技术和信息化的工作任务,为检察工作科学发展提供强有力的科技支持。全年共受理各类案件60件,其中视听技术23件次,法医文证审查47件(改变原鉴定结论4件),参与赣市院法医鉴定2件,参与公安法医鉴定3件。撰写信息12篇,撰写调研文章3篇,更新网页制作1次,更新网页内容103次。

〔信息调研〕 通过制定信息和调研文章撰写发表奖惩长效机制,形成了党组成员带头撰写,全院干警积极响应的良好宣传氛围,取得了积极的宣传效果和研究效果。

信息方面:全年共向市委、上级检察机关上报检察信息165篇,被上级检察院及南康市委采用44篇,省院《检察情况反映》及内网基层院工作动态采用7篇,市院《检察情况反映》、内网工作动态采用34篇,南康市委《南康信息》采用3篇。全院干警撰写宣传文章55篇,在各类新闻宣传媒体发表21篇。其中《检察日报》发表4篇、《正义网》4篇、《江西检察网》等省级采用7篇,《赣南日报》采用6篇。调研文章方面:全院干警共撰写调研文章123篇,发表各类调研文章23篇,其中,国家级4篇,省级2篇,地(市)级17篇;调研成果获高检院奖励1篇,调查报告或检察建议被市领导以批字、文件、简报等形式转发6篇,检察基础理论和应用理论论文在公开性报刊发表3篇,其中在知名期刊上发表3篇。

〔法警执法〕 坚持“服务检察办案,保障办案安全”法警工作方针,以履行职能为中心,以规范管理为基础,以执法能力建设为落脚点,认真履行法警职责,着重抓办案工作区警务管理工作、法警编队管理工作,为检察业务工作的顺利开展提供了有力的警务保障。

年内,共使用办案工作区31次,申请用警17次,警务执勤18人次。共参与反贪案件13件13人,渎检案件3件3人,自侦案件参与办案率达到100%,法警人员参加办案率达到100%。全年共依法保护办案现场17人次,送达法律文书552份,执行强制措施16次,执行传唤16次,提解犯罪嫌疑人3次,执行押送17人次,看管犯罪嫌疑人17次。全年圆满完成工作任务,无安全事故发生。

(供稿:何涛)

〔领导班子名录〕

党组书记、检察长:雷贻辉
党组副书记、副检察长:叶和林
党组成员、副检察长兼反贪局长:廖信明
党组成员、纪检组长:谢秀芳(女)
党组副书记:黎衍洪
副检察长兼反贪局副局长:吴少林

党组成员、副检察长：蓝泽海
党组成员、政工科长：段文冬

法 院

〔综述〕 2010年，在市委的正确领导，市人大及其常委会的监督，市政府、市政协及社会各界的大力支持，上级法院的指导下，市法院以邓小平理论和"三个代表"重要思想为指导，深入贯彻落实科学发展观，坚持"三个至上"，坚持为大局服务、为人民司法，认真履行宪法和法律赋予的职责，主动融入改革发展大局，强化服务意识，紧紧围绕市委、市政府的中心工作，准确把握审判工作与全面建设和谐社会的切入点，突出服务"平安南康"建设、保障经济发展、构建和谐社会、服务新农村建设四个重点，不断提高办案的质量、效率和效果，全面推进审执工作。全年共计受理各类案件3618件，其中民商事案件2400件，行政诉讼案件13件，刑事案件157件，执行案件668件，非诉执行案件380件，审（执）结3457件，为南康经济社会发展提供了积极有力的司法保障。连续第四年在赣州法院系统年度目标考核中名列第一名，被评为"全省优秀法院"、"第十二届省级文明单位"、"全省调解工作先进集体"和"全省集中清理执行积案工作先进集体"，并在会上作了经验介绍。

〔机构队伍〕 内设办公室、政工科、研究室、监察室、刑事审判庭、民事审判第一庭、民事审判第二庭、行政审判庭、立案庭、审判监督庭、执行局（含执行一庭、执行二庭、综合科）、法警大队等13个机关部门，下设横市、唐江2个人民法庭。有干警98人，其中正式干警86人，招聘司法警察12人；男干警80人，女干警18人；领导班子成员11人（其中兼职5人）。

〔刑事审判〕 依法打击刑事犯罪，维护社会和谐平安。严格执行宽严相济的刑事政策，做到"该宽则宽，当严则严，宽严相济，罚当其罪"。对于具有法定从轻、减轻处罚情节的，依法从宽处理；对于具有酌定从宽处罚情节的，依法予以裁量，最大限度地减少社会对立面。如精心组织审理了张敏等组织、领导、参加黑社会性质组织犯罪团伙一案，19名被告人受到了严惩，增强了人民群众的安全感，促进了南康家具产业的健康发展。全年共受理刑事案件157件，审结157件218人，审结率为100%。其中未成年犯罪案件28件31人。判处刑罚的218人中，10年以上有期徒刑16人，3年以上10年以下有期徒刑89人，3年以下有期徒刑拘役113人。同时，强化了附带民事诉讼案件的调解工作，继续推行刑事附带民事被告人积极赔偿并获得被害人方谅解的，可适用缓刑的刑事制度，审结案件39件，调解21件，调解率达53.8%。

〔民商事审判〕 坚持发展是第一要务的原则，在民商事审判中平等保护各类民事主体权利，受理各类民商事案件2400件，审结2390件，审结率达99.58%。坚持"调解优先、调判结合、案结事了"，把调解贯穿于案件审理全过程，民事案件调解撤诉率达79.24%。审理拖欠农民工工资案件20件，追回欠款20万元。同时，加强对人民调解组织的指导，支持、维护、促进人民调解，建立和完善矛盾纠纷解决机制，委托调解组织调解结案39件，指导调解组织调解案件34件。妥善处理家具行业多家物流企业（托运部）恶意拖欠货款事件，主动到家具城受理案件，安抚人心，及时审理、及时作出裁判，并采取强制措施，冻结、扣押被告的财产，共计受案157件，将风险降至最低处，维护了交易的安全。因成绩突出，被省高院评为"全省调解工作先进集体"，并在全省三级法院院长会议上作了经验介绍。

〔行政审判〕 坚持保护行政相对人合法权益与支持行政机关依法行政相统一的原则，不断加强和改进行政审判工作，认真做好行政审判和征收社会抚养费非诉执行工作，妥善处理好行政案件中的"官民"矛盾，实现了法律效果、政治效果与社会效果的有机统一。2010年受理行政案件13件，结案13件，审结率为100%，受理社会抚养费征收非诉执行案件380件（含旧存74件），结案311件，执结率为81.84%，执行标的532.46万元。

〔执行工作〕 依法加大执行工作力度，维护胜诉当事人的合法权益。受理执行668件（含旧存99件），执行结案586件，执结标的1773.61万元。执行工作，一是舆论先行，加强宣传工作，营造良好的执行氛围。通过媒体发布各类公告，制作电视专题节目,印制了宣传资料和手册广泛宣传,既获得人民群众和社会各界的广泛支持与理解,又极大地震慑了被执行人;二是党委支持,加强协调配合,自上而下形成联动态势。主动向市委、人大、政法委做专题汇报,得到市委领导的关心、支持。同时加强与公安、检察、银行、房管、国土等单位的协调配合,建立了联动协调机制及执行信息与银行征信系统对接机制;三是讲究策略,方法措施得当。坚持正面法制教育,督促被执行人自觉履行义务,与各部门协调配合,形成强大的执行合力;四是能动司法,讲究和谐执行,促政治法律社会效果提高。对被执行人确因困难短期内无履行能力,主动与权利人协商,采取执行和解方式结案。成立执行司法救助基金,对生活非常困难的申请执行人实施司法救助,年内有3名困难群众获得司法救助,金额达1.9万元。

〔**立案信访**〕 坚持“为大局服务、为人民司法”的工作主题。将司法为民贯彻落实到各个环节中,在立案信访窗口和人民法庭,实行“一站式”柜台服务,将各类诉讼常识制成小卡片,免费提供给群众。设置导诉台,在立案大厅摆放10多种诉讼文书样式,引导和指导当事人诉讼。同时为当事人免费提供药品、针线、老花镜、雨伞等细微的人性化服务。在立案大厅启用“pos”刷卡缴费系统,群众能在两分钟内轻松刷卡缴费。以“六统一”的标准改造现有的立案信访窗口,使之成为赣州法院系统标准化的窗口,极大提升了服务群众的水平与能力。同时,人民法庭与有关庭室大力实行立案速裁、巡回审理、判后回访、判后答疑等便民机制,为人民群众提供更方便快捷的司法服务。全年共计立案速裁案件180件,平均审理周期仅1天。进一步健全了信访接待制度,积极与市委、市政府信访职能部门联系,形成合力,化解矛盾,维护社会稳定。建立刑事被害人救助资金3万元,对6名符合救助条件的当事人发放救助款2万元。建立涉诉信访困难救助资金3万元,对6名符合救助条件的困难群众发放救助款2万元。积极向上争取了信访基金,发放了5万余元救助资金,圆满地化解了纠纷,维护了社会的稳定。全年共接待人民群众来访435件(次),成功化解信访积案15件。充分发挥司法协理员调处矛盾、维护基层的稳控作用。

〔**队伍建设**〕 努力打造“学习型、服务型、公信型”三型法院,在案件质量、办案效率、服务态度、工作方法等各个方面都有了较大的转变,取得新成就。市法院关于干警交流轮岗的做法和效果得到了市委的肯定,市委予以全文转发。结合省市提出的“创业服务年”活动,主动服务企业,为企业出谋划策,提供法律咨询和法律帮助,发放了各类宣传资料和手册1000份。结合市委“学习焦裕禄精神、争做新时期焦裕禄式党员干部”主题教育活动,开展了学习焦裕禄精神演讲比赛等系列活动。继续加大教育培训力度,采取集中培训、举办讲座、学术研讨、岗位练兵等方式,支持、鼓励参加在职学历教育和司法考试等,着力提高法官的业务水平与能力。大兴调查研究之风,2010年,全院干警在赣州市级以上各类媒体上发表文章326篇,其中国家级45篇、省级172篇、赣州市级109篇,省地电视台节目11期,南康电视台7期。其中,有多篇学术论文在最高法院、省高院获奖。

〔**司法协理与人民陪审员工作**〕 自觉主动接受各方监督,始终把法院工作置于党的领导之下,完善接受人大监督、政协民主监督的工作机制,开展“走进法院,开展审判”社会开放日活动,每年邀请人大代表、政协委员和普通公民旁听庭审4次以上。积极开展人民陪审员和司法协理员工作,2010年人民陪审员换届,经市人大常委会任命了17名新的人民陪审员。对人民陪审员和司法协理员加强教育培训工作,每年召开2次以上业务教育培训,人民陪审员年均办理案件6件以上,业务技能和政治素养得到提高。司法协理员协助调处矛盾纠纷135件,成功调解案件65件。通过加强人民陪审员和司法协理员的工作,保障了参审权利,发挥了监督作用。

〔**文化建设**〕 推行“文化兴院、科技强院”的战略,努力用先进的法院文化武装干警的头脑。在法院公用区域挂置、雕刻体现法治理念、廉政意识、道德修养的格言警句、图案等,建成了电子图书阅览室、荣誉室,优化了法院文化氛围,充分展现了现代司法文明。举办“法律文化活动周”、“法院开放日”等富有特色的文化活动,使法院文化与其他社会文化的互动交流,有效地提升法院文化辐射力和影响力。注重法院文化的凝聚作用,开展了各类丰富多彩的文体活动,如书画摄影、歌咏、球类比赛等,增强了干警体格和集体主义荣誉感,陶冶了情操。

〔**物质装备建设**〕 积极向省有关部门争资争项,加强信息化建设。一是开展省地市三级专网建设工作。建成后将在全省法院系统内形成统一的内部局域网络,并准备将专网与人民法庭相连,实现四级专网;二是建设科技智能法庭。法院机关审判法庭建成2个,唐江人民法庭建成1个。同时,完成了法院机关庭院和唐江法庭庭院的绿化、美化和亮化工程,在硬件和软件两方面,成为全省一流的人民法院和人民法庭。

〔**典型案例**〕 重大劳动安全事故罪 2005年,被告人肖某在南康市东山街道办事处东山村15组承租当地村民的土地,用油毛毡、棚布、竹木等材料搭建家俱厂厂棚,取名为商发家俱厂。被告人肖某一没有使用耐火材料建立标准化厂房;二没有与周边的家俱厂未设置足够的防火间距;三是设计和建设防火墙,也未进行消防设计审核、验收,便进行家俱生产。2009年10月4日14时许,商发家具厂内突然起火,因厂棚及产品、原材料都是易燃物和可燃物,且家俱厂之间防火间距不足,火借风势迅速蔓延,致使商发家俱厂周围的天和家俱厂、三星家俱厂、祥云家俱厂等11家家俱厂和雕花厂,以及吴启荣、吴贤迪、吴启周、吴贤福、吴毅敏等5户民宅、一家便利店、一家废品收购店烧毁或受损。经价格认证,此次火灾造成损失共计6724665元。事故发生后,被告人肖某以其家俱厂起火系人为纵火为由到公安机关报案,并接受公安机关的调查、处理。在此期间,被告人肖某主动供述公安机关尚未掌握的被告人违反消防规定搭建厂棚的事实。

火灾发生后,南康市公安消防大队迅速赶赴现场扑救,并组织勘查,于2009年10月10日对火灾事故作出认定,认为起火原因不明,灾害成因为竹子、油毛毡等搭建的简易工棚,未配置消防设施,防火间距不足,消防安全管理混乱,且堆放油漆、大量木材等易燃可燃材料造成,致使火灾发生后,火势迅速蔓延成灾。本案在审理过程中,被告人肖某的亲属已与被害人达成赔偿协议,并各支付了500元~10000元不等的赔偿款给18户被害人,并与所有被害人协商处理完结民事赔偿事宜,取得了被害人的谅解。

市法院经审理认为,被告人肖某搭建和经营的商发家俱厂,安全生产条件和设施不符合国家《建筑设计防火规范》的规定,导致该家具厂发生火灾后,火势无法控制,致使周边11家家具厂、2家商店、5户民宅烧毁或受损,直接经济损失达6724665元,被告人肖某对火灾造成特别重大的财产损失负有责任,其行为已构成重大劳动安全事故罪。公诉机关指控的罪名成立。被告人肖某在公安机关尚未采取强制措施时,主动向公安机关交待其犯罪事实,视为自首,可以从轻或减轻处罚。被告人归案后自愿认罪,主动赔偿了被害人的损失,取得了被害人的谅解,可以酌情从轻处罚。据此,依照《中华人民共和国刑法》有关规定,被告人肖某犯重大劳动安全事故罪,被判处有期徒刑三年,缓刑四年。

保险理赔案 2010年1月31日9时45分,原告亲属赖某驾驶赣B82596号中型自卸货车在事发路段未按规定停车(车辆未拉手刹、未挂档),赖某下车后请师傅修理,见该车自行滑行,欲上车控制,并与该车一起滑行至路边后倾翻入河中,将车外的赖某挤压,造成赖某当场死亡的重大交通事故。2010年2月15日,南康市公安局交通管理大队作出事故认定书,认定原告亲属赖某负事故全部责任。赣B82596车于2009年10月13日在被告太平洋财保赣州公司投保了交强险,保险期间自2009年10月14日零时起至2010年10月14时二十四时止。为维护合法权利,原告诉至本院,要求被告给予赔偿。被告太平洋财保赣州公司辩称,本案不是驾驶员在驾驶过程中发生的事故,根据交强险例规定,公司不予理赔;驾驶员是在被滑行的车撞死的,不是交通事故,公司不予理赔;死者不是交强险中的受害人,根据交强险条例中交强险的定义已明确被保险人及本车车上人员排除在理赔范围;交强险条款即双方约定的第五条中已明确将被保险人及本车车上人员排除在理赔范围;死者既是驾驶员又是被保险人,不是理赔范围;请法庭驳回原告的诉请,诉讼费由原告承担。

市法院经审理认为,合法的民事权益受法律保护,原告要求被告在已投保车辆的机动车交通事故责任强制保险赔偿责任限额范围内赔偿原告110000元,其计赔合理,诉请符合《中华人民共和国道路交通安全法》之规定,予以支持。被告太平洋财保认为死者系该肇事车赣B82596投保人即被保险人,根据交强险条款,对原告该事故损失保险公司不应承担赔偿责任,请求法庭驳回原告的诉讼请求。因原告亲属赖某虽属赣B82596驾驶员和被保险人,但是在本起事故发生前已脱离该车的活体自然人,是在该车滑行至路边后倾翻入河中,被该车挤压死亡的。因此,赖某死亡之瞬间,赖某为车外之第三人,对本起事故所造成第三人人身伤亡、财产损失,保险公司应在其交强险赔偿责任限额范围予以赔偿。再者,死者赖春华虽是肇事机动车的投保人、被保险人,但对本起事故的发生没有主观故意。而《交强险条例》虽是国务院颁布的规章,但其法律效力小于《中华人民共和国道路交通安全法》,中保协条款更是部门规章,被告仅依据此条例、条款,既没有体现以人为本的理念,也不符合《中华人民共和国道路交通安全法》的立法宗旨,而且被告在与原告订立车辆保险合同中对第三者的界定并未特别约定和详细释明,其保险单或者保险凭证上未有作出足以引起投保人注意的提示,故本院对被告该辩解意见不予采纳。据此,作出一审判决,判决被告中国太平洋财产保险股份有限公司赣州中心支公司应在交强险赔偿责任限额范围内赔偿原告人民币110000元,剩余损失由原告自行负担。

〔**领导班子名录**〕
党组书记、院长:张晓良
副县级审判员:刘吉宝
党组副书记、副院长:温春华
党组成员、副院长:谢士桃
党组成员、副院长:肖修省
党组成员、副院长:吴诗运
副院长:蓝志中
党组成员、纪检组长:傅声延
党组成员、政工科长:袁　帅
党组成员、执行局长:刘小川
工　会　主　席:罗志华

司法行政

〔**综述**〕　2010年,南康市司法局新招录15名公务员全部到位,司法行政队伍进一步壮大,人民调解、安置帮教、社区矫正、法律援助、法制宣传、法律服务以及司法所建设等职能工作有效向前推进,多项工作荣获表彰,公证处被省司法厅评为优秀公证机构,司法局被赣州市委、市政府评为"赣州市第六届文明单位"、被赣州市司法局及赣州监狱评为"教育改造与安置帮教无缝对接工作先进集体",法宣办被赣州市委、市政府评为"五五"法制宣传教育工作先进集体,基层科、唐江司法所被评为南康市先进基层政法单位,南康市被赣州市委、市政府表彰为"五五"法制宣传教育工作先进县(市)。

〔**机构队伍**〕　局机关内设秘书科、宣教科、基层工作科、公证律师管理科、社区矫正科5个科室以及法律援助中心。下设隆木、横市、唐江、蓉江等20个基层司法所,下属市公证处,辖管文峰、泰康、长城3个律师事务所和横市、唐江、东山、蓉江、泰西5个法律服务所,现有在编人员40名(其中局机关干部职工18人、司法所干部19人、公证处干部3人),法律服务人员45人(其中律师13人、法律服务工作者32人)。

〔**队伍建设**〕　2010年,南康市司法局通过开展创业服务年活动、创先争优活动和"学习焦裕禄精神,争做新时期焦裕禄式党员干部"为主题的教育实践活动,增强队伍创造力。各项活动中,精心组织,周密部署,突出活动主题,认真贯彻落实活动指导思想、方针原则、方法步骤,切实做到目标任务明确,宣传动员到位,整改措施全面,顺利完成学习实践活动的各项规定。通过开展理论学习与交流,技能练兵及在线考试等措施,全局干警的工作能力、职业素质等各个方面得到较大提高,队伍的创造力得到增强,各项工作有序推进。3月26日,在全市召开的相关测评大会上,公证处在115个市直(驻市)单位和67个单位(部门)的100个内设科室(站、所)或二级单位的侧评中排列第十一名,获得了好的评价。2010年组织20多人次参加市、省里举办的各类培训班13期,队伍素质得到很大提高。

〔**司法所建设**〕　截止2010年,已完成18个司法所办公用房建设任务,还有2个司法所在建设之中。为解决了基层司法所人员不足问题,2010年,面向全国招录了15名公务员。8月底,新招录的公务员全部充实到各乡(镇)司法所,每个乡(镇、街道)都有1名专职政法编制司法员。

〔**人民调解**〕 1、加强并充实了基层人民调解委员会组织网络建设。2010年5月,围绕家具这一关注民生的南康支柱产业,创新工作思路,在司法局、卫生局、教育局、水利局、国土局、林业局、交管大队、家具产业促进局、人事局等9个单位设立了人民调解委员会,为妥善处理、及时化解行政管理及在服务过程中产生的矛盾纠纷。为服务南康的经济发展和社会稳定提供了有力保障。全市共有人民调解委员会329个〔其中:乡(镇、街道)调委会20个,村(居)调委会300个、市直单位调委会9个〕,人民调解员1327人,保证了人员到位,解决了无人办事的状况;2、认真开展矛盾纠纷排查调处活动。2010年,集中开展矛盾纠纷大排查30次,村(居)调委会每周排查一次,共排查出矛盾纠纷2725件,调处矛盾纠纷2725起,调解成功2491件,成功率达91%,解决了群众反映的一些实际问题,进一步密切了党和人民群众的联系,维护了社会的和谐稳定;3、充分发挥"三调联动"的作用。结合全市实际,充分发挥司法行政的职能作用,为化解社会矛盾进行了积极探索。"三调联动"活动的开展整合和强化了调解职能,实现了优势互补,提高了矛盾纠纷调处率和质量,节约了司法成本,为维护社会稳定,构建和谐平安南康,取得了较好成效。发挥了重要作用。2010年,移送法院、公安、其他部门的纠纷数共计285件,现已办结270件;4、积极做好医患纠纷调处工作。充分发挥医患纠纷调解委员会的作用,协调各级党政、综治、公安及司法等部门共同化解医患纠纷。2010年,市医患纠纷调解委员会分别依法参与并成功调处一医院3件、二医院1件、众和医院2件医患纠纷;各医疗单位医患纠纷调委会受理纠纷28件,成功调处21件。

〔**安置帮教**〕 2010年,全市继续按照"就业市场化、帮教社会化、管理信息化、工作规范化"的工作思路,不断创新帮扶工作机制。一是加强了对刑释解教人员数据库信息核查和反馈工作。全年共发出信息核查函87份;二是加强了业务知识培训。1月28日、7月27日,举办了由各乡(镇、街道)安置办人员参加的业务知识培训班。三是加强了对刑释解教人员日常帮教管理工作。年内,98名刑释解教人员,每位刑释解教人员回归后三天内,都对其成立了帮教小组,落实帮教措施,定期或不定期对其进行思想教育,帮助解决生活、生产、工作中遇到的困难和问题。在完善大旺肥业有限公司安置帮教基地的基础上,5月份,又在三联弯曲木厂建了一个安置帮教基地,共安置了5名刑释解教人员。

〔**社区矫正**〕 按照全省的统一部署和要求,社区矫正工作从2010年1月起开展前期各项准备工作,7月份正式在全市各乡(镇、街道)、各部门、各单位全面推开。全市设立社区矫正工作领导小组21个(其中市级1个、乡镇20个),领导小组办公室设在市司法局和各基层司法所。至2010年11月全市共有各类矫正对象145人(其中缓刑86人,假释26人,暂予监外执行3人,剥夺政治权利30人;男性128人,女性17人;18岁以下的5人,18岁至45岁的79人;46岁至60岁的12人;61周岁以上的3人)。从9月份起,由各司法所进行接收的社区矫正对象20人,接管的矫正对象未出现一例漏管、脱管现象。

〔**法制宣传**〕 1、开展主题法制宣传教育活动。2010年,组织开展了全市的"法律六进"活动、具体开展了"农村法制宣传教育月"、"青少年法制宣传教育周"和"12.4法制宣传教育日"三大主题活动,并将5~6月份确定为法制宣传教育集中行动月。6月下旬,集中开展了以"依法行政、依法办事、遵纪守法、规范执法"为主题的法制宣传咨询活动。活动由市综治办、法宣办牵头组织公安局、交管大队、检察院、法院等22个单位,在城区、家具市场和工业园区内,通过发放宣传资料、展出宣传板块、接受群众咨询、提供法律帮助、深入居民(农户)家中和工业园区内的企业车间送法上门等形式,广泛深入宣传与人民群众生活、工作、生产密切相关的法律法规知识及政策。2、创新法制宣传教育手段。2010年,司法局结合实际,探索创新法制宣传教育手段。以"法律赶集"的形式,组织基层法律服务工作者深入集市免费为农民朋友提供法律服务;同时,组织律师、基层法律服务工作者送法上门。3、创新培训形式,提高普法骨干素质。

10月份,举办了全市法宣骨干培训班,160余人参加了培训,主要学习统计法、食品安全法、可再生能源法、侵权责任法以及社会主义法治理念等“四法一理念”基本知识,有效提高了宣讲能力。4、抓住法制城市创建的主线,深入开展城市依法治理。围绕创建目标,着力开展法制城市创建工作,精心组织,加强指导,确立了创建思路和基调,帮助建立创建组织网络,营造创建工作氛围。2010年确定蓉法街道、龙岭镇、公安局、法院、城市管理行政执法局、地税局、林业局、南康三中、市供电公司为创建试点单位。通过树立典型,以点带面,推动了全市依法治理工作的开展。

〔“五五”普法总结验收工作〕 2010年是“五五”普法检查考核验收年。按照“五五”普法规划和上级的统一部署,市法宣领导小组实施动员部署、自检自查、考核验收三个步骤,对全市贯彻实施“五五”普法规划情况进行了全面的检查、考核、验收。6月至7月份,组织10个“五五”普法规划验收小组,对各乡(镇、街道)、各部门、各单位进行了考核验收。采取实地考察、听取汇报、查阅档案材料、召开座谈会、问卷调查、抽样检查等方式进行,为迎接省、地(市)“五五”普法考核验收做了充分准备。8月下旬,赣州市检查组对南康市“五五”普法《规划》和《决议》的执行情况进行考核验收。市法宣办、公安局、南康二中、国土资源局、移动公司、蓉江街办等9个抽检单位通过听取工作汇报、查阅档案资料、实地走访考察、召开座谈会、对照检查标准进行评估评议,顺利通过检查验收,赣州市检查组对南康市“五五”普法工作给予了充分的肯定。

〔法律援助〕 强化法律援助制度建设,建立了“统一受理、统一审查、统一指派、统一监督”的工作体系,使全市法律援助工作纳入了制度化、规范化的管理轨道。同时,法律援助中心对指派的法律援助案件的办理情况实行全程跟踪,做到查进度、查卷宗归档,确保法律援助案件质量。开通了“12348”法律援助咨询热线,加强了法律咨询接待工作。结合各类宣传活动,组织了较大规模法援宣传活动5次。2010年,共指派、办理各类法律援助案件231件,其中刑事案件13件,民事案件218件。其它法律援助事项1430件,其中接受群众法律咨询1390件,代书40份。在全部案件和法律援助事项中,涉及农民工1028人,妇女230人,未成年人50人,刑劳释放人员6人,残疾人120人,老年人102人,挽回经济损失360万元,有力地维护了弱势群体的合法权益。同时积极参与市10多起医患纠纷及一批重大矛盾纠纷的调处工作,维护了南康的社会稳定。

〔公证工作〕 2010年,公证处发挥公证预防纠纷、减少诉讼、维护稳定的职能,服务经济发展及和谐社会的构建。通过现场监督、证据保全等方式,为城市改造、城乡环境综合治理等工作服务。及时介入市重大、重点项目建设,参与紧急情况处置,有效化解社会矛盾。

加大了公证介入纠纷调处的力度:一是加大了对已办理公证后产生的纠纷的调处力度,对已办理公证又产生纠纷的都积极引导当事人进行调解,做好疏导工作。二月,一起因赠与产生的纠纷在公证员耐心细致疏导下调解成功,使绵延数年、几度官司造成的兄妹不和,化干戈为玉帛;二是积极参与市行业调解委员会的工作,规定每一位公证员负责所定点单位的调解工作。市教育局、林业局等八个单位确定为公证联系单位。

2010年,共办理各类公证1031件,同比增长18%。其中民事类公证841件,经济类公证75件,涉外和港澳台公证115件,对不能办理的公证拒绝办理23件,为当事人避免和挽回经济损失366万元,取得了较好社会效益。

〔基层法律服务〕 坚持以创建“规范法律服务所”为总抓手,以年检注册为契机,加强诚信教育,严格财务、业务、档案管理,使基层法律服务所的管理更加规范。为进一步规范全市法律服务所,提升法律服务队伍水平,司法局严格按照制定的两个《规定》和《目标考评》抓好贯彻落实,对蓉江、东山、泰西、横市、唐江5个法律服务所及34名法律工作者进行了考评。有1名法律工作者在考评中不合格,根据《基层法律工作者管理办法》规定,2010年不对其年检注册。

2010年,各法律服务所共担任法律顾问38家,代理诉讼776件,代理非诉讼211件,代写法律文书425件,解答法律咨询1381人次,避免和挽回经济损失622万元,业务收费145万余元。

〔司法鉴定工作〕 2010年，全体执业人员恪守职业道德，尽力为社会服务，共办理鉴定业务1230起(公检法部门委托的634起，律师事务所委托的125起，个人委托的471起)，其中法医临床鉴定1208起，建筑工程鉴定22起，鉴定报告采信率达99%以上，赢得了社会各界人士的信赖。

〔律师事务及维稳工作〕 2010年，全市律师为处置重大疑难问题、招商引资、城市改造、信访维稳等工作进行法律论证，积极为党委、政府决策服务。主要事例有：

1、组织律师参与三江乡村民与加大饲料养殖公司土地租赁纠纷的处理。发挥律师的职业优势，积极配合工作组宣传相关法律法规，引导当事人平等协商，促使加大公司增加部分租金，同意让出10亩地给当地村民公用，达成了调解协议。

2、组织法律援助律师参与了龙回镇、太窝乡果园土地承包纠纷的处理。为工作组提出法律建议，对当事人开展土地管理法和有关承包经营法律法规的宣传，促使双方达成调解协议，避免了事态的扩大。

3、组织律师参与赣瑞、康丰物流引发的公路货物运输合同纠纷的处理。全体律师均参加了法院组织的集中涉法接访8次，为110多户家具业主提供了法律援助，并派出律师到市家具办公室值班，指导家具老板依法经营，依法维护自己的合法权益，为稳定家具行业市场做出了贡献。

4、组织律师参加泓泰房地产民工触电死亡引发纠纷的调处工作。提出了合理的处理意见，使双方避免了冲突，化解了矛盾。根据市信访局要求，组织律师积极参加涉法信访接待，化解了因东门村老城区拆迁重建的矛盾。

2010年共为政府、企事业单位担任法律顾问35家，代理民事案件490多件，非诉讼案件89件，代理行政案件6件，办理刑事辩护85件，解答法律咨询920多人次，代写法律文书160多份，为当事人挽回经济损失900多万元，为全市经济发展提供了有效的法律服务。

〔领导班子名录〕

局长：刘　举

书记、副局长：严章伟

副局长、公证处主任：黄亭年

副局长：刘其泉

交通管理

〔综述〕 2010年，市公安交通管理工作在市委、市政府、市公安局党委和上级公安机关的正确领导下，深入学习贯彻党的十七届四中、五中全会和全国、全省政法工作电视电话会议精神，紧紧围绕深入推进"社会矛盾化解、社会管理创新、公正廉洁执法"三项重点工作，"文明交通行动计划"的实施及大队"五四三二一"整体工作思路，进一步深化"三基"工程和"三项建设"，以"两杜绝、两下降、两提升"为工作目标，全面落实各项工作措施，在全体民警的不懈努力下，各项公安交通管理工作达到预期目标。被赣州市公安局交警支队评为"2010年度全市公安交通管理工作先进单位"、"2009~2010年度文明单位"，被南康市政协评为"政协提案承办先进单位"。为积极构建和谐平安南康，促进经济社会发展，保障群众安居乐业创造了一个良好的道路交通安全环境。

〔机构队伍〕 2010年，大队下设办公室、政工科、交通秩序科、车管科、财务科、宣教科、交通违法处理中心、事故处理中队、督察中队、信息中心、市区一中队、市区二中队、公路巡逻一中队、公路巡逻二中队、龙岭中队、唐江中队和横市中队。

大队有民警职工109人(女21人)，其中行政编制69人，省事业编制14人，地方事业编制21人，其他5人；大学本科32人，大专文化68人，中专和高中9人，初中2人；50岁以上10人，40~49岁36人，30~39岁41人，29岁以下22人。

〔队伍建设〕 一是深入扎实地开展了"弘扬焦裕禄精神，做新时期合格民警"主题教育活动，进一步提高了民警思想水平；二是认真开展"创先争优"活动，进一步激发民警人人争创佳绩的工作热情，基层党组织战斗堡垒作用得到充分显现。"七·一"期间，龙岭中队、车管科党支部及14名党员受到南康市委及市公安局党委的通报表彰；三是认真组织学习党的十七届五中全会精神。进一步增强了民警政策理论水平。大队先后组织2次学习十五届五中全会精神知识讲座，并围绕交通管理创新广泛开展学习讨论和心得交流。通过学习，全体民警、职工、协管员的政治理论水平进一步提高,管理创新能力明显加强;四是加强培训教育,进一步提高民警素质。按照“大练兵”要求,大队严格落实《公安机关警察训练条令》和“一月一法一考”网上考核制度,采取自学、岗位培训及以会代训等多种形式,加强了民警的岗位教育培训。先后组织开展了交警指挥手势、信息员、“双站”业务员及事故处理、车管业务和路面执法等岗位集中培训,培训人数达380余人次。通过培训,民警的业务技能有了进一步提高;五是落实从优待警,进一步激发工作热情。大队为民警职工、协管员统一办理了人身意外伤害保险,建立了年体检制度和民警职工年休假补助制,并对每个民警、职工、协管员发放一定的特殊岗位补助。出资90余万元购置14辆公务车辆对机关、中队部分警用车辆进行了更新。给部分一线中队添置了数码照相机、摄像机、酒精测试仪和电脑。同时,为改善办公条件,大队投入300余万元改建市区二中队办公楼,并着手选址拟建新成立的太窝中队办公楼。通过落实从优待警措施,民警的工作生活条件有了较大的改善;六是深入开展“创业服务年”活动。采取大队领导挂点联系省、市效能监测点,民警联系一家企业的办法,定期走访、入企倾诉,公开纳谏,并主动开展上门服务,进一步深化了创业服务年活动内涵,活动取得了明显成效。期间,大队共投入警力1600余人次,走访21个乡镇,83家企业,走访慰问群众达5100余人次。同时,发放交通安全宣传资料30000份,征求意见表1000份,征求意见和建议153条,提供上门服务180次。在上级组织的民主测评中,大队排名较前。

〔**春运管理**〕 春运期间,紧紧围绕“三个下降,三个不发生”的目标,采取超常规措施,进一步强化宣传,强化源头管理和路面管控,对所有七座以上客车进行检查和登记,对客车超员的违法行为,依法从严从重查处,保持了春运交通安全保卫工作的严管高压态势,取得良好成效。期间,共出动警力3867人次,出动警车245辆次,设置临时执勤点12个,检查七座以上客运车辆10116辆次,保证了全市道路交通安全、有序、祥和、畅通。

〔**畅通工程**〕 结合创建平安畅通县区、国家园林城市活动及交通秩序示范公路活动,以家具城,康唐路,国、省道及城区道路交通秩序整治为重点,紧紧围绕全面实施“畅通工程”。一是会同安监、交通、公路等部门对辖区隐患路段进行了一次全面的摸排,共排查出隐患路段543处,并专题向市政府提出治理意见。在隐患路段设置了标志标牌127块,增设9处减速垫和施划了348平米的震荡减速带,增设中心隔离带6000米,增设红绿灯4处,进一步夯实了道路交通安全硬件建设;二是始终将打击的重点放在无证驾驶、超速行驶、客车超员、酒后驾驶、三轮摩托车(电瓶车)、小型货车、农用车、非法载人载客、驾驶拼装车、无牌工程车和已达报废标准机动车等严重交通违法行为上,形成常态管理机制。各项专项整治大队共出动警力15000余人次,警车4500余辆次,查处各类交通违法行为79106起;三是以创建交通秩序示范公路活动为契机,对辖区道路交通秩序开展不间断的整治。重点整治城区车辆乱停乱放,以路为市,占道经营,不按交通标志标线通行等违法行为,并充分利用科技手段,形成对违法行为严管重惩的高压态势。通过整治,进一步改善了城区道路通行环境,推进市“畅通工程”纵深向二等管理水平创建标准迈进。

〔**科学管理**〕 大力实施科技强警战略。投入经费300万元开工兴建市区二中队办公楼,投入90万元购置了14辆警用巡逻车、21台电脑及酒精测试仪、数码照相机、摄像机等装备配发到基层一线,使路面执勤更加科学、规范。6月,按照南康市委政法委要求,在事故处理中队成立了人民调解委员会,进一步加大矛盾纠纷调处力度,形成了“人民调解、司法调解、行政调解紧密协调配合,联调联动”的大调解工作格局。狠抓车管业务窗口的规范化建设,进一步完善落实便民利民措施,在2009年建成7个乡镇“双站”(交通服务站、保险服务站)基础上,2010年新建了龙华、凤岗、朱坊、麻双4个农村“双站”并投入使用,为农村群众办理车管业务、保险提供了方便。全年共办理驾驶证申办业务18680人、机动车注册登记14830辆,检验五类车37454台,超标车上户42661辆。大力推进交通管理信息化建设,以龙岭中队为示范点,在各中队全面推广运用周俊军工作法,实现了辖区机动车、驾驶人、重点单位、重点路段“户籍化”管理。此外,制定落实交通秩序管理长效机制,针对不同季节、不同时段的交通管理工作特点，科学调整勤务，推出错时执勤执法机制和“高峰站岗、平峰巡逻”的巡逻勤务机制，严格落实“五整顿”、“三加强”工作措施，建立健全道路交通安全防范责任办法，将交通安全工作纳入乡镇(街道办)、各单位综合考核体系，有力推动了全市公安交通管理工作的科学化、规范化、法制化、现代化进程。

〔**交通事故**〕 2010年，全市共发生道路交通事故56起，死亡24人，受伤60人，经济损失80153元，四项指数与去年同期相比，事故起数持平，死亡人数下降4%，受伤人数下降15.49%，直接经济损失下降23.58%。

〔**领导班子名录**〕

大队长：钟世华
教导员：邹天翼
副教导员：肖　云
　　　　　谢岳云
副大队长：申小平
　　　　　蓝希俊
　　　　　幸福春
　　　　　吴建华
　　　　　张晓峰
　　　　　卢致宇

（编辑：殷文鼎）

军　　事

武装机构

〔**市人武部**〕　中国人民解放军南康市人民武装部(以下简称“市人武部”)为军队正团职单位,受赣州军分区党委和南康市委、市政府双重领导,是南康市主管军事工作的职能部门。2010年,市人武部机关有现役军官8人,职工13人。设军事、政工、后勤三个科,辖基层武装部32个(乡镇20个、行业11个、企业1个),专武干部76人(乡镇42人、行业34人)。2010年,市人武部认真贯彻省军区、军分区党委全会精神,坚持以科学发展观为指导,部党委确立了“抓机关带基层、强素质树形象、创特色促发展”的工作思路,锐意进取,开拓创新,扎实推进军事斗争准备和全面建设科学发展。南康市被江西省表彰为“国防动员工作先进单位”;市人武部被江西省军区表彰为“全面建设先进单位”;人武部党委被省军区党委表彰为“先进党委”;人武部被省军区密码工作领导小组评为“密码保密工作先进单位”;龙岭镇武装部被江西省委、省政府和省军区表彰为“基层建设标兵单位”;人武部被赣州市人民政府表彰为“防汛抗旱先进集体”。全年有12人次受到赣州军分区以上表彰。

(卓明西)

〔**领导班子名录**〕

部　长:袁　斐

政治委员:朱筠生(　　~2010.05)

　　　　沈光泽(2010.05~　　)

副部长兼军事科长:黄玉鹏

政工科长:谷　军

后勤科长:李章荣(　　~2010.06)

　　　　田承军(2010.06~　　)

〔**市委人民武装委员会**〕　中共南康市委人民武装委员会(简称“武委会”),是中共南康市委领导全市民兵工作的执行机构,是南康市军事工作的权力机构。由市委书记任武委会第一主任,主任由市长兼任,副主任由市委、市政府分管领导和人武部部长、政委兼任,武委会成员由市委办公室,市人武部军事科、政工科、后勤科,组织部,宣传部,人力资源和社会保障局,财政局,交通运输局,民政局,工业和信息化局,团市委,妇联,体育局等单位负责人组成。市人武部为武委会具体事务的执行机构。2010年,市委、市政府认真贯彻赣州市国动委第十次联席会议精神,坚持在推进党管武装上求发展,努力实现军地融合式发展目标。年初,结合全市民兵预备役工作大会,组织了乡(镇、街道)党(工)委书记、行业武装部第一部长述职,表彰了一批党管武装先进单位。市委、市政府和市人武部联合下发了《关于加强基层应急队伍建设的意见》,将军地联合指挥所建设纳入市经济社会发展的“双百”(百亿百个项目)总体规划,把专武干部纳入“五推两考三差额”干部选拔机制,有9名专武干部进入科级干部后备人才库。积极破解难题，把影响制约武装工作科学发展的军地联合指挥控制系统建设、民兵应急分队常态化建设、专武干部队伍建设、军地常态化保障机制、人武部职工交流等9个问题，列入市委常委议军会议事日程，并将民兵训练射击场和副食品基地建设列入2011年度南康市十大重点建设项目。

（卓明西）

〔领导班子名录〕

第一主任：张裕生

主　任：苏传辉

副主任：杨永飞

朱筠生（　~2010.05）

袁　斐（2010.05~　）

〔市国防动员委员会〕 南康市国防动员委员会（简称“国动委”），由市委书记任武委会第一主任，主任由市长兼任，市人武部部长任常务副主任，市政府分管领导和市人武部政委任副主任，市委办、政府办、组织部、宣传部、发改委、经贸委、民政局、财政局、公安局、粮食局、卫生局、人力资源和社会保障局、商业局、交通运输局、教育局、邮政局、城乡规划建设局、科技局、工业和信息化局、农机局、汽运公司、公路局、总工会、团市委、妇联等部门领导和市人武部军事科、政工科、后勤科负责人为成员，并随人事变动及时进行调整。国动委下设综合、人民武装动员、政治动员、国民经济动员、信息动员、科技动员、交通战备动员、人民防空等8个办公室，分别负责各方面的具体事务。

2010年，市国动委成立了由市委、市政府主要领导和部门参加的“军地联合应急指挥部”，完善了应急指挥系统，根据民兵预备役职能使命，结合南康市民兵分队担负应急作战任务的实际和境内自然灾害频发及公共事件突发的特点，组织人武部机关和国动委“八办”人员，对完成多样化任务的组织指挥、力量编成和动员、装备器材征用、后勤保障及思想政治工作等方面问题分课目按专业进行研究探索。针对民兵难集中、分队难管理的问题，发挥行业系统组织健全、队伍整齐的优势，在城市管理行政执法局新组建武装部（未列编）基础上，建立民兵组织。采取抽编的方式，在全市挑选215名退伍军人，组建了一支常备型民兵应急队伍。针对辖区内化工企业逐年增多的特点，在工业园区新组建了民兵防化救援分队。市政府出台《民兵遂行多样化任务奖惩办法》和《民兵遂行应急抢险任务伤亡救治抚恤政策》，解决了民兵遂行任务的后顾之忧，提高了民兵遂行任务的积极性。针对遂行抗洪抢险、扑救山火、维稳处突等应急任务时间紧、事发突然的特点，修订了《南康市军地联合应急指挥实施方案》，在全市293个村选拔了民兵情报信息骨干，构建了市、乡（镇、街道）、村三级情报信息网络。7月31日，市人武部组织国防动员委员会成员单位和乡（镇、街道）、行业有关领导开展“军事日”习武活动。

（卓明西）

〔领导班子名录〕

第一主任：张裕生

主　　任：苏传辉

常务副主任：袁　斐

副　主　任：杨永飞

朱筠生（　~2010.05）

沈光泽（2010.05~　）

民兵工作

〔基层建设〕 2010年，市委、市政府和市人武部坚持在民兵基层建设上求规范，扎实推进民兵基层建设整体跃升。注重抓基层、打基础，不断完善基本设施，抓好基本队伍，提升工作标准，促进整体提高。一是抓好基层武装部建设。认真贯彻“整县整团”推进民兵基层建设的要求，制定完善了《南康市整市推进民兵基层建设实施意见》和《南康市民兵基层建设指导手册》，规范了全市20个乡（镇、街道）武装部“两室一库”建设。以市委、市政府大抓村级“两委”建设为契机，将民兵营（连）部纳入新农村建设统一规划，下发了《关于加强村级民兵营（连）部建设的通知》，结合新农村建设，在80个有村部的民兵营（连），按“七有”标准新建了民兵资料室、“青年民兵之家”，无村部的完善了资料；二是抓好村民兵营（连）建设；三是抓好民兵干部的选拔。针对民兵营长大多由村主任兼职，村主任由村民“海选”产生，军事、文化素质参差不齐，年龄总体偏大，履职能力较弱的实际，依托市政府大学生村官工程，将部分大学生村官编入民兵组织。对有退伍军人担任村干部的行政村,经考察合格后担任民兵营长。对没有大学生和退伍军人担任村干部的行政村,采取岗位培养的办法,培训部分优秀退伍军人,并聘任为民兵营(连)长。

〔战备工作〕 2010年,市人武部按照"平时服务、急时应急、战时应战"的要求,紧紧围绕提高"两种能力",狠抓军事工作落实。2月23日至3月1日,人武部机关开展"学、查、训、整"活动,组织了条令条例和法规制度学习,队列和体能训练,冲锋枪、手枪实弹射击,集中查找问题,研究整改措施,坚持做到"四查四看四纠正",即:查思想,看宗旨观念牢不牢,纠正不负责任现象;查作风,看敬业意识强不强,纠正不思进取、混日子的现象;查军容,看军人形象好不好,纠正军容不整的现象;查纪律,看组织观念强不强,纠正"松、散、懒"现象。对照岗位职责要求,细化岗位练兵内容,把"会抓民兵整组、会组织民兵训练、会上国防教育课、会开展征兵工作、会组织应急救援行动"等作为基本内容。针对部机关工作特点,开展了公文写作、电脑操作和网页制作评比活动,健全机关局域网功能,实现了网络化办公,进一步强化了条令意识和组织纪律观念,改进了工作作风,增强了事业心责任感。根据担负的作战任务和力量编成,修订完善辖区内36个重要目标警戒方案,制定了8个民兵应急分队遂行任务行动预案,拟制的军事训练和民兵整组工作计划,在军分区会审中被评为蓝本。组织了国防潜力调查,加强战备物资的储备,购置了野战指挥作业箱、壁挂式应急灯等10多种应急抢险器材,对267台(辆)预编的民兵分队机械装备型号、使用年限、联络方式等情况进行详细登记,与业主签订了"民用装备器材征用意向书",统一规范了民兵征用装备标识和装备征用责任书。

〔"八一"习武活动〕 7月31日,南康市人武部组织市四套班子领导、市国防动员委员会成员单位和乡(镇、街道)、行业有关领导,在市民兵训练基地射击场开展了以五六式冲锋枪、五四式手枪操作与使用为主要内容的"军事日"习武活动。进一步强化了地方党政领导的国防意识,浓厚了党管武装工作氛围。

〔民兵整组〕 2010年,人武部按照完成多样化军事任务的要求,将地域相邻、专业相近、任务相同、类型相似的专业救援力量进行了整合。1月上旬,集中4天时间,先后4次讨论研究整组方案,预先部署整组任务。2月,各乡(镇、街道)抓住民工春节返乡时机,大力进行宣传教育,对适龄青年进行摸底调查。3月,先后3次召开整组工作调度会,逐个走访行业系统武装部,加大检查督导力度。4月,结合"三级干部"集训,组织对重要目标进行现地勘察,对作战方案进行会审,形成以城区为中心,以铁路、高速公路、国道等交通要道为轴线,以重要目标为重点,向周边乡村辐射的民兵力量建设格局。4月中旬,采取分组分片和逐个单位过的方法,组织对54个民兵分队共3600名基干民兵进行现地点验,各分队到点率均达到95%以上。对外出打工、经商未能到点的兵员,采取信函、电话、短信等形式进行了点验,点到率100%。5月份,针对民兵整组检查的问题,开展了整组工作"回头看",在军分区组织的民兵整组质量排座次中名列第二。

〔军事训练〕 2010年,市人武部的军事训练主要围绕狠抓针对性、适应性训练和开展岗位练兵活动两个方面进行。一方面,坚持把岗位练兵纳入党委重要议事日程,积极营造练兵氛围,严格落实奖惩措施,不断激发练兵热情。制定了《岗位练兵活动实施意见》和《岗位练兵奖惩措施》,建立每周2个晚上学习训练制度。采取以老带新、以强带弱和交任务、压担子等方法,不断提高练兵效果。6月初,省军区召开"三级应急指挥所开设演练"现场会后,市人武部组织30名专武干部和干部职工进行指挥所开设训(演)练,班子成员既当指挥员,又当战斗员,11日,按照军分区首长指示,在军分区教导队进行应急指挥所开设演练示范,军分区首长和兄弟县(市、区)人武部主要领导观摩了演练,进一步规范了团级应急指挥所开设程序、内容要素和标准,统一了应急行动标志、标识,促进了战备工作常态化保持,提升了民兵预备役部队遂行多样化军事任务的快速反应能力,圆满完成军分区赋予的"应急指挥所开设演练"试点任务。另一方面,紧紧围绕提高"两种能力"这条主线,突出遂行多样化军事任务能力重点,组织了民兵应急分队、舟艇分队、森林防火分队、民兵防化分队等专业训练。2月,集中组织了50名新入队民兵训练,打牢军事基础，强化国防观念。3月，组织了民兵舟艇分队集训，参训人员掌握了装备使用、自救互救等基本技能，培养了37名舟艇操作手骨干，部机关干部职工人人参训，熟练掌握操舟基本技能。4月，组织全市86名现役干部、专武干部和重点分队指挥员集训，提高了指挥员的指挥技能。5月，组织森林灭火分队集训，培训了37名业务骨干。6月20日，人武部接到军分区抗洪救灾的预先号令后，迅速启动应急救灾预案，仅用1小时20分钟就完成抗洪抢险出动准备，并在第一时间向军分区值班室报告了情况。7月底和8月初，组织了舟艇分队复训和冲锋舟操作手迎考训练，培养了35名训练尖子，在军分区组织的舟艇分队操作手考核中取得优异成绩。8月，组织防化分队业务集训，培训了27名业务骨干。同月，副部长黄玉鹏、参谋龙云代表南康市参加军分区组织的参谋骨干集训，获得团体总分第一名。

〔**遂行任务**〕 一、扑救山火。3月30日中午，龙回镇龙东村发生森林大火，应市防火办请求，人武部黄玉鹏副部长率部机关和民兵应急分队35名迅速赶往扑救，晚上21时20分安全返回。二、赴定南保障。5月8日，在赣州军分区前指领导下，南康市人武部后勤保障组一行6人，由后勤科长李章荣带队，携带炊事车和救灾物资前往定南县保障受灾群众生活，历时9天。保障人员发扬不怕苦、不怕累、连续作战的作风，利用野战炊事车保障灾民基本生活，平均每天供应馒头、盒饭530人份，圆满完成了上级赋予的保障任务，受到军分区和定南县委、县政府领导及当地群众的高度赞誉，定南县委、县政府和县人武部专门发来感谢信，对南康市后勤保障组的无私援助表示衷心感谢。三、抗洪抢险。5月中旬，由于连日降雨，导致龙回镇石滩村一山塘大量积水，随时有崩塌危险，严重危及山下居民生命财产安全。18日下午，应市防汛办请求，人武部副部长黄玉鹏迅速带领机关人员和民兵应急分队35人前往排除险情，运送沙石10方，封堵管涌2处，在堤坝旁挖掘临时溢洪道约70米，经过5个小时的努力，有效缓解了堤坝压力，消除了险情。四、积极做好应急抗洪准备。6月20日，南康人武部按照赣州军分区预先号令，迅速收拢民兵舟艇分队人员16名(含1名医护人员)，准备冲锋舟3艘，救生衣40件，对讲机8部，手电筒10支等装备器材。购买面条50斤，方便面10箱，饼干4箱，矿泉水10箱，冲锋舟专用机油3瓶，汽油150公升等保障物资。所有装备器材装载到位，做好随时出动准备。

（卓明西）

政治工作

〔**机关政治教育**〕 人武部党委始终把思想政治建设摆在各项建设的首位，进一步坚定干部职工高举旗帜、听党指挥的政治信念，确保民兵预备役建设正确的政治方向。一是开展抓好党的创新理论教育。严格落实党委中心组理论学习制度，深入开展“培育当代革命军人核心价值观”、“加强党性观念，弘扬优良传统”和“拒腐防变”等专题教育，严格落实干部职工理论学习制度，做到理论学习有计划、有讨论、有体会、有讲评，不断提高理论学习质量。认真开展学习实践科学发展观“回头看”活动，为干部职工办好6件实事(组建篮球队、购买健身器材、完善健身设施等)；二是积极弘扬艰苦奋斗精神。把艰苦奋斗当作一种品牌来爱护，当作一种力量来激励，使人武部干部职工的精神面貌和全面建设每年都有一个新变化。坚持利用专题教育、党日活动等时机学习苏区精神，在学习《红土地上的好传统》中汲取政治营养。在赣州军分区局域网上开设了“弘扬苏区作风、争当红军传人”专栏，在人武部营区新添了33块艰苦创业的宣传画，引导干部职工牢固树立“成绩来之不易，荣誉倍加珍惜”、“身在好环境、更要干出好事业”的观念。在江西省军区风气建设座谈会上，人武部作了《弘扬艰苦奋斗精神，谋求单位创新发展》的交流发言，南京军区政治部《党风党纪通讯》、《政工简报》刊发了人武部艰苦创业的经验做法；三是严格落实经常性思想教育。坚持按纲施教，根据训练任务和季节性工作特点，扎实开展“历史使命”、“节日战备”、“安全保密”等教育，利用交班、集会等场合，开展“爱军习武”、“爱岗敬业”等随机性教育，不断强化干部职工的使命意识、责任意识和奉献意识。广泛开展交心谈心活动，及时掌握干部职工的思想情况，着力解决实际困难，积极营造团结和谐、勤奋敬业、奋发有为的良好环境。

〔**全民国防教育**〕 2010年，在市武委会的领导下，南康市国防教育工作主要采取广播、电视、手机短信和出动宣传车等方式，结合民兵整组、民兵军事训练、征兵工作、军事日活动和组织市（乡、镇、街道）党政干部培训等工作展开。整组期间，各乡（镇、街道）在人员流动密集的地方，悬挂了不少于3条标语，驻村干部和民兵营（连）长深入适龄青年家中进行宣传教育；在兵役登记期间，组织适龄青年开展《国防法》等兵役法规学习，丰富适龄青年的国防知识；民兵训练期间，在训练场四周挂横幅、贴标语，强化民兵和群众居安思危意识，营造战备气氛；征兵工作展开前夕，市政府分管领导发表征兵动员电视讲话，在市区主要街道开展征兵咨询活动，全市出动征兵宣传车40余台次，组织乡（镇、街道）武装部出动宣传车，在圩日等人口相对集中的活动场合，做好应征青年参军入伍的思想发动工作。机关干部、职工先后在市工人文化宫和东山街道开展国防知识咨询活动，向过往群众宣传讲解《兵役法》、《反国家分裂法》等法律知识，增强市民的忧患意识和国防观念；完成军分区赋予的赴定南遂行灾民伙食保障及应急指挥所开设演练时，在保障车辆两旁张贴和悬挂"南康市民兵应急保障分队"，"一方有难、八方支援"，"军民团结如一人、试看天下谁能敌"等标语，大张旗鼓地对非战争军事行动进行宣传，增强市民的国防观念。

〔**党风廉政建设演讲比赛（预赛）**〕 11月25日，赣州军分区在南康市人武部视讯室举行党风廉政建设演讲比赛预赛，来自章贡区、赣县、南康市、大余县、上犹县、崇义县人武部和军分区干休所等7个单位的选手参加了演讲比赛。军分区董诚扬副政委、政治部谢亨舜主任对人武部的场地设置、赛事安排和比赛保障给予了高度肯定，对参赛选手进行了逐个点评。南康、赣县、军分区干休所选手廖万平、张家红、林万志获得预赛前三名。

〔**学生军训**〕 2010年度的学生军训工作，在南康市人武部的统一领导下，在空军新城场站、市消防大队、市武警中队和市森林消防大队的大力配合下，由市教育局具体组织实施，依据《高级中学学生军事训练教学大纲》，于8月21~27日，组织南康中学、南康二中、南康三中、唐江中学、三江中学、三益中学、圩下中学等学校新入校学生进行了以条令条例、军事知识、国防知识为主要内容的学习，开展了以队列训练、军体操、内务卫生整理为主要内容的训练，参加训练的新生人数7069人。通过训练，增强了广大学生的组织纪律观念，强化师生的国防意识，激发了师生的爱国热情。

（卓明西）

兵役工作

〔**征兵工作**〕 南康市2010年度的征兵工作，在军分区和市征兵领导小组的领导下，按照制订计划、调查摸底、兵役登记、宣传发动、任务部署、体检政审和定兵送兵、质量跟踪等步骤，贯穿于全年。10月19日，全市征兵工作会议在市政大楼三楼会议室召开，市政府及时调整了市征兵领导小组成员。征兵办大力营造征兵工作氛围，在市区设立征兵宣传咨询站，接受群众咨询800多人次。各基层单位分别在街头巷尾、圩镇集市等张贴标语、悬挂横幅500多条，印发宣传材料10000多份，每天出动宣传车进行流动广播和分发传单。市电视台和广播电台每天24小时滚动播出征兵信息，宣传兵役政策；市电信分公司、移动公司和联通公司群发征兵信息10余万条。市征兵领导小组组长、市政府常务副市长在市电视台和广播电台发表征兵专题讲话，宣讲兵役法规和优抚政策。市征兵办多次召开会议，研究选调体检医生、体检站设置、体检流程安排等问题。11月1日至7日，征兵体检工作在人武部大楼全面展开，军分区司令员刘瑄率工作组到人武部检查征兵体检工作，听取了南康市征兵工作情况汇报，向体检医生了解情况，随机抽查了两名应征青年，与部分专武干部进行了座谈，了解基层征兵工作存在的矛盾问题。市征兵办根据今年本战区送兵、外战区领兵的特点，采取分片包干、分工负责方式，组成5个小组，对应征青年及家庭进行逐个走访。征集新兵中100%具有高中（含中专）毕业以上文化程度，其中大专以上应届毕业生占新兵总数的18.19%，较好地完成了征兵任务。

〔**预备役登记**〕 2010年，结合民兵组织整顿，对2009年度退伍军人和年满18岁的适龄青年进行了登记统计，对超龄（超过35周岁）和其他身体原因（如疾病等）免服预备役人员进行了清退注销。6

月,按照军分区司令部通知要求,核实了二炮操作手、信号员、吊装员、发射员等预编预备役专业人员情况,按照拟编入部队来函请求进行了专门点验,并将点验情况通报了部队有关部门。

(卓明西)

部队管理

〔**机关安全管理**〕 人武部党委始终把安全发展作为全面建设的前提和保证,紧而又紧、实而又实地抓好落实。以学习贯彻新条令为契机,正规秩序,狠抓管理,把安全工作抓实抓细抓到位。一是抓好安全教育。坚持把安全教育纳入经常性教育的重要内容,严格落实每月“条令学习日”,每月一次安全教育,每季一次安全形势分析。利用每天交班时间讲评安全工作落实情况,组织干部职工观看安全教育录像片,认真学习贯彻军区“9.8”安全管理工作电视电话会议精神,利用板报宣传上级安全工作指示要求,请市交通局、交警大队、卫生局的同志讲授安全法规和应急救援常识,每次参加大项活动、完成重大任务前,都要学习《生命的关口》等抢险救灾知识,不断增强防范意识;二是狠抓新条令学习。7月13日至8月20日,市人武部组织了以“学条令、知条令、用条令”为主要内容的新条令学习活动,按照动员辅导、集中学习、对照分析、边整边改的步骤,科学筹划、精心组织,强化了干部职工严明的组织纪律观念,塑造了良好的精神风貌,为正规化建设打下了扎实基础。利用教育、交班时机抽考干部职工学习情况,组织队列训练,投入4万多元给职工换发了新式服装,规范了各类值班员文明用语,正规营门值班秩序,不断强化条令意识和纪律观念。8月16日,军分区副政委董诚扬率工作组对人武部新条令学习情况进行了检查考核;三是严格制度落实。针对营院面积大、周边社情复杂的实际,建立了部领导、值班科室、值班干部、巡院职工和门岗“五级值班”制度,制定安全管理“六个一”制度(每月召开一次安全形势分析会、开展一次安全隐患大排查、组织一次军容风纪检查、落实一次车辆检测、抓好一次队列会操评比,每周进行一次安全卫生保密大检查)。投入3万元给每个干部办公室配备了文件保险柜,请气象和消防部门对营院避雷设施、消防管道进行了安全技术检测,请市公安局网监大队进行了网络安全检查,及时消除安全隐患。11月9日,按照上级统一部署,开展整治车辆“三乱”教育活动。专题研究制定了“十个一”(即:上好一次警示课,组织搞好了一次安全教育,开展了一次安全教育讨论,参观一次行车事故展,组织一次交通法规考核,落实一次车辆装备检测、维修,组织一次行车带车观摩演示,组织驾驶员重新签订一次安全行车责任状,落实一次安全保密大检查,开展一次谈心活动的整改措施),确保教育落到实处。

〔**后勤保障管理**〕 2010年,人武部坚持党委集体理财,严格执行经费预算,落实分管领导“一支笔”审批和双主官联审会签等制度。积极抓好后勤战备物资储备,完善动员潜力数据库,修订完善了各类保障方案。与市宝林大厦有限公司签订了《南康市防汛工作后勤保障协议》。5月8日,受领赴定南县保障灾民伙食任务后,与赣县人武部并肩作战,连续9天保障500多灾民就餐,受得各级领导和群众的高度肯定。7月,投入3万多元,干部职工自己动手安装了花草自动灌溉系统。在干部职工中大力弘扬艰苦创业精神,积极搞好农副业生产,干部职工主动割鱼草、整果园、种蔬菜,在鱼塘放养了800多尾草鱼,饲养肉牛赢利3780元,营区果园收获柚子、脐橙2000余斤,西瓜2200余斤,蔬菜1300余斤,创收2万多元。积极开展勤俭节约活动,从节约一滴水、一度电抓起,从花好每一分钱、办好每一件事做起,大力压缩行政消耗性开支。干部职工自己动手安装维修水电、种植花草树木、维护营院卫生,节约经费2万余元。规范经费报领程序,加强对经费使用、有偿服务等方面的管理监督,财务管理正规有序。

(卓明西)

人民防空

〔**综述**〕 2010年,市人防办紧紧围绕全市工作大局,经济发展和未来防空斗争需要为中心,创新机制,开拓进取,扎实工作,在队伍建设、人防易地建设费征收、宣传教育、工程建设、应急准备等方面均取得了新的成绩。市人民防空办公室是由市人民政府和同级军事机关双重领导,并接受赣州市人民防空办公室主管部门领导的行政职能部门。

〔机构队伍〕 2010年，市人防办内设秘书科、指挥科、征管科、工程科。参照国家公务员管理5人，事业编制1人。

〔工程建设〕 一是坚持“以建为主,以收促进”的原则,抓好结合民用建筑修建防空地下室,把建放在首位,着力推进人防工程建设。已建有亚琦·城市一号人防地下室工程面积达1500平方米;启动了南水国际楼盘7000平方米的地下室。二是突出抓好通信警报建设和办公自动化建设。

〔应急准备〕 全面完成了城市防空各种预案的修订,确定了人口疏散点,疏散方式及经济目标保护单位。进一步加强了人防专业队伍建设。横市镇确定为赣州市人口疏散区域，已建立健全了各级网络组织。

〔开展人防宣传教育活动〕 2010年,人防办加大了对《人防法》的宣传教育力度。以宣传单、标语条幅、图片展览、手机短信等方式宣传了人民防空知识及法律法规,使人防的影响力进一步扩大。在城区5所初中的初二年级，全部开设了人防知识教育课程，由市财政出资免费为城区初二年级学生人手发送一本《人民防空》书本,共4900本。并给全市所有单位组织发放了《江西省市局应急手册一万册》。人防知识教育深入学校、社区。

〔人防易地建设费征收〕 市里规定：城市规划区内的一切民用建筑工程，未经市人防办审核批准同意的,一律不准发给工程许可证。2008年1月1日起，人防易地建设费征收标准为按总建筑面积每平方米28元2010年共征收人防易地建设费计1200万元。人防应急救援指挥中心情建设,在南水开发区确定了位置,划拔土地20亩,工程概算达2110万元。

（张平盛）

〔领导班子名录〕
主　任:胡声平
副主任:李明辉
　　　　张　妤(女)

武　　警

〔综述〕 2010年武警南康市中队（简称武警中队),坚持以邓小平理论、“三个代表”重要思想、科学发展观以及胡锦涛主席关于武警部队建设一系列重要指示为指导,着眼有效履行职责使命,按照武警江西总队提出的三年三步走、三线推进,赣州市支队党委整体工作思路开展各项工作。围绕年初制定的争创先进中队的目标，抓好各项工作落实,圆满完成了以执勤、处置突发事件为中心的各项工作,在维护社会稳定,促进南康市经济发展中作出了积极贡献。被总队、支队评为基层建设先进中队,中队主官荣获个人三等功一次。

〔思想政治建设〕 2010年,武警中队围绕“大力培养当代革命军人核心价值观，永远做党和人民的忠诚卫士”的主题,加强党支部建设、军地两用人才建设,加强思想政治工作,结合部队及国内外形势,全力抓好历史使命、理想信念、战斗精神和革命军人核心价值观教育。推动部队建设科学发展、安全发展,确保执勤目标的绝对安全,确保部队内部安全稳定。在完成各项临时性勤务过程中,中队官兵体现了较强的思想政治素质和较高的思想政治觉悟,展现了武警官兵的良好形象,真正兑现了做党和人民忠诚卫士的庄严承诺。积极推进警政、警民精神文明共建工作,在“八一”建军节前夕,举办武警中队、中心幼稚园及周边居民参加的警民联欢晚会。

〔提高遂行能力〕 依照上级军事训练工作指示精神,2010年武警中队召开训练形式分析会12次,认真分析训练工作中存在的问题,制定整改措施,全年的训练工作较以前有很大程度的提高。同时结合任务实际,重点抓好新兵、“三员一兵一组”和勤训轮换、预提士官等集训。贴近“两看”(看押、看守)勤务实际,突出专勤专训,重点抓好哨兵反袭击动作和情况处置等应用技能训练。“三员一兵一组”突出体能、智能、技能训练。4月新兵下队后,以专勤专训为重点,科学组训,严格管理,实现确保质量、确保安全、确保上勤的目标,在武警赣州市支队验收考核中取得优异成绩。5~7月,在参加武警江西总队组织的执勤分队全员额军事训练考核中获得了全支队第一、全总队第六的好成绩。全年投入30多万元用于完善各类训练生活设施,新建了训练馆、晒衣场,进一步规范整理了其他各类库室,中队四配套设施基本达标,为部队训练提供了强有力的保障。

〔**执勤工作**〕 武警中队党支部始终把执勤工作作为经常性的中心任务,加强对干部骨干的培训,提高其组勤能力。充分运用“三共”(共建、共管、共保安全)、“三个一遍”(对执勤情况分析研究一遍,对执勤设施检查一遍,到目标单位及其上级走访一遍)等有效载体,加强与目标单位的协调,召开联席会议15次,组织联合突击检查10次。在日常训练中,增强练为战、训为战的思想意识,从实战、实际需要出发,从严从难训练,力求打得赢、打得准、抓的住。特别在看守目标羁押量大,罪犯思想活跃、突发事件多的情况下,全体官兵以执勤就是战斗、哨位就是战场为信念,不畏艰难,确保了执勤目标绝对安全。

〔**后勤保障**〕 2010年,后勤工作坚持面向官兵、加强管理、提高效益、服务中心的工作思路,以服务官兵为方向,以强化管理为主线,以提高效益为核心,强化应急保障能力。去年中队投资20余万元,对中队的配套设施进行建设,达到中队各项设施完善,环境宜人,内部和谐。在建设好的同时,严格“四项设施”(执勤设施、训练设施、文化设施、生活设施)管理,各项设施定人定位管理,计帐挂号。通过一系列的建设,较大程度的提高了官兵的业余文化生活。在经费有限的情况下,号召官兵大力发扬艰苦奋斗的作风,自力更生,自己动手改善伙食。2010年,农副业生产总收益8000元,人均达210元,补助伙食5000元,伙食管理水平和质量明显提高,官兵满意率达99%以上,受到了上级的一致好评。顺利完成年初制订的目标。

〔**领导班子名录**〕

指导员:谢超平

中队长:袁华利

消防大队

〔**综述**〕 2010年,市公安消防大队始终坚持以“三个代表”重要思想和党的十七大精神为指导,深入践行科学发展观,大队党委带领部队官兵,紧紧围绕“创一流业绩、建一流大队”的奋斗目标,以防火、灭火救援工作为中心,全力落实新的《江西省消防部队建设发展三年规划》各项任务,全面推进赣州市消防支队年初制定的“1335”工作思路,有力遏制了重特大火灾事故尤其是群死群伤火灾事故的发生,保持了火灾形势的基本平稳,为南康市经济社会发展创造了良好的消防安全环境。大队荣获江西省第十二届“文明单位”,刘常在荣获市“优秀共产党员”,陆向前立个人三等功一次,张振中立个人三等功一次,江勇、贾雪龙、万海龙、刘阳、周汉泰、陈金华荣获“优秀士兵”。

〔**机构队伍**〕 市消防大队现有官兵34人,其中干部9人,战士25人,有党员16人。

〔**提升官兵素质能力**〕 2010年,大队党委中心组重点学习了“三个代表”重要思想、党的十七大会议精神、科学发展观、新时期公安消防精神和胡锦涛总书记“三句话”的总要求,在学习中,党委成员以身作则学、全面系统地学、深入细致地学。有针对性地做到“四注重”:一是注重提高政治理论素养、党性意识及驾驭复杂问题的能力;二是注重提高决策水平、业务能力和管理能力;三是注重提高办事能力、服务质量和工作效率;四是注重将理论知识与实际工作需要相结合,并转化为指导消防工作和部队建设的思路和举措,竭尽心血和智慧为消防事业多办实事。在加强自身学习的同时,注重抓好大队党员干部的党性、党风、党纪和廉政教育,要求全体官兵以认真负责的态度,抓好廉政教育活动,杜绝违法违纪现象的发生。在2010年开展的深入学习实践科学发展观活动和“弘扬公安消防精神,忠诚履行职责使命”主题教育活动中,通过边学边改,边改边补,诚心诚意征求意见,维护了消防的形象,密切了警民、警政关系。在教育活动中,大队采取了“走出去、请进来”的方式。一方面到各个单位去征求意见和建议,广泛听取群众的建议,重点解决群众反映强烈的问题,能及时整改的当场整改,不能及时整改的向群众承诺整改的时间;在学习阶段,大队制定了周密的学习计划和严格的纪律,要求全体官兵都必须参加学习,认真做好笔记、写心得体会。在学习过程中,采取集中辅导、轮班学习、结对帮促、课后自学等形式，落实学习内容；采取专题讨论、典型引路、学习心得等形式，深化学习效果。官兵的学习笔记全部达到10000字以上，干部学习体会在5篇以上；通过与大余、崇义、上犹开展教育协作区交叉教育授课活动，进一步提高了主题教育的授课水平。

〔提高部队战斗力〕 大队党委坚持“干什么练什么，缺什么补什么”的原则，立足本职完成任务所必需的基本素质和基本能力为重点，苦练基本功，增强部队战斗力。针对新时期火灾特点，突出领导练兵、科技练兵、法制练兵“三个重点”，增强练兵的针对性和实效性；由单兵技能转向操法合成，技能项目突出实用性和针对性。全年大队开展训练项目26项，全部达到及格以上水平，在2010年全市第十届体能竞赛中，名列前茅。

为确保全年火灾形势的稳定，大队全面周密做好执勤战备、勤务保卫、责任区和重点单位“六熟悉”、预案制定、实战演练、战勤保障等各项准备工作，对市政消火栓、企业内部消火栓进行了普查、登记，重新制定新的水源道路图和消火栓分布图，全面掌控了南康市火灾扑救的基本形势，大大的提高了官兵的实战能力。截至12月31日，中队共接警出动175次，出动消防车324辆次，出动消防官兵2113人次，抢救被困人员40人，疏散人员500人，抢救财产价值9560万元。实现了全年未发生一起亡人火灾事故。

〔提高火灾防控力〕 深入推进“防火墙”工程。为扎实推进全市构筑防火墙工程，大队提请市政府下发了《关于印发〈南康市构筑社会消防安全“防火墙”工程暨农村、社区火灾防控“四个基础”建设工作实施方案》，成立了“防火墙”工程领导小组，发挥唐江镇木塘村试点消防安全基础扎实的特点，建立健全了村委会防火安全管理组织，成立了由村民自发组织的农村义务消防队，配备了一部手台机动泵。依托唐江合同制消防站开展了“一村一站”“防火墙”工程试点工作，深入推进“四个基础”建设，确保“一村一站”试点建设取得实效。

〔提高全民消防意识〕 大队严格按照《消防宣传五进标准》，积极拓宽活动领域，抓好消防宣传“五进”活动。大队在市金赣社区、芙蓉社区、南康实验小学、南康中心幼稚园、巴德士涂料厂和金塘村等单位，建立了消防宣传示范基地，组织开展消防安全培训，累计参加培训人员达1300人次。大队监督干部定期每月到学校、企业等单位开展消防宣传培训，组织消防站开放，向参观者展示消防部队的精神风貌，学习掌握防火、灭火和逃生技能。重点抓好了元旦、春节、五一、十一、上海世博会等重大节日的消防安全保卫和消防宣传活动，共发放“五进”宣传牌600余张，消防知识宣传资料1500余份，出动宣传车20余次。在重点单位及场所悬挂宣传标语。散发了致南康市家具生产企业经营户的一封信5000份，在市中心区设立消防咨询服务，南康“夕阳红”老人消防宣传队也深入城市社区、街道进行消防知识义务宣传，受到群众交口称赞。2010年，大队对公众聚集场所、易燃易爆场所、家具生产企业等单位进行了消防安全培训，培训人数达320多人。大队充分发挥消防安全职业技能培训的契机，有力推进了消防工作社会化的进程。

〔后勤保障建设〕 2010年，赣州市消防工作会议召开以后，大队积极向南康市委、市政府汇报当前消防工作和部队建设中存在的困难，得到了南康市委、市政府的高度重视和大力支持，先后8次召开专门会议研究部署消防工作，全年业务经费达104万元，在全市消防部队率先实现了递增35%的目标，业务经费递增率创赣州市第一。12月，大队购买了一辆价值90万元高喷消防车。

为实现新营房的整体搬迁，大队积极与南康市委、市政府汇报新营房建设中存在的困难，全力与相关部门沟通协调营房建设工作。2010年2月开工建设，10月，主体工程已基本完工，12月，进入附属工程及房屋装修、设备安装阶段，训练塔竣工。大队按照美化、绿化、文化、亮化、的面貌要求，打造“五年领先，十年不落后”的营院。

〔领导班子名录〕

大队长：林绍衡

教导员：赖伦勇

副大队长：王泉海

中队长：陆向前

指导员：黄可山

（编辑：殷文鼎）

经济管理

计划管理

〔综述〕 2010年，市发展和改革委员会在市委、市政府的正确领导下，紧紧围绕“一个继续坚持，两个着力把握，六个扎实推进”工作部署，扎实推进争资争项、项目开发、投资管理、发展规划、经济分析与预警等各项工作，取得了可喜成绩，开创了市发改委工作新局面。2010年，充分发挥自身职能，继续加大争资争项力度，累计争取项目42个，争取资金1.4亿元。加强项目开发，全年开发各类项目119个，为经济和社会发展提供了丰富的项目资源。改进和完善投资管理机制，进一步加强对固定资产投资的管理。建立和完善了重大产业项目招商引资和建设管理协调推进机制，加强了重点建设项目的监测、检查、协调、服务工作。在项目实施过程中，实行领导负责制，全程跟踪项目资金的落实情况，为项目顺利实施打下了扎实基础。编制了《南康市国民经济和社会发展第十二个五年规划纲要》；编制了教育、卫生、招商引资等十个专项规划；编制了《南康市2009年国民经济和社会发展计划执行情况与2010年计划的报告》，提出了《南康市2011年国民经济和社会发展预期目标》；对全市经济运行情况进行预测、监测、分析，对重大经济发展问题进行调查研究，提出了四个季度经济运行分析报告，为市委、市政府决策和宏观调控提供了科学依据。

〔机构队伍〕 内设秘书综合科、工交能源科、农业外经科3个科室，代管市属二级事业单位市项目开发办公室。有干部职工12人，借用人员2人，聘用人员4人。

〔社会发展规划与经济分析预警〕 编制了《关于南康市2009年国民经济和社会发展计划执行情况与2010年计划的报告》，提出了《南康市2010年国民经济和社会发展预期目标》(草)，提出了经济发展的指导思想、奋斗目标及思路对策。编制了《南康市国民经济和社会发展第十二个五年规划纲要》和教育、卫生、招商引资等十个专项规划。2010年12月1日，市政府召开了十二五规划专家论证会对《纲要》进行了论证。12月中旬，南康市四届市政府第六十七次常委会听取和审议了《南康市国民经济和社会发展第十二个五年规划纲要》工作情况报告。会议认为，市“十二五”规划的指导思想、奋斗目标、主要任务等方面都体现了中央、省、赣州市对“十二五”规划建议的精髓和党的十七届五中全会精神，较好地结合了南康市情，突出了南康特色，对南康今后五年经济社会发展具有战略性的指导意义。2010年，被评为赣州市发改系统宏观经济运行分析及调研工作先进单位。

〔争资争项〕 2010年，市发改委全年争取扩大内需项目42个，总投资1.4亿元，其中中央预算内投资6800万元。积极协助企业申报财政奖励节能项目，申报高新技术企业赣州德普特公司技术改造项目，争取国家财政技改贴息资金160万元。为有效缓解市工业用地紧缺问题，编制了《南康市返乡农民工家具产业园规划》，并通过赣州市发改委评审批复。规划实施后，将新建镜坝、龙岭等7个乡镇级家具产业园，争取用地指标7000亩，能够吸纳企业300家。为促进招商引资项目顺利落地开工，申报工业园扩园项目5个，争取用地指标905亩。年内，组织职能单位申报2011年中央预算项目39个，总投资6200万元，为2011年固定资产投资及社会事业发展打好了项目基础。

〔**项目开发**〕 全年开发各类项目119个，其中招商引资项目53个，向上争资项目66个。招商引资项目中，列入赣州市项目库项目24个，列入本级项目库项目29个；向上争资项目中，有46个项目获得当年中央预算内投资。为加强宏观管理、严格控制部分行业低水平重复建设，加大了重点建设项目的监管力度，进一步完善了项目“四制”建设；对重点建设项目派出人员参与项目管理和资金管理，主动地做好监管，积极参与工程招投标和项目资金使用与质量检查，协助项目单位解决建设中存在的问题，保障了项目建设的顺利实施。

〔**投资管理**〕 2010年，全市“双百”工程计划投资100亿元，安排重点建设项目100个。市发改委行政审批窗口审批、备案各类项目145个；申报上级发改委审批、核准、备案项目17个；参与本级招标投标评标32次，审批招投标形式更改项目13个。全年共召开5次“双百”工程调度会，牵头、参与各类项目检查、督导60余次。严格执行了重点建设项目“双公示”制度，大力开展了建筑领域突出问题的专项治理活动。2010年，市发改委加强和完善对固定资产投资的服务与管理，推进投资体制改革，进一步改善投资环境。全市固定资产投资71.4亿元，增长38.6%，被省发改委评为固定资产投资先进县(市、区)。

〔**计划制定**〕 2010年，全市国民经济和社会发展的主要预期目标为：全市生产总值84.8亿元。其中：第一产业增加值12.9亿元；第二产业增加值41亿元；第三产业增加值30.9亿元；财政总收入7.7亿元；地方财政收入5.1亿元。全社会固定资产投资71.4亿元，其中：城镇固定资产投资47.5亿元，50万元以上固定资产投资48.5亿元。实际利用外资7500万美元；外贸出口1200万美元。社会消费品零售总额27.3亿元；全市居民消费价格总水平涨幅控制在3.5%以内；人口自然增长率控制在8‰以内；城镇登记失业率控制在3.6%以内。

〔**计划执行**〕 2010年全市经济和社会发展态势良好，主要预期目标稳步增长，经济结构继续优化，质量和效益不断提高。全市生产总值达到84.9亿元，增长13.3%；人均生产总值首次突破1万元大关，达到11086元。其中：一产增加值13.24亿元，增长8.56%；二产增加值41.24亿元，增长16.6%；三产增加值29.85亿元，增长14.3%。三次产业结构比由上年的17.2:47.8:35.1调整为16.3:48.6:35.1；财政总收入8.2亿元，增长17.1%，地方财政收入6.03亿元，增长23.2%；社会消费品零售总额26.19亿元，增长19.5%；农民人均纯收入4564元，增长12.4%；城镇居民人均可支配收入12410元，增长12.6%。

农业农村经济快速发展，新农村建设成效明显。2010年，全市粮食总产量达23.33万吨，实现连续五年增产；市本级投入新农村建设资金2595万元，增长13.6%。甜柚、生猪等农业优势产业发展加快，完成山地流转8000亩，新开发果业6000亩，完成定植6000亩；生猪出栏70万头，增长5.5%。新村镇建设进一步加强，完成146个省扶点村庄的整治任务；农村清洁工程有序推进，新规划建设了农村垃圾焚烧处理中心4座，新建垃圾中转站26座、垃圾池1610座。新增工商登记注册农民专业合作社30个，总数达90个。新增2家省级农业龙头企业、8家赣州市级农业龙头企业。农业基础设施建设力度加大，全市完成97座病险山塘水库整治，新建“七小”水利工程91座，新增有效灌溉面积4100亩。开工建设了92个组织活动场所，86个在春节前竣工。完成农民培训6.5万人次，培训后获证率达90%，就业率达96%。支农资金整合工作被省财政厅考评为全省第一名，龙岭镇被列入全省首批“农村信息化”示范点建设行列。农业示范园区被批准为省级现代农业示范园区。

工业经济扩量提质，产业集群有新进展。启动了三年强攻工业战略，矿产品、家具、服装、电子、食品、化工等工业主导产业发展势头良好，明确了将家具、矿产品两个产业打造成百亿元产业集群的发展目标，工业经济运行质量明显提高，产业结构不断优化，企业活力日趋增强。新开工工业项目24个，建成投产2个。全市规模企业达到73户，新增10户；地方规模工业实现增加值23.17亿元，增长26.9%；工业园区实现主营业务收入103.5亿元，增长53.56%；六大主导产业实现总产值112.4亿元，增长38.1%；完成增加值30.1亿元，增长23.96%；家具、矿产品两大主导产业主营业务收入双双突破40亿元，占全市工业总量的59.45%。矿产品行业总产值、增加值和税收都实现了两位数增长；家具企业达到5670家，家具市场面积突破76万平方米，新增26万平方米，家具产业规模化、集约化发展趋势初步显现。

商贸繁荣活跃，第三产业快速发展。随着经济社会的发展和居民收入的增长以及国家继续实施扩大内需政策，居民的消费理念发生了重大转变，消费能力不断增强，全市社会消费品零售总额继续保持高速增长。2010年，全市社会消费品零售总额26.19亿元，增长19.5%，连续七年出现两位数增长。其中，批发零售总额23亿元，增长18.5%；住宿餐饮业总额3.1亿元，增长26.7%。在零售数量增长的同时，居民的消费结构升级步伐加快，消费层面进一步拓宽，理财观念也发生了变化，预防保障功能弱化、保值增值心理增强，汽车房产、旅游休闲消费继续成为人们的消费热点；物流业进一步完善，商贸物流业、餐饮娱乐业等现代服务业已成为南康市第三产业快速发展的新的经济支撑点。由于通胀和自然灾害的影响，农副产品价格仍处于高位运行，导致居民消费价格上升，居民消费价格总指数达到103.3%，其中食品类消费价格指数为108%。全年第三产业实现增加值29.85亿元，增长14.3%，已成为拉动全市经济快速增长的重要力量。

投资创业环境不断优化，民营经济加快发展。2010年，全市在深入开展创业服务年活动中，积极创建宽松优惠的政策环境，提升优质高效的行政服务，营造优良的投资创业环境，培育创业文化，激发创业热情，形成了浓厚的全民创业热潮。全市个体工商户2.4万户，比年初增加6890户，增长25.2%，注册资金49亿元；私营企业达1108家，与上年同期相比增加172家，注册资本达12.6亿元。个体私营从业人员达到14.6万人，民营经济已成为我市国民经济的重要增长点。

固定资产投资快速增长，投资结构进一步优化。2010年，全市固定资产投资71.4亿元，增长38.6%，被省发改委评为固定资产投资先进县（市、区）。全市5万元以上在建项目249个，新开工159个，竣工190个。新建农村公路144.5公里，如期实现“100%行政村通水泥路、100%渡改桥”的目标。金赣北大道路面工程、康唐公路拓宽改造、工业大道东延、市民服务中心、地税办税中心、移动大厦、百家姓和谐城、第二、三、四期廉租房等项目建成投入使用，文化艺术活动中心、深航南康国际大酒店、东山北路贯通工程、和谐大道、和谐大桥、坪岭220KV输变电站等重大项目顺利推进；积极配合实施了西气东输二线、赣南大道、飞翔路拓宽改造、赣韶铁路、赣崇高速等赣州市以上重大基础设施项目。浙江帝龙新材料、广州光科电子等投资过亿元招商项目成功落户。投资结构进一步优化，工业投资的主导地位得到巩固，建设重点工业项目30个，完成工业投资35亿元，“双百”工程的顺利实施为全市经济平稳较快发展奠定了良好基础。

财政收入稳步增长，金融运行质量提高。全市实现财政总收入8.2亿元，增长17.1%；地方财政收入6.03亿元，增长23.2%。其中工商税收5.4亿元，增长18.9%，农业四税0.6亿元，增长27%，企业所得税0.98亿元，增长37.7%。全市城镇居民人均可支配收入12410元，增长12.6%，农民人均纯收入4564元，增长12.4%。至12月底，全市金融机构各项存款余额121.4亿元，各项贷款余额64.1亿元，分别比年初增加29.7亿元和18.1亿元。银企合作累计签约信贷资金6.9亿元；新成立小额贷款公司一家。

改革开放稳步推进。政府机构改革顺利完成，职能进一步理顺，运转更加高效。医药卫生体制改革进展良好，7个中心卫生院顺利实施了国家基本药物制度，全年让利患者672万元。创业服务年活动深入开展，成功通过省效能办年度考评，被评为赣州市综合先进单位。行政审批改革力度进一步加大，投资近4000万元建成市民服务中心，网上审批和电子监察系统投入运行。七个系统国有企业改革稳步推进，自来水公司成功并入赣州水务集团;财政管理体制改革逐步深化。2010年,招商引资保持良好态势,全市签约外资5987万美元,增长11.2%;新批内资项目16个,实际进资18.5亿元,增长12.1%;实现外贸出口3602万美元,增长102.5%;被评为全省利用省外资金先进市。

〔领导班子名录〕

主　任:黄　光(2010.12~)

副主任:幸世袆

　　　　刘福建

　　　　江　璟

项目办主任:郭称德

统计管理

〔综述〕 2010年,市统计局在市委、市政府和上级业务部门的正确领导下,紧紧围绕上级统计部门工作思路和市委、市政府制定的“对接、融入”发展战略,深入学习实践科学发展观,以提高统计数据质量为核心,努力探索在社会主义市场经济条件下统计方法制度改革,加强统计法制建设、统计基础建设和统计队伍建设,统计工作水平有新的提高。2010年除完成正常的综合、核算、农业、工业交通与能源、固定资产投资、建筑业、批发零售贸易餐饮业、物价、劳动情况、社会科技等专业统计外,还承担了第六次全国人口普查、农村社会经济调查、城镇住户抽样调查、规模以下工业抽样调查、限额以下批发零售贸易餐饮业抽样调查等工作任务。2010年被评为赣州市统计工作优胜单位一等奖。

〔机构队伍〕 市统计局内设秘书信息科、统计调查科、统计检查科、数据处理科、农村社会经济调查队、统计执法大队。各乡(镇、街道)党政办公室设综合统计员1~2名,负责本乡(镇、街道)的综合统计工作;各行政、事业、企业单位有专、兼职统计员,负责本单位的统计工作。2010年末,有干部职工16人,其中正科2人,副科2人,职工8人,借用干部2人,见习生2人,有统计师职称2人,助理统计师职称2人。

〔统计调查〕 乡镇抽样调查:每乡(镇、街道)抽取三个村,每村抽取10户农户为记账户,取得分乡(镇、街道)农村住户现金实物收支、农作物播种面积、农产品产量等数据资料。

农村社会经济调查:全市抽取麻双、唐江、龙回、龙岭、太窝、潭口、凤岗七个乡镇的七十户农户为抽样调查户,通过农户记帐资料取得农产品产量、农村住户实物与现金收支、农村劳动力和固定资产等方面的资料,以此来推算全市农民人均纯收入等数据。

规模以下工业抽样调查:抽取东山街道办事处、蓉江街道办事处、镜坝、太窝、潭口、唐江、龙岭、龙回、隆木、坪市、麻双十一个乡(镇、街道)的二十个村和工业园的四个企业为调查对象。通过抽样调查,取得这些工业企业单位的从业人员、营业收入、上交税金等数据资料,为推算规模以下工业有关数据提供基础资料。

〔统计服务〕 加强调查研究,利用各种形式和渠道,为领导和社会各界提供优质服务,提高统计服务水平。针对全市经济运行中的热点、难点列出分析课题,深入开展调查,写出课题分析报告,共撰写统计课题报告六篇,一篇获赣州市统计课题二等奖,五篇分获赣州市优秀统计分析三等奖。全年编印南康统计22期,有些分析的观点得到市领导关注。每月上旬发布经济运行月度数据,每季写出经济运行分析。发布了统计公报,印刷南康统计提要本和月度经济社会动态本,整理出版了2007~2009年南康统计年鉴,全年有62条(篇)信息被媒体和内部刊物发表。

〔统计法制〕 贯彻执行统计法规,坚持依法行政。建立组织,加强领导。把依法治统工作列入议事日程,定期研究部署,提出要求,落实有效措施,及时解决工作中的实际问题。以“五五”普法检查验收为契机,在“五五”统计普法检查验收中,组织全市各级领导和广大干部再次学习了统计法律,利用各种业务培训会议对300多人进行统计法制知识培训,进一步拓宽法制宣传渠道,达到知法、守法和依法统计的目的。明确职责,落实执法责任制。明确统计法律法规执行主体、执行范围、执行职责和奖惩措施,规定执法程序,建立错案追究制度。

按照省、赣州市的统一部署,在市政府的直接领导下,对统计法制工作制定了详细的工作计划和目标考核方案。下发了《关于开展统计执法检查的通知》，组织检查组对30个单位进行了重点检查，对查出的具有统计违法行为的单位，视情节轻重，按照《统计法》和《江西省统计管理条例》的要求，给予处理。

〔**统计改革与建设**〕 积极开展统计方法制度改革。进一步完善城镇住户调查、规模以下工业抽样调查、个体商业抽样调查、固定资产投资调查、统计登记等统计改革，这些改革的开展，进一步提高了统计数据质量，扩大了统计涵盖的范围，充分满足了领导和社会各界对统计信息的需求。

加强统计基础建设，从源头抓起，确保统计数据的准确性和及时性。一是加强对统计基础工作检查，重点对基层报表的报送渠道是否畅通、统计台账是否健全、统计队伍是否稳定等方面进行检查指导；二是加强对基层统计人员的培训和持证上岗工作。全年共举办四期基层统计人员培训班，加强对统计基础知识、专业统计方法、统计法制等内容进行培训。对统计工作人员实施严格的考核管理，完善从业人员持证上岗制度，培训考核合格后方可从事统计业务工作。

坚持实事求是原则，切实提高统计数据质量。加强对源头统计数据的管理，建立数据质量责任制，完善统计数据质量控制措施，对主要统计数据实行“三审核一评估”制度，基本上做到了不出假数，确保了统计数据的真实性、可靠性。

〔**人口普查**〕 第六次全国人口普查是2010年全市统计工作的重点，在市委、市政府的直接领导下，严格按照第六次全国人口普查方案的普查范围、普查对象、普查的内容以及方法步骤，克服时间紧、任务重的困难，按照统一部署，采取有力措施，精心组织、周密部署，圆满完成了全市第六次全国人口普查工作。

（朱秋平）

〔**领导班子名录**〕

局长：刘吉贵

支部书记、副局长：古质平

副局长：明益兵

物价管理

〔**综述**〕 2010年，市物价局以邓小平理论和“三个代表”重要思想为指导，全面落实科学发展观，贯彻落实党的十七届五中全会精神，以及省、赣州市物价局工作会议精神，紧紧围绕市委市政府“一二六”工作目标。充分发挥价格杠杆在“保增长、扩内需、调结构”中的重要作用，积极稳妥地推进价格改革，着力解决民生价格问题，提升价格管理和服务水平，搞好价格公共服务，促进全市经济平稳较快增长与社会和谐进步。

以开展价格公共服务“五进”为载体，强化宣传发动工作，利用各类公共媒体和价格部门刊物的作用，宣传价格法规政策。为搞好城市污水处理费的征收工作，市物价局利用政府网络、移动信息、广播、电视、宣传栏、宣传横幅、宣传车等形式广泛宣传，印发宣传单6万多份，让群众全面了解，确保了污水处理费征收政策的顺利出台和实施。

大力开展价格公共服务进企业、进学校、进社区、进景区、进医院，着力提高服务群众的能力，关注民生，做好价格工作的“十件惠民实事”。一是稳定了主要农产品和农资价格；二是完善了涉农价费公示制度；三是进一步规范了教育收费行为；四是进一步规范了房地产价格公示和收费秩序；五是严厉打击各种价格欺诈行为；六是加大投入扶持菜篮子基地建设；七是大力推进价格公共服务工作；八是规范药品疫苗价格管理；九是整顿道路客运价格秩序；十是进一步完善和落实扶持弱势群体的价格政策。

〔**机构队伍**〕 市物价局内设秘书科、基金办、价格科、收费科、价格认证中心、物价检查所(副科级单位)。2010年，市物价局共有干部职工23名(女6名)其中正科级干部6人，副科级干部4人，一般干部9人，职工4人。

〔**价格水平与指数**〕 坚持物价指数统计报告制度和物价涨幅通报制度，当重要商品价格出现异常波动时，坚持日报告制。2010年各项价格指数为：

(一)全市居民消费价格指数为103.3，比上年上涨2.4。实行监测的八大项目居民消费价格指数:①食品类为108,②衣着类为98.7,③家庭设备及用品类为99.9,④医疗保健类为100,⑤交通和通讯工具为100,⑥娱乐教育文化用品类为99.1,⑦居住类为101.3,⑧服务项目类为101.2。

(二)全市商品零售价格总指数为103.6,十四项零售商品价格指数分别是:⑴食品类为107.2,⑵饮料烟酒类为104.2,⑶服装鞋帽类为98.8,⑷纺织品类为100,⑸中西药品类为100,⑹化妆品类为100.0,⑺书报杂志类为101,⑻文化体育用品类为99.9,⑼日用品类为100.3,⑽家用电器类为103.5,⑾首饰类为100.5,⑿燃料类为105,⒀建筑装璜材料为101.2,⒁机电产品类为98.5。

(三)农业生产资料价格指数为95.1。其中:⑴小农具为100,⑵饲料为100.2,⑶幼禽家畜为98.5,⑷大牲畜为100,⑸半机械农具为100,⑹机械化农具为100,⑺化学肥料为89.7,⑻农药及药械为98.9,⑼农用机油为103.9,⑽其它为99.8。

〔**价格管理**〕 维护农民群众利益,调动了农民种粮的积极性,及时公布了早、晚籼稻的最低收购保护价,做好粮食购销行情调查,督促国有粮食收购企业敞开收购,做到不拒收、限收和压级压价。

根据国家关于成品油价格管理的规定,督促石油经销企业按规定价格及时调整到位。依据上级文件规定,举行价格听证会,制定了城区生猪定点屠宰代宰费标准,认真审定前期物业管理收费。为提高政府价格决策的科学性、民主性和透明度,对污水处理、物业服务等项目定价成本进行了监审。

〔**价格监督检查**〕 1、有序开展重点检查。开展了涉农收费检查,重点检查了农药、化肥、种子、地膜等农业生产资料价格;开展了中介组织及行业协会收费专项检查。重点检查了中介组织及行业协会的各种乱收费行为;开展了房屋、林权、土地交易评估等中介组织收费专项检查,重点检查了房屋、林权、土地抵押及交易过程中评估中介机构的乱收费行为;开展了国家粮食收购保护价执行情况的专项检查,重点检查了各级粮食部门在粮食收购过程中,压级压价等违法行为;开展了二手车交易市场收费专项检查,重点检查了二手车交易过程中,有关部门的乱收费行为。对价格检查案件严格实行检查、处罚、执行三权分离制度,所有案件经案审会集体审理后,做出处罚决定。全年共查处各类价格违法案件44件,查处违法所得73.0815万元,实现经济制裁73.0815万元,其中上缴财政40.6932万元,退还用户32.3883万元。配合省、市价格检查部门全年查处价格违法案件5件,查处违法所得19.7万元,实现经济制裁19.7万元。

2、畅通价格举报机制。12358举报电话实行24小时受理,对群众来信、来访、来电反映的情况进行及时查处,及时答复。特别是面对购房户反映水电安装费的问题,能够耐心细致地按政策及时予以回复,对开发商存在的问题能及时予以查处。接到价格咨询、举报29件,其中咨询案件17件,受理查处案件12件,做到件件有落实,事事有回音。

〔**价格调节基金**〕 稳定基金征收渠道,充分发挥价格调节调控作用。市物价局加强了与代征单位的联系,及时解决征收过程中出现的问题,全年征收价格调节基金210万元。12月9日,经市政府批准,运用价格调节基金对全市城市低保对象、农村五保供养对象、享受抚恤定补的重点优抚对象发放临时价格补贴,补贴标准为每人每月10元,补贴时间为2010年7月至12月,每人共补贴60元,市本级价格调节基金拨出240万余元,惠及全市低收入群体共计4.1万人。全年运用价格调节基金60万元扶持建立商品蔬菜基地1200亩。

〔**价格认证与价格咨询服务**〕 加强与司法和行政执法机关的联系,建立委托鉴证、情况反馈的协调机制。不断解决涉案物品价格鉴定委托不到位、鉴定数量下滑、管理不规范等问题。全年受理涉案物品价格鉴证161件,鉴证金额902.9万元,其中刑事案件113件,鉴证金额114万元,民事案件48件,鉴证金额788.9万元。认真的工作作风,客观公正的工作原则,受到了司法机关的一致好评,未发生一例错案及违规案件。

在做好涉案物品价格鉴定业务的同时,积极开展了银行贷款抵押物、以资抵债物的价格认证、价格评估案件11件,认证金额1274.8万元;固定资产拍卖及其他资产的价格评估,评估案件16件,评估金额64.8万元;承办道路交通事故车物损失估价案件112件,鉴证金额65万元;对实行政府定价、政府指导价管理的商品价格和收费调定价前，进行成本监审、可行性分析，认证件数10件，认证金额920万元。积极开展价格顾问咨询服务工作，与15个企事业单位签订价格顾问协议，常年提供价格政策和价格信息服务。

〔**收费管理与调整**〕 继续加强了收费管理。一是严把收费审批关。做到不越权出台收费项目和标准。在审批收费项目标准时，做到从严审核成本，从严核定标准，严把收费审批关。核定了“地面数字广播电视收费标准”、“麻双乡圩镇环卫有偿服务收费标准”、“市特殊教育学校伙食费标准”、“调整高中水电费收费标准”、“市图书馆收费项目及标准”、“普通高中择校生收费标准”、“家俱城停车配货中心试行收费标准”及以政府名义出台了“污水处理费征收工作实施方案”。二是依据上级文件精神，及时取消和变更收费项目和标准，取消了“建设施工企业资质证书工本费”等5项收费项目。

会同市财政局对全市353个行政事业单位的148项行政事业性收费进行审验，年审率达100%，并对部分具有垄断性的经营性收费进行了年审。

（付声清）

〔**领导班子名录**〕

局　长：黄光（　　~2010.11）

　　　　曾静萍（女，2010.12~　　）

书　记：林国方

副局长：胡方珍（女）

　　　　曾玉平

检查所长：陈庆积

工会主席：伍振发

审　计

〔**综述**〕 2010年，市审计局紧紧围绕全市地方经济工作中心，坚持“依法审计、服务大局、围绕中心、突出重点，求真务实”的工作方针。正确履行审计监督职责，积极推进审计制创新，不断改进审计工作方法，提高工作效率。开展创业服务，维护地方经济安全运行，推动经济又好又快发展，充分发挥审计的“免疫系统”功能作用。全年共完成审计项目64个，其中：经济责任审计项目25个，绩效审计项目39个；查处违规金额2462万元；查处管理不规范金额8297万元；审计处理已收缴财政金额256万元；查处“小金库”11个，涉及金额214万元，查处“三乱”行为15起，涉及金额632万元。查处个人经济案件7起，涉及金额68万元。完成固定资产投资审计项目469个，审计金额37951万元，核减工程造价4502万元。向市委、市政府出具审计报告48篇，审计提出建议并被采纳的有81条，被各期刊物媒体采用的理论文章和信息43篇。

〔**机构队伍**〕 2010年末有在职干部职工25人；其中本科学历15人、大学学历9人；主任科员5人。内设人秘科、财政金融审计科、行政事业审计科、经贸审计科、农业资源环保审计科、固定资产投资审计科；下属市基建工程预决算审计中心与固投科合署办公。

〔**预算执行审计**〕 以财政审计为主线，进一步深化部门预算执行审计。审计通过核实地方本级预算收支的完整性，真实性和合法性，揭示和纠正预算执行过程中分配、管理和使用方向存在的问题，以规范财政财务收支行为，强化预算约束，从制度和机制上提出了进一步完善和改进管理的审计建议。审计代政府向人大常委会所作的《关于2009年本级预算执行及其他财政收支情况的审计工作报告》得到了市人大常委会的高度评价，并提出审议意见。市人大责令政府限期抓好有关单位的审计整改工作。

〔**经济责任审计**〕 以机构撤并为切入点，稳步推进经济责任审计。完成领导干部任中经济责任审计5人，配合机构撤并工作开展领导干部离任经济责任审计25人；查处违规金额472万元；查处管理不规范金额374万元。一是加大了对重点领域重点行业的审计力度；二是查处被审单位不规范票据或不真实票据较多；三是审计调查发现消费性支出逐年攀升。市纪委、监察局会同市局逐一向被审计单位提出整改意见，并责令有关单位拿出整改措施，限期改正和纠正。市政府采纳审计建议，要求各单位要严格控制消费性支出的增长速度，严格压缩费用开支。

〔民生审计〕 以关注民生为重点，认真开展专项资金审计或审计调查。切实维护人民群众利益，让人民群众享受到已有的国家各项优惠政策，维护各项专项资金的安全使用，提高资金的使用效益。

〔投资审计〕 以节约财政（或单位）资金为出发点，积极开展投资审计。市委，市政府重点工程项目财政资金建设项目的预算审核、决算审核均须由审计把关提出审核意见，出具审计报告，为领导决策提供依据。一是为财政或单位节约大量资金，共完成预算审核项目106个，送审造价金额10941万元，核减预算造价金额2562万元，核减率23%；完成工程决算项目363个，送审造价金额27010万元，核减决算造价金额1940万元，核减率达7%。二是对市重点建设项目进行全程跟踪审计。如污水处理厂、文化艺术中心，市迎宾东大道拓宽改造工程等项目。三是关注热点难点问题开展投资审计。对4个乡(镇)农民工返乡家具产业园工程投资情况进行审计，审计资金5067万元，核减资金1578万元，审计追缴入库税收13万元。审计为领导决策提供了一份可靠的参考资料。

〔违规违纪案件查处〕 某乡镇以举报奖、宣传奖、计育租车费名义造假套取现金用于账外其他支付25万元；某单位因工程结算管理和会计核算不规范，重付某建筑工程公司用地石方工程材料补差和管理费26万元，剔除税费后审计收缴24万元、某单位本应在2004年收某私营企业土地平整款19万元，至审计日未收回，审计责令已全部收缴财政。查处某乡镇多年前虚假招拍挂土地漏收某建筑商土地招批资金14万元，且无正当理由多付工程款3万元，造成国有资金流失超过17万元。已按相关法规进行了处理。查处虚报五保供养人数骗取民政资金22万元；查处以虚假项目套取移民资金180万元；查处某乡镇假造4名农户征套取铁路征地补偿资金105万元；延伸某一乡村级财务，假造发放名册虚报冒领套取油茶苗木补偿款15万元。某局综合楼工程属市政府重点工程项目，审计发现超概算343万元，且超概部分未报经有关部门批准，审计依照有关财经法规进行了处罚，纪检监察部门处分了相关责任人。

（张国文）

〔领导班子名录〕
局长：罗华兰(女)
支部书记：谢楚平
副局长：吴才全
　　　　许裕建
工会主席：卢　华(女，　~2010.10)

质量技术监督管理

〔综述〕 2010年，市质量技术监督局在南康市委、市政府的正确领导下，以邓小平理论和“三个代表”重要思想为指导，以服务地方经济建设为中心，认真贯彻落实科学发展观和构建社会主义和谐社会的重大发展战略，解放思想，转变作风，科学发展，依法行政，全面履行综合管理和行政执法职能，依据质监法律、法规，认真开展了质监各项工作，确保了食品、特种设备和产品质量安全，树立南康质监良好形象。一是大力开展创业服务年活动和创先争优活动，实现了发展质监事业与营造良好的服务创业氛围两不误；二是开展质量提升年活动，确保了“三大安全”无事故；三是食品和特种设备安全监察措施得力，成效显著；四是计量、标准化等业务工作有了新起色；五是竹木产品检测中心框架已搭建完成；六是重点抓好大案要案，有效地维护了市场秩序；七是加强了内部管理，规范了财务管理，完成了政务信息上报工作；八是全面完成了综合治理及和谐平安创建工作。2010年荣获赣州市质监系统“创业服务年”、“质量管理”、“行政执法”、“质量监督”、“综合管理”先进单位，获南康市委、市政府授予“创业服务年”、“特种设备安全专项”、“维稳信息”先进单位荣誉称号。

〔机构队伍〕 南康市质监局内设办公室、综合业务股、食品办、特种设备安全股、稽查队和计量检测所。

全局共有干部职工44人，其中退休11人。男性30人，女性14人。30岁以下1人，40岁以下17人，50岁以下9人，60岁以下9人，60岁以上8人，在岗平均年龄41岁。文化结构：本科学历5人，大专19人，中专3人，高中5人，初中及以下1人。

〔**法规宣传**〕 为增强全民质量意识，大造声势地宣传了质监法律、法规，一是走进基层乡(镇)开展了农资打假“三下乡”活动；二是开展了“3.15”、“5.20”世界计量日和“质量月”系列宣传活动；三是开展了送法进“社区”，送法进“园区”活动；四是以安全为主题开展了“安全月”宣传活动，活动中采取了制作宣传牌，悬挂宣传标语，印发宣传单和走上街头、走进企业开展法律法规宣讲咨询，全年共印发宣传单2000份，接受消费者咨询达2000人次，同时，还充分利用广播、电视、报纸、杂志等新闻媒体，大力宣传质量技术监督法律法规和质监工作动态，全年共在各界新闻媒体发表稿件30余篇，消息10余条，编发简报12期。

〔**计量检定**〕 按照国家量值传递系统溯源和国家检定规程的要求，对全市用于贸易结算、医疗卫生、环境监测、安全防护列入国家强制检定目录的计量器具实施强制检定。2010年，主要对生产加工企业、化工企业、食品生产等250余家企业进行了计量器具的强检和周检，对26家加油站、5家液化气站、21家医院、个体诊所、家具、大米、饲料、化肥、水泥、电线、调味品、肉制品等500多家，年内共检测各类计量器具2000多台件。其中：加油机340台件、压力表360多台件、医疗卫生系统各类计量器具共450台件、衡器1400多台件。

〔**计量监督**〕 为维护了广大消费者的合法权益，加大了计量监督检查力度。一是开展了节日市场计量监督检查，检查节日商品36个批次；二是开展了与百姓生活密切相关的“菜蓝子、火炉子、米袋子”“三子”商品的专项检查；三是根据赣州市局部署的“民生计量惠百姓活动”开展了电子计价秤专项检查；开展了以105国道、323省道及城区周边为主的加油站专项执法检查；四是以“3.15”、“质量月”和“5.20”世界计量日等重大纪念日为主题，开展了“民生计量进社区、进园区”活动；五是以节能降耗为重点，全面推进能源计量工作，加强了对3家年耗标煤5000吨以上的企业的节能降耗监管；六是开展了建筑材料计量专项执法检查，共立案36起；七是开展了定量包装计量执法检查，共检查食品生产企业30家，检查超市5家，检查定量包装商品100余批次。

〔**标准化管理**〕 标准化工作紧紧围绕市委、市政府的工作部署，以发展优势特色产业为目标，着力推进技术全标准体系物质载体项目建设，着力提高企业产品质量和整体竞争力，建立健全市技术标准体系，为经济社会的可持续发展提供重要的技术标准支撑。一是建立了南康市技术标准数据库，库中有35万个技术标准，有国际及国内110个标准化组织的35万件标准可供企事业单位即时查询；二是南康甜柚2009年获国家地理标志产品保护后，为做大做强南康甜柚品牌，实施了技术标准体系建设，同时，聘请专家制定南康甜柚新的地方标准，正等待验收，南康甜柚地理标志产品保护管理办法也正在审定之中；三是大力开展了“质量兴园”、“质量兴企”活动，帮助企业完善标准化体系建设；四是突出家具企业的建档工作，为加强我市家具产品质量的监管建立了信息平台。

〔**代码和条码管理**〕 在创业服务年活动中，服务意识和效率有较大的提高，改变以往等的方法，采取了走出去、电话催办等形式，加强了代码、条码管理。一是通过上门服务和电话通知以及下发《催办通知书》等多种方法，两码工作有了突破性进展；二是发挥行政服务中心设置窗口的作用，通过电脑网络信息化平台，加快办证效率；三是强化联动机制，与有关部门大力协作，实行业务办理查验代码证制度，全年完成代码证换证908份，验证979份，年内，全市代码数据库总量数达2585个，四年内发展条码成员单位4家，续展条码成员单位16家。

〔**食品监督**〕 一是对全市食品生产企业实行生产全过程监管，对大米、桶装水、糕点、酱油、白酒等高风险食品加工企业安装了监控设施，强化生产过程动态监管；二是加强了食品生产许可证的证后监督，对不符合生产条件的食品生产企业实施停业整顿；三是召开了食品生产质量安全责任主体宣贯会，进一步强化和明确了责任主体；四是开展了打击违法添加非食用物质和滥用食品添加剂专项整治行动，对全市30家使用食品添加剂的企业进行了登记备案，有效地加强了食品添加剂监管；五是完成了对大米、桶装水，月饼等食品的监督检查计划；六是食品安全监管采取了日常监督与日常巡查和专项整治相结合的方法，强化了食品安全的监管。年内,全市共有食品生产加工企业87家,其中:已获得QS证的食品企业有50家,小作坊37家(两证齐全小作坊34家,一证一照的小作坊3家)。

〔**特种设备安全监察**〕 一是先后组织元旦、春节、“两会”期间、“五一”、中秋节、国庆节假日期间安全大检查工作,检查单位168个、特种设备202台次,参加检查人员达236人次。重点检查特种设备使用登记、定期检验、作业人员持证上岗、安全生产责任落实等情况。

二是开展了场内机动车辆专项整治。6月23、24日,在南康市质监局举办了叉车特种作业人员取证培训班,有近80余人参加培训,消除叉车作业人员无证上岗隐患。

三是开展了电梯安全专项整治。对全市在用的电梯,重点对住宅小区、大型商场、宾馆酒店、学校、医疗单位、休闲娱乐等人员集中的场所的电梯进行了检查。辖区内的所有电梯进行了自查。

四是2010年9月22日至23日举办了一期特种设备安全管理人员培训班,76人参加了取(换)证培训;2010年9月25日至9月30日举办了一期锅炉作业人员培训班,78人参加了取(换)证培训,培训率达到了100%。

五是采取在专项整治与日常监察相结合,2010年共检查特种设备使用单位241家,出动执法人员423人次,发出特种设备安全监察指令书142份,已落实改正121家,已立案查处特种设备违法单位22家。

〔**产品质量监督**〕 为维护消费者合法权益,加强行政执法工作,采取打、防、扶的工作方针,有效地从源头上强化产品质量监管。一是开展了产品质量建档工作,对全市企业产品质量实施档案管理;二是改善了办公条件,实行电脑办公自动化跟踪全市产品质量;三是制订和培育“江西名牌”计划,着力培育全市规模企业上档次、上规模、上品牌;四是对全市食品生产企业实行了动态监管;五是组织召开了工业园区企业质量管理会议,促进了全民质量意识;六是实行“说理式”行政执法,大力推进“公平、公开、公正”执法;七是全年共立案查处案件137起,其中无生产许可证案件8起,标准化案件12起,计量案件30起,3C强制性认证案件1起,伪造厂址、冒用厂址产品案件2起,产品质量案件74起,其它案件10起。

(黄海孝)

〔**领导班子名录**〕

党组书记、局长:朱红英(女)

副局长:董海斌

副局长:明哲

纪检组长:丁春林

工商行政管理

〔**综述**〕 2010年,南康市工商局在赣州市局党组和南康市委、市政府的领导下,坚持以邓小平理论和“三个代表”重要思想为指导,深入学习实践科学发展观,认真贯彻党的十七届三中全会、四中全会精神,立足服务经济发展和履行监管职责两个大局,按照“四个统一”、加强“四化建设”、推进“四个转变”、实现“四高目标”的要求,以服务发展为根本,以效能建设为抓手,以机制创新为动力,以队伍建设为保证,一心一意谋发展,尽心尽力抓监管,各项工作均取得了新的成绩。

个私经济继续保持健康稳定增长。2010年新登记个体工商户6890户,新登记私营企业198户,新登记农民专业合作社25户,均比上年有明显增长。

执法办案力度不断加大。2010年共查处一般程序案件171件,其中大要案11件。

商标战略取得丰硕成果。2010年全市新增注册商标350件,新认定省著名商标4件,赣州市知名商标16件。

服务地方发展的参谋助手作用得到充分发挥。围绕市委、市政府中心工作,深入开展调研,上报调研和经济运行分析等综合性材料7份,市委、市政府领导批示8次,对工商工作给予高度评价。

〔**机构队伍**〕 局机关(科室、直属局、直属事业单位)下设办公室、人事教育科、政研法规科、监察室、个体科、商标广告科、市场管理科7个职能科室,企业注册局、公平交易局、消保局3个直属机构,机关后勤服务中心、信息中心、个协办公室、消协办公室4个直属事业单位。辖蓉江分局、金鸡分局、唐江分局、龙回分局、赤土分局、镜坝分局(与朱坊工商所合署)、凤岗分局、龙华分局、横市分局(与坪市分局、麻双分局合署)9个基层单位。

截止2010年12月底，全系统在职干部职工138人，其中：公务员107人，机关事业人员31人。

〔**创业服务年活动**〕 市工商局在市委、市政府的正确领导下,以服务发展为根本,以效能建设为抓手，以制度建设为保证，深入开展创业服务年活动。活动中,注重把握好“四个度”,全面提升创业服务水平。

1、创业宣传重“广度”。一是开展了创业政策宣传活动。二是开展了创业先锋宣传活动。三是开展“诚信企业”评选活动,推荐企业参加省级、赣州市级“守合同、重信用”企业评选。2、目标考核重“细度”。3、特色服务重“角度”。注重从不同角度为创业者提供帮助指导。如:为支持服务招商引资,对全市100项重点项目登记注册提供“保姆式”全程跟踪服务;为支持个私企业实施商标战略,实行“三书三联动”指导机制,共指导企业申请商标注册35件,所推荐的“培华”、“朗祺”、“金月亮”、“亚欧神韵” 等4件商标认定为省著名商标,“仟亿通宝”、“康意”等16件商标认定为赣州市知名商标;为帮助个私企业解决融资难题，联合市效能办举办了一场“银企对接”融资项目推介会,促成银行与企业签订融资协议5000多万元;为增强农民维权意识,维护农民合法权益,开展“红盾护农”行动,确保农民买到放心农资、放心家电、放心食品;为提高南康甜柚知名度，推进南康甜柚种植产业化,在帮助“南康甜柚”成功注册地理标志的基础上,加强对商标使用管理的指导;为增强个私企业的法制意识,开展“送法上门”活动,免费发放法律书籍8000册。4、工作督查重“力度”。一是推进政务公开,大力实施“阳光政务”,健全完善政策法规、行政处罚结果和享受优惠政策结果、公开承诺的“四公示”制度,主动接受群众监督。二是建立工商系统廉政风险点监控机制，对可能产生廉政风险的工作环节建立廉政风险防范点89个,建立起行政权力运行监督制约机制。三是开展“监管责任和作风整顿月”活动。四是认真进行自查自纠。五是开展基层站所评议活动。12月上旬,市工商局代表市委、市政府接受了省效能办创业服务年活动考评组的检查,得到考评组的好评。

〔**市场监督管理**〕 1、强化流通环节食品安全监管,确保食品消费安全。一是落实监管责任。对各单位流通环节食品安全监管工作实行目标管理,局长与分局长、分局长与片组长签订《食品安全监管目标责任书》,各市场、超市、其他食品经营者向工商分局签订《食品经营承诺书》,明确管理人员和管理对象的责任。二是开展食品安全专项整治月行动,5月市工商局组织了四个工作组,深入每户食品经营户,采取宣传、检查、立案相结合的方法,严格按照食品监管的要求,突出工作重点,切实加大无照经营清理规范力度，全面规范食品经营行动,严厉查处食品违法案件。三是开展了经销乳制品及含乳食品的专项检查。下发了《关于对问题奶粉及含乳食品进行清查的紧急通知》,为防止问题乳制品回流市场，对乳制品市场的隐患突出部位、薄弱环节开展了多次全面检查,重点清查了2008年9月14日以前生产的乳制品是否存在经过改头换面进行违法销售及其经销其它问题乳制品的现象。四是抓好流通环节商品质量监测工作。按照食品安全监管的要求，充分发挥食品快速检测的作用,年初下发了各分局年内快速检测计划,突出重点食品,有针对性地开展了食品质量检测。共对9大类48个批次的食品质量进行了抽检,特别对食品中添加吊白块、苏丹红、二氧化硫、农药残留、甲醇、硼砂、甲醛等非食用物质或超量使用着色剂、防腐剂等滥用食品添加剂的行为进行了抽检,合格率100%。2、强化成品油市场管理,确保市场规范有序。根据国家工商总局和省工商局《关于对成品油市场进行专项检测的通知》要求,有针对性的对成品油的质量进行了随机抽样，共抽检两家家石油经营户经营的4个样品，其中2个汽油样品、2个柴油样品,经将样品送赣州市产品质量检验检测所检测鉴定，其中有两个柴油样品为不合格产品，并对经营不合格柴油的石油经营户依法进行查处。

〔**企业注册监督管理**〕 2010年,全市新登记注册的企业250户,比去年同期增长24.38%。其中:私营有限公司及分公司201户，独资企业11户,内资企业6户,农民专业合作社32户;新增注册资金29894万元；办理变更登记249户，注销企业51户。办理股权出质登记5户。

1、强化市场主体分析,为市委、市政府决策提供参考。2、实施重点项目“绿色通道”服务创业工程。3、做好企业年检工作。4、支持农民专业合作社发展。2010年共登记农民专业合作社32户,推动了农村经济的发展。5、建立和完善中介机构服务体系。

〔**合同管理**〕 1、办理动产抵押登记工作,全年共办理拍卖备案20次、企业动产抵押登记24份,抵押担保借款合同24份,金额10369万元,办理抵押物变更登记1份,办理抵押物注销登记18份,主债权金额5555万元。

2、做好“守合同、重信用”企业评选工作。开展了AAA、AA守合同、重信用企业的评定工作,申报的22户AA企业经赣州市局评定合格,申报的10户AAA企业正在省局评定审查中。同时开展了格式合同备案工作,对10份格式合同进行了备案,对25份涉农合同进行了审查存档。

获得赣州市2010年度守合同重信用AA单位名单(共22户)

1、江西佳兴实业有限公司
2、南康港之澳床垫厂
3、南康康琦家具厂
4、南康蒙特欧家具厂
5、南康市国鼎家具有限公司
6、南康嘉美瑞家具厂
7、南康市金海家具有限公司
8、南康林华家具厂
9、赣州中航建筑装饰设计工程有限公司
10、南康市腾飞家具有限公司
11、南康蓝天木业有限公司
12、江西宏巨家具有限公司
13、江西智泉企业投资管理有限公司
14、南康市万佳汇商贸有限公司
15、南康沃森家具厂
16、南康李氏王朝家具厂
17、江西升伟家具实业有限公司
18、南康市一见喜家具有限公司
19、南康广深港床垫厂
20、南康晓春家具厂
21、南康市远大火机制造有限公司
22、南康市万胜洪干设备有限公司

〔**商标管理**〕 1、抓好商标法律法规宣传。采取多种形式着力抓好商标法律法规知识宣传,增强企业法律意识和商标意识。举办二期实施品牌战略知识讲座,聘请赣州市工商局商广科律师讲解商标法律法规知识;开展商标品牌宣传月活动,利用“3.15”国际消费者保护日及“4.26”世界知识产权日等重要活动日,在全市范围内开展多种形式的商标知识宣传活动,4月,在南康市电视台开设了为期半个月的“商标、品牌、发展”专栏;开展了“服务千家企业、培育千家商标”主题活动,以“三书”(商标注册建议书,商标策略指示书和商标法律告知书)为指导手册,积极推进商标行政指导,针对不同对象及时发放商标注册建议书,商标策略指示书和商标法律告知书,从建立健全注册商标和未注册商标档案入手,在全市范围内开展了一次商标调查统计工作,全面掌握商标使用现状,重新建立新的档案,通过“三书”宣传资料,使业主申请商标注册,能快速及时申报。

2、抓好商标培育指导服务。年初制定了商标管理工作计划,3月制定了《南康市工商局商标品牌创建助创业工程实施方案》,本着“借助一件商标,搞活一个产业,富裕一方百姓”的思路,通过深入企业走访并跟踪服务的方式,正确引导业主申请商标注册,特别是在涉农商标培育上,对全市农民专业合作社,开展了“一社一标”农副产品商标培育工作,设立了商标联系点和一对一帮扶措施,将完成情况纳入绩效考核。通过开展“一社一标”活动,深入96农民专业合作社,发放商标注册建议书150份,指导协助商标注册35件,

3.抓好“南康甜柚”地理标志使用的指导。为切实保护“南康甜柚”证明商标专用权,维护“南康甜柚”证明商标的市场形象,市工商局下发了《关于切实保护“赣南脐橙”“南康甜柚”证明商标专用权的通知》,将保护“南康甜柚”证明商标纳入保护注册商标专用权行动之中,采取有效措施,加强对使用“南康甜柚”标志的基本情况进行认真的调查摸底,并进行整改和规范。8月市政府召开了全市果农培训及保护“南康甜柚”证明商标工作会议,市工商局在会上就保护证明商标的意义、规范使用商标和商标侵权行为进行了讲解。并通过新闻媒体发布公告严禁未经许可擅自使用“南康甜柚”商标标识的行为。

4、抓好省著名、市知名商标推荐认定工作。为实施商标品牌战略,市工商采取选定目标,精心培

育，挑选出一批商标，分别作为赣州市知名商标和江西省著名商标培育对象。2010年，共指导推荐20件商标申报认定赣州市知名商标，认定为赣州市知名商标的16件，推荐9件申报认定江西省著名商标，认定为江西省著名商标的4件。

5、抓商标专用权保护工作。制定了《南康市工商局打击侵犯知识产权和制售假冒伪劣商品专项行动方案》，重点对服装加工行业傍名牌、未经许可使用和销售假冒侵权商品的商标侵权违法行为进行查处，全年共查处商标侵权案件7起，没收侵权商标标识8件。

2010年认定省著名商标企业名单(共4户)

1、南康市金海家具有限公司　“亚欧神韵”

2、南康市三英制衣有限公司　“朗祺”

3、南康市培华沙田柚场　“培华”

4、南康金月亮床垫厂　“金月亮”

2010年认定市赣州市知名商标企业名单(共16户)

1、江西庆富家具有限公司　“庆富”

2、南康市红金品家具有限责任公司　“百年红金品”

3、江西康意服装有限责任公司　“康意”

4、江西仟亿家具实业有限公司　“仟亿通宝”

5、南康名创轩家具厂　“名创家缘”

6、南康力帮真皮沙发厂　“力邦轩”

7、南康市东山路福挺猛托运部　“挺猛

8、江西维平创业家具实业责任公司　“创业”

9、江西皇都家具实业有限公司　“皇居赛欧”

10、江西千秋食品有限公司　“QIANQIU及图”

11、南康效权平价大药房　“效权”

12、南康市赤土花果园新华农庄　“花果园”

13、南康港之澳床垫厂　“港之澳”

14、南康广深港床垫厂　“贝康宁”

15、南康市远大打火机厂　“远大”

16、南康市金海家具有限公司　“亚欧神韵”

〔**广告管理**〕 1、建立完整的广告监管网络。年初市工商局牵头召开了由宣传、卫生、药监等7个部门参加的广告联席会议，研究制定了《南康市打击虚假违法广告专项整治行动方案》，明确了相关部门的职责，提出了广告监管的目标、原则、标准和程序。组成了市局、分局、责任区三个层面的广告监管队伍，形成了横向部门互联、纵向三级互动的广告监测工作机制。

2、加强宣传，提高广告主的法律意识。一是对全市广告经营单位的负责人和广告审查员开展广告法律法规知识培训，明确违法广告的内容界定，增强企业认识违法虚假广告对社会的危害以及对企业的负面影响，自觉开展行业自律；二是召开全系统广告监测培训会，组织系统内广告监测员学习法律法规，开展广告监测现场演示，分析研究广告监测工作中的实际问题；三是普及安全知识，充分利用广播、电视、报纸、网络等各种宣传途径，普及广告法律法规，宣传虚假违法广告的危害性，提高广大人民群众对虚假违法广告的识别能力和防范意识。

3、加强广告监测力度。为严厉惩治虚假违法广告，降低违法广告发布率，市工商局对新闻媒介、医疗机构、药店等相关单位加强全方位和动态监管。一是强化对广告主广告发布行为的监管，把医疗、药品、保健食品、保健品等虚假违法广告发布频率高的广告主作为整治重点。二是强化对广告代理公司的监管，督促广告代理公司健全和落实广告管理制度，规范广告设计、制作和代理行为，三是强化对媒体广告的监测，督促媒体单位完善广告审查员制度，落实发布违法广告责任追究制。年内共监测媒体广告226条次，其中电视广告120条次，通过监测发现轻微违法广告21条次，严重违法广告5条次，发出违法广告告知通知26份，其中责令改正通知书21份。责令停止发布5条，四是规范市场，强化对广告市场的动态监管，充分发挥基层分局的力量，加强广告市场的日常巡查，全方位地整治和规范广告市场秩序。

4.加强户外广告管理。根据市局户外广告专项整治工作要求，成立了由工商、城管牵头，相关职能部门配合的户外广告专项整治工作组，集中力量对户外广告进行了拉网式检查，通过一个月的集中整治，共拆除未经登记擅自发布、严重影响市容市貌或存在安全隐患的户外广告33块；责令改正的16块户外广告，分别对广告主和广营单位下发了限期责令改正通知书。

5、按照“打虚假，树诚信”广告专项整治要求，加强了广告监管力度。对群众反映强烈的利用电视媒体发布的药品、医疗广告问题多的情况，通过监测和不定期的执法检查，规范电视广告发布行为和行业自律,对1起利用专家、患者和含有不科学的表示功效的断言的药品广告和3起虚假宣传销售家用电器广告进行了立案查处,责令停止发布,维护了消费者合法权益。

〔**消费者权益保护**〕 1、"3·15"国际消费者权益日纪念活动。为使广大消费者能够正确理解"消费与服务"的目的和意义,在南康电视台开设由15家消协理事单位联合联合举办的"3.15在行动"专栏,公布举报电话、发布消费警示信息。组织理事成员单位、企业代表、消费者代表、召开座谈会,消协理事成员单位就如何保护消费者合法权益作出了公开承诺。3月1日及9月1日,是各中、小学校开学的第一天,市工商局、消费者协会开展消费维权进校园活动,为同学们讲解怎样识别假冒伪劣商品,如何明明白白消费等知识。3月15日,市消协与各理事单位在市工人文化宫前联合举行了"南康市3.15消费者权益保护日"启动仪式,由工商部门牵头,工商、质监、药监、物价、文化、卫生等十几个部门设立了咨询服务台,现场受理消费投诉,解答消费者提出的疑难问题。3月15日还举办了"一会两站"消费维权业务培训班,市工商局消保局和消协办公室的同志为各消协分会的30多名"一会两站"负责人讲解了农村食品安全监管、农资市场管理、《消费者权益保护法》、日常受理投诉等知识。

2、依法受理消费者投诉。2010年通过赣州市12315行政执法网络及现场受理等方式,共受理消费者投诉、举报申诉案件等206件,其中投诉179件,占87%;举报27件,占13%。成功调解179件,调解率100%;接待来访和接受咨询240人次,化解了矛盾纠纷,促进了社会和谐。

3、定期通报投诉情况分析。按赣州市消协要求,及时、准确上报中消协《综合统计报表》及统计分析工作。根据消费者投诉情况分析,市消协定期向社会通报一次消费维权热点、难点问题。同时发布一期消费警示,尽可能把消费维权由事后补救转为事前防范。

〔**公平交易执法**〕 2010年共立案查处各类经济违法案件168起,案值158.5万元,查获假冒伪劣酒类1185瓶,无生产日期、超过保质期食品513公斤、饮料879瓶,假冒服装398件(套)等。

1、深入开展打击传销、规范直销工作。一是利用学校暑假期间,组织了工商系统干部职工家属子女开展了"防止传销进校园"活动,重点讲解了传销活动五个方面的"洗脑术",提高了干部职工家属及在校子女对传销活动的更深层次的了解和防范。二是与南康市公安局联合开展"迎世博、禁传销"专项执法行动,通过电视台发布警示提醒广大人民群众识别传销,自觉抵制传销。三是开展了直销网点的专项整治工作。对辖区内的直销网点进行了整治和规范,杜绝了打着直销等旗号从事传销活动事件的发生。

2、深入开展了治理商业贿赂工作会同纪检监察机关,在2009年开展的规范中介组织服务和收费行为专项治理工作的基础上,进一步加大了查办力度,对南康市某测绘公司商业贿赂案件进行查处。

3、加大了知识产权的保护力度,查处了7起假冒"五粮液"、"水井坊"白酒、"红豆"茄克衫、"阿迪达斯"运动套装、"TCL"网络线缆等商标侵权案件。

4、加大了执法办案力度。会同质监部门查处了2起销售不合格民用液化气案;开展了"红盾护农"农资市场监测工作,查处了3起销售不合格肥料的违法行为;开展了违法使用不符合国家标准及淘汰原料的水泥排气烟道产品的专项整治工作,查处了1起使用不合格排气烟道产品的建筑施工企业;开展了非法销售"网络共享"等卫星接收设施行为集中执法行动,共检查经营户178户,涉及非法经营卫星接收设施的33户,共查获隆频器33付,接收机55台,高频头37个,接收天线47付;开展了"三虚一逃"案件的查办力度,共立案查办"三虚一逃"案件3起。

〔**个体私营经济监督管理**〕 2010年全市新登记个体工商户6890户,新登记个体工商户注册资金153842万元,新登记个体工商户从业人员39146人,截止12月底,全市累计个体工商户23096户,注册资金达489012万元,从业人员122750人;新登记私营企业198户,新登记私营企业注册资本(金)28028万元,新登记私营企业从业人员2779人,全市私营企业累计达1108户,注册资本(金)125913万元,从业人员23292人;新登记农民专业合作社25户,新登记农民专业合作社出资额

5050万元，新登记农民专业合作社成员1142人，累计农民专业合作社达95户，出资额达14030.86万元，成员达1799人。2010年个体私营经济总量扩展、质量提升明显，商标品牌意识、提质升级意识明显增强。在新登记私营企业中，注册资本(金)100万元以上私营企业60户，其中有8户为注册资本(金)1000万元以上，全市累计百万元以上的达到289户，占私营企业的26.1%。

1、制定个体私营经济服务措施。2010年，市工商局按照南康市委、市政府《关于进一步加快民营经济发展的工作意见》等政策文件，制定了《南康市工商局关于积极服务创业促进经济发展的若干措施》、《南康市工商局个私经济“扩量提质”促创业工程实施方案》等服务措施，为各类市场主体的发展创造良好的政策环境。

2、改进服务方式，支持各类市场主体发展。市工商局按照“增加总量、扩大规模、鼓励先进、淘汰落后”的十六字方针，切实把好市场主体准入关，努力创造宽松的市场主体准入环境，拓宽个体私营经济进入的行业和领域。围绕市委、市政府确定的重点产业项目，建立重点项目联系制度，做到服务关口前移；为创业人员实行“一站式服务”、“首办负责制”、“限时办结制”；自2009年1月1日至2010年12月31日，对新开办的个体工商户，一律免收开业登记费、工本费；全力支持返乡农民工和下岗职工创业就业，及时推出了全方位跟踪等保姆式帮扶延伸服务，努力扶持其所创办的企业健康发展。

3、落实再就业优惠政策，维护社会和谐稳定。设立了再就业咨询窗口，建立了返乡农民工办照绿色通道。针对各类人员的就业愿望不同，采取不同措施，进行分类指导和帮扶。2010年，全市共办理《再就业优惠证》203户，累计达6804户，凭《再就业优惠证》办理《营业执照》180户，累计达1538户。

4、支持企业拓宽融资渠道，解决融资难题。鼓励企业办理股权出质登记和动产抵押登记。按照《工商行政管理机关股权出质登记办法》，为企业办理股权出质登记，作为获得贷款的担保。依据《动产抵押登记办法》，快速办结企业动产抵押登记。引导和帮扶企业通过股权出质和动产抵押等方式向金融机构融资。

5、做好未成人保护。一是加强网吧监管。会同文化、公安等部门抓住元旦春节、中高考等重点时期，深入开展黑网吧专项整治行动，使网吧管理走向日常化、规范化。8月，协同人社局、教育局、公安局、民政局等部门，对以戒除网瘾为名侵害未成年人合法权益的教育培训机构进行了排查整治专项行动。

6、构建查处取缔无照经营工作长效机制。制定了《关于开展无证无照餐饮经营单位专项清理整治工作方案》，召开了全市查处取缔无照经营工作联席会议，对查处取缔无照经营工作进行安排；配合当地政府对全市特别是校园周边的餐饮摊点进行了全面清理；在家具市场开展以清理无照经营、建立诚信体系为主要内容的专项行动，整治期间共发放注册登记提示书、涉嫌违法警示书等行政指导文书4000余份，促进了家具产业健康稳定发展。

(供稿：严旭)

〔领导班子名录〕

党组书记、局长：徐广城(2010.11~　　)
党组书记、局长：陈玉麟(　　~2010.10)
党组成员、副局长：袁　勇
党组成员、副局长：王莉华
党组成员、副局长：朱占先
党组成员、纪检组长：唐镇宇
党组成员、副局长：王　林
工会主席：谢秀香(女)
个协会长：张　真
机关党委书记：梁红天(女)
消协会长：朱钦位

国土资源管理

〔综述〕 2010年，南康市国土资源局在市委市政府和上级国土部门的正确领导下，深入贯彻落实科学发展观，紧紧围绕市委市政府“一个继续坚持，两个着重把握，六个扎实推进”工作部署，全面实施“保发展保红线工程”，深入开展“创业服务年”和“廉政勤政创优年”活动，不断创新管理理念，积极探索工作思路，坚持保护与利用、服务与管理并举，解放思想，开拓创新，转变作风，扎实工作，圆满完成了各项工作任务。获得赣州市国土资源局“五好班子”、“政务工作和信息化建设先进单位”、“干部队伍建设先进单位”、“廉政勤政年活动先进单位”以及南康市文明单位、社会治安综合治理先进单位、创业服务年活动先进单位等荣誉。

〔**机构队伍**〕 市国土资源局内设人事秘书科、后勤服务中心、计划财务科、耕地保护科、规划管理科、土地利用科、地籍管理科、测绘管理科、法规监察科、纪检监察室、征地科、土地执法监察大队、行政许可服务科、土地整理中心、土地勘测设计队、土地价格服务中心。全市20个乡(镇、街道)国土资源所为局派驻机构；市地产交易管理所为市直二级事业单位；市地产公司为市直二级企业单位；市土地收购储备中心为市直一级事业单位，隶属市国土资源局，财务实行独立核算。

全市国土资源系统共有干部职工192人。其中：行政编制19人(含工勤编制4人)；事业编制125人；企业编制28人；退休20人。在职人员中大专以上学历86人，中共党员98人，中级以上专业技术职称1人。

〔**队伍建设**〕 一是扎实开展“创业服务年”和“勤政廉政创优年”活动，认真落实AB岗工作制、首问责任制、限时办结制、责任追究制等制度；作出了创业服务承诺，公布了业务办理时限，局窗口共受理各类审批服务事项2848项，全部在时限内办好；在党员中组织开展创先争优活动，以提高机关效能为重点，增强为民意识，全系统干部职工服务水平、效率和质量得到明显提高。二是全面加强党风廉政建设，着力提高队伍廉洁能力。实行廉政责任制，落实了责任分工，与各单位负责人签订了廉政责任状；切实开展党员廉政教育活动，开展廉政文化进机关活动，组织党员干部到省厅廉政教育基地浮梁开展廉政教育，成立了检察工作站，建立党员政治生日提醒平台；狠抓了土地领域突出问题专项治理，开展了土地出让合同专项治理、未报即用土地的专项治理、农民建房收费的专项治理、闲置土地的专项治理；扎实开展了“两整治一改革”专项行动；进一步加强廉政风险点查找监督力度，共查找风险点35个，初步形成廉政风险防范管理网络，使全系统干部职工廉洁自律意识明显增强。三是加强培训教育，着力提高干部队伍素质。局党组高度重视培训教育，把学习教育作为加强队伍素质的关键。坚持周五学习日制度，每周五下午进行理论学习，由各科室轮流授课；坚持全员培训制度，11月26日，组织全系统干部职工进行业务知识和预防职务犯罪知识培训班，邀请市局和检察院专家进行了讲课；同时组织全体基层所所长参加全省第一期基层国土所长培训班；进行了业务考试，组织全系统50岁以下干部职工进行业务知识考试，在全局上下形成良好学习氛围，提高了业务素养。

〔**土地法规宣传**〕 *法制宣传* 利用6·25土地日、8·29测绘日、12·4法制日广泛宣传土地管理法律法规政策。围绕“土地与发展方式转变——依法管地、节约用地”宣传主题，积极开展多种形式的宣传活动，并十分注意发挥互联网平台、电子信息等现代传媒的作用，宣传国土资源法律法规。发放资料1000份，悬挂、刷新宣传标语100多条，组织街头宣传咨询20次，群发宣传短信20万条，大力开展送法“六进”活动，全方位、多层次宣传土地政策与法规，做到了家喻户晓，深入人心。

信息化建设 一是强化国土资源宣传和政务信息公开工作。加大信息报送，提高信息上报力度，全年累计上报各种信息355条。二是第二次土地调查数据库建设基本完工，为“一张图”工程打下了坚实基础。

〔**土地资源**〕 全市国土面积1796平方千米。其中耕地总面积32266.67公顷(48.4万亩)，占国土面积的26.4%；山地面积占68.3%；水域面积占5.3%。人均耕地量为0.6亩，其中基本农田保护面积26066.67公顷(39.1万亩)，保护率达80.8%。

〔**耕地保护工作**〕 全市现有耕地保有量为32266.67公顷(48.4万亩)，其中基本农田保护面积为26066.67公顷(39.1万亩)，保护率为80.8%。

耕地保护工作 进一步落实耕地保护责任制，构建了市、乡、村管理体系，强化耕地保护特别是基本农田保护责任意识，层层签订责任状，明确保护目标、保护措施、保护责任和奖励措施，将保护责任落实到人，保护工作落到田块，做到图、表、册一致。确保全市48.4万亩耕地，39.1万亩基本农田得到有效保护。今年建设用地占用耕地785.01亩，补充耕地1718.36亩，耕地总量略有增加。

土地开发整理　落实耕地占补平衡制度，加大实施土地开发整理力度。积极与相关乡(镇)、村沟通，在项目立项、实施、验收等各个环节进行严格把关，做好服务工作。一是龙华、龙岭土地整理项目已完成4个标段施工，完成土地平整3964.8亩；二是完成了朱坊乡新兴村土地开发项目省厅终验工作，新增耕地1718.36亩，已报备入库；三是积极申报了坪市、朱坊、横寨土地开发项目，项目规模3056.55亩，可新增耕地2857.5亩，现已完成招标开始施工。

“增减挂”工作　南康市是省国土厅确定的“增减挂”工作13试点县(市)之一，市国土局积极开展工作，一是认真督促09年项目的唐江、横市、龙岭、赤土、浮石乡(镇)政府搞好拆旧复垦工作，项目拆旧区面积570.41亩，已完成复垦工作任务的80%。二是积极争取“增减挂”指标，编制了龙回等10个乡(镇)增减挂规划(2010—2012年)，并顺利通过省厅批准，正在组织实施，可新增建设用地规模449.4亩。

土地规划计划管理　严格按照土地利用总体规划实行土地用途管制。对于不符合规划用途的，坚决不予办理农用地转用手续。严格执行基本农田“五不准”制度，坚持做到：凡可占或不占耕地的项目一律不占用耕地；凡不可避免需要占用耕地的一律从严控制占用面积；凡建设项目涉及占用基本农田的一律另行选址或撇开基本农田。在城镇建设中，大力实施老城、旧村和城中村改造，盘活城镇存量和闲置土地；在工业园区规划建设中，尽量使用荒山荒坡和疏林地。把建设占用耕地数量压到最低限度，从而有效保护耕地。

〔**依法审批和征用土地**〕　一是建设用地有效保障。科学合理安排建设用地指标，做好建设用地报批工作，落实区别对待、分类指导、有保有压的原则，科学安排上级下达用地计划，同时主动联系，积极协调，全力争取省级用地指标。2010年共报批建设用地23个批次，面积8008.63亩，截至已批准3525.72亩(其中争取省级用地指标2086.12亩)；报批单位建设用地47宗，面积805.57亩；个人建房2568户，面积453.83亩。注重加强保障性住房用地供给，供应91.2亩土地建设新市民公寓。二是切实做好征地保障工作。在征地过程中，市局加强对征地工作的指导和监督，严格执行省政府征地统一年产值和区片综合地价标准，合理进行征地补偿，切实维护被征地群众的合法权益，协助完成了赣南大道南康段、家具产业园等重点项目征地工作，为全市经济发展用地需求提供有力支持。

〔**土地市场管理**〕　土地市场规范有序，全年完成土地收储2144.01亩。切实加强土地市场管理，坚持政府垄断土地一级市场，严格落实经营性土地和工业用地招标拍卖挂牌出让制度，充分发挥市场配置土地资源的基础作用。全年共招拍挂出让国有建设用地使用权35宗，面积2882.4亩，土地总收入18.15亿元，是09年的3倍多，再次创造新高。其中经营性用地出让26宗，面积1362.58亩，土地价款16.9亩，工业用地9宗，面积1519.82亩，土地价款1.25亿元，为南康经济发展盘活了资金。

〔**土地执法监察**〕　一是顺利通过2009年度土地卫片执法检查工作。土地卫片执法检查是全市首次在市卫片执法检查工作领导小组的领导下，专门抽调业务骨干，组建工作班子，开展卫片执法检查工作。按照卫片执法检查工作规范要求，全面完成了全市120个监测图斑192宗地的核查，卫片检查数据信息填报上传和配合省、市对全市违法用地查处整改等相关工作内容。根据一个地块一个卷宗的归档原则，对卫片执法检查工作成果进行了组卷归档，其组卷归档资料60本。顺利通过上级对南康市2009年度土地卫片执法检查评估验收工作，实现了“零问责”目标。二是全面加大执法监察力度。认真执行省国土资源执法监察八项制度，进一步完善了动态巡查责任制度，落实巡查责任；严格报告制度，实行巡查情况周报，违法用地月报，重大案件随时报；加强了纪检、检察、公安、供电、工商、森林公安等部门联动配合，加大对违法用地案件查处力度。全年，依法制止和查处家具企业违法用地137宗，土地面积403亩；制止和查处农民违章建房217宗，土地面积43亩；立案查处违法用地14宗，收缴罚没款371万元，责令复耕土地面积140亩，拆除违章建筑2.8万平方米，全市违法用地明显遏止。三是全程加强批后监管，切实落实建设用地批后监管“四个一”制度，对每宗建设用地进行全程跟踪监管；大力开展闲置土地清查工作,按照上级要求,对2003年以来全部建设用地逐宗进行了清查,清查出闲置土地一宗300亩,正在上报市政府收回。

〔**地籍管理**〕 一是进一步完善地籍管理规范化建设,严把土地登记关,保证土地登记的合法性、有效性,全市共登记发证1805宗,土地登记面积499.47万平方米,其中国有土地使用权1642宗,土地登记面积497.19万平方米,集体土地使用权163宗,土地登记面积2.28万平方米。办理土地使用权抵押登记68宗,登记面积65.24万平方米,抵押贷款金额73.12亿元。二是规范国有土地出让工作,全年共办理国有土地出让合同889宗,出让面积3713.69亩。完成规划修编工作,南康市市本级土地利用总体规划(2006年~2020年)已经省政府批准实施。三是二次调查农村部分基本完成,正准备接受省级验收;城镇地籍调查进入冲刺阶段。加快建立地籍信息系统,基本完成城区新一轮数字地籍调查任务。四是测绘管理工作进一步加强。完成城区基准地价更新工作。城区土地定级和基准地价于6月经赣州市政府批准公布实施;完成了测绘年度保密检查和质量检查;全市测绘资质单位复审换证基本完成。五是全面规范档案管理。成立了档案管理领导小组,制定了方案,落实了专人对全局地籍档案资料进行全面规范清理,实现了资料管理规范有序。

〔**土地信访工作**〕 市国土资源局高度重视信访工作,成立了信访维稳领导小组,指定专人专职负责信访维稳工作;建立了信访接待制度,做到了图表上墙,设立了举报电话和举报信箱,做到了有牌子、有制度、有台帐、有通讯工具、有办公场所、有接待场所。安排了局领导信访接待日。积极落实各项制度,及时稳妥处理和解决群众来信来访反映的问题。落实领导包案制度,积极开展突出信访问题大治理活动,对群众反映的信访问题认真进行调查处理,及时书面答复。进一步推进了信访工作信息化建设,按要求建立了网络信访系统,提高了国土资源信访工作效率。全年共接信访112件(其中省厅转办13件,市局14件),全部得到及时处理,有效维护了社会稳定。积极开展涉土矛盾纠纷排查调处工作,全系统排查调处矛盾纠纷53件。在市综治办指导下,创建土地矛盾纠纷调处中心,聘请了调解员,联系法官、公证员、律师一起开展调解工作,开创土地矛盾纠纷调处新模式,今年共调解矛盾纠纷22起,有力维护了社会和谐稳定。

(供稿:刘星明)

〔**领导班子名录**〕

党组书记、局长:罗　峰

党组成员、副局长:刘道洁

党组成员、副局长、市土地收储中心主任:吴梦喜

党组成员、纪检组长:严小金(女)

党组成员、副局长:郭贻丁

党组成员、工会主席:刘　政

党组成员:黎德信(2010.07~　　)

副局长:郭世珠

土地收购储备与管理

〔**综述**〕 2010年,南康市土地收购储备中心在市委、市政府和市局党组正确领导下,紧紧围绕市委、市政府工作目标,以开展“创业服务年”活动为抓手,以保护资源、保障发展为重点,以服务南康家俱以及城市建设融入赣州主城区为发展契机,土地收购与储备工作得到进一步发展。

〔**机构队伍**〕 设有综合科、土地收储科和开发供应科三个职能科室。2010年实有干部职工10人(女4人),借用1人。其中本科学学历4人,大专3人,中专和高中3人。

〔**土地收购储备**〕 2010年,度全市土地收购储备的目标是优化配置城市土地资源、节约集约利用土地,促进南康新型城镇化工作进一步发展,并以南康家具产业基地和赣州机场快速干道两厢土地收储为工作重点,兼顾其它重点和节点区域土地收储,共储备土地2144.01亩,共投入土地储备资金12595.34万元,其中投入蓉江街道和唐江镇小城镇建设启动资金750万元。年内挂牌出让土地10宗,挂牌出让总价达96854.9122万元。

〔**服务家具产业**〕 珍惜好省厅给南康市家具产业调剂的用地指标,请有资质的设计单位市标准、高起点规划运作,土地储备供应工作顺势推进。为家具产业提供了有力的用地保障。新增家具市场面

积25万平方米。

〔**廉政文化**〕 中心非常注重廉政文化建设。每个干部职工上下班映入眼帘的都是贴心的廉政警示语，廉政建设注重形式多样化和学习经常化，单位内部形成了“以廉为荣，以贪为耻”的廉洁自律氛围。单位还分科室把廉政风险分解到各科定、各岗位以及个人，创定了《廉政风险识别防控表》。

〔**保障性住房供给**〕 中心非常注重保障性住房的土地供给。全年供应91.2亩土地规划建设新市民公寓，两年内可建15~18万平方米的市民公寓，可吸收近万农民工进城安居、务工。

（杜喜平）

〔**领导班子名录**〕
主　任：吴梦喜（兼）
副主任：曾玉英（女）

矿产资源管理

〔**综述**〕 2010年，市矿产资源管理局在市委、市政府和赣州市矿产资源管理局的正确领导下，紧紧围绕推动科学发展和促进社会和谐，认真实施市委、市政府“一个继续坚持、两个着力把握、六个扎实推进”工作思路和赣州市局的工作部署，进一步解放思想，开拓创新，求真务实，扎实工作。以开展创业服务年活动为契机，进一步推进干部职工队伍的思想政治、党风廉政和素质能力建设，在发展矿产品产业，加强矿产资源开发管理，加大矿业秩序整治和地质灾害防治力度等方面取得较好效果。

〔**机构队伍**〕 市矿产资源管理局内设办公室、开发管理科、资源管理科、地质环境科、法规科，另设纪检组（监察室），下设矿产资源执法监察大队。2010年全局共有职工22人（女2人），其中党员16人，占职工人数的73%。初级职称7人，中级职称2人。大专以上文化程度16人。

〔**矿产资源**〕 南康矿产资源较丰富，种类较多，金属矿产、非金属矿产、燃料矿和地下水、矿泉水4大类均有。金属矿产中有黑色金属、有色金属、贵重金属、放射性金属、稀有金属和稀土金属矿产，非金属矿产有冶金、化工、陶瓷、玻璃、水泥原料，还有燃料和地下水资源等。

探明储量的矿产有27种，未探明储量的矿产有32种，合计59种矿产，135个矿区、点。已经开采，储量较大的有钨、锡、铜、金、稀土、石材、砂石、粘土。已计算储量的27种矿产有铁、锰、钛、铜、钨、锡、钼、钴、金、银、钽、铌、钕、钐、镧、铈、铕、石英、钾长石、泥炭、高岭石、长石、石灰岩、煤、石煤、地下热水、矿泉水等。未计算储量的有铅、锌、铀、锂、铍、锆、钇、钬、铒、镥、萤石、硫铁矿、岩盐、碘、白云母、建筑花岗岩、饰面用花岗岩、板岩、砂、砾石、砖用粘土、压电石英、胶岭石、蛭石、绿柱石、熔炼水晶、滑石、刚玉、地下水、医疗用矿水。

3、各种矿产的主要矿区

（1）铁矿：有浮石岗子地前铁矿、三益梅子坑铁矿。

（2）锰、钛矿：有龙华石人坑钴锰矿、横市黄土斜钛

铁矿。

（3）钨、锡、铜矿：有红桃岭钨锡矿、平安脑钨矿、邹家地白钨矿、水松山钨、锡砂矿、径背铜矿点。

（4）钼、铋、钴矿：有白石钼矿、罗龙钨铋矿、赤土钴矿。

（5）金、银矿：有黄金坑金矿、官坑孜金矿、谷田金银矿、赤土砂金矿。

（6）稀有金属矿产：有大坪阳团铌钽矿、大坪陈源坑铌钽矿、大坪水保站铌钽矿。

（7）稀土金属矿产：有龙井稀土矿、寨足下稀土矿、蛇含里稀土矿。

（8）放射性元素矿产：有圩下花潭铜铀矿。

（9）萤石矿：有横市鹅窝里萤石矿。

（10）钾长石矿：有隆木塘上钾长石矿、大坪钾长石矿。

（11）磷矿：有赤土青塘磷矿点。

（12）石灰岩矿：有隆木邹家地石灰岩矿。

（13）泥炭矿：有大坪石码头泥炭矿，龙华湖元坑草炭矿、大坪江背泥炭矿、大坪上期岭背坑泥炭矿、坪市林子坑泥炭矿。

（14）含碘盐卤水：有潭口含碘盐卤水。

（15）高岭土矿：有三益刘屋瓷土矿、三益老雅山瓷土矿、朱坊新民、七井高岭土矿。

(16)砖用粘土矿:有西华销江砖用粘土矿、龙岭砖用粘土矿。

(17)工艺美术制品原料矿产:有内潮李村刚玉矿。

(18)其他非金属矿产:有坪市横沙坑一带水晶矿点、大坪阳团白云母矿。

(19)煤、石煤:有龙华高山煤矿、赤土花园地前石煤矿。

(20)地下水矿:有潭口地下热水矿、浮石山矿泉水。

〔矿产资源开发监督管理〕 坚持“在开发中保护,在保护中开发”的原则,努力实现为当地社会和经济发展提供资源保障的目标,着力建立长效监管机制,不断推进矿产资源开发的规范化管理。

一是着力建立矿产开发管理长效机制,进一步夯实矿政管理的基础,严格落实了储量动态检测、限量开采、年度检查等工作,加强了“三率”考核和探矿权履职检查,有效地保障了矿产资源科学、合理开发。2010年,按照上级要求全面开展了钨、钼矿种的矿产资源储量核查工作。

二是通过对工作流程进行再造,进一步规范了审批事项的办理程序、时限和要求,规范了内部会审和征求有关部门意见制度,规范了采矿权出让程序,实行了采矿权出让进入市招标投标中心公开出让。

三是充分利用上一年矿业权核查成果,对采矿权坐标转换和数据库进行了更新。

四是编制《南康市矿产资源总体规划》并通过了省国土资源厅的审核批准。

五是认真贯彻“安全第一、预防为主”的方针,大力协助安监部门加强非煤矿山安全生产监管,2010年未发生重大安全生产事故。

六是积极向省国土资源厅申报,争取到一处地热资源立为省地质勘查基金项目,年内已进行勘查工程施工。

〔矿产资源储量管理〕 一是开展矿产资源储量利用现状调查工作。将钨、钼2矿种和4个矿区列入了此次调查,全部完成了矿产资源储量利用现状调查的野外和室内编制工作,并将资料上报江西省国土资源厅进行评审。

二是继续对钨矿山执行限量开采,钨矿山企业均签订了限量开采责任状,认真督促矿山企业报送生产情况月报表,并组织工作人员经常性深入矿山进行储量消耗的核对检查。2010年,所有钨矿山企业没有出现超采现象,也没有越界越层开采行为。

三是甲类矿山企业进行储量年度动态管理检测和“三率”考核,甲类矿山均按时间和要求完成了储量动态检测,有效地保障了矿产资源科学、合理开采,不断提高企业主的资源保护意识和责任意识。

四是认真贯彻落实《矿产资源登记统计管理办法》以及有关储量管理的规范性文件。按时按质按量完成了2010年年度矿产资源储量登记统计工作,并对《登记书》和《基础表》加强了审核,建立健全了内部会审制度,保证了登记统计资料的完整和准确。

五是在采矿权设立、延续、变更登记中严把储量审批关。及时核销矿山企业已开采的资源储量,无实际可采储量的,均不予以延续、变更登记。建立健全了储量评审认定制度,加强了新立矿山地质储量的认定工作。

六是做好了地质资料的汇交工作。严格执行《地质资料管理条例》及其实施办法,及时将通过了省厅评审备案的地质资料上报至江西省地质资料馆汇交。

〔地质灾害防治〕 落实好汛期值班、汛期巡查、应急调查、预警预报、灾情监测、受灾群众转移、灾情报送等各项工作,确保人民群众生命财产安全。

一是以建设地质灾害防治“十有县”为工作重点,进一步夯实了基础性工作,完善了防治手段和工作制度,建立健全了群测群防网络。完善了地质灾害会商和预警预报机制,顺利通过了地质灾害群测群防“十有县”验收。

二是开展了全市范围内地毯式的地质灾害隐患大排查行动,联合专业队伍对威胁100人以上的地质灾害点进行了核实,启动了地质灾害防治规划编制工作,更加准确、全面地掌握了全市地质灾害的数量、类型和危害程度,并逐点完善了防御措施。2010年共发放地质灾害防治明白卡3369份。

三是完善了乡村防灾行政责任体系。乡镇设立了地质灾害防治工作办公室,重点防范村聘请了“协管员”。落实了经费保障,设立乡镇地质灾害防治工作经费和乡村地质灾害工作人员每人每月100元的工作补贴,并列入了市财政预算。

四是加强了地质灾害治理工作。横市镇双井路滑坡灾害治理项目完成了设计,在市招标投标中心进行了公开招标。开发商投资150万元对苏馨园小区崩塌灾害点进行了治理。

五是加大了对广大农民群众的宣传教育,切实增强了广大群众自我防范和防灾自救互救能力,提高了广大基层干部、监测责任人和人民群众对地质灾害防治工作的认识。

六是扎实推进矿山环境恢复治理及复绿工作,完成了1000亩的绿化任务,矿山企业环境恢复治理保证金缴纳率达100%。

〔“三率”考核监督管理〕 2010年主要对金属矿山企业的采矿回采率、采矿贫化率、选矿回收率(即“三率”)进行了检测考核,考核实际达到核定指标,与往年保持基本稳定(见表)。

南康市“三率”考核情况表

矿区	矿种	采矿回收率		采矿贫化率		选矿回收率	
		核定(%)	实际(%)	核定(%)	实际(%)	核定(%)	实际(%)
红桃钨矿	钨 锡 铜	88	88.5	70	72	85	钨83 锡83 铜83
罗垅钨矿	钨	88	88	55	58	85	钨80
鳌鱼钨矿	钨	88	87	70	77.5	85	80

(段小东)

〔领导班子名录〕

党组书记、局长:朱汉祚

党组成员、副局长:罗隆杰

党组成员、副局长:李康华

党组成员、工会主席:廖福春

党组成员、纪检组长:黎声汾

(编辑:蒙象骅)

农　业

农业和粮食局

〔综述〕 根据2010年5月21日市委、市政府康字〔2010〕20号“关于印发《南康市人民政府机构改革实施方案》的通知”文件精神，新组建农业和粮食局，不再保留农业局和粮食局。2010年，市农业和粮食局认真贯彻落实“一个继续坚持、二个着力把握、六个扎实推进”工作部署，紧紧围绕农业增效、农民增收、农村稳定目标，突出重点，抓好粮食生产和产业发展，粮食持续稳定增长、农民收入大幅提高，农村平安和谐发展。南康市被省农业厅评为“2010年度全省油料生产先进县(市)”，市农业和粮食局被赣州市农业和粮食局评为“2010年度农村环保能源工作先进单位”和“2010年度蔬菜产业建设先进单位”等。

〔机构队伍〕 市农业和粮食局组建后，因“三定”方案未定，其内设机构仍旧，有人事秘书科、农业综合科、市场信息与合作科(农业行政执法队)、种子管理站、农业技术推广站、经济作物站、植保植检站、土壤肥料工作站、农村经营管理站(农民负担监督管理办公室)、农村环保能源站、农产品质量检测站、农业培训学校(农业科教站)等12个科站。2010年底，市农业和粮食局有干部职工47人(其中9人系原粮食局划入，均在市粮食流通服务中心工作)，正科级12人，副科级9人，科员5人，机关工勤人员3人，高级职称2人，中级职称1人，初级职称11人，未评聘职称1人，局下属副科级事业单位2个(农科所、红壤开发项目办公室)，股级事业单位1个(种子公司)。

对口管理市农业机械管理局、市果业局、市畜牧水产局、市粮食流通服务中心等4个正科级事业单位。

〔粮油生产〕 2010年，全市粮食作物播面61万亩，与上年大致持平，其中水稻播面58.03万亩，比上年增加751亩(其中早稻播面26.91万亩，中稻1.41万亩，晚稻29.72万亩)，粮食单产达383公斤，比上年增加1公斤，实现总产量23.34万吨，比上年增加6吨，增长0.003%。油料播种面积8.22万亩，单产189公斤，总产量1.55万吨。其中花生播种面积8.03万亩，单产192公斤，比上年减少11公斤，减少5.4%，总产量1.54万吨，比上年增加526吨，增长3.5%。

〔蔬菜生产〕 全市蔬菜播种面积15.93万亩，总产量18.10万吨。制定了《南康市2009~2013年蔬菜产业发展规划方案》，下发了《关于2010年蔬菜产业发展的实施方案》(康府字〔2010〕44号)文件，成立了市蔬菜产业发展领导小组及办公室，明确了发展重点，出台了得力的工作举措和扶持政策等。2010年市政府下拨50万元资金用于发展蔬菜产业，专项用于扶持土地流转、基地建设和补助基地种植大户等。重点抓了“菜篮子”基地建设，全年新增规模蔬菜基地1568亩，其中：蓉江华山和西华218亩、龙岭村头和下坝350亩、横寨寨里210亩、唐江磨形和九驳桥280亩、十八塘李村120亩、凤岗长江160亩、横市增坑230亩，推广无公害蔬菜面积1.6万亩，其中唐江宋江蔬菜基地（120亩）、龙岭下坝蔬菜基地（100亩）、龙岭村头村百亩商品蔬菜基地（250亩）被列为赣州市2010年中心城区商品蔬菜基地建设项目。

〔**经济作物**〕 花卉苗木面积1900亩。西瓜播种面积7426亩，总产量11169吨。草莓面积430亩，主要分布于龙岭、唐江、龙回等乡镇。

〔**良种良法推广**〕 1、大力推广水稻优良品种。全市优质杂交水稻播种面积为57.16万亩，优质稻推广率达98.5%。

2、推广粮油增产技术。实施“多播一斤种，增收百斤粮”工程，示范面积36.1万亩。推广水稻抛秧大面种植面积46.8万亩。推广壮秧剂、旱育保姆育秧等大田种植面积36.8万亩。示范推广少、免、耕栽培技术，面积8.8万亩。

3、实施水稻高产创建项目。在朱坊、横市分别抓了双季稻万亩高产示范片，通过推广良种良法等措施，完成了项目目标任务。

4、实施现代农业水稻新品种展示项目，分别在朱坊茶元村、龙华牛石村、横市横市村、坪市小坪村、蓉江洋坝村设置试验点，参试品种二十二个，并在朱坊茶元村开展了新品种展示大田示范，组织了市乡农技人员、种粮大户、大米加工龙头企业主现场观摩，加大了全市优良品种的引进推广。

5、大力发展花生产业，开展花生高产示范。一是与赣州市旱作所实施国家花生产业试验示范项目，重点开展了花生品种种植密度和肥药试验，并开展了花生机械收获试验示范。二是在三江和龙华抓了一个万亩花生高产示范片，并在三江伍村、伍岭村抓了一个300亩集中连片花生高产核心示范点（为本市首次抓花生大面积连片示范）。通过赣州市农业和粮食局组织专家组测产，平均单产达302.5公斤。

〔**测土配方施肥**〕 2010年，全市水稻测土配方施肥推广面积57.96万亩。据调查，水稻测土配方施肥推广区平均单产385.00公斤，较常规施肥平均亩产370.75公斤，亩均增产14.25公斤，增幅3.84%，亩增产增收34.18元，推广区亩均用肥26.5公斤，较常规用肥亩均28.26公斤，减少用肥1.76公斤，亩均节本5.9元，推广区亩均节本增效共40.08元；花生测土配方施肥推广面积7万亩，推广区亩均产量195公斤，较常规施肥亩均产量190公斤，亩均增产5公斤，增幅2.6%，亩增产增收35元，推广区亩均用肥27.2公斤，较常规用肥亩均29.2公斤，减少用肥2公斤，亩均节本6.22元，推广区亩均节本增效共41.22元；蔬菜测土配方施肥推广面积14.19万亩，推广区亩均产量1145.22公斤，较常规施肥亩均产量1089.15公斤，亩均增产56.07公斤，增幅5.15%，亩增产增收84.11元，推广区亩均用肥29.4公斤，较常规用肥亩均31.7公斤，减少用肥2.3公斤，亩均节本7.58元，推广区亩均节本增效共91.69元。

采样测试 2009年采集土壤和植株样品2390个（其中土壤样品2300个，水稻植株样品90个），检测土样4212个（其中2007年1498个，2008年2314个，2009年400个）。全氮、速效磷、速效钾、水解氮、PH、有机氮等6项已全部检测完毕，检测项目25272项次，其中大量元素16848项次，有机质、PH等8424项次。

田间试验 一是“3418”田间肥效试验9个，其中早稻4个，晚稻5个。早稻分别在龙回镇新圩村、镜坝镇桐木村、朱坊乡茶园村、龙岭镇王村村，晚稻分别在龙回镇新圩村、横寨乡寨里村、朱坊乡茶园村、坪市乡小陂村、横市镇长南村。二是校正试验15个。其中早稻6个，中稻2个，晚稻7个。早稻分别在赤土乡莲塘村、龙回镇新圩村、朱坊乡李菇村、十八塘乡十八塘村、唐江镇磨形村、龙华乡牛石村。晚稻分别在赤土乡莲塘村、龙回镇新圩村、朱坊乡李菇村、十八塘十八塘村、龙华乡牛石村、龙岭镇王村村、蓉江街办洋坝村。中稻分别在大坪乡大坪村，麻双乡鹅坊村。

数据录入 完成采样地块基本情况调查表数据录入4614份，其中2008年2314份，2009年2300份；完成农户施肥情况调查表数据录入9228份，其中2008年4628份，2009年4600份，土壤测试结果6362份；完成土样测试结果数据录入4212份，其中2007年1498份，2008年2314份，2009年400份；完成田间试验、示范结果汇总表

24份,其中3414田间试验9份,3区示范15份。

〔**农作物病虫害**〕 水稻 病虫害发生相对较轻,病虫并发,中晚稻重于早稻。病害仍以纹枯病为主,稻瘟病局部发生,但为害较重;虫害以稻纵卷叶螟及稻飞虱为主。病虫发生面积约180余万亩次,防治面积达210余万亩次。因病虫为害损失稻谷0.6万吨,挽回损失4万吨。

纹枯病 偏重发生,局部重发。发生面占60%以上,防治面达65余万亩次,挽回损失约1.2万吨,实际损失0.30万吨。

稻瘟病 偏轻发生,局部中等发生,发生面占12%,防治面积达30多万亩次,挽回损失约0.75万吨,实际损失约0.11万吨。

稻纵卷叶螟 中等发生,局部偏重发。发生特点:早稻偏重发生,中晚中等稻发生,局部偏重发生。防治面积达40万亩次,挽回稻谷损失0.55万吨,实际损失约0.16万吨。

稻飞虱 稻飞虱偏轻发生,局部中等发生,轻于上年及常年,全年防治面积达40余万亩次。

螟虫 螟虫以二化螟为主,偏轻发生,局部中等发生,发生面达30%,零星发生,防治面积达50万亩次。

花生 病虫害发生较重,发生面约13万亩次,防治面达18万亩次,挽回损失0.30万吨,实际损失约0.04万吨。病害重于虫害。病害仍以褐斑、根腐、茎腐病为主。花生褐斑病发生普遍,但其为害较轻。根腐病或茎腐病中等发生,局部偏重发生,对产量影响极大,发生面占45%,防治面达6万亩次。虫害以螨类及蚜虫为主,发生面达65%以上;其次是夜蛾类害虫(如地老虎、斜纹夜蛾等)中等发生,发生面约占25%。花生治虫面积达4.5万亩次。

蔬菜 虫害以蚜虫、叶甲类、菜粉蝶、小菜蛾等为主,发生面积占70%以上,防治面达20万亩次;其次是夜蛾类害虫,发生面达25%,防治面达11万亩次。病害以炭疽病、疫病及霜霉病等为主,其发病率约30%,对产量及品质影响较大,防治面积达13万亩次。

蔬菜病虫害以生物防治为主,大力推广高效低毒低残留农药,按无公害标准做到科学与安全用药,确保了农产品安全。

柑桔类果树 病虫害相似于2009年。病害以溃疡病、炭疽病、疮痂病为主。柑桔病溃疡病中等发生,少数果园偏重发生,发生面约25%。炭疽病、疮痂病偏轻发生,局部中等发生,发生面达约25%。

柑桔虫害略重于2009年,特别是红蜘蛛发生数量及为害程度相似2009年,发生面达65%以上。白粉虱中等至偏重发生,近几年有上升趋势,特别是不合理修剪或通透性差的果园已上升为主要害虫,发生面在25%以上。蚧壳虫中等发生,少数果园偏重发生,发生面占35%。锈壁虱偏轻发生,局部中等发生,发生面约占25%。金龟子或叶甲类害虫在春夏交替之际发生较重,相似2009年。夜蛾类害虫,如斜纹夜蛾在幼树或苗木上时有发生,相似2009年。吸果夜蛾在秋季为害果品,造成烂果、落果,近几年防治较好,发生仍呈下降趋势。

〔**植物检疫**〕 在全市开展了红火蚁、水稻稻水象甲全面普查工作,以及柑桔大、小实蝇的普查与监控工作,同时对新发现的检疫对象扶桑绵粉蚧进行了两次普查工作。对全市农作物种苗及果品开展了植物产地检疫和调运检疫工作,严格控制新的检疫对象进入市区。

〔**农民培训**〕 开展了新型农民科技培训项目,通过IP视频、圩日咨询、农户座谈、发放资料等形式,重点宣讲中央1号文件和惠农政策,传授农业先进实用技术,培训学员1600多人,并免费赠送了科技术资料10万多册(份)。在农民务工职业技能培训方面,继续实施了农村劳动力转移培训"阳光工程"项目,依托南康市职业中等学校(南康市农民学院)阳光工程培训基地,全年培训学员3500人。

〔**农民负担监督与管理**〕 以减负办、纠风办名义下发了《关于切实做好当前减轻农民负担工作的通知》(康农负字〔2010〕1号)对村民"一事一议"筹资筹劳政策执行情况、农民建房和农民专业合作社收费情况、农民义务教育乱收费问题、通村公路向农民集资摊派问题等进行了检查,对查出问题的乡村要求其限期整改。

〔**农村土地承包管理**〕 继续大力做好《农村土地承包法》及《江西省实施〈农村土地承包法〉办法》

的宣传贯彻，坚决制止了个别地方的个别村组频繁搞所谓的“小调整”的倾向。及时调处各类农村土地承包纠纷，2010年全市共调处农村土地承包纠纷43起，其中市站调处12起，以市政府名义下发处理决定书2件。

〔**农民专业合作经济组织**〕 开展农民专业合作社财务规范化试点考核验收工作，开展帮扶农民专业合作社活动。指导恬凯稻业及富民脐橙两家专业合作社争取到省财政扶持农民专业合作社发展项目，共计争取到省财政无偿扶持资金25万元。

〔**一事一议监管**〕 根据《南康市村级公益事业建设一事一议财政奖补试点工作方案》，市减负办严把项目审批关，2010年全市共计审批了336个村级公益事业项目，其中：水利项目106个、交通项目34个、新村点项目162个、小农水重点县项目34个。

〔**沼气工程建设**〕 一是在农村能源建设方面，大力推广新能源技术，在全市20个乡（镇、街道）新建户用沼气池440座；其中在唐江镇木塘村推广“协鑫”保温沼气产品5户；完成农村沼气服务网点建设17处，养殖小区及联户沼气工程5处，新农村卫生新校园建设工程沼气池9处，敬老院沼气集中供气工程2处(20户联户沼气)；积极开展农村沼气工培训和大回访活动，培训沼气示范户300多人，完成阳光工程沼气建设工及后续服务人员培训任务200人。二是新建大中型沼气工程，在资源利用和环境治理方面成果显著。全年编制申报大中型沼气工程项目4个，其中列入省项目储备3个，新建大中型沼气工程1处，逐步实现了畜禽粪便的资源化利用和环境治理的目标。在南康城区、唐江、龙华、龙回、横市、十八塘、龙岭、赤土等生猪定点屠宰场建设了沼气厌氧发酵和氧化塘，有效减少了面源污染。

〔**亚行贷款农村能源生态建设项目**〕 该项目通过六年的实施，已全面完成各项目任务，项目参加农户434户，新建沼气池440座，新建果园1326亩，改造果园2505亩，完成项目投入1178万元，累计发放项目货款825万元。项目促进了养殖业和种植业的发展，改善了环境卫生和农民生产生活条件。市项目办在2010年全省项目竣工总结表彰会上被评为先进单位。

〔**农业行政执法**〕 全年组织800余人次巡回全市20个乡（镇、街道)24个圩场近300家农资经营户进行经常性的监督管理，开展了春夏种子市场专项检查，共检查种子200多个品种，其中未审先推的品种9个，标签不规范的品种有30多个，立案查处了24起；收缴散装种子400多斤；肥料市场重点整治了复合肥、液肥、果树专用肥、微生物肥，未登记的产品1个，立案5起；农药市场共检查970个品种，其中，无证有65个，占6.7%，擅自修改标签内容有590个，达66.3%，以肥充药的产品1个，立案处理24起，有力地整治了农资市场维护了农民的合法权益。

（李海龙）

〔**领导班子名录**〕
局　长：龙清生
副局长：邓联福（兼，2010.06~　）
　　　　张祥明（兼，2010.06~12）
　　　　卢致融（兼，2010.06~12）
　　　　曾庆明（兼，2010.06~　　）
　　　　张永协
　　　　林福生
　　　　郭红卫
　　　　何玲英（女，2010.12~　　）

市粮食流通服务中心

〔**综述**〕 市粮食流通服务中心深入学习实践科学发展观，紧紧围绕年度粮食工作目标，积极开展“学习焦裕禄精神，争做新时期焦裕禄式党员干部”主题教育实践活动，开展“创业服务年活动”和“创先争优”活动，促进全市粮食事业的和谐发展。中国粮食行业协会授于市粮食行业协会“2007~2010年度全国粮食行业协会先进单位”；中共赣州市委、市政府授于南康市粮食局“赣州市第六届(2008—2009年度)文明单位”；南康市总工会授于南康市粮食系统工会“2009年度工会互助保险工作二等奖”。卢圣塔荣获南康市总工会“2009年度工会工作先进个人”郭华生荣获赣州市农业和粮食局“2009年度赣州市粮食统计先进个人”、

“2010年度赣州市粮食统计工作先进个人”。

〔**机构队伍**〕 根据《南康市人民政府机构改革实施方案》(康字[2010]20号)的文件精神,2010年6月将市粮食局的行政职责整合划入南康市农业和粮食局管理,不再保留市粮食局,组建市粮食流通服务中心,为市农业和粮食局管理的正科级事业单位,核定领导职数一正二副、人员编制10人、内设科室在审批中,办公地点由商贸大厦九楼搬返蓉江街道蓉江西路16号。

市粮食流通服务中心下属单位有:市粮油质量监督检验站、市粮食执法队、市粮食收储公司、市饲料公司、市康西米粉厂、唐江饲料厂、蓉江粮油加工厂、唐江粮油加工厂、凤岗粮油加工厂、龙华粮油加工厂、潭口粮油加工厂、粮食汽车队、调味品厂。

2010年底,市粮食系统现有在岗干部职工51人,其中女职工6人,共产党员28人,干部8人,返聘42人(其中7名资产管理员),离开本单位保留劳动关系6人。有本科2人,大专14人,中专9人,高中15人,初中及以下11人。有技术职称:初级9人,中级1人;技术等级:经营师2人,高级工9人,中级工5人。在岗职工年龄结构:35岁及以下3人,36~45岁9人,46~54岁30人,55岁及以上9人。

〔**机关作风建设**〕 创优服务粮食发展环境。市粮食流通服务中心以服务创业为主题,以规范行政行为、促进科学监管、优化创业环境为目标,为查找机关效能建设方面存在的突出问题,共发放征求意见函200份,召开座谈会一次,设置征求意见箱,走访了与粮食工作密切相关的单位和服务对象20户、共收集到意见、建议8条。领导班子成员进行研究分析,对粮食企业转制遗留问题的处理、散粮中转库的筹建、潭口库点大门的建设及院内厕所改造、企业国有资产的管理、质监站编制及人员的落实、提高职工工资待遇等主要事项,制订了工作措施,明确了责任领导,及时整改落实,强化了干部职工的服务、创新为民意识,促进了AB岗工作制、首问责任制、限时办结制、责任追究等制度的落实。将粮食收购资格许可证办理时限由原来的15个工作日缩短为5个工作日,机关效能建设全年无有效投诉。

〔**粮食行政管理**〕 一是制定《2010年粮食流通监督检查工作要点》和《2010年依法行政工作要点》有计划、分步骤地推进粮食部门依法行政工作。以《粮食流通管理条例》颁布六周年为契机,编制《粮食经营及粮食宏观调控有关政策法规知识》、《农村储粮小知识》等资料深入各乡、镇、村宣传15次、发放资料5000份、出黑板报3期、悬挂条幅3条。二是加强执法建设,落实执法车辆、相机及办公费等。对全市30多户粮食企业进行《粮食收购资格许可证》的核查工作,注销6家不规范经营的个体粮食加工企业。三是根据赣粮价〔2010〕171号和赣州市农鉴〔2010〕9号文件精神,开展粮食应急预案、粮食最低收购价预案的监督检查,加强各项政策性粮食购销活动、履行粮食库存量义务的监督检查。四是全面清理规范行政事业性收费和行业协会中介组织的收费行为,消除了乱收费的现象。

〔**粮食行业协会**〕 市粮食行业协会认真履行服务、自律、协调、监督的职能。加强对会员企业的指导与协调,根据中国粮食行业协会和江西省粮食行业协会的工作要求,在全市粮食行业开展“加强自律维护粮油食品安全与市场稳定”活动,积极配合粮食主管部门做好食品安全管理和粮食市场的稳定工作,深入开展《粮食流通管理条例》的宣传教育,开展《放心粮油示范企业》试点工作,邱家粮油有限公司成功获得省粮食行业协会授于首批“放心粮油示范企业”。2010年10月组织部分会员参加浙江省宁波市举办的第十届中国国际粮油展品及设备技术展览会,开阔了会员视野、拓宽了发展思路。2010年编印《南康粮协》4期,及时为会员企业主提供信息和技术交流,协助和引导企业做大、做强、创品牌。市粮食行业协会为提升市粮食食品质量、建设和谐南康做了大量工作,被中国粮食行业协会授于“2007---2010年度全国粮食行业协会先进单位”。

〔**转换经营机制**〕 一是注重干部职工综合素质的提高,举办三期培训班、参训人数83人次,学习和掌握市场运作基本规则,转变经营理念。在粮食统计基础工作方面,采取以会代训方式对市粮食行政管理人员进行培训,下发统计报表和统计台帐,讲解统计报表和统计台帐的填报和有关规定,规定上报时间,提出相关具体要求。全年执行情况:

统计覆盖率100%，统计上报率83%，比上年提高了5个百分点。二是落实粮食储备工作，为全市粮食安全定了物质基础。全市原有代中央储备玉米330万公斤，国家临时储稻谷500万公斤。省级储备稻谷550万公斤，本级储备稻谷313万公斤。在确保原有储备粮质量安全的同时，认真执行《南康市粮食应急储备工作实施方案》，积极争取市政府大力支持，新增本级储备计划187万公斤，采取自主收购与委托民营企业收购相结合的收购方式，不但及时完成了计划，还适时收购经营性稻谷99万公斤，并择机销售成功。既调控了市场，又取得了经济效益。三是积极利用现有闲置资产能租则租、能包则包，为企业增效，年内新增唐江粮油公司4号仓、坪市库点空闲资产的招商工作。

〔粮食政务信息〕 政务信息报道工作，坚持“正面报道”为主的原则，及时反映和宣传全市粮食工作动态。2010年，市粮食流通服务中心派人参加上级举办的新闻骨干培训，制定了新闻报道奖励办法，保障经费来源。全年共组发信息稿件9篇，被各宣传媒体采用8篇，其中赣州市农业和粮食局用稿6篇，《南康信息》用稿2篇。刘晓风、罗真平各自撰写论文参加了“赣州市粮食经济学会河西片2010年理论研讨会”；朱锡玉撰写调研文章《关于加强粮食安全体系建设问题的探讨》刊载《江西粮食》2010年第一期。

〔经营机构〕 市国有粮食系统经营机构包括购销企业和经营性企业两部分。

购销企业　市粮食收储公司，为市粮食流通服务中心所属的独立法人企业，由全市的非独立核算的粮油公司、粮管所组成。各基层粮油公司、粮管所等收储单位为市粮食收储公司下属非独立核算单位，不对外发生调销业务和资金往来，在财务上实行报帐制，市粮食收储公司对其实行目标管理，制定和落实奖惩措施。

经营性企业　经营性企业只有唐江、潭口、凤岗、龙华四个粮油加工厂有场地，其余只有单位名称而无经营场地。

1、粮油加工企业。企业有：康西米粉厂、调味品厂、蓉江粮油加工厂、唐江粮油加工厂、潭口粮油加工厂、凤岗粮油加工厂、龙华粮油加工。

2、饲料企业。企业有：市饲料公司、唐江饲料厂。

3、运输企业：粮食局汽车队。

2010年6月，市粮食局下发康粮字[2010]21号文件，对已完成转制的部分单位向南康市工商局申请注销，分别是：内潮粮油管理所、十八塘粮油管理所、麻双粮油管理所、圩下粮油管理所、龙回粮油管理所、三益粮油管理所、太窝粮油管理所、大坪粮油管理所、坪市粮油管理所、浮石粮油管理所、市粮油贸易公司、市粮油贸易公司第二门市部、市粮油贸易公司第四门市部、市粮油贸易公司第五门市部、市贸易公司粮茂餐馆、市粮油批发市场。

〔购销网点〕 市国有粮食系统购销网点遍及全市各乡镇，由11个基层粮油公司、粮管所，21个库点构成。购销网点占地面积13.17万平方米、仓库61座、仓库总容量56300吨，其中城区粮油公司、横寨粮管所只有单位名称而无经营场地。此外，遍布全市城乡的个体粮食加工厂和个体粮店，有26户已办理粮食收购许可证。

粮食收储公司
- 城区粮油公司（未算库点）
- 唐江粮油公司
- 潭口粮油公司
- 凤岗粮油公司
- 龙华粮油公司
- 镜坝粮管所
- 赤土粮管所
- 横寨粮管所（未算库点）
- 横市粮管所
- 隆木粮管所
- 朱坊粮管所
- 十八塘库点
- 内潮库点
- 麻双黄埠库点
- 圩下库点（仓库报废，未算库点）
- 大坪库点
- 坪市库点
- 小安库点
- 大窝库点
- 三益库点
- 茶叶坳库点
- 龙回库点
- 龙东库点
- 浮石库点

〔粮食收购〕 市粮食流动服务中心，采取多种形式积极宣传国家粮食收购政策，并按要求制定最低收购价执行预案，以确保粮农利益。

2010年，经国务院批准决定新粮上市起，每50公斤早籼稻(三等，下同)、中晚稻、粳稻最低收购价分别为93元、97元、105元。

2010年，共收购粮食286万公斤(原粮)，其中：市本级储备粮187万公斤(早稻140万公斤、晚稻47万公斤)、经营性99万公斤(原粮)。

〔粮食销售〕 一是在军粮供应方面，主动增强优质服务措施，努力做好军粮供应工作。一方面建立质量检验和备案制度，与市粮油质检站签订《粮油质量检验委托合同》，每批粮食均先抽样送检合格后方可作为军粮供应，并将质量情况记录在案，以确保军粮质量安全。一方面以方便部队为宗旨，以部队满意为目标，只要部队一个电话，粮食立马送到，全年从未出现过断供、欠供和不供现象，还借供部队24批次，服务与质量满意率百分百，巩固了零投诉成果。二是在市场调控方面，2010年粮食市场变化提供了一个良好的契机，市粮食收储公司准确把握时机，适时入市收粮，又及时组织销售，全年共销售经营性稻谷99万公斤，国家临时储备玉米轮出330万公斤。

〔粮食仓储〕 一是建章立制，规范管理。市粮食流动服务中心完善原有保粮制度，下发2010年《保管员工作实施细则》、《防化员工作实施细则》、《保管员工作考评办法》。市粮食收储公司负责人与库点责任人、库点负责人与保防人员分别签订《仓储企业粮食库存管理责任状》、《安全保粮责任状》、《防化员岗位责任状》及《保管员岗位责任状》。营造了粮食仓储工作"事事主动做，人人争先进"的良好氛围。二是科学保粮，成效显著。通过自筹及向上争资筹得资金58万余元，先后对潭口、唐江、凤岗、龙华、十八塘等库点进行大规模的仓库维修和改造。腾出5万余元购置两台粮食输送机、一台吸粮机。全市机械通风储粮100%，"双低"储粮100%，全年节约重复熏蒸费4万多元、节约搬运力资费4万余元。科学保粮技术的推广，不仅节约了费用，改善了仓储工作条件，还减少了保管员与药剂的接触时间，减轻了保防人员的劳动强度，延缓了粮食的陈化速度。三是因地制宜推进库区建设。龙华粮油公司全体员工自己动手种花草树木，花园式的库区已初具规模，市粮食收储公司及时总结推广，以点促面。各基层库区掀起了比、学、赶、超的热潮。此举不但改变了库容库貌，而且提高了全市保防人员工作积极性和协作性。

〔粮油质检〕 2010年市粮油质量监督检验站紧紧围绕服务"三农"为中心，全站人员齐心协力努力工作，维护了本市粮油食品的消费安全。全年扦取样品167个，检测样品128个，准确及时出具检验报告128份，完成了上级交给的各项任务。一是精心组织，按时保质保量完成早晚稻收获粮食质量调查，共扦取样品80个，检测样品41个，调查报告在《南康粮协》第二十七期和二十八期刊载后，得到农户的高度评价。二是严格监管军供粮、地方储备粮和周转粮的质量，建立了质量检验和备案制度。与市粮油质检站签订了《粮油质量检验委托合同》，每批粮食都先抽样送检合格后方可作为军粮供应，并将质量情况记录在案，确保军粮质量安全。三是积极参与赣鄱农产品质量安全行活动和江西省食品检测类实验室能力验证试验。在对食用油理化分析检测中检测结果满意。通过参加实验室能力验证工作，进一步提升了质监站的检测能力和业务水平。经国家粮食局派专家组对质检站就场地、人员、技术、工作能力和检测能力进行考评考核，2010年2月经国家粮食局批准市粮油质量监督检验站为"国家粮食质量监测站"(国粮发〔2010〕22号)。

〔粮油工业〕 市粮油工业有五个粮油加工厂，一个米排粉厂和一个调味品厂。由于企业改制，只剩唐江、潭口2个粮油加工厂有机器设备，大米日产量140吨，其余厂的机器设备都已拍卖，唐江、潭口粮油加工厂因无人员，设备处于闲置停产状态。另外，还有遍布全市各地的24家个体粮油加工企业，年生产能力33.5万吨，其中日加工原粮：30~50吨(含30吨)有15家，50~100吨(含50吨)有4家，100~200吨(含100吨)有5家。

〔综治工作〕 一是健全综治创建组织机构，根据人员变动及时调整充实了综治工作领导小组与和谐平安创建工作领导小组。二是落实综治维稳干部津贴，稳定了基层综治维稳信息队伍，健全了群防群治网络。三是制定了《南康市粮食局 2010 年综治工作与和谐平安创建工作要点》、《市粮食局 2010 年局领导信访维稳接访日安排与双休日信访值班安排》和机关人员挂点包所责任安排，与所属单位签定《2010 年和谐平安创建与社会治安综合治理责任状》、《消防安全责任状》等。四是制定了《南康市粮食局关于贯彻“三重一大”事项集体决策制度的实施办法》，完善了决策机制、提高行政决策科学水平。五是深入开展安全生产年活动。六是制定了《开展全市粮食系统不稳定因素大排查、大调处、大整治活动月实施意见》，积极开展排查调处矛盾纠纷工作，重点对全市粮食企业 13 名下岗失业参战退役人员的稳控，落实了责任人员跟踪服务。

〔帮扶创业服务〕 根据《南康市 2010 年开展创业服务年活动实施方案》和《在全市机关党员干部开展“你创业，我服务”大讨论和挂点帮扶企业活动的工作方案》的要求，制订了《南康市粮食系统机关工作人员挂点包所责任安排》和《2010 年局领导联系服务重点粮食企业(经营户)安排》，统筹安排了市粮食流通服务中心的干部挂点帮扶工作，按照“掌握政策，提供信息、调研摸底、了解情况、跟踪服务、解决问题”的要求，深入挂点企业调查研究。活动中，共收到调研报告 8 份、合理化建议 8 条。帮助市粮食收储公司基层库点加强了内部管理和储备粮管理，整治了系统内部生活工作秩序；帮助市丰泰粮油有限公司和市邱家粮油公司申报了“全省放心粮油示范企业”；帮助市东坚米业有限公司生产的“东坚大米”申报了“国家 A 级绿色食品”；帮助市恬凯稻业专业合作社申报了“省级示范农业专业合作社”。

〔和谐劳动关系〕 为关注弱势群体，市粮食系统工会建立了 99 份特因职工档案，并积极开展帮扶救助工作。一是在元旦、春节期间开展“和谐帮扶”送温暖活动走访慰问了 20 户困难职工；二是在“七一”走访慰问了一名困难党员、“八一”走访慰问了三名困难军转干部；三是在全市粮食系统内开展了为白血病患者---谢卫生送温暖献爱心捐款活动，共捐助人民币 14250 元。为构建和谐劳动关系，市粮食流通服务中心为返聘职工每人每月增加绩效工资 300 元，足额缴交养老保险金、住房公积金、医疗保险金、享受年休假制度等。2010 年为 162 人次职工办理了 10 份意外险、3 份重大疾病险、住院自负险、女职工幸福险。为奖励先进，9 月、10 月分两次组织先进员工赴上海看世博、到北京观光，极大调动了全体员工作积极性，实现了粮食工作的和谐发展。

(阳振祥)

〔领导班子名录〕

局长：邓联福(　　~2010.06)

副局长：刘晓凤(女，　　~2010.06)

　　　卢圣塔(　　~2010.06)

工会主席：卢圣塔(兼，　　~2010.06)

主任：邓联福(2010.06~　　)

副主任：卢圣塔(2010.06~　　)

副主任：刘晓凤(女，2010.6~2010.09)

工会主席：卢圣塔(兼，2010.06~　　)

农业综合开发

〔综述〕 市农业综合开发办公室认真贯彻落实农业综合开发的各项方针政策，按照市委、市政府提出的“一个继续坚持、两个着力把握、六个扎实推进”工作部署，坚持科学发展观，以农业增效、农民增收为目标，精心组织，扎实推进，认真实施南康市农业综合开发工作。

〔机构队伍〕 市农业综合开发办公室内设业务科和人秘科 2 个科室，为南康市人民政府直属正科级事业单位，核定全额拨款事业编制 5 人，年底实有干部职工 7 人(含临时聘用 1 人)，其中主任 1 人，副主任 2 人，本科学历 3 人，大专学历 4 人。

〔项目开发与实施〕 市农业综合开发工作在市委、市政府的领导下，在赣州市农发办、市财政局的关心指导下，在相关部门的密切配合下，通过项目区广大干群的共同努力，突出工作重点，全面强化管理，主要做了以下几方面的工作：

1、做好 2009 年度农业综合开发土地治理验收工作。

根据 2009 年项目资金计划批复，对照项目区的开发完成情况进行了逐项检查验收。2010 年 6 月赣州市开发办组织有关专家，对照项目批复计划、实施方案、施工图纸,对项目区工程建设的数量、质量、标准等全面进行了严格的检查验收,对项目内业档案资料、财务档案资料、资金管理进行了严格的检查,对2009年度国家农业综合开发土地治理项目所取得的成绩给予了充分的肯定。2009年小流域治理项目共完成治理小流域面积6100亩,项目投资608万,中央资金320万,地方配套160万,自筹资金128万。

2、组织2010年小流域治理项目的实施

(1)投资计划情况

2010年国家开发项目计划总投资798万元,其中:中央财政投资420万元,地方财政配套资金为210万元;自筹资金168万元。中央财政资金及自筹资金已到位。

(2)工程完成情况

2010年南康市小流域治理面积为7900亩,涉及赤土、朱坊、龙回三个乡镇,45个行政村。计划新建机耕路45公里,修筑梯田埂336公里,开挖疏浚渠道6公里,新建蓄水池6个,开挖山塘4口,扶持农村合作经济组织1个,培训累计达300人次,组建农村果业合作社1个,完成入户农户200户。

根据国家农业综合开发项目招标投标暂行办法及南康市招标投标有关规定,对龙回、赤土、朱坊等机耕路10条45公里及梯田埂336公里,开挖疏浚渠道6公里,蓄水池6个,山塘4口工程进行了公开招投标,至2010年底,实际完成总工程量的90%。

通过以上措施为提升龙回-浮石、赤土-横寨、朱坊乡几个万亩甜柚基地规范建设,解决果农实际问题,实现增产、增收奠定了良好的基础。

(3)严格管理项目实施

为确保2010年度农业综合开发计划任务按时序进,确保按时高标准高质量的完成,加大工作力度,严格项目管理,不断提高项目管理水平。一是全面实行项目土建工程招投标制度和工程监理制。为了确保工程建设质量,节约工程建设成本,让有限的资金发挥更大效益、合理地运用到农业综合开发项目建设中去。二是全面实行质量监督检查和项目公示制。对年度计划安排的项目建设内容在项目立项前、项目建设过程中全面实行项目公示制,对工程建设地点、任务、投资、资金使用、工期安排等重要内容进行公示,在项目实施过程中实施实行项目责任人制度,严格审核工程设计和图纸,项目逐个定点定位,一管到底,不推诿扯皮。把监理检查贯穿项目实施全程,确保材料及建设质量关。同时农业综合开发办公室业务科经常到现场,对工程质量进行巡查,项目区群众对工程质量进行现场监督,通过监理、检查、监督三结合,确保土建工程质量达到设计要求。三是加强基础工作,规范统计与档案管理。按时保质报送农业综合开发月报表和统计分析说明,并及时地对统计数据作出整理和分析。按照档案管理的具体要求,抓好项目内业资料规范化管理,建立项目专项档案,在工程实施前后注意图片资料的搜集整理,项目档案专人保管,保证项目的连续性和可鉴性。

(胡花明、晏婕)

〔领导班子名录〕

主　任:黄逸清

副主任:郭同华

副主任:李建华(2010.10~　　)

畜牧业

〔**综述**〕 2010年,在市委、市政府的领导和上级业务主管部门的关心指导下,畜牧水产局牧紧紧围绕市委、市政府提出的“一个继续坚持、两个着力把握、六个扎实推进”战略目标,制定并落实好“1251”的生猪产业发展工程,建设生猪生态养殖示范园区,促进了农村经济发展和农民收入的增加。

〔**机构队伍**〕 内设办公室、畜牧技术推广站(含畜牧水产学校)、动物疫病预防控制中心(含市防重办)、动物卫生监督所、水产站(含渔政站)等站(中心、所、室),下辖市畜科所、市水科所2个市二级养殖科研场所和18个乡(镇、街道)畜牧兽医站。系统现有干部职工413人,其中高级职称6个、中级职称23人,初级职称294人。

〔**畜禽饲养**〕 全年生猪饲养量达108.1641万头,同比减少0.36%。其中出栏66.5516万头,同比增长0.8%;存栏41.6125万头,同比减少2.20%;家禽饲养量达925.69万羽,同比增长1.62%。其中出笼550.85万羽,增长1.62%;存笼374.84万羽,同比增长 1.12%；耕牛饲养量达 6.4334 万头，同比增长 3.58%。其中出栏 1.7685 万头，存栏 4.6649 万头，同比分别增长 6.65%和 2.47%。

全年新建栏舍面积 8.1 万平方米，年末拥有万头猪场 9 个，千头以上猪场 38 个，500 头以上猪场 725 个，200~500 头猪场 1625 个，200 头以下猪场 1824 个。已建成（或在建）的生猪生态示范小区有 13 个，其中横寨、镜坝、龙回、龙岭、三江、太窝等的生猪示范小区水、电、路等配套设施落实到位，功能较健全，辐射能力强，已带动 2301 户农民从事规模养猪。所有的园区都按照无公害、清洁化生产技术要求，走“猪—沼—果—渔”生态发展模式，努力打造南康的“优质生猪”品牌。

〔生猪改良〕 新建生猪二级扩繁场 16 个，累计引进杜洛克、大约克、长白等优良母猪 4422 头，公猪 43 头投入生产。

〔畜禽检疫〕 实行检疫员岗位目标责任制。检疫员待遇与检疫成效挂钩，重奖重罚。全年，没有发生一起病（死）肉类上市坑害消费者事件，畜禽产品检疫到位率达 100%。市动物卫生监督所查处无证经营、逃避检疫的屠工 7 人，处理检疫员违规操作事件 1 起，没收并销毁未经检疫或检疫不合格的肉品 397 公斤，确保了群众吃上“放心肉”。

〔疫病防治〕 畜禽防疫实行“窝边注射、春秋两防、重点突击、常年补针”的方针，经检查，生猪春防密度达 98.68%，家禽春防密度达 88.6%；生猪秋防密度达 99.7%，家禽秋防密度达 89.1%，均高于省定标准。尤其是“防五”方面，积极落实“二强化、五强制”措施，联合公安、工商、交通、公路等部门组成巡逻队，常年巡回在国道沿线，严禁可疑贩运畜禽车辆停靠，把疫源拒之境外，确保了南康市连续 27 年养殖业清净无大疫。

〔兽药饲料监督〕 兽药经营实行申报许可制度。2010 年共发放《兽药经营许可证》78 份。执法队加大了兽药饲料执法力度。全年对饲料抽样化验 62 份，达标率 92.0%；查处无证经营兽药者 7 人，没收并销毁假冒、伪劣饲料兽药计 6231 包（瓶）。合计 1100 公斤。

〔特色养殖〕 建立了龙回土鸡、横市灰鹅、坪市肉兔等三个特种养殖基地。2010 年，龙回土鸡出笼 124 万羽，横市灰鹅 25 万羽，坪市兔肉产量为 14 吨。此外，全市养蜂 9413 箱，增长 1.19%，蜂蜜产量 198 吨，增长 1.02%；地鸽、鹌鹑等珍禽饲养量达 845 万羽，增长 1.68%；山羊、肉牛等特种家畜饲养量为 1.16 万头，增长 1.83%。

〔获奖简介〕 2010 年，南康市以生猪为主的畜牧业荣获省农业厅“生猪清洁化生产先进县（市）”称号，赣州市农业局授予的“生猪标准化建设先进单位”、“防控重大动物疫病先进单位”，还荣获南康“创业服务年先进单位”、“南康市信访维稳宣传工作先进单位”等称号。

（刘学仲）

〔领导班子名录〕

局　长：张祥明（　　~2010.11）
　　　　卢致融（2010.11~　　）
副局长：谢代琪
　　　　刘昭钧（2010.12~　　）
　　　　何弘文
系统工会主席：方长荣

渔　业

〔综述〕 全市水域分为河流、水坝、池塘、水库 4 大类型。水域总面积 14.45 万亩，占全市土地面积的 5.3%。2010 年可利用养鱼水面为 32600 亩。

2010 年，池塘、水库养殖面积 32600 亩，稻田养鱼面积 7356 亩。水产品总产量 20480 吨，同比增长 5.11%。其中：养殖产量 19500 吨，捕捞产量 980 吨，同比分别增长 5.87%和 4.22%。全市有鱼种场 8 个，其中国营 1 个，集体 3 个，个体 4 个，鱼苗投放总量达 25000 万尾。年末渔船拥有量 36 艘/18 吨/98 马力。

〔成鱼饲养〕 以池塘、水库为主，养殖面积32600 亩，养殖产量 17980 吨，平均亩产 636 公斤。稻田养鱼发展较好，总产量达 2260 吨。

大水面得到开发利用，主要采用鱼—猪—果或鸭—鱼等形式综合养殖，种草养鱼配合饲料养鱼得到了较好推广，养殖单产达 636 公斤/亩。稻田养殖总产量达2260吨。

〔**苗种繁育**〕 全市有鱼种繁育场8个，亲鱼培育池60亩，产卵池17个，孵化环道25个。2010年鱼苗产量25000万尾。苗种培育形式有专池培育、成鱼塘套养、稻田培育等。2010年鱼种产量2780吨。

〔**鱼病防治**〕 市内常见鱼病主要有：出血病、烂鳃病、赤皮病、肠类病、白头白咀病、白皮病、车轮虫病、小爪虫病、指环虫病、中华鳋病、鱼虱病等。对鱼病坚持“预防为主、防治结合、防重于治”的原则，提倡在放养前清淤清塘消毒，在鱼病流行季节用药物定期预防。2010年，草鱼注射式免疫防治、药物防治方法推广较好。

〔**特种养殖**〕 特种水产品产量为6220吨，同比增长5.22%。其中：甲鱼279吨，彭泽鲫等鲫2543吨，大口鲶鱼67吨，淡水白鲳79吨，鲴鱼35吨，黄颡鱼34吨，鳗鲡91吨，泥鳅789吨，蛙251吨等。全市特种水产养殖户1988户，主要集中在中、南片乡（镇、街道）。

〔**渔政管理**〕 为制止电鱼、毒鱼、炸鱼现象，保护渔业资源，维护生态平衡，市渔政监督站强化了渔政监督。年内共查处非法捕鱼人员12人次，收缴电鱼船只2艘、渔网11张、电瓶8只，放生渔获物480公斤，污染事件1起。

果　业

〔**综述**〕 根据《赣州市30万亩加工甜橙种植基地建设2008~2010年实施方案》和《2010年赣州市果业优势产业集群培植工作要点》、《南康市发展以甜柚为主果业的工作意见》等文件精神，以及南康市委、市政府“一个继续坚持，两个着力把握，六个扎实推进”的工作部署，为做强做大南康甜柚主产业，做优脐橙产业。2010年完成山地流转8000亩，新开发果业面积6000亩，完成定植6000亩。举办全市性果业技术培训班4期，分别在各规模基地举办培训12期，培训人员达1200人。按照《南康甜柚、脐橙营销工作实施方案》狠抓了营销工作，强化了规模基地的开发和管理，加大了南康甜柚产业的资金投入，引进了资金投资创建朱坊胜利二千亩标准柑橘示范园，新成立果业专业合作社3个，大力实施现代农业柑桔项目和财政支持农业资金整合项目。

2010年底，全市果园面积12.98万亩，其中甜柚8.38万亩，水果总产5.95万吨，其中甜柚3.26万吨，年内新增果园面积6000万亩，推广脱毒苗木40万株。

〔**机构队伍**〕 市果业局内设人事秘书科、综合科、市场信息科、果业技术推广站。2010年底，有干部职工13人。下属二级事业单位有柚子中心苗圃，现有干部职工8人。

〔**柑桔生产**〕 现有主栽品种尾张、宫川、日南一号，主要分布在坪市、唐江、龙华、朱坊、三江、龙回、太窝、龙岭、赤土等乡镇，面积3500亩，产量3300吨。

〔**甜柚生产**〕 南康甜柚为南康水果生产传统产品和主导产品，品种有沙田柚、斋婆柚、龙回早熟柚、江坝柚、新引进早香柚，以沙田柚面积居多。主要分布在朱坊、龙华、三江、唐江、蓉江、东山、横寨、赤土、浮石、龙回、龙岭、潭口、麻双，2010年底，面积8.38万亩，产量3.26万吨。

〔**脐橙生产**〕 脐橙开发有了新的发展，品种主要有纽贺尔、朋娜、华盛顿脐橙、夏橙、奈尔尼娜等，以纽贺尔居多。主要分布在朱坊、三江、唐江、龙华、蓉江、横寨、赤土、龙回、三益、龙岭、潭口、太窝等乡镇，2010年底，面积2.38万亩，产量8688吨。

〔**其它水果生产**〕 除甜柚、脐橙外，还有杏子、李、桃、梨、柿子、枇杷、葡萄、枣、梅等水果。2010年底面积1.1万亩，总产量21988吨。

〔**规模基地开发**〕 市果业局从抓产业规划入手，以抓规模基地为切入点，将甜柚产业作为新农村建设的重点培植的优势农业产业，努力营造一种产业发展的氛围。根据全市果业“十一五”发展规划和南康甜柚产业发展规划，龙回~浮石万亩基地在原来开发2万亩基础上向周边延伸，重新规划了2万亩，规划开发了赤土青塘和朱坊胜利~兰坑万亩基地，编制了开发作业设计书，三个万亩基地总规划面积为6.5万亩。为了将基地打造成“生态、休闲、旅游、观光”客家园林式观光农业，万亩基地坚持“五统一分”的模式进行开发。实行山顶戴帽，修筑反坡梯田和竹节沟，防止水土流失。全年，全市果业开发面积达6000亩，规模基地完成山地流转达8000亩，完成整地达8000亩。

〔**果业管理**〕 *果业技术培训甜柚三项技术推广工作* 为了提高果农的果业技术管理水平，推进南康甜柚的产业化建设，结合农民知识化工程紧紧围绕新农民培育工作，年初制定了南康甜柚三项技术工作方案，成立了南康甜柚三项技术领导小组及工作小组。落实了分管领导及项目负责人，全年举办培训班12期，聘请了江西农大教授邓毓华、中柑所所长彭良志、赣州市果业局高级农艺师陈慈相、赖小华、王进华等省内外知名专家及本地专业技术人员12名授课、指导。共培训果农1300多人次，培训面达95%以上。举办了规模基地果业开发培训班，做到了先培训后开发，新开发户100%得到了培训。举办了果业送科技下乡活动，编印了果业信息6期，发放技术资料1500多份，发放甜柚三项主推技术光碟和资料各2000份。

无公害与标准化生产工作 市规划开发了龙回-浮石的四万亩甜柚基地，朱坊胜利~兰坑、赤土青塘的万亩基地，做好了规划设计书和规划设计图。在示范区推广微喷节水技术1800多亩，推广渗灌节水技术600多亩，在示范基地建设中，实行统一施肥标准，统一施用无公害农药，统一土壤和肥水管理，统一树体管理和统一采收时间等“五统一”管理。

苗木管理工作 下发了《关于清理整顿无证育苗的通知》，杜绝了无证育苗的现象。2010年柚子中心苗圃，繁育苗木40万株。

杀虫灯的推广工作 普及频振式和太阳能杀虫灯的推广使用，对果农购买杀虫灯实行30亩每盏灯的标准免费发放了电杀虫灯1500多盏和500多盏太阳能杀虫灯。

基础设施的扶持工作 市财政安排了120万元的专项资金用于果业开发补助和技术培训，安排了80万元专项资金用于脐橙销售，投资256万元创建了南康市柚类种质资源圃，在新农村建设示范庭院和“三区”种植甜柚的免费供应甜柚苗计5万株。

柚子种质资源圃筹建工作 注重从源头抓起，在万亩基地规划了一个隔离条件优越的种质资源圃（占地面积140多亩）。市果业局聘请了中科院柑科所对资源圃进行了规划设计，编写实施方案。2010年市种质资源圃完成了展示园、水沟、档土墙、灌溉工程、简易道路维修等基础设施建设，引进国内外优良品种53个，栽种本地优良品种7个。

〔**果业招商**〕 2010年，引进深圳瑞劲电子有限公司成立金盛源果业发展有限公司，投资6000万元兴建脐橙清洗分级打腊厂，建成买一条每小时清洗、分级、打腊20吨脐橙的生产线，并在市工业园租赁厂房3000平方米，加工清洗脐橙1万吨。千秋食品厂及友家食品厂利用甜柚已研制生产了柚子膏，投放市场后受到消费者好评。通过这些企业为龙头，联合果农，进行产品分级销售，取得了良好的经济效益，维护了“南康甜柚”品牌。

〔**协会建设**〕 2010年成立了协会和合作社38个，合作社成员占果农的90%。

〔**强化品牌管理**〕 积极申报“南康甜柚”地理标志产品和“南康甜柚”证明商标。一是市果业局派出专人与技术监督局一道，积极组织“南康甜柚”地理标志产品保护运营和保护工作。二是积极将南康甜柚申报江西省著名产品。三是通过协会认真制定执行采摘时间、采摘标准，确保南康甜柚的质量，通过协会统一使用“南康甜柚”品牌，统一使用“南康甜柚”包装，统一规格和质量，严禁出现以次充好、以假乱真、假冒伪劣的现象。四是积极向国家工商总局申报“南康甜柚”证明商标，已经获得了批准。

〔**积极开拓销售市场**〕 市果业局年初制定了“赣南脐橙”和“南康甜柚”营销工作方案。为了搞好南康甜柚营销工作，市果业局年初制定了“南康甜柚”营销工作方案。12月5日，果业局营销小组带领经销商及果业大户到主攻城市西安举办了赣南脐橙西安推介会及品尝会，推介会确定了西安和平果业总经理为总经销商，签订了销售意向合同。

（刘涵龙）

〔领导班子名录〕

局　长:曾庆明

副局长:龙清祥

熊名像

黄宗俊

林　业

〔综述〕 2010年,市林业局在市委、市政府的领导下,在上级林业主管部门的指导下,以党的十七大和十七届四中全会精神为指针,贯彻落实科学发展观,围绕市委、市政府"一个继续坚持、两个着力把握、六个扎实推进"工作部署开展工作。以深入开展"学习焦裕禄精神,争做新时期焦裕禄式党员干部"主题教育活动和创业服务年活动为切入点,促进林政资源管理、森林防火、植树造林和信访维稳等工作,取得了较好成绩,园满地完成了各项工作任务。

〔机构队伍〕 局机关现有局领导8人(党委书记兼局长1人,党委副书记1人,党委委员兼副局长1人,党委委员1人,党委委员兼森林公安局长1人,副局长2人,工会主席1人),内设机构有办公室、人事教育科、营林科、林政科、财务科、野保科、办证中心、国有林地管理站、绿化办、长防办;下属单位有森防站、林政稽查大队、专业森林消防大队、唐江木材检查站;核定行政编制17名,事业编制16名,现有工作人员42人,其中退居二线的正科干部6名。

局下属二级单位4个,其中防火办,编制5人,现有工作人员4名;林业技术推广站,编制6名,现有工作人员6名;山林权属纠纷调处办公室,无编制,现有工作人员4名;森林公安局,编制15名,现有人员21名。局派出20个乡(镇、街道)林业工作站,核编60名,现有人员58名。

原有4个国有林场已全部转制。

〔森林资源管理〕 全市有林地面积163.75万亩,占国土面积的62.7%,其中国有林地面积13.1万亩,集体林地146.28万亩,林木蓄积量211.13万立方米,森林覆盖率60.82%,林木绿化率63.97%。按林业分类经营要求,南康市已初步规划公益林面积39万亩,商品林面积81.4万亩,其中油茶面积14万亩,果业面积13万亩。

〔林政执法〕 大力加强林政管理工作。一是强化队伍管理。以开展"执法形象年"活动为切入点,以《森林法》为准绳,以《南康市林政管理稽查大队和唐江木材检查站管理制度》,《南康市林业行政执法过错责任追究暂行办法》和《林业行政执法人员"十不准"的规定》为基础,进一步加强林业行政执法队伍管理工作。二是规范和改革了林木限额采伐管理制度。认真贯彻落实赣林资字〔2009〕333号文件精神,继续实施3年全封山林木管理工作。2010年下达木材生产计划6895立方米(其中:国营5210立方米,县预留1685立方米),林木采伐指标重点安排在国有林场,严格限制集体林木采伐。三是规范了林地限额审批制度,严格执行《关于建立新办家具企业审批"绿色通道"的方案(试行)》的通知(康办字[2009]160号)精神,切实加强林地管理工作,加大了对乱征乱占林地等违法行为的打击力度。四是扎实有效开展了"绿盾三号"等严打专项行动,进一步加大了对各类涉林案件的打击力度。据统计,全市共受理查处各类林业案件87起,查处违法犯罪人员116人次,为国家挽回直接经济损失260万余元,有效保护了南康市森林资源。五是依法实施林业行政许可,2010年办理林木采伐许可22份,办理木材运输放行证33440份。六是加强了对生态公益林的管理工作,发放《江西省生态公益林管理办法》350本,新调整了重点公益林面积1.54436万亩、省级公益林面积0.17307万亩。

〔造林绿化〕 一是扎实推进造林绿化"一大四小"工程建设工作。2010年市委、市政府把造林绿化"一大四小"工程建设列为"双百"工程建设,列入了对各乡(镇、街道)年终目标考评十项重点工作之一。造林绿化"一大四小"工程建设工作,在领导重视、资金投入、督促检查、机制创新等方面采取了前所未有的措施,形成"三级书记齐抓一大四小"的工作机制,实行一周一督查,二周一通报督查制度。实行公司化运作,着力抓好大广、厦蓉、康大3条高速通道绿化工程建设。抓精品,全力打造省道唐江至十八塘通道绿化工程。抓示范,重点落实乡(镇、街道)"一线二点"造林绿化示范点。取得了显著成效,南康市被赣州市人民政府评为2009

年度造林绿化“一大四小”工程建设通道绿化“先进单位”。去冬今春全市共完成造林绿化面积4.32万亩，占赣州市任务的105.3%，其中完成山上造林绿化面积2.16万亩，完成山下造林绿化面积2.16万亩。落实扶贫绿化工程241户，计生养老绿化工程190户，完成丛生竹种植0.8万亩，油茶2万亩。二是认真抓好防护林工程建设。全市完成防护林造林任务7400亩，其中人工造林面积3700亩，封山育林面积3700亩，各占计划任务100%。项目总投资302.01万元，其中中央投资100万元，配套资金25万元，自筹资金177.01万元，上级到位项目资金100万元，配套资金25万元，自筹到位资金177.01万元。三是进一步实施巩固退耕还林项目。完成巩固退耕还林成果薪炭林任务为4000亩、新造油茶林任务1500亩、退耕地补植补造任务4000亩、油茶种植技能培训128人次，共计投入资金为255.76万元，其中中央投入123.84万元，地方自筹资金131.92万元。

〔**森林防火**〕 始终贯彻“预防为主、积极消灭”的森林防火工作方针。南康市对《南康市森林火灾责任追究暂行办法》进行了调整，并量化了林区乡(镇、街道)2009~2010年度森林火灾防控指标；2010年投入资金38.572万元，组织实施森林防火阻隔带建设86.12公里，其中：新开防火线74.9公里，维修防火线11.22公里；大力加强专业森林消防队伍建设，8月份新招录队员29名，并经常组织队伍开展各项训练活动，投入3万元资金为队员装备“五个一”；市专业森林消防大队新营房建设地点已经确定，正在加紧组织设施。全年，通过强宣传、管火源、抓队伍、夯基础等有效措施，使南康市森林防火工作取得了显著成效。全市共发生森林火灾21起，实施“打早、打小、打了”的扑火方法，南康市没有发生大的森林火灾和人员伤亡事故。火灾次数、过火面积和受害面积与去年同期相比分别下降了20.6%、11.2%、33.4%，创历史新低，开创了森林防火工作新局面。2007~2009年度防火工作，市长苏传辉被评为“全国森林防火先进个人”，市防火办被评为“全省森林防火先进单位”。

〔**森林病虫害防治**〕 对原来简陋的档案室兼实验室进行了更新改造，全年能够开展松材线虫病等病虫害的正常检疫工作；加大了森防宣传力度，出动宣传车2次，制作安装宣传牌(标语)42块，印发宣传材料5000份，举办林业有害生物测报防治知识培训班2期，大大提高了林农的林业有害生物防治意识；进一步加强了危害性林业有害生物的监测防范工作。制定了南康市松材线虫病监测防范工作方案，下发了《关于印发南康市松材线虫病等重大外来生物灾害预防和除治工作应急预案的通知》；设立了国家级马尾松毛虫中心测报点1个，乡级综合林业有害生物测报点36个；配有喷烟机、机动喷雾器28台；积极开展林业有害生物防治工作，投入防治经费84.26万元，组织林业有害生物专业队在朱坊乡采用机动林机喷施农药方法防治松毛虫，扎实有效开展了死松树清理工作。

〔**林业产权制度改革**〕 为进一步巩固林改成果，林业局继续抓好林改的纠错、补证、附图和林权抵押登记贷款工作。完成了坪市乡2918本林权证的附图完善工作；更正了蓉江街办、坪市乡、浮石乡等地有误的21本林权证；补发了32本涉及东山、蓉江、赤土等地林权证；依规撤销了龙回、龙岭65本林权证；受理了流转山林登记发证57本，变更登记宗地215宗，变更登记面积12553亩；办理了林木资产评估10起，林权证贷款抵押登记7起，抵押面积4881亩，林权抵押贷款310万元。做好了群众来信来访工作，共接待群众来访200余人次，答复横市、龙回群众信访件4件，答复“政风行风热线”信访问题1件。

〔**山林纠纷与信访维稳**〕 一是创新方法，加大山纠调处力度。成立了以局长为组长的南康市林业局人民调解委员会，负责本市山纠等调处工作，取得了明显成效。2010年，共排查出矛盾纠纷22起，已调处14起，正在调处的8起。接待群众来信来访103人次，回复办理上级转来的信访件12件。高度重视信访维稳工作，对龙回等3起涉及面广、难度大的重点和难点案件，局主要领导亲自挂帅组织相关人员及时进行调处，重新树立了林业部门的良好形象，有力地维稳了社会稳定。二是扎实开展整改工作。按照上级要求，精心部署，深入查找林业部门存在的问题，分门别类进行归纳，对梳理的每项工作都安排了责任领导具体抓好整改落实。尽力为群众解决实际问题，认真总结经验教训和整理相关资料，通过一年的努力，林业部门整改工作达到了预期目的,取得了较好的成效,得到了上级有关部门的充分肯定。

(邓春意)

〔领导班子名录〕

局长兼党委书记:曹明华

党委副书记:黄瑞生

党委委员兼副局长:邱善辉

党委委员:王昌奉

党委委员兼森林公安局局长:李雪阳

副局长:曾照磁

曹世斌

工会主席:陈天芙

水土保持

〔综述〕 2010年市水保深入贯彻科学发展观,围绕省委、省政府提出科学发展,进位赶超,绿色崛起和建设鄱阳湖生态经济圈为工作目标。以建设资源节约型、环境友好型为重点。以加快经济转型升级和市委政府堤出将南康打造成生态、宜居、创业,和谐新南康为出发点。2010年是实施国家综合农业开发水土保持项目第三期的开局之年。全市综合治理水土流失面积26250亩,开工综合治理了龙回黄泥港、横寨西陂、赤土青塘三条小流域。并对龙回茶叶坳万亩果业开发基地雨水集蓄示范工程进行了扩大和完善,开始对赤土青塘万亩果业基地进行了雨水集蓄工程建设。并对朱坊乡新兴村土地整理复垦项目进行了种草和塘坝修筑等治理。全年治理水土流失投资330万元,其中中央项目投资165万元、省级配套资金66万元、省财政奖励南康整合涉农资金36万元(由市财政从奖励资金拨付)、群众自筹63万元。预防监督以水利部在全国开展监督能力建设为契机,以提升执法水平,树立执法形象,夯实执法基础,完善执法装备为重点。开展了对赤土青山孜、红桃钨矿无序采矿整治,对稀土开采加强了管理,配合有关机构严厉查处了私挖开采稀土的违法行为,对全市范围内违法挖山平地办厂进行了清理。执法检查29次,审批方案26个,验收开发建设项目18个,防治责任范围75亩。全年收缴防治费19万元,补偿费27万元。新修订的〈中华人民共和水土保持法〉已于2010年12月25日经第十一届全国人大常委会第十八次会议通过,并于2011年3月1日正式施行。水土保持宣传工作得到加强,全年制大型广告宣传牌4块,建小治域碑牌5座,挂宣传牌25块,发放宣传资材3000份,编制水保简讯12期,在全国有关报刊、杂志、网络发表简讯22篇、调研文章2篇。机关办公条件得到了较大改善,投资6万多元建成了能直接与国家水利部、省水利厅、市水保局对接的视频会议系统,接收省厅备配执法专用车一部。迎接了水利部、省水厅农发水保项目第二期3年总结验收,并获得项目验收专家组及上级领导高度肯定,水保局被省政府评为2010年全省"鄱湖杯"水利评比先进单位。

〔机构队伍〕 2010年5月市机构改革将市水保局由市政府管理的正科级直属事业单位改为由市水利局管理的正科级事业单位。人员身份参照公务员管理,由市财政全额拨款。核定正式编制10人,局领导班子1正2副,水保局长兼水利局副局长。年底实际上班工作人员11人,其中正式干部职工9人,聘请大学生2人。市水保局内设办公室、治理科、监督科、生态环境监测大队。下有国营大坪水保站、西坑果业基地、石禾果业基地三个基站,上述三个基站已实行承包经营,其中大坪水保站有自收自支事业编制12名。

〔水土流失状况〕 全市水土流失具有分布广、不集中、流失强度大等特点,是全省水土流失重点区之一。分布于南部乡镇(街道)朱坊、大窝、镜坝、横寨、东山、蓉江、龙回、龙岭等地的流失区,由于该区域内挖山平地办厂多,果业开发力度大,土地整理复垦项目的建设,房土产开发,工业园建设,铁路高速公路建设等,人为造成的水土流失日益严重。中部分布于三江、风岗、唐江、龙华等乡镇沿赣丰线呈线状分布。北部分布于十八塘乡茹坑、欧田、下埠、麻双乡黄埠等村呈区域分布。坪市乡小陂、小安、白马塘至大坪乡上期、泥湖等区域呈线状分布等。

全省第三次土壤侵蚀遥感调查公告,全市仍有水土流失面积677.18平方公里,占国土面积的36.69%,其中轻度流失面积187.31平方公里,中度流失面积204.33平方公里,强度流失面积176.62平方公里,极强度流失面积78.82平方公里,剧烈流失面积30.1平方公里。其水土流失严重程度居赣南各县市之首,在全省也屈指可数,是南方红壤丘陵水土流失重点防治区。

土壤侵蚀类型以水力侵蚀为主，兼有部分重力侵蚀。侵蚀形态以面蚀为主,沟蚀为辅。

坪市、大坪、横市、麻双、十八塘、龙回以风化花岗岩为主强流失区。唐江、风岗、镜坝、蓉江等乡镇(街道)以紫色页岩为主中强度流失区。三江、大窝、横寨等乡以第四纪红壤为主的中强度流失区。朱坊乡以红砂岩为主强治失区。

造成水土流失成因既有自然因素，也有人为因素。但近几年来人为因素呈上升之势,“一边治理,多边破坏”现象十分突出。

〔**综合治理**〕 2010年坚持综合治理与合理开发利用相结合原则，坚持扶持甜柚产业发展与防治水土流失治理相结合，坚持以兴建小型水利水保工程措施与林草种植生物工程措施相结合，坚持生态治理与执法监督并重，坚持封禁管护与建后管护同步、坚持政府主体与群众参与相结合。全年全市综合治理水土流失面积50100亩，其中完成营造水保林9150亩、经济林4800亩、种草900亩、封育35250亩。兴建小型水利水保工程谷坊40座、兴建蓄水池44口、沉沙池49口、修筑塘坝7座、开沟沟渠39千米、兴建‘U’形槽7600米。开工治理了龙回黄泥港、赤土青塘、横寨西陂三条小流域。并完成对朱坊新兴土地整理复垦项目种草2067亩。实现减少土壤流失量18.2万吨、完成土石方量5.22万方。全市植被覆盖率堤高0.1%。

〔**预防监督**〕 2010年全市水土保持预防监督工作，围绕水利部在全国开展的监督能力建设为重点,以堤高“三率”,为中心,严格执行“三同时”,着力强化水土保持“三权一方案”。积极推行行政执法自由裁量权,不断堤高执法水平,坚持做到治理与执法并重。一是推行了行政执法政务公开,将有关办事程序、办事内容、收费标准、违法投诉举报号码公开上传到市政府网站,方便群众监督查询。二是推动3次联合执法专项行动，关闭取缔非法采矿点8处,严历打击了矿业开采私挖乱采行为,规范了开采秩序。三是推动违法挖山平地办厂清理打击，通过清理办理水土保持方案表26份,发出整改通知书4份,收缴补偿费27万元。四是建立了监督对象信息库,使水保监督有章可循,对全市80处红砖厂、2个钨矿、6座小水电站、7处规模采石场、1条在高速公路、1条在建铁路、1条西气东输主干管网、3个万亩果业基地、7个房地产开发商建立监督对象信息库,做到底细清楚,执法明确,处罚适度。

全年水土保持预防监督审批方案26个、收缴防治费19万元、补偿费27万元。编制了2条公路拓宽改造、1个土地复垦项目水土保持方案、环评审批了赣南大道南康段水土保持方案。

〔**农发水保项目**〕 2010年国家批复南康市第三期农发水保项目，项目为期3年。项目区涉及赤土、横寨、蓉江、东山、龙回等5个乡镇(街道),分5条小流域。2010年中央财政投资165万元、省市配套66万元。8个工程施工队伍全部通过公开招标择优中标,种苗、草籽、肥料等物资由政府采购。完成了为时3年的第二期农发水土保持项目任务,2010年9月接受了水利部水保司张学俭巡视员带队的专家验收组验收。

(明福古)

〔**班子领导名录**〕

局　长:刘传玉

副局长:李小林

明福古

水　利

〔**综述**〕 2010年,在市委、市政府的领导下,市水利局坚持以邓小平理论和“三个代表”重要思想为指导,深入实践科学发展观,全面贯彻落实“一个继续坚持,两个着力把握,六个扎实推进”工作部署,围绕水利发展,创造性地开展工作,完成和超额完成了上级下达的各项工作任务。2010年新增有效灌溉面积4100亩，新增旱涝保收面积3200亩，恢复改善灌溉面积10000亩，改造中低产田13600亩。

〔**机构队伍**〕 水利局内设机构:人事秘书科、水政水资源科、水政监察大队、水利建设与管理科、农水科、市防汛抗旱指挥部办公室、水技站、水利勘测设计室、机电站。局属单位2个,即章惠渠水利工程管理站、章惠渠水电站。

全市水利系统有干部职工127人（干部44人,工人83人）。获技术职称48人,其中副高2人,工程师11人,助理工程师、助理会计师、技术员、会计员计35人。

〔**水资源管理**〕 1、利用多种宣传媒体开展了水法律法规宣传。3月,第十八届“世界水日”和第二十三届“中国水周”宣传活动的期间,以“清洁用水,健康世界”和“严格水资源管理,保障可持续发展”为宣传主题,深入到社区、街头、砂场、企业和圩镇，开展河道采砂和水资源问题咨询及发放宣传画活动,共分发张贴宣传画300多份,悬挂宣传标语2条。组织采砂业主观看水法宣传电视系列片《人·水·法》(第四部)，进一步加强了全市人民群众对新时期水资源工作的认识，为推进南康市依法行政、依法治水营造了浓厚的法制氛围。

2、切实加强水资源的规范管理。强化水资源管理、计划、节约和保护,规范取水许可、水资源论证、入河排污口审查、水资源费征收使用等行政行为;加大对无证取水,未按照批准规定取水等违法行为的查处力度，全年未出现擅自在江河、湖泊新、改、扩排污口,拒不缴纳或拖欠水资源费等违法事件;委托赣州市水文局(市水环境监测中心)对章水、上犹江4个饮用水源地和过境断面实施水质监测，并每月定时在市电视台向社会民众发布水资源水质监测报告；建立健全突发性水污染应急响应机制,全面清理取水户,严格分级管理,加强饮用水源地二级保护区的整治工作，加强入河排污口审批和监管。

〔**水政监察和河道管理**〕 1、为贯彻落实省水利厅《开展“强化执法监督年”活动》精神,全面掌握南康市水政监察队伍建设与现状,结合南康市实际,认真制定《南康市水利局水政监察人员执法行为规范年活动工作方案》。从近几年水政监察队伍主要工作及成绩、水行政执法队伍的机构现状、水行政执法队伍人员现状、水行政执法队伍的用人进入机制、水行政执法队伍能力建设情况、水行政执法队伍装备建设情况、当前水行政执法队伍建设存在的问题和困难及分析产生困难和问题的原因等方面进行调研，形成南康市水政监察队伍建设情况调研报告，为进一步规范南康市水政监察员的执法行为,提高依法行政的水平,提供了科学依据。

2、加强河道采砂管理,规范河砂开采权公开出让运作规程。进一步提高采砂业主的认识,确保可采区管理秩序良好,执法巡查制度落实到位,严格按照水行政处罚自由裁量权执行标准进行行政处罚,针对南康市各河段砂场发分布较散、点多面广的情况，加大水政执法力度，严厉打击无证开采、滥采乱挖行为,进一步强化河道巡查制度,明确未批建设涉河建筑、河道禁采区违法采砂为今年水行政执法巡查重点，对重点河段坚持每星期巡查一次。严厉打击无证采砂,禁区采砂,滥采乱挖等违法采砂行为。全年共查处各类违法案件49起,调处水事纠纷80起,对水事违法案件发现一起就查处一起,维护了正常的水事秩序。

〔**防汛抗旱**〕 1、汛情综述

汛期,全市汛情总体上平稳,上犹江、章水未发生超警戒水位以上的洪水,6月28日至7月23日出现持续晴热高温少雨过程，部分地区出现轻度干旱。全市未出现较大的洪涝和干旱灾害,水库、水电站安全运行,山洪地质灾害零伤亡。主汛期呈现以下主要特点：

(1)汛情发生早、汛期结束迟。4月9日就出现第一次汛情,发生时间早,仅次于1998年“3.8”洪灾。10月21日,受今年第13号台风“鲇鱼”影响,汛期延期到10下旬结束。

(2)降水过程多、时间长。4~6月降雨的天气超过三分之二,汛期先后出现6次强降雨过程。4月13日16时至14日2时，全市普降大到暴雨，有17个站点超过50mm的暴雨雨量，以朱坊98.5mm最大,凤岗、横寨水库92.5mm次之;5月13日晚至14日晨,全市再降大到暴雨,有21个站点超过50mm的暴雨雨量，以梅源水库97mm最大，内潮91mm次之;6月24日8时至25日8时,浮石、龙回出现局地强降雨,浮石57.5mm最大;8月23日8时至24日8时，全市普降中到大雨,局部暴雨。7个站点出现50mm以上的暴雨,以龙虎陂水库92mm最大;9月2日晚，受第6号热带风暴“狮子山”影响,全市普降中到大雨。全市29个站点平均降雨33.25mm，有8个站点超过50mm的暴雨雨量，以龙岭龙虎陂水库84mm最大，赤土83.5mm次之。暴雨主要集中在赤土、市区、横寨、浮石、龙回等南部乡(镇、街道)。

(3) 雨量偏多且分布不均，局部性强降雨突出，洪涝灾害频发。1~7 月降雨量达 1191mm，比 2009 年全年降雨量还多 5.6mm。但分布不均，其中 2~3 月偏少 3 成，主汛期 4~6 月降雨量达 793.4mm，偏多 3 成，后汛期 7~9 月降雨量达 323.9mm，与历年同期均值基本持平。8 月 23 日晚，龙虎陂水库 22~23 时 1 小时降雨达 50mm；9 月 2 日晚 20 时 45~21 时 45 分，市区、横寨出现 1 小时 60mm 的强降雨，导致市区部分街道积水，出现短时内涝。6 月 15 日开始，接连出现强降雨过程，洪灾造成直接经济损失 1114.64 万元。全市 20 个乡(镇、街道)受灾，受灾人口 0.6814 万人，倒房 197 户 465 间(其中全倒户 38 户)，紧急转移人口 328 人；农作物受灾面积 5415 亩，成灾面积 2370 亩，绝收面积 62 亩；损毁堤防 33 处 10.39 千米，堤防决口 8 处 1.184 千米，损坏护岸 9 处，损坏各类灌溉设施 77 处，水利设施直接经济损失 526.64 万元。

(4)台风集中，登陆晚，强度较大，影响时间长。8 月 29~30 日 1 天多的时间，西太平洋和南海海面上生成的 6 号、7 号和 8 号三个热带气旋，第 6 号强热带风暴“狮子山”成为第一个正面影响的台风，登陆的时间比往年迟 1 个多月。9 月 1~3 日第 6 号强热带风暴“狮子山”、9 月 22~23 日第 11 号台风“凡亚比”、10 月 22~24 日第 13 号超强台风“鲇鱼”等共受到 3 次台风的影响。

2、汛前准备

(1)抓思想认识。3 月，启动了防汛工作，市防汛抗旱指挥部下发专门通知，对汛前工作进行了布置，要求各地在抓好去年水利工程扫尾的同时，全面做好防汛前准备工作。4 月 8 日，召开了全市防汛抗旱工作会议，认真分析今年防汛工作的形势，全面部署防汛工作任务，层层进行思想动员，强化各级干部防大汛、抗大灾的思想。

(2)抓技术准备。上报了《南康市罗边水库及万亩以上圩堤度汛方案》。根据检查情况，编制了全市小(二)型以上水库、小水电站度汛方案和保护面积在千亩以上圩堤度汛方案。对《南康市防汛抗旱应急预案》、《南康市城市防洪预案》等进行了修订、完善。制发了《南康市突发性地质灾害应急预案》、《汛期地质灾害防治方案》，山洪灾害易发区的乡(镇、街道)制定了防御预案。

(3)抓工程准备。从下半年开始，全市针对防汛中暴露的问题，想方设法筹措资金，全面铺开水利工程建设。确定了上犹江、章水河沿线的水毁修复和 4 座水库除险加固等一批重点水利工程，对堤身矮小单薄、险情多发地段进行了有效整治。水毁工程投入资金 290 多万元。修复工程 416 座(处)。自筹资金 36 万元，建设了 6 个自动雨量监测站和 3 座自动水位站，进一步完善了山洪灾害预警系统。

(4)抓防汛保障。市、乡两级严格对照预案狠抓防汛物资和防汛队伍的落实。各乡(镇、街道)以水库为单位，按小(一)型水库 50 人、小(二)型水库 30 人的要求，组织抢险队伍。市里招聘 50 人，组建了市级防汛(火)抢险专业突击队。南康市应急救生队编 1 个排 2 个班 20 人，配备冲锋舟 7 艘。全市储备麻袋 6.6 万条、编织袋 10.5 万条，按小(一)型水库 30 立方米、小(二)型水库 20 立方米的标准，在水库大坝就近集中堆放储备防汛块石，落实抢险取土土料场。市应急救生队编还开展了冲锋舟操作技能培训和演练，提高抢险队伍的操作技能和应急抢险能力。

(5)抓防汛检查。坚持汛前查、汛中查、汛后查。汛期组织大规模检查、隐患排查、督查 6 次。对检查中发现的问题进行会商制定整改方案，限期整改。下达整改通知 12 份，调度令 8 份。对于水库工程一时难以整改的，采取降低水位运行，或腾空库容运行。

3、汛期工作

(1)强化应急管理。先后启动 2 次防汛应急响应，5 月 8 日 22 时启动防汛Ⅳ级应急响应，6 月 23 日 22 时，启动防汛Ⅲ级应急响应。按照预案规定开展各项工作，组织各地将群众及时转移至安全地带。4 次发布了地质灾害气象 4 级和 3 级预警。市防汛办 6 次对全市各乡(镇、街道)值班领导、小型水库安全管理员的在岗在位情况进行了查岗。

(2)强化指导和险情抢护。根据汛情和灾情变化，及时下发 30 多个通知，有针对性地安排部署各项防御工作，先后派出了 42 个工作组或专家组赶赴灾区，加强对地方防汛抗洪和抢险救灾工作的指导，每次接到险情报告后，在指导当地政府进行应急处置的同时，第一时间派出工作组到现场指导。5 月 19 日 13 时，接到龙回镇石滩村洋卜田村小组大山塘的险情报告，市防指随即派出由总工程师邹庆荣带队的工作组赶往现场,市委常委、副市长杨晓斌,市水利局局长肖建国等相继抵达现场指挥抢险。市人武部副部长黄玉鹏带队,组织市抢险应急分队20名队员到达石滩村洋卜田进行抢险。市水利局副局长王建芳带抢险应急机动分队11名技术和技工人员,到现场提供支持。经过4个多小时的努力,险情基本排除。

南康的汛情,得到各级领导的高度重视。5月14日,省水利厅厅长孙晓山,亲临南康市防办,检查指导南康防汛工作。市委书记张裕生、市长苏传辉对防汛工作极为关注,2次主持现场办公会议,及时指挥部署。市委常委、市政府副市长、市委农工部部长杨晓斌先后8次坐镇市防办指挥调度全市防汛抗洪工作,5次召开了由气象、水文、矿管和水利等单位负责人参加的防汛会商会。

4、加强基础建设,提高应急能力

(1)做好山塘隐患整治。近年来,山塘安全问题日益突出,险情叠出。根据南康市实际,经市政府研究同意,印发了《南康市山塘隐患整治实施方案》,总体目标是:在全面落实山塘主体和安全管理责任的基础上,重点抓好直接威胁群众安全的屋顶山塘的整治,使全市蓄水5万立方米以上、或存在重大隐患的1万立方米以上的屋顶山塘,3年内基本完成治理,防护能力基本达标;对已失去功能的山塘实行报废处理;对其他有安全隐患而暂时不能整治的山塘,加强巡查,落实预警等各项保安措施。按“谁受益、谁负担,谁主管、谁负责”的原则,采取“一事一议”的方式,市财政按总投资的70%奖扶,安排资金101万元,分两批已基本完成98座山塘整治。

(2)加快推进防办能力建设。根据《江西省乡镇防办能力建设工作方案》和南康市实际,制定了《南康市乡镇防办能力建设工作方案》,采取市、乡分级负责制。各乡(镇、街道)负责防办人员选拔,负责办公场所的落实和装饰、接通互联网、开通专线电话、基本资料整编等。市防汛抗旱指挥部负责资金筹措、设备采购与安装调试、配置办公桌椅、电脑桌、资料柜等办公家具、统一制作各类制度牌和图板、组织人员培训等。6月初,市防指向市政府申请40万元,通过招标方式,采购防办建设所需的设备、办公用品等,10月底前基本完成全市乡镇防办建设。

(3)加强应急能力建设。针对近年来在抢险中暴露出防汛装备落后和储备不足等问题,特别是偏远山区,远离电源,交通不便,将对工程抢险带来更大困难,为做好防汛抢险应急工作,提高处置突发性工程险情的能力,市财政安排4万元专项资金,采购了移动照明电源、汽油抽水机、橡皮艇、土工膜、土工布、油锯、保险绳等一批抢险器材物资。

〔**农田水利基本建设**〕 2010年,全市共安排到位资金8000万元,安排农村水利建设重点项目7大类155个。修复大小水毁工程28处,加高加固堤防4.5公里,清淤渠道121.3公里,建成村镇集中供水工程6处,解决农村饮水不安全人口3.2万人。全市新建“七小”水利工程91座,新增有效灌溉面积4100亩,组建灌区农民用水户协会13个,验收专项规划水库5座,三江圩堤加固工程在6月份先行启动建设,完成土石方5.8万立方米,占90%,病险山塘整治已完成97座,并达到验收标准。小农水重点县工程全面展开,已完成渠道整治总长度295公里,其中U型槽衬砌258公里,土石方开挖、回填15万方,工程完成投资数占批复实施方案总投资的100%。

1、明责任,政府主导谋水利。市委、市政府出台了《关于进一步加强灾后农田水利基本建设的意见》、《加强南康市农田水利基本建设的实施方案》及《南康市2010年水毁水利工程灾后重建实施方案》,并制定《南康市灾后农田水利基本建设考核办法》,将水利工作纳入政府考核体系,突出政府的主导地位,全市农田水利建设早规划、早动员、早部署、早行动、早见效。

2、强规划,科学引导兴水利。以县级农田灌溉工程规划为依托,把农田水利基本建设作为一项系统工程来谋划,坚持以系统规划推进科学治水。对需要实施的地方,严格审查,并派技术人员深入实施点调查研究,充分论证,确保条件成熟一处开工建设一处。

3、集财力,全民参与办水利。近年来,南康市不断创新投入机制,建立了国家、地方、部门、社会、群众“五管齐下”的农田水利基本建设投入长效机制。

4、抓重点,脚踏实地干水利。切实把关系民生的好事办实、实事办好。一是突出抓好骨干防洪抗旱工程建设,确保安全度汛。二是突出抓好农田灌排设施建设。以粮食主产区为重点，以国家灌区项目建设为纽带，加强田间工程、末级渠系、涵闸、泵站等设施建设，加快中低产田改造。三是突出抓好小型水源工程建设。积极兴修小型蓄水、引水、提水工程，抓紧维修完善机井、泵站和灌溉设施，千方百计增加水源，保证农业用水需要。四是突出抓好水毁工程修复。特别是水库、堤防、农田灌排设施和水源工程水毁工程的修复。五是突出抓好农村饮水安全建设。确保年底前完成全年农饮项目建设任务，使受益群众早日喝上安全放心水。六是整体推进小型农田水利重点县建设。抢抓这一难得机遇，推进重点县项目建设，抓出特色、抓出经验、抓出效益。

〔**小型农田水利重点县建设**〕 1、基本概况

2010年是实施小农水重点县建设第二年。南康市小农水重点县项目建设以《农田水利灌溉规划报告》为基准，集中连片，逐个消号。优先安排灌区水源有保障的老灌区改造项目和影响灌区安全运行的病险、渗漏严重的主干渠道、建筑物配套改造等关键工程。改造1处大型灌区(章江灌区罗边灌片)、1处中型灌区（上洛水库灌区)、35处小型灌区的渠系田间工程建设与改造。规划改造灌溉面积6.456万亩，渠道整治长度364.91公里(其中渠道衬砌323.43公里)，完成土石方开挖11.37万方，土方回填7.5万方，砌石0.22万方，砼和钢筋砼1.96万方，渠系建筑物新建35座，改造10座。并在横市镇横市村、坪市乡小陂村、大坪乡大坪村、朱坊乡荷田村等4处建设高标准粮田示范区，把配套的田间工程一并实施，真正达到建一片成一片。

2、建设情况

(1)加强组织领导，健全机构有保障。

成立了由市政府市长苏传辉任组长，市委常委、副市长、市委农工部部长杨晓斌，市政府市长助理、市财政局长吴健任副组长，财政、水利、国土、农业及相关乡镇单位部门主要负责人为成员的小农水重点县建设领导小组，市水利局作为项目法人单位，具体负责项目建设的日常工作。着力协调解决项目组织、设计、招标、施工、验收、资金管理等问题。

(2)科学调度，强化措施保质量。

始终强化水利工程建管不放松，对重点县项目建设坚定不移的执行基建程序，建设管理求细。一是早规划、早设计。在4月就开始对项目区进行勘测设计。保证有充足时间用于规划编制、设计，从切实解决农民实际问题的角度上考虑项目的实施。二是广泛征求意见，安排好项目预算。确定规划范围后，广泛征求乡、村、组意见，使规划设计既科学，又合理，符合当地实际需求，以得到多数群众认可，形成合力。三是操作阳光，规范建设。从立项审批、工程建设、资金管理、年度项目竣工验收等环节严格按照基建程序运作。严肃市场行为，建立了工程质量责任追究制度。四是加强现场施工质量控制和监督管理。由各村组选派义务监督员经过水利部门业务培训后，参与工程建设质量监督。并在显要位置对项目建设内容、投资构成、建设工期等进行公示，树立标志牌。五是加强资金管理。实行专户管理制度，由市财政局、会计核算中心对项目资金进行专户管理，专账核算，全程评审，跟踪监管，发挥资金效益。六是坚持创新建后管护机制。积极推广用水户参与管理模式，把农民用水协会作为中央小农水重点县项目实施的必备条件。工程建设初期，积极落实管理主体，组建管理机构，让受益村、组参与工程的建设，积极参与后续管理。

(3)项目带动、创新机制聚合力

一方面，充分发挥财政资金作用，市财政每年预算安排不少于425万元配套资金，用于小农水重点县建设。另一方面，按照财政支农资金性质不变、安排渠道不变、监督不变的原则，整合农业综合开发、土地整理开发、水土保持、老建扶贫等涉农资金，全盘推进小农水重点县建设。同时以奖代补集民资。向农民群众宣讲惠民政策和小农水重点县建设的重要性、紧迫性，因势利导，发动农民群众投资投劳兴修小农水。尽可能的集中劳力财力办大事，最大限度地发挥政策和资金效益。对能投工投劳修建的小农水项目，通过农民用水户协会和“一事一议”政策，动员农民群众投工投劳，实施渠道清淤、土方整治等。年内，在小农水重点县建设上，组织农民群众投工投劳19万个工日，大大节约了项目资金。

3、效益

小农水重点县项目完工后，使南康市部分农村灌区的灌溉条件得到根本改善，形成四大效益：一是形成良性管理机制。按规定将灌区末级渠系

灌溉工程如数移交给农民用水户协会管理，让群众实行水利自治，形成“民建、民管、民受益”的良性管理机制。二是提高农田灌排能力。改造后的渠道春灌放水十分顺利，各条渠道里的水流量大、速度快，到达渠系末端农田的时间比往年快了许多。目前，灌区灌溉水利用系数达到0.55，恢复和新增灌溉面积1.778万亩，改善灌溉面积3.716万亩，新增供水能力1266万立方米。三是提高粮食生产能力。2010年小型农田水利重点县建设项目完成后，预计年新增粮食生产能力2.58万吨，年新增经济作物产值1832万元，农民群众人均年增收184元，有13万农民群众从中得到了实惠。四是通过对灌溉工程维修改造，拉直了渠道、平整了坡面和渠堤、规范了断面，水利工程环境美化了，水土保持加强了。

〔**农村人口安全饮水项目建设**〕 2010年南康市新建集中供水工程5处，管网延伸1处，其中千吨万人工程2处即镜坝、朱坊农村饮水安全工程，百吨千人工程3处即浮石、赤土花园河坝富田少数民族村、赤土爱莲集中供水工程，解决农村饮水不安全人口3.2万人。唐江镇自来水管网延伸到木塘、章石、平田工程1处。工程总投资1826.56万元，其中中央投资933.84万元，地方投资680.72万元，群众自筹212万元。工程建成后受益村24个，受益村民小组212个，受益人口3.89万人。一是认真做好项目申报工作。结合新农村试点村建设，将新农村建设试点村(组)尽可能纳入了计划范畴，实现农村饮水安全工程与新农村建设改水工程全面衔接。对需要实施的地方，严格审查，并派技术人员深入实施点调查研究，充分论证，确保条件成熟一处开工建设一处，切实解决群众饮水难。二是优先考虑依托现有城镇自来水厂扩大供水范围。通过对部分水厂的扩容、陈旧管网更新改造，增建增压泵房等措施提高供水范围。同时创新投融资渠道，推进建设千吨万人供水工程力度，通过产权、经营权的创新，吸引多方资金投资兴建千吨万人供水工程，以解决工程建设资金不足的问题。三是积极落实管理主体。通过实行受益村自行参与建设和管理的模式进行运作，按照“建管并重”原则，一手抓工程建设，一手抓后续管理，让受益村、组参与工程的建设，并积极参与后续管理，确保“民生工程”发挥长远效益。四是狠抓工程建设，确保工程质量。对施工队伍资质进行严格审查，公开招标选择施工队伍，在确保质量的前提下，择优选用报价合理的施工队伍；严把施工材料关。要求所有建设材料及设备必须是政府统一采购的产品。由项目所在地群众代表和施工技术人员对材料全程进行监督，以保证材料质量能长期使用。工程技术人员全程监督施工过程，竣工后，将组织工程技术人员、施工单位、群众代表和施工地党委、政府负责人进行联合验收，不合格工程坚决不予验收。

〔**章江灌区项目建设**〕 南康市大型水利项目—章江30万亩灌区续建配套与节水改造项目，2010年是实施章江灌区续建设配套与节水改造工程第三年，该项目又列入了全市重点项目“双百”工程。该项目总投资1700万元，其中之一中央资金1500万元，市本级配套资金200万元。按照省水利厅的要求，组织技术人员开展对计划实施的章惠渠北干渠渠道进行勘测、丈量、编制完成了《章江灌区续建配套与节水改造项目2010年度实施方案》，全部通过省水利厅评审批复后组织实施。主要建设内容是：章惠渠灌片北干渠渠道及渠系建筑物等续建配套和加固改造工程建设。该工程项目于2010年10月22日完成工程监理招标，11月22日完成工程施工招标，施工单位12月1日正式进场施工。

〔**水库除险加固**〕 一是完成了国家专项（668规划）内梅源、水源、石孜垇、红卫和坳源等5座小(一)型病险水库部分工程投入使用任务。二是切实抓紧新列入国家专项规划(666规划)内大坑、文峰、黄龙、横寨、寒坑、龙虎陂、上洛等7座小(一)型病险水库除险加固实施的勘测、设计、评审、批复等前期工作。计划需开工建设的大坑、文峰等2座水库于11月25日在赣州市公共资源交易中心完成了招标工作，施工单位于12月2日进场开工建设。三是抓好小(二)型病险水库应急除险。按照省、赣州市的要求，全市要完成37座小(二)型病险水库的应急除险任务。制定了全市小(二)型病险水库应急除险实施方案。落实责任，按照属地管理，分级负责的原则，逐级、逐座落实行政、技术责任。落实资金，每座水库安排了10万元资金。(其中省、市每座5万元，本级配套5万元)，总投资370万元。37座小(二)型水库于12月初全部开工,逐座水库倒排工期,控制时间节点。

(陈华英)

〔领导班子名录〕

局　长:肖建国

总支书记、副局长:吴垂非

副局长:王建芳

　　　　洪水生

　　　　廖肇蔚

总工程师:邹庆荣

(编辑:赵剑)

工　业

市工信局

〔综述〕 2010年5月,南康市工业和信息化局由原先的南康市经济贸易委员会更名而来。2010年,市工信局在市委、市政府的领导下,紧紧围绕年初确定的经济发展思路和目标,认真贯彻落实科学发展观,坚定不移地实施主攻工业的战略,以园区工业发展为重点,以企业投产见效为抓手,继续加大工业经济运行调度力度,狠抓机关效能建设,妥善处理综治矛盾,各项工作取得显著成效,全市工业经济继续保持了平稳较快发展的势头。2010年被赣州市工业和信息化委员会评为"二0一0年度墙体材料革新工作先进单位"、"二0一0年度散装水泥和预拌混凝土工作先进单位"。

〔机构队伍〕 市工信局内设机构有人事秘书科、党群办公室、经济运行科、行业管理科、招商与规划科。南康市工业研究中心与南康市墙体材料革新领导小组办公室属市工信局下属单位。市工信局机关现有行政编制14名,工勤编制2名;局长、党委书记1名,副局长3名,工会主席1名,主任科员4名,副主任科员2名。

〔经济运行〕 2010年,市工信局积极贯彻落实国家、省、赣州市刺激经济,扩大内需的各项政策措施,加强工业经济运行调度力度,工业经济保持了良好的发展态势。

1、*工作成效*。2010年度,全市规模以上工业克服重重困难,继续保持较高的增长态势,1~12月份,全市工业累计完成工业总产值141.26亿元,同比增长34.4%;完成工业增加值37.22亿元,同比增长19.6%;实现税金18178万元,其中地方规模以上工业企业实现总产值108.92亿元,同比增长54.6%;完成增加值22.61亿元,同比增长24.1%;实现销售收入107.49亿元,同比增长53.2%;实现利税8.50亿元,同比增长38.6%。

2、*主要措施*。为真正服务民营企业,全力帮助企业排忧解困,按照市委、市政府要求,市局组织了专门力量深入企业,向企业宣传国家、省、赣州市的相关政策措施,积极帮助企业开展融资活动。同时,积极深入企业,掌握企业投资、设计生产能力、产品用途、发展规划、前景等企业基本情况信息,建立和完善规模以上企业、重点企业、重点在建项目档案,为市委、市政府及时了解工业运行现状和长远发展布局提供详细资料。建立重点企业挂点服务机制,对全市60户重点企业全部实行班子成员和科室挂点责任机制,做到挂点人员、科室每月必到企业走访一次,及时了解企业生产经营状况,协调相关部门解决在职责范围内可以解决的企业问题。积极向上争取项目,成立了领导小组,沟通了省、市项目申报渠道,2010年,赣州德普特科技有限公司通过市局申报高新技术产业技改项目,已获得国家财政技改贴息资金160万元。

〔行业管理〕 市工信局加强了对废旧物资回收、成品油市场、资源综合利用等的监管和治理，规范生产经营秩序，使全市的各类市场健康、有序的发展。

1、认真做好全市废旧物资回收经营企业资源综合利用认定工作。2010 年新办理 2 家再生资源回收经营者备案登记证明，并对原来的 8 家企业进行了年度验审。

2、对加油站进行了年审工作，对龙华加油站纠纷进行了调解，对唐江九驳桥和坪岭加油站进行了选址，查处“三合一”违规加油点。

3、开展了严厉打击冶金、有色行业非法违法生产经营专项行动。

4、起草《南康市 2010 年企业节能实施方案》，督促耗能大户建立节能台账，制定淘汰落后产能时间表；起草《通信应急预案》、《煤电油运应急预案》；定期上报机关能耗数据。

〔墙材革新〕

加大了“禁实”力度，力促墙材革新工作上新台阶。南康市被国家四部委定为国家第三批禁止使用实心粘土砖城市，市工信局高度重视，在确保新型墙体材料专项基金足额征收的同时，加大了“禁实限粘”和推广新型墙材力度，2010 年 12 月初，南康市禁实工作得到了省禁实检查组的高度评价，顺利通过了省检查组的验收，准备迎接国家的验收检查。

加强了散装水泥、发展商品混凝土的推广工作。2010 年，市工信局通过自身执法和联合执法相结合，制定了行之有效的措施，进一步加大了“禁现”执法力度，彻底淘汰落后的现场搅拌施工方式，继续大力推动散装水泥和商品混凝土的发展及应用，实现清洁生产，提高工程质量和施工效率。在依法管理的推动下，全市散装水泥工作取得了跨越式发展，基金征收和“禁现”工作均居赣州其他县市前列。

〔党建工作〕 1、认真学习宣传党的十七届四中、五中全会精神。党委下发文件，要求基层支部组织学习，深刻领会全会精神，并且要求领导干部带头学，在深入学习、加深理解、全面掌握上下功夫，为广大党员干部做好表率。广大干部职工认真学习有关文件精神，撰写了读书笔记。

2、以深化“讲党性、重品行、作表率”活动为载体，加强党组织队伍自身建设。突出党性锤炼，强化思想建设。严格执行政治学习例会制度，进一步提升党务工作者的政治素养和业务素质。领导干部带头，树立榜样，全体干部职工共同参与，取得了良好的效果。

3、执行廉政准则，深化廉洁自律工作。党委以科学发展观为指导，加强党的作风建设，要求广大党员加强党性修养，树立和弘扬优良作风，贯彻落实好《中国共产党党员领导干部廉洁从政若干准则》，深入推进党风廉政和惩防体系建设，做到与时俱进，进一步加大反腐倡廉教育力度，加大内部监督力度，确保履行承诺，提高执行的自觉性，规范依法行政，廉洁办事行为。

4、开展创先争优活动和学习焦裕禄活动。扎实开展创先争优活动，为党建工作增添活力，各基层支部以创先争优活动为抓手统筹推进党建工作，充分发挥党组织和党员的战斗堡垒作用和先锋模范作用，不断提高党支部的战斗力。在学习焦裕禄活动中，进一步引导党员干部树立亲民爱民、艰苦奋斗、无私奉献、清正廉洁的作风。

〔作风建设〕 2010 年，市工信局以开展创业服务年活动为契机，活动主要围绕着建立完善重大产业项目招商引资和建设管理协调推进机制、建立健全投资创业服务体系、进一步优化创业环境、深化机关作风建设、营造服务创业的浓厚氛围“五项重点工作”来开展。经过开展创业服务年活动，市工信局在优化发展环境、提高工作效率、提升干部素质、提高服务质量等方面都有了进一步的改进。同时，进一步加强了机关制度建设。严格执行《机关日常管理制度》，坚持开门办公、挂牌上岗、首问负责制和 AB 岗制，坚决杜绝门难进、脸难看、事难办情况，切实改变机关“软、散、懒”问题，夯实了机关的作风建设，使机关各项工作逐步进入有规可循、有规必循、执规必严、违规必究。

（曾广恩）

〔领导班子名录〕

党委书记、局长：胡伏生

党委副书记：伍祖培（　　~2010.11）

副局长：谢水林

　　　　卢新华

袁长钧(2010.10~　　)
纪委书记:肖礼锋(　　~2010.10)
工会主席、墙革办主任:陈　斌

农机局

〔综述〕 2010年,南康市农机化工作在市委、市政府的领导和上级业务主管部门的精心指导下,坚持以邓小平理论、“三个代表”重要思想和党的十七大、十七届四中、五中全会精神为指导,全面贯彻落实科学发展观,紧紧围绕市委、市政府“一个继续坚持、两个着力把握、六个扎实推进”工作部署,努力实现“2316”工作目标(即抓住两个基本点,实现三个新发展,建设一支硬队伍,全面提高六个方面工作水平)。抓住两个基本点就是:完成购机补贴任务、杜绝较大农机事故;实现三个新发展就是:管理推广新发展、服务组织新发展、基地建设新发展;建设一支硬队伍就是:建设一流工作队伍;全面提高六个方面工作水平就是:提高装备水平、安全水平、作业水平、助农增收水平、示范水平和服务水平,促进了农机化又好又快发展。南康市连续三年被评为全省农业机械化促进先进县(市),并获得2010年度赣州市水稻机插推广工作先进单位和赣州市发展农机专业合作组织先进单位;南康利农农机专业合作社被评为赣州市先进农机专业合作社;局机关冯勇同志荣获“2010年度全省农机系统优秀信息员”、李罔忘同志荣获“2010年赣州市水稻机插推广先进个人”。

〔机构队伍〕 1、南康市农业机械管理局是南康市农业和粮食局下属正科级事业单位,参照公务员管理。办公地址在南康市蓉江街道泰康西路109号。

局内设科室5个,即人事秘书科,农机管理科,农机技术推广科,农机学校和农机安全监理站。下属企业2个,即:南康市汽车配件制造总厂,现正处在改制过程中;南康市拖拉机站于2003年底成功进行了改制。目前2个企业留守人员各1人,负责企业改制工作和改制后相关事宜。全市20个乡(镇、街道)均有农业服务中心,下设农机站。

局机关干部职工35人,其中在职18人,临时工2人,离退休15人。

局机关岗位设置:局长1人,副局长2人,主任科员5人,报帐员1人,科(站)长5人。

2、南康市汽车配件制造总厂属市农机局下属企业,地处南康市唐江镇新唐江路43号。根据市政府办公室“要求市农机局在房地产市场转暖时,对农机厂资产进行公开拍卖,安置企业职工”(康府办字〔2008〕106号)抄告单精神,市局启动了企业资产变现工作,于2010年4月19日,在市招投标中心对农机厂房地产进行了公开拍卖,拍卖金额为2211万元。后因该宗土地的规划设计条件不符合唐江镇总体性控制规划而流拍。

3、乡镇农机站。全市20个乡(镇、街道)均有农业服务中心,下设农机站,现有农机技术人员20人,属财政全额拨款事业编制。农机站人员工资、福利由市财政和乡镇政府共同负担解决。农机站实行两级管理,业务由主管局指导,人事由市委组织部和乡镇共同管理。

〔农机应用与管理〕 2010年,在农机购机补贴惠农政策的鼓励带动下,全市农业机械拥有量大增,农机总动力达到50.94万千瓦,增长15%;拥有拖拉机3565台,75596千瓦;拖拉机配套农机具5907台(套),其中大中型拖拉机配套农机具28台(套);耕整机4711台,18844千瓦;水稻插秧机29台,78千瓦;联合收割机135台,3211千瓦。在农业机械应用中,种植业机械最多,依次是农副产品加工机械、运输机械、果(林)业机械、渔业机械和农田基本建设工程机械。

全市农机作业服务产业化、专业化、社会化水平明显提高。2010年,全市大力推广使用水稻生产全程机械化和果业生产机械化技术,加强组建农机专业合作社和扶持发展农机大户工作。同时,培育农机作业服务市场,积极开展了跨区作业服务。一是引进市外高性能联合收割机400多台跨区来南康作业,规范建设好农机作业服务市场;二是引导并组织联合收割机,远赴河南、四川、重庆等地开展水稻、小麦跨区机收作业服务,提高了农机装备利用率和农机经营效益。并于今年春季在横寨乡寨里村成功举办了赣州市水稻机械化插秧技术演示会,取得了良好效果。5月13日,省农业厅党委书记、厅长毛惠忠同志到南康市考察调研,对农机化工作给予了高度评价。

全年完成机耕作业面积513000亩,其中水稻机耕面积497865亩、花生机耕面积15135亩；机械化插（抛）秧面积25080亩，其中机械化插秧面积23100亩；机械化收获面积231375亩；机械化秸秆还田面积82740亩；机械脱粒粮食达18.85万吨；机械加工农副产品数量84.56万吨；农机运输作业量8191万吨公里；农业生产农机作业实际耗油9531吨；农机化作业收入达18390万元。

加强对农机维修网点、农机产品质量监督及农机化投入的监管力度。全市农机修理厂及修理网点机构51个，从业人员182人；农机流通经销企业1个、从业人员6人，农机经销点51个、从业人员102人；社会化拖拉机驾驶培训学校1个，从业人员6人。全年农机化投入3083.5万元，其中中央财政投入农机购置补贴资金359万，地方财政投入119.5万元，农民个人投入2605万元。开展了“3·15”打击假冒伪劣农机产品专项整治活动，查处假冒伪劣农机产品（零配件）23件，受理并协调解决农机产品“三包”服务投诉1起，净化了农机市场经营秩序，维护了农机手合法权益。

〔农机供应和修造〕 2010年，全市农机总动力达50.94万千瓦，拥有各类拖拉机3565台，配套农机具5907台套；水田耕整机4711台，手扶拖拉机配套旋耕机1167台，中型拖拉机及旋耕机、铧式犁28台套；插秧机29台，抛秧机38台；联合收割机135台，机动脱粒机20366台；农用运输车2038台，拖拉机变型运输机2370台，农田基本建设工程机械156台。全年新增推广插秧机13台，水稻联合收割机33台，稻麦脱粒机574台，油菜收获机械1台，中拖2台，旋耕机84台，手拖70台，耕整机634台，微耕机278台，机动喷雾器146台，喷灌机117台，饲料粉碎及混合机19台，割灌机9台，水果分级机3台，水果打蜡机2台，盘式拖拉机2台，固液分离机（车）1台，水稻机械化插秧育秧硬盘4660片，其他各类农业机械3000多台。受理申请果园节水灌溉设备改造农户103户，完成面积3834亩。全市农业机械原值18146万元，净值12348万元。

全市农机修理厂及修理网点机构数60个，有三级修理网点51个，专项维修点9个，拥有农机维修技术人员205人，其中持证上岗人员131人，获得农机职业技能监定证书人员3人。乡村农机修理人员5793人。全年维修拖拉机1871台次，维修联合收割机218台次，维修水稻手扶式插秧机21台次，维修运输机械13224台次，维修其他农机具31532台次。全年农机修理收入达452万元。

〔农机服务组织及农机专业户〕 2010年，市农机局从信息、资金、政策和技术培训服务等方面扶持农机专业合作社发展，并协助做好农机合作社登记、宣传培训、争取银行贷款、税收优惠等方面的服务工作。整合龙回镇、蓉江街道办事处和坪市乡现有农机装备资源，分别新注册成立了南康市利农农机专业合作社、南康市兴隆农机专业合作社和南康市金丰农机专业合作社；加强扶持发展农机大户工作，新培育发展农机固定资产20万元以上的农机大户10户。全市农机化作业服务组织及农机户20080户，其中农机固定资产20~50万元的农机合作组织6户，农机固定资产50万元以上的农机合作组织2户，农机固定资产20~50万元的农机大户13户，农机固定资产50万元以上的农机大户1户，农机化作业服务专业户2822户；农机服务组织及农机专业户农机经营收入达18390万元，其中农机化作业收入17517万元；农机维修收入452万元。

2010年，全市共8家农机专业合作社，有社员385人，拥有插秧机、中拖及旋耕机、联合收割机、手扶拖拉机、耕整机、碾米机以及农产品加工机械等各种类型的农业机械405台套。合作社采取机具入股的形式，服务和经营实行“六有六统一两公开”，即有独立法人资格、有规范管理制度、有良好办公场所、有健全组织机构、有新型配套机具、有招牌公章帐号；统一信息服务、统一分工耕作、统一收费标准、统一收支结算、统一机械加油、统一保养维修和社务公开、财务公开。

2010年，农机服务组织及农机专业户发展势头良好，呈现以下三大特点：一是服务范围从农田作业、农用运输和农副产品初加工拓展到农林牧副渔各行业，并逐步延伸农副产品再加工领域，提高农产品附加值。二是农田作业机械向马力大、性能优，生产企业售后服务好的中、大型农机发展，充分发挥新型农机合作组织作用，合理安排作业面积，组织农机跨村、跨乡、跨区作业，提高农机利用率，追求农机作业高效率高效益。三是农业机械向大户集中，并逐步发展为农机专业合作组织，加强与农技、农艺相结合，走规模化、标准化、产业化发展之路。特别是果业、生猪、蔬菜、花生的机械化技术运用,降低生产成本,提高了农业经营效益,加快了农业产业化进程,促进了农机事业又好又快发展。

〔**农机技术宣传与培训**〕 2010年,市农机局紧紧围绕市委、市政府“农民培训阳光工程”,按照市农民学院农机技术分院开展培训工作的要求,结合农机工作实际,重点开展了联合收割机、水稻机械化插(育)秧、果业节水设施改造和农机驾驶员等操作技能培训,举办水稻育秧、机插技术和联合收割机技术培训班5期,培训农机技术骨干685人。同时,大力开展了农机送教下乡活动,组织农机技术服务小分队22支,农机技术人员152人,深入乡村庭院,巡回田间地头,对农机手进行现场农机具检修、维护、保养和驾驶操作技能培训,帮助农机手检修农机具5521台次,举办了水稻育秧、机插秧现场演示会5次,普及了农机科技知识,提高了农机手农机技能操作水平。

2010年,制定了切实可行的农机宣传报道工作奖励措施,扎实推进农机宣传报道工作,做到了电视上有图片、广播上有声音、报纸上有文章,先后在《赣南日报》、《中国农机化导报》、《南方农机》以及省、赣州市专业刊物和中国农机化信息网、中国农业信息网、江西省农机化信息网、赣南农机化信息网等媒体发表信息208条,营造了良好的农机化发展舆论氛围。

〔**农机技术推广**〕 大力开展了“推进机插秧,创建高产县”活动,认真实施部级“水稻机插示范项目”,围绕农业主导产业生产,提高重要农时、重点作物、关键生产环节的机械化作业水平。在横寨乡寨里村、龙岭镇下坝村、龙岭镇金塘村、龙回镇坪沙村和蓉江街道洋坝村建立了5个水稻机插示范基地,示范面积达1850亩。全年全市新推广水稻手扶式插秧机13台,完成机插面积23100亩。并举办水稻育秧、机插现场演示会5次,水稻机械化收获现场会2次,培训农机技术骨干685人。强化了果业生产机械化示范区建设,重点抓了龙回~浮石、赤土~横寨、横寨~朱坊、太窝~三江等地果业生产机械化示范区建设,大力推广果园中耕除草、扩穴施肥、节水灌溉、机械化植保和果品分级打蜡等机械化技术。全年新增果园节水灌溉示范面积3800多亩。强化了生猪、蔬菜、花生等机械化示范区建设,把生猪、油茶、蔬菜、花生的机械化技术运用作为一项主推技术,配备相应机械,降低生产成本,提高经济效益。建立了横寨生猪机械化基地,东山文峰油茶机械化基地,蓉江华山蔬菜机械化基地,三江、龙岭花生机械化基地,努力实现了农业机械化事业全面协调发展。

农机推广工作主要措施:一是健全和完善市、乡、村三级农机推广促销体系;二是开展“送科技、维修人员、农机配件下乡”的“三下乡”活动;三是发挥农机专业合作社统筹安排农机作业服务,积极开展跨区作业,拓展农机服务领域,提高机械利用率和农机经营效益的示范带动作用;四是利用农机购置补贴资金调动农民购置农业机械的积极性。

〔**农机安全监理**〕 全市农机安全监理工作坚持“以人为本、安全第一,预防为主、综合治理”的方针,围绕关爱生命,安全发展这个主题,筑牢了预防和减少农机安全生产事故的防线。一是全面落实了农机安全生产责任制。建立和完善了“源头管理、执法监控、安全宣传”的长效管理机制,按照条块责任分工的原则,一把手负总责,将具体责任落实到人。加强了横寨乡农机安全示范乡,横寨乡黄田村、三江乡新红村农机安全示范村和全市的农机安全示范户建设。市、乡、村(农机手)三级层层签订了农机安全生产责任状,并实行安全生产倒查制和一票否决制,做到农机安全生产层层有人抓,级级有人负责,从源头上有效消除了农机安全事故隐患。二是加强了农机安全生产宣传教育工作。制作了宣传栏,开展了农机驾驶安全技能知识咨询活动,在相关媒体发布了农机安全生产常识,并发放农机安全生产宣传资料6500多份,给农机驾驶员发送农机安全短信5400多条,悬挂农机交通安全横幅标语5条,在全市营造了浓厚的农机安全生产氛围。同时,组织农机监理人员深入基层,开展农机监理工作业务咨询和法规宣传,加强了农机驾驶员的警示教育,增强了农机驾驶员遵章守法的自觉性。三是加强了农机安全执法检查,强化了农机监理业务管理。在农机安全生产百日督查专项整治工作中,对涉及农机安全生产的重大危险源和重大农机事故安全隐患的变型拖拉机、农机生产企业进行了全面督查,每个点都进行了不少于3次的督查，督查时间不少于40天，督查面达到了100%。并组织农机安全监理人员从严整治各种农机违法违规操作行为，对发现的问题及时抓好整改落实，重点做到五整治。即整治违章载人、超载、超速、酒后及疲劳驾驶；整治无牌无证、报废车辆上路行驶，整治拼组装农用运输车上路行驶；整治农用机械驾驶培训机构；整治农用驾驶员的考试发证工作。全年查处农用运输车超载、超速及酒后疲劳驾驶等农机安全生产隐患30起，杜绝了拖拉机载人、载客现象，全年未发生农机重特大事故，确保了农机安全生产。四是认真开展拖拉机（变型运输机）登记、驾驶证申领专项整治工作及购置补贴中、小型拖拉机，联合收割机的登记挂牌业务。规范了农机上户登记和管理规定，按照省级《拖拉机变型运输机通用技术条件》和省监理总站颁布的目录要求，严格遵守工作规范，全面落实岗位责任制，规范化、程序化办理农机监理业务，没有出现变型拖拉机异地、超标准、超目录、超范围挂牌现象。全年完成核发拖拉机牌证438副，年检审拖拉机1472台。同时，认真做好今年购置补贴的中、小型拖拉机和联合收割机登记挂牌工作，登记挂牌率达到100%。

2010年主要农业机械拥有量

项目		单位 台（辆）	单位 千瓦	项目		单位 台（辆）	单位 千瓦
拖拉机及配套机械	拖拉机	3565	75596	农副产品加工机械	柴油机	1578	14199
	配套农机具	5907			电动机	5758	51103
种植业机械	耕整机	4711	18844		粮食加工机械	5134	
	机引犁	4713			油料加工机械	2283	
	手扶拖拉机	1167	12866		果品分级机	8	
	旋耕机	1194		畜牧业机械	饲料粉碎机	986	8678
	插秧机	29	78	渔业机械	增氧机、清淤机	227	681
种植业机械	抛秧机	38	114	运输机械	低速载货汽车	2038	70416
					变型运输机	2370	61698
	排灌动力机械	15614	65382	农田基本建设工程机械		156	13476
	农用水泵	16745					
	节水灌溉机械	83					
	机动喷雾机	261	358				
	联合收割机	135	3211	总动力合计		50.94万千瓦	
	机动脱粒机	20366	37188				

〔**农机购置补贴**〕 2010年，全市农机购机补贴工作通过召开专题工作会议、印发农机购机补贴政策和农机购机补贴机具产品目录等宣传资料、在电视上播放农机购机补贴目录等宣传广告、群发农机购机补贴手机短信、邀请农机生产企业举办农机购机补贴机具产品推介会、现场演示会等宣传手段，使农机购机补贴政策家喻户晓。按"公开、公平、公正、群众直接受益"原则，规范运作，自觉接受群众监督，受理申请农机购机补贴资金农民3221人，实现补贴资金434.1万元（其中有2710亩果园节水灌溉未出协议，补贴资金65.9万元），完成全年补贴任务的108.5%。

农机购置补贴工作实行"直补农民、差价购机、自由议价、定额补贴、结构优化、补完为止"的办法。具体操作程序为：一是申请与签订购机补贴协议。符合条件的购机者凭有效身份证明材料原件和复印件自愿向县级农机部门提出购机申请，经县级农机部门审核后，从网上下载并电脑打印出全省统一编号的农机补贴申请协议，并与县级农机管理部门签订购机补贴协议（一式三份，其中二份由县级农机部门保存一份,上报一份;另一份交由购机者,待其购机时交与补贴机具供货点)。二是付款购机。购机者凭购机补贴协议原件和身份证明材料复印件,在规定时间内一次性付清扣除财政补贴资金后的全部价款,提机;补贴机具供货点向购机者出具注有财政补贴金额和购机者实际支付金额的全额销售发票及“江西省2010年农机购置补贴证明表”(一式三份,其中二份交由县级农机部门保存一份,上报一份;另一份自留,待其结算资金时与补贴协议统一交付农机部门核销)。购机者付款后即提机。三是审核购机、建立档案。县(市)农机局进行核实登记,给机具喷上国家规定的标志与编号,并组织购机者本人与其购置的补贴机具进行人机合影以备案留存。建立相关档案资料。四是档案上报。补贴工作结束后,县(市、区)财政局和农机局及时将本县购机汇总表、购机用户一览表一式两份、购机补贴协议、购机证明表、购机者身份证明材料、发票存根联复印件报设区市财政局和农机局共同审核。五是资金结算。农机生产企业(或授权供货点)按县将购机汇总表、购机用户一览表(一式两份)、购机补贴协议、购机证明表、购机者身份证明材料、发票存根联复印件报设区市农机部门。在设区市农机部门和财政部门审核后,联合分企业将本市购机汇总表、购机用户一览表报省农业厅审核,同时将企业申报的结算档案报省农机局。农机生产企业(或授权供货点)在规定的时间内分市、县将购机汇总表、购机用户一览表报省农机局核查,并报送结算申请报告。省农机局在对设区市上报的材料和农机生产企业直接报送的材料进行审核无误后,向农机企业出具结算确认清单,并向省财政厅提出拨款申请。省财政厅在对拨款申请进行合规性审核后,直接向各农机生产企业(或授权供货点)拨款。

(杨修伟)

〔领导班子名录〕

局　长:卢致融(　　~2010.11)
　　　　邹正林(2010.11~　　)
副局长:幸垂明
　　　　刘涵龙

供电公司

〔综述〕 南康市供电有限责任公司总资产1.85亿元,境内110kV变电站4座,总容量216000kVA,35kV变电站7座,总容量78300kVA,35kV线路145.45公里,10kV线路1603.02公里,配电变压器2411台,总容量37440kVA。公司下设供电所16个,供电网络和服务网络遍布南康全市。

〔机构队伍〕 公司内设一级机构10个,分别为办公室、发展策划部、人力资源部、财务资产部、安全监察部、生产技术部、营销部、监察审计部、思想政治工作部、工会;下设二级机构25个,分别为线路工区、变电工区、客户服务中心、电费管理中心、反窃电大队、电能计量所、调度通信中心、后勤服务中心、物资服务站、蓉江供电所、南水供电所、金鸡供电所、龙回供电所、赤土供电所、龙岭供电所、潭口供电所、镜坝供电所、朱坊供电所、唐江供电所、凤岗供电所、十八塘供电所、龙华供电所、横市供电所、大坪供电所、坪市供电所。

2010年公司共有职工371人,其中男职工249人,女职工122人。研究生学历1人,大学本科学历46人,大学专科学历135人,中专学历30人(含技校学历),高中学历71人,初中学历88人;中级职称77人,初级职称76人,技师9人,高级工151人,中级工59人,初级工3人。

〔电网建设〕 公司全面履行企业的社会责任,主动对接南康“十二五”经济社会发展总体规划,进一步完善电网“十二五”规划,不断加快电网建设的步伐。一是加大电网建设力度。新建蓉江(岭背)110kV变电站工程,工程投资1065.8万元,主变容量40MVA,成为本批次农网110kV输变电工程中首个顺利投运的变电站。220kV坪岭变配套间隔工程和蓉江(岭背)110kV输变电工程配套光纤通信工程正在紧锣密鼓地进行。投资1350.3万元,完成了110kV岭背变至南西线T接线路工程和110kV坪岭至蓉江(岭背)输电线路工程。二是做好2010年农网改造升级工程。根据上级文件精神,完成可行性研究工作,做好新建35kV坪市输变电工程和10kV及以下配电工程。三是完成了2010年农网冰改工程。该工程投资425万元,新建了35kV十八塘变电站,新建改造了35kV及10kV共计6.73千米。四是投资544.3万元,完成了2008-2009农网专项工程扫尾资金和剩余资金工程。五是加大对线路设备维护改造的力度，确保了迎峰度夏、度冬、世博会期间的可靠供电。改造10kV线路11条，共计10.06公里，新建10kV线路3条，共计3.76公里，新立电杆107基，线路新装10kV断路器14台，更换配变37台等，有效改善了电压质量。六是规范了工程管理各参建单位职责。强化了10kV及以下配电工程监理制执行，对施工单位职责进行了规范，履行了工程安全、质量、进度管理等职能。加强了业主项目部建设，动员全公司干部员工参与到新一轮农网升级改造工程当中，加强了工程管理力量。七是科学编制南康电网“十二五”规划。公司按照赣州供电公司的部署，组织着手开展“十二五”电网规划的编制工作，并做好与地方经济发展规划的有机衔接，确保电网规划落到实处，成为南康国民经济和社会发展总体规划强制性文本。

〔**安全生产**〕 为全面实现年度安全生产工作目标，公司坚持“安全第一、预防为主、综合治理”的安全生产工作方针，树立安全与稳定是“第一工作、第一责任、第一效益”的“三个第一”意识，认真抓好各项安全工作的落实，使安全工作有序开展。公司全力以赴做好运行管理、值班保卫工作，确保了迎峰度夏和春节、国庆等重大节日的保电任务，全年未发生生产人身伤亡事故、大面积停电事故、主要设备严重损坏事故、电气误操作事故，未发生交通事故和消防事故。截止2010年12月31日，实现连续安全运行3926天，公司被评为赣州供电公司安全先进单位。

〔**优质服务**〕 公司将行风建设和优质服务作为企业的中心工作来抓，努力做到“让政府满意、让社会满意、让客户满意”。一是建立健全了企业内部管理制度，不断完善大客户经理负责制，提前了解市“双百”重点工程，跟踪落实重大招商引资项目客户的用电需求；建立健全了服务投诉监督机制，严格执行受理时限，公布投诉电话；建立了完善的事故抢修制度，严格要求在规定的时间内到达抢修现场；实行挂点联系客户制度，定期组织召开行风监督员座谈会，听取对供电工作的建议和意见。二是创新优质服务举措。推出了一站式服务，工程预算全部归口到客户中心办理，实行“一口对外，内转外不转”；进一步规范了电力工程费用，将工程物资材料进行统一招投标，并将中标厂家、物资材料型号、价格向社会各界公示，并做到适时更新。三是积极构建了和谐的供用电关系。在政府网上公开了《致全市用电客户的一封信》，在安全用电、诚信用电、支持全民创业等方面给广大用电客户给予了温馨提示，构建了和谐的供用电关系。公司工作得到了南康市委、市政府充分肯定，专门下文要求全市各单位学习公司的先进经验和做法，为助推地方经济发展作出更大的贡献。

〔**经营管理**〕 供电量完成66067万千瓦时，比去年同期增加16227万千瓦时，增长32.56%；售电量完成60053万千瓦时，比去年同期增加15243万千瓦时，增长34.02%；实现售电收入39250万元；实现利润总额97.3万元；综合线损率完成9.10%；实现税收602万元；电费回收率100%；电费回收实现结零。

〔**企业文化**〕 公司以服务地方党委和政府工作大局、服务电力客户、服务发电企业、服务经济社会发展为宗旨，以“努力超越、追求卓越”为企业精神，奉行“以人为本、忠诚企业、奉献社会”的理念，以建设电网坚强、资产优良、服务优质、业绩优秀的现代公司为目标，贯彻抓发展、抓管理、抓队伍，创一流工作思路，内强五方面素质，外塑五方面形象，向社会公开“三个十条”承诺，即供电服务“十个承诺”、“三公”调度“十项措施”、员工服务“十个不准”。

（王开黎）

〔**领导班子名录**〕

经理：谢兴华（2010.4～　　）
副董事长：谢凯林
书　记：谭洪浪
纪委书记：童观文
副经理：曾玉明
　　　　张　鹏
　　　　刘晓慧
　　　　郭胜斌
　　　　许　华
安全总监：冯　键

〔售电价格表〕

南康市销售电价表

单位:元/千瓦时

居民生活用电	非居民照明、商业用电			非工业、普通工业用电			大工业用电		农业生产用电			贫困农业排灌用电			非贫困农业排灌用电
	不满1千伏	1-10千伏	35-110千伏以下	不满1千伏	1-10千伏	35-110千伏以下	1-10千伏	35-110千伏以下	不满1千伏	1-10千伏	35-110千伏以下	不满1千伏	1-10千伏	35-110千伏以下	
0.600	0.995	0.980	0.965	0.753	0.738	0.723	0.612	0.597	0.700	0.685	0.670	0.390	0.375	0.360	0.590

注:1、上表大工业电价为电度电价。基本电价按变压器容量28元/千伏安/月或最大需量42元/千瓦/月计算

2、非居民照明和商业用电分类中,三星级及以上宾馆、饭店用电价格降低10分钱。

3、执行依据:根据赣发改商价字〔2009〕2079号文件精神,自2009年11月20日起执行。

民营企业管理

〔综述〕 2010年,全市民营经济工作在市委、市政府的领导下,按照“一个继续坚持,两个着力把握,六个扎实推进”的工作部署,以做大经济总量为核心,以项目建设为主抓手,做了大量工作,取得了一定的成绩。截止12月31日止,全市民营企业达24204户(含个体工商户)。其中,新增个体工商户6890户,增长12.1%,个体工商户达到23096户;新增私营企业198户,增长17.2%,私营企业达到1108户。

〔机构改革〕 根据中共南康市委、南康市人民政府关于印发《南康市人民政府机构改革实施方案》的通知(康字2010年20号)精神,市中小企业局更名为市民营企业管理局(挂市手工业合作联社牌子),由市政府直属事业单位调整为市工业和信息化局管理的正科级事业单位。市民营企业管理局的三定方案已于2010年6月底上报市政府审批。原中小企业局的内设机构有:人事秘书科、规划发展科、民营经济科、科教信息科、合作指导科、外经贸科。局机关原核定编制27人,其中局长1人,副局长2人。截止2010年12月底,机关实有局长1人,党总支书记1人,副局长2人,工会主席1人,一般干部19人,共计24人。

〔职工培训〕 为了提高民营企业干部职工的整体素质,2010年,派出50名企业主到赣南师范学院商学院参加了为期一年的中小企业总裁高级研修班。组织100名企业家参加市农民学院举办的MBA课程班学习,推荐了2名业主参加省中小企业局与浙江大学举办的全省MBA班学习。同时先后聘请了国务院发展研究中心林泽炎教授,清华大学吴水龙博士,浙江大学陈方博士等高等院校教授、金融业专家为企业主和管理人员授课,培训人数达800多人次。

〔食品产业〕 2010年,全市食品产业实现了工业产值3.64亿元,完成全年任务的101%,完成税收350万元,比上年同期增加70%。截止2010年12月底,全市有食品企业316家,其中规模以上企业4家,已通过QS质量体系认证的企业有47家。

(邓延湖)

〔领导班子名录〕

局　长:谢宝菇(女)

党总支书记:康遇仙

副局长:肖锡云

　　　　钟　平

工会主席:刘建明

东山工业管理区

〔综述〕 东山工业区位于市区东部京九铁路与105国道交汇三角区域,距赣州黄金机场仅22公

里,105 国道、323 国道、京九铁路、赣粤高速公路、规划中的昆夏高速公路邻区而过,区位优势明显。园区周围有南康火车站、南康汽车站、自来水厂、变电站、电信大楼、邮政大楼、第六中学、第六小学、逸夫小学、国际家私城和国际服装城,商业、服务业、社会公益事业配套完善。

2010 年,园区累计入园企业 165 家,其中投产企业 98 家,完成基础设施投入 13550 万元,合同签约资金 6.3 亿元,实际到位资金 5.4 亿元,实现税收 18850 万元,实现销售收入 64.2 亿元,比上年增长 62.5%,出口创汇 5.8 亿元,从业人员达到 14356 人。

〔机构队伍〕 南康市东山工业区为市政府直属一级事业单位,定编 10 人,在编人数 10 人,下设综合管理科和企业管理科,经费实行财政全额拨款。

〔园区建设〕 东山工业区于 2001 年 7 月动工建设,规划总面积 3200 亩,按照“政府协调服务,社会资金投入,市场化运作,公司化管理”的建设模式规范运作,实行“引凤筑巢”与“筑巢引凤”并举,建园与招商并重。在产业选择上,以劳动密集型产业和高新技术产业为重点,兼顾地方传统产业,目前园区已形成服装针织、竹木精深加工电子机械等三大产业。

1、基础设施建设。一是道路建设:共投入资金 3000 多万元,基本完成了园区内的主干道硬化、绿化、排水、亮化工程。二是供水、供电设施建设:相关部门给予了大力支持,共架设高压线路 4 公里,供水管道 3 公里,较好地保证了园区高速提升的用水用电需求。三是河流改道工程:完成 2.5 公里的河流改道,为园区用地及保证园区企业和群众排水创造了好的条件。四是通讯、闭路电视管线建设:线路从无到有、从短到长、从一般管线到光纤上网,已经全面遍布园区。

2、土石方工程建设:共招投标工地 3 个,总工程量近 200 万方,基本能按合同工期完工,较好地保证了入园项目的施工按计划进行。

3、安置点建设:2010 年着重抓好安置点的道路硬化、绿化,水、电、通讯、闭路电视等管线铺设,使园区五个安置点基础设施日益完善,较好的缓和了社会矛盾,有力的促进了征地拆迁工作的顺利进行。

〔园区企业〕 2010 年园区共引进中啓制衣、千秋食品等企业,从 2010 年 5 月交付土地后,两企业抓紧施工进度,目前基本完成了厂房及办公楼主体工作的建设。格棱电子有限公司完成厂房建设。

〔园区管理〕 1、规划管理。为提高和维护园区的整体形象,园区着力抓了规划管理:一是建立了规划报审制度,所有入园企业建设前都必须报规划方案,经初审后,再报市规划部门审定,有些大项目还必须报市分管领导审核;二是建立了按报审规划验收制度,即入园企业必须按审批通过的规划进行施工建设,否则验收时不予通过,而且必须在完善后才会给予办理土地使用和房产证;三是加强了规划监督,对投产后又违规搭建的建筑物,给园区形象造成影响的,建立了限期拆除制度。

2、环境管理。一是协调好了市环卫处部分接管了园区主干道,保证了园区道路和企业的卫生条件;二是邀请市城管大队协调,对园区主干道上违规乱堆乱放原材料、建筑材料的现象进行大力度的整顿,经过几次整顿以及城管大队的巡逻,目前这种现象得到取基本遏制;三是邀请市物业公司对园区摊点进行了整治,做到了按时有序进行;四是鼓励入园企业加大厂区绿化工作,朝绿色生态园区逐步迈进。

3、安全生产管理。园区建筑工地、生产企业众多,不断地派人不定期进行安全检查,及时下发安全生产通知进行预警,努力把事故降到最低。

4、综治管理。会同园区派出所,园区的综治工作迈上了新的台阶,多次接受省、赣州市领导及有关部门的检查和考察,得到了高度评价。特别是溢丰织造厂,其综治工作已成为了外资企业的样榜。园区偷、盗、抢、斗殴现象明显下降。

(朱穆超)

〔领导班子名录〕

主任:吴　皓

党总支书记:陈丽萍(女)

副主任:刘安胜

　　　　赖积谋

工会主席:申明东

龙岭工业管理区

〔**综述**〕 龙岭工业区管理办公室辖龙岭工业东区和西区，实际开发面积3930亩，其中东区1183亩,西区2747亩。

龙岭工业东区位于南康市龙岭镇金龙居委会，距南康市区8公里、赣州市中心18公里,临105国道，交通便利，区位优势十分明显。园区2003年由市政府投资启动开发建设。东区产业以精细化工、金属矿产品加工、电子等为主导,已入园投产企业有华亿公司、立生化工、广大化工、华利纸品、侨宏渔具、小兰金属、国鼎家具、木牛家具等28家,2010年企业生产总值7亿元,上缴税收超过5000多万元。

龙岭工业西区位于南康市龙岭镇李家山,距南康市区6公里、赣州市中心20公里,紧临大广高速公路和105国道、323国道,基础设施总投资1.5亿元。到2010年底,入园企业55家,企业生产总值16亿元,已投产的企业有罗边玻纤、华洲木业、钧茂金属、南山锡业、开源矿业、德普特电子、元博电子等19家,在建企业23家。预计全部达产达标后年产值可达50亿元，实现税收3.5亿元，安排就业近万人。园区规划坚持生态化、城市化理念和集约、节约用地原则,充分利用存量土地和荒山荒坡开发建设。产业布局以电子、机械制造、有色金属深加工为主，规划有大型物流中心和商务区。园区开发建设采取“整体规划设计、快速拉开框架、基础设施一步到位、高质量引进项目”的模式。西区232亩商业用地地块已公开出让,进入商业运作。第一批规模748多套的市民公寓建设已破土动工,年底接近封顶。饮食娱乐城正在筹划之中,一个环境优美、特色鲜明、功能完善,集生产、生活、娱乐于一体的“城市新区”已现雏型。

〔**机构队伍**〕 根据南康市委、市政府康字〔2010〕20号《关于印发〈南康市人民政府机构改革实施方案〉的通知》,将南康市龙岭工业管理区更名为南康市龙岭工业区管理办公室，仍为市政府正科级事业单位,职能不变。实际在编11人,其中主任1人,总支书记1人,副主任3人,工会主席1人;大学本科学历2人,大学专科学历7人,中专学历2人。下设人事秘书科、规划基建科,企业服务科,单位经费由财政全额拨款。

〔**园区建设**〕 1、全面完成龙岭工业西区一期剩余公共设施基础建设,水、电、路绿化、亮化、美化等工程已基本到位。

2、西区二期高速路管养中心地块土石方工程已完成90%以上工程量;道路及排水工程,(一标、二标)完成60%工程量。

3、参与、配合市家具产业园配套设施建设,完成家具产业园龙岭配套安置点规划设计，年底家具产业园李家山安置点土石方、及道路排水工程基本完成；秀峰安置点土石方工程完成50%工程量；马鞍岭安置点土石方工程已招投标，即将施工。

4、矿产品交易基地道路、排水,王竹塘安置点剩余道路排水工程已完成招投标,即将施工建设。

〔**园区管理**〕 1、按照《南康市工业项目用地管理实施办法(试行)》(康府发〔2010〕17号),严格进行项目监管。对申请入园购地的工业项目进行初审,提出初审意见供市政府参考决策;对园区企业严格跟踪管理,对不符合行业、产业用地规划,不按合同要求建设的企业清理出园。

2、按照康办字〔2010〕115号关于印发《南康市清理工业园区入园企业闲置用地工作方案》的通知，配合有关部门开展了园区企业闲置用地清理工作,完成了调查摸底、重点调查、立案清理几个阶段的工作，对有关违规用地的6家重点企业进行了整顿处置。

3、对新入园企业严格报批、报建、图审等程序,对不符合要求建设的企业下发“整改通知书”限期整改,确保按规划、图纸施工。

4、加强安全生产管理。经常组织企业负责人召开安全生产专题会议,研究部署安全生产工作。层层鉴定安全生产责任状,落实安全责任,会同有关部门定期不定期进行安全检查,排查安全隐患,落实整改措施,安全生产形势得到明显改善,一年来未出现大的安全事故。

〔**园区服务**〕 一是积极协助企业办好各种证照。年内为12家企业办理各种证照、证书;二是帮助解决华利纸品、金亿工贸、颖正塑胶、三联鞋业因赣南大道征地拆迁而破坏的供电、供水、通电设施，保证了企业的正常运转；三是想方设法帮助企业解决招工难问题。帮助企业组织参加市政府组织的大型招聘会，深入企业了解企业缺员信息，利用各种途径为企业寻找所需员工；四是帮助企业培训员工，提升员工整体素质。以南康市农民学院龙岭工业区分院为依托，加强企业职工的岗前教育和文化技能培训，不断提高职工的综合素质，帮助培训员工300多人；五是履行职责，为企业解忧排难。年内，较好解决了南山锡业、华亿木业涉农污染问题的纠纷，处理了英华电子、开源矿业、华洲木业等企业安全生产方面等事宜。六是落实干部挂点企业制度，单位每个干部都对园区2-3个企业进行了挂点服务。七是着力改善园区环境，园区绿化、亮化、美化、卫生保洁等工作年底已全部移交相关部门管理，园区管理逐步纳入管理体系，园区面貌进一步改进。

〔**招商引资**〕 3月，成立招商小分队，开展招商引资工作，与江西南方水泥有限公司达成投资意向，江西南方水泥有限公司有意在南康投资年产200万吨水泥粉磨站一期工程，双方已签订投资意向合同；同时引进了投资300万美元的香港华展开润有限公司在东区投资办厂；另外投资6000万元的开源矿业电解铜生产线、投资8000万的小兰金属年产3万吨再生铝加工铝锭项目、投资1500万元，年产100万套五金制品项目生产线已列入我单位2010年招商引资项目，正在立项报批、申请购地。

〔**园区经济运行**〕 1、积极调度市“双百”工程。根据南康市委、市政府康字〔2010〕7号印发《关于推进2010年市重点项目“双百”工程建设的实施意见》的通知，龙岭工业区管理办公室对列入本单位为服务单位的康加电子、浩园文具等“双百”工程工业项目积极跟踪调度，认真服务协调，较好完成了时序目标任务。

2、在建企业有新进展。由于调度有方，措施有力，一批在建企业建设进展较快。如振浩金属、华春新材料等企业有望在年底投产。

3、重点骨干企业发展有新突破。南山锡业、罗边玻纤、开源矿业、钧茂金属、华亿木业、华洲木业、小兰金属等重点骨干企业纷纷建设或扩建投产，发展态势良好，产销两旺，后势强劲，纳税高，对市财政贡献大，对拉动、辐射相关企业发展将起到重要作用。

2010年共计入园企业有30家。

目前，龙岭工业东区现有企业28家，其中化工企业6家，电子企业3家，家具企业13家，其他企业6家。

龙岭工业西区现有入园企业55家，其中建成投产的19家，在建的23家。

〔**党建工作**〕 按照机构改革要求，6月份组建了龙岭工业区管理办公室总支委员会。在总支的领导下，以增强班子和队伍凝聚力、战斗力为目标，积极加强党建工作。一年来单位党组织积极参与市委、市政府的一系列活动；改选了机关支部班子；积极开展党建带群建工作。在总支的组织协调下，在园区非公企业中组建了7个党组织，25个工会组织、6个团组织、5个妇代会，为企业健康发展增添了活力。华利纸品、华洲木业党群组织成为南康市非公企业党建带群建示范点；注重党员培训和新党员发展工作，所属园区支部共发展新党员4人，培养入党积极分子2人；总支组织召开了两次民主生活会，坚持民主集中制，开展批评与自我批评，解决单位出现的苗头、倾向性问题，突破解决园区发展的难点节点问题；组织参与了“全省读书博文大赛”，开通了龙岭支部博客，发布了10篇博文；一年来党建工作运转有序，有声有色，卓有成效。

〔**党风廉政建设**〕 以制度建设为重点，着力加强党风廉政建设。建章立制，从源头上预防贪污腐败现象的产生，加强财务、公务接待、公务用车管理；对拆迁户安置，工程招、投标等依法依规阳光操作，公开、公正、透明；加强警示教育，班子成员做到廉洁自律、坚持自重、自省、自警、自励；认真组织学习了新颁布的《领导干部廉洁从政若干准则》和党风廉政建设各项规定，班子成员签订了《领导干部执行廉洁自律规定公开承诺书》和《禁赌承诺书》，带头严格执行党风廉政建设责任制，严格要求自己，带头遵纪守法，争做廉洁自律、情趣高尚的表率，树立正确的人生观、价值观和权利观，自觉抵制不健康思想的侵蚀，做到权为民所用、利为民所谋，团结带领全体干部、为完成市委、市政府交办的任务为已任，不断开创工作新局面。

〔企业简介〕 南康市有色金属有限公司 南康市有色金属有限公司位于南康市龙岭工业西区,曾多次荣获南康市、赣州市和江西省“先进私营企业”。公司主要经营范围是锌等矿产品加工、销售,主导产品为电解锌、锌锭。法人代表:刘事芳,联系电话:13907978452、0797-6793135。

2009年,公司投资2.2亿元新上采用高新技术LBF综合回收高杂质锌物料中的有价金属技术改造生产线项目,设计规模为一期项目年产锌锭50000吨,总设计规模为年产锌锭100000吨。该项目利用低廉的原材料资源,选择先进科学的LBF工艺流程,技术上可行可靠,在同行业中具有技术领先,竞争力强等特点;项目使用的原料主要是含高杂质难于处理的废渣废料,通过分离提炼可使其中多钟不利于环境的金属变为有益于人类的宝贵资源,属于典型的节约型循环经济,符合当前国家的产业政策;项目完全投产后效益可观,社会效益是,对环境无污染。目前该项目厂房建设已全部完成,设备安装已全部完工,正在进行设备调试试运行阶段。一期项目投产后可安排260人就业,可实现年销售收入约16亿元,年纳税可达5000万元;总项目投产后可实现年销售收入约16亿元,年纳税约1.5亿元。

江西华亿有限公司 江西华亿木业有限公司成立于2004年,公司位于江西省南康市龙岭工业园东区,为南康市政府重点招商引资项目和南康龙岭工业园首个招商引资项目,占地面积230多亩。现有员工410人,其中,中专以上文化程度人员超过30%,各类专业技术人员83人。为进一步做大做强企业,实现国际化经营战略,公司先后引进格林施通金融投资公司、美国库恩资本等战略投资人,构建起了国际化的企业管理和资本运作平台,为公司的全面国际化扩展打下了坚实的基础。经过多年发展,公司已成为综合性林产工业企业,多次被赣州市政府授予“百强民营企业”、“金融信用单位”等荣誉称号;被江西省林业厅评为全省“十佳林业企业”和省级林业龙头企业;被省农业产业化领导小组评为“省级龙头企业”;被南康市政府评为“十大诚信企业”,被赣州市工信委评为2009年度工业“50强企业”。2010年1~12月,生产销售中(高)密度纤维板20.3万立方米,产销率100%。实现销售收入26529.86万元,实现税收1070.43万元。

赣州市德普特科技有限公司简介 赣州市德普特科技有限公司隶属深圳德普特集团,是一家专业从事触摸屏的研发、设计、生产、销售的高科技企业。于2008年8月20日开始筹建,2009年9月正式投产,工厂现有厂房37962平方米,现有员工320多人,设计产能每年达1200万片。公司与众多国内外著名的公司建立了客户或战略合作伙伴关系,如飞利浦、卡西欧、广电集团、长虹、创维、TCL、海尔、康佳等。

公司位于南康市龙岭工业园西区A8--A10段,占地面积57.41亩,该项目总投资6000万元,其中固定资产投资4900万元,流动资金1100万元。工程分两期进行,其中一期工程投资4000万元,于2009年9月份建成投产;二期工程于2010年元月11日动工兴建。

侨宏渔具(赣州)有限公司简介 侨宏渔具(赣州)有限公司位于南康龙岭工业园东区,公司主要生产钓鱼竿,产品远销欧、美、亚市场,在国际钓鱼竿制造行业中享有很高的声誉,是由英属维尔京群岛ReviewInternational Limited投资兴办的外商独资企业,法定代表人是品武雄先生,国籍/地区:中国台湾。

该公司于2006年9月办理工商注册,总投资200万美元,注册资本200万美元,拥有厂房面积7400多平方米。主要从事各类渔具、高尔夫球杆的生产销售。现有员工400多人,预计年可生产销售各类渔具、高尔夫球杆10万支,年产值150万美元。产品100%外销。

小兰金属加工有限公司 小兰金属加工有限公司位于龙岭工业东区,占地10亩,员工100人,2005年12月挂牌成立,注册资金300万元,主要回收各类废旧金属,加工、销售丰康牌序列铝锭。公司再生铝加工铝锭生产线自2008年10月点火投产,由于公司董事会强化管理、狠抓质量、抢占市场,短短两年的时间,公司生产的丰康牌铝锭就已经稳定占领江浙市场,呈现出产销两旺,供不应求的良好发展势态。投产至今,实现销售收入3亿多,上缴税收2500多万元。公司已成为南康新崛起的有色金属加工重点工业企业,已步入全省同行业先进水平,为南康经济发展作出了一定贡献。2009年成为南康市纳税第五大户,获得南康市委、市政府重奖。2010年继续保持纳税1000万元以上。董事长蓝贤志,2010年被省矿业协会等部

门授予"江西省第五届矿业十大杰出人才"称号

目前,因公司厂房占地面积小,与公司日趋发展的势头不相适应,严重制约了公司的进一步发展。经公司董事会研究,为做大做强企业,扩展公司生产规模,提升公司发展水平,拟在龙岭工业西区申请购地50亩,用于公司铝锭生产线的搬迁和新建两条压铸和加工铝锭生产线。目前正在立项报批和申请购地。

江西省南康市开源矿业有限公司 南康市开源矿业有限公司位于南康市龙岭工业园西区,占地面积76亩,建筑面积2万多平方米,固定资产5000万元。公司共有员工1000多人,各类专业人员100余人,公司成立了党支部、团支部、工会、女工组织。

公司拥有四座储量有钨、锡、铜、铅、锌的矿山,五个选矿厂和三个冶炼厂,有矿石采选和锡、铜、铅冶炼能力。锡冶炼有:电炉粗炼车间、火法精炼车间、电解车间、烟化车间。铜冶炼有:熔炼车间。公司按国标生产:Sn99.9、Sn99.95、Sn99.99低铅锡锭、焊锡锭(条)和冰铜。可年产锡锭6000吨、冰铜3000吨。生产工艺合理,设备配置齐全,检测手段先进,有完备的质保系统。

公司经营状况良好:2010年生产总值40000万元,缴纳税额4500万元,公益性事业累计投入2万元。

南康市华洲木业有限公司 南康市华洲木业有限公司是广州华坊洲集团在南康市投资近4000万元兴办的林业科技企业,公司成立于2007年7月,注册资金为1000万元人民币,法人代表、董事长为张凤岚先生。公司位于南康市龙岭工业园西区,占地面积106亩,建筑面积为5.6万平方米,主要产品为"华坊洲"牌EO、E1中高密度纤维板,年生产能力8万立方米,企业现有职工160余人,其中大中专以上技术人员和骨干60多人。

企业投产以来,注重技改,强化管理,狠抓质量,企业生产经营产销两旺,经济效益明显。2010年,公司实现销售收入13000万元,税收600万元。

在实现良好经济效益的同时,公司十分重视社会效益,积极担当社会责任,热衷社会公益事业。公司秉承"公司+林业基地+家具厂"的发展模式,建立速生林基地近2万亩,主要分布在大余、赣县等周边乡镇以及广东始兴等地,公司所需原材料全部来自基地的采伐剩余物和家具企业的加工剩余物,仅此一项,每年可为本地家具企业及基地林农增收千万元以上;同时积极接纳本地农民工就业,安排农民工100多人就业,使100多个家庭年均增收20000元以上,为地方经济发展、构建和谐社会作出了显著贡献。

公司拥有一支技术力量雄厚、经验丰富、团结善战的管理团队,并已建立起健全的企业管理制度条例。公司注重产品质量管理及品牌建设,其主要产品"华坊洲"牌EO、E1中高密度纤维板已通过了国家林业检测中心(南京林业大学质检中心)的检测,是国家林业部、发改委鼓励的资源综合利用型产品,符合国家产业政策。产品在本地家具行业和全国市场均有较好的口碑,除了本地家具企业外,广东、江浙等地企业如天成木业、联邦家具、皇朝家私、阿尔特、鸿兴科教等众多家具知名企业都在使用"华坊洲"产品,公司为一大批家具企业提供了优良的基材。

企业从创立之初就严格执行了"同时设计、同时施工、同时投入使用"的环境保护"三同时"制度,并不断追加环保投入,使企业"三废"排放完全达标,在厂区环境绿化、员工生活娱乐等基础设施方面也投入大量资金进行规划建设,力争把公司建设成环境优美、设施先进、产销两旺的现代化新型企业。

公司十分注重企业文化建设,先后成立了公司党支部、工会等组织,积极开展各项活动,为企业发展增添了活力和后劲。

目前,华洲木业有限公司经营状况良好、产品质量可靠、员工待遇丰厚。在"以人为本、和谐团结、诚信经营、服务社会"的经营理念指导下,在可持续发展的道路上稳步前进。

(兰春生)

〔领导班子名录〕

主　任:张时清
总支书记:王　强
副主任:郭光燊
　　　　温见明
　　　　罗余伟
工会主席:谢春兰(女)

家具产业促进局

〔综述〕 家具产业是南康的一张城市“名片”，2010年南康家具产业虽然受到世界金融危机的影响,但在市委、市政府的领导下,在广大家具业主的辛勤努力下，南康家具产业仍然保持了良好的发展态势。截止2010年12月31日,全市家具企业达5670家，比去年新增629家，同比增长13.9%；新增固定资产投资15.5亿元，同比增长244.00%；实现工业总产值43亿元，同比增长32.30%；实现工业增加值11.6亿元，同比增长19.00%；实现销售收入40.85亿元，同比增长30.90%;实现税收3250万元,同比增长35.40%;进口橡胶木50.99万方,同比增长42.30%;从业人员13.2万人,同比增长10.00%。家具企业获省著名商标5个,获赣州市知名商标15个,其中全年新增10个;家具市场占地面积800亩,市场建筑面积70万平方米;家具物流企业239家,主要线路613条;家具木材运输放行量96.2万方,同比增长29.11%。

〔机构队伍〕 南康市家具产业促进局为市政府一级事业单位，下设三个二级单位和一个股级事业单位:家具市场建设管理办公室、家具物流管理办公室、家具生产基地建设管理办公室,家具研发中心。局内设秘书科、企业科、宣传科,下设市国际家私城物业管理中心、南康国际家具城网站,是市家具协会和市物流协会的主管部门。编制37人,现有工作人员44人。其中局长1人,书记1人,副局长4人;党员20人;研究生2人,本科18人;获中级职称1人。

〔园区建设〕 2010年南康家具产业积极打造中国中部家具产业基地。一是泓泰家具产业园建设稳步推进。5000亩泓泰家具产业园项目首期开发1334亩,从2009年5月开始征地拆迁,已完成征地拆迁工作,并已2010年4月28日摘牌。目前投资达1.2亿元(其中土地出让1.1亿元),完成园区工程土方量180万方,入园40米大道和基础设施进展顺利，跨京九铁路桥由南昌铁路局正在规划建设之中。二是返乡农民工家具创业园建设较快发展。蓉江、镜坝、龙回等六个返乡农民工家具创业园建设进展良好。龙回:半岭创业园入园主干道已浇好,水地、水井已完成50%,茶叶坳创业园正在征地拆迁,蓉江创业园正在平整土地,镜坝创业园已平整土地50亩，太窝创业园已征地150亩,龙岭创业园正在组织规划设计和土地流转工作,东山文峰创业园已征地260亩,正在平整土地。唐江创业园已选址在黄圳村白果组。

〔市场建设〕 2010年南康家具行业以建设全国一流家具市场为目标,扎实推进市场建设。一是加强监督管理,进一步规范市场秩序:进一步加强和规范家具市场广告管理;强了市场停车管理,家具城停车配货中心建成于10月1日投入使用;加强了市场经营秩序管理，大力整治家具市场内乱设摊点、乱摆乱放、货物出店、占道经营等经营行为;加强了市场周边秩序管理,改善市场外部环境;加强了对市场物业公司的监管；督促指导各市场物业公司加强市场物业管理,优化提升服务,协调化解矛盾纠纷，提高了市场物业公司管理服务工作水平;高度重视市场治安和消防安全工作,全年累计下达整改通知26份,消除安全隐患30多处;积极开展市场营销运营活动,促进了市场繁荣,组织开展了床具博览会、江西名优家具交易博览会、木工机械技术推广会等活动，加快了床具中心等市场培育繁荣。二是加强协调调度,着力推进市场开发建设。2010年,家具市场建设项目累计征地600多亩,完成拆迁10多万平方米;积极协调电力、通讯、供水等部门,完成了管线迁改和建设,保证了项目建设顺利进行；会同规划建设部门对家具板材市场规划方案进行了5次审查,严格把关,确保了市场规划建设方案符合功能需要；协调有关部门加强泓泰家具市场市政道路及配套设施规划建设的监管,保证了工程质量和效率。全年市场建设开工项目2个,新增市场占地面积500亩,建筑面积25万平方米;新增市场道路4条5公里,面积20万平方米,累计完成市场建设投资8亿元。

〔家具物流〕 2010年,以建设和谐平安家具产业为抓手,切实加强家具物流管理。一是组建家具物流巡逻执法队,强势规范家具物流市场。坚决打击无证照经营、超范围经营以及调解各类物流运输纠纷。经物流办和执法队大力整治,有11家物流企业经工作人员做工作后退出家具物流市场,整改期间执法队共调处货款纠纷134起，挽回经济损失268万余元。经过规范家具物流市场经营秩序得到明显好转，家具物流业主的依法经营意识明显提高。二是着力推广使用家具物流统一监制四联式票据。该票据对以往家具物流企业中的三联式票据进行了改进，在托运条款中“代收货款”行为注明了结账期限。票据的推广和使用，有效减少了“代收货款”等行为引起的纠纷，维护了市场的整体繁荣和稳定。

〔**绿色通道**〕 为了简化兴办家具企业的审批流程，家具产业促进局协同市林业局、市国土资源局、市城乡规划建设局以及各乡（镇、街道），对新办家具企业开通审批“绿色通道”，共审批新办家具企业692户，解决14000多人的就业。“绿色通道”的开通大大简化了家具企业审批流程，提高了工作效率，促进了创业就业，取得了良好的社会效果。

〔**企业培训**〕 2010年，南康市聘请全国家具界知名专家和学者授课，成功举办了5期家具业主培训班，培训家具业主和中层以上管理人员2000多人次，其中有邀请各地知名专家在南康市举办培训班或论坛，也有选择家具业主参加农民企业家MBA课程班培训等。这一系列培训活动得到了各类参训人员的一致好评。通过培训，全市家具业主和中层管理人员的经营管理理念和管理水平得到了提高。

〔**家具品牌宣传**〕 2010年，主攻“南康家具”区域品牌的宣传，尤其是投资480多万元的“南康家具”区域品牌广告在央视二套《经济与法》栏目的播出，实现了南康家具产业品牌宣传的新突破，极大地提升了南康家具的整体形象和南康在全国的知名度和影响力。重新改版编辑《南康家具》报7期，发行56000多份、《家具物流报》5期，发行25000多份。同时通过南康国际家具城网站和各级电视等媒体积极宣传南康家具，开设“南康家具”电视半月谈，激励广大家具业主做好产品，奋力开拓，广开营销渠道，有力地推动了南康家具产业做大做强做优。

〔**品牌建设**〕 鼓励家具企业争创品牌，实施品牌战略。出台了《关于鼓励扶持家具行业实施品牌战略争创企业品牌的实施方案》（康办字〔2010〕112号）文件，引导南康家具产业走重质量、树品牌的道路，以品牌战略带动南康家具产业结构调整和发展方式转变，加快南康家具转型升级步伐。家具产业有省著名商标3个，其中2010年新增省著名商标2个，有赣州市知名商标15个，其中2010年新增10个。在全市开展质量信用等级评价活动，引导企业信守质量信誉。加强了家具研发服务工作，积极鼓励、支持、引导家具企业提高产品质量。2010年10月，家具产业促进局与蓝天木业有限公司共建研发中心，开创了南康市政府与企业技术合作的先河，极大地促进了家具企业创建品牌的决心和信心。

〔**协会建设**〕 市家具行业有两大协会：家具协会和物流协会，这两大协会在南康市家具行业的发展中发挥着重要的作用。一是市家具协会团结和带领广大会员开展了一系列活动，成绩显著。市家具协会理事经常深入会员企业，调查研究，转达意见，调处矛盾；积极开展为青海玉树灾区捐款的爱心活动，共捐爱心款25万元和爱心物资100多万元并全部运送至青海玉树灾区；健全了协会自身建设，各乡镇分会的工作也有很大进展。二是物流协会突出工作重点，协调物流企业的矛盾，通过《物流信息手册》，引导家具业主选择物流企业。

〔**知名企业简介**〕 江西维平创业家具实业有限公司是一家专业生产研制室内套房的企业，自1995年成立以来，“精益求精，诚信立业”一直是该厂秉承的经营理念。生产过程从设计到生产出成品一条龙生产线，具有很强的独立性和自主性，不断推陈出新，销售遍及全国和海外（出口到美国），是江西省著名商标。

江西潘峰床垫家具有限公司是一家专业生产床垫及酒店配套工程等多元化的生产厂家，是目前江西省规模最大的床垫生产基地，是江西省著名商标。

南康市金海家具有限公司是一家专业设计，生产和销售实木家具的企业，目前公司拥有先进的生产设备和一批高素质的管理人才。“亚欧神韵”是金海家具倾力打造的高档家具品牌，产品设计赋予人性化与时代化的发展风格，追求简约、大方,同时致力于体现自然原始的味道,是江西省著名商标。

江西金月亮床垫厂自1998年创办以来一直秉承“诚信为本、客户至上”的经营理念,以铸造名牌好床垫为企业目标。企业拥有占地20余亩在现代化床垫家居生产基地,引进了业内先进机械设备和技术工艺,是一家集生产、设计、研发、营销功能为一体的家居生产大型企业,是江西省著名商标。

江西木牛家具有限公司,专业从事高档实木家具的生产和加工,技术力量雄厚,拥有大批高素质的专业人才,并引进国外的专业家具生产设备及生产线,通过严格的科学管理,在家具行业中树立起一面旗帜。

南康廖氏兄弟弯曲木厂创办于1997年,拥有雄厚的技术力量和先进的工艺设备,生产各种布艺沙发、办公沙发、实木床、弯曲木,现拥有员工400多人,厂区面积达30000平方米,厂房建筑面积2.3万平方米。经过多年的不懈奋斗,“廖氏兄弟”品牌赢得了广大用户的好评和赞誉,款式多样的布艺沙发、办公沙发、实木床、弯曲木畅销全国各地。

江西三友家具有限公司是一家集家具科研设计、生产贸易于一体的专业企业,系南康市的重点家具企业。自1995年创办以来,企业本着以人为本的理念,以诚信立企,以打造精品,倾情服务为核心,企业得到了高速成长,目前拥有高级专业技术设计人才和高素质员工100多人。生产基地10000多平方米,在大型家具专业市场拥有经营场所1300平方米,拥有一流的家具生产、检测成套设备。经营生产布艺沙发系列、实木沙发系列、真皮系列、柜子系列、餐台、餐椅系列、床具系列等6大系列数百种款式的中高档家具。企业以雄厚的实力为基础,为众多的机关单位、学校、部队、各类团体、宾馆、个体实行定制化生产,个性化服务。

南康市文华家瑞实业有限公司地处南康市工业园五路,自1996年成立以来,一直致力于实木家具的开发、设计、生产、销售。产品包括:实木床具、餐台、餐椅、实木沙发,等系列实木家具。文华经过近十年的努力拼搏,公司拥有一批高素质的家具设计,生产的员工,工厂占地1万平方米,是南康市的重点家具生产企业。

(朱康生)

〔党建工作〕 开展“加强作风建设,促进廉洁从政”主题教育活动,教育党员加强党性修养,廉洁自律,使党员党性觉悟进一步提高。

开展创业服务年活动和争先创优活动。年初建立了“主要领导负总责,分管领导具体负责,工作人员专门负责”的工作机制,研究制定了《南康市家具产业促进局2010年创业服务年实施方案》。

开展以建设服务型机关,争做服务型干部;建设创新型机关,争做务实型干部;建设清洁型机关,争做廉洁型干部为主要内容的创建活动,以及“你创业,我服务”为主题的解放思想大讨论活动和“学习焦裕禄”精神,争做新时期焦裕禄式党员干部为主题的教育实践活动。

(朱康生)

〔领导班子名录〕

局　长:蔡湖南

书　记:肖　龙

副局长:林继业

叶青毅

申昌亮

邱运平(2010.06~　　)

江西中烟工业有限责任公司赣南卷烟厂

〔综述〕 江西中烟工业有限责任公司赣南卷烟厂前身是成立于1969年的赣南卷烟厂。2006年,赣南卷烟厂更名为南昌卷烟总厂赣南卷烟厂。2007年,更名为江西中烟工业公司赣南卷烟厂。2009年,更名为江西中烟工业有限责任公司赣南卷烟厂。

企业占地面积为12万平方米。拥有制丝线1条,卷接机组9台(套),硬盒包装机组10台(套),年卷烟生产能力100亿支(20万箱)。截至年底,共有在岗员工798人。

〔卷烟生产〕 2010年,企业生产的卷烟品牌有“赣”、“庐山”,定向加工的品牌有“七匹狼”。全年生产卷烟85亿支(17万箱)(含定向加工),同比增长2.97%。其中,生产二类烟0.8亿支(0.16万箱),三类烟26.5亿支(5.3万箱),四类烟39.4亿支(7.88万箱),五类烟18.3亿支(3.66万箱)。全年生产“赣”27亿支(5.4万箱),“庐山”31.5亿支(6.3万箱),定向加工“七匹狼(白)”26.5亿支(5.3万箱)。

全年万元产值综合能耗为38.59千克标煤,万支卷烟综合能耗为5.07千克标煤。烟叶、滤棒、盘纸平均消耗分别为7.01千克/万支、1683.8支/万支、607米/万支。水、电平均消耗分别为0.16吨/万支、7.99千瓦时/万支。

〔**机构设置**〕 企业现设有:办公室、政治思想工作科、人力资源科、企业管理科、生产设备管理科、品质管理科、财务管理科、物资管理科、监察审计科、后勤管理科、安全保卫科、离退休管理科、制丝车间、卷包车间、动力车间、成型车间等16个部门。

〔**技术改造**〕 2010年,技术改造严格按照江西中烟工程建设、技术改造项目、设备维修项目管理有关规定来执行。其中,设备技术改造主要围绕提高工艺水平,设备添平补齐的方式进行。从南昌卷烟厂完成1组滤棒成型机组的调入;投资210万元,实施了空气压缩机改造;投资310万元,完成切梗丝机和残烟机购置。通过技术创新和改造,设备装备水平得到一定提高,进一步提高了设备运行的稳定性和设备的综合效能。

〔**企业管理**〕 *创建先进班组* 成立了创建先进车间班组领导小组,围绕生产、质量、成本、设备、队伍、安全、现场、培训等8个方面成立6个评价小组,严格落实各评价小组月会制度和领导工作小组季度会议制度。深入分析,对照查找差距,制订具有可操作性的改进措施。加强舆论宣传,积极营造了赶、比、超的竞争氛围。

对标管理 通过建立工作网络,制定工作方案,分月度、季度建立了对标工作例会制度和对标通报制度,进行分析和研讨,制定改进措施。按照江西中烟相关标准建立了对标工作考评制度,将对标工作与绩效考核挂钩。经过对标,设备有效作业率,单箱制造费用,单位设备维持费用,二、四、五类卷烟单箱烟叶消耗,单箱醋纤嘴棒消耗,单箱盘纸消耗,单箱醋纤残烟量等9项指标达到了江西中烟对标目标。

质量管理 按照江西中烟部署,以开展“一丝不苟,不优不休”质量管理年活动为契机,强化产品质量管理。加强质量意识教育,通过运用“找问题”工作法开展了“查隐患、防事故”工作、“质量事故典型案例分析”活动月、“质量在我心中”演讲比赛和质量征文等活动,全员的质量意识和质量氛围得到提高。加强制度建设,遵循“严谨、全面、实用”的原则,对质量管理制度规程进行了全面的修订和完善,建立了严谨、细致、操作性和实用性更强的质量管理制度规程。加强过程质量监控,严格执行《卷烟工艺管理办法》、《生产换牌管理办法》、《特殊、关键工序管理细则》等制度,对质量监督实施闭环管理,推行全员化质量管理,提高过程控制能力。严格监督考核,修订了《赣南卷烟厂2010年产品质量检验及考核管理方案》,对质量检验做了明确的规定,将卷烟产品的各项指标量化考核,确保责任落实。加强质管队伍建设,在技能人才培养方面坚持抓好岗位实践、专业培训和技能竞赛三个环节,通过组织开展岗位练兵、职业技能竞赛、质量工艺培训考试等全员活动,提高了质量管理人员业务素质。在国家局、省烟草专卖局抽检的13个样品中,企业卷烟产品合格率达100%。

预算管理 加强与归口管理部门的组织与协调,认真做好预算归口管理、预算日常控制、预算业绩考核。提高预算人员工作水平,增强预算管理的效率与效果。全年费用性预算执行比率为97.13%,资本性支出预算执行比率为85.2%,预算实施进度控制的效果良好。

6S管理 严格考核、深入推进6S管理,在塑造企业形象、降低成本、安全生产、标准化推进、提升效率、保障品质、提升员工素养等方面都起到了良好的推动作用。

安全生产 认真贯彻落实江西中烟有关综治安全生产工作会议精神,结合企业实际及时下发了安全工作要点、综治工作要点。对各项具体工作进行了分解与剖析,明确了2010年综合治理、安全生产工作的主要任务。全年,企业“十个为零,一个控制”目标得到实现,综治形势平稳,企业安全稳定。

〔**内管监督工作**〕 完善内管制度,构建长效机制。在对现有管理制度进行汇编、梳理的基础上,重在加强对现有制度的学习和执行,定期组织学习。开展自查和完善工作,坚持考核监督,责任追究,全年内管工作规范有序。

〔**人力资源管理**〕 人事制度改革　精简干部职数，采取改任非领导职务的形式大大减少了中层干部的职数,全年共有15名中层干部改任非领导职务,逐步建立了一支较年轻、文化水平较高的干部队伍。加强干部考核,实行末名淘汰制。严格干部选拔任用程序,按照民主推荐、组织考察、讨论决定、公示等组织程序,有4位同志被确立为厂级班子后备干部,有1位同志由副科提拔为正科,全年没有出现超职数配备干部的情况。

职工教育培训　围绕"6412"目标规划,结合企业实际,加强培训管理。本着提高职工业务理论水平和岗位技能水平、提升企业核心竞争力的目的,制定出台了《赣南卷烟厂教育培训管理办法》,提升了培训的规范性和有效性，并加强了对培训效果的评估和总结。全年共举办内部培训班39个，有1795人次接受培训；参加外部培训班59个,有186人次接受培训。积极开展技能竞赛,围绕创建先进车间班组活动，组织开展了各项操作竞赛活动,并对竞赛优胜者进行奖励,营造良好的学习氛围,提高了广大员工"学技术、比技能"的积极性。全年,共举办了5次各类技能竞赛,有14人次获得奖励。

职业技能鉴定　本着"增强岗位技能水平、提高职工素质"的目的,经过理论、实操两阶段的考试,顺接完成全年鉴定任务。2010年,共组织154名符合条件的生产一线员工参加职业技能鉴定,其中有80人通过了理论实操鉴定考核,合格率为51.95%,为高技能人才的培养奠定了扎实的基础。

〔**思想政治工作**〕 理论学习　坚持党委中心组理论学习制度,按照年初制定的中心组学习计划,分别以"全国'两会'精神"、"《廉政准则》"、"十七届五中全会精神" 为主题，举办了四期中心组学习会,提高领导干部政治素质和理论素养。注重党员干部队伍的思想政治教育,分别组织了向王彦生、沈浩同志的学习活动，全厂党员干部结合自身岗位,撰写学习心得体会400多篇。

主题实践活动　开展创先争优活动。制定和下发实施方案，广泛宣传教育，建立厂领导联系点,并认真开展公开承诺活动,努力营造学先进、赶先进的良好氛围。积极开展"四进"与"卷烟上水平"主题教育活动。成立活动领导小组,建立了整改责任制、整改销号制、整改承诺制和督查督办制。召开"四项"主题工作汇报交流会。11月召开了专题汇报交流会,促进活动深入开展。

党风廉政建设　开展廉政主题系列活动,举办了一期学习《廉政准则》专题讲座暨重点岗位人员警示教育培训；厂党委和各党支部先后召开民主生活会,对照《廉政准则》,查找个人和班子存在的问题,开展批评与自我批评;开展先进正面典型和反面警示教育，以党支部为单位组织职工观看了《廉政准则辅导讲座》、《远山的红叶》、《被金钱毁灭的人生》等警示教育片。开展风险岗位廉能管理,按照"注重预防,关口前移,源头防范"的工作思路，开展了风险岗位廉能管理，从岗位职责风险、业务流程风险、制度机制风险和外部环境风险等四个方面入手,共查找出廉能风险点182个,企业实现了全年违法违纪事件为零的目标。

〔**全员营销**〕 积极开展全员营销活动，团员青年先后7次开展市场走访、"金圣" 品牌宣传促销活动;企业8个党支部开展了"党员走市场"全员营销活动,党员参与人数达200多人次,参与面达到98%。

〔**企业文化**〕 开展"金圣故事"的收集、整理工作。组织人员深入一线，充分发掘员工在本职岗位努力践行《金圣宣言》的动人故事,共收到"金圣故事"22篇,其中有5篇入选《金圣宣言践行录》。组织实施企业形象识别系统。对各车间的宣传栏、展板、责任牌、分区牌等统一使用"金圣"的标识和图案;以《金圣宣言》16条理念和6S管理为主要宣传内容,做到"标识醒目,理念上墙",营造良好的文化氛围。实施文化融合工程,加强学习与培训,促进《金圣宣言》与"完美执行、快乐工作"有机融合。

（卢同辉）

〔**领导班子名录**〕

厂长、党委书记:黄　平

党委副书记、纪委书记、工会主席:刘海清

副厂长、党委委员:朱　平

副厂长、党委委员:汪新华

副厂长:廖明俊(　　~2010.12)

（编辑:赵剑）

交通·邮政·通信

交通运输局

〔综述〕 南康交通发展迅速,四通八达。有京九铁路、大广高速公路、厦蓉高速公路、105国道、323国道经南康而行,新建的赣州黄金机场座落在南康凤岗镇,有开往厦门、广州、上海、南昌、北京、南京等地的飞机。农村公路建设如蜘蛛网,布满乡村。全年全市通村水泥路建设项目共54个计136.8公里,新增36个行政村通水泥路,实现行政村通水泥(油)路比率达到100%。完成3个市重点工程、4个渡改桥工程、1座危桥的改造建设任务。道路水路运输生产平稳、安全、有序、畅通。2010年有221辆客车投入运输,其中出租车24辆,总共完成运送旅客743.89万人次,旅客周转量50678.14万人公里;载货汽车2288辆,货运量537.29万吨,货物周转量69850.70万吨公里,其他机动车2560辆,货运量926.08万吨,货物周转量24617.78万吨公里。

〔机构队伍〕 南康市交通局有内设机构4个(即:党政办公室、系统工会办公室、交通战备办公室、人民武装部)。交通局下设事业单位有8个(即:高速办、公路运输管理所、港航管理所、赤土养路队、横市养路队、县乡公路管理站、渡口安全管理所、城区客运管理办公室)。

〔交通基础设施建设〕

1、县、乡、村公路建设

2010年,南康市交通运输局与南康市公路分局密切配合,紧紧围绕市委、市政府《关于推进2010年市重点项目"双百"工程建设的实施意见》确立的目标任务,扎实有效地开展工作,全市完成3个市重点工程、4个渡改桥工程、55个农村公路建设项目,完成交通固定资产投资10967万元,实现了100%行政村通水泥路、100%撤渡建桥工作目标。

2、国省道建设

康唐公路拓宽改造工程,起点于新323国道洋坝红绿灯,终点为唐江桥头岔一糖厂路口,路线全长14.04公里。建设标准采用在原康唐公路水泥路面两侧各拓宽2.5米水泥路和0.5米宽土路肩(路基总宽14.5米,水泥路面总宽13.5米),项目总预算4754万元。该项目于2010年2月1日开工,2010年11月16日完工。赣南大道(南康段)建设工程是江西省重点建设工程,起点为赣县梅岭镇,终点为新323国道,桩号K169.00公里处。南康段项目长约11.6公里,起点位于龙岭与潭口交界处的潭口溪,终点位于新323国道(G323)桩号K169.00公里处,道路控制红线为120米。其中赣州建设段长度约为8.2公里,南康建设段约3.4公里。建设项目总估算投资约11亿元(含征地拆迁费)。

3、公路养护

2010年全市县道实现年平均好路率83.1%，乡道实现平均好路率66.8%，较同期有所提高。

4、公路绿化

以“一大四小”造林绿化为契机，指导横市养路队在唐隆路十八塘至坪市段两旁完成植树6000棵，路树成活率和保存率均较高，据统计，全市完成公路绿化种植里程241多公里。

〔**道路水路运输生产**〕 2010年南康市道路水路运输生产以科学发展观为指导，注重理性、文明、和谐、规范的执法理念，创造社会和谐、礼貌待人的好环境，经常与经营业户交流思想，置换角度，提高服务水平，内强素质，外树形象，使道路水路运输生产上了一个新的台阶。2010年有221辆客车投入运输，其中出租车24辆，总共完成运送旅客743.89万人次，旅客周转量50678.14万人公里；载货汽车2288辆，货运量537.29万吨，货物周转量69850.70万吨公里，其他机动车2560辆，货运量926.08万吨，货物周转量24617.78万吨公里。

〔**道路水路运政管理**〕 加强道路运输市场管理，严厉打击无证经营，超类别经营，认真查处甩客、倒客、宰客欺诈旅客等违法违规行为，共查处各类客运违章58起，查处非法营运“黑车”49辆，协助物价部门查处价格违章6起，保障了广大旅客和道路运输经营者的合法权益。

〔**安全生产**〕 2010年，以牢筑三道安全生产“防火墙”为主线，以“保运输企业生产、保公路水路交通安全畅通、保重点工程施工，保道路质量无隐患畅通”为工作重点，积极采取各种有力措施，抓好安全生产源头管理和各项防范措施的落实，实现了交通安全“四个零”。即道路运输安全——辖区内道路运输全年未发生重特大交通事故，源头管理安全事故为零；水上交通事故为零；公路建设施工伤亡事故为零；消防安全事故为零。

〔**交通战备**〕 按照“平时服务、急时应急、战时应战”紧贴作战任务的要求，重点抓好“交通应急保障专业分队”建设。2010年组建了科技支前通用车辆维修保障分队和道路交通运输保障分队，在整组中真正做到人员、装备、措施三落实。大力加强国防交通基础设施和交通战备信息化建设。2010年着重对公路、桥梁、通信、油库、各大运输公司、汽车修理厂等交通设施进行潜力调查，根据上级规定采集要素认真核对勘测，并在应急交通保障任务及组织指挥、交通运输动员方案、保障实施方案等四大方面对《南康市交通战备应急保障动员方案》进行了修改和完善，使交通应急保障资料新、准、齐，为适应战时保障和平时应急需要做好充分准备。深入贯彻平战结合、军民兼容原则，搞好预案积极主动承担抢险救灾和生产运输中的急难险重要任务，为重大国事、社会、军事活动提供交通通信保障。2010年参加抢险救灾等5次，出动车辆8台次，运送人员260人次，运送兵员217人，出动车辆7台次。

〔**康唐公路拓宽改造工程**〕 项目起点于新323国道洋坝红绿灯，终点为唐江桥头岔一糖厂路口，路线全长14.04公里。建设标准采用在原康唐公路水泥路面两侧各拓宽2.5米水泥路和0.5米宽土路肩(路基总宽14.5米，水泥路面总宽13.5米)，项目总预算4754万元。设计单位是江西省赣南公路勘察设计院，中标承建单位赣州公路管理局南康分局，中标价2438.678万元。交通运输局派出一名专职技术人员负责工程建设管理工作，该项目于2010年2月1日开工，2010年11月16日完工。

〔**赣南大道(南康段)建设工程**〕 赣南大道建设工程是江西省重点建设工程，起点为赣县梅岭镇，终点为新323国道，桩号K169.00公里处。南康段项目长约11.6公里，起点位于龙岭与潭口交界处的潭口溪，途经龙岭镇下坝村、村头村、台头村、金龙居委会(龙岭工业园东区)、樟桥村、龙岭村(龙岭工业园西区)、下穿大广高速、家具大市场驾驶员考试中心北侧，东山街办坪塘村、朱边村、东山村、窑边村，终点位于新323国道(G323)桩号K169.00公里处，道路控制红线为120米。赣南大道(南康段)建设工程由中交公路规划设计院有限公司按一级公路并兼有城市Ⅰ级主干道功能设计，设计速度为60千米/小时，主车道采用双向6车道，路面宽60米，分赣州建设段和南康建设段，其中赣州建设段长度约为8.2公里，南康建设段约3.4公里。建设项目总估算投资约11亿元(含征地拆迁费)。

〔**县、乡道水泥路建设**〕 县道康白公路赤土（金矿)至崇义白枧路段建设工程,经上级批准,按三级水泥路标准建设,项目总长18.832公里(含崇义段4.242公里),工程总投资为1911.81万元(南康段)。由新余公路勘察设计院完成施工图设计,项目分2个标段:A标由吉安市远达路桥有限公司承建,中标价为441.2259万元、B标由江西发达建筑集团有限公司承建，中标价为422.3269万元。业主由赤土畲族乡人民政府担任，项目于2010年4月17日开工。一名技术人员协助赤土畲族乡政府加强建设项目管理工作。

〔**通村水泥路项目**〕 全年完成固定资产投资3883万元,新建通村水泥路136.8公里,净增36个行政村通水泥路。行政村通水泥（油）路率达100%。

2010年全市通村水泥路完工项目为43个,计98.9公里。其中2010年项目35个,计75.6公里、2010年以前旧欠项目8个,计23.3公里。在建项目11个,计40.3公里(其中累计完成路面浇筑21.64公里),未开工项目1个(十八塘乡城坊桥),项目完工率78%。

〔**撤渡建桥项目**〕 完成撤渡建桥项目4个（唐江油树撤渡建桥工程;龙岭旺背撤渡建桥工程;浮石江孜口、禾坑塘撤渡建桥工程),属2009年续建项目,项目总投资1354万元。项目业主均为各相关项目乡(镇)人民政府。

(1)唐江镇油树大桥,桥长305.16米,桥宽9米,设计荷载公路—Ⅱ级,总投资851万元(含引道122万元)。设计单位为江西省交通规划勘察设计院。中标承建单位江西赣基集团工程有限公司。监理单位为江西省建设监理总公司。下部结构为钻孔灌注桩基础,柱式墩(台),上部构造为预应力混凝土空心板。目前已完成下部构造及105片空心板梁预制工作,已吊好63片空心梁。

(2)龙岭镇旺背大桥,桥长156.1米,桥宽7米,设计荷载公路—Ⅱ级,总投资441万元(含引道101万元)。设计单位江西省交通规划勘察设计院。中标承建单位茂名市公路建设有限公司。监理单位抚州博信公路工程监理有限公司。下部结构为钻孔灌注桩基础,柱式墩(台),上部构造为预应力混泥土箱梁。目前已完成下部构造,预制好10片箱梁,剩下2片正在预制。

(3)浮石乡江孜口大桥,桥长126.08米,桥宽9米,设计荷载公路—Ⅱ级,总投资430万元(含引道121万元)。设计单位江西省交通规划勘察设计院。中标承建单位为吉安市青原建设工程有限公司,监理单位为江西省建设监理总公司。下部结构为钻孔灌注桩基础,柱式墩(台),上部构造为预应力混凝土空心板。目前已完成下部构造及空心板梁吊装,正在进行桥面铺装。

(4)浮石乡禾坑塘大桥,桥长145.08米,桥宽6米,设计荷载公路—Ⅱ级,总投资346万元(含引道55万元)。设计单位江西省赣南公路勘察设计院。中标承建单位吉安市春原建设工程有限公司。监理单位江西省建设监理总公司。下部结构为钻孔灌注桩基础,柱式敦、肋式桥台,上部构造为预应力混凝土空心板。目前下部构造基本完成,已预制好14片空心板，剩余14片空心板梁正在预制。

〔**危桥改造工程**〕 完成康白路稍江桥危桥改造任务1座,完成投资55万元。该工程于2010年6月5日开工,并于8月25日完工。

〔**文明服务典型案例**〕 1月1日中午12时许,刘先生从唐江乘坐通达公司唐江至南康班车赣B81235号客车到太窝,下车时不慎将一部刚买不久的金鹏手机遗留在车上。快到南康时,一名旅客捡到了该部手机,当班驾驶员王国强师傅发现后,立即对该旅客说:“这部手机肯定是刚才在太窝下车的那个旅客的,你把手机交给我吧,我想法找到那位旅客,把手机送还给他。要是自己掉了东西,心里也肯定会十分着急。”该旅客听了后,犹豫了一下,把手机一放司机手里,下了车头也不回就走了。王师傅拿到手机后,从手机上发现失主父亲的电话,就回拔过去,通知对方到通达公司综合管理部领取,随即上交到了通达公司综合管理部。下午3时许,失主刘先生来到通达公司综合管理部,经核实确认后，刘先生高兴地领回了自己心爱的手机,激动地说:“通达公司的司机真好,真是太感谢了,坐车就坐通达公司的车,放心!”

1月18日下午，邱小姐乘坐公司赣B81083

南康至坪市班车(司乘人员张勇、李舒玲),到十八塘下车后,不慎将钱包遗留在车上,内含身份证、银行卡及200多元现金。司乘人员到达坪市站点发现了该钱包,因一时难于找到失主,就主动将钱包上交到了坪市派出所,派出所民警通过身份证上的地址,联系了潭口派出所,潭口派出所找到了邱小姐的父亲,等邱小姐父亲告诉她钱包丢了时,她自己都还不知道、还没有发现,后一找真的是不见了。对此,邱小姐十分感谢通达公司员工及派出所民警,想不到这么快就找到了她,连她自己都还没有反映过来,就物归原主了,所以特意写来感谢信表示感谢。对当日上午司乘人员拾金不昧的精神表示衷心的谢意。

2月20日晚上21时10分,云南财经大学学生刘某搭乘该公司2015次去乐从,再转乘火车去昆明,并约好一名同学在乐从站附近会合。由于当班次车的终点站是龙江站,乐从站只是路过站,而乐从站晚上又不开门。一个没有社会经验的学生,在人生地不熟的地方,半夜下车会多么的危险。一想到这些,刘同学感到无比的沮丧和焦躁不安。这时,当班的一名驾驶员看到了刘同学的疑虑,询问了他的情况,并告诉他可以先乘坐该班次车辆到龙江,等天亮后再乘该班次车辆到乐从再下车。就这样,该同学平安顺利到了乐从,并从乐从顺利地到达了学校。现在想到这些,他都无比的感激,所以特地向公司总经理寄来了一封感谢信。

4月25日,唐江至南康班线赣B82295号车乘务员康海丽,在清理车上卫生时发现一只钱包,里面有身份证、4张银行卡等物品,由于没有联系电话,见没有旅客来找,遂将该钱包上交到了公司综合管理部。综合管理部根据身份证上的姓名地址,见失主陈先生是唐江镇长音村人,马上通过查找唐江电信电话号码簿,查到一人户陈姓人家,就打电话询问,得知对方认识陈先生后,就委托他转告用卡告诉陈先生到通达公司来领取遗失物品。第二天下午,陈先生高兴地在公司领取了遗失物品后,激动地说:“通达公司员工的精神确实好,我自己都不知道钱包在哪里丢了,想不到你们还千方百计地找到了我,挽回了我的损失,太谢谢你们了,下次一定还坐通达的车”。

10月20日,客车二队一分队驾驶员刘春生驾驶客车在从赣州返回唐江,途经蟠龙路段时,看到前面一驾驶摩托车的人掉了一个手提包,就停下车来叫当班乘务员卢翔下车捡起,之后一路走到唐江都没有看到刚才骑摩托车的人,于是打开包一看,里面有14盒药品、医保证、X光片及户口簿等,就立即交到公司,并与失主所住当地政府上犹县紫阳镇联系,再找到该村干部,然后通知失主到公司领取。

(刘淑红)

〔领导班子名录〕

局长党委书记:张立伟

党委副书记兼运管所所长:伍学萍

副局长兼运管所长:曹伍生(　~2010.12)

副局长:刘越安(2007.12~　)

纪委书记:肖文琳(　~2010.10)

副局长:赖华京

副局长:陈启明

工会主席:卢玉兰(女)

火车站

〔综述〕 南康站位于京九线南段,中心里程为K1881公里~+655米。四等中间站。有货场一个,总占地面积37010平方米。货场设计能力:年办理运量量37.1万吨。货场隶属赣州车务段。

2010年,货运工作认真贯彻南昌路局的运输政策,深入开展货运安全生产专项整治活动,狠抓运输组织工作,积极开展货运营销工作,提升货运服务质量,广揽货源,为货主营造优良的服务环境。在安全、路风方面都取得了一定的成绩,无责任货运事故及赔偿,无一起路风不良反映及投诉。

〔机构队伍〕 南康火车站内设货运部、行车调度部,加设铁路派出所、工务领工区、电务等部门。共有干部职工70人,临时工30人。

〔营运业务〕 2010年,完成发送装车346车,发送货物20564吨,卸车2363车,到达货物145326吨;货运收入220.5万元,静载重59.43吨,完成年度计划数分别为:发送货物136%;货运收入73%。与去年同期相比,装车多装7车,发送增加113吨。

(朱林斌)

〔领导班子名录〕
站　长:郭小毛
副站长:廖世炳
　　　　文中虎
货运主任:朱林斌

赣州机场

〔综述〕 2010年,赣州机场分公司根据江西省机场集团公司的工作要求,围绕年初制定的目标任务,突出顺利通过安全审计和打好服务翻身仗这一工作主题,以创业服务年活动和创先争优活动为契机,积极推进安全服务、市场发展、经营管控、战略宣贯、企业文化、党群建设等各项工作,圆满完成了春运、两会、世博会及中共中央政治局委员、中央军委副主席徐才厚专机等重要飞行的保障任务。

机场全年共保障各类飞行5066架次,确保了"元旦""春运"、"五一"、"十一"等重大节假日旅客运输安全,顺利实现了安全年,也是赣州机场连续实现的第17个安全年。

2010年机场通航城市(北京、上海、广州、深圳、厦门、重庆、南昌)达9个,累计完成旅客吞吐量315246人次,同比增长66.7%,完成年计划的121.25%,累计保障飞行5066架次,同比增长19.51%,完成年计划的107.79%,累计完成货邮2205.5吨,同比增长51.09%,完成年计划的116.08%。

分公司党委切实加强基层党组织建设,完成了党委、纪委、工会、党支部、工会分会、团委换届选举。承担社会责任,开展了义务献血、抗旱救灾捐款、青海玉树灾区捐款、"一日捐"资助大病儿童等公益活动,共无偿献血5500ml,共筹集善款人民币17420元。积极开展精神文明建设,荣获江西省春运工作十大标兵集体"、赣州市精神文明建设指导委员会第六届(2008~2009年度)文明单位、赣州市2010年度和谐平安建设暨社会治安综合治理目标管理先进单位荣誉称号。张福胜荣获"全省春运工作先进个人"、2010GZTV赣州十大经济年度人物。罗德昌荣获"赣州市劳动模范"荣誉称号。

〔航空运输〕 赣州机场累计完成旅客吞吐量315246人次,同比增长66.7%,完成年计划的121.25%,累计保障飞行5066架次,同比增长19.51%,完成年计划的107.79%,累计完成货邮2205.5吨,同比增长51.09%,完成年计划的116.08%。

广州航线在保持原有每天一班的基础上,于2月1日每天增加了一班。世博会期间,上海航线由每天一班增加到每天两班。引进了南昌—赣州-海口过站航班,开通了武汉—南昌—赣州航线。深赣京航线实现了由原来两个航班合并成一个航班号的目标,提高了航班客座率。同时积极配合赣州航空发展服务有限公司做好了航班换季的市场宣传工作并协助赣州航空城市候机楼成立的相关工作,全力以赴拓展货运市场。开发货运业务,引进亚细亚货运公司包舱或货运业务外包。

〔运输服务〕 在提高服务质量上不遗余力,以创业服务年活动为载体,规范了一线服务人员的言行举止,狠抓了服务现场的窗口形象,党员佩戴党徽、团员佩带团徽上岗服务。增设了公共信息标志、引导标识、警示标识。实行了首问责任制,开通了服务投诉电话。制定并对外公布了旅客服务承诺,并对照承诺严格服务标准。共出创业服务年简报9期,专刊2期。同时在服务的各方面寻找自身的薄弱环节,积极整改,不留死角。优化了航班延误后的应急处置流程,制定了《航班不正常服务流程》。与东航江西分公司召开了航班服务保障协调会,开展了4次服务质量问卷调查,省集团安全服务测评组到赣州机场测评,获得4.59分,在四个支线机场中名列前茅。举办了英语口语培训班,举办了《青春在平凡的岗位上闪光》的演讲比赛。组织了每月服务明星的评选。大力宣传服务典型,营造比学赶超的氛围。全年服务轮椅旅客136人次,无人陪伴老人和儿童262人次,未接到一起旅客有效投诉。

〔安全保障〕 共保障各类飞行5066架次,机场放行正常率为98.6%;排除和处理飞机故障及不正常情况60架次,使用特种车辆3248台次。安检旅客144485人次、行李338957件,查出各类违禁品642件,公安分局处理交通违章192次,受理安检移交人数8人,外场车辆安全行使里程23.6万公里,保证了空防和地面安全。

确保了"元旦"、"春运"、"五一"、"十一"等重大节假日旅客运输安全，顺利实现了2010安全年。

〔**安全管理**〕 在安全上，机场始终坚持“持续安全发展”的理念，通过春运动员会、安全审计迎审动员会、创业服务年动员会、亚运保障动员会、干部员工座谈会等形式，提高员工安全意识，把广大干部职工的思想认识统一到保安全讲效益促服务上来。

成立了航空安保、机坪共管、消防安全、应急管理4个专业委员会。建立了以安全检查单为基础的安全检查制度，健全了季度安全自评机制，组建了一支掌握标准、精通业务的安全员队伍，在隐患整治上，依据PDCA(计划、执行、检查、行动)管理模式，抓好整改效果的评估和再验证，确保了整改工作的有效性。

深入开展安全教育和竞赛活动，营造和谐的企业安全文化氛围。开展了“安全生产月”活动，举办了“安全知识和企业文化知识”竞赛。开办了消防知识、英语、现场救护知识、机坪运行管理条例、机场净空管理知识、特种车辆培训班。进行了安检大比武和助航灯光电工技能比赛活动。

坚持了飞行区道面巡视、驱鸟、净空等检查制度。认真开展了机场运行安全协议检查、生产运行设备隐患排查、以防火、防盗、防泄密等内容的春节、五一等节前安全大检查以及“8.24”空难发生后的行业安全大检查。

顺利完成盲降等导航设备以及PAPI灯的校验飞行。顺利通过以民航华东地区管理局副局长西绍波为组长的赣州机场安全审计组一行22人对机场进行的全面安全审计。审计符合率为98.22%。同时顺利通过了后期安全审计。

重点加大了对飞行区、消防、应急救援、机坪运行等项目的投入，完成新建停车库及综合办公楼改造工程。完成飞行区综合整治工程的工作，持续开展了机坪运行秩序专项整治活动，大力开展机场应急救援工作。举行了候机楼发现疑似爆炸物后紧急疏散的桌面演练和除冰雪等演练。

(钟剑霞)

〔**领导班子名录**〕

党委书记、总经理：张福胜

党委副书记、纪委书记、工会主席：李国清

副总经理：熊一凡

副总经理、赣州航空发展有限责任公司总经理：沈泽勇

高速办

〔**综述**〕 2010年，市高速办紧紧围绕市委、市政府的工作部署，发扬严谨、务实、团结、奉献的优良传统，以良好的精神状态、过硬的政治素质和业务素质，积极投入赣州环城高速公路、赣韶铁路、京九铁路电气化改造和赣崇高速公路等重点工程的征地拆迁、协调服务工作，以及新农村挂点、招商引资、信访维稳工作，基本实现年初目标。9月16日，赣州环城高速公路正式建成通车；赣韶铁路进入紧张的施工建设；京九铁路，赣粤高速、厦蓉高速赣州城西段、赣大高速公路(三益—梅关段)各项目遗留问题得到较为妥善解决；赣崇高速公路(厦蓉高速赣州至崇义段)于2010年8月9日正式开工建设。

〔**机构队伍**〕 市支援铁路建设领导小组办公室、高速公路建设领导小组办公室、机场建设领导小组办公室，均为市政府直属正科级事业单位，实行三块牌子、一套人马。办公室内设人秘科、财务科、综合科。5月，因机构改革撤销“南康市机场建设领导小组办公室”。年底，正式编制10人，实有在职职工10人，退休职工4人。其中党员12人；大学文化4人，大专文化3人，中专高中2人，初中1人；中级职称3人，初级职称2人。

〔**赣州环城高速公路建设**〕 赣州至大余高速公路(茅店—三益段)即赣州环城高速公路项目是赣州市筹资建设的省重点工程，9月16日，赣州环城高速公路正式建成通车。

2010年赣州环城高速公路进入紧张的后期施工阶段，各类矛盾纠纷不断出现，为了确保赣大高速的顺利施工，确保施工中出现的问题妥善解决，市高速办会同乡镇高速办工作人员一起，深入一线，采取积极有效的排查措施，使施工中的问题得以及时发现，及时处理。对于一些较大的问题，市高速办积极与业主交涉，使亟待解决的问题得到业主和施工单位的高度重视并妥善解决，确保了工程的顺利进行。

〔赣韶铁路建设〕 正在建设中的赣韶铁路起于京九铁路 K1882+000(南康火车站),终于广东韶关火车站与京广铁路接轨。途径南康市东山、龙回、浮石三个乡镇(街办)12 个行政村,35 个村民小组。征用各类土地 1426.9864 亩,涉及农户 1621 户,拆迁 143 户,拆迁各类房屋 29688.52 平方米,迁坟 436 穴。

赣韶铁路南康境内主线长约 19.78 千米,疏解线 6.254 千米。为国家Ⅰ级单线电气化铁路.赣韶铁路于 2009 年 3 月 21 日开工建设,整个项目计划于 2012 年竣工。

市高速办积极主动的配合做好赣韶铁路项目建设的前期准备工作,按照职责、规程开展项目征地拆迁的宣传、发动和教育工作。由市支铁办组织,会同市国土局、赣韶铁路项目办,分别在东山街道办事处和浮石乡召开了由沿线村组、农户代表参加的征地拆迁方案听证会,广泛听取沿线群众的意见和建议。力求把工作做实做细,为项目的顺利建设创造有利条件。年底,已完成南康段红线内征地拆迁工作。为做好赣韶铁路征地拆迁工作,市高速办将安置点建设作为征迁工作的重中之重,对需集中安置的拆迁户 87 户,早谋划,早安排。及时做好上坪安置点、金鸡安置点的规划设计、测量放线等工作。

〔赣崇高速征迁协调工作〕 赣州至崇义(赣湘界)段高速公路是厦门至成都国家高速公路(以下简称厦蓉线)在江西境内的一段,是江西省“三纵四横”公路主骨架网中第四横的一部分。路线起于南康唐江镇,与厦蓉线赣州城西段终点相接,经上游县、崇义县,终于崇义县文英乡,与厦蓉线湖南汝城至郴州段起点相接。

项目全线均按双向四车道的高速公路标准设计,其中起点至上犹东互通(约 15 公里)设计速度为 100 千米/小时,路基宽度 26.0 米;上犹东互通至终点(约 73 公里)设计速度为 80 千米/小时,路基宽度 24.5 米;路面采用沥青砼路面,路面设计年限 15 年,标准轴载 BZZ-100KN;设计荷载等级:公路-Ⅰ级;设计洪水频率:1/100;连接线均采用二级公路标准,路基宽 12 米,设计速度 80 千米/小时。

2010 年,市高速办积极主动配合做好相关调查工作,尤其是对与群众生产生活息息相关的桥梁、涵洞和通行道路的设置进行详尽调查。在做好支持配合和服务工作同时,十分注重地方的利益与各项重点工程的设计之间的协调,尽量做到在确保重点工程建设的前提下兼顾好地方利益。

赣崇高速公路(厦蓉高速赣州至崇义段)于 2010 年 8 月 9 日正式开工建设(新闻发布会在南昌举行),南康市征迁动员大会于 10 月 11 日在唐江镇召开,南康境内主线长约 13.7915 千米,设有唐江互通、上犹江大桥、长塘下大桥和罗塔隧道等四处控制性工程,红线内需征用土地 1427.36 亩,拆迁房屋 3.2 万平方米,现已完成土地丈量工作,正在公示并开始签订征迁协议,发放补偿资金;房屋丈量工作已完成 70%。

〔遗留问题处理〕 2010 年,市高速办针对已通车高速公路沿线存在部分通道、涵洞淤塞积水、通行不便和排水不畅等严重影响群众的生产生活的问题,坚持事先调查和掌握各类矛盾问题,提前做好准备,及时化解矛盾纠纷。市高速办组织了专门力量,会同沿线乡镇、村组干部,全程逐一排查。对排查出的问题进行了梳理和认真的分析,制定了详细的解决方案。为解决这些遗留问题,市高速办主要领导及时与省项目办、省高管局赣州管理处、赣州高速公路有限责任公司和相关施工单位联系,协商解决办法,较快地解决了突出的和具有代表性的遗留问题。全年协调解决了因大广高速公路横市服务区拓宽后影响村道通行和唐江镇坳里村水毁工程、康大高速公路浮石乡高洲村楼子下水毁工程、赣定高速公路龙回镇油田村施工便道涵洞阻水等问题;协调处理赣州新机场净空区超高建筑的拆除,根据赣州机场管理部的反映,会同机场周边乡镇对机场周边净空区超高的 2 块广告牌、2 处超高房屋进行了拆除,消除了安全隐患,确保了机场飞行安全。

(伍康生)

〔领导班子名录〕

主　任:戴丁山

副主任:方学荣

　　　　朱雪仁

公路分局

〔综述〕 2010年是实施“十一五”发展规划的最后一年，也是迎接国省道干线公路养护与管理检查的重要一年。南康公路分局突出践行科学发展观，深入学习贯彻落实党的十七大四中、五中全会和全市交通、公路工作会议精神，结合分局的“扣住一个中心，强化两个管理，加大三个力度，实现四个确保，抓好五项工作”的具体工作目标任务，广大干部职工以迎接2010年国省道干线公路养护管理大检查为契机，以服务社会和服务基层为己任，迎接挑战、扎实工作、主动应对、狠抓管养，开拓进取、奋力拼搏，圆满完成了各项工作任务，大力推进了市养公路又好又快发展，

唐江中心道班获赣州市公路系统2010年度“先进集体”称号。分局获2010年度赣州市公路系统精神文明建设“先进单位”。7月，赖水福同志被南康市工业与信息化局评为“优秀党务工作者”。7月，赖雅丰、王庭珏同志被南康市工业与信息化局评为“优秀党员”。获赣州市委、市政府第六届精神文明建设“文明单位”。获江西省交通运输厅2008-2009年度全省交通运输系统“文明单位”。

〔机构队伍〕 南康公路分局属正科级事业单位，现有在职干部职工116人，肩负着国道105线、323线及省道赣丰线、县道康唐线、社唐线、东坪线共计114.53公里的公路养护与路政管理任务。

分局内设5个职能科(室)，分为党政办公室、财务科、养护科、经营科、路政科。下设两个中心道班，唐江、东山养护中心道班。

〔公路基础设施建设〕 1、1月20日，唐康线公路拓宽改造开工建设，将原宽8.5米的路面拓宽为13.5米，于8月27日竣工通车，全长14.640公里。

2、4月，国道105线沥青路面改建工程开工建设，于8月底竣工通车，共改建水泥路面计11.96公里。

3、国道323线重建水泥路1.4公里。

4、S324赣丰线路面拓宽改造3.283公里，沥青路面重建2.789公里分段油路罩面共计2.114公里。

6、5月，在辖区323线、赣丰线全面打造南康公路亮点和看点，共创建精品路30公里。

7、6月10日起，社唐线公路重建沥青路面1.334公里。

8、8月9日起，社唐线油砂封面30060平方米。

9、连城桥重建于4月开工建设，8月27日竣工通车，桥长65米，宽13.5米，桥梁中心桩号K11+866。

〔迎国检工作〕 2010年是全国干线公路养护管理大检查之年，全面做好养护管理工作的任务更重、意义更大，公路分局把迎国检作为全年的中心工作抓好抓实。一是加强领导，精心组织。年初全面启动迎国检工作之后，紧紧围绕市委、市政府提出的“进入全省前6名”的迎检目标，分局领导班子一班人审时度势，积极谋划，把这次“大检阅”当作提升分局各项管理水平和展示公路养护管理成果，把这次“大检阅”当作广大干部职工无私奉献、艰苦创业、迎难而上、奋力拼搏的良好机遇，认真部署分局迎检各项工作，制定了分局迎国检工作方案，成立了迎检专项领导小组，为确保迎国检工作取得实效，南康市人民政府出台了《迎接2010年全国干线公路养护与管理检查实施意见》，真正建立了“政府主导、公路牵头、部门协作”的迎检机制，使整个迎检工作由部门行为变为政府行为，形成强大迎检合力。二是查找差距，完善制度措施。对照部检检查标准，公路分局认真细致查找养护与管理规范化工作的差距与不足，制定了《迎国检工作责任明细表》，进一步明确了各项工作任务时间节点，细化了工作任务，各科室成员按照各自的工作任务，各司其职，加强部门之间的工作联系，既做到集中领导、统一调度，又做到分工明确、责任到人。在时间紧、任务重、压力大的情况下，呈现了干部职工斗志昂扬、奋发向上的精神面貌，全面完成了迎国检大中修工程任务。三是多措并举，全面宣传。积极拓展宣传载体，在机关办公楼、道班、工程项目经理部等显要位置漆刷宣传标语和悬挂宣传横幅30多条，在办公楼制作迎国检宣传专栏6期，制作南康公路简讯12期，编印迎国检宣传专刊29期，充分利用广播电台(南康人民广播电台)进行宣传，并积极向《江西公路》、《江西交通》杂志，《赣州公路》、市迎检活动简报，中国公路人、

江西交通、江西公路、市交通信息、南康市人民政府等媒体网站投稿，累计达到百余篇，全面收集反映南康公路分局五年来公路建设、养护、管理、文化建设等方面工作亮点的照片、视频等素材制作了声情并茂的音像光碟，营造了浓厚的宣传氛围，做到了报刊有文、电视有影、广播有声、网络有名，树立了公路部门的良好社会形象。

〔养护大检查〕

1、以日常养护为重点，预防性养护为抓手，全面提高干线公路整体路况水平。一是抓好上路巡查制度。坚持日常巡查与日常养护工作一起抓，对公路病害及时发现与处理，并对巡查结果以告示单的形式反馈给各道班，确保路面清洁，路肩无堆积物，边沟排水畅通，路容路貌达到畅、洁、美。二是及时处治路面坑槽。对路面坑槽挖补坚持晴天不过夜、雨天不过三天的原则，做到开挖到位、成型方正、垂壁净底，开挖后不过夜；基层补强一律采用水泥稳定结构。同时做好各项养护生产的计量支付工作。三是强化预防性养护。预防性养护在养护生产中是一项很重要的技术工作，为了更好地延长公路使用寿命，在雨季来临前清理疏通公路排水设施，保持公路排水畅通；在经费极度紧张的情况下，对路面松散网裂的老油路采用沥青封层进行处治，并对水泥路面裂缝进行灌缝处治，以延缓路面的使用寿命。共整修路面28498平方米/3.17公里、整修路肩101195.8平方米/33.73公里、清理边沟62046.1米、路面保洁6241.5公里、清理蹋方23651平方米/8处、处置桥头跳车115平米/4处、新建水沟343.5米，修复水沟23公里、新砌筑花池6730米、水泥路灌缝44.00公里、中修打板6063.5平方米、稀浆封层30060平方米。

2、以创精品、抓示范为亮点，充分打造南康公路特色。

养护管理精品路贵在亮点、创新。4月，分局带领养护科与道班人员到福建武平、广东南雄交界处等地参观学习，同时4月15日召开了迎国检实战工作动员大会，提出了5月13日完成创建公路精品路的工作。结合南康的实际情况，按照“因地制宜、因路制宜、经济适用、功能高效、景观协调、易于养护”的原则，在辖区323线、赣丰线全面打造南康公路亮点和看点，共创建精品路30千米，使得全线公路绿化达到了“乔灌结合，花草搭配，四季常青，三季有花”且又美观大方、风格流畅的效果。通过大家的努力，公路达到路肩平顺，水沟三面光，沿线设施醒目，线型流畅，新颖亮丽。路边的绿化也增添特色、亮点，路容路貌有了明显的改观，呈现出畅、洁、美、安的良好行车环境。

3、以“一大四小”为目标，加强通道绿化建设

年初，分局印发了《南康公路分局造林绿化“一大四小”工程建设实施方案》，明确了目标任务、工作措施，将工作任务层层分解到科室、队组和个人，并层层签订责任状，交纳风险金，抓好公路绿化工程，为了完成路树栽植和覆盖目标任务，对管辖区内的114.534公里路段进行实地调查摸底，根据调查情况，查阅有关资料，确定补植树种，同时利用春季的有利时机，补植、增植树木、花卉，美化道路交通环境，共种植乔木91543株、种植灌木34569株。经过养护人员的精心养护，每条路线两旁的杨树、桉树成活率高达90%。同时进一步强化了路树的抚育管理，制定了管护计划，适时开展了修剪、浇水、施肥、松土等管护工作，并在冬季来临之前，进行了路树刷白工作，以保证其安全过冬，共计刷白路树95.774公里。

4、以保障畅通为根本，抓好水毁灾害抢修

由于上半年天气变化无常，雨水特别频繁，造成了分局管养路段多处发生山体塌方，给公路造成了巨大的损失，给分局各项工作的开展带来了相当大的困难。特别是5月10日连续的强降雨影响，国省道出现大量的塌方现象，尤其是105线边坡坍塌严重。在公路防汛中，分局认真贯彻落实市局明传电报精神和市委市政府紧急通知要求，积极做好公路防汛工作。成立了防汛领导小组，实行局长为第一负责人，明确责任，层层落实，责任到人，做好抢修保通工作；与此同时，开展了雨季劳动竞赛活动，做好防汛值班和信息上报工作。在雨季保通中，投入大量人员、机械和材料，及时抢通坍方路段，修复被毁路面和构造物；坚持了雨季值班制度和巡路制度，加强了对全线桥梁、涵洞的清理、疏通，制定了各项应急预案，切实做好雨季汛期公路养护与抢修工作，在最短的时间内恢复了交通，确保了公路的安全畅通。全年，共清理蹋方23651立方米/8处。

5、以规范管理为手段，加强道班基础建设

内业资料是管理过程痕迹化的体现，为规范内业管理工作，分局建立健全各项规章制度，编制

各项工作计划、考评细则,制定养护质量年活动实施方案以及应急预案,与此同时,分局还积极采取了有效措施:一是技术培训,分别安排对每个道班实行两名职工进行电脑知识培训;二是对道班资料进行督促检查,采取抽查和定期检查相结合的方式,并对检查中发现的问题不断改进和完善充实,使道班内业资料整理得到进一步规范,数据填写及时、准确、有效、美观。全年,共整理完成了2006年至2010年迎检大中修、养护内业更新的各项资料及养护生产的日常内业资料。

6、以安全第一为原则,当好公路安全卫士,全面强化安全管理职能。分局始终坚持"预防为主、安全第一"的方针,把安全工作作为头等大事来抓。一是结合公路分局实际情况,开展了以"安全发展,预防为主"为主题的"安全生产月"活动,采取悬挂安全标语等多种宣传形式,加大安全宣传教育力度,层层签订安全生产目标责任书,制订严格的安全生产措施,并定期对车辆、桥梁、涵洞等进行检查,根除各类事故隐患,认真做好记录,从而确保了分局安全事故的"零记录"。二是为确保道路的行车安全畅通,积极主动抓好桥涵养护和安保调查工程。严格按照上级有关文件精神,实行桥梁养护工程师检查制度,制订桥梁养护管理工作办法,认真落实桥涵养护"三个一"责任制,确保人员、责任、措施"三到位",并做到经常性检查和养护,对存在安全隐患的桥梁设立限速、警示安全标志,确保了桥梁的安全畅通。

〔**公路大整治**〕

1、强化安排抓整治,全力以赴改环境。

一是结合迎接交通部对全国干线公路大检查工作,对辖区内线路进行全面地摸底清查,对公路沿线两侧建筑控制区范围内的违章占地、违章洗车、修车、加水、堆积物、废弃物等污染环境、破坏公路的行为下发了违法通知书,针对存在问题开展了专项整治活动;二是针对在公路两侧建筑控制区内架(埋)杆线,建厂,以及设置广告牌,悬挂广告横幅等情况不断增多的现象,分局采取从抓源头抓起,严格控制,部门协调等措施,做到既支持地方经济建设,又搞好路政管理工作。三是坚持依法办案,按照程序执法、严格文明执法,始终坚持路政执法人员亮证执法,礼貌执勤,严禁索、拿、卡、要,公开对社会的承诺,杜绝乱收费乱罚款行为,确保了全年无行政诉讼案件的发生。共拆除违章建筑4处,制止在公路上晒枳壳晒粮53处、清理堆积物598处/3886立方米处、清除非公路标牌162块、查处路损案件21起、受理行政许可32起,路政案件查处率达到97%,索赔率达到100%,有效地维护了路产路权,保障了道路通行安全。

2、加强执法队伍建设,提高依法行政水平

路政执法的规范化管理是公路养护与管理工作中的重要一项内容,全面推进路政队伍素质建设,一手抓规范化管理,一手抓提高人员素质,积极完善了各项规章制度,形成新的规章制度体系。为了进一步加强路政队伍建设,规范执法行为,广泛开展了路政执法年、路政执法示范路、标准化路政大队、红旗路政大队和星级路政员评比等活动,提高了行政执法效率,树立了公路路政管理执法形象。为进一步提高路政管理执法人员的政治素质和执法水平,分局紧抓执法人员的素质教育不放松,推行一周一学习、一月一考试、一季一军训的素质教育,积极参加了市局组织的路政员培训和赣州市法制办组织的执法培训。

3、坚持依法治路,强力推进路政管理。保障公路安全畅通,维护公路和公路设施完好是路政管理的主要职责,针对路政管理工作具有点多、线长、面广的特点,分局路政加大巡查力度,强化日常管理,严格执行《公路路政巡查制度》:一是每位路政员每月上路不少于22天,共上路巡查1222人次,并且在巡查管理过程中做到"三勤"(腿勤走、嘴勤说、眼勤看)、"四早"(早发现、早制止、早处理、早执行);二是日常管理达到"四无要求"(无乱堆乱放、无新增违章建筑、无新增未许可非公路标志牌、无新增未许可平面交叉道口),保证了巡查时间和巡查质量。

4、扩大宣传力度,集中联合执法,切实改善路容路貌。

一是加大了路政法律法规的宣传力度,开展了多形式、多渠道地路政法规宣传活动:针对群众的宣传,采取发放宣传单和现场宣传相结合的方式,提高了广大群众爱路护路的意识;针对沿线政府职能部门的宣传,采取主动送"法"上门的方式,宣传相关的法律法规,扩大路政宣传的广度和深度。通过大力宣传,使路政法律法规深入人心,家喻户晓,沿线群众爱路、护路的意识明显得到了加强,为路政管理工作营造良好的舆论氛围。全年共制作宣传标牌12块，书写宣传标语8幅，送“法”上门85次，发放宣传资料210份。二是抓好协调沟通。针对路政工作点多、线长、面广的实际，首先抓好内部协调，形成了路政、养护、道班联合巡查、提高了路政案件的查处效率。其次是加强横向联系，在全市开展干线公路综合整治工作的大环境下，主动做好与沿线乡镇政府及相关部门的协调沟通，并根据需要做好技术指导，配合做好公路用地范围内沿线两侧的路域环境综合整治。适时联合市国土、工商、交通、交警、市容等部门（单位）对市境内公路环境综合治理工作进行整治、管理和监督，通过相互支持、相互配合，取得了显著成效，使迎检路段公路环境面貌焕然一新。

〔**经营效益**〕

1、大力发展生产经营，增强发展后劲。

分局本着经营工作有思路，创收增效有新路，勇闯市场有门路的原则，进一步转变思想观念，把握好新形势，以科学发展观为统领，以经济效益为中心，充分利用各类技术人员的优势，主动走向市场，积极稳妥地参与市内外公路工程、市政工程、工业园区道路工程建设，提升公路可持续发展后劲，增强了生产经营的实战力，打造了生产经营品牌，并取得了一定的成果。承接并完成了赣州市国省道干线公路迎部检大中修工程A23标、市政工程康唐公路拓宽改造、南康市105线坪岭至天马山路肩改建工程等施工合同3个，南康市南水新区监理项目监理合同3个，实现了较好的经济效益。

2、转变思路，多渠道拓宽经营市场。

分局领导班子和经营科全体工作人员在市场经济体制下工程项目竞争越来越激烈、工程造价越来越低、工程质量要求越来越高、工程成本越来越高、安全生产投入越来越大、工程项目利润值越来越低的情况下，进一步解放思想，大胆进行探索，及时转变经营工作思路，采用两条腿走路，一方面继续通过招投标去参与竞争，一方面，利用公路部门在公路行业上的一定优势，通过分局领导与地方政府及相关建设单位洽谈沟通，直接取得项目，并在工程施工市场遇到困境时，向拓展工程监理项目转变。

（钟丽）

〔**领导班子名录**〕

局　长：陈凤林

书　记：赖水福

副局长：赖雅丰

姚若兰（女）

张万军

海事管理

〔**综述**〕　南康市地方海事处（江西省南康市船舶检验处），是水上交通安全的行政执法职能部门，隶属于江西省交通厅航务管理局赣州分局（江西省赣州市地方海事局、江西省赣州市船舶检验局）。依法担负着南康市、大余县辖区的水上交通安全监督管理、船舶检验、航务规费征收等工作。

2010年，水上交通安全管理工作在分局领导和各业务科室的指导下，以科学发展观为指导，树立“安全发展”的理念，坚持“安全第一、预防为主、综合治理”的方针，认真贯彻执行水上交通安全生产法律法规和规章制度，充分发挥水运安全管理的职能作用，落实各项安全防范措施，纠正水上运输过程中的各种违法、违章行为，严厉打击取缔“三无”船舶，大力宣传水上交通运输法律、法规，切实加强现场监督检查，认真做好各项业务管理工作。地方海事处紧紧围绕“杜绝重特大事故，控制一般事故”为目标，突出“重点水域、重点渡口、重点船舶、重点时段”的安全监控，定期开展了“春运”、“六月安全月”、“汛期”、“十一黄金周”水上交通安全大检查工作及隐患排查、渡口渡船专项整治工作，强化现场监督管理，落实安全管理责任。通过全体职工的努力工作，真抓实干，全年水上交通未发生一起大小事故，为创建平安和谐再创新功。

〔**规费征收**〕　2010年，组织力量加大对“三费”的征收力度，对久拖规费不交的业主，在分局稽征科的协助配合下，向法院提起诉讼，依靠法律征收。

〔**安全管理**〕　1、开展渡口渡船专项整治活动。在市政府的高度重视和主管局的大力支持下，与有关部门通力配合，认真开展渡口渡船专项整治。一是精心组织，积极依靠政府，落实渡口渡船安全管理责任。二是加强教育培训，对签单发航人员进行专业培训,提高安全监管能力;对渡口实施渡运安全知识的强制培训;对乡镇船管员进行水上交通安全管理知识宣传,不断提高了乡镇船管员和渡工的水上安全意识。三是强化渡口安全管理,加大对渡工、渡船、渡口设施及渡运安全检查力度,对渡口渡船实施了强制维修保养,确保水上交通安全。

2、开展隐患排查治理专项行动。明确了整治行动的指导思想、工作目标、治理内容、职责分工、工作步骤及工作要求。一是深入渡口船舶,全面排查事故隐患,认真解决存在的问题;二是建立隐患跟踪监控机制,对可能存在的安全隐患进行认真分析和梳理,严格控制隐患转化为事故;三是对一时难以整改的隐患,制定整改方案,落实整改责任人,真正将事故隐患消灭在萌芽状态之中。

3、进一步加强重点时段的安全监管。十分重视抓好"春运"、"六月安全月"、"汛期"、"十一黄金周"期间的水上安全监管工作,落实安全监管责任,加大现场检查力度,坚持提前介入,制定监管计划,抽调人力,集中力量实施现场检查,同时,督促各渡口船舶签单员认真履行签单发航职能职责,确保船舶安全渡运。全年共出动检查70多天,出动车辆50次,查船160余艘次,整改隐患1起,发放宣传资料80余份。

(李斌)

〔领导班子名录〕

主任:曾祥福

邮　政

〔综述〕 南康市邮政局是全民所有制的公用企业,承担着邮政通信和普遍服务的义务。21个服务网点遍布全市主要街道和乡镇,现有从业人员141人。主要业务有:函件、包件、集邮、报刊发行等邮务类业务;邮政储蓄、代理保险、基金理财等代理金融类业务;邮储短信、代售机票、汽车票等电子商务业务;国内特快专递、国际特快专递等速递物流类业务;农资、种子、日常商品销售等分销业务。

2010年,南康市邮政局在江西省邮政公司和赣州市邮政局的领导下,按照市委市政府的总体要求,深入学习贯彻科学发展观,主动融入地方经济发展,积极服务"三农"和服务中小企业,满足群众用邮需求,不断提高经营和服务水平,企业保持了健康、稳定发展的态势。2010年,累计完成业务收入2845万元(不包括邮储银行南康支行、南康邮政速递物流公司收入),同比增长15%。企业连续第四年荣获江西省邮政公司"综合十强"县局荣誉称号。

2010年,南康市邮政局荣获全省邮政规模发展"十强"、速度发展"十强"、电子商务专业"十强"、代理金融专业"十强"、集邮专业"十强"、赣州市邮政局综合发展"四强"、"创先创优"杯劳动竞赛先进单位、全市优秀营销团队、江西省第十二届文明单位等荣誉称号。

〔机构队伍〕 市邮政局内设二部五中心,即:综合部、市场经营部,支撑中心、电子商务中心、代理业务中心、客户服务中心、邮件处理中心。下辖唐江、潭口、镜坝、龙回、赤土、凤岗、横市、东山、龙岭、浮石、朱坊、龙华、沙溪、麻双、大坪、坪市、隆木、东环、泰康、芙蓉20个支局所以及邮政营业班。有从业人员141人,其中在岗职工33人,劳务派遣制工108人,另有外包投递员26人。

〔邮政储蓄〕 邮政储蓄是金融体系的一个重要的组成部分,是经中国人民银行批准,执行全国统一利率,吸收居民个人储蓄存款的专业储蓄机构。开办的业务种类主要有:整存整取、零存整取、定活两便、活期储蓄等。全市共有邮政储蓄网点21个。年底,邮政储蓄余额为11.5亿元。全年实现金融类业务收入2319万元,同比增长16.5%。

〔金融业务〕 包括代理保险、基金理财、小额贷款等业务。2010年,累计代理新保2220万元,销售各类基金理财产品2604.5万元。与邮储银行南康支行共同开展小额贷款"下乡进村"活动,发放贷款226万元。

〔汇兑业务〕 汇兑是邮政传统业务之一。本市22个营业网点均可办理汇兑业务。

〔报刊发行〕 2010年,累计实现报刊业务完成收入105万元,同比增长9.3%。

〔函件业务〕 函件是邮政的基础业务,包括信函、明信片、邮简、印刷品、盲人读物、商业信函、邮送广告、帐单等。2010 年,函件业务累计完成收入 193 万元。

〔包件业务〕 利用邮政通信网遍布城乡的优势,辅助交通运输部门适应商品流通和个人寄递物品需要的一项邮政服务,是邮政四大传统业务之一。2010 年,包件业务累计完成收入 15 万元。

〔集邮业务〕 包括新邮预订、个性化邮票业务、形象宣传年册、集邮品开发等业务。2010 年,累计完成集邮业务收入 82 万元,同比增长 21.8%。

〔电子商务〕 包括邮储短信、代售飞机票、汽车票等业务。2010 年,累计完成收入 111 万元,同比增长 59.3%。

(曾广志)

〔领导班子名录〕

局　长:谢良干

副局长:张　丽(女)

电信公司

〔综述〕 2010 年,市电信公司全体员工在省、市公司和南康市委、市政府的正确领导下,深入贯彻落实科学发展观,围绕省、市公司总体要求和市委市政府信息化建设目标,精确管理,强化执行,扎实有效地开展了各项工作。

〔机构队伍〕 2010 年底,机构设有两部一室,即市场经营部、网络部、综合办公室。市场经营部下设公众客户部、政企客户部、农村客户中心、渠道中心、业务支撑中心;网络部下设设备维护中心、客户网络支撑中心、客户调度中心、客户终端维护中心。另有 8 个农村营业部,即:唐江、潭口、横市、龙华、龙岭、凤岗、赤土、镜坝 8 个营业部。2010 年末,全公司在册员工 62 人,其中:女 12 人;30 岁以下 10 人,31—40 岁 29 人,41—55 岁 23 人;中级职称 12 人,助工 11 人,技术员 1 人;大学本科 21 人,大专 28 人,中专 2 人,中技 5 人,高中 5 人,初中 1 人;中共党员 34 人,共青团员 9 人。退休员工 51 人,内退员工 23 人。

〔手机业务〕 中国电信 3G 业务使用国际流行并成熟的 3G 技术,承载于高覆盖率、高质量的 3G 网络,向客户提供上网速度快、通话音质高、应用丰富、绿色健康、保密性好、网络覆盖完备的移动宽带互联网服务。天翼 3G 应用主要有天翼空间、天翼视讯、爱音乐、天翼 Live、189 邮箱、综合办公、无线视频监控、天翼对讲、天翼阅读等。

2010 年,南康电信重点对 CDMA 网络进行了网络优化扩容,全市共新建 CDMA 基站 24 个,基站总数达 114 个,信号覆盖率快速提高,其中城镇覆盖达 100%,行政村 92%,自然村 85%。截止 2010 年底,天翼手机在网数为 3.6 万户。

中国电信南康分公司 2010 年新建 CDMA 基站一览表

安装地址	站名	基站类型	新建/扩容
(举例)电信局楼顶	电信大楼	BS8800	新建
朱坊新兴村委会后面山	南康朱坊新兴村	RRU	新建
朱坊胜利 G 网机房对面山	南康朱坊胜利村	RRU	新建
朱坊红心村	南康朱坊红心村	RRU	新建
南康中学后门安置点楼顶	南康中学	BS8800	新建
红牛酒楼附近	南康新世纪购物中心	BS8800	新建
潭东龙井村	南康潭东龙井		新建
迎春路姐妹花休闲对面楼顶	南康泰康路建行	BS8800	新建
十八塘马头村委会后山	南康十八塘马头村	RRU	新建

(续上表)

安装地址	站名	基站类型	新建/扩容
三益李村村口	南康三益李村	RRU	新建
三益九江村	南康三益九江	RRU	新建
汽车考试中心斜对面楼顶	南康汽车驾校	RRU	扩容
坪市小安村	南康坪市小安村	RRU	新建
麻双松江 G 网机房附近山	南康麻双松江	RRU	新建
麻双黄埠 G 网机房对面山	南康麻双黄埠	RRU	新建
隆木瑞坑村	南康隆木瑞坑	RRU	新建
隆木黄石村	南康隆木黄石	RRU	新建
龙岭王村圩旁山	南康龙岭王村	RRU	新建
龙岭罗陇村	南康龙岭罗龙	RRU	新建
龙华中古村	南康龙华中古	RRU	新建
龙华大坑村口山	南康龙华大坑(原龙华沙田段)	RRU	新建
凤岗天子地村口山	南康凤岗天子地	RRU	新建
唐江白石村	南康凤岗南边(塘江白石)	RRU	新建
太窝傲塘村	南康大窝傲塘	BS8800	新建
赤土爱莲村	南康赤土爱莲	RRU	新建

〔**数据通信业务**〕 中国电信数据通信业务凭借国内最先进、最完善、覆盖最广泛的数据网络,能够为国际、国内客户提供多种数据通信服务，包括ADSL、LAN、ATM、FR、DDN、数字电路、IPLC(国际专用出租电路)等带宽型业务,以及 IP-VPN 等虚拟组网方案。

2010 年,南康电信数据通信业务继续快速发展。完成了数据传输设备的扩容与割接工作,使得南康上行链路带宽新增 6 个 G，较大程度上提高了南康 IP 网的上行带宽。完成了南康政务网的建设工作,布放数据信息点共 900 多个,语音信息点 300 多个,新增政务网客户 50 户,累计达 400 户；新增宽带设备端口 8674 线，全市宽带容量达 27452 线;新增 12 条 VIP 大客户电路,38 条 MSTP 电路,VIP 电路累计达到 126 条,MSTP 累计达到 220 条；结合农村党教和新建工业园区业务需求进行了宽带扩容延伸，新增 119 个行政村的 2M 能力覆盖;完成科汇、木材市场、马房栋、镜坝生态园等十多个工业园通信能力建设。同时,将在原有 11 个 WLAN 热点区域覆盖的情况下，新增市区、唐江、潭口、龙岭等乡镇 14 个 WLAN 热点覆盖，进一步完善了固网有线+C 网 (3G)+热点 WLAN 共同组成的城市数字化无缝覆盖网络。

中国电信南康分公司 2010 年扩容宽带设备一览表

机房位置	扩容数量	机房位置	扩容数量
蓉江机房	256	三益高速路桥下	32
安居机房	256	沙溪	64
赤土机房	192	沙溪坳下	32
大姑机房	32	稍江机房	128
凤岗机房	192	胜利机房	32
凤岗朱家	48	市委办机房	256

（续上表）

机房位置	扩容数量	机房位置	扩容数量
凤岗长江	32	苏馨园	96
浮石机房	128	太窝机房	256
浮石青云	48	太窝洋田	48
工业园AG机柜	80	潭东	160
横寨机房	160	潭口上元	32
横寨寨里	32	潭口机房	290
横市禾田机房	64	唐江长音	32
横市大姑	16	三益机房	96
横市机房	288	唐江店前	32
江坝机房	128	唐江新华书店	32
教育城机房	288	唐江幸屋村	32
金鸡机房	288	唐江马齐坝	64
金塘机房	64	唐江白石	32
镜坝机房	192	唐江机房	288
科汇AG机柜	64	唐江章良	16
老镜坝机房	128	唐南机房	192
龙东机房	128	糖厂机房	160
龙华牛石机房	32	桐梓机房	128
龙华腊树机房	32	坨圳机房	48
龙回机房	192	瓦岭机房	16
龙岭黎边	96	王村机房	16
龙岭机房	128	文峰机房	64
龙岭邱边	96	杏华机房	16
龙潭机房	32	洋江机房	32
路福机房	256	朱坊机房	128
路背AG机房	64	隆木机房	96
麻双机房	96	大坪机房	96
麻田机房	64	龙华新华	64
马枋栋机房	48	龙华沙田段	32
南水机房	256	圩下	32
牛岗行AG机房	64	凤岗塘屋	48
坪市机房	128	赤土爱莲	16
坪塘	256	赤土杏花	16
桥口AG	128	赤土红桃	16
桥头机房	16	赤土瓦岭	16
三江机房	192	三江博罗	16
三江南坑	96		
合计			8674

〔固话业务〕 公共事业类特服接入业务是中国电信通过以电话为基础的多种通信方式为用户提供的通过拨打公共事业特服号码进行业务查询及紧急救援请求等的一项服务。现已开通的特服务号有"110"(匪警电话)、"12121"(天气预报)、"114"(查号电话)、"119"(火警电话)、"120"(医院急救电话)、"122"(交通事故报警电话)、"168"、"160"、"968"(声讯电话)、"10000"(咨询投诉电话)等。

电信声讯信息业务是指以公用电话网为通信基础,以公用电话网上的各类终端为服务对象开展信息服务的电信增值业务,是电信通信信息服务业务的一个重要组成部分。现阶段的编码主要有以下几种形式:

16800616—本地电话 QQ

16808008—省内联网电话 QQ

118168—六省联网电话 QQ

118166—电话对对碰

16869699—九州夜话

16826800—新闻频道

16826811—体育现场

16826830—生活百事通

16826850—娱乐大舞台

16826860—情感杂志

16826888—成人笑话

16822161—生活信息

16822163—儿童乐园

16822165—农业供求信息

2010 年,全市共新建交换点 4 个,共计新增容量 792 线(不含 EPON 窄带),总容量达到 293024 线,扩容后共有交换点 98 个。年底,固话在网数为 182426 户。

2010 年新建(扩容)固话交换容量一览

安装地点	设备型号	容量(门)	新建/扩容
乌溪	ZXJ10	168	新建
上坝	ZXJ10	216	新建
章良	ZXJ10	192	新建
苏矛	ZXJ10	216	新建
合计		792	

〔ICT 业务〕

ICT(InformationandCommunicationTechnology)即信息和通信技术,是电信服务、信息服务、IT 服务及应用的有机结合,这种表述更能全面准确地反映支撑信息社会发展的通信方式,同时也反映了电信在信息时代自身职能和使命的演进。

ICT 业务是中国电信针对大客户所提供的重要转型业务。ICT 业务包括:系统集成、视频监控(包括全球眼等)、VPN、灾备等应用业务。ICT 是一个比较宽泛的概念,即综合信息服务提供,以计算机为核心的,包括互联网、多媒体、IT 专业服务等业务,近年来,ICT 凭借网络飞速发展,已经渗透到社会生活的各个领域。

对于全业务经营的中国电信来说,目前更多地把 ICT 作为一种向客户提供的服务,这种服务是 IT(信息业)与 CT(通信业)两种服务的结合和交融,通信业、电子信息产业、互联网、传媒业都将融合在 ICT 的范围内。中国电信为客户提供的一站式 ICT 整体服务中,包含集成服务、外包服务、专业服务、知识服务、软件开发服务等。事实上,ICT 服务不仅为企业客户提供线路搭建、网络构架的解决方案,还减轻了企业在系统升级、运维、安全等方面的负担,同时能为企业运营节约成本。

〔商务领航业务〕 "商务领航"是中国电信专门服务于企业客户的客户品牌。中国电信商务领航网址:http://www.bnet.cn 它依托中国电信品牌、产品、服务、网络、渠道和客户资源优势,利用中国电信企业信息化综合服务平台,将众多 IT 软、硬件产品与电信的基础通信业务和增值业务相融合,为满足商企客户信息化需求而提供的综合信息应用服务。企业用户只需要支付低廉的月租费即可享用长期、稳定的更为专业和更高质量的电信级信息化服务,而无需以昂贵的代价独立建设 IT 软件和硬件环境,单独斥资购买各种企业信息化应用软件,以及接下来繁琐的系统升级和维护工作。其特点有:(1)"租赁"式的全新信息化服务消费理念;(2)"即开即用"的信息化服务使用模式;(3)零信息化投资风险;(4)丰富多样、完善的信息化解决方案。其产品种类有:企信通、企业邮箱、企业名片、企业彩铃、企业商情中心、全球眼、自助建站、视频会议、金山毒霸、蓝剑、蓝盾、内网安全管理、办公自动化 IOA、进销存、管家婆、网络传真、物流信息管理、身份证查询服务等。

〔**号码百事通业务**〕“号码百事通”是一切基于中国电信114台的增值业务的统称，其目的就是要在充份挖掘和整合用户号码信息的基础上，延伸和拓展传统的查号业务，满足用户现实和潜在的各类信息查询需求，将114台打造成一个综合类信息服务平台，提高中国电信差异化服务优势。业务种类有：行业首查类业务——行业首查、品牌查询、实名查询、临时报号、查询信息分析；查询转接类业务——查询转接、短信/传真报号、话务呼转；信息发布类业务——语音广告、指路服务、网址查询、产品介绍、人才热线；通信助理类业务——语音号簿、自动转存、自动转接、企业总机、可选业务。

〔**IDC业务**〕互联网数据中心（Internet Data Center）简称IDC，就是电信部门利用已有的互联网通信线路、带宽资源，建立标准化的电信专业级机房环境，为企业、政府提供服务器托管、租用以及相关增值等方面的全方位服务。通过使用电信的IDC服务器托管业务，企业或政府单位无需再建立自己的专门机房、铺设昂贵的通信线路，也无需高薪聘请网络工程师，即可解决自己使用互联网的许多专业需求。

赣州数据通信中心IDC机房，是目前赣州地区网络资源最雄厚，规模最大、标准最高的IDC机房，机房采取7x24小时实时监控维护，更稳定、安全，是客户使用IDC业务的最佳选择。业务种类有：虚拟主机、域名代理、网络广告、企业邮箱、网站推广、主机托管等。

〔**光缆、电缆建设**〕2010年，新建通信光缆1684.56纤芯公里；退出铜缆10333线对公里。截止2010年底，全市累计有通信光缆22162.44纤芯公里，电缆405690.23线对公里。

（王玉芳）

〔**领导班子名录**〕

总经理：刘名海

副总经理：王金华

　　　　　刘外流

技术业务经理：林群敏

移动通信

〔**综述**〕2010年，中国移动南康市分公司认真贯彻落实科学发展观，解放思想，创新发展，立足新起点，实现新跨越，公司运营收入完成1.96亿元，有效用户达35.6万户，净增3.94万户，开创了南康移动和谐发展新局面。在公司运营取得优秀成绩的同时，政治文明和精神文明建设也结新果。南康移动获得省级文明单位、南康市综治治理先进单位等荣誉称号，成功举办和谐南康广场文化等各类活动，公司企业形象持续提升。

〔**机构队伍**〕公司内设机构划分为三个部门，六个中心，分别为综合财务部、市场营销部、网络建设维护部、客服中心、渠道管理中心、集团业务中心、城区区域营销中心、城区营业中心、东山区域营销中心。在册正式员工12人，其中：男10人，女2人；招聘员工64人，其中男23人，女41人。

〔**业务发展**〕中国移动获得全业务运营资格后，南康移动改变了基础业务比较单一的局面，在保持现有话音业务优势的同时，针对个人及家庭市场推出我i我家、爱家套餐、TD无线固话等；针对政企市场向集团客户推出集团专线、移动总机、移动管家、企业建站和信息化办公等集团业务，业务范围得以扩大，业务种类更加多样。

〔**营销活动**〕2010年公司在原有业务的基础上，南康又推出了一系列惠民营销活动，一元畅打、预存送话费、送手机、送油卡、送购物券、送参合券、积分兑换等业务，实实在在为客户带去了实惠，深受广大用户喜爱，特别是2010年的“预存话费送新农合”惠农活动使48085户农民朋友受益，受到了广大农民朋友的欢迎和拥护。

〔**营业网点建设**〕1、推进渠道建设。全年共完成88个专营店和13个村级服务站的渠道亮化工程。2、提升渠道满意度。制定渠道满意度考核方案，每月将渠道满意度调查结果纳入各片区所长绩效考核，强化片区服务意识；实行渠道问题首问负责制，硬性规定服务达标标准，及时了解、处理渠道当月积压未处理的问题。截止 2010 年底南康各大乡镇的移动合作营业厅已达到 196 个，比去年增加 11 个。

〔3G 网络建设〕 TD-SCDMA 作为国家唯一拥有自主知识产权的 3G 通信网络,得到了政府的大力支持与帮助,并出台了相关扶持政策。为了加快全市 TD 建设,尽快实现广泛应用,推进全市信息网络体系建设，更好服务于南康经济社会科学和谐的追赶型、跨越式发展,南康移动加大工作力度,如期完成全市 TD 建设的各项任务。2010 年,南康移动完成 TD 基站改造 30 个,有 5 个正在施工中,12 月底开通 35 个 TD 基站。

〔网络建设〕 1、开展基站维护,确保网络平稳。对故障载频进行及时更换，对存在问题的蓄电池及时进行上报与更换，对基站空调进行全面的清洗检修维护工作，对部分存在故障的空调进行了维护与更换,定期对油机进行维护保养,保证了基站停电时发电油机的启动运行。2、推进网络优化,提升网络质量。通过重大节日前对城区及乡镇集会活动地点进行大规模的网络扩容、部分新基站开通等工作,确保重大节日期间网络的平稳运行。配合开展第三方网络测试通信保障工作，对赣粤高速、京九铁路沿线的所有基站、直放站、传输线路进行重点巡检,发现隐患,及时处理。3、强化网络建设,夯实网络优势。南康基站已建基站 293 个,覆盖率已达到 99%,提高了网络覆盖质量。

〔服务能力〕 1、严格把控,满意提升。一是及时处理各类投诉。严格做到受理问题不推脱责任,处理问题不拖延时间,解决问题不敷衍客户。二是持续强化服务管理。强化营业厅前台工作服务规范的管理，要求每位前台工作人员必须统一着制服上岗,并通过区域服务巡检、公司服务检查、市公司明暗检等多种方式对各合作网点的服务规范进行监督、检查，保证前台服务规范的统一性和一致性,提高整体的服务规范及水平。2、完善考核,加强监督。制定、实施新的服务考核方案,包括了对区域服务管理考核、合作商服务管理、营业员服务管理三大部分,内容涉及服务检查、投诉考核、短信测评、日常工作、在线考试、现场考试、服务明星奖励等方面,提供了一个相互牵制、影响的服务监督机制。3、加强培训提升水平。多次针对前台所有营业员进行服务规范、服务短板、服务重点工作等方面的培训，协同培训师对服务方面的知识或通报做相关的学习,做到业务和服务双管齐下,均衡发展。

〔综治安全工作〕 1、做好安全综治,助推企业发展。一是高度重视,成立领导小组。成立了由公司一把手任领导小组组长的社会治安综合治理工作领导小组。将这项工作纳入公司年度总体工作目标,和经营、建设维护等工作同布置、同落实、同考核。根据年初签订的“社会治安综合治理安全生产责任状”,分部门、人员分解责任,压力层层传递。二是整章建制,使安全工作制度化、规范化。三是强化宣传教育、整治综治隐患。2、强化员工关爱,营造和谐氛围。一是加强员工关爱。对各类企业形象墙、宣传品、电脑屏保等均按照集团公司规范标准进行重新制作、编印,统一对外形象。其次,以广场文化活动、团队活动等为载体将企业文化宣贯活动于无形。

〔领导班子名录〕

经　　理:李夏生

经理助理:林秋明

联通公司

〔综述〕 2010 年,南康联通全体干部职工全面落实科学发展观，以党的十七大精神为指导，在市委、市政府及上级联通部门的正确领导下,南康联通实现了新的飞跃,业务收入同比增长 10%,建设维护工作上了新台阶,各项工作得到长足进步。

〔机构队伍〕 公司内设机构分为六个部门：综合部、渠道管理部、集团客户部、客户服务部、建设维护部、唐江营销部,在职员工 40 人,合作伙伴超过 60 家。

〔市场营销〕 建立一支属于南康的营销队伍,配合闲基站营销,主推社区通、乡镇通。渠道配合发展 3G 市场:在市区、龙岭、潭口、镜坝等有 3G 网络覆盖的区域，组织合作厅业主及营业员学习无线上网卡及“购 3G 手机联通买单”的政策;对未来公司参加现场培训的合作厅业主及营业员进行点对点、面对面的培训；对缺乏主动、积极性的业主采取多沟通多做工作多引见多支持的工作态度，引导业主积级参与进来。

采购一部分礼品做为宣传促销，乡镇通的宣传单页，组织片区经理主动学习各项新业务、新政策，熟悉掌握各项流流程，养成良好的学习习惯，严格按照日常区域经理的考核要求，主动与合作厅业主、营业员、代办点沟通，月初送卡对卡及回收医保复印件。做到公司有任何新政策出台，第一时间掌握并通知业主及店员学习，有必要进行培训的要及时组织营业员培训，确保无业务差错。

〔**2G业务**〕 2010年2G网络覆盖、质量得到改善，新增基站30个，2G产品线得到广大用户的青睐。推出的主打2G产品有：1、新家园卡：市话低至0.10元/分钟、长途低至0.25元/分钟、无月租费、本地接听免费，非常适合在南康乡镇常驻的客户使用；2、孝心机：专为中、老年人贴心设计的产品，具有大按键、大屏幕、大音量、大省心等特点；3、一号通：专门设计的可移动的固定电话，具有手持机及座机两种型号，无月租，市话、长途一个价，前三分钟合计收取0.20元，以后每分钟收取0.10元，可以与联通2G新、老客户合账捆绑消费，即办即通，无须安装。

〔**3G业务**〕 联通WCDMA3G网络制式是世界最好、客户使用最多的3G制式，具有“网速快、终端多、漫游广”的优势，在南康主要区域3G网络覆盖良好，“沃3G”品牌正在全国受到广大消费者的认可。联通“沃3G”的高速上网特点能够给客户提供可视电话、无线上网、手机上网、手机电话、手机音乐等多种信息服务，让客户使用手机就可实现远程办公、视频监控、收发邮件、网页浏览等。

联通“沃3G”资费具有超前、实惠之特点，推出了3G基本套餐A、B、C计划，套餐中实施全国接听免费计划，长途、市话、漫游三费合一，语音、数据全球漫游，套餐中还赠送来电显示、手机邮箱，套餐内还包含部分可视电话、上网浏览、下载等流量，套餐基本费从46~886元不等，A计划主要适合上网流量多、语音话费少的客户，B计划主要适合语音话费多、上网流量少的客户，C计划主要适合上网、语音都有需求且本地通话多的客户，资费的架构完全可以满足各类客户语音、数据流量的需求；目前联通“沃3G”也推出了全国、本地的包年、包半年、包月的无线上网卡业务，非常适合广大电脑客户无线上网需求。

联通“沃3G”的手机终端非常丰富，目前上市的战略终端、定制终端已经突破2000多种，特别值得一提的是联通公司与苹果公司合作推出苹果iPhone一上市就出现热销脱销供不应求。联通是代理苹果iPhone在国内销售的唯一渠道，苹果iPhone开放式、智能式、创新式的终端及几万种可供使用的软件，让广大客户真正体验到了苹果iPhone手机就是电脑而且比电脑更方便、更实用的工具；同时联通公司还与其他厂商如联想、华为、中兴、诺基亚等合作推出了适合不同消费群体、价位不同的各类终端。

〔**宽带业务**〕 经过重组后，联通宽带速度得到很大改善。联通宽带完全覆盖城区、潭口、唐江，联通宽带资费非常优惠，光纤上网、资费实惠、服务贴心，且无需其他设备，带宽网线直接入家庭，目前主推的资费：480元包年2M、620元包年4M、888元包年8M等资费。

（董秀琳）

〔**领导班子名录**〕

经　理：陈东平

副经理：孔　莉（女）

（编辑：黎庆愉）

城建·环保

城乡建设

〔**综述**〕 2010年市城乡规划建设局坚持以党的十七大和十七届四中、五中全会精神为指导,全面贯彻落实科学发展观,紧紧围绕市委、市政府"对接·融入"的发展战略,按照"规划求优、建设求精、规建互动、科学城建"的城建理念,解放思想,开拓进取,团结一心,扎实工作,取得新的进展。规划管理全面加强,重点建设工程快速推进,工程质量明显提升,安全生产更加平稳,各项中心工作有效落实。2010年新增城市面积1.96平方公里,达25.6平方公里;新增城区人口2.2万人,达27.3万人;城镇化率增长2.6%,达到45.7%。

〔**机构队伍**〕 市城乡规划建设局成立于2010年5月,将原市建设局的行政职责和原市规划局的行政职责,整合划入市城乡规划建设局。机关内设秘书科、行政审批服务科、规划管理科、建筑业管理科(抗震办)、工程监察科、城市建设科、乡村建设科。股级事业单位有建设工程招标投标管理办公室、建筑工程造价管理站、城建档案馆、建筑工程质量监督站、建设工程质量检测中心、建设工程装饰装修管理站、市城乡规划建设局唐江分局、市城乡规划建设局潭口分局。在编人员70人,临时聘用29人,见习生21人。下属单位有城乡规划设计研究院、建筑勘察设计院、工程建设总公司。

〔**领导班子名录**〕

局长、党委书记:曹世明

党委副书记:刘民山

党委委员、副局长:吉森林、邱俊忠

党委委员、纪委书记:付芳茜(~2010.11)

副局长:邓理岗、张林文、付声洪、刘洪滨

系统工会主席:卢金华(女)

城乡规划设计研究院副院长:罗少伟

城乡规划

〔**规划编制**〕 2010年狠抓了城市规划编制:《南康市城市总体规划(2009~2030年)》成果评审稿已于2010年6月上报省政府;东山新区和家具城控制性详细规划及重点地段城市设计已通过专家评审和社会公示;南康市蓉江新区、南水新区西片区、龙岭新区控制性详细规划编制已完成招标工作,进入方案设计;南康市中心城区住房建设规划(2010~2012)已编制完成;南康市城市综合交通规划前期工作已完成;"一江两岸"景观方案进入设计阶段;对西气东输燃气管网二期工程南康境内规划选址、赣州市流域防洪规划、南康市城区排水工程专项规划和南康市地质灾害防治规划,提出了相关规划意见;指导、协助唐江镇政府编制控制性详细规划,组织并参与唐江镇财富商贸新区修建性详细规划技术审查,已上报市规委会审批。

〔规划管理〕 进一步规范了建设项目“一书两证”发放、重大建设项目选址、修建性详细规划审查和档案归档等业务工作，完善并强化了规委会的职能。2010年办结建设用地规划许可证152户，审批办结建设工程规划许可证260户，协助组织召开市规划委员会5次。

〔规划宣传〕 《江西省城乡规划管理条例》于2010年8月正式实施。为做好《条例》的宣传，充分利用局公示栏、社会公告牌、项目现场醒目位置、流动宣传车、建设信息网、政务公开网、广播电视等多种方式，开展了横到边、纵到底的宣传。着重在老城区、城乡结合部和工业园区周边等乱搭乱建多发重点部位、区域、人群开展集中宣传16次，发放宣传资料3000余份。规划建设窗口为每位服务对象赠送《规划建设窗口服务指南》，全面介绍办证依据、办证条件、办证程序、办证时限、收费标准，累计发放近500份。通过全方位、多层次的宣传，使全市上下形成了支持规划、服从规划、执行规划的良好风尚。

〔规划监督〕 坚持与市国土局、房管局、执法局等单位运行联动管理机制，特别针对未批先建、超面积建设等违法违规行为及时函告执法局，进一步规范了全市规划建设秩序。建立了单位内部业务科室之间的联动管理机制，实现了项目建设信息互通。2010年全市在建房地产开发项目共38个，共组织规划放线94次，同比增长154%，组织规划竣工验收181户，同比增长364.1%。

根据全市2010年造林绿化“一大四小”工程的部署，启动了“森林住宅小区”创建活动，选定恒辉大景城、阳光康城、佳和·睿智居、锦绣城、苏馨园等5个住宅小区创建为绿化标准高、生态质量佳、舒适宜居、管理规范的示范“森林住宅小区”。

建筑业管理

〔行业管理〕 2010年新开工项目112个（房建67个、市政45个），房屋建筑面积110万平方米，工程造价8.85亿元，建筑业产值达5.1亿元，发放施工许可证71份。为进一步规范建筑市场秩序，对全市重点建设项目开展了双公示专项检查，共检查项目92个；对全市招标投标项目进行了专项检查，共检查项目92个；对违反法定建设程序的项目进行了专项检查，共检查项目34个，发出责令停止违法行为通知书37份。积极做好拖欠工程款及农民工工资清理工作，协助清欠民工工资和工程款1000多万元。

〔企业管理〕 2010年新申报施工企业3家（南康市旭升建筑装饰工程有限公司、江西兴建建筑有限公司、赣州中航建筑装饰设计工程有限公司），办理企业资质增项15项，房建三级升二级企业1家（南康市三鑫建设工程有限公司）。认真做好2010年建造师考试报名、初审工作，完成14名项目经理更换二级临时建造师的审查和申报，集中开展了全市建筑施工企业四大员的继续教育培训，共培训207人（次）。

〔招投标管理〕 2010年共109个建设项目进行了招标（含设计招标2个、监理招标4个），公开招标项目91个，邀请招标项目18个。应招标项目招标率、应公开招标工程公开招标率均达到100%，通过招标共节约资金3617.48万元。全年没有发生一起招标过程中违法违规的事件。

〔工程造价管理〕 2010年共处理合同纠纷5起，积极做好市政建设工程项目造价工作，编审市政工程预算3项，工程造价达6亿多元。按时发布城区建设工程价格信息共12期。

〔建筑工程质量监督管理〕 2010年共办理质量安全监督注册登记项目87个，工程总造价84966.694万元，建筑面积1101528.45平方米。竣工验收工程项目42个，同意备案42项，工程总造价10957.49万元，建筑面积331814平方米。积极开展了创精品工程活动，创赣州市优良结构工程1个：南水新都8#、9#楼；创赣州文明工地3个：污水处理厂、文化艺术中心（土建）、二中教师公寓（置换房）；创江西省文明工地1个：污水处理厂；创国家文明样板示范工地1个：污水处理厂。

〔建筑质量安全〕 2010年开展全市建筑安全生产大检查16次，下发限期整改通知单381份，停工指令书11份，有效地消除了安全生产隐患，确保了全市安全生产工作平稳有序运行，全年未发生三级以上伤亡事故。

1、建立健全建设工程质量安全生产工作制度,保障全市建设工程质量安全工作有力开展。先后出台完善了《关于加强住宅工程质量管理的若干意见》、《建筑节能工作实施意见》及《南康市建筑工程施工现场安全管理暂行规定》、《南康市建筑工程安全文明施工暂行规定》等安全质量生产制度，为开展质量安全监督工作提供了有力的保障。

2、加强质量安全巡查,遏制重特大事故的发生。按照相关规定,认真部署开展每季度的质量安全巡查：第一季度组织施工企业做好低洼地带排涝及高边坡塌方的防患检查;第二季度结合“安全月”活动,对防汛防灾、防暑降温工作开展检查;第三季度结合全省安全生产隐患排查治理专项行动进行了安全检查。前三季度共开展质量安全检查11次,检查机械设备36台,签发隐患整改通知书365份,提出工程质量、安全问题或隐患2190条,其中要求限期整改357次,2个工地进行停工整改,收到整改反馈单365份。

3、召开季度质量安全形势分析会。每季质量安全巡查后,立即对巡查结果进行了汇总,并邀请施工单位、监理单位对全市建筑工程质量安全形势分析、研究、制定措施形成总结,并出专题会议纪要。做到有部署、有检查、有落实、有总结。在全市所有建筑工地、城区主要道路悬挂安全知识宣传横幅,在市政广场、文化宫等地开展咨询活动5次,开展“送法律下工地、下乡镇”活动8次。共接受咨询156人次,发放宣传资料5000余份,通过活动各参建单位、建筑工人和广大市民的质量安全意识得到了提高。

4、开展系列专项整治工作。一是开展建筑施工安全专项整治；二是积极开展安全生产隐患排查专项治理工作；三是深入开展打击安全生产非法违法行为专项行动和建筑起重机械设备备案登记,对全市建筑起重机械设备进行统计、梳理、建档,已备案塔吊19台、施工升降机17台、登记塔吊19台。

5、加强培训学习,提高质监员业务水平及执法能力。组织参加起重设备安全培训1次,质量监督培训班1次,重大危险源(高大模板、扣件式钢管支撑体系）监督培训1次;10月派出7名质监员参加全省质量监督人员资格考试，总体考试成绩在赣州市名列前茅。

〔建筑质量检测〕 南康市建设工程质量检测中心负责全市建筑工程材质的检测工作，现有常规检测项目包括水泥、钢筋、红砖、砼(砂浆)配合比等。2010年新增技术员2名，为提升技术水平，分3批派员前往省及周边县市学习并进行比对试验。同时,对试验室进行了科学改造,更换了养护室控制仪、水泥净浆机、重型触探仪等一批仪器设备。全年共检测工程项目200余个，签订合同180余多份,同比增加51.7%,出具检测数据52726组,同比增加46.2%。2010年顺利通过省建筑工程安全质量监督管理局、省技术监督局资质和计量认证;获2010年实验室能力验证和全省建设工程质量检测机构水泥性能指标、钢筋力学性能比对试验优秀单位。

〔装饰装修管理〕 2010年加强了对在行政区域内从事的建筑装饰装修活动的行政监督管理,使装饰装修市场规范、有序、健康发展。一是强化装饰装修工程的招投标管理，全年装饰装修工程招标率达100%;二是着力规范工程报建和工程质量及安全监督制度，使装饰装修工程的报建与质量竣工验收备案制度进一步完善，全年工程报建率及质量监督率达100%;三是狠抓了图审及施工单位的资质及从业人员的管理，严格规范施工许可制。

〔建筑勘察设计〕 南康市建筑勘察设计院是国家建筑工程设计丙级资质设计单位，现有专业技术人员8人,其中:工程师2人、助理工程师5人、技术员1人。严格坚持建筑工程设计实行合同管理、坚持注册人员签章执业、坚持工程质量负责制和分级负责制，加强了建筑节能设计和施工图设计文件审查，进行了软件升级及新规范、新图集更新,确保建筑工程设计质量与设计深度。

2010年完成市赤土民族中学等教学楼、综合楼、食堂及宿舍楼工程设计11个,完成东山军地联合指挥所、新巴德士安置点、八岭排安置点3个道路及排水工程设计，及凤岗镇农民返迁安置小区工程设计1个;完成市横市、隆木、大坪敬老院食堂、宿舍楼工程3个;完成南康市腾达矿业有限公司综合楼和车间工程、唐江镇李斌商住楼、江西龙事达实业有限公司于都天成名都 sh1-sh38 栋、11 号楼-1、-2 工程设计任务，工程设计总面积达近 7 万平方米。

〔**城建档案馆**〕 城建档案馆组建于 2009 年 9 月，现有档案管理员 3 名。主要负责全市规划审批、施工管理、质量监督等业务管理和业务技术档案及各类工程档案的收集整理。从城建档案的登记、业务指导、报送接收、编制整理、验收审核、编目入库、借阅利用、统计、鉴定销毁到库房管理，已建立了一套完整制度和程序，现工程档案累计入库 3332 卷(2010 年 2622 卷)，文书档案 508 卷。于 2010 年 12 月，晋升为“江西省城建档案规范化管理一级单位”。

燃气管理

〔**综述**〕 全市现有瓶装液化气站 8 家，城区分别有方圆、华亨、万胜、岭背和金鸡等 5 家气站；乡镇分别有龙岭金塘气站、唐江气站和平田等 3 家气站。2010 年引进中油洁能公司在西华村投资 4000 万元筹建设计储气规模为 300 方的大型液化气站。

城区有新仕高燃气(南康)公司，为管道天然气企业，已建成 1 个 200 方的储气站，2009 年 9 月已试运行。

全年液化石油气销量达 5000 余吨，比上年增加 2000 吨；管道天然气销量达 600 余吨，比上年增加 400 吨。截止 2010 年底瓶装用户达 6 万余户；管道签约用户达 8000 余户，点火通气用户达 1800 余户。未发生燃气安全事故，未发生断气事件。

〔**燃气安全监管**〕 2010 年，坚持“安全第一、预防为主、综合治理”的方针，严格按照《安全生产法》、《城镇燃气管理办法》、《城镇燃气设计规范》、《建筑设计防火规范》的要求，创新举措，强化监管，燃气管理取得新成效。一是以健全三项制度为核心，突出抓好气站安全隐患排查治理。(1)健全复审换证制度。认真对照法律法规要求，坚持“统一标准，分步实施，成熟一家，核发一家”的原则，严格抓好复审换证工作。已向方圆气站、平田气站核发了《城镇燃气经营许可证》，华亨气站在停业整顿，唐江、金塘气站已责令限期整改，万胜、岭背、金鸡气站已责令关停。(2)健全安全监管常态机制。实行每月调度制，专题研究部署燃气管理问题。建立联合巡查常态制。发挥主管牵头作用，会同工商、质监、物价、消防等职能部门，不定期对各气站进行安全执法检查，全年联合执法 5 次，责令整改安全隐患 15 处。同时，优化调度工作力量，坚持每月一巡查制度，建立安全隐患台账，直至整改销号。全年开展安全检查 12 次，下发整改通知单 37 份，排查治理 23 个安全隐患。(3)健全持证上岗制度。会同消防大队举办了 2 期燃气从业人员培训班，共有 116 人参训，受训学员能够懂法守法，规范操作，熟练流程。经考核合格，已核发上岗证，做到了全市燃气从业人员都持证上岗。一旦发现未持证上岗现象，从严处理。二是以落实三个责任为基础，突出抓好气站关键岗位各司其职。(1)切实落实企业安全生产主体责任。要求燃气经营企业法人代表人必须切实承担起安全生产主体责任，建立健全安全生产责任制、安全生产规章制度和操作规程，保证安全生产投入，依法配齐配足配优燃气专业技术人员，加强安全生产管理，确保安全生产。(2)切实落实生产过程管理的领导责任。要求企业法人代表人、主要负责人、合作股东或领导班子成员要轮流现场带班，不得擅自离岗、脱岗。(3)切实落实主要技术负责人的管理责任。强化企业技术管理机构的安全职能，按规定配足安全技术人员，切实落实企业主要技术负责人安全生产技术管理负责制，强化企业主要技术负责人技术决策和指挥权。因安全生产技术及其投入问题不解决产生重大隐患的，要对企业主要负责人或实际控制人、主要技术负责人和有关人员给予处罚；发生事故的，依法追究其法律责任。三是以创建三个渠道为平台，突出抓好燃气安全常识宣传。(1)创建短信平台，开展无线传输宣传。为扩大宣传面，积极与市移动公司合作，于 2010 年 10 月创建了燃气短信平台，精编燃气使用安全常识，适时向全市燃气用户群发。截止年末，已群发 30 次。(2)散发宣传资料，开展一对多宣传。编印《燃气安全用气常识》、《城镇燃气管理办法》、《城镇燃气管理条例》各 1 万份，组织专业人员在人口集中场所摆摊设点进行散发宣传，现场受理咨询 2000 余人次。(3)深入用户住宅，开展一对一宣传。组织供气企业技术人员深入各用户逐一上门,进行定向宣传、按需宣传,切实增强了用户安全用气的意识,有效防止了燃气安全事故的发生。

〔**燃气供应保障**〕 紧紧围绕保安全、保供应、保民生的原则,抓好燃气供应保障。一是加快物质载体建设。2010年引进中油洁能公司在西华村龙头岭投资4000万元兴建占地25亩、设计储气规模为300方的大型液化气站,已完成一期土石方工程。预计该站建成后,可足够保障全市瓶装燃气供应。二是加快病险气站除险保安。为确保安全间距,督促唐江气站投资40万元新征5亩土地进行扩建,华亨气站投资100万元进行总体改建,新仕高公司气站安装了监控设备。三是加强气源储备平调。在冬季用气高峰,派出专人驻站跟踪监测用气量,科学及时平调气量,加强燃气应急储备,确保储量充足、市场平稳,有效保障10~15天燃气供应不间断。

〔**燃气管理措施**〕 2010年全市燃气生产平衡安全、形势喜人。一是高位推动。市委、市政府高度重视,市委常委会、市政府常务会、市长办公会多次研究部署燃气安全管理工作,市委书记张裕生、市政府市长苏传辉、常务副市长杨永飞先后作重要批示。市委常委、市政府常务副市长杨永飞还多次亲自召开专题会议进行研究调度,协调解决相关问题。局务会将燃气管理工作与其他业务工作同时研究、同时部署。在全局干部职工大会上也逢会必讲,逢会强调。二是部门联动。与工商、质监、物价、消防、安监等职能部门积极联动,建立联席会议制度和联合执法机制。全年召开专题会议10次,开展联合执法5次。三是企业自动。通过多方做工作,各燃气企业积极配合安全整治,维护自身利益。如金塘气站、唐江气站积极保护安全间距,华亨在开展整体改建,方圆气站配备了专业技术人员,新仕高公司气站安装了监控设施、专门聘请了巡线人员和添置了抢修专车。

小城镇建设

〔**综述**〕 2010年,紧紧围绕市委、市政府的工作目标,按照“五整治、三建设”的要求,扎实做好小城镇建设和环境整治工作,取得新的成效。

1、圩镇建设焕然一新。全市各乡镇建成区面积增加105亩。全年共投入建设及整治资金15777.63万元,比去年增加4472.48万元。新增住宅面积18.46万平方米,新增公共建筑面积2.14万平方米,新增生产性建筑面积19.86万平方米,市政公用设施新增道路长度7.63公里,新增、改扩建道路面积5.6万平方米,新增、改扩建排水管道长度16.23公里,新增绿地面积43.05亩,新增供水管道19.31公里,新增道路路灯210盏,新(改)建水冲式公厕3座,清运垃圾43687吨。

2、村庄建设和整治工作有秩进行。全年共投入建设及村镇整治资金40834.19万元,比去年增加16043.27万元。新增住宅面积53万平方米,新增公共建筑2.83面积万平方米,新增生产性建筑面积43.07万平方米,市政公用设施新增村庄内道路长度36.34公里,新增、改扩建村庄内道路面积20.73万平方米,新增绿地面积21亩,新增、改扩建排水管道长度31.69公里,新增供水管道49.13公里,新增改水户2910户,改厕1760座。

3、农村工匠培训管理稳步推进。完成了2010年度农村个体建筑工匠培训合格证书的办证和发证工作,培训农村个体建筑工匠386人。承办了南康市2010年“十大工匠”大比武活动砌筑工大比武活动,39人参赛,选送了4名优秀工匠参加农工部十大工匠评选。赣南日报、市电视台对此进行了新闻报道。

4、农村建房新户型推广富有成效。全面开展新农村建设新户型推广,采用新户型(改良型)建房的农户182户,累计新户型建房农户数3123户。在浮石青云腊树下、莲洲棚下建成两个整村推进示范点。

5、加强农村建房安全管理。针对农民自建房存在的质量安全问题,对全市18个乡镇、2个街道办事处的3130户农民自建房进行了排查、整改、督查,制定了排查和整改措施、开展了建房质量安全大检查宣传和督查,提出了预防事故发生的对策。

重点工程建设

〔**赣南大道(南康段)**〕 该项目为江西省重点建设工程,起点位于龙岭与潭口交界处的潭口溪,终点位于离康东大桥360米处的323国道。全长约

11.28公里,道路按一级公路并兼有城市主干道功能设计,项目总概算约11亿元。项目分赣州投资建设段8.18公里和南康投资建设段3.103公里,工程于2010年8月9日正式开工。

〔**文化艺术中心**〕 该项目座落在南水新区,与市政府大楼同一中轴线上,占地75亩,建筑总面积4.8万平方米,建筑占地1.028万平方米,建筑总高47.5米,由以话剧院、会议中心、大型超市、商铺组成,共分A、B、C、D四个区域,项目总投资约1.3亿元,于2007年11月正式开工。大剧场所有配置都符合国内一流剧院的优级配置,建成后将是省最大、最先进的综合性剧场。

〔**生活污水处理厂**〕 该项目位于龙岭镇金龙居委会,一期工程管网长13.15公里,并建有2座污水提升泵站,途径蓉江、东山、镜坝、龙岭;二期工程管网长11.31公里,主要沿章江两岸建设。于2008年5月正式开工,一、二期工程于2009年8月完工。2010年1月正式移交洪城水业环保有限公司南康分公司运行,经营权年限30年。2010年共处理污水689.53万吨,平均每天处理1.89万吨,污水收集率达80%以上,处理率达100%。污水经过处理后出水水质均达到国家一级B标准,全年运行良好。该项目2010年获"国家文明样板示范工地"、"江西省文明工地"。目前正在进行第三期长7.3公里的截污管网建设。

〔**体育公园**〕 该项目位于南水新区艺术中心南侧,总占地面积为220亩,工程总概算约为2.3亿元。按照体现生态、体育、人文、科技理念,利用地形地貌巧妙设计有12000座体育场1个、3000座体育馆1个、600座游泳馆1个、室外网球场2个、室外排球场4个、室外篮球场6个、室外停车场1个、地下停车场1个,将达到建设、环境和运动的和谐统一。规划设计一步到位,分期建设。设计单位为中国瑞林工程技术有限公司,于2010年6进行土石方工程建设。

〔**五星级宾馆建设工程**〕 五星级宾馆按国际五星级酒店标准建造,占地50亩,总投资2.6亿元,主体建筑高8层,总建筑面积3万平方米。有客房120间、高级套房1间、豪华别墅式套房5幢。宾馆立面采用新古典西班牙建筑风格,色彩为米黄暖色,集商务、休闲、娱乐、康体、餐饮为一体,内设商务中心、中西餐厅、宴会厅、咖啡茶座、舞厅、KTV包厢、酒吧、桑拿、水疗、健身房、大小会议室和露天游泳池、网球场等。

〔**金赣北路及景观工程**〕 该项目地处市中心章江西岸地块,西岸为金赣大道及延伸段,东岸为芙蓉大道及延伸段。为东山大桥西端至康东大桥西端,包括西岸滨水景观及东岸800多亩城市景观,预计总投资2.5亿元,是衔接老城区与东山新城的连接点和东山新城中轴线终点。设计将生态环境要素融入到城市空间结构中,以文峰塔、鲤山塔和人工山坡为制高点形成3个景观带,设计了现代风情小广场、景观台、东坡驿、生态桥、历史文化展示墙、水上浮台、观景台、苏东坡纪念小广场等景观,凸显苏东坡游、山水城市、环境优势等城市特色。一期项目已于2010年5月开工,已完成1500万元的道路建设。

〔**中国·南康家具产业基地**〕 该项目位于市区105国道沿线,由交易市场和工业园组成,分交易市场、工业园、会展中心、硅谷、创意总部、物流基地6区域。交易市场占地1000亩,市场总规划面积100万平方米,总投资25亿元。2010年底,正在进行家具市场A区、C区约25万平方米的工程建设,已完成第一大道等4条主干道路面施工;基本完成A区共18栋建筑的建设,正在进行后期装修;正在进行C区建设,完成C区工程总量的60%,2010年销售额达9亿元,销售率达到90%以上。

〔**南山百家姓和谐城**〕 该项目位于南山森林公园生佛寺东侧,总面积50亩,总投资约9000万元。采用政府引导、民间主体原则,做到"四个统一,四个确保,四个优先,一个运作"。群体建筑由108间联谊厅(每间面积106平方米)和三大殿堂(铜铸人文始祖塑像)、城门、和谐广场、三才阁、和谐湖组成。工程于2008年农历3月开工动工,于2010年底进入收尾阶段。

〔**南山佛教文化区**〕 该项目以现南山生佛寺为中心,规划建设面积308亩(非投影面积),由停车场、山门、佛教文化宣传长廊、金刚殿、天王殿、卧佛殿、藏经楼、地藏殿、大型露天赐福观音像等30多个项目组成,计划总投资9000多万元,主要由生佛寺住持释传昌大和尚筹集。2010年底已征用土地340亩(非投影面积),完成投资1000多万元。建成后的南山佛教文化景区将成为城区旅游的一个精品看点。

〔**管道天然气**〕 由新仕高(香港)国际投资有限公司投资建设管道天然气工程项目,投资总额8000万元港币,占地约60亩。气站于2006年8月开工建设,2009年9月竣工。截止2010年底中压管网已铺设25公里,低压管网已铺设28公里,签约用户8000多户,已通气点火用户1800多户。通气小区有:日豪花园、天马山商业小区、恒辉大名城、城市广场、锦绣城、苏馨园、武装部、瑞峰花园、硕博园、怡阑苑、锦绣城、阳光康城、佳和·欧陆经典、名特优、城市家园、恒辉大景城等。

小区选介

〔**廉租住房建设**〕 位于南水新区塔坳安置点南侧,建设用地约59亩,由政府划拨,总建设规模8.32万平方米,住房1152套,总投资约7500万元,6-7层,砖混结构。目前1、2、3期已完成,正在实施4期工程。1期工程建筑面积1.45万平方米,共7栋(住房6栋,居民活动服务中心1栋),投资约1400万元,住房156套,已入住148户;2期工程建筑面积1.15万平方米,共5栋,住房120套,投资约1100万元,现已竣工验收。经市政府批准改为经济适用住房;3期工程建筑面积4.3万平方米,共20栋,投资约4500万元,住房726套,已入住501户;4期工程建筑面积1.57万平方米,共5栋,投资约1500万元,住房240套,于2010年7月开工。

〔**南康新市民公寓**〕 该项目是市委、市政府加快城镇化和工业化进程,解决进城务工人员住房难而实施的惠民举措。位于龙岭工业园西区,占地91.2亩,分为A、C两地块(A区48.79亩,C区42.41亩),总投资1.8亿元。建筑密度39.9%,容积率2.7,绿化率35%。于2010年9月正式开工。该建设小区有25栋,建筑总面积约16.3万平方米,总户数2000户(A区1124户,C区876户),建筑层数为6~7层,全框架结构。

〔**书香华庭**〕 位于南水新区南康中学东侧,占地100亩,总建筑面积225680平方米,总投资2.98亿元,于2010年10月开工。小区由22幢建筑构成,其中多层9幢,高层13幢,框架结构。

〔**南水国际**〕 位于南水新区天马山大道旁,为市首创欧陆风情、坡地式园林小区。总用地面积83638.39平方米,总建筑面积204347.37平方米,总投资约3.5亿元,容积率2.44,建筑密度29.76%,绿地率37.3%,总户数1125户,地下停车场9000平方米,停车位610个,坡地绿化8000平方米,幼儿园720平方米,老年公寓10000平方米,老年活动中心2000平方米。于2010年1月开工,计划2015年12月完工,分A、B区二期建设,其中A区4栋多层,高层3栋;B区多层16栋,高层7栋,全框架结构。

〔**亚琦·城市广场**〕 位于南水新区中轴西侧,由地块中间幸福河一分为二,共规划多层19栋、高层17栋,总建筑面积约为42万平方米。于2009年8月开工。一期工程为禧园1-7#楼及颐园1-10#楼,总高度为24米,框架结构;二期工程为璟园1#、19#楼。2#-18#楼为高层建筑,地下2层,地上16层,建筑总高度约为44.8米,1#、19#楼为多层建筑,地下1层,地上7层,总高度为24米,框架剪力墙结构。

〔**鑫安佳苑住宅小区**〕 位于市区原轴承厂范围内的新开发地块,总用地面积20813.4平方米,总建筑面积为58335.62平方米,于2010年9月开工建设。由6栋11+1层的小高层和1栋6+1层多层住宅组成,建筑主体高度为33.6米,框架结构。

〔**恒辉大名城**〕 座落于蓝田大道南侧,总用地面积31600.158平方米,总投资约10282万元,地上总建筑面积109030平方米,地下室面积6638平方米,建筑容积率3.24,建筑密度25.6%,绿地率40.3%。于2008年5月开工。小区由2栋7层和8栋高层建筑构成,其中最高层为28层,框架剪力墙结构。

〔**恒辉大景城**〕 地处工业一路旁，占地面积32948平方米，总建筑面积115300平方米，其中地下室面积3782平方米，总投资约10577万元，总户数为822户。于2007年5月开工，配套有4000平方米大型购物商场、幼儿园和活动中心，设计了近8000平方米的集中西风情中心花园。由10栋高层建筑构成，层数为15层~26层，框架剪力墙结构。

〔**嘉诚花园**〕 位于南水新区法院北侧。规划占地10103平方米，总建筑面积约2.5万平方米，总户数约210户。小区充分体现以“诗意栖居，欧式风情”为中心的构思理念，小区中央放置小花园，楼盘款式新颖独特、格局布置合理、户型经典别致，保证家家户户南北通透，享受阳光、享受庭院。由4栋建筑构成，全部为多层住宅，框架结构。

〔**文化街商住楼**〕 位于和谐大道两侧，整条街长约550米。用地内地形北低南高，高差约3米，整个规划沿文化街“一”字展开，所有住宅的首层均为沿街商铺，另一边为住宅和车库，整个文化街形成一条商业街的形态。规划总用地面积34202.9平方米，建筑面积118138.3平方米，容积率为3.45，绿地率32%，室内机动车泊位338个。共20栋多层连体建筑，框架结构。

〔**日豪花园简介**〕 位于南水新区天马山大道西侧，总规划用地108.98亩，总建筑面积176552平方米，绿化率达33%。设计有高层、多层、复合式住宅、连体别墅及商业用房。项目分二期施工，一期占地面积61026平方米，建筑面积110144.33平方米。总投资约13522万元，于2009年3月开工。由22栋建筑构成，其中多层20栋，高层2栋，框架结构。

市场建设

〔**南康泓泰家具交易市场**〕 位于迎宾东大道北侧，占地面积约1100亩，总投资约10亿元，总建设面积达60多万平方米。整个项目分为A、B、C、D、E、F六大区，于2009年12月开工建设，完成投资2.3亿元。其中C区建筑面积为10万平方米，投资约1.8亿元。两大区容积率为≤2.0，建筑密度≤40%，绿化率≥30%。其它B区、D区、E区、F区将逐步动工兴建。

〔**南康板材市场**〕 位于龙岭工业园西区，用地东西宽500米、南北宽420米，由低层商业区的44栋板材商铺和高层商住区的商业小户型住宅构成。低层板材市场商铺区总用地161882.7平方米，总建筑面积242662.16平方米，建筑占地64214平方米，建筑密度39.67%，容积率1.499，绿地率30%，总高度13.75米，总层数3层；高层商住区总用地17333.3平方米，总建筑面积75465.03平方米，建筑占地6931.59平方米，886户，建筑密度39.99%，容积率3.499，绿地率30%，高度为81.8米(A)、60.8米(B)，层数为25F(A)、18F(B)，地下停车位416个。

〔**东山购物中心**〕 位于东山街办东山南路北面、金山路西面，项目投资约3000万元，总用地面积6996平方米。总建筑面积36311.58平方米，其中地下面积2858.20平方米，地上面积33453.38平方米，商场面积8574.6平方米，餐厅面积2858.2平方米，设备转换层兼会所1071.70平方米。容积率4.78，建筑密度40.85%，绿地率32%，停车泊位86个。拟建29层(地下1层，地上28层)，其中商场3层，餐厅1层，住宅24层，框剪结构。

〔**农贸市场小区**〕 位于东山新区城市壹号北侧，占地15亩。正在进行方案设计等前期准备阶段。

（*卢超*）

市容管理

〔**综述**〕 2010年，市容园林环卫局在市委、市政府的领导下，在上级业务主管部门的精心指导下，紧紧围绕市委、市政府“一个继续坚持，两个着力把握、六个扎实推进”的工作目标，坚持以“三个代表”重要思想和“十七大”精神为指导，全面落实科学发展观，扎实开展园林绿化、环境卫生、市政建设、城市供水、公园管理等各项工作，推进市容管理事业上新台阶，各项工作取得了新的显著成绩。2010年，市容园林环卫局被评为“赣州市思想文化宣传工作先进集体”、“创业服务年先进单位”、“政协提案承办先进单位”和“维稳信息先进单位”。市环卫所被授予“全国三八红旗集体”荣誉称号，自来水有限公司被评为“创业服务年先进单位”，系统内先后涌现了江西省劳动模范李明亮、十大感动赣州人物彭才茹等一大批先进集体和个人。

2010年，建成区绿化覆盖面积达到16085.7亩，绿地面积15321.6亩，公园绿地面积4463.4亩。建成区绿化覆盖率、绿地率、人均公园绿地面积分别达到41.89%、39.9%和10.98平方米。新增DN100以上供水主管13100多米，新增用水户5589户，总用户数达40178户，共完成供水量1478万吨，销售水量继续位列赣州各县(市)之首，达1265万吨，同比增长11.25%，产销差率为14.43%。新装路灯874杆，其中康唐公路整线安装路灯509杆，维修更换路灯及景观灯6618盏，维修更换线路约16610米，其中一江两岸被盗线路维修更换约15000米，城区亮灯率始终保持在98%以上。环卫清扫保洁面积达到310万平方米，新增公厕、垃圾中转站6座。城市环境进一步改善，城市功能进一步提升，广大市民对市容管理工作的满意度进一步提高。

〔**机构队伍**〕 市容园林环卫局机关人员编制数16人，内设科(室)3个即：秘书科、市容督查科、市政建设科。下属二级单位3个即：南康市市容环境卫生管理所，南康市园林绿化管理所，赣州水务集团南康市自来水有限公司。股级单位2个即：南康市市政管理处、南康市东山公园管理处。

〔**市容督查**〕 市容督查科负责城市道路占道、广告设置审批和建设工地卫生费收费工作。负责对各职能部门履行职责情况的监督检查和考评，坚持每日到市区各街道、工地等区域进行巡查，做到及时发现问题，及时通知有关负责人对发现的问题进行处理，并跟踪落实情况，对严重影响市容环境的现象下发书面督办通知单，要求有关部门限期整改到位，使工作形成管理合力，确保市容市貌的整洁有序。

〔**市政建设与管理**〕 2010年底，各项重点工程逆势而上，克服困难，加快了建设步伐，通过争取和努力，共安排了7项新建工程，2项续建工程。已竣工的项目有7个，包括金河一路、金鸡路、金桥路改造工程，文化公园广场桥建设工程，蓉江老城区小街小巷改造工程，文峰路盖板桥通道工程，龙岭高速出入口渠化岛绿化工程，南水东大道人行道彩化工程。初步统计，全年新增完成基础设施投入2876万元。投资1000多万元的市重点工程南水景观渠道、和谐城园林绿化工程即将完工。一大批影响市民出行和生活环境改善的道路工程得到了较大改善。

〔**环境卫生管理**〕 南康市市容环境卫生管理所现有在职职工540人，承担着全市21条主干道及市区内次干道310万平方米面积的清扫保洁、垃圾收集和主干道210万平方米的路面洒水，每日清运处理生活垃圾180吨。上门收集户数3000多户。全所干部职工在市委、市政府的领导下，抢抓机遇、乘势而上，加快环卫事业的大发展，努力实现经济可持续发展和保护环境“双赢”的局面。

业务工作好中求精，服务功能不断增强。在完成市区统管区域环境卫生工作的基础上，加强了对物业管理小区环境卫生工作的监管，开展了国道环境卫生整治，进一步完善服务功能，成立了承接统管区域以外垃圾清运的专业队伍。环境卫生工作质量提升明显。环卫设施一年大变样，旧垃圾场封场停用，新垃圾场顺利启用。2010年6月1日，首座生活垃圾无害化处理填埋场龙回垃圾填埋场正式启用。1992年启用的南康罗坳简易垃圾填埋场关停封场，浮石罗坳垃圾场封场后污水实现了安全排放。龙回垃圾填埋场是目前江西省建成和在建的处理工艺流程最为先进、完善的生活垃圾处理填埋场，标志着南康的城市生活垃圾无害化处理率接近100%，真正实现了无害化处理的目标。

环卫设施投入空前加大，队伍面貌焕然一新。一是由政府一次性投资近600万元集中采购了7辆垃圾清运车和一批挖掘机、装载机、压实机等新垃圾场运行配套设备，为新垃圾场的规范、有序运行提供了有力的保障。二是采购了850只款式新颖的果壳箱，为南康街道添“绿”景。三是投资300多万元新建成了金河二路、龙岭工业东区等6个公厕、垃圾中转站。在城区以具有特色风格和美观环保的水冲公厕代替污染环境的旱厕，以全封闭中转处理垃圾代替裸露堆放方式处理垃圾，使环境污染源从源头上得到收纳治理。

〔**城区绿化与管理**〕 2010年,市园林绿化管理所共有137名干部职工,其中男24人,女113人,党员5人,临时人员125人,园林专业技术人员4名。

全市建成区绿化覆盖面积达16085.7亩,绿地面积达15321.6亩,公园绿地面积4463.4亩。建成区绿化覆盖率、绿地率和人均公共绿地面积分别达到41.89%、39.9%和10.98平方米。

园林绿化建设坚持高起点规划、高水平设计、高质量建设的原则,在保持原有绿化的基础上,根据植物之间的生态习性和相互依存的关系科学搭配品种,对工业区、重点路段采取了加密工作,增加了花灌木,常绿和落叶树种配置更为合理。配合赣南大道建设及市政工程,完成了发展大道、文峰大道、天马山大道、金赣北大道、金鸡路等路段的树木移栽工作。完成了2009年度城区"一大四小"各地段的图纸绘制、验收工作。对重要节点布置时花及点缀盆景,完善绿化层次,丰富绿化色彩,取得了较好的绿化效果,城区真正达到了树有高度、绿有浓度、林有厚度的多层次生态园林景观效果。并根据植物生长规律,有计划、有步骤、及时调度、科学合理地安排对绿化苗木实施精细化养护管理。共投入资金750多万元,种植大乔木共2.21万株、小乔木2.34万株、花灌木36.06万株、盆景95株、桉树8.22万株、时令花卉14.5万株。

园林设施建设不断完善。市园林所组织工人对天马山大道、武装渠化岛、南水大道(瑞丰段)的路沿石进行了安装,全长共3833.29米;对迎春路小游园的花架顶棚进行了翻新,对原有的打药车进行了改装,并配合市政处,在旭山公园里安装了6杆太阳能灯具;对园内道路进行修缮,增设了多条游步行道;投资3.8万元,在旭山公园、文化公园、中心花园增设了50套仿树桩桌椅。

制定完善了《绩效考核细则》、《干部考评管理办法》和《绿化养护制度》,加大执法力度,与执法局密切配合,加强巡视,积极查处破坏园林绿地、花草树木的行为。对城区内绿化养护状况及各公园进行不定期全面督查,提出整改意见,提高了绿化养护管理的强度和水平。对110多名园林养护工人采取严格的管理措施,采取绩效考核办法,坚持月考评制度,奖勤罚懒,努力实现督促到位,工作到位,确保绿化管理效果。

园林绿化审批事项走向正规化,建设工程项目附属绿化首次纳入审批。做好了省级园林城市复查的迎检准备工作,顺利通过复查"大考"。配合省测绘局,进行绿化遥感资料现场核对,主要对城区各街道路名、单位及小区名称进行图上的标示,对绿地边界进行准确区分。

〔**东山公园管理**〕 东山公园位于东山南路南端,紧临章江,依山傍水,占地235.5亩。绿化覆盖率85%。园内林木葱郁,环境幽静。2010年公园把园林绿化列为重点工作,采取了有力措施,在墙边种植爬山虎,既美观,又能减少杂草的生长。在安全管理方面加强园内基础设施建设和维护,对文峰塔霓虹灯进行全面维修;在公园南大门双思亭处新增两盏射灯;公园南大门公厕工程2010年3月12日开工,9月30日全面竣工;对公园部分道路进行修补。2010年引进羽毛球馆新健身项目。并在园内安装路线图、指示牌、警示牌方便了游客的游园。

〔**城市供水**〕 2010年自来水公司紧紧围绕"一个重点,两个中心,八大工程""128"工作目标,团结进取,狠抓落实,圆满完成了各项任务,实现了经济效益和社会效益双丰收。2010年新增DN100以上供水主管13100多米,新增用水户5589户,总用户数达40178户,完成供水量1478万吨,销售水量继续位列赣州各县(市)之首,达1265万吨,同比增长11.25%,产销差率为14.43%。2010年11月29日,赣州市政府与南康市政府签订了《南康市自来水公司整合并入赣州水务集团框架协议》,南康市自来水公司更名为"赣州水务集团南康市自来水有限公司"。

2010年投资200多万元的二水厂扩容工程列入全市"双百"工程。该工程在2010年3月开工建设,于2010年12月30日建成。该工程的完工,使二水厂供水实际能力达到10万吨/日,增强了公司供水保障能力。扩容后在一级泵站实现了由一台250KW机组代替三台110KW机组运行,在满负荷运行时每千吨水可节电42度,全年预计可节电65.85万度;在二级泵站用315KW变频机组取代250KW变频机组搭配定速110KW机组,在满负荷运行时每千吨水节电18度,全年可节电26.6万度,既可满足高峰期用水需求,又能实现经济效益和社会效益的双赢。

为方便与广大用户的沟通,创优供水环境,加快南康城市建设和社会经济发展步伐,公司通过召开用户代表座谈会、实行“水厂开放日”、建立供水网站,搭建了开门纳谏平台、解疑释惑平台、信息公开平台三个服务平台。为改进服务,对管网维修时实施了“夜间错峰抢修”,即对供水抢修实施夜间停水,尽量错开用水高峰期,做到供水抢修不扰民,充分发扬“辛苦我一人,清泉送万家”的供水服务理念。通过这些创新的服务方式,公司的供水服务水平得到了广大用户和社会各界的充分肯定和认同,公司的形象也得到了进一步提升,2010年度在全市创业服务年活动考评中被评为先进单位。

〔**管网建设与改造**〕 自来水公司在保障城市供水安全高效的同时,紧跟城市建设步伐,密切配合城市建设工作进度,强化工程管理供水管网不断延伸,供水范围不断扩大。完成DN50以上供水管道安装42000多米。完成安装收入428万元。一是紧跟工业大道东延工程建设,完成了1200多米工业大道两厢供水主管安装,保障了周边家俱企业及农户的用水需求;二是积极配合赣州绕城高速建设,完成了迎宾大道至绕城高速收费站3100多米供水主管安装,既保障了绕城高速收费站用水需求,又使龙岭贝山、新屋处水压偏低问题,得到解决;三是密切配合赣南大道征地拆迁工作,解决了赣南大道拆迁安置点新装迁户的用水问题,推动拆迁工作顺利进行。四是配合泓泰家俱基地建设,规划园区内供水管网,并对部分跨路管道进行预埋,确保了家俱基地工程顺利建设;五是完成了李家山安置点供水主管3000米建设,为龙岭5000亩家俱产业园征地拆迁创造了良好的征地环境;六是配合城市建设步伐,完成了城市壹号、城市广场、锦绣城、日豪花园等居住小区的供水管网建设,确保了市房地产行业有序发展,保障了居住小区入住市民的用水需求。

(黎婷、钟春秀、钟晨、董玲、赖育真、王春燕)

〔**领导班子名录**〕

局党委书记、局长:胡化林(~2010.11)
局党委书记、局长:伍祖培(2010.12~)
局党委副书记、副局长:廖光禄
副局长:朱日森
副局长:钟俊丰
副局长:邱全平
副局长:彭 飞
工会主席:刘玉荣(女)

市政建设

〔**基础设施维修**〕 市政处坚持路灯每日巡查制度,安排人员日夜值班,做到早排查、快检修,使市城区亮灯率始终保持在98%以上。根据市政府决定,新接管了市区东山工业园区路灯管理,并开展了该园区线路系统改造。

城区夜景照明建设启动实施了第二期工程。对17项续建工程和8项新建工程进行了调度督办。2010年,市民服务中心、恒辉大景城、大名城、城市广场、日豪花园、天马山商业小区等8个项目基本完工。城区一江两岸夜景观进一步得到美化提升。

〔**市政道路设施维护**〕 2010年,市区内人行道彩板维修1205平方米,破损路面维修2329.2平方米,修补路沿石62米,下水道清淤、疏通约1260米,清理沉沙池、雨水井1473座,更换雨水井、检查井盖188个,更换破损下水道盖板197块。翻新道路标志、标线17600平方米,其中新标设停车泊位1038个,划设停车线2868米,划设各种标识标线60000米,使城区各条道路旧貌换新颜。对市区蓉江桥、芙蓉桥、东山桥、人行桥等桥进行桥面人行道彩化、护栏刷漆工作,彩化桥面人行道1989.78平方米。在迎宾大道等路段设置了道路中心隔离护栏1843.70米。

在南康大桥至高速公路出口路段上新装道路交通护栏4390米。在汽车东站至坪岭转盘长1600米的道路路段安装拆除下来的旧护栏。该项工作在年底前已通过竣工验收。更换维修了一江两岸护栏39处,有力保障了沿江两岸护栏的安全性和美观性。

〔**康唐路改造配套设施建设**〕 在旭山北路红绿灯至唐江邮电所总里程为33380米(道路两厢相加)的康唐公路整线安装路灯509杆,工程投入约为441.72万元。完成道路交通标线标设面积11233平方米(包括中心线、分道线、边线、斑马线、箭头等),工程投入为22.81万元。

〔工程建设〕 2010年,市容局完成市政基础设施改造,其中包括:建设金河一路、金鸡路、金桥路的主车道、人行道、排水设施、路灯、绿化等改造工程,全长约2500米,建筑面积约6万平方米,总投资850万元。

南康市高速路龙岭出口处绿化工程,总绿化面积约42191平方米,建设内容包括高速路出口处给水工程、LED亮化工程、绿化工程及南康105国道段两侧分车带和行道树种植标准段绿化工程、给水工程、广告牌工程。总投资300万元。

路福服装城北新建路面及排水工程,工程投入约为113.33万元。

房地产管理局

〔综述〕 2010年,市房地产管理局在市委、市政府的领导下,秉承"服务群众、关注民生"的工作理念,以开展创业服务年活动为契机,大力加强干部队伍建设,树立了机关良好形象,营造了良好的政务环境,服务水平明显得到了提高,有效地促进了各项工作的开展,在房地产管理、综治、招商引资、新农村工作、信访等工作受到赣州市及南康市有关部门表彰。

〔机构队伍〕 市房地产管理局下属副科级单位有市场管理局、房地产公司。局机关设办公室、行政审批服务科、开发管理科、执法大队、市场管理所、交易事务所、产权登记室、档案室、拆迁办、白蚁防治所等10个职能科室所,下设唐江分局,局机关共有干部职工70人。

〔房地产开发管理〕 健全和完善信用制度建设,配合赣州市房管局加强对房地产开发企业及主要从业人员的信用记录管理记录工作,进一步加强商品房预售管理,完善了销售现场公示的证照和资料,严格《商品房买卖合同》备案管理,实行合同网上及时备案,规范商品房交付使用及物业教研手续,进一步完善商品房售后服务机制,要求企业设立售后服务电话,建立于购房人定期或不定期交流沟通制度,进一步加强房地产开发企业配备专业电脑及建自己的网站,设立专用电子邮箱。优化房地产开发配套服务工作,加强自身建设,切实做到执法行政。一是对房地产相关企业提供全方位的服务,强化房地产从业人员持证上岗,促进企业自身发展壮大;二是从完善制度和机制入手,为购房消费者提供实实在在的服务;三是建立房地产信息发布制度;四是当好政府参谋,重视调查调研。2010年办理预购商品房抵押权预告登记、现房抵押贷款6929宗,抵押面积153万平方米,抵押金额32.201亿元,对地方财政收入的贡献率为34.14%。

〔房地产交易管理〕 认真履行管理职能,切实维护群众利益。作为房地产市场交易管理机构,还负有私房政策落实职能,对历史遗留问题进行调查、取证。及时处理信访件,给予民众满意的答复,对私下交易和场外交易进行处罚,有力地维护了房地产市场的正常秩序,防止了国家税收流失。积极搞活住房二级市场,来满足更多中低收入家庭的住房需求,采取切实有效的措施,加强了与金融、财税部门的协调,增加交易业务量,促进了住房增量市场的联动发展,2010年二级市场住房交易1432宗,面积达28.609万平方米。

〔房地产权属登记〕 建立健全了严格的房屋权属登记质量管理体系,积极实行房地产交易和权属登记管理实现网络化,对房地产交易与权属登记管理过程中的受理、办理、审核、缮证、计费、档案管理、统计分析等业务处理实行计算机管理,实现办公自动化。2010年共办理房屋产权初始登记4180宗,面积83.4527万平方米。

〔房地产行政执法〕 严格依法查处房地产交易过程违法违规现象,切实维护广大人民群众的合法权益,使商品房预售健康有序进行。加强管理,规范商品房预售秩序。主要是加强商品房预售许可管理,预售登记、统计和备案管理,预售公示管理,预售广告管理,开发企业销售行为管理。加强动态监管,加大违法违规行为查处力度;加强联合执法,充分发挥联动效能;加强巡查与普查力度,严堵漏洞;加强对开盘项目的跟踪督查;加大对侵害消费者权益行为的查处力度,落实商品房销售"一房一价"和明码标价制度;严格查处擅自预售行为。凡涉及业主信访举报违规核查属实的,根据相关法律法规,暂停该楼盘的预售合同备案、抵押登记、产权登记等业务。

〔**物业管理**〕 指导一个房地产项目成立业主委员会并备案,督促 190.48 万元物业共用部位、共用设施设备维修资金及时存入市专户。市专项维修资金已归集到 880 万元,并与市物价局一起完成物业管理服务等级评定 13 价。积极配合好稳控息访工作,对亚琦·城市广场、阳光康城、恒辉大名城等投诉信访问题进行了认真细致地调查核实,并回复回访,信访投诉办结率达 100%。

〔**房地产测绘工作**〕 2010 年,在原有的测绘系统的基础上再添置了一批软硬件设备,包括南方正版 BMF 测绘软件一套,电脑 7 台。累计完成房产测量面积 128.3687 万平方米。为进一步加强预售商品房面积管理以及开发商擅自改变商品房规划的行为,对申请预售许可证的楼盘,须提供商品房面积预测绘报告。

〔**白蚁防治**〕 制定了白蚁灭治管理机制,专人分片管理,做到随叫随到,积极提高服务质量。2010 年签订白蚁防治合同共 1126 份,总面积68.95 万平方米。白蚁预防覆盖率 93.75%,灭治面积 2.12 万平方米,共收入白蚁防治费 86.89 万元,比去年增长 11.2%。

〔**房屋拆迁管理**〕 开展了城镇房屋拆迁侵害群众利益专项治理工作。专项检查中未出现损害群众利益问题和违规违法的行为。共完成城区拆迁房屋面积 14894 平方米,拆迁户 153 户。

〔**保障性住房建设**〕 一是廉租住房建设工作方面。廉租住房建设用地于 2007 年完成了两期土石方工程,平整好了项目建设用地。建筑工程目前已完成了两期,2010 年正在实施第三期、第四期。第一期工程建设规模为房屋 7 栋,廉租住房 6 栋,居民服务中心 1 栋,总建筑面积 1.45 万平方米,住房 156 套,柴间 92 间,2007 年开工,2008 年竣工,已交付使用;第二期廉租住房建设规模为房屋 5 栋,总建筑面积 1.15 万平方米,住房 120 套,柴间 122 间,2008 年开工,2009 年竣工,现已交付使用;第三期工程建设规模 4.3 万平方米,住房 726 套,2009 年 10 月开工,目前主体工程已完工,正在道路、排水等附属设施施工;第四期工程建设规模 1.57 万平方米,住房 240 套,2010 年 7 月开工,目前主体部分已完成 3~4 层。二是东门村接官亭棚户区改造方面。2010 年,按照省里给南康市的目标计划和要求,并结合南康市的实际,定东门村接官亭为棚户区(危旧房)改造项目。东门村接官亭改造项目按照"政府扶助、群众主体,干部协助、理事会运作,依法依规,自求平衡"和"自拆自建,统一规划,就地安置"的模式进行改造。到目前为止,完成房屋拆迁面积 46752.51 平方米,签订协议 125 户,安置 42 户,安置面积 1.12 万平方米,投入资金 1230 万元。三是新市民公寓建设项目建设方面。依据《国务院关于解决城市低收入家庭住房困难的若干意见》(国发〔2007〕24 号)文件精神,经市委、市政府研究,决定参照《经济适应住房管理办法》,通过政策扶持和市场化运作相结合的办法,在中心城区建设新市民公寓,使其住房困难问题逐步得到解决。新市民公寓建设项目位于龙岭工业西区,总占地面积 91.2 亩,由深圳市物业国际建筑设计有限公司设计,赣州天盛置业有限公司中标承建。项目总投资约 2.9 亿元,全部为自筹资金解决,共设计新市民公寓 25 栋,户数 2000 户,总建筑面积 16.3 万平方米。新市民公寓项目于 8 月 4 日全面开工,截止 2010 年年底,完成投资 1.933 亿元。

(温伏明)

〔**领导班子名录**〕

局　长:赖朝荣(　　~2010.12)
　　　　张祥明(2010.12~　　)
副局长:卢　平
　　　　梁志杰
　　　　王志军
　　　　张　超
　　　　黄学才
工会主席:张运兵(2010.12~　　)

市场物业管理

〔**综述**〕 2010 年,南康市市场物业管理局紧紧围绕市委、市政府确定的"一个继续坚持,二个着力把握,六个扎实推进"工作部署,牢牢抓住"打基础，保稳定，谋创新，促发展”这个主题，以“强化一个中心（保稳定），突出两个重点（牢抓基础建设和开拓创新）、落实三项措施（着力打造一支干事创业的职工队伍、着力完善一套管理制度、着力塑造务实高效的单位形象）、实现两项提高（作风建设扎实提高、市场建设稳步提高）”为主抓手，结合“学习焦裕禄精神，争做新时期焦裕禄式党员干部”和创先争优主题教育实践活动，开拓创新，真抓实干，各项工作均取得了显著成效。

〔**机构队伍**〕 内设人事秘书科、业务科、财务科、建设科、市场整治大队5个科（队），下设蓉江所、成衣市场所、东山所、家具城所、唐江所、镜坝所、龙回所、潭口所、龙华所、横市所、凤岗所、赤土所、麻双所、中心农贸市场管理办公室等14个基层所。现有干部职工115人，其中高级工11人，中级工16人，初级工60人，普工12人，中级职称3人，初级职称13人。有大学本科学历5人，大专38人。

〔**市场管理**〕 为整顿和净化市场环境，营造文明整洁、繁荣有序的市场交易平台，全面提升单位外部形象，市场物业管理局立足职能，着力加强市场管理工作，严格落实市场“三定”工作制度。为强化督查，经请示市政府同意，专门购置了一辆公务用车，专职用于工作督查、市场巡查和整治，切实强化了市场的日常管理与集中整治工作力度，有效改善了市场环境。6月，组织开展了为期一个月的“市场整治宣传月”活动，集中解决制约市场发展，扰乱市场秩序，影响市场稳定的突出问题，规范了各类摊点摆放秩序和车辆停放秩序，使市场面貌得到了有效改观。12月，按照市城区环境专项整治工作会议要求，开展了以规范市场秩序，创优市场环境为目标的城区市场综合整治工作，集中解决影响城区环境的突出问题，创造良好的市场交易平台。

〔**平安市场创建**〕 为进一步确保社会治安综合治理工作任务的落实，推动平安市场创建工作的深入开展，精心组织，周密部署，以市场为平台，采取条幅和宣传栏等多种形式，全方位、多角度开展集中宣传，提高广大群众对社会治安综合治理的知晓率和参与度，为维护市场和谐稳定营造了良好的舆论氛围。为确保市场安全运行，多次组织人员对所辖市场进行了全面的安全隐患排查工作，并按照属地管理和“谁主管，谁负责”原则，明确所长为安全工作第一责任人，全面履行对辖区市场安全工作的监督管理和检查落实职责，并签订市场安全防火责任状。针对唐江小商品市场存在的重大安全隐患，及时组织人员对其进行围场作业，对市场内的21户经营户进行了合理安排。专门安排人员对存在安全隐患的家具城破损广告牌进行拆除，保证了市场安全平稳运行。通过市场调研、召开市场经营户座谈会等形式，为经营户力所能及地解决各类日常经营问题，第一时间为经营户调处和化解市场矛盾纠纷，为经营者和消费者提供良好的市场交易平台。2010年，所辖的南门综合市场、东山农贸市场均被市社会治安综合治理委员会评为“平安市场”。

〔**市场维修与服务**〕 在加强管理力度，做好归行划市的同时，进一步完善了市场硬件设施，全年累计投入资金30余万元对市场漏水瓦面、白肉案板、用电线路等老化设施进行了改造，并在成衣市场和宝鼎山市场内安装智能化安防系统，推进了市场环境优化和形象的提升。10月，以完善服务设施，提升服务水平为着力点，围绕整顿市场内脏、乱、差现象，开展了为期一个月的“市场服务月”活动，并对活动进行了检查评比，及时梳理了制约市场发展的主要原因，制定了整改措施，使市场整体形象得到提升，市场功能得到强化。此外，为确保市场物价水平的稳定，在农贸市场内规范了自产自销农产品销售区域，并对自产自销的农产品摊位实行免收各项费用优惠措施。同时，积极配合相关部门加大了对城区市场内的蔬菜、肉类制品等农产品价格的监测力度，并利用市场内的价格公示栏和电视台等媒体对农产品价格予以公示，引导市场农产品价格的合理运行，促进了市场的平稳运行。年底还对因破旧导致隐患频生的城西农贸市场进行了整体拆除，并在原址重建了一个铁棚农贸市场，消除了安全隐患，优化了市场交易环境，真正做到了想经营业主之所想，急经营业主之所急，服务质量的提高有力推动了各项工作的开展。

〔**市场建设**〕 近年来，随着经济高速发展和城市化进程的稳步推进，城区面积和居住人口急剧增加，但与人民群众生活息息相关的农贸市场规划和建设却相对滞后，有市无场现象十分突出，部分市人大代表、政协代表也多次提出提案建议，要求加大市场建设力度。为顺应民意，体恤民情，多次组织人员对城北、南水新区等地的人口分布和市场需求情况进行了深入调研，并结合实际提出了可行性建设方案。目前，市政府已同意在城北兴建一个农贸市场，与相关部门已就城北市场的选址工作达成了一致。经过多方争取，南山和家具城农贸市场的规划建设也陆续得到市政府批准，家具城市场建设用地现正在拆迁征用中，南山农贸市场所需建设用地已于11月16日成功出让，南山和家具城农贸市场的建成和移交（其中南山农贸市场移交场所达两层共计9000平方米），不仅可直接带动市场规模的大幅增加和经济收入提高，也可极大改善办公条件，促进单位形象和影响力的提升。为做好坪岭农贸市场的接管准备工作，进一步加大了教育城临时农贸市场的划行归市和整治力度，切实巩固提高了单位在该区域内的市场管理主体资格地位。为改变北门岭背和南水60米大道有市无场形成的占道经营严重现状，在北门岭背和南水大卫地段各兴建了一个铁棚结构的临时农贸市场，两市场已于12月正式启用。

为合理做好城区农贸市场的规划布局，按照打造“20分钟经济生活圈”要求，积极加强与规划建设等部门的协调，提出并草拟了包括南水新区农副产品批发市场、龙岭工业园农贸市场、北门岭市场、城西农贸市场在内的专项规划，该专项规划需经专业机构报请专家评审通过后提交市政府审批，逐步实现城区农贸市场的合理规划和布局。

〔**市场法规宣传**〕 市场物业管理局充分利用宣传车、横幅标语、发放宣传简报等形式，对《江西省商品交易市场管理条例》、《南康市市区管理办法》、《合同法》等法律法规进行了广泛地宣传，其中，出横幅标语36条，发放宣传简报3600余份，切实增强了市场经营户的法制意识和自我保护意识。

〔**主题活动**〕 *开展“基础建设年”活动*。为确保“基础建设年”目标实现，紧紧围绕“夯实基础保稳定，开拓创新促发展”这个核心，以抓队伍建设、制度建设、市场建设和作风建设为手段，着力夯实发展基础，集聚发展动力。为配合作风建设，规范内部管理，组织人员对各项制度进行修改完善，增加了制度的合理性和可操作性，逐步形成了以制度约束人的工作机制，并强化了分管领导和部门负责人在作风建设中的作用和责任。为加强职工素质教育，还专门制订了职工年度学习培训计划，通过自学与电教相结合的方式，重点抓好《方法总比问题多》的培训教育和书面考试工作，使培训工作落实到位，促进队伍素质的全面提高。继续健全完善了部门负责人定期述职制，切实开展工作督查，对违反制度的人和事进行及时处理，纠正了人浮于事的不良作风，“基础建设年”活动的开展有力地促进了市场基础和队伍素质的扎实提高，各项工作的落实速度、质量和效率明显提高。

狠抓班子建设，健全目标责任制。2010年3月，经职工民主推荐及主管局考察，对局领导班子进行了调整充实，选拔任用了几名业务骨干充实到局领导班子中来，局领导班子的健全，对理顺工作职能，推动“1232”工作目标的落实起到了积极的促进作用。针对因循守旧、思想僵化现象的存在，以事业单位实行机构改革为契机，按照“能者上，庸者下”的原则，大胆任用年轻干部，为一批作风过硬，富有干事创业精神的青年干部创造了展示才华的舞台，对在同一岗位时间长、缺乏创新精神的干部职工，采取双向选择与组织安排相结合的方法，进行了合理的职务调整和岗位交流，打破了“干好干坏一个样”的不良局面，较好地调动了干部职工的工作积极性，为单位抓机遇促发展奠定了良好的基础。

开展“创业服务年”活动。2010年1月，“创业服务年”活动全面展开。市场物业管理局积极响应市委、市政府号召，加强领导，强化措施，扎实开展了服务创业活动。通过悬挂宣传条幅、印发宣传资料等形式广泛宣传开展创业服务年活动的重要意义，进一步健全完善了机关效能建设的各项工作制度，以创业服务年为契机，通过深入开展机关效能建设，深化队伍作风建设，规范市场管理服务，完善市场硬件设施等举措，大力营造服务创业的浓厚氛围，全面提升市场服务水平。为切实增强开展创业服务年活动的自觉性和主动性，并在全系统着力营造人人讲服务、处处抓服务、事事高服务的浓厚氛围，号召职工以更好的作风、更高的效率、更优的环境、更完善的服务为推动全民创业提

供有利条件和坚强保障，进一步优化了市场发展环境，完善了市场辐射带动功能。

深入开展“学习焦裕禄精神，争做新时期焦裕禄式党员干部”及创先争优活动。根据市委安排部署，4月，组织开展了“学习焦裕禄精神，争做新时期焦裕禄式党员干部”主题教育实践活动。活动期间，通过召开动员大会，制作宣传栏、编发活动简报等方式，广泛深入地开展了宣传发动工作，使活动内容、方法步骤深入人心。为确保成效，要求全体党员每人记读书笔记一万字以上，撰写一篇有现状、有分析、有建议的调研报告，并通过举办宣讲报告会、组织集中学习、分组讨论等形式，扎实开展“八个一”活动，引导党员干部深刻理解焦裕禄精神的时代意义和现实意义，自觉地弘扬焦裕禄精神，争做尽心尽责、体贴群众、服务经营户的党员干部，争创焦裕禄式的工作业绩。在活动中，全体党员严格按照学教活动要求，深入基层一线，问政于民、问需于民、问计于民，围绕市场稳定、市场发展等方面的问题，开展“大调研、大走访”、“察民情、解民忧、帮民富、保民安”的调研走访活动，切实开展了“四访四问”、“调研走访周”、“五个一”工作，并形成调研文章39篇，为科学决策提供了重要的依据，年内，支部工作还被列为先进经验在全市党建工作会议上推广。5月，在系统内组织开展了“创建先进基层党组织，争当优秀共产党员”活动，按照市委安排部署，制定了活动实施方案，并召开了动员大会。并以加强对胡锦涛总书记在全党深入学习实践科学发展观活动总结大会上的重要讲话和相关文件的学习为推手，使创先争优活动稳步推进。

（黄成举）

〔领导班子名录〕

局　长：王志军

（编辑：蒙象骅）

住房公积金管理

〔综述〕 2010年，赣州市住房公积金管理中心南康市办事处以构建社会主义和谐社会、坚持科学发展观为指导，坚持依法管理、强化服务、规范操作、防范风险，进一步推进了住房公积金管理事业健康发展，努力开创住房公积金管理工作新局面。全年归集住房公积金6626.26万元，同比增长了28.6%；发放职工个人贷款448户9912.9万元；实现增值收益443.71万元，同比增长了43.88，较好地完成了各项工作任务。被赣州市住房公积金管理中心评为“效能建设先进单位”。

〔机构队伍〕 办事处设财务科、归集科和信贷科。有干部职工6人，其中，大专以上学历4人，中级职称3人，中共党员3人。

〔公积金管理〕 2010年，全市参缴单位221个、参缴职工1.36万人。累计归集住房公积金19319.99万元，职工离退休等情况当年支取住房公积金1733.13万元，累计支取3338.87万元，累计发放职工个人贷款18246.96万元，共为3146户职工购建自住住房解决了资金短缺问题，营运风险逐步减小，个贷逾期率由年初的0.92‰降到了0.74‰。

〔住房公积金政策〕 住房公积金是国家机关、国有企业、城镇集体企业、外商投资企业、城镇私营企业及其他城镇企业、事业单位、民办非企业单位、社会团体及其在职职工缴存的长期住房储金；职工个人缴存和所在单位为其缴存的住房公积金，属于职工个人所有；职工离休、退休的，完全丧失劳动能力，并与单位终止劳动关系的，出境定居的，户籍迁往外市的，职工享受城镇最低生活保障的，企业改制时，职工与单位终止劳动关系未再就业造成家庭生活严重困难的，非公有制企业或户口在外市或属农村户口的职工，与单位劳动合同到期未再续聘的，职工在职期间死亡或被宣告死亡的等情形可全额支取职工住房公积金帐户内的存储余额。有三种情形可部分支取帐户内的存储余额：职工在赣州市范围内购买、建造、翻建、大修自住住房、未申请个人住房公积金贷款的，一年内可支取保留100元外的存储余额，但夫妻双方合计支取总额不得超过实际发生额的70%；职工全部丧失劳动能力以及遇到其他突发事件（指自然灾害）造成家庭生活严重困难的，夫妻双方无住房公积金贷款余额的，可支取保留100元外的存储余额；对已办理住房公积金贷款的职工，提前一次性还清公积金贷款本息的，可支取保留100元外的存储余额，但不能超过住房公积金贷款余额。所在单位和个人住房公积金缴存帐户开户时间满1年,且按时足额连续缴存1年以上的职工,在赣州市辖区内购买、建造、翻建、大修自住住房的,夫妻双方均没有公积金或商业贷款拖欠6次以上或连续拖欠3个月以上或逾期1个月以上的不良还款记录的,可以向住房公积金办事处申请住房公积金贷款,贷款标准为在赣州市范围购买、建造、大修自住住房的,每户贷款最高额度为30万元,还款最长期限30年,还款方式为等额本息还款或等额本金还款。

〔业务办理程序〕 住房公积金转移:本市范围内转移的,领取《住房公积金转移通知书》加盖转入和转出单位公章后交办事处办理;调离本市的,领取《住房公积金转移通知表》除加盖转入和转出单位公章外,还需提供职工本人有效身份证和调令复印件交办事处办理。

住房公积金支取:职工申请→单位财务人员审核并填制"职工住房公积金支取通知书"→本人(或配偶)携带相关资料→办事处办理

住房公积金贷款:职工申请并提交资料→信贷人员审核→赣州市中心审批→办理抵(质)押手续→签订借款合同→发放贷款。

(黄大志)

〔领导班子名录〕

主　任:钟璐擎

副主任:黄大志

　　　　刘　莉(女)

南水新城区开发

〔综述〕 2010年,南水新城区开发建设委员会办公室在市委、市政府的领导下,紧紧围绕"一个继续坚持、两个着力把握、六个扎实推进"工作大局,扎实工作,稳步推进,南水新区开发建设工作取得快速发展,新区面貌焕然一新。

〔机构队伍〕 南水新城区开发建设委员会办公室下设人秘科、建设科和拆迁征地科,为市政府直属一级事业单位。共有干部职工30人,其中在编干部12人,借用干部4人,聘用14人。男女比例26:4。文化结构:研究生1人,大学本科5人,大专10人,中专和高中14人。年龄结构:40~49岁5人,30~39岁14人,30岁以下10人。

〔城市规划建设管理工作〕 基本完成了60米南水大道、40米南山大道两条横向主干道的道路排水工程建设、道路亮化及绿化工作,完成了30米塔坳路、30米和谐大道两条纵向主干道的道路排水工程建设,架起了南水新区的主要道路框架,有力提升了南水新区的交通能力。

重点规划建设了塔坳安置点二期、塔坳安置点三期、大卫安置点、南水安置点二期、南山新村安置点、龙珠坊城中村改造安置点、大巷口安置点。基本完成了塔坳安置点二期道路排水设施建设,在安置点安装了2台变压器,大部分安置户正在建房。塔坳安置点三期道路排水工程正在开挖路基、铺设排水管道,大卫安置点已完成道路水稳层铺设,年前可完成道路硬化。南山新村安置点完成部分路基换填及排水涵管铺设,龙珠坊安置点完成部分路基换填及排水设施建设,大巷口安置点完成一条道路硬化,部分安置户正在建房。

做好了南水新区建设工程管理工作,安置点测量放线工作,为南水新区的征地拆迁工作提供服务。做好了南水新区工程招投标工作、土地招拍挂工作。2010年年底有效出让了南水新区B-13a、B-14a地块及E-06地块,土地收益达3.4亿元。

〔土地征用和房屋拆迁工作〕 按照市委、市政府的要求,南水新城区开发办克服重重困难,与东山街办及相关部门密切配合,耐心、细致做工作,较好地完成了各项重点基础设施用地及储备地块的征地拆迁任务。1、体育中心于6月启动,该项目占地215亩,应征土地80亩,现已征64.649亩;应拆户数6户,已拆5户;房屋应拆面积1946.46平方米,已拆面积1424.46平方米;应迁坟墓80穴,已迁坟58穴,该项目已完成总体进度的80%。2、城投地块于6月启动,该项目占地面积100,应征55亩,现已征44.719亩;应拆户数2户,已拆2户;房屋应拆面积2975.45平方米,已拆面积2975.45平方米;应拆厂房2户,已拆2户,应拆厂房面积1056.88平方米,已拆厂房面积1056.88平方米,应迁坟墓37穴,已迁坟22穴,该项目已完成总体进度的85%。3、塔坳二期各项任务已全部完成,塔坳三期项目占地面积100亩,应征54亩,已征 38.898 亩，该项目已完成总体进度的 90%。4、东山大道班用地于 8 月启动，该项目占地面积 35 亩，应征 35 亩，已征 28.055 亩，完成总体进度的 95%;5、睿智居于 6 月启动，该项目占地面积 47 亩，应征 7 亩，已征 5.48 亩，应迁坟墓 50 穴，已迁坟 33 穴，该项目已完成总体进度的 90%。6、黎屋排安置点于 2009 年 12 月启动，项目占地约 500 亩，已征 165.5 亩，已拆户数 17 户，已拆面积 5010.87 平方米。7、城中村改造项目于 7 月 1 日启动，项目占地面积 1200 亩，应征 500 亩，已征 120 亩，应拆房屋约 800 户，已拆约 60 户，应拆房屋面积约 700 亩，已拆面积 13 亩，到目前为止，龙珠坊区域房屋和余坪的丈量工作已完成 70%，大巷口区域已完成 90%。

加快安置点基础设施建设步伐，为拆迁安置户提供贴心服务。2010 年管委会继续抓好各个安置点的建设，着力做好安置点的土地平整、道路硬化和供水、供电工作，对安置用地基础超深的给予相应补助，通过一系列人性化措施为拆迁安置户服务，打消了拆迁户的顾虑，促进拆迁工作持续深入开展。

积极做好土地收储和出让，确保新区滚动开发。在实施好各个重点工程项目的同时，积极收储土地，并适时向市场推出，通过挂牌出让，以获取开发建设资金，达到滚动开发的目标。

（谢骥岳）

〔**领导班子名录**〕

主　任：刘引健（　　~2010.6）

方立清（2010.6~　　）

支部书记：杨　辉

副主任：赖小平

副主任：罗圣彬

副主任：叶加毅

城市管理行政执法

〔**综述**〕 2010 年，市城市管理行政执法局（以下简称“市执法局”）在市委、市政府的领导下，以“三个代表”重要思想为指导，突出践行科学发展观，紧紧围绕市委、市政府的工作部署，坚持公正执法、严格执法、文明执法，扎实开展“学习焦裕禄精神”主题教育活动及“创先争优”活动，积极履行城市管理行政执法工作职责，维护了南康的城市形象，提升了全市的城市品位，优化了发展环境，增强了城市的吸引力、凝聚力、竞争力和生命力。2010 年，市执法局被政协南康市委员会授予 2010 年度“提案承办先进单位”，被赣州市授予“文明单位”，女子执法中队被授予赣州市“三八红旗集体”和南康市“巾帼文明岗”。

〔**机构队伍**〕 市执法局为市政府直属正科级行政机构，局机关内设秘书科、督查科、宣教科、法制科、信访室 5 个科室，下辖蓉江、东山、龙岭、工业园、机动巡查 5 个直属执法大队。市公安局专门设立了城市管理警察大队，负责维护城市管理行政执法治安秩序，依法打击破坏、干扰、阻碍城市管理行政执法工作的违法行为。全局共有干部职工 187 人，其中在编人员 57 人，协管员 130 人。

〔**党的建设**〕 市执法局党委在市委的领导下，深入学习贯彻十七大和十七届四中、五中全会精神，全面落实科学发展观，把创先争优活动与党的建设和中心工作紧密结合，建立了“54322”工作机制，即：坚持五个带头、实现四个到位、突出三个抓手、建好两扇宣传窗口、打造两项亮点活动，表彰了一批先进党支部、优秀共产党员和党务工作者，树立了全市首届“诚实守信”道德模范李民军先进典型，激发了党支部和党员生机活力，实现了以活动促党建、促工作的目标。2010 年，市执法局根据市总工会批复成立了市局工会，在原有 4 个党支部组织架构的基础上，新组建了 2 个党支部。2010 年，共培养 4 名入党积极分子，有 10 名入党积极分子转预备党员。

〔**班子建设**〕 2010 年，市执法局领导班子紧紧围绕市委、市政府的工作部署，以建设“团结务实、开拓创新、锐意进取、清正廉明”的领导集体为目标，以贯彻民主集中制为抓手，坚持党委中心学习组制度、局务会制度，在重大事项的决策上，集思广益，科学决策，尽可能减少决策的失误和偏差。坚持班子成员上下班前后巡查制度和挂点大队联系制度，坚持“带队伍、抓工作、保廉洁、促和谐”的工作思路，从改革、发展、稳定的大局出发，顾大局、识大体、讲原则、讲团结，在工作中互相信任、互相理解、互相支持，营造了良好氛围，，班子的整体功能得到了很好地发挥。同时,重视配齐、配强班子成员,着力增强班子的凝聚力和战斗力,有力地推动了各项工作的顺利开展。

〔**队伍建设**〕 市执法局始终把执法队伍管理工作摆在重要位置,以准军事化的建设要求来打造一支思想好、作风硬、能力强、素质高的队伍,坚持“内强素质、外树形象”,不断加强执法队伍建设。一是进一步完善了规章制度。坚持以良好的机制管理人,以严格的制度约束人,对《执法人员行为规范》、《协管员管理办法》、《行政案件执法程序暂行规定》等规章制度进行了健全与完善。二是进一步加强了督查考核机制。实行督查情况通报制度,加强对执法人员履行职责、行使职权、遵守纪律及仪表着装等情况的督查,编印《督查通报》32份,确保及时发现问题、及时解决问题。三是进一步强化了队伍业务素质培训。采取“走出去、请进来”的办法,组织执法人员赴外地考察学习218人次。建立了“局—大队—中队”三级学习机制,充分利用以会代课、编印学习手册等形式组织执法人员学习业务知识,并组织开展了综合法律知识考试,提升了执法人员的业务素质和能力。同时,邀请市委学习焦裕禄精神宣讲团讲师来市局宣讲,提升了队伍思想政治素质。四是4月组织开展了“纪律作风整顿”活动,全局上下的思想作风、纪律作风、工作作风有了明显转变,公仆意识和服务意识有了明显增强。11月,组织开展了以“进一步改变工作方法,提升群众满意度”为主题的机关效能整改活动。采取“对内开展自查自纠及整改与对外主动征求意见及公布整改情况相结合”的办法,着力改进了在工作效率、办案公正度、工作作风、服务观念等方面存在的问题,基本实现了“六个明显”,“两个优化”的目标。五是进一步加强了中层干部队伍建设。坚持把综合素质好、事业心强、有领导能力的同志提拔到的中层干部岗位,并多次召开中层干部座谈会,谋划、探讨如何加强城市管理工作,促进了经验交流,实现了共同提高。

〔**执法宣传**〕 市执法局不断提高宣传层次,城市管理行政执法软环境进一步改善。一是宣传渠道进一步拓宽。充分发挥新闻媒体和自办宣传载体的舆论导向作用,2010年在全国各类报刊、杂志、网络平台共登载报道40余篇次;在南康电视台报道36篇次,播放公益广告1条;在市政务信息公开网发布信息200余条,超额完成市里下达的信息公开任务,在单位门户网站公布执法信息300余条;编发《城市执法人》5期,《规划执法专报》5期,扩大了宣传覆盖面。二是社会宣传活动呈多样化。6月25日,派员参加了全市组织的“依法行政、依法办事、遵纪守法、规范执法”法制宣传咨询活动,现场发放宣传资料300余份,并为100余名群众解难答疑。开展城管执法工作“进学校、进企业、进社区”活动,共组织驻点宣传活动28次,在市中英文学校举办“城管课堂”活动2次,起到了较好的宣传带动作用。向市民发送执法工作的动态、倡议等内容的手机短信10000余条、播放电视游字广告12则,提醒广大市民自觉遵守城市管理领域法律法规;2010年初,向市民发送贺年卡10000余份,提高了单位的影响力和亲和力。编印了反映南康城市管理行政执法工作历程的《纪念邮册》,展示了城市执法人亲民、文明、和谐的良好形象。利用巡逻车播放录制的城管执法法律法规录音900余次,做到工作到哪里,宣传到哪里。8月19日晚,在市政广场举行了“执法之歌”文艺晚会,创作了歌曲《我为城市争光彩》、小品《理解万岁》等节目,让更多的市民了解了城市管理行政执法工作。

〔**行政执法**〕 占道经营规范管理取得新实效。纠正占道经营、货物出店行为9100余次,取缔违章占道经营摊点2100余处,纠正占道作业、乱堆乱放行为490余起,纠正围场作业行为31起。

户外广告设置严格规范。清理不规范户外广告牌682块、条幅795条、灯箱300余个。

规划巡查与监控力度进一步加强。查处违章建筑522处,查处面积达4.4万平方米。拆除违章建筑89处,共计21590平方米。

停车秩序管理有新举措。坚持以人为本,文明执法,在执法过程中做到“三先一后”,即:鸣哨提示在先,出示证件在先,教育劝导在先,取证处罚在后,2010年共教育、处罚违章停车行为12300余起。

散体物运输违法违章行为得到有力监管。共查处散体物运输泄漏、遗撒、未加盖等违法违章行为310余起。

环境污染得到积极治理。查处噪声扰民案件

78 起，纠正噪声扰民行为 270 余起，查处空气污染案件 9 起，粉尘污染案件 13 起，油烟污染案件 25 起，随意倾倒垃圾案件 32 起。

市政园林绿化得到妥善保护。查处破坏园林树木的案件 16 起、毁坏市政设施案件 11 起。开展以治理擅自占用河滩、河堤等公共绿地种植农作物为重点的"护绿行动"，实现了 2000 余平方米公共绿地"退菜还绿"。

文化市场得到有效净化。查处未经批准进行营业性演出和促销活动行为 150 起，配合工商、文化等部门开展"扫黄打非"行动 2 次。

服务全市重点工程建设。积极参与赣南大道、南康家具产业基地、机场走廊、城中村改造等全市重点建设工程的征地拆迁工作，参与征地拆迁工作 87 次，派出执法人员 1900 余人次，强征强拆面积达 500 余亩。

〔机制创新〕 2010 年，市执法局体制创新步伐进一步加快。1、创新城市管理机制。积极探索与城市布局相适应的区域性专业执法中队管理新路子，于 2010 年初组建了工业园执法中队，在机构改革中升格为工业园执法大队，在优化市工业园区发展环境中发挥了积极作用。2 月，组建了全省首支县级城市的城市管理行政执法女子中队，使执法工作刚柔相济，更显人性化。将执法触角向城乡结合部、康唐公路沿线建制镇等区域延伸，8 月组建了镜坝执法中队，改善了城市规划控制区内建制镇城市管理不够到位的现状。2、创新错时管理机制。针对城市管理在早、中、晚等下班时段工作相对薄弱的情况，分别在蓉江、东山执法大队专门成立了机动中队；安排机动巡查大队每天早晚在城区进行巡查和监管，破解了空档时段城市管理难题。3、创新城管执法社会监督机制。建立了城管执法行风监督员制度，面向社会聘请了 9 名义务监督员，聘请他们对执法工作进行监督。并主动接受人大、政协的监督，12 月 23 日，邀请部分人大代表、政协委员和行风监督员召开座谈会，征求意见和建议，促进了城市管理行政执法工作的深入开展。

（刘文平）

〔领导班子名录〕

党委书记、局长：陈伟生
党委副书记：钟　进（2010.11~　　）
党委委员、副局长：曹建平
党委委员、副局长：肖礼锋（2010.10~　　）
党委委员：李东生

环境保护

〔综述〕 2010 年，是"十一五"的最后一年，南康市环境保护局深入学习实践科学发展观，认真履行环保职能，严格执行环境影响评价和"三同时"制度，严把项目准入关，努力控制新污染源的产生。以污染减排和饮用水源保护为重点，加大对沿江 1.5 公里范围排污企业的监管，组织实施了整治违法排污企业、保障群众健康专项行动。广泛深入开展环境宣传教育，增强市民和企业的环保意识。高度重视信访维稳工作，确保信访案件事事有回音，件件有落实。加强环保能力建设，不断提高环境监察和监测能力。认真开展"创业服务年"、"学习焦裕禄精神，争做新时期焦裕禄式党员干部"活动。

〔机构队伍〕 环境保护局内设人事秘书科、开发监督科、污染控制科、宣教科技科，全系统共有干部职工 56 人（女 22 人），其中行政编制 16 人。

下属机构有环境监察大队、环境监测站、唐江工作站、潭口工作站 4 个事业单位；有事业编制人员 23 人，其中财政全额拨款 10 人、自收自支 13 人。有环境保护劳动服务公司、环境保护污染控制服务中心 2 个大集体企业单位，有企业人员 17 人。

文化结构：大专以上 25 人，中专（高中）22 人，初中以下 9 人。

专业技术结构：助理工程师 8 人，会计员 1 人。

年龄结构（根据年报）：35 周岁以下 19 人，36~45 周岁 17 人，46~55 周岁 16 人，56~59 周岁 4 人。

〔环境宣传教育工作〕 2010 年，市环保局围绕环保中心工作，紧密结合"创业服务年"、"学习焦裕禄精神、争做新时期焦裕禄式党员干部"活动开展了一系列宣传教育活动。3 月，环保局组织 15 人工作组送服务进企业，为工业园家具企业开辟"绿色通道”,上门宣传服务。“4.22”地球日,市环保局开展送法律进社区活动,在泰康中路社区举行环保法律法规咨询服务,向市民发送宣传资料1200份。“6.5”世界环境日,在市政广场举办了一场大型歌舞晚会,晚会融歌舞、小品、诗朗诵于一体,以群众喜闻乐见的方式宣传环保,市领导和数千市民观看了文艺演出。2010年,南康市将《水污染防治法》纳入了五五普法内容,组织了全市公务员进行学习、培训和考试。积极、圆满地完成了《中国环境报》征订任务。重视新闻报道和信息公开工作,全年在网上发布政务信息120条,向《江西日报》、《赣南日报》、《赣州电视台》、《南康电视台》等新闻媒体投用稿25篇。

〔**投资与规划**〕 为进一步提升环境保护能力,2010年投资30多万元用于南康市环境监测站环境监测用房的完善和南康市环境保护局办公楼搬迁。南康污水处理厂完成配套设施建设。南康市策应鄱阳湖生态经济建设规划,上报了5个争资争项项目:

1、南康市工业园工业废水处理厂,项目规模:1万吨/日,8000万元;

2、南康市固体废物处理处置工程,项目规模:500吨/日固体,物处理处置,项目投资:1000万元;

3、南康农业面源污染综合防治工程,项目规模:1000吨/日处理农业养殖业废水项目投资:1000万元;

4、南康循环工业园项目,项目规模:占地5000亩,项目投资:20亿元;

5、南康环境监测预警工程项目,项目规模:1)、建设区域水环境监测预警系统:建成章江源生态环境预防监测中心站:在南康两个入境断面〔大余、上犹〕和一个出水断面建设3个水质自动监测站。2)、建设环境应急信息网络和数据中心系统:建立环境监测数据库、网络共享平台和信息发布系统,项目投资:500万元。

〔**环境管理**〕 认真落实环境环境保护基本原则和环境保护基本制度,规范了建设项目审批管理程序,按照审批权限负责辖区内基本建设项目、技改项目和开发项目环境影响评价审查和审批;负责建设项目“三同时”监督管理工作,组织建设项目环保设施竣工验收。

1、进一步强化环保意识,切实增强环保工作的责任感和紧迫感。把环保工作摆上更加重要的议事日程。进一步落实好各项环保任务,实行目标管理考核,一级抓一级,层层抓落实。

2、严格落实建设项目环境保护第一审批权,法规、规章规定必须环保部门前置审批的,环保局、工业园管委会、建设局、规划局、国土局、发改委、工商局等相关部门要协调把关,在项目的审批、核准备案前,首先要经过环保部门审批,否则不予批准和注册;餐饮、娱乐、服务等第三产业项目,城管、工商、文化、环保等相关部门要协调把关,形成联合审批机制。

3、建设项目监督管理:

(1)、省环保局审批项目1个,南康市金龙矿业有限公司年处理10000吨锡废料项目。赣州环保审批建设项目6个,南康市和盛炭素有限公司年产6000吨活性炭等六个项目。

(2)、南康市环保局全年共审批20个报告表项目和16个登记表项目。

〔**环境监察**〕 环境监察工作,以改善本市的环境质量为目标,以保障环境质量和维护人民群众的环境权益为核心,以节能减排为重点,严格履行“三查二调一收费”的环境监察职能,大力开展环保专项行动,保质保量完成各项任务。

1、对市域的建设项目、污染源进行全面的执法检查,检查企业办理环保手续,执行“三同时”制度、竣工验收制度,以及在产企业的环保设施运行、环境风险防范措施及有关情况。

2、对环境违法企业加大惩处力度。2010年共查出违法企业20家,实行停产治理4家,限期治理15家,关停1家,共罚款30.3万元。

3、严格执行排污收费制度,充分利用排污费征收以促进环境管理,共征收2600628元。

4、加强饮用水源保护,保障人民群众的环境安全。通过对赤土河、饮用水源保护区、工业园区、功能区等的环境调查,查清环境污染问题,并提出整治方案。

5、积极开展环保专项行动。排查环境安全隐患。共出动了260多人次,对可能存在环境安全隐患的138家企业进行了认真检查,查出20家企业所排废物污染危害性大,环境风险防范设施不全,环境安全隐患消除措施不力，并依法进行了处理。

〔**污染物减排**〕 根据赣州市人民政府下达给南康市人民政府COD削减504吨、SO2削107吨的年度目标任务，南康市人民政府及时制定了《2010年污染减排实施方案》，成立了以市长任组长，分管市长、环保局局长任副组长，各相关单位分管领导为成员的污染减排工作领导小组，负责指导全市的污染减排工作，并明确了各成员单位的工作责任，确定南康市污水处理厂、南康市隆木米粉厂、南康市大岭第二红砖3家企业为重点减排企业。对重点减排企业的污染减排工作进行严格监管，多次召开污染减排调度会，研究布置减排工作，关闭了污染物长期超标排放的南康市隆木米粉厂、南康市大岭第二红砖，超额完成了南康市2010年COD减排目标任务。

〔**污染源普查**〕 成立了更新调查办公室；制定了工作实施方案以及更新调查经费预算方案；明确了更新调查人员职责分工；落实并聘用普查指导员10名、普查员20名；按照要求在2007年普查资料基础上筛选好了更新调查对象（其中工业源253家，生活源9家，农业源31家），并完成普查表填报、数据录入、数据汇总上报及普查工作总结工作。

〔**自然生态保护**〕 市南山森林公园为省级自然保护区，南康市积极开展自然保护工作，禁止在保护区的核心区和缓冲区进行生产建设和经济开发活动，使保护区动植物得到有效保护。做好农村生态环境保护工作。以科学发展观为指导，统筹规划，突出重点，因地制宜，有针对性地对章江水系源头乡（镇）村（居）和问题较严重地区进行重点整治。

〔**污染治理**〕 1.饮用水水源地保护。市环境保护局加强饮用水水源保护区管理，加大监察、执法力度，在通往饮用水水源地各个路口设置保护栏和保护水源永久性告示牌与标语，增强市民依法保护饮用水资源的法律意识，每月监测一次饮用水源水质。2.章江水系污染防治。南康市环境保护局积极加强章江水系河流两岸1.5公里单位内污染企业检查，对设施不完善、污染物排放不能全面稳定达标的企业实行限期治理，逾期未完成治理任务的，依法责令停产或关闭。3.大气与噪声污染防治。一是整治了城区餐饮店、家具厂污染；二是开展了城区噪声整治。整治了娱乐行业、建筑施工场所。4、全市有关辐射与危险物废物的单位企业严格执行"三同时"制度，市环境保护局随时跟踪监督。5、外来入侵物种调查。外来入侵物种有6类，分别是福寿螺，空心莲子苯、蔗扁蛾、豚草、凤眼莲和牛蛙；开展环保安全检查工作。6、老污染源限期治理。对4家企业实行了停产治理，对15家超标排放企业下达了限期治理通知书，关停一家污染严重企业。

〔**辐射与危险废物安全监管**〕 根据国家、省、赣州市核与辐射事故应急办统一组织安排对核与辐射应急组织系统各类核与辐射应急人员的培训。全市有关辐射与危险物废物的单位企业严格执行"三同时"制度，市环境保护局随时跟踪监督。

〔**信访工作**〕 2010年，信访工作紧紧围绕市委、市政府提出的"两提高、四杜绝、四下降"工作目标，认真树立科学发展观和正确的政绩观，正确处理改革、发展、稳定的关系，把信访工作、维护稳定纳入全局的重中之重工作去研究、部置和落实。坚持了矛盾纠纷排查制度，做到每月一排查、一调度。关键、敏感时期坚持了每天一排查、一调度、一汇报，切实做好接访、约访、下访和回访工作。认真落实了领导包案，强化了包案责任。对上级交办、群众来信、来访和本级排查案件，100%落实了包案责任领导和具体责任人。针对污染行业、污染重点区域进行了大排查、大调处，从源头上预防杜绝因污染等纠纷而引发的信访、上访、越级访问题。坚持了信访"双向规范"工作，书面答复率、办结及时率都达到100%，为全市的环境保护工作和经济又好又快发展创造了更加和谐的社会环境。全年共收到信访投诉案件146件（其中市长信箱批转案件10起，领导接访和信访局转38起，市环保局30起，网络舆情8起，直接受理60起）。做到了件件有着落，事事有回音，处理率达100%。取缔了9家未取得环保行政审批许可，无污染处理设施、污染严重、群众反映强烈、联名投诉的家具厂，下发整改通知书82份，切实维护了群众的切身利益。坚持了责任追究制，对重信重访案件进行了重点管理，坚持做到思想教育、疏导工作和依法处理相结合,杜绝了极端行为的非正常访、赴省、赴京集体非正常访。

〔**环境质量**〕 2010年,根据城市环境质量定量综合考核数据显示,南康市城市环境质量水平总体尚好。

一、环境空气质量状况

南康市环境保护局环境监测站在旭山公园、苏馨园、千秋食品和官坑村等4个地点设立了监测点,分别于3月29日至4月2日、6月28日至7月2日、9月25日至9月29日、12月20日至12月24日在这几个地点做了各个季度的城市环境空气质量状况的抽样调查。抽样调查的项目包括SO2、NO2和PM10。

从抽样的情况来看,各采样地点SO2浓度日均值都在国家环境空气质量二级标准以内,NO2日均值均达到国家环境空气质量一级标准,PM10浓度日均值极少量数据超越二级标准,但均达到国家环境空气质量三级标准。SO2、NO2和PM10采用《环境空气质量标准》(GB3095-1996)中二级标准评价。

SO2、NO2和PM10

全市环境空气中SO2、NO2和PM10监测结果及与上年同期监测结果比较见表1。

表1 南康市2010年各季度城市环境空气质量监测结果

单位:mg/m3(标态)

季度名称	SO2季均值		NO2季均值		PM10季均值	
	本季	上年同期	本季	上年同期	本季	上年同期
第一季度	0.021	0.02	0.019	0.011	0.078	0.119
第二季度	0.054	0.024	0.009	0.016	0.051	0.043
第三季度	0.05	0.013	0.014	0.009	0.079	0.04
第四季度	0.043	0.019	0.028	0.012	0.082	0.079

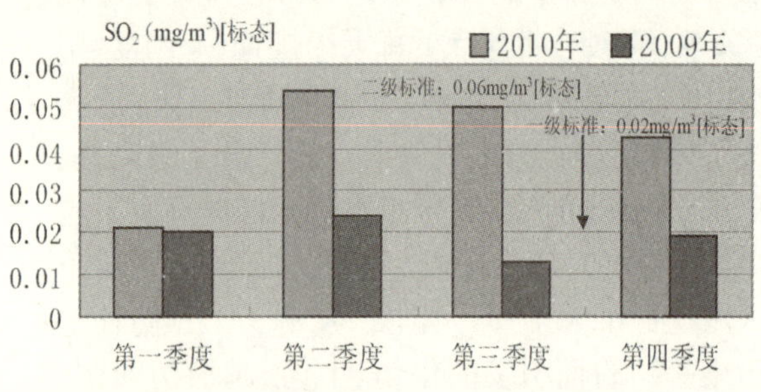

图1 南康市2010年四个季度与上年同期城市环境空气SO2监测结果对比图

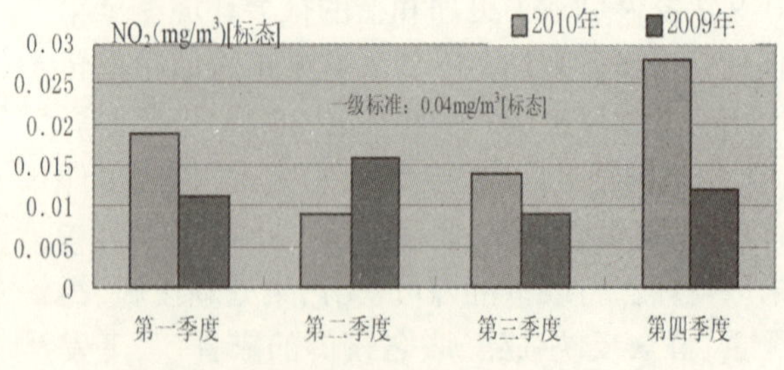

图2 南康市2010年四个季度与上年同期城市环境空气NO2监测结果对比图

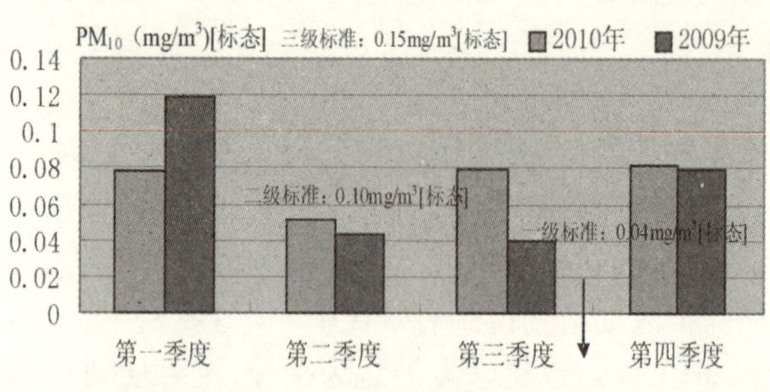

图3 南康市2010年四个季度与上年同期城市环境空气PM10监测结果对比图

由图示可以看出,市环境空气的主要污染物已经从可吸入颗粒物转变为SO2和可吸入颗粒物。SO2在年内大幅超越去年水平,接近二级标准。NO2虽然也有所增加,但仍维持在一级标准以内,状况尚好。可吸入颗粒物得到一定程度的控制,总体趋于平稳。

二、地表水环境质量状况

市环境保护局下设监测站于1月4日、3月1日、5月4日、7月5日、9月7日和11月2日对地表水常规监测的东山桥、章惠渠、蔡边河等3个河流监测断面进行了取样监测。

监测的项目包括 PH 值、高锰酸盐指数、氨氮、溶解氧和 BOD。PH 值、高锰酸盐指数、氨氮、溶解氧和 BOD 采用《地表水环境质量标准》(GB3838-2002)中一级标准评价。

各断面水质 PH 维持在 7.25~7.67 之间，各项指标均明显改善，达到地表水水质环境质量Ⅰ类标准。

在分析水质断面的同时，环境监测站对二水厂所处的南康市城区自来水水源地章江区段水温、PH、DO、COD、BOD、氟化物、氨氮等 29 个项目每月的情况进行了调研。

通过将 2010 年南康市城区自来水水源地水质数据与 2009 年的数据相比较，各项指标均变化不大，均符合Ⅲ类标准。

综合上述抽样检测和调研的情况来看，地表水环境质量状况总体较好。

表 2　南康市 2010 年度城市地表水环境质量监测结果

单位:mg/L

项目	高锰酸盐指数		氨氮		溶解氧		生化需氧量	
	本年	上年同期	本年	上年同期	本年	上年同期	本年	上年同期
章惠渠	1.9	2.717	0.3	0.284	7.7	7.95	0.9	2
东山桥	2	2.683	0.3	0.468	7.5	7.867	0.9	2
蔡边河	2.1	2.467	0.3	0.473	7.4	7.867	0.9	2
平均值	2	2.622	0.3	0.408	7.533	7.895	0.9	2

三、环境噪声质量状况

2010 年，南康市主城区声环境质量较上年有所改变，区域环境噪声、交通干线噪声平均等效声级较往年上升。

(一)城区功能区噪声

城区 4 类声环境功能区，2 类区年平均等效声级夜间超过 0.4 分贝 (A)；4 类区 (交通干线两侧)年平均等效声级达到环境噪声标准。

(二)城区区域环境噪声

城区建成区共布设区域环境噪声监测网格点位 113 个。平均等效声级 54.9 分贝，较上年提高 1.1 分贝，达到Ⅰ类区域环境噪声标准。

区域环境噪声声源构成：社会生活噪声占 49.3%；交通运输噪声占 42.2%；工业噪声占 4.9%；建筑施工噪声占 1.3%。

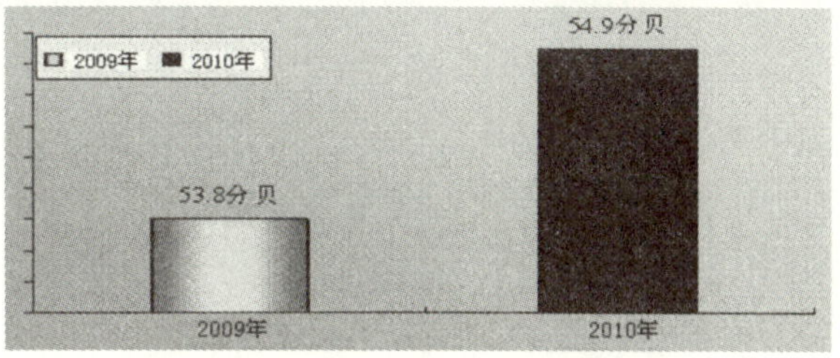

图 5　区域环境噪声质量比较图

(二)城区道路交通噪声

南康城区 27 条主干道 57 个路段测点，交通干线噪声平均等效声级 69.7 分贝，接近《城市区域环境噪声标准》4 类区限值，所测路段的超标率较上年上升 1.2%。交通干线噪声质量仍属于较好级(68.1~70 分贝)。37 条路段中，好级占 26.3%，较好级 42.1%，轻度污染 24.6%，中度污染 3.5%，重度污染 3.5%。

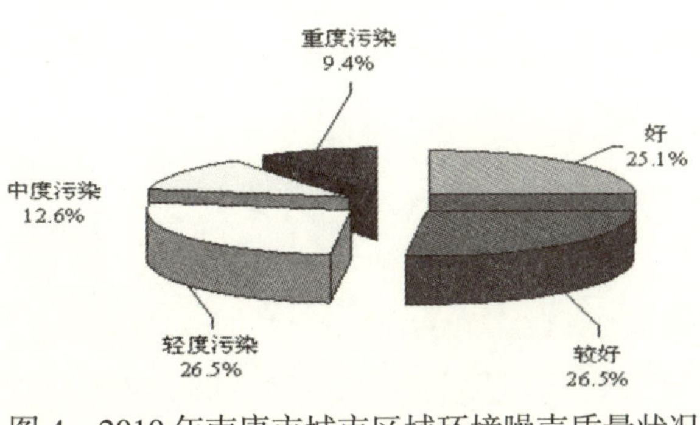

图 4　2010 年南康市城市区域环境噪声质量状况

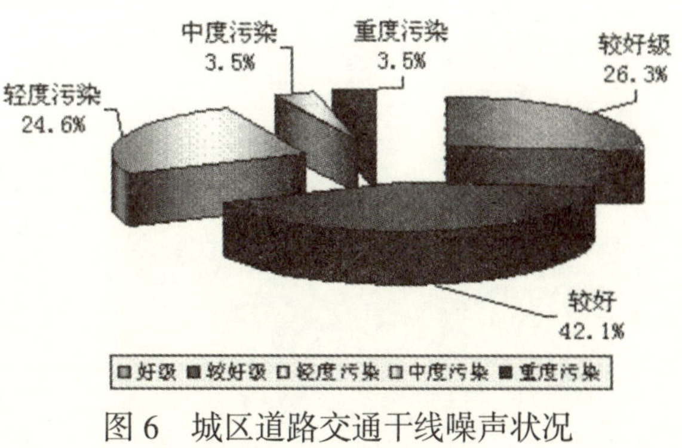

图 6　城区道路交通干线噪声状况

2010年南康市环境质量状况:地表水环境质量、环境空气质量和环境噪声质量整体较好。

(蔡建南)

〔领导班子名录〕

局　长:邹正林(　　~2010.12)

书　记:钟　进(　　~2010.12)

书　记:刘引建(2010.12~　　)

副局长:刘志云(2010.10~　　)

副局长:钟金明

副局长:陈孝雄(2010.12~　　)

(编辑:卢文芳)

财税·金融·保险

财政局

〔综述〕 2010年,是全球金融危机后经济逐步回升的一年,也是"十一五"的收官之年,面对复杂多变的国内外经济发展环境,财政部门在市委市政府的正确领导和上级业务部门的指导下,深入贯彻科学发展观,实施积极的财政政策,积极发挥职能作用,坚决贯彻市委、市政府的决策部署,继续坚持"对接长珠闽,融入主城区"发展战略,着力把握经济发展方式转变和经济结构调整,着力把握重大项目带动和扩大投入,扎实推进新型工业化、新型城镇化和农业农村现代化,更加重视保障和改善民生,全力维护社会和谐稳定,全力推动社会各项事业向前发展。广大财政干部团结一心,迎难而上,奋力拼博,千方百计抓好财源建设,积极组织财政收入,统筹安排财政支出,进一步合理优化支出结构,积极稳妥推进财政改革,圆满完成全年目标任务,各项工作取得新进展、新成效。

预算内财政总收入实现82009万元,同比增长11991万元,增长17.1%;地方财政收入实现60330万元,同比增长11349万元,增长23.2%。财政支出实现153949万元,同比增加19904万元,增长14.8%。分析财政收支运行形势,呈现三大优势特点:一是收支规模实现"四大突破"。(1)财政总收入突破8亿元,新上了一个收入台阶,在赣州市县市区排名列第三位,占19个县市区总量的8%;地方财政收入突破6亿元大关,在赣州市县市区中排名列第一位。(2)按全市总人口计算人均财政收入首次突破一千元大关,新上了一个台阶。(3)地税收入突破4亿元大关,财政收入地方性税收占到一半,税源结构更趋自给性。(4)财政支出突破15亿元,本市可用财务有了质的跃进,人均财政支出接近二千元。二是财源税源结构更趋合理,收入质量有新提升。税性收入占财政总收入比重达86.2%,比2009年提高3.4个百分点,高于全省平均水平1.9个百分点。三是主导产业稳步发展,主体税收增收明显。增值税、营业税、企业所得税合计增长16.7%。

同时,还积极组织了政府性基金收入117648万元,同比增收64642万元,增长122%,安排政府性基金支出91588万元,同比增支44191万元,增长93.2%,政府性基金收支规模的迅猛壮大,为支持城乡建设和社会各项事业快速发展提供了坚实的财务保障。

〔机构队伍〕 南康市财政局机关内设人秘科、预算科、国库科、行政政法科、教科文科、农业科、社保科、经建科(企业科)、基建科、会计科、外经科、监督科等13个科(室),现下辖南康市预算外资金管理局、南康市乡镇财政管理局、南康市人民政府财经监督检查办公室、南康市国库券推销办公室、南康市人民政府采购办公室、南康市财会学校、南康市会计事务所、南康市财政国库集中收付核算中心、南康市财政信息中心、南康市财政投资评审中心等单位以及20个乡(镇、街道)财政所。根据机构改革需要,撤销了南康市国有资产管理中心;南康市国有资产管理办公室由市人民政府一级行政单位调整为市财政局下属二级行政单位;预算外资金管理局、乡镇财政管理局由二级事业单位调整为股级事业单位。

财政系统共有编制236名,其中局机关159名,基层财政所77名。全市财政系统年末实有干部职工198人,与去年相比少了1人,其中局机关121人,占总人数的61.1%,基层财政所77人,占总人数的38.9%。在199名工作人员中:行政编制42人(其中公务员39人),事业编制156人,分别占总人数的21.2%和78.8%;党员130名,占总人数的65.7%,团员14人,占总人数的7.1%,无党派人士54人,占总人数的27.3%;从学历上看,大专以上文化程度144人,占总人数的72.7%,中专文化程度27人,占总人数的13.6%,高中以下文化程度27人,占总人数的13.6%;具有专业技术职称的人员有125人,占总人数的63.1%;从年龄上看,45周岁以下人员有128人,占总人数的64.6%;46~59周岁之间人员有68人,占总人数的34.3%;从参加工作时间来看,1990年以前参加工作的人员有112人,占总人数的56.6%,1991年以后参加工作的人员有86人,占总人数的43.4%。

〔机关作风建设〕 2010年,财政部门扎实开展“创业服务年”、“创先争优”、“学习焦裕禄精神”等主题活动,狠抓干部队伍建设,财政干部队伍素质进一步提升,执行力、操作力和破解难题的能力切实增强。一是服务更加主动。财政支出进度加快,各项惠民资金及时拨付到位,特别是对市委、政府交办的各项工作,能站在全局的高度,高质量、高效率办理。2010年共办理政府转来审核件1600余件,全部按时按要求办理和答复。二是作风更加优化。通过完善政务办理工作制度,加强工作督查,财政工作人员服务基层、服务群众的意识普遍增强,办事效率有效提高,主动服务、热情服务蔚然成风。三是财政政务更加公开。财政预决算、涉及群众切身利益的相关财政资金分配使用等事项及时公开,契税征收和会计证办理、收费等事项在行政服务中心财政窗口统一办理,相关事项办理依据、流程和结果通过财政门户网站、新闻媒介、服务指南等多种方式向社会各界公开,方便了基层和群众办事、监督。2010年,市财政局被评为南康市“创业服务年”活动先进单位;在赣州市财政系统目标管理考评中荣获三等奖,被评为赣州市财政系统目标管理考评先进单位;在赣州市财政局组织的单项工作评比中,获得了农业财政工作综合考评先进单位、社会保障工作综合评比先进单位、外经财务管理工作综合评比先进单位、会计工作目标管理先进单位、会计信息质量先进单位、政务工作先进单位、财政信息工作先进单位等14项单项业务工作先进荣誉。在2010年度民主评议基层站所(服务窗口)中成绩斐然,坪市财政所、十八塘财政所评为群众满意基层站所,隆木、坪市、十八塘、唐江、镜坝、浮石、东山、龙岭、龙回等9个财政所在乡镇25个站所2010年民主评议基层站所政风行风综合得分排在第一名。

〔一般预算执行情况〕 财政收入　2010年全市财政总收入完成82009万元,同比增收11991万元,增长17.1%。

分部门看:国税部门完成24361万元,同比增收4060万元,增长20%;地税部门完成40000万元,同比增收7299万元,增长22.3%;财政部门完成17648万元,同比增收632万元,增长3.7%。

分级次看:上划中央两税收入完成13346万元,同比增收1093万元;上划中央所得税收入完成8333万元,同比增收1786万元;上划省级五小税收入完成13085万元,同比增收7493万元,增长134%;地方财政收入完成60330万元,同比增收11349万元,增长23.2%。

税收收入完成70692万元,同比增收12706万元,增长21.9%,税收收入占财政总收入86.2%。

非税收入完成11317万元,同比减收715万元,下降5.9%。其中:专项收入完成3725万元,同比增收611万元,增长19.6%;行政事业性收费收入完成4018万元,同比增收872万元,增长27.7%;罚没收入完成3485万元,同比减收1920万元,下降35.5%。

地方财政收入中税收收入完成49013万元,同比增收12064万元,增长32.7%。地方财政收入中税收收入占地方财政收入的比重为81.2%。

财政支出　全市财政支出累计完成153949万元,同比增支19904万元,增长14.8%。主要支出项目完成情况是：

一般公共服务支出完成17890万元，同比增支4384万元，增长32.5%。

公共安全支出完成8577万元，同比增支942万元，增长12.3%。

教育支出完成33607万元，同比增支2144万元，增长6.8%。

科学技术支出完成178万元，同比增支12万元，增长7.2%。

文化体育与传媒支出完成1607万元，同比增支285万元，增长21.6%。

社会保障与就业支出22809万元，同比增支2992万元，增长15.1%。其中：行政事业单位离退休费7592万元，同比增支719万元，增长10.5%。

医疗卫生支出19288万元，同比增支4643万元，增长31.7%。

环境保护2951万元，同比增支1257万元，增长74.2%。

城乡社区事务支出6815万元，同比减支1368万元，下降16.7%。

农林水事务支出21940万元，同比增支912万元，增长4.3%。其中农业支出8836万元，林业支出1248万元，水利支出5342万元。

交通运输支出完成2505万元，同比增支687万元，增长37.8%。

资源勘探电力信息等事务支出4989万元，同比减支710万元，下降12.5%。

商业服务业等事务支出3511万元，同比增支1458万元，增长71%。

金融监管支出316万元，同比增支316万元，增长100%。

国土资源气象等事务支出935万元，同比增支152万元，增长19.4%。

住房保障支出2471万元，同比增支739万元，增长42.7%。

粮油物资储备管理事务390万元，同比增支32万元，增长8.9%。

其他支出3170万元，同比增支1027万元，增长47.9%。

〔**基金预算执行情况**〕 基金预算收入　2010年，政府性基金收入实现117648万元，同比增收64642万元，增长122%。收入分项目完成情况是：

散装水泥转向资金收入157万元，同比增收157万元，增长100%。

新型墙体材料专项基金收入827万元，同比增收196万元，增长55.7%。

育林基金收入45万元，同比减收216万元，下降82.8%。

森林植被恢复费471万元，同比增收419万元，增收8倍。

残疾人就业保障金收入118万元，同比增收61万元，增长107%。

政府住房基金收入168万元，同比增收57万元，增长51.4%。。

国有土地使用权出让金收入107854万元，同比增收58585万元，增长118.9%。

国有土地收益基金收入7262万元，同比增收5187万元，增长250%。

农业土地开发资金收入439万元，同比增收159万元，增长56.8%。

彩票公益金收入307万元，同比减收63万元，下降17%。

基金预算支出　2010年，政府性基金预算支出91588万元，同比增支44191万元，增长93.2%。支出完成情况是：

文化体育与传媒8万，同比增支2万元，增长33.3%。

社会保障和就业852万元，同比增支152万元，增长21.7%。

城乡社区事务支出88815万元，同比增支43478万元，增长95.9%，其中国有土地使用权出让金支出81005万元，同比增支38865万元，增长92.2%，国有土地收益基金支出6731万元，同比增支5933万元，增长7.4倍，农业土地开发资金支出41万元，去年同期无此项支出。

农林水事务支出1472万元，同比增支795万元，增长1.17倍。

资源勘探电力信息等事务支出56万元，同比减支170万元，增长75.2%。

其他支出385万元，同比减支66万元，下降14.6%，全部用于彩票事务支出。

〔**财政改革**〕 一是公共支出管理体系更加健全。所有预算单位基本实现一个部门一本预算，39个单位实行了国库集中支付改革，2010年通过国库集中收付系统直达供应商和用款单位的财政拨款7200万元。

二是科学化、精细化管理融入财政资金运行全过程。所有财政补贴资金通过“一卡通”直接发放至受益对象,“一卡通”发放工作由2009年的倒数第十名一跃进入前三十名的先进行列。严格执行政府投资项目预决算审核制度,完成673个工程预决算审查,节约财政资金1.31亿元。

三是政府非税收入改革不断深化,积极推行了财政票据电子化管理改革,执收执罚单位全面实行了“收支完全脱钩改革”。

四是继续抓好了经营性国有资产集中运营。以1800万元购买金汇大厦,用于市民服务中心办公,解决了部分单位无办公场所问题。

五是扎实推进了村级公益事业一事一议财政奖补试点工作。2010年完成建设项目275个,申报财政奖补资金736万元,带动群众筹资1284万元,投工投劳累计53万个工日。

〔**预算管理**〕 积极创新思路,推进预算管理改革。一是深化部门预算编制改革。2010年,把部门预算编制改革范围扩大到全市所有市直单位,分档科学测定单位支出定额,细化编制项目支出明细,运用统一的预算管理编制软件进行编制,促进了全市部门预算编制水平的提高。二是全面实行执收执罚部门收支完全脱钩改革。根据省财政厅《关于在县(市、区)全面推行执收执罚部门收支完全脱钩试点的通知》,2010年正式启动了执收执罚部门收支完全脱钩改革。制定了《南康市执收执罚部门收支完全脱钩实施方案》,重新规范了执收执罚部门非税收入拨付流程。

加大民生资金投入和资金整合力度。在平衡保障各项事业发展资金需要的同时,统筹兼顾,突出重点,新增财力进一步向困难群众、农村、基层、公共社会事业倾斜。全年用于农林水事务、教育、社会保障与就业、医疗卫生、环境保护、科学技术等涉及民生工程支出累计达10.3亿元,民生支出占财政总支出的67%。如:增加就业培训投入和安排贷款担保基金;初步建立了城镇居民和新型农村合作医疗、大病医疗救助机制;提高城乡低保对象财政补差标准,提高农村五保户集中供养率;推进义务教育经费保障机制改革,促进教育事业健康发展。

〔**农业财务管理**〕 全年支农支出21940万元,比上年增长4.3%。强化农村基础设施建设,尤其加大了支持农田水利建设力度。2010年是“农田水利建设年”,向上级财政争取资金4485万元,本级财政投入资金2410万元,农民自筹等其他投入3473万元,共计10368万元,用于小型农田水利重点县建设、章江灌区续建及节水改造、病险水库除险加固攻坚、朱坊河堤工程等8个农田水利项目建设。同时,拨付农村公路建设资金2355万元,统筹769万元资金集中用于农村公路养护。

支持农业规模化发展,加快现代农业发展。继续抓好“生猪、甜柚、蔬菜、花卉、苗木、油茶、优质稻”等主导特色产业建设。本级安排生猪发展资金100万元,向上级争取生猪标准化生产、生猪调出大县奖励等资金500多万元,用于支持全市生猪产业规模化、集约化、生态化、标准化建设。以甜柚产业为平台,按照“整合大资金、建设大园区、做强大产业”的工作思路,对支农资金进行整合,引导社会多元投入,高标准建成龙回~浮石四万亩、赤土青塘、朱坊农民工创业园3个万亩以上甜柚示范基地,实现了全市甜柚产业从零散到规模化种植,从粗放经营到集约化发展的跃变,迎接通过省财政厅支农资金整合试点绩效考评,并获得奖励资金500万元。

〔**社会保障财务管理**〕 增加基层卫生经费投入。一是认真做好公共卫生与基层医疗卫生事业单位实施绩效工资工作。公共卫生与基层医疗卫生事业实施的绩效工资标准为人均12000元/年。同时,参照机关事业单位退休人员标准对公共卫生事业单位退休人员发放生活补贴,人均9600元/年,从2009年10月至2010年12月,财政共补助医疗卫生机构绩效工资937万元,其中市本级财政配套200万元。二是稳步推进落实全市基层卫生院多渠道补偿机制,扎实有序实施国家基本药物制度,财政共补偿经费632.5万元,其中本级财政按照8:2比例足额配套资金126.5万元。

支持扩大就业和促进创业,全力稳定就业局势。一是继续开展小额担保贷款工作,2010年全市发放任务3700万元,预算新增加担保基金任务180万元,预算安排贴息资金50万元,历年累计小额担保基金达到930万元。二是强化就业培训,安排就业培训资金220万元,提高劳动者就业能力。三是拓宽就业渠道,安排大学生见习资金120万元,增加就业岗位320人,每人每月补助资金560元。安排专项经费350万元,购买700个公益性岗位。

完善社会保险体系,提高城乡居民生活和医疗待遇水平。一方面协同社保经办机构抓好预算和征管,确保基本养老金按时足额发放。另一方面完善城乡医疗保险体系,继续做好城镇职工医疗保险工作,扩大城镇居民基本保险覆盖面,特别是大力推行新型农村合作医疗改革。2010年全市农业人口662135人,新农合参保农民625882人,参合率达94.52%。按照中央补助60元、省财政补助57元、市本级配套3元、农民个人缴费30元/人标准,共筹集资金9388.23万元。

积极加大财政投入,提高全市老年人养老保障水平。市财政安排专项经费480万元,从2010年元月1日起,对持南康市户口,年满85周岁至89周岁、90周岁至94周岁、95周岁以上的老人,每人每月分别发100元、200元、300元的长寿补贴。

抓好民生保障工作,切实维护社会和谐发展。一是完善城乡大病医疗救助体系,重点对低保对象、五保户、特困优抚对象及因病致贫的人群中患重大病的人员实施救助;二是建立了临时救助制度,重点帮助城乡贫困人口等弱势群体以及遭受自然灾害的人群,解决好基本生活、子女上学、住房困难、受灾受困等问题;三是抓好农村福利院软硬件建设,切实提高五保户集中供养率和保障水平。

〔**教科文财务管理**〕 落实农村义务教育经费保障机制改革的各项政策措施。2010年教育支出33607万元,比上年增加2144万元,增长6.81%。拨付义务教育阶段公办学校公用经费5502.2万元(本级资金660.6万元),义务教育阶段民办学校学生补助学杂费65.972万元;全年合计免费供教科书金额1211.81万元,发放寄宿生补助413.725万元;全年通过财政"一卡通"发放补助金253.765万元;评定补助贫困高考学生559人,发放考取大学困难学生补助金279.5万元。

继续稳步推进全市中小学校舍建设。安排了2500万元校建建设项目计划,计划建筑面积16979平方米,当年核拨项目资金2897万元,保证了市重点项目的实施,其中建筑面积3879平方米的"教师双居"工程顺利得到实施、总投资740万元的特殊学校顺利竣工。安排726.6万元资金用于麻双中学教学楼等8个校舍维修项目建设;监督学校加强基础设施项目建设,完成逸夫小学等6个蓝球场建设。全年拨付义务教育绩效工资2891.69万元(其中:13月工资787.86万元)、边远山区教师特殊津贴204.8万元。

加强文化、科普、计生投入,促进科技、文化事业发展。一是加大文化经费投入。2010年农村文化专项资金累计使用176.56万元,其中文艺演出102场、电影放映4881场。二是促进全市计划生育事业稳步发展。本级计划生育经费支出1467.6万元,全市人均计生经费18.05元(按81.3万人计),落实计划生育奖励扶助资金75.3万元。三是对科技事业经费的投入有明显的提高。2010年度科技支出178万元,比上年增加12万,增长了7.23%。按照"南康市科技经费管理办法(试行)"要求,建立了项目库,对2010年的科技项目经费安排从项目库中提取,补助资金65万元。四是继续推动体育事业发展。加强体育资金的管理,合理安排各项体育赛事及全民建身活动经费,2010年安排各项赛事及全民建身项目经费98万元。

〔**行政政法财务管理**〕 继续做好了政法等单位的经费保障工作。对政法单位的人员经费,严格按照部门预算编制要求,足额列入,全员保障;对公安、检察院、法院、司法局等政法部门公用经费,按照江西省财政对政法单位规定的标准予以安排,公安机关(含派出所)公用经费按21000元/人年标准,全额列入财政预算,大案要案经费、巡防经费、民警医疗保险费、体检等履行职能所需经费全部纳入财政预算安排。法院、检察院均按年人均27000元标准安排了公用经费。司法局按13000元/人年标准、基层司法所按8000元/人年的标准安排,公安消防大队按年人均21000元的标准,足额安排预算。考虑到社会治安综合治理专项工作开展的实际需要,财政预算还安排了综治经费12万元、平安创建10万元、铁路护路3万元、见义勇为5万元、政法委专项30万元,司法调解5万元、安置帮教12万元、法律援助5万元,流动人口管理2万元,预防青少年犯罪经费2万元,人民陪审员经费5万元。根据项目资金专项核拨的方法,还专项安排了巡防员经费、应急队员经费以及技防(如“天网”工程)经费。

围绕南康市的工作中心和重点,保稳定,惠民生,促发展,重点做好了项目建设资金的保障工作。一是追加安排拨付人口普查工作专项经费173.4万元。二是追加安排市政大楼电梯购置及内墙翻新经费81万元。三是追加安排设立信访救助资金50万元,解决了部分特殊疑难信访积案。四是追加安排拨付道路工程改造、交通整治及市内美化等项目资金1481.5万元,解决了小街小巷住户和进出城区的出行难题。五是安排拨付治安卡口及“天网工程”专项建设资金458.1万元,安排流动人口管理、物流特情、应急队建设等专项经费198.1万多元。安排二代证免费照相经费50万元,帮助所涉对象解决了照相难题;安排城区住户门牌安装经费42万多元;安排消防车辆、器材购置经费258万元,按要求完善了全市应急体系建设的物资和器材储备。六是安排农村村级组织活动场所建设专项经费460万元,解决了农村村级组织的办公难题。八是安排纪工委、监察分局设立专项经费92万元,网上审批和电子监察系统建设经费164.8万元。

〔**经建财务管理**〕 认真抓好土地收支管理。抓好了土地收入入库。及时跟踪土地招、拍、挂等情况,督促国有土地出让收入及时入库。经统计,2010年土地出让收入111554万元。加强土地收入的使用管理。共审核拨付征地拆迁补偿资金28485万元,保障了被征地农民利益。

服务经济和社会发展。一是积极支持工业经济发展,全年共拨付工业园区、家具产业征地拆迁和基础设施建设资金1.6亿元,安排中小企业发展财政扶持资金100万元,安排企业贴息资金300万元,拨付民营企业贴息资金186.97万元,拨付47万元用于奖励企业争创品牌和企业管理人员培训,全年安排招商引资专项资金300万元,比上年增加安排100万元。二是大力支持家具产业发展。全年安排50万元预算资金,专项用于家具产业创品牌、展销展览会、家具企业主培训,安排预算资金400万元用于家具品牌全国性电视广告。三是大力支持农村公路和渡改桥建设。筹集本级财政资金1194.6万元,用于全市农村公路建设项目配套和提前竣工奖励,全年共拨付农村公路建设资金2355.6万元。四是积极支持廉租住房建设。全年财政共拨付廉租住房建设资金5400万元。五是继续抓好中央扩大内需政策的落实。及时审核拨付扩大内需投资资金,2010年共拨付中央投资资金8448万元。同时,加强项目投资使用情况的跟踪,按月分项目统计上报资金的分解拨付情况、配套资金落实情况、资金的使用情况以及工程进度。六是认真落实中央资源综合利用经营企业税收先征后返政策,全年办理再生资源回收企业税收退库2737万元。

进一步提高专项资金使用效益。一是抓好了农村公路养护资金使用的监管,按照市政府制定的《农村公路养护管理办法》,市财政今年共统筹769万元资金集中用于农村公路养护。为确保资金专款专用,积极配合交通部门对农村毁损公路、桥梁项目进行勘察核实,审定上报项目,并按专项资金拨付程序及时下拨公路桥梁维修经费,对市管公路和乡村公路分别按规定负担标准拨付资金。二是抓好了排污费专项资金使用的监管。统筹安排排污费专项资金的合理使用,重点保证了污染源普查、环保质量考核,环保监测能力建设支出所需,促进了排污费专项资金使用效率的提高。三是抓好了招商引资专项资金监管。每月定期对招商引资专项资金使用情况进行审核,继续采取资金预拨、定期结算办法,保证了招商引资资金的专款专用,确保了招商引资工作的正常开展。

〔**外资管理**〕 全面完成了2010年的还本付息付费任务。向上级偿还红壤项目贷款到期本息205.97万元,卫生项目贷款到期本息47.1万元,结核病控制项目贷款利息1.23万元、日元贷款到期本息费497.29万元、亚行贷款项目到期本金11.42万元,合计偿还到期本息费763.01万元。

建立健全了还贷准备金制度。安排了60万元资金,用于市外债的还贷机动保障。截止2010年,市财政安排筹措还贷准备金累计金额达996.52万元,确保有效地化解外债项目的汇率风险和还债风险,

做好了调整亚行项目贷款利率工作。经市政府研究决定,鉴于目前亚行的贷款年利率为5.805%,同意市亚行项目转贷给农户的资金年利率由原来的4.8%调整到5.805%,原签订贷款合同的贷款利率不变,新安排贷款执行调整后的利率。

〔会计管理〕 精心组织会计人员各类考试。一是会计专业技术资格考试管理。2010年全国会计专业技术资格考试于5月15日、16日举行,全市参加中级考试的考生有24人,参加初级考试的考生有48人。2011年度会计专业技术资格考试报名工作于2010年10月1日开始至29日结束,全市报名总人数为136人,其中初级105人,中级31人。所有报名考生全部通过资格确认。二是会计从业资格考试管理。根据省财政厅统一安排,2010年会计从业资格考试实行网上报名,现场资格确认。报名时间为5月15日至6月15日结束。现场确认时间为6月16日至6月30日。截止6月30日共有94人报考了会计从业资格考试,于7月上报赣州市财政局审核。三是会计电算化考试管理。2010年是会计从业资格管理补充规定执行的第一年,2010年组织上报5批次会计电算化考试,总报考人数为525人,实际参加考试501人,缺考24人,合格117人,合格率为22.29%。四是注册会计师考试报名工作。五是高级会计师考试报名及相关工作。

认真做好会计从业资格日常办证工作(含办证、调转、接收、补发)。全市会计从业资格管理严格按照财政部《会计从业资格管理办法》和《江西省会计从业资格考试管理暂行办法》的有关规定,凡未经考试或已经考试成绩不合格者一律不予办理。截止2010年11月底当年办理发放会计从业资格证122人(含调入),累计持证人数2615人。

做好2010年度会计人员继续教育工作报名及培训工作。2010年度会计人员继续教育报名工作于8月1日开始,9月20日结束,截止9月20日累计举办6期培训班,共有974人报名参加培训。

继续做好罗边股金证的兑付工作。全年累计兑付罗边股金证券3100元。

〔财政监督检查〕 认真开展财政财务检查工作。2010年列入财政检查工作计划中的重点单位为31个,检查的重点为专项资金运行,尤其突出对民生资金的安全、规范和有效使用等方面的监督检查,截止2010年底,全年完成所有单位的财政监督检查任务,查出各类违纪问题资金(含管理不规范资金)993万元,追缴入库违规资金43.62万元。

认真开展会计信息质量检查工作。按照省、市工作部署,积极配合上犹县检查部门对市相关单位进行检查。检查对象为农业和粮食局、林业局、水利局等5个单位。全市检查处理应入库财政违纪违规资金8.69万元。

认真开展财政内部监督工作。遵照《南康市财政局基层财政所财务管理办法》,对全市20个财政所及局机关行政政法科等4个科室单位进行了财政财务内审,完成内审面达63%,基层财政所管理及自身财务得到进一步规范。

认真开展"小金库"专项治理工作。完成了16个单位的检查,其中社会团体单位12个,检查面达20%,国有及国有控股企业单位4户,检查面达100%。

〔政府采购管理〕 全年采购预算总额11171万元,同比增长33%。实现采购支出9585万元,较去年同比增长28%。节约资金1585万元,同比增长72%,综合节资率达14.19%,比去年增加3.19%。市政府采购的主要特点是建立和完善政府采购运行机制,对办公自动化设备及其它成熟产品在招标采购的一个月内采购跟标方式采购;采购方式更趋合理,作为政府采购的主要形式的公开招标、竞争性谈判、邀请招标占采购支出的76.7%,询价采购今年占采购支出的22.3%;采购资金支出用于节能、环保及自主知识产权的产品有较大幅度增长,其中节能节水产品为2272万元,占此项采购的87.15%;环保产品采购总额为4777万元,占采购总额的79.91%,自主知识产权的产品采购为9394万元。

〔基建财务管理〕 全年共完成673个工程预决算的审查,审查金额达9.08亿元,同比增长91.16%,增长近一番;节约财政资金1.31亿元,首次突破亿元大关,比去年增加0.64亿元,增长94.18%。

〔两税征管及乡镇财政管理〕 2010年,共征收契税6159万元,累计入库6159万元,首次突破5000万元;征收耕地占用税324.6万元,超额完成全年预算任务。

2010年1至12月份,市财政惠农补贴资金"一卡通"应发项目20大项,55小项,实发项目20大项,55小项,自定义发放项目4项,项目发放率

100%,实发 17547.31 万元,综合排名全省第三十,跨入全省先进行列。

认真做好农村义务教育“普九”债务工作,清理化解债务 2726.37 万元。

〔**预算外资金管理**〕 2010 年,纳入政府非税收入管理的单位 118 个,政府非税收入达 137886 万元,比上年增加 65431 万元,增长 90.30%,其中:行政事业性收费收入 12053 万元,政府性基金收入 117648 万元,罚没收入 3485 万元,专项收入 3725 万元,国有资源(资产)有偿使用收入 390 万元,其他收入 585 万元。一是全面推行财政票据电子化管理改革。推行票据电子化管理改革的用票单位共 96 家,安装开票软件站点 187 个,并重新清理录入收费项目,有力地促进了非税收入的征收管理。二是继续做好并完善廉租住房保障工作。按季度及时拨付廉租住房租赁补贴资金,2010 年全年发放廉租住房租赁补贴 84.95 万元。三是对住房公积金归集及运行的情况进行了监管。2010 年,市住房公积金归集 6626 万元,其中:企业 3125 万元;行政事业单位 3375 万元,自收自支事业单位 126 万元。审批委托贷款 448 户,贷款金额 9912.9 万元;业务收入 843 万元,业务支出 400 万元,实现增值收益 443 万元。四是对市直单位培训办班(一次性收费)进行监督管理。2010 年,对司法局等单位培训办班实行“先审后返”措施,即:财政部门收到执收单位培训班收费的资金返拨表后,及时与市物价局组成联合检查组,对其收费标准、培训时限进行审核,无违规行为,按程序办理拨款手续,发现有超标或其它违规行为,将超标或其它违规部分不予返还,退还参训个人或上缴国库。经对多个单位的检查,这一措施的制定与落实,对杜绝培训办班乱收费发挥了积极的作用。五是规范收费行为,认真组织实施了 2009 年度收费年审工作。

〔**国有资产管理**〕 2010 年,市国资办共征收经营性国有资产 3381681 元,比原租金 1830274 元增收 1551407 元,增长 84.8%。整合国有资产资源。市国资办就金汇大厦产权交易一事与市地税局进行磋商,购回金汇大厦产权,用于兴办南康市市民服务中心。市行政审批服务中心、市公共资源交易中心、市总工会、市劳动就业局、市医保局、市社保局、市农保局等单位搬入市民服务中心集中办公。

搭建多元融资平台。2010 年 1 月底,通过国有资产经营投资有限公司向农发行申请 5000 万元中长期贷款,用于康唐公路拓宽改造工程建设。该笔贷款于 2010 年 2 月 26 日发放,期限为 8 年,自 2010 年 1 月至 2018 年 1 月止,年利率为 5.94%(人民银行同期基准利率),还款本息额逐年列入相应年度财政预算。

〔**国库集中支付核算**〕 2010 年,按照《南康市本级财政国库集中支付改革实施方案》和《南康市管理制度改革财政资金支付管理办法》等配套制度,全年累计下达各类指标 30538 万元,审批各类用款计划 27751 万元,直接支付 9553 万元,授权支付 13671 万元,结余各类计划 4526 万元,资金结存率达 16.3%,提高了财政实时监控能力,增加了财政资金的调度能力,提高了预算单位财务管理水平。

(钟春香)

〔**领导班子名录**〕
市长助理、财政局长:吴　健
副局长:幸泽伟
　　　　陈德怀
　　　　何耀奎
工会主席:李雅燕(2010.11~　　)

国有资产监督管理

〔**综述**〕 2010 年,市国有资产监督管理工作紧紧围绕市委、市政府工作部署,立足 2010 年度财政工作指导思想,在创新国有资产监督管理和经营管理体制机制,优化资源配置,提高国有资产使用效益上下功夫,最大限度地实现了国有资产的保值增值目标。

〔**机构队伍**〕 根据康字【2010】20 号文件中共南康市委、南康市人民政府关于印发《南康市人民政府机构改革实施方案》的通知,南康市国有资产监督管理办公室,由市政府直接管理的行政机构调整为市财政局副科级内设机构。主要职责:根据市人民政府授权,代表市人民政府履行国有资产出资人职责;对市属国有企业和行政事业单位的经营性国有资产行管理、运营；监督地方金融企业的国有资产资本及其收益；决定国有独资企业（公司）重大事项决策权；参与国有股份企业（公司）重大事项决策权。对产权转让、交易实行监管。

撤销市国有资产管理中心，设立市国有资产运营管理所，由市国有资产监督管理办公室下属副科级全额拨款事业单位调整为市财政局下属正股级全额拨款事业单位（由国有资产监督管理办公室代管），人员编制10名。主要职责：集中营运授权范围内的经营性国有资产，原市直国有企业改制安置职工后的留存资产，特许经营权等无形资产以及资源性资产；受政府委托进行融资和投资；对政府投资项目进行代建管理；负责授权范围内国有资产经营收益的征收。

〔**国有资产运营管理**〕 市国有资产监督管理办公室根据《南康市经营性国有资产管理暂行办法》，创新经营性国有资产管理体制机制，通过对经营性国有资产的公开招租，切实加强了对经营性国有资产的管理，建立经营收益征收台账。2010年，共征收经营性国有资产3381681元，比原租金1830274元增收1551407元，增长84.8%。

〔**国有资产优化配置**〕 为解决部分单位无办公场所问题，有效整合资产，1月，市国资办与市地税局就金汇大厦产权签订转让合同，由市财政拨款1800万元将原金汇大厦购回用于兴办南康市市民服务中心。市行政审批服务中心、市公共资源交易中心、市总工会、市劳动就业局、市医保局、市社保局、市农保局等单位将搬入市民服务中心集中办公。

〔**指导工业企业改制**〕 为加快全市国有企业改革步伐，根据实际情况，于2010年8月印发《关于进一步做好全市国有（集体）企业改革工作的实施意见》，要求各改革企业于2011年12月底前完成全市国企改革工作任务。

全市工业系统、农业粮食系统、林业系统、商务系统、供销系统企业改革工作已基本完成；交通系统、水利系统、医药公司改制工作有序进行。

〔**搭建融资平台**〕 为加快全市基础设施建设，按照市政府的工作部署，1月，市国资办下属企业国有资产经营投资有限公司向农发行申请5000万元中长期贷款，用于康唐公路拓宽改造工程建设。该笔贷款于2010年2月26日发放，期限为8年，自2010年1月至2018年1月止，年利率为5.94%（人民银行同期基准利率），还款本息额逐年列入相应年度财政预算。

〔**国有资产处置资金使用管理**〕 国有资产有偿使用收入和处置收入，属于政府非税收入，是财政收入的重要组成部分，依据财政部《关于加强政府非税收入管理的相关规定》，对之实行“收支两条线”管理，全额上缴市财政专户。

年内，实现国有资产处置收入3610.95万元，拨付资产处置资金3686.80万元。对国有资产处置资金，由单位向市政府提交返款请示，市财政根据各单位年初财政预算、资金运用情况、并对其财务状况等情况进行调查核实，视情况提出拟办意见，报市政府同意返拨或调剂使用。特别是改制国有、集体企业资产处置资金，更是从严监督，以保证资金全部用于企业职工安置、企业转制必要费用。严把国有资产处置资金使用关，既增加了财政收入，又保证了国有、企业改制工作的规范有序进行及行政事业单位各项工作的正常开展，同时大大提高了国有资产处置资金的使用效益。

〔**国有资产监督工作**〕 为防止国有资产流失，为全市粮食系统储粮布点提供科学合理的规划，市国资办组织人员对全市16个乡镇的粮管所进行了走访调查。经调查，全市除潭口粮管所、凤岗粮管所、唐江粮管所、龙华粮管所储备粮食外，其余都处于空闲状态或用于出租经营；各乡镇粮管所均有资产管理员留守。

根据南康市委办公室、市政府办公室《关于深入开展“小金库”专项治理工作的实施意见》（康办字〔2009〕90号）精神，市纪委、监察局、财政局、审计局、民政局、国资办牵头，印发《国有及国有控股企业“小金库”专项治理实施方案》及《社会团体“小金库”专项治理实施方案》，切实加强全市行政事业单位及国有企业国有资产的监督管理。

（肖凌）

〔**领导班子名录**〕

国资办主任：吴云

国资办党支部书记:梁贵志

国有资产经营投资有限公司总经理:吴云(兼)

国家税务

〔综述〕 2010年,南康市国税局认真贯彻落实上级局及南康市委市政府的工作部署,以科学发展观为统领,坚持聚财为国、执法为民的宗旨,按照“大力组织收入、夯实征管基础,加强队伍建设,优化税收服务,推进依法行政,建设和谐南康国税”的工作思路,中心明确保收入,集中精力抓征管、求真务实促服务,圆满完成了各级收入任务,各项工作迈上了新台阶。

2010年共组织入库各项税收收入31947万元,完成赣州市国税局下达税收考核计划的130.4%,同比增收8530.37万元,增长36.43%。入库财政口径收入29605.47万元,完成南康市政府下达年度计划任务24000万元的123.36%(剔除专员办退税5244.89万元仍达到24360.58万元,完成101.6%)。

〔机构队伍〕 2010年南康市国税局内设6个正股级单位:办公室、人事教育股、监察室、收入核算股、征收管理股、税政法规股;3个副科级单位:税源管理科、纳税评估科、办税服务厅。1个事业单位:信息中心(正股级),1个直属机构:稽查局(副科级单位);3个副科级派出机构:横市分局、东山分局、唐江分局。在编人员120人,其中公务员编制115人,机关工人4人,事业编制1人,党员73人,占61%,女职工24人,占20%,研究生1人,本科学历102人,大专学历16人,中专学历1人,高级技术职称1人,中级技术职称3人,获全国税务执法资格证书120人,获全国计算机二级证书60人,获中级会计职称5人。行政职务有正科1人、副科12人,非领导职务有主任科员5人副主任科员3人。35周岁以下10人,比2009年减少2人,36~45周岁57人,比2009年减少9人,46周岁以上53人,比2009年增加3人。2010年有3个干部退休,调出3人,现有离、退休人员共51人,比2009年增加2人。

〔国税文化建设〕 南康市国税局以精神文明建设为主线,以打造国税机关形象为目标,创建学习型机关,认真开展创先争优主题教育活动,积极开展丰富多彩的文体活动,营造健康向上的工作氛围,有效地促进了各项工作的全面发展。年内,全局深入开展向焦裕禄同志学习,做新时期焦裕禄式党员干部,继续践行南康市国税局十大国税文化理念,同时,加大了国税文化建设调研力度,充分利用省局“十员五百佳”培训机制平台、南康国税网上教育窗口和图书阅览室等媒介,大力开展精神文明创建活动,使广大干部职工拓展了知识视野,丰富了文化生活,鼓舞了工作热情,新提高了践行科学发展观、服务群众、服务地方经济的能力。

〔税种税率〕 一、税种税率

(一)国税部门负责征收的税种有四种:增值税、消费税、车辆购置税、企业所得税。

(二)税率。

1、增值税税率:增值税一般纳税人税率17%或13%(粮食、农资、图书、矿产类),小规模纳税人征收率(工业)、(商业)3%,纳税人出口货物税率为零。

2、消费税税率:

税目	计税单位	税率
甲类卷烟		45%
乙类卷烟		40%
雪茄烟		25%
烟丝		30%
粮食白酒		20%,另定额征收0.5元/斤
薯食白酒		20%,另定额征收0.5元/斤
黄酒	吨	240
啤酒	吨	220
其他酒		10%
酒精		5%
化妆品		30%
护肤护发品		8%
贵重首饰及珠宝玉石		10%
金银首饰		5%
鞭炮、焰火		15%
汽油	升	0.2
柴油	升	0.1

（续上表）

税目	计税单位	税率
汽车轮胎		3%
摩托车		10%
小轿车		3%-8%

〔**税收减免**〕 1、严格执行有关税收政策，对市管辖的南康市包装彩印厂经严格审核确认为福利企业，按规定享受增值税优惠。对南康市众兴人造板有限公司、赣州恒达木业有限公司、江西华亿木业有限公司、南康市华洲人造板有限公司、南康市华洲木业有限公司、南康和盛炭素有限公司、南康市赣森人造板有限公司严把税收政策关，掌握好优惠政策，对符合条件的，及时办理即征即退手续。

2、税收优惠政策实施效果：在有关税收政策的支持下，企业能够依法纳税，不仅营造了良好的纳税氛围，而且有力的支持地方经济的发展。特别是每季按时为企业审核上报即征即退增值税，及时办理退库手续，为企业资金的周转和生产的拓展提供优质服务，赢得了企业的好评。2010年度对南康市包装彩印厂办理即征即退增值税35万元；南康市众兴人造板有限公司、赣州恒达木业有限公司、江西华亿木业有限公司、南康市华洲人造板有限公司、南康市华洲木业有限公司、南康和盛炭素有限公司、南康市赣森人造板有限公司等7户森工企业办理即征即退增值税2116万元。

3、认真落实再就业优惠政策，从2005年7月1日，按省新增值税起征点规定的标准执行。不分城市、县城、镇、农村，一律按(一)对销售货物的起征点为月销售额为5000元。(二)对销售应税劳务的起征点为月销售额为3000元。(三)按次纳税的起征点为每次(日)销售额200元。

对符合享受优惠政策的个体业户及时审批，累计免费办理税务登记证62户，共免收办证工本费738元；累计对4310户个体业户在增值税起征点以下免征增值税300万元。有力地支持了推动了全民创业、富民兴赣活动。

〔**税收收入**〕 2010年，南康国税共累计入库各项税收收入31946.9万元，同比增收8530.37万元，增长36.43%，完成赣州市局下达考核计划任务24500万元的130.4%。其中：财政口径税收收入29605.47万元，同比增收7519.8万元，增长34.05%，剔除专员办审批退税后为24360.58万元，完成南康市政府年初下达税收计划任务2.4亿元的101.6%。

2010年南康市国家税务局重点企业纳税超百万元企业一览

金额：万元

序号	纳税人名称	本期税收	同期税收	增减	增减%
1	南康市方利物资再生利用有限公司	4036	2198	1838	83.62
2	南康市金山废旧物资收购有限公司	3677	0	3677	0
3	赣州市烟草公司南康分公司	1813	1472	341	23.14
4	南康市众鑫矿业有限公司	1601	2744	-1143	-41.65
5	江西亚琦置业投资有限公司	1100	404	697	172.53
6	南康市丰康废旧物资回收有限公司	790	924	-133	-14.45
7	南康市远通锡金属回收有限公司	716	57	659	1155.24
8	南康市美佳房地产开发有限公司	685	302	383	126.67
9	中国石油化工股份有限公司江西赣州南康石油经营部	591	468	123	26.17
10	南康市汇丰矿业有限公司	560	881	-321	-36.42
11	南康市康鑫矿业有限责任公司	524	360	163	45.38
12	钜盛(赣州)鞋业有限公司	513	271	242	89.18

(续上表)

序号	纳税人名称	本期税收	同期税收	增减	增减%
13	南康市金源再生物资有限公司	425	195	230	117.64
14	江西鑫南城建投资有限公司	418	26	392	1509.86
15	南康市供电有限责任公司	403	240	164	68.37
16	南康市有色金属有限公司	399	6	393	6055.21
17	南康金亿工贸有限公司	313	154	159	102.93
18	南康赣商村镇银行股份有限公司	309	134	175	130.41
19	江西泓丰投资有限公司	288	400	-112	-28.04
20	南康市农村信用合作联社	286	87	199	229.35
21	江西润田(赣州)饮料食品有限公司	286	157	129	82.38
22	南康市清华矿业有限公司	266	667	-402	-60.19
23	南康市罗边玻纤有限公司	259	237	22	9.47
24	南康市大澳涂料有限公司	249	91	159	174.79
25	南康市华山有色金属加工厂	247	0	247	0
26	江西丰凯置业有限公司	203	346	-143	-41.33
27	南康市锦辰置业有限公司	202	0	202	0
28	南康市建辉房地产开发有限公司	200	201	-1	-0.32
29	赣州华利纸品有限公司	190	138	52	37.63
30	南康市开源矿业有限公司	185	36	149	418.32
31	赣州银行股份有限公司南康支行	181	197	-16	-8.03
32	南康市东华矿业有限公司	175	678	-503	-74.24
33	南康市金达矿业有限公司	150	33	117	349.37
34	江西龙事达实业有限公司	126	3	123	4044.93
35	赣州纵横房地产开发有限公司南康项目部	113	0	113	0
36	江西三和医药有限公司	111	75	36	48.59
37	赣州德福房地产开发有限公司	103	68	35	51.5
38	南康市双星稀土金属冶炼有限责任公司	103	66	37	55.93
39	江西新星房地产开发有限公司	102	85	17	19.67
40	南康市南山锡业有限公司	100	1111	-1011	-90.97

〔**税收征管**〕 一是强化了小规模纳税企业管理。通过深入调查，进一步加深了以小规模纳税企业生产经营情况的了解，共对195户小规模企业增值税征收方式进行了鉴定，对部分税负较低的小规模企业进行了税收调整。

二是规范了纳税人增值税管理。通过对小规模纳税企业账务建立情况和2009年度应税销售收入的实地核查，对应认定为增值税一般纳税人管理的小规模纳税企业进行了政策宣传和解释工作。

三是做好以电计税业户的管理工作。按照行业税收管理办法，为加强以电计税业户税收征管，南康市国税局对2009年度以电计税业户的增值税进行了结算，全局共完成结算1323户，占应结算户1323户的100%，查补增值税1263491元，其中：家具行业结算1218户、粘土砖44户、页岩砖

22户、粮食加工28户，蜂窝煤11户，完成了2009年度结算工作任务。

四是推行国税地税联合办理税务登记工作，制订了《南康市国家税务局、南康市地方税务局联合办理税务登记工作实施方案》，从2010年7月1日起国税、地税实行联合办证，截至2010年12月6日，实施联合办证5个多月，新办理税务登记(变更)816户，减免工本费12320元。

五是加强漏征漏管清理核查工作。自2010年9月1日至10月30日期间，开展了历时两个月的漏征漏管清理核查工作，这次清理核查工作，共清理办证上线262户，其中：企业24户，个体户238户，查补税款、滞纳金、罚款24400元。

〔**发票管理**〕 做好普通发票换版工作，方便纳税人换领新票；切实做到“以票管税”，加强税收征管。对超过定额及时补缴税源，并按要求重新核定税额；全年强化普通发票填开金额超定额的复核监控补税，全年补征税款8.7万元，罚款0.76万元；兑奖发票5160户次，兑奖发票奖金2.9万元。

〔**税务稽查**〕 2010年市国税局按照稽查工作计划和上级局的工作部署，以“以查促管、以查促查、以查促收”为目标，以创业服务年为契机，围绕服务科学发展、共建和谐国税，突出践行科学发展观，深化依法稽查，推进文明执法，结合行业实际，大力开展了行业税收专项检查、区域税收专项整治和日常税收检查，深入开展了打击发票违法犯罪活动，强化了对违法违章举报案件的查处，稽查查补绩效明显。截止11月30日，重点检查企业76户，检查发现有问题户36户，立案检查户15户，企业自查49户，有问题的6户，查补入库总额441.15万元，其中：查补入库税款399.16(含企业自查补税151.96万元)万元，罚款22.71万元，加收滞纳金19.28万元。通过加大稽查工作力度，严厉打击了税收违法犯罪行为，有效发挥了以查促查、以查促管、以查促收的职能，为防范税收执法风险、堵塞税收漏洞、规范税收秩序做了大量的卓有成效的工作。

〔**纳税评估**〕 2010年，南康市国税局对43户纳税人进行了纳税评估。评估出有问题户19户，查补增值税74.50万元。已入库增值税50.21万元，滞纳金0.41万元；冲减留抵税款17.91万元。其中对15户以电计税的家具厂进行了结算，补征增值税15.61万元，滞纳金1.14万元。查补企业所得税255.51万元，滞纳金4.17万元。查补各税合计348.37万元，滞纳金合计5.31万元。是纳税评估科成立以来查补税款最多的一年。

〔**税法宣传**〕 2010年4月，市国税局按照上级的统一部署，结合全市税收宣传工作实际，认真开展了第十九个税收宣传月活动。市国税局紧紧围绕“税收·发展·民生”的宣传主题，牢牢抓住纳税人的权利和义务、税收政策措施、纳税服务三项重点内容，灵活采取多种宣传形式，求创新、讲实效，向社会各界广泛深入地宣传了依法诚信纳税的观念，普及了各类税收政策措施，公布了各项纳税服务举措。展示了全局服务经济发展，关注社会民生的部门形象。社会各界对市国税局的税收宣传活动反响热烈，宣传工作收到了预期效果，圆满完成了第19个税收宣传月工作任务。

(一)坚持服务地方经济发展的宣传导向，量身定制“宣传配餐”，拓展税收宣传活动深度。1、研制“招商引资外带套餐”走进地方党政机关，服务地方经济发展：精心挑选与政府部门招商引资，振兴南康经济密切相关的税收法律法规和典型案例，为党政领导一一讲解，并接受其咨询；2、配制“家具创业安全套餐”走进南康家具企业，服务企业创业：把“自觉登记，依法纳税”“履行法律义务，依法诚信纳税”的口号具体化，形象化。为进一步加强家具行业的征管打下良好基础，为南康家具产业健康发展保驾护航；3、精制“涉农税收普法套餐”将税法送进果园农场，专题介绍惠农税收政策。由东山分局、横市分局、唐江分局分局长带队组成的涉农税收小分队兵分四路，深入农业经济发展比较活跃的龙岭、朱坊、龙回、三江、赤土、麻双等6个农村乡镇开展税法宣传，发放宣传资料3种各100份。

(二)配合上级工作部署，安排丰富多彩的宣传活动，营造税收大宣传格局。1、开展纳税人权利与义务宣传活动。4月，局班子成员带队，走访企业12户，深入2个社区、3所学校、6个农村乡镇，发放《纳税人权利与义务公告》宣传单，解读纳税人十四项权利和十项义务，同时，充分利用市局门户网站、局办税服务厅电子公告栏和唐江分局办税服务厅宣传栏以及南康电视台、南康教育台、南康新闻广播和南康市政府网站等媒体滚动播放纳税人权利与义务公益广告、向社会各界宣传造势，以此拉开了南康市第19个税收宣传月活动的序幕。2、召开“税务发票现场咨询会”，4月23日，市国税局在蓉江路工人文化宫门前开展了省市县三级联动的“税务发票现场咨询会”。介绍发票知识，传授假发票的识别技巧。现场摆放咨询台和举报台四张，接待税务咨询18人次，现场受理发票投诉举报2例，发放税务发票知识宣传册200多份。3、开展“一把手亲自访，进企业促发展”活动。由“一把手”陈小华局长亲自带队，对众鑫矿业、南山锡业、广大化工等16家重点税源企业开展税法宣传上门服务各一次，帮助企业准确掌握新政策，降低企业涉税风险。同时围绕6个既定课题进行了专题调研。4、开展“送税法进工业园定向宣传”活动。把与工业园企业发展密切相关的税法知识和税收优惠政策编辑成有奖竞答题20道，现场提问、现场解答，接受纳税咨询、解疑释惑。散发税法知识手册100多份。以群众喜闻乐见的方式将税法知识送进了南康市工业园。积极营造服务工业园区的良好税收氛围。5、动员系统内外创造力，参与国税总局举办的其他形式多样的宣传活动。利用网络、电视、报纸、传单等方式宣传总局举办的税收宣传短信征集大赛、“我与个税”、“身边的故事”税收征文、第六届全国税收动漫Flash创意大赛、第四届全国税收公益广告作品大赛、漫画征集等各项活动。

（三）积极编制活动信息，及时播发活动进展，进一步巩固宣传效果、扩大宣传影响。国税局将各种宣传文字、图片、音像资料进行了搜集和整理，一是通过南康国税信息编发“税收宣传月活动专辑”，及时播发税收宣传月活动动态、经验。二是每周至少报送一次税收宣传工作动态。并加强了与地方新闻宣传单位的合作，在地方电视、报刊、广播、网络等媒体上组织发表了一批新闻稿件。

〔**信息化建设**〕 市国税局共有服务器2台，办公用电脑168台，打印机76台，扫描仪4台，电子公告栏1个，业务运用系统12个，POS刷卡机1个，发行金税卡16张，全年网上报税821户次，网上报税14984.46万元。3月，中心机房新增一条移动公司的主用网络线路，可以与电信线路同时使用，原来电信线路改为备用线路，两条线路物理分隔，在任何一条链路切断的情况下，依然可以正常访问各应用系统，有力保障了网络的畅通无阻。

（卢金梅）

〔**领导班子名录**〕

党组书记、局　长：陈小华
党组成员、副局长：罗允志
古祖明
黄成建
杨　坚
党组成员、纪检组长：周　贤

地方税务

〔**综述**〕 2010年，南康市地税局在南康市委、市政府和上级部门正确领导下，锐意创新，谋划大局，把握重点，积极进取，各项工作按照年初制定的紧紧围绕“一个中心”(实现组织收入平稳较快增长)，稳步推进“三项工作”(机构改革、交流轮岗、办公大楼建设)，不断提升“六个水平”(税收征管水平、税源管理水平、信息化应用水平、服务创业水平、队伍建设水平、工作执行力水平)工作思路有条不紊地进行，在组织收入、机关效能、征管改革、队伍建设、纳税服务等方面取得了较好的成绩。突出做好了重点、特色、创新工作，有效促进了市地税事业全面、协调、可持续发展，为构建和谐平安南康和南康经济社会的追赶型、跨越式发展做出了积极的贡献。

〔**机构队伍**〕 南康市地税局机关内设办公室、人事教育股、监察室、税政管理股、征收管理股、法规股、计财股、机关党办等8个正股级行政机构和信息中心、发票所、后勤服务中心3个正股级事业机构；下设稽查局、办税服务厅、纳税服务中心3个直属机构；蓉江分局、东山分局、潭口分局、唐江分局、横市分局5个基层分局，为副科级派出机构。2010年年底将按照上级要求进行机构改革，改革后机构和人员将有新的变动。年底在编人员122人(其中行政103人，事业19人)有党员92人，占75.4%；女职工25人，占20%；硕士研究生3人，大学本科学历85人，占69.7%，大学专科学历17人，占20%；获中级技术职称85人，占69.7%；获全国计算机等级四级证书1人,三级证书1人,二级证书75人,获全国计算机等级一级证书27人。

〔**税种税率**〕 在南康市境内征收的地方税税种有:

一、营业税

1、交通运输业、建筑业、邮电通信业、文化体育业、税率为3%;

2、服务业、转让无形资产、销售不动产,税率为5%;

3、金融保险业、税率为5%(其中农村信用社税率为3%);

4、娱乐业,税率为20%(台球、保龄球税率为5%)

二、企业所得税:比例税率为25%;

三、个人所得税:

1、超额累进税率;

2、比例税率20%。

四、资源税:定额税率。

五、城市维护建设税:

比例税率:市区7%;

建制镇5%;

农村1%。

六、房产税:

比例税率: 余值计算1.2%;

租金计算12%。(对个人出租住房,对企事业单位、社会团体以及其他组织按市场价格向个人出租用于居住的住房,其房产税暂减按4%的税率征收)

七、印花税:比例税率;

定额税率。

八、城镇土地使用税:

定额税率:从2007年1月1日起,市区:一类8元/平方米,二类6元/平方米,三类4元/平方米;建制镇:四类2元/平方米。

九、土地增值税:核定征收率3%、5%、6%、7%。

十、车船税:定额税率。

地方政府授权代征的费和资金有:

一、教育费附加:费率3%;

二、地方教育附加:费率2%;

三、文化事业建设费:费率3%;

四、防洪保安资金。

五、工会经费。

六、副食品价格调节基金。

七、残疾人就业保障金

江西省车船税税目税额表(赣财法〔2007〕37号)

(从2007年元月1日起执行)

税目		计税单位	每年税额(元)	备注
载客汽车	大型(核定载客≥20人)	每辆	480	包括电车
	中型(9<人核定载客<20人)		420	
	小型(核定载客≤9人)		360	
	微型(车长≤3.5m,发动机汽缸总排量≤1L)			240
载货汽车及专项作业车、轮式专用机械车		按自重每吨	80	包括半挂牵引车,挂车
三轮汽车低速货车		按自重每吨	80	
摩托车		每辆	60	
机动船	净吨位≤200吨	按净吨位每吨	3	拖船和非机动驳船分别按机动船舶税额的50%计算
	201吨≤净吨位≤2000吨		4	
	2001吨≤净吨位≤10000吨		5	
	10001吨≤净吨位		6	

〔**组织收入**〕 2010年,市地税局共组织各项收入44295万元,增长22.8%,同比增收8224万元。其中:完成地方税收收入4亿元,增长22.3%,同比增收7300万元。完成年初赣州市地税局及南康市政府计划任务3.8亿元的105.3%,提前20天完成年初税收任务。2010年地税收入总量占GDP的5.22%,与去年相比提高了0.8个百分点;占财政总收入的54%,与去年相比提高了7.3个百分点;占地方财政收入的73.42%,与去年相比提高了6.54个百分点。共代征教育费附加收入3539万元,同比增收589万元,增长20%。代征防洪保安资金收入、文化建设费、工会经费、残疾人就业保障金、地方教育附加等共756万元,增收335万元。2010年地税收入主要特点有:税收收入完成较好,比重提高;营业税、土地增值税是主要增长税种;建筑、房地产业税收比重增大;综合治税能力加强;重点纳税企业结构变化较大;超百万元纳税企业数量激增。

地方税收占地方财政收入及GDP值的比例

单位:万元

地方税收入占市地方财政收入的比例	市地方财政收入	60330
	地方税收入	40000
	比例(%)	66.3
地方税收入占市GDP值的比例	市GDP值	84.9亿元
	地方税收入	40000
	比例(%)	4.7

南康市地税局分乡镇收入进度一览

单位:万元

乡镇名称	市政府计划	累计收入				
		合计	去年同期	增减额	同比增减%	完成任务%
小计	38000	40000.1	32700.1	7300.0	22.3	105.3
蓉江	2412	2455.2	2359.1	96.1	4.1	101.8
浮石	35	35.4	33.2	2.2	6.6	101.1
镜坝	115	131.9	107.5	24.4	22.7	114.7
朱坊	235	237.9	220.6	17.3	7.8	101.2
横寨	375	375.3	347.5	27.8	8.0	100.1
东山	2400	2524.3	2326.9	197.4	8.5	105.2
赤土	48	103.8	46.1	57.7	125.2	216.3
龙回	58	58.8	54.7	4.1	7.5	101.4
龙岭	980	1153.4	965.9	187.5	19.4	117.7
凤岗	260	261.0	253.7	7.3	2.9	100.4
三江	51	51.9	50.3	1.6	3.2	101.8
唐江	510	523.9	484.4	39.5	8.2	102.7
太窝	60	67.9	56.7	11.3	19.9	113.2
龙华	120	121.9	116.5	5.4	4.6	101.6
十八塘	30	31.2	29.2	2.0	6.9	104.0
麻双	40	41.0	38.3	2.7	7.0	102.5

（续上表）

乡镇名称	市政府计划	累计收入					
		合计	去年同期	增减额	同比增减%	完成任务%
横市	70	74.4	65.7	8.7	13.2	106.3
大坪	45	46.1	42.67	3.4	8.0	102.4
坪市	33	34.0	30.9	3.1	10.0	103.0
隆木	23	24.2	22	2.2	10.0	105.2
市直	30100	31646.6	25048.3	6598.3	26.3	105.1

〔**税收征管**〕

2010年，南康市地税局征管基础工作和税收征管水平有了明显的提高。

1、建立四级税源数据库。在4、5月，市地税局集中时间、人员、精力，认真开展了一次全面的税源普查。采取分路段逐户调查，工商、国税登记信息比对，建立市局、分局、乡镇（街办）、管理员四级税源数据库等方法措施，全面掌握税源分布状况，并在11月利用三个月的时间开展了第二次的漏征漏管户清查，摸清了税源底子。

2、全面清理户籍基础信息。在摸清税源底子的基础上，市地税局还组织了各管理分局根据征管预警通报的问题及管户实际信息，认真开展基础信息清理与更新工作。通过户籍信息的清理，使征管信息系统中录入的错误数据、垃圾据大为减少，确保了户籍信息数据真实完整，为开展信息管税奠定了真实可靠的信息基础。

3、充分发挥征管预警作用。利用赣州市局征管预警通报的预警信息及管理预警查询、局长查询、高端查询、征管业务数据质量监控系统等查询的预警数据，在分析、整理的基础上按季发布，督促各征管单位既分析、查找原因，又采取积极有效的措施，认真做好自查整改，征管预警工作强化了税收管理，提高了征管质量和效率。

4、进一步加强税源监控管理。市地税局通过按季从工商部门收集工商注册登记信息，从国税部门收集登记、税款核定等信息，并在FTP下发各征管单位，由各征管单位分户开展信息分析比对；按月从城建部门收集南康市重点项目“双百”工程城市建设及基础设施建设项目等重点工程涉税信息，按月从国土部门收集建设用地出让相关涉税信息，通过扫描进0A系统，由各征管单位开展涉税信息分析比对。

5、有效地提高征管工作执行力。一是落实征管查联席会议制度。按季召开征管查联席会议，共解决各征管单位提交的涉税问题39个，二是按季开展优秀税收管理员评选。三是开展督查督办。全年对征管重点工作开展了3次督查督办，较为有效地提高了征管工作执行力。

6、扩大诚信纳税示范街的辐射面。2010年对“诚信纳税示范街”创建活动取得的有益经验在全局范围内进行了推广，从原来的市区主要街道扩展到市区所有街道，全面提高了纳税人的自觉诚信纳税意识。活动在“中国税网”等多家媒体大篇幅地进行了报道，同时也引起了各级领导的高度关注，省局、赣州市局和南康市委、市政府各级、各部门领导多次到南康地税亲临指导和专题调研。2010年8月，市地税局创建“诚信纳税示范街”的经验材料——“创建诚信纳税示范街，构建诚信和谐征纳环境”在全省地税系统征管基础工作经验交流会议上作了典型发言。

7、创新完善农村税收管理。市地税局2010年在唐江分局开展了信息管税工作试点，结合农村分局实际，经过探讨摸索，推出了“农村分局信息管税”特色工作，并充分利用现有各乡镇的农民服务中心作为市地税局农村税收宣传平台，为农村分局税收征管工作创造了一条新路子。

〔**发票管理**〕 2010年，市地税局发票管理工作坚持按照作业指导书的标准规范流程操作，全面落实“发票六个常态化管理”制度，着重加强监督管理，落实创业服务税收优惠政策，较好地发挥了发票在控管税源方面的积极作用。在支持下岗人员再就业方面，市地税局采取了建立分户台账细化控管的方式,按规定为本年度共86户享受税收优惠政策的用票纳税人免税发放了发票,免税发票金额达547.95万元。

在发票的日常管理过程中,针对发票管理的薄弱环节采取了有效的监管措施:一是发票保管方面,落实了发票盘存制度。要求各级发票管理人员按月对所属结存数量进行盘存,年内共开展发票盘存64人次,通过盘存能及时发现发票的安全隐患,确保发票的安全。二是发票领销方面,开展了征管预警分析进行监督管理。就其潜在的风险通过高端查询平台的预警信息、查账核对等方式进行排查,对存在的问题在系统内作了预警通报,通过预警通报,及时提醒了各环节、各时点的管理人员规范管理。三是以票控税方面,采取了票税比对、三级审核、发票抽查的方式来加强发票的内部管理和外部管理。票税比对工作由管理分局每年两次对纳税人的发票缴销金额与申报纳税营业额进行比对,核对纳税人是否及时足额申报税款,通过票税比对,全年共查补税款23137.71元;三级审核工作由办税服务厅发票发售岗、发票管理岗和市局"两票"审核小组成员,分别对税务机关代开和纳税人填开的发票进行审核,审核的内容涉及发票的填开情况、申报纳税和账务处理等方面,通过审核发现发票违规现象45户次,市地税局对审核发现的问题作出了整改要求和责任追究;发票抽查工作,由管理分局按月到实地检查纳税人,是否建立了发票领用登记簿,有无违规领购、开具和保管发票现象,全年市地税局组织抽查了113户纳税人,发现问题5户,罚款2405元。四是发票宣传方面,加大了宣传力度,公开了举报电话。为了让广大纳税人了解发票知识,举办了2期现场咨询活动,向纳税人发放了宣传单3000多份和问卷调查表500张,还积极配合公安部门查处了一起买卖假发票的案件,查处假发票11份,涉及金额550元,对发票违法行为进行了有力地打击。

〔**税收宣传**〕 2010年,税收宣传工作紧紧围绕"税收发展民生"主题,坚持贴近社会热点,贴近地税重点工作,贴近纳税人,贴近地域特色,注重税收宣传各项活动的实效性、特色性、时代性与互动性,有效推动全市系统税收宣传工作不断上新台阶。

1、围绕赣州市政府"积极参与和策应鄱阳湖生态经济区建设,加强环境保护和生态建设"重大决策,全面反映全市地税服务鄱阳湖生态经济区建设的工作成果。2010年,省委、省政府提出了抢抓机遇、乘势而上,努力实现江西科学发展、进位赶超、绿色崛起的工作目标市地税局。各单位多渠道、立体式、高密度地宣传,发挥税收职能作用,促进市重点领域、重点企业、重点项目节能减排,服务低碳经济的新措施,服务环境保护和生态建设。

2、围绕社会热点,大力宣传支持"扩内需、调结构、促改革、惠民生"的各项税收政策措施。深入宣传促进经济结构调整和惠及民生的政策措施和税制改革举措,特别是地税部门促进企业科技创新的新政策和新做法;深入宣传地税部门支持重大项目建设和民生工程的实实在在的措施和鲜活生动的事例;深入宣传"落实结构性减税政策"、"税收调节收入分配"、"税收取之于民、用之于民、造福于民"等与百姓密切相关的内容,包括个体工商户个人所得税征收的调整、普通发票票种简并统一、排污费改环境税试点等新的地方税收政策和措施。

3、围绕开展创业服务年活动,生动展现地税部门"廉洁、勤政、务实、高效"的良好形象。根据《南康市地方税务局创业服务年活动实施方案》的具体要求,大力宣传以创建纳税人满意、创业者满意、社会各界满意的地税环境为目标,用足用活用好税收优惠政策,促进中小企业、服务业、非公有制经济发展,服务全民创业所推出的一系列服务措施和取得的明显工作成效。深入宣传"纳税人权利和义务",提高税法遵从度;加大创业服务政策的宣传力度,制作相关税收政策的宣传册,免费发送给纳税人和创业者;加大创业服务举措的宣传力度,反映各级地税优化办税流程,简化办税手续,努力为创业者提供"零障碍、低成本、高效率"的服务的具体措施;加大创业服务典型的宣传力度,深入报道基层一线干部职工服务全民创业的生动素材和典型事例,营造服务创业的浓厚氛围。

4、按照"三个比对"的工作要求,积极宣传地税部门提升工作水平,服务发展大局的新思路和新成效。参照经济社会发展形势比对要求,大力宣传税收经济观、税收服务观和税收民生观,反映地税部门服务经济社会发展的新作为;参照兄弟地税部门创新举措比对落实,大力宣传强化税收征管、规范税收执法、优化纳税服务、加快信息化建设、加强思想政治工作的创新举措,反映地税部门提高依法治税水平、信息管税水平、服务创业水平、队伍建设水平的新成果;参照先进典型比对贡献,大力宣传先进典型和先进经验,反映市地税局各单位和广大地税干部职工迎难而上、知难而进、奋发有为,促进进位赶超、跨越发展作出的新贡献。

〔**税务稽查**〕 1、认真组织做好专项检查工作

组织各管理分局及相关部门对辖区指令性检查项目房地产、建筑安装业进行了全行面自查。有针对性地筛选出9户房地产开发企业作为稽查局专项检查重点户,现结案3户,组织了9房地产企业进行自查,共查补报税款、滞纳金489.69万元(含自查补报)

2、认真做好举报案件的受理和查处工作。

严格执行总局《税收违法举报案件管理办法》,严格为举报人保守秘密,引导公民合理举报涉税违法行为,努力提高举报案件的受理、处理、转办和督办工作质量和效率,2010年度共受理举报案件9起查处9起,做到了举报一起,受理一起,查处一起,营造全社会协税护税的良好氛围。

3、创新稽查工作方式,增强部门间协作关系。

积极建立起与征管、法规、税政等部门之间的信息沟通衔接机制,在税务检查过程发现征管工作中存在的问题,及时反馈给征管部门予以解决,使征管部门及时发现征管工作中的薄弱环节,提高征管工作水平。

4、完善部门协作办案机制。

2010年度市地税局完善部门协作办案机制,加强同国税稽查部门的联合执法,实施联合稽查,提高稽查效率;加强同公安经侦部门、工商、金融、法院、检察院等职能部门在稽查工作中的配合,2010年度市地税局曾多次配合南康市纪检查部门进行专案检查,发挥联手打击涉税案件的合力优势,加大打击涉税犯罪力度,维护经济秩序。

〔**信息化建设**〕 1、规范软件操作,保障数据质量,严肃软件操作纪律。按照省局印发的《江西地税征管业务系统操作若干规定》,加强对江西地税征管业务系统的操作培训,建立信息系统操作责任追究制,严肃数据处理纪律,各部门领导对本部门的数据结果负责,操作人员对各自操作的数据结果负责。按月定期开展《江西地税管理信息系统》的数据清理工作。强化数据的质量管理,不断加强数据分析应用。2010年,清理各类错误、垃圾数据记录1650条,核对异常申报数据3131条记录。

2、组织达标考试,提高信息应用水平。2010年是江西地税征管业务系统在全市应用的第六年,由于人员变更频繁,系统补丁众多,系统应用程序变化较大,根据赣州市局的安排,组织全局地税系统人员参加岗位技能操作考试,制定了《南康市地方税务局关于印发〈征管信息系统岗位技能达标考试方案〉的通知》。全局共有五十岁以下的应考人员124人,因各种原因无法参加考试或缺考人员有2人,实际参考人数是122人,考试通过人数为100人;对不及格和缺考人员组织了补考,补考通过率达到100%。

3、不断丰富办税手段,开展财税库银横向联网及网上办税等多元化申报工作,方便纳税人。

2010年,按照省局拓展网报应用的思路,推出网银缴税功能的上线和试点。

〔**纳税服务**〕 根据《赣州市地方税务局设立纳税服务机构试点工作方案》,3月市地税局设立“纳税服务中心”,该机构既是内设的服务管理机构,又是对外纳税服务及有关税收管理的实施机构。主要负责纳税服务和纳税评估的组织、管理、协调、实施等工作。具体工作职责为:负责组织实施税法宣传工作;负责实施纳税辅导、纳税咨询工作,做好12366服务热线等咨询服务工作;负责组织实施税收信用管理工作;负责组织实施减轻纳税人负担工作;负责组织实施纳税评估工作;负责组织实施纳税服务工作的调查研究。1、配合开展了税收宣传月的各项活动。为开展好第19个税收宣传月工作,针对不同行业纳税人开展了分类宣传,创办了《纳税服务快讯》专刊,编印了“四个服务”等专刊,共计印发了11000份。另外,根据地税系统开展“三个比对”活动的要求和具体进展,编写了第六期纳税服务快讯《开展三个比对,倾力服务创业》。2、强化了纳税评估工作。开展了专项评估工作,积极向赣州市局推荐季度优秀纳税评估案例;根据《赣州市地方税务局关于进一步规范纳税评估工作的通知》的要求对纳税评估工作的流程和文书使用、案卷管理进行了全面规范。目前,

累计评估纳税户 129 户，评估入库税款 336207 元。3、完善了纳税信用管理。根据纳税信用等级评定文件要求，完成了 2008~2009 年度纳税信用等级评定工作，参评户数为 153 户，占应参评总户数 41%，其中有 2 户评定为 A 级，2 户评定为 B 级，149 户评定为 C 级。并据此建立了纳税人信用等级库和纳税信用分析制度，健全了纳税信用风险预警机制。4、开展了“三送三问”活动。结合开展纳税人需求和满意度调查活动，共发放《纳税人满意度调查表》1200 份，《纳税服务需求调查表》300 份，对收集的调查表进行了归集分类分析。纳税人满意度调查方面：调查内容主要有 15 个方面。满意率靠前的是：地税部门受理投诉的途径、处理和回复情况的满意率 99.21%；与其他政府执法部门相比对地税部门的服务满意率 99.65%；对地税部门公开承诺事项的兑现情况满意率 99.33%。满意率排后的是：对地税办税服务厅提供的服务，如服务态度、按程序办税的规范性、业务熟练程度、便民措施满意率 98.27%；对在地税部门办理相关涉税事宜时的办事效率感觉满意率 97.92%。

（张宇飞）

〔**领导班子名录**〕

党组书记、局长：钟文智

党组成员、副局长：肖　彬

　　　　　　　　　廖德煌

党组成员、纪检组长：刘兴政

党组成员：陈振芳

人民银行

〔**综述**〕 2010 年，中国人民银行南康市支行坚持以邓小平理论和“三个代表”重要思想为指导，准确把握货币政策目标，努力发挥金融在“保增长、调结构、扩内需”的作用，切实做大信贷总量，不断创新创优工作方法，强化货币政策支持地方经济发展的作用，全力提升金融服务水平，有效确保了辖内经济金融健康快速发展。支行获赣州市人民银行系统先进单位和江西省第十三届文明单位称号。

〔**机构队伍**〕 2010 年调整了内设机构，设“两股一室”，即办公室，货币信贷统计股、会计国库发行股。办公室重点负责综合文秘、人事政工、后勤服务、纪检监察、内审监督、队伍建设、安全保卫等工作；货币信贷统计股负责货币政策传导、调查统计、风险监测、征信管理、科技等工作；会计国库发行股负责国库、发行、财务、账户、结算、现金管理、反洗钱、外汇等业务，并对部分人员进行调整，合理调整了全行力量，进一步发挥了整体合力。年末有职工 27 人。中级职称 15 人，其中经济师 11 人、政工师 3 人、工程师 1 人；初级职称 11 人，其中助理经济师 8 人、助理会计师 1 人、助理政工师 2 人。

〔**货币信贷政策**〕 一是宣传解读货币政策，引导金融机构贷款合理增长和均衡投放。采取各种有效措施，广泛宣传货币政策，深入解读货币政策，引导社会公众准确领会“适度宽松货币政策”的精神实质，精确把握“适度宽松货币政策”的核心内容，引领金融机构有效加大信贷投入，切实做到“总量适度、节奏平稳、结构调整、风险防范”。加强信贷政策宣传。二是为解决银企信息不对称问题，疏通货币政策传导渠道，市支行利用“金融知识进校园、金融知识进工业园区、金融知识进农村”的“三进”活动为平台，将辖内金融机构目前正在执行的信贷政策进行进行广泛宣传，受到政府和社会的一致好评。三是完善季度经济金融形势分析报告制度，定期召开银企座谈会、项目推介会。通过召开经济金融形势分析会等形式，召集各金融机构信贷管理部门负责人和有关经济管理部门及重点企业参加，传达金融方针、货币信贷政策，及时通报各行社信贷指导意见执行情况，提出信贷工作存在的问题，商讨增加有效信贷投入的措施，通过例会制度进一步增强对商业银行的窗口指导作用，加强政府、银行、企业三者之间的信息沟通，促进地方经济的健康发展。全市共召开银企项目推介会 1 次，签约项目 24 个，签约资金 6.15 亿元，发放贷款 5.64 亿元，履约率为 91.7%。

〔**窗口指导**〕 一是制定年度货币信贷工作指导意见。为提高货币政策实施的有效性，年初根据全国金融工作会议精神，结合地方经济发展规划和产业调整方向，市支行起草的《南康市 2010 年货币信贷工作指导意见》，经全市金融工作会议讨论通过，呈报市政府批转在全市执行。《意见》在五个方面引导金融机构加大有效信贷投入，即与主攻产业化相结合，继续加大对主导产业、骨干企业的信贷扶持力度、与激活内生型经济相结合，继续加大对民营经济的信贷投入，与加速融入主城区进程相结合，继续加大对城市化建设的信贷投入、与推进新农村建设相结合，继续加大对“三农”的信贷投入，与支持扩大就业相结合，继续推进小额担保贷款发放，积极拓展消费信贷。2010年，南康市金融运行平稳，银行类金融机构各项存款余额为121.39亿元，比年初增加29.70亿元，增长32.39%，同比多增7.46亿元；各项贷款余额为64.08亿元，比年初增加18.09亿元，增长39.33%，同比少增2.73亿元。二是制定银行经营目标考评办法。根据南昌中支下发的《江西省货币政策执行情况评价办法（试行）》，为加大对银行信贷投入的奖励力度，市政府出台了《南康市2010年银行业经营目标考评办法》，对银行合规性经营情况，不良贷款抓降清收情况，信贷增长情况等内容进行综合考评，年终给予奖励，以此调动银行改善金融服务的工作积极性。三是结合地方经济特点，从金融角度完善相关政策措施。与财政局商议制定了《南康市民营工业企业新增贷款贴息补助办法》，年终共有3户企业获得了110多万元的新增贷款贴息补助；制定了《关于进一步改善农村金融服务的工作意见》、《金融进一步支持家具产业发展的工作意见》等，其中“金融支持家具产业发展的意见”得到赣州中支钟敏行长的批示：“南康支行草拟的‘金融支持产业发展意见’是信贷窗口指导的有效形式，请货币信贷科予以转发各县（市）支行参考”，从政策层面上为银行业支持地方经济发展提供可操作性的指导意见。

〔**金融服务**〕 积极推行政务信息公开　市支行为拓展央行政务信息公开的广度和深度，扩大社会群众对央行行政和服务工作的认知度，提高央行依法行政水平。一是成立了以行长为组长，分管办公室的行领导为副组长，办公室、货币信贷统计股、会计国库股负责人为成员的政务信息公开领导小组，全面负责政务信息公开的各项工作；二是在办公场所和南康政务信息网上对外公布行政执法指南。在支行营业大厅公示了外汇管理、征信、帐户管理等有对外服务与管理的相关部门办理业务所需资料和程序，在政府网站公开投资融资等事项的办理指南等；三是加大硬件投入，确保政务信息公开所需设备。增加了一台计算机和移动刻录机，向中支申请开通了一个互联网邮箱，确保政务信息公开的顺利进行，2010年全年对外公布信息80条。

“三位一体”宣传普及金融知识　一是依托政府开展宣传。依托政府主导的“十大体系建设”工作，把金融服务体系引入工业园、引入市场、引入社区，广泛宣传经济金融政策、金融业务。二是组织金融系统开展宣传。把“送金融知识下乡”活动引向深入，组织金融机构深入全市乡镇宣传金融知识、金融政策、金融产品、金融理财等，把金融知识普及到农村、农民，活动发放宣传资料达5,000多份。三是联合其他部门开展宣传。联合公安、工商、教育等部门，进一步巩固农村反假货币工作阵地，把农村反假工作站推广到辖内21个乡镇。

认真监督规范金融机构服务　一是认真开展行政执法检查。2010年，市支行开展了国际收支统计间接申报、存款准备金业务检查、金融统计检查、贷款卡业务检查、人民币单位银行结算账户管理制度执行情况检查、专项票据兑付考核履职情况检查等6项行政执法检查工作。提出整改意见3条，投入工作量96人次；二是对金融机构一线出纳人员进行了业务培训。培训内容涉及票币调剂、五好钱捆、残币兑换、反假防伪有关知识和规定，2010来，金融系统参训业务人员238人，全年收缴假币595张，金额52200元。有效地规范了金融机构的服务内容和形式。

〔**金融稳定**〕 一是继续加强对辖内商业银行、农村信用社法人缴存存款准备金的日常管理和考核，严格按照条件、程序、限额、期限、用途审批金融机构动用存款准备金，监测辖内实行差别存款准备金率法人金融机构的经营状况，对其资本充足率、不良贷款率、存贷款及经营情况进行分析并配合南昌中支对村镇银行进行存款准备金进行检查；二是及时了解和掌握金融机构开办新业务、开发新产品的情况，认真分析新业务、新产品的筹集资金性质和对存款准备金制度和货币政策的影响，特别是5月12日，南康家具协会唐江分会告某银行承诺贷款未兑现一事，市支行积极介入调查，平息民愤，并责成该行尽快采取措施，从维护金融稳定的高度妥善处理这一事件，给客户一个满意的答复。

〔**金融创新**〕 开发了家具企业“联户担保+保险”贷款模式。针对南康家具企业普遍缺乏有效抵押资产掣肘融资难问题，支行要求辖内银行业金融机构要结合企业特点，适度简化贷款调查、审查、审批手续，积极推广授信额度方式，推行优良信用企业授信绿色通道制、二次以上授信企业资料和审批程序简化制等，增强贷款的时效性。特别是要求针对家具企业多为民营企业的现状，要求金融机构为企业量身定做产品，开发出家具企业“联户担保+保险”贷款模式，即1个联保体中有3户或3户以上家具企业，每户企业为其他企业提供担保，在1个联保体中每户企业都相互督促履行贷款合同条款，1户违约其他企业共担责任的信贷模式。这种模式在全市推广，深受家具企业业主青睐。截止12月末，累计发放了708个联保体2128户家具企业(或业主)28748万元贷款。有效解决家具企业融资难的瓶颈问题，达到银企双赢的目的。这一创新成果荣获中支“创新金融服务、支持三农经济”创新项目评比第三名。

〔**经理国库**〕 一是积极配合上级央行做好国库会计数据集中系统(TCBS)的上线工作，派遣骨干人员参与学习、培训，在TCBS测试、模拟运行、正式上线等各项工作中未出现任何差错，并于11月1日成功上线；二是不断提高国库服务质量和水平。严格国库业务操作规程，加大国库业务的监督和检查力度，努力实现国库工作“资金管理零风险、业务操作零差错、廉政建设零案件、国库服务零投诉、行政执法零违规、安全应急零事故”的目标，努力提高国库资金的运行效率，实现了各级预算收入报解的“零在途”；三是重点把好国库资金收入、划拨关，加大了对商业银行国库经收处的监督检查，征收机关过渡户的监督检查等，充分发挥了经理国库的职能和作用，切实守好库、当好家、理好财。

〔**人民币管理**〕 南康市因离赣州市较近，已于2000年撤销了发行库，但辖内经济活跃，金融机构众多，现金投放、回笼压力较大，为有效缓解此矛盾，2010年5月份，由支行牵头，出台了《南康市金融机构现金调剂实施方案》，成立了以人民银行为管理单位，各银行业金融机构为成员单位的现金调剂中心，辖内金融机构将可供调剂或需要调剂的现金数额及券别情况报调剂中心，调剂中心能够实现调剂的就在南康辖内进行调剂，免去了到赣州出入库的麻烦。2010年，在辖内共实施现金调剂63次，调剂金额2.37亿元，有效缓解了金融机构现金供需矛盾，改善了流通中人民币的券别结构，加快了残损币的回笼速度，现金使用效率得以提升。该创新成果在南昌中支组织召开的江西省现金调剂工作经验交流电视电话会议上进行了交流。

〔**安全保卫**〕 一是明确安全责任。按照“谁主管、谁负责”的原则，层层签订了《社会治安综合治理责任状》、《安全保卫工作目标管理责任书》、《保密责任书》和《支行消防责任书》，在支行建立“一把手”带头抓、分管领导具体抓、全体员工齐动手的工作机制；二是加强安全教育和日常检查。经常性组织职工学习消防、综治、安全保卫制度，学习上级行、政府、报纸所发通报等，强化职工安全意识；按季开展安全检查，对支行报警设施、消防器具、电器电子设备、信息保密等进行全面检查，确保安全意识不松、安全管理不懈；三是加强保密安全督查。与支行涉密人员签订责任状，强化涉密人员责任。支行保密领导小组进行了2次全行保密密码安全检查、对支行信息安全进行4次专题检查。做到保密件严格按工作流程处理、重要物品入柜保管、计算机及存储设备按规定使用；四是强化信息安全保障。实施内外网信息刻录交换，堵住安全隐患，确保支行重要业务系统、网络系统安全运行。

〔**党风廉政工作**〕 一是及时学习和传达了上级纪检监察工作会议精神，并结合实际提出了“四个促进”的贯彻实施意见；二是层层落实了党风廉政责任制，对各股(室)的党风廉政责任制落实情况按季进行了检查；三是落实案防责任制，层层签订了案防责任状和综合治理责任状；四是以党组中心组理论学习的形式，进行了十七届中纪委五次全会精神和《中国共产党党员领导干部廉洁从政若干准则》专题学习，支行行长和纪检组长还参加了武汉分行的廉政准则在线测试，取得了平均99分的好成绩；五是深入开展“创业服务年”活动。支行以开展创业服务年活动为契机，推行了限时服务，建立和完善首问负责制、服务承诺制和一次性告知制，推行礼仪规范和文明服务规范，开展全员岗位练兵活动，以提高职工服务技能，努力实现对外服务零投诉、零差错；六是受中支纪委委托，参与总结了党风廉政建设非现场监督评价系统的先进经验，撰写了《彰显廉政网络文化　凸显监督管理成效》经验材料。

（温圣军）

〔领导班子名录〕

行　长：冯　欣

副行长：黄达瑞

　　　　谢宝华

纪检组长：康中华

银监办

〔综述〕 2010年，南康办事处在分局党委的正确领导下，在南康市委、市政府的关心支持下，面对复杂多变的经济金融形势挑战，全市银行业机构以科学发展观为指导，把贯彻落实宏观调控政策与南康市具体实际相结合，加大信贷投入，调整优化结构，强化风险防控，提升服务水平，促进了全市经济金融发展取得了显著成绩。一是各项存款大幅增长。截至12月末，全市银行业机构本外币各项存款余额为121.39亿元，比年初增加29.7亿元，增长32.39%。二是银行贷款超常投放。截至12月末，全市银行业机构本外币各项贷款余额为64.08亿元，比年初增加18.09亿元，增长39.33%。三是整体实力显著增强。全市银行业机构全年累计实现利润2.44亿元，同比增加0.81亿元，增长49.1%。

2010年度，刘非被赣州市委市政府评为新农村建设工作先进工作者。

〔统计信息〕 2010年末，辖内共有机构86个，新设银行业机构1个为赣州银行东山支行，人员718人。

2010年各金融机构存、贷款一览表

单位：万元

名称	各项存款	各项贷款
中国工商银行	181729	115643
中国农业银行	258130	118100
中国银行	87264	64858
中国建设银行	100660	54329
中国农业发展银行	10931	56430
赣州银行	68963	55733
农村信用社	271904	146740
邮政银行	161693	10628
赣商村镇银行	25262	18290

〔金融监管〕 年内，监管办在完成好上级布置的现场检查任务，认真抓好银行业案件防控、非法集资处置宣传、送金融知识下乡、机构网点搬迁、高管人员任职资格初审和安全保卫等工作的同时，主动出击、勤督查、巧沟通。如：(1)为了做好非法非法集处置宣传工作，监管办联合十大体系办、公安局发挥电视台主流媒体的宣传阵地作用，在市委市政府的重视下，南康电视台免费播放了为期一个月的游字宣传广告，并编排新闻短讯、专题访谈等一系列节目，发挥了宣传主渠道作用；针对机关团体、村委社区，个私业主等较有影响力的对像采取邮政贺卡形式直接寄发宣传资料5000份。激活了一个点，经过对象的影响，宣传效果得到扩散和延伸，起到了做深一条线，覆盖一个面的作用；针对社区居民、流动人员，活动领导小组采取街面咨询、宣传形式进行防范和打击非法集资进行宣传，并结合有奖问答，发放知识问卷2000份和宣传手册3000份、宣传单页15000份，起到了积极的互动作用；充分发挥各金融机构网点防非宣传的堡垒作用，充分利用金融网点的专业性和公信力高，宣传受众针对性强的特点，宣传活动月期间在各网点悬挂了防非横幅85幅，并且专门设置宣传资料发放点，倡导客户进行理性投资，避免财产受损失。(2)3月16日，监管办与人民银行南康市支行联合下发了《关于在南康市金融系统推广“联保+保险”模式扶持家具产业发展的通知(试行)》(康银〔2010〕14号)文件。文件包括附件：推广“联保+保险”模式扶持家具产业发展方案(试行)。(3)

10月27日，监管办联合人民银行南康支行在南康市邮政局召开了《2010年三季度南康市金融运行分析会》,辖内各银行业金融机构主要负责人参加了会议。银监办传达了上级精神以及通报了三季度的监管工作情况。

〔**创新服务**〕 为了充分体现监管部门的地位和作用,监管办坚持在严格履行监管职责的同时,热情为地方金融与经济建设服务,赢得了当地党政、金融部门、社会公众的好评。一是和人民银行一起起草并经市政府讨论通过了《2010年南康市银行目标考核办法》。二是2010年2月,督促指导辖内银行业机构开展了形式多样的银企活动。如,市农联社举行了"信用为本、合作共赢"银企联谊会,市中行、建行召开了银企座谈会,市农行开展了到企业走访调研的活动等。三是2010年2月6日,和人民银行、"十大体系" 办一起协助市政府召开了银企恳谈会暨项目签约仪式,签约项目24个,签约资金6.15亿元。这些活动的举办进一步加强了银行与企业的沟通,解决了银企信息不对称的问题,促进了政、银、企沟通了解,达到了搭建交流平台,促进银企共赢的目的,尤其是"南康市送金融知识进企业暨信贷产品推介洽谈会" 取得了很好的社会效果,受到了政府、企业、银行的广泛赞誉。

〔**警示教育**〕 一是召开"学习先进事迹活动月"动员大会,监管办及时召开了办务会进行了再动员,组织大家认真学习了《赣州银监分局"学习事迹活动月"的实施方案》,并按照分局活动方案的要求,监管办全体职工结合自己所在岗位职责都写下了深刻的心得体会。二是组织学习了"三大模块",监管办同志从不及格到及格,最后到拿奖牌。三是5月份，开展了创先争优活动，根据活动方案和动员，全体员工积极参与创先争优活动，紧紧围绕"学先进、固信念、创一等、比业绩"这一主题中心,并通过"三比三争"的方式将活动引向深入,查找支部和个人离"五好"支部,"五优"党员、五型干部的差距及思想、学习、工作、作风等方面存在的突出问题,寻求解决方法,弥补不足,为推进创先争优活动做了大量工作：通过这一活动激发了全体党员干部的干事创业热情，使全体党员干部融入了想干事、干实事、能干事、求效率,学先进、赶先进、创业绩的比、学、赶、帮、超的创先争优的良好氛围之中。四是6月开展了"找差距、提建议、促发展"专题讨论活动,通过学习《反对自由主义》、《关心群众生活,注意工作方法》等理论知识,使干部职工进一步明确深化机关作风建设的重要性和紧迫性;向活动对象及部分服务对象、工作对象进行书面征求意见和建议，增强参与专题讨论活动的积极性和主动性。五是10月21日,第一联合支部在南康召开党员大会,会议:一是支部书记邹礼棋同志向大家传达了分局刘源彬局长10月15日讲话精神及《赣州银监分局党委2009年度民主生活会征求意见建议整改落实情况汇报》文件;二是支部书记邹礼棋同志给大家上党课——《努力把学习成果转化为工作能力》。

〔**新农村建设**〕 按照"两头兼顾"的要求,监管办一边搞好监管工作，一边参与挂点村的新农村建设工作。一是选好示范点,经与横寨乡政府协商,2010年新农村建设挂点村示范点为寨里村的新村四组。二是结合实际起草了《赣州银监分局2010年新农村建设挂点村工作计划》。三是常常到挂点村了解情况,解决问题,进行村庄规划、产业规划、"三清六改四普及"等。四是会同市农村信用社在新村四组开展了一次送金融知识下乡活动,为农民详细的讲解银行金融知识,充分了解农民的生产生活及资金需求状况。五是协调信用社对31户种养户贷款78万元,4户建房贷款8万元,协调信用社开展文明信用农户评比活动,对7户文明信用户在信贷扶持、贷款额度上给予优惠,极大地促进了驻点村调整产业结构、发展农村经济。

〔**调查研究工作**〕 为了解掌握辖内经济与金融运行情况,当好上级决策的参谋助手,在完成日常工作的同时,积极深入一线调查研究,勤调研,勤思考,撰写信息27篇,其中被银监会采纳2篇、省局采纳1篇。如,《南康监管办事处有效发挥属地监管职能以农村金融产品创新破家具小企业融资难题》和《银行助推微小企业发展步入"快车道"—对南康家具、服装等个私经济发展状况的调查报告》被银监会采用,《从相关数据变化看三线城市房地产调控效应——对赣州市房地产市场及房贷运行情况的分析》被江西银监局《工作动态与交流》采用。

（李莉）

〔领导班子名录〕
主任：邹礼棋

中国工商银行

〔综述〕 2010年，中国工商银行股份有限公司南康支行紧紧围绕“打造核心业务具有同业领先优势的强行”目标定位，以抓机遇，上规模，调结构，防风险，优服务为抓手，坚持“与客户同发展、与地方共繁荣”的经营策略，强化经营管理，以人为本，和谐兴行，全面完成了各项目标任务，实现了持续快速稳健发展，市场竞争能力得到进一步增强。2010年度，荣获了工商银行总行“县级支行个人金融业务经营200强”，工行江西省分行进步较大支行、工行赣州分行先进单位、工行赣州分行落实案件防范工作责任制先进单位等荣誉。

年末，各项存款余额181729万元，比年初增加28974万元，其中储蓄存款余额为145235万元，增加21417万元；对公（同业）存款余额为36494万元，增加7557万元；各项贷款余额115643万元，增加33986万元，其中：个人贷款余额83365万元，个人贷款比重为72%；实现帐面利润4726.9万元，其中：中间业务收入1285万元，利润贡献度大幅上升。

〔机构队伍〕 现设7个部门：客户经理部为内设职能部室，营业部、唐江支行、潭口支行、市政广场支行、服装城支行和家具城支行为6个对外营业机构。可为不同客户提供最周到和完善的金融服务，业务范围涵盖各类存贷款、清算结算、电子银行、委托代理、咨询理财等业务。年末在册职工90人，其中：正式员工82人，劳务派遣人员8人；男62人，女28人。年龄35岁以下职工比重14.44%，平均年龄42.24岁；大专学历以上职工比重85%；初级职称以上职工比重83.67%。

〔网点建设〕 2010年，南康工商银行按照“打造核心竞争力网点”的要求，加大力度优化网点建设，营业部和家具城支行先后搬入新装修的网点对外，市政广场支行新营业网点完成购置；同时，还加快了自助银行建设步伐，夜市街离行式自助银行于11月26日开张，这是南康市首家离行式自助银行。至此，全行6个营业网点全部为自有网点，网点综合服务能力进一步提升，这为南康支行开创新的局面创造了良好的环境，网点软、硬件设施的进一步完善，将为广大客户提供更加优质的金融服务。

〔资产业务〕 2010年，面对复杂的经济金融形势，工商银行南康支行积极探索激烈的金融同业竞争下的资产业务发展模式，资产业务取得了稳步发展。各项贷款余额115643万元，比年初增加33986万元，增长41.62%。其中：法人客户贷款余额32279万元，占比为28%，比年初净增595万元。小企业贷款余额10750万元，较年初增加4430万元，完成年计划的196.89%，小企业贷款中贸易融资余额达7240万元，余额占比达67.35%。个人贷款余额83364万元，占比为72%，比年初增加33391元，增长66.82%，个人贷款余额与增量均列四行同业第一。

一是以做大做强个贷“精品业务”为重点，扩大市场份额，联动发展新兴业务。根据南康市城市规划情况，通过细分客户，锁定地理位置优越，黄金地段的项目作为营销重点，以优化资产结构为目的，做大做强个人资产业务。在稳步发展个人住房信贷业务的同时，加强对个人综合消费贷款、个人经营性贷款和汽车消费贷款的营销力度。2010年，虽在贷款规模受限的情况下，仍发放个人贷款44431万元，并带动了全行电子银行、信用卡等业务的发展。

二是牢固树立“小企业、大市场”的营销观和发展观，大力拓展小企业信贷市场。为积极培育和壮大优质小企业客户群，有效提升了信贷业务核心竞争能力。年初，召开了法人客户座谈会并取了较好的效果，同时还通过加强与中小企业局、经贸委、发改委、工业园等政府职能部门的联系，定期走访，了解政府招商情况及企业动态，为营销掌握第一手信息。在深入进行市场调研的基础上，确立了“关注一批、培育一批、发展一批、进入一批”的营销梯次。截至12月31日，小企业贷款余额突破亿元大关，达到10750万元，比年初净增4430万元，完成市分行下达全年任务的196.89%，列全市小企业贷款总量第一和全省余额超亿元单一网点排名第四。其中小企业贸易融资7240万元，占小企业流动资金贷款的67.34%，小企业“网贷通”1040万元,占全市“网贷通”业务余额36%。

三是创新业务品种，使信贷业务迈向多元化发展。为满足市场及客户需求,加大了对传统业务品种及流程的改造，创新融资业务品种及担保方式,根据企业实际情况量身定做了一些业务产品,积极推出了国内保理、应收帐款池、发票融资、商品融资等新型业务品种，不但可以满足企业正常生产经营各阶段所需，还可为企业节约大量融资成本,深得广大中小企业的欢迎,较好地了支持地方中小企业稳健发展。2010年,共计发放贸易融资14794万元,其中:商品融资7500万元,提单业务350万元,保理业务5950万元,信用证994万元，提单业务和信用证业务实现了零的突破,同时,还率先营销了网贷通业务1040万元。

〔行风建设〕 2010来，南康工商银行坚持“从严治行”的方针,业务拓展与风险防控并举,做到一手抓业务发展,一手抓内部控制和风险管理,坚持制度建设不松动,思想工作不松懈。努力增强员工内控意识,牢固树立依法合规、稳健经营的理念,正确处理好发展、内控、效益的关系。全年无重大案件及差错事故发生,实现了“三无”目标,员工精神面貌、行风行貌凸显了新的气象。2010年度,张丽同志荣获南康市工行杯“十大杰出女性”称号,被工行赣州市分行评为工行赣州分行先进单位,被工行江西省分行评为先进基层党组织。

(郭谋忠)

〔领导班子名录〕

行　长:曾小勤

副行长:伍学忠(2010.05~　　)

陈祥飞(2010.09~　　)

申子龙(　　~2010.04)

中国农业银行

〔综述〕 2010年,中国农业银行南康市支行坚持以科学发展观统揽全局,以加快有效发展为主线,围绕资产、负债、中间业务全面发展的目标,团结拼搏、开拓进取,夯实管理基础,经营转型明显加快，经营效益快速提升。各项存款余额达258130万元,各项贷款余额为118101万元,实现经营利润6907万元。市支行在获得江西省第十二届文明单位的基础上,先后获得总行“职工职业道德建设先进单位”和“全国农业银行第一届文明单位”称号。

〔机构队伍〕 市农行机关设综合管理部、客户部、信贷管理部、财会运营部。下辖营业机构11个,支行营业部、文明分理处、蓉江东路分理处、宝林分理处、潭口支行、金鸡支行、龙回支行、凤岗支行、唐江支行、龙华支行、横市支行。年末在册员工122人,其中长期工89人,劳务派遣工33人;男78人,女44人,硕士文化1人,占0.8%,大学本科文化31人,占25.4%;大专文化68人,占55.7%,中专及高中文化18人,占14.8%,初中及以下文化4人,占3.3%。

〔网点建设〕 2010年，南康农行狠抓网点转型,加大了网点软硬件建设力度,选派形象气质好、业务素质过硬的员工充当低柜柜员，切实发挥出低柜在客户分层、产品分销方面的作用。认真落实大堂经理制,组织开展了大堂经理公开竞聘,在城区网点和业务量大的潭口、唐江支行配备专职大堂经理,其他网点配备兼职大堂经理,提高产品现场销售能力。认真开展文明标准服务导入工作。在上级行内训师团队、支行有关部门和城区网点员工的共同努力下,顺利完成了营业部、金鸡、文明、宝林四个网点的文明标准服务导入，导入网点的软硬件环境明显改善,员工面貌焕然一新,产生了良好的社会影响。

〔负债业务〕 组织开展“大行德广、伴你成长金钥匙春天行动”、“激情仲夏” 等季度性综合营销活动。通过召开银企座谈会、手机短信贺年、回馈感恩客户、迎春送“福”等形式多样的活动,提升了社会对农行的认同感和农行个人金融产品品牌的认知度。通过加强组织领导、明确任务目标、费用奖励和员工个人收入挂钩等措施，有效调动了各网点和全行员工的营销积极性，使存款业务实现了淡季不淡的良好态势。

〔资产业务〕 2010年市支行加大信贷结构调整力度,实施“腾笼换鸟”战略,通过前瞻性退出低效客户,逐步腾出信贷空间,满足放优增效。贷款主要投放在全市的主导产业，如家具、矿产及民生工程，为全市工业经济的快速发展，主导企业的做大做强贡献了自己的力量。各项贷款余额为118101万元，较年初增加18894万元，其中：个人生产经营贷款31975万元，较年初增加6723万元；汽车消费贷款7089万元，比年初增加1226万元，个人住房贷款11330万元，较年初增加6523万元。

〔**中间业务**〕 在挖掘银行卡、代理保险等传统中间业务产品增收潜力的基础上，着力推进投资银行、代客理财、电子银行、惠农信用卡等新兴中间业务产品营销。全行共实现中间业务收入1769万元，较同期1289万元增加480万元，增幅37.24%，中间业务收入在全部收入中的占比达到11.62%，人均中间业务收入达到14.5万元。

〔**内控管理**〕 全行按照“关口前移，重点治理，重点纠改”的内控管理要求，扎实开展了案件专项治理等多项活动，持之以恒地加强内控基础建设，加强信贷风险管理，加强会计“三铁”建设，严格落实“四项制度”，实现了全年无刑事案件、无责任事故。坚持以人为本，加强民主管理，强化队伍建设，上下同欲、和谐奋进的环境和氛围逐步形成。努力改善服务环境，提升服务质量，打造服务品牌，金融服务得到了社会大众的一致好评。

〔**“三农”业务**〕 2010年，市支行通过有效激励、人员到位、加强管理等措施的落实，有力地促进了惠农卡业务的良性发展。惠农卡新增发行1728张，惠农卡总存量达到27314张，农户小额贷款授信总户数4165户，授信总额达13084万元，农户小额贷款余额达到11709万元。

（李传林）

〔**领导班子名录**〕

行　长：李　华

副行长：林绍莲

王宏通

王升文（2010.1.～　　）

刘　欣（2010.1.～　　）

黄敬菁（2010.8～　　）

行长助理：卢振华（2010.1.～　　）

农业发展银行

〔**综述**〕 2010年农发行南康市支行在中共南康市委、市人民政府和上级行的正确领导下，以党的十七大精神和“三个代表”重要思想为指导，以科学发展观统揽全局，以“致诚服务、有效发展、以人为本、构建和谐”为主题，以服务“三农”，推进社会主义新农村建设为目标，坚持“发展、创新、管理、和谐”的工作思路，全行呈现业务有效发展，改革纵深推进，经营绩效优良，企业文化丰富的可喜局面，为支持社会主义新农村建设做出了新的贡献。

〔**机构队伍**〕 支行内设二部一室，三个客户组，即办公室、营业结算部、客户部、崇义客户组、大余客户组、上犹客户组。员工总数31人（男22人，女9人），大学本科13人占43%。大专文化11人占36%。高中及中专以下6人占20%。中级职称9人，初级22人。

〔**业务发展情况**〕 1、各项存款快速增长。2010年12月底，各项存款余额12902万元，比年初增加3334万元，增长34.8%。各项存款日均余额17456万元，存款日平均增长额12664万元，增幅264.3%，人均日均存款572万元，同比增长425万元，增幅289%，比年初增长排名和日均存款余额排名全市第一、二名。

2、中间业务稳步增收。2010年12月底，实现中间业务收入109万元，同比增加32万元，绝对额居全市县级支行首位，人均3.57万元。

3、资产结构显著改善。2010年12月底商业性贷款余额16419元，比年初增加3349万元，占各项贷款的比例为30%，中长期贷款21540万元，占各项贷款的比例为38%；资金运用率为102%，不良贷款为零。

4、经营效益稳步提高。2010年12月底实现财务收入2795万元，同比增加1289万元，增长46%；财务支出1552万元；同比增加458万元，增长29%。实现帐面利润1243万元，比上年增加831万元，实现人均利润41万元，贷款利息收回率100%。

5、创建“文明示范单位”和“创先争优”“精品银行”建设工作有序开展。2010年支行在创新服务方式和提高服务质量工作中以创建文明示范单位为契机。提出了“创一流服务、抓一流管理、争一流效益、树一流形象”的奋斗目标,并以“文明示范岗”为载体,在全行开展了“优质文明服务窗口示范”、“创先争优”、“精品银行”活动,凝聚了人心,鼓舞了斗志,充分调动了广大员工参与文明创建和条线树标杆、岗位树标兵的主动性和积极性,2010年被总行授予“文明单位”和江西省银行业协会文明服务窗口示范”单位,被江西省分行评为“全省经营业绩十大进步行”和“全省存款增长十大行”。

〔**财会管理**〕 一是加强财经纪律教育,建立健全财务开支审议审批制度,合理控制开支,压缩日常费用开支,优化结构,保证日常运转。二是全面落实收息工作责任制,采取定人员、定任务、定时间、定奖惩的“四定”措施,加大收息力度,加强收息工作的检查考核,努力提高收息水平。三是强化内控制度建设,强化制度制约,把所有业务的各个工作环节都严格置于制度的规范之下。按操作规程办事,确保规章制度的权威性和指导性,加强对重要岗位、重点业务、重要空白凭证、重点财务的监督,对重要岗位人员实行定期不定期的岗位轮换及强制休假制度,将业务经营的活动置于双线核算,双重控制,交叉核对,相互制约的状态,切实达到了防范风险,提高效益的作用。

(黄瑞华)

〔**领导班子名录**〕

行　长:龚新发(　　~2010、8)
副行长:陈　杰(2010、9~　　)
　　　　曾晓勇
　　　　陈晓兰

建设银行

〔**综述**〕 2010年,南康建行在上级行及市委、市政府的正确领导下,以科学发展观为指导,认真贯彻落实省、市分行年初工作会议精神,坚定信心,迎难而上,强化基础管理、防范经营风险、提高服务水平和质量,加强市场营销、加快业务发展、提高经营效益,牢固树立以人为本的经营理念,以防范和化解经营风险为前提,以创新工作机制、积极开拓市场为动力,充分调动员工的工作积极性和主动性,全行员工锐意进取,努力拼搏,勇于创新。确保了不发生各类责任事故和案件,为支行业务的持续、稳步发展打下了坚实的基础。

〔**机构队伍**〕 建行南康支行内设二部一室二处:即:综合部、客户部、营业室、蓉城分理处、唐江分理处。有职工44人。其中:中共党员14人;男职工23人,女职工21人;中长期员工40人、派遣员工4人;大学学历8人,大专文化程度36人。专业技术人才中:管理岗7人;四级客户经理1人;六级客户经理15人;七级客户经理3人;一级业务员6人。中级职称4人,初级职称24人。

〔**存款业务**〕 狠抓各项存款不放松。2010年全口径存款余额100677万元,比年初新增29933万元。其中储蓄存款余额62143万元,比年初新增11810万元。企业存款余额为38533万元,比年初增长18122万元。

〔**贷款业务**〕 加大贷款营销力度,贷款投放加快,结构不断优化。全行各项贷款余额54329万元,比年初增长30275万元。其中:公司类贷款余额4784万元,比年初增长3894万元;个人贷款余额49545万元,比年初增长26381万元。

〔**电子化建设**〕 充分利用技术优势,着力推行网上银行,自助银行、龙卡贷记卡、银证通、速汇通、汇得盈、手机银行、电话银行等金融产品和服务品牌。扩大电话银行交易量和网上银行商户,从而促进了柜面业务的分流,既方便了客户,又提升了服务水平,促进了业务的发展。

〔**网点建设**〕 建设银行南康支行有三个营业网点,有员工30人。其中营业室12人、蓉城分理处10人、唐江分理处8人。三个营业网点均安排了保安人员、安装了数码监控。安防设施均已获得公安、消防安全设施合格证。

〔**中间业务**〕 着力抓好中间业务。明确中间业务重点产品,对中间业务产品进行贡献度分析,将龙卡信用卡、速汇通、银证转账、代理保险、个人理财、单位理财作为重点中间业务产品,加强营销宣传，提升市场份额。特别是利用柜面代理保险业务的机会，有效地锻炼建行的营销队伍、丰富代客理财的手段、增加中间业务收入。由于全行积极推进中间业务整体工作，加大产品营销力度，中间业务实现了较快增长，全年实现收入949万元，中间业务收入总额在市分行所有县级支行排名第2位。

（张远伟）

〔领导班子名录〕

行　长：刘晋锋

副行长：邓同群

钟红斌

纪检特派员：张国伟

行长助理：朱经湖

中国银行

〔综述〕 2010年是中国银行南康支行各项业务持续、快速、健康发展的一年。在赣州市分行党委的正确领导下，在南康市委、市政府的关心扶持下，中国银行南康支行实施“解放思想、大胆突破、对接融入、重点发展”的经营主旨，抓实抓细抓透各项工作，积极推进“五个一”工程。全行员工奋发有为，实现了人民币存、贷款新增双双超两亿，中间业务收入超过去三年总和，利润排名列市辖县支行第一，主要业务指标系统贡献度大幅提升，存款、贷款、中间业务和经营效益提前一年实现或接近实现“三年再造”规划目标，支行发展驶入快车道。

〔机构人员〕 中国银行南康支行现为江西省中行七家重点县域机构之一，设有综合管理部、业务发展部及财会营业部三个部门，管辖蓉江支行及唐江分理处两个机构，年末在册人数42人，其中男员工14人、女员工28人，学历在大专以上的34人、占比81%，中共党员9人、占比21%，35岁以下青年员工28人、占比67%。

〔存贷款业务〕 2010年末，南康中行各项人民币存款余额87264万元，比年初新增23216万元，其中储蓄存款余额52425万元，比年初新增13812万元；对公存款余额34839万元，比年初新增9404万元；外币折美元各项存款余额为121万美元，比年初减少27万美元。人民币各项贷款余额64858万元，比年初新增28368万元，同比增长138%；其中个人贷款余额46196万元，新增25153万元，同比增长251%；企业贷款余额18291万元，新增10330万元，同比增长204%；票据贴现余额371万元，比年初减少5121万元；同业中独家办理国内保理业务5笔金额2145万元。各项贷款均为正常类贷款，信贷资产质量优良。

〔经营效益〕 2010年，南康中行实现拨备前利润2551.57万元，比上年增加1191.15万元，增幅为87.56%；税后净利润1534.54万元，比上年增加671.06万元，增幅为77.72%。

〔渠道建设〕 2010年9月，南康中行蓉江分理处经中国银行江西省分行、赣州市银监分局批复同意，由分理处升格为经营性支行，全称为“中国银行股份有限公司南康市蓉江支行”。升格后的蓉江支行隶属关系和业务范围不变，资源配置进一步加强，服务能力和综合竞争实力显著提升。12月6日，南康中行市民服务中心自助银行正式投入使用，配备存取款一体机1台、自动取款机1台、查询补登机1台，极大地方便了该中心入驻单位及审批办证的广大市民。年内，南康中行还在市内各大百货超市、医药超市、电器商场、家具城经销商及众多家具生产企业新装了200多台刷卡机，为市民购物和商家进货提供了舒适地用卡环境。

〔机关效能〕 2010年，南康中行认真贯彻上级行“作风改进年”的要求，严格执行“四定”工作制，强化实施“限时工作法”，全面推行“三个马上”执行准则，着力锻造了一支“快速响应、快速跟进、快速执行”的优秀员工队伍。同时，南康中行重点强化“作风监管”体系，除了加强行内作风监督力度外，还邀请部分客户担任行外“作风监管员”，对反映出问题不但追究窗口部门的责任，而且对行内监管部门也给予问责，以此促进服务与督导双体系的严格履职。2010年，在南康市效能办负责的作风建设监测中，南康中行连续四个季度保持社会满意率排名金融机构首位，社会各界对中行的工作作风和窗口服务给予了高度评价。

〔创业服务〕 2010年，南康中行与家具、服装行业协会携手，积极策划开展了“创富论坛”、“中银有约”、“中秋庆团圆”、“聚财富”等大型金融推介活动，以个人投资经营贷款、个人抵质押循环贷款、家具商户联保贷款、长城商户通等产品，鼎力扶持全市广大个私企业主创业创富。累计发放个人经营类贷款638笔，较上年增长3.33倍；累计发放金额16287万元，增长267.99%，名列同业前茅，得到地方党政、行业主管及广大个私业主的高度认可。

〔**服务中小企业**〕 2010年，南康中行针对家具和矿产品行业中小企业群体庞大的特点，积极争取上级行审批同意，克服人、财、物紧张等困难，抽调专人设立“中小企业授信新模式”钻石服务团队。通过进一步强化与地方政府、经济管理部门、工业园区的联系，南康中行认真开展市场调研，摸排全市符合产业政策、有发展前景、利润空间广阔的中小企业，形成了完善的中小企业信贷管理机制、操作流程和风险控制体系，快速搭建起“中银信贷工厂”，实现了中小企业授信的流水线作业。至年末南康中行新增中小企业开户274户，增长79.13%；向10户中小企业发放流动资金贷款5000万元，为25户中小企业累计办理票据贴现2652万元，2户中小企业办理保理5笔2144.6万元；发放4户中小企业新模式授信2700万元，上报8户中小企业授信提案并获批金额4300万元。已发放的中小企业贷款质量优良，风险控制到位，无不良余额。

（饶会峰）

〔**领导班子名录**〕

行　长：邹顺科

副行长：吴致平（　~2010.6）

左文峰（2010.6~2010.9）

涂　佺（2010.7~　）

市农村信用合作联社

〔**综述**〕 2010年，南康市信用联社认真贯彻落实省联社着力打造“江西金融航母”发展战略目标，紧紧围绕南康市委提出的“一个继续坚持、两个着力把握、六个扎实推进”工作部署，坚持“立足县域、服务三农”市场定位，坚持“以客户为中心”和“信用为本、合作共赢”服务理念，抓机遇、迎挑战，为做实“三大银行品牌”、围绕年初既定工作目标而努力开展工作。全面加大支农力度，促进县域经济快速健康发展。大力支持经济薄弱环节，助推民生工程建设，全力支持返乡创业、下岗再就业，有力的支持了全民创业发展。2010年，全市农村信用社各项业务得到较快发展，存贷款和电子银行主要业务实现了新的跨越。各项存款余额271904万元，比年初增加69790万元，增长幅度为34.53%，比去年同期多增10.72%。各项贷款余额146740万元，比年初增加28097万元，贷款增幅为23.68%，比去年同期多增522万元，其中“涉农”贷款余额125975万元，占贷款总量的85.85%。存贷款规模居南康市金融机构市场份额第一位。发放百福卡27701张，新增卡内存款23995万元；布放自助转帐终端372台。

2010年南康农信联社以“创业服务年活动”为契机，强化服务措施，各基层网点、全体员工积极参与，在与地方经济发展实现互动的同时，业务发展、经营效益、流程管理、风险防范取得历史性跨越，综合实力不断增强。被省联社评为“工作成效先进单位”、在省财政厅、省联社2010年度财政惠农补贴资金“一卡通”发放工作考评中被评为“先进单位”、被南康市委评为“2010年度创业服务年先进单位”。

〔**机构队伍**〕 南康市农村信用合作联社内设办公室、人力资源部、信贷管理部、财务会计部、信息科技部、稽核监察部、安全保卫部，下设营业网点37个，现有职工378人，其中女职工144人，大专以上学历人员214人，占比56.61%；中级以上职称专业技术人员5人，占比1.32%，初级职称专业技术人员157人，占比41.53%；中共党员127人，占职工总数34%。

〔**网点建设**〕 按照“统一规划、合理布局、方便群众、讲求实效、确保安全”原则，不断提升社会形象，加快精品网点建设步伐。2010年，对金鸡、潭东、龙岭、西华、坪市信用社等五个网点的营业场所进行了标准化改造，城区网点基本完成精品网点建设，农村精品网点改造进一步加大，农村信用社形象整体得到提升。2010年，增加布放自助存折补登机4台，ATM机5台，CRS存取款一体机1

台。全辖网点存折补登机总量达到 8 台，ATM 总量达到 10 台，CRS 总量达到 2 台，其中 ATM（CRS）乡镇网点布放率达到 13.5%，自助设备布放不断向乡镇延伸。

〔**经营管理**〕 市农村信用合作联社紧紧围绕落实省联社的工作部署和管理要求，坚持以“科学发展观、省联社战略理念”为指导，以“创业服务年活动”为契机，加快贷款审批，成立特色贷款中心，指定专门网点、业务骨干办理返乡创业、下岗再就业贷款，提高办事效率，保证信贷资金及时、足额投放到位。2010 年，市农信社累计发放农民工返乡创业贷款 1966 万元，贷款余额达 2320 万元，净增 1213 万元，增幅列全省农村信用社首列。大力组织资金成效明显，通过改善金融服务，积极融通资金渠道，壮大资金实力，为全市社经济发展注入新的活力，以组织存款为突破口，拓展资金市场。一是开展了一季度“开门红”竞赛活动；二是主动加强与地方党政和各部门的互动；三是对城区 6 个储蓄网点实行垂直管理；四是开展业务冲刺活动。继续深度推进规范化建设，提升农村信用社正规化形象。通过强化教育培训和规制建设，借实施贷款新规之契机，全面完善和落实贷款流程及“三查”制度，强化委派会计履职意识，突出重要岗位监督和重点业务检查，内部防控机制得到进一步夯实。一是全面提高委派会计履职水平；二是严格落实各项业务的操作流程规定；三是加强规范化培训；四是抓好主收入来源，切实提升财务精细化管理水平，完善收息方式，加强催收督导。严格执行财经制度，规范费用管理。五是扎实推进会计基础工作，提升风险管控能力，细算资金收益与成本，提高经济效益；六是积极做好省联社财务管理系统上线工作，编制了财务管理系统和财管系统机构对照表，建立了 26 个成本控制中心和利润创造中心，组织辖内网点对非生息资产进行清理，根据现有形态进行重分类，确保了 10 月 5 日财务管理系统上线成功。狠抓案件防控工作，创建安全稳定的经营环境。落实防控责任，进一步激发员工增强案防意识。突出防范重点，组织开展专项大检查。成立整改专班，点评整改落实效果。建立健全惩治和预防腐败体系，切实落实商业贿赂治理工作。突出勤政廉政建设，强化纪检监察工作。为进一步规范对员工的绩效考核，更加有效发挥绩效考评正向激励作用，体现按绩计酬、多劳多得，充分激励员工的工作热情，根据《江西省农村信用社员工绩效考核指导意见》，市农信社对 2010 年的绩效考核办法进行了重新修订，贯彻“计价为主、评分为辅；分类指导、差异化考核；正向激励，兼顾公平；全额挂勾、考核到人”的原则，9 月实施以后，进一步拉大了绩效的收入差距。毫不松懈地抓好综治保卫工作。实现远程监控联网，提升安防科技含量。大力加强安全防控体系建设，基层 37 个网点的电视监控系统实现了与联社监控中心的联网，进一步延伸拓展了远程监控联网防控体系。

〔**网上银行业务**〕 加快了电子化服务步伐，已推出银联标准“百福卡”、“农民工银行卡特色服务”、独具特色的转账终端和电话银行，并成功开通了网上银行。为加快全市联社网上银行的建设，保障网上银行业务成功上线，南康联社积极进行设备采购、系统调试，10 月，成功开通网上银行。

〔**企业文化**〕 开展企业文化活动，激发企业发展活力。坚持以人为本，培养员工高尚的道德情操，牢固树立以“敬业”为核心的理念，积极发挥职工主体作用，认真组织开展了各种形式的企业文化活动。为培养青年员工勇于挑战、不畏艰难实现目标的勇气和自信，5 月，市农信和南康市检察院一起组织开展了户外拓展训练活动，通过拓展训练磨练了员工的意志，凝聚了企业的团队精神。加大对外宣传力度，积极参与“赣州市农信社存款突破 300 亿暨百福佳丽评选”活动，举行了一场“春光无限好”的银企联欢主题晚会，通过一系列企业文化建设活动，南康联社的企业形象、员工素质和精神风貌得到了提升。以创业服务年为契机，提升企业形象文化。一是深入开展“创业服务年”宣传教育活动，在全体员工中开展了“你创业、我服务”为主题的思想大讨论；二是认真开展“学习焦裕禄精神，争做新时期焦裕禄式党员干部”主题教育实践活动；三是认真抓好“理念大学习、思想大解放、服务大提升”三大活动的开展。召开了青年员工座谈会，在座谈会上，通过开展三大活动结合自身工作岗位，青年员工敞开心扉，建言献策；四是开辟了青年员工与三大活动专栏，通过三大活动的开展，全社员工切实转变了工作作风，提高了办事效率，提升了服务质量，服务意识不断得到了增强。

(刘小燕)

〔领导班子名录〕
党委书记、理事长:宋永忠
党委委员、主　任:吴德华
党委委员、副主任:卢丽红
　　　　　　　　　罗田生
纪检书记、监事长:张振伟

赣州银行

〔综述〕 2010年,赣州银行南康支行在总行的正确领导下,在当地党政、监管部门和社会各界及广大客户的关心支持下,以深入学习实践科学发展观为统领,以开展创业服务年活动为契机,紧紧围绕“发展、管理、效益”的原则,积极贯彻落实国家宏观调控政策,加大营销力度,做活授信工作,强化内部管理,推动了各项业务平稳较快发展。截止12月31日,各项存款余额达68681万元,比年初净增26392万元,完成全年余额增长任务数的211%。各项存款本年日均数53683万元,比年初增加23317万元,完成全年日均增长任务数的187%;各项贷款余额55733万元,比年初净增5424万元,全年累计发放各项贷款45986万元。不良贷款率连续六年为0%;中间业务收入153万元,完成全年目标任务的306%。实现经营利润2895万元,完成全年目标任务的121%。

南康支行在赣州银行2010年度全行考评中荣获“综合考评先进单位”、“利润考核先进单位”、“先进基层工会”三项先进集体荣誉。

〔机构队伍〕 南康支行设综合管理部、客户经理部、营业部三个部门,设有一个同城支行——东山支行。全行员工27人,男职工10人,女职工17人;大专以上学历27人,占100%。具有会计、经济中级专业技术资格人员4人,初级职称4人。

〔网点建设〕 支行下设二个营业机构——营业部、东山支行。

〔经营管理〕 南康支行立足本地,坚持服务“中小企业”市场定位,大力宣传网上银行、金象“99”、金瑞香、万家卡、银行承兑汇票等产品,不断增强社会认知度,认真做好资金组织工作,为更好服务地方经济社会发展和全民创业筹措资金。积极落实国家宏观调控政策,合理把握信贷投放节奏,主动对接市内重点项目、重点企业,加大对矿产品、家具、商贸等主导产业的信贷投放力度,同时切实履行社会责任,努力破解中小企业融资难问题,积极支持中小企业发展和全民创业,全年累计向家具联保体115户企业发放贷款6120万元;累计发放小企业贷款24150万元。强化内部管理,认真落实贷款“三查”制度,抓好授信风险管控;严格执行《费用管理办法》,加强财务管理;加大员工培训力度,提升全局意识和工作执行能力;认真贯彻落实总行及银监部门的工作要求,全面建立案件风险排查滚动式常态化工作机制,抓实抓细社会治安综合治理和安全保卫工作,构建和谐稳健的经营环境。

〔业务工作〕 围绕市委、市政府工作重点,支行积极支持南康经济发展,以改进和运用信贷产品为抓手,充分利用“手拉手”联户担保、“旺铺宝”、个人循环贷款、个人薪金贷款等优势个贷产品,扩大500万元以下小企业和个贷业务比重,积极发放以家具企业联户担保贷款为重点的中小企业贷款,有力助推了中小企业发展;增设了一个同城支行——东山支行,配备了自动存取款一体机,为广大客户提供了更方便、快捷的电子银行服务和理财服务。

〔主题教育活动〕 围绕南康市委、市政府提出的2010年各项工作目标任务和赣州银行的各项工作部署,大力开展“创业服务年”活动。有效对接和加大不同层级客户创业的信贷扶持力度,提升服务水平,提高办事效率,为推动全民创业提供有利的创业环境。充分发挥党、工、团组织作用,组织开展了文艺联谊、篮球友谊赛、庆员工生日晚会、游览陡水湖、组织员工子女开展军事训练等活动,密切了银企关系,增强团队凝聚力。切实履行社会责任,加大对扶贫挂点乡镇新农村建设的帮扶力度,积极开展“三送”活动,组织员工向受灾群众捐款,奉献一片爱心。

(钟春霞)

〔领导班子名录〕
行　长:张　琴(女)

副行长:余永强
行长助理:杨有法

邮政储蓄银行

〔综述〕 2010年,在省、市分行的正确领导下,中国邮政储蓄银行南康市支行认真贯彻省、市分行2010年工作会议精神,深入贯彻科学发展观,全面推进全省新一轮三年发展战略,切实提升服务水平,全面夯实管理基础,着力防范全面风险,努力提高信贷资产质量,大力支持“三农”和地方经济建设,实现了各项业务的稳定快速增长。在全省县市支行综合排名第4位。其中,收入绝对值、利润绝对值、信贷业务分别列全省县市支行第一;公司业务累计余额绝对值列全(区)市分行县支行第一位,全省第三位。

〔机构队伍〕 支行内设综合管理部、综合业务部、会计结算部、信贷业务部和公司业务部。下设一类网点3个,二类网点7个,代理网点12个。现有员工51人,其中男员工29人,女员工22人;大中专以上学历人员33人,高中学历人员16人,初中学历人员2人,占比分别为64.71%、31.37%、3.92%;25岁以下职工11人,26~35岁职工13人,36~45岁职工25人,46~55岁职工2人;中共党员12人,占在岗职工的23.53%。

〔网点建设〕 辖内有22个营业网点,其中一类网点3个,分别为城区南康市支行营业部、康赣支行和农村潭口镇支行;二类网点7个,分别为城区泰康中路支行、芙蓉路支行、农村唐江镇支行、赤土镇支行、龙回镇支行、龙岭镇支行、坪市乡支行;代理网点12个,分别设立在城区和全市各主要乡镇。年内分别对泰康、东山、龙岭、镜坝4个网点进行了装修。

〔存款业务〕 年末邮储银行存款余额达2.26亿元,比上年净增5408.02万元,其中活期余额4691.54亿元,较年初净增3726.69万元,占计划117.56%,活期占比重71.10%。

〔信贷业务〕 支行主要开办了小额贷款、个人商务贷款、个人二手房贷款。由于地方经济尤其是家具产业的迅猛发展,小额贷款、个人商务贷款很受青睐。年末,个人贷款结余1324笔,金额1.06亿元,比上年净增7264.91万元,其中小额贷款结余1140笔,金额7262.09万元,比上年净增4006.14万元;个人商务贷款结余143笔,金额2637.77万元,比上年净增2551.27万元;二手房贷款结余41笔,金额707.51万元。

〔公司业务〕 公司业务也称对公存款业务。2010年,公司业务继续保持高速增长的势头,年末对公存款存量账户33户、余额24187.66万元,比上年底净增了1.46个亿元,占计划120.94%,活期存款比例为100%,

〔中间业务〕 2010年,全市各网点累计代理保险2651.85万元,代销基金理财6637.3万元,其中支行一类网点代理保险244.99万元,代销基金理财4033.07万元。

〔安全保卫管理〕 2010年,为加强全市邮政金融案件防控和安全保卫工作,进一步促进金融业务稳健发展,重点加强了基础管理工作。一是强化基层管理,完善各项业务流程。加强对支行及人员的综合管理,实行全面考核,按考评得分计薪核酬。二是印发了“关于加强岗位履职管理的通知”、“关于开展邮储银行金融资金安全检查履职考评的通知”等办法,对各相关业务线条岗位职责等进行了具体划分,做到有章可循,有章可惩。三是建立邮政金融资金安全管理“八项制度”。深度排查案件风险,落实常规检查,开展节假日突击检查,积极参与小额贷款客户真实性核查和风险排查。同时,严守“三道防线”把好风险合规关。紧紧围绕省、市分行业务行为规范工作要求,组织多形式的防控活动。以建立健全全面风险管理框架体系与运行机制为目标,按照“全面、全员、全程、全业务”的风险管理理念,努力提升风险抵御能力。一是定期召开风险管理委员会会议,确保全行合规稳健发展。二是加强了法律事务管理,提升了反洗钱管理水平,组织了“三个办法、一个指引”培训及学习月活动。三是成立了风险管理委员会、“业务行为规范年”活动领导小组、调整了反洗钱工作领导小组成员、组建了风险合规信息员队伍。四是积极开展“业务行为规范年”活动,引导全行规范各类业务行为,防范和控制各类风险,促进业务健康发展。

〔**电子化建设**〕 开通了邮储银行银行固话支付业务系统、网上银行系统、电话银行系统、pos收单交易系统、电子稽查系统,开通信用卡业务,安装了两台自动取款机。

固话支付业务系统:在邮储银行固定话机设备上集成刷卡器,绑定客户的绿卡借记卡,为客户提供余额查询、实时转账等服务,充分体现了“足不出户办转账,省时省力省费用”的产品特点。

网上银行系统:是通过互联网(中国邮政储蓄银行个人网银网页)向客户提供的交易平台和服务渠道,主要包括帐户查询、转账汇款、信用卡业务、网上支付功能管理、投资理财、外汇通、个人贷款、客户服务等十多项功能,以全面满足客户多样化的业务需求的服务系统。

电话银行系统:只要通过拨通电话银行的电话号码“95580”,就能够得到电话银行提供往来交易查询、转账、申请技术、利率查询等业务,极大地方便了客户办理业务。

信用卡业务是支行发行的,给予持卡人一定信用额度,允许持卡人在信用额度内先消费后还款的信用支付工具。

(黄庆培)

〔**领导班子名录**〕

行　长:刘名忠

副行长:张素玉(女)

行长助理:刘青云

南康赣商村镇银行

〔**综述**〕 南康赣商村镇银行是江西省首批两家试点村镇银行之一,成立时注册资本为1380万元,2009年进行增资扩股,至12月底注册资本已达3000万元。其中发起行赣州银行占总股本的64.84%;其余股本由8家企业和4个自然人共同出资,出资额1055万元,占总股本的35.16%。成立了董事会、监事会和经营班子,现有董事5名,监事3名,行领导3名,员工18人,所有员工均为大专及以上学历。

〔**支持“三农”经济活动**〕 坚持支持“三农”、支持涉农小企业的市场定位,有针对性地开展授信业务,贷款绝大部分投放于“三农”和小企业,一定程度上缓解了小企业的资金饥渴,激活了当地农村金融市场,从而进一步提升了“三农”和小企业的金融服务水平。

累计发放“三农”贷款36964万元,占贷款总额81.64%,惠及农户约6500户,贷款支持面达到17个乡镇,占南康乡镇总和的81%;累计发放小企业贷款31694万元,占比70.00%,解决8500个农民工就业。贷款涉及林业、果业、养殖业、家具制造业、矿产品加工业等行业,带动的生产额达4亿元,帮助贷款客户创造利润达6500万元。

〔**“创业服务年”活动**〕 助推全民创业。按照“立足城乡、服务“三农”、服务中小企业”的战略定位,积极融入地方经济发展和“全民创业”热潮中,以仅占全市金融机构1.6%左右的资金来源,发放了占全市13%的“三农”贷款,有效地支持了当地以农民为主体的创业金融服务,支持地方“三农”经济发展。截止12月底,累计发放返乡农民工创业贷款61笔,计5967万元,发放返乡创业大学生贷款4笔,计145万元,下岗职工创业贷款7笔,计576万元,失地农民创业贷款1笔,计30万元,支持他们从事农业规模种植、养殖、加工、生产、流通环节等微小企业经营。支持家电下乡贷款3户,发放贷款450万元,惠及乡镇14个,村民460户2300人;累计发放支持农业生产资料经营批发贷款1户,贷款150万元,惠及乡镇10个,农户(果农)316户;发放农产品收购、加工和流通贷款8户900万元,惠及全市所有林业和果业乡镇9个,农户560户2240人。

〔**创新金融服务品种**〕 针对南康市个私经济和果业经济较活跃的特点,推出了兴康惠农、果业、家具、便民、循环等兴康系列流动资金贷款和涉农协会会员联保贷款等品种。截止2010年12月31日,累计发放兴康惠农贷款27901万元;兴康便民贷款金额8312.6万元;兴康果业贷款2055万元;兴康家具贷款7008万元。

积极创新贷款担保方式。进一步完善并推行林权抵押贷款和联户担保贷款。一是为破解林农融资难题,积极支持林业产权制度改革,引导支持南康林业及其加工行业(家具产业)的持续科学发展，支持当地林农加大林业投入，尽快培植更多林木资源，增强家具产业发展后劲。至年底，累计发放林权抵押贷款650万元，惠及2个乡镇13户林农。2010年发放的林权抵押贷款50万元，支持1000多亩桉树林木春季抚育，有效地解决了林农生产资金需求问题。二是为解决小企业贷款担保难的问题，在2009年试行"涉农协会会员联保贷款"的基础上，2010年进一步推行"联户担保贷款"，8月，出台了联户担保管理办法，突破了联户担保贷款须小额并要求是会员身份的限制，发放了联保贷款8户计490万元。截止12月31日，累计发放保证类贷款30266万元，占贷款发放总额的66.85%，既解决了客户融资难的问题，又为"三农"客户节约了财务成本。

（李莉）

〔领导班子名录〕

董事会

董事长：张志明（　　~2010.10）

监事会

监事长：张慧娟

经营班子

行长：李岿峰

行长助理：李启涛（2010.10~　　）

黄玉琴（2010.10~　　）

中国人民财产保险有限公司

〔综述〕 2010年是中国人保推进实施新时期发展战略的重要一年，为贯彻实施"一年打基础、两年上台阶、三年大发展"战略目标，全面落实"促发展、增效益、防风险、抓管理、强服务"等各项工作，紧围绕车险保效益指导思想，牢固树立"效益第一"的经营理念。进一步转变发展方式，提升服务质量，深化改革，激发内部活力，不断创新，全面加强员工和营销团队建设，坚持依法合规经营，实现公司业务快速发展。到12月底实现保费收入3355万元，比上年2121万元增58%，赔款支出1888万元，比上年1098万元增长71.95%，综合赔付率64.41%，承保利润272万元提前两个多月完成全年任务。

〔内控制度建设〕 科学的制定了全年经营目标，完善各项制度，做到各项工作有章可循。坚持周会和晨会制度，每月考评及时兑现，做好员工的培训工作，组织员工学习反洗钱法和践行实践科学发展观。公司还认真学习和贯彻了保监会关于规范车险和财产保险市场的决定。通过完善各类制度和学习工作，坚持以科学发展观为统领，以"四个一流"为标准，以专业化、标准化、集中化、差异化建设为路径，以"效益合规年"为抓手，坚持改革创新不动摇，进一步完善公司新机制；坚持科学发展不动摇，进一步推动业务新跨越；坚持强化管控不动摇，进一步促进效益新提高；坚持依法经营不动摇，进一步落实合规新要求；坚持企业文化建设不动摇，进一步实现和谐新局面；全面推动公司持续协调健康发展。

〔业务结构调整〕 公司积极调整工作思路，根据业务发展需要公司设置经理室、综合部、理赔/客户服务部、营业一部、营业二部、营业三部、营业四部、营业五部、营销部、金鸡营销服务部、唐江营销服务部、潭口营销服务共十三个部门。从抓好大客户入手，努力寻找业务新的增长点，对业务工作做到早计划、早安排，努力创新，发展新业务。

抢抓发展机遇，确保公司市场主导地位不动摇

一是以车险为龙头险种，巩固现有汽贸公司、物流公司等代理单位，培育新的代理单位并达成协议、合作共赢；努力搞好与银行、物流、汽贸中介业务的代理关系，银保业务得到巩固，赣通、路路通、通达汽贸公司业务有了新的发展，赣州鑫马、赣州雁达物流、赣州森海、南康宏顺物流企业的业务也有了增长，新增南康同鑫、万顺汽贸、恒盛汽贸、鑫源汽贸、车博士汽贸。为稳定江西通达客运公司和江西钟山客运公司业务，公司指定专人负责制，经常与这两个客运公司董事长沟通，增进双方了解，取得相互信任，使两家公司业务得到了进一步发展。公司以"效益第一"，对赔付率高的车队业务实行降低优惠，还取消了通力物公司的车队业务。在摩托车业务方面，公司开辟新销售渠道，努力维护市场份额，确保了该项业务发展。车险商业险保费1398万元比上年同比增长35%。交强险保费1242万元，比上年同比增加长38%，与农机协商一致，抓好农用车保险，保费比上年增长40万元。6月份实行了电话营销业务，6~12月完成电

销保费 90 万元，还新开办了电动车保险业务，2010 年承保摩托车 36799 辆（其中电动车 12281 辆），保费 392.4 多万元，公司树品牌，比服务，做大做强机动保险业务。

二是以政策性保险为切入点。公司领导亲自到各乡(镇)农村经营管理站宣传水稻、花生保险工作，并把承保工作落实到位，种植业保费 168.09 万元.将农险业务推向高峰。

三是拓展学平险、校园方责任险和非煤矿责任保险，公司做到早计划，参加全市招标竞标学平险业务，加强与教育局联系，学平险保费达到 229.34 万元，做到学平险业务再上新台阶。进一步与安全局协作，非煤矿责任保险保费得到稳定。

〔**理赔管理**〕 公司对赔付率高，手续费高的通力物流执行新的承保标准和新的手续费标准，实行业务与赔付率挂钩的办法，通过政策引导员工发展有效益的业务。公司通过加强理赔管控防止跑、冒、滴、漏，严格管控查勘定损、报价、核赔、医疗审核、诉讼案件等各个理赔环节，提高理赔质量。2010 年，南康公司加大对理赔工作的考核力度，奖优罚劣，根据上级公司理赔集中的要求，抓好理赔各个环节的管控，特别是抓好人伤案件的管理，诉讼案件的管理，大案要案的管理，努力降低未决案件存量，提高理赔服务水平，提高理赔员工素质和业务技能，以服务促发展，以理赔促效益。

〔**合规自律**〕 公司坚决贯彻落实中国保监会 70 号和江西保监局 33 号文件要求，严格执行“见费出单”政策和车辆保险差异化承保、差异化费用管理规定，并以此为契机调整险种结构，公司严格按上级公司授权经营的范围开展各项工作，以内控制度体系建设为重点，着力提高风险管控能力，公司完善和补充了相关的文件及规定，健全制度建设，以制度促管理，用制度来约束人，以“专业化、标准化、集中化、差异化”建设为路径，以盈利能力为中心的各项改革向纵深拓展.

〔**创新服务举措**〕 随着保险业的迅猛发展和知识经济时代的到来，谁能占领市场、融入市场，谁就能更好地生存、更快地发展；突出服务重点，加大服务力度，提高服务质量。随着财产保险市场竞争主体的不断增加，市场竞争更加激烈，各公司推出了各种各样的保险优惠政策。公司积极调整工作思路，组建三个业务部，从抓好大客户入手，努力寻求业务新的增长点，对业务工作做到早计划、早安排，努力创新，发展新业务。进一步提升服务品质，树立人保品牌。

〔**企业文化建设**〕 营销工作是公司的一项重要工作，也是公司的一项长期的战略工作。公司不断扩大营销队伍，把增员当作重中之重的工作来抓，同时加强营销员队伍的管理，坚持每周开两次晨会，活跃了气氛，经常组织员工培训，让员工掌握保险业务知识。加强了团结，凝聚了人心，鼓舞了斗志. 2010 年，城区、金鸡、唐江和潭口四个营销服务部，开展首季“开门红”劳动竞赛、意外险、驾驶员员险、电销等劳动竞赛、提高了营销员的待遇，关心营销人员的生活，真正打造了一支团结奋进的营销团队。

（洪华华）

〔**领导班子名录**〕
经　理：赖叶华
副经理：郭越洪
　　　　王　琼(女)

中国人寿保险股份有限公司

〔**综述**〕 2010 年，中国人寿保险股份有限公司南康市支公司坚持以科学发展观为统领，认真贯彻落实全国、省、市系统工作会议精神，经受住了外部环境、市场竞争和规范经营等多方面的严峻考验，围绕转变发展方式，稳中求进、调优增效、扎实基础、强化管控、各块业务均保持了持续快速增长，公司的各项建设迈上了新台阶。（梁静）

〔**机构队伍**〕 公司内设经理室、综合科、个险科、农网科、团险科、中介科、客户服务科、下设 3 个城区营销服务部、及唐江、潭口、凤岗、龙华、龙岭、龙回、镜钡、朱坊、横市等 9 个农村营销服务部。公司现有正式职工 6 人，退休职工 1 人、聘用员工 48 人，保险营销员 270 人。

〔**险种**〕 公司主要以经营以人的寿命和身体为标的的人寿保险、健康保险、意外伤害保险和年金保险四大类保险业务。2010年公司积极响应国家号召、勇担社会责任、填补市场空白、在2010年9月隆重推出业内最专业的顶级养老保险----国寿福禄满堂养老年金保险(分红型)。

〔经营管理〕 2010年，公司总保费收入1.199亿元,其中:个险10年期及以上新单期交保费750万元,个险5-9年期新单期交保费280万元;银保新单趸交保费4867.2万元，银保新单期交保费557万元;短险保费774万元(其中:意外险保费393万元)(梁静)

〔理赔给付〕 2010年，公司受理各类赔案10025件,赔付金额 608.64万元,满期给付金额2683.9万元。

(梁静)

〔领导班子名录〕
经　理:胡光龙(2010.1~　　)
副经理:罗咏梅(女,2010.1~　　)
何善华(2010.1~　　)

中国人寿财产保险有限公司

〔综述〕 2010年,中国人寿财产保险股份有限公司始终以科学发展观为统领，坚持高起点、高标准、高要求,充分依托中国人寿的整体优势资源,积极创新财产保险经营模式，全面构建差异化的经营特色和核心竞争力，不断拓宽发展空间和服务领域,着力打造国内领先、国际一流、不断超越的财产保险公司。

〔机构队伍〕 公司设有经理室,综合科(含财务)、承保部、理赔部、营销渠道部、互动渠道部、银保部。有10人,保险营销员46人,互动营销员265人。

〔保险种类〕 中国人寿财险经营的范围包括机动车保险、机动车第三者责任强制险、企业财产保险、家庭财产保险、工程保险、责任保险、货物运输保险、意外伤害保险、综合保险等九大类产品。上述业务的再保险业务，国家法律法规允许的保险资金运用业务,经中国保监会批准的其他业务。

〔保险理赔〕 2010年公司共受理各类理赔案件880件,其中车险872件,非车险3件。立案719件,立案率为98.89%,全市共结案648件,案件处理率99%,支付赔款377万元。公司秉承“专业、快捷、便利、贴心”的服务理念，依托行业领先的4008695515服务热线,365天×24小时为广大客户提供报案、咨询、查询、预约、投诉和保单激活等各项服务。专业贴心的理赔服务团队,及时查勘、快速理赔，一次性清楚提示客户需提供的所有索赔资料,切实保障客户核心利益。

〔内部管理〕 坚持以人为本,加强领导班子建设,加强员工队伍建设,“客户至上、卓越服务”为服务宗旨,为客户提供优质、高效、便捷的保险服务。全面推进公司企业文化建设。资源整合就是中国人寿推进集团建设的一项重要创新，已经取得了较好的成效。互动业务占比到了28%，以主动换互动,以互动换互补,以互补换互利,真正实现了业务、队伍、管理三位一体。积极开展合规经营承诺书签署工作,切实履行反洗钱法律业务。

(黄庆伟)

〔领导班子名录〕
经　理:黄庆伟

中国太平洋人寿保险股份有限公司

〔综述〕 中国太平洋人寿保险股份有限公司南康支公司秉承着“诚信天下,稳健一生,追求卓越”的核心价值观,坚持以“稳健经营,以效益为中心”。2010年，太平洋寿险南康支公司一手抓业务发展，一手抓优质服务，在做好各项服务工作的同时,依托太平洋寿险品牌优势,坚持合规经营,加快业务发展,取得了比较好的经营效益,全年实现保费收入984万元,同比增长17%。

〔机构队伍〕 内设机构有经理室、办公室、两个营销部(本部、唐江)。

〔险种〕 公司在南康市场上推出多种类型产品来满足客户需求,有养老型,医疗型,保障型,分红型,教育型,公司又率先推出符合市场需求的养老分红产品鸿鑫人生。

〔理赔〕 全年理赔共赔付173件，总件赔付金额为15.47万元。

〔内部管理〕 围绕风险管控和优质化服务两个目标,在内部管理方面,一是建立起高效的风险管控机制,以风险管理为核心,严格控制经营风险,保证其业务收益的稳定，满足被保人日益增长的保险需求。二是有效地进行公司经营风险的控制和管理,对经营风险实行严格的监控,建立科学的风险监测反馈系统,提高公司经营效益。

（林彬）

〔领导班子名录〕
经　理:黄国红(女)

中国平安财产保险有限公司

〔综述〕 中国平安财产保险股份有限公司南康营销服务部成立以来恪守"信誉第一,效率第一,客户至上,服务至上"的宗旨。得到了各级政府和领导的关心和关注，以及社会各界人士的支持和认可,与各大商业银行建立了良好的合作关系。

〔机构队伍〕 设经理室、综合管理中心、客服出单中心、查勘理赔部、客服缮制部、银保部、车行部、综合开拓部、电话营销部及业务员室等部门,有近百人的营销队伍。

〔险种〕 火险类:家庭财产险、个人抵押商品住房综合保险、财产保险基本险、财产保险综合险、财产一切险、财产利润损失险、现金险;工程类:建工一切险、安工一切险、机器损失险、机器损坏综合险;货运险类:进、出口货运险、集装箱险、邮包险、国内水路货运险、国内公路货运险、国内铁路货运险、航空货物运输险;车险类:机动车辆保险、场内机动车辆保险、单程提车险;责任险类:个人购置住房抵押贷款保证险、个人分期付款购车保证保险、公众责任险、产品责任险、雇主责任险、公共营业场所火灾险、校方责任险、旅行社责任险。意外健康保险类:平安全家旺福、平安旺福、金万福及各种团体意外健康保险。

〔领导班子名录〕
经理:张小军

阳光财产保险股份有限公司

〔综述〕 2010年,阳光财产保险股份有限公司南康支公司在市委、市政府的正确领导下,在总、分公司、行业主管部门和行业协会的关心指导下,坚持以科学发展为目标,以"固根强基"为重点,紧紧围绕实现公司又快又好发展为目标,积极、稳健、高效地开展了一系列工作,取得了较好的成绩。公司共实现保费收入600多万元，处理各类理赔案件1100件,结案率95%,为南康经济发展作出了应有贡献。

〔机构队伍〕 公司部门设有经理室、客户服务部、综合管理科室，机关工作人员7人,3个营销团队,共计人员29人。

〔险种〕 财产损失险;责任保险;信用保险和保证保险；短期健康保险和意外伤害保险等再保险业务。

〔内部管理〕 严格以依法合规经营，加强各部门内部管理,提高员工综合素质,认真学习阳光文化"集众家之长,取自我之道;聚业内人才,纳业外贤士;高起点组建,远战略发展;风雨中做事,阳光下做人"。

〔领导班子名录〕
经　理:张少勇

阳光人寿保险股份有限公司

〔综述〕 2011年，南康阳光人寿保险在市委、市政府的正确领导下,在总、分公司、行业主管部门和行业协会的关心指导下，坚持以科学发展为目标,在市委、市政府的正确领导下,在总、分公司、行业主管部门和行业协会的关心指导下，坚持以科学发展为目标,在市委、市政府的正确领导下,在总、分公司、行业主管部门和行业协会的关心指导下,坚持以科学发展为目标,始终坚持把品质、市场能力、盈利能力、可持续发展能力、客户满意作为一切工作的指南。公司成立仅半年来便取得了较好成绩，保费收入已达600余万元，处理各类案件20件，结案率100%，为南康经济发展作出了应有贡献。

〔**机构队伍**〕 公司部门设有经理室、客户服务部、综合管理科室，机关工作人员7人，10个营销团队，共计人员106人。

〔**险种**〕 人寿保险、健康保险、意外伤害保险、各类人身保险业务等；

〔**内部管理**〕 严格以依法合规经营，加强各部门内部管理，提高员工综合素质，认真学习阳光文化“集众家之长，取自我之道；聚业内人才，纳业外贤士；高起点组建，远战略发展；风雨中做事，阳光下做人”。

〔**领导班子名录**〕

经　理：李小扬

副经理：蓝　涛

（编辑：钟恢飞）

贸 易

商 务

〔综述〕 2010年，全市商务工作紧紧围绕“对接长珠闽、融入主城区、做强主产业、建设新南康”发展战略和“一个继续坚持、两个着力把握、六个扎实推进”总体工作部署，以科学发展观为指导,全面贯彻落实省、市开放型经济和内贸工作会议精神，以着力引进产业大项目促进城乡市场繁荣,抢抓机遇,开拓思路,强化措施,求真务实,商务工作取得了又好又快发展。

2010年，南康市被江西省人民政府授予“2010年度全省引进省外资金先进县(市、区)”,被赣州市委、市政府授予“利用外资工作先进县(市、区)”、“引进内资工作先进县(市、区)”、“利用外贸出口先进县(市、区)”。

〔机构队伍〕 2010年6月原市商业局实行机构改革组建市商务局。市商务局内设办公室、财务科、综合业务科、市场秩序科、市场体系建设和商贸运行管理科、机关工会、外商服务中心(口岸办)、商务行政执法大队,商业转制办。局机关在编干部职工39人(其中局长1人,党总支书记1人,副局长5人,工会主席1人,主任科员5人,副主任科员5人,科员9人,工勤人员12人),另外聘工作人员15人(商务行政执法大队和商业转制办),司机2人。

〔市场体系建设〕 一是编制了《南康市城市商业网点规划》。二是初步建成了市场监测网络,建立和完善了监测制度,提高了市场运行的监测质量。三是认真组织了金秋购物消费月活动，促动了消费者的消费欲望。

〔开放型经济工作〕 一是利用外资。全年签约外资5789万美元,同比增长7.52%,实际进资7146万美元，完成年目标任务（6850万美元）的104.32%，同比增长12.71%。其中现汇进资1066万美元，完成年目标任务（2055万美元）的51.87%,同比增长14.75%。二是利用内资。全年全市新批内资项目16个,合同引资总额为18.23亿元,实际进资18.45亿元,完成年计划(16亿元)的115.3%,同比增长12.1%;5000万元以上的工业项目9个(其中亿元项目4个),实际进资13.54亿元,完成年计划(11亿元)的123.05%,同比增长10.3%。三是外贸进出口。全年全市实现外贸出口3602万美元，完成年计划（3300万美元）的109.15%,同比增长102.47%;外贸进口1497万美元,同比增长37.59%。

〔内贸工作〕 2010年,全市内贸运行保持平稳较快发展。全市现有商贸流通企业、个体工商户6887户,从业人员86715人,社会消费品零售总额达到23.42亿元,同比增长18%,保持了内贸运行的平稳较快发展。

家电下乡工作。2010 年全市新增备案销售网点 29 家（其中电动车下乡产品 2 家），累计 220 家，截至 11 月 30 日，家电下乡产品销售金额 1.2 亿元，补贴资金 1560 万元，销售额名列赣州市前茅。累计备案家电以旧换新销售、回收网点 59 家，截至 11 月 30 日，家电以旧换新销售额 68.75 万元，补贴资金 5.85 万元。提升改造了家电下乡销售网点 30 家，售后服务网点 3 家，补贴资金 19.9 万元。进行了家电下乡专项检查活动，对家电下乡产品标识卡了专项检查，对盗用个人信息、骗补、冒领补贴行为进行了查处与打击。

“万村千乡市场工程”。全年改造农家店 66 家，验收合格 60 家，顺利完成 2010 年指标，国家补助资金 36 万元已陆续发放到农家店中，达到了解决农村消费不实惠、不方便、不安全的目的，惠及四分之三的农村和大部分农民群众，初步建立了农村商品流通网络。

生猪定点屠宰工作。全市规划建设了 13 家屠宰企业，10 家已实施，共屠宰生猪 14.25 万头，无害化处理 1070 头，保障了全市城乡猪肉食品充足供给和肉品安全。

成品油市场监管工作。加强了成品油市场的监管，对全市 30 家经营成品油的加油站经营进行了年检、换证工作，已换证 26 家，需补材料待定 3 家、备案 1 家；全市现销售汽油 16061 吨、柴油 2906 吨；制定了南康市成品油零售体系十二五发展规划。

再生资源回收工作。开展了再生资源回收换证及备案工作，已上报赣州市商务局再生资源回收备案换证 33 家，登记备案 7 家，累计 40 家。

酒类流通管理工作。严格按照国家商务部颁布《酒类流通管理办法》，积极开展酒类备案登记工作，到目前止已备案登记 1255 户，占应登记备案的 85%，酒类批发较大的企业城西批发部和较大零售企业万客隆超市已进入国家商务部酒类流通网上监测系统。

餐饮服务业。积极鼓励餐饮企业开发和创新特色菜、风味菜，满足了广大消费者的多种需求，“南康索粉.腌菜卷”被评为江西省名优小食品。

服装产业。加大了对重点服装骨干企业的扶持力度，支持和强化企业品牌建设，三英制衣公司“朗祺”商标被评为“江西省著名商标”，江西康意服装有限责任公司“康意”商标被评为“赣州市知名商标”。

〔**招商安商工作**〕 一是加强了重大项目推进工作。制定下发了《南康市招商引资重大洽谈项目推进目标责任制实施方案》（康府办字〔2010〕30 号），建立健全了招商引资重大洽谈项目推进目标责任制，各招商责任单位带队市领导作为重大洽谈项目推进的第一责任人，负责及时协调解决项目引进落户过程中遇到的问题和困难，大力推进项目早签约、早落户、早进资、早开工。二是加强了安商服务工作。制定出台了《关于做好 2010 年安商服务工作和重点企业招用工工作的意见》（康府发〔2010〕11 号），对每一个项目实行“一名市领导、一个单位、一家银行”的“三个一”帮扶制度，切实帮助企业解决实际困难。三是加强了项目用地调度工作。重新制定下发了《南康市工业项目用地管理实施办法（试行）》（康府发〔2010〕17 号），突出解决当前项目用地瓶颈问题。四是创新了招商引资方式。第一，加大了奖励力度。2010 年，市商务局设立招商引资项目奖、引进重大项目奖、完成招商任务奖、招商先进个人奖，对引进项目或完成任务的单位（个人）予以重奖。第二，突出了重点产业、区域招商。本市把矿产品精深加工、品牌家具、品牌服装、电子信息等列为招商重点产业，把长三角、珠三角、海西经济区等列为招商重点区域，积极外出拜访重要客商和重点企业。第三，突出了节日招商。在春节前下发了《关于做好 2010 年春节期间招商引资工作的通知》（康外经领字〔2010〕1 号），各招商责任单位抓住春节有利时机，坚持以商招商和在外乡亲招商，广泛收集了招商信息。

〔**商务行政执法**〕 一是加大对市场的监管力度，促进商贸流通企业的健康有序发展，6 月机构改革组建商务局后，加强了对酒类流通、特许经营网点的监管，完善了市场预测机制，开展了对农产品等生活必需品的监测和价格预警，防止了商品脱销和价格出现大的波动。二是进一步加大家电下乡政策宣传力度，扩大家电下乡产品销售，通过“金秋购物消费月“等活动，积极扩大家电下乡产品销售。三是稳步推进生猪定点屠宰管理工作，定期开展打击私屠滥宰和制售病害肉等不法行为的专项行动，针对对屠宰企业监管的薄弱环节，印发了《关于加强对生猪屠宰企业监管的通知》，进一步明确了监管内容和对象,确保了猪肉消费安全。四是加强了成品油市场的监管,对全市30家经营成品油的加油站经营进行了年检、换证工作,已换证26家,需补材料待定3家、备案1家。

〔**服装产业**〕 2010年,服装产业面对金融危机冲击影响,克服重重困难,逆势而上,全年实现工业总产值9.52亿元,同比增长30.1%;工业增加值2.656亿元,增长23.6%;工业销售收入9.4978亿元,增长35.1%;实现税收575元,增长8.3%。全市共有服装加工企业523户,新增30户。新增"风知雨"、"绫罗·诗格"、"金香玉"3个注册商标,全市服装类注册商标增至27个。

〔**产业招商**〕 一是配合创业服务年工作的开展、认真做好产业发展调研工作。通过调研和召开企业代表座谈会,产业办公室总结拟定了《关于推动服装产业实现二次创业的扶持政策措施》上报市委、市政府,为上级领导部门决策提供理论依据;二是配合做好规划建设南康服装布,辅料市场的前期准备工作,编制了《关于建设南康市布·辅料市场的可行性报告》上报市政府;三是接待了外地服装行业协会等多批次外地企业来南康市参观考察,重点推介了南康市服装产业的发展情况和良好的投资环境。

〔**校企合作**〕 协助农民学院、江西服装职业技术学院创建服装研发推广中心。组织了20户服装加工企业参加由市农民学院、江西服装职业技术学院主办的校企合作洽谈会。进一步协调校企合作关系,为南康市服装产业的品牌建设和创新发展打下了新的基础。认真抓好企业主和企业骨干的培训工作,组织了部分企业管理人员参加在赣南师院和市农民学院举办的MBA班培训,用以提升企业管理人员的管理素质。培养新一代农民工,认真组织举办行业技能竞赛。

(张东海　谢一平)

〔**招商措施**〕 一是强化招商领导。市四套班子主要领导为全市招商引资工作的总调度,担任实职的其他29名市领导每人带领2个招商责任单位组成29支招商小分队。二是从早谋划全年工作。以市委、市政府名义制定下发了《关于2010年招商引资工作的意见》(康字〔2010〕6号),明确了全年工作目标任务和工作措施。三是领导亲历亲为,大力引进重大项目。围绕开放型经济工作,全市上下积极行动起来,针对当前招商引资"项目多,土地少"、"缺乏龙头带动项目"的突出问题,市委、市政府主要领导亲自带队考察了富美居家具、华洲新材料、柏堡龙服饰、新立电子等一批在谈且投资意向明确的重大项目,为给大项目、好项目腾出用地空间,主要领导亲自主持召开项目用地调度会,大力清理整合土地资源,同时,围绕家具产业基地积极向上争取用地指标。

(王铖)

〔**领导班子名录**〕

局长:黄绍莲(女,市政协副主席,兼)

书记:龙伟

副局长:邱家佑(兼)

　　卢林峰

　　刘崇浩

　　刘　峰

　　朱　军

工会主席:张玉梅(女)

招商服务中心

主任:邱家佑

副主任:谢月煊

　　董　毅

工会主席:尹年生

供　销

〔**综述**〕 2010年,市供销社认真贯彻落实国务院国发[2009]40号文件精神,坚持以科学发展观为统领,以服务"三农"、加快发展为目标,抢抓机遇,真抓实干,大力推进农村现代流通服务体系建设,开创了各项工作新局面。

〔**机构队伍**〕 市供销社是为农服务的合作经济组织,属市政府一级事业单位。机关内设人事秘书科、合作指导科,下属企业有农资公司、土产公司、烟花爆竹专营有限公司和潭口、平田、坪市基层社。年末,市社机关有在岗干部职工(事业编制)6人,返聘人员(企业编制)5人。

〔四大网络建设〕　一是农资连锁网络在发展中壮大,满足了农业生产需求,确保了保供稳价。市裕隆农资连锁经营企业通过资源整合和网点改造,市、乡、村三级连锁经营网络已初具规模,形成了"四统一"的连锁经营机制,年底已建总店1家,配送中心3个,乡级直营店18家,村级加盟店158个,基本实现了重点行政村的全覆盖,增强了为农服务实力。二是农产品流通网络在发展中创新,帮助农民解决了卖难问题,实现了助农增收。从技术、信息、流通服务起步,通过组建农村合作经济组织,切实抓好农产品经纪人队伍建设,围绕甜柚、脐橙、大米、生猪等开展市场营销,大力开展农产品产前、产中、产后服务,年底帮助农户销售农产品7000万元,促进了农产品流通,活跃了城乡市场。三是日用消费品配送网络在发展中完善,优化了资源配置,为农民创造了便捷、经济、安全的消费环境。按照新网工程建设的工作部署,加大了网络设施建设力度,采取厂商联营、商商联营、个体联营等多种形式,丰富了农村消费市场。老幸康客隆商行在乡镇建立日用消费品超市18家,村级连锁经营网点142个,配送品种300多种。四是再生资源回收网络在发展中提高,改善了农村环境,加速了循环经济发展。按照"七统一、四规范"的模式科学规划、合理布局经营网点,大力推进农村可利用垃圾回收网络建设,以市土产公司为再生资源回收利用龙头企业,设立了两个废品回收经营部,20个乡级废品回收中心,131个村级废品回收网点,夯实了回收基础,增强了网络实力。

〔新农村建设〕　供销社作为"三农"服务部门,按照全市新农村建设成员单位的职责分工,一方面认真抓好农村合作经济组织的规范化建设,重点扶持了朱坊红心、横市三清源等专业合作社、行业协会的发展;另一方面抓好新型农民的培训工作,以农产品经纪人、合作经济组织领办人以及农村废品回收人员、保洁员为重点,全年举办了培训班6期,培训学员600多人。

〔信访维稳工作〕　一是切实加强领导,落实责任,增强责任感和紧迫感,高度重视改制遗留问题的处理,制定了维稳工作方案。二是强化排查调处,化解矛盾纠纷。全系统各单位一共排查信访个案和不稳定因素10个,对排查出的问题逐案登记建档,建立工作台帐,明确了责任单位和责任人,落实了教育、帮扶和稳控措施。三是加强值班工作。认真落实节假日和平时值班制度,畅通信息,及时妥善处理各类不稳定因素。

(刘烈锋)

〔电子信息产业〕　2010年,市电子信息产业工作按照市委、市政府的工作部署,重点抓好招商安商服务工作,扶持华龙电子科技有限公司等一批企业做大做强,帮助投产企业解决招工办证、用水用电、生产配套、货物运输等生产经营过程中遇到的难题,协助引进筹建企业的项目建设,优化了发展环境。

2010年,电子信息产业总产值9.53亿元,同比增加3.51亿元,增长58.30%;工业增加值2.81亿元,同比增加1.01亿元,增长56.1%;缴纳税金161万元,同比增加37万元,增长29.8%;产品出口创汇827万美元,同比增加542万美元,增长190.2%。

全市现已投产的电子信息产业工业企业16家,用工人数2600人,落户到龙岭工业西区、东山工业区的筹建企业10家,引进合同项目4家。

(朱金福　刘烈锋)

〔领导班子名录〕

主　任:陈超峰

总支书记、副主任:王嘉明

副主任、工会主席:王一凡(女)

烟草专卖

〔综述〕　2010年,市烟草专卖局(分公司)认真贯彻落实"三个代表"重要思想,牢固树立"国家利益和消费者利益至上"的行业价值观,紧紧围绕"工作上水平,实现新跨越"的工作目标,秉承"和谐、敬业、文明、进步"的企业文化,坚持科学发展观,以人为本,不断深化内部改革,强化内部监督管理,加大市场整治力度,市场控制力得到明显增强,经济运行得到持续稳定健康发展。全年完成系统外卷烟销售20748箱,同比增长9.27%;其中省产烟销售14562箱,省外烟销售6168箱,省内、外烟结构比例为70:30;全国重点骨干品牌销售8905箱,同比增长56%;一二类烟销售2259箱,同比增长 41%;金圣系列 4033 箱,同比增长 49%;实现利润 3635 万元，同比增长 36%；上交税金 1976 万元,同比增长 24%。

〔**机构队伍**〕 2010 年市烟草专卖局（分公司)内设机构有:综合考核部、专卖监督管理科、营销部。下设专卖机构有:市区中队(管辖区域:龙岭、龙回、蓉江、浮石、赤土、横寨、镜坝、东山、朱坊)、唐江中队(管辖区域:太窝、唐江、三江、凤岗、龙华、十八塘)、横市中队(管辖区域:横市、麻双、大坪、坪市、隆木)。下设客户服务部有:蓉江客户服务部(服务区域:潭口、龙岭、龙回、蓉江、浮石、赤土、横寨、镜坝、东山、朱坊)、唐江客户服务部(服务区域:太窝、唐江、凤岗、三江、龙华)、横市客户服务部(服务区域:横市、麻双、大坪、坪市、十八塘、隆木)。年末在岗职工 50 人,其中正式工 34 人,聘用工 16 人。

〔**网络建设**〕 市烟草专卖局（分公司）认真贯彻省、市局烟草工作会议精神,坚持“严格规范、富有效率、充满活力”的十二字方针,狠抓管理,齐头并进,在以市公司为经营主体“电话订货、网上配货、电子结算、现代物流”的网建运行模式下,突出县级专卖执法主体地位,注重市场监管和内部监管。卷烟销售以服务为宗旨,增强了服务意识,提高了服务质量,建立了“正向督查、逆向调查、三线互控、捆绑考核”的监督考核分配体系,把系统外销量、品牌培育、打假破网、市场查处作为主要考核指标,做到专销有机结合,相互协作、相互监控。开展“按客户订单组织货源”工作,强化改革力度,实行全过程表单化质量管理。

〔**卷烟经销**〕 卷烟经销工作坚持“532、461”品牌发展战略,根据南康市场销售现状和消费特点,制定了《2010 年南康卷烟品牌发展规划》、《重点品牌培育方案》、《每月重点品牌培育考核方案》等各项机制,重点抓好金圣(吉品)和金圣(赣)卷烟品牌“下乡、进村、落户”工作,坚持规范经营,改善服务质量,强化客我关系,狠抓品牌培育。立足本地、开拓市场、做强企业、做大品牌。一是加大宣传力度,利用各种宣传媒体,通过各种宣传形式,抓好宣传扩销工作,提高品牌知名度。二是工商协同,召开品牌推介会,开发各部门领导层,引导消费、带动群体,使品牌战略家喻户晓、人人皆知。三是规范经营,做好客户分类,认真开展“按客户订单组织货源”工作,实现烟草系统由传统商业企业向现代流通企业的转变。四是加强客户关系体系建设,大力推进“三层管理”,“135”工作法,以“客户至上、服务第一”为宗旨,以人为本、优化服务,不断提高客户的满意度。五是稳步推进电子结算工作,努力提升电子结算面和结算成功率,卷烟货款做到安全方便快捷回笼。六是建立健全卷烟市场信息采集制度,加强市场调研与策划,建立本辖区行政村、自然村以及零售户基础信息的搜集和维护制度,合理分配货源,提高广大客户的诚信经营意识,做到守法经营、文明兴商。

〔**烟草专卖管理**〕 专卖管理围绕“卷烟打假净市场,经营案件破网络,市场监管强职能,内部监督保规范,队伍建设提素质”的工作要求,以“打团伙、破网络、端窝点”为重点,抽出精干人员组成破网络专职对伍,做到方法多样、灵活多变,加强组织严密性、扩大布控范围、注重线索收集、缜密侦察,认真开展新形势下“突出重点、坚持不懈、整体联动、综合治理”的卷烟打假工作,做到守土有责,保持打假高压态势,形成打假威慑力。至 4 月,通过“百日端窝”、“金网 4 号”等专项行动,破获了 1 起以尹××为首,有供货、贩运、仓储、分销下线及多个分销点的非法经营网络案件,刑事拘留 1 人。全年,在打假专项行动中共出动 3860 多人次,共查处案件 295 起,查获违章卷烟 131 件,查获烟丝、烟叶 580 公斤,实现罚没收入 21.94 万元。

〔**执法监督**〕 通过建立三项制度，加强对专卖执法工作的事前、事中、事后监督,切实提高专卖人员的依法行政水平。

一是建立行政处罚行为从案件立案、处理审批到案件结案必须先由法规人员进行合法性审批的制度,以此保障行政处罚案件做到事实清楚、证据确凿、定性准确、处理恰当、手续完备、程序合法。

二是建立行政许可四级把关制度，即由中队长、证件管理员、专卖科长和副局长四级进行层层把关,确保行政许可实施过程的公平、公正、公开和合法。

三是建立依法行政全过程监管制度，通过行

政回访和二、三级督查的方式对我局行政处罚和行政许可工作进行监督管理，通过制定相应的考核办法对专卖稽查、案件处理和行政许可受理、核查及审批工作中的不规范行为进行全面考核。

〔综治安全〕 加强安全管理，增强安全意识。要求各部门、科室、驾驶员、出纳员、值班员等重点岗位签订综治、安全责任状。设立安全管理监督员，建立安全值班和安全检查制度，做到大会小会讲安全，每周一小查，每月一大查，每天都讲安全，坚持“安全第一、预防为主”的方针。通过“三个排查”、“三项行动”与“三项建设”专项活动的开展，有效地增强了全员安全责任心，提高了安全防范意识，突出了资金、货物、车辆、人身、防火、防盗、防抢安全重点，努力实现“八个为零”的目标，确保了各项工作的安全有序、持续健康发展。

〔基层创建活动〕 一是召开专题动员大会，充分认识开展创建活动的重要意义，深入贯彻落实“重心下移、着眼基层、突出服务、加强基础”的工作方针，对照评价标准，落实工作责任，细化工作措施，认真开展自查自纠，梳理总结各中队存在的问题和薄弱环节，按缺哪项补哪项的原则及时整改，加强基层建设、夯实基础管理、增强基层活力、筑牢发展基础，努力促进基层建设水平的不断提高。

二是扎实开展教育培训和准军事化管理。从现有专卖人员中筛选出文化水平和业务素质较强的人员组成培训工作小组，每月不定时对各中队进行循环培训和效果评估，提高专卖法律、法规、真假烟鉴别、案件制作、专卖信息系统运用水平，实行准军事化管理，深入开展“双能”竞赛和岗位大练兵，彻底改变以往专卖队伍懒散的工作作风、工作杂乱无章和工作效率低下的现状，着力培养我局专卖人员的奉献意识、服从意识和大局意识，营造良好的“比学赶超”学习、工作氛围，牢固树立“召之即来、来之能战、战之能胜”的过硬作风。

〔党风廉政建设〕 注重班子建设，发挥领导带头作用。在日常工作生活中，领导班子以“创业服务年和办事公开民主管理活动”为契机，加强对标管理，缩减各项费用，廉洁自律、率先垂范，开展“找差距、提建议、促发展”专题讨论，强化群众监督机制，经常多渠道、多形式的开展内容丰富、切合实际的学习《党章》、《科学发展观读本》以及党的十七大报告、十七届四中、五中全会精神的教育活动。认真贯彻全市纪检监察工作会议精神，提高思想政治觉悟，树立正确的人生观和价值观，努力提高职工“讲责任、讲奉献、讲效率”的意识，增强员工的团队精神，增强企业的凝聚力，为改革发展提供强有力的政治保证和精神支撑。

（李平）

〔领导班子名录〕
局长（经理）：黄春海
副经理：廖英海
副局长：吕先庆

石 油

〔综述〕 2010年，在市委、政府以及赣州分公司的正确领导下，南康石油经营部认真贯彻上级公司的经营部署，紧紧围绕构建“诚信、创新、和谐、强盛”新型石化企业的总体要求，在全体员工的积极配合下，以强化内部管理为重点，以提高效益为中心，以确保加油站安全生产无隐患为目的，深入开展“十比十看”暨“比学赶帮超”、零售全员劳动竞赛以及“我要安全”等主题活动，团结员工，凝心聚力，共谋发展。全年在经营管理、网点建设、加油站管理、安全管理及员工素质等方面都有了较大的改善和提高，圆满完成了分公司下达的各项指标任务。2010年，南康石油经营部荣获销售公司表彰奖项2项，荣获省公司表彰奖项6项，荣获分公司表彰奖项6项，被市直属工委评为“先进基层党组织”。

〔机构队伍〕 建立健全了ME负责制科学管理机制。下设城区、城南、城北、龙回、龙岭、东山、赣丰、横寨、十八塘、横市、坪市共11座加油站，润滑油门市部1个。队伍情况，共有员工70人，其中固定工2人、置换工7人、聘任工3人、临时工58人。

〔油品购销〕 2010年，南康石油经营部全年轻油销量4.86万吨，完成年度计划的100%，润滑油销量29.9吨，完成年度计划的111%，非油品销售额175万，完成年度计划的141%，同比增长243%，燃油宝销10663瓶，同比增长72%，新增加油IC

卡完成3521张,完成年度计划的329%,加油IC卡充值额6983万元,完成年度计划的106%,加油IC卡持卡消费量完成8138吨,完成年度计划的68%。在非油品业务方面,市经营部一直把它当做主营业务来抓。全体员工思想统一,步调一致,取得了良好的成绩:2010年城南加油站"易捷"便利店非油品销售额达81多万元,燃油宝销售4000多瓶,超额完成上级公司下达的指标任务,

〔石油市场〕 一是进一步加快样板加油站建设。市石油经营部根据上级"开拓经营、打造精品"的发展思路,配合当地政府科学地编制了加油站规划布局,进一步完善和推进了成品油零售网点建设,在全市率先建成样板加油站四座。截至年底,全市境内有加油站26座。其中市石油经营部所属加油站有15座(包括代管高速公路加油站4座)。二是进一步强化市场管理。为加强行业管理,整顿石油市场秩序,配合有关部门对南康区域内的加油网点进行多次较大规模的整顿,对已设立加油站的乡镇的所有石油商店实行关闭处理,取缔桶式加油门(点)3个。对所有的网点进行了隐患排查,发现问题及时处理。视情况分别做出了限期整改,停业整顿,从而进一步保障了石油市场规范、安全运行。发挥中石化主导作用,为"你创业、我服务"创造了条件。

〔安全管理〕 根据中国石化股份有限公司销售公司有关文件和《加油站安全管理规范》、《加油站十大禁令》的要求,坚持"预防为主,防治结合"的原则,加强加油站的安全管理,为认真贯彻集团公司连续三年开展"我要安全"主题活动精神,按照"比学赶帮超"暨"十比十看"要求,全面推进本部HSE和数质量工作上台阶,进一步夯实南康石油经营部安全工作基础,实现人的安全行为和物的安全状态。南康石油经营部按照分公司的要求制定了"我要安全"活动实施方案,确立以"我会安全"为活动主线,在"会"字上下功夫,以"四懂四会"为抓手,全面提升操作技能和防范能力,突出"比安全,重在严管,看隐患"为工作成效来加大宣传力度,并及时将加油站在安全管理方面好的经验及员工在安全方面的心得体会及时写成报道上报分公司安数部。为切实把HSE和数质量工作落到实处,年初,南康石油经营部与全员签订了安全承诺书,按照"谁主管,谁负责"的原则,各加油站与经营部签订了安全环保数质量责任书。真正实现安全工作的全员、全方位、全天候、全过程管理。结合"我要安全"和"十比十看"活动内容,在加油站大力开展标准化操作演练,进一步提高了广大员工"上标准岗、干标准活、交标准班"工作自觉性。积极开展安全生产"六项整治"和隐患排查治理工作。全年安全生产、安全经营无事故。

〔领导班子名录〕

经　理:邹永明

经理助理:孙永辉

　　　　卢海峰

(编辑:杨文定)

教　育

教育管理

〔综述〕 2010年,教育系统广大干部职工深入开展“提升质量年”“创业服务年”“创先争优”等活动,各项工作扎实推进、成效显著。

1、教育优先发展地位更加突出。市委、市政府高度重视教育工作,全市预算内教育投入达3.66亿元,比上年增长16.44%。推进教育民生工程建设,办理公办中小学校国有土地使用证371宗;对全市义务教育阶段公办学校贫困寄宿生补助生活费,共补助304.88万元,惠及4354人;为全市普通高中贫困生提供政府资助,共资助2672人次,资助金额共计106.88万元;为中等职业学校学生提供了国家助学金资助,春季资助1985人,资助金额148.88万元。按照5000元/人的标准为559名考入大学的贫困生提供政府资助,资助金额达279.5万元。共为1589人办理了“生源地信用助学贷款”,比去年增加了953人,共发放贷款943.7365万元。

2、教育资源质量迅速提升。一是中小学办学条件得到进一步优化。南水中学二期工程和特殊教育学校二期工程全面竣工。第一小学3#教学楼、逸夫小学综合楼续建工程、峨嵋初中教学综合楼等三个项目竣工。启动了市第四小学的筹建工作,已进入设计招标阶段。龙华中心小学、浮石中学、横市中心小学等第一批农村学校教师居住工程项目竣工并交付使用。共投入4429.58万元,实施了38个校建项目,新增校舍面积41424平方米。二是优质教育资源及其辐射影响力不断扩大。南水中学于9月开学招生,城区又新增一所初中。启动了第三批城乡学校结对帮扶工程,进一步扩大了帮扶范围,12所城区中小学校在资金、信息、师训等方面对12所农村薄弱学校进行结对帮扶。三是教育结构进一步调整优化。撤并10个农村小学教学点,重点加强农村中心小学和联办完小建设。职业教育、学前教育得到进一步的发展。2010年秋,中等职业教育计划招生3150人,实际招生3165人,占高中阶段招生数的45.21%。市农民学院举办了8期培训班,培训农民2600多人次,转移就业农村劳动力2400多名。农民学院还被教育部确定为江西省唯一的“新型农民培训工作联系点”。学前教育规范发展,开展了对城区幼儿园的年度评审、换证工作,开展了幼儿园办园水平评估,启动建设南水中心幼儿园工作。

3、教育教学质量稳步提高。一是教学质量持续攀升。高考成绩连续11年位居赣州市前列。2010年,全市参加高考考生总数6555人,比上年减少753人;一本上线人数725人,比上年增加112人,占赣州市一本上线人数(4128人)的17.56%;二本以上上线人数2089人,比上年增加168人,占赣州市二本以上上线人数(12268人)的17.03%。中考700分以上236人,650分以上1332人,综合成绩连续15年位居赣州市前列。二是素质教育全面深化。大力开展体育艺术活动,成功举办了第15届中小学文艺调演和第16届中小学生田径运动会、高中生篮球赛。各类比赛喜获丰收,参加江西省中学运动会,荣获团体总分第二名;参加赣州市第七届“英东杯”中小学生运动会,荣获团体总分第一名;参加江西省第25届青少年科技创新大赛,共有21个项目获奖,有7个项目被选送全国参赛,龙岭中心小学获“十佳创新学校”荣誉称号;参加赣州市中小学生电脑制作活动,获省级一等奖11人、二等奖20人、三等奖25人;参加全国初中数学、物理、化学和中学生英语能力竞赛,荣获团体奖4个、单项奖292个(其中,国家级奖37个);参加江西省第七届中等职业学校学生技能竞赛节,荣获团体一等奖1个、二等奖1个、三等奖4个。

4、教育发展活力持续增强。一是强化队伍,提升素质。2010年,通过考试等方式择优录用358名大学毕业生,南康籍外地教师19名,市政府还安排17名硕士毕业生到中学任教,全年共新补充教师394人。推行后备干部制度,共推荐后备干部128名,并从中提拔重用了56人,学校领导班子结构更为优化。2010年,仅在市教师进修学校培训的本、专科学员就有581人。市教师进修学校培训小学新教师166人,培训小学校长28人,培训中小学骨干班主任50人,培训小学英语教师68人。二是强化教研,提升质量。9月29日,在全省基础教育课程改革十周年经验交流会上,市教研室作为唯一的教研单位代表作了题为“‘四线三课’型校本教研促进农村学校课程改革”的经验介绍。大力开展课题研究,全市共有省级课题立项153项,结题52项,设区市课题294项,结题63项。组建农村中小学教育讲师团,分期分批赴农村中小学开展送教活动。2010年,共组织送教下乡63场。

5、教育发展环境更加和谐。一是进一步健全党风廉政建设责任制。扎实推进党风廉政建设,开展了教育系统纠风工作月活动,持续开展廉政教育活动,在全市率先建成教育系统廉政教育基地。落实了民主决策机制,完善了《党委议事制度》和《局长办公会议议事规则》。二是安全稳定工作常抓不懈。开展了校园周边环境集中整治活动,完善了“学校安全台帐网络管理系统”;深入开展安全教育、紧急疏散演练等活动,没有发生校园内安全事故,学生意外伤亡事故明显减少;着力加强学校安全环境整治,完善学校的安全保卫基础建设。市财政投入285万元,保障学校安保人员工资、购置服装和警械、安装视频监控系统;落实首问责任制,及时处理来信来访,认真做好综治维稳工作,确保了教育系统和谐稳定。

2010年,市教育局被省委教育工委、省教育厅评为全省教育系统“提升质量年”活动“先进单位”,被赣州市教育局评为“2010年度教育信息与宣传工作先进单位”,被南康市委、市政府评为“2010年创业服务年活动先进单位”,被南康市人大常委会评为“2010年代表建议承办先进单位”,被南康市政协评为“2010年提案承办先进单位”。南康市还被赣州市人民政府评为“2010年度全市教育工作综合先进县(市)”。

(刘济清)

〔**机构队伍**〕 2010年,内设机构有:党办、行办、人事科、安监科、教育科、财务科、审计科、信息科、校建办、中招办、勤办、机关工会、党支部、高招办、电教室、教研室、青少年学生校外活动中心(2010.09始建)。市政府教育督导室(至2010.05)与教育局合署办公。2010年5月市政府机构改革,原市政府教育督导室由与教育局合署办公调整为在市教育局挂牌,并将其管理职责划入市教育局。

2010年9月年报统计,全市教职工总数为6857人,其中专任教师6447人,校长78人,教辅、工勤人员332人。

学历情况:小学专任教师3597人,其中本科以上学历780人,大专学历1701人,中师(含高中)学历1086人,初中学历及以下30人,学历达标率为99.17%,专科以上学历占68.97%。初中专任教师1815人,其中硕士研究生4人,本科学历1357人,专科学历418人,中专(含高中)学历36人,学历达标率为98.02%,本科以上学历占74.99%。高中专任教师818人,其中硕士研究生9人,本科学历760人,专科学历47人,中专(含高中)学历2人,学历达标率为94.01%。职业中专专任教师124人,其中本科学历109人,专科学历13人,高中学历2人,学历达标率为87.90%。教师进修学校(含三室一站)专任教师54人,其中本科学历44人,专科学历10人。市幼儿园专任教师

29 人，其中本科学历 11 人，专科学历 17 人，中师（含幼师、高中）学历 1 人，学历达标率为 100%。特殊教育学校专任教师 10 人，其中本科学历 4 人，专科学历 6 人。

专任教师专业技术职称和年龄结构情况一览

类别	职称＼年龄	合计	其中（女）	25 岁以下	26—30 岁	31—35 岁	36—40 岁	41—45 岁	46—50 岁	51—55 岁	56—60 岁	60 岁及以上
小学	合 计	3597	1686	1184	576	189	197	327	245	509	369	1
	中学高级	8	6			2	3	1	2			
	小学高级	1807	479		100	156	183	314	235	487	331	1
	小学一级	816	499	289	423	27	8	11	6	21	31	
	小学二级	547	391	495	46	2	1				3	
小学	未 评	419	311	340	7	2	2	1	2	1	4	
	其中（女）	1686		892	369	83	86	110	56	90		
	少数民族	53	20	19	5	4	3	2	6	9	5	
初中	合 计	1815	588	308	452	339	246	205	114	112	38	1
	中学高级	390	47			17	86	130	83	61	13	
	中学一级	608	169	1	76	255	157	68	24	20	7	
	中学二级	574	220	81	364	67	3	5	6	29	18	
	中学三级	8	6	5	2			1				
	未 评	235	146	221	10			1	1	2		
	其中（女）	588		197	196	90	55	33	8	9		
	少数民族	28	11	6	7	4	5	5			1	
高中	合 计	818	310	107	276	139	105	127	49	12	3	
	中学高级	239	41			16	46	118	47	10	2	
	中学一级	255	103		78	109	57	8	2	1		
	中学二级	281	136	73	190	14	1	1		1	1	
	中学三级	13	9	5	7		1					
	未 评	30	21	29	1							
	其中（女）	310		72	132	52	29	18	4	3		
	少数民族	11	4	2	1	2		5	1			

（刘济清）

〔师德师风建设〕 2010 年，市教育局坚持把师德师风建设放在教师队伍建设的首位，常抓不懈。一是进一步加强师德教育，在全市中小学积极开展了“学习焦裕禄精神”主题教育实践活动，印发了《关于开展“学习焦裕禄精神，争做新时期焦裕禄式党员干部” 主题教育实践活动的实施意见》（康教党字〔2010〕 3 号），召开了“学习焦裕禄精神，争做新时期焦裕禄式党员干部” 主题教育实践活动动员大会，扎实开展好“八个一”活动，即看《焦裕禄》这一部电影，读《县委书记的榜样——焦裕禄》这一篇文章，开展一次焦裕禄精神集中宣讲，一次“红色歌曲大家唱”活动，一次党员干部与困难职工“一对一帮扶”活动，一次学习焦裕禄精神征文和演讲活动，一次助妇女创业就业与廉内助培训活动，一次焦裕禄精神大讨论活动或专题辩论活动。二是积极深入推进廉政文化进校园活动，

5月下旬,在赞贤小学召开了"全市教育系统廉政文化建设示范点现场会",12月下旬,率先在全市建成了"南康市教育系统廉政教育基地",该基地文字、图片、实物相结合,成为全市教职员工师德师风教育、教育系统反腐倡廉警示教育的重要基地。三是印发了《进一步加强师德教育和法制教育的意见》,提升教师思想道德素质和法制意识。四是印发了《"学法规、强师德、树形象"主题教育活动实施方案》,进一步深化师风、教风、校风和行风建设。五是开展了"优秀教师"、"优秀班主任"和"优秀教育工作者"评选活动,市政府表彰了优秀教师55人,优秀班主任40人和优秀教育工作者35人。

(刘济清)

〔**教育督导**〕 5月,市委、市政府对市直机关进行机构改革,决定"市政府教育督导室由与市教育局合署办公调整为在市教育局挂牌"。2010年,督导室根据上级督导部门的统一部署,继续开展了"中小学素质教育示范校"、"义务教育合格学校"督导评估,并推荐龙华中心小学参评全省"素质教育示范校",推荐隆木中学等21所中小学参评赣州市"义务教育合格学校"。经赣州市评估,隆木中学、坪市中学、横市中学、三江中学、朱坊中学、浮石中学、三益中学、内潮中学、龙回中学、王村初中、第三中学、第六中学、实验小学、第一小学、第二小学、第五小学、第六小学、赞贤小学等18所中小学被评为赣州市"义务教育合格学校"。督导室还加强了督学队伍建设,对5个督学责任区12位督学进行了培训,组织督学进行了"中小学课程设置"专项督导、"学生分流去向"专题调研。

(刘济清)

〔**教育综合评估**〕 抽调教育局部分机关干部及教育督导评估专业人才库成员,分成5个组,对全市各中小学校的"办学思想、领导班子建设、师资队伍建设、学校工会工作、学校管理、教育管理、教学管理、教育宣传、安全稳定、电教仪器青科辅"等十个方面进行评估检查,评定出南康中学、第二中学、职业中专、第三中学、第六中学、龙岭中学、龙回中学、朱坊中学、唐江红旗学校、镜坝中学、横市中学、坪市中学、峨嵋初中、大坪中学、隆木中学、第一小学、逸夫小学、第二小学、龙华乡小学、赞贤小学、龙回镇小学、第六小学、第五小学、龙岭镇小学、十八塘乡小学、坪市乡小学、隆木乡小学等27所学校为"2009~2010学年度综合评估先进单位"。

(刘济清)

〔**教育审计**〕 2010年教育审计工作坚持"依法审计、服务全局"的审计方针,结合教育局2010年工作思路和群众关注的热点问题,认真履行审计监督职能,全面开展了学校离任法人任职期间经济责任审计工作。全市共审计16所学校,涉及2009年1月1日~2010年8月31日会计资料,审计各项收入资金人民币3479万元(其中专项资金2045万元)。通过审计进一步规范了学校的财务收支行为,督促学校健全完善财务制度,确保了公用经费主要用于教育教学开支;向教育局提交汇总审计报告1份,提出建议和设想3条。

(刘济清)

〔**网点调整**〕 2010年,教学网点布局继续坚持"注重现实、科学规划、因地制宜、分步实施、适度超前"的原则,在保证提高义务教育普及程度的前提下,按照《南康市进一步优化农村小学教学点的实施方案》要求,稳步推进中小学网点布局调整,撤并农村小学教学点11所。加强农村中心小学和联办完小建设,农村小学布局更趋合理,资源更为集中,办学效益更高。新建南水中学,为初中股级学校,校址位于东山街办南水新区南山大道以北、挹翠路以南。

(刘济清)

〔**德育工作**〕 2010年,学生思想道德建设成效显著。一是完善了学校、家庭、社会三位一体德育网络建设,创新了德育教育机制,学校初步构建了"政教处——年级组——班主任——团队组织"相衔接的德育管理体系。二是加强了德育工作队伍建设,通过选送班主任参加江西省骨干班主任培训,举办南康市首届班主任技能竞赛,组织教师参加赣州市学生心理健康辅导培训等活动,提高了班主任对德育工作的理论修养和实践能力。三是德育教育活动精彩纷呈,启动了"学道德规范 做文明市民"未成年人思想道德建设主题教育活动,持续开展法制教育,开展了"守规范·讲文明"、创新感恩教育年、社会主义核心价值观教育、“爱我新赣州”市情教育、“绿色南康在行动”环保教育等主题教育活动，中小学德育工作和常规管理得到全面加强。2010年，邀请市关工委“五老”报告团成员到中小学校进行巡回报告，听课师生、家长达2.3万人次。聘请法制副校长72人，举办法制讲座108场(次)，开展普法宣传活动80余次。注重提高家庭教育水平，先后邀请家教专家到学校举办专题讲座11场，2543名家长得到家庭教育方面的指导。继续实施进城务工农民子女接受义务教育优惠政策，关注特殊学生群体，大力实施“留守孩”关爱工程，未成年人思想道德建设取得了较好成绩。全市涌现出省级三好学生28名、优秀学生干部6名、优秀学生1名，赣州市级三好学生157名、优秀学生干部52名。

（刘济清）

〔**教育经费和中小学收费**〕 1、预算内教育经费财政拨款比上年增长，且增长比例高于财政经常性收入增长比例的1.5%。2010年预算内教育经费拨款33607万元，比上年28746万元增加4861万元，增长16.9%；2010年财政经常性收入27039万元，比上年26302万元增加737万元，增长2.8%；2010年预算内教育经费拨款增长比率高于2010年财政经常性收入增长比率14.1个百分点。

2、继续深入贯彻义务教育经费保障机制改革。2010年，市教育局继续深入贯彻义务教育经费保障机制改革。义务教育学校学生免收学杂费、课本费和住宿费，全面取消借读费，真正实现了小学、初中阶段学生免费接受义务教育。提高了公办义务教育学校公用经费补助标准：小学每生每学年达400元（不满100人的教学点按100人补助)，初中每生每学年达600元；继续补助民办义务教育学校学生学杂费；提高了义务教育学校贫困寄宿生生活费补助标准：小学每生每学年达750元，初中每生每学年达1000元；对全市义务教育学校学生(含民办)免费提供教科书。

3、切实规范教育收费行为。严格执行收费政策，从2009年春季起，义务教育学校开学收费只能收取空白作业本费，落实了收费公示制度，学校所有收费实行“收支两条线”管理。

4、圆满完成教育“民生工程”各项目标任务。

(1)完成了2010年义务教育阶段公用经费和学杂费补助工作。春季补助公用经费111729人，补助金额2005.775万元，免学杂费人数2756人，补助金额31.912万元，合计补助114485人，补助金额2037.687万元；秋季补助公用经费117279人，补助金额2130.065万元；免学杂费人数2940人，补助金额34.06万元，合计补助120219人，补助金额2164.125万元；2010年全年提标补助金额1366.36万元；全年合计补助5568.172万元。

（2）完成了义务教育阶段中小学校免费提供教科书工作。春季免教科书人数114383人(其中小学80254人、初中34129人)，补助金额557.42万元；秋季免教科书人数120225人（其中小学81861人，初中38364人)，补助金额654.39万元，全年合计补助金额1211.81万元。

（3）完成了义务教育阶段家庭经济困难寄宿生生活费补助工作。春季补助人数4354人(其中小学867人，中学3487人)，资助金额152.44万元；秋季补助人数4354人(其中小学867人，初中3487人)，资助金额152.44万元；2010年提标补助人数4354人(其中小学867人，初中3487人)，提标补助金额108.85万元。全年合计补助金额413.73万元。

(4)完成了2010年普通高中贫困生的政府资助工作。春季资助人数为1336人，资助金额53.44万元；秋季资助人数1336人，资助金额53.44万元；秋季提标资助人数1336人，资助金额46.76万元；秋季扩大资助面，扩大资助人数1335人，资助金额100.125万元。全年资助金额合计253.765万元。

(5)完成了2010年高考入学贫困学生政府资助工作。实际资助人数559人，资助金额279.5万元。

(6)完成了2010年中等职业学校家庭经济困难学生的国家资助工作。春季资助人数为1378人，资助金额103.35万元；秋季资助人数为607人，资助金额45.525万元。全年资助金额合计148.875万元。

（7）完成了公办中小学校国有土地证办理工作。共办理国有土地证371份。

(8)做好了代课教师的安置工作。一是核定编制，配足教师，本年度补充新教师394人；二是严禁新增代课教师，专门下发文件要求各级各类学校未经教育局批准不得聘用新的代课教师；三是妥善解决现有代课教师的实际困难，对现在岗的代课代工人员,根据有关文件精神,通过办理养老医疗保险或给予一定经济补偿的方式逐步给予辞退,但因代课代工人员身份及教龄(工龄)认定难及维护社会稳定需要等因素，安置工作还在逐步进行。

(9)完成了2010年秋季中等职业教育的招生工作。2010年秋季中等职业教育实际招生3165人,普通高中计划招生3850人,中等职业招生占高中阶段招生的比例实际完成45.21%。

(10)建设好了一所示范性中等职业学校。

(11)完成了撤并教学点目标任务。2010年全市应撤并教学点数10所,实际撤并数11所,完成了应撤并数的110%。

(12) 完成了义务教育合格学校建设工作。2010年全市共有18所义务教育学校通过了赣州市人民政府教育督导室的考核评估。

(13)办好了一所特殊教育学校。

(刘济清)

〔**党的建设**〕 2010年，市教育局党委设书记1名、副书记1名,党委委员3名,管辖基层党组织22个。共有正式党员686名,预备党员25名,入党积极分子24名。

一年来，教育局党委认真组织学习宣传十七大和十七届五中全会精神,以开展“学习焦裕禄精神,争做新时期焦裕禄式党员干部”主题教育实践活动为抓手,以深入开展创先争优(“三送”)活动为着力点,开展了“提升质量年”活动、“创业服务年”活动、“机关效能年”活动、“师德师风建设年”活动、“廉政文化进校园、进机关”活动、“党的基本知识进校园”活动和建党89周年、建国61周年纪念活动,积极探索基层党建工作方法和途径。市教育局党委被南康市委评为“2010年度党建工作一等奖”,被南康市委宣传部评为“2010年度全市宣传思想工作先进集体”、“2010年度全市新闻报道工作先进集体”、“2010年度全市网络宣传工作先进集体”。

(刘济清)

〔**宣传信息**〕 2010年,全市教育宣传信息工作紧紧围绕南康市教育工作的中心和重点，大力宣传党和国家的教育方针政策，宣传南康教育改革和发展取得的新成就，积极为南康教育改革和发展营造良好的社会舆论环境。

一是继续完善了信息宣传、信息公开、舆情管理、城域网管理的各项规章制度。二是调整了教育宣传信息工作领导小组人员，进一步健全了全市学校宣传队伍。三是努力做好《南康教育》、“南康教育网”、“效能简报”、“提升质量年活动简报”和“创业服务年活动简报”——“一刊一网三简报”的信息编辑工作。2010年,编辑《南康教育》和三类简报各12期,并呈送市四套班子主要领导和分管领导阅览;网站政务工作信息公开300多条,编辑刊登学校工作动态信息800多条。四是积极与省、赣州市教育主管部门沟通,针对信息热点组稿、选稿,及时报送工作信息。2010年在各级新闻媒体、刊物刊登教育信息共计705篇，其中国家级21篇,省级63篇,赣州市级232篇,南康市级389篇。五是为确保信息上报数量、质量,实现信息报送的“三个贴近”,注重抓好基层通讯员队伍建设,3月份举办了“宣传信息暨公文写作人员培训班”,参训人员120多人。六是继续发挥教育城域网作用,完善了“南康市安全台帐管理系统”、“中考网上报名系统”、“小考网上报名系统”、“人事调动程序”、“收、发文登记程序”等有关应用管理软件。

(刘济清)

〔**学校安全**〕 市教育局始终把学校安全工作摆在教育事业发展的首要位置,坚持“安全第一、预防为主”的理念,注重教育与管理并重,有针对性地开展了一系列安全教育活动和安全隐患排查整治行动,取得了可喜的成绩。一年来,杜绝了学校安全责任事故和重特大事故的发生，一般事故大幅下降,学生意外死亡人数降至最低,确保了教育系统安全稳定。

一是狠抓安全教育,增强安全防范意识

1、深入开展“中小学防溺水宣传教育月”活动。5月至10月,市教育局开展了为期5个月的“中小学防溺水安全教育专项活动”,实现了“增强学生安全意识,提高学生自救能力,防范学生溺水事故的发生”的目标。各级各类学校结合各自实际,开展了报告会、演讲比赛、征文比赛、宣誓签名活动等多种形式的主题教育活动,成效显著。

2、切实上好“开学安全第一课”。各校将新学期开学第一课列为安全教育课。利用安全教育课，向学生传授防雷、防洪、防山体滑坡、防传染病、防食物中毒等安全知识，提高学生安全防范意识和能力；开学第一周开展了应急疏散演练。

3、积极参加食品卫生知识竞赛活动。10月，市教育局会同市食品药品监督管理局，组织全市学校食堂管理人员参加“全国餐饮服务食品安全知识竞赛”。通过该活动的开展，进一步加大了食品安全知识宣传力度，使全市学校食堂管理人员了解掌握了食品安全知识和相关法律、法规，增强了食品安全意识，提高学校食品安全管理水平。

4、认真组织中小学生安全知识竞赛。11月，市教育局按照《2010年全省中小学生安全知识竞赛赣州赛区实施方案》的要求，组织全市小学3—6年级、初中1~2年级、高中1~2年级所有学生，开展了中小学生安全知识竞赛，纸质考试参赛率100%，优秀率73%；组织22021人参加了网络考试，平均分77.33分。通过开展知识竞赛，全面普及了学生安全知识，提高了学生安全意识，增强了安全防范能力。

二是强化安全管理，减少安全事故的发生

1、建立健全学校安全管理制度。市教育局借鉴外地经验，结合实际，对学校安全工作的各种制度、预案进行了规范，制订了《南康市学校安全工作管理规范》，从组织领导、日常监管、管理责任、应急救援四个方面对学校安全工作体系提出了具体要求；对学校日常安全管理工作逐项逐条进行了细化；结合气候特点，明确了不同季节学校安全教育的主要内容；规范了门卫管理、安全检查防范、值班巡逻管理等八个学校安全管理制度。

2、创新安全台帐管理模式。完善“学校安全隐患台帐网络管理系统”建设，对学校安全隐患、安全事故进行电脑登记、网络直报、在线统计，自动生成安全台帐，对学校安全隐患全面、实时、动态监控，安全事故及时上报，第一时间妥善处置，学校安全管理实现信息化和网络化，提升了安全管理效能。2010年，该系统被省教育厅进一步开发完善后，在全省教育系统推广使用。

3、大力排查整治学校安全隐患。2010年，市教育局组织开展了校舍安全大排查、学校食堂卫生安全大排查、幼儿园接送车辆安全使用状况大排查、托幼机构安全隐患专项整治行动。一年来，全市共排查学校安全隐患312个，整治安全隐患256个，下发整改通知单56份。

4、积极开展校园及周边环境集中整治行动。3月和9月份，组织全市学校各开展了一次校园及周边环境集中整治行动。6月份，开展了高考环境集中整治行动。针对唐江镇坳里小学旁边山体滑坡的问题，争取市政府资金85万元，对该校实行整体搬迁；针对浮石莲洲小学屋面木料霉烂、人字梁断裂问题，争取市政府50万元专款重建学校；针对唐西店前小学没有校门和围墙、周边社会治安情况复杂的现状，争取市政府资金10万元为其新建了校门、围墙。

三是突出工作重点，加强学校安全保卫工作

1、行动迅速。5月3日，全国、全省、全市综治维稳工作电视电话会议结束后，市教育局迅速行动，5月4日召开了全市中小学、幼儿园安全工作会议，下发了《关于进一步加强中小学、幼儿园安全保卫工作的紧急通知》(康教字〔2010〕82号)，对学校安防设施情况进行摸底。5月8日，再次召开城区40多家幼儿园园长会议，并组织全市各级各类学校开展了安全隐患排查整治行动。5月11日，召开了“中小学、幼儿园安全工作调度会”。

2、明确责任。市教育局下发了《关于进一步明确学校安全工作责任和监管责任的的通知》，进一步明确了领导小组成员安全工作职责，要求学校建立和完善安全工作责任制，将责任层层分解，落实到每一个处室、每一个教职工，形成全体参与、全员管理、纵向到底、横向到边的责任体系。严格落实责任追究制，对因管理不到位或监管不力导致学校发生安全责任事故的，将追究相关人员的责任。

3、强化督查。5月5~7日，市教育局组成7个督查小组，由局领导带领挂点干部，分片检查，深入到每一个中学、中心小学和部分村小、幼儿园，开展专项督查活动。对各校是否及时传达会议、文件精神，是否及时召开专题会议研究部署，是否落实安全保卫措施，是否开展安全隐患排查，是否提出整改意见，是否及时整改到位，是否开展安全演练活动等情况进行督查。5月11~13日，市教育局会同城区中心小学、市属小学对城区民办幼儿园开展了安全工作督查，共下发整改通知单48份；乡(镇)政府组织中心小学对农村民办幼儿园开展了安全工作督查，共下发整改通知单268份。5月13日起，市教育局再次组成7个检查组，分片开展第二轮督查工作。

4、完善制度。一是健全中小学、幼儿园门卫制度,严格实行外来人员盘查验证登记,禁止无关人员和校外机动车进入,禁止将易燃易爆、管制器具等危险物品带入校园;上课期间,及时关锁校门,实行封闭管理。二是落实值班制度,在上学、放学时段安排教师组成护卫队到校门口值守,有秩序地引导、护卫学生和幼儿进出校门。三是严格实行每日巡查制度,严禁滞留外来人员。四是落实教育、培训制度,充分发挥法制副校长的作用,有针对性地加强安全教育和培训。

5、加强安保。各中小学、幼儿园聘请身体健康、素质较高、能胜任校园保卫工作的人员为保安员,并为其配好保安制服、警棍等。学校、幼儿园还组织教师,成立校园护卫队,在课间、休息时间、夜晚巡视校园。市委政法委拨款5000多元,为全市中小学、幼儿园配备综治治安员红袖标2500个。市政府安排专项经费285.105万元,为全市中小学配备专职保安286人、安装视频监控系统70套、购买保安服286套、警棍415根,其中:专职保安按每人每年1万元补助并列入每年的财政预算,视频监控系统每校补助2万元。

(刘济清)

〔**教育工会**〕 教育系统工会下辖基层工会79个,工会干部121名,会员6857名,其中女会员2762名。

教育工会认真组织学习党的十七大精神,以科学发展观为指导,积极响应市委、市政府开展争先创优活动的号召,结合工会重点工作目标,全面开展了各种有益于教工身心健康和学校和谐发展的活动,并取得了优异的成效。

一是发挥工会职能,强化民主管理。全市各级各类学校坚持教代会制度,凡重大事项,均由教代会讨论通过。学校的政务、财务、评优、晋级等重大事项公布于众,接受教工监督。

二是办好维权好事实事。2010年,教育基层工会累计为教师办理维权实事60多件,扶助困难教师及慰问离退休教工800余人次,发放慰问金20多万元。

三是继续深入开展工会工作"四个一"活动。全市中小学校常抓不懈、成效显著,涌现出了一批先进集体和先进个人。平田中心小学被评为省先进集体;麻双中心小学张万胜被评为省先进个人;市教育工会被评为赣州市先进集体;第五小学被评为赣州市先进集体,市幼儿园赖瑛被评为先进个人;教育局刘乘波局长被评为支持"四个一"活动的优秀党政领导,教育局刘九生被评为蹲点工作先进个人。

四是完成全年重点工作任务名列前茅。经市总工会和相关部门评定,教育系统工会获全市工会重点工作综合奖一等奖,宣教工作先进单位奖,互助保险工作先进单位奖,教育局谢启洪同志获先进个人奖;教育工会组队参加全市"庆五一"拔河比赛荣获冠军。9至10月,组织全市教师参加由市总工会组织举办的"岗位练兵,岗位成才"粉笔字比赛活动,从选拔赛到决赛,1000多名教师参加了活动,涉及面广,成效杰出,意义深远。

12月中旬,教育工会推举郭秀华等16名同志参加了市第三次工会代表大会。

(刘济清)

〔**教师在职进修**〕 2010年,全市中小学教师和教育干部培训工作以科学发展观为指导,不断创新师资培训工作思路,加强师资培训工作力度,全年累计培训教师和教育干部达10000人次以上,提高了广大中小学教师和教育干部的整体素质。

一是借助远程平台,做好教师继续教育工作。根据省中小学教师远程培训中心的统一部署,组织全市6503名中小学教师参加继续教育远程培训,参训率达100%,网上远程培训率达66%,教师上网培训人数逐年上升。

二是重视教育干部培训。举办了第十七期小学校长任职资格培训班,培训小学校长28人;选派了2人参加省第18期高(完)中校长提高班,1人参加省第28期高(完)中校长任职资格培训班,1人参加省第三期高中校长高级研修班,44人参加赣州市中学校长暑期培训班,50人参加"2010年教育部-中国移动中小学校长远程培训班"。

三是采用"名师引领、专家讲座","走出去、请进来"方式做好教师专题培训工作。聘请美籍教师进行小学英语教师培训,培训教师68人;依托培训机构,培训中小学班主任53人,小学校长28人;邀请省特级教师、学科带头人送教上门培训,培训中小学教师1760人。

四是加强学历提高培训。与西南大学等高校

开展联合办学,举办了中小学教师学历提高培训。2010年在籍学员662人,其中,专科102人,本科560人;2010年毕业学员30人,其中,本科26人,专科4人。

（刘济清）

〔**教育科研**〕 *课题研究*　2010年全市新增立项课题省级21项,其中重点课题3项;新增设区市级课题57项。新结省级课题8项,设区市课题20项。现全市共有在研课题447项,其中省级153项、设区市级294项;现已结省课题52项,设区市课题63项。全市课题研究蔚然成风,一大批中青年教师在课题研究中成长为教学骨干,科研成果正在教育教学实践中发挥效益,学校科研氛围愈来愈浓厚。

教研活动

1、以市教研室为龙头,积极组织开展系列学科教研活动。

(1)3月30日至31日举行了全市小学首届英语教学优质课竞赛,评出一等奖4名,二等奖6名。

(2)4月27日举行了全市小学教师听课、评课竞赛活动,评出一等奖45人,二等奖90人,有8所学校获得团体奖。

(3)5月20日举行了全市小学语文、数学学业评价试卷评比活动,评出一等奖182份,二等奖188份。

(4)5月28日举行了全市初中英语复习教学设计比赛,共评出一等奖18篇,二等奖27篇。

(5)10月12日、13日召开了全市中、小学教学工作会议。

(6)9月29日举行了全市初中数学中年教师优质课比赛,评出一等奖3人,二等奖3人。

(7)10月26日召开了全市小学数学"解决问题"教学研讨会。

(8)10月27日举行了全市初中语文青年教师优质课比赛,评出一等奖3人,二等奖3人。

(9)11月5日举行了全市小学语文识字写字教学研讨会。

(10)11月30日举行了全市小学英语会话教学研讨会。

(11)12月7日至9日举行初中教学管理者听课、评课竞赛活动,评出一等奖133人,二等奖133人。

(12)2月18日举行全市"我与课改同成长"教学常规系列活动之一——小学教师"教材·教法·课标"考试,评出一等奖50人,二等奖75人。

2、以片内互动为平台,实现优质教育资源共享。

2010年全市小学设以实验小学为龙头的城区片、以逸夫小学为龙头的东片、以第二小学为龙头的南片、以红旗学校为龙头的中片、以横市中心小学为龙头的北片5个片区;初中设以五中为龙头的西华片、以三中为龙头的南片、以红旗学校为龙头的唐江片、以凤岗中学为龙头的凤岗片、以横市中学为龙头的横市片5个片区。

各片区本着"交流共研,各铸特色"的教研理念和"一年一个主题,一片一个特色,一校一个品牌"的工作思路,遵循"问题集中——课例带动——群体研讨——资源共享"的原则,确立以教师发展为中心,以主题活动为主线,以片内互动为形式,以片区整体提高为目的,采取以点带面、重点突破、逐步推开、滚动发展、带动全局的工作方法,组织开展校际会课、问题会诊、教学互访等主题性教研活动,达到"联校教研、区域管理、协作攻关、典型引路、整体联动、区域推进"目的,有力地促进全市教学教研的均衡发展。

3、以城乡联动为纽带,解决山区学校校本教研疑难

全市城区学校与边远山区学校通过"结对子"、"一帮一"、"一帮二"等形式,依托城区学校的人力资源、物力资源和信息资源,解决山区学校的"专业引领"问题;依托名师,通过师徒结对,解决教师专业成长问题;依托课题,同质合作,解决教学中的疑难问题。城区学校与农村学校"联姻"、联动,达到校际间资源共享,优势互补的目的。

4、以学校教研组为基础,扎实开展教研活动

全市各校精心制定了校本教研计划,充分利用每周的教研组活动时间,扎扎实实地开展教研活动。通过"集体备课——上课——听课——说课——议课——沙龙式研讨"等形式,让更多的教师参与到教学研讨活动中来,增强了教研活动的实效性,提高了教师的课堂教学水平。如逸夫小学的"教研沙龙""同课异构"活动开展得有声有色;第二小学结合本校实际,确立以"活动为载体,向活动要成效"的基本策略,围绕"有效课堂"开展了

“三课”(推门常态课、师徒结对课、骨干教师示范课)、“六勤”(勤听课、勤上课、勤评课、勤跟课、勤反思)、“五个一”(每周一次教研活动,每次提一个教学问题,每一课有自己的教学反思,每人上一节公开课或研讨课,每学期交一篇经验总结)等活动。第五小学的教研活动做到“三有”(有时间,有内容,有质量);十八塘中心小学开展“读书节”、“主题教学节”、“一课多上”等系列活动;唐江红旗学校开展“四评四赛”活动(即书香教室评比、文明中队评比、教学设计评比、激励性评语评比、听课评课比赛、书画比赛、远程教育资源设计比赛、语数学科竞赛)。中学学科教研组重在立足学校实际问题开展教研活动,实效性明显。如第三中学开展初中毕业班课堂教学高效活动,第五中学开展学科教师新课程教学基本素养竞赛活动,第六中学开展以提高学生良好学习习惯以促进学生学习效率的活动,中英文学校开展编写校本学案促进课堂教学质量的活动等。这些活动的开展有效地促进了教师业务水平的提高。

教研成果　1、4月,市教研室被评为“江西省第五届教研系统先进教研室”,这是自文革结束恢复教研室以来连续第五次获得这一荣誉;市教研室温圣岩主任被评为“江西省教研工作先进工作者”。

2、11月,在“江西省基础教育课程改革经验交流会”上,市教研室主任温圣岩作为全省教研系统唯一代表在会上作了《“四线三课”型校本教研促进农村学校课程改革》的经验介绍。

3、12月,在江西省第二届中小学(幼儿园)教学科研优秀成果评选中,市教研室黄瑞英老师被评为“江西省第二届教学科研先进个人”;市逸夫小学吴明丽老师的《小学生心理健康教育“本土化”研究与实践》和市教研室黄瑞英老师的《中学数学课堂主体性学习方式的实验研究》获“江西省第二届教学科研成果”一等奖;市教研室龙敏老师的《农村中学教师教学法理念现状调查与研究》和第三小学罗宏斌老师的《新时期小学实施“伙伴教育”初步研究》获“江西省第二届教学科研成果”二等奖。

4、12月,在赣州市“十一五”教育教学科研成果评选中,南康中学、第五中学、逸夫小学评为“赣州市教育教学科研先进单位”;市教研室张飞、第二中学肖中、第三中学钟义平、实验小学游长禄、第二小学陈小贞、横市中心小学明邦东被评为“赣州市教育教学科研先进个人”;市教研室温圣岩的《“四线三课”型校本教研——教师专业成长的有效范式》、市教研室张飞的《农村小学有效校本教研方式的探索与实践》、第三小学温庆红的《“扬中华经典　建书香校园”的策略研究》获教育教学优秀成果一等奖;第二中学肖中的《高考语文现代文阅读试题的研究与反思》、第五中学申继鹏的《“写、议、改、补、记”五位一体集体备课》、第二小学罗诗伟、陈小贞的《小学生诚信教育的实践研究》、中英文学校罗太法的《“赏——仿——创——改——评”个性化作文模式的实践与研究》获教育教学成果二等奖。

5、在江西省“新世纪课改十周年征文”中,南康市获一等奖4篇,二等奖24篇,三等奖19篇。

6、在江西省第二届教研系统调研报告评选中,市教研室获一等奖1篇,二等奖4篇,三等奖1篇。

7、据不完全统计,2010年全市教师发表论文363篇,其中国家级36篇,省级314篇,设区市级13篇。

8、2010年,全市有22名教师在赣州市级以上教学业务竞赛中获奖,其中国家级二等奖1人,省二等奖2人;设区市一等奖10人,二等奖8人,三等奖1人。

9、在初、高中数学、物理、化学、英语、生物等学科竞赛中,全市有509名学生获设区市以上奖励,其中全国一等奖5人,二等奖20人,三等奖62人;省级一等奖53人,二等奖65人,三等奖86人;设区市一等奖69人,二等奖72人,三等奖77人。第三中学和红旗学校在初中化学竞赛中分别获赣州市团体一等奖和团体二等奖。

(刘建平)

〔**勤工俭学**〕　勤工俭学以“服务”为宗旨,认真做好校服、作业本的征订、“学平险”的推行工作。大力推进素质教育,发挥创收与育人的双重作用。根据上级主管部门的要求,在学校创办小商店、小菜地、小食堂,为推进素质教育提供劳动实践场所。

(刘建平)

〔**校舍建设**〕　2010年,全市筹集校建资金7280.84万元,其中中央补助资金2494.6万元,省级补助资金754.94万元，县级补助资金271.5万元，市城镇教育费附加3004.5万元，城市维护费710.3万元，获社会捐助资金45万元。新改建校舍面积43746平方米。其中新建南水中学、特殊教育学校、红旗学校、第一小学、峨嵋初中、逸夫小学、龙岭中心小学、龙华中学、赤土杏花小学等学校10栋校舍，建筑面积20771平方米；实施教师居住工程，新建龙华中心小学、横市中心小学、浮石中学教工宿舍3栋，建筑面积3879平方米；实施“大班化小班”工程，新建第五小学教学楼1700平方米；拆除重建浮石江口小学、浮石莲洲小学2所学校，重建面积1280平方米；唐江镇平田片坳里小学整体搬迁，迁建校舍面积860平方米；实施中西部农村初中校舍改造项目2个，投入资金640万元；实施农村中小学校舍维修改造项目，投入资金726.6万元。

（刘建平）

〔**校安工程**〕 中小学校舍安全工程实施一年来，在中央、省、市校安办正确指导下，全市高度重视，强化措施，精心组织，科学规划，稳步推进，中小学校舍安全工程取得了阶段性成效。7月12日，全省中小学校舍安全工程规划调整与完善工作会议召开后，全市及时组织人员结合排查鉴定情况对工程规划进行了认真核对，确保了工程规划数据与鉴定报告数据的一致。同时，根据省校安工程“五年规划，二期建设”的安排，按照突出重点、分步实施（即前三年重点解决全市中小学急需改造的整体出现险情的D级危房重建问题，并达到综合防灾的要求；后两年解决剩余D级危房重建、C、B级危房维修改造问题，五年内基本消除现有中小学校舍安全隐患，并达到综合防灾要求）的原则，完善了校安工程总体规划和年度实施计划，经市政府审定后上报了省校安办。11月9日，全省校安工程网络版数据录入工作培训布置会召开后，召开了全市校安工程网络版数据录入工作培训会，对学校信息技术人员及系统操作人员进行了培训。至12月底，全市校安工程网络版数据基本完成了352所中小学校的数据录入，包括：352所学校的详细信息、1760张校园图片、352张校园平面图、352部校园视频、7744张校舍图片、1936部校舍视频及其排查鉴定规划信息。

（刘建平）

〔**中小幼教育**〕 *小学教育*　全市共有小学297所（含教学点），教学班2048个，在校学生81826人。适龄儿童入学率100%，在校学生巩固率99.98%，应届学生毕业率100%。

中学教育　全市省级优秀重点普通中学3所，初级中学36所，九年一贯制学校2所（唐江红旗学校、新世纪中英文学校），教学班902个，其中高中236个，初中666个；在校学生51302人，其中高中生12938人，初中生38364人。初中三年保留率99.12%，高中在校生巩固率97.99%。

幼儿教育　全市共有公办、民办幼儿园220所，其中公办1所，市级示范园1所，县级示范园11所，经教育局或乡镇政府、街道办事处批准登记141所。3~5岁幼儿39604人，在园幼儿30528人，学前一年入园率90.2%。幼儿园教职工1388人，其中园长208人，专任教师937人，保育员87人；高中以上学历1066人。获得幼儿及以上教师资格612人。

特殊教育　2010年，开设一、二、四、六年级，招收听障学生36人，听语障碍班学生的素质与能力得到全面提高。普通中小学“随班就读”工作得到进一步落实，全市残疾儿童少年入学率为91.91%，实现了残疾儿童少年与正常儿童少年同步接受义务教育的目标。全市特殊教育基本形成了“以随班就读为主体，以特殊教育学校为骨干”的格局。

素质教育　南康市是全省十八个素质教育实验县（市）之一，2010年，实施素质教育的力度不断加大，高中、初中、小学全面实施新课程改革，教学质量稳步提高。小学继续实施“等级+特长+鼓励性评语”学业测评办法，开展“创新教学改革”实验，全市小学三年级以上年级开设英语课和信息技术课。2010年中考，全市700分以上236人，650分以上1332人，综合成绩连续15年居赣州市前列。2010年高考成绩继续保持赣州市领先地位，参加高考6555人，比2009年减少753人，一本上线人数725人，占赣州市的17.56%；二本以上上线人数2089人，占赣州市的17.03%，一本、二本上线人数及万人比连续11年居赣州市第一。

素质教育成绩显著。在2010年全省中小学“素质教育月”活动中，第三中学、第六小学荣获先进单位。在全省普通高中学生综合实践活动竞赛中，南康中学荣获团体奖。在第二届江西省中小学校园集体舞比赛中,第三中学、实验小学荣获三等奖。在江西省中学运动会中,南康中学代表队荣获团体总分第二名。在赣州市第八届"英东杯"中小学幼儿园文体竞赛活动中,南康市体育代表队获田径赛团体总分第一名,包揽了高中、初中、小学三个组别的第一名,南康中学女篮荣获第一名,男篮荣获第二名。文艺节目展演中,南康中学《病床前的合影》获高中组校园剧一等奖,《校园华尔兹》获高中组校园集体舞二等奖,第二中学《两地曲》获高中组声乐一等奖,第三中学《青春旋律》获初中组校园集体舞一等奖,第五中学《我们班的乡下同学》获初中组校园剧二等奖,第一小学《爱星满天》获小学组声乐二等奖,市幼儿园《永远的映山红》、《红歌联唱》获幼儿组文艺节目二等奖。

4月24~25日,南康市第十五届中小学生文艺调演在市影剧院举行。文艺调演由市教育局主办、实验小学承办,全市共有12个代表队,260名演员参加。实验小学等12所学校被评为"优秀集体",《祖国你好》等30个节目被评为"优秀节目",张书琴等12人被评为"优秀导演",谢宝琰等120人被评为"优秀演员"。

10月16~17日,南康市第十六届高中学生篮球赛在南康中学体育馆举行。南康中学、第二中学、唐江中学、市职业中专4所学校参加了男、女队的比赛。南康中学、第二中学、唐江中学分别获得男女组别的第一、二、三名。

11月13~14日,南康市"新华杯"第十六届中小学生田径运动会在南康中学举行。运动会由市教育局和体育局联合主办,实验小学承办,市新华书店、南康中学协办,全市共有36个代表队,371名运动员参加63个项目的比赛。共有1人1项破江西省中学生纪录,3人2项破赣州市同组别纪录,8人6项破南康市同组别纪录;张财梅等390人次获学生个人奖;曾臻等25人被评为优秀指导教师;南康中学、第三中学、第一小学等18所学校荣获团体总分奖;特殊教育学校荣获体育道德风尚奖。

(刘建平)

〔**社会力量办学**〕 全市社会力量办学机构222所,其中学前教育机构219所,在园幼儿30076人;中小学1所(新世纪中英文学校),在校生2946人;中等职业学校2所(南康市电子工业学校、南康市科汇技工学校),开设了电子技术应用、电子电工、计算机应用、电子空调等专业,在校学生960人。

(刘建平)

〔**实验教学**〕 1、加大投入,强化教育技术普及和推广力度,提升装备水平。2010年投入116余万元为横寨中学等7所学校装备了计算机教室,为镜坝连城初中等8所学校装备了多媒体教室,为部分学校添置和更新计算机等教学设备。

2、积极向上引资,2010年取得省实验室建设专项资金为龙回中学、朱坊中学、平田中学建设标准化实验室,完成第三中学、第五中学、赤土中学、横赛中学标准化实验室建设的立项工作。

3、为全市中小学配备了教育技术装备管理软件,有力促进教育技术装备管理科学化。

4、组织参加了首届全省高中综合实践活动和通用技术设计竞赛,参赛人数和成绩居赣州市第一:获省一等奖6人次,二等奖24人次,三等奖47人次,南康市教育局获综合实践活动和通用技术设计竞赛活动两项优秀组织奖。

5、组织举办了全市教育技术装备论文评比活动,选送优秀论文报上级参评,获一等奖2篇、二等奖3篇、三等奖7篇。

6、首次组织举行了中小学阅读指导课优秀教学案例评选活动,选送南康中学、实验小学3件优秀案例报上级参评,获省级一等奖1件、二等奖2件;组织参加全省小学数学和语文优质研究课评选活动,获一等奖1名,三等奖1名。

7、强化图书馆建设工作,指导学校开展形式多样读书活动。南康中学、实验小学、第二小学、第三小学被评为"全国图书馆工作先进集体",南康中学罗海燕、第三小学温庆红被评为"全国图书馆工作先进个人"。

(刘建平)

〔**电化教育**〕 1、争取上级专项资金,为市唐西片中心小学装备了10个班的"班班通"设施。

2、1月组织参加了第九届江西省中小学电脑制作活动暨第十一届全国中小学电脑制作活动,获国家级三等奖1个;获省级一等奖3人、二等奖6人、三等奖8人;获赣州市一等奖11人、二等奖20人、三等奖25人;南康市教育局获赣州市优秀组织奖。参加赣州市中小学生机器人竞赛获三等奖1个,优秀指导教师三等奖1名。

3、4月,组织参加了第十六届江西省中小学、幼儿园教师优秀教学资源评比活动,获国家级三等奖2人,获省级一等奖4人、二等奖8人、三等奖5人;获赣州市一等奖5人、二等奖18人、三等奖37人,南康市教育局获赣州市优秀组织奖。

4、9月,组织参加了第四届江西省农村中小学教师资源应用现场赛课、说课活动,三种模式各有1人获赣州市三等奖。

5、组织参加了2010年赣州市和第九届江西省中小学生英语听力竞赛,获省级奖学生42名,获赣州市级奖学生349名,获江西省优秀指导奖教师36名,获赣州市优秀指导奖教师142名,南康市教育局被赣州市教育局评为最佳组织奖。

(刘建平)

〔**青少年科技教育**〕　科技创新大赛再次取得优异成绩,全市青少年学生和科技辅导员获国家级奖5项,省级奖21项,设区市级奖30项。在第25届全国青少年科技创新大赛上,南康市青科辅协会第3次获全国基层赛事优秀组织单位,横寨中心小学的科技实践活动《你家的垃圾分类了吗?》为江西代表队夺得唯一的优秀科技实践活动二等奖,第六小学刘逸权同学的科学幻想绘画《高楼农场》获科幻画类二等奖,龙华中心小学郭奕同学的创新项目《菊花元旦、春节开花调控栽培技术的应用研究》和朱坊中心小学的科技实践活动《树是我们的朋友》获三等奖。

在第十六届全国青少年信息学(计算机)奥林匹克联赛(江西赛区)中,第三中学范茂同学获省二等奖,廖荣廷同学获省三等奖。

在3月举行的江西省青少年科技辅导员协会第三次代表大会上,市青科辅协会办公室主任赖登明被选为江西省青科辅协会第三届理事会理事。

在江西省第八届青少年科技教育论坛论文征集活动中,南康市有11名教师的10篇论文获奖,其中一等奖2篇,二等奖4篇,三等奖4篇。

(刘建平)

〔**青少年学生校外活动中心**〕　南康市青少年学生校外活动中心,位于东山街道办事处坪岭社区益民路(市第一小学校北侧),是2004年国家返还省彩票公益金扶持的自建项目。由江西省在国家返还省彩票公益金中安排85万元,南康市政府配套149万元兴建,项目总投资达234万元。由综合楼、室外活动园区两部分组成。项目占地15亩,主体工程为综合楼,建筑面积3071平方米。

工程建设项目于2006年立项,2007年4月7日开工建设,由赣州市建筑安装工程公司承建,2007年11月竣工。目前,内部预设了多功能教室、微机室、舞蹈室、书法绘画室、图书阅览室、科学实验室、劳技室、乒乓球室、科技馆等近20个活动室。

南康市青少年学生校外活动中心,经市编委批准设立,隶属市教育局,股级建制,系全额拨款事业单位,编制6名,设主任1名。

主要职责:负责全市青少年学生的校外科学技术、文化艺术、体育卫生、劳动技术的培训、指导、活动、整合、协调工作。

(刘建平)

〔**职成教工作**〕　全市中等职业学校3所,其中公办1所(市职业中专),民办2所(电子工业学校、科汇技工学校)。市教师进修学校开设幼师教育中专班。全市中职学校在籍学生4984人。各乡镇成人文化技术学校和农民学院及其分院继续开展农民培训。2010年各职业学校共招生3615人。

全市中职学校加强与企业对接,专业与市场对接,采取与院校、企业联合办学、合作培训等方式,提高学生的专业技能和就业率。市职业中专与江西服装学院、赣南师院、江西环境工程职业技术学院联合,开展师资培训、教学教研等方面交流合作;市职业中专与东莞焦点(东莞视线)自动化公司开展校企合作,由东莞焦点(东莞视线)自动化公司投资240多万元,建设了磨床、铣床实训车间,开展人才定向培养,首批招收学生35人;电子工业学校与市通达汽修公司联合举办汽车运用与维修专业,实现理论与实践相结合,首批招收学生26人。

全市职业教育专业种类齐全,开设了电子技术应用、制冷与空调、电气运行与控制、汽车运用与维修、机电一体化、模具设计与制造、数控、服装技术、电子商务、会计电算化、计算机应用、农经管理、服装设计与工艺等12个专业,其中市职业中专的电子技术应用专业等为国家重点建设专业和省市示范性专业；开设了电工、电氧焊、汽车摩托车修理、针织等23个职业技能类短期培训专业；开设了南康甜柚栽培技术、生猪养殖技术、农机技术等9个农业技术类短期培训专业。

2010年，农民学院继续推行“免除学员学费、教材费、实习费、住宿费，补贴生活费，送教上门、就近培训，免费颁发《职业资格证》，免费为学员提供就业信息、就业指导和就业推荐”等五项培训优惠政策，鼓励广大农民积极参加培训。2010年，农民学院培训农民60156人次，院本部共培训学员11969人，超额完成上级下达的培训任务。新增MBA课程班、农民创业班，与赣南师院商学院联办MBA课程班，招收学员100人，学习时间4个月，先后聘请清华大学经管学院吴水龙博士、北京国富创新管理咨询有限公司总裁李建立博士、中国管理创新研究院高级研究员陈方博士等专家授课。农民创业班面向有一定经济基础和创业愿望的返乡农民工或刚刚创办企业的老板开设，聘请省、赣州市劳动就业部门的创业培训讲师及相关行业专家授课。2010年，创业班共培训学员119人，80多人走上了自主创业之路。全市各中学开展暑期初、高中毕业后学生职业技能培训，培训“两后生”3969人。

（刘建平）

〔**中招工作**〕 2010年全市应届初中毕业生总人数为8067人，中考报名人数为7068人。其中，报考重点高中的6077人，占报考人数的85.98%；报考一般高中的986人，占13.95%。

考试科目及卷面分数：语文、数学、英语三科各120分；思想政治(思想品德)与历史合卷120分(其中思想政治70分，历史50分)，物理、化学各100分；体育30分；理化实验操作考查10分(物理、化学实验操作各5分)。今年增加生物与地理综合科考试，总分80分，每科各40分，合计总分800分。

文化考试设考点11个，考场241个，实行交叉滚动监考方式。

中考体育考试统一使用仪器测试。

中考报名继续采用网络报名及在电脑上评阅试卷。

南康中考成绩在赣州各县(市)仍保持优势：优良分数段以上的1594人，占南康市总报考人数的22.55%。

重点高中录取811人。其中：南康中学481人，第二中学244人，唐江中学86人。

普通高中录取2264人。其中：南康中学474人，第二中学961人，唐江中学829人。

录取高一新生3075人。

南康中学重点班统招最低分数控制线为693分，第二中学重点班统招最低分数控制线为648分。

南康中学、第二中学普通班统招最低分数控制线为592分。

唐江中学统招最低分数控制线为510分。

继续贯彻执行省、市中招政策，南康中学、第二中学、唐江中学仍继续实行均衡招生。

职业中专招生355人(含民办学校招生)。

（刘建平）

〔**学考工作**〕 2010年取消普通高中毕业会考，开始实行普通高中学业水平考试。学业水平考试全省统考科目为语文、数学、英语(含听力测试)、思想政治、历史、地理、物理、化学、生物、信息技术、通用技术共11科。成绩以百分制记分，成绩报告采用四级等第制，即A、B、C、D(D为不及格)四级。

所有在籍高中生均应参加学考，开考2次，分别在1月和6月进行。1月份参加学考的人数为4904人，6月份参加学考的人数4835人。

5月份，有4835人参加了信息技术学业水平考试。

（刘建平）

〔**高招工作**〕 高招工作主要分为三部分：普通高校招生考试、成人高校招生考试、高等教育自学考试。

普通高校招生考试 2010年普通高考各项工作实施顺利。报考人数为6555人。其中：文史类考生2289人，文兼类考生385人，理工类考生3687人，理兼类考生76人，高职类考生118人。考点设置：南康中学设文史类试场77个，文兼类试场13个，高职类试场4个，安排考生2792人；南康市第三中学设理工类试场60个，安排考生1800人；南康市第二中学设理工类试场63个，理兼类试场3个，安排考生1963人。南康市高考取得优异成绩：一本上线725人，比2009年(613人)增加112人，增幅18.27%，上线率为11.06%，比2009年的上线率(9.07%)提高1.99%。二本以上上线2089人，比2008年（1921人）增加168人，上线率为31.87%，比2009年的上线率(28.43%）提高3.44%。本专科院校共录取新生5465人(含保送生2人)，比2009年(5526人)减少61人，录取率为83.37%，比2009年(75.62%)提高7.75个百分点。二本以上录取新生2274人(不含艺术、体育考生)，比2009年(2138人)增加136人，录取率为34.69%，比2009年(29.26%)提高5.43个百分点。

成人高校招生考试　2010年继续实施网上报名，报名时间为8月15日~9月5日，报名点确认时间为9月1日~5日，考试时间为10月16日-17日，报考总人数为116人，其中高达专53人，高达本6人，专升本57人。

高等教育自学考试　2010年自学考试共进行了3次，考试时间分别为一月份、四月份、十月份。累计报考人数641人，共计1197科次。自学考试共有66人毕业，其中本科45人，专科21人。

(刘建平)

〔老年体育分会工作〕　2010年，老年体协教育分会会员增至251人，其中70岁以上的92人，占会员总数的36.65%。一年来，分会始终坚持以老年人健康为本的指导思想，努力做到活动正常化、管理制度化，科学健身、科学养身，促进会员的身心健康。年末，被市老年体协评为市直(驻市)老年体协先进单位和老年体育科普宣传先进单位，涂太芳同志被评为老年体协工作“先进个人”。

全年，分会着重抓好以下几项工作：一是认真学习、贯彻国务院颁布的《全民健身条例》，进一步增强委员和组长为会员服务的意识。二是举办科学健身、科学养生经验交流大会，激发会员自觉参与各项活动的积极性。三是加强各专业队伍的常规训练，不断提高竞技水平，在邀请赛中，多次获得第一、二、三名的好成绩。四是组织会员参加“江西省首届科普及宣传周”活动。9月28日，广大会员参加了市老年体协组织的以“建设鄱阳湖生态经济区暨庆国庆61华诞”为主题的集体健步行活动。五是开展一年一度的祝寿活动。分会向92位七旬以上会员发放了祝寿金；慰问住院会员17人次。组织全体会员再次到百家姓和谐城观光。六是老科协教育专业委员会，搜集最新科技知识，编辑出版《科普小知识》发至全市中小学，许多会员撰写科研文章，写诗作画，分别在各刊物刊登。

(刘建平)

〔领导班子名录〕

党委书记、市教育局局长：刘乘波
党委副书记：林　平
党委委员：胡心敏
　　梁贵椿
　　李雅焱(　　~2010.10)
　　钟阳华(2010.11~　　)
副局长：胡心敏
　　梁贵椿
　　谢开中
纪委书记：李雅焱(　　~2010.10)
政府教育督导室主任：谢开中(　　~2010.06)
工会主席：郭秀华(女)
班子成员：陈清明

南康中学

〔综述〕　江西省南康中学始创于1939年9月，是一所具有悠久历史和光荣传统的普通高中。学校位于南水新区，占地380亩，建筑面积近10万平方米。学校以“将自然视为建筑的平台，以山水为校园的主体构架”为设计理念，努力营造山水相抱的教学环境。将自由浪漫的山水环境与充满理性的教育理念相结合，创建具有现代气息、人文意蕴的山水景观校园。学校合理布局，分为教学、办公、景观、休闲、运动、生活等各功能区，形成了现代山水学校。图书馆藏书超过21.1万册，理化生实验室完全按照国家一类学校配备，建成了校园千兆网，拥有400米跑道的塑胶田径场和室内体育馆，多媒体终端进入每个教室。2010年，在校生达5500多人，教职工385人，其中，特级教师3人，高级教师139人，一级教师119人，硕士生导师1人，国家级培训骨干教师3人，硕士生9人，研究生结业26人，江西省学科带头人4人，赣州市学科带头人6人，赣州市骨干教师23人。学校语文、数学、政治、物理、化学、体育等学科均被评为赣州市名学科。

〔学校建设〕 2010年,完成了学校东、西大门和标志性雕塑、捐赠项目的整修,更新了部分校园文化长廊,改造了室内球场,增加防风护墙等,教学楼、实验楼配套装备(便携式数字展台、网络阅卷与教学绩效评估系统等)到位,进一步绿化美化了校园环境。学校已形成"文化引领、人本管理、质量立校、教研强校、体育扬校"的办学特色。

〔文化引领〕 学校具有丰厚的文化底蕴和优秀的办学传统,办学70年来,经过一代代康中人的不懈努力,办学思想日臻完善,"追求卓越、追求一流"已成为学校灵魂。学校逐步形成了"为了学生的发展"的办学理念和"立德、敬业、合作、创新"的核心价值观,承继了"必智、必勇、必忠、必诚"的校训,形成了"严教勤学、团结奋进"的校风、"勤学、博学、乐学、活学、会学"的学风、"严谨踏实、进取奉献"的教风,把大雁作为自己文化品性和文化象征,体现为思想一致、团队合作、互助互励、领头雁效应,以雁阵之势,可迎风飞扬、目标必达。在此基础上,南康中学提出了学校发展的近期目标和远期目标。近期目标是建设好适度规模的现代化学校,探索出一条与素质教育理念相一致的管理方法,建设好一支师德高尚、数量充足、结构合理,具有现代教育思想,掌握现代教育技术的教师队伍,初步构建具有学校特色,适合地方经济社会发展的校本课程体系,办成一所全省高质量、有特色的一流示范性高中。远期目标是办成一所高质量、有特色的能在全国起示范作用的高中,成为全国知名学校。共同愿景是让南康中学成为社会向往、师生终生留恋的精神家园。

〔人本管理〕 学校推进现代教育管理制度建设,推行年级组管理与教研组管理并重、过程管理与目标成果管理并重的"条块结合"的"扁平化"管理模式。以师生的发展为本,从教育理念的提升到校园的每一个育人环境,从落实各项教育教学常规到教师个人的专业发展,都充分体现以师生为本的发展理念,创造适合学生和谐发展的人文环境,创设促进教师专业发展的人文环境,建立开放式教师培养平台。建立了"校长负责、师生员工参与、党政工团全天候管理"的德育格局和"12345"德育网络(即一条主线:用爱国、爱乡精神对学生进行爱国主义教育;二项基础教育:中学生日常行为规范养成教育和中华民族传统美德教育;三校建设:少年团校、新生军校和业余党校;四项活动:学雷锋活动、献爱心活动、常规活动和重大纪念活动;五种力量:学校德育干部、班主任、全体教职工、家长、校外辅导员形成德育合力),实行了"1357"青年教师培养工程和名师工程("1357工程"是指对新分配、新调入的教师实行"一年入门、三年过关、五年成型、七年成器"的跟踪培养,通过"帮、带、压"和师徒结对等方法,尽快使年轻教师实现由入职到骨干教师的转变,缩短成长时间,提高教师群体质量;名师工程指培养一流的、在全省有一定影响力的教师。设计名师培养目标,拟订培养对象的必备条件,提出名师的培养方法和途径,明确名师的权利和职责),建立了一套科学评价机制。切实做好校园安全稳定工作,构建和谐校园。认真上好"开学安全教育第一课",组织了全体学生进行安全疏散演练;利用升旗仪式讲话、班会、专栏、黑板报对学生进行交通安全、消防安全、防溺水、防踩踏、防自然灾害、安全用电、逃生自救、预防传染病和食物中毒等方面的安全教育;加强校门出入登记,严禁非本校师生随意进入校园,切实维护正常秩序。由于全体师生员工的共同努力,学校未发生重大安全事故,教育教学秩序良好。

〔质量立校〕 2010年高考,一本上线604人,二本以上上线1521人,连续11年遥居赣州市第一名。一是切实提高每一堂课的教学效益。建立了"推门听课"制度,校领导经常性不定期地深入课堂,随机听课,及时了解教师的教学观念、方法和效果,并加以指导、改善。每学年开展的"青年教师优质课比赛"活动则是教师培养的家常课。二是促进教师专业成长。南康中学在全面实施"名师工程"和青年教师"1357培养工程"的基础上,倡导教师"在实践中反思,在反思中提升",通过开展专题讲座和培训进行教学反思,并规定每位教师每学期至少提交1篇教学反思报告,引导教师逐步由经验型向学者型转化,涌现出一大批教学新星、教学能手。三是大力推行新课程改革。2008年9月,新课程实验在全省展开,学校成立了由校长担任主任的新课程指导委员会,全面领导并负责学校的新课程改革工作;制定了《南康中学新课程实验工作方案》等,并通过培训教师、不断研究、大胆实践与反思,扎扎实实地开展了新课程教学实验。

开设了丰富多彩的选修课和综合实践课程，促进了学科间的相互渗透和互补，激发了学生探索知识的热情，增强创新精神和实践能力，提高了人际交流能力、合作能力和独立思考能力，提高学生综合素质。

〔**教研强校**〕　在弘扬学校优秀的办学传统和文化传统的基础上，向科研要质量，向创新要质量，学校坚持“科研兴校、科研强校”，“在钻研、讲创新”已蔚然成风。学校专设有教研处这一教育科研管理机构，成立了学科委员会，制定了教育科研规划，实施了教育科研和教育教学论文管理和奖励办法，大力度奖励在教育科研、教育教学论文、学科竞赛辅导等方面成绩突出的教师，推动了教育科研和教学研究工作。继续深化“先学后教，当堂训练”的课堂教学改革，完善《南康中学深化课堂教学改革指导意见》。更新教育观念，转变教育思想的学习，要求教师在课堂教学中发挥引导作用，变教为诱，变学为思，促进学生全面发展，让学生真正成为课堂教学的主人。抓实常规教学工作，采用“1+1”听课评课方式，发挥听课、评课的功能，收到了良好的效果。本年度有12个省市课题圆满结题，有57个省市级课题立项。有174篇论文在《中学语文教学参考》等各级各类刊物上发表，116篇论文在各级教育主管部门获奖。通过教育科研实验，培养了一批会科研、懂理论、善总结的“研究型”教师，一支科研型教师队伍正在形成，学校被确定为“全国教育科学‘十五’规划国家级课题研究基地”。

〔**体育扬校**〕　作为全国首批体育传统项目学校（江西省仅有三所），体育已成为南康中学办学特色的一个重要方面。学校坚持“体教结合，从娃娃抓起”的发展模式，体育设施完备，工作机制灵活，成效显著。科学定位学校体育工作。随着素质教育的推进，学校适时调整了教育教学结构布局。针对本校学生多、体育基础好的优势，从1995年始，提出了学校体育工作“一年打基础，二年见成效，三年出成果，四年成特色”的“合格+特长”的办学思路，把体育纳入学校办出特色的工作之中。特别是学校重新定为省级体育传统项目学校之后，制定了具体的管理办法和规章制度，把体育传统项目工作纳入年终考核内容，按国家规定配齐教师，成立了田径队、男女篮球队、女子排球队、羽毛球队等专业队，有专职教师负责训练。将教师的业余训练计入工作量，对参加各类比赛并取得优异成绩的教师学校予以重奖，从而调动了体育教师的积极性。

〔**年度重大活动**〕　1.为西南灾区捐款：全校师生捐赠4.3万元为云南省红河州个旧市卡房镇龙头寨小学和龙树脚小学修建水窖，从根本上解决这两所学校师生的用水问题。

2.接受社会捐资助学：一是接受日豪公司老总潘建明先生、徐蕾女士捐款20万元。二是接受友家助学金的资助：高二(17)班肖翔等10人获得友家奖学金，每人每年2000元；高一(26)班邓海生等30人获得友家助学金，每人每年2000元。

3.开展“我爱新赣州”读书系列活动。组织高一高二学生进行了“我爱新赣州”演讲比赛、征文比赛，并选送优秀作品到赣州市参赛，通过这一活动，激发了学生热爱家乡、热爱集体的热情。

4.学科竞赛取得优异成绩。(1)参加全国中学生应用物理竞赛，获得省团体一等奖，其中肖翔、张强、朱升亮等3名同学分别获全国一、二、三等奖，另有73名同学获省一、二、三等奖；(2)参加全国计算机联赛（即奥赛），凌子超同学获省二等奖，另有4名同学获赣州市级奖；(3)参加全国创新成果比赛，张佩获省一等奖并送全国参赛，赖燕香、郁宝森同学获省三等奖；(4)参加全国中学生英语能力竞赛，夏震同学获国家二等奖，另有11名同学获省市级奖；(5)参加综合实践活动竞赛，邹裕文等21名同学获省二等奖，肖翔等39人获省三等奖，共有446名同学获赣州市级奖，其中95名同学获一等奖，学校获赣州市团体一等奖；(6)参加通用技术竞赛，叶磊等11名同学获省一、二、三等奖，获奖等次及获奖人数居赣州市首位；(7)参加全国中学生物理奥赛，获得省团体三等奖，其中陈翔等14位同学获省级二、三等奖、明磊等24位同学获市级奖；(8) 参加全国中学生电脑制作大赛，刘鹏、廖季鹏同学分别获省、市级奖；(9)参加全国中学生化学奥赛，钟林睿等7位同学获省级奖，刘明等4位同学获市级奖；(10)参加全国中学生生物奥赛，魏兴光等11位同学获国家二、三等奖，张强等16位同学获省一、二、三等奖，黄世亮等15位同学获赣州市一、二、三等奖。

5.成功举办了南康中学首届“科技文化节”，共收到高一、高二学生的科技创新、小制作、科技小论文及实践活动作品120多篇，其中10多篇优秀作品被推荐参加第26届全国科技创新大赛。

6.艺体工作卓有成效。获江西省中学生田径运动会团体总分第二名；女子篮球队获省中学生篮球赛第二名；男子篮球队获赣州市“英东杯”篮球赛第三名；获赣州市“英东杯”田径运动会一等奖；获南康市中小学生田径运动会一等奖；获赣州市“英东杯”校园集体舞比赛一等奖；在南康市第十五届中小学生文艺调演中，获“优秀集体”称号等。

（伍复昆）

〔领导班子名录〕

党总支书记、校长：卢川平

党总支副书记：袁大东

副校长：刘小玉（女）

钟懋伟

林奇焕

谢荣生

校长助理：曾新华

市教师进修学校

〔综述〕 南康市教师进修学校的前身是南康县教师函授学校，创办于1958年，1960年改称为“南康县进修学校”，1970年称为“南康县教师培训学校”，1972年更名为南康县教育学校，1984年更名为“南康县教师进修学校”，1995年始用现名，是“全国成人中等专业教育先进学校”、“江西省示范性教师进修学校”，为南康市教师培训基地。学校位于南水新区，占地35亩，建筑面积11018平方米，拥有舞蹈室，钢琴室，普通教室，多媒体教室，语音教室，综合实验室，微格教室，心理咨询室，图书室，普通阅览室，电子阅览室，计算机教室，多功能报告厅等，专业教室数量、种类和功能满足各学科教师培训的具体要求。

〔培训与管理〕 学校承担着中小学教师和行政干部继续教育任务。2010年，学校认真落实中小学教师和教育干部继续教育的有关政策，一是严格按照教育部《中小学校长培训规定》的要求，对小学校长实施了任职资格培训；二是按照教育部《中小学教师继续教育规定》和《江西省中小学教师继续教育实施意见》的要求，加强中小学教师继续教育，实施全员岗位培训，严格证书管理，将校长培训和教师培训作为考核学校和个人的重要内容，与职务升迁、职称晋级、评优评先挂钩。

〔继续教育〕 2010年，学校认真履行中小学教师和教育干部教育培训职能，扎实开展了中小学教师继续教育远程培训、校长培训、班主任培训、英语教师培训和学历培训等多种形式的培训活动，培训1万人次以上，有力地促进了市中小学教师和教育干部队伍整体素质的提高。一是加强了中小学教师继续教育远程培训。根据省中小学教师远程培训中心的统一部署，顺利完成2010年中小学教师继续教育远程培训工作。加强了对远程培训工作的管理，做到工作及时到位、责任清晰明确、考核有效规范。做好远程培训的考试考核工作，针对过渡学习方式，分设三个考点集中考试，确保考试工作顺利完成。完成了对全市中小学教师的继续教育证书的验审工作。做好2010-2011学年度中小学教师远程培训报名工作，全市参训总人数6503人，参训率达100%，上网培训率66%，教师上网培训人数逐年上升。二是加强了中小学校长培训。举办了第十七期小学校长任职资格培训班，培训小学校长28人。选派中小学校长参加省市级校长培训，培训中小学校长98人，其中参加省第18期高（完）中校长提高班2人，参加省第28期高（完）中校长任职资格培训班1人，参加省第三期高中校长高级研修班1人，参加赣州市中学校长暑期培训班44人，参加“2010年教育部——中国移动中小学校长远程培训班”50人。三是开展了送教下乡活动。组建了农村中小学教育讲师团，由市内的特级教师和省、市学科带头人、骨干教师等42位教学骨干组成，采用菜单式培训方式，授课教师公示授课专题，农村学校自主选择，分期分批赴农村中小学开展送教下乡活动；开展了100个教学专题送教活动，培训中小学教师1760人，深受农村教师欢迎，有力地提升了农村中小学教师的教育教学能力。四是开展了全市中小学教师教学基本功竞赛。组织全市中小学教师开展了教学基本功竞赛活动，主要内容为说课、制作多媒体课件、书写三笔字（粉笔字、毛笔字、钢笔字）等。在此基础上，精心组织人员参加省、市中小学教师教学基本功竞赛，获得了较好的成绩。五是聘请美籍教师进行英语培训。2010 年 6 月，聘请了三位美籍教师对小学英语教师进行了为期半个月的口语听力培训，培训小学英语教师 68 人。六是抓实了中小学教师学历提高培训。与西南大学合作，成立了西南大学网络教育学院南康市教师进修学校校外学习中心，开展汉语言文学教育、数学教育、英语教育、物理教育、化学教育、历史教育、地理教育等师范专业本、专科学历提高培训。2010 年在籍学员 662 人，其中，专科 102 人，本科 560 人；2010 年毕业学员 30 人，其中本科 26 人，专科 4 人。七是加强了幼儿教师培养、培训。学校继续举办了中专幼师班，培养、培训幼儿教师。2010 年，在籍学生 311 名，毕业 216 名，有力地提升了全市幼儿教育的质量，促进了幼儿教育事业的发展。

（伍复晁）

〔领导班子名录〕

校　长：刘家玉

副校长：陈志敏

　　　　刘家源

　　　　陈清明

校长助理：刘明阳

　　　　　康　明

市职业中等专业学校

〔综述〕 学校创办于 1983 年，原名南康县园艺中学，位于龙岭镇樟桥圩 105 国道旁。校园占地213 亩，校舍面积 3 万多平方米，现有学历教育学生 3730 人，其中在校 2851 人，顶岗实习 879 人。2000 年被教育部评估为首批“国家级重点职业高中”，2004 年，复评为“国家级重点职业中专”。

2010 年，学校以“服务学生、服务企业、服务社会”为宗旨，以“师生发展、学校发展”为理念，以“开放办学、拓展空间”为主线，以创建国家级示范性中等职业学校为目标，以教学质量为中心，以改革创新为动力，深入开展“提升质量年”和“创业服务年”活动，积极进取，深化改革，实现了规模、质量和效益协调发展。2010 年，招收学历教育新生 2450 人，培训农民学员 11969 人。参加省、赣州市技能竞赛，获得省级团体一等奖 1 项、二等奖 1 项、三等奖 4 项，19 人次获个人奖项；获得赣州市级团体奖一等奖 2 项，二等奖 1 项、三等奖 1 项，22 人次获个人奖项，在省、市参赛学校中名列前茅。

〔专业设置〕 本着“市场需要什么人才，就开办什么专业”的思路，灵活设置专业。2010 年，开设了电子技术应用、制冷与空调、电气运行与控制、汽车维修技术、机电一体化、模具设计与制造、数控技术、电子商务、会计电算化、计算机应用、农经管理、服装设计与工艺、家具设计与制造、幼儿教育等 14 个专业。与南昌大学、新余高专、江西工业职业技术学院联办会计电算化、模具设计与制造、电子专业、服装设计大专班。

〔教育教学改革〕 一是推行“班主任星级制”。根据班主任职业道德、任职时间和评优评先等评价指标，评出三星级班主任 2 名、二星级班主任 16 名、一星级班主任 26 名，评估结果与岗位津贴挂钩。这项改革，提高了班主任在班务工作中创先争优的主动性和积极性。通过班主任工作现场会、调研、座谈等形式，在思想教育、文化建设和日常管理等方面总结探索出了一些行之有效的方法和措施，有效地促进了学风建设。二是推行“德育考评制”。学期初，给定每名学生 100 分的道德原始分，对学生思想道德、礼仪修养、行为习惯、劳动卫生、参与活动和遵守纪律等方面情况进行考核，每周一点评、每月一汇总。德育的导向更加明确，学生对道德修养的重视程度明显提高，管理的标准和措施更加细化，约束性更强，操作性更强，成效更明显。三是推行“成长规划制”。根据个性差异，结合学生在思想纪律、行为习惯、学习态度、家庭现状等情况，班主任与学生共同制定个人学期成长规划，既能明确学生在思想、学习、生活中的不足，又能找出成长的努力方向，结合道德考评，引导学生以“成长规划”为导向和约束，养成良好的学习、生活和行为习惯，提高自身综合素质和竞争力。四是实施了“名师授课制”。开设了名师巡回课堂，开设了口才与交流、职场礼仪、职业素养、艺术与人生、健康心理、人际交往艺术、应聘知识与技巧等 10 多门选修课程，由名师（骨干教师）授课，发挥了名师（骨干教师）的骨干示范作用，增强了学生的综合素质。五是推行“专业部长教育教学负责制”。加强了教学管理干部培训,专业部长、教研组长工作积极性较高,工作能力也得到了较大的提升。专业部狠抓了技能教学和竞赛,技能竞赛参与面大,组织有序,并进行了成果展示,有力地促进了学习风气的好转。

〔招生工作〕 2010 年,学校进一步加大招生研究和宣传力度,增强社会对职业教育的了解,使职业教育理念深入千家万户,着力破解了小学“五改六”生源减少带来的困难。在全体师生员工的努力下,全年共招收新生 2450 人,在校生规模达 3730 人。

〔就业工作〕 早在 1997 年,学校就在广东设立了毕业生就业推荐办事处。2001 年,学校建立起了覆盖“长、珠、闽”地区的就业网络,大力开展校企合作、订单培养、工学结合模式,学校毕业生深受用人单位欢迎。2010 届毕业生就业率达100%,就业满意率达 95%以上;大部分毕业生被东莞视线科技公司、苏州可瑞森、昆山富士康、深圳精英制模、福建冠捷等国内知名企业录用。

〔校企合作〕 一是加强了与江西服装学院、赣南师院、江西环境工程职业技术学院的联系,在师资培训、教学教研等方面加强了交流,促进了学校的发展。二是与东莞焦点(东莞视线)自动化公司开展校企合作。由东莞焦点(东莞视线)自动化公司投资 240 多万元,建设了磨床、铣床实训车间,12 月 19 日,首批“东莞焦点科技班”顺利成班,共招收学生 35 人。

〔农民学院〕 2010 年,农民学院坚持“持续创新、保持领先”的宗旨,大力开展职业技能和农业实用技术培训,增设了农民企业家 MBA 课程班和农民创业班 2 个高级班,倾情服务南康主导产业发展和社会主义新农村建设。一是超额完成了培训任务。一年来,学院共培训农民 60156 人次,其中院部集中培训农民 11969 人次,超额完成了年初市里下达的培训任务。二是与赣南师院商学院联办 MBA 课程班,共招收学员 100 人,学时 4 个月,先后聘请了清华大学经管学院吴水龙博士、北京国富创新管理咨询有限公司总裁李建立博士、中国管理创新研究院高级研究员陈方博士等专家授课。通过培训,学员们转变了观念,开阔了视野,管理能力、沟通能力、创新能力都得到了极大的提升。三是面向有一定经济基础和创业愿望的返乡农民工或刚刚创办企业的老板开设农民创业班,聘请省、赣州市劳动、就业部门的创业培训讲师及相关行业专家授课。2010 年,创业班共培训学员 119 人,80 多人走上了自主创业之路。

〔重要活动〕 2 月,开展一村一名入党积极分子培训。

5 月,农民学院农民企业家 MBA 培训班顺利开班。

5 月,省农业厅厅长毛惠忠到校视察。

5 月,省委常委、副省长陈达恒视察农民学院。

6 月,全市纪检干部培训班在学院举行。

6 月,举办全市村党支部书记培训班。

12 月,国务院农民工工作督察组视察学校。

(伍复晁)

〔领导班子名录〕

校长:陈祥生

党总支书记:仲承全

副校长:仲承全

　　　　邱德欢

　　　　刘显龙

校长助理:杨品前

市第二中学

〔综述〕 第二中学位于南康城区蓉江街道教育路 63 号,交通便利,集山水之灵气,富含深厚的文化底蕴,具有浓郁的现代气息。2010 年,学校共有 93 个教学班,4776 名学生,298 名教职工。专任教师中本科学历 239 人,研究生学历 17 人,高级教师 80 人,江西省学科带头人 1 人,赣州市骨干教师、学科带头人 26 人。学校秉承“为学生的终身发展和幸福奠定基础”的理念,深化以“一做五讲”为主线的德育工作,全力营造促进学生身心健康发展的育人氛围;继续大力开展“学生在校一日常规”、“让优秀成为习惯”主题教育活动,使学生养成终身受益的良好习惯和良好品质。大力推进教育教学改革，按照“以质量求发展，以质量促发展，以质量检验发展，努力提高教育质量，办人民满意的教育”的总体要求，创新机制，强化管理，深挖潜力，打造特色，深化落实“包班包组”的全员育人制，科学实施“分层教学”，扎实推进“音体美”特长教育，强化毕业班教学，科学备考，为高等学府输送更多的合格人才。

2010年，第二中学高质量地完成了各项教育教学任务：高考成绩再创历史新高，以绝对优势居赣州市普通高中第一名，其中一本上线108人，二本以上上线465人，另有音体美特长生二本上线207人，被赣州市人民政府授予“2009~2010学年度高中教学质量先进单位”荣誉称号，已是连续九年获此殊荣。高三所有学科组均被赣州市教育局授予“2009~2010学年度全市普通中学高考学科成绩先进单位”荣誉称号；被省委教育工委、省教育厅授予“‘十一五’全省现代教育技术示范校先进单位”、“全省教育系统‘提升质量年’活动先进单位”等荣誉称号。

〔招生工作〕 2010年，根据市教育局统一部署，面向蓉江街办、东山街办、赤土、横寨、浮石、龙回、朱坊、太窝、镜坝、横市、隆木、坪市、大坪、三江、龙岭、唐江、凤岗等乡镇招收初中毕业生，共招收学生1380多名，设22个教学班。其中，招录重点班学生360名。

〔德育工作〕 2010年，学校紧紧抓住德育创新，积极深化德育模式的研究，重点实现德育管理模式的科学化、指导形式的多样化、评价制度的规范化，力求德育过程主体化、内容课程化、活动综合化、结果实效化，形成以分层教育、自治教育、活动教育与问题研究为特点的德育校本模式。一是深化“全员育人”。树立大德育观，树立德育教育“全员育人”，努力做到全员参与、全程育人、全境育人，努力打造全校一盘棋的德育氛围，切实做到学校的每一位教职员工都是德育工作者，让校园的每一个角落都发挥育人的功能。教师以高度负责的态度，率先垂范、为人师表、言传身教，给学生以潜移默化的影响；在教好书的同时，还要深入发掘课程中蕴含的教育资源，在传授专业知识过程中加强思想教育，帮助学生明确学习目的，端正态度，遵守纪律，调动学生学习的积极性和主动性，努力培养良好学风，使学生的综合能力不断提高。二是遵循德育规律。新一代青少年思想活跃、个性突出，需要班主任增加工作的厚度，讲求教育的智慧，增强劳动的艺术性，引导教师遵循“小、近、严、细、实”德育规律。做到“小”，就是要从小处着眼，小事入手，工作起来才有抓手；做到“近”，所有的教育活动力求贴近实际生活，贴近学生真实思想；要做到“严”，敢于严格训练、严格要求，例如课间跑操管理，课间跑操的质量直接映射着课堂纪律、学生的学习、班级的舆论和班风等方面的情况，因此，年级组长、班主任从班风建设的角度对其深化认识，从严管理；做到“细”，各环节讲求细致，注意细节；做到“实”，各项要求都狠抓落实，工作全程以注重实效为准则。

〔教学科研〕 2010年，学校围绕有效推动课程改革这个中心工作，改进教学管理，提高教师整体素质，切实发挥教导处、教研处的研究、指导、服务和管理职能，利用培训、考核、奖惩等手段引导教师参与教育教学科研。突出教研组工作的自主性、创新性、实效性，教育科研让教师快速成长成才成名，在各级优质课竞赛活动中受到广泛赞誉。在课题研究方面，成绩突出。2010年国家级立项课题2个，省级立项课题1个，市级立项课题11个，市级课题结题11个，论文发表在国家级刊物上有10多篇，省、市级刊物上有40多篇，获国家级一等奖的教研论文有10多篇。

南康市第二中学2010年度结项课题一览

序号	课 题 名 称	级别	学科	负责人
1	通过语文大日记活动提高学生语文素养的策略研究	市	语文	黄敬芳
2	以现代信息技术为基础的型教学方法的实验研究	市	英语	曹飞飞
3	新课标下多维互动高中英语课堂教学模式探究和实践	市	英语	伍秋华

(续上表)

序号	课题名称	级别	学科	负责人
4	"分层教学"模式的实践与研究	市	地理	曾宪波
5	中学生在教改中自主合作学习地理图表的方法研究	市	地理	彭　栋
6	"学案导学"推进高中历史分层教学的操作方略研究	市	历史	钟燕红
7	地理教学中师生互动课堂教学模式的构建与实践	市	地理	王红文
8	新课程高中生物实践活动中合作学习的开展与评价研究	市	生物	李　亮
9	让学生自主学习的英语阅读教学的实验研究	市	英语	许莲凤
10	普通高中体育特长班管理的探讨	市	体育	曾纪梅
11	湘教版初中新课标教材和人教修订版高中教材的衔接教学研究——教法衔接研究	市	英语	廖为红

南康市第二中学2010年度立项课题一览

序号	课题名称	级别	学科	负责人
1	高中英语"四位一体"学生自主学习策略研究	国	英语	朱荣华
2	中小学英语课堂教学有效性研究	国	英语	伍秋华
3	新课程背景下高中生作文发展性评价的研究	省	语文	肖　中
4	高中数学教学生活化实验研究	市	数学	廖震华
5	高中数学"互动式"课堂教学模式的探究与实践	市	数学	刘兵
6	高中化学课堂教学与信息技术优势互补的研究	市	化学	温相斌
7	高中学生数学自学能力与信息技术应用整合的研究	市	数学	刘效锋
8	交际教学法在口语教学中模式探究与实践	市	英语	伍秋华
9	利用"有效的阅读策略"提高高考英语阅读理解的效率的实践与研究	市	英语	刘衍华
10	"引导—探究"式教学法在高中化学新课标中的建立和应用	市	化学	李光发
11	高中生物有效教学	市	生物	汤海勇
12	高中历史新课标下如何对课程资源进行"二度开发"	市	历史	温元凤
13	新课程高中生物实践活动中合作学习的开展与评价研究	市	生物	李　亮
14	用原版电影开展视听说教学以提高学生听说能力的探索	市	英语	许莲凤

〔校舍建设〕 2010年,南康市第二中学积极落实校园建设规划,学校先后投入巨资致力于改善学生学习条件,具有2300平方米的学校艺术楼已落成使用,计划建设面积1900平方米的学校图书大楼也已规划测量。

(伍复晁)

〔领导班子名录〕

校长、党支部书记:黄忠东

党支部副书记:朱同康

副校长:吴健飞

校长助理:杨东平、李雅昭

市第三中学

〔综述〕 市第三中学成立于2006年7月,学校位于泰康西路53号,占地105亩,现有教职工201人,其中特级教师1人,高级教师45人,中级教师104人,江西省骨干教师4人,赣州市学科带头人2人,赣州市骨干教师4人,南康市骨干教师12

人。现有教学班70个,在籍学生4400多人。

2010年,市第三中学按照上级工作部署,以素质教育为主题,以改革创新为动力,以提高质量为中心,以服务师生为宗旨,以合作拼搏为基础,坚持走内涵发展之路,全面规范办学行为,不断加强学校管理,深化课堂教学改革,推动"科研兴校、质量强校"战略纵深发展,促进学校和谐、健康发展。一年来,学校安全稳定、文明和谐,内涵全面提升,完成了年初预定的各项工作目标。

学校先后荣获江西省"工人先锋号"、江西省"提升质量年"先进单位、江西省"素质教育月"先进单位、赣州市文明单位,赣州市第八届"英东杯中小学田径运动会"第一名、南康市"平安校园"、南康市"综合评估先进单位"、南康市"第十六届中小学田径运动会"第一名、南康市教育宣传先进单位等荣誉称号;教师在国家、省、市教学设计、优质课、说课竞赛中有二十多人次获奖;中考成绩显著,其中700分以上有67人,全市前五十名中占据二十名,全市前一百名中占33人,一二档完成率均位居全市之首,各类学科竞赛、统考成绩均位居全市前茅。

〔**德育工作**〕 努力构建和谐校园,夯实德育常规,推动校园文化,打造良好校风。牢固树立"德育为首、育人为本、注重实效"的理念,按照"新三好"的要求,以日常行为养成教育为切入点,大力开展了"快、静、齐、洁"活动,强化学生日常管理,通过培养学生良好行为习惯促进学生发展,以培育良好的学风和校风,提高教育教学质量。一是丰富学生社团活动。团委、年级组、学生会指导开展学生社团活动,组建了文学社、合唱团、书画班、篮球队、学科兴趣小组等十多个学生社团并按计划开展活动。二是开展主题教育活动,每月选择一个主题开展活动,陶冶学生情操,提高学生自我教育、自我评价、自我调控能力。三是设立"心理咨询室",加强了心理健康教育,认真实施"留守孩"关爱工程,开展结对帮扶活动。四是利用重大节日开展丰富多彩的教育活动,组建志愿者队伍,强化团队协作意识。五是建立了学校、家庭、社会"三位一体"的德育网络,成立了家长学校,通过飞信平台和家访活动,强化了家校联系。六是通过文艺、体育等综合实践活动提高学生综合素质。10月举办了"歌声献给祖国"文艺汇演,11月举办了第二届校运会。

〔**安全工作**〕 为确保学生在校安全,学校推出了以三"预"、三"帐"、三"管"、三"防"、三"练"、三"线"的"六个三"安全管理机制,构建了点面结合、人人参与、整体联动的长效工作机制,畅通信访渠道,为教学质量提高提供稳定的环境。2010年,学校校园安全和谐,未发生任何安全责任事故。

〔**教学科研**〕 以"提升质量年"活动为契机,进一步强化质量意识、效率意识、竞争意识、改革意识和服务意识,继续以抓实常规、抓好教研、抓活创新为总体要求,贯彻"科研兴教"理念,积极转变教育教学观念,实施"有效教学——高效教学——快乐教学"战略,教育教学质量全面提升。一是狠抓常规保质量。抓实备课、上课、作业、辅导、教研、考试等各环节的落实;建立班主任工作责任追究制、教学巡查制、推门听课制等教学督查制度,教学检查常规化;抓实集体备课,促进共享备课资源,开展以备课组为单位,通过个人备课——组内研究交流——个人再次备课——个性化教学几个环节,带动教师综合素质全面提升。二是"精细"管理出成效。全面落实了教学"六切实"的管理力度,努力提高课堂教学有效性。切实做到精细化分解教学环节,明确各环节的要求,备课求深,手段求新,增强教学的预见性;切实做到教师"活教",学生"活学",教师在课堂中实实在在地教,不搞花拳绣腿的"假教学",注重突破重点,注重化解难点;切实做到从学生"有效学"的角度出发组织教学,思考问题,重视教学反思,课后及时记录教学得失;切实做到作业布置"精",课外辅导"细",及时认真批改;切实关心学困生的学习、生活和心理,特别加强了九年级学困生、临界生的个别辅导;切实落实学校领导、教研组长跟踪听课制度,及时与教师进行交流与沟通,认真检查备课和作业批改,有效地提高课堂教学质量。三是突出抓好竞赛培尖工作。制定《南康三中学科竞赛实施方案》,把培尖作为教学的重点来抓。把尖子分为两类,一类是全能尖子,一类是奥赛尖子。全能尖子辅导由年级组组织教师开展,为学生考取重点高中奠定坚实的基础;奥赛尖子培养目的是为确保学生在学科竞赛中取得优异成绩,让学生赢在起点,在年级组的协调下,成立奥赛兴趣小组,集中辅导与个别指导相结合，由教研组（备课组）确定专职辅导教师进行辅导，平时则由任课教师辅导。四是强化教研提质量。认真制订学期教学研究计划，明确研究重点任务，按照“个人备课——集体备课——个人上课——个人说课——集体评课”的工作流程，积极开展教学研究活动，完善备课组管理，深入切磋教法学法，上好常规教学课、展示课、校内外教学研讨课，积极开展评课交流，不断总结提高。同时，引导教师自觉学习教育刊物教改经验，指导课堂教学，关心新教师成长，形成良好的学习氛围。各年级确立各自教改主题，初一以“培养良好学习习惯”为重点；初二以“加强学法指导”为重点；初三以“优化课堂教学结构、提高教学效益”为重点。借鉴洋思中学、杜郎口中学的先进经验，大力开展课例研究，教研组和备课组开展“有效课堂教学模式的研究与探索”，力争初步探索出一套适合本学科特点的有效课堂教学模式。教科研成绩凸显。目前，全校有国家级课题3个，省级课题5个，地市级课题7个，99篇论文获国家级奖励或在国家级刊物发表，173篇论文在省级以上刊物发表。

2010年获赣州市级以上立项课题一览

课题名称(学科)	编号	主持人	级别
教师个人专业成长规划制订与教师专业成长的研究(综合)	JX0226	刘毓球	国家
散文的导读导写研究与实验(语文)	GYY06——018	陈礼权	国家
校刊在校园文化建设中的纽带地位(语文)	BJ0811019	黄玉平	国家
农村初中语文活动课探析(语文)	BA07——035	何建海	省级
形成性评价对学习动机的影响(综合)	LC2008-007	张海燕	省级
音乐在体育课教学中的运用实践与研究(体育)	BL07——007	饶　建	省级
初中思想品德课学生“自主学习”教学方式的实验研究(政治)	BG07——011	朱隆宣	省级
《农村初中语文高效课堂探秘》	BA09-057	刘　明	省级
“激活学生生活经验，提高物理教学效果”的研究(物理)	WL07015	吴　斌	地级
快速定位阅读法在初中英语教学中的研究与实践(英语)	YY07028	钟义平	地级(已结题)
发挥多媒体教学优势，提高课堂效益(数学)	ZS07026	邱伟平	地级
“实践与探究，合作促发展”师生互动教学研究(数学)	ZS07027	曾二生	地级
《初中英语口语考察模式与评价体制探究》	CY004	李民全	地级
《农村初中语文综合性学习课程资源开发的研究》	CY002	邓丽梅	地级
《初中英语课堂教学“学案”的探究与实践》	YY0910	黄康德	地级

〔**队伍建设**〕 学校树立以人为本的理念，着力加强师资培养，不断提高教师综合素质。加大新教师的培养力度，全面落实“一帮一”师徒结对方案。学校坚持以“发展学生，成就教师”的治校策略，以“提供更广阔的创业平台、更宽松的工作环境、更多的成功机会”为出发点，实施生动、开放的校本培训，通过“立足校本培训，扩大校外交流”、“走出去，请进来”培训模式，派出多批干部和教师赴北京、天津、山东、江苏、广东等地考察学习，促进了教师的专业成长和专业发展。以国家级课题“制订成长规划书，促进教师专业成长的实践研究”为载体，制订《教师个人专业成长三年规划书》、《教研组三年发展规划》，激发教师成长的内在动力，通过“专家理论指导、行家实践引领，自主行动探究”途径，促进教师的专业成长。以业务竞赛促专业成长。结合市教育局开展的教学管理人员听评课比赛活动，在全校开展了听评课比赛，从中选出12位优秀选手参加全市比赛，有11位获全市一等奖，1位获二等奖，提升了全体教师的听评课素质。在教学设计、多媒体课件等比赛中有41人次获赣州市级以上奖励。学校大力实施名师工程，大胆起用年轻教师，一批年轻而富有朝气的教师正

步入“优秀教师”的行列，为学校的可持续发展注入了不竭的“源动力”，打造了一支能完全胜任优质中学教学的一流师资队伍。

〔**校园文化建设**〕 2010年，校园文化建设呈现了新亮点。结合学校实际，坚持整体规划、分步实施、有序推进的原则，制定出了切合实际、彰显特色的实施方案，继续组织开展了以“中国传统文化进校园”为载体的教育活动，推进校园文化建设。同时，编印了《南康三中制度汇编》，进一步丰富学校制度文化，在学校塑胶球场南面修建“水文化”风景点，为学校增添靓丽风景，校园文化建设的成功做法得到了上级的充分肯定。

（伍复晁）

〔**领导班子名录**〕

党支部书记、校长：刘毓球

副校长：邓雪梅（女）

谢代德

吉金平

校长助理：康浒珍（女）

唐江中学

〔**综述**〕 唐江中学是一所具有悠久历史的赣南老校，历经73年持续发展，现为赣州市规模较大的普通高中之一，是江西省首批重点建设的普通中学，赣州市现代教育技术示范学校，德育示范文明校园。学校位于南康市中部的唐江镇，系市属学校。其前身是创办于1938年3月的私立岭北中学。1949年9月，私立岭北中学与光华中学两校合并，始用“私立唐江中学”一名，后几经更名，于1973年7月，与平田中学合并，复称“江西省南康唐江中学”。1999年9月，横市中学、凤岗中学高中部并入学校。2002年10月，被江西省教育厅确定为“十五”期间重点建设的普通高中学校。2007年9月剥离初中部。

学校现有60个教学班，在校学生3240人，教职工218人，在职专任教师198人，其中高级教师59人，中级教师55人，本科学历152人，研究生学历20人，省市级骨干教师、学科带头人22人。学校占地69787平方米，生均19.1平方米，校舍面积37655平方米，生均10.3平方米。学校教育教学设施完备，图书室、实验室、音体美专用教室、多媒体、教学广播系统等现代技术装备完善，有学生公寓3栋，多功能学生食堂1栋。

学校全面贯彻党的教育方针，办学理念先进，办学行为规范，办学条件逐步改善，育人特色初步彰显，教学质量持续提升。2000年至2010年间，连续十一年高考二本、三本以上上线人数名列赣州市普通高中前茅。

〔**招生工作**〕 学校大力宣传、严格执行上级的“三限”（限分数、限人数、限钱数）规定和其它相关政策，2010年，高一年级共招收新生972人，其中正取918人，录取分数线为510分，择校54人。

〔**德育工作**〕 把德育工作摆在首位，注重班主任队伍建设，注重“四风”即“校风、教风、班风、学风”建设，制定了《唐江中学德育工作纲要》、《唐江中学德育工作目标》，通过教室内务整理、寝室内务整理、学生胸卡佩戴、校园秩序整治，狠抓学生行为习惯养成教育，从学习习惯、卫生习惯、文明礼貌、安全要求四个方面对学生在校期间学习、生活、行为习惯等方面规范学生。在《中学生日常行为规范》《中学生守则》的基础上进行了更具体的要求；注重过程管理，建立“教师值日、班务日志、胸卡”的“三位一体”管理机制，使学生从早到晚每一时段的表现都在班主任的视线范围内。结合学生表现，根据《唐江中学“新三好”学生评选方案》评选出“新三好”“二好”“一好”学生，根据《唐江中学学生违纪处罚条例》对违纪学生进行处分、批评、教育，使学生管理工作制度化、规范化；绷紧安全这根弦，把安全工作放在德育工作的首位，学校成立了校长为第一责任人的安全领导机构，建立健全了学校安全制度，成立了校园“110”，建立抓实学校安全隐患排查，建立安全台帐，印发了《唐江中学安全知识手册》，采取宣传橱窗、讲座等形式多样的安全知识宣传，与公安、交警、消防、卫生防疫等部门配合起来，对学生进行遵纪守法、交通安全、防火防盗、食品安全、防溺水等安全教育，安全工作阶段性目标明确，成效显著。

〔教学教研成果〕

2010年教研课题一览

学科	级别	课题名称
历史	省级	关于促进我校高中历史教师教研教学水平提高的研究
语文	省级	语文新课程下农村高中学生人文素质培养
英语	省级	新课标下高中英语任务型教学与学生阅读理解能力相关性研究
数学	市级	新课程理念下农村初、高中数学知识衔接问题的研究
数学	市级	农村高中学生数学学习心理现状
地理	市级	高中地理新课程教学设计与案例研究
化学	市级	反思性教学对中学化学新教师影响的研究

2010年论文获奖情况一览

序号	论　文　题　目	作者	学科	发证单位	获奖等次
1	《运用地理图像系统培养学生的思维能力》	肖爱平	地理	江西省教育学会	省一等奖
2	《浅谈生物教育中的创新教育》	钟海荣	生物	赣州市教育学会	设区市一等奖
3	《应对高考化学中粗心的策略》	曾庆金	化学	赣州市教育学会	设区市二等奖
4	《例析等效平衡 》	蔡云鹏	化学	赣州市教育学会	设区市一等奖
5	《氧化还原反应的基本规律及其运用》	蔡云鹏	化学	赣州市教育学会	设区市二等奖
6	《中学教学的探讨》	钟春华	计算机	赣州市教育学会	设区市一等奖
7	《新课程条件下普通高中历史教学模式初探》	刘家标	历史	赣州市教育学会	设区市二等奖
8	《新课程下的课堂教学基本技能探讨》	蒙贤明	历史	赣州市教育学会	设区市一等奖
9	《新课程背景下有效教学的策略探究》	何发祥	历史	赣州市教育学会	设区市二等奖
10	《在英语教学中如何激发学生学习兴趣》	张睿	英语	赣州市教育学会	设区市三等奖
11	《建设中国特色社会主义理论》	张海平	历史	赣州市教育学会	设区市二等奖
12	《让学生在课堂上自主高效的学习生物》	尹琳英	生物	赣州市教育学会	设区市二等奖
13	《高中英语课改落实的关键所在》	朱海燕	英语	赣州市教育学会	设区市一等奖
14	《新课程下高中英语词汇课堂教学方法初探》	朱海燕	英语	赣州市教育学会	设区市一等奖
15	《浅析新课程标准下如何进行英语课堂教学》	朱海燕	英语	赣州市教育学会	设区市二等奖

〔教学教研〕 学校要求每位教师不折不扣地执行教学常规细则，对备课、上课、作业、辅导、考试等环节都作了严格的量化要求。教研组配合教导处检查教案作业的布置、批改，行政人员深入教学一线，参加听课、说课和评课活动，促进教学的规范化。在抓好教研组活动的同时，特别加强了备课组活动。备课组活动经常、规范，有时间、有计划、有记录、有中心发言人，统一教学进度。各备课组充分发扬团结协作精神，分工合作，扬长避短，群策群力，形成了教导处—教研组、教研组—备课组的教研模式。为掌握第一手材料，充分了解教师教学情况、业务水平，建立了唐江中学教师业务档案。定期召开年级学生代表座谈会和成绩分析会，进行教学信息反馈，进一步检查《常规》的落实情况，

归纳和整理学生的意见、建议，及时反馈给教师，改进教法，提高课堂教学效果。重视教研教改，强化科研兴校意识，实施校本教研工程，本学年共有3个课题获设区市级立项，1个课题结题，历史组的省级课题《高中历史新课程下的课堂教学模式探究》顺利结题，语文组的《语文新课程下农村高中学生人文素质培养》获省级立项，农村高中学生数学学习心理现状》和《关于促进我校高中历史教师教研教学水平提高的研究》获设区市级立项。

（伍复晁）

〔领导班子名单〕

校　长：董太升

书　记：蒋民德

副校长：卢致琳

钟庆华

朱经胜

市第五中学

〔**综述**〕　市第五中学前身是南康市西华中学，创建于1971年，2001年升格为市属二级单位，2005年8月改为现名。学校位于南水开发新区，南接60米大道，北临蓉江。现有教职工132人，专职教师125人，其中大学本科78人，专科46人，学历达标率99.2%，中学高级教师58人，中学一级教师42人，其中江西省学科带头人1人，江西省骨干教师2人，赣州市骨干教师1人，南康市学科带头人2人，南康市中青年骨干教师6人。现有教学班48个，在校学生3068人，是南康市办学规模较大的城区初中。2010年，初一招收新生1051人，其中男生589人，女生462人，共设16个教学班。

〔**学校建设**〕　学校办学条件较好，校园占地达48666平方米，校舍建筑面积为11410平方米，有六层综合教学大楼1幢、五层教学大楼1幢、四层教学大楼2幢、学生宿舍食堂大楼1幢、实验室4个、多媒体教室2个、微机室1个、微机86台；有300米环形跑道运动场1个，篮球场2个，校园文化广场1个，学校还建有图书室、阅览室，藏书4.5万册。

〔**德育工作**〕　学校以“校风正，学风优，班风严”为建设目标，把“以人为本，立德树人”作为德育工作的主线，制度管理和人文关怀相结合，增强素质和培育人才相结合，开展了系列教育活动。一是开展了学生文明行为习惯养成教育，认真落实《中学生日常行为规范》和《南康市第五中学行为规范十不准》，让每一个学生做到懂礼貌、讲文明、树新风。二是开展了感恩励志教育，聘请中国教育讲师团著名青年励志演说家王亮到校举行感恩教育专题报告会，让每一个学生懂得了感恩，懂得了珍惜，懂得了立志成才。三是开展了法律宣传教育，聘请市交警大队二中队指导员陈剑来校举行道路交通安全知识讲座，强化学生的法律意识和安全意识。四是为了更好调动学生的积极性，展现学生的亮点，让学生实现自我价值，规范自己的行为，细化了学生评比要求，在学生中广泛开展“守规范，争十星”主题教育活动。采用学生自评、民主测评、班主任评定相结合的方法，做到“周周贴红旗，月月送喜报”。五是实行“新三好”评价制度，引导学生在学校做个好学生，在家做个好孩子，在社区做个好公民，进一步完善了“学校——家庭——社会”三位一体教育网络。此外，还开辟了“校园之声”广播站，编辑了《五中人》校报，举行了“学雷锋”活动、“庆国庆”书画比赛、“我爱新赣州”学生演讲比赛、“绿色南康我在行动”主题征文活动、“感言警句征集比赛”、“迎新年”拔河比赛等活动。既丰富了生活，提高了综合素质，又陶冶了高尚情操。

〔**教学科研**〕　学校以教学质量为中心，狠抓常规落实。引导教师认真学习新课标，准确把握教材内容，认真备课，精心组织课堂教学，注重信息反馈，及时调整教学方法，提高教学效率。为使各项教学常规落到实处，制定了一系列教学常规检查制度，加大了对教师备课、上课、听课、作业、考试等环节的检查力度，并将检查结果与教师的聘任，评优评模等挂钩，大大提高了教师们落实教学常规的自觉性，保证了教学质量的稳步提高。

大力加强教研教改，大胆进行教育教学改革。各学科组均制定了严格的教研教改制度和高标准的教研计划，教研活动做到“三定”，即定活动时间、定活动内容、定中心发言人。在每周一次的集体备课活动中，经常组织教师深入学习教研教改先进经验，探讨提高课堂教学效率和教研能力的方法、措施。要求每位教师每年自费订阅一本以上专业教学杂志。学校每学年举行两次教育教学经验交流会。实施“写、议、改、补、记”五位一体的集体备课模式。“走出去,请进来”,发挥专业研究人员的引领作用,大力开展各项教学业务竞赛活动。

2010年,学校中考取得了优异的成绩:全市个人总分前十名该校5人,居全市第一;录取南康中学实验班23人,录取南康中学重点班88人,录取率居全市第一。学科竞赛有3人次获国家级奖,8人次获省级奖,18人次获设区市级奖,20人次获市级奖。教研论文有2篇获国家奖,6篇获省级奖,12篇获设区市级奖; 有6篇论文发表在各级各类刊物上;承担省级教研课题2个,在赣州市学科优质课比赛中,有2位教师获得一等奖。在赣州市教学设计大赛中, 有2位教师分别获一、二等奖。在南康市教育教学管理者听课评课比赛中,有11位教师分别获一等奖。学校在赣州市“英东杯”中小学生文艺调演中获初中组三等奖, 在市中学生田径运动会中获初中组第二名。学校先后获得赣州市十一五教育教学科研先进学校、赣州市义务教育合格学校、南康市中小学教学质量目标考评先进单位、南康市教育工作综合评估先进单位、南康市教育宣传工作先进单位等荣誉称号, 校长黄龙同志被评为“赣州市优秀教育工作者”和“南康市十佳校长”。

(伍复晁)

〔领导班子名录〕

党支部书记、校长:黄　龙

市实验小学

〔综述〕 2010年,学校有65个教学班,在校学生达4496名,教职工159人,其中,专任教师151人。年末,共有10名教师取得本科学历,本科学历教师数达50多人,占总数的三分之一;专科及以上学历有138人,占总数的92%;有小学特高级教师6人, 小学高级教师108人; 省学科带头人2人、省级骨干教师10人,赣州市、南康市学科带头人、骨干教师21人,师资结构进一步优化。

〔德育工作〕 以德育为首的地位更加牢固, 育人环境进一步优化, 学生的良好品行和德育工作有了更多亮点。一是开展了“告别陋习,与文明同行”主题教育活动和“在学校做好学生,在家里做好孩子,在社会做好市民”的新“三好”评比活动,进一步规范学生上下楼梯、进出厕所、上下公交车、放学路队、课间活动和进出体育场行为和校外行为准则,营造了“学规范、讲文明、比行为”的良好氛围。二是通过创“文明班队”、“卫生红旗班队”和争创“优秀文明班队”竞赛活动,促使各班做到教室布置规范,桌凳摆放整齐,墙上无污迹,地面无纸屑,桌凳无刻划,门窗无破损;校园秩序井然无拥挤,节约水电无浪费,谈吐文明无脏话,团结友爱无打骂,作业认真无抄袭,考风端正无作弊,良好品行早养成。三是充分利用传统节日、重大历史事件纪念日开展丰富多彩的主题教育活动。举行了学生“十·一”书画、艺术作品大赛和庆元旦唱国歌唱红歌班级歌咏会。在中国少年先锋队建队纪念日之际,举行了一年级新生入队仪式。四是开展了每周一升旗集会后的“好故事,伴成长”活动,让学生在活动中锻炼胆量,展示才艺,受到熏陶,让学生家长担任评委,在升旗仪式上,为获得月冠军学生授奖。五是继续开展了“廉政文化进校园”活动,在校园内开辟了“廉政文化墙”,印制了“廉政文化进校园” 校本教材。六是把感恩教育活动引向深入,学校在新教学楼的围墙上开辟了“感恩教育”专栏。七是开展“绿色南康在行动”学生环保知识竞赛活动, 组织各班开展了环保知识宣传教育活动,承办了城区片小学知识竞赛活动,让广大学生从小树立环保意识,提高环保的自觉性。

〔安全工作〕 学校始终把安全工作当作学校的重要工作抓实抓细,在抓好常态性管理(如:坚持每天一分钟安全警示教育和每周一升旗后的安全教育课、每天上、下午放学排路队放学制度、楼梯口教师值日制度、教师值日校园巡查制度和每学期一次的交通安全知识专题讲座等)的基础上,又聘请了三名专职保安负责学校校门、体育场出入口和学校上课期间的安全保卫工作。年内,学校未发生安全责任事故。安全管理已步入了有章可循,有制可依,操作性强和规范化的轨道。

〔教学工作〕 为让教育质量稳中有升, 学校想方设法来提高教师队伍的整体素质, 首先是积极开展了“提升质量年”活动和“争先创优”活动,增强教师依法执教、强化服务和质量为本的意识。二是重点开展了以促进教师精心备好、上好每堂课，向四十分钟课堂要质量的积极性和紧迫性的“推门课”活动，即学校每周都要组织人员开展有针对性地不打招呼的听课活动。三是加强了骨干教师、青年教师和新教师的培养。不断拓展导师帮带机制，充分发挥省、地、市学科带头人、骨干教师的带头和示范作用，采取师徒结对的方式，促使一批优秀的青年教师迅速成长。

年内，学校各项工作取得了可喜的成绩，学校先后在首届全国小学生“心动阅读”大赛中获优秀组织奖；在江西省教育厅组织的2010年“暑期读一本好书”活动中获优秀组织奖，有10名学生的作品分获一、二、三等奖；在赣州市教育局组织的全市小学生“查字典、读百科、颂美德”读书竞赛活动获集体二等奖；在赣州市第八届“英东杯”中小学生田径运动会上获得小学组团体总分第一名；还有10多位教师受到上级的表彰和奖励。学校的其他工作也有了长足的发展和进步。

（伍复晁）

〔**领导班子成员名单**〕

党支部书记、校长：蔡文华

市幼儿园

〔**综述**〕　市幼儿园是全市唯一的公办示范性幼儿园。创办于1951年，占地1867平方米，建筑面积2357平方米。现有教学班10个，在园幼儿480人，是一所全日制幼儿园。现有教职工31人，专职教师27人，专科以上学历20人（其中本科9人），小学高级教师20人，分别占专任教师总数的74%。

2010年，市幼儿园以《幼儿园教育指导纲要》为指针，结合新形势下素质教育新要求、新特点，坚持“一切为了孩子，为了孩子的一切”的办园宗旨，全体教职员工弘扬“用心工作，爱心育人，真诚服务”的主旋律，加强学习，精诚合作，努力为孩子的健康和谐成长，为幼儿园的发展贡献力量，将幼儿园的管理理念、课程理念、教育理念及各项工作常规贯彻到实际工作中，使老师们克服了工作的盲目性，做到了有章可循，提高了工作效率。

〔**办园条件**〕　良好的办园条件是提高保教质量的物质前提，市幼儿园努力改善办园条件，为幼儿创设一个集美化、净化、教育化为一体的环境。现班班配有消毒柜、电视、VCD等，每层楼有绿化带，幼儿宿舍配有空调，每个年级拥有设备齐全的办公自动化系统，已基本实现教学、办公、管理手段的现代化，学校加强了美化、亮化、绿化工作，校园环境得到进一步优化。

〔**德育工作**〕　2010年，市幼儿园采取多种形式，不断加强幼儿思想品德教育，建立和修订了一系列的规章制度，坚持举行升旗仪式，丰富国旗下的讲话内容。利用传统节日，开展系列教育活动。“十一”国庆节来临之际，结合亲子活动，举行了“童声歌唱，祝福祖国”的比赛活动。通过唱爱国歌曲，知道了祖国对于我们的意义，使幼儿萌发了爱祖国、爱家乡的情感。“重阳节”到敬老院进行慰问演出，强化幼儿尊老敬老的意识。

〔**教学工作**〕　2010年，市幼儿园改变传统教育观念，大力推进新课程改革，实践开放性的教育理念，贯穿以儿童发展需要为本的先进理念，根据幼儿特点开展主题式教学活动，教育幼儿学会生存、学会学习、学会合作与交往，引导教师认真学习《幼儿园教育指导纲要》，深刻领会其内涵，并运用到实际工作中去。经过长期构思、探索、实践、反思，该园以“自制玩教具在幼儿园活动中的运用与探索”作为研究的主课题。“自制玩教具”以其独特的操作性、探索性、灵活性、随机性和幼儿发展自主性为优势，成功挑战了传统课堂教学，为幼儿创设良好的教育环境，使幼儿在一种轻松的环境中积极探索，主动学习；充分体现老师的主导作用和幼儿的主体地位，更好地促进师生互动；在实践活动中，幼儿认知、情感、社会性及动作技能都得到了更好的发展。2010年7月，该园曾丽芳、邱小勇、肖玉英制作的自制玩教具作品《魔法布》《果冻盒乐园》分别获市、省一等奖，伍玉华、周恬、刘慧颖制作的玩教具《好玩的盖子》获赣州市一等奖省二等奖。同年12月，作品《魔法布》还获全国二等奖。许多教师撰写的相关论文也分别获省、市级奖。

（伍复晁）

〔领导班子名录〕

园长:伍玉华

部分学校简介

〔**市第六中学**〕 南康市六中创办于1968年,前身是金鸡中学,位于市区泰康东路113号。学校坚持用科学发展观统领工作全局,秉承"与时俱进,敢为人先"的精神。规模不断壮大,条件不断改善,各项工作齐头并进,一路高歌。学校拥有德馨楼、砺志楼、庆同楼、静雅楼和科技楼,拥有多媒体教室、微机室、教研活动室、电子备课室、党员活动室、图书室、阅览室、舞蹈室等等。现有156名教职员工,其中高级教师32人,中级教师68人,赣州市和南康市学科带头人5名,中青年骨干教师10名。现有教学班56个,学生人数3478人。

学校地处城乡结合部,在生源较为复杂的情况下,全体教职员工紧紧围绕"质量上的强校、管理上的名校、享誉社会的人民群众满意学校"的工作目标,心往一处想、劲往一处使,在队伍建设注重提高素养、主题活动注重内涵发展、德育管理注重规范品行、教学工作注重提高质量、安全教育注重扎实有效、校园文化注重优化环境、文体卫生工作注重健康发展、后勤方面注重全力保障等各个方面都有了均衡发展。

扎实有效的工作得到了各级领导的高度评价,赢得了社会各界的广泛赞誉,学校获得了许多荣誉:江西省中小学德育示范学校、江西省安全文明校园、江西省教育系统"规范管理年"活动先进单位、赣州市人民群众满意学校、赣州市师德师风先进集体、市教育工作先进单位、市先进基层党支部、市未成人思想道德建设先进单位、市创建和谐平安校园特色学校、市义务教育新课程改革工作先进学校,并且一直为市教育工作综合评估先进单位、市教育宣传工作先进单位、市中小学教学质量目标考评先进单位。

(陈天瑜)

〔**市第七中学**〕 市第七中学位于距市区2.5公里的蓉江街道办事处稍江村,校园占地面积约1.33公顷,校舍建筑面积为4960平方米,现有教学楼、综合楼、学生宿舍各一栋,新建一栋学生食堂宿舍楼,拥有2个标准篮球场、2个羽毛球场、1个乒乓球活动室、10张室外乒乓球桌。2010年共有三个年级,12个教学班,519名学生。教职工36人,专职教师35人,其中中学高级教师7人,中学一级教师16人。

学校明确了办学思想,坚持"以德立校、以质强校、精细管理、科学发展"的办学理念,狠抓"三风"建设。重视师德师风建设,采取制度先行、活动促进、老中青互帮模式,建立了师德师风考评制度,开展了师德师风专题教育活动,以教师评优评先、竞聘上岗为契机,结合"德、能、勤"量化评分开展了师德考核工作,进一步规范了教学行为,形成了良好的教风。

学校高度重视学生文明行为习惯的养成教育,开展了形式多样的教育活动。一是开展"我与小树共成长"教育活动,强化学生环保意识。二是开展文明常规教育活动。制定了《南康七中学生一日常规》,加强常规宣传和教育,同时每月评选表彰若干名"文明之星"和"守纪标兵"。三是开展"主题教育月"活动,每月确定主题,分别制定活动方案,每周安排主题教育活动。四是开展班级"达标创优"活动,每天一检查、每周一小结、每月一评比,每周评选出"优秀班级",授予流动红旗,将评选结果与班主任工作业绩挂钩。

学校开展了丰富多彩"村校共建"活动,开辟了四个基地。一是建立一个德育基地。学校积极筹措资金,对学校门口空地进行了硬化、绿化、美化,并配置了健身器材、宣传墙、文明宣传画等教育资源,将其建设成为学生德育基地之一。二是建立一个文化基地。积极参与社区图书室和阅览室建设,为"两室"提供一定数量的图书和桌椅,挂牌成立了"南康七中校外图书室",实现资源共享。三是建立两个实践基地。在校外新农村建设点设立了两个"南康七中学生校外实践基地",组织学生开展种菜、植树等实践活动,培养学生动手能力。四是建立一个培训基地。与村里共同设立了"农民培训基地",学校提供场所、师资,共同做好农民培训工作。

狠抓本校教研工作,学校将教研作为提升教师业务素质的重要途径,组织了优质课比赛、优质教案评比、教学成绩大比武等评比活动,教研工作取得了明显成效:数学教研组申报的课题《关于切实重视中小学数学教学衔接的研究与实践》被省教研室立项并列为省级重点研究课题;教师参加各级教学业务竞赛并获奖，在南康市教学管理者听课评课比赛中获市一等奖2人，获市二等奖4人，在"绿色南康在行动"知识竞赛中获一、二、三等奖各1人；学生学科竞赛中，共有4人获赣州市级奖、210人次获南康市级奖。

（陈天瑜）

〔**南水中学**〕 南水中学是市委、市政府为缓解城区学生就学压力，投资1000多万元新建的一所初级中学。学校位于东山街办南水社区挹翠路198号，规划占地面积69亩，总建筑面积18000平方米，办学规模为50个班，学生2500~3000人。学校从2010年秋季开始招生，现有教学班级10个，在校学生535人，教职员工35人。

学校本着"在做人上有突破，在学习上有进步"的办学宗旨，努力贯彻"三成"（让每一个学生健康成长，让每一个学生体验成功，让每一个学生顺利成才）教育思想，以人为本，一切为了学生的发展，坚持以提高教师综合素质为抓手，以提高教育教学质量为中心，狠抓学校管理，优化育人环境，学校"教风正，学风浓"，具有良好的校风校貌。

（陈天瑜）

〔**唐江红旗学校**〕 唐江红旗学校位于江南名镇唐江镇犹江河畔，迄今有着百年的悠久历史，是南康市现有的唯一一所公办九年一贯制学校，也是南康规模最大的一所义务教育阶段学校。

学校现有在校中小学生4410人，其中小学生3114人，初中生1296人，64个教学班，181名教职工，具有高级职称教师11人，中级职称教师44人，2010年获省师德标兵荣誉称号1人。校园占地面积3.6万平方米，校舍面积1.27万平方米。

红旗学校一直秉承"志存高远、德才颖超"的校训、坚持"育人为本、以德为魂、学生至上"的办学理念，以办百姓满意教育为目标，倡导全体师生"健康生活、快乐工作、与时俱进、争创一流"，要求教师牢固树立服务、育人的价值观和以学生的进步为自己最大快乐的事业观；延续并发展了红旗教师"六种"精神（不计得失的奉献精神、不甘落后的拼搏精神、爱生如子的园丁精神、认真执教的敬业精神、与时俱进的时代精神、快乐工作的健康精神），加强了学生的养成教育，提出了"好习惯成就好人生、进步就是100分"的理念，凸显了以"书香"为特色的校园文化建设，经常性地进行"书香教室"、"整洁办公室"检查评比，深入推进"三香三无三特"校园工程（校园有花香、教室有书香、厕所有檀香；地面无痰迹、墙面无印迹，人人无劣迹；人人有特长、班班有特色、学校有特点），狠抓以"常规实、过程严、细节精、质量优"为要求的教学常规、开展了以"公开课、示范课、推门课、过关课、优质课"为主要内容的"五课"活动。全年，学校取得了令人满意的办学业绩：2010年中考、小考，都全面完成上级下达的任务，其中中考高分档人数以较大优势位居唐江片区第一；在每年一次的全国中学生化学能力竞赛上，九年级参赛选手不负众望、摘金夺银，取得了赣州市团体总分第三名的成绩；在第二十四届全国青少年科技创新大赛中，一项作品荣获国家三等奖、三项获省一等奖、多项作品获赣州市奖励。2010年南康市教育系统综合评估检查，学校被评为综合评估先进单位。

红旗学校注重素质教育：下午课外活动时间开设古诗词诵读、英语、计算机、书法、绘画、舞蹈、乐器等兴趣课，培养学生广泛的兴趣爱好；建设"红旗走廊"，小学部每班教室外墙开辟为素质教育成果展示栏，张贴学生"书画"作品，每两个星期更换一次；学校每年一次少代会、每年一次艺术节、每年一次花博会、每年一次田径运动会、每年一次教职工卡拉OK赛及青年教师演讲赛，学校种植了大量花草树木，建设"森林校园"。

（陈天瑜）

〔**市第一小学**〕 南康市第一小学创办于2007年，位于南水开发区南水大道118号，占地60亩，校舍建筑面积12960平方米。现有51个教学班，学生3533人；教职工124人，其中本科学历46人，专科学历72人；高级职称教师2人，中级职称教师65人，江西省学科带头人1名，赣州市学科带头人1名，骨干教师3名，南康市学科带头人3名，骨干教师6名。现有教学楼三栋，科技办公楼一栋，配有仪器实、实验室、多媒体教室、计算机教室、远程教育播放室、图书室、音体美器材室、红领巾广播站、书法教室、学生多功能活动室、教职工活动室等功能教室，设有篮球场三个、羽毛球场二个、排球场一个、小型运动场一个。

年内，学校围绕"办名校、出名师、育新人、创特色"的办学目标，通过开展以"搭建四个平台，培育一小名师”为主要内容的创先争优活动,实现了教师业务水平、教学质量的双提高,取得了一流的业绩。(1)实施“五个一”活动,搭建学习平台。“五个一”即“日学一时,周听一课,月读一书,季写一文,年会一技”。一步一个台阶,一年解决一个问题的训练,提高了教师的学习兴趣,促进了教师教育理念的转变和人格修养的提高。(2)举办学术沙龙,搭建交流平台。学校的学术沙龙活动以解决各学科在教学中普遍存在的热点问题、难点问题、有研究价值和实践意义的问题为主题,通过交流与合作,将一小教师队伍建设成一个团队,充分发挥团队的作用。(3)深化“四课”活动,搭建展示平台。通过过关课、研讨课、示范课,优化课、竞赛课等途径,提高教师课堂教学技能和教育教学水平,并从中发现人才,培养名师。(4)办好一小刊物,搭建沟通平台。为了宣传学校的办学特色,加强教师之间、学生之间以及家校之间的沟通,创办了校刊《星空》,校刊栏目分为:特色校园、杏坛丝絮、学海浪花、艺苑风景。

2010年,学校先后荣获江西省函授学习工作先进单位、赣州市文明单位、南康市综合评估一等奖、南康市教学质量一等奖、南康市中小学教师全员性听课评课比赛一等奖、市田径运动会小学组团体总分第一名、“爱我新赣州”主题演讲大赛团体总分第一名等十多项荣誉。多项工作在全市位居前列,学校正逐步在精细化管理、教学质量、校园文化、书法教育、文体工作等方面构筑起新的发展优势。

(陈天瑜)

〔市第二小学〕 南康市第二小学,地处市区泰康西路。校园占地面积6450平方米,校舍建筑面积5430平方米。学校有31个教学班,学生2114人,教职工68人。

学校坚持“办人民满意学校,做人民满意教师,育人民满意学生”的办学思想,秉承“一切为了教师发展,一切为了学生发展”的办学理念,确立了“文化育人,质量立校,和谐发展”的办学思路。教师严格遵循“讲秩序,守规则,扬正气”的工作原则,形成了“求实,求精,求细,求新”的良好工作作风。积极深入教育教学工作第一线,大胆探索,躬身实践。全校师生员工不懈努力,营造了“诚信平等,开拓进取”的优良校风,“学高德厚,崇尚人本”的喜人教风,“自主探究,突显个性”的良好学风。学校围绕教学质量提升落实“三个到位”(常规落实到位,质量分析到位,考核评估到位);文化建设注重“三看”(看文化活动效果,看文化建设亮点,看师生行为变化);队伍建设强化“四种意识”(学习意识,管理意识,责任意识,服务意识);教研教改做到“四有”(研有方向,改有目标;研有主题,改有成效)的工作目标不懈努力,各项工作得到了较大提高,得到了社会好评。

学校被列为全国“科学教育实验基地”,连续5年被评为南康市“教育综合评估先进单位”,是全国“教育科学十五规划”重点课题《教育信息化理论与实践模式》实验基地,“小学生诚信教育研究”研究基地,江西省“现代教育技术示范学校”、赣州市“文明单位”、赣州市“雏鹰奖章先进单位”,江西省教育工会“四个一”活动先进单位、江西省教育科学规划项目“文化立校”实验项目基地学校。

(陈天瑜)

〔市第三小学〕 南康市第三小学现有校园面积10.3亩,校舍面积5768平方米,有31个教学班,2056名学生,教师72人,其中小学特高级教师1人,小学高级教师40人,赣州市骨干教师4人,南康市学科带头人3人,骨干教师4人。

学校率先在南康开展了书香校园系列活动,“围绕让读书成为习惯,让书香溢满校园,让生命光彩照人”这一主题,坚持以学生为主全员参与,以校为主辐射家长的原则,使学生在读书中感悟读书的无限乐趣,每年举办一届读书节。有效开展课题研究,主持国家级研究课题1个,参与2个,主持省级研究课题5个,结题2个,“扬中华经典,建书香校园”又获省级研究立项。学校拥有功能齐全的现代化教学设备,率先建立了拥有固定IP地址的校园网,是南康市首批校本培训示范学校,赣州市首批古诗词颂读学校,江西省文化立校实验学校,全国优秀科学实验基地。

(陈天瑜)

〔市第五小学〕 南康市第五小学创办于1941年,原名蓉江街道岭背小学,2007年8月升格为蓉江街道中心小学,并更名为南康市第五小学。学校位于市区旭山北路,校园面积22600平方米,校舍建筑面积 3969 平方米，各项设施齐全，有实验室、计算机教室、音体美器材室、舞蹈室、图书阅览室、多媒体教室、阶梯教室等多个专用教室，仪器配备达二类标准。现有教职工 47 人，其中小学特高级教师 1 人，江西省首批学科带头人 1 人，赣州市学科带头人 1 人，骨干教师 2 人；有 20 个教学班，学生 1269 人。学校下辖 10 所村完小，2 所教学点，共有教学班 87 个，学生 4246 人，有教职工 159 人。

学校认真贯彻教育方针，积极实施素质教育，确立了“力争把学校办成实验型、创新型、民主型、学习型的城区窗口学校，达到‘学生素质高层次，师资建设高标准，学校管理高效化，教育质量高水平’”的办学目标，弘扬“团结协作、敬业奉献、争先创优、和谐发展”发展思路。学校秉承“质量立校、科研兴校、民主理校、特色靓校、文化润校”的办学理念，实行“学校管理四条线”管理模式，开展“走动式”管理“六个一”活动（每天巡视一次校园、与一位教师或学生谈心、发现一个问题，每周进行一次分管工作检查并通报或一次家访、听一节课、提一条合理化建议）。积极开展“以人为本，注重过程，构建和谐、个性化的校园文化”特色办学活动，先后创立了“重视过程的‘劳动创造美’综合教育实践基地，富有个性的班级文化，关注发展的教研文化，提高人文素养的古诗文诵读”四大特色校园文化。

学校以“提升质量年”和“创业服务年”为契机，对全体教师提出争做“五型”教师要求：以德育为抓手，做育人型教师；以安全为保障，做平安型教师；以活动为平台，做素质型教师；以教学为中心，做质量型教师；以教研为动力，做研究型教师。积极实施“两大工程”（“青蓝工程”和“名师工程”）和“多元式菜单”培训，开展“第五小学首届教坛名星”评选，在教研教改中大胆实践，自我反思，学校狠抓“一听”“两查”“一研究”工作，即深入课堂听课，查备课、查作业批改，抓教学研究、促进教师专业成长。

2010 年教师在赣州市级以上教育刊物发表论文 5 篇，南康市级以上论文获奖 20 篇。在“新课标、教材教法”考试中，2 人获一等奖，2 人获二等奖；学生获南康市级以上奖励 100 多人次。学校被评为南康市教育工作综合评估“先进单位”、小学教学质量考评“二等奖”、教育宣传“先进单位”、工会工作“先进单位”、南康市第十五届中小学生文艺调演小学组“优秀集体”、赣州市“文明单位”。

（陈天瑜）

〔**市第六小学**〕　市第六小学是市政府投资 1000 多万元，于 2008 年 8 月创办的一所高标准城区小学。学校占地面积 22.5 亩，建筑面积8040.82 平方米，有 2 栋教学楼和 1 栋五层综合楼，共计 40 个教室，可容纳学生 2000 多名。

学校现开设 34 个教学班，学生 1989 人。教职工 92 人，学历达标率 100%，大专以上学历占 100%，本科学历占 59%，小学特高级教师 1 人，小学高级教师 17 人，小学一级教师 44 人，市级骨干教师 2 人。

学校坚持以“创品牌名校，建特色六小”为办学目标，以“健康成长，快乐成才”为校风，以“今日何成”为校训，创建了一流的教学环境，营造了一流的校园文化，打造了一流的教师队伍，培养了一流的学生。

学校先后被江西省教育厅授予“江西省‘素质教育月’活动先进单位”、“江西省‘提升质量年’先进集体”、“江西省安全文明校园” 等荣誉称号，被中共南康市教育局党委授予“优秀党支部”荣誉称号，连续两年被市教育局授予 “宣传工作先进集体”荣誉称号，在小学教学目标质量考核中多次荣获“一等奖”、“二等奖”，在南康市第十五届中小学生文艺调演中荣获“优秀集体”奖，在全市小学教师全员性听评课中获 “优秀团体奖”，在南康市 2010 年中小学英语听力竞赛中被评为“南康市最佳组织奖”，还荣获了“赣州市文明单位”、“综合评估先进单位”、“科技创新大赛优秀组织奖”、“省情、市情知识竞赛优秀组织奖”等荣誉称号。

学校深入开展“阳光体育”运动和特色学校创建工作，举办了第一届田径运动会；在教科研工作中，学校两个省级研究课题已取得阶段性成果，校本教研工作屡受上级领导的称赞，教师撰写的论文有 6 篇在国家级、省级刊物发表，有 20 多篇获省级等级奖、40 多篇获设区市级等级奖，60 多篇获县（市）级等级奖。

（陈天瑜）

〔**市逸夫小学**〕　南康市逸夫小学位于南康市东山街道金山路，学校占地面积 18668 平方米，校舍面积 9195 平方米，现有 51 个教学班，学生3730 人；

教职工113人,其中特级教师1人,小学特高级教师2人,小学高级教师59人;中专文化程度6人,大专以上文化程度106人;江西省骨干教师4人,赣州市学科带头人1人,赣州市骨干教师1人,南康市学科带头人2人,南康市骨干教师3人。学校有田径场、羽毛球场、篮球场,拥有仪器室、实验室、图书室、阅览室、舞蹈室、计算机教室、音、体、美器材室、多媒体教室、会议室、活动室等,是江西教育学院基础教育研究中心“课改实验基地”、中央教育科学研究所“全国科学教育实验基地”。

加强了校舍建设,学校新综合楼续建工程于2010年3月开工,8月26日竣工并交付使用。续建的新综合楼新增了12个教室,解决了困扰学校发展的大班额问题。

学校坚持“德育为首”,认真贯彻“正视现实、抓住主题、全心投入”这三个要点,落实了四项突破:一是抓住时令主题,有重点落实了德育内容突破;二是加强横向联系,多方式落实了德育途径突破;三是改进工作策略,多角度落实了德育方法突破;四是紧扣办学理念,有步骤落实文化内涵突破,提高了德育工作效果。

加强了教师队伍建设,继续坚持以人为本,以爱为先,不断优化教师队伍建设,努力构筑了学校教育发展的人才高地。通过抓好集体备课基础环节,突出课堂教学中心环节,强化作业训练保障环节,抓实学生辅导重要环节,抓牢质量监控反馈环节,不断提升了教学效率。

2010年,学校相继荣获南康市“2009-2010学年教育工作综合评估先进单位”、“2009-2010学年度教育宣传工作先进单位”、“第十五届中小学生文艺调演优秀集体”、“新华杯”第十六届中小学生田径运动会小学组第四名;“十一五教育教学科研先进学校”;“首届全国小学生‘心动阅读’大赛优秀组织奖”等荣誉称号。教师有8人次获市级以上表彰。教师论文9篇发表于省级刊物,2篇发表于地级刊物,12篇获省级奖项。教师业务竞赛3人次获省级奖项,5人次获地级奖项,45人次获市级奖项。学生29人次获省级奖项,6人次获地级奖项,23人次获市级奖项。

(陈天瑜)

〔**市赞贤小学**〕 南康市赞贤小学位于东山街道东山社区,泰康东路北侧,毗邻东山大桥。学校由赣南著名工运领袖陈赞贤于1918年创办,原名“东山高等小学”,后更名“东山中心小学”。1985年,经江西省人民政府批准,以陈赞贤烈士英名命名,改为“南康县赞贤小学”,校名由原中顾委委员、山西省省长罗贵波题写,被列为南康市爱国主义教育基地。2006年8月,赞贤小学经上级主管部门批准,重新定为东山街道中心小学。

学校占地面积12.7亩,校舍总建筑面积4400平方米。现有教学班22个,学生1314人。教职工51人,其中大本学历15人,大专学历24人;小学特级教师1人,小学高级教师31人;省骨干教师3人,赣州市学科带头人1人,骨干教师1人;南康市学科带头人2人,骨干教师4人。学校有陈赞贤事迹展览室、计算机室、多媒体室、实验室、仪器室、音体美器材室、远程教育室、舞蹈室、图书室、教工活动室等功能室。

学校确立“一切为了学校的发展,一切为了教师的发展,一切为了学生的发展”的办学宗旨,树立“以德为本,质量立校,特色导航”的办学理念,秉承“以校为本、以人为本、以质量为本、以发展为本”的发展理念,恪守“弘扬赞贤精神,培育时代英才”的校训,形成了“和谐、文明、求真、感恩”的校风和“敬业、爱岗、博才、善教”的教风,以及“立志、笃行、多能、乐学”的学风。

学校德育教育以“弘扬赞贤精神,打造红色文化”为办学特色,唱响“赞贤精神”主旋律。学校充分挖掘和利用本校独有的文化资源“赞贤精神”,立足乡情、校情,打造红色文化。发挥陈赞贤塑像、陈赞贤烈士墓、陈赞贤事迹展览室、陈赞贤事迹小册子的宣传教育作用,形成校园文化特色。2007年1月,学校申报了省级研究课题《弘扬“赞贤精神”,构建校本文化的实践研究》,此课题于2008年11月结题,编印出《赞贤精神代代传》、《陈赞贤故事选编》、《赞贤魂》、《赞贤风》等校本教材发给学生阅读。

学校充分挖掘“赞贤精神”,并以“赞贤精神”为突破口,确立“崇廉尚洁、从我做起”的廉政教育理念,精心打造廉政文化,实施廉政教育“三五九”工程。从干部、教师、学生三个层面开展系列活动,全面建设崇廉尚洁校园,加强廉政文化建设对象的针对性。通过畅通环境熏陶、主题活动、学科渗透、家校互动、中心辐射五种渠道,加强廉政文化建设,突出廉政文化建设参与的群众性。与科学发展、未成年人思想道德建设、素质教育、红色文化建设、师德师风建设、校务财务管理、“荣辱观”教育、领导班子建设相结合，切实为教职工办实事；与家庭教育、社会教育相结合，有力推进学校廉政文化建设。

学校以课程改革为核心，以新课程理念下的课堂教学研究与实践为主要内容，扎实开展特色教研活动。确立以“让常规成为一种习惯、让教研成为一种生活”的管理理念，以“四个带入”为抓手，深化课堂教学改革；以“六化六性”为推手，强化教学常规管理；以“两类四课”活动为舵手，打造名师工程。学校的“同课异构”教研模式、“反思教学法（我的课堂我反思、别人的课堂我反思）”、“读书沙龙”等教研活动成为学校教学科研一大亮点。

2010年，学校被江西省纪委、监察厅命名为“江西省廉政文化建设示范点”。在2009-2010学年度小学质量目标考评中获二等奖；2010年被南康市教育局党委授予“先进党支部”称号；在2010年全市中小学生田径运动会中获小学组团体第6名。学校被共青团赣州市委、赣州市教育局、赣州市少工委授予2010年度赣州市“少先队工作先进集体”荣誉称号，2010年度该校还被授予“江西省安全文明校园”、赣州市“文明单位”等荣誉称号。

（陈天瑜）

〔**市特殊教育学校**〕 南康市特殊教育学校创办于2009年8月，是由市政府主办，市教育局主管的九年一贯制市属学校。是一所集特殊少年儿童基础教育、启智教育和听障少年儿童语言训练康复教育于一体的现代化学校。学校占地面积11330平方米，建筑面积5568平方米，装备了现代化的多媒体教室、电脑室、语训室、律动室、美术室、实验室、仪器室、图书室和感统训练室，配备了先进的听力测试设备和语言、智力康复的启音、启聪设备和一支爱残乐教的教职工团队。10位专业教师中，小学特高级教师1人，小学高级教师1人，本科学历4人，大专学历6人。

学校确立了以“以爱育爱，和谐发展”的办学理念；以“铸造健全人格，炼就生存技能，融入主流社会”的办学思想；以“敬业修德，自强不息，博爱做人，博学成才”的校训，形成了良好的教风和学风。

学校重视加强教师队伍的建设，注重教师的培养，在师德建设中大力开展“五心”教育活动，要求教职工具有爱心、细心、耐心、恒心和信心。在教师业务素质提高上采用“学、磨、创、推”教研模式，提高教师的业务能力。通过一系列的校本实践和研究，教师的教学理论水平得到了提升，驾驭课堂教学能力得到了进一步加强。

学校依托“双语教学”模式、按照全面发展和差异发展相结合的要求，开展了和正常少年儿童内容一样但形式不同的教学活动，全面提高了学生的素质。

在学生中注重学生的养成教育，经常性的开展感恩教育活动。两年来，学校组织开展了全市中小学田径运动会特色表演，助残日爱心茶话会、剪纸绘画展、“六一”儿童节文艺表演、教师节“情感师恩，铸造师魂”、国庆节“珍爱生命，感恩祖国”等系列活动，并先后在省、市电视台播出。

2010年，学校被评为南康市文明单位，荣获南康市中小学生田径运动会“体育道德风尚奖”；在全省特教学会组织的论文竞赛中学校有6位教师获奖，同时学校也被评为“先进组织单位”。校长董金华先后被评为江西省“巾帼建功”标兵，赣州市“优秀教育工作者”；教师范龙英被评为南康市“优秀教师”。

（陈天瑜）

〔**市中英文学校**〕 南康市新世纪中英文学校创办于2000年秋，是南康市唯一一所九年一贯制民办学校。学校坐落于市区蓉江西畔，占地70亩，现有学生3028人，在职公办教师132名，其中市级以上学科带头人或骨干教师32名。

学校教育设施先进，拥有功能完备的图书馆、阅览室、微机室、实验室、校医室、电子语音室和多媒体教室，建有室内排球馆、综艺馆等。

学校以人的全面发展为办学宗旨，以“三心”（爱心、耐心、恒心）育人为办学理念，以“厚德笃学、勤奋上进”为校训，实行小班制教学，24小时准军事化管理。

学校的办学成绩得到了各级领导和社会各界的肯定和赞誉，教学质量不断提升，初中部和小学部教学质量分别摘取了南康市“七连冠”和“八连冠”的殊荣。学校先后被评为“全国艺术教育特色单位”、“全国科学教育实验基地”、“全国素质教育基地”、“全国特色教育先进单位”、“江西省先进社会组织”、“赣州市文明校园”、“赣州市师德师风先进集体”、“赣州市基层党建十面红旗”、“赣州市德育示范学校”、“南康市先进党支部”、“南康市教育工作综合评估先进单位”、“南康市‘三八’红旗集体”、“南康市文明单位”、“南康市教育工作先进单位”等。

(陈天瑜)

〔**大坪小学**〕 大坪乡中心小学地处南康市北部山区,是一所山区农村寄宿制中心完小,其前身是民国二十九年(1940年)的大坪乡小学及1949年的南康县立大坪小学,是一所有70多年办学历史和鲜明办学特色的学校。学校占地8000多平方米,校舍建筑面积5000多平方米,现有一至六年级14个教学班,在校生600多人,教职工30多人。

学校以“发掘人的创新潜能、弘扬人的主体精神、促进人的个性发展”为宗旨,坚持“为学生的一生幸福和发展奠基”的教育理念,以创建“生态校园、人文校园、和谐校园”为目标,不断积累校园文化底蕴、提升学校品位,努力让山区的孩子接受到优质的教育。学校先后被评为“南康市文明单位”、“南康市中小学创建和谐平安校园先进单位”、“南康市中小学教学质量目标考评一等奖”、“南康市‘采茶戏进校园’示范学校”,学校的校园文化建设案例编入市教育局《特色之花初绽放—南康市校园文化建设成果集》。

(陈天瑜)

〔**隆木小学**〕 隆木中心小学地处南康最北端的隆木乡,是一所“小而精”的学校,学校现有57个教学班,1700多名学生,100多名教职工。多年来,学校围绕“谦和做人,恒心向学”这一校训,秉承“育人为本,规范管理,面向全体,全面发展”的办学思想,不断加强管理,努力打造“特色学校”,学校工作突出了“两个亮点”。一是美化环境。不断加强“硬件”建设,新建教学楼一栋,改善办学条件。完善绿化带布局,对树木整枝造型,清理废旧花圃,为花坛新植草皮,改变了单一的绿化局面,校园形成“错落有致、四季不同”的景色。二是浓郁文化。校园广场周边耸立着“谦恒”、“憧憬”、“励金砥志”等巨石。

学校加强了教学常规管理,深化课堂教学改革,向教研要质量。一是突出教学中心地位,狠抓常规管理不放松;二是从教学研究入手,以教研教改课题为切入点,体现“以学生为主体”的教育思想,优化教学目的制定和教学方法的组合;三是重视集体备课,发挥集体的智慧;四是抓好课题研究工作,学校组织教师根据学科实际和新课程标准的要求申报了相应的教研课题。

(陈天瑜)

〔**横市中学**〕 横市中学位于南康市横市镇万寿南路,创办于1956年,占地14665平方米,现有校舍建筑面积11086平方米。拥有按国家二级标准装配的仪器室、实验室、电脑教室、多媒体教室、藏书量达18043册的图书室,建有100米塑胶跑道、200米环形跑道以及各种体育器材室和多功能体育活动室。

现有教学班19个,学生1098名;教职工62人,其中高级教师10人。

学校以“办人民满意的学校”为宗旨,以“乐学、博学、明理、自强”的校训教育学生,扎实开展“寝室文化”“教室文化”“两操文化”等校园文化建设活动。学校正以现代的教学设备,先进的办学理念,优雅的学习环境,深厚的文化内涵,一流的教学质量跻身全市前列。

大力推进校园文化建设,进一步“净化、优化、美化”校园环境,代表南康市接受了省级“保洁工作”检查并获好评。注重德育的隐性与显性功能结合,深入开展“井冈山精神进校园”“省情市情教育”“感恩教育”等活动,获得了市“省情市情教育”“感恩教育”双项活动优秀组织奖。强化教学常规管理,加强教学研究,提高课堂教学质量。承担了赣州市级教研课题一项,省级教研课题一项,培养出了2010年南康市中考状元。实现了学校教育质量新跨越的目标,为学校的发展添上了浓墨重彩的一笔。学校以综合指标考核分数名列南康市同类学校第一名的成绩,获得了“南康市教育工作综合评估先进单位”的荣誉称号。

(陈天瑜)

〔**十八塘中学**〕 十八塘中学位于南康市北部丘陵山区,创办于1958年9月,有50多年的办学历史。学校占地面积8357平方米,生均面积8.97平方米。现有教学班15个,学生798人;教职工52人,其中高级教师7人。

2010年，学校围绕“以人为本，以德立校，依法治校，质量强校，办山区人民满意的教育”的办学目标，狠抓校风、教风、学风建设，强化内涵管理，规划科学发展，取得了一系列成绩：荣获南康市中考目标考评一等奖，通过了赣州市义务教育合格学校督导评估团的评估验收，被评为南康市民主评议政风行风评比活动“群众满意基层站所”和南康中学“优秀生源基地”。

（陈天瑜）

（编辑：黄敬芳）

文 化

文化管理

〔**综述**〕 2010年,全市文化工作在市委、市政府的正确领导下,在上级业务部门的指导下,认真贯彻落实党的十七大和十七届四中全会、十七届五中全会精神,坚持以邓小平理论和"三个代表"重要思想为指导,深入贯彻落实科学发展观,紧紧围绕市委、市政府"一个继续坚持,两个着力把握,六个扎实推进"工作大局,按照"打造品牌、夯实基础、繁荣市场、做大产业、建强队伍"的工作思路,牢牢把握先进文化的前进方向,坚持两手抓,一手抓公益性文化事业,一手抓经营性文化产业,狠抓了公共文化服务体系建设、文化品牌建设、文化长效激励机制建设,着力提升了文化的组织引领能力、开拓创新能力、保障供给能力,有力地推动了本市文化大繁荣大发展。2010年5月,政府机构改革,撤销市文化局、市广播电影电视局,组建市文化和广播电影电视局(增挂南康市新闻出版局牌子),为主管文化、广播、电影、电视工作的市政府工作部门,同时撤销中共南康市文化局总支委员会、中共南康市广播电影电视局总支委员会,组建中共南康市文化和广播电影电视局总支委员会(下辖市文化和广播电影电视局机关党支部、市广播电影电视新闻中心党支部、市文化三馆党支部和市采茶剧团党支部)。2010年,南康市文化市场管理工作被赣州市文广局评为先进集体。

〔**机构队伍**〕 市文化和广播电影电视局内设人事秘书科、社会文化科、宣传艺术科(戏剧创作研究室)、行政审批服务科(文化市场管理科、产业发展科),下辖广播电影电视新闻中心、文化馆、图书馆、博物馆、采茶歌舞剧团。市文化和广播电影电视局有行政编制8人,工勤事业编制1人,市文化市场稽查大队编制5人,戏剧创作研究室编制2人。

〔**乡镇文化站建设**〕 全市20个乡镇、街道办均有文化站,文化站有人员1~2人。积极向上争取建设资金,已完成龙岭镇、龙回镇、凤岗镇、唐江镇、十八塘乡、麻双乡、三江乡等7个乡镇综合文化站建设,已争取乡镇综合文化站配套设备资金80万元。赤土、横寨、隆木、大坪、坪市、朱坊、龙华、镜坝、太窝、浮石等11个乡镇综合文化站建设已列入2011年市重点建设工程项目,中央、省级配套建设资金为每站各12万元,计264万元已全部到位。2010年,全市乡镇自身组织开展文体活动92次。

〔**文化市场管理**〕 宣传管理 一是通过开展文化市场法律法规和安全生产咨询活动,印发宣传资料1000份,让广大群众更好的了解有关文化市场的法律法规,动员广大群众积极参与监督管理;二是举办文化市场法律法规培训班。加强文化市场从业人员的培训学习,强化了经营者的法律意识和服务意识，做好安全防范工作措施；三是通过电视媒体进行宣传报道和曝光。

文化市场整治工作　在日常管理中，采取集中时间、集中人员、集中精力的办法，严厉打击文化市场违法、违规行为。按照全国“扫黄打非”工作部署，加大了“扫黄打非”工作力度，组织力量对全市音像市场、书报刊摊点、网吧、歌舞厅等文化娱乐场所进行安全检查和整治，发现问题限期整改，特别是对无证经营行为、经营非法出版刊物、网吧接纳未成年人进入和超时经营以及歌舞厅噪声扰民等进行了严厉查处。

文化市场监管工作　一是利用“12138”举报电话，延伸了监管的时间和空间范围，提高管理效能，严厉查处违规经营行为，使网吧接纳未成年人得到了有效地遏制；二是利用网吧协会推进行业自律，互相监督，不断改善行业形象，并组织经营户主外出考察学习；三是进一步完善管理制度，规范经营行为。制订网吧经营管理、入场登记、巡场和消防安全检查等制度，进一步规范网吧等文化市场。四是日夜巡查。全市的文化市场点多、线长、涉及面广，市场秩序不够稳定，有些问题容易复发。每天派专人对文化市场进行日夜巡查监管，发现问题及时处理。通过不断加强市场管理，强化服务意识，使全市文化市场经营秩序良好、安全稳定。

〔扫黄打非〕 2010年，按照全国“扫黄打非”工作部署，加大了“扫黄打非”的工作力度，组织开展了30多次“扫黄打非”活动，收缴了非法音像制品18000多张，非法书刊出版物2100多册，4月18日在浮石乡举行了“南康市非法出版物销毁活动”，保护了消费者的合法权益。

〔领导班子名录〕

局　长：朱吉祥（2010.05～　）
总支书记：刘述洗（2010.05～　）
副局长：林红艳（女，2010.05～　）
　　　　刘庭福（2010.05～　）
系统工会主席：刘家兰（女，2010.12～　）

群众文化

〔综述〕 2010年，全市群众文化工作在市委、市政府领导下，按照上级文化主管部门的部署，认真贯彻党的十七届五中全会精神，坚持“二为”方向和“双百”方针，开拓创新，扎实工作。以“新农村建设”和“三城同创”为契机，扎实开展了一系列群众文化活动。

2010年，全市以广场文化、社区文化、乡村文化、校园文化、企业文化为特色的群众文化活动，逢勃发展。全年共组织大型群众文化广场演出8场，组织节目参加赣州市级以上重大演出（比赛）5次，组织大型群众文艺活动5次，大型展览5次，组织文化下乡活动3次，丰富了群众文化生活。全年共有8个市直单位举办了广场文化活动，即市畜牧水产局、市移动通信公司、市环保局、市安全生产监督管理局、市城市管理行政执法局、市财政局、市房管局、市经贸委等。极大地活跃了广大人民群众的精神文化生活，营造了浓厚的城市文化氛围。

6月开展了世界文化遗产日纪念活动，在市文化馆举办了南康市非物质文化遗产展览。

全年广泛开展了社区文化活动，如东山街道芙蓉社区、现代商城建起了报刊、阅览室、游艺室，成立了军鼓乐队、舞蹈团、合唱团、老年太极拳健身队，经常开展自娱自乐的文体活动，同时还开展扑克、象棋、书法美术比赛活动。

〔文化遗产保护工作〕 成立了文化遗产保护中心，有朱其福、刘伟两位专职干部常年负责文化遗产保护工作。7月，迎接省文化厅非物质文化遗产处的非物质文化遗产处普查工作验收。市文化馆对全市20个乡镇（街道）的100多个村进行了全面普查，普查出了本市非物质文化遗产线索2000条，有价值可申报项目25条。并下发了普查工作文件，对调查记录资料进行归档、普查成果汇编，加强了非遗档案建设与管理，扩大了普查工作的广度与深度，无论是普查线索、非遗门类覆盖面，还是项目调查的深度都在扩大，普查项目的数量与质量得到提升，普查线索数，调查项目数，收集相关资料实物数，资料采录要求做到全面性、真实性，并将普查成果汇编，装订成册。还成功申报省级非物质文化遗产项目3项：民俗《鲤鱼灯》、曲艺《古文》、手工制作技艺《天车》；实现了省级非遗项目零突破。赣州市级3项：民俗《鲤鱼灯》、曲艺《古文》、传统手工技艺《天车》；南康市级12项：民俗

《鲤鱼灯》、曲艺《古文》、手工制作技艺《天车》、民俗《元宵龙船歌》、《祭大神》、传统戏剧《南康采茶戏》、传统手工技艺《火树银华》、《古老制糖》、《德福斋辣椒酱》、民间医药《刮痧》、《拨火罐》、民间文学《客家方言南康话》。

〔**文艺创作**〕 创作论文有8篇在省级以上刊物发表,其中有1篇论文获得省级奖,朱其福论文《试谈南康市“元宵龙船歌”非物质文化遗产保护的重要意义》获得江西省文化系统文化艺术科学论文评奖非物质文化遗产科学组三等奖。刘伟论文《保护研究南康元宵龙船歌任重道远》在中国群众文化论丛书2010年第5期发表。阳建兰论文《探索在构建和谐社会中如何建设新农村文化》在科技信息杂志2010年第11期发表;《论地方群众文化工作的社会效应和经济效应》在大众文艺杂志2010年总第244期发表;《社会主义新农村文化建设浅谈——以江西赣州市为例》在老区建设杂志2010年第8期发表;《社会主义新农村文化建设之管见——论赣州市新农村文化建设》在大舞台杂志2010年第4期发表;《浅谈文化馆公共服务体系的构建》在群文天地杂志2010年第1期发表;《坚持群众文化工作的公益性和特色性》在中国群众文化论丛书2010年第5期发表。

2010年,文化馆业余文艺学校的艺术培训,教学质量稳中有升,杜绝了安全事故的发生,因校舍装修,只培训了两期,全年共培训学员200人。组织学员参加省地各项比赛。

2010年文化馆编制12人,实有员工14人。馆长:钟春雨。

〔**重大文化活动**〕 2月组织了民间艺术团体参加了赣州市“我们的节日”优秀民间民俗文化展演活动;3月8日开展“三八”妇女联欢文艺晚会;4月29日由市畜牧水产局举办了广场文化活动;5月4日开展“五四”青年节文艺活动;5月17日由市移动通信公司举办了广场文化活动;6月5日由市环保局举办了广场文化活动;6月15日由市安全生产监督管理局举办了广场文化活动;7月1日开展了“党的生日”联欢会;8月1日开展“八一”建军节文艺活动;8月20日由市城市管理行政执法局举办了广场文化活动;9月22日由市财政局举办了广场文化活动;9月29日开展“祖国在我心中”南康市——学习焦裕禄精神,红色歌曲大家唱暨十七届南埜之声文化艺术节文艺晚会活动;10月12日由市房管局举办了广场文化活动;11月8日由市经贸委举办了广场文化活动。极大地活跃了广大人民群众的精神文化生活,使春节活动更加丰富多彩;11月组织大型舞蹈“鲤鱼灯”节目,参加赣州市第二届国际脐橙节演出;12月由市人大主办“南康、南雄、崇义三地书法联展”。

〔**乡村文化**〕 2010年,在全市农村大力实施农村文化三项活动,政府买单,农民免费看戏、看电影,参与文化活动,全年送戏下乡114场,为提高送戏下乡质量,还邀请了省木偶剧团深入大坪、十八塘、赤土、龙岭等乡镇中心小学演出,深受广大师生好评,赣州采茶歌舞剧院深入龙华、三江等乡演出,开展创业服务专题演出。市大众文化发展有限公司组建了17支农村电影放映队,在18个乡镇开展电影放影工作。电影放映4088场,深受农民的欢迎。乡镇自身开展文体活动92场,全市13支业余民间艺术团体常年深入田间地头,为农民演出,共演出40多场。较好地丰富了农民群众的业余文化生活。如凤岗路塘民间艺术团、唐江白石老年艺术团长年活跃在乡村。同时还加强了农家书屋建设,2010年新建农家书屋76家。为全市每个行政村配送电脑1台,在全市271个行政村建立文化信息资源共享服务站点。

戏　剧

〔**综述**〕 2010年市采茶剧团在市委、市政府的正确领导下,紧紧围绕市委、市政府的工作大局,服务于社会、服务于人民,为南康的科学发展构建和谐社会,营造良好环境。特别是为了加快基层文化事业的发展,弘扬社会主义文化,满足广大农民群众精神的需求,省政府下拨了农村文化事业专项资金文艺下乡演出经费22万多元,每个乡镇演出6场,每场演出节目时间为2个小时。全年演出场次达160多场,其中:专项资金下乡演出场次108场,观众人次达40多万人次,经济收入达20多万元。

为了改善剧团的办公条件,2010年剧团向省财政争到了中央补助地方文化体育与传媒事业发展专项资金40万元,用于剧团排练厅的维修改造工程，并于2010年9月份开始维修改造，并在一楼搭建了一间会议室，一间仓库，七楼平顶搭建一间仓库。

2010年市采茶剧团及时圆满地完成了市委、市政府以及上级业务部门布置的各项任务。2010年参加了赣州市农工部与妇联主办的“新农村、新女性”才艺大赛，小品《家有保洁员》荣获二等奖；江西省音乐“映山红”奖优秀创作歌曲演唱大赛赣州选拔团体二等奖；林咏梅论文《父老乡亲伴我行——试论采茶戏曲观众的培育和涵养》，在江西省影剧新作发表；罗兴平结合工作实际撰写的论文《岁岁向荣焕光华——对采茶戏艺术的认知与畅想》，在江西省影剧新作发表并荣获省文化厅论文三等奖；张薇获得了鄱阳湖生态文化艺术节赣州赛区歌唱大赛、江西省音乐“映山红”奖优秀创作歌曲演唱大赛赣州选拔赛金奖和一等奖；黄蓓参加江西省音乐“映山红”奖优秀创作歌曲演唱大赛赣州选拔赛荣获优秀奖；市采茶剧团获江西省音乐“映山红”奖优秀创作歌曲演唱大赛赣州选拔赛团体二等奖。

市采茶剧团属全额拨款事业单位，人员编制数为38人，在编人员是37人。团长：林咏梅。

〔**主要戏剧活动**〕 2010年开展了以下主要活动：(1)“新春各界人士”座谈会、“春节慰问”演出、庆祝“三八”节晚会、南康市廉政戏剧下农村进社区文艺演出、参与第25个国际志愿者日暨首届南康义工大型公益晚会。“绿色南康在行动”专题文艺晚会、第十七“南埜之声”文艺晚会，全国总工会“西气东输”慰问演出文艺晚会。(2)为了丰富和活跃群众文化生活，2010年参与和指导以下宣传演出活动，市农工部、市妇联、财政局广场文艺晚会、工业和信息化局、赣州市华亿木业有限公司、第一小学、逸夫小学、供电公司、龙回镇、朱坊、麻双、赤土、龙岭等13家单位演出活动。(3)开展采茶戏进校园。为了传承和弘扬赣南采茶戏，做好采茶戏进校园的工作，市采茶剧团抽出黄蓓、叶果果2位业务骨干在市实验小学、逸夫小学、横寨小学等5个学校进行采茶教学辅导。

〔**送戏下乡**〕 坚持送戏下乡，认真完成好农村文化事业专项资金文艺演出。全年，生产排练了一系列反映新农村、新风貌，农村文化生活的小品、舞蹈、快板、音乐剧、采茶戏等形式多样，内容丰富的文艺节目，在全市各乡镇、各村组进行巡回演出，以及“文化三下乡”文艺演出，全年下乡演出场次达138多场，其中农村文化事业专项资金演出达108场，观众人次达28万多人次。

〔**戏剧创作**〕 2010年共创作了戏剧、歌舞、音乐等文艺作品：舞蹈《我是一片红叶》《贴心人》《山丹丹花开红艳艳》《清河颂》《纪检监察之歌》《春风吻上我的脸》《节日》《青花瓷》《大团员》等9个，小品《心愿》《家有保洁员》《对不起我的女朋友》《选举之前》《好日子也要会过》《一卡通心连心》等6个，曲艺音乐快板《创业扶持政策多》诗朗诵《学习焦裕禄》音乐剧《让农村生活更甜美》等3个。

〔**戏剧演出**〕 全年演出达160多场，(其中：专项资金下乡演出场次108场，“文化三下乡” 和其他政策法规宣传演出50多场)，观众人次达40多万人次，经济收入达20多万元。

图书馆藏

〔**综述**〕 2010年，市图书馆坚持“一切为读者、为一切读者”和“读者至上、服务第一”的理念，开设了外借室、报刊阅览室、少儿阅览室、电子阅览室、古籍室、书库、多媒体教室、地方文献资料室和文化信息资源共享工程南康市支中心。外借室平均每天接待读者92人次，流动图书260多册次，少儿阅览室每天接待小读者25多人次；流动图书60多册次；电子阅览室每天接待读者150多人次；报刊阅览室继续实行免证免费阅览，每天接待读者80多人次。外借室安装了图书防盗仪系统，辅导全市各乡镇“农家书屋”开展图书信息服务。全国文化信息资源共享工程的68万元设备在2009年已全部到位并安装投入运行。全国文化信息资源共享工程南康市支中心的工作在本市全面展开。全市全国文化信息资源共享工程村级基层点建设覆盖100%。争取到村级基层点建设资金81万多元电脑设备已全部到位，于6月29日在市图书馆举办了设备发放启动仪式，全部发放到村基层点。12月底，中心技术人员不畏严寒，下到基层检查设备运行情况，以及指导设备运行。实行优惠办证，上门办证，上门为地税局、幼儿园、社保局办证共计290多本。馆内职工郑忠发、叶兰兰分别写的论文《UNIX下ILAS系统常见问题及解决方法》、《县级公共图书馆电子阅览室若干问题探讨》分别获赣州市图书馆学会年会暨论文表彰大会省级一等奖、二等奖。2010年南康市图书馆被文化部评为国家“二级图书馆”。市图书馆获市文化系统2010年度文化工作目标考评工作“先进单位”。

现有编制7人,馆长叶兰兰(女),工作人员9人。

〔**藏书与借阅**〕 全市除市图书馆外,还有南康中学、二中、唐江中学、进修学校、中英文学校和赣南烟厂等图书馆,这些图书馆的藏书都在5000至4万余册,全市藏书约36.5万册,其中市图书馆藏书14.2万册。

2010年下半年全力做好了图书馆自动化管理(ILAS)系统前期运行工作,为2011年全面实行图书馆自动化做了重要准备。同时继续做好第三批国家珍贵古籍名录古籍申报工作。向国家申报了本馆两部古籍《事类赋》、《广事类赋》。2010年办成人借书证906本,少儿阅览证620本,电子阅览室工作站40台,平均每天接待读者近150多人次。2010年全年投入4万多元新购入图书1431册。投入2.6万元征订下一年度的报刊杂志。

〔**文化信息共享工程**〕 全面开展了全国文化信息资源共享工程村级基层点建设。2010年争取到的村级基层点建设资金81万多元电脑设备已全部到位。并于6月29日发放到全市278个基层服务点,标志着全市文化信息资源共享工程覆盖率达100%。

〔**乡镇图书室**〕 2010年,构建县乡村户的图书馆服务网络,全市有20个乡镇(街道)建有“农家书屋”,建立了乡镇图书室。160个村建有“农家书屋”图书室,其藏书一般在500~1000册左右,内容多数为农业科技种养加等方面的科技书,每室配有VCD全套电教设备,每户每年订有5至10份报纸杂志。

文 博

〔**综述**〕 2010年,南康市博物馆在南康市市委、市政府的正确领导下,在上级业务部门的指导下,深入贯彻落实科学发展观,紧紧围绕市委市政府“一个继续坚持,两个着力把握,六个扎实推进”工作部署,不断创新管理理念,积极探索工作思路,坚持保护与利用、服务与管理并举,解放思想,开拓创新,确实加强文物保护工作,千方百计做好第三次全国文物普查工作,积极推进博物馆社会免费开放工作。

2010年,南康市博物馆有馆藏文物450余件,其中,国家一级文物1件,二级文物4件,三级文物53件,县市级文物保护单位17处。南康市博物馆现有编制3人,实有人员5人,馆长:文祥春(女)。

〔**文物保护**〕 2010年,南康市博物馆加大了对全市文物保护单位安全检查的力度。全年开展文物保护单位全面安全检查6次,重点文物安全检查10次,及时排除各种安全隐患5处,确保了文保单位全年安全无事故。同时,围绕2010年“5·18国际博物馆日”和“文化遗产日”的活动主题,对文化遗产保护和第三次全国文物普查进行了广泛宣传。

为改变南康市无省级文物保护单位的尴尬局面,南康市博物馆积极开展省保单位申报工作。结合江西省和南康市文物实际,2010年已将“陈赞贤烈士墓”、“蓝氏节孝石门坊”和“太窝天主大教堂”三处不可移动文物申报江西省文物保护单位,申报材料已上报省文化厅审核。

为确保馆藏珍贵文物的安全,南康市博物馆按照南康市人民政府《关于暂将三级以上文物送交到赣州市博物馆中心库房代为保管的请示》的批示,于2010年8月初将馆藏三级以上珍贵文物暂送交保存条件更好的赣州市博物馆中心库房代为保管。

〔**博物馆建设**〕 2010年,南康市博物馆加强了自身建设,进一步完善了博物馆管理制度。同时,利用国家支持文博事业发展的有利政策,积极推进博物馆对社会免费开放工作,向上争取博物馆免费开放经费8万元。

2010年,为进一步提升博物馆免费开放服务水平,做好博物馆免费开放各项工作,南康市博物馆积极筹备陈列展览更新工作。已于5月开始对展厅等基础设施进行重新装修,并举办了《南康市第三次全国文物普查成果图片展》和《南康出土恐龙蛋化石展》。2010年年底已完成了基本陈列《工运先驱——陈赞贤生平事迹展览》大纲设计和展览部分前期工作。

文物调查及数据库管理系统建设项目是我国第一次开展的全国馆藏文物普查工作,南康市博物馆在赣州市博物馆的支持和帮助下于2010年8月初顺利完成了全部1件一级文物、4件二级文物和53件三级文物的数据采集和上报工作。

在年初的全省博物馆质量建设工作会议上,江西省文化厅确定2010年为“全省博物馆质量建设年”。南康市博物馆积极参加各项活动,从中学到了博物馆工作的各项业务知识,为进一步提升本市博物馆服务水平打下了坚实的基础。

〔**普查工作**〕 2010年,按照《南康市第三次全国文物普查工作方案》要求,南康市第三次全国文物普查领导小组及其办公室对实地普查所采集的数据进行了初步整理,并于4月底通过了省普查办的验收。9月,南康市普查办将陈赞贤故居等三处不可移动文物申报了江西省第三次全国文物普查百大新发现。最终,“蓝氏节孝石门坊”入选江西省第三次全国文物普查百大新发现。2010年年底南康市第三次全国文物普查实地普查工作通过了国家普查办初步验收,并按照国家普查办的要求进行了整改。截至2010年12月31日,完成全市全部22个乡(镇、街道)的实地普查工作,累计新发现不可移动文物221处,复查8处,消失不可移动文物1处。

江西新华发行集团有限公司南康市分公司

〔**综述**〕 江西新华发行集团有限公司南康市分公司认真贯彻落实省集团公司和赣州市分公司的各项工作部署,以科学发展观统领全局,以改制上市为契机,一手抓改革,一手促发展,迎难而上,奋力拼搏,全年实现销售净收入2800万元,完成全年计划的100%,利润200万元,完成全年计划的111%。其余经济指标也完成计划目标。全店各项工作继续保持了平稳运行的良好态势,企业实现了持续健康稳定发展,综合实力进一步提升,后续发展的物质基础更加雄厚。

〔**机构队伍**〕 2010年,“南康市新华书店”改名为“江西新华发行集团有限公司南康市分公司”,(江西新华发行集团有限公司于2010年借“鑫鑫股份”上市,后改名为“中文传媒”)。设有综合科、教材储运科、中心门市部、唐江教材发行网点。

〔**岗位竞聘**〕 2010年上半年,书店按照省发行集团公司和赣州市分公司关于岗位竞聘改革工作的部署,精心组织、周密部署,稳步推进岗位竞聘改革工作。积极参加省发行集团公司组织的“经理、副经理岗位”岗位竞聘,随后成立了本公司改革工作领导小组,做好宣传动员、统一思想工作,按照“公开、公平、竞争、择优”的原则,根据实际情况制定了南康分公司岗位竞聘改革方案,参照集团公司的指导意见,反复酝酿,广泛征求了员工和干部的意见,制定出了符合店情、比较科学合理的岗位设置体系,即全店设3个中层正职,7个中层副职,比上年减少了2个副主任岗位。在推进岗位竞聘改革工作过程中保证了政策透明、方案公开、竞争公平、结果公正,保持领导班子的团结稳定与发行队伍的人心稳定,使思想观念和经营理念进一步转变,机构部门得到优化整合,人员配置更趋合理,企业经营保持稳步发展。

〔**图书销售**〕 一是全年新华书店发行免费教材码洋1211万元,比2009年增加56万元,高中教材码洋361万元。书店按照教材发行的时间要求、质量要求、服务标准、保障措施等有关承诺和规定,按时保质保量圆满完成教材发行工作任务,在发行工作结束后对学校进行的回访调查中了解到,学校对书店的服务工作非常满意。

二是在做好免费教材征订发行的同时,通过市场化运作,采取各种切实有效的措施,抓好了春秋两季教辅的征订发行工作。书店在严格遵守国家教材征订发行各项规定的前提下,应用“情商”的理念,秉持“双赢、诚信、质量”原则,寻得本市教育、物价、纪检、财政等部门的理解支持,争取了有利政策,以《致学生家长一封信》的形式,耐心细致地向学校、教育部门做好宣传解释工作,取得了较好的成绩,全年发行高中教辅码洋410万元,与上年持平;初中、小学教辅码洋547万元,比上年增加78万元。在教学磁带的发行工作中,全年发行高中磁带码洋48万元,与上年持平,九年制义务教育教学磁带码洋16万元,比上年略有增长。多年来,在征订发行中有个别中学不在本分公司征订教辅,经多方努力,2010秋在本分公司征订,发行近3000套,达到学生数的90%以上;小学教辅的征订在原来只征订语文、数学的基础上,在城区的大部分学校和少数农村学校多增加了一门英语教辅,增加册数11400册,码洋11.2万元。音像教材向农村学校推广有了一个良好的开端;2010秋向位于农村的中学推广音像教材500套。

三是牢固树立"以读者为中心"的经营理念,改善门市环境,提高服务质量,开展了各种促销方式,创新了营销手段,特别是做好政治读物图书销售、机关单位团购业务等,积极配合省连锁总部的安排,精心策划和组织春节、"五一"、暑期等销售旺季的图书促销工作,有力拉动了门市销售,门市经营取得了比较良好的工作效果和社会效果。2010年年销售额达125万元。

四是积极配合省、市公司做好"农家书屋"收发相关工作。按规划本年南康市建设45个农家书屋网点,数量比上年增加16个,且时间紧、任务重、要求高,又与教材教辅发行者时间、库容上存在冲突。书店组织精干人员,科学调度安排,按照省发行集团和赣州市分公司要求,及时做好图书收货和配送工作,对所有的图书、音像制品进行分类、贴标签,组织农家书屋管理员进行培训,按要求、及时将图书配送到45个"农家书屋"网点,得到了市乡镇党委和政府的充分肯定,得到了地方群众的一致好评。

五是积极宣传、推销由赣州市委组织编写的全面总结反映苏区历史、苏区精神的《人民共和国摇篮丛书》。争取到了市委办、宣传部等部门的协调和支持,下发了相关文件,深入到乡镇、机关团体、企事业单位宣传推销,共销售丛书259套,码洋72520元。丛书全部按原价销售,货款全部及时回笼,取得了良好的经营成效。同时开展《社会主义核心价值观100例》发行工作,与市委宣传部、文明办、教育局等单位协调,已落实5000本图书订数。

〔**数码产品销售**〕 书店制定了销售奖励、评选先进等激励措施,发动广大干部职工积极推销数码产品、科学计算器,全年完成销售20万元,销售科学计算器6027台,完成上级下达任务的100%。

〔**改制整修工作**〕 2010年是集团改制上市关键一年,按照上级要求,书店积极做好了改制上市中县分公司需要做好的准备工作,特别是落实好了三类人员的分离安置工作,及时足额划拨有关费用,并落实了过度时期的安置、管理、慰问工作,在春节前仍按以往惯例进行慰问。

2010年1月,按照市委、市政府文件要求,位于泰康西路的新华书店大楼需要进行夜景照明装饰,书店严格按程序向省集团公司、赣州分公司进行项目报批,批复同意后组织进行工程招标,工程结束后请中介机构进行了造价审核,保证整个工程既规范进行又达到规定的质量和设计效果。对书店中心门市部长期以来没有卫生间的问题,书店借实施新华书店大楼1~6层整体出租之机,利用余坪修建了两个卫生间,为门市部解决了这一问题。书店积极认真开展基建维修工作,又严格按规定程序进行决策、招标、监督、送审、付款,使书店的经营管理工作更加规范化和制度化。

〔**盘活闲置资产**〕 2010年上半年,书店对位于市泰康西路的新华书店大楼实施1~6层整体出租。招租事宜严格按程序进行,制定了招标方案,经过了广告招租、召开投标大会确定承租人、签订合同等程序,年租金达到17.4万元,以后每年租金递增3%。大楼招租成功盘活了闲置资产,取得了经济效益;对原出租店面、房屋价格根据市场行情进行了调整提高,每年总租金可达到31万元。通过以上措施,增加了利润来源,保证了书店本年经济效益的实现。

〔**安全稳定工作**〕 书店认真做好预防安全事故、维护社会稳定目标,以"守土有责,保一方平安"为已任,全面落实社会治安综合治理领导责任制和目标管理责任制,深入开展和谐平安创建活动,强化整体联动防范工程,发动职工群众参与群防群治,扎实推进综合治理和平安创建各项工作,制定了安全稳定工作责任制度,各部门负责人签定本部门安全生产责任状,对本部门的安全稳定工作负有主要责任。书店呈现出政治稳定、人心稳定、职工群众安居乐业的可喜局面。2010年，书店未发生任何安全稳定事故。

〔**存在问题**〕 2010年，书店工作取得了一些成绩，但也存在一些不足之处：一是经营思路和经营办法还不够灵活，缺乏市场经济条件下开拓市场的勇气和办法。教辅的人均征订册数低于全省平均水平，排名靠后。二是经营结构单一，企业盈利能力依赖教材教辅，所占的比重偏大，混业经营路子还有待进一步探索，企业抵御风险的能力较弱。三是管理粗放，要进一步规范化和制度化。

〔**领导班子建设**〕 书店紧密结合企业改革发展实际，加强领导班子建设，着力提高班子重大决策、经营管理、市场竞争、开拓创新的能力，班子成员之间相互信任、相互理解、相互支持，形成心齐、气顺、风正、劲足的良好氛围，为推动企业又好又快发展，提供坚强有力的思想政治保证和组织保证。书店加强对重大决策、财务管理、图书销售和物资采购、选人用人等重要环节的监督。认真落实《国有企业领导人员廉洁从业若干规定(试行)》，完善领导班子廉洁自律制度规定，规范廉洁从业行为，认真实行“三个公开”，保障群众知情权、参与权、选择权和监督权，对书店重大事项、重要决策均能做到民主决策，店务公开，使书店决策事项和职工关心的热点、难点问题一一公开，实现了“阳光作业”，提高了工作透明度，从源头上杜绝了腐败现象的发生，加强了党风廉政建设。

（刘康丰）

〔**领导班子名录**〕

经　理：蔡文逵

副经理：刘康丰

　　　　王　健

　　　　曾祥福

广播电影电视新闻中心

〔**综述**〕 2010年，市广播电影电视新闻中心在市委、市政府的正确领导下，在赣州市广电局的指导下，坚持以“三个代表”重要思想和十七大精神为指导，深入学习实践科学发展观，牢牢把握正确的舆论导向，想方设法扩大广播、电视的公共覆盖，不断加快事业建设步伐。

〔**机构队伍**〕 机构改革稳步推进，根据《南康市人民政府机构改革实施方案》(康字〔2010〕 20号)的文件精神，2010年4月将原市广播电影电视局更名为市广播电影电视新闻中心。在这次机构改革中，由于部署周密，措施有力，确保了干部职工思想不动摇、队伍不乱、工作不松劲。

内设办公室、技术部、电影科，下辖南康人民广播电台、南康市调频电视转播台、南康电视台、南康市音像管理站、南康市广播电视传输中心，在职人员54人。

〔**宣传工作**〕 2010年，市广播电影电视新闻中心始终坚持团结、稳定、鼓劲和正面宣传为主的方针，牢牢把握正确的舆论导向，按照新闻宣传“三贴近”要求，南康电视台开设了《南康新闻》、《关注》、《农村科苑》、《南康警示》、《卫生与健康》等自办栏目，围绕市委、市政府的中心工作，播出了大量的有价值的新闻、专题节目，为全市经济和社会各项事业发展营造了浓厚的氛围。

〔**网络建设**〕 大力推广地面无线数字电视，进一步扩大公共覆盖。全年共发展新用户1000多户，解决了本市农村3600多户群众收看本地电视节目难的问题。根据上级广电部门的统一部署，在赤土畲族乡等边远山区为农户免费安装了480套卫星直播地面接收设备，解决了边远地区群众看电视难的问题。

〔**电影工作**〕 农村电影工作百花齐放。采取招商引资的方式，成功引进浙江客商在市文化艺术中心投资6000万元兴办数字电影院——“大地”电影城。根据国家农村电影“2131”工程的目标要求，充分发挥市大众文化发展有限公司和各乡镇电影放映队的作用，积极做好农村电影放映工作，全年在农村累计放映电影4888场，观众达98万多人次。

（王河昇）

〔**领导班子名录**〕

主　任：刘述洗

副主任：周善明

朱华清
工会主席:刘家兰(女,　　~2010.12)
电视台台长:阳先祥
转播台台长:黄禄辉

广电网络南康市分公司

〔综述〕 2010年,江西广电网络南康市分公司始终坚持以邓小平理论、“三个代表”重要思想和科学发展观为指导,以“突出重点、注重效益、统筹规划、加快发展、整体提升”为原则,加快网络建设和改造步伐,实现了光缆联网、网络扩张和用户发展新突破。2010年新增有线电视用户3422户,其中农村新增用户1410户,城区新增用户2012户。全年实现基本业务收入814.2万元,数字电视收入4.9万元,营业外收入29.7万元,总收入超省公司任务4.8万元。全市有线电视覆盖蓉江、东山城区和所有乡镇,166个行政村,实现了有线电视全市一张网,有线电视用户达4万户,同比增加5000多户。同时,还拓展了付费数字电视、广电互联网、电视电话会议等增值业务,广电网络成为功能齐全化、服务多样化、运营产业化、使用便捷化的综合信息网。广电网络公共类服务水平上台阶,服务满意率达到90%,进一步塑造了南康广电网络的良好形象,并被市政府命名为2009-2010年度文明单位。

〔机构队伍〕 设有综合服务科、计划财务科、工程技术科、客户服务科和农网管理部、蓉江运维部、东山运维部,下辖唐江、风岗(三江)、龙华、龙岭、浮石等十个乡镇有线电视站。

〔网络建设〕 一是城区网络改造。第一,公司在蓉江老城区、东山新区共复挂光缆28.5公里,布放管道光缆10.5公里,开通光接点31个,实施小区布放干线电缆分配网10个,确保城市规模发展到哪里,有线电视光缆就接通到哪里,为下一步数字整转夯实了网络基础。第二,公司抓好城区新建小区的工程立项、施工和验收,提升城区有线电视网络传输质量,共整改主干线5800多米,支干线4600多米,使3000多用户的收视质量得到了改善,恒辉大景城一期、阳光康城一期、大名城一期等七个新建小区工程均通过了省、市公司的验收。进一步巩固、发展和壮大了城区网络。

二是乡村联网。2010年,投入80万余万元完成浮石、赤土、朱坊三乡镇光缆向行政村延伸工作,新架设光缆74.09公里,新开通农村光接点31个,新发展网外用户600余户。并对新开各光接点分配网进行网改,完成了潭口江坝、唐江新建、浮石高洲三个村级站的光缆联网工程工作。既展示了有线电视在农村发展的优势,又找到了一条以新农村建设为由头,借助乡村干部力量推动有线电视发展的好路子。

三是乡镇网络改造。共投入资金20多万元对乡镇分配网进行改造,大大提升了传输质量,吸引了用户。四是“村村通”建设。成立“村村通”领导小组,作为“民心工程”和“民生工程”抓紧抓实“村村通”建设。制定行政村通有线电视三年规划和考核制度,工程技术人员分片包干,任务到人,责任到人。配合了南康市委、市政府开展好社会主义新农村建设,及时为本市新农村建设示范点开通有线电视信号,丰富了当地群众的精神文化生活。

〔网络营销〕 一是拓宽网络营销新路子。公司要求各站牢固树立服务优先,以优质服务赢取用户,在日常安装维护中,全体员工充分利用中九卫星加密及优惠新农点等有利契机,主动与村干部、村中能人接触,广泛宣传有线电视优势,通过以组团、整村推进和卫星地面接收设施转入等方式抢抓用户,在农村新用户发展上取得较大突破,公司农网各站全年共新装用户1680户,同比增长85.84%。

二是破解农网收费难题。公司农网各站安装、维修、收费三项工作合一,工作繁重,为保证各项工作同步进行,根据历年来农网收费难的特性,市分公司农网部从早入手,结合农村相关习惯,以农村节日、节气为突破,对各站月、季任务进行分解。利用农村用户早、中、晚时间差上门收费,取得了较好效果。10月份各站就已基本完成全年任务,到12月底,农网各乡镇站超额完成任务20多万元。

〔增值服务〕 一是数字电视续费工作。全年付费数字电视老用户续费185户,增值业务收入4.9万元。二是数据网业务。2010年以新业务为尝试,共筹资金8万元开展了数据宽带业务,在城区芙蓉新城、锦绣城及有条件开通的居民区发展了EOC宽带业务，受网速和网络质量制约，虽然新发展用户不多（只有30多户），但此项业务的发展，填补了公司宽带业务发展空白，为公司在三网融合后发展广电宽带业务积累了一些经验，并提供了一个锻炼员工的新平台。

〔服务创优工作〕 深化机关效能建设，积极开展创业服务年活动，以优质服务带动争先创优。年初，公司成立了以总经理为组长，副总经理为副组长的创业服务年工作领导小组。要求各部门、各站（片）、组，把全市有线电视有代表性的用户和创业企业有线电视用户作为重点服务客户，在从业中注重服务质量，礼貌对待用户、文明使用服务用语、认真听取客户意见、对未能及时解决的问题耐心细致做好解释工作。同时，公司经营班子每星期对检修后的用户故障进行抽查并电话回访，对用户不满意的人和事进行处理或通报，整体提升了公司公共类服务水平，经调查回访，全市有线电视用户对公司的服务满意率达到90%，进一步塑造了南康广电网络的良好形象。

〔安全传输工作〕 公司目前有光缆网络500多公里，全市光缆网络通村到组，网络维护工作任务艰巨，全年公司技术维护人员在第一时间及时处置光缆故障100多起，有效确保了广播电视信号的畅通。按照《电缆光缆线路和设备预检维修制度》的要求，工程技术科人员同时加强了SDH设备及机房前端设备的检修、维护，常年坚持24小时轮流值机，抓好日检、周检、月检、季检等常规性维护，共维护70余次，检修设备18台（次），机房设备没有出现一次重大故障，保证了信号“安全、优质、高效、不间断”播出，圆满地完成了全国“两会”、上海世博会、广州亚运会及亚残会等重要保障期的安全播出任务，全年实现安全播出零事故。

〔行业规范〕 一是协调局网职能，长效管理广电网络市场。为理顺局网职能，维护系统内部和谐，针对市广电局的无线数字电视在运行过程中与网络公司在城区用户发展范围冲突较大，2010年初，公司经营班子致函广电局，对于广电局的无线数字电视与网络公司主营的有线电视发展范围作出了界定，防止了收视市场的无序竞争。同时，针对用户反映强烈的电视广告插播问题，也与广电局广告经营人员协调，并指派专门人员对广告插播进行了监管，确保了节目正常传输。

二是打击私自截传有线电视信号不法行为，规范了广电网络经营秩序。2010年，公司认真贯彻实施《广播电视管理条例》，加大了行业规范管理，针对城区栋房私自截流传输有线电视信号的不法行为，公司牵头与市广电局，市公安局组成联合清查组，对扰乱城区有线电视正常发展的私接行为进行了清查，主要对宾馆、酒楼、娱乐场所和出租房等集团用户进行稽查核对，发现开户少、截传多的现象严重，共查处私接违规户390户，强行拆除110户，清查收入12万多元，有利地打击了私自截传有线电视信号不法行为，并进行了补开户和补缴收视费的处理。进一步规范了广播电视行业秩序，为有线电视的发展优化了环境。

（李建）

〔领导班子名录〕

总经理：潘忠民

副总经理：伍秋平

　　　　　廖美华（女）

总经理助理：邱振宇（2010.10~　　）

（编辑：杨文定）

科技·体育

科　技

〔综述〕 2010年是全市科技系统紧紧围绕省科技创新“6个一”工程扎实开展工作的一年,是着力建设鄱阳湖生态经济的开局之年。一年来,南康市科技工作通过集思广益认真谋划,在“建平台、进园区、抓推广、争项目”十二个字上做文章,取得了良好的工作实效。

〔机构队伍〕 按照机构改革要求,自2010年市科技局由一级单位调整为市政府办公室内设机构,副科级单位。设秘书科、计划发展成果市场科、科技信息服务站、技术市场管理办、科技兴市领导小组办。编制12人(行政、事业编各6人),实有人员12人。市科研单位有:农业科学研究所、畜牧科学研究所、水产科学研究所和市柚子中心苗圃。

〔科技人才引进与培训〕 全年共引进各类科技人才690余人,举办各类培训班18期,培训各类人员4万多人次,其中农村实用类培训22000多人次,职业技能类培训16000多人次,四大素质类培训2200人次,企业主培训150人次。

〔科技项目〕 已实施的赣州市级以上科技计划项目8项,分别为:国家级创新基金项目“水热晶化法制备系统超细球形镍钴金属粉末”(获国家科技“三项经费”75万元),省星火项目“南康甜柚标准化技术开发与示范”(获科技“三项经费”4万元),省节能减排项目“年产1万吨再生锡建设”,省对外技术合作项目“提高玻纤网络布耐碱性技术合作”,省支撑计划项目“二次资源深加工生产超细球形及纳米稀土金属粉末”,省成果推广项目“生态养猪技术推广示范”、“农业综合信息化平台建设”(获扶持资金11万元)和赣州市星火项目“南康甜柚标准化研究与开发”(获赣州市“三项经费”2万元)。

本级科技计划项目13项,分别为:科技入园项目3项,招商与争资项目的编写、申报与立项2项,现代农业科技园创建项目2项,农业实用技术推广项目1项,科技宣传与培训3项,科技进步与专项奖励项目2项。共安排科技“三项经费”65万元。

〔科技宣传〕 2010年共编印《南康科技》6期,内设科技政策、领导讲话、科技信息、科技项目、专利案例、产权保护、科技成果、科普常识、企业动态、科技工作、科技服务、项目指南等栏,共赠阅450余份;送科技下乡5次,赠发各类宣传资料8000余份(张、本),印发了《全民节能减排手册》、《专利政策法律法规读本》和《科技服务平台工作流程》等科技类宣传书籍5千余本。

〔技术市场〕 2010年元月成立的“科技局生产力

促进中心”在龙岭工业园正式挂牌营业。积极协助相关企业申报各类工业项目 8 项，农业项目 10 项，成果推广类项目和信息化平台服务项目各 1 项。

〔**成果推广**〕 引进、推广、运用了节能技术。在龙回、赤土、浮石 4 万亩精品果园中推广了太阳能杀虫灯 126 盏；朱坊、蓉江、麻双、浮石等乡镇推广了太阳能庭院灯（路灯）60 余杆，热水器 150 余台；重点实施了“南康甜柚标准化技术开发与示范”、“生态养猪技术推广示范”项目。

〔**科技扶贫**〕 一是拨款 2 万元在新农村建设中的挂点村修建了公路、公厕、水渠、健身场所等；二是运用沼气池、太阳能等节能技术为果农、村民提供了服务；三是推广了良种良法，为农业高产稳产提供了科技支撑。

〔**科技兴市**〕 2010 年 12 月上旬，以政府令的形式，颁布实施了《南康市科学技术进步奖励实施办法》；专利与知识产权保护工作有新的建树，年申请专利 30 项（其中发明专利 1 项），授权专利 45 项（其中发明专利 3 项），列赣州市第 2 名，排位较 2009 年前移了 1 名，授权专利中的发明专利实现了 10 余年来零的突破。

（王功平）

〔**领导班子名录**〕

局　长：谢伟高

副局长：邱俊红

　　　　彭雪年

气　象

〔**综述**〕 2010 年度，南康市气象局深入贯彻落实科学发展观，紧紧围绕全省气象局长会议精神和省、市局工作部署，立足部门优势，全力服务南康经济、社会发展。在省、市局和南康市委、市政府的正确领导下，全体职工团结协作，共同努力，各项工作取得了一定的成绩，南康气象事业得到进一步发展。

〔**机构队伍**〕 市气象局实行“上级气象部门与地方政府双重领导，以气象部门管理为主的管理体制”，内设办公室、综合业务室、雷电防护管理局、人工影响天气办公室、防雷检测所。党群组织有：党支部、气象学会、工会。全局在职干部职工 8 人，其中工程师 3 人，助理工程师 4 人，技术员 1 人；学历：本科 4 人，大专 2 人，中专 2 人，退休人员 9 人。外聘人员 2 人。

〔**气象业务**〕 南康气象局属国家一般气象站，承担的主要任务是地面气象观测、农业气象、天气预报等。观测项目包括气压、气温、地温（地表、浅层）、相对湿度、风向、风速和雨量，目测项目有云、能见度、天气现象。农业气象业务属国家一级站，主要开展土壤肥力、稻田小气候、水稻生长发育、水稻品种等项目的监测。天气预报有日常天气预报，短时、短期灾害性天气，雷电预报等，同时还开展了地质灾害预警分析、电视天气预报和“12121”自动答询电话。防雷检测所，主要开展对新建建筑物防雷工程的设计、施工、验收，定期开展对易燃易爆场所的防雷检测工作。

2010 年，市气象局各类业务质量稳中有升，杜绝了责任性业务差错。上级考核的业务类项目全部达标，多项可比质量处全市气象部门前列。年内有二人次申报“全国优秀测报员”、三人次申报“百班无错”，已经省局审核通过。

〔**气象服务**〕 2010 年，气象服务工作坚持早准备、早安排、早部署，做到日常服务有方案，应急处置有预案。严格执行领导带班值班制度，班子成员坚持领班和参加天气会商。不断完善规章制度，强化制度执行。加强岗位监督检查，确保工作有序高效进行。

在汛期气象服务中，做到准确把握天气变化，主动切入减灾需求，全力服务领导决策。南康地形、水域情况复杂，汛期洪水主要由上游各县水库泄洪引起。在确保预报无失误的同时，市气象局充分发挥气象现代通信网络优势，及时收集上游各县的天气实况、降水趋势，以及水库水流情况，为防洪决策提供科学依据。积极、主动的决策服务得到地方领导的多次好评。

在南康市政府的统筹协调下，制定了《南康市气象灾害防御应急联动方案》，大大促进气象灾害防御与应对工作的协作联动能力，提高了气象灾害应急处置水平。与水利、水文、矿管等部门建立的灾害天气联合会商机制不断规范和完善。

在市政府的大力支持下，组建了延伸至村一级的气象灾害信息员队伍，气象灾害信息员增至300余名。开展了乡镇气象信息员培训工作,促进了气象信息员业务基本知识和工作素质的提高。推进了乡镇气象信息服务站的建设工作，在朱坊乡按“六个有”的标准试点建设了南康市第一个乡镇气象信息站。

〔**气象科技服务**〕 2010年,市气象局将推进气象科技服务发展作为工作的重中之重。一是争取了政府下文支持；二是与相关部门建立起良好的协作机制;三是多方宣传,广泛争取社会理解;四是加强行政执法推进工作开展。通过加强防雷安全管理,促进防雷报建和防雷技术服务的开展;通过防雷报建和防雷技术服务的迅速开展，促进了气象科技服务总量的快速增长。气象科技服务取得历史突破。

〔**气象行政执法**〕 市气象局处近郊区，近年来周边涌现大量违规建房,探测环境保护压力空前。市气象局将观测环境变化纳入日常观测流程，探测环境保护实现业务化，明确了业务岗位和行政执法岗位相关职责和工作流程，责任和考核具体到人。

2010年,先后对探测环境保护范围内建设的十余处房屋进行了测量和限高。对一处突击建设的楼房启动了行政执法程序，经多方努力和反复多次宣传,业主主动配合,自行拆除超高部分按要求进行了整改。

〔**气象现代化建设**〕 2010年,市气象局在南康政府网站开辟了天气预报专栏,每天更新两次以上。建立了南康气象网，天气预报预警信息及时向社会公告。建立了省——市——县三级可视会商系统,大大的加强了天气会商,使预报技术得到进一步提高。

〔**党风廉政与精神文明建设**〕 2010年,市气象局党组织的活动经常化、规范化。退休老同志的组织生活得到充分保障。定期向党内同志通报各项工作进程,听取同志们意见和建议。积极发展要求进步的年青同志入党。党组织的活力不断加强。

廉政建设的各项工作任务得到全面落实。领导班子成员切实履行党风廉政职责，认真践行廉洁自律承诺,并主动到市纪委进行述职述廉活动。组织党风廉政专题学习，组织干部职工参加各种党风廉政专题活动。廉政教育深入开展,廉政文化氛围逐渐形成。全面建立“三人决策”机制,严格一把手不分管财务规定，监督约束机制得到不断推进。积极为纪检监察员开展工作创造条件,落实纪检监察员待遇。认真抓好局务公开工作,把推行局务公开、加强民主监督作为推进南康气象事业发展的重要基础工作来抓,推进局务公开的规范化,确保局务公开取得实效。经考核,南康市气象局被省、市局分别评为“局务公开示范点”单位。

2010年，市气象局大力开展精神文明建设，改善了办公条件,职工生活水平进一步提高,保持了赣州市级文明单位称号。

(钟奉银)

〔**领导班子名录**〕

局　长:张智勇

副局长:林　冰

体　育

〔**综述**〕 2010年,市体育局始终把竞技体育当作“一把手”工程来抓,坚持“一手抓钱,一手抓金牌”全新理念,确保竞技体育投入保障有力,坚持“巩固强项,加强弱项,突破缺项,再上台阶”工作要求,着力从科学布局项目、加大资金投入及精心选拔苗子三个方面推动竞技体育上台阶、上水平。

〔**机构设置**〕 内设办公室、群体科、竞技科,下设市少年儿童体育学校。编制5人,其中高级职称1人,中级职称2人,初级职称1人,办事员1人。参照公务员编制3人。

〔**群众体育**〕 以隆重庆祝8月8日“全民健身日”活动为契机，组织开展了丰富多彩的群众喜闻乐见的全民健身活动,一是举办了庆“元旦”南康市“宝林杯”冬泳比赛、南康市“华洲杯”工业园区职工篮球比赛,二是会同市总工会举办了庆“五·一”城区干部职工拔河比赛，三是组队参加了赣州市庆“五·一”象棋比赛,四是举办了庆“七·一”南康市“安踏杯”党员干部乒乓球比赛,五是举办了南康市第十六届高中篮球比赛,六是举办了南康市第十六届中小学生田径运动会,七是会同市总工会、工业园管委会举行了“庆国庆”南康市工业园区干部职工篮球比赛,八是举办了“中行杯”南康市城区干部职工“六人同步行”比赛,九是承办了赣州市“育苗杯”少儿围棋锦标赛,十是组队参加了赣州市“粮食城杯”围棋比赛,十一是组队参加了2010年赣州市“章贡王杯”百镇千村农民男子篮球比赛并获第四名,十二是指导、帮助、服务各部门、各单位、各乡镇、各体育协会开展了丰富多彩的赛事活动。

〔**老年体育**〕 一是举办了建设鄱阳湖生态经济区宣传周大型启动仪式;二是举办了贯彻全民健身条例启动仪式;三是承办了赣州市钓鱼协会县(市、区)钓鱼协会交流会暨南康杯钓鱼比赛;四是承办了章江片“南康杯”老年排球赛;五是太极拳、木兰扇、腰鼓、柔力球、采茶健身操、健身气功、威风锣鼓7支健身队伍,每月22日在市体育场开展表演展示活动;六是城区各老年体育分会开展了丰富多彩的健身活动。

〔**健身气功推广工作**〕 南康市健身气功推广工作已成为全国的先进典型,曾先后两次出席全国健身气功工作会议并在会上作经验介绍,受到国家体育总局领导的赞扬。主要抓了三项工作,一是巩固、提高现有健身气功站点。市体育局工作人员经常深入到市区站点与习练者一起练功,及时纠正不规范动作,交流练功体会;多次下到乡村站点,在传授功法的同时,帮助站点建章立制,送去光盘、磁带、书刊等健身气功资料,受到乡村站点的欢迎。二是举办健身气功·马王堆导引术辅导员培训班,培训市区辅导员35名。现在市区各站点都加练了健身气功·马王堆导引术,掀起了新一轮习练健身气功的热潮。三是坚持每月一次的市区站点大合练活动。每月28号早上,市区20多个站点的600多名习练人员身穿白色练功服集中在市体育场共同练习健身气功功法,在市区形成一道亮丽的风景线。

〔**竞技体育**〕 市少儿体校组队参加江西省第十三届运动会田径比赛获2枚金牌、2枚银牌、2枚铜牌 ,有1人1项达国家一级运动员标准。参加江西省第四届县(市、区)田径运动会获团体总分二等奖及优秀组织奖。参加江西省第四届县(市、区)田径运动会获团体总分二等奖及优秀组织奖。参加江西省少儿田径比赛有3人达优秀,3人达良好。组队参加赣州市第八届“英东杯”田径比赛获得小学组、初中组、高中组和团体总分四个第一的成绩。

〔**体育设施**〕 启动建设南康市体育公园。项目已通过专家评审,总投资2.3亿元,用地14.7万平方米,包括12700座的体育场、3500座的体育馆、600座的游泳馆、室外游泳池和儿童戏水池、室外运动场及其它配套设施。组织实施了国家农民体育健身工程。2010年,在已建成32个“农民健身工程”的基础上,又建了18个示范点,每个点投资2万元兴建一个标准水泥篮球场,并配置一套篮球架,2张室外乒乓球台。农民群众像城里人一样,在家门口就能开展健身、锻炼、休闲活动,农民身体素质不断提高,全市农村体育基础设施不断完善。组织实施了全民健身路径工程。已安装全民健身路径器材8套。为服务新农村建设累计已共安装健身路径(器材)50套,在城市社区(小区)共安装健身路径(器材)20套。在南康城区内,哪里有公园,哪里有街心花园,哪里有公共绿地,哪里有广场,那里就看得到健身路径(器材),那里就看得到健身、休闲、锻炼的汇聚人群。

〔**中国电脑体彩票**〕 2010年全市体育彩票销售额达2027.53万元,列全省第二名。体育彩票公益金弥补了财政对体育事业投资的不足,为南康市体育事业发展提供了坚实的经济基础。

(罗玉芳)

〔**领导班子名录**〕

局长:张洪

党支部书记、副局长:李德华(女)

(编辑:黄敬芳)

卫生医药

医疗事业

〔综述〕 2010年,全市卫生系统深入贯彻落实科学发展观,奋力拼搏,扎实工作,较好地完成了各项目标任务,全市卫生事业取得了新进展。一是继续深化医药卫生体制改革。二是开展了创业服务年活动。继续深入开展了廉政文化进医院(单位)活动和治理医药购销领域商业贿赂专项工作,进一步规范了全市医疗卫生单位药品、器械采购行为。三是疾病预防控制体系建设得到了进一步加强,进一步加强了突发公共卫生事件报告、应急指挥、疫情监测、网报管理等工作。四是卫生监督体系装备不断完善,以卫生监督所为主体,乡镇防保站为两翼的卫生监督执法体系进一步完善。

〔机构队伍〕 市卫生局设办公室、党委办公室、干部人事科、医政科、防保卫生法制监督科、规划财务审计科、宣教信息科、纪检监察室。全市有市级医院3个、中心卫生院7个,一般卫生院13个,防保站12个,疾控中心、妇保院、皮防所、结防所、卫生监督所、爱卫办、红会办、卫生干部培训学校、农医中心各1个,民营医院8个。卫生系统有人员1716人,高级职称46人,其中主任医师、副主任医师43人,中级职称374人。有村卫生所、个体诊所826个,从业人员858人,其中持有乡村医生证709人,占乡医总数的85.8%,学历结构:有42%左右的乡村医生取得了中专以上学历水平。编制病床1360张,全市国有医疗机构门诊122.2万人次,住院7.3万人次,总收入2.57亿元。

〔卫生改革〕 2010年是深化医药卫生体制改革的第二年,深化医药卫生体制改革是一项全民关注、事关全局的重大民生工程;卫生系统实施了乡镇卫生院人员工资全额保障,免费实施了8~15岁儿童乙肝疫苗接种,免费实施了8月龄~14周岁儿童麻疹疫苗强化免疫,扎实推进了"光明·微笑"工程,中心卫生院执行了基本药物零差率销售。在坚持政府主导的前提下,优化市场调节,积极发展民营医疗机构。2010年全市有民营医院8家,形成了以公立医院为主导,民营医院、股份制医院为辅的多种经济形式并存的多元化医疗市场,促进了医疗市场的良性竞争。开展城乡医疗单位结对帮扶试点,对地处偏远,发展相对滞后的浮石卫生院、十八塘卫生院、隆木卫生院采取靠大靠强的方式,分别与市中医院、二医院、横市中心卫生院进行优化组合,达到资源共享、共同发展。对卫生院、防保站领导班子进行了综合考评,创造性地开展了医疗质量积分制管理,并设立了医疗质量风险保证金,对全市各级各类医疗机构日常监管实行违法、违规执业警示记分,促进了全市医疗服务质量、服务水平明显提高。

〔行业作风建设〕 开展了创业服务年活动,征得合理化意见和建议4条，并已整改落实到位；继续深入开展了廉政文化进医院（单位）活动和治理医药购销领域商业贿赂专项工作，进一步规范了全市医疗卫生单位药品、器械采购行为，强化了对县级医院、中心卫生院落实网上药品采购的监控，一般卫生院也如期实现药品网上采购，乡镇卫生院积极落实国家基本药物制度，年内，药品让利患者672余万元。

巩固了行政审批改革成果，确保行政审批服务工作在窗口自受理至发证“一条龙”独立运作。进一步加强对乡镇卫生院财务的监管力度，加强财务管理督查，严格执行《南康市乡镇卫生院财务管理办法》。督促“民生工程”和强农惠民政策落实，尤其是新农合政策的落实，使新农合制度平稳、有序运行，基金使用率达95.25%，参合农民一次性报帐率达99.82%，确保了惠民资金落实到位。

〔公共卫生管理〕 疾病预防控制体系建设得到了进一步加强，进一步加强了突发公共卫生事件报告、应急指挥、疫情监测、网报管理等工作。进一步加强预防接种单位标准化建设，市疾控中心预防接种门诊考核评审结果达到示范预防接种门诊建设标准。一类疫苗实行免费接种，接种一类疫苗233736人次，适龄儿童国家免疫规划疫苗接种率99.43%，8~15岁儿童第三剂乙肝疫苗补种率99.38%。农村育龄妇女补服叶酸人数11542人。卫生监督体系建设得到了进一步规范，通过大力加强餐饮卫生和医疗机构的监督力度，对违反《食品安全法》和违法行医行为进行有力的打击，保障了餐饮和医疗安全。

〔卫生执法〕 卫生监督体系装备不断完善，以卫生监督所为主体，乡镇防保站为两翼的卫生监督执法体系进一步完善。深入开展了打击非法行医专项整治活动，全市立案医疗机构违法案件599起，进一步规范了医疗市场秩序。继续加大了餐饮、公共场所、生活饮用水、学校卫生等日常监管工作，立案查处2起，确保了全市人民群众的生命安全。

〔血液管理〕 加强了采供血机构建设和医疗机构用血管理，积极开展公民无偿献血活动。全市共组织10次大型无偿献血活动，总量献血90.8万毫升。

〔医政管理〕 联合市总工会举行了临床医护人员临床技能竞赛，促进全市医疗管理水平提高。定期或不定期的对医疗机构医、护、药、技人员的在岗情况、院前急救制度执行情况、操作规范情况等进行了全面检查。根据《执业医师法》、《护士管理办法》，3月份组织执业（助理）医师考试工作，5月组织执业护士的执业注册工作。

〔药械管理〕 为进一步加强药品、器械管理，2010年乡镇卫生院实施国家基本药物制度，市级医院进一步规范了集中招标采购工作，直接让利患者658.8万元。

〔中医医疗〕 2010年，形成了以市中医院为重点，帮助扶持乡镇卫生院、村卫生所（含中医诊所）的工作格局，发展巩固传统医学。中医医疗借用现代先进诊断设备，运用中医传统理论施治，在治疗慢性支气管炎、中风、急慢性肝病、妇科病、腹泻等取得较好效果，为人民群众提供了价格低廉又深受欢迎的中医药技术服务。举办中医适宜技术推广培训班，共培训264人。

〔西医技术与设备〕 市、乡、村三级西医医疗网络健全，科室齐全。有内、外、妇、儿、口腔、皮肤、急诊科等。技术设备较先进，一般卫生院有X光机、心电图、B超、化验室，市级医院拥有磁共振、CT、碎石机、彩色经颅多普勒、500mAX光机、电子胃镜、尿十项分析仪、全自动生化分析仪等。一些常见病、多发病在乡镇卫生院治疗，危急诊病通过绿色通道—120急救电话，及时转送市级医院得到有效救治。科技兴医力度不断加大，诊治水平大大提高。

〔医疗事故处理〕 根据《医疗事故处理条例》，发生医疗事故争议时，医患双方可自由协商解决，也可向卫生行政部门提出处理申请，或者直接向人民法院提出诉讼。医疗事故争议法院受理后，原当事人双方协商和卫生行政部门的处理即废止。医疗事故的技术鉴定由赣州市医学会组织鉴定。2010年度发生医疗纠纷25起，经医疗事故技术鉴定11起,属于医疗事故的有4起。

〔**农村卫生**〕 市级医院为乡镇卫生院免费培训117名卫技人员,开展巡回医疗50多次;泰康中路社区卫生服务中心评为省级示范社区卫生服务机构。全年实施农村基本公共卫生服务项目,1-12月共建立居民健康档案183007份。强化乡医、个医的业务培训,全年,举办乡医培训班10期,培训人员875人次,举办乡医在岗学历教育班1期,培训人员78人次。

(肖福斌、肖长江、王裕宣、卢金兰、陈勇)

〔**领导班子名录**〕

党委书记、局长:刘平华

党委副书记:林慧琼(女)

副局长:卢致顶

林端瑞

黄成斌

苏绍红(女)

系统工会主席:张晓春

健康教育馆馆长:曾庆文

市第一人民医院

〔**综述**〕 始建于1932年,是一所集医疗、教学、科研为一体的综合性二级甲等医院、爱婴医院、卫生部指定国际紧急救援中心网络医院、江西省"园林化单位"、南昌大学第一附属医院、赣南医学院附属医院协作医院、赣州市"群众满意医院"、赣州市卫生科技先进单位、南康市城镇职工、居民医疗保险、新型农村合作医疗定点医院。

医院占地42912.5平方米,建筑面积25616.5平方米。在岗员工560人,具有副主任医师以上职称人员25名,中级职称160人,大部分医师都经省级以上医院进修、学习深造,人员素质高,结构合理。现有编制病床245张,实际开放330张。医院临床科室齐全,开设门诊部、急诊科、内科一区、内科二区、外一科、外二科、妇产科、儿科、内三科、五官科、口腔科、麻醉科、手术室、供应室等14个临床专科。医技科室设有:检验科、放射科、CT磁共振室、功能科、西药房、中药房、小药房及血透室、核医学、高压氧、病理、血库等诊断治疗室。

医院拥有价值2000多万元的医疗设备,包括磁共振、全身螺旋CT、计算机放射成像系统、全自动生化分析仪、高压氧舱、腹腔镜、膀胱镜、电子胃镜、电子结肠镜、电子阴道镜、纤维支气管镜、纤维喉镜、鼻窦内窥镜、裂隙灯显微镜、手术显微镜、输尿管镜及气压弹道碎石机、电磁冲击波碎石机、动态心电图、心电工作站、彩色多普勒超声诊断仪、B超、脑血流彩色多普勒诊断仪、脑电地形图仪、血液透析机等。医院医疗设备先进,技术水平位居南康市前列,在市内外享有一定的声誉。

〔**医院业务情况**〕 2010年全院诊疗总人次354467人次,与去年同期相比(下同)增长5.9%。其中门急诊量337346人次,同比增长5.9%,收治住院病人数为17121人次,同比增长4.8%,手术病人17236人次,同比增长17.3%,120接诊病人4791人次,同比增长10.9%,病床使用率152.3%,同比增长7.1%。截止12月底,收支节余433万元,同比增长5%,净资产7406万元,分别比年初增长20.1%。

〔**医疗护理工作**〕 围绕"医院管理年",深入开展"医疗质量万里行"和"平安医院"创建活动,全面加强医院管理。

以质量管理打基础

针对病人增多,业务增长较快情况,医院今年调整工作思路,将内强素质放在突出位置,重点抓医疗安全,对医疗质量进行了全程监控和管理。一是抓好病历质量控制。在全院开展了"如何提高医疗质量,减少医患纠纷"、"针对职工不满意,做好整改工作"大讨论;组织医务人员学习《病历书写规范(2010年版)》,举办了病历书写大比武活动,院、科、组三级质控网络不断完善。二是完善质量管理体系。坚持每月对医疗质量和医疗服务安全进行全面督促检查,制定实施《手术安全核查制度实施细则》,开展了临床路径试点和内、外、妇、儿、传染科、五官科、手术室等科室互动查房,医疗质量得到有效保障;积极落实"优质护理服务示范工程",确定内科2区、妇产科为示范病房,以点带面,逐步推进,深受患者好评;根据江西省医院消毒供应中心评估标准,对供应室进行了改造及自评、整改,6月1日起实现了全院中心供应。三是把好药品质量关。严格执行江西省网上药品集中招标采购,确定了《南康市第一人民医院药品目录》;重新调整药事委员会,每月召开会议并下发《会议纪要》;制定了《关于进一步加强药品管理的若干规定》,坚持每月对用药量排序前10位的药物和用药量排序前10位的抗菌药物公示,每月用药量和销售额前3名品种停用一个月,通过持续改进措施,促进了临床合理用药、合理治疗的落实。四是开展技能大比武活动。分医疗、护理、病历书写、院前急救四个组,组织业务讲座14次、三基考试4次、护理操作技能考核2次,做到人人培训,人人过关,提高了全院医务人员技术操作水平和服务意识。五是实行人性化服务。新购被套、床单300多床,完成食堂重新招标承包,改善了患者住院条件;针对聘用人员养老保险个人一次性缴费金额大,压力重情况,医院与社保局联系,改个人一次性缴费为医院半年集体代缴,再在每月工资中代扣,解决了聘用人员的实际困难。

以科技兴院促发展

一是培养人才,开展继续教育,提高技术水平。为适应业务发展需要,医院3月份细化管理职能,新设了科教科、人事工资档案科2个职能科室,加强了实习、进修管理,规范了科技奖励,有力推动了职工继续教育和岗位设置工作的顺利开展。全年选送15人到省级以上医院进修学习,派出各类短期学习120人次,赣州市科技局立项课题4项,通过成果鉴定2项,发表论文10篇,会议交流1篇,提高了相关学科的学术水平,人才梯队建设趋于合理。二是引进设备,开展新技术项目,提高诊疗能力。投入资金320多万元,通过政府采购购置原装进口全自动生化分析仪、高频移动式C臂机、彩超、电解质分析仪等医疗设备,省卫生厅下拨动态心电分析仪、肺功能仪各1台,受赠全新柯尼卡激光相机1台、迈瑞血球分析仪1台,为医院节约宝贵发展资金的同时,也提高了诊疗质量,拓宽了新的经济增长点,全年开展血液透析1614例,TCT检查468例,同比增长116.7%,取得了良好的社会效益和经济效益。

〔**中心任务**〕 1、民生工程项目。启动了2010年"光明微笑"工程和"中西部地区儿童口腔疾病综合干预试点项目",为白内障患者及适龄儿童免费手术。截止12月30日,共发放口腔疾病防治宣传单8000余份,开展健康调查2000余人,完成窝沟封闭7400颗;实施白内障手术254例,未出现并发症病例。

2、传染病防控工作。规范肠道门诊,强化交接班制度,做到"逢泻必检、逢泻必治、逢泻必报";积极开展艾滋病防控工作,承担国家艾滋病哨点检测任务,建立电子档案296例;应对防控形势,启动了手足口病应急预案二级响应,编印了《手足口病专家工作组资料汇编》,组织了全员培训保证了人员、病房、设备、药品四到位,防控救治工作取得了良好效果。截止12月30日,医院共网报手足口病人1324例,收住院694人,其中重症病例1人,无死亡病例。

3、医疗保障工作。年内,共开展各级会议、征地拆迁等医疗保障16次,完成单位体检7093人次,展示了医院良好形象,保证了市中心工作的稳步推进。

〔**学教活动和"创先争优"活动**〕 按照上级党委安排,在全院党员干部中先后开展了"学习焦裕禄精神,争做焦裕禄式党员干部"学习教育和"创先争优"活动。活动中始终坚持以党总支为主导,成立了领导小组,召开了动员大会,制定了《实施方案》,做到同部署,同落实,同进度。

为使活动取得实效,医院将活动与效能年、创业服务年、"医疗质量万里行"、治理医药购销领域商业贿赂工作有机结合,全年组织开展社区服务20次,服务群众1000余人,《江西卫生报》用稿1篇,《南康卫生》用稿28篇,在市电视台用稿7条,其中2条在赣州电视台播出,文祥飞同志被推荐为南康市"创先争优"活动先进典型人物。

〔**新院建设**〕 作为市重点工程续建项目,截止12月底,第一标段门诊楼、第二标段医技楼已竣工验收,第三标段住院大楼已封顶,传染病房、职工宿舍、食堂楼工程已完成招标。其中住院大楼建设项目已得到2010年农村卫生服务体系建设资金支持,1880万元已全部到位。

〔**工会工作**〕 按江西省全员人口信息采集要求,做好全院职工信息采集登记工作,春季环孕检率达100%,未出现"两非"事件;组织职工为玉树灾区、春蕾计划分别捐款14680、4000元,为本院烫伤护士张红霞捐款22370元;丰富职工业余文化生活,先后组织"3.8"妇女节迎面接力赛、职工摄影比赛、“5.1”劳动节双人绑脚接力赛、“5.12”护士节文艺晚会、拔河比赛等活动，增强了凝聚力，促进了医院和谐发展。

〔**医疗保障**〕 实行医疗救助同步结算，落实“一站式”服务补偿，做到服务周到热情，程序审核严格，资金发放及时。截至12月底，职工医保住院报销547.6万元，报销比例73.4%；新农合住院病人8885人次，同比增长29.3%，占全市总量的20%，人均补偿1694元，补偿比例57.4%，进一步减轻了农村患者的经济负担，充分显示了新农合优越性。

(胡华康)

〔**领导班子名录**〕

院　长：温　熹
书　记：曾毓平
副院长：曾毓平(兼)
　　　　龚　华
　　　　赵云长
　　　　郭祥兰(女)
副书记：胡华康(2010.12~　　)
院长助理：文祥飞
　　　　　钟伟建
　　　　　奚　晶
工会主席：郭祥兰(女，兼)

市中医院

〔**综述**〕 市中医院为“江西省示范中医院”、“江西省中西医结合急诊医疗中心”、“省人民群众满意医院”、“全省卫生系统行风建设先进单位”、“二级甲等中医院”、“十五期间全省中医系统先进集体”、省级文明单位、江西中医学院教学基地，全国农村中医工作先进县(市)龙头单位，是一所集医疗、教学、预防、保健、康复为一体的县级中医院，医院创建于1983年，占地面积23亩，业务用房面积12647m2，医院总资产4946万元。现有职工317人，正、副高级职称18人，中级职称103人，卫技人员占职工总数的95%，现有编制床位150张，一级临床科室8个，中医特色专病门诊18个(如黄疸病、中风、肛肠、颈肩腰腿、眼耳鼻喉等)，主要设备有螺旋CT机、彩超、数字化X光机、全自动生化分析仪等。2010年，门诊病人203687人次，出院病人10803人次，病床使用率133.2%。

〔**行业作风建设**〕 医院严格按照市委、市政府统一部署，围绕党员干部受教育，科学发展上水平，人民群众得实惠的目标要求，加强医院内涵建设，强化医疗安全，改善服务态度，促进医患交流，解决群众看病难、看病贵等方面入手，解决医院在发展中的节点、难点问题，通过学习，党组织和党员、干部队伍政治更加坚定，精神更加振奋，作风更加扎实，心系群众为民谋发展的意识进一步增强，同时结合开展“卫生形象建设年”、“廉政文化进医院”、“争做岗位服务标兵”、“练内功、提水平，强素质、树形象，抓效果、保健康”等活动，把各项工作的要求落实到促进医院健康有序的发展行动中。

〔**中医药事业**〕 1、继续发挥名老中医药专家的作用，着力建设好一批有中医特色的名科，积极推进“三名”战略。另一方面，继续加强中医院文化建设，保持和发挥中医药特色优势，努力推进中医药现代化，完善服务功能，提高中医药服务水平，正确处理中医药与医院发展的关系，坚持“两条腿”走路，走中西并重的道路，把医院建设成中医药特色优势明显，服务功能完善的中医院。

2、医院开展了慢性病的“冬病夏治”，对体虚感冒、慢性阻塞性肺病、哮喘、腰椎退行性变四种疾病的人员进行敷药贴，增加阳气，一年中阳气最旺的三伏天，选取穴位敷贴，药物最容易由皮肤渗入穴位经络，增加人体阳气，抵制外邪的侵入，从而达到减轻或根治的目的。

〔**基础设施建设**〕 2010年，为了解决病人住院问题，对全院各项硬件设施进行了改造，如：添置电视、病床、空调等，改善服务质量，改建了一停车场，缓解了院内就诊车辆拥赌现象，对现有用电进行扩容，改造10KV线路、增加配变，改善院内用电困难，安装热水供应系统，解决病人用水、热水、开水的问题等，另一方面，引进了高压灭菌锅、进口显微镜、空气消毒器、麻醉机等一批医疗设备，保证了医院科技兴医的宗旨，满足不同病人的需要。

〔**医德医风建设**〕 1、医院经常利用各种会议组织学习国家的法律法规，医务人员的道德规范，进一步加大了惩防体系建设和治理商业贿赂的工作力度，强化制度管理，严格执行上级有关规定，建立长效机制。先后制订完善了医德医风、政风行风的规章制度，将医德医风行为纳入日常工作考核，建立全院职工医德医风档案，每年进行考评。

2、制定了“重大决策社会稳定风险评估实施办法”，对涉及全局性的发展、改革方面的重大事项或事关相当数量干部职工切身利益，有可能影响社会秩序、社会稳定和公共安全的决策等事项，进行先期预测、先期研判，为先期介入、先期化解提供科学依据，以便维护医院稳定，保障人民群众健康权益，更好地服务全市经济社会发展，确保了社会稳定和公共安全，主动面向全院公开信息。

〔**专科建设**〕 注重专科建设、狠抓人才培养，全院有7个省卫生厅重点项目：特色中医医院、中西医结合急症医疗中心、骨伤科、五官科、肝病科、农村医疗机构针灸理疗色专科、中药房建设。2009年医院急诊科中风病被赣州市卫生局确定为重点专科建设项目，医院每年安排专项资金投入重点专科建设，用于重点专科人员进修学习和设备配置。制定了中医特色专科建设发展规划、工作计划、发挥中医药特色的管理措施、独特的中医诊疗方法和中医急诊、中西医急危重症病人的诊疗常规和基本操作规范，将中医急诊、急救的一些有效方法纳入到诊疗规范中。

做好“基层常见病多发病中医药适宜技术推广项目培训”工作，医院为全市所辖的乡镇卫生院、社区卫生服务中心、村卫生室、社区卫生服务站进行了中医药适宜技术推广项目教学培训，分二期共计260人，培训的项目有：毫针刺法、艾灸疗法、拔罐疗法、刮痧疗法、穴位贴敷疗法、耳压疗法、推拿疗法、熏洗疗法，参训人员基本掌握中医药适宜技术并应用到临床实践中，更好地为农村服务。

〔**人才培养**〕 重视人才建设、提高医疗服务水平，全年轮流派出医疗骨干到上级医院进修，参加院外学术交流和培训，举办院内集中学习，全年引进本科及大中专毕业生33名。经常请上级专家来院授课、会诊、手术、坐诊，提高危重症患者的抢救能力和抢救成功率。

（林万鸿）

〔**领导班子名录**〕

院　长：朱挺朝

副书记、工会主席：朱林春

副院长：范爱国（女）

　　　　江　辉

　　　　李德权

　　　　尹英斌

院长助理：曾福英

　　　　　卢和柏

市第二人民医院

〔**综述**〕 南康市第二人民医院位于南康市唐江镇章石村，是南康市中北片规模最大、技术力量最雄厚、医疗设备先进，集医疗、急救、教学、预防保健于一体的综合性二级医院。医院占地面积34170平方米，总建筑面积8436平方米，开放床位120张，年门诊量89021人次，年手术2772人次，年业务总收入2500万元。医院现有职工175人，其中高级专业技术人员5人，中级专业技术人员42人。拥有美国GE螺旋CT、德国西门子彩超、日本富士能电子胃镜、日本希森美康POCH—100I全自动血球计数议、意大利BT—2000全自动生化分析仪、脑电地形图仪、经颅多普勒、膀胱镜、心电监护仪、麻醉机、呼吸机、体外振波碎石机、德国爱克发35-XCR、数码电子阴道镜、母亲/胎儿监护仪、红外线乳腺诊断仪、电解质分析仪、心电工作站等一大批先进医疗设备。

（程绍龙）

〔**医德医风建设和廉政建设**〕 1、在医德医风和廉政建设上，严格按上级有关廉政建设文件及规定办事，不搞铺张浪费等与医院管理无关的娱乐活动；在工作中坚持民主集中制原则，实行民主决策，重大支出及重要制度出台都通过院务会讨论；2、加大对职工医德医风教育，牢固树立以病人为中心，爱岗敬业，乐于奉献的精神。提升服务理念，树立良好的窗口服务形象，要求全体医务人员牢记服务宗旨，时刻以病人第一、服务第一，文明用语，文明规范服务；3、加大医德医风督查力度，医院在院外聘请了多名行风监督员成效显著。严禁在医疗活动中收受红包和吃请，进一步重申有关规章制度，在病人看病、手术、检查、住院期间，医务人员一律不得接受病友及其家属的红包和吃请，违者发现一次，查处一次，为减轻病人的经济负担，住院病人因病情需要，需请外院专家会诊，就餐费由医院负责。从根本上遏制了医疗活动中收受红包和吃请的现象发生；严厉打击私自收费，私自卖药，私自换药。一方面采取正面引导，调整本院职工直系亲属在本院看病的优惠标准，另一方面加大督查力度和处罚力度，有效的制止了上述现象；4、在药品、医疗器械采购方面专门成立了药事委员会和医院招标采购领导小组，对药品、医疗器械的招标采购制定了一整套长效机制，药品采购按照省招标价格，制定了医院药品价格定价机制，对超过5000元以上的医疗器械均由政府采购办统一招标采购。在房屋修缮及医院基建涉及支出较大项目时均实行预算制、工程完工验收制、工程结算公示制、工程最终结算审计制等一系列制度。在医院内部实行财务公开，较大支出时均通过院务会集体讨论决定是否列支，这些制度的实施从根本上起到了预防和遏制医疗行业腐败现象的发生。

〔**班子建设**〕 院班子成员通过请上面专家授课，到邻近县市或本市一医院、中医院等医疗单位学习、取经；分期分批送班子成员到外地参加短期医疗管理培训班学习，组织医院中层干部（科组长）进行集中培训等形式，着力提高班子成员的管理意识，能力及水平，同时也使班子成员对发展医院的思路、认识得到统一，提高班子战斗力、凝聚力，创新管理方法，管理手段，使医院各项工作朝着规范有序的目标发展。

〔**医院自身管理**〕 以完善科室内部管理为抓手，进一步理清了科室管理体制，出台了科组长考核目标及奖励措施，科组长负责抓医疗质量及医疗安全，不再具体管病床，提高了住院医师的积极性，各临床科室都安排了二线班及护士长查房制度，出台措施完善出院病人回访制度，从中发现了医院管理工作中的薄弱环节并逐项改正，参加了医疗责任保险，制定了医疗事故及医疗纠纷处罚制度，对一些常见危急重症病人的诊治及突发卫生事件制定了相应预案。

（程绍龙）

〔**领导班子名录**〕
院长：蒙在辉

民营医院简介

〔**骨创伤医院**〕 骨创伤医院成立于2002年5月，位于泰康东大道东山南路，是一家以“创伤骨科、手外伤、风湿与骨质疏松症”为专业特色、以“人本主义、全信息化、换位思考”为管理特色的大专科小综合性医院，现有病床70张，职工70人，中高级职称以上的有20人。主要设备有：德国进口西门子双排螺旋CT、阿洛卡彩超、富士数字CR、美国进口超声骨密度仪（BMD-1000）、多功能麻醉机、呼吸机、心电监护仪、高频电刀、血球仪、尿液分析仪、生化分析仪、电解质仪、ICU重症监护设施、妇科微波治疗仪、Leep刀等。

（张兆芳）

〔**众和医院**〕 众和医院是一家新开办的综合性现代化医院，位于南康市唐江镇。设置病床220张，设有急诊科、内科、外科、儿科、妇产科、五官科、中医科、预防保健科、肾内科等临床科室，是南康市中北部规模最大、功能最齐全的医院，集急救、教学科研、临床实践及预防保健于一体。医院环境优美，交通便利，设备先进，拥有美国进口螺旋CT机、日本进口电子胃镜、肠镜、德国进口腹腔镜、肾输尿管镜、前列腺汽化电切镜、钬激光碎石机、鼻腔内窥镜、全自动血球仪、生化分析仪、胎心监护仪、血液透析仪等一大批先进设备，门诊、住院均有电梯上下，大大方便了病人就诊。医院技术力量雄厚，拥有中级职称以上的专家及骨干达30余人，其中有二位专家享受国务院特殊津贴及省政府特殊津贴。医院汇集了来自广州、上海、武汉、杭州、南昌、赣州、南京等全国各地的著名专家教授及骨干医师，在骨科疑难杂症、微创外科手术、肝、胆、肾、输尿管、膀胱结石的诊断治疗及母婴保健、妇科疾病、眼、耳、鼻、喉疾病诊治、心血管内科、消化内科等方面都独树一帜，成为南康市乃至赣州市的一面旗帜。踏踏实实的兑现众和医院的服务宗旨：“仁心仁术，精廉为民”；努力做到“一切为了给病人一个最合理的治疗和人性化的贴心服务”，为病人提供安全、快捷、舒适、满意的高品质健康服务,为广大群众健康提供强有力的技术保障。

(周兆锋)

〔金鸡医院〕 位于南康市东山街办泰康东路27号,建筑面积2800平方米。以口腔特色专科为龙头,开设了内科、外科、儿科、中医骨伤科、眼科等业务科室。有职工33人,其中高级职称2人,中级职称6人。引进全套豪华电脑全自动牙科治疗台、200mAX光机、阿络卡B超机、心电图机、红外线乳腺检查仪、全自动血细胞分析仪、尿十项检测仪、生化分析仪等先进诊疗设备。

(陈晓星)

〔兴华医院〕 位于南康市蓉江街办旭山南路蓉江大桥北桥头,是一所集医疗、预防保健于一体的综合性医疗机构。科室设置有:内儿科、外科、中医科、皮肤科、眼耳鼻喉科等。现有职工26人,其中高级职称3人,中级职称5人,核定病床20张。主要设备有:B超、大功率X光机、血细胞分析仪、半自动生化分析仪、尿液分析仪、电脑验光仪等。医院奉行"以人为本、病人至上"的服务理念,重视人文关怀,为群众提供安全、快捷、方便、满意的医疗服务。

(邹济春)

〔友好医院〕 位于南康市东门北路4号社会停车场大门左侧,赣州市人民医院协作医院,浙江东亚胃肠超声研究所临床医院,百姓满意医院,平价医院,江西省省级示范社区卫生服务机构,新农合及医保定点医院。交通便利,环境温馨优雅。开设内科、外科、妇科、产科、中医肝病科、体外碎石科、心脑血管科、皮肤泌尿科、胃肠专科。并为泰康中路、东门、金赣居民提供预防、医疗保健、康复、健康教育、计划生育等六位一体医疗服务。现有职工30人,高级职称1人,中级职称6人,主要设备有迈瑞血球仪、生化分析仪、B超、全自动心电图机、心电监护仪、尿十项、微波、光谱等设备。

(李枝杰)

〔祥联医院〕 位于南康市十八塘乡原内潮乡政府院内,以治疗中医、妇产、骨科、内儿科、口腔疾病为特色。现有职工23人,其中中级职称6人,初级职称5人。主要设备有:200mAX光机、B超机、心电图机、心电监护仪、生化分析仪、血球分析仪、电解质分析仪等。医院坚持"以人为本,以患者为服务中心"的服务宗旨,为周边群众提供便捷、优质的医疗服务。

(刘太莲)

〔康华医院〕 位于南康市唐江镇羊燕岭20号(原南康市第二人民医院内),以治疗精神病和癫痫病为特色的专科医院。有职工25人,执业副主任医师2名,执业精神科主治医师4名,执业内科主治医师1名,执业护士6名。医院采用传统中医和现代西医相结合的临床治疗模式,同时辅以心理治疗、行为干预治疗、音乐治疗和精神疗法。专治各种因素引起的精神障碍和神经精神性疾病。医院设备先进,功能科室齐全。住院部有80多张床位,环境幽雅、宁静,是患者治疗、疗养、康复的好场所。

(张君福)

〔仁爱医院〕 位于南康市东山工业园(105国道与通站大道交汇处),引进阴道镜、美国GE彩超、全自动生化分析仪、TCT膜式液基细胞学检测仪、日本光电血液分析仪、HPV-DNA病毒检测、美国LEEP(利普)刀、CARE(凯尔)超导可视无痛人流工作站、BYK-50博医康微波仪、第五代ZD-2001体外电场热疗机、韩国包皮无痛精切仪等。临床开设妇科诊疗专科、男性诊疗专科、泌尿外科、及内科、外科、中医科、耳鼻咽喉科、肛肠科等特色专科,为广大患者提供全方位、高标准、高品质的专业服务。

(陈金贵)

疾病预防控制

〔综述〕 2010年,市疾病预防控制中心内设办公室、业务办公室、财务科、疾病控制科、卫生监测科、卫生检验科、免疫规划科、预防接种门诊。在岗职工59人,其中中级职称22人,初级职称25人;卫技人员占总在岗人员的79%;先后派出40名技术骨干参加江西省、赣州市举办的专业培训和学术交流。

〔卫生监测〕 全年累计检测各类食品样品4份,

合格4份,合格率为100%;考核餐具消毒样品417份,合格278份,合格率为66.67%;生活饮用水水质检测596份,合格430份,合格率为72.15%;医疗机构消毒监测369份,合格297份,合格率80.49%;从业人员体检2450人,开展章江、上犹江河水霍乱弧菌疫源检索126份,水产品等食品360份,均未检出霍乱弧菌。以实验室检验能力、设备品目为主的疾病预防控制中心卫生服务能力建设通过了省、赣州市的达标考核验收工作。9月,通过了江西省职业健康体检资格评审组专家对中心现场仪器设备、盲样检测结果及相关技术资料审核,中心取得了江西省职业健康体检资质。

〔**计划免疫**〕 2010年,开展实施了扩大国家免疫规划工作,累计发放第一类疫苗63万余剂次,其中计免乙肝138350支,无细胞百白破27947支,麻苗强化59020支;甲流疫苗37000支;麻风苗6290支,麻腮风苗8360支,卡介苗4940支,糖丸53600粒,百白破2560支,白破二联6500支,乙脑苗20660支,流脑A群9740支,流脑A+C苗26700支,甲肝苗10580支。组织开展了乙肝疫苗第三针次补种,乙肝免疫成功率监测活动。2010年5月17日至6月10日在全市开展了第三针次乙肝疫苗补种活动,应补种人群62336人,接种人群61949人,接种率为99.38%。全面完成全市8-15岁儿童乙肝疫苗补种民生项目。对朱坊、龙岭8-14岁82名儿童开展乙肝免疫率监测。组织完成了2010年脊髓灰质炎疫苗查漏补种活动工作。共查出应种儿童2917人次,实际补种儿童2884人次,接种率为98.87%。大力开展了麻苗强化工作。2010年9月11日至20日对2005年10月1日至2009年12月31日出生的儿童开展了麻疹疫苗强化免疫活动,全市共查出应种儿童58399人,其中本地儿童56105人,流动儿童2294人,接种儿童58065人,其中本地儿童55784人,流动儿童2281人,接种率为99.43%。大力开展流感疫苗、水痘疫苗、Hib疫苗等二类疫苗的接种工作,接种流感疫苗4698人份,水痘疫苗3800支,Hib疫苗6410支,狂犬疫苗8147人份,甲肝疫苗29353支,轮状病毒口服液4430支,10ug乙肝疫苗705份,23价肺炎苗105支。为更好的落实扩大国家免疫规划工作,中心每月不定期对各防保站的扩大免疫规划工作进行了督导并将督导情况进行了通报。5月对各防保站及相关业务人员进行了预防接种知识培训,指导全市各基层接种单位安全有效地开展预防接种工作。10月开展了全市接种率调查,全市"五苗"接种率98.66%;新增扩免疫苗接种率为90.83%。大力推进儿童预防接种信息系统建设,对12个防保站、预防接种门诊按要求建立儿童预防接种信息系统并进行了信息录入工作。

〔**传染病防治**〕 2010年,发生了乙、丙类传染病17种,计3167例,年发病率为421.47/十万,死亡8例,死亡率为1.06/十万,病死率为0.25%。乙类传染病发病率上升的病种为淋病、梅毒、伤寒+副伤寒、肺结核;发病率下降的病种为艾滋病、肝炎、甲型H1N1流感、麻疹、狂犬病、痢疾、猩红热。病种减少钩体病。发病数居前五位的为肺结核、肝炎、痢疾、梅毒、淋病。

2010年乙类传染病各病种发病、死亡情况一览表(按发病日期统计)

病种	发病数	发病率(1/十万)	病死数	死亡率(1/十万)	病死率(%)
艾滋病	1	0.13	3	0.40	300
肝炎	360	47.91	0	0	0
甲型H1N1流感	2	0.27	0	0	0
麻疹	2	0.27	0	0	0
狂犬病	1	0.13	1	0.13	100
痢疾	60	7.98	0	0	0
肺结核	807	107.40	3	0.40	0.37
伤寒	4	0.53	0	0	0

（续上表）

病种	发病数	发病率(1/十万)	病死数	死亡率(1/十万)	病死率(%)
猩红热	1	0.13	0	0	0
淋病	47	6.25	0	0	0
梅毒	57	7.59	0	0	0

2010年艾滋病自愿咨询检测累计接待咨询1497人，初筛检测1497人，检出HIV抗体阳性1例。加强了艾滋病疫情监测，对前来就诊的产妇、性病病人、手术病人、受血病人、不明原因反复发热病人和重症病人进行艾滋病抗体初筛检测，全年全市累计筛查检测14916例，检出阳性结果1例。开展娱乐场所综合干预工作，外展覆盖场所累计730家，覆盖人员累计3096人次，月均259人次，安全套发放46040只，发展同伴教育员24人，同伴教育员活动249次，暗娼接受检测521人，开展哨点监测工作，共监测1200人，其中性病门诊哨点完成监测400人，暗娼哨点完成监测400人，孕产妇哨点完成监测400人，对看守所的被监管人员开展了艾滋病病毒抗体筛查工作，全年共筛查检测408人(全年任务数420人)，完成全年任务数97.14%，检出阳性结果1例。对艾滋病感染者/病人定期进行随访、关怀、支持，对其家属提供关怀提供艾滋病防治知识的宣传教育等服务。

〔**卫生应急**〕 市疾控中心认真总结2009年防控甲型H1N1流感的成功经验，进一步完善应急处理机制，加强了突发公共卫生事件预案体系建设，充实了突发公共卫生事件应急处置队伍，加强了卫生应急队伍的培训，按照“平战结合、预防为主、常备不懈”的方针，按要求储备了应急物资和应急药品，开展了洪涝灾害和霍乱突发公共卫生事件应急演练。同时，中心建立了市、乡、村各级医疗机构、教育、畜牧等部门的信息沟通渠道和联动机制。2010年，在市卫生局和上级业务部门的指导下，中心成功参与了御膳堂食物中毒突发公共卫生事件以及其它4起食物中毒、4起水污染事件的应急处理，并较好地处理了手足口病、急性出血性结膜炎等散发疫情。卫生应急工作代表赣州市接受了省卫生厅的专项检查，得到市卫生局和上级业务部门的一致肯定。

〔**地方病防治**〕 为巩固地方病防治成果，2010年共监测了9个乡（镇）36个村（居委会）288户居民，共采集食盐288份进行了检测，合格287份，不合格1份，非碘盐0份，碘盐覆盖率100.00%，碘盐合格率99.65%，合格碘盐食用率99.65%。

〔**卫生宣教**〕 2010年，中心与多部门合作，结合各种活动宣传日向群众普及健康知识。一是利用媒体开展多形式的宣传。通过电视台游字宣传手足口病、霍乱、艾滋病等传染病的预防知识。二是利用重大节日开展咨询宣教活动。在4月25日预防接种宣传周，5月15日“防治碘缺乏病日”以及12月1日“世界艾滋病日”开展了专题宣传活动。三是根据《江西省全名健康生活方式总体方案》要求，以电力公司小区为全民健康生活方式示范社区，并开展了一系列全民健康生活方式示范活动。四是开展社区居民高血压管理调查活动，7月28日在金赣小区开展了“南康市社区居民高血压管理调查活动”。五是参与市卫生局组织的“送医、送药、送健康”三下乡大型义诊活动。

（黄礼明）

〔**领导班子名录**〕

市疾控中心主任：李红波

卫生监督

〔**综述**〕 市卫生监督所现内设综合科、监督一科、二科等职能科室，开展餐饮服务、公共场所卫生、化妆品卫生、饮用水卫生、学校卫生、传染病防治、采供血、职业卫生、放射卫生和医疗卫生等卫生监督执法工作。在岗职工24人，其中医师职称以上人员14人，公卫专业人员7人，中级职称人员5人。全年查办各类卫生违法案件249起，查出销毁违禁食品达300公斤，向上级推荐典型案例优秀案卷2例。

〔餐饮服务〕 巩固加强日常食品安全监管，深入开展食品安全整顿工作，监督、支持并服务好饮食娱乐产业，保障餐饮服务食品安全。切实抓好从业人员健康体检、卫生安全知识培训、餐饮具消毒监测和食品产品监测等工作，重点开展餐饮监督量化分级管理、节日、高考期间食品安全保障、无证餐饮加工经营专项整治、地沟油、餐厨废弃物专项整治、学校食堂及周边餐饮业专项整治、查处问题奶粉专项行动、打击违法添加非食用物质和滥用食品添加剂、清查不合格一次性筷子行动等工作。监督指导餐饮业达4000户次。组织从业人员体检培训2730人次，体检率、健康证发证率达97%。调离食品职业禁忌人员72人、调离率100%，抽检食品样品135件、合格率95.7%，进行餐具消毒监测2840件、合格率68.5%。进行监督量化分级管理餐饮590户，查处餐饮服务违法案件2起。

〔公共场所卫生〕 加强经营服务类公共场所的“两证”、消毒设施、消毒记录、卫生资料等监督检查，推行公共场所(住宿业)卫生信誉度评审制度实施。督促完成公共场所监测390个点，组织从业人员体检培训826人次。现场进行卫生指导达300户次，督促公共场所85户新申办并取得卫生许可证。评审出卫生信誉度“A”级单位3户、“B”级单位41户、“C”级单位31户。

〔学校卫生〕 以餐饮安全、传染病防治等为工作重点，加强学校卫生安全保障。重点开展学校食堂监督量化分级管理、高考期间卫生安全专项整治、学校及周边餐饮安全专项执法检查和学校饮食饮水卫生安全检查、传染病防控检查等工作。指导限改学校周边餐饮业达600户次，进行监督量化分级管理评级食堂的中小学校、幼托机构共56所，督促所有被监督检查学校(幼托机构)签订《食品安全管理承诺书》。

〔职业疾和放射卫生宣传〕 加大日常卫生监督检查，加强卫生政策法规知识宣传培训，督促相关企业(单位)落实整改措施。深入东山工业园、龙岭工业园等工业园区，相继开展职业病防治法宣传周、“粉尘及其职业危害”专题宣传活动、用人单位职业卫生台账的使用和职业卫生执法双项告知行动等工作。经调查摸底和双项告知的家具、矿产品、化工、冶金、建材等重点企业1987家，集中举行职业卫生咨询培训10期1500余人次，发放《职业病防治企业必读》、《粉尘及其职业危害知识问答》和职业卫生知识宣传单等宣传培训资料6000余份。

〔医疗卫生〕 深入开展打击非法行医工作，重点查处无证行医、出租、承包科室、非卫技人员上岗、擅自输液、变更执业地点等违法行为；推行城镇个体诊所(门诊部)“星级评审”工作，进一步规范医疗机构和医务人员的执业行为。监督检查医疗机构达900户次，立案查处无证行医22起、非卫技人员上岗7起、擅自输液91起、变更执业地点42起，查处其它医疗卫生违法案件85起。评审出三星级单位2个、二星级单位13个、一星级单位26个。

〔饮用水卫生〕 加强水质监测和饮用水卫生安全技术指导。督促群众送检水样检测161件，单位送检水样检测81件。组织从业人员体检培训130人次，限期改正制水(供水)单位49户次，指导处理不符合卫生标准水质27起。

〔卫生宣传〕 利用节日、普法宣传日、“三下乡”等时机，侧重依托市电视台、《南康卫生》等宣传平台，积极开展《食品安全法》、《职业病防治法》、“3·15”消费者权益日等宣传咨询活动，宣传普及卫生安全法律法规知识，发布卫生监督监测工作和卫生安全预警信息，揭披卫生违法违规行为。通过市电视台新闻报道19篇、游字通告4篇，《南康卫生》录稿35篇。集中举行宣传咨询5次，举办专项工作宣传培训15次，印发各类宣传材料达5万份。

(钟义发)

〔领导班子名录〕

所长、支部书记：王齐明

结核病防治

〔综述〕 市结核病防治所是市政府指定实施免费治疗结核病的唯一机构，全面落实国家结核病防治规划政策，着力构建政府主导、部门协作、社会参与的结核病防控体系，扎实推进全民健康教育、结核病人系统管治工作。年末在岗职工24人，卫生专业技术人员20人，中级职称5人，内设有行政办、项目办、门诊部。

〔结核病控制项目〕 继续实施中央财政转移支付项目和中国全球基金结核病项目。自2010年7月1日，国家项目办对全球基金所有项目，包括在南康市实施的四轮项目、八轮流动人口结核病防治项目进行了整合，统称为中国全球基金结核病防治项目，分列基本DOTS和流动人口结核病防治类别。充分发挥市政府专项配套经费45.7万元、中央财政转移支付经费(含药品33.53万元、全球基金项目经费32.2万元的作用，对全市1079例结核病人实行了免费治疗和管理，完成全年任务数的119.9%。

〔结核病疫情及管治〕 2010年，通过网络直报全市肺结核病1485例，患病率为184.8/10万(总人口以80万计)，与2008年的192.38/10万相比，呈下降趋势。对所有结核病人落实了免费政策，实行免费检查、免费治疗、免费管理，DOTS覆盖率100%。在结防所登记肺结核病人1079例，实行系统管理1079例，系统管理率96.1%，满疗程患者治愈率94.2%。

〔结核健康教育与宣传〕 将“3·24”世界结防日定为宣传季，全年共派出结防宣传队10批次、宣传员48人次，与赣州市CDC等联合进厂入企，在工业园区厂内免费体检360余人次、义诊咨询1100余人次，发宣传资料30000余份(张)。

〔技术引进与设施改造〕 继续开展了痰培、药敏监测新技术，2010年痰培阳性率达到41%，大幅提高了涂阳病人发现率和诊断准确率。对211例患者进行了耐药监测，检出耐药菌株47株，总耐药率22.3%，与2009年总耐药率31.7%相比，总耐药率呈下降趋势；检出耐多药(MDR)12株，耐多药率为5.7%。根据化疗方案，针对耐药情况，制订个体化治疗方案，治疗效果有了明显提高。2010年投资58.7万元添置了一套X线计算机成像系统(CR)。组织相关工程技术人员，自主研发结核病诊断、治疗、管理、监测、质量控制等信息平台，信息自动化水平大幅提高。

(张坚华)

〔领导班子名录〕
所　长：刘勤连

妇幼保健

〔综述〕 市妇幼保健工作以“一法两纲”为核心，以“降消项目”为契机，结合“医院效能年”活动要求，坚持以保健为中心，以保障生殖健康为目的，保健与临床相结合，面向群众、面向基层的工作方针，继续巩固“母婴安全乡卫生院”建设成果，努力实现提高出生人口素质，降低孕产妇死亡率、5岁以下儿童死亡率，消除新生儿破伤风的目标要求，提高全市产科质量，突出创建和谐平安医院。同时，新型农村合作医疗工作及社区服务中心(站)工作使更多的妇女、儿童免费享受到基本医疗服务。市妇幼保健院在不断巩固“二级甲等”妇幼保健院创建成果的基础上，加强内涵建设，推行绩效核算，各项工作均取得瞩目成绩。2010年，全院业务总收入达1989.82万元，与去年同期相比增长53.3%；出院病人3584人次，同比增长14.7%；其中产妇3309人次，同比增长15.38%；门诊人次86373人次，同比增长33.7%。

〔婚前保健管理〕 婚前保健管理是对准备结婚的男女双方，在结婚登记前进行的婚前医学检查、婚前卫生指导、婚前卫生咨询服务。

〔孕产妇保健管理〕 从怀孕开始至产后四十二天，为孕产妇及胎儿、婴儿提供医疗保健服务。由市、乡村级保健人员按要求定期进行孕期检查，筛查出高危妊娠，采取适宜技术对孕产妇及胎儿进行监护，并按其危险程度，得到相应的保健医疗服务。2010年全市孕产妇总数9249人次，活产数9275人次。建卡管理率达95%。住院分娩率达99.36%，产前检查率达95.04%，产后访视率达98.82%，新法接生率达100%，高危孕产妇住院分娩率达99.9%，全市孕产妇管理率达90.44%，住院分娩率99.43%。

〔新生儿疾病筛查〕 《中华人民共和国母婴保健法》明确规定，各医疗保健机构应“逐步开展新生儿疾病筛查”,将其纳入法制管理。全市中心卫生院以上医疗机构已逐步开展了先天性甲状腺功能低下症和苯丙酮尿症的筛查，早期诊断、及时治疗,可预防残疾的发生。2010年全市新生儿疾病筛查率达73.57%。

〔**婴幼儿保健管理**〕 市、乡二级医疗单位开设儿保门诊,村级卫生所为辖区婴幼儿生长监测点。儿保人员按检查项目定期对婴幼儿进行体格检查,并建立健康档案,重点是突出体弱儿管理,以降低婴幼儿死亡率。

〔**儿童保健管理**〕 市、乡(镇)妇幼保健机构组织人员深入各托幼机构为3~7周岁儿童进行体检检查,检查内容:测量身高、体重、血色素、内外科检查,进行体格发育评价,做到早发现、早诊断、早治疗。有条件的还开展了口腔、听力、眼保健工作。对城区13278名幼儿园儿童进行了健康体检以及二次氟化泡沫口腔护齿工作,对5930名新生儿进行了出生缺陷监测。

〔**妇科病查治**〕 由市总工会、各级妇联组织,市妇幼保健院及社区服务中心(站)、乡卫生院负责实施，开展了每年一次的对城乡已婚妇女妇科疾病和乳腺疾病的普查普治及针对性健康教育，广大妇女自我保健能力得以提高。2010年,对城镇已婚女职工进行妇科病普查4140人次,对妇科常见病、多发病做到了早发现、早诊断、早治疗。

〔**三网合一监测**〕 开展孕产妇死亡监测,5岁以下儿童死亡监测。市级医院为出生缺陷监测点,监测数据按时上报。乡级每季进行一次漏报调查,县(市)每半年进行一次抽查。2010年,孕产妇死亡率21.56/10万,婴儿死亡率4.90‰。

(施光兰)

〔**领导班子名录**〕

院长:黄正平

支部书记:施光兰(女)

皮肤病防治

〔**综述**〕 2010年，市皮肤病防治所内设办公室、皮肤性病科、麻防科、药剂科、护理科、检验科、理疗科等科室,承担全市的麻风病、皮肤病和性病防治工作。有职工24人,其中副高级职称1人,中级职称10人,初级职称14人。

〔**宣传与教育**〕 坚持日常的麻风病、皮肤病、性病和艾滋病防治知识宣传。

〔**麻风病防治**〕 累计发现1272例,复发86例;治愈1098例,愈前死亡222例,其它减少35例,仍有现症3例。五年平均发现率和患病率达到国家基本消灭麻风病标准。2010年,无新、复发例,停药1例,治愈1例,仍有服药病人1例,监测病人15例。完成麻风病院村建设项目,新建病村竣工并交付使用。

(张升伟)

〔**领导班子名录**〕

所长:李芳英(女)

爱国卫生运动

〔**综述**〕 2010年，围绕构建和谐社会和市委、市政府的工作重点,以开展城乡环境卫生整治行动、农村清洁工程和农村改厕工作为重点，深入开展环境综合整治、健康教育和“除四害”活动,切实改变城乡环境面貌，开展创建无烟医疗卫生机构活动,培训“三格式”厕所改建工作人员456名,确保了厕所改建的质量。

〔**机构队伍**〕 市爱国卫生运动委员会，下设办公室,简称爱卫办,挂靠市卫生局,编制6人。

(吴明康)

〔**领导班子名录**〕

爱卫办主任:吴明康

红十字会

〔**综述**〕 坚持人道主义的宗旨，开展了受灾群众和特困群众的慰问活动。市红十字会积极向上级红十字会争取救灾物资,全年,共争取上级红会下拨家庭卫生包、大米、棉衣被、药品等救灾物资

53.38 万元，其中药品 41.19 万元；争取黄浦海关捐赠侵权物资价值 33.193 万元，保障了灾民灾后的生产、生活及防病工作，缓解了灾民灾后的生活困难。积极组织开展全市公民无偿献血活动，全年共集中组织开展 10 次大型无偿献血活动，献血总量达 90.8 万毫升。

〔机构队伍〕 市红十字会办公室负责全市红十字会工作，制定方案并组织实施。红会办专职人员 2 人，即主任、干事各 1 人，全市有基层红会机构 38 个，会员 6459 人。

〔红会实体〕 2010 年，红会办共创办诊所、门诊部 5 家，增强了红十字会的救灾备灾能力。

（袁金山）

〔领导班子名录〕

红会办主任：袁金山

卫生干部培训

〔综述〕 2010 年，充分利用卫生干部培训学校教育基地优势，加强在职卫技人员继续教育培训。积极邀请市内外知名专家和教授讲学、会诊，共培训卫技人员 30 期，专题讲座 27 次，参加人员达 3610 人次；乡村医生在岗培训 10 期，培训 875 人。更新了卫技人员业务知识水平，提高了医疗服务能力。对培训情况登记入档，作为卫技人员职称评聘以及乡医、个医《医疗机构执业许可证》验审的重要依据。各医疗卫生单位也制定了相应的单位内部学习计划及派送人员外出进修计划，鼓励卫技人员参加各类成人高考、自学考试、职称资格和执业资格考试，全年有 114 名医务人员到地市级以上医院进修、学习。

〔机构队伍〕 市卫生干部培训学校负责为全市卫生技术人员提供短期培训服务，对全市卫生工作人员的继续（医学）教育学分进行审核、验证，编制 4 人。

（陈兼平）

〔领导班子名录〕

校　长：陈兼平

农医中心

〔综述〕 市农村合作医疗管理中心于 2008 年 2 月 29 日正式成立，核定编制 11 人，现有人员 12 人，内设综合科、业务科、财务科三个科室，主要工作职责是：拟订新农合相关制度；负责农医所、定点医疗机构的监管、业务指导工作；管理新农合基金；信息管理、统计报表及上报。市新农合于 2007 年 6 月在横寨乡开展试点，自 2008 年 1 月 1 日在全市范围内全面铺开以来，各项工作运行顺利。在 2010 年以县为单位新农合快速评价中，居全省第 4 位，赣州市对县级经办机构考评，取得了第 2 名的好成绩，被授予赣州市新农合工作先进单位。同年，被评为全省新农合先进县级经办机构。2010 年，全市 662135 农业人口有 625882 人缴费参合，参合率达 94.52%。截止 12 月 31 日止，共接诊参合农民门诊和住院 231083 人次，其中门诊 174584 人次、住院 53100 人次、正常分娩 1936 人次、门诊大病 1463 人次。累计补偿8450.00 万元，其中门诊 785.637 万元、住院 7364.150 万元、政策内生育正常分娩 64.785 万元、门诊大病 210.188 万元、药事服务费 25.240 万元，有 2607 人获得了 5 千元以上的住院大额补偿。受益面达 36.91%，统筹基金支出 7690.21 万元，基金使用率 95.25%。

（苏绍红）

〔领导班子名录〕

主　任：苏绍红（女）

医药总公司

〔综述〕 2010 年，南康市医药总公司在市委、市政府的正确领导下，在市政府派驻工作组的监督指导下，认真贯彻落实党的十七大和十七届届三中、四中全会精神和中央、省、市关于国有企业改革的有关指示，紧紧围绕市委、市政府《关于进一步做好全市国有（集体）企业改革工作的实施意见》（康发〔2010〕12 号）文件精神，坚持“在平稳中改革，在改革中发展”的指导思想，以构建和谐社会为目标，坚持做好企业划转改制过程中的职工思想工作，正确处理改革、发展、稳定的关系，加强企业财产管理，确保企业资产安全和增值升值，用好用活企业现有闲置资产,争取省政府改制资金,取得了明显成效。

〔**机构队伍**〕 至2010年12月31日止,公司有在册在职职工101人,退休职工37人,享受抚恤待遇的职工遗属22人。公司领导干部1人。在职职工人员中,有本科学历1人、大专学历12人、中专学历19人、技校毕业19人。有主管药师1人、执业药师5人、从业药师32人、技师1人,其他药学专业技术职称人员59人。另有政工师1人、助理会计师1人、助理统计师1人。

〔**经营机制和经营管理**〕 由于公司历史经济亏损包袱沉重,至2005年5月,公司职工原实行经营目标责任管理的基层零售业务已全部停业,或职工从事个体经营,公司自2006年9月1日起已停止了所有医药商品批发、零售经营业务活动。2004年12月通过验收获得的药品经营质量管理规范(GSP)认证资格的药品批发经营期限至2009年12月31日止。

〔**医药商品购销**〕 公司原主要经营范围为:中药材、中药饮片、中成药、化学原料药、化学药制剂、抗生素制剂、生化药品、生物制品、医疗器械和保健品等。

〔**中药材生产与收购**〕 由于中药材市场竞争激烈,其价格随行就市,起伏不定,全市原有的药农(中药材种植户)户大减,已由部分规模型种植取代了以前的小作坊、小规模种植,且中药材种植户直接与药品生产企业或购销商联系,签订购销协议,发生购销关系,减少了中间环节。中药材种植主要分布在隆木、大坪、赤土等乡镇。品种均以金银花、海金沙、柴胡、牛夕、泽泻、黄枝子、茯苓、生地、穿心莲、山药、淮山、桔梗、陈皮等。人们随着生活水平的提高,对身体保健意识增强,许多企业在研制中药保健品,再加上药品生产企业对药品质量的提高,需求量大,使有的中药材供不应求,中药材收购价格上涨。市医药总公司近十多年未从事中药材种植,自2006年9月1日起也停止了中药材收购业务。

〔**公司划转改制工作情况**〕 公司自2006年9月1日起已关闭停业多年,根据江西省人民政府《关于省属国有医药商业企业整体划转市县政府管理有关问题的批复》(赣府字〔2006〕 72号)、江西省国有资产监督管理委员会《关于印发〈省属国有医药商业企业整体划转市县政府管理实施方案〉的通知》(赣国资企一字〔2006〕 286号)文件精神和市政府工作安排,公司主要任务是做好划转改制职工安置工作。2010年9月14日,省国资委、省财政厅、省人力资源和社会保障厅《关于省医药公司所属6户商业企业划转属地管理有关事项的通知》(赣国资企改字〔2010〕339号)文件,在原省财政核定南康市医药总公司170万元企业改制专项资金的基础上,省财政再次给予增加262万元。2010年10月12日,南康市人民政府与江西省医药集团公司签订了《关于江西省南康市医药总公司行政划转属地政府管理的移交协议书》,正式接管南康市医药总公司。根据南康市人民政府办公室《关于调整和充实南康市医药总公司改制工作领导小组的通知》(康府办字〔2010〕166号)文件精神,为理顺企业管理体制,加快改制步伐,决定市医药总公司由市商务局主管。

(朱星星)

〔**领导班子名录**〕

书　记:朱星星

总经理:朱星星

食品药品监督管理局

〔**综述**〕 2010年,市食品药品监督管理局以科学发展观为指导,以保障人民群众饮食用药安全为目标,紧紧围绕"确保两个安全,实现一个更有作为"的总体要求,结合开展创先争优活动,纵深推进食品药品安全专项整治,健全应急体系和长效机制,忠实履行职能,努力提高监管能力和效率,有效保障了全市人民的饮食用药安全,促进了食品药品安全形势的持续稳定好转,促进了全市食品医药经济健康发展。

〔**机构队伍**〕 市食品药品监督管理局内设三科一室(监督管理科、市场稽查科、食品安全监察科、办公室)。现有工作人员12人,大专以上(含大专)学历10人。全体工作人员均具有医、药和法律等相关专业知识，平均年龄44岁，中共党员8人，占总人数的67%。

〔**食品安全监管**〕 在市政府统一领导下，市食品药品监督管理局进一步做好综合协调，组织开展联合执法检查，市食品药品安全协调领导小组全年共下发8个文件，召开工作协调会议5次，指导协调各有关职能部门和各乡（镇、街道）开展食品安全监管工作。先后组织开展了打击违法添加非食用物质和滥用食品添加剂专项整治、无证无照餐饮经营单位专项清理整治、对废弃食用油脂和“地沟油”的集中整治、清理追查问题乳粉和校园及周边地区食品安全整治等一系列专项整治，开展了食品安全专项整顿月活动。全市共出动执法人员5000余人次，检查兽药饲料、食品生产、食品、餐饮业等共1880家，下发整改通知468份，取缔无证无照摊点11个，私宰点5个，收缴私宰肉240公斤，没收“三无”和过期食品422公斤，不合格兽药31公斤。通过专项整顿，有力保障了全市食品安全，南康市代表赣州市顺利通过了省政府组织的食品安全整顿工作检查验收，综合监管水平保持赣州市前列。

〔**食品药品安全宣传教育**〕 组织开展了食品药品安全“四进六个一”活动和以“服务创业、服务群众、关注健康、共创和谐”为主题的“创建安全用药示范社区”活动，举办了全市安全督查员、安全监管员业务培训班和学校食堂食品安全业务培训会，进一步提高了监管人员的监管能力和全市人民的饮食用药安全意识。

〔**药品和医疗器械监管**〕 2010年，在规范药品、医疗器械经营使用行为的同时，加大了对各种药品医疗器械违法行为的打击力度。全年共出动执法人员1300余人次，共查处各类案件97件（其中药品案件83件，医疗器械案件14件）。

1、强化药品流通监管，进一步规范药品经营使用行为。一是制定并实施了药学技术人员在岗履职约谈制度。要求各药品经营企业签订“保证药学技术人员在岗在职承诺书”，药学技术人员签订“保证在岗履职承诺书”，印发了《南康市药品经营企业药学技术人员在岗履职约谈制度》和《南康市药品经营企业药学技术人员在岗履职情况检查制度》。对监督检查发现存在严重违规行为的企业或质量保证体系存在明显缺陷且多次整改仍不能到位的企业进行约谈。二是完善了药品远程电子监控和药品诚信体系建设，对企业基础数据库进行了完善，全市已入城乡一体药品监管平台企业安装率达100%，图像及数据上传率为92%，江西三和医药有限公司已按期入网，已有电子监管码的基本药物已全部实现数据上传。三是全面实施药品零售企业分级管理，通信已有128家药品零售企业实行了分级管理。四是开展了对药品经营企业的GSP跟踪检查和飞行检查，跟踪检查覆盖率达100%，下发责令改正通知书120份。五是加强了对基本药物经营、使用单位的监管，召开了全市加强国家基本药物质量监管工作会议，对基本药物配送企业和试点单位进行了全覆盖抽验，共抽验基本药物22批。

2、深入开展药品安全专项整治，严厉打击涉药不法行为。市食品药品监督管理局先后制订了《药品安全专项整治工作实施方案》、《药品安全专项整治工作有关事项安排》和《药品安全专项整治工作联席会议制度》等方案和文件，成立了药品安全专项整治工作领导小组和办公室，共召开了4次药品安全专项整治工作联席会议，做到了思想统一、目标明确、重点突出、扎实有效，取得了良好的成绩。组织开展了对医用氧、生物制品、血液制品、疫苗、医疗器械、中药饮片、药品购销渠道及非药品冒充药品违法行为的专项检查，共完成药品抽验任务57批，检出不合格药品5批。同时，针对群众反映强烈的药品违法广告问题，食品药品监督管理局通过要求企业自查自纠违法广告、对违法药品广告品种进入药店的购销渠道进行重点检查、对宣传治疗功能和使用药品名称的保健食品依法进行查处、与工商医保等部门联合治理等方法，严厉打击违法药品广告，共查处该类案件2起，罚没款0.61万元；工商部门共下发责令改正通知书3份，对市电视台广告部处罚款1.2万元。

（刘淑生）

〔**领导班子名录**〕

局　长：刘淑生

副局长：刘京康

　　　　胡华健

（编辑：明心伟）

社会生活

精神文明建设

〔**综述**〕 2010年,全市精神文明创建工作以邓小平理论和“三个代表”重要思想为指导,深入践行落实科学发展观,紧紧围绕“创业服务年”和“学习焦裕禄精神,争做新时期焦裕禄式党员干部”主题教育活动,坚持贴近实际、贴近生活、贴近群众,不断创新内容,创新形式,创新手段,大力开展社会主义核心价值体系建设、公民思想道德建设、新风貌建设、和谐文化建设和未成年人思想道德建设,深入开展群众性精神文明创建活动,努力提高公民文明素质和社会文明程度,为实现南康经济社会平稳较快发展提供了强有力的思想保证和精神动力。

〔**机构队伍**〕 市精神文明建设指导委员会办公室(简称文明办)属正科级单位,隶属市委宣传部,有干部5人。

〔**提升市民思想道德素质工作**〕 一是广泛开展“机关作风看文明,争做好公仆”、“服务窗口看文明,争做好使者”等“八看八争”活动,进一步提高了广大市民“讲文明、树新风”意识。二是开展赣州市情、南康市情教育,使广大干部群众都深切感受到身边的变化;三是深入开展了“全民阅读活动”,向全市发放了省委宣传部印发的《社会主义核心价值观100例》一书共1000余本,在全市形成了大兴读书学习之风。四是组织开展南康市首届道德模范评选活动以及“我评议、我推荐身边的好人”活动,在全市评选建树了卢圣兰、李民军、张为群等20位“助人为乐”、“见义勇为”、“诚实守信”、“敬业奉献”、“孝老爱亲”等道德模范典型,对20位道德模范进行了表彰。五是加大精神文明先进典型的宣传力度,利用电视、广播、宣传栏等宣传媒体和阵地对20位道德模范和省、赣州市级文明单位进行宣传,同时,策划编印了100本《南康精神文明创建风采》。

〔**新农村建设塑造新风貌工作**〕 2010年,按照市委、市政府《关于2010年深入推进社会主义新农村建设的工作意见》,下发了《南康市2010年新农村建设塑造新风貌实施意见》,对全市新风貌工作任务进行了部署,选定了20个“特色文化新村”和20个“文明和谐村落社区。7月16日,在唐江镇召开全市塑造新风貌流动现场会,对唐江木塘围的新风貌建设进行了很好的总结和学习。按照“宜文则文、宜古则古、宜红则红、宜绿则绿”的原则,建设了唐江“亲情之围”木塘围、龙岭水韵邱边、赤土休闲青塘、坪市古城谭邦等一批颇具特色的文化新村。同时广泛开展“十星级文明户”、“五好文明家庭”、“文明信用农户”等群众性精神文明创建活动。

〔**文明行业单位和文明示范窗口创评活动**〕 2010年4月，市消防大队、南康中学等11个单位被省委、省政府表彰命名为2008~2009年度文明单位，名列赣州市前列，市城管行政执法局、市气象局等22个单位被赣州市委、市政府表彰命名为2008~2009年度文明单位，7月9日召开全市精神文明创建工作暨表彰大会，对近两年荣获省、赣州市精神文明创建工作的先进单位进行了总结和现场颁奖表彰。组织开展南康市2009-2010年度文明村镇(社区)评选活动，评出了52个南康市文明单位、38个南康市文明村镇(社区)。

〔**农村群众性精神文明创评活动**〕 广泛开展"文明信用农户"、"文明信用村（组）"、"十星级文明户"、"五好文明家庭"等创评活动，2010年全市新增"文明信用农户"12000多户，进一步增强了农民群众争优创先意识，提高了农民思想道德素质。

〔**开展"三下乡"活动**〕 3月16日，由市委宣传部、文明办牵头，组织市文化局、市司法局、市新村办等20余个单位100余人在唐江镇举行了"三下乡"活动启动仪式，全年"三下乡"活动已达23场(次)，送戏下乡演出110多场，送电影下乡4000余场，观众35万人次。

〔**"农家书屋"建设管理工作**〕 举办了2010年度"农家书屋"管理员培训班，在4月底全市45个书屋计157500套书籍发放到了各农家书屋，得到了各地广大群众的称赞。2010年，增加"农家书屋"45个。

(邓汉东)

〔**领导班子名录**〕

主　任：廖永峰

副主任：李升香(女)

民　政

〔**综述**〕 2010年，市民政工作在上级业务部门的精心指导下，在市委、市政府的正确领导下，紧紧围绕"一个继续坚持、两个着力把握，六个扎实推进"工作部署，突出重点，狠抓落实，各项工作稳步推进。全力保障民生，城乡社会救助体系建设不断完善；积极改善民生，社会福利事业加快推进；高度关注民生，优抚安置工作不断深化；有效维护民生，社会事务管理得到切实增强。南康市民政局被江西省委、省政府授予第十二届"全省文明单位"，被赣州市民政局评为2010年度全市民政工作目标管理考核达标单位，蓉江街道泰康西路社区被江西省委、省政府评为"江西省文明社区"，浮石乡青云村腊树下社区被国家减灾委、民政部授予"全国综合减灾示范社区"，龙回镇光荣敬老院被省厅评为全省民政系统行风建设示范单位。

〔**机构队伍**〕 设有人事秘书科、救灾救济科、优抚安置科、低保科、社会事务科。有市军队离退休人员安置办公室、市地名办、市救灾救济中心、市婚姻登记处、市移民办、市慈善救济会办公室、市老龄办、市殡葬管理所、市福利院等下属单位。局机关工作人员44人。

〔**社会福利**〕 完成了对南康市包装彩印厂福利企业年检工作，促进了社会福利企业健康发展。该福利企业解决了17名残疾职工的就业和社会养老保险。深入开展了全市孤儿信息调查和录入，为全市孤儿由救助制转向普惠制垫定了基础。

〔**福利彩票工作**〕 2010年，全市共有电脑福利彩票投注站48个，投注机48台，全年共销售电脑福利彩票1474.91万元；即开型福利彩票销售点50个，采取销售点与小卖场等形式全年共销售即开型福利彩票91.5万元。全年共筹福利彩票公益金115万元。

〔**优待抚恤**〕 2010年，全市有重点优抚对象3753人，全年发放抚恤生活补助金1733.38万元，其中残疾军人292人，抚恤金259.346万元；三属人员156人，抚恤金83.765万元；带病回乡退伍军人881人，生活补助317.16万元；红军失散人员36人，生活补助30.96万元；在乡退伍红军老战士1人，生活补助1.989万元；在乡老复员军人1021人，生活补助548.04万元；参战退役人员1366人，生活补助491.4万元。

从2010年10月1日起调整部分优抚对象等人员抚恤和生活补助标准。进一步提高了义务兵家庭优待标准，农村义务兵家庭优待标准由2610

元/年提高到2842元/年，城镇义务兵家庭优待标准由2120元/年提高到6879元/年。全市重点优抚对象办理了《重点优抚对象医疗优待证》,对优抚对象发放门诊定额补助金，发放人数3657人,发放补助金74.615万元;市外住院医疗补助人数33人次,补助19.7246万元;市内住院“一站式”同步结算人数65人次,补助21.6854万元。

〔**城市居民最低生活保障**〕 城市最低生活保障标准提高,从2010年1月起由原来每人每月220元提高到每人每月260元，城市低保人均补差水平达到180元/月。2010年全市开展了城市低保资金发放专项治理工作。全年停发收入提高的城市低保对象296户795人，新增符合享受的城市低保户156户287人，实现了动态管理下的“应保尽保、应退尽退”。全市共有城市低保对象3215户6765人,年发放城市低保金1478.19万元。

〔**城乡医疗救助**〕 建立和完善参合参保救助、门诊救助、住院救助、大病救助、临时救助、关怀救助、优惠救助、慈善救助等“八位一体、同步运行”的医疗救助新机制，并将救助对象从原来的城乡低保、五保、优抚、城市“三无”对象扩大到城乡低收入家庭。积极做好先天性心脏病患者爱心医疗救助工作，将救助对象扩大到所有城乡低保边缘户，切实缓解城乡困难群众看病难、看病贵的问题。全年全市共救助困难群众47159人次,年内共发放城乡医疗救助金额1301.2万元,其中城市医疗救助8244人次，发放救助资金169.5万元;农村医疗救助38915人次，发放农村医疗救助资金1131.7万元。

〔**农村居民最低生活保障**〕 农村最低生活保障标准提高，从2010年1月起由原来的每人每年1140元(即95元/人/月)提高到每人每年1320元(即110元/人/月),农村低保月人均补差水平达到75元。全年停发收入提高的农村低保对象1044户2753人，新增农村低保户1173户2964人,实现了动态管理下的“应保尽保、应退尽退”。全市共有农村低保对象13510户28722人，全年发放农村低保金2580.67万元。

〔**五保供养和社会福利**〕 一是提高了农村五保供养标准,集中供养对象年供养标准由1860元提高到1920元，分散供养对象年供养标准由1260元提高到1320元;二是加强“三院”建设,提升管理服务水平。2010年共投入资金260多万元,用于各敬老院按星级标准完善基础设施、修建娱乐活动室、添置生活设备、发展院办经济,共改扩建、异地新建敬老院3所，建筑面积达2600平方米,新增床位160个。为敬老院统一购置了新家具、洗衣机、冰箱等生活用具，为每位院民发放一床新蚊帐、二套新衣服、一床棕席,每个敬老院均建立了娱乐活动室、阅览室,敬老院环境和集中供养五保对象生活质量有了大幅提升。三江敬老院和唐江敬老院被评为四星级敬老院，龙回光荣敬老院被评为五星级敬老院。

〔**救灾救济**〕 2010年全市受灾人口1.3万人,农作物受灾361公顷,因灾倒塌房屋1272间,其中全倒户65户。大幅度提高倒房重建救助标准,给予全倒户中一般户每户补助1.5万元，低保户再增加5000元，达到2万元，分别比上年增加8000-10000元。全年共下拨自然灾害救助款725.76万元。对70户农村低保户纳入新村点上建设的进行补助，加大了对赤土民族乡农村困难群众住房救助力度。

〔**殡葬改革**〕 一是从2010年元月1日起,对全市85周岁以上亡故人员遗体实行免费火化。二是开展了殡改宣传月活动,积极宣传与引导,营造良好的殡改氛围。三是加强了殡葬执法队伍建设。制定了殡改工作考核办法,组建了殡葬改革信息网络,村、组配备信息员,及时了解和掌握辖区内丧情。2010年强制执法3起,全市共火化遗体3156具,火化率达100%。

〔**民间组织管理**〕 一是积极开展年检工作，对全市民间组织进行年检工作。二是开展了全市性社会组织财务检查工作,会同财政、审计、纪检部门对全市行业协会进行为期半个月的小金库检查工作。三是推荐南康市家具协会参评全省先进社会组织活动。

〔**社区和基层政权建设**〕 创建了精品社区工作，开展了全市村务公开和民主管理“难点村”治理工作。2010年对农村697位离任“两老”生活困难人员进行了补助，全年共发放“离任”两老生活补助金62.5万元。

〔**收养登记管理**〕 进一步规范了收养登记管理工作，2010年市福利院新收养孤儿弃婴5个（其中重度残疾儿童2个，正常儿童3个）。

〔**流浪乞讨人员救助管理**〕 广泛宣传流浪乞讨人员救助法规政策，为流浪乞讨人员救助提供方便，实行自愿求助和无偿救助，维护和保障了流浪乞讨人员的切身利益。2010年救助流浪乞讨人员563人次，支付救助金额1.8万多元。

〔**退伍安置**〕 一是接收符合安置政策的各类安置对象共41人（省地属单位职工子女5人，由本系统安置），其中转业士官7人，城镇复员士官6人，符合安置的义务兵23人（其中城镇进藏义务兵1人），由本级政府安置对象共计36人。全市下达指令性计划安置7人。二是提高了自谋职业补助标准，法定义务期限内每人每年由8000元提高到10000元，每超期一年由每人每年3000元提高到6000元，全年自谋职业29人，支付一次性补助费70.6万元。三是提高了待分配期间生活费，按城市低保标准每月260元发给，全年支付待分配生活费8.034万元。

〔**区划地名**〕 成立了南康市乡镇勘界工作领导小组和乡镇勘界工作办公室（康府办字〔2010〕 176号），出台了《南康市乡（镇）行政区域界线勘定工作实施方案》（康府办字〔2010〕 175号），制定了目标任务，规定了勘界原则、实施步骤和日程安排，提出了工作要求，用两年时间完成全市20个乡镇，长412公里行政区域界线的勘定工作。

〔**军休干部管理**〕 一是落实了军休人员的各种生活待遇和政治待遇；二是组织军休干部参加省、赣州市组织的军休干部活动；三是做好了正常的管理服务工作，组织常规的钓鱼、扑克、打门球等活动，老干部的政治生活待遇按规定得到落实。

〔**慈善救助**〕 2010年组织了向海地、玉树、舟曲赈灾捐赠活动，4月25日与南康市家具产业促进局共同组织了数千家南康家具企业和物流企业开展了“祈福玉树”爱心募捐活动，现场筹集善款25.4374万元，募得物资折合人民币100多万元，全年共募得捐款45.78169万元。

〔**婚姻登记**〕 一是在全市除蓉江、东山两个街道办事处外的18个乡镇全部依法设立乡镇人民政府婚姻登记机关，选送了19名婚登员参加全省培训，各乡镇配齐了电脑、打印机等设备，使用了省民政厅统一的婚姻登记软件。建立健全了印章、证书、档案保管使用等管理制度，确保有关数据使用安全。各项规章制度，收费项目、收费标准公开上墙。截止11月30日，共办理结婚登记5870对，离婚登记554对，补领婚姻登记证2376对，出具无婚姻登记记录证明388份，登记合格率达100%。

（黄娟）

〔**领导班子名录**〕

局　长：罗　芸（女）
总支书记：郭年昆
副局长：曹昌龙
　　　　曾玉兰（女）
　　　　黄学荣
安置办主任：方秋平
地名办主任：李本伟
老龄办主任：姚　霞（女）

人口与计划生育

〔**综述**〕 2010年，南康市人口和计划生育工作认真贯彻落实科学发展观，坚持以“严管理、优服务，出实招、破难题，创特色、提水平”工作思路，紧扣“有效控制违法生育、稳定低生育水平”核心，着力控制人口数量、提高人口素质、改善人口结构，取得了较好的工作成绩。全市人口出生率12.25‰，出生政策符合率为79.66%，综合节育率为95.34%。组织了两次全市人口计生工作调查，独生子女领证累计数55597对，领取农村计划生育家庭优惠政策“一卡通”16325户。

南康市2010年度人口和计划生育工作主要指标情况一览

项目	内容
总人口	809141(人)
出生人数	9867(人)
出生率	12.25‰
计内出生人数	7860(人)
出生政策符合率	79.66%
死亡人数	3045(人)
自然增长率	8.47‰
独生子女领证累计数	55597(人)
四项手术合计数	9690(人次)

〔机构队伍〕 市人口计生委内设10个科室,辖二级单位1个(计划生育服务站),下辖20个乡(镇、街道)计生办,计生服务所及人口学校。有计生工作人员255人,其中医疗技术人员56人。学历结构为:大学本科28人、大专161人、中专52人、高中7人、初中7人。

〔信息化建设〕 2010年,按照《江西省全员人口信息系统管理规范》的要求,对《江西省全员人口信息管理系统》数据库进行了修正和完善,建立了人口信息采集、审核、录入的常态化工作制度,规范工作流程。实现了掌握全市的人口计生工作情况更全面,数据更精确,查询更方便,工作更高效的目标,为全市人口计生工作上台阶、上水平夯实了基础。

〔奖扶工作〕 2010年,全市新增农村计划生育奖励扶助家庭经市、乡、村三级协会理事会评议、村民代表大会反复审议确认后,符合利益导向政策的对象有:

1、新增国家奖励扶助720元的107人,奖扶资金77040元。2005年国家实行《农村部分计划生育家庭奖励扶助制度》以来,全市农村共有1046户(人)计划生育家庭享受到国家的奖扶资金计753120元;

2、特别扶助1200元的30人,960元的3人,奖扶资金38880元;

3、爱心保险30元的有8023人,奖扶资金240690元;

4、新农合30元的有11703人,奖扶资金351090元;

5、主动放弃二胎生育2000元的319人,奖扶资金62000元;

6、为已扎二女户办理了3000元的补充养老保险和一次性3000元的现金奖励有188人,奖扶资金1128000元;

7、享受了生育关怀爱心救助有44人,扶助资金30000元;

8、农村已扎二女户和一女户有483人享受了中考加10分;

9、全市共落实"一大四小"计生养老绿化工程扶助资金164600元,落实种植面积3900亩;现有种植户125户。

10、"关爱女孩、阳光助学"2010年度考入大学的有31人,奖扶资金31000元。

〔宣传工作〕 2010年,全市人口计生宣教活动丰富多彩,成效明显。一是深入开展了"人口计生政策进农家宣传月暨流动人口服务" 活动。全市有2200名市、乡、村三级干部参与,走访农户22.5万户,发放各类人口计生宣传品30余万份,为群众开展免费体检、咨询和随访达18万人次。二是开展了一系列纪念7.11世界人口日的宣传活动。为全市20个乡(镇、街道)计生办各配发了一辆计生宣传服务车。三是组织开展了"纪念中共中央、国务院《关于控制我国人口增长问题致全体共产党员、共青团员的公开信》发表30周年"系列主题宣传活动。四是开展了"五送三服务"活动。五是积极参加市委宣传部组织的"三下乡"活动工作组,向群众免费发放宣传资料2000余件,计生宣传纪念品500余份,计生药具600余盒,为群众开展义诊300余人次。六是积极开展了全市"出生实名"信息网络管理系统录入工作培训。

年内,国内各大媒体共刊用信息430篇,其中国家71篇、省37篇、赣州市94篇、本市228篇,被赣州市人口和计划生育工作领导小组评为"2010年度全市人口计划生育新闻宣传先进单位"。

〔依法行政〕 认真贯彻落实《国务院关于加强法治政府建设的意见》的要求,规范人口计生执法行为,加快网上行政审批建设,精简行政审批事项,遵循行政执法程序,清理清查执法资质,做到公开执法程序,完善执法监督,使全市人口和计划生育工作走上法治化管理轨道。2010 年,共查处 7 名中共党员、2 名公职人员、5 名村(居)干部违反政策生育问题。社会抚养费非诉执行立案 431 起,拘留 21 人,执行标的款 144 万元,其中足额征收16例。

〔**技术服务**〕 一是技术服务保障有力。年内,市计生服务站未出现任何手术差错, 未出现任何服务纠纷。二是避孕药具发放管理得到加强。进一步推进了计划生育药具“十进”工程,切实提高了城区药具易得性。2010 年,全市使用避孕药具人数达 12573 人,计划生育药具使用率达 5.3%。三是出生缺陷干预深入开展。全年发放优生优育知识宣传专页 21000 份,开展优生咨询 3000 人次,为 356 对夫妇实施了孕前增服 “福施福或斯利安” 营养素。四是计划生育科技大练兵及避孕药具“三基”岗位练兵成果丰硕。在赣州市人口计生委开展的计划生育科技大练兵知识竞赛中获得了团体三等奖,两名队员还分别获得了单项二等奖。

〔**出生人口性别比**〕 2010 年,进一步完善了综合治理出生人口性别比长效工作机制, 建立了出生实名制登记平台和怀孕 14 周以上 B 超登记制度,完善了举报奖励和“两非”案件查处重奖制度,加大了人口性别比失衡危害性的宣传和“两非”案件的查处力度。年内查处“两非”案件 7 例。

〔**流动人口计生管理**〕 2010 年, 全市通过 PADIS 流动人口信息平台,为 7153 位流出已婚育龄妇女(流出外省、市、县)建档建卡,流出建档率达 95% 以上。及时为流入已婚育妇女提供计划生育信息 1312 条。圆满完成了国家人口计生委开展的重点地区流动人口动态监测工作。市工业园区流动人口计划生育对外工作站按期交付使用, 为流入市工业园区的育龄人群及时享受查孕、查环、查病等服务提供了方便。加大对出租房屋的管理力度,蓉江街道、东山街道和唐江镇共登记新增租房户 5413 户,促成房东与租房人签订计划生育管理合同 4615 份。年内,全市共登记外来人口 28000 多人,补办《婚育情况证明》2451 份,对外来人口查验证 3261 人。向外来务工人员发放各种宣传品、宣传单 95000 余份。

〔**基层工作**〕 按照“一年建机制,二年全覆盖,三年全面规范运行”的工作思路,进一步建立完善了“市指导、乡负责、村为主”的人口计生工作机制,强化了村(居)基础设施和制度的规范化建设,进一步明确了村(居)“两委”班子工作职责,重点抓了横寨三塘、蓉江莲花等 5 个示范村建设。

(郭功伟)

〔**领导班子名录**〕

主　任:赖新林

党总支书记:赵元(女)

副主任:王子中

副主任、协会会长:陈玉清(女)

副主任:朱年生

副主任、协会副会长:奚星海

副主任:赖忠华(2010.6~　　)

工会主席:金永斌

劳动就业

〔**综述**〕 2010 年,市劳动就业工作在市委、市政府的正确领导下,认真贯彻落实科学发展观,按照年初制定的工作目标任务, 以实施民生工程为着力点,进一步解放思想、开拓进取,紧紧围绕“落实民生政策,完善操作制度,创建服务模式,维护社会稳定”总体要求,大力促进高校毕业生、农民工、就业困难人员等群体就业, 全力做好就业创业服务工作,全市城镇新增就业人数 17775 人,城镇就业率 96.4%, 零就业家庭安置率 100%,“4050”下岗失业人员再就业 1520 人,新增转移农村劳动力 33740 人,保证了全市就业形势基本稳定。

〔**机构队伍**〕 南康市劳动就业服务管理局内设办公室、基金财务科、失业保险科、培训科、再就业小额贷款信用担保中心、人力资源服务中心、就业培训中心。在编干部职工 17 人。

〔**落实就业优惠政策**〕 1、为下岗失业人员发放《再就业优惠证》178 本;2、为就业困难人员发放《就业失业登记证》2125 本;3、为全市 2178 名“4050”下岗失业人员灵活就业落实社会保险补贴

212.5万元，为市包装彩印厂残疾职工共计21人实施社会保险补贴14.94万元，为62名六大战役参战退役士兵落实社保补贴19.5万元；4、为下岗失业人员、高校毕业生、农民工、退伍军人发放小额担保贷款3772万元，直接扶持个人创业771人，带动就业2972人；5、对全市865人次“4050”下岗失业人员、残疾人、退伍军人、大学生落实公益性岗位补贴134.34万元；6、对全市412名大学生就业见习岗位落实补贴170.01万元；7、实现了“零就业”家庭月报制，发现一户安置一户，全年安置“4050”人员再就业1520人；8、落实了“五缓四降三补贴”政策，对困难企业罗边玻纤有限公司65人落实社保补贴6.69万元。

〔开展就业援助活动〕 2月1日在市文化公园举办了春季就业招聘大会，开展了培训对接、就业援助对接、维权宣传对接，招聘会当天260家用工单位提供了1.5万个就业岗位信息，现场达成求职意向人员1.8万人，现场录用7512人；5月，开展了“就业政策”进社区服务月活动，发放宣传单2000余份，接受265人次就业政策咨询；10月中旬在市工人文化宫门前举行了“服务园区引导就业、成就人才”对接暨就业政策咨询活动，发放宣传单5000余份，政策咨询人数500多人；10月19~22日分别在唐江、横市、朱坊、赤土等乡镇举办了“送信息、送岗位、送政策”流动招聘会，组织了10家工业园区重点企业参加，提供岗位1000余个，为工业园区输送农村富余劳动力1128人就地就近就业。

〔失业保险征缴扩面〕 扩面人数稳步增长，基金征缴总量越做越大。截止年底全市参保单位总计136个，参保人数2万人，全年收缴失业保险费248万元，充分发挥了失业保险保生活、促就业的作用。

〔参加赣州市职业技能大赛〕 组织13名技术能手参加赣州市职业技能大赛，参赛项目有食品雕刻、数控车工、室内瓷板铺贴、美容美发、服装缝纫，食品雕刻和服装缝纫各获三等奖。

〔领导班子名录〕

局长：刘忠萍

社会保险

〔综述〕 2010年，市基本养老保险工作，以构建社会主义和谐社会为目标，按照落实科学发展观和构建社会主义和谐社会的要求，与时俱进，开拓创新，积极推进“民生工程”的落实，确保了全市离退休人员养老金按时足额发放，维护了社会稳定，做好了基本养老保险关系转移接续工作。全年转出、转入人次450人，转移资金290万元。按时办结率100%。完成了扩面任务。新增参加基本养老保险的城镇职工3080人。严把缴费基数审核关，全年实际征收基本养老保险费5850万元。

〔机构队伍〕 2010年，市社保局内设秘书信息科、综合业务科、登记稽核科、基金财务科和档案管理科，在职人员17人，退休人员8人。

〔基本养老金管理工作〕 为争取补助资金，主动及时地上缴了调剂金，上缴省级养老保险调剂金174万元，全年共争取养老保险上级补助资金2939万元。争取城镇大集体企业职工养老生活补助资金383万元。

进一步做好基本养老金调整工作，确保了养老金按时足额发放，提高了社会化管理服务水平。规范业务档案管理，重新整理业务档案700余册，接收离退休人员档案249份。全年为7237名离退休人员调整基本养老金，人均增加147元，全年增发1284万元。全市通过社保机构发放基本养老金的企事业单位离退休人员8313人，全年共发放养老金9198万元，发放率100%。企业离退休人员已全部实行社会化发放。

〔落实“特殊群体”相关政策工作〕 一是从7月起对“4050人员”实行社会保险补贴，每人最高补贴6个月，共补贴人数2320人，补贴资金210万元。二是根据《江西省人民政府办公厅关于解决返城未安置就业知青等有关问题的通知》（赣府厅发〔2010〕29号）文件精神，解决1771名返城未安置就业知青的养老保险和养老生活补助。三是做好“三类人员”的养老保险工作，全年“三类人员”136人参保。

〔基本养老保险宣传工作〕 建立扩面宣传的长效机制,多渠道,全方位地宣传社保政策,让社保政策家喻户晓,人人明白。全年印发了10000份基本养老保险政策法规宣传资料;动员干部职工撰写社保信息及论文,全年投稿65篇,刊登58篇,其中在本系统国家级网站、刊物刊登50篇。

〔领导班子名录〕
局长:邓世平
党支部书记、副局长:李光富

医疗保险

〔综述〕 市医保局认真贯彻落实党的十七届四中、五中全会精神,深入学习实践科学发展观,紧紧围绕南康市委"一个继续坚持、两个着手把握、六个扎实推进"工作部署,突出构建和谐社会这条主线,围绕省市下达的各项医疗工伤生育保险目标任务,以解决人民群众最关心、最直接、最现实、最紧迫的利益问题为重点,完善制度、加强宣传、扩大医疗、工伤、生育保险覆盖面,强化各项保险管理,优化各项服务,不断提升经办水平,提高保障能力,努力实现医疗、工伤、生育保险工作新突破,为保南康和谐稳定做出了贡献。

〔机构队伍〕 市医保局系市人事劳动和社会保障局下属副科级事业单位,内设秘书科、基金管理科、保险管理科。有职工11人。

〔保险工作〕 医疗、工伤、生育保险扩面征缴工作取得新突破。通过加大宣传,扩面考核和部门联动,市医保扩面工作取得新突破。2010年,城镇职工医疗保险参保人数为25823人,比去年增加1977人,增长率为8.3%;城镇居民基本医疗保险参保人数为58617人,覆盖率为100%;工伤保险参保人数为13389人;生育保险参保人数为6236人;2010年城镇职工医保基金收入2647万元,医保基金支出2766万元,城镇居民医保基金收入967万元,医保基金支出696万元,工伤保险基金收入404万元,基金支出268万元,生育保险基金收入40万元,基金支出5万元,除城镇职工医疗保险基金负支出199万元外,其他各项保险基金基本实现收支平衡、略有结余的目标。医保基础建设逐步完善,"数字医保"稳步推进。市医保工作全部实行计算机网络化管理,上与赣州市医保局、下与80家医保定点机构联网,市现有定点医院30家,定点零售药店50家,整个医保网络完善、规范、畅通。

〔医保政策落实工作〕 坚持"以人为本",不断修改和完善全市医保政策。一是为方便参保居民就诊,减轻他们的经济负担,从2010年1月1日起,凡经医保局批准转院到赣州市本级医保定点医院治疗的城镇居民,其医疗费用均可在就诊医院刷卡记帐。二是为方便参保对象就医,将市结核病防治所确定为结核病专科医院。三是新增了精神分裂症等十种慢性病,并将十八种慢性病的认定标准予以公布。市医疗保险信息系统更新了2010版药品目录。城镇居民基本医疗保险实行了全赣州市统筹。四是为进一步提高城镇职工参保人员的医疗待遇,减轻身患疾病参保人员和生活确有困难的参保人员医疗支出负担,根据康府办字〔2009〕137号文件精神,下发康人社字〔2010〕20号《关于对2009年城镇职工医疗保险参保人员进行二次补偿的通知》。五是继续做好城镇职工团体补充医疗保险工作,更好地解决参保人员大额医疗费用,切实提高参保人员医疗保障待遇,经市政府同意,从2010年9月1日起,全市的城镇职工团体补充医疗保险缴费标准由原来的每人每年60元提高到96元,单位和个人各负担50%。六是为解决全市国有困难农林水企事业单位和城镇困难大集体企业职工的医疗保障问题,出台了《关于国有困难农林水企事业单位和城镇困难大集体企业职工办理参加城镇职工医疗保险有关事项的通知》(康人社字〔2010〕6号)。为进一步整合各类社会资源减轻城镇居民缴费负担,与市移动公司联合下发了康医保字〔2010〕9号《关于开展2010年度存话费、送居民医保惠民活动的通知》。为提高了因公致残人员待遇,转发了《关于转发〈关于江西省2010年调整因公致残人员伤残津贴等定期待遇的通知〉的通知》(康人社字〔2010〕09号)。

〔医保基金征管〕 坚持征管结合,进一步完善基金的征缴、使用、管理、跟踪催缴制度,加强基金监控,确保医保基金平稳运行。除做好年审工作外,在医保基金征缴方面严格执行医疗保险费征缴规定,对重点单位进行缴费基数稽核,定期跟踪各参保单位医疗保险费缴纳情况,对未及时缴纳的参保单位及时发出催缴通知单。全年当期征缴率达100%。

〔医保基金管理与监督〕 在统筹基金使用方面建立了医保基金预测、预警制度。对各定点医院、定点零售药店月报表进行汇总,按月、季度对统筹基金使用情况作出详细分析,并写出分析报告,确保医保基金收支平衡、略有节余。

〔医保政策宣传〕 采取形式多样的宣传方式加大医疗、工伤、生育保险的政策宣传力度。将城镇职工医疗保险宣传重点放在私营企业,城镇居民医疗保险宣传重点放在各学校和社区、居委会,工伤保险宣传重点放在工业园区和各行业协会。共发放各类政策宣传单4万多张,开展政策咨询26次,举办各类保险培训班11次,参与社会保障广场文化1次,同时用参保对象受益事例做宣传,提高市民参保意识和参保积极性,不断扩大医疗、工伤、生育保险覆盖面。

〔定点医院与管理〕 完善基础工作,加强医疗、工伤、生育保险管理、加强医保定点机构管理。一是进一步细化、量化与定点医院服务协议内容,建立健全定点医院考核指标体系,强化定点协议执行力度;二是加强了对定点医院医疗服务合理性费用的监督审核工作,定期不定期地对定点医院服务行为进行监督检查,共抽查门诊、住院处方5000多张,住院病历800多份,对医院违规处方、检查按照服务协议兑现,确保医保各项规章制度的严格执行,防止医保基金的流失和浪费,切实维护参保人员的利益。三是进一步完善医疗保险结算办法,引导及督促医保定点机构加强管理及服务,推行医保违规举报奖励办法,开展医疗保险费支付稽核,有效遏止挂床住院、冒名住院等违规行为,严肃查处欺诈行为。

〔定点药店与管理〕 一是把好医保定点零售药店准入关。二是要求定点零售药店完善相关的规章制度。三是要求药剂人员要精通业务,改善服务态度,了解医保有关政策。四是要求保证药品质量,不出售假药、劣药、不以物代药。五是要求遵守物价标准,对所有的药品明码标价,不擅自提高药品零售价格。六是制订定点零售药店服务质量考评办法,每年年终对所有的定点零售药店进行一次医保工作目标考评,根据考评结果公布名次,并将考评分数与考评金挂钩。

(谢元莉)

〔领导班子名录〕

局　长:卢伟周

支部书记兼副局长:谢元莉(女)

市农保局

〔综述〕 市农村养老保险管理局是全市农村社会养老保险经办机构,为副科级财政全额拨款事业单位,编制数10个,在编人数8人,在岗7人,缺编2人。原称“南康市农村社会养老保险事业管理处”,根据市政府机构改革工作要求,为便于沟通交流,报请上级同意,更名为“南康市农村养老保险管理局”。具体负责农村养老保险政策宣传、基金筹集、管理、参保对象个人账户建立、养老金待遇计算、发放,以及新农保政策调研等工作。

〔业务工作〕 积极探索建立健全农村养老保险制度,抓好基金保值增值工作,按时足额支付退休人员养老金,基金历年滚存结余达两千余万元,全年共支付9926名领取人员养老金29万元,并对历年参保缴费人员档案进行了梳理归档。精心开展了新农保各项基础工作,包括农业人口家庭成员调查,新农保信息采集和信息录入等工作。录入人数50万人,录入信息400多万条,工作开展情况居赣州市前列,充分做好了开办新农保试点各项准备工作。

(郭绍清)

〔领导班子名录〕

局长:朱润芝(女)

(编辑:明心伟)

人物 · 荣誉

2010~2011年新任市领导

谢德强 男,汉族,1968年8月出生,江西赣县人,党校在职大学学历,1986年8月参加工作,1986年7月加入中国共产党,现任中共南康市委书记。

1983年9月至1986年7月在江西省赣州师范学校普师专业学习,1986年8月任江西省赣州师范学校办公室秘书(其间:1987.09~1989.12江西大学中文专业自考大专毕业),1991年2月任江西省赣州地委、行署信访办秘书科科员,1993年4月任赣州地区建设局办公室科员,1994年3月任赣州地区建设局办公室副主任(1992.08~1994.12中央党校函授学院本科班经济管理专业学习),1996年10月任赣州地区建设局办公室主任,1999年7月任赣州市建设局办公室主任,2000年1月任赣州市环卫处主任(副县级),2002年11月任赣州市章贡区政府副区长,2004年6月为赣州市第1期离岗考察培训班学员,2004年10月任赣州市城管局副局长、党委委员、市市政工程管理养护处处长(其间:2005.09~2007.06武汉大学工程硕士电子政务专业学习),2008年6月江西省赣州市政府办公厅党组成员,2008年7月任赣州市政府副秘书长,办公厅党组成员,2009年2月为赣州市第13期离岗考察培训班学员,2009年5月任江西省赣州市城市规划建设局长、党委副书记,2010年1月任江西省赣州市城乡规划建设局长、党委副书记,2011年6月任中共南康市第五届委员会书记。

柯岩松 男,汉族,1965年3月出生,江西宁都人,党校在职研究生学历,1985年8月参加工作,1988年7月加入中国共产党,现任中共南康市第五届委员会副书记、南康市第五届人民政府市长。

1983年8月至1985年7月在江西农垦学校农机专业读书,1985年8月任瑞金县大柏地乡政府干部,1987年1月始任宁都县刘坑乡团委书记兼纪检干事、人大干事,1992年12月任宁都县石上乡党委组织委员,1994年4月任宁都县固村镇党委副书记,1995年10月任宁都县安福乡党委副书记、乡长(1995.03~1998.06在辽宁刊授党校大专班学习),1997年11月任宁都县安福乡党委书记,1998年9月任宁都县黄陂镇党委书记、人大主席团主席,2002年12月任宁都县委办公室主任(1999年9月至2002年7月参加中央党校函授学院经济管理大专班学习),2004年6月至2004年10月参加赣州市首期离岗班学习,2004年10月任瑞金市人民政府副市长(2002年8月至2004年12月参加中央党校函授学院法律专业本科班学习),2006年5月任瑞金市委常委、纪委书记,2009年2月任南康市委常委、纪委书记(2008年9月至2011年7月参加中央党校江西分院经济管理专业在职研究生班学习),2011年6

月任中共南康市第五届委员会副书记、南康市第五届人民政府市长。

廖　琦　男,汉族,1962 年 4 月出生,江西信丰人,党校在职大学学历,1980 年 4 月参加工作,1987 年 12 月加入中国共产党，现任中共南康市委副书记。

1980 年 4 月任赣州地区供销车队干部,1981 年 10 月任原县级赣州市商业局干事、行办主任兼经营办主任(期间:1984 年 9 月至 1986 年 7 月在江西电大行政管理专业脱产学习),1989 年 10 月任原县级赣州市委组织部干部、秘书科科长,1993 年 5 月任原县级赣州市委组织员,1996 年 9 月任赣州市经济开发区管委会规划建设部部长,1997 年 2 月任原县级赣州市水南乡委员会书记,1999 年 6 月任赣州市章贡区水南镇委员会书记,(1998 年 9 月至 2000 年 12 月在中央党校函授学院经管专业本科班学习),2001 年 12 月任赣州市章贡区水南镇委员会书记、人大主席,2002 年 11 月任赣州市章贡区人民政府副区长,2007 年 6 月为赣州市委党校第八期离岗考察培训班学员,2007 年 9 月任章贡区委常委,2011 年 6 月任中共南康市第五届委员会副书记。

韩水生　男,汉族,1958 年 9 月出生,江西上犹人,1978 年 5 月加入中国共产党,1975 年 9 月参加工作,大学学历。现任南康市人大常委会党组书记、主任。

1975 年 9 月任上犹县寺下珍珠小学民办教师,1976 年 12 月始在部队服役任战士、干事、副政指指导员、副政教（其间:1986 年 9 月至 1985 年 7 月在河南洛阳师专中文科学习;1985 年 9 月至 1987 年 9 月在河南省政法管理干部学院法律专业脱产学习),1987 年 12 月任上犹县计委干部,1988 年 8 月任上犹县计委秘书股股长,1989 年 2 月任上犹县计委副主任,1990 年 4 月任上犹县计委主任,1994 年 8 月任上犹县财政局局长,1996 年 2 月任上犹县人民法院副院长、代院长,1996 年 3 月任上犹县人民法院院长、党组书记,2000 年 11 月任赣县人民政府副县长（1999.08-2001.12 在中央党校函授学院行政管理专业本科班学习),2002 年 11 月任南康市市委常委、组织部长、市委党校校长,2011 年 6 月任南康市第五届人大常委会党组书记、主任。

彭秀生　男,汉族,1963 年 6 月生,汉族,在职大学学历，南康朱坊人,1987 年 4 月加入中国共产党,1983 年 8 月参加工作，现任南康市政协党组书记、政协主席。

1980 年 9 月至 1983 年 7 月在赣南师专中文科学习,1983 年 8 月任南康县委党校教师(期间:1988.09—1990.07 参加江西省委党校马列基础理论专业脱产学习),1993 年 2 月任南康市委办公室秘书、副科级秘书、办公室副主任、政研室主任,1997 年 1 月任赣州地委办公室秘书、一科负责人、科长,1999 年 7 月任赣州市委办公室秘书、一科科长,2000 年 1 月任赣州市委办公室副主任,2002 年 11 月任赣州市委副秘书长（正县级),2008 年 1 月任会昌县委常委、常务副县长(正县级),2011 年 6 月任南康市第五届政协委员会党组书记、政协主席。

庄　平　男,汉族,1962 年 10 月出生,江西兴国人，大学文化,1986 年 11 月加入中国共产党,现任中共南康市委常委、市纪委书记。

1979 年 11 月在 32826 部队 62 分队服役,1983 年 2 月在兴国县图书馆工作,1985 年 8 月任兴国县劳动人事局干部(期间 1987.09~1989.06 在江西行政学院行政管理系人事行政专业学习并毕业)1990 年 1 月任赣州地区老龄办干事,1991 年 8 月任赣州地区老龄办副科级秘书,1993 年 6 月任赣州地区老龄办副主任（正科级)(期间 1992.08-1994.12 在中央党校函授学院经管专业本科班学习),1996 年 9 月任赣州地区人大工委办公室干部,1997 年 1 月任赣州地区人大工委办公室财经科科长,1998 年 1 月任赣州地区人大工委办公室副主任,1999 年 6 月任赣州市人大常委会选任联工委副主任,2001 年 2 月任大余县委常委、政法委书记,2002 年 11 月任南康市委常委、宣传部长,2006 年 5 月任 2011 年 6 任中共南康市第五届委员会常委、纪委书记。

黄　琨　男,汉族,1964 年 2 月生,江西吉水县人。1985 年 4 月加入中国共产党,大学学历,现任南康市委常委、宣传部部长。

1981 年 10 月起,在海军东海舰队服役。1985 年 10 月在吉安市工商银行工作。1990 年 9 月起,任吉安市（现吉州区）禾埠乡党委办公室主任。1992 年 3 月任吉安市政法委办公室副主任。1992 年 12 月任吉水县公安局副局长,1993 年 4 月任吉水县公安局副局长兼交警大队教导员。1998 年

3月任吉水县公安局党委副书记、交警大队长。1999年5月被评为吉安地区第三届"十大杰出青年"。2000年荣立个人三等功1次;2001年4月任吉水县公安局党委书记、局长。2002年9月,任南康市公安局党委书记、局长,同年12月任南康市委常委,2003年3月兼任南康市委政法委副书记,2009年8月任赣州市委610办副主任,2011年6月任中共南康市第五届委员会常委、宣传部部长。

杨晓斌 男,汉族,1968年7月出生,江西瑞金人,1988年12月加入中国共产党,1989年6月参加工作,大学学历。现任南康市委常委、市政府常务副市长。

1985年9月至1989年6月为中国矿业大学采矿工程系学生,1989年6月为寻乌县经委干事,1990年2月任寻乌县矿管局副股长、股长,1990年9月任共青团寻乌县县委组织部长,1992年12月任共青团寻乌县县委副书记,1994年7月任共青团寻乌县县委书记,1997年11月任寻乌县桂竹帽镇任党委书记、人大主席,2001年2月任寻乌县县长助理(副处级)、(2002年5月,参加省行政学院举办副处级公务员培训班学习),2002年11月任南康市人民政府副市长(2003年9月,参加省委组织部、省委农工部组织农村经济管理知识县级领导干部培训班学习;2004年11月,赴中山大学参加赣州市委组织部组织的第一期"泛珠三角"研讨班学习),2006年5月任南康市委常委、市政府副市长、农工部部长(2008年3月~7月,参加省委党校第32期中青班学习;2008年9月,参加赣州市新农村建设与现代农业赴以色列培训团学习;2009年8月,赴吉林农业大学参加全省农业领导干部培训班),2011年6月任中共南康市第五届委员会常委、南康市第五届人民政府常务副市长。

宋　英 女,汉族,1964年2月出生,湖南双峰人,1986年8月加入中国共产党,1982年9月参加工作,大学学历。现任南康市委常委、市政府副市长。

1980年9在赣州师范学校幼师专业学习,1982年9月任大余县东门幼儿园教师,1984年7月任大余县妇联干事、托幼办主任,1990年1月任大余县池江乡党委宣传、统战委员,1993年1月任大余县黄龙乡党委委员、副乡长,1994年12月任大余县黄龙乡党委副书记、乡长(1992.09~1995.07在中央党校函授学院经济管理专业大专班学习),1995年11月任大余县南安镇党委副书记、镇长,1998年3月任大余县南安镇党委书记、人大主席(1996.08~1998.12在中央党校函授学院经济管理专业本科班学习),2002年1月任大余县南安镇党委书记(副县级),2003年3月任大余县人民政府副县级干部,2006年5月任中共大余县委常委、统战部部长(期间,2007年3月参加香港首届《红三角产业发展专题培训班》学习;2008年12月参加上海复旦大学《全球金融危机与招商引资专题研修班》学习),2011年6月任中共南康市第五届委员会常委、南康市第五届人民政府副市长。

严国雄 男,汉族,1964年9月出生,湖北黄梅人,在职硕士研究生学历,1983年9月参加工作,1988年5月加入中国共产党,现任中共南康市委常委、政法委书记。

1983年9月为中国人民解放军第二炮兵工程学院学员,1987年7月为五十二基地九〇二团装检一站五分站见习学员,1988年7月任五十二基地九〇二团装检一站五分站助理工程师,1992年6月任五十二基地九〇二团装检一站一分站正连职站长,1992年12月任五十二基地九〇二团装检一站工程师,1993年12月任五十二基地九〇二团装检一站一分站副营职分站长,1994年6月任五十二基地九〇二团政治处副营职干事,1995年3月任五十二基地九〇二团装检二站政治教导员,1997年9月任五十二基地九〇二团装检二站副团职政治教导员,1998年3月任五十二基地九〇二团政治处主任,1999年12月任五十二基地东风十五号甲导弹试验训练队政治委员,2000年12月任五十二基地八一九旅政治部主任,2003年8月任第二炮兵指挥学院学员,2005年6月任第二炮兵第八一七旅副政治委员,2005年12月任五十二基地八一九旅副政治委员,2007年11任中共大余县委常委、政法委书记,2010年3任中共南康市委常委、政法委书记,2011年6月任中共南康市第五届委员会常委、政法委书记。

傅小新 男,汉族,1970年10月出生,江西永新人,大学学历,1993年7月参加工作,2000年5月加入中国共产党,现任中共南康市委常委、市委组织部部长。

1989年9月至1993年7月在江西工业大学食品机械专业学习,1993年7月至1995年7月在赣州地区食品工业局下属地区食品工业技术开发公司工作,1995年7月任赣州地区台办科员,1998年1月任赣州市委台办副主任科员、宣传科副科长,2000年11月任赣州市委台办宣传科科长,2001年11月任赣州市委台办秘书科科长,2002年11月任赣州市委台办经济科科长(其间:2003.04--2003.07中共赣州市委党校中青班学习),2005年2月任赣州市委台办秘书科科长,2005年11月至2006年2月为赣州市委党校第五期离岗考察培训班学员,2006年2月任赣州市委统战部副调研员,2008年6月任赣州市民族宗教事务局党组成员,2008年7月任赣州市民族宗教事务局副局长、党组成员,2009年12月任上犹县委常委、统战部部长,2011年6月任中共中共南康市第五届委员会常委、组织部部长。

钟旭辉 男,汉族,1968年9月生,江西瑞金人,1986年8月参加工作,1989年12月加入中国共产党,现任中共南康市委常委。

1983年9月至1986年8月在瑞金师范学习,1986年8月任瑞金县大柏地乡小学老师、副校长(其间:1989.12获江西大学中文专业自考大专文凭),1990年8月任瑞金县大柏地乡初中工会主席兼校团总支书记,1992年3月任瑞金县万田乡人武部干事,1993年10月任瑞金县(市)万田乡党委组织委员,1995年1月任瑞金市沙洲坝镇党委组织委员,1997年1月任瑞金市沙洲坝镇党委副书记,1997年10月至1998至2月为瑞金市拔英乡党委副书记、乡长候选人,1998年2月任瑞金市拔英乡党委副书记、乡长,2000年5月任瑞金市叶坪乡党委副书记、乡长(期间:1997年9月至2000年6月南京陆军指挥学院思想政治专业本科函授班学习;1998年8月至2000年12月中央党校函授学院经济管理专业本科班学习),2001年12月任瑞金市云石山乡党委书记、人大主席(期间:2003年4月至2003年7月参加中共赣州市委党校中青年干部培训班学习),2005年11月至2006年2月为赣州市委党校第五期离岗考察培训班学员,2006年2月任龙南县政府党组成员、副县长,2008年8月任龙南县政府党组成员、副县长、龙南工业园区党委副书记、管委会主任,2009年7月任龙南县委常委、龙南工业园区党委书记、管委会主任(期间:2009年7月至2010年12月清华大学经济开发区管理者高级研修班江西二期班),2011年6月任中共南康市第五届委员会常委。

袁　斐 男,汉族,江西万安人,1969年9月出生,1987年10月入伍,1990年6月入党,大学文化,上校军衔,现任南康市委常委、市人武部部长。

1987年10月任厦门警备区五十四团五连战士,1988年2月任福建省军区独立营战士,1989年7月为南昌陆军学院学员,1991年7月任福建省军区独立营警卫连排长,1993年6月任福建省军区独立营警卫连副连长,1994年9月任福建省军区司令部公勤队副连职队长,1995年2月任江西省赣州军分区后勤部副连职助理员,1996年4月任江西省赣州军分区后勤部正连职助理员,1997年6月任江西省赣州军分区司令部作训科正连职参谋,1998年5月任江西省赣州军分区司令部动员科正连职参谋,1998年12月任江西省赣州军分区司令部军务动员科正连职参谋,1999年6月任江西省赣州军分区司令部军务动员科副营职参谋,2001年3月任江西省赣州军分区教导队副队长,2001年6月任江西省赣州军分区教导队队长,2003年6月任江西省赣州军分区司令部军务动员科副科长,2005年2月任南康市人民武装部副部长兼军事科科长,2008年2月任南康市人民武装部代部长,2009年3月任南康市人民武装部部长。2011年6月任中共南康市第五届委员会常委。

谢业雄 男,汉族,1959年12月出生,江西兴国人,1982年3月加入中国共产党,1977年01月参加工作,大专学历。现任南康市人大常委会党组副书记、副主任。

1977年1月为赣州园艺场工人,1978年12月始在52837部队服役,1983年3月任兴国县公安局干部(其间:1984.12经地区人事局批准吸收为国家干部),1987年6月任兴国县公安局秘书科副科长(1985年9月至1988年7月在中国人民警官大学函授中文专业学习),1992年1月兴国县公安局副政治指导员,1994年5月任兴国县公安局副局长,1995年3月任兴国县公安局局长,1999年10月任兴国县政府县长助理,2000年12月任信丰县委常委、政法委书记,2006年5月任南康市委常委、宣传部长,2011年6月任南康市第五届人大常委会党组副书记、副主任。

施明生 男,汉族,1958年8月出生,江西信丰人,1983年08月加入中国共产党,1976年09月参加工作,大学学历。现任南康市人大常委会党组成员、副主任。

1972年3月至1975年1月为赣州地区油山共大农机专业学生,1975年2月至1976年8月在信丰县大塘埠镇沛东村回乡务农,1976年9月任信丰县大塘埠镇沛东中小学教师,1979年9月至1981年9月为赣州农机学校学生,1981年9月任寻乌县南桥公社宣传干事,1983年8月任共青团信丰县委干部(其间:1984年9月至1986年7月在赣州地委党校大专培训班学习),1987年3月任信丰县新田镇党委副书记,1990年1月任信丰县古陂镇党委副书记,1992年10月任信丰县古陂镇党委书记、人大主席,1996年4月任信丰县大阿镇党委书记、人大主席,1997年11月任大余县人民政府副县长(其间:1998年8月至2000年12月在中央党校函授学院经管专业,本科班学习;1999年9月至2001年7月在江西财大财政与金融专业研究生班学习),2002年11月任龙南县县委常委、政法委书记,2007年6月任南康市委常委、政法委书记,2009年8月任南康市人大常委会党组成员、副主任,2011年6月任南康市第五届人大常委会党组成员、副主任。

张晓良 男,汉族,1958年10月出生,江西南昌人,1988年12月加入中国共产党,1975年08月参加工作,大学学历。现任南康市人大常委会党组成员、副主任。

1975年8月下放在广昌新安公社立新大队务农,1978年8月至1980年7月为宁都师范学校学生,1980年7月任江西第二教养所教员,1985年3月任江西第二劳教支队政治教员,1986年5月任宁都县司法局律师事务所律师(1984年9月至1987年7月在华东政法学院法律专业函授学习并毕业,1986年全国首届律师统考取得律师资格),1991年12月任宁都县人民法院副院长、正科级审判员,1997.01-2007.01赣县人民法院院长(其间:1998年-2000年党校法律本科函授班学习并毕业)2007年1月任南康市人民法院院长,2011年6月任南康市第五届人大常委会党组成员、副主任。

李大庆 女,汉族,1956年9月出生,江西南康人,1984年1月加入中国共产党,1974年08月参加工作,大学学历。现任南康市人大常委会党组成员、副主任、总工会主席。

1974年8月至1976年8月为南康县隆木公社农科所知识青年,1976年8月任南康县隆木中学民办教师,1978年8月至1980年7月在赣州师范中文专业学习,1980年7月始任南康中学教师、团委书记,1987年8月任南康市幼儿园园长,1989年8月任南康市幼儿园园长(副科),1991年6月任南康市金鸡镇党委副书记,1992年9月任南康市金鸡镇镇长,1995年12月任南康市金鸡镇党委书记,1997年11月任南康市人民政府副市长(1997年8月至1999年12月)参加中央党校函授学院经管专业本科班学习),2007年1月任南康市人大常委会党组成员、副主任、总工会主席,2011年6月任南康市第五届人大常委会党组成员、副主任、总工会主席。

刘小玉 女,汉族,1963年2月出生,江西南康人,1996年5月加入中国共产党,1982年9月参加工作,大学学历。现任南康市人大常委会党组成员、副主任、南康中学副校长。

1979年9月至1982年7月为赣南师院外语专业学生,1982年8月任南康中学教师,1993年7月任南康中学副校长(1991年8月至1994年7月在江西师大英语专业学习),2001年8月任任南康中学副校长(正科级),2002年1月任南康市人大常委会党组成员、副主任、南康中学副校长,2011年6月任南康市第五届人大常委会党组成员、副主任、南康中学副校长。

吴 健 男,汉族,1964年9月出生,江西南康人,1987年6月加入中国共产党,1983年8月参加工作,大学学历。现任南康市人大常委会党组成员、副主任、财政局长。

1980年9月至1983年7月在江西省水利水电学校水工建筑专业学习,1983年8月任南康县龙回公社水技员,1984年8月任南康县水电局技术员,1988年11月任南康县县政府办秘书,1989年9月至1991年7月在省行政干部学院行政管理专业学习,1991年7月任南康县政府办秘书,1992年3月南康县政府办副科级秘书,1992年12月任南康县政府办副主任,1995年1月任南康市政府办副主任兼侨办主任,1996年5月任南康市行政事业收费管理局局长,1997年5月任南康市财政局副局长兼预算外资金管理局局长(期间:1997年8月至1999年12月中央党校函授学院经济管理专业学习),2003年1月任南康市财政局局长,2007年8月任南康市财政局局长兼国资办主任,2008年6月任南康市政府党组成员、市长助理、财政局局长、国资办主任,2010年5月任南康市政府党组成员、市长助理、财政局局长,2011年3月南康市财政局局长,2011年6月任南康市第五届人大常委会党组成员、副主任、财政局长。

罗富杨 男,汉族,1969年7月出生,江西兴国人,1996年6月加入中国共产党,1991年8月参加工作,大专学历。现任南康市人民政府副市长、市公安局长。

1988年9月至1991年7月为江西公安专科学校学生,1991年8月任兴国县公安局龙口派出所民警,1992年8月始兴国县公安局治安科副科长、科长,2000年7月任兴国县公安局副局长、党委委员(期间:1998年8月至2000年12月参加中央党校函授学院本科班政法专业学习),2002年10月任兴国县公安局党委副书记、政委,2005年11月为赣州市委党校第五期离岗培训班学员,2006年2月任宁都县公安局政委(副县),2007年12月任石城县政府县长助理、公安局长,2009年4月任石城政府副县长、公安局长,2009年8月任南康市人民政府副市长、公安局长,2011年6月任南康市第五届人民政府副市长、市公安局长。

肖志东 男,汉族,1967年06月出生,江西赣州人,2002年12月加入民建,1990年08月参加工作,大学学历。现任南康市人民政府副市长。

1990年7月上海同济大学热能工程系毕业,1990年8月任赣州地区经贸委科员,1993年9月任赣州地区能源利用监测站副站长(副科级),2001年5月任赣州市经贸委经济运行科副科长,(期间:1999年11月至2001年11月参加北京首都经贸大学产业经济学研究生课程班学习)2003年3月任赣州市经贸委产业政策科副科长,2003年6月任赣州市经贸委主任科员、能源利用监测站站长(期间:2001年5月至2003年6月江西财经大学企业管理研究课程班学习),2005年11月至2006年2月为赣州市委党校第五期离岗考察培训班学员,2006年2月任赣州市科技局副局长(试用一年),2007年2月任赣州市科技局副局长,2008年10月任寻乌县政府副县长,2011年6月任南康市第五届人民政府副市长。

黄菊兰 女,汉族,1971年8月出生,江西瑞金人,党校在职大学学历,1990年8月参加工作,1992年12月加入中国共产党,现任南康市人民政府副市长。

1987年9月至1990年8月瑞金师范学习,1990年8月任瑞金县叶坪中心小学教师,1992年10月任瑞金县(市)九堡乡(镇)长助理,1996年1月任瑞金市九堡镇副镇长,1997年1月任共青团瑞金市委副书记(期间:1997年3月至1998年12月参加辽宁刊授党校大专班经济管理专业学习),1999年2月任共青团瑞金市委书记,2001年1月任瑞金市冈面乡党委书记兼乡人大主席,2002年12月任瑞金市大柏地乡党委书记兼乡人大主席(期间:2001年8月至2004年6月参加中共江西省委党校函授学院大专班法律专业学习),2006年5月任南康市人民政府市长助理,2006年8月任南康市人民政府副市长(期间:2004年8月至2006年12月参加中央党校函授学院本科法律专业学习),2011年6月任南康市第五届人民政府副市长。

邓晓楠 男,汉族,1973年7月出生,江西南康大坪人,1997年1月加入中国共产党,1995年10月参加工作,大学学历。现任南康市人民政府副市长。

1993年9月至1995年7月在江西抚州经贸学校读书,1995年10月任南康市坪市乡团委书记,1998年12月任南康市内潮乡党委宣传委员(期间:1998年9月至2001年7月中央党校函授学院经管专业大专班学习),2001年12月任南康市内潮乡党委副书记、纪委书记,2003年10月任南康市十八塘乡党委副书记(2001年9月至2004年7月在中央党校函授学院法律专业本科班学习)2005年3月任南康市龙岭镇党委副书记、政府镇长,2007年12月任南康市龙岭镇党委书记、人大主席,2011年6月任南康市第五届人民政府副市长。

刘晓方 男,汉族,1975年11月出生,江西于都人,2006年12月加入中国共产党,1995年8月参加工作,硕士研究生。现任南康市政府副市长。

1993年至1995年为江西财校学生，1996年8月至1997年3月任于都县靖石乡财政所农税专管员，1997年3月至1999年2月任于都县祁禄山地税所所长，1999年2月至2002年8月任于都县地税局直属分局征管股长，2002年8月至2005年1月任于都县地税局稽查局副局长。2005年1月至2007年1月任宁都县地税局党组成员、副局长。2007年1月至2010年7月任赣州市地税局税政二科科长。2010年7月至2011年9月任省地税局政策法规处副处长，2011年9月任南康市政府副市长。

2004年1月至2007年8月，工作期间曾参加南昌大学MBA研究生班培训，考取注册税务师、会计师资格。

李干东　男，汉族，1973年11月生，在职大学学历，南康潭东人，1994年5月加入中国共产党，1995年7月参加工作，现任南康市政协党组副书记、副主席、市委统战部部长。

1992年9月至1995年7月在江西农大食品加工专业学习，1995年9月任浮石乡党委组织干事、党委秘书，1997年9月始历任南康市委组织部组织科科员、干部科科员、副科长，2002年1月任南康市委副科组织员、组织部干部科科长，2005年3月任南康市委正科组织员、组织部干部科科长，2007年5月任南康市委组织部副部长（正科）（期间：2004年7月至2006年9月在江西电大法律专业本科班学习），2011年6月南康市第五届政协委员会党组副书记、副主席、市委统战部部长。

李　旭　男，汉族，1956年12月生，在职大学学历，南康太窝人，1977年2月加入中国共产党，1981年1月参加工作，现任南康市政协党组成员、政协副主席。

1978年3月至1981年1月在江西省机械工业学校农机设计制造专业学习并任团支部书记，1981年1月在南康县农业局办公室任文书、局党支部委员，1982年7月任南康县人事局科员，1983年9月至1985年7月在赣州地委党校党政干部大专班脱产学习，1985年7月任三益乡党委第一副书记，主持乡党委工作，1986年8月任任三益乡党委副书记、政府乡长，1988年3月任三益乡党委书记、人大主席，1990年1月任镜坝乡党委书记、人大主席，1996年3月任镜坝镇党委书记、人大主席（期间：1995年8月至1997年12月在中央党校函授学院本科班经营管理专业学习毕业，1998年5月至1998年7月在中共赣州地委党校第九期中青班学习）1998年12月任南康市委组织部副部长（正科级）、市"三讲"办、市"三个代表"办副主任，2002年11月始历任南康市第三届、第四届政协副主席、党组副书记、市委统战部部长、南康市第三届、第四届市委委员、赣州市第二届、第三届政协委员，2011年6月任南康市第五届政协委员会党组成员、政协副主席。

黄绍莲　女，汉族，1965年9月生，在职大学学历，会计师，南康凤岗人，无党派人士，1984年8月参加工作，现任南康市政协副主席、商务局局长。

1982年9月至1984年8月在江西省财会学校学习，1984年8月任南康市审计局股长，1994年12月任南康市审计局副局长，1997年12月任南康市政协副主席兼市审计局副局长，1998年3月任南康市政协副主席兼市发改委副主任（1997年8月至1999年12月在中央党校函授学院本科班经济管理专业学习），2007年12月任南康市政协副主席兼市外经贸局局长，2010.06任南康市政协副主席兼市商务局局长，2011年6月任南康市第五届政协委员会副主席兼市商务局局长。

温　熹　男，汉族，1960年10月生，大专学历，副主任医师，南康蓉江人，无党派人士，1977年8月参加工作，现任南康市政协副主席、南康市一医院院长。

1977年8月至1978年2月知青下放至南康县浮石公社和坑村，1978年2月至1981年2月在赣南医专医疗专业学习，1981年3月始历任南康县（市）第一人民医院历任医师、主治医师、大内科科长，1998年2月任南康市第一人民医院副院长，2001年2月任南康市政协副主席、市一医院副院长2002年8月任南康市政协副主席、市一医院院长，2011年6月任南康市第五届政协委员会副主席、市一医院院长。

倪　静　女，汉族，1973年4月生，大学学历，四川成都人，无党派人士，1995年9月参加工作，现任南康市政协副主席。

1993年8月至1995年7月在西南政法大学法律文秘专业学习，1995年9月始在南康市司法局工作，2000年12月任南康市妇联副主席（期

间:2004年6月获南昌大学自考法律本科学历)

2004年12月任先后任南康市政协法制社团"三胞"联谊委主任、提案委主任,2007年3月至2007年6月在赣州市领导干部第七期离岗考察班学习,2007年6月任大余县政协副主席,2011年6月任南康市第五届政协委员会副主席。

谢　康　男,汉族,1962年1月出生,大学学历,南康朱坊人,1984年12月加入中国共产党,1983年9月参加工作,现任南康市政协党组成员、市政协副主席。

1979年10月至1983年7月在江西大学哲学系学习,1983年8月任南康县委办公室干事,1985年5月任南康县委办副科秘书1987年3月任南康县平田乡政府副乡长,1990年3月任南康县委党校办公室主任、副校长,1997年2月任南康市文化局局长,1997年11月任南康市金鸡镇党委书记,2001年12月任市人事劳动和社会保障局局长,2009年2月任市政府党组成员、市长助理兼人事劳动和社会保障局局长,2010年5月任市政府党组成员、市长助理兼市人力资源和社会保障局局长,2011年3月任市人力资源和社会保障局局长,2011年6月任南康市第五届政协委员会党组成员、市政协副主席、市人力资源和社会保障局局长。

黄亚珍　女,汉族,1966年7月出生,江西于都县人,1986年8月参加工作,1986年1月加入中国共产党,博士研究生,现任南康市法院党组书记、院长。

1986年7月江西司法学校法律中专毕业,1986年8月任赣州检察分院书记员,1994年6月任赣州市人民检察院助理检察员,2000年6月任赣州市人民检察院检察官培训中心副主任、副科级检察员,2003年6月任赣州市人民检察院法律政策研究室主任、正科级检察员,2007年1月任龙南县人民法院党组书记、院长(副县级审判员)2011年6月5日任南康市人民法院党组书记、副院长、代院长,(期间:1986年10月至1989年10月江西大学法律大专学习并毕业,1993年9月至1996年7月华东政法学院法律本科学习并毕业,1999年9月至2002年6月南京大学法律硕士研究生学习并毕业,2009年2月至2011年6月中国政法大学在职法学博士研究生班学习并毕业。)2011年6月29日任南康市人民法院党组书记、院长。

马维新　男,汉族,1963年3月出生,黑龙江依安人,1982年12月参加工作,1994年6月加入中国共产党,大学学历,现任南康市人民检察院党组书记、代理检察长。

1982年12月任赣县梅林卫生院医生,1984年4月任赣县检察院书记员,1986年12月任赣县检察院助理检察员,1995年6月赣县检察院法纪科副科长,1996年12月任赣县检察院反贪局副局长、检察员(副科),2000年3月赣县检察院党组成员、反贪局长(正科)、检委会委员,2002年4月任赣县检察院副检察长,2005年3月任赣县检察院副检察长兼任赣州经济技术开民区人民检察院筹建办主任,2007年1月任龙南县检察院党组书记、检察长,2011年6月南康市人民检察院党组书记、代理检察长。

1995被授予全省法纪检察工作侦查能手称号;2002年被赣州市人民检察院记个人三等功一次;2007年被赣州市人民检察院记个人三等功一次。

2010年江西省劳动模范和先进工作者

朱建华　男,42岁,高中学历,中共党员,南康市供电有限责任公司安泰康和分公司副队长。2010年被评为江西省劳动模范。

朱建华从1991年部队转业后,一直保持着雷厉风行、敢干敢闯的军人作风。对业务的刻苦钻研、运用,熟练掌握了高低压电力线路施工技术、架空线路安全操作技术,从一名司机成功转变为业务骨干。1999年,被任命为输变电工程队副队长,参与农网改造工作,带领同事们在交通不便的偏僻山村施工,水泥电杆只有靠人力抬到施工工地,在其带领下,将80多根重达600多公斤的电杆抬进了施工工地,并顺利完成了农网改造任务。2009年"7·3"洪灾,龙岭镇邱边村一线路电杆被洪水冲坏,朱建华带领工友们顶着暴雨抢修了6个小时,为龙岭、潭口片抗洪抢险提供了电力保障,受到了当地政府和群众的高度赞扬。朱建华多次被评为南康市直工委优秀共产党员,南康市供电公司优秀共产党员、先进生产(工作)者,2005年被评为赣州市劳动模范。

李明亮 男，43岁，大专学历，中共党员，南康市自来水公司总工程师。2010年被评为江西省劳动模范。

李明亮凭着对供水事业的无限追求，坚守岗位，无私奉献，潜心技术攻关与创新，为南康市城市供水事业的发展与壮大作出了重要贡献。李明亮分管主管道维修、制水工艺及营水股工作，为了保证用户时刻不间断用上清洁、卫生、优质的自来水，倾注了全部精力和心血。担任总工程师后，李明亮依旧随时冲在第一线，哪里有故障，哪里有问题，就出现在哪里。平时潜心钻研，勤于学习，积极进行技术攻关，多次在重大危急时刻，充分显示了总工程师的智慧和创造力。主持的技改项目每千吨水可节约用电5度以上，一年可节省电费10万多元。多年被评为"先进工作者"、"优秀共产党员"。

刘维平 男，45岁，初中学历，中共党员，江西维平创业家具实业有限公司经理、镜坝家具分会会长，2010年被评为江西省劳动模范。

刘维平是早期返乡创业农民工的杰出代表。上世纪80年代末90年代初投入到南下打工潮，积累了十多年的打工经验后返乡创业。1990年创办了家具厂，2005年建立维平创业家具实业有限公司，"维平"商标被认定为江西省著名商标，2009年纳税20多万元，2010年达80多万元，解决500多人就业，成为南康家具企业的领头雁。2008年任南康家具协会镜坝分会会长，以"产业报国"为企业文化，以带领南康家具走向全国为已任，近期又开拓了武汉、西安市场。还积极投身到慈善事业中，个人捐款达10多万元，组织员工向玉树地震灾区捐款2万多元，向敬老院捐款2万元，在校企联合办学中捐款5000元。2005年被评为南康市"百名创业能手"、2009年被评南康市先进个私业主，企业先后被评为南康市《产品质量信得过厂家》、"消费者信得过企业"。

王世炜 男，56岁，大专学历，中共党员，南康市唐江镇九驳桥社区党支部书记，南康市四届人大代表，2010年被评为江西省劳动模范。

王世炜任九驳桥社区党支部书记和社区主任，带领村民积极投入新农村建设，修建水泥道路1.69公里，达到组组通水泥路，并争取资金2万元硬化沙坝土蔬菜基地600米道路。调解处理农村宅基地纠纷，邻里矛盾，圆满解决小事、锁事所引发的问题，切实为群众排忧解难，维护了社会的和谐稳定。热心资助家庭困难村民，全心全意为村民服务，为广大群众谋福利。

邱桂兰 女，37岁，在读研究生，南康市罗边玻纤有限公司农民工，南康市政协委员。2010年被评为江西省劳动模范。

邱桂兰高中毕业后，1994年起先后在中山、东莞、佛山从事过制衣、纺织、玻纤等工作，经过多年的努力打拼从打工就业学技术，到积累资金闯市场，淘到了人生中的第一桶"金"。2000年回乡创业，最初与人合伙创办了南山锡业。2001年创办罗边玻纤有限公司，经过9年的努力，使企业成为南康市首家实现自营出口的本土企业，产品远销欧美等国家。并从一个只有150人的小企业稳健经营成拥有员工500余人、总资产达一亿元、年销售收入近亿元，累计向国家上缴税收2000多万元的中大型企业。为南康的特色工业经济发展、出口创汇的持续增长和安置劳动就业作出了突出贡献。先后获得全国创业之星，江西百佳创业女性，赣州市巾帼建功标兵，南康市十大创业明星、市十大优秀女性、市"三八"红旗手等荣誉称号。

严由南 男，44岁，大学，中共党员，南康市畜牧科学研究所所长，2010年被评为江西省先进工作者。

严由南从事畜牧科研工作以来，从未间断过对畜牧兽医技术的推广工作，先后参与了"国家级瘦肉型猪基地县(市)建设"项目、"养猪实用技术推广"项目、"生态养猪小区规范化技术推广"项目等的实施，是多个项目的技术骨干或主持人之一。其中"生态养猪小区规范化技术推广"项目获"全国农牧渔业丰收奖"二等奖。主持南康市畜科所工作以来，充分利用本单位技术力量及种猪厂资源，把一个原母猪存栏不足百头的小场发展到存栏母猪600头，年出栏商品仔猪7500头、出栏种猪2500头的示范场，并参与相关科研项目的研究，将生产实践中的经验撰写成多篇论文在省业务刊物上发表。2010年全国"科普惠农兴村计划"农村科普带头人(候选人)、全省养猪行业优秀工作者、赣州市科协系统优秀科技工作者、赣州市科技管理先进个人。

2010年赣州市劳动模范和先进工作者

张为群 男，汉，1958年8月出生，中共党员，南康市人民法院审判员，2010年被评为赣州市先进工作者。

张为群1988年12月从部队转业到市法院工作，勤奋学习、敬业奉献、开拓创新、敢于负责，具有崇高的职业道德和敬业精神，是公认的优秀法官。2008年2月调到办公室工作，分管基建工程、水、电等管理工作，在审核法庭建设工程结算时，经他审核核减了几万元工程款，节约了几万元的开支。不因资格老而向年轻人摆谱，从不撂担子、挑轻避重。工作几十年虽然还是科员，依然尽职尽责、勤奋工作，不计较个人得失。为工作常常加班加点和放弃双休日、节假日，无怨无悔。

范小明 男，汉，1970年1月出生，中共党员，大学文化，南康市人民检察院干警。2010年被评为赣州市先进工作者。

范小明同志自1992年8月进入南康市检察院工作以来，从事反贪污贿赂的查办工作近19年。自2006年以来，直接参与组织和领导全赣州市重大或较大影响的职务犯罪案件查办工作，先后查处了于都县原教育局局长管某等多起受贿案，为国家挽回经济损失3000余万元，并以此为主线，以案带案，参与组织领导查处了一系列的相关职务犯罪案件。

龙伟强 男，汉，1984年8月出生，中共党员，大学文化，南康市公安局隆木派出所教导员，2010年获赣州市先进工作者。

龙伟强2006年8月分配在隆木派出所工作至今。扎根基层、以所为家、与民交心，与当地群众建立了浓厚的感情。四年来，先后下乡进村1400余次，行走山路2200余公里，走访农户2200余户，为辖区群众义务代办身份证、户口迁移1800余次、调解纠纷80余起，帮扶困难群众50余人次。在两劳回籍人员帮教方面，创新工作方法，成功帮教了32名重点人口，超前纳管了8名工作对象，取得了显著成绩。

刘爱民 男，汉，1968年9月出生，大学文化，南康市第一人民医院内科主任，副主任医师，2010年被评为赣州市先进工作者。

刘爱民为挽救病人的生命，解除患者的病痛，一心扑在工作上，医德高尚，赢得了患者的信任和赞誉。作为心血管内科专业学科带头人，先后发表论文10多篇，其中《贫血对慢性心力衰竭患者住院期间死亡的影响》一文在国家级核心期刊《临床心血管病杂志》上发表，独立主持赣州市级课题1项，率先在南康市开展了“急性心肌梗死”溶栓治疗和原发性肝癌介入治疗，在上级医院协助下开展了心脏临时、永久起搏器置入术，填补了市内空白。

梁小燕 女，汉，1963年4月出生，中共党员，大专文化，南康市赞贤小学校长，小学特级高级老师，2010年被评为赣州市先进工作者。

梁小燕在工作中一直坚持“不干则已，要干就要创一流”的原则。从制度建设、民主管理入手，打造赞贤小学办学特色，全方位创新推进素质教育，全面提升教师水平和学生素质。用短短的四年时间将赞贤小学跻身于南康市一流学校行列，撰写的30多篇有关教学方面的理论文章在省、市业务刊物刊登或获奖，为南康的教育事业作出了贡献。

邓晓楠 男，汉，1973年7月出生，中共党员，大学文化，南康市龙岭镇党委书记，2010年被评为赣州市先进工作者。

邓晓楠围绕把龙岭镇打造成为“工业重镇、经济强镇”的目标。通过抓党建，将党委班子、党员干部、村级班子三支队伍打造成为优秀的队伍；通过抓经济，使龙岭镇实现2009年国民生产总值5.2亿元，财政总收入5111.55万元，形成了以商品蔬菜、果业种植、生猪养殖、花卉栽培为主的农业特色产业，家具产业等利民产业也蓬勃发展，到2009年底，全镇共有家具企业480家，从业人员达2.1万元；通过抓民生，建立农民服务中心，接待群众来信来访270多件，为群众一站式办事2640多次，办理城镇居民医保890人次，农村劳动力技能培训2981人次，安排就业814人，介绍就业2587多人。

刘玉梅 女，汉，1976年11月出生，初中文化，南康市市容环境卫生管理所洒水车司机，2010年被评为赣州市劳动模范。

刘玉梅热爱环卫工作，任劳任怨，不怕苦、脏、累，在环卫一线一干就是16年，练就了一手熟练的开车技术，成为环卫战线上最年轻的一名专业技术骨干，也是第一名女司机。无论夏日酷暑，还是寒冬腊月，都早出晚归、废寝忘食，毫无怨言。多次协助全市重点工程和国际家私城供水和消防救急工作，体现了平凡工作岗位上的高尚品格。刘玉梅十几年如一日，坚持为城市梳洗打扮，在城市建设与管理的交响曲中奏出了一个又一个爱和奉献的音符。

赖忠玉 女，汉，1968年4月出生，大专文化，江西省康意服装有限责任公司农民工，2010年被评为赣州市劳动模范。

赖忠玉是早期返乡创业农民工代表，1990年自费到广州服装学院学习服装加工技术，并在多家服装厂务工，掌握了一套服装加工技术。1992年回乡创业，从一个家庭作坊式服装加工厂起步，几经成败，最终发展成为注册资金200万元的江西省著名企业和南康市最大的服装加工经营企业。2009年，康意服装实现营业利润600万元，纳税100万元，解决就业260人，接纳下岗职工比例占42%，为员工全部购买失业、养老、工伤保险，累计向社会奉献爱心捐款60万元。

蓝玖连 女，畲族，1968年5月出生，高中文化，南康市赤土畲族乡十里村农民，2010年被评为赣州市劳动模范。

蓝玖连所在的赤土畲族乡十里村油坑教学点，地处偏远山区，只有一间办公室、一位教师。豆蔻年华时，放弃更好的前程留在山区任代课教师，一干就是二十年，心血倾尽仍恨少，奉献终生志不移。蓝玖连扎根山区，为了不耽误学生功课，强忍因煤矿崩塌丧夫之痛仍坚持上课。为了留守受伤学生不拉下功课，亲自到卫生院给受伤学生补课。还多次捐助贫困学生，用微薄薪水为学生买奖品、学习用具甚至给单亲学生买衣服。在蓝玖连的帮助下，2名同学考上重点大学，还有几名正就读于重点高中，该村适龄儿童入学率100%，成绩排在同类学校前茅。

陈　斌 男，汉，1961年6月出生，高中文化，南康市横市丰泰大米加工厂厂长，2010年被评为赣州市劳动模范。

陈斌现任南康市横市丰泰大米加工厂厂长、南康市三清源大米专业合作社理事会理事长。1992年创办南康市横市丰泰大米加工厂，随后，又带领当地农民筹建了南康市“三清源”大米专业合作社，现合作社社员达156户，带动农户5000多户。引进粮食优良品种，抓管理、拓市场，实行“公司+合作社+农户”的运作模式，使合作社一年一个新台阶，“三清源”大米被评为A级绿色食品，“三清源”商标被授于“省级著名商标”称号。2008年、2009年被南康市人民政府评为示范性专业合作社。

刘学春 男，汉，1974年10月出生，中共党员，南康市蓝天木业有限公司董事长，2010年被评为赣州市劳动模范。

刘学春投资4000多万元创办了南康蓝天木业有限公司，安排农民工、下岗职工就业513名。近年来纳税60多万元，在南康家具行业纳税排名较前。2007年以来，共捐助43万多元支持敬老院、乡村公路、学校等社会公益事业建设和汶川、玉树地震灾区等慈善事业。蓝天木业已成为南康市家具行业领头羊，带领南康家具企业致力于推动南康家具产业的品牌化、规模化、集约化发展。

卓富生 男，汉，1980年11月出生，中共党员，大专文化，南康市交通运输局县乡公路管理站副站长，助理工程师，2010年被评为赣州市劳动模范。

卓富生在平凡的岗位上做出了不平凡的业绩。多次参加了全市农村公路的摸底调查、普查和规划工作，跑遍了全市的300多个行政村，测量了全市所有乡村公路的里程，核查了数百座大小桥梁。承担了全市农村公路建设五年规划方案的设计任务，完成了全市425条1100多公里的农村公路建设改造规划的编制、计算机录入和图集绘制工作，全面掌握了全市公路建设的全貌。被人们称为南康公路的“活地图”、服务基层的热心人、不知疲倦的工作狂、严格把关的“铁面人”。

2010年度“优秀教师”、“优秀班主任”、和“优秀教育工作者”

一、优秀教师：(55人)

梁娜(第二小学)、黄成萍(大坪中学)、邓生文(横市中学)、郭桂莲(麻双中学)、明经海(内潮中学)、王勤(十八塘中学)、张小兵(龙华中学)、黄龙生(红旗学校)、幸垂忠(唐西中学)、钟玉(磨形初中)、严春莲(平田中学)、张名(中田初中)、郭光军(凤岗中学)、欧小津(峨嵋初中)、赖朝晟(三江中学)、刘伏生(伍岭初中)、何新平(太窝中学)、刘艺凯(朱坊中学)、施崇铭(镜坝中学)、巫远洲(横寨中学)、陈庆泉(赤土中学)、钟圣民(三益中学)、刘钱广(进修学校)、刘光训(南康中学)、刘福亮(第二中学)、王羚峰(唐江中学)、罗仁泽(职业中专)、卓宏辉(第三中学)、王福平(第五中学)、申继华(第六中学)、李志刚(第七中学)、刘建华(横市小学)、邱诗文(圩下小学)、朱同桂(内潮小学)、张小林(龙华小学)、张斌(唐西小学)、郭定钊(平田小学)、钟立祥(大岭小学)、邱运莲(凤岗小学)、邱伟(三江小学)、邹国清(朱坊小学)、黎军(镜坝小学)、蓝师金(横寨小学)、邓衔平(赤土小学)、李魁峰(浮石小学)、曾宪优(三益小学)、黄振权(龙回小学)、邱高峰(龙岭小学)、何祎红(中英文学校)、罗燕(实验小学)、何太阳(第一小学)、陈小珍(第五小学)、赖芬(第六小学)、康新兰(逸夫小学)、邱小勇(市幼儿园)

二、优秀班主任:(40人)

谢小翔(南康中学)、钟建海(隆木中学)、刘贵生(坪市中学)、谢娟(圩下中学)、陈匡银(十八塘中学)、刘军(龙华中学)、张庆林(田头初中)、刘清(平田中学)、张新英(大岭中学)、罗小忠(峨嵋初中)、钟美华(连城初中)、罗明亮(赤土中学)、廖晓建(爱莲初中)、廖勇(浮石中学)、曹小康(龙回中学)、刘福(龙岭中学)、袁冠斌(王村初中)、黎业忠(第二中学)、

王兰发(唐江中学)、钟玉兰(职业中专)、肖富江(第三中学)、李林生(第五中学)、郭小忠(第七中学)、郭清华(隆木小学)、袁霞(坪市小学)、邓清玉(大坪小学)、朱文忠(横市小学)、吴效玲(麻双小学)、陈连娣(十八塘小学)、江传辉(龙华小学)、王和香(红旗学校)、王琛(平田小学)、王志平(大岭小学)、张书盛(太窝小学)、蒋武燕(朱坊小学)、黄春艳(镜坝小学)、蓝光敏(赤土小学)、范龙英(特殊教育学校)、卢秀萍(第三小学)、罗秀芬(赞贤小学)

三、优秀教育工作者:(35人)

钟阳华(教育局机关)、刘建平(教育局机关)、陈天瑜(教育局机关)、叶新兵(会计核算中心)、温圣岩(教研室)、刘小平(隆木中学)、张北平(坪市中学)、朱开平(大坪中学)、赖宏桂(横市中学)、王齐祥(朱坊中学)、林金兰(镜坝中学)、林冬平(龙回中学)、黄巾(龙岭中学)、蓝永红(南康中学)、余宏金(第二中学)、朱经胜(唐江中学)、陈旭鸠(职业中专)、康浒珍(第三中学)、吴玉英(第六中学)、赵春青(中英文学校)、许小兵(隆木小学)、袁洪军(坪市小学)、谭新明(圩下小学)、张伟(十八塘小学)、叶加林(龙华小学)、钟立平(红旗学校)、董世凯(凤岗小学)、李烈夫(龙回小学)、林新华(龙岭小学)、郑启开(第一小学)、陈小贞(第二小学)、朱晓莲(第五小学)、刘升宁(第六小学)、谢启相(逸夫小学)、梁小燕(赞贤小学)

2010年度乡(镇、街道)目标考评先进

(一)综合奖

一等奖:蓉江街道

二等奖:赤土畲族乡、浮石乡

三等奖:龙岭镇、唐江镇、太窝乡

(二)新农村建设工作

一等奖:唐江镇

二等奖:赤土畲族乡、龙岭镇

三等奖:龙回镇、麻双乡、蓉江街道、浮石乡

(三)人口和计划生育工作

一等奖:东山街道

二等奖:凤岗镇、十八塘乡

三等奖:龙岭镇、太窝乡、浮石乡、大坪乡

(四)"一大四小"造林绿化工作

一等奖:唐江镇

二等奖:十八塘乡、凤岗镇

三等奖:大坪乡、东山街道、隆木乡

(五)信访工作

一等奖:朱坊乡

二等奖:浮石乡、麻双乡

三等奖:坪市乡、镜坝镇、东山街道

越级"零"上访奖:隆木乡、大坪乡

(六)社会治安综合治理工作

一等奖:蓉江街道

二等奖:赤土畲族乡、唐江镇

三等奖:浮石乡、朱坊乡、龙回镇

(七)争资争项工作

一等奖:赤土畲族乡

二等奖:蓉江街道、浮石乡

三等奖:龙岭镇、横寨乡、太窝乡

(八)机关效能建设工作

一等奖:镜坝镇

二等奖:唐江镇、朱坊乡

三等奖：东山街道、龙岭镇、横市镇

（九）财税工作

一等奖：龙岭镇

二等奖：东山街道、赤土畲族乡

三等奖：凤岗镇、蓉江街道、十八塘乡

（十）安全监管工作

一等奖：蓉江街道

二等奖：唐江镇、朱坊乡

三等奖：横市镇、龙岭镇、横寨乡

（十一）党建工作

一等奖：蓉江街道

二等奖：龙岭镇、赤土畲族乡

三等奖：凤岗镇、唐江镇、浮石乡

（十二）党管武装工作

一等奖：蓉江街道

二等奖：龙岭镇、坪市乡

三等奖：唐江镇、凤岗镇、赤土畲族乡

2010年度部门单位目标考评先进

（一）重点项目“双百”工程建设工作

一等奖：城乡规划建设局

二等奖：政府办、城市管理局

三等奖：工信局、交通运输局、农粮局

（二）招商引资工作

招商引资项目奖：农业综合开发办、财政局

完成招商任务奖：市委宣传部、商务局、纪委监察局、教育局、旅游局、卫生局、工信局

招商先进个人奖：李春平、何瑜、赖朝荣、刘平华、刘乘波、刘涵胜、罗华兰、卢林峰、李干东、张立伟

（三）争资争项工作

一等奖：水利局

二等奖：卫生局、社保局

三等奖：农粮局、果业局、财政局

（四）机关效能建设工作

一等奖：工商局

二等奖：发改委、供电公司

三等奖：市直机关工委、市委宣传部、市委办

（五）安全监管工作

一等奖：工商局

二等奖：教育局、供电公司

三等奖：公路分局、消防大队、东山工业区管理办

（六）信访工作

一等奖：商务局

二等奖：交通运输局、地税局

三等奖：城乡规划建设局、城市管理行政执法局、工信局

（七）挂点新农村建设工作

一等奖：农粮局

二等奖：农民学院、供销社

三等奖：教育局、广电新闻中心、电信公司

（八）党建工作

一等奖：教育局

二等奖：财政局、广电新闻中心

三等奖：供电公司、龙岭工业区管理办、水利局

（九）社会治安综合治理工作

一等奖：水利局

二等奖：国土局、城市管理行政执法局

三等奖：人力资源和社会保障局、城乡规划建设局、卫生局

（十）计划生育工作

一等奖：公安局

二等奖：法院、卫生局

三等奖：财政局、教育局、食药监局

2010年度和谐平安建设先进

1、先进乡（镇、街道）：

镜坝镇、太窝乡、麻双乡、凤岗镇、大坪乡、隆木乡、十八塘乡、横寨乡

2、先进单位：

财政局、教育局、民政局、城市管理局、农信社、电信公司、妇联、地税局、工商局、工信局、团市委、人民银行、交通运输局、职业中专、中医院、公安局、检察院、法院、司法局、公安交管大队、物价局、供电公司、广电新闻中心、房管局、安监局、人口和计生委、矿管局、移动公司

项目开发工作先进

一等奖：发改委

二等奖：矿管局、科技局

三等奖：工信局、城乡规划建设局、家具产业促进局、供销社

2010年度十大诚信企业、十大创业明星、十

大创业能手

(一)十大诚信企业

南康市众鑫矿业有限公司

江西华亿木业有限公司

南康市罗边玻纤有限公司

江西佳兴置业有限公司

南康市迎宾馆

南康市金东门化工有限公司

南康市东华矿业有限公司

南康市康意服装有限公司

南康市港之澳床垫有限公司

江西千秋食品有限公司

(二)十大创业明星

黄学森(南康市汇丰矿业有限公司)

黄学有(南康市南山锡业有限公司)

刘维平(江西维平创业家具实业有限公司)

刘学春(南康市蓝天木业有限公司)

王　宏(南康市双南木业)

廖忠暄(南康市世纪家缘有限公司)

李奕彬(南康市李氏王朝家具有限公司)

王三英(南康市宝林大厦有限公司)

王　平(南康市西华加油站)

钟达汕(南康市钟山汽车运输有限公司)

(三)十大创业能手奖

蔡秉山(南康市蔡秉山中西医结合门诊部)

温倩英(南康市三英制衣有限公司)

王龙(江西龙头典当有限责任公司)

幸仁斌(南康市幸嘉旺食品厂)

廖海东(南康市东环钨制品厂)

彭小明(南康市鹏盛家具有限公司)

廖小平(江西三友家具有限公司)

刘奎军(南康市悦雅轩木业有限公司)

卢良斌(南康市四平机动车驾驶员培训学校)

吴友稼(江西友家食品有限公司)

2010年度全市社会主义新农村建设工作先进单位和先进个人

一、2010年度新农村建设单项工作先进单位

1、村庄整治工作先进单位(6个)

唐江、龙岭、蓉江、十八塘、凤岗、龙华

2、特色产业发展工作先进单位(6个)

唐江、麻双、三江、赤土、蓉江、浮石

3、甜柚产业发展工作先进单位(6个)

朱坊、龙回、赤土、横寨、浮石、三江

4、生猪产业发展工作先进单位(6个)

横寨、赤土、太窝、朱坊、蓉江、麻双

5、新农民培育工作先进单位(6个)

横寨、赤土、横市、坪市、隆木、东山

6、组建新经济组织工作先进单位(6个)

赤土、朱坊、龙回、横寨、横市、唐江

7、塑造新风貌工作先进单位(6个)

龙岭、唐江、赤土、隆木、太窝、龙回

8、农村清洁工程工作先进单位(6个)

唐江、龙华、浮石、大坪、朱坊、赤土

9、小城镇建设工作先进单位(6个)

麻双、赤土、浮石、龙回、凤岗、镜坝

10、农村水利设施建设工作先进单位(6个)

大坪、朱坊、太窝、赤土、横寨、麻双

二、2010年度新农村建设工作“五新一好”先进村(20个)

隆木乡樟村、坪市乡谭邦村、横市镇禾田村、大坪乡桥庄村、麻双乡坝孜村、十八塘乡合江村、龙华乡腊树村、唐江镇木塘村、凤岗镇塘屋村、三江乡伍村、太窝乡洋田村、朱坊乡新兴村、镜坝镇鹅岭村、横寨乡寨里村、赤土畲族乡青塘村、浮石乡青云村、龙岭镇邱边村、龙回镇龙回村、蓉江街道稍江村、东山街道上垅村。

三、2010年度新农村建设工作先进工作队(20个)

劳动就业局、人武部政工科、矿产资源管理局、审计局、卫生局、法院、统计局、交管大队、农工部、发改委、政协办、总工会、计生委、统战部、高速办、检察院、果业局、政府办、财政局、公安局。

四、2010年度新农村建设工作先进个人(24名)

隆木乡黄振华，坪市乡周德任，横市镇彭家林、董红肖，大坪乡丁瑞峰，麻双乡赖冬梅，十八塘乡李志彪，龙华乡曹之延，唐江镇仲玉峰、陈孝全，凤岗镇蒙金平，三江乡谢斐，太窝乡彭俊超，朱坊乡蓝善江，镜坝镇尹英清，赤土畲族乡赖愈晖、袁勋文，浮石乡陈绍煌，横寨乡刘昭元，蓉江街道张永平，龙岭镇王钰、幸臻，东山街道刘伦福，龙回镇何源。

2010年度城市美容师、先进环卫工作者、模范班队长及先进班组

先进班组：

市环卫所蓉江路清扫班、市环卫所机务清运班、市环卫所兰田大道清扫班、唐江环卫所唐江清运班、市环卫所迎宾东大道清扫班

城市美容师：

郑福英　胡绍兰　钟贤华　邱家莹

先进环卫工作者：

刘香英　吴忠英　刘桂兰　李坊春　肖琴英
刘函明　谢春华　朱土凤　廖东兰　廖祥兰
付声美　何桂莲　朱明华　廖万莲　黎素莲
李桃英　罗红英　邱和娣　曾宪凤　张新凤
谢秀英　刘洪英　朱兰英　沈细兰　赖日梅
陈二秀　谢禄英　蔡文峰　李熏军　赖训林
黄绍兵　周开信　朱福林　李　林　张　华
蓝兴群　徐　萍　刘忠生　黄秀芳　刘洪香
卢建平　卢和燕　刘忠英

模范班(队)长：

谢世玲　陈桂英　郭春香

全市先进基层党(总)支部、优秀共产党员和优秀党务工作者

一、先进基层党(总)支部(55个)

隆木乡晓源村党支部、隆木乡小东村党支部、坪市乡白马塘村党支部、坪市乡长坳村党支部、大坪乡大坪村党支部、大坪乡南良村党支部、横市镇增坑村党支部、麻双乡东排村党支部、十八塘乡樟坊村党支部、十八塘乡十八塘村党支部、龙华乡双江村党支部、龙华乡丹材村党支部、凤岗镇凤岗社区党支部、凤岗镇凤岗中心小学党支部、唐江镇九驳桥社区党支部、唐江镇木塘村党支部、唐江中学党支部、唐江镇村尾村党支部、三江乡东红村党支部、三江乡伍村村党支部、太窝乡洋田村党支部、朱坊乡新兴村党支部、朱坊乡土石村党支部、镜坝镇洋江村党支部、横寨乡黄田村党支部、赤土畲族乡民族中学、党支部、赤土畲族乡老干部党支部、浮石乡江口村党支部

蓉江街道泰康中路社区党支部、蓉江街道稍江村党支部、东山街道官坑村党支部、东山街道坨圳村党支部、龙岭镇金塘村党总支、龙岭镇邱边村党支部、龙回镇三益村党支部、龙回镇红光村党支部、市人口计生委党总支、南康石油经营部党支部、市政府办党支部、市场物业管理局党支部市广电新闻中心党支部、市公安局机关第八党支部、蓉江派出所党支部、市质量技术监督局党支部、市矿管局党支部、市工商局蓉江分局党支部、市一医院党支部、市林业技术推广站党支部、市教育局机关党支部、市交通运输局机关党支部、市城乡规划建设局机关党支部市地税局机关党支部、市自来水公司党支部、市供电公司第一党支部、市城市管理行政执法局蓉江执法大队党支部

二、优秀共产党员(90名)

彭小龙(隆木乡财政所长)
刘小平(隆木中学校长)
刘小华(坪市乡小安村党支部书记)
钟舜佳(坪市乡大路坪村党支部书记)
许伦峰(大坪乡东村村村委会主任)
邓联域(大坪乡南良村党支部书记)
曹伟平(横市镇禾田村党支部书记助理)
吴俊伟(横市镇民政所长)
赖宏桂(横市中学校长)
张华东(圩下中学校长)
邱　友(麻双乡财政所长)
李祖迎(麻双乡鹅坊村村委会主任)
郭训华(十八塘乡党政办主任)
吴林生(十八塘乡内潮村党支部书记)
王诚葛(十八塘乡马头村党支部书记)
李树芫(龙华乡沙田塅村党支部书记)
邱北平(龙华乡财政所专管员)
肖运萍(龙华乡黄塘村党支部书记)
黄良志(龙华乡牛石村党支部书记)
黄万洪(凤岗镇大塘村党支部书记)
张　伟(凤岗镇纪检委员)
刘汉荣(凤岗镇长江村党支部书记)
朱远明(唐江镇林管站长)
肖　敏(唐江镇文化站长)
邓大丰(唐江镇计生办主任)
朱才海(唐江镇财政所会计)
刘德优(唐江红旗学校校长)
曾　群(唐江镇卢屋村社区党支部书记)
严　峻(三江乡组织干事、团委书记)
洪学艺(三江乡中心小学校长)

廖风云(太窝乡团委书记)
朱经芳(太窝乡太窝村党支部副书记)
朱　曦(朱坊乡组织干事、综治专干)
吉庆亮(朱坊乡寨下村党支部书记)
梁星建(朱坊乡荷树村党支部书记)
严纪忠(镜坝中学校长)
李枝桢(镜坝镇鹅岭村党支部书记)
黄志华(镜坝镇家具协会党支部书记)
曹秋红(横寨乡妇联主席)
林壬生(横寨乡民政所副所长)
刘文生(赤土畲族乡瓦岭村党支部书记)
严　惠(赤土畲族乡组织干事)
蓝希辉(赤土畲族乡花园村党支部书记)
郭　琪(浮石乡组织干事)
肖新华(浮石乡浮石村党支部书记)
吴友川(蓉江街道泰康西路社区党支部副书记)
张永平(蓉江街道综治办副主任)
刘小龙(蓉江街道信访调处室主任)
曾宪忠(蓉江街道大树村党支部书记)
曾宪贵(东山街道坪岭社区党支部书记)
阳士平(东山街道大卫村党支部书记)
肖相如(东山街道党工委副书记)
曹晓明(东山街道财政所长)
谢开东(龙岭镇党委委员、副镇长)
幸　臻(龙岭镇组织干事)
黄朝林(龙岭镇财政所会计)
黄昌乔(龙岭镇新屋村村委会主任)
王青云(龙回镇民政所长)
肖文福(龙回镇水保站长)
曹登仁(龙回镇新圩村党支部书记)
倪贵清(市志办主任)
刘泉芸(市信访局督查科科长)
陈丽丽(市妇联副主任科员)
张世圣(市委办副主任)
王志红(市纪委常委、宣教室主任)
胡花明(市农业综合开发办人秘科长)
赖忠华(市计生委副主任)
卓华林(市政协办副主任)
曾繁盛(市委农工部农村科科长)
叶景升(市公共资源交易中心综合科科长)
黄丽萍(市广电新闻中心办公室副主任)
张桂波(市公安局办公室副主任)
郑　炜(市公安局金鸡派出所民警)
蔡湖南(市家具产业促进局局长)
郭光桑(龙岭工业区管理办公室副主任)
赵来华(华洲木业有限公司财务主管)
申明东(东山工业区管理办公室工会主席)
谢良干(市邮政局局长、党支部书记)
卓立新(市工商局赤土分局局长)
苏绍红(市卫生局副局长、农村合作医疗管理中心主任)
黄正平(市妇幼保健院院长)
刘烈瑜(市林业局营林科科长)
李林意(市第二中学教师)
陈礼权(市第三中学行办主任、党支部纪检委员)
段华林(市交通运输局党政办主任)
蓝琳(市城乡规划建设局主任科员)
卢致林(市地税局工业园分局副局长)
刘维万(市自来水公司管道维护部副主任)
肖　群(市供电公司办公室主任)
李青松(市城市管理行政执法局督查科科长兼机动巡查大队大队长)

三、优秀党务工作者(80名)

钟　利(隆木乡党委组织委员)
邓小春(隆木乡瑞坑村党支部书记)
明邦喜(坪市乡境口村党支部书记)
明以逊(坪市乡罗洞村党支部书记)
朱发洪(大坪乡上期村党支部书记)
刘忠苑(大坪乡大坪村党支部书记)
吴垂财(横市镇增坑村党支部书记)
曾玉峰(横市镇禾田村党支部书记)
黄际益(麻双乡甫竹村党支部书记)
许贤铭(麻双乡圩下村党支部书记)
袁洪军(十八塘乡中心小学党支部书记、校长)
段绍奇(十八塘乡群丰村党支部书记)
刘芳艳(龙华乡党委副书记)
邱家源(龙华乡党委组织委员)
刘秋兰(龙华乡中古村党支部书记)
陈丁森(凤岗镇路塘村党支部书记)
叶冬林(凤岗镇凤岗社区党支部书记)
董世凯(凤岗镇中心小学党支部书记、校长)
朱挺福(凤岗镇朱家村党支部书记)
曾凡平(唐江镇党委组织委员)

蓝　艳(唐江镇党委宣传委员)
陈子钰(唐江镇组织干事)
王世炜(唐江镇九驳桥社区党支部书记)
刘　毅(唐江中学行办主任)
郭兰鑫(三江乡组织干事)
肖诗明(三江乡新红村党支部书记)
叶晓峰(太窝乡党委组织委员)
周书忠(太窝乡中心小学党支部书记、校长)
黄　辉(朱坊乡党委秘书)
赖良忠(朱坊乡新兴村党支部书记)
朱生利(朱坊乡土石村党支部书记)
刘荣房(镜坝镇联民村党支部书记)
肖庆汉(镜坝镇桐木村党支部书记)
陈功忠(横寨乡卫生院党支部书记、院长)
黎衍英(横寨乡黄田村党支部书记)
蔡平生(赤土畲族乡虎岗村党支部书记)
罗福生(赤土畲族乡中学党支部书记、校长)
陈兴生(赤土畲族乡中心小学党支部书记、校长)
罗福海(浮石乡幸福村党支部书记)
曹云华(浮石乡江口村党支部书记)
董　超(蓉江街道党工委组织委员)
朱新国(蓉江街道组织干事)
谢文波(蓉江街道莲花村党总支副书记)
陈孝兰(蓉江街道金赣社区党支部书记)
李春兰(东山街道东山社区党支部书记)
吉康生(东山街道党工委组织委员)
曾祥林(东山街道南山村党支部书记)
张衍静(东山街道上坪村党支部书记)
陈　矗(龙岭镇党委组织委员)
仲承全(市职业中专党总支书记)
黎明亮(龙岭镇金塘村党总支书记)
邱大盛(龙岭镇秀峰村党支部书记)
伍学江(龙回镇党委纪检书记)
王甲生(龙回镇党委组织委员)
赖训华(龙回镇李村村党支部书记)
杨　辉(南水开发办党支部书记)
幸泽伟(市财政局副局长、党总支副书记)
刘显华(市政府办副主任)
刘红萍(市直工委副书记)
邹永明(南康石油经营部经理、党支部书记)
陈灵燕(市检察院监所科科长)
张春林(市委统战部副部长)
卢普纯(市公安局政工监督室主任)
朱　彦(市公安局蓉江派出所教导员)
肖智萍(市工信局党群办主任)
钟华旺(市安监局党支部书记)
陈丽萍(东山工业区管理办党总支书记)
林群敏(中国电信股份有限公司南康市分公司副总经理)
陈晓红(南康市工商局机关办公室主任、注册局副局长)
邱劲松(市疾控中心党支部书记)
胡华康(市一医院党支部副书记)
张永彬(市林业局人教科长、党委组织干事)
郑启开(市第一小学党支部书记、校长)
陈孝秀(南康中学党办副主任)
卢和平(市交通运输局汽车站党支部书记)
袁明今(市城乡规划建设局党政办主任)
陈伟明(市地税局党办副主任)
朱日森(市城市管理局副局长、市政处主任)
童观文(市供电公司党委副书记、纪委书记)
曹冬梅(市城市管理行政执法局机动巡查大队党支部书记)

2010受地(厅)级以上表彰的先进集体

(一)2010年受省委、省政府以上表彰的先进集体

被表彰单位	奖项(荣誉)称号	表彰部门
南康市	2010年度“鄱湖杯”水利建设先进单位	省政府
南康市	2009~2010年度全省发展非公有制经济先进县(市、区)	省政府
南康市	国防动员工作先进单位	省政府

(续上表)

被表彰单位	奖项(荣誉)称号	表彰部门
南康市	2010年度全省引进省外资金先进县(市、区)	省政府
水保局	2010年全省“鄱湖杯”水利评比先进单位	省政府
市森林防火指挥部	2007~2009年度全省防火工作先进单位	省政府
市地税局	江西省第十二届文明单位	省委、省政府
市消防大队	江西省第十二届文明单位	省委、省政府
市邮政局	江西省第十二届文明单位	省委、省政府
市法院	江西省第十二届文明单位	省委、省政府
市民政局	江西省第十二届文明单位	省委、省政府
蓉江街道泰康西路社区	江西省文明社区	省委、省政府
南康中学	江西省第十二届文明单位	省委、省政府
市地税局	江西省第十二届文明单位	省委、省政府
龙岭镇武装部	基层建设标兵单位	省委、省政府 省军区
市公安局	全国维护妇女儿童权益先进集体	国家妇联
蓉江街道莲花村	全国妇联基层组织建设示范村	国家妇联
赤土畲族乡青塘村	全国妇联基层组织建设示范村	国家妇联
市人力资源和社会保障局	2010年度县级人力资源和社会保障新闻宣传先进单位	中国劳动保障报社
市果业局	第二届中国赣州国际脐橙节赣南脐橙(柑橘)果品与特色产品展示展销工作二等奖	中国赣州国际脐橙节组委会
市污水处理厂	国家文明样板示范工地	住建部
市环卫所	全国三八红旗集体	中华妇女联合会
市检察院	全国模范检察院	最高人民检察院
浮石乡青云村腊树下社区	全国综合减灾示范社区	国家减灾委、民政部
市果业协会	全国“科普惠农兴村计划”先进集体	中国科协、财政部

(二)2010年受省委、省政府部门(单位)表彰的先进集体

被表彰单位	奖励(荣誉)称号	表彰部门
市财政局	2010年度全市财政信息工作先进单位	省财政厅
市体育局	2010年度全省体育彩票销量贡献奖	省体育局
市体育局	2010年度全省体育彩票销量进步奖	省体育局
市体育局	2010年度江西省群众体育先进单位	省体育局
人武部党委	先进党委	省军区
人武部	全面建设先进单位	省军区
市审计局	全省机关信息宣传工作先进单位	省审计厅
党史办	江西省党史宣传教育工作先进集体	省委党史 研究室

（续上表）

被表彰单位	奖励（荣誉）称号	表彰部门
南康市	生猪清洁化生产先进县（市）	省农业厅
市地税局	学法用法示范机关	省委宣传部、省司法厅、省普法办
民盟	先进基层组织	民盟江西省委
市法院	江西省园林化单位	省住房和城乡建设厅
市法院	2009年度全省优秀法院	省高院
唐江法庭	2009年度全省优秀法庭	省高院
市法院	全省调解工作先进集体	省高院
市法院	全省集中清理执行积案先进集体	省高院
市第二中学	“十一五”全省现代教育技术示范校先进单位	省教育厅
市第二中学	全省教育系统“提升质量年”活动先进单位	江西省委教育工委、江西省教育厅
南康中学	2010年第五届全国高中应用物理知识竞赛（江西赛区）团体一等奖	省高中应用物理知识竞赛委员会
南康中学	2010年江西省“现代杯”中学生篮球比赛女子组第二名	省教育厅
南康中学	2010年江西省“现代杯”中学生篮球比赛体育道德风尚奖	省教育厅
南康中学	2010年江西省“现代杯”中学生田径运动会团体总分第二名	省教育厅、省体育局
南康中学	2010年江西省“现代杯”中学生田径运动会男子组团体总分第三名	省教育厅、省体育局
南康中学	2010年江西省“现代杯”中学生田径运动会女子组团体总分第四名	省教育厅、省体育局
南康中学	第27届全国中学生物理竞赛（江西赛区）团体三等奖	江西省物理学会
实验小学	2010年“暑期读一本好书”活动优秀组织奖	江西省教育厅
市物价局	江西省价格认证工作先进单位	省发改委
公证处	优秀公证机构	省司法厅
市妇联	省农村妇女“双学双比”活动先进集体	省妇联
市志办	2006~2010年全省先进集体	省地方志编纂委员会
农业银行	职工职业道德建设先进单位	农行省分行
农业银行	全国农业银行第一届文明单位	农行省分行
农业银行	第十二届文明单位	农行省分行
唐江镇	“十一五”全省基层残联组织规范化建设先进镇	省政府残疾人工作委员会
市人大常委会	《时代主人》发行工作先进单位	省人大常委会办公厅
市公安局	全省维护妇女合法权益十佳先进单位	省妇联
市民族宗教局	2010年度全省民族宗教工作系统信息工作先进单位	省民族宗教局

(续上表)

被表彰单位	奖励(荣誉)称号	表彰部门
赣州机场	2010年“全省春运工作十大标兵集体”	省春运工作领导小组
市教育局	全省教育系统“提升质量年”活动“先进单位”	省委教育工委、省教育厅
市教育局	2010年第二届江西教育博览会参展	省教育厅
市教育局	2010年全省通讯员、作者培训优秀组织奖	《江西教育》编辑部
市教育工会	“四个一”活动县(区)教育工会先进单位	省总工会
市教育局	2010年度“新蕾杯”全省中小学生优秀期刊阅读征文活动优秀组织奖	省教育厅
市教育局	2010~2011学年度家庭教育工作和省家长函授学校办学工作先进集体	省教育厅
南康市	发展非公有制经济先进市	省政府办公厅
市众鑫矿业有限公司	优秀非公有制企业	省政府办公厅
市南山锡业有限公司	优秀非公有制企业	省政府办公厅
市邮政局	综合十强	省邮政局
龙回镇光荣敬老院	江西省五星级敬老院	省民政厅
中国银行	2010年度重点县域机构业务发展综合评价“先进单位”	中国银行江西省分行
市农村信用联社	2010年度财政惠农补贴资金“一卡通”发放工作考评先进单位	省联社、省财政厅
市农村信用联社	工作成效先进单位	省联社
市农村信用联社	先进基层党支部	省联社
市矿产资源管理局	信访工作先进单位	省国土资源厅
南康市	全省农业机械化促进工作先进县	省农业厅
市供电公司	江西省电力公司2010年度“电量增长十佳单位”	省电力公司
市供电公司	江西省电力公司2010年度“品牌传播工作先进单位”	省电力公司
市供电公司	江西省电力公司2010年度“思想政治工作先进单位”	省电力公司
金鸡供电所	省电力公司优秀班组	省电力公司
110kv蓉江变电站	江西省电力公司2010年度安全生产先进班组	省电力公司
文广局	江西省文化市场统计工作先进集体	省文化厅市场局
市发改委	全省资产投资增长先进市	省发改委
市污水处理厂	江西省文明工地	省住建厅、省建筑工程质量监督管理站
市建设工程质量检测中心	2010年全省实验室能力验证优秀单位	省建筑工程安全质量监督管理局
市建设工程质量检测中心	2010年全省建设工程质量检测机构水泥性能指标、钢筋力学性能比对试验优秀单位	省建筑工程安全质量监督管理局、江西省技术监督局

（续上表）

被表彰单位	奖励(荣誉)称号	表彰部门
市城建档案馆	江西省城建档案规范化管理一级单位	省城建档案馆
市房地产管理局	全省房地产市场信息化工作达标先进单位	省住房和城乡建设厅
市气象局	全省气象部门局务公开示范点	省气象局
市检察院	2009 年度江西省园林化单位	省建设厅
南康市	江西省农村初级卫生保健达标县	省卫生厅
南康市	2009-2010 年度全省无偿献血促进奖	省献血工作协调小组
蓉江街道泰康中路社区卫生服务站	江西省省级示范社区卫生服务机构	省卫生厅
蓉江街道泰康中路社区卫生服务站	江西省三星级社区卫生服务机构	省卫生厅
市工业和信息化局	“十一五”全省墙材革新工作先进单位	省工业和信息化委员会
市工业和信息化局	“十一五”全省发展散装水泥和预拌混凝土工作先进单位	省工业和信息化委员会
市环卫所	省三八红旗集体	省妇联

（三）2010 年受赣州市委、政府市表彰的先进集体

被表彰单位	奖项(荣誉)称号	表彰部门
南康市	2010 年度安全生产先进县(市、区)	赣州市政府
南康市	2010 年度利用外资工作先进县(市、区)	赣州市委、市政府
南康市	2010 年度引进内资工作先进县(市、区)	赣州市委、市政府
南康市	2010 年度外贸出口先进县(市、区)	赣州市委、市政府
行政审批中心	全市网上审批和电子监察工作先进单位	赣州市政府
南康市	2010 年度新农村建设果业发展工作先进单位	赣州市委、市政府
南康市	2010 年度新农村建设生猪产业发展工作先进单位	赣州市委、市政府
南康市	2010 年度新农村建设小城镇建设工作先进单位	赣州市委、市政府
南康市	2010 年度新农村建设培育新农民工作先进单位	赣州市委、市政府
南康市	2010 年度新农村建设发展农民专业合作经济组织工作先进单位	赣州市委、市政府
南康市	2010 年度农村水利建设工作先进单位	赣州市委、市政府
南康市	2010 年度农村信息化建设工作先进单位	赣州市委、市政府
司法局	赣州市第六届文明单位	赣州市委、市政府
法宣办	“五五”法制宣传教育工作先进集体	赣州市委、市政府
南康市	“五五”法制宣传教育工作先进县(市)	赣州市委、市政府
市公安局	“五五”法制宣传教育工作先进集体	赣州市委、市政府
市教育局	“五五”法制宣传教育工作先进集体	赣州市委、市政府

(续上表)

被表彰单位	奖项(荣誉)称号	表彰部门
市土管局	“五五”法制宣传教育工作先进集体	赣州市委、市政府
市地税局	“五五”法制宣传教育工作先进集体	赣州市委、市政府
蓉江街道办事处	“五五”法制宣传教育工作先进集体	赣州市委、市政府
唐江镇人民政府	“五五”法制宣传教育工作先进集体	赣州市委、市政府
人武部	防汛抗旱先进集体	赣州市政府
行政审批中心	全市网上审批和电子监察工作先进单位	赣州市政府
市粮食局	赣州市第六届(2008~2009年度)文明单位	赣州市委、市政府
南康市	2010年度安全生产先进县(市、区)	赣州市政府
赣州机场	赣州市第六届(2008~2009年度)文明单位	赣州市委、市政府
赤土畲族乡	新农村建设先进乡镇	赣州市委、市政府
南康市	2010年度全市教育工作综合先进县(市)	赣州市政府
市人力资源和社会保障局	2010年度全市人力资源和社会保障工作综合先进县(市、区)	赣州市政府
旅游局	先进单位	赣州市政府
市果业局	2010年度全市赣南脐橙品牌主题教育工作先进单位	赣州市政府
南康市	赣州市参与广州亚运会、亚残运会信访维稳工作先进单位	赣州市委、市政府
南康市	2010年全市创业服务年活动综合先进县市	赣州市委、市政府
南康市	2010年度新农村建设工作单项工作先进单位	赣州市委、市政府
南康市	2010年度新农村建设生猪产业发展工作先进单位	赣州市委、市政府
南康市	2010年度新农村建设小城镇建设工作先进单位	赣州市委、市政府
南康市	2010年度新农村建设发展农民合作经济组织工作先进单位	赣州市委、市政府
南康市	2010年度农村水利建设工作先进单位	赣州市委、市政府
南康市	2010年度农村信息化建设工作先进单位	赣州市委、市政府
南康市	2010年度社会治安综合治理目标管理先进县市	赣州市委、市政府
南康市	2010年度公众安全感测评先进县(市、区)	赣州市委、市政府
南康市	2010年度全市民生工程就业和创业工作先进县(市、区)	赣州市政府
南康市	2010年度全市民生工程医疗保障工作先进县(市、区)	赣州市政府
南康市	2009~2010年度发展非公有制经济先进县(市、区)	赣州市政府
南康市	2009年~2010年度实施中小企业成长工程先进县(市、区)	赣州市政府
南康市	2009年~2010年度推进能人创办企业工程先进县(市、区)	赣州市政府
南康市	2010年度全市教育工作综合先进县市	赣州市政府
南康市	2010年度全市赣南脐橙品牌主题教育工作先进单位	赣州市政府
南康市	2010年度全市深化医药卫生体制改革工作先进县(市、区)	赣州市政府

（续上表）

被表彰单位	奖项(荣誉)称号	表彰部门
南康市	全市"光明·微笑"工程优秀组织奖	赣州市委、市政府
南康市	2010年全市民政工作先进县(市、区)	赣州市政府
南康市	2010年度全市内资工作先进单位	赣州市政府
南康市	2010年度全市安全生产工作先进单位	赣州市政府
南康市	2010年度全市政府信息公开工作社会评议满意县市	赣州市政府
南康市政府	2010年度全市旅游景区规划和建设工作先进单位	赣州市政府
南康市政府	2010年度消防工作先进单位	赣州市政府
南康市政府	2010年度行政复议工作先进单位	赣州市政府
南康市政府	2010年全市政府系统人大代表建议政协提案办理工作先进单位	赣州市政府
南康市政府	2010年度全市交通运输暨物流工作先进单位	赣州市政府
市民营企业管理局	发展非公有制经济先进县(市)	赣州市政府
南康市	实施中小企业成长工程先进县(市)	赣州市政府
南康市	推进能人创办企业工程先进县(市)	赣州市政府
市政府办	2010年度全市公文处理先进单位	赣州市政府
市政府办	2010年度全市调研工作先进单位	赣州市政府
市政府办	2010年度全市应急管理先进单位	赣州市政府
南康市	2009年度全市造林绿化"一大四小"工程建设通道绿化先进县(市、区)	赣州市政府
市交通运输局	交通运输工作先进单位	赣州市政府
坪市乡人武部	征兵工作先进单位	赣州市政府、赣州军分区
市第二中学	赣州市高中教学质量先进单位	赣州市政府
市第二中学	赣州市普通高中教学质量进步奖	赣州市政府
南康中学	师德先进集体	赣州市人民政府
南康中学	赣州第八届"英东杯"女子篮球赛第一名	赣州市人民政府 霍英东基金会
南康中学	2009~2010学年度省重点中学高中教学质量进步奖	赣州市人民政府
南康中学	2009~2010学年度省重点中学高中教学质量先进单位	赣州市人民政府
南康中学	赣州市第八届"英东杯"中学生田径运动会高中团体总分第一名	赣州市人民政府 霍英东基金会
实验小学	赣州市第八届"英东杯"中小学生 田径运动会团体总分第一名	赣州市人民政府 霍英东基金会

2010年受地(厅)级以上表彰的先进个人

(一)2010年受省委、省政府以上表彰的先进个人

姓　名	工作单位	奖项(荣誉)称号	表彰部门
龙　云	市人武部	爱军精武标兵	省委、省政府
段德盛	市体育局	全国优秀健身气功社会体育指导员	国家体育总局
严由南	市畜科所	全国农村科普带头人	中国科协、财政部
张丽萍	农村信用联社	全国农合机构服务三农和支持中小企业最佳服务标兵	中国银行业协会
蒙云燕	市中医院	"光明使者"	省委、省政府
袁　帅	市法院	全国法院系统第二十一届学术讨论会论文二等奖	最高法院
贾春仙	市法院	全国法院系统第二十一届学术讨论会论文二等奖	最高法院
赵晓林	市法院	全国法院系统第二十一届学术讨论会论文优秀奖	最高法院
张东桥	实验小学	二00九年度科学教育先进个人	全国青少年科学教育师训计划领导小组
游长禄	实验小学	二00九年度科学教育先进个人	全国青少年科学教育师训计划领导小组
卓红秀	市气象局	全国优秀测报员	国家气象局
廖德华	市气象局	全国优秀测报员	国家气象局

(二)2010年受省委、省政府部门(单位)表彰的先进个人

姓　名	工作单位	奖项(荣誉)称号	表彰部门
曾静萍	市物价局	全省价格宣传工作先进个人	省物价局
黄亭年	市司法局	优秀公证员	省司法厅
潘素梅	朱坊乡	省农村妇女"双学双比"女能手	省妇联
张　洪	市体育局	体总工作先进个人	省体育局
李荣潭	市体育局	体总工作先进个人	省体育局
段德盛	市体育局	江西省群众体育先进个人	省体育局
李右球	市体育局	江西省国民体质监测工作先进个人	省体育局
幸泽阳	社保局	江西省社会保险系统先进个人	省社保中心
李德华	市体育局	2007~2010年全省青少年体育训练优秀教练员	省体育局
朱雪仁	市高速办	赣州绕城高速公路建设先进工作者	省高速公路建设领导小组
刘兴政	市地税局	2009年全省地税系统机关效能建设先进个人	省地税局
张桂平	市地税局	2009年全省地税系统先进工作者	省地税局
韩水生	市委组织部	全省宗教工作'主体在县'创建活动先进个人	省宗教工作领导小组

（续上表）

姓名	工作单位	奖项（荣誉）称号	表彰部门
张福胜	赣州机场	全省春运工作先进个人	省春运工作领导小组
王义桂	市党史办	全省党史宣传教育工作先进个人	省委党史研究室
邹顺科	中国银行	优秀党务工作者	中国银行江西省分行
董海青	农业银行	柜台业务技术能手	农业银行江西省分行
林忠	农业银行	储蓄存款业务标兵	农业银行江西省分行
廖福春	市矿产资源管理局	地质灾害防治先进个人	省国土资源厅
黎声汾	市矿产资源管理局	矿产资源执法监察先进个人	省国土资源厅
冯勇	市农机局	2010年度全省农机系统优秀信息员	省农机局
谭昊	市博物馆	江西省文物调查及数据库管理系统建设项目工作先进个人	省文化厅
刘伟	市文化馆	2010年度艺术科学论文美术（舞美）学科组一等奖	省文化厅
刘伟	市文化馆	2010年度艺术科学论文群众文化学科组三等奖	省文化厅
阳建兰	市文化馆	2010年度艺术科学论文群众文化学科组三等奖	省文化厅
谭昊	市博物馆	江西省第三次文物普查工作先进个人	省文化厅
郑忠发	市图书馆	江西省图书馆学会年会论文一等奖	省图书馆学会
叶兰兰	市图书馆	江西省图书馆学会年会论文二等奖	省图书馆学会
胡花明	市农业开发办	先进个人	省农业综合开发领导小组
刘乘波	市教育局	2010年全省教育行政部门学校安全工作先进个人	省教育厅
陈清明	市教育局	2010~2011学年度家庭教育工作和省家长函授学校办学工作先进个人	省教育厅
肖文斌	市公安局	上海世博会、广州亚运会安全保卫工作先进个人	省公安厅
刘平华	市卫生局	全省红十字会系统先进工作者	江西省红十字会
刘平华	市卫生局	全省红十字会系统优秀会员	江西省红十字会
钟朝伟	市国土资源局	2010年度全省国土资源执法监察先进工作者	省国土资源厅
曾静萍	市物价局	全省价格宣传工作先进个人	省发改委
袁帅	市法院	全省法院系统第十九届学术讨论会一等奖	省高院
贾春仙	市法院	全省法院系统第十九届学术讨论会一等奖	省高院
赵晓林	市法院	全省法院系统第十九届学术讨论会二等奖	省高院
许永红	市法院	全省优秀法官	省高院
张晓良	市法院	能动司法助推鄱阳湖生态经济区发展论文二等奖	省高院
赵晓林	市法院	能动司法助推鄱阳湖生态经济区发展论文二等奖	省高院

(续上表)

姓　名	工作单位	奖项(荣誉)称号	表彰部门
钟俊丰	市环卫所	省环卫行业先进工作者	省住房和城乡建设厅
钟春秀	市环卫所	优秀通讯员	省城市建设管理协会市容专业委员会
卢圣兰	市迎宾馆	先进个体工商户	省政府办公厅
黄名军	广电网络南康市分公司	百佳标兵	省广电网络公司
蓝真真	广电网络南康市分公司	全省技术维护先进个人	省广电网络公司

(三)2010年受赣州市委、市政府表彰的先进个人

姓名	工作单位	奖项(荣誉)称号	表彰部门
刘　非	市银监办	新农村建设先进工作者	赣州市委、市政府
张智勇	市气象局	2010年度全市防汛抗旱先进个人	赣州市委、市政府
谷　军	市人武部	何祥美式爱军精武标兵	省军区
沈光泽	市人武部	2010年度政研信息工作先进个人	赣州军分区
邓晓楠	龙岭镇政府	重点工程建设先进个人	赣州市委、市政府
邓晓楠	龙岭镇政府	先进工作者	赣州市委、市政府
谢小龙	蓉江街道党工委	2010年度新农村建设工作先进乡(镇)党委书记	赣州市委、市政府
罗隆杰	市矿产资源管理局	赣州市矿产资源开发秩序整治整合先进个人	赣州市政府
杨永飞	市政府	2010年度全市民生工程实施先进个人	赣州市政府
吴　健	市政府	2010年度全市民生工程实施先进个人	赣州市政府
何　瑜	市政府办	2010年度全市民生工程实施先进个人	赣州市政府
张田生	市政府办	2010年全市政府系统人大建议政协提案办理工作先进个人	赣州市政府
张田生	市政府办	2010年度全市信息化工作先进个人	赣州市政府
卓富生	市交通运输局	赣州劳动模范	赣州市政府
郭晓清	市卫生局	全市“光明·微笑”工程先进个人	赣州市委、市政府
谢水林	市工业和信息化局	2010年全市信访工作先进个人	赣州市委、市政府
卢　华	东山街道办事处	宣传工作先进个人	赣州市委
石清明	东山街道办事处	防汛抗旱先进个人	赣州市政府
黄清华	浮石乡政府	2010年度防汛抗旱工作先进个人	赣州市政府
蔡南山	龙回镇人民政府	赣州市防汛抗旱先进个人	赣州市政府
黄忠东	市第二中学	师德标兵	赣州市政府

(编辑:肖琼)

乡镇简介

隆木乡

〔综述〕 隆木乡位于南康市北部，称为南康的北大门。东接吉安市万安县、遂川县，南临大坪乡、坪市乡，西界上犹县、遂川县，北靠遂川县。辖区总面积96平方公里。白鹤岭海拔1042米，是南康的最高点。全乡13个行政村，177个村民小组，4711家农户，20470人。乡政府驻隆木街，院内总面积1.2万平方米，其中建筑面积3148平方米，乡政府距南康市区78公里。隆沙公路10.2公里，是接通105国道最便捷的公路之一，也是贯通唐江、南康的交通要道，隆木乡与105国道相接的公路还有隆木至竹坪公路，黄石至晓源汤村公路。赣粤高速公路穿越隆木晓源村，汤村进出口距晓源1.2公里。

隆木素有油米之乡的美称，是南康市商品粮基地之一，2010年全乡粮食总产1.3万吨，生猪出栏1.45万头，肉牛出栏4000头，人均增收150元，油茶种植面积4000多亩。豆腐干、雪片糕作为地方特产畅销市内外。全乡实现社会总产值2460万元，财政收入24.62万元。

〔党建工作〕 隆木乡党委政府坚持以邓小平理论和“三个代表”重要思想为指导，深入贯彻落实科学发展观，团结带领全乡人民牢固树立“发展为先，生态为重，创新为魂，民生为本”的理念。紧密围绕全市“126”工作部署，扎实开展创先争优，努力建设学习型党组织，从而不断提高干部的决策力、执行力和免疫力，推动各项工作的开展。一是强化党员干部的学习培训，提高自身的政治理论水平和业务能力。二是加强入党积极分子的培养，先后有200多人参加了一期以上的培训，严格党员发展程序，严把发展党员质量，培养发展党员26名。三是从严教育和管理青年干部，制定了《隆木乡大学生村官管理办法》。省聘大学生村官王名峰被共青团赣州市委授予“赣州市首届全市十佳大学生村支部书记”称号，青年干部卢俊丹在全省新农村现场会上被赣州市委农工部授予“优秀讲解员”。四是坚持党管武装，较好完成了民兵和征兵工作。被市政府、市人武部评为2010年度征兵工作“先进单位”。樟村张星星在全国公安消防部队打造铁军南方地区比武竞赛中，摘得攀爬横渡项目冠军。五是高度重视信访维稳，建立了乡领导、驻村干部、村干部三级信访稳控体系，化解2起多年积案，矛盾纠纷调处成功率达100%，成为南康市四级“零上访”乡、镇(街道)。六是加强村级组织建设，塘上、隆木、西木、小东四个村按上级要求新建了村部，解决了办公无地址、学习无阵地、活动无场所的落后现象。被评为“村级组织活动场所建设工作先进单位”。七是在全乡大力开展“送政策释民惑，送温暖聚民心，送服务解民难”活动，70多名市下派干部和乡干部围绕“三送”活动主题，深入农村一线，化解矛盾纠纷90起，办好实事

55件,送物资折合人民币6万元。

〔**新农村建设**〕 按照"二十字"方针和"五新一好"整体要求,完成了樟村4个省扶点建设,覆盖4个村小组,惠及125户,521人。共拆除杂房120多间,清运垃圾350吨,三清六改达到95%。硬化主干道2.6公里。全年共完成10期农民培训,培训农民78人,被评为2010年度"培育新农民工作先进单位"。

围绕生产发展,村容整洁的要求,一是组建了"南康市康隆优质稻专业合作社"。带动30多户农户入社发展,形成了"龙头+农户"的产业发展新模式。张家寿被南康市委农工部评为"优秀农民"。杨顺章在南康市十大工匠比赛中获木工一等奖。二是常年聘请了三名专职卫生保洁员,建立了卫生保洁的长效机制,家家通了水泥路,户户用上了干净的自来水和方便卫生的水冲式厕所,村容村貌明显改观,被评为"塑造新风貌先进单位"。三是树立浓厚的崇学重教氛围。以"永彩奖学会"为平台,张氏祠堂为阵地,整合农家书屋、电教播放室、娱乐室、培训站等资源,建立了张村农民学堂。四是建设了400平方米的"竹韵广场",添置了健身器材,组建了20人的柔力球队。

〔**人口与计划生育**〕 进一步加大了新修订的人口和计划生育条例的宣传力度,把生育政策,处罚措施,奖扶办法落实到户到人。扶持绿色养老3户,为55人发放国家奖扶金额4.95万元,发放阳光助学金8000元,319户二女户免费参加了新农合。320例一男户加入了爱心保险,全年完成"四术"185例。收缴社会抚养费148万元,实现足额征收6例。

〔**民生工程**〕 1、公路建设:2009年底至2010年先后投资760万元,新修隆木茶亭坳至西木村,新村至曲潭两条公路。村村通水泥公路的目标提前实现,并有三分之二的自然村通了水泥路,瑞坑、樟村、民丰、塘上、忠东结合新农村建设,近一半的农户有了通户、通组、通余坪水泥路。"十一五"末又率先启动了小东村大源、小源、猪形通组水泥公路建设。

2、全面落实惠农政策,2010年及时兑现各种政策补贴633.59万元,其中家电下乡补贴和农机具补贴14.43万元,有效拉动了内需。同时还积极争取中央拉动内需资金21.5万元,新建隆木畜牧兽医站。

3、积极推进新型农村合作医疗,全乡共有1.8万人参加了新型农村合作医疗,参合率达96.8%,解决了农民有病医不起,因病返贫的问题,被市政府授予2010年度乡、镇(街道)"新型农村合作医疗工作二等奖"。

4、隆木敬老院条件大改善,先后共投资80万元,兴建和改造了一卧一卫的老人住房420平方米,还安装了太阳能热水器,洗衣机。有健身设备和娱乐场所,老人的用餐标准提高,护理条件明显改善。

5、通讯快捷方便。移动公司加强服务,加大投入,加快发展,在邹家地、西木、民丰洋岭、瑞坑高塘等地兴建基站,盲区盲点迅速减少,较好的满足了移动用户的需求。同时,南康移动公司推出惠民之举,为农民提供新型农村合作医疗参合方法。

6、文化教育有了新发展,全乡中小学全面实行了"两免一补"政策,适龄儿童入学率、小学六年级升学率均为100%。中学和15所小学全部安装了现代远程教育设备,教学资源配置明显加强。投资65万元的中心小学教学楼如期交付使用。为偏远农户免费发放卫星接收设备410套,全面完成了"村村通"广播电视工程。村村还建立了"全国文化信息资源共享工程基层服务点"。313平方米的文化大楼交付使用。宣传报道取得新成绩,全年在市以上新闻媒体、网络录用稿件210件。

7、困难人群和老人有了基本生活保障。全乡有820人按规定享受了农村或城镇低保,163人享受五保,93位老人领到了长寿金。及时为知青、集体干部分流人员办理了养老保险,优抚对象,伤残军人,复员军人,参战退役、精减退职人员,农村"离任"两老人员,均能享受国家补助。

(钟家雄)

〔**领导班子名录**〕

乡党委书记、人大主席:刘其海

乡长:陈　华

委员副乡长:谭崇作

纪检书记:钟孝荣

组织委员:钟　利

宣传委员:黄振华(女)

乡长助理：廖肇青

肖　玮

易祖伟

（编辑：黄敬芳）

坪市乡

〔综述〕 坪市乡位于南康市北部，东与大坪乡接壤，南与横市镇相邻，西与上犹县紫阳乡交界，北与隆木乡毗邻。总面积91平方公里，地势周围高中间低，山区占总面积的84%，丘陵、河谷平地分别占总面积的11%和5%。最高点为西部的莲花山，主峰海拔达930.8米；最低点为长坳村的海螺峰，海拔240米。其他地区海拔为250~500米。辖李岭、境口、溪上、坪市、大路坪、松林、长坳、小陂、谭邦、小安、白马塘、罗洞12个行政村和一个居委会，150个村民小组，5211户，21783人（其中农业人口19821）。乡政府驻于坪市圩大街上，距南康市区69公里。

2010年全乡有耕地面积16943亩，人均耕地0.83亩。2010年全乡水稻种植面积30848亩，粮食兑产量达到10823吨。此外，全乡还有板栗、桔子等特产，有林地面积92817亩，森林覆盖率达84.9%，可谓“粮丰林茂”。坪市乡气候条件好，交通便利，特色农业发展明显，个私经济活跃。

〔新农村建设〕 年初，乡党委、政府认真贯彻上级新农村建设工作的有关精神，狠抓了“五新一好”工作落实。一是加大力量，尽早部署。在干部中挑选出年富力强、经验丰富的精干力量组成新农村建设工作组，明确大路坪、谭邦帮村建设点的任务，并迅速组建了村民理事会，调动挂点单位的工作积极性，形成了强势推进新农村建设工作的良好态势。二是明确责任，狠抓落实。制定详细的工作计划，把责任落实到人，保障各项工作的顺利开展，拆除空心房6360平方米，拆除猪牛栏、老式厕所153间，粉刷墙壁23000多平方米，改厕225户，改水222户，铺设村道1700多米，在6个建设点实施了农村清洁工程，清理垃圾82吨，使村容村貌发生了巨大的变化，极大地便利了村民的生产生活。同时以打造北部货物集散中心圩镇为目标，投入资金对圩镇进行绿化、美化、亮化。投入8万元安装了20盏太阳能路灯，新种植绿化树150株。同时组建了一支圩镇卫生清洁队伍，聘请了2名能力强、素质高、经验足、基础好的当地人员，具体负责圩镇卫生工作，并招聘了3名专职清洁员，分片区负责对圩镇各街道的垃圾清扫。有效的改变了圩镇脏、乱、差的难题，为坪市个私经济的发展提供了良好的发展空间。

〔计划生育工作〕 按照以人为本的原则，不断改进计划生育管理与服务，把稳定低生育水平、提高群众生殖健康和家庭生活质量统一起来。坚持党政一把手亲自抓、负总责，广泛开展计划生育的培训和宣传教育，强化环孕检等各项基础工作，充分发挥计生协会的作用，高标准进行计生数据统计，对违反计划生育的群众即坚持引导教育，又严格进行依法处置。通过以上措施，计划生育整体水平上了一个新台阶，全年实现计划生育率为85.76%，出生率控制在12.81‰，人口自然增长率为6.82‰，男女性别比为117:100，加大了依法执行力度，全年共依法执行12起，得到了上级计生部门的好评。

〔农村基础设施建设〕 2010年，以公路、桥梁、农田水利为重点的基础设施建设快速发展。年内，全乡共修建通村、通组水泥路18.4公里。基本实现了村、组交通网络的全覆盖。同时新建机耕道8公里、硬化机耕道2公里，新建田间作业便道5公里以上，投资28万元新建了一座公路桥。基本形成较为完善的农村交通路网，根本解决农村行路难问题，不断提升农业综合生产能力，夯实了农业农村发展基础。争取上级资金450万元实施小农水工程，新建成沟渠3920米，其中，两面光支砌沟2850米，三面光支砌沟520米，排涝灌溉沟550米，有效改善了坪市、松林、长坳等村6000多亩农田的灌溉现状，年可增产粮食20万公斤。通过“一事一议”投资近6万余元对罗洞、小陂、坪市、白马塘村的山塘进行除险加固和改造，保障了人民群众的安全和有效灌溉。同时对辖区内35条8500米的沟渠进行了清淤维修。

〔特色产业〕 坪市盛产优质大米，全乡有大中型大米加工厂11家，年加工能力在6万吨以上，加工的优质大米远销广东、福建等沿海城市。

坪市乡土特产品有坪市蜜饯，李岭村的优质

茶油,最负盛名的坪市雪片糕,质地细腻柔软,伸缩性强,搓成细卷而不断,阴天不潮,干天不燥能点火,色鲜味甜,清香可口。除销售本市及遂川、万安、上犹等县外,还远销湖南一带。此外,日用陶瓷也独具特色,传统的陶瓷产品久销不衰。

〔社会事业发展〕 一是实施社会保障工程,巩固农村新型合作医疗制度。2010全乡农村新型合作医疗参加人数达20133人,参加率达95.08%,收缴合作基金62.38万元。全乡已有1500多名患者得到医药费用报销,报销费用累计178.65万余元,全乡人均报销合医费用81元。二是完善农村特困群众社会救助、城乡低保体系,做到应保尽保,应退尽退。全年调整低保对象89户,投资8万元新购置改善了床、桌、凳、橱柜、生活用品等,安装了6台太阳能热水器,极大的改善了敬老院的住宿条件,真正实现了老有所养;三是扎实推进武装民兵工作,做好民兵政治教育和民兵训练工作,输送了9名优秀青年参军入伍,被赣州市评为武装工作先进单位;四是加大教育投入,改善教学环境,在坪市中学新建教学宿舍楼3212平方米,大大改善了教师的住宿条件。五是立足山区生态资源优势,强化生态环保工作力度,加大"一大四小"的工作力度,全年新造林绿化5000多棵,新增绿地面积3000多平方米。六是大力实施返乡农民工就业工程,全年共培训农民1620人次,解决农民工就业60余人。统战、老干、精神文明、科技、电信、文化、广播电视、工青妇等各项工作都得到了较快发展。

(钟荣)

〔领导班子名录〕

党委书记、人大主席:许志雄

乡　长:程宗毅(2010.06~　)

武装部长:钟志鹏

委员副乡长:周德任

纪检书记:兰善林

组织委员:王甲生(2010.06~　)

宣传委员:钟　荣(2010.06~　)

人大副主席:明文珍

乡长助理:杨　志

王平康(2010.05~　)

(编辑:明心伟)

横市镇

〔综述〕 横市镇位于南康市北部,东界沙地镇(赣县),南连麻双乡,西接社溪镇(上犹县),北邻坪市、大坪乡,是南康市北部经济、政治、文化的中心。面积122平方公里,地形东西长南北狭,横市河纵贯而过。地势东南低,西北高,最高点是大富村的红岭脑,主峰海拔739.2米,最低处是蔡屋村的象咀上,海拔162米,辖横市、禾田、大源、长南、增坑、稿背、蔡屋、新坑、大姑、土桥、罗山、西湖、大陂13个行政村和1个居委会(相安),共173个村民小组,5个居民小组,全镇共有22168人。

镇政府驻横市圩,距南康市区49公里。横市圩是南康市北部交通中心,唐江至隆木、横市至大坪、横市到社溪、横市至沙地四条公路在此交叉汇合,东通沙地,南连市区,西经隆木至遂川,北经大坪至万安县夏造镇与105国道相通。赣粤高速公路横市互通立交位于增坑村。

主要土特产是茶油和雪片糕。茶油是一种纯天然绿色食品,含有多种人体需要的氨基酸和微量元素,具有较高的营养价值和药用价值,是山区农民主要食用油和馈赠佳品。雪片糕由糯米、蔗糖和茶油加工而成,香脆可口。

2010年全镇GDP实现5173.3万元,比2009年增长10%;财政总收入110.64万元,完成任务数的100.13%,比上年同期增长19.74%,超额完成了南康市下达的财税收入指标;农民人均纯收入3371.5元,比上年增加10%。

〔基础设施成效显著〕 2010年共浇筑通村水泥路5.2公里,全面完成了村村通任务;新建大源村"国庆"大桥,修葺大姑村大姑桥;完善稿背、新坑移民村的道路基础设施建设,全面完成"十一五"期间的移民扶贫工作任务;2个村实现全线通车,4个村通广播,7个村通有线电视。

〔新农村建设整村推进〕 2010年禾田村作为新农村建设整村推进精品建设村,硬化通村主干道1.8公里,新栽植道路观赏树2000株,新铺草皮100平方米;浇筑通户路、余坪1.01375万平方米;完成房屋外墙装饰1.07万平方米;成立人畜分离区1个,预计年出栏生猪5000头,现存栏肉牛30

头;高标准改水改厕152户,完成率95.9%;新建农村垃圾清洁池6个;新建沼气池2个,安装太阳能2个,太阳能灭虫器2套;新增家用私人电脑10台;因地制宜地翻修鸭坞祠堂,新建鸭坞休闲广场,成立农家书屋。

〔**文明圩镇创建深入开展**〕 继续制止乱搭乱建、乱堆乱放、乱扔乱倒、乱贴乱挂、禽畜放养、占道经营等现象的发生;监控和管理好规划范围内的建筑动态和拆除违章建筑;通过政府奖补,理事会运作的模式,全面完成老农贸市场道路硬化2100平方米;强化了圩镇管理长效机制,解决了圩镇管理有人管的问题;按时落实环卫工人的工资,圩镇卫生状况明显好转;垃圾焚烧炉运转正常,农村垃圾户集、村收、镇处理,垃圾无害化处理效果显著。4月代表市政府迎接省农村垃圾治理检查验收,得到验收组的一致好评。

〔**富民产业迅速发展**〕 2010年,种植业优势产业主要有:以脐橙、柚子、柑橘为主的果业,全镇甜柚1610亩,脐橙960亩,其它132亩,总产值850万元;优质无公害水稻种植播种面积2.713万亩,总产量1.0589万吨,产值2.54千万元;蔬菜类种植播种面积8528亩,总产量9405吨,横市增坑沙芫建有100亩的蔬菜生产基地。养殖业发展逐步规模化、专业化,现存栏生猪1261头,肉牛888头;2010年出栏生猪2200头、肉牛300头、禽蛋3吨、肉类总产量256吨,包括猪肉160吨、牛肉45吨、禽肉51吨;新增石蛙养殖项目。市农业局土壤有机质提升项目实验成功,高产万亩示范区取得不错成绩,每亩增产100斤以上。"三清源"大米已连续五年被评为赣州市知名品牌;新成立了丰泰农机专业合作社。

〔**综治维稳和安全生产工作**〕 2010年,全镇社会稳定,群众安居乐业,没有出现大的刑事恶性案件和越级上访事件。2010年几起较复杂的纠纷如:915交通事故、稿背村林权争议问题等都得到很好的处理;综治工作软硬件都得到加强;整改工作和"五五"普法顺利迎接了市级考评。全年共开展了4次全面的安全生产大检查,排查出安全生产隐患36起(处),下发整改通知书36份,整改全部符合标准;全年共组织参加市级安全生产培训16人次;森林防火成效显著,未发生一起森林火灾,保障了群众的生命财产安全。

〔**社会事业全面进步**〕 民政、教育、新农合、卫生工作有效开展。2010年,发放五保、城市低保、农村低保、民政优抚资金共计168.17万元;享有农村养老保险的有191人,共发放养老金6452元;组织残疾人培训,2010年共培训残疾人360人次;开设民事处理窗口,负责婚姻登记等事宜。始终大力支持中小学教育工作,中小学共建筑了1400平方米的教师宿舍,改善了居住条件,稳定了教师队伍。新型农村合作医疗政策落实到位,参合率达95.06%。横市中心卫生院新增医技楼一栋,面积600平方米,设备和技术先进,药品"零差价"顺利推行;"光明·微笑"工程使10名白内障患者重见光明,2名唇腭裂患者重露微笑;"两病"筛查,转诊7例患儿;公共卫生均等化服务完成居民健康状况档案7000多份。

〔**政府自身建设**〕2010年,镇政府积极转变政府职能,更加注重公共服务和社会管理,全面落实各项建设和惠民帮扶政策;以开展"创业服务年"活动为契机,大力推行"阳光政务",深化政务公开,畅通群众来信来访渠道,做到了件件有回音,事事有落实;政府应急能力进一步增强。建立完善了应急工作责任体系、应急预案体系,开展应急演练,全镇应急处置能力得到提升;廉政建设进一步加强。

(刘华燕)

〔**领导班子名录**〕

书记、人大主席:刘吉军

副书记、镇长:朱　芳

副书记、纪检书记:杨林

委员、副镇长:吴崇河

宣传委员:刘华燕(女)

组织委员:彭家林

人武部长:王　华

副镇长:刘玉明
　　　　张　锐

镇长助理:易春华
　　　　吴小伟
　　　　肖桂文

（编辑：倪贵清）

大坪乡

〔综述〕 大坪乡地处南康市北部，区域面积107平方公里，其中耕地1.939万亩，山林面积10.9万亩，辖大坪、上洛、西坌、东村、上期、中坌、桥庄、三合、南良、蒋坑10个行政村，186个村民小组，有农户6886户，总人口24331人。

2010年，大坪乡党委、政府以“1357”工作思路为抓手，深入贯彻党的十七大和十七届五中全会精神，按照科学发展观要求，进一步解放思想、实事求是、开拓进取、强化措施、锲而不舍，立足经济发展、把握社会稳定，社会主义新农村建设有了新特色，人口与计划生育工作上了新台阶，基础设施建设有了新发展，党的建设上了新起点。全乡社会秩序和谐稳定，人民生活蒸蒸日上，各项事业蓬勃发展。

〔农业经济〕 2010年，大坪乡紧紧依托“江西省无公害优质水稻生产基地”这一品牌优势，大力发展无公害优质稻的种植。全乡优质稻播种面积达21603多亩，同比增长9%，实现农民增收180多元每人。在市农业和粮食局的指导下，通过积极引进新技术、新品种，粮食生产能力进一步增强。大力宣传农机下乡，积极引导农户购买农机，提高劳动生产率，全年全乡新增农机300多台，农业机械化水平进一步提升；在继续扩大单位农户种植油茶面积的同时，建好了大坪村江前组千亩油茶基地，油茶产业已经成为农民增收的新亮点。2010年，大坪乡完成财税收入70万元(其中：国税完成25万元，地税45万元)，完成率100%。

〔新农村建设〕 大坪乡紧紧围绕“五新一好”的总体要求，通过创建“好班子”夯实组织基础，突出“三清三改”抓好村庄整治，引导果业、油茶发展主导产业，抓紧实用技术传授培育新农民，扩大宣传塑造新风貌，共享、共建社会主义新农村。2010年，全乡4个省扶点和1个自建点都很好地完成了新点建设任务，顺利通过了省市的验收。全乡新修通村公路10公里，入户便道硬化2.52公里、拆除空心房和破旧栏厕分别达2140平米和2970平米，阶檐7800平方米，改水169户，改厕169户，新增太阳能25个，新建了4个人畜分离区和18个垃圾池，种植天竺桂、桉村等3400多株；整治公共场所6处，新建休闲场所2处，人居环境大大改善。

2010年，大坪乡健全了粮食合作社，发展各种经济组织协会会员105人，康祥实业、凌鹰米业等几家大型粮食加工企业，以“公司+协会+农户”的形式，辐射带动农户4000多户，开展支农服务50项，年加工大米2.5万吨，实现销售收入3100万元，利润190余万元。全乡举办经验交流会、业务座谈会、协会发展协调会12次，举办会员培训班28期，共计1521人次。同时，积极做好农民培训工作，优质高效完成农民培训。全乡整合了3万多元培训资金，有培训资料和书籍1300多册，加强了师资队伍建设，负责培训的教师队伍达25人，建立和完善了6个培训学校和10个培训站，完善了4个实训基地，全乡共举办各类培训班83期培训1130人，为农民学院输送生源731人。

〔圩镇建设〕 2010年，大坪乡在圩镇及周边地区建设了多个无公害垃圾池，安放了200个分类垃圾筒，有效地改善圩镇垃圾随倒随放，污染严重的现象。聘请了5名专职清洁工，定期对圩镇进行清扫，保持圩镇的环境与卫生。积极实施圩镇周边道路硬化和街道的美化亮化工程，建设配套的体育场所与设施，一是加快圩镇周边道路的硬化工程，对圩镇规划范围内的大街小巷道路进行硬化，二是重点抓好大坪圩镇莲花路、金丰路、金坪路两侧街道的美化亮化，增设了20多个路灯，建设高标准的水沟、下水道等圩镇基础设施的完善，极大地改善人民群众的生活条件，提升圩镇的功能和品位。注重搞好圩镇文明工作，打造和谐集市。按照“科学规划、合理布局、完善功能、美化环境”的总体要求，通过“讲文明话、办文明事、做文化人、建文明集镇”为主题的四“文明”活动，大力开展“五整治”、“三建设”，努力改善生活设施。广泛动员单位、个体工商户和居民积极参与圩镇建设、圩镇环境整治和文明圩镇创建。健全圩镇管理长效机制。圩镇人居住环境质量和圩镇管理水平有了明显提高。

〔社会各项事业〕 大坪乡坚持把改善民生作为工作的宗旨，把有限的财力投入到民生保障上来。围绕学有所教,积极改善办学条件,投入200万元完成建设大坪中心小学教学楼;围绕劳有所得,积极开展城乡保障工作，提供返城未安置知青养老生活补助27人,2010年新增城镇就业81人，转移农村剩余劳动力就业205人;围绕病有所医,积极完善乡村医疗就治体系，全乡新农合参合率达95%以上,同比增长5%,补偿农民160多万元。投入120万元完善卫生院建设，大大改善了全乡人民群众的就医条件。

健全了社会保障体系，保障了企业下岗职工的基本生活、确保了离退休人员养老金、农村五保低保人员扶助金及军人家属抚恤金的按时足额发放,确保了农民群众的医疗保险及时报帐、支付。围绕可持续发展,人口和计划生育工作扎实提高,获得全市“三等奖”。

〔**社会和谐平安**〕 2010年,乡党委、政府与各村、各单位、各企业签订了社会稳定包干责任状,安全生产工作责任状,全体村干部内紧外松,绷紧稳定这根弦,时刻注意社会动态,做到小事不出村组,大事不出乡,把矛盾纠纷化解在萌芽状态。完善了信访接待室,建立了党政成员定期接访制度,为群众解决热点、难点问题160多起,通过不断完善综治网络,坚持依法行政,妥善调处矛盾纠纷,抓好安全生产、森林防火、食品安全、交通安全、学校安全、病险水库安全等工作,保障群众的生产、生活安定,确保了社会安宁,人民安居乐业。全年,全乡未出现一起大案、要案和群体事件，社会政治稳定,人民安居乐业。

（唐进）

〔**领导班子名录**〕

党委书记、人大主席:黄万林

副书记、乡长:肖　立(女)

委员、副乡长:丁瑞锋

组织委员:黎传富

纪检书记:刘明东

宣传委员:唐　进(2010.6~　　)

　　　　　林兰兰(女,~2010.6)

副乡长:申昌平(2010.6~　　)

人大副主席:杨振华(2010.6~　　)

乡长助理:伍建平(2010.6~　　)

　　　　　唐　进(　　~2010.6)

　　　　　杨振华(　　~2010.6)

（编辑:黎庆愉）

麻双乡

〔**概况**〕 麻双乡位于南康市北部山区。东与赣县沙地镇、五云镇接壤,南接十八塘乡,西临上犹县社溪镇,北连横市镇。乡政府驻麻双圩,距市区42公里。全乡面积123.5平方公里,人口2.9万人,行政村15个。全乡耕地面积1.5万亩，林地面积13.9万亩。2010年,在市委、市政府的正确领导下,以党的十七大和十七届四中、五中全会精神为指导,深入贯彻科学发展观,统筹抓好各项工作,在困难中求发展,在发展中求稳定,实现了全乡经济健康发展、群众安居乐业。

〔**经济发展**〕 全乡2010年财政收入达到137.55万元,国税完成96.55万元,地税完成41万元。

〔**新农村建设**〕 2010年，确定了坝孜村新屋、坝孜、圩下村龙颈湾、新建、麻溪等5个新农村建设点,共涉及到2个村5个村民小组185户812人。突出抓好三项内容,激发新农村活力,努力改善农村人居环境,构建和谐、文明、富裕新农村;充分发挥三大作用,多方联动形成新农村建设合力;注重两个结合,增强新农村建设动力。突出干部服务、理事会运作两个主要环节，采取每个涉及新农村的行政村上安排一名党政领导驻点、在建设点自然村中组建理事会的办法抓新农村建设，明确了乡村干部的责任,调动了群众的积极性,年内各个点的建设做到了均衡推进,全面完成了建设任务。共清运垃圾110多吨,拆除牛猪栏、茅厕、简陋建筑物184间,“空心房”6间，种植绿化树、果树1800多棵,完成改水179户、改水率96.8%,完成改厕177户,改厕率95.7%,硬化通户路165户共9.784公里,硬化余坪、阶沿12500多平方米。安装太阳能63户。全年,共硬化建设点内村组主干道2条共1.8公里,修建垃圾中转站2座。主要抓好2个特色文化村建设，成立了20人的老年腰鼓队，重点抓了张氏祠堂的修缮，社区建设突出以“和谐”为重点,打造了坝孜和谐文明社区;新建设了圩下村蔬菜种植基地,占地100亩,新增油茶种植面积1100亩,新确定了黄埠、麻双、圩下3个

“一村一品”示范村；共向市农民学院选送学员100名,乡农民学院自主培训学员662名;已组织生猪养殖大户联合向工商部门申报登记注册,成立了南康市大旺生猪专业合作社，圩下长青蔬菜专业合作社登记注册工作已完成,主要围绕“135”党委工作思路(即“一个目标、三项活动、五个重点”),切实加强乡、村两级党组织建设,深入开展以“学习实践科学发展观,创建和谐平安新麻双”为主题的学习实践活动。

〔圩镇建设〕 按照“逐步引导、强制入轨”的思路,认真落实门前三包和卫生责任制，健全了卫生保洁制度，新建垃圾中转站2座，添置分类垃圾桶180只,垃圾分类箱20只。成立了成员6人的城管环卫所,负责圩镇秩序及日常圩镇卫生工作。完成了兴麻路、井前路、教育路的彩化工程。完成了农贸市场的硬化,硬化面积2779.7平方米,为集贸交易创造了良好的环境。完善了便民设施,新安装环保太阳能路灯28盏，浆砌排水沟310米,安装了无线广播6处，完成了200米长的老街改造工程，完成了沿江路街道改造建设。浆砌挡土墙830立方米,路基回填土石方8500立方米,建设了80平方米的老年活动中心。新建了960平方米的农民服务中心、标准篮球场一个、修缮了900平方米的人民会场。加大园林绿化建设，绿化面积1360平方米,在街道路旁绿化植树480棵。建设了近3000平方米种植了80株桂花的环境良好、功能齐全的桂花广场。

〔农村基础设施建设〕 公路建设方面，除新农村建设点内村组干道外，新硬化了黄坑至城孜坳背公路4.4公里、圩下太汾公路2.5公里、圩下至甫竹公路3.5公里、松江至花潭公路3.9公里、义里大元山至坳背公路0.8公里，全年累计修建村村通公路15.1公里。水利建设方面,在麻双南云、花潭河背、下厅高庄、富坑,坝孜村坝孜等村组开展了“人畜安全用水”工程建设,解决了近1500人的用水问题,新建(修复)了水塘、水库6座、水陂12座、水圳360米、恢复和改善灌溉农田1300多亩。

〔产业结构调整〕 进一步扩大工业原料林(桉树)基地规模,新增桉树种植面积350亩,使工业原料林(桉树)基地面积达到4000亩。年内,新增生猪栏舍860多平方米,年出栏生猪2万头。新增果业种植面积120亩。新增油茶种植面积180亩,改良油茶面积500亩。

〔计划生育工作〕 以落实避孕节育措施、开展生殖保健优质服务、完善计划生育服务管理网络为重点,通过掀起季度性计划生育工作高潮,基本完成了市委、市政府下达的人口和计划生育工作目标任务。全年共完成结扎185例,上环225例,人流引产26例,计划生育率为87.1%,为107户0~14周岁独生子女家庭办理了爱心保险。

〔综治维稳工作〕 一是始终把握“和谐平安麻双”这一主题,深入开展了“三项排查”调处工作,确保了“大事不出乡,小事不出村组”;二是严格落实领导责任、目标管理责任、责任追究等三项制度,明确了责任;三是深入开展了打击刑事犯罪,治安管理,整治非法生产等三类专项行动,较好地扭转了治安形势；四是强化了综治组织和法制宣传教育两项建设,整合资源,成立了和谐平安联创中心,夯实了综治维稳工作基础。全年全乡没有出现一例赴京、赴省、赴赣州的越级上访,没有一例群体性上访,没有一例刑事案件,全乡社会和谐稳定。

〔基层党组织建设〕 一是在全体党员中开展了深入学习实践科学发展观活动，增强了党员党性修养;二是对农村党员创业致富实施金融扶持,通过帮助解决贷款等办法激励农村党员成为推进跨越发展、带领百姓致富的模范;三是在农村无职党员中深入开展了“一箱一袋一卡”便民服务工作,强化了无职党员服务群众的意识，提高了农村党员的工作积极性。

〔农村党风廉政建设〕 一是在农村党风廉政建设中推行“三三三”工作机制,即实行“决策听证、政(村)务质询、清廉评议”三会、建立“便民服务、公共资源交易、三务(党、政、村)公开”三项制度,落实“政策入户、服务入户、政(村)务入户”三入户,取得了良好的效果;二是结合“机关效能年”建设,抓好了基层站所政风行风评议工作,对全乡29个基层站所在“依法行政、服务态度、办理效率、勤政廉洁”等方面进行评议,指出了存在的问题,改进了工作作风,提高了办事效率;三是抓好了强农惠农政策落实和涉农资金使用情况的督查检查。

（谭祖礼）

〔领导班子名录〕
党委书记：王小华
乡长：谢　兴
宣传委员：魏佐财
委员副乡长：邹建华
武装部长：刘贤忠
组织委员：谭祖礼
副乡长：赖冬梅（女）
　　范首高
　　胡　凯
人大副主席：李粹庭

（编辑：张玉玲）

十八塘乡

〔综述〕 十八塘乡位于南康市北部，东临章贡区及凤岗镇，南连唐江镇及龙华乡，西接上犹县社溪镇，北界麻双乡。总面积130平方公里。辖14个行政村，237个村民小组，总人口35746人，其中：女16850人，非农业人口1620人。矿藏有黄金矿及刚玉。乡政府驻地十八塘圩，距南康市区30公里，距赣州市区38公里，距赣州机场31公里，距南康火车站35公里，赣粤高速公路纵贯穿群丰，楼下二个村，长约4公里，唐隆县（市）道公路贯穿马头，十八塘，群丰三个村，长约5公里；通村水泥公路，有十八塘至内潮公路，十八塘至红岭公路，十八塘经合江、坳下、长滩公路，全乡村村已通水泥公路。

〔新村点呈现新面貌〕 围绕打造“山清水秀十八塘，和谐安康千万家”这一目标，稳步推进新农村建设，高标准完成了6个新农村建设点的建设任务，市乡两级安排新农村建设资金125万元，增长12.3%。新建农民文化广场1个，农民活动中心6个，农家书屋8个，配备农民运动设施11套（组）。通过深入挖掘合江江孜口人文地理、民间风俗等文化底蕴，突出王氏宗族文化和江孜崇水文化特色，重点打造一个特色鲜明的客家王屋精品新村。以“和”为主题，修建了客家文化和谐广场，改造了社区文化中心。江孜口在2010年的村庄整治中，共硬化主干道长达1980米，通户路2200多米，硬化余坪4200多平方米，依据村庄规划图拆旧建新7户，共新建三格式厕所46户，拆除破旧牛猪栏58间，新建1000多平方米的客家文化广场1个，改建社区活动中心1个，同时建立了公共事务管理长效机制，村庄整治工作有进展明显，王氏客家文化彰显特色，“五新一好”新农村已逐渐成型。

〔塑造新风貌〕 一是农村清洁工程有序推进，建设了垃圾处理场，聘请了保洁员，加强了长效管理；二是完善了农民活动室，新建了农家书屋，设置了宣传栏、宣传壁画，文化活动室配备棋牌桌、电视机，引导农民开展健康有益的文化活动；三是加强了文化站建设，支持组建了农村民间文化队，开展农民喜闻乐见的文艺活动，马头村和十八塘村组建了两支腰鼓队，极大丰富村民的业余生活；四是开展了“十佳农民”评比活动，王智祥等人获奖，促进了乡村文明和谐。

〔民生工程〕 一是开展了民生领域三个突出问题，即失地农民基本保障、农民建房问题、低保资金发放的专项治理工作。建立了相关台帐，规范了操作程序，赢得了百姓的认可。二是低保大排查。对全乡低保户进行了全面摸底排查，通过这次城乡低保大排查活动，重点关注了精神病、残疾人、弱智患者等弱势群体，对不符合农村城市低保条件的一律取消，特别是对村干部家属和亲戚的低保资质进行了重点排查，对已故的低保对象进行了剔除，杜绝了“糊涂保”、“关系保”、“人情保”。真正做到了困有所济，难有所保，将低保切实落实到了弱势群体身上，同时促进了全乡的社会稳定。三是新型农村合作医疗深入人心。参合人员逐渐覆盖全乡，全乡参合人数达33400多人，参合率已达95.12%，计1000多人获得医疗救助，补助医疗费80多万元。为53名知青办理了基本养老保险或养老生活补贴，其中市审核通过24人。翻新了敬老院、门球场，供养孤寡老人50多人，组建了一个老年体协活动室。

〔“一大四小”工作〕 2010年，完成精品公路整地打穴3920米，打穴3920米，折合面积39.2亩，占任务的131%；精品村庄整地打穴2189个，折合面积21.89亩，占任务的219%。全乡共完成造林绿化"一大四小"工程建设任务1900亩,其中完成乡场绿化25亩,村庄绿化480亩,高速公路绿化230亩,县乡公路绿化15亩,农田村网绿化150亩,荒滩荒地绿化70亩,宜林地造林600亩,灾后补助造林300亩。其中天竺桂造林质量和成活率均列全市第一。2010年被评为全市"一大四小"工作先进单位。全市"一大四小"整地打穴流动现场会在十八塘乡召开。

(邓志坚)

〔**领导班子名录**〕

书记、人大主席:吴　斌

乡长:刘泽文(2010.6~　　)

纪检书记:袁耀祖

委员、副乡长:王　涛

　　刘光斌

人武部长:钟南方

组织委员:王恩民

党委委员:欧阳有生

宣传委员:邹杰勇(　　~2010.11)

副乡长:邓志坚

　　张平胜

乡长助理:李志彪

　　蒋斌斌(　　~2010.11)

(编辑:肖琼)

龙华乡

〔**自然概况**〕 龙华乡位于南康市中西部,东邻唐江镇,南接朱坊乡,西界上犹县,北连十八塘乡,乡壤107平方公里,耕地21600亩,其中水田16785亩,旱地4815亩,全乡总人口49121人,总户数10505户,农村劳动力25116人。

有17个行政村,分别为双江、上蒙、腊树、黄塘、丹材、中岭、牛石、赤江、崇文、新文、沙田塅、新华、高峰、中古、龙凤、大坑、下村,228个村小组。

有2所中学、1所中心小学,13所村完小,1所中心卫生院;

邮政、电信、移动、联通等通信事业蓬勃发展。

〔**地理位置与区位优势**〕 乡政府地处赣丰线公路旁,距南康市区25公里,距赣州凤岗机场12公里,距赣粤高速公路唐江出口处7公里。

上犹江、沙溪河、赣丰线公路、赣犹森林铁路贯穿全乡的15个行政村,交通主动脉累计长度50公里以上。

待建的昆厦高速公路,赣崇高速穿境而过,全乡水陆交通便利。

〔**经济概况**〕 2010年全乡实现财政总收入355万元,其中国税235万元,地税110万元,农民人均纯收入3660元。

〔**特色工作**〕 1、传统农业和现代农业建设以及工业经济建设。农业生产稳步提升。优质农产品种植进一步普及,全乡优质稻播种面积达14800亩,高产花生种植面积8600亩,油料作物面积9100亩,蔬菜种植9120亩。在抓好传统农产品生产的同时,加快特色产业发展步伐,重点培植了生猪养殖、果业、花卉、渔业等特色产业。新引进的深圳佳洁、深圳华昱两个现代农业开发项目,有力提升了龙华乡的农业产业化水平,招商引资和民营经济取得新突破。罗边工业小区工业经济发展龙头的作用进一步彰现,解决就业岗位9000多个。在抓好工业小区建设的同时,全面落实支持民营经济发展的各项政策措施,进一步激发民营经济发展活力。2010年,全乡新增个私民营企业28家。

2、新农村建设。村庄整治工作深入开展。着力建设了腊树、新华、上坪、丹材等几个村10个省扶建设点,在新华村罗边移民区打造垂钓文化精品社区,突出抓了沙田段村整村推进精品示范群落建设,2010年,全乡12个建设点共引导村民改厕1008户,改水1120户,改路1010户,修建通组道路12.3公里,硬化水沟2800多米,农村基础设施进一步健全。投入100多万元对圩镇进行了绿化和道路维修,圩镇面貌有了较大变化。乡农民培训12期,培训农民457人、农业产业组织化建设等工作都取得新的突破。

3、罗边垂钓新村精品建设。

罗边新村是一个水库移民村,位于上犹江罗边水库旁,依山傍水,风景秀丽。罗边村民依水而居,养鱼、钓鱼就是村民生活的一部分。我乡利用罗边生态环境良好,天然物候温润的条件,结合垂钓文化,打造罗边为"生态宜居,亲水休闲,垂钓养生,旅游度假"的精品社区。

在设施建设方面,在罗边的库区沿岸修建了

数百米的游步道，沿河布置了数个适合垂钓的区域，搭建了遮阳棚和供垂钓休闲的石凳，并配套修建了公厕和垃圾桶，支持农户开办了以农家菜肴为特色的“渔家乐”。

在文化打造方面，建设了钓苑广场和金鲤广场，围绕“渔”的主题，集中展示了关于垂钓的名人、故事和诗词歌赋等，烘托垂钓文化中淡泊宁静、修身养性的精神境界，把垂钓这项传统休闲健身活动介绍给游人。

罗边新村沿河形成了近百亩的适宜垂钓区，村庄垂钓文化浓厚，每天都有外地的游客来罗边垂钓休闲。

4、民生工程建设与新产业发展。在产业的建设和发展中，通过“建协会，强服务，做品牌”等一系列措施，全乡的产业呈现出积极变化：一是乡支柱产业规模不断扩大，新华村花卉、沙田段村蔬菜、新文村瓜果、崇文村渔业、双江村家具、腊树村肉兔、赤江、中岭村生猪等产业优势日益明显。二是新产业发展良好，巩固了如“金水二号梨”基地、花卉基地，麒麟瓜种植基地，摸索出了一条特色种植的新路。新型农村合作医疗工作进展顺利。2010年全乡共有44357人加入了合作医疗保险，参保率为91.35%，上缴参合费133.07万元，计划生育工作取得新突破。全年计划生育率为86.8%，综合节育措施率为98.6%，环孕检率为92%以上，人口自然增长率8.86‰，征收社会抚养费200万元。

5、平安龙华创建。落实信访工作责任制，努力实现“小事不出村，大事不出乡”。高度重视安全生产工作，开展了道路安全隐患排查，全年排除交通安全隐患35处；加大了森林防火力度，制定了森林防火工作预案，落实了森林防火责任制，加强了野外用火处罚力度；制定了地质灾害防治方案和应急预案，进行了地质灾害全面摸排，共排查出地质灾害隐患农户33户，发放了地质灾害避险明白卡和落实了防治责任人，全乡全年无一起地质灾害伤亡事件。

（陈渊贵）

〔领导班子名录〕

党委书记、人大主席：李立生
副书记、政府乡长：陈国正
宣传委员：陈渊贵
组织委员：邱家源
人武部长：刘克银
委员副乡长：宗雪冰
纪委书记：刘芳艳
党委委员：吴乐明
副乡长：肖　松
　　　　邱秀文
乡长助理：曹之廷
　　　　陈　珏（女）
　　　　李晓明
　　　　邓理平
人大副主席：钟运滨

（编辑：赵健）

唐江镇

〔**综述**〕 唐江镇总人口119385人，辖区面积96平方公里，有30个行政村和3个社区，共有50个党支部，党员1808人。2010年，全镇上下紧紧围绕“128”工作思路狠抓落实。即：紧扣“提升科学发展水平，提高社会满意度，把唐江建设成为南康的次中心城市和赣州主城区的卫星城镇”这一目标。突出“项目建设和干部作风建设”这二个抓手，实行工作项目化、项目具体化、具体责任化的工作机制，着力建设“眼中有群众、心中有组织、办事有规矩、工作有激情”的“四有”干部队伍，促进干部职工提高责任意识、提高办事效率、提高工作质量、提高团队凝聚力。围绕产业发展有新办法，新农村建设层次有新突破，人口与计生水平有新提高，城镇面貌有新变化，基础设施建设有新项目，民生工作有新力度，社会稳定有新保障，干部作风有新转变这八项重点，各项工作统筹推进，成效明显。全镇实现财政收入1325.67万元，比上年增长15.7%。总体情况为：思路清晰、目标明确，重点突出、亮点较多，社会稳定、群众满意度逐步提高。

〔**重点项目建设**〕 坚持项目工作法，全年启动的建设项目涉及城镇建设、道路交通、民生事业、农田水利、生态建设和机关设施等6大类36个，是历年来资金投入最大、项目实施最多的一年，共投入资金达2000多万元。唐兴东大道、金三角–红旗街、中天广场改造、街道亮化、西气东输工程征地拆迁、康唐公路拓宽改造等20多个项目已顺利完工，新区规划建设、赣崇高速唐江段的征地拆迁、土地复垦(增减挂)、油树大桥、中天广场垃圾中转站等项目进展顺利。

〔**新农村建设**〕 2010年是新农村建设投入最大、效果最好的一年,累计投入410多万元资金。集中力量整村推进木塘村新农村建设,着力打造木塘围中心社区精品点,5月,代表南康市接受了赣州市“三化”建设流动现场会的检查。全年共实施了木塘、章石村10个建设点的“六改四普及”和“三绿一处理”建设工作,农户“三改”完成率达95%以上,硬化村组道路4000多米,绿化面积1000多平方米,拆除空心房、牛栏厕所面积54000多平方米。深入开展农村垃圾治理工程,建设垃圾池6个、垃圾箱80个,实行定时定区域定责任保洁制度。大力发展建设点内花生、水稻产业,成立了农民专业合作社;建立了建设点内农民服务站和文化活动中心,聚合了农民办事咨询、农民培训就业、农村党员电教、文化娱乐活动等功能。被赣州市委、市政府评为“新农村建设先进乡镇”,被南康市委、市政府评为“新农村建设综合一等奖”。

〔**城镇建设和管理**〕 2010年是城镇建设投入最大、面貌变化加快的一年,全年建设资金投入1000多万元。为完善提升唐江镇总体规划,组织进行了镇区4.2平方公里控规编制和新区修规编制工作。完成了唐瑞路、唐兴西大道、唐兴东大道、唐平南路等四个主出入口的改造建设,重新对金三角~红旗街、唐平路~土围里等10多条老街老巷进行了硬化改造,完成了中天广场、唐兴东大道与赣丰线交叉三角区的景观改造和主排水设施的维修改造。种植行道树600余株。强化排水设施、路灯、环卫、园林设施的日常维护。新装路灯230盏,改建垃圾池4个,新建或改建垃圾箱32个。对镇区主要街道划设了交通标识线和泊车位。建立健全了圩镇长效管理机制,镇人大审议通过了新的《镇区管理办法》。围绕“洁净、有序、畅通”抓管理,通过延时、差时管理和机动监察等形式,对镇区车辆停放、占道经营、户外广告、货物出店、沿街叫卖等进行重点监管和整治。增加了20多名城管和卫生保洁人员。

〔**人口与计生工作**〕 计划生育率、人口性别比、出生率等各项指标在控制范围之内,针对原来计生业务较薄弱的现状,狠抓了计划生育整改工作,出台了《人口与计划生育工作年度目标管理考核方案》和《唐江镇落实村(居)为主推动人口和计划生育重心下移工作目标管理考评方案》。实行专业服务队工作模式,镇计生服务队干部分组包村、责任到人,做到经常性工作与突击性相结合。开展了全员信息登记录入工作,重点加强和完善了镇村两级计生报表、台帐的管理。积极抓好村级计生服务室建设。落实利益导向机制。为符合条件的对象办理平安保险,对农村部分计划生育家庭奖励扶助对象落实了“一卡通”、中考加分、绿色养老等奖励扶持政策。强化社会抚养费征收力度,社会抚养费征收面和征收额得到了双提升。

〔**信访维稳和安全生产**〕 建立健全了系统化综合性的维稳机制。从强化源头信息、加强纠纷排查调处、落实“四访”要求、狠抓应急管理、明确责任主体、严明问责制度等六个方面的工作机制入手,结合实际具体出台了《进一步做好维稳工作的22条措施》。明确了企业改制职工、涉军群体、知青群体、城镇建设遗留问题、土地权属纠纷、环境污染、征地拆迁、交通事故、医患纠纷、河道采沙等10个涉众维稳重点,并落实党政领导分类包案责任制,全镇信访量、越级上访量同比分别下降,没有发生群体性事件。安全生产工作常抓不懈,重点对交通安全、易燃易爆物品、家具服装企业防火、森林防火、城乡建筑施工安全、学校周边安全等重点领域的安全工作进行管理。相继开展了三轮车非法载客、校车超载超速、农民建房安全、校园周边环境整治、暑期学生游泳、易燃易爆及防火排查等安全专项整治活动共15起,有效杜绝了重大以上安全事故的发生。

〔**农村基础设施建设**〕 完成了竹下、磨形、学田、隘孜等4个村共6.1公里的公路硬化和卢屋村水毁桥重建工程;总投资650万元的油树大桥建设已完成主体工程;完成了坳源水库除险加固工程、庄稼、唐南两村的水利水毁工程,大岭、西坑、白石、竹下等山塘的溢洪道改造、竹下水陂工程以及油树村、卢屋村的篮球场建设,共完成投资200多万元。启动了农村水毁道路维修、黄西坑水库溢洪道改造、平田村西坑村渠道改造等9个水利项目建设。造林绿化“一大四小”工程被评为全市先进单位。

〔民生工作〕 开展了城乡低保大排查，共取消不符合条件的低保对象181户，共计373人。强化了城乡低保动态管理、分类施保和规范管理，做到应保尽保。对全部低保对象进行规范建档，实行微机管理。新型农村合作医疗参合率达到95%以上。70岁以上老人免费乘坐公交车，85岁以上老人享受了长寿补贴。敬老院建设年内完成了院墙修复188米，并添置了生活设施。投资30万元的食堂扩建工程和投资30万元的景观改造工程已完成前期工作。在"三送"活动中，全镇累计兴办实事好事300多件。

（吴垂永）

〔领导班子名录〕

副市长、镇党委书记：廖永平

镇党委副书记、镇长：邹焕铁

人大主席：幸玉明

纪检书记：梁 健

党委委员：何新民（2010.6~ ）

党委委员、副镇长：何新民（2010.11~ ）

党委委员、副镇长：肖礼兵（ ~2010.11）

人武部长：奚劲松

党委委员、副镇长：仲玉峰

组织委员：曾凡平

宣传委员：蓝 艳（女）

党委委员：刘小斌

副镇长：吴垂永

副镇长：谢元剑（ ~2010.11）

副镇长：黄礼任（2010.12~ ）

镇长助理：张贵生（2010.06~ ）

镇长助理：蓝海龙

镇长助理：杨 磊

镇长助理：刘勇明（2010.06~ ）

（编辑：蒙象华）

凤岗镇

〔综述〕 凤岗镇位于南康市中东部，东接赣州经济技术开发区蟠龙镇，南滨上犹江，与三江乡依水为邻，西临唐江镇，北连十八塘乡和赣州经济技术开发区湖边镇。辖区面积63平方公里，耕地面积22954亩，林地49225亩；总人口4.42万，辖16个行政村，1个居委会，246个村名小组，25个基层党支部，党员1039名。

凤岗镇紧邻赣州主城区（凤岗圩镇距赣州市主城区杨梅渡大桥仅8公里），属赣州市主城区规划控制范围，区位交通优势明显，赣犹森林铁路、夏蓉高速、赣粤高速及新赣丰线一级公路贯穿通过。赣州新机场、钜盛鞋业、赣州虔东稀土集团股份有限公司、赣州汽车世界、农副产品交易中心等重点企业先后落座。在塘屋机场路两侧规划建成了占地500余亩的花卉苗木基地；在长田和塘屋建成1000余亩的优质甜柚生产基地。如今的凤岗工业日渐发达，建筑、建材、竹木加工、运输、食品、果脯等行业兴旺，农业盛产水稻花生，水产养殖繁荣，花卉苗木新兴崛起。

〔重点工程〕 积极支持服务好机场走廊拓宽改造工程和机场走廊经济带建设，积极配合赣州城投集团实施好5000亩土地收储项目，以项目拉动经济，充分发挥好全镇在区位、交通等方面的发展优势，切实增强发展的后劲，从而有效推动全镇城乡一体化进程，实现凤岗经济社会新一轮的发展跨越。通过全镇干部的共同努力，2010年，机场走廊经济带建设、赣州龙峰混凝土搅拌站等项目累计完成征地面积2857.12亩，拆迁34017.926平方米，发放征地拆迁补偿资金5592.9万元。为确保和谐稳定地安置拆迁农户，先后确立了塘屋、卷坑、禾场背、蔗山、横岭、大塘口、路塘等7个拆迁安置点，对安置点的选址规划，立足长远，精心规划，把这些安置点的建设纳入赣州市的总体规划，并将安置点规划建设与新农村建设相结合，加快推进新型村落建设。

〔经济建设〕 2010年，全镇财政总收入685万元，累计完成任务的137%，比上年同期增长50.81%，其中工商税收685万元，国税261万元，地税424万元。到11月底，实现国内生产总值11379.6万元，同比增长15.7%。新增个体工商户136户，引导农民转移就业3300人次。农民收入稳中有升，人均年纯收入达4380.4元，同比增长13.7%。农村消费结构明显变化，农民消费观念发生了巨大转变，消费层次明显提升，生活水平和质量明显改善。

〔**新农村建设**〕 2010年,紧紧围绕"生产发展、生活宽裕、乡风文明、村容整洁、管理民主"和"五新一好"的目标要求,坚持低碳环保、小康生态的工作理念,以"工业化、城镇化、农业产业化'三化'联动,助推经济社会和谐发展"的工作思路,进一步增强组织领导,强化资金管理,更加注重农村城乡一体化发展,更加注重推动农村经济发展,更加注重农村生态环境改善,更加注重提升农村社会管理水平,着力抓好塘屋、南边、大塘、黄龙4村8个点、圩镇和农民服务中心的各项工作。

村容镇貌展新颜 全镇四个新农村建设村8个建设点全部实现了道路网络的总体规划,全部保质保量地完成了通村、组路的硬化,进行了全面的路障清除,实现了道路畅通,完成了主干道两旁的绿化。通户路、改水、改厕等住房整治工作取得长足进展,截止9月底,塘屋谢屋、大塘禾场上等建设点的完成率达到100%,其余各建设点的完成率也都在88%以上。拆除空心房、破旧栏厕80余间。村落社区建设大力推进,活动场所和附属配套设施进一步完善,农村党员远教平台全部投入使用;社区文化活动室、农家书屋等已基本建成,娱乐运动场所建设正顺利推进。新户型民居广泛推广,民房装饰及房顶平改坡工程大力推进,完成精品点民房装饰面积15000多平方米;庭院经济正稳步发展,现代特色的新型村镇日渐形成;沼气池、煤气灶、节能灯及太阳能等新型能源得到大力推广和应用。

圩镇建设通过规划、整治和建设,进一步强化了街道的美洁序建设工程,实现人行道彩化全覆盖;新安装路灯20盏,实现街道亮化;沿线种满风景树,美化了街道环境。强化了圩镇环境卫生治理,实现了垃圾治理城乡一体化,有效确保了道路街道通畅,路面整洁;进一步加强了人们行圩行为的治理,禁止乱停乱放,严禁乱挂乱贴,文明用圩的良好风气日渐形成。

农民培训育新人 加大农民培训宣传力度,使农民的思想从下任务式强迫学转向为满足工作需要积极要求学,教材选编进一步体现了实效性,使培训真正地方便农民参与、有利农民富裕。充分利用产业基地传播科技知识和技能,使产业基地成为培育新农民的现实课堂;全年,培训新型农民共计470多名,其中完成自主职业培训390人,向市农民学院推荐培训80余人。

产业发展走新路 积极探索产业发展新模式,在推广农民自已办产业、实现农业产业化生产上迈出了坚实的步伐。成功实践了土地使用权向少数农户的集中流转,彻底解决了农村有人没地种和有地没人种的矛盾,使土地流转到有人手会种地的人中,也为外出打工农民解除了后顾之忧,促进农业生产向专业化、规模化方向发展,促进了农业资源的整合,提高土地的利用效率和种植效益,增加农民收入。

经济组织呈新态 根据全镇生猪养殖的蓬勃发展的势头,启动龙泉生猪生产专业合作社的组建和运作工作,并不断提高专业化程度,使新经济组织在开发农产品项目,寻找市场销路,提高养殖技术等多个方面都发挥了积极作用。同时也解决了会员在发展产业过程中存在的问题和困难,新经济组织在推动生猪产业发展中的组织领导协调作用日渐显现。

〔**机制体制建设**〕 一是以纵深推进"三务"公开标准化为目标,让权力在阳光下运行,通过在镇村两级建立"三务"公开栏的形式,及时将计生、党务、征地拆迁、新农合、财务、民主评议基层站所得分情况等张榜公示,接受群众监督;同时实现三个入户,即政策入户、政务入户、村务入户,确保人民群众的知情权、参与权、决策权和监督权。二是加强"三资"管理,确保"三资"管理规范有序,由镇纪委牵头,成立了由镇农经站长、财政所长、农业服务中心主任为成员的"三资"管理监管组,对各村的账目进行查阅,对村集体"三资"情况进行逐一核实、登记造册。各村与村级财务中心签订委托代理协议,设立了统一的农业银行账户,由村级财务中心按照民主、公开、公正的原则进行统一代理服务。各村设立了一名报账员,每个月底前将本村收支情况由驻村干部、片长把关签字并由村主任审批后到村级财务中心报账。对不合程序的发票不予入账,保证了村级资金使用安全。三是强化措施,建设满意站所,纵深推进民主评议基层站所政风行风工作,基层站所是贯彻落实党的方针、政策的一线平台,提供令群众满意的服务是基层站所义不容辞的责任。着力从拓展服务内容,提高服务效率方面进一步优化站所服务,提高服务水平。如凤岗信用社就在开设咨询服务台的基础上,进一步完善公开借贷办事程序,规范表格填写流程,细化材料准备细则，让群众一看就知、一来就办、一办就成。

〔**社会事业**〕 2010年全镇上下严格按照以人为本的原则，不断改进计划生育管理与服务，把稳定低生育水平、提高群众生殖健康和家庭生活质量统一起来。坚持党政一把手亲自抓、负总责，广泛开展计划生育的培训和宣传教育，强化环孕检等各项基础工作，充分发挥计生协会的作用，高标准进行计生数据统计，进一步扩大计生幸福家庭工程工作力度，对违反计划生育的群众即坚持引导教育，又严格进行依法处置。通过以上措施，全镇计划生育整体水平上了一个新台阶，得到了上级计生部门的好评。计划生育出生率为14.67‰，政策符合率81.4%。全镇民政工作以科学发展观为指导，以依法管理全镇社会事务，保障人民群众的基本生活权益和民主政治权利为己任，紧紧围绕"改革、发展、稳定"的大局，开拓创新，扎实工作，各项民政工作健康发展。农村低保、城镇低保、救灾救济等项工作成效显著，优抚安置、民间组织、社会救助、高龄老人长寿补贴等各项工作取得积极进展，基层基础工作得到进一步加强。发放了无住房的廉租补贴12240元，城市低保共计235人计币467620元，离任"两老"生活困难补助43人39960元，优抚对象提标资金补助、义务兵优待金计639658元，五保对象救助资金317650元。

（杨文亮　卢　嵘）

〔**领导班子名录**〕

书记、人大主席：许　斌（　~2010.07）
副书记、镇　长：钟　伟
纪检书记：肖泽昆
党委委员：邱积祥
人武部长：曾勇燕
组织委员：黎明莉（　~2010.12）
　　　　　邹杰勇（2010.12~　）
宣传委员：黄中华（　~2010.08）
　　　　　杨文亮（2010.11~　）
委员、副镇长：曹承斌
　　　　　　　赖远明（　~2010.10）
　　　　　　　黎明莉（2010.12~　）
副镇长：薛　军
　　　　钟灵花（女，2010.06~　）
人大副主席：王华人（2010.06~　）
镇长助理：蒙金平
　　　　　李正武
　　　　　谢　莉（女）

（编辑：朱由国）

三江乡

〔**综述**〕 三江乡地处南康市中部，东与赣州市黄金开发区潭东镇交界，南与赣州市黄金开发区潭口镇、潭东镇及南康市太窝乡3个乡镇接壤，西与唐江镇为邻，北与凤岗镇隔河相望。全乡面积为29平方公里，辖11个行政村，125个村民小组。全乡共有30710人，其中农业人口为29129人，10556户农户。地势南高北低，沿江地势低洼，易遭洪水灾害。上犹江和章江沿岸为冲积平原，其余属丘陵。最低点为东红村三江口，海拔106米。上犹江与章江在境东汇合，形成三江交叉口，三江乡因此得名。三江乡气候温和，年均气温19℃，无霜期约286天（2月中旬至11月下旬），年降水量1314毫米左右。经济以农业为主。全乡耕地面积为13563亩，是个农业大乡。主种水稻，兼种花生、豆类、黄麻、瓜果蔬菜等。全乡现有卫生院、派出所、供电站、信用所、电信所、移动通信服务站等站所各一个。卫生院有职工22人；现有2所中学，1所中心小学，6所村小，1所联小；在校学生3987人，其中中学学生1296人；小学学生2691人；全乡中小学有教职工209人，其中中学教师85名，小学教师124名。

〔**农业产业**〕 一是2010年全乡下发粮食直补、良种补贴等惠农资金127多万元，有力地调动了农民生产的积极性，促进了全乡粮食生产稳中有升；二是2010年全乡新开发果业面积100多亩，现有果业面积七千多亩，产值达2800多万元，逐步成为优势产业；三是通过稳定甲鱼养殖规模，提升甲鱼养殖质量，延伸甲鱼产业链，进一步提高了养殖户收入；四、生猪产业。今年新增栏舍10000多平方米，生猪出栏3.2万头，新建扩繁场1个，新发展生猪养殖大户15户；五、蔬菜瓜果种植。2010年组建了南康市伍村油宝花生种植专业合作社，种植高产花生100亩，通过了省有关部门验收。在伍村建设了100多亩瑞麟西瓜基地，稳定发展了伍村高山蔬菜基地；在新江村新建了一个165亩的蔬菜基地；六、认真落实“一大四小”绿化工程。全乡共完成绿化面积1400多亩；全乡粮食生产稳定发展。

〔**民生工程**〕 投入资金90万元，启动了总里程达8.4公里的新红村荒塘背至谷山村仓前、新江村古河至南坑村的水泥公路硬化工程，为群众出行提供了方便快捷的出村通道。完善了乡敬老院基础设施建设，加大了美化、绿化、亮化工作力度，为全乡孤寡老人打造了一个舒适安逸的安度晚年的良好场所。投资近17万元维修了浮桥，更换15驳桥面，修建了三江河岸码头，方便了群众出行。扶贫工作成效明显，共投资32万多元，在伍村、肖边、赤湖等村开展了扶贫开发工作。继续加大了新型农民合作医疗工作力度，2010年全乡共26839人参与了“新农合”，参合率达98.5%，全乡农民住院补偿近300万元，一定程度上解决了农村看病就医难的问题及因病返贫、因病致贫的问题。进一步完善了低保制度，优先把五保户、特困户纳入低保体系，基本做到了应保尽保。

〔**新农村建设**〕 狠抓“五新一好”工作落实。一是加大力量，尽早部署。在干部中挑选出年富力强、经验丰富的精干力量组成新农村建设工作组，明确肖边、伍村、新红等村建设点的任务，并迅速组建了村民理事会，调动挂点单位的工作积极性，形成了强势推进新农村建设工作的良好态势；二是明确责任，狠抓落实。制定详细的工作计划，责任落实到人，保障各项工作的顺利开展。共拆除空心房11间计385平方米，拆除破旧猪牛栏、老式厕所共360间计3960平方米，建卫生厕206座，修主干道2.6公里，修通户路5356米，普及沼气池27座、太阳能23户，惠及广大农户。在建设点实施了农村清洁工程，引导农户对垃圾分类处理，安装了果壳箱、有机垃圾桶、非有机垃圾桶，建立了垃圾池、焚烧池、沤肥窖，从源头上解决了垃圾处理难问题，使村容村貌发生了巨大的变化，改善了村民的生产生活。

社区建设方面：按照“二十个有”的要求，打造伍村精品社区，目前，该社区已建有幼儿园、卫生所、图书室、阅览室、广播站、农资超市等等，同时修建了篮球场、三个休闲广场，丰富群众的文化生活。

〔**基层组织建设工作**〕 一是新建了伍岭村、南坑村、新江村、赤湖村等四个村部，村级组织活动场所规范化建设工作取得很大成效，得到上级领导的充分肯定。全乡新发展28名优秀青年入党，发展入党积极分子39名，创先争优活动顺利开展并取得显著成效；二是继续推进基层民主政治建设和党组织“进区入会”工作。巩固肖边、伍村两村作为村民自治民主管理示范村工作成效；三是全面落实农村党员“一册一线”教育管理机制。着力提高党员素质，加强对党员的教育管理；四是抓好对流动党员的管理，关心流动党员的工作生活情况；五是建立党员激励帮扶关爱机制。乡、村两级党组织认真落实“五扶五必访”制度，使遇到困难的党员得到乡、村两级党组织的关怀；六是建立乡村干部“双述双评”制度。通过活动的开展，增强了乡村干部的工作责任感。

〔**社会维稳和安全生产**〕 乡党委、政府高度重视社会维稳和安全生产工作，建立健全了一整套工作长效机制，加强了社会维稳队伍建设，构建了以乡、村、组维稳专干为主体的工作网络平台。建立健全了党政领导圩日接访制、乡村干部首问负责制。对矛盾纠纷做到一周一排查、半月一小结、一月一销号。基本做到了矛盾纠纷“小事不出村，大事不出乡”。加大了综治软硬件建设，建立健全了综治工作队伍网络，建设了乡和谐平安联创中心，使全乡综治工作再上一个新台阶。安全生产工作得到加强，开展了多次安全生产执法检查，通过一系列行之有效的措施，为广大群众提供了一个良好的社会环境。

〔**文教卫生**〕 乡党委、政府坚持教育优先发展战略，对教育工作给予了高度重视，把教育工作摆到了政府工作的重要位置，同时乡党委、政府通过自行设立的教育发展基金对考入一本以上的高考学生给予奖励。

（古康生）

〔**领导班子名录**〕

党委书记：张贻连

乡长：赖正祥

宣传委员：古康生
人武部长：王明华
委员副乡长：卓巍
委员副乡长：申昌雷
党委委员：廖永珊
组织委员：朱　平（　　~2010.10）
人大副主席：王华人（　　~2010.10）
人大副主席：蔡启宝（　　~2010.10）
副乡长：范世光
副乡长：明　慧（女）
乡长助理：谢　斐
　　　　　樊　宇

（编辑：殷文鼎）

太窝乡

〔综述〕 2010年，太窝乡党委政府全面贯彻落实科学发展观，紧紧围绕市委、市政府“对接融入”发展战略和工作部署，团结和带领全乡广大干部群众，解放思想，开拓进取，扎实工作，经济社会呈现了又好又快的发展态势，圆满完成了市委、市政府的各项工作任务。乡党委政府提出了“全面落实科学发展观，重点抓好民生工程、新农村建设、社会维稳和计划生育，努力办好八件实事的”的“148”工作思路，全乡围绕这个目标开展了卓有成效的工作，取得了显著成效。2010年，全乡实现国民生产总值16732万元，财政总收入达239.4万元，农民人均纯收入1704元。

〔园区建设〕 一是加快园区建设打造承接平台。完善了石龙家具工业园区，启动了元岭村和高山村返乡创业园建设。二是加大了家具产业的培育扶持。认真落实市委、市政府家具产业扶持政策，大力实施家具企业申办“绿色通道”，推进产业集群发展。到2010年底，全乡现有家具企业360家，全乡从事家具产业人员达到7000多人。三是加大招商引资工作。围绕全乡产业优势，积极实行产业招商，圆满完成招商引资任务。

〔新农村建设工作〕 一是大力发展现代农业。按照“以种促养、以养补种、种养结合、立体开发、生态发展”的工作思路，大力发展甜柚、脐橙和生猪产业。全乡果业开发面积达6500亩，;生猪栏舍面积2.8万平方米，年出栏量达3.5万头，全乡已注册登记农民专业合作经济组织25个，年销售收入500万元以上的龙头企业有1家，省级农业产业化龙头企业1家。二是着力培育新农民。完善了乡农民学院和农民现代远程教育培训站（点），健全了乡村两级农民培育新体系，共培训950多人次，就业率达92%，三是扎实推进新农村点建设。共修通组道路4.6公里；完成改厕176座、改水180户，硬化通户路5800余米，硬化余坪、阶沿水沟4500余平方米，房屋装饰29000多平方米，拆除破旧牛猪栏、空心房71间3680余平方米。积极推广“两桶一袋”垃圾处理措施，共发放各类垃圾桶399个，设立垃圾回收点6个，建筑垃圾填埋点3个。大力开展了特色文化新村和“文明和谐村落社区”等精神文明创建活动，农村面貌焕然一新。2010年，张岐斌、董显英分别评为市“十佳孝子”和“十佳儿媳”。四是提升农业发展保障能力。2010年年底启动的龙潭村、太窝村共48亩的土地“增、减、挂”项目正稳步推进。

〔基础设施〕 一是完善政府机关建设。投入近100万元，新建了篮球场、门球场、乡镇干部住房。二是加快圩镇开发建设。投资80多万元完成了长640米、宽3.7米的非机动车道的硬化和宽2.6米、长450米的绿化分车带的建设，种植树木150棵、花草1170平方米，铺设彩砖2880平方米。创新圩镇管理，委托市城市管理行政执法局镜坝中队统一管理，提升了圩镇的管理维护水平。三是加强水利建设。投入10多万元完成响水滩灌区渠道硬化，修复抗旱20多口，开挖与修复山塘30多座，全乡农田灌溉及农村人畜用水得到明显改善。四是加快道路交通建设。全年新硬化石龙村、中边村、高山村、范塘村等4个村10.9公里的通村公路，实现了村村通水泥路;全力支持配合完成了康唐公路太窝段的拓宽改造，全乡交通更加畅通便利。

〔新农合工作〕 2010年，全乡参合率达95.4%，参合人员18992人，参合农民受益面达49.9%，同比上升10.9个百分点。全乡新农合工作2010年被评为全市二等奖。

〔社会保障救助工作〕 一是努力扩大就业促进创

业。积极为返乡农民工和城镇就业困难人员提供就业和创业服务，扎实推进返乡农民工创业园建设。认真开展“4050”失业人员社会保险补贴工作和就业失业登记工作。2010年，拿出了两个岗位用于大学生见习，提供了13个公益性岗位。二是切实抓好城乡低保工作。2010年，共发放城市低保金、农村低保金100.5万元，低保资金全部实行“一卡通”社会化发放。投入50多万元对乡敬老院改建和美化、亮化，农村集中供养五保对象居住条件得到较大改善。三是稳步推进城乡大病医疗救助工作。扩大救助对象，增加救助方式，2010年共救助城乡低保、五保供养对象652人，发放大病医疗救助金27.3万元；资助新农合参保对象21.3万元。

（叶晓峰）

〔领导班子名录〕

党委书记、乡长：何耀灵

人大主席：刘朋生

纪委书记：李　焕

委员副乡：钟晓敏

组织委员：叶晓峰

宣传委员：蔡启宝（　　~2010.9）

宣传委员：王善波（2010.10~　　）

武装部长：张健斌

副乡长：彭俊超

副乡长：黄　青（女）

（编辑：卢文芳）

朱坊乡

〔综述〕 2010年是决战“十一五”、谋划“十二五”的关键之年，是机遇与挑战并存之年。在市委、市政府的正确领导下，乡党委、政府以十七大和十七届五中全会精神为指导，深入贯彻落实科学发展观，紧紧围绕市委、市政府“126”工作部署，结合朱坊实际，以“对接政策，融入大局，奋力争先，抢抓机遇，争取支持”的工作理念，进一步推进责任落实，细化工作措施，强化工作效果，抢抓机遇、开拓创新、乘势而上，实现了各项工作全面推进。完成财政收入1238万元，农民人均纯收入人均增收300元，新增果业面积3000亩。特别是民生工程方面，全年共完成十大为民实事工程建设，总投资超2000万元，全乡呈现出经济发展、政治稳定、社会和谐、各项事业全面进步的大好局面。

〔自然条件〕 位于南康市中部，东临太窝乡、镜坝镇，南连蓉江街办、横寨乡，西接崇义县龙沟乡和上犹县黄埠乡，北界龙华乡、唐江镇。总面积99平方公里。辖15个行政村，325个村民小组。

〔人口〕 年末有11207万户，共41190人。其中男21090人，女20100人；非农业人口2105人。人口出生率12.53‰。死亡率4‰。自然增长率7.95‰，人口密度每平方公里405人。少数民族有畲族，共1020人。

〔经济概况〕 国民生产总值14亿元，工农业总产值76046万元。财政收入1286.53万元，财政支出381.4万元。各项贷款余额1000万元，存款余额13169万元。

〔农业〕 耕地总面积23025亩，其中水田17205亩，旱地5760亩，人均耕地0.6亩。以种水稻为主，兼种花生等.粮食总产量1.29万吨，亩产396公斤，花生总产1490吨，蔬菜瓜果类总产9787吨。果园面积9900亩，主产脐橙、甜柚等水果，水果总产0.56万吨。全年生猪出栏3.2万头，年末存栏1.6万头，肉类总产量0.32万吨；禽类出笼100万羽，年末存笼20万羽，蛋类总产12吨。水产以饲养草鱼为主，荒山植树造林750亩，义务植树15万株，森林覆盖率69%，水土流失面积300亩，完成综合治理面积150亩。

〔工业〕 有各类企业（包括个私企业）505户，职工9150人，主要行业有冶炼、家具、发电、制衣、制砖，其中：龙头支柱产业是汇丰矿业、南山锡业、罗边玻纤厂、有色金属制品厂、磁性材料厂等，投资百万以上企业5户，500万以上3户，1000万元2户。全年工业总产值6.85亿元，比上年增加14%，实现税收2156万元，实现利润7200万元。

〔交通邮电〕 邮政所年邮政业务总量4544万元，业务收入94.5万元；年内新增固定电话用户36户，固定电话用户共计3496户，新增移动电话600户，新增移动电话520户，电信联动移动110

户，累计达7066户。境内有公路145千米，15个村已通公路，其中水泥路138千米，已通水泥路的村15个。有各种运输车辆150辆，摩托车5000辆。

〔商业旅游〕 有集市2个，市场面积8000平方米，有商贩480户，商业从业人员960人，圩日市场交易额20万元，年完成销售收入2500万元。

〔科技教育〕 举办各种技能、技术培训班40期，培训农民1700人。初中1所，在校学生1561人，教职工75人；小学19所，其中完小10所，教学点9个，在校学生3415人，教职工157人；幼儿园14所，在园幼儿1600人，教职工54人。适龄儿童入学率100%。

〔文体卫生〕 文化站、图书馆、文化中心共2处；老年活动室11处，老年体协11个，参加活动900人。有医院1所，病床24张，医务人员31人，中级职称5人，初级职称19人。有个体诊所24人，从业医务人员24人，药店4间。

〔厦蓉高速公路建设〕 厦蓉高速公路途经朱坊乡枫树、蕉坑、荷树、桥头、土石、花树6个行政村，28个村民小组，里程7.5公里。工程于12月1日开工兴建。截止2010年12月，高速公路征地拆迁工作已基本结束，辖区内共征用水田110亩，旱地16.2亩，水塘15.1亩，山地360.4亩，拆除房屋13188平方米，附房386平方米。

〔西气东输建设〕 西气东输途经朱坊乡新兴、茶园、胜利3个行政村，19个村民小组，里程5.54公里，该工程于2009年10月动工兴建。截止2010年12月，辖区内共租用水田190亩、旱地12亩、水塘6亩、山地82亩。

〔社会生活〕 年底，有低保人数908户，1752人，其中城镇户95户130人，全年发放低保金196万元。有农村低保户813户1622人，全年共发放救助资金165.6万元，为40户特困户发放临时救助资金6万元。春节等节日走访困难户360户，慰问资金8.4万元。全乡18户农村义务兵家庭总现优待金8万元;对102个重点优抚对象进行了优待。农村年人均纯收入3700元，人均住房面积36平方米.百户拥有固定电话70部、移动电话60部、电视机98台、VCD(DVD)50台，摩托车60辆，冰箱35台，洗衣机13台。年内新建小康楼320栋。

（蓝希群　李君华）

〔领导班子名录〕

书记、人大主席：龙　伟
　　　　　　　　康　兴
乡　　长：李　江（2010.5~　　）
纪检书记：兰　云（　　~2010、10）
委员副乡长：李民萱
　　　　　　朱小年
组织委员：曹开权
宣传委员：李　慧
党委委员：卓　宇
人武部长：王　明
副乡长：徐海琳（女）
　　　　董世清
人大副主席：谢月林
乡长助理：刘　薇（女）
　　　　　朱新宇

（编辑：钟恢飞）

镜坝镇

〔综述〕 镜坝镇位于南康市中部，东临龙岭镇，南连蓉江街道，西接横寨乡和朱坊乡，北界太窝乡。总面积30.5平方公里。辖10个行政村，178个村民小组。年末有8895户，29865人，其中男14954人，女14911人，非农业人口1249人。人口出生率9.47‰，死亡率3.3‰，自然增长率6.17‰，人口密度每平方公里979.18人。少数民族有畲族1个，共420人。国民生产总值达2.8306亿元，工农业总产值23636万元。财政收入292.45万元，财政支出738万元。耕地总面积1522.5亩，其中水田11025亩，旱地4200亩，人均耕地0.51亩。以种水稻、花生为主，兼种豆、烟、薯等。粮食总产量0.96万吨，亩产367公斤，花生总产546吨，蔬菜瓜果类总产6884吨。果园（业）面积105亩，主产柚、桔、桃、李等水果，水果总产量200吨。全年牛出栏65头，生猪出栏1.5万头，年末存栏0.2万头，肉类总产量0.1万吨；禽类出笼26万羽，年末存笼1.2万羽。

水产以饲养草鱼、鲢鱼、鲤鱼为主,池塘养殖面积150亩,鱼苗年产300万尾,荒山植树造林57亩,义务植树1.3万株,森林覆盖率80%。水土流失面积45亩,完成综合治理面积690亩。有各类企业(包括个私企业)563户,职工6632人,主要行业有家具制造、成衣加工、交通运输,其中:龙头支柱产业是家具,投资百万元以上企业120户。全年工业总产值2.49亿元,比上年增长13.2%,实现收109万元,实现利润1630万元。邮政所年邮政业务总量5000万元,业务收入70万元;年内新增固定电话用户960户,固定电话用户共计4900户,新增移动电话700户,累计达5800户。境内有公路68.3公里,10个村已通公路,其中水泥路68.1公里,已通水泥路的村10个,有各种运输车辆276辆,摩托车7100辆。全年消费品销售总额8000万元,比上年增长10%。有集市2个,市场面积4000平方米,有商贩320户,商业从业人员1100人,圩日市场交易额5万元,年完成销售收入700万元。举办各种技能、技术培训班24期,培训农民1200人。境内有初中2所,在校学生967人,教职工87人;小学13所,其中完小9所,教学点4个,在校学生2912人,教职工123人;幼儿园17所,在园幼儿942人,教职人35人。适龄儿童入学率100%,高中入学率51%。文化站、图书馆、文化中心共1处;老年活动室1处,老年体协10个,参加活动486人。有医院1所,病床32张,医务人员36人,其中高级职称1人,中级职称6人,初级职称22人。有个体诊所30个,从业医务1372人,比上年增加492人,其中城镇户63户87人,全年共发放救助资金19.3万元,为70户特困户发放临时救助资金9万元。全镇15户农村义务兵家庭兑现优待金3.2万元;对522户重点优扶对象进行了优待。城镇居民年人均可支配收入5260元,人均住房面积26平方米;农村年人均纯收入4259元,人均住房面积32平方米。百户拥有固定电话64部、移动电话76部、电话机100台、VCD(DVD)15台、摩托车80辆、电冰箱0.5台、洗衣机0.3台。年内新建小康楼130栋。

〔**农业和农村工作**〕 深入扎实地开展了以“五新一好”为主要内容的社会主义新农村建设,重点抓好了老境坝村上赖、中赖、下赖、大院里、老屋里6个省扶点的建设,硬化公路56公里,完成通户路3公里,改水186户,改厕186户,完成民房装饰90户27600多平方米,拆除破旧栏厕160间,空心房80间2000多平方米,新建新型房16栋,兴建休闲场所2000多平方米,极大地改善了全镇人民的居住环境。按“三图一书”的标准完成了110多个20户以上的自然村的规划编制,并顺利通过了市规划部门的验收。农民培训步伐进一步加快,农民知识化工程培育农民1261余人次,为南康职业中专输送166名劳动技能型培训对象,输送了13人参加“一村一名大学生计划”的函授学习。

农业产业化水平稳步提高。成立了南康市联财果业专业合作社和镜坝镇金穗农机专业合作社,社员的种养技术进一步提高,并通过协会带动周边农户发展种养产业,增加了农民收入。

〔**工业园区建设**〕 进一步完善了家具西区水、电、路各项基础设施,并引进家具企业31户。家具企业生产有序、稳步发展。全年新增个体工商户42户,新增个私企业62家,新增就业岗位5000个,个私经济规模的不断扩大,有效的推动了全镇经济发展。

〔**计划生育工作**〕 全镇计划生育率达到87.3%,节育率达到97.2%,完成四术395例,结扎288例,上环234例,人流引产51例,环孕检率达到85%,人口出生性别比100:109,趋于正常。严格依法行政,坚持了社会抚养费征收标准,征收面、征收率均达到市里要求。在加强服务、管理和依法行政的同时,认真贯彻落实了计划生育奖扶和优惠政策,开展了“关爱女孩”春蕾行动和计生工作与新农村同行活动。由镇计生办、民政所牵头落实的计划生育优惠将扶政策资金达到10.2万元,受益人口789人。

〔**基础设施建设**〕 2010年,共筹资100万元,硬化通组公路7.2公里,直接受益人口1500多人,投入207万元,完成乌深井大桥建设和配套工程,极大地改善了洋江、镜坝、鹅岭等村群众的通行;投入1000多万元,实施“小农水”工程,硬化农田灌溉末接渠110公里,9个行政村田间水渠全部硬化。

〔**社会事业**〕 教育事业取得了新进展,全镇开展了创建平安和谐校园活动，学校基础配套设施进一步完善，美化、绿化了校园环境，教学质量稳步提高。全镇共有860名学生享受了“两免一补”政策。加快推进了卫生事业发展，开展了城镇居民基本医疗保险和新型农村合作医疗工作，参保人数达到2.8万人，占全镇人口的95%。民政工作取得了新成绩，全镇共发放低保1250人，低保97万元，投入39万元新建了镜坝敬老院，建筑面积925平方米，集中供养对象48人，集中供养率达90%。民兵预备役工作再创佳绩，圆满完成了各项集结点验，超额完成征兵任务，为部队输送了12名优秀青年。共青团和妇女孩子工作有声有色，妇女在调整农业产业结构方面起到了重要作用。金融业通过小额信贷大力支持了农业生产，促进了农民增收。邮政、电力、广播电视等事业均得到了较大的发展。

（尹英清）

〔领导班子名录〕

书记、人大主席：刘九生
镇长：刘经辉
宣传委员：尹英清
纪检书记：严济化
党委委员、副镇长：袁伟民
人武部长：朱作祥
党委委员：朱卫裕
组织委员：黄　莹（女）
副镇长：沈瑞平
　　　　刘荣忠
　　　　陈玉万
人大副主席：李巧明
镇长助理：陈振洪
　　　　　李向前
　　　　　廖泰明
　　　　　钟　烨
　　　　　石保香（女）

（编辑：杨文定）

横寨乡

〔综述〕 横寨乡位于南康市西南部，康赤公路中段，距市区5公里。全乡总面积31.2平方公里，辖8个行政村，129个村民小组，4276户，总人口17257人，全年实现财政收入2210万元，完成固定资产投入3500多万元，实现工农业产值12.82亿元，其中规模工业产值达10.9亿元。

横寨乡地貌以山地、丘陵为主，耕地总面积8410亩，人均耕地0.5亩。境内横寨水库，是全市最大的小(一)型水库，最大库容540万方，干渠总长23.5公里，灌溉面积总计1.2万亩。为加快发展，大力加强了农村基础设施建设，特别是实施了小型农田水利重点县工程，使得全乡水利设施水平得到了极大提升。

2010年，横寨乡获得了赣州市信访维稳工作先进单位，南康市培育新农民工作先进集体等荣誉。

〔农村经济〕 为克服国际金融危机对经济发展的不利影响，通过加大投入、强化服务，主攻生猪、果业、矿产品、家具四大产业，全年实现了全乡经济平稳较快发展。一是农村经济发展势头强劲。生猪园区的开发规模进一步扩大，“猪—沼—果”生态农业产业进一步发展，全乡生猪出栏6.6万头，存栏3.3万头，新(扩)建猪舍面积8200平方米，新开发果业面积430亩。二是工业经济快速发展。进一步做好了对现有工业的扶持、服务等工作，同时，新建家具厂40多家。三是全民创业氛围更加浓厚。全年新创办私营企业12家，新增个体工商户60多户，新创办农业开发类项目11个。四是招商引资工作成效明显。寨坑3000亩油茶桉树基地已全部完成定植；埜塘村卫东生猪养殖基地新建生猪栏舍2400平方米。

〔新农村建设〕 2010年，全乡坚持“务实冷静、不图虚名，为民造福、长期奋斗、五新一好、整体推进”工作要求，全面提升特色创建水平。

一是打造特色产业推动了生产发展。以市委、市政府建设10万亩赤土—横寨—朱坊循环农业科技示范园为契机，大力发展规模化、集约化产业基地。持续创新理念，充分发挥本乡交通便利，靠近主城区的区位优势，开发建设了白莲基地200亩。大力整合资源，重点支持横寨生猪合作联社发展，新注册绿园甜柚脐橙种植专业合作社、服农水稻种植专业合作社、腾达生猪养殖专业合作社3家农民专业合作社，全乡各类专业合作社共9家。

二是社区全面整治引导了生活宽裕。新村点

改水、改厕、通户路、余坪、阶沿、水沟硬化平均完成率95%以上,亮化民房200户。注重加大基础设施建设力度,共计修建通组水泥公路1100米,新建排水沟400米,实施安全饮水工程改造,惠及所有新村点及周边农户200多户。建设寨里新村农民活动室300平方米,着力推进农村公共服务体系建设,打造标准化“农村社区综合服务站”,不断完善农村新型村落社区服务功能。

三是培训新型农民促进了乡风文明。扎实抓好了自主培训和向农民学院推荐生源工作,保质保量完成全年培训任务。大力开展“文明信用农户”、“十星级文明户”、“五好文明家庭”、“好邻里、好儿女”等“文明新风进万家”、“道德进村户、文明育新人”等道德实践活动和群众性精神文明创建活动。

四是加大了圩镇的建设管理整治工作力度。第一,严格坚持规划先行。所有建房、土地开发均按“一证”要求进行审批。第二,加强市场整治管理。组建了横寨乡城管队,重点对圩日农贸市场进行整治管理。第三,加强卫生环境整治。组建了横寨乡环卫所,做到圩镇内垃圾日产日清。通过圩镇管理理事会,与全体居民签订了门前“三包”责任制。

〔**党建工作**〕 紧紧围绕创先争优和“三送”活动的开展,全面加强了基层组织建设。

一是深入开展了创先争优活动。创新了基层党组织设置形式和活动方式,在生猪、果业等几大产业中,采取“支部+协会”、“支部+合作社”、“党员联农户”以及建立“农村党员创业孵化基地”等方式,把党的组织建在产业上、把党员和能人聚在产业链上。充分发挥乡农民服务中心、村级服务站这个服务网络平台,组织乡村干部和广大党员进村入企、入户听诉,切实帮助群众解决生产、生活遇到的实际困难,激励党员干部多为群众办实事办好事。

二是深入开展了创建好班子活动。深化“机关干部农村实用技术过关考核”制度,较好地提高了农村干部为民、富民能力和综合素质,把干部创事业和群众创家业有机结合起来,达到良好效果。重视农村党员发展工作,强化农村党员教育培训和设岗定职活动,较好地发挥了农村党员在新农村建设中的示范带动作用。塑造了一支学习型、创新型、实干型、服务型、清廉型的干部队伍,有力促进了干部素质提高和干部思想、工作作风转变,干部事业心得以增强,工作效率有显著提高,富民效果处处呈现。

三是扎实开展了“三送”活动。全乡以“深入推进、有效落实、强化督导”为重点,形成了服务群众长效机制。第一,坚持服务群众常抓不懈、执政为民牢记于心,不断把“三送”活动引向深入。第二,兑现承诺有效落实,对于各工作组已承诺的技术、物资、资金、项目等支持,及时兑现承诺,确保了各项工作的有效落实;第三,履行职责强化督导,发扬认真细致严谨的工作作风,在督导过程中,突出重点,抓住关键,提高督导实效,确保“三送”活动取得了良好成效。

〔**民生工程**〕 狠抓民生工程建设和惠民政策落实,农民就业、就学、就医条件得到改善,农村社会保障水平明显提高。

一是惠民政策落实。全面推行农村新型合作医疗制度,2010年农民参合费收缴工作全面完成,全乡1.7万多农民参加农村新型合作医疗,参合率达到95%以上。全面落实农村低保政策,全乡农村低保救助对象总数达到324户810人。认真落实中央对农业生产的补助与扶持政策,全年共兑现补助与扶持资金277.65万元。

二是民生工程项目建设。大力实施民生工程项目,为确保经济社会全面协调可持续发展提供坚实基础。第一,继续实施生猪标准化规模养殖建设示范区项目;2010年,继续争取到上级补助资金10万元,在长塘村进一步改造升级了生猪标准化规模养殖项目。第二,圆满完成了“十一五”扶贫攻坚任务;进一步加强扶贫攻坚力度,扎实做好投资近40万元的扶贫开发项目。第三,积极清理化解了“普九”债务;共争取“普九”债务资金84.34万元,有效消除了农民负担反弹的隐患,进一步促进了农村社会和谐稳定和农村义务教育健康发展。第四,积极协调配合西气东输工程实施,全乡共有西气东输线路2122米,项目实施期间,未出现纠纷及其他社会矛盾,有力支持了国家重点项目的实施。

〔**社会事业**〕 各项社会事业明显进步,经济社会协调发展。一是农村基础设施建设得到加强。公路、水利等各项基础设施建设全面推进，投入资金50多万元，新修寨坑、三塘通组水泥公路2条。以防汛抗旱为重点，切实强化各项防汛准备工作，乡级投资和争取到项目资金100余万元，完成了横寨水库渠系水毁工程维修和清淤清障工作。

二是科教文卫事业进步明显。加强科技培训和科普工作力度，举办专家送科技下乡活动。加强农村文化阵地建设，投入近10万元新建乡文化站，在新农村建设示范点建立起文化活动室、科普书屋、文化科技示范户等文化活动场所。

三是计划生育工作得到加强。以“绿色养老”和重心下移为重点，强化计划生育基层网络建设，加强计生技术优质服务，加大人口与计划生育法律法规宣传教育。加大了依法行政力度，严厉打击了违反计划生育政策行为，有力地稳定了低生育水平。

四是大力整修村级办公场所。投入30多万元新建了寨里村部，投入10多万元全面整修了三塘村部，极大提升了全乡村部建设水平，为全面深入推进社会主义新农村建设和村级各项公益事业的开展提供良好活动场所。

五是开展土地整理和实施“增、减、挂”项目。抓好了土地整理项目和“增、减、挂”项目落实，在小河村整理荒山1200亩；“增、减、挂”项目以寨坑、长塘、寨里三村为重点，已完成拆迁43户共5100平方米。

六是努力构建和谐平安横寨。大力推行依法行政、依法办事，政务公开、办事公道，综合运用法律、政策、教育、协商等各种手段，及时化解矛盾纠纷。严格落实社会治安综合治理各项措施，在全乡各主要地点、路口全面铺设“天网”监控系统；加强信访工作，以扎实的工作维护社会稳定。抓实安全生产，抓好森林防火，严格加强食品安全监督检查，全力维护良好的经济社会秩序。

（刘昭元）

〔领导班子名录〕

党委书记、人大主席：赖忠猛
乡长：李坊富
宣传委员：李千飞
组织委员：肖孟飞
委员副乡长：袁国锋
武装部长：洪鹰腾
副乡长：温开忠
　　　　张衍欣
人大副主席：曾宪有
乡长助理：钟晓玲
　　　　　卢　玲（女）
　　　　　刘昭元

（编辑：卢文芳）

赤土畲族乡

〔综述〕 赤土畲族乡地处南康市西南部，与大余、崇义两县接壤。全乡国土面积157平方公里，辖17个行政村、309个村民小组，人口4.3万人，其中畲族人口9600多人，主要聚居于花园、河坝、富田三个少数民族村。2001年9月经省人民政府批准撤镇改设民族乡。是赣州市唯一、江西省八个民族乡中少数民族人口最多、居住最集中的民族乡。2010年，先后有省委常委陈达恒、省委常委、赣州市委书记潘逸阳、熊盛文副省长等省领导来乡视察指导，全年共接待了20多批次的省市考察团来参观指导。2010年被赣州市委、市政府评为新农村建设先进乡镇。2010年在全市年度目标考评中获综合二等奖，争资争项一等奖，新农村建设二等奖，社会治安综合治理二等奖，财税工作二等奖，党建工作二等奖、党管武装三等奖。

〔民族工作〕 2010年，全乡以“共同团结奋斗，共同繁荣发展”为主题，充分尊重畲民风俗、畲民意愿，以创建“平等、团结、互助、和谐”的新型社会主义民族关系为目标，稳步推进民族工作。全年共向上级争取各类项目扶持资金达1000多万元，用于改善群众的生产生活水平，有效的促进了农民增收致富。全乡建成1个万亩甜柚基地(赤土----横寨循环农业区)、2个万亩桉树基地、1个千亩脐橙基地、1个赣州市级农业龙头企业和五个南康市“一村一品”示范点。全年完成财政收入4000多万，农民人均收入达4990多元。

〔民生工作〕 一是2010年全乡不断扩大农村合作医疗的覆盖面，提高群众参保率，全乡农民参保率达95%以上；不断加大救助力度，全年共为979户，2087人办理了最低生活保障，为68人次办理大病救助，为90人办理了重点优抚，为39户群众发放了灾后倒房救助，为280人次办理了城镇居民医疗保险，全年共发放各类救灾救济资金达500多万元,发放大米1万多斤,发放衣被150多套,切实解决了困难群众的生产生活问题。二是全年共完成移民搬迁1220人，完成总投资5000多万,其中省级投资366万元。全年共完成困难群众危房改造288户,总投资4000多万元,其中省级投入297.5万元。三是全年共完成农村安全饮用水工程投资232.41万元，解决了9500多人的安全饮水问题；全年共完成农村卫生厕所改建工程投资27.56万元，为689户农村群众改厕提供了补助。全年共抓好了16个省扶新农村建设点的村庄整治工作,投入300多万元完成改水512户,改厕512户,修通组水泥路14.3公里,通户路12928米，余坪阶檐硬化18000多平方米，墙体亮化86000多平方米。2010年被市委、市政府评为新农民培育工作先进单位、组建新经济组织工作先进单位、塑造新风貌工作先进单位。

〔**产业发展**〕 以加快产业结构调整为重点，全面推动甜柚、油茶产业的快速发展。一是充分利用省级300万和市里100万元生产扶助资金。全年共发放生产扶助资金270万元，为112户农户提供资金支持，扶持发展了83个种植业,24个养殖业,取得了良好的成效。二是全力推进青塘循环农业示范园建设。在原有基础上,不断加大投入,对整个园区实行基础设施提升工程，完善了园区水资源收集综合利用配套设施,大力推广科技种植。三是全力推进杏花万亩油茶基地建设。全年共流转山林面积4000多亩。四是大力推广“一村一品”。全年共有2个村被省级认定为“一村一品”示范村。五是加快生猪产业发展。全年新建生猪栏舍面积5000多平方米,新建沼气池90多个,全年出栏生猪超3.6万头。2010年被市委、市政府评为特色产业发展工作先进单位、甜柚产业发展工作先进单位、生猪产业发展先进单位。

〔**基础设施**〕 一是加快了民族小区的建设步伐。投入100多万元建设了民族大道沿河绿化休闲场所，对民族大道1公里长的沿街进行了统一的大理石地板铺设。新建了一条长60米的宣传栏。二是硬化了赤土金矿到崇义白枧公路。总投资达1200多万元,完成赤土金矿到崇义白枧18.7公里公路硬化和三村、小水等偏远山村的公路硬化。实现全乡村村通水泥公路。三是投资600多万元对富田等11个行政村实施小农水工程建设,完成投入80多万元的红桃、爱莲小农水工程建设,投入200多万元对莲塘石孜坳小二型水库进行了除险加固,投入26万元对旗山、杏花等村的水毁工程进行修复。四是投入60万元新建乡敬老院综合楼,投入60多万元新建乡垃圾焚烧中心和合作社联合会、仓储中心,投资15万元建设社会保障平台和投资50多万元新建乡计生大楼。2010年被市委、市政府评为农村清洁工作先进单位、全市小城镇建设工作先进单位、农村水利设施建设先进单位。

（钟林）

〔**领导班子名录**〕
党委书记、人大主席：李绍武
乡长：蓝永清
纪委书记：卓万南（　　~2010.11）
委员副乡长：赖愈晖
党委委员：蓝华红(女)
委员副乡长：刘庭生
组织委员：何祥云
宣传委员：杨　威
武装部长：严　毅(2010.11~　　)
人大副主席：靳　涛(2010.6~　　)
副乡长：杨开文
副乡长：明邦北
乡长助理：袁青山
　　　　　钟　林
　　　　　曾世敏

（编辑：钟恢飞）

浮石乡

〔**综述**〕 浮石乡位于南康市的西南部，东邻龙回镇,南连信丰县境,西与大余县毗邻,北接蓉江街道办事处和赤土畲族乡。全乡总面积110平方公里(含大山脑林场30平方公里)。全乡辖12个行政村、192个村民小组；总户数5753户，总人口23170人。乡政府设贤女埠。2010年3月,浮石乡被赣州市人民政府评为全市防汛抗旱工作先进集体。

〔经济概况〕 2010年，全乡生产总值完成7216万元，比上年增长10.2%；农民人均纯收入达到4428元，比上年增长9.1%；全乡财政总收入完成56.36万元，比去年增长12.8%，其中国税收入28.96万元，地税收入27.40万元。

〔基础设施建设〕 2010年，浮石乡全力推进市重点项目“双百”工程建设。通过向上级积极争取，成功立项浮石大桥和禾坑塘大桥建设，两座大桥总造价859万元，其中浮石大桥于2011年1月26日竣工通车，给百姓的生产生活带来极大的便利。完善道路硬化畅通工程，2010年全乡共完成村级道路硬化10.6公里，总投资252.32万元，全乡12个行政村全部修建通村公路，顺利完成“十一五”规划目标。通过“一事一议”方式，加大水利设施建设投入，总投资40.8万元，对全乡6座大山塘洪道进行扩建改造，对5座水毁水陂进行维修重建。

〔新农村建设〕 2010年，乡党委、政府紧紧围绕市委、市政府的工作部署，按照“生产发展、生活宽裕、乡风文明、村容整洁、管理民主”的社会主义新农村建设方针和“务实冷静、不图虚名，为民造福、长期奋斗，五新一好、整体推进”的总体要求，扎实有力地推进新农村建设。2010年完成改水209户，改厕208户；硬化通组主干道2.8公里，硬化通户路207余户；拆除空心房、破旧牛猪栏、厕所4573平方米；粉刷土胚房2535平方米。开展庭院绿化、村内道路绿化、村庄四旁绿化，种植天竺桂等树苗1500多株。对腊树下、棚下两个新户型推广示范点，采取统一规划，统一户型，统一基础设施，统一正负零和层高，统一立面造型，统一审批和分户建设的“六统一分”运作模式，使之成为生态文明、功能完善示范小区。

〔圩镇建设〕 投资近百万元对圩镇道路进行改造，硬化街道2000余平米，彩化街道12000余平米，改造水沟1800多米；投资48万元对323国道圩镇段高压线路进行改造，拓宽了圩镇主街道，保障了群众出行方便和用电安全；安装了18盏太阳能街灯，为街道增加了一道亮丽风景线；为了群众的行路安全，在圩镇路段设置了交通标志线；结合“一大四小”工程，在圩镇新植了500棵景观树；拆除违规建筑120平米；拆除破旧遮荫棚、破旧广告牌、灯箱51处；实行了划行规市，极大地杜绝了货物出店、占道经营、乱停乱放、乱摆摊设点等现象，圩镇环境得到进一步改善，圩镇面貌焕然一新。

〔绿化和森林防火〕 浮石乡是一个山地多，林地面积大的乡镇，乡党委、政府高度重视森林资源的保护和森林防火工作。2010年，浮石乡共完成“一大四小”造林绿化工程2455亩，其中山下造林1155亩，山上造林1300亩。发放了退耕还林补助资金14万元，公益林补助资金28.9万元。加强森林防火工作领导，落实责任，由党政领导包村，乡村干部包组包山头，把防火责任落实到每一个人；建立乡级森林防火半专业队伍和村级护林员、巡山员队伍，加强日常巡山、防火宣传和野外用火查处；完备救火设备，加强救火训练。乡政府给每一位乡村干部购买了一套防火设备，包括迷彩服、解放鞋、背包、手电筒、水壶等。定期邀请防火专家到乡进行防火和扑救知识培训，提升干部的扑救能力。

〔人口和计划生育工作〕 一是狠抓计划生育工作落实。2010年全乡出生总数312人，出生率为13.7‰，计划生育率达77.6%，落实四术402例，出生人口性别比为100:105.26，出色的完成了各项计划生育指标。二是狠抓社会抚养费征收。全年征收社会抚养费共90多万元，有力地遏制了计划外出生。三是狠抓基层计生网络建设。配齐了村计生专干和组服务员，村组专干服务员报酬全部到位。四是狠抓计划生育优惠政策落实。新增奖扶对象3人，共达到42人。落实0-14岁婴幼儿健康保险187人，关爱女孩助学12人，“二女户绿色养老”工程5户，农村计生家庭免费参加新农合98户。

〔精神文明建设和社会公共事业〕 大力开展精神文明建设，通过发放宣传单、文艺表演等通俗易懂、寓教于乐的形式，广泛开展文明村建设。各新村点制订了《村规民约》、《行为规范》和环境卫生评比制度，开展“计划生育模范户”、“卫生清洁户”等文明和谐村落社区创评活动，积极倡导健康、文明、科学的生活方式，腊树下、棚下均新建了娱乐活动场所，有阅览室、棋牌室、器乐室等。综治、信访、维稳、安全生产工作形势良好，社会和谐稳定。具体措施有：一是高度重视信访工作。认真贯彻落实《社会治安综合治理条例》和《信访条例》,发现群众上访及时处理,抓好落实,决不拖延。全年共接待来信来访80多件,解决72件,结案率达90%。有效地解决了大量民间矛盾纠纷,把许多问题解决在萌芽之中,解决在基层,没有出现群体越级上访事件;二是加强社会治安综合治理工作。按要求配齐配强综治专职干部,及时发放综治津贴,完善社会治安防范体系。同时坚持“打防”结合的方针,积极开展了“打黄打非”和打击多发性犯罪活动;三是加大安全隐患排查力度。定期对乡内采石场、家具厂、学校、烟花爆竹销售点进行安全排查,对公共突发事件预案进行细化。

推动福利事业发展,全面规范低保工作。2010年对全乡低保对象进行了一次大的清理整顿,共停发低保改善人员99户,调减享受对象134人,新增低保困难对象275户,做到了“管理规范化、评议民主化、结果公开化”;全面落实高龄补贴政策。对全乡符合85周岁以上的高龄老人进行了摸底排查并报上级审批,截止12月,全乡共有76人享受高龄老人长寿补贴。推动社会保障事业发展。社会保障覆盖面进一步扩大,新农合参合率达92%,全年共有5265人次享受农村合作医疗补助206.955万元,受益面达26.1%;城镇居民医疗保险参保人数达369人,比去年增加56人。

(李晓斌)

〔领导班子名录〕

党委书记、人大主席:钟春莲(女)

党委副书记、乡长:黄清华

人武部长:林显昌

纪检书记:朱 平

组织委员:李泽华

宣传委员:钟宏意

副乡长:兰小芸(女)

叶景宇

人大副主席:黄波

乡长助理:张志华

康小宗

(编辑:殷文鼎)

龙岭镇

〔综述〕 龙岭镇位于南康市东南部,东界赣州经济技术开发区潭口镇,南连赣县,西接东山街道、镜坝镇,北邻太窝乡。面积68平方公里,辖18个村委会,1个居委会,250个村民小组,人口4.5万,其中:女22608人,非农业人口2909人。耕地总面积2.56万亩。

2010年,全镇经济发展进入快车道,“工业兴镇”初见成效,全年新增规模工业企业34家;家具等惠民产业规模形成,农业结构进一步调整,初步形成;生猪、花卉、蔬菜、果业等特色产业并得到较好发展。2010年,全镇实现财政总收入7079万元,完成总任务102%,较上一年增长1968万元,农民人均年收入达到3680元。

〔新农村建设工作〕 全镇完成了89个省扶点建设,建成了金塘、下棚、邱边等一大批生态良好、村容整洁、民风淳朴的示范点。圩镇建设大胆探索,提质提效,建成了全市乡镇唯一的农民住宅小区,为引农进镇探索了新载体。新农村建设被赣州市评为先进乡镇,连续五年被南康市评为综合先进乡镇,圩镇被评为江西省文明村镇。下棚村、金塘村、镇农民服务中心先后接受全省新农村建设会、全省基层组织建设会、新农村建设高峰论坛现场参观。

近年来,邱边新村在市委,市政府的正确领导下,为打造成为村庄亮丽、产业发达、设施完善、功能配套、文明和谐的城乡一体化精品示范村。龙岭镇最大限度整合资源,探索推进村庄整治的新路子。对2.78公里的进村主干道及村内干道进行硬化,各建设点入户便道硬化21.92公里,改水改厕330户,拆除空心房和破旧栏厕共200余栋,其中,空心房面积15347.4平方米,破旧栏厕2811.5平方米,修建公共厕所2座,打造功能齐全新型村落社区3个(其中:新建农民服务站1个,农民培训室1个,农家书屋2个,农民超市3家,卫生所2个,远程教育培训室1个),休闲广场3个,新经济合作组织3个,修复灌溉水渠和排污水沟2830米,安装太阳能路灯20盏,绿化植树2000株,民房装饰面积50000平方米。

〔计划生育工作〕 面对2010年较为严峻的计划生育工作局面,镇计划生育服务队能够迎难而上,创新方法,较好地完成了计划生育各项工作。2010年共落实“四术任务”664例,征收社会抚养费实现了历史高位。2010年,龙岭镇计划生育工作在全市考评中名列第4。

〔**重点工程建设**〕 一是完成了家具产业园区1700亩、配套园区680亩的征地拆迁工作。二是省重点工程赣南大道完成征地1390亩,房屋拆除620余栋。三是“增减挂”工作扎实推进,已拆除农村“空心房”30多栋,平整土地60多亩。四是在赣粤高速公路龙岭段两厢流转土地232亩,打造“一大四小”精品绿化带。五是扎实推进新汪背大桥建设。总计投入250多万元,大桥主体工程已基本完成。

〔**社会事业**〕 多方筹资6600万元,投入路、桥、水利、民生项目、基础设施建设,完成100余公里乡村道水泥硬化,14.8公里水渠新建改造,龙虎陂等2个水库除险加固等一大批基础建设,极大地增强了经济发展后劲。

2010年,镇劳动保障、社会治安综合治理、信访等工作稳步开展,科教、文化、卫生、体育等各项事业也上了新台阶。新建了镇综合文化站,现已投入使用。组建了龙岭镇农民乐队,群众文化活动频繁开展。教育事业得到巩固和加强,全年来未发生校园安全事故,中小学教学质量稳中提升,特别是龙岭中学在2010年中考中名列全市同类学校第一名。镇新农合参合率达到95%,群众对镇农医所的满意率达98%。

全年开展“三送”活动,全镇成立19个工作队,工作队员深入基层,送政策送温暖送服务,共排查梳理涉及土地纠纷、征地拆迁、环境污染、基础设施、产业发展等各类问题560件,已解决420件,未解决的正列入计划。

（肖利）

〔**领导班子名录**〕

党委书记、人大主席:邓晓楠
党委副书记、政府镇长:朱隆泽
党委委员、副镇长:王　俊(　　~2010.09)
　　　　　　　　张运兵(　　~2010.12)
党委委员、宣传委员:周诗明
党委委员、人武部长:方　云
党委委员:肖　利(女)
党委委员、书记助理:刘泽文
党委委员、纪检书记:张雪刚
党委委员、组织委员:陈　矗
人大副主席:黄享湖
镇长助理:洪定茂
　　　　邱国锐
　　　　邬常生
　　　　朱敬燕
　　　　贺　艳(女)
　　　　谢开东
　　　　谭　权

（编辑:杨文定）

龙回镇

〔**综述**〕 龙回镇位于南康市南部,东与赣县阳埠乡相连、南与信丰西牛乡毗邻,西连浮石乡,北接东山街道办事处。距南康市区18公里,距信丰县城23公里。2000年9月镇政府机关由龙回圩迁驻窑下村105国道旁。2003年10月三益镇并入龙回镇。全镇群山环绕,环境优美,气候宜人。总面积135.3平方公里,其中耕地面积32836.8亩,山地面积14.36万亩。辖窑下、半岭、龙东、仓下、坪沙、岐岭、龙回、新圩、红光、龙西、三益、石滩、茶叶坳、油田、李村、九江等16个行政村和万龙居委会,253个村民小组,14984户,总人口45296人。

〔**交通**〕 境内交通发达、便利,京九铁路、105国道和赣粤高速、赣韶高速公路贯穿境内。京九铁路天字号工程岐岭隧道从龙回穿经而过,京九铁路在龙回窑下曹村(洋边)设有小站,赣粤高速公路在半岭李丰设有出口,在龙东村建有占地180亩高速公路服务区。2010年,硬化九江、石滩等4个村通村公路7.4公里,龙回、三益等2个村通组主干道3.33公里。

〔**富民措施**〕 一是坚持产业富民。通过实施产业兴村工程,做强甜柚主导产业,在茶叶坳、石滩万亩精品甜柚基地建设的基础上,继续高标准开发建设了李村、油田等近万亩精品甜柚基地。2010年,进驻开发业主29家,基本完成8.4公里主干道建设,基地的建成带动了当地群众近8000人就业。二是坚持项目富民。千方百计上新项目、上好项目,年内完成了计划生育服务大楼、镇文化活动中心、新扩建了镇敬老院大楼、铺设彩砖全面美化镇政府院内环境,特别是投资41万元兴修了龙回村大屋庄水陂等九个水利项目,合计投资达550万元的大坑水库等7个较大水利项目也正在加紧施工中;举全镇之力全面做好商贸小区开发项目,该项目已初具雏形。

〔圩镇建设〕 为了改善圩镇道路路况,镇党委、政府千方百计筹资近200万元,对1.5公理的圩镇金龙大道进行全面改造的同时,对圩镇主干道进行了美化、绿化和亮化。拆除遮阳棚18个,清理占道摊点29个,规范货不出店面50间,栽种街道长青树400株,新安太阳能灯22盏。

〔民生工作〕 关注弱势群体,提高生活质量。通过建立困难户分类救助机制,确保了三无人员吃饱、穿暖、住安全。对有劳动能力的困难户给予资金和技术支持。积极向上级有关部门为因病致贫的困难户和优抚对象申报困难补助,让更多的困难家庭得到救助。光荣敬老院被评为省级五星级。三是切实抓好新型农村养老保险和合作医疗工作。采取多种形式对这两项惠民工程进行广泛的宣传,加深农民对政策的认识,提高参保参合比例。

〔工业〕 充分利用区位交通优、家具产业渐成规模等优势,加大主攻工业力度,把主攻工业作为加快发展经济的富民之路。高起点规划了半岭、茶叶坳两个返乡家具创业园,并对其配套好供水供电通路设施,有效带动一大批家具企业相继落户龙回镇。年底,全镇共有家具企业612家,其中新增家具企业121家。

〔新农村建设〕 确定龙回村、三益村等6个省扶点为新农村建设点。硬化通户路180户,完成率94.2%;完成拆除空心房、破旧牛猪栏共计153间,面积2363平方;,拆除破旧厕所60间,面积936.8平方米;集中新建栏舍8间;改水191户,完成率100%、改厕183户,完成率95.8%;修砌水沟150多米;清垃圾、污泥150余吨,清路障、杂草106处;完成土坯房装饰任务11778平方米;新建宣传栏3个,健身场所1个,休闲场所4个,新建社区农民服务站2个;修建垃圾池6个,新安装太阳能45户,有电话、闭路电视153户。尤其是完成"一大四小"造林绿化任务4670亩(其中山下造林970亩,山上造林900亩,另外工业原料林基地2500亩,油茶基地300亩),打造了油田村乌石背王屋、陈屋、林屋及李村桃源坑一批精品点。

(张小毅)

〔领导班子名录〕

书记、人大主席:廖祥益
副书记、镇长:黄孝斌
纪检书记:肖富炳
党委委员:廖永梁
宣传委员:伍学江
组织委员:肖祖盛
委员、副镇长:肖金红(女)
副镇长:张思炜
　　徐娟琼(女)
人大副主席:陈　中
镇长助理:邓旺云
　　蔡南山
　　何　源
　　唐凌云
人武部代部长:施崇位

(编辑:朱由国)

蓉江街道

〔综述〕 蓉江街道位于市境南部,是市委、市政府所在地,历为南康市政治、经济、文化中心。东以章江河为界,西与赤土、横寨两个乡的山水相连;南与浮石乡毗邻;北与镜坝镇接壤。全境总面积约39平方公里。共辖8个社区居委会和11个行政村,总人口13.6万人,农村劳动力百分之八十已转入从事第二、三产业。

2010年,蓉江街道以构建"产业兴旺、经贸发达、城乡一体、繁荣和谐"的魅力蓉江为目标,坚持"1556"的总体思路,团结和带领街道广大干部群众,齐心协力,全力以赴,攻坚克难,务实创新,开创了街道经济社会各项事业科学和谐发展的新局面。

〔经济工作〕 2010年,实现财政总收入7678万元,较好地完成全年财政工作目标;个体工商户和私营企业突破5000家,其中家具企业714家,个私经济进一步活跃；完成固定投产投资54719万元；城镇居民可支配收入达14328元，增长9%；农民人均纯收入达4630元，增长8%。同时，积极按照适度从紧的财政政策，进一步完善财政收支包干体制，严格控制各项经费支出，确保了街道财政正常运转。

〔**新农村建设**〕 2010年，抓好了桥口、稍江共7个省扶新农村建设点的新农村建设，涉及农户224户，受益人口800多人。一是规划先行建新村。按照新农村建设“五图一书”的总体规划，一方面，要求各建设点的农户拆除破旧空心房和栏厕，严格按规划建新房，另一方面，邀请省规划设计院专业人员对精品店进行总体规划设计，确保新农村建设有品位有特色。二是整治到位靓新村。按照“三清六改四普及、一拆一绿一分离”的村庄整治要求，在各建设点扎实开展了道路硬化、水沟净化、场所绿化、庭院美化、房屋亮化等整治工程，共浇筑通组环组水泥路1000多米，通户路硬化212户，改水改厕219户，建设休闲场所3个，安装健身器材8套，修筑水沟1150米，拆除空心房19栋，拆除栏厕106间，房屋亮化15000多平方米，人居环境大为改善，村容村貌焕然一新。三是发展产业富新村。发展了西华、华山、桥口等村的大棚无公害蔬菜基地，总面积500多亩；建设了以华山为中心的肉鸭养殖基地；建设了麻田、叶坑等村的甜柚基地，同时，成立了蔬菜、养鸭、甜柚、农机等专业合作社，帮助农户连通市场，促进产业发展。四是文明和谐塑新村。围绕“文明和谐、靓丽新村”这个主题，广泛开展了群众性的精神文明创建活动，与南康七中开展了“村校共建”活动，在稍江村建设了德育基地、文化基地、实践基地、培训基地，开展了感恩教育活动。五是长效机制管新村。建立了一套包括卫生保洁、设施管护、公共服务等在内的长效管理机制，建立了“一会五站一中心”工作机制。

〔**重点项目建设**〕 一是完成了50亩的龙头岭居住小区的征地拆迁、规划设计和公开出让的各项运作。二是完成了新型液化气站项目的征地拆迁工作，共征地50亩，拆迁家具厂房2300平方米、简易房500平方米。三是完成了岭下羊台庄拆旧复垦的丈量确权工作。四是完成了西气东输二线工程蓉江境内4公里的征租用地和复垦返耕工作。五是完成了康唐路拓宽改造工程。六是完成了洋坑返乡农民工创业园蓉江境内87亩的征地工作，现已进入土地平整施工阶段。七是大力实施东门接官亭、下坝以及岭背的“城中村”改造项目，到2010年底，已签订协议377户，完成拆迁面积95530平方米，安置面积38107平方米，规划放线38户。

〔**和谐平安建设**〕 一是始终把教育工作放在优先发展的战略地位来抓，完善学校基础设施，教学条件和教学水平进一步提升。二是社会保障和救助体系进一步完善，广大群众卫生意识进一步增强，卫生水平和就医条件进一步提高，新农合参合率达96%。三是积极做好社会救助、社会救济和优抚安置工作。继续做好“低保救助”、“医疗救助”、“救灾扶贫”、“优抚双拥安置”等工作。2010年，发放农村低保资金135.225万元，争取救灾救济资金85000元，慰问困难户1925户、发放慰问金38万多元，争取大病救助资金732300元，为辖区内343位高龄老人办理了长寿补贴、发放资金523840元，向71名义务兵家属发放优待金466209元。四是做好职业技能培训和再就业工作。面向各类劳动者开展就业登记4977人，发布岗位信息3542个，培训1034人，推荐就业1470人。五是社会治安综合治理工作进一步加强，扎实推进“平安村”、“平安企业”、“平安家庭”、“平安校园”等载体的平安创建活动，狠抓安全生产、交通、火灾专项整治。六是全面做好信访工作。做好信访苗头的排查摸底工作，落实包案领导和责任人，限期处理，有效化解各类信访问题。七是严格执行政府采购和工程招投标制度，加强审计、财务工作，强化预算约束。八是人大、老龄、关工委、工会、共青团、妇联、科技、残联、武装及社会各团体的工作协调和谐发展、成绩明显，人口普查工作顺利完成。

〔**党建工设**〕 一是加强基层组织建设。2010年新建了大树、叶坑、西华三个村的村部，总投资157万元。二是深入开展“三送”活动，组建工作组21个，组织下派干部125名，结对帮扶农户2440户，走访农户5698户，走访企业795家，收集意见建议1204条，解决实际问题128件，办好事实事127件，调处矛盾纠纷50起。三是注重工作创新发展。在社区建立了“社区党员365工作室”,在农村建立了“12335”工作机制,这些创新举措得到了上级部门的充分肯定。四是深入开展创先争优活动,街道各党组织战斗力明显增强,广大党员素质得到明显提升,先锋模范作用得到有效发挥,有力促进了街道经济社会又好又快发展。

〔领导班子名录〕

党工委书记:谢小龙
党工委副书记、办事处主任:欧阳效桂
党工委委员、人武部长:黄成滨
委员副主任:陈祥海
宣传委员:刘　晋(女)
纪工委书记:林元平(　~2010.9)
委员副主任:蒙在亮
党工委委员:陈鼎岳
组织委员:余　文
纪工委书记:黄学进(2010.10~　)
办事处副主任:刘筱金
　　杨　丽(女)
人大联络办主任:林传湘
办事处主任助理:董　超(2010.6~　)
　　张　华
　　靳　涛(　~2010.6)
　　李　菁
　　吉学方(2010.6~　)

(编辑:蒙象华)

东山街道

〔综述〕　东山街道位于南康市区东部,2003年10月由原金鸡镇与原西华乡5个村(居)合并而成。东临龙岭镇,南连龙回镇,西接蓉江街道,北界镜坝镇。全镜国土面积82.3平方公里,其中山地面积73905亩,耕地面积162524亩。辖11个行政村、5个社区,280个村(居)民小组,有常住人口9.4万人,20个党支部、940名党员。

2010年,东山街道紧紧围绕“保稳定、促发展”这根主线,突出“党的建设、征地拆迁、计划生育、新农村建设、社会稳定”等五个工作重点;树立正确的宗旨观、全局观、重点观、谋略观和效律观;抢先机、拼韧劲、打硬仗、争前列;坚定不移地把人民群众的利益始终放在第一位,把对党和人民的事业忠诚当作工作的最高境界,在创新中发展,在实干中奉献,为南康市快速推进工业化、城市化奠定了良好基础,各项工作取得显著成绩。

〔党的建设〕　1、不断加强干部队伍的科学发展观教育,不断强化正确的宗旨观、全局观、重点观、谋略观和效率观,营建了良好的工作氛围。

2、突出抓了村级班子、党员发展、社区党建工作,建立了村级班子考察任用机制,强化了民主集中制,定期和不定期对村级班子进行考察和调整。

3、以“三化”(三化公开标准化、三资管理规范化、干部监督制度化)为重点,全面推行了农村党风廉政建设。农民服务中心建设、民主评议基层站所工作多次代表南康接受省、赣州市和其它县市检查并获好评。

4、狠抓了机关干部的作风建设,在干部队伍中不断实践和提升“六种工作法”(“吃透上情”法、“深入一线”法、“抓重点、带全局”法、“看本质,抓关键”法、“倒计时,自逼快上”法、“犁耙综合”法。建立和完善了每周工作“一小结、一调度”的工作机制。

〔征地拆迁〕　2010年,在东山实施的市重点工程征地拆迁项目共40个,占全市项目数的近70%。截止12月底,共发放征地拆迁资金14441万元,占全市发放资金的40%;共完成征地5827.8亩,拆迁民房591户计14.28万平方米,拆迁厂房290户计63万平方米,迁坟1289穴。

1、全面完成的有11个:赣南大道坪塘段、赣韶铁路、赣韶铁路坨圳安置点、新巴德士安置点至赣南大道坪塘安置点连接线、工业大道安置点、官坑象形孜安置点、八岭排安置点A地块、消防队营房、坪岭变电站、坪岭变电站输变电网工程、坨圳坟墓安置点。

2、完成90%以上的有24个:赣南大道坪塘安置点、工业大道与赣南大道连接线安置点、赣南大道朱边至东山段、赣南大道朱边安置点(一、二期)、泓泰家具市场(A、C、E区)、京九铁路电气化改造、赣韶铁路上坪安置点、机场快速干道、新巴德士安置点(一期)、光明安置点(工业大道东延安置点)、南水低密度建设小区(含电子工业区扫尾)、龙岭工业西区、家具城中心市场、家具配套市场、老朱边安置点、工业大道东延、老巴德士安置点、金鸡鹅坊安置点、牛屎垅安置点、坪岭安置点、金鸡岭安置点、蛇坑安置点、工业四路加工区、家具产业基地。

〔**计划生育**〕 1、2010年，出生人口623人，人口出生率12.99‰，已婚育龄妇女8876人，计划生育率83.4%，完成四术任务750例，其中二女户结扎16例，在全市计划生育考评中，各项指标均位于全市前列。

2、加强了流动人口管理。一是成立了流动人口管理站，并重点对住宅小区及各路段的外来居住人员进行了清理清查，共登记流动人口育龄对象1000多例；二是完成了国家流动人口监测点各项工作。

3、全面落实了奖、优、免、扶、救、保等利益导向政策，并为已扎二女户兑现了一次性奖励。

4、不断加大了社会抚养费征缴力度，全年共征收社会抚养费320万元。

〔**新农村建设**〕 2010年有省扶新农村建设点4个，分布在上垅村4个小组，涉及农户126户，受益人口461人。以“文峰岭”、“仙人靠石”等生态资源为主线，全年共拆除空心房1265平方米，破旧猪牛栏143间计2960平方米，硬化通组公路1720米，硬化通户路2312平方米，硬化余坪3890平方米，浇砌水沟1617米，硬化阶沿2903平方米，改厕114户，改水122户，民房装饰13150平方米，安装太阳能28户，规划新建生态民房28户，建筑面积5600平方米。

〔**社会稳定**〕 1、在征地拆迁的项目多、不稳定因素多的背景下，实行“五包五到位”（包掌握思想动态、包思想教育、包疏导教育、包稳控化解、包停访息访）和党政领导公开“接访、约访、下访、回访”制度，落实了信访突出问题集中交办和党政领导轮流接访。

2、截止12月底，共调处各类矛盾纠纷180多起，基本上做到了把矛盾化解在基层、化解在萌芽之中；共接待群众来信来访和上级交办件86起，已办结信访案件79起，结案率为91.9%，越级、集体、重复访同比下降61%，既有力地推动了各项重点工作，又确保了社会的稳定。

〔**民生工程**〕 1、财贸工作稳中有升。全年新增个体工商户600户，新增私营企业90家，工商企业总户数达到了3000户，就业总人数达到3.6万人，完成固定资产投资12218万元；2010年完成财政总收入7689.48万元，占任务数的101.71%；其中地税完成2524.3万元，占任务数的105.18%，国税完成5165.18万元，占任务数的100.1%。

2、农民培训有声有色。全年自主培训农民近800人，其中共开设返乡农民工培训班10余次，培训人数近600人；组织了10期农村剩余劳动力前往市农民学院参加培训，共计达到124人。

3、征兵任务超额完成。双合格人员15人，且全部为中专（高中）以上学历，其中大专学历有2人。

4、劳动保障事务所建设工作。全年办理城镇居民医疗保险4749人次，办理、复审了《再就业优惠证》20人，办理《4050灵活就业社保补贴申请》160人，办理免费就业培训65人，办理知青养老保险33人。

5、安全生产有序开展。全年共张贴标语120条，出动宣传车12次，共发放宣传材料12000多份，排除安全隐患180处，并重点对“三合一”制衣厂和家具厂下发了整改通知60多份。

6、农村工作成效显著：农业、农技、农机、畜牧等工作进展有序；农医合工作全面推进，全年共有35726人参加了新型农村合作医疗保险，覆盖率达到了95%，有2627人次享受新农合补偿金共计398.5万元；交通和水利工作稳步实施，全年共通化组路3.5公里，对1座堤坝、5座山塘、2座水库溢洪道进行了除险加固；林业工作扎实开展，共开设防火线5.5公里，发放退林还林和公益林资金35万元，全面完成“一大四小”造林2330亩。

（李芳津）

〔**领导班子名录**〕

党工委书记：刘连生

办事处主任：王华兵

副书记：杨　辉

党工委委员、纪工委书记：肖　龙（2010.8～　　）

吉康生（　　～2010.8）

党工委委员、人武部部长：尹英书

党工委委员：黄　珍（女）

党工委宣传委员：卢洸华

党工委委员、办事处副主任：江晋斌(2010.10~)
党工委组织委员：肖相如
党工委委员、办事处副主任：邹健伟
党工委委员、书记助理：程宗毅(2010.5~)
办事处副主任：兰善普
办事处副主任：吉康生(2010.8~)
办事处副主任：肖诗龙(~2010.10)
人大联络办副主任：卢和池
主任助理：刘晓星
伍月红(女)

袁昌云(2010.10~)
谢宝元
石清明
肖诗龙(2010.10~)
张 欣
郭健民
郭 笑
古卯林
眭相友(~2010.6)

(编辑：赵剑)

附　录

南康市2010年货币政策执行情况分析报告

2010年，是实施“十一五”规划的最后一年，也是巩固经济回升基础，全面展开和加快推进南康实质性“追赶与跨越”的重要一年。南康市银行业金融机构货币信贷工作结合当地经济特点，围绕《2010年货币信贷工作若干指导意见》，积极拓宽工作思路，以开展农村金融产品和服务方式创新和“优化社会信用环境”两大活动为载体，以“六个进一步”为着力点，取得了一定的成绩。按照中央经济工作会议的决策部署，2011年国家实施稳健的货币政策。为保证南康市重点产业调整的合理资金需求，着力扩大内需、优化信贷结构，推动经济发展方式转变和经济结构调整，提高经济发展质量和效益，全面支持南康经济社会“追赶与跨越”发展，现将南康市货币政策执行情况报告如下：

一、2010年工作回顾

(一)国家宏观调控措施调整，“防通胀”系列政策的出台

1、国家实施适度宽松的货币政策调整为稳健的货币政策。2010年下半年，面对全球性的金融、经济局势更加复杂的情况，特别是经济刺激计划效果的显现以及多种宏观调控政策的效应迭加，物价上涨幅度过大，我国宏观调控首要任务由“一保一控”，突出“保增长”，并实施“保增长、调结构、扩内需”的战略决策，实行积极的财政政策和适度宽松的货币政策，密集出台了一系列宏观调控政策调整为“防过热、防通胀”。先后6次上调存款准备金率，2次上调存贷款基准利率。

2、实行严格的房贷政策，控制房价上涨过快。从2010年4月以来，为了抑制不合理住房需求，国务院常务会议明确实行更为严格的差别化住房信贷政策，提高贷款购买住房的首付款比例和贷款利率。对购买首套自住房且套型建筑面积在90平方米以上的家庭，贷款首付款比例不得低于30%，对贷款购买第二套住房的家庭，首付款比例不得低于50%，贷款利率不得低于基准利率的1.1倍；对贷款购买第三套及以上住房的，大幅度提高首付款比例和利率水平。国务院针对房地产行业的调控政策接连出台，严格限制各种名目的炒房和投机性购房，从政策本身的力度来看真可谓是前所未有，力度之重实属罕见。根据《通知》要求，继将购买二套房首付比例提高到50%后，国务院又发出通知，商品住房价格过高、价格上涨过快、供应紧张的地区，商业银行可根据风险状况，暂停发放购买第三套及以上住房贷款；对不能提供1年以上当地纳税证明或社会保险缴纳证明的非本地居民暂停发放购买住房贷款。并要求财政部、税务总局加快研究制定引导个人合理住房消费和调

节个人房产收益的税收政策。以保持经济平稳较快发展。

3、加强地方政府融资平台,防范加强地方政府融资风险。2010年6月,国务院《关于加强地方政府融资平台公司管理有关问题的通知》(国发〔2010〕19号),“在本通知下发前已经设立的融资平台公司,要按以下要求进行清理规范:对只承担公益性项目融资任务且主要依靠财政性资金偿还债务的融资平台公司,今后不得再承担融资任务,相关地方政府要在明确还债责任,落实还款措施后,对公司做出妥善处理;对承担上述公益性项目融资任务,同时还承担公益性项目建设、运营任务的融资平台公司,要在落实偿债责任和措施后剥离融资业务,不再保留融资平台职能。对承担有稳定经营性收入的公益性项目融资任务并主要依靠自身收益偿还债务的融资平台公司,以及承担非公益性项目融资任务的融资平台公司,要按照《中华人民共和国公司法》等有关规定,充实公司资本金,完善治理结构,实现商业运作;要通过引进民间投资等市场化途径,促进投资主体多元化,改善融资平台公司的股权结构。对其他兼有不同类型融资功能的融资平台公司,也要按照上述原则进行清理规范。今后地方政府确需设立融资平台公司的,必须严格依照有关法律法规办理,足额注入资本金,学校、医院、公园等公益性资产不得作为资本注入融资平台公司。”几乎叫停了地方政府融资平台公司的融资职能,同时,明令银行业金融机构不得向地方政府融资平台公司发放新贷款,并逐步清理收回老贷款。

4、改革人民币汇率形成机制,增强人民币汇率弹性。2010年6月,根据国内外经济金融形势和中国国际收支状况,中国人民银行决定进一步推进人民币汇率形成机制改革,增强人民币汇率弹性。当前全球经济逐步复苏,中国经济回升向好的基础进一步巩固,经济运行已趋于平稳,有必要进一步推进人民币汇率形成机制改革,增强人民币汇率弹性。进一步推进人民币汇率形成机制改革,重在坚持以市场供求为基础,参考一篮子货币进行调节,继续按照已公布的外汇市场汇率浮动区间,对人民币汇率浮动进行动态管理和调节。至6月末,人民币兑美元升值

(二)认真传导、执行的货币信贷政策

1、积极实施适度宽松货币信贷政策。一是制定年度货币信贷工作指导意见。为提高货币政策实施的有效性,年初根据全国金融工作会议精神,结合地方经济发展规划和产业调整方向,我支行起草的《南康市2010年货币信贷工作指导意见》,经全市金融工作会议讨论通过,呈报市政府批转在全市执行。《意见》在五个方面引导金融机构加大有效信贷投入,即与主攻业化相结合,继续加大对主导产业、骨干企业的信贷扶持力度、与激活内生型经济相结合,继续加大对民营经济的信贷投入,与加速融入主城区进程相结合,继续加大对城市化建设的信贷投入、与推进新农村建设相结合,继续加大对“三农”的信贷投入,与支持扩大就业相结合,继续推进小额担保贷款发放,积极拓展消费信贷。2010年,南康市金融运行平稳,银行类金融机构各项存款余额为121.39亿元,比年初增加29.70亿元,增长33.56%;各项贷款余额为64.08亿元,比年初增加18.09亿元,为近年来增长较多的一年。二是制定银行经营目标考评办法。根据南昌中支下发的《江西省货币政策执行情况评价办法(试行)》,为加大对银行信贷投入的奖励力度,市政府出台了《南康市2010年银行经营目标考评办法》,对银行合规性经营情况,不良贷款抓降清收情况,信贷增长情况等内容进行综合考评,年终给予奖励,以此调动银行改善金融服务的工作积极性。

2、构筑信息沟通平台,疏通货币政策传导渠道。一是宣传解读货币政策,引导金融机构贷款合理增长和均衡投放。采取各种有效措施,广泛宣传货币政策,深入解读货币政策,引导社会公众准确领会“适度宽松货币政策”的精神(内涵)实质,精确把握“适度宽松货币政策”的核心内容,引领金融机构有效加大信贷投入,切实做到“总量适度、节奏平稳、结构调整、风险防范”。加强信贷政策宣传。二是为解决银企信息不对称问题,疏通货币政策传导渠道,我支行利用“金融知识进校园、金融知识进工业园区、金融知识进农村”的“三进”活动为平台,将辖内金融机构目前正在执行的信贷政策进行进行广泛宣传,此举受到政府和社会的一致好评。三是完善季度经济金融形势分析报告制度,定期召开银企座谈会、项目推介会。通过召开经济金融形势分析会等形式,召集各金融机构信贷管理部门负责人和有关经济管理部门及重点企业参加,传达金融方针、货币信贷政策,及时通报

各行社信贷指导意见执行情况，提出信贷工作存在的问题，商讨增加有效信贷投入的措施，通过例会制度进一步增强对商业银行的窗口指导作用，加强政府、银行、企业三者之间的信息沟通，促进地方经济的健康发展。今年以为，我市共召开银企项目推介会1次，签约项目24个，签约资金6.15亿元，至年末，已经发放贷款5.64亿元，履约率为91.7%，得到市委市政府的充分肯定。

3、推动金融产品和服务方式创新有实则性拓展。一是针对南康家具企业普遍缺乏有效抵押资产掣肘融资难问题，人行南康市支行要求辖内银行业金融机构要结合企业特点，适度简化贷款调查、审查、审批手续，积极推广授信额度方式，推行优良信用企业授信绿色通道制、二次以上授信企业资料和审批程序简化制等，增强贷款的时效性。特别是要求针对家具企业多为民营企业的现状，要求金融机构为企业量身定做产品，开发出家具企业“联户担保+保险”贷款模式，即1个联保体中有3户或3户以上家具企业，每户企业为其他企业提供担保，在1个联保体中每户企业都相互督促履行贷款合同条款，1户违约其他企业共担责任的信贷模式。这种模式在全市推广，深受家具企业业主青睐。截止年末，累计发放了708个联保体2128户家具企业(或业主)28748万元贷款。有效解决家具企业融资难的瓶颈问题，达到银企双赢的目的。二是为切实缓解“三农”客户贷款难，我行一直坚持采取灵活多样的担保方式，即抵押+保证、抵押、质押、保证、联保等方式均因不同客户采取单独或组合灵活运用，积极开展保证担保方式贷款，为“三农”客户节约了抵押资产评估、登记、保险等财务费用，该种信贷支持方式维持高比例稳健有效推行，得到广大客户好评，成为推动南康“三农”经济发展。

货币信贷政策的传导执行，促进了南康市经济社会的快速稳定发展。主要表现在：2010年全市生产总值84.91亿元，增长14.57%；财政收入继续保持较快增长，财政总收入实现82009万元，同比增收11991万元，增长17.1%，完成年初计划的106.5%，圆满完成了赣州市下达的8.2亿目标任务，地方财政收入实现60330万元，同比增收11349万元，增长23.2%，从收入总量来看，财政总收入在赣州各县(市)中排名第三位，仅次于章贡区和开发区，地方财政收入在赣州各县(市)中名列第一位，从收入质量来看，税收收入占财政总收入比重达86.2%，比上年提高了3.4个百分点，收入质量明显提高。

(三)经济发展中的困难和值得关注的问题

1、涉农贷款发放进度较为缓慢。我市的涉农贷款2010年末余额为382055万元，没有实现“三农”贷款增量不低于上年同期的目标。特别是在大力推进农村金融产品和服务方式创新试点工作方面没有新突破，对农村土地流转权、农村集体土地抵押贷款、林权抵押贷款、林农授信贷款、农户大额信用贷款、农户小额信用贴息贷款以及农村合作经济组织贷款、“信用担保+农业信贷”、“保险+信贷”等贷款品种和模式没有充分应用和拓展。尤其是在支持大学生“村官”富民创业方面，我市没有多大突破，而从中央到地方，都要求我们要站在统筹城乡发展和全面改进提升农村金融服务水平的战略高度，做好对大学生“村官”创业富民的金融支持与服务工作。因此我们要加快进度，做出实质性信贷支持工作。

2、家具产业困境仍未完全摆脱。截止2010年12月31日，全市家具企业达5670家，比去年新增629家，同比增长13.9%；新增固定资产投资15.5亿元，同比增长244.00%；实现工业总产值43亿元，同比增长32.30%；实现工业增加值11.6亿元，同比增长19.00%；实现销售收入40.85亿元，同比增长30.90%；实现税收3250万元，同比增长35.40%；进口橡胶木50.99万方，同比增长42.30%；从业人员13.2万人，同比增长10.00%。家具企业获省著名商标5个，获赣州市知名商标15个，其中今年新增10个；家具市场占地面积800亩，市场建筑面积70万平方米；家具物流企业239家，主要线路613条；家具木材运输放行量96.2万方，同比增长29.11%。从数据来看，家具产业一片红火. 但我市金融机构共直接投入的信贷资金6亿多元，加之以其他用途为名目而实际投入到家具产业中的信贷资金据不完全统计有近13亿元之多。如这一行业发生风险，将对我市银行业金融产生巨大影响，特别是极大多数家具企业厂房为临时用地，没有土地使用证，更没有房产证，没有抵押或抵押不足造成的信贷风险。

3、要关注矿产品加工行业贷款快速增长风险。2010年，全市矿产品贷款余额75395万元；但受全球金融风暴不利的经济形势影响下，矿产品市场出现价格大幅波动，因此必须关注全球金融风暴对经济形势的影响，特别是汇率变动对大宗矿产品价格的影响，当前仍致相当长的一段时间内，人民币面临兑美元升值的压力，势必对矿产品行业产生相当大的影响，各银行业金融机构必须密切关注。

4、房地产贷款的风险监测。目前，国家对房地产行业采取限制政策，可能引发房地产市场下行风险，我市目前仍有较多信贷资金投向了房地产业，再加上大量以房产作为抵押的其他贷款，房地产价格的波动将影响到银行一半以上的信贷资产安全。在当前市场环境下，各金融机构应高度关注房地产开发商因资金链断裂引发的开发贷款信贷风险及房产抵押物贬值引发的个人按揭贷款及房产抵押贷款风险。

主要统计资料

行政区划和土地面积

单位:个、平方公里

乡镇街道	村	村民小组	居委会	土地面积
总计	278	4475	24	1722
蓉江	11	226	9	39
唐江	30	542	4	90.2
金鸡	11	200	5	83
赤土	17	307		157
凤岗	16	229	1	63
横市	13	176	1	122
龙岭	18	250	1	51
龙回	16	253	1	135.3
镜坝	10	178		30
浮石	12	192		110
横寨	8	129		31
朱坊	15	325		99
太窝	9	153		35
三江	11	133		27
龙华	17	228		107
十八塘	14	237	1	130
麻双	15	213		123.5
大坪	10	186		107
坪市	12	150	1	91
隆木	13	168		91

国民经济主要指标

指标	单位	2010年	2009年	增减%
土地面积	平方公里	1722	1781	-3.3
年末总户数	户	270624	256644	5.4
年末总人口	人	803463	803017	0.1
#:农业人口	人	665144	667194	-0.3
非农业人口	人	138319	135823	1.8
出生人口	人	9765	12465	-21.7
死亡人口	人	9121	4008	127.6
生产总值	万元	849132	741125	13.3
#:第一产业	万元	138229	127283	3.5

(续上表)

指标	单位	2010年	2009年	增减%
第二产业	万元	412358	353745	17.6
#:工业	万元	372236	302285	19.6
第三产业	万元	298545	260097	13.0
全社会从业人员	人	464545	462046	0.5
#:第一产业	人	172988	181572	-4.7
第二产业	人	165222	158164	4.5
#:工业	人	118110	111616	5.8
第三产业	人	126335	122310	3.3
农业总产值(现价)	万元	264196	241817	9.3
工业总产值(现价)	万元	1412636	1051347	34.4
规模以上工业增加值	万元	301505	272137	17.3
#:地方	万元	226137	203985	24.1
全社会固定资产投资	万元	714000	515000	38.6
#:城镇以上投资	万元	447865	348517	28.5
#:工业投资	万元	220391	147607	49.3
财政总收入	万元	82009	70018	17.1
地方财政收入	万元	60330	48981	23.2
财政支出	万元	153949	134059	14.8
签约外资	万美元	5789	5384	7.5
实际进资	万美元	7146	6860	4.2
外贸进口	万美元	1497	1088	37.6
工业用电量	万度	35147	24595	42.9

主要指标年人均水平

指标	单位	2010年	2009年	赣州市2010年
年平均人口	人	765920	758763	8446920
生产总值	元	11086	9768	13253
农业总产值	元	3449	3187	3999
工业增加值	元	4860	3984	3444
财政总收入	元	1071	923	1519
地方财政收入	元	788	646	935
社会消费品零售总额	元	3420	3043	4407
粮食总产量	公斤	305	308	329
油料总产量	公斤	20.3	19.8	11.4
肉类总产量	公斤	106.5	87.6	81.2
水产品总量	公斤	25.5	24.5	30.6

（续上表）

指标	单位	2010年	2009年	赣州市2010年
水果产量	公斤	62	46	189
在岗职工年平均工资	元	25845	22930	23602
城市居民可支配收入	元	12410	11021	14203
城市居民消费性支出	元	8618	7588	10662
农民人均纯收入	元	4564	4059	4182
农民生活消费支出	元	2842	3037	3197
居民储蓄存款	元	13369	9093	10723

户数及人口

乡镇街道	总户数(户)	总人口(人)			
		合计	男	女	非农业人口
南康市	270624	803463	414018	389445	138319
蓉江街道办	55336	108856	56277	52629	71878
唐江镇	32085	101608	51894	49714	21403
东山街道办	18851	52590	26634	25956	15356
赤土畲族乡	13273	45262	23615	21647	2641
凤岗镇	14510	44176	22482	21684	4187
横市镇	7323	25287	13251	12036	2295
龙岭镇	14984	45296	22638	22608	2909
龙回镇	11803	37328	19490	17838	2311
镜坝镇	9940	31088	15582	15506	1585
浮石乡	9249	22891	11898	10993	1118
横寨乡	5509	18473	9608	8865	620
朱坊乡	11875	38543	19666	18877	1868
太窝乡	6265	21031	10587	10444	950
三江乡	8935	30182	15325	14857	1513
龙华乡	13755	49384	25514	23870	2150
十八塘乡	9821	35746	18896	16850	1620
麻双乡	8141	28876	15310	13566	1368
大坪乡	6886	24331	12844	11487	747
坪市乡	6645	22409	11776	10633	1105
隆木乡	5438	20106	10731	9375	685

国民经济主要比例关系

指标	单位	2010年	2009年
生产总值			
#:第一产业	%	16.3	17.2
第二产业	%	48.6	47.7
#:工业	%	43.8	40.7
建筑业	%	4.8	7.0
第三产业	%	35.1	35.1
全社会从业人员			
#:第一产业	%	37.2	39.3
第二产业	%	35.6	34.2
#:工业	%	25.4	24.2
第三产业	%	27.2	26.5
农业总产值			
农业	%	37.7	38.7
林业	%	2.6	2.8
牧业	%	49.1	47.5
渔业	%	9.9	10.3
农业服务业	%	0.7	0.7
财政总收入			
工商税收	%	66.5	65.5
企业所得税	%	12	10.2
专项收入	%	4.5	4.5
其他收入	%	9.3	12.7
财政支出			
城乡社区服务	%	4.4	6.1
科教支出	%	21.9	24.6
农林水支出	%	14.3	15.7
一般公共服务	%	11.6	10.7

工业总产值和规模以上工业增加值

单位:万元

指标	2010年	2009年	增减%
全社会工业总产值	1412636	1051347	34.4
#规模以上工业总产值	1230907	809501	52.1
1、中央企业	111678	107469	3.9
2、市属	1119229	702032	59.4
#市属国有	40585	24992	62.4

（续上表）

指标	2010年	2009年	增减%
500万元以上非国有	1078644	677040	59.3
规模以上工业增加值	301505	272137	17.3
#市属规模以上工业增加值	226137	203985	24.1

规模以上工业企业主要经济指标(除烟厂)

指标	单位	2010年	2009年	增减%
企业单位数	个	73	63	15.9
#:亏损企业	个	3	0	
产成品	万元	4185	2870	45.8
资产总计	万元	274408	233972	17.3
负债合计	万元	111569	95204	17.2
主营业务收入	万元	1096846	700243	56.6
主营业务税金及附加	万元	2585	2384	8.4
利润总额	万元	53245	34589	53.9
亏损企业亏损总额	万元	24	0	
利税总额	万元	85022	61196	38.9
从业人员年平均人数	万元	18219	13719	32.8

农业总产值

单位:万元

指标	2010年	2009年	增长%
农业总产值	264196	241817	9.3
农业产值	99741	93528	6.6
#粮食作物产值	55729	55621	0.2
林业产值	6887	6773	1.7
牧业产值	129776	114866	13.0
渔业产值	26182	25050	4.5
农林牧渔服务业产值	1610	1600	0.6

耕地面积变动情况

单位:亩

指标	2010年	2009年	增长%
一、当年增加面积	3749	963	289.3
二、当年减少面积	1650	585	182.1
#:国家占地	1566	518	202.3
三、年末实有耕地面积	388515	386406	0.5

(续上表)

指标	2010 年	2009 年	增长%
1、水田	311182	307089	1.3
2、旱地	77333	79317	-2.5

主要农作物面积和产量

指标	播种面积(亩)	播面单产(公斤)	总产量(吨)
农作物总面积	987599		
一、粮食作物	609904	383	233395
(一)谷物	581027	392	227707
1、稻谷	580335	392	227602
(1)早稻	269080	382	102913
(2)中稻及一晚	14068	425	5982
(3)二季晚稻	297187	399	118707
2、杂谷	692	152	105
(二)豆类	14077	86	1206
1、大豆	3746	111	415
2、绿豆	1068	94	100
3、蚕、豌豆	9263	75	691
(三)薯类	14800	303	4482
二、油料作物	82151	189	15533
1.花生	80275	192	15414
2.油菜籽	1385	58	81
3.芝麻	491	77	38
四、麻类	145	407	59
其中:黄红麻	145	407	59
苎麻			
五、甘蔗	110	4000	440
六、烟叶类	524	103	54
1、烤烟			
2、晒烟	524	103	54
七、药材类	10		
八、蔬菜、瓜类			
1、蔬菜类(含菜用瓜)	159281	1136	180964
2、瓜果类	7606	1468	11169
十、其他农作物	127868		
1.席草	12	1000	12
2.荸荠	2448	1121	2744

（续上表）

指标	播种面积(亩)	播面单产(公斤)	总产量(吨)
3.红瓜子	1391	70	97
4.莲子	8	125	1
5.青饲料	10351		
6.绿肥	107290		
7.其它	6368		

茶、果生产情况

指标	单位	2010年	2009年	增长%
茶园总面积	亩	769	769	0.0
茶叶总产量	吨	27	27	0.0
果园总面积	亩	105249	106364	-1.0
水果总产量	吨	47596	34931	36.3
#:柑桔类	吨	43316	31068	39.4
#:甜柚	吨	20609	17604	17.1

林业生产情况

指标	单位	2010年	2009年	增长%
一、造林面积	公顷	3628	3401	6.7
二、主要林产品				
1、油桐籽	吨	360		
2、油茶籽	吨	2000	2100	-4.8
三、村及村以下竹木采伐量				
1、木材	万立方米	0.13	0.32	-59.4
2、竹材	万根	120	47	155.3

牧渔业生产情况

指标	单位	2010年	2009年	增长%
一、生猪存栏	万头	44.6	42.5	4.9
生猪出栏	万头	70	66	6.1
二、牛存栏	万头	4.7	5.8	-19.0
耕牛出栏	万头	1.8	1.7	5.9
三、年末养蜂	万箱	0.94	0.93	1.1
蜂蜜产量	吨	197	186	5.9
四、家禽存笼	万羽	375	371	1.1
家禽出笼	万羽	551	650	-15.2

(续上表)

指标	单位	2010年	2009年	增长%
禽蛋产量	万吨	0.7	0.66	6.1
五、肉类总产量	万吨	8.16	6.65	22.7
六、水产品产量	万吨	1.95	1.86	4.8

指标	单位	2010年	2009年	增长%
拖拉机	台	1195	1108	7.9
耕整机	台	4711	3799	24.0
机引犁	台	2	2	0.0
机引耙	台			
旋耕机	台	1194	1107	7.9
化肥深施机	台			
排灌动力机械	台	15614	14195	10.0
农用水泵	台	16745	12881	30.0
机动喷雾机	台	261	115	127.0
联合收割机	台	135	102	32.4
机动脱粒机	台	20366	40159	-49.3
农用运输车	辆	2038	1852	10.0

指标	2010年	2009年	增减%
50万元以上固定资产投资	487873	371911	31.2
#:城镇以上投资	447865	348517	28.5
农村非农户投资	40008	23394	71.0
#:第一产业	19071	21457	-11.1
工业	220391	147607	49.3
第三产业	248411	202847	22.5
#:房地产开发投资	117442	109746	7.0
总投资中:#:国有投资	116020	89552	29.6
非国有投资	371853	282359	31.7
#:民间投资	355152	266662	33.2
港澳台投资	11110	15488	-28.3
外商投资	5591	209	2575.1
本年新增固定资产	288096	243621	18.3

固定资产投资(二)

指标	单位	2010 年	2009 年	增减%
本年施工房屋面积	平方米	2423798	2452781	-1.2
其中:住宅	平方米	872926	741270	17.8
本年竣工房屋面积	平方米	328788	697123	-52.8
其中:住宅	平方米	10443	220879	-95.3
商品房施工面积	平方米	1082360	996897	8.6
其中:住宅	平方米	683426	698686	-2.2
商品房竣工面积	平方米	37118	290310	-87.2
商品房销售面积	平方米	413093	344821	19.8
商品房销售额	万元	164093	106130	54.6

社会消费品零售总额

单位:万元

指标	2010 年	2009 年	增减%
社会消费品零售总额	267569	225595	18.6
一、按销售单位所在地分组			
1、县	209955	178535	17.6
2、县以下	57614	47060	22.4
二、按行业分组			
1、批发业	61040	52648	15.9
2、零售业	175247	148253	18.2
3、餐饮住宿业	31282	24694	26.7

物价指数(以上年为 100)

指标	2010 年	2009 年
商品零售价格指数	103.6	101.0
居民消费价格指数	103.3	100.9
一、食品类	108.0	102.0
二、衣着类	98.7	98.8
三、家庭设备及用品类	99.9	99.9
四、医疗保健	100.0	100.0
五、交通和通讯工具	100.0	99.9
六、娱乐教育文化用品	99.1	99.3
七、居住	101.3	101.7
八、服务项目	101.2	101.7
农业生产资料价格指数	95.1	96.6

金融机构信贷收支

单位:万元

指标	2010 年	比年初增减额
各项存款年末余额	1213857	296981
#:企业存款	171413	34181
城乡居民储蓄存款	868311	178375
各项贷款年末余额	640751	180876
#:短期贷款	258383	85853
#:个人贷款及透支	146255	73637
#:单位贷款及透支	99655	2507
经营贷款	99655	12507
固定资产贷款		
贸易融资	11940	9786
#:中长期贷款	380444	101057
#:个人中长期消费贷款	185667	81676
固定资产贷款	87296	21891

金融机构现金收支

单位:万元

指标	2010 年	比年初增减额
一、现金收入	2562309	526666
#:商品销售收入	139774	12727
服务业收入	89335	6460
税款收入		
城乡个体经营收入	503	420
储蓄存款收入	2258057	491655
二、现金支出	2571657	525104
#:工资性支出	26562	7226
农副产品采购支出	19078	-1721
工矿及其他产品采购支出	23059	-113
行政企事业管理费支出	40335	2967
城乡个体经营支出	1128	-2089
储蓄存款支出	2507796	556385
三、货币投放(+)回笼(-)	-3840	3756

财政收支

单位:万元

指标	2010年	2009年	增减%
财政总收入	82009	70018	17.1
#:工商税收	54543	45874	18.9
农业四税	6331	4984	27.0
企业所得税	9818	7128	37.7
专项收入	3725	3114	19.6
其他收入	7592	8918	-14.9
地方一般预算收入	60330	48981	23.2
地方一般预算支出	153949	134059	14.8
城乡社区服务	6815	8197	-16.9
农林水支出	21940	21028	4.3
教育支出	33607	31463	6.8
科学支出	178	166	7.2
一般公共服务	17890	14289	25.2

教育、卫生、邮电

指标	单位	2010年	2009年	增减%
普通中学:学校数	所	41	40	2.5
在校学生	人	51302	47503	8.0
专任教师	人	2633	2742	-4.0
职业中学:学校数	所	1	4	-75.0
在校学生	人	3730	5020	-25.7
专任教师	人	124	260	-52.3
小学:学校数	所	297	308	-3.6
在校学生	人	81826	80204	2.0
专任教师	人	3597	3688	-2.5
卫生机构数	个	879	835	5.3
病床数	张	1360	1066	27.6
卫生技术人员	人	2555	2219	15.1
#医生	人	1399	1260	11.0
电话年末到达户数	部	98300	112313	-12.5
#农村电话	部	61920	78216	-20.8
年末移动电话用户	部	396210	347770	13.9

在岗职工人数与工资

指标	单位	2010年	2009年	增减%
1、年末在岗职工人数	人	20188	19934	1.3
#:国有经济单位	人	15096	15098	0.0
城镇集体经济单位	人	1886	1836	2.7
其它经济类型单位	人	3206	3000	6.9
2、在岗职工工资总额	千元	509956	458305	11.3
#:国有经济单位	千元	395191	362962	8.9
城镇集体经济单位	千元	43629	36641	19.1
其它经济类型单位	千元	71136	58702	21.2
3、在岗职工年平均工资	元	25845	22930	12.7
#:国有经济单位	元	26668	23925	11.5
城镇集体经济单位	元	23750	20596	15.3
其他经济类型单位	元	23134	19329	19.7

国有单位在岗职工人数与工资

指标	年末人数(人)	年平均人数(人)	工资总额(千元)	年平均工资(元)
合计	15096	14819	395191	26668
#市及市以下	13533	13265	342769	25840
1、企业	1714	1745	64544	36988
2、事业	9247	9037	209816	23217
3、机关	4108	4037	120831	29937

农村住户调查

指标	单位	2010年	2009年	增减%
调查户数	户	70	70	0.0
常住人口	人/户	4.1	4	2.5
整半劳力	人/户	2.97	2.84	4.6
劳动力负担人口	人/劳动力	1.39	1.42	-2.1
生产性固定资产原值	户/元	1194	1052	13.5
住房面积	平方米/人	46	46	0.0
#:砖木结构面积	平方米/人	13	9	44.4
钢筋混泥土结构面积	平方米/人	31	32	-3.1
全年纯收入	元/人	4564	4059	12.4
(一)工资性收入	元/人	2740	2431	12.7
(二)家庭经营纯收入	元/人	1482	1288	15.1
1.第一产业纯收入	元/人	1390	1204	15.4
2.第二产业纯收入	元/人	24	25	-4.0

(续上表)

指标	单位	2010年	2009年	增减%
3.第三产业纯收入	元/人	69	60	15.0
(三)财产性纯收入	元/人	96	95	1.1
(四)转移性纯收入	元/人	246	246	0.0
二.总支出	元/人	4498	4256	5.7
(一)家庭经营费用支出	元/人	1200	826	45.3
(二)购置生产性固定资产支出	元/人	23	41	-43.9
(三)税费支出	元/人	0.1	1.5	-93.3
(四)生活消费支出	元/人	2842	3037	-6.4
1.食品	元/人	1221	1032	18.3
2.衣着消费支出	元/人	131	101	29.7
3.居住消费支出	元/人	481	864	-44.3
4.家庭设备.用品消费支出	元/人	224	168	33.3
5.交通和通讯消费支出	元/人	281	254	10.6
6.文化教育.娱乐消费支出	元/人	332	332	0.0
7.医疗保健消费支出	元/人	256	250	2.4
8.其他商品和服务消费支出	元/人	47	37	27.0
(五)财产性支出	元/人			
(六)转移性支出	元/人	433	351	23.4

城镇住户调查情况

单位:元/人

指标	2010年	2009年	增减%
家庭总收入	12707	11298	12.5
其中:可支配收入	12410	11021	12.6
(一)工薪收入	6548	5854	11.9
(二)经营性收入	3946	3540	11.5
(三)财产性收入	488	371	31.4
(四)转移性收入	1725	1533	12.5
家庭总支出	9380	8563	9.5
(一)消费支出	8618	7588	13.6
其中:服务性消费支出	1912	1710	11.8
1.食品	3647	3176	14.8
2.衣着	765	682	12.1
3.家庭设备用品及服务	646	568	13.8
4.医疗保健	680	613	11.0
5.交通和通信	864	782	10.4

(续上表)

指标	2010 年	2009 年	增减%
6.教育文化娱乐服务	805	713	12.8
7.居住	963	848	13.5
8.杂项商品和服务	248	205	21.3

对外贸易招商引资及个体私营企业情况

指标	单位	2010 年	2009 年	增减%
1、对外贸易				
进出口总额	万美元	5099	2867	77.9
#进口	万美元	1497	1088	37.6
出口	万美元	3602	1779	102.5
2、外商直接投资				
签约项目	个	10	10	0.0
签约资金	万美元	5789	5384	7.5
实际使用外资	万美元	7146	6860	4.2
3、对外经济合作				
签约项目	个	16	19	-15.8
合同引资	万元	182300	209800	-13.1
实际进资	万元	135400	122700	10.4
4、个体私营				
个体私营企业户数	户	24204	18400	31.5
#私营企业	户	1108	936	18.4
个体私营企业从业人员	人	146042	113158	29.1
#私营企业	人	23292	20802	12.0
注册资金	万元	614925	459386	33.9
#私营企业	万元	125913	106475	18.3

(编辑：肖琼)

编 后 记

《南康年鉴》是由市委领导、市政府主持、市地方志办公室组织实施编纂的。根据市政府《关于开展编纂〈南康年鉴〉工作的通知》(康府字〔2002〕31号)和市政府办公室《关于编纂<南康年鉴>2011卷的通知》(康府办字〔2011〕15号)等文件精神,每年编纂上一年度的年鉴。本部年鉴编纂工作始于2011年2月,至2011年10月完成。

本部年鉴的编纂,先由各乡(镇、街道)和市属(驻市)各部门(单位)供稿人员写出各单位的年鉴稿,经单位领导审核后送市志办,再由市志办进行分纂、总纂,最后由地方志编纂委员会审定。

编辑分工是:倪贵清负责市委办、组织部、宣传部、农工部、统战部、老干局、党校、台办、党史办、市直工委、人大办、横市等;张玉玲负责市政府办、人事劳动和社会保障局、机构编制办、信访局、外事侨务办、民宗局、扶贫办、地方志办、档案局、行政审批服务中心、机关事务局、接待办、旅游局、安全生产监督局、"十大体系"办等;肖琼负责南康便览、特载、南康概貌、人物、附录、十八塘、其他学校介绍等;朱由国负责大事记、政协办、纪委办、民盟、工商联、总工会、共青团、妇联、科协、社联、文联、残联、侨联、个私协、计生协、龙回、凤岗等;殷文鼎负责政法委、公安局、检察院、法院、司法局、交管大队、人武部、人防办、武警中队、消防大队、浮石、三江等;蒙象华负责发改委、统计局、物价局、审计局、质量技术监督局、工商局、国土局、土地收储中心、地质矿产局、市场物业管理局、民营经济、蓉江、唐江等;赵健负责农业局、农业综合开发办、畜牧水产局、果业局、渔业、林业局、水保局、水利局、农机局、供电公司、中小企业局、东山工业园、龙岭工业园、家具产业促进局、烟厂、东山、龙华等;卢文芳负责家具产业、电子信息产业、矿产品加工业、精细化工产业、服装加工业、食品产业、房管局、市容环卫局、公积金中心、南水开发办、城市管理行政执法局、环保局等;钟恢飞负责财政局、国有资产管理局、国税局、地税局、人民银行、银监办、工行、农行、农发行、建行、中行、农村信用社、赣州银行、邮政储蓄、赣商村镇银行、财保公司、人寿公司、人财保公司、大地公司、太平洋公司、平安人寿公司、平安财产公司、赤土、朱坊等;杨文定负责商务局、供销社、物资局、粮食局、烟草公司、石油公司、招商中心、文化广电局、新华书店、广播电影电视局、广电网络公司、龙岭、镜坝等;黄敬芳负责教育局、康中、进修学校、职业中专、市二中、市三中、唐江中学、市五中、实验小学、幼儿园、科技局、气象局、体育局、隆木等;黎庆愉负责交通局、赣州黄金机场、火车站、高速办、公路养护分局、海事管理、邮政局、电信公司、移动公司、联通公司、大坪等;明心伟负责卫生院、一医院、二医院、中医院、医药公司、食品药品监督管理局、文明办、民政局、人口与计划生育、坪市等。

本部年鉴载录了部分彩色照片,有关单位和各级领导对此给予了大力支持。在此,谨向所有关心和支持本书编纂出版的单位和个人,表示诚挚的谢意!

南康市人民政府副市长:

2011年12月30日